浦口年鉴

2018

南京市浦口区人民政府 主办
南京市浦口区地方志编纂委员会办公室 编

PUKOU YEARBOOK

方志出版社

图书在版编目（CIP）数据

浦口年鉴.2018 / 南京市浦口区地方志编纂委员会办公室编.—— 北京：方志出版社，2018.11

ISBN 978-7-5144-3407-1

I. ①浦… II. ①南… III. ①区（城市）—南京—2018—年鉴 IV. ① Z525.34

中国版本图书馆 CIP 数据核字（2018）第 261209 号

浦口年鉴（2018）

编　　者：	南京市浦口区地方志编纂委员会办公室
责任编辑：	张　颢
出 版 人：	冀祥德
出 版 者：	方志出版社
	地址　北京市朝阳区潘家园东里 9 号（国家方志馆 4 层）
	邮编　100021
	网址　http://www.fzph.org
发　　行：	方志出版社图书经销中心
	电话（010）67110500
经　　销：	各地新华书店
印　　刷：	南京四彩印刷有限公司
开　　本：	889 × 1194　　1/16
印　　张：	28.625
字　　数：	933 千字
版　　次：	2018 年 11 月第 1 版　　2018 年 11 月第 1 次印刷
印　　数：	0001 ~ 1000 册

ISBN 978-7-5144-3407-1　　定价：180.00 元

年鉴编审机构及成员

浦口区地方志编纂委员会

主　　任　王　磊
副 主 任　陈晓路　马文媛
委　　员　任金宝　窦仕海　史小华　陈小涛　韩　忠　柯华龙
滕远升　吕华吾　王林东　采晓云　倪　凌　王江生
王　斌　郝晓鹏　黄　文　滕衍宝　马卫东　余荣国
刘　俊　刘远震　黄　荣　赵　青　胡祥国　李先义
刘汉勤　李传武　杨庆枫　成永来　张其祥　罗潮海
解天庆　葛志明　何晓萍　高步宽　樊奇志　曹卫华
周　娅　刘　勇　张予田　王晓苏　陈向阳　姜　楠
曹　原　程　云　郭玉臣　郑恒萍　程　媛　葛　梅
缪素华

浦口区地方志编纂委员会办公室

主　　任　马文媛
副 主 任　李永胜
工作人员　朱军玲　徐　源　袁钰珑

《浦口年鉴》编辑部

主　　编　马文媛
副 主 编　李永胜
执行主编　朱军玲
编　　辑　朱军玲　徐　源　卢仕松

主审人名单

（按主审类目先后为序）

吴　伟	韦向英	张　玫	柯华龙	滕远升	汪皓月	罗先锋
沙　莎	朱孝桂	翟　羽	杨诗云	夏海红	魏　华	朱志龙
何　晓	叶恒春	陈富国	周怀建	周　倩	孙宁玲	王秋白
聂济松	吴　峰	陈树新	高金明	吕　洁	严　玲	梁　宁
赵龙玉	采晓云	杨　璞	毛正东	朱天一	陈为群	刘克富
张　捷	张文强	李海峰	刘志忠	潘广武	贾学林	李国庆
周进达	戴　蓉	许　杨	成相东	童金洲	周　强	曹　影
陈　旸	赵　谦	叶兆志	王吉东	何　斌	徐文鹏	李　楠
张朝华	陈　斌	吴　霜	汪　峰	蒋朝贵	金维民	蒋晓文
郭丽萍	张　健	朱　晔	赵如勇	周维维	龚惠龙	夏　岩
尚　进	江　翔	戎　峥	徐成杰	王东波	吴海滨	钱发明
杨　蕾	杨杜娟	李业浩	卢贤智	魏晓飞	徐小劼	李勇志
林正洋	黄　明	张　皓	朱怀雷	石　磊	经晓彬	周志鹏
秦永翔	林　强	王业成	毛　敏	高步宽	朱四平	王良柱
马凤林	吴开萍	马文媛	李　军	韩荣明	王正悦	吴芳芳
姜红莲	吴光洲	郑　勇	张守兵	欧阳华江	雷存俊	
陈宗喜	李　军	杨　涛	郭礼华	庄培峰	陈　健	杨　刘

编 辑 说 明

一、《浦口年鉴》编纂以马克思列宁主义、毛泽东思想、邓小平理论、“三个代表”重要思想和习近平新时代中国特色社会主义思想为指导，全面贯彻落实科学发展观。

二、《浦口年鉴》编纂工作由南京市浦口区人民政府主办，区地方志办公室组织实施，旨在逐年记载浦口区“四个生态”建设的历史进展，为各级领导决策提供参考依据，为社会各界了解浦口、建设浦口提供信息资料，也为续修区志积累史料。

三、《浦口年鉴（2018）》主要反映2017年浦口区政治、经济、社会和文化事业发展概况与存在的问题。全书设特载、专记、大事记、浦口概览、党政 群团、法治 军事、经济管理、开发园区、房地产业、苗木花卉业、农业 水务、工业 建筑业、商贸 旅游业、城建 环保、交通 邮政 通信、金融业、科技 教育、文化、卫生 体育、社会生活、街场概览、人物 名录、统计资料、附录、索引25个类目及有关图照。

四、该年鉴采用类目体编辑法，设类目、分目、条目3个层次，部分分目下设副分目，以条目为基本记述单元。类目标题标于各类目起始处和书眉，分目用黑体字配以小块灰底随文标出，条目标题以黑体字加“【 】”表示。

五、“人物 名录”类目中，“新闻人物”收录在区内外有一定影响以及具有时代特色的先进人物；“逝世人物”收录曾担任过浦口区（县）级以上职务的领导干部和离休干部。

六、根据农业生产的实际情况，该年鉴少部分内容采用“亩”作计量单位，其与“公顷”的换算标准为：1公顷＝15亩。

七、该年鉴所刊载的内容和数据，分别由浦口区各部门、各单位专人撰写，并经领导人（主审人）审阅。统计资料由区统计局提供。由于统计口径不一定相同，一些单位提供的数据会与统计局提供的数据不一致，引用时请注意。

八、为便于读者查阅，卷首有详细目录和大事记，卷末有索引，全书信息资料可通过目录、大事记、索引三个检索渠道查找。

九、《浦口年鉴》的编辑出版，得到全区各部门、各单位和驻区单位的大力支持，在此深表谢意。

《浦口年鉴》主要机构及名词简称、全称对照

简　称	全　称
区委	中国共产党南京市浦口区委员会
区人大常委会	南京市浦口区人民代表大会常务委员会
区政府	南京市浦口区人民政府
区政协	中国人民政治协商会议南京市浦口区委员会
区纪委	中国共产党南京市浦口区纪律检查委员会
区人武部	江苏省南京市浦口区人民武装部
区法院	南京市浦口区人民法院
区检察院	南京市浦口区人民检察院
区委办	中国共产党南京市浦口区委员会办公室
区人大办	南京市浦口区人民代表大会常务委员会办公室
区政府办	南京市浦口区人民政府办公室
区政协办	中国人民政治协商会议南京市浦口区委员会办公室
区委机要（保密）局	中共南京市浦口区委机要（保密）局
区委督察办	中共南京市浦口区委督察工作办公室
区人才办	南京市浦口区人才工作办公室
区文明办	南京市浦口区精神文明建设指导委员会办公室
区委统战部	中共南京市浦口区委统一战线工作部
区民宗局	南京市浦口区民族宗教事务局
区侨办	南京市浦口区政府侨务办公室
区台办	南京市浦口区政府台湾事务办公室
区委政法委	中共南京市浦口区委政法委员会
区综治委	南京市浦口区社会管理综合治理委员会
区综治办	南京市浦口区社会管理综合治理委员会办公室
区委区级机关工委	中共南京市浦口区委区级机关工作委员会
区委老干部局	中共南京市浦口区委老干部局
区委信访局	中共南京市浦口区委信访局
区编办	南京市浦口区机构编制委员会办公室
区人防办	南京市浦口区人民防空办公室
区法制办	南京市浦口区法制办公室
区政务办	南京市浦口区政务服务管理办公室
区政务中心	南京市浦口区政务服务中心
区外事办	南京市浦口区政府外事办公室

简　称	全　称
区发改局	南京市浦口区发展和改革局
区经信局	南京市浦口区经济和信息化局
区城建局	南京市浦口区城乡建设局
区建工局	南京市浦口区建筑工程局
区房产局	南京市浦口区住房保障和房产局
浦口规划分局	南京市规划局浦口分局
区科技局	南京市浦口区科学技术局
浦口公安分局	南京市公安局浦口分局
区维稳办	南京市浦口区维护稳定工作领导小组办公室
区人社局	南京市浦口区人力资源和社会保障局
区国资办	南京市浦口区人民政府国有资产监督管理办公室
区安监局	南京市浦口区安全生产监督管理局
区安委会	南京市浦口区安全生产委员会
区环保局	南京市浦口区环境保护局
区城管局	南京市浦口区城市管理局
区交运局	南京市浦口区交通运输局
区防汛办	南京市浦口区防汛防旱指挥部办公室
区委农工委	中共南京市浦口区委农村工作委员会
区农资办	南京市浦口区政府农村集体资产管理办公室
区农开局	南京市浦口区农业资源开发局
区市场监管局	南京市浦口区市场监督管理局
区食药监局	南京市浦口区食品药品监督管理分局
区食安办	南京市浦口区食品安全委员会办公室
区文广局	南京市浦口区文化广电局
区卫计局	南京市浦口区卫生和计划生育局
南京高新区	南京高新技术产业开发区
南京高新区管委会	南京高新技术产业开发区管理委员会
留创园	南京高新技术产业开发区留学人员创业园
浦口高新区	南京浦口高新技术产业开发区
浦口高新区管委会	南京浦口高新技术产业开发区管理委员会
浦口开发区	江苏省南京浦口经济开发区
浦口开发区管委会	江苏省南京浦口经济开发区管理委员会
度假区	南京珍珠泉旅游度假区
度假区管委会	南京珍珠泉旅游度假区管理委员会

简　称	全　称
科工园	南京海峡两岸科技工业园
科工园管委会	南京海峡两岸科技工业园管理委员会
江北新区工委	中共南京市委江北新区工作委员会
江北新区管委会	南京市江北新区管理委员会
老山管办	南京老山旅游度假区管理委员会办公室
区委党史办	中共南京市浦口区委党史工作办公室
区志办	南京市浦口区地方志编纂委员会办公室
区广电台	南京市浦口区广播电视台
区社保中心	南京市浦口区社会保险管理中心
区拆管中心	南京市浦口区拆迁管理中心
区土储中心	南京市浦口区土地储备中心
区国资集团	南京市浦口区国有资产投资经营集团
区国资公司	南京市浦口区国有资产投资经营有限公司
区城建集团	南京浦口城乡建设集团有限公司
区交通集团	南京浦口交通建设集团有限公司
区水务集团	南京浦口水务集团有限公司
区大江北集团	南京大江北国资投资集团有限公司
区康居集团	南京浦口康居建设集团有限公司
团区委	中国共产主义青年团南京市浦口区委员会
区妇联	南京市浦口区妇女联合会
区科协	南京市浦口区科学技术协会
区工商联	南京市浦口区工商业联合会
区新联会	浦口区新的社会阶层人士联谊会
区知联会	浦口区党外知识分子联谊会
区文联	南京市浦口区文学艺术界联合会
区残联	南京市浦口区残疾人联合会
区关工委	南京市浦口区关心下一代工作委员会
区河长办	南京市浦口区河长制工作办公室
区美丽办	浦口区美丽乡村建设办公室
区国土分局	南京市国土资源局浦口分局
区国税局	南京市浦口区国家税务局
浦口地税局	南京市浦口地方税务局
人行浦口支行	中国人民银行浦口支行
工行浦口支行	中国工商银行股份有限公司南京浦口支行

简　称	全　称
农行江北新区分行	中国农业银行股份有限公司南京江北新区分行
中行浦口支行	中国银行股份有限公司南京浦口支行
建行江北新区支行	中国建设银行股份有限公司南京江北新区支行
交行浦口支行	交通银行股份有限公司江苏省分行南京浦口支行
农发行浦口支行	中国农业发展银行南京市浦口支行
邮储银行浦口支行	中国邮政储蓄银行股份有限公司南京市浦口支行
江苏银行浦口支行	江苏银行股份有限公司南京浦口支行
南京银行江北新区分行	南京银行股份有限公司江北新区分行
紫金农商行江北新区分行	紫金农村商业银行江北新区分行
民生银行浦口支行	中国民生银行股份有限公司南京浦口支行
浦口靖发村镇银行	南京浦口靖发村镇银行股份有限公司
华夏银行浦口支行	华夏银行股份有限公司南京浦口支行
人保浦口支公司	中国人民财产保险股份有限公司浦口支公司
人寿浦口支公司	中国人寿保险股份有限公司南京市浦口支公司
太保浦口支公司	中国太平洋财产保险股份有限公司南京分公司浦口支公司
南大	南京大学
南工大	南京工业大学
南审	南京审计大学
南信大	南京信息工程大学
铁道学院	南京铁道职业技术学院
健康学院	江苏卫生健康职业学院
浦口中专校	南京浦口中等专业学校
南医大四附院	南京医科大学第四附属医院
求雨山文创园	南京求雨山文化创意产业园
三区一平台	自主创新先导区、新型城镇化示范区、长三角地区现代产业集聚区、长江经济带对外开放合作重要平台
创洽会	中国·南京科技创业创新与重大项目洽谈会
金洽会	中国·南京金秋经贸洽谈会
留交会	中国留学人员南京国际交流与合作大会
千人计划	海外高层次人才引进计划
PPP 模式	政府与社会资本合作模式
南京三桥	南京长江第三大桥
两学一做	学习共产党党章党规，学习贯彻习近平总书记系列重要讲话精神，做合格党员

2017 浦口数字

综合

土地面积 698 平方千米

户籍总人口 32.79 万人

　乡村人口 18.35 万人

街道 5 个

居（村）民委员会 76 个

地区生产总值 317.58 亿元

　第一产业增加值 40.20 亿元

　第二产业增加值 78.42 亿元

　第三产业增加值 198.96 亿元

三次产业结构比重 12.66 ： 24.69 ： 62.65

人均地区生产总值 87657 元

农业

农业总产值 75.84 亿元

粮食总产量 68636 吨

油料总产量 7349 吨

瓜类总产量 19871 吨

蔬菜总产量 32.87 万吨

水果总产量 20681 吨

生猪出栏数 12.53 万头

家禽出栏数 452.72 万羽

水产品产量 25985 吨

工业、建筑业

规模以上工业企业 95 家

规模以上工业总产值 158.41 亿元

规模以上工业销售产值 175.77 亿元

规模以上工业主营业务收入 173.02 亿元

规模以上工业利税 17.66 亿元

具有资质等级的建筑业企业 77 家

建筑业总产值 80.68 亿元

主营业务收入 73.57 亿元

固定资产投资

全社会固定资产投资 481.40 亿元

　工业投资 135.95 亿元

　房地产开发投资 198.12 亿元

交通、贸易和旅游业

公路总里程 1464.34 千米

客运量 4984.50 万人次

客运周转量 1.50 亿人公里

社会消费品零售总额 82.41 亿元

　批发和零售业零售额 67.56 亿元

　住宿和餐饮业零售额 14.85 亿元

旅游总收入 112.20 亿元

旅游接待量 1029 万人次

对外经济

实际使用外资 3.21 亿美元

出口创汇 23.02 亿元

财政、金融

一般公共预算收入 54.71 亿元

一般公共预算支出 70.91 亿元

金融机构年末存款余额 1820.56 亿元

金融机构年末贷款余额 1124.50 亿元

科学技术和教育

高新技术企业 31 家

民营科技型企业 59 家

省级以上高新技术产品 137 个

专利申请量 1675 件

专利授权量 510 件

普通中学 15 所，在校学生 10376 人

小学 18 所，在校学生 15255 人

幼儿园 26 所，在园儿童 8570 人

职业、成人学校 2 所，在校学生 3477 人

文化、卫生和体育

文化馆 1 个

公共图书馆 1 个（3 个对外开放点），总藏量 32.90 万册

广播电台 1 座

电视台 1 座

医疗卫生机构 126 个，病床 992 张，卫生技术人员 2021 人

社区卫生服务中心省级标准化建设达标率 85.7%

社区卫生服务站达标率 96.9%

人均体育设施面积 3.11 平方米

能源消耗和环境保护

煤炭消费量 17.70 万吨

综合能源消费量 18.88 万吨标准煤

饮用水源地水质达标率 100%

噪声功能区达标率 100%

空气质量优良天数比例 75.1%

人民生活、劳动和社会保障

从业人员年平均工资 86632 元

城镇居民人均可支配收入 50505 元

城镇居民人均消费支出 31838 元

农村居民人均可支配收入 23512 元

农村居民人均消费支出 18170 元

新增城镇就业 17587 人

农村劳动力转移就业 1866 人

援助困难人员就业 372 人

培育自主创业者 925 人

城市低保 1506 人，低保金支出 1642.45 万元

农村低保 3938 人，低保金支出 2901.94 万元

浦口区地图

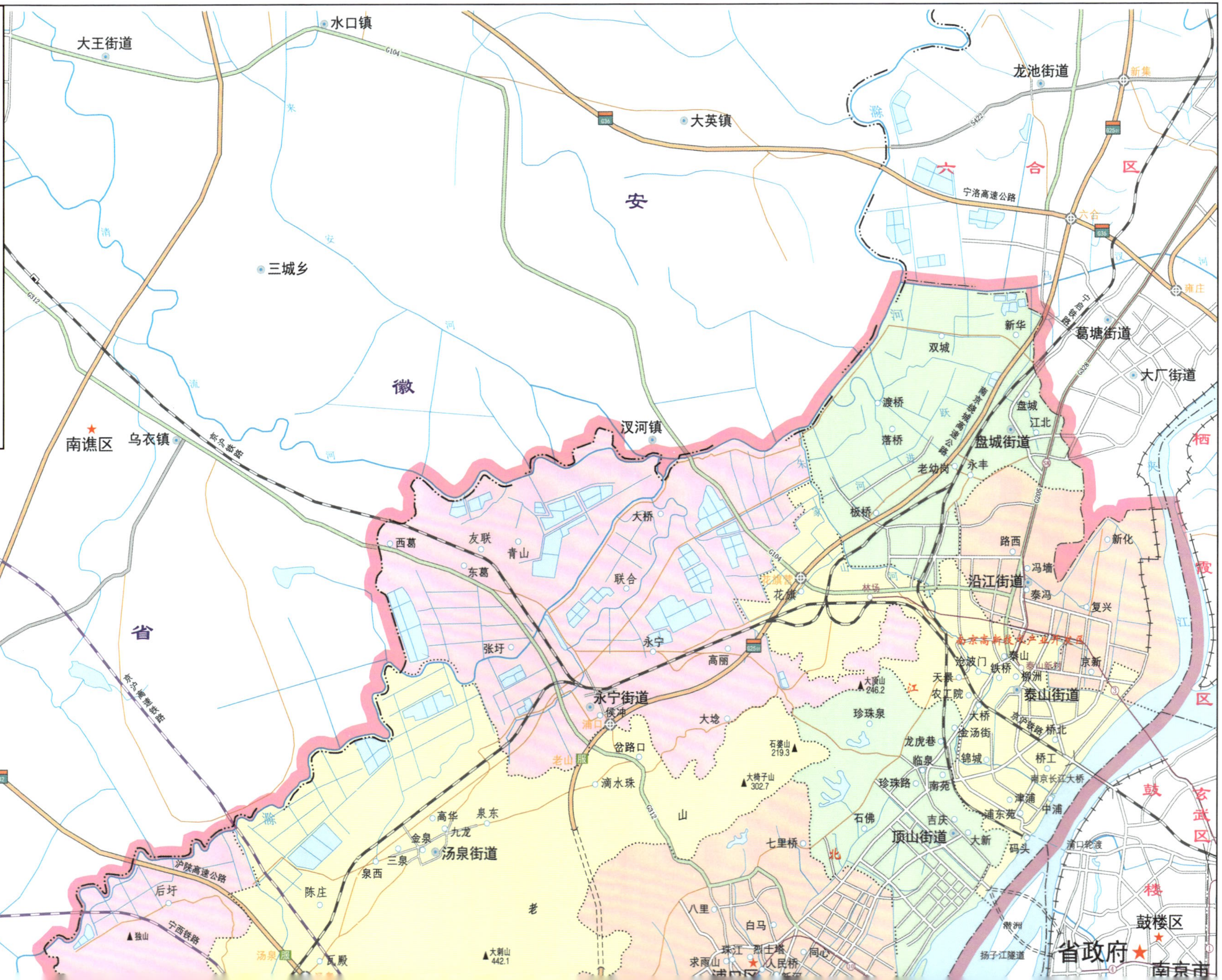

大王街道
水口镇
大英镇
龙池街道
六合区
安徽省
三城乡
南谯区
乌衣镇
汉河镇
新华
双城
葛塘街道
大厂街道
渡桥
盘城
江北
落桥
盘城街道
永丰
老幼岗
板桥
栖霞区
大桥
西葛
友联
青山
东葛
联合
路西
新化
沿江街道
冯墙
泰冯
花旗
复兴
永宁
张圩
高丽
南京高新技术产业开发区
沿波门
泰山
铁桥
京新
柳洲
天景
农工院
泰山街道
永宁街道
侯冲
大捻
珍珠泉
大桥
金汤街
桥北
岔路口
龙虎巷
临泉
锦城
桥工
滴水珠
珍珠路
南苑
南京长江大桥
津浦
中浦
高华
泉东
九龙
金泉
汤泉街道
三泉
泉西
陈庄
后圩
石佛
吉庆
浦东苑
顶山街道
大新
码头
七里桥
浦口轮渡
鼓楼区
玄武区
八里
白马
省政府
南京市
扬子江隧道
珠江
烈士墓
同心
求雨山
人民桥
瓦殿
老山
独山
沪陕高速公路
宁西铁路
宁洛高速公路
宁启铁路
南京绕城高速公路

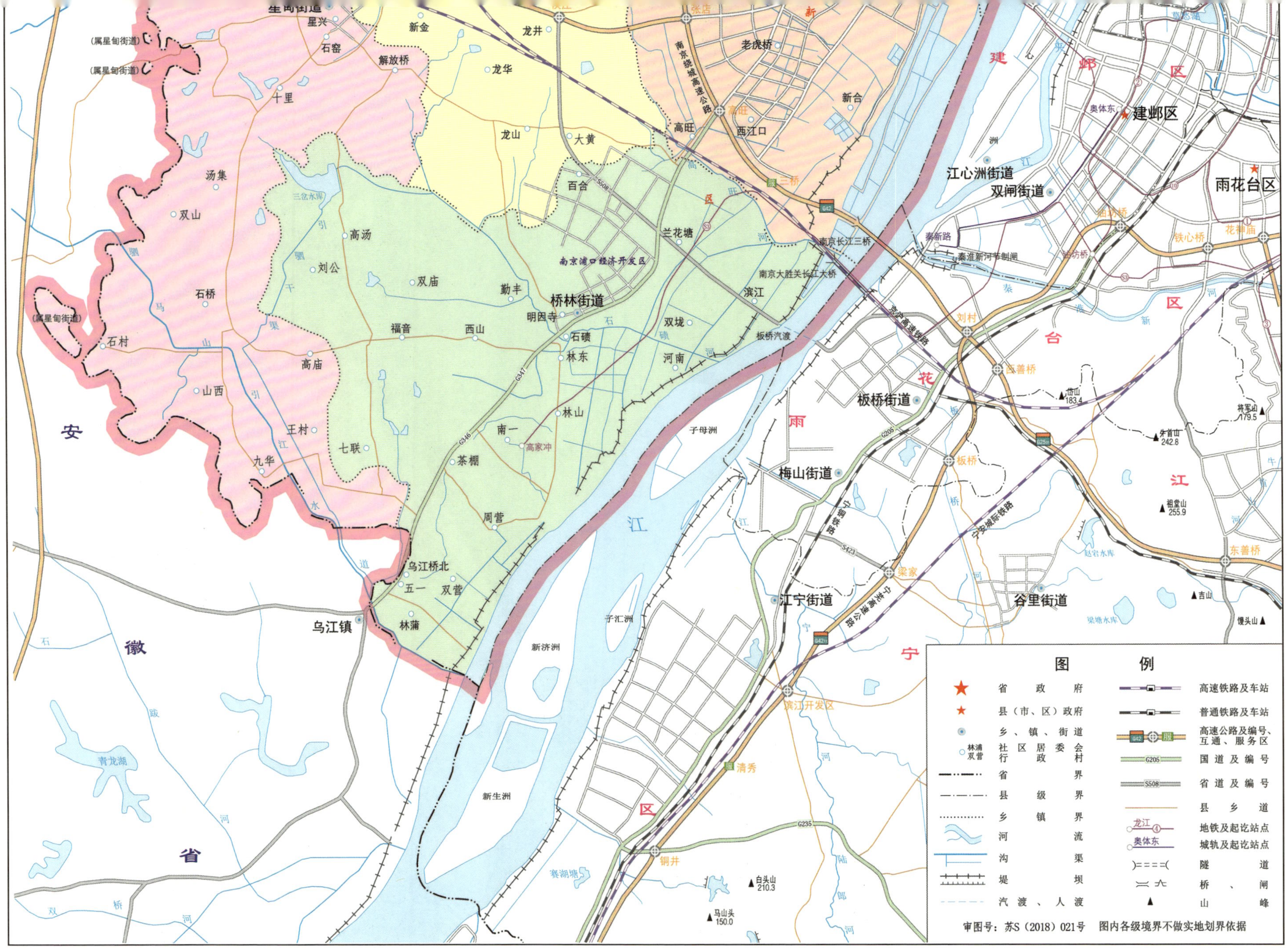
桥林街道
南京浦口经济开发区
乌江镇
江心洲街道
双闸街道
建邺区
雨花台区
板桥街道
梅山街道
江宁街道
谷里街道
安
徽
省
雨
花
台
区
江
宁
建
邺
区
图例
省政府
县（市、区）政府
乡、镇、街道
社区居委会、行政村
省界
县级界
乡镇界
河流
沟渠
堤坝
汽渡、人渡
高速铁路及车站
普通铁路及车站
高速公路及编号、互通、服务区
国道及编号
省道及编号
县乡道
地铁及起讫站点
城轨及起讫站点
隧道
桥、闸
山峰
审图号：苏S（2018）021号
图内各级境界不做实地划界依据

魅力滨江

（滕宏飞　摄）

晨 韵 （滕宏飞 摄）

永宁街道滁河湾

（滕宏飞　摄）

2017 年，全区掀起学习十九大精神高潮。图为 10 月 28 日，浦口区召开学习传达党的十九大精神大会

（宣传部　供稿）

2017 年，区级机关工委、区广电台联合举办“传诵红色经典，喜迎党的十九大”经典诵读大赛。图为 6 月 30 日大赛决赛现场

（朱秀华　摄）

4 月 7 日，上汽集团桥林基地竣工投产仪式在浦口区举行　　（浦口经济开发区　提供）

4 月 23 日，2017 中国南京·有氧老山国际山地半程马拉松赛在老山景区举行，吸引数千名跑步爱好者参加　　（滕宏飞　摄）

4 月 26 日，举办“筑梦江北　创赢浦口”2017 浦口区智能制造产业高峰论坛暨人才项目签约活动。300 多名智能制造行业领域人才和 140 家企业参与　　（宣传部　供稿）

4 月 30 日至 5 月 1 日，2017 亚洲户外运动节在水墨大埝举办　　（滕宏飞　摄）

5 月 5 日，南京日托光伏 400MWT 背接触光伏组件制造项目在浦口经济开发区签约，总投资 4 亿元

（南京江北生活圈　提供）

5 月 18 日，举行浦口区“大联勤”手机客户端上线仪式暨星级网格、最美网格员颁奖典礼　（宣传部　供稿）

6月9日，总投资2.1亿元的华友微电子半导体、汽车、新材料表面处理中心及资源回收再利用项目在浦口经济开发区签约 （南京江北生活圈 提供）

6月16日，由中宣部宣教局、光明日报共同主办的“核心价值观百场讲坛”第53场活动在浦口区举行 （柏顺 摄）

7月5日，谢亿民院士率团队与开发区签署合作协议。工程结构优化设计与先进制造技术研究院项目落户开发区低碳谷（南京江北生活圈 提供）

9月9日，浦口区联合南京日报举行“童眼看浦口”系列活动启动仪式。图为南京日报小记者在知青故里采风（旅游局 供稿）

9月13日，“金洽会”浦口区专场——浦口区投资环境推介会暨重大产业项目合作签约仪式举行

（柏顺　摄）

11月23日，南京青奥体育公园体育馆启用。该馆是国内规模最大、观众席位最多的体育馆，建筑面积12.8万平方米，可容纳观众2万人

（郭华林　摄）

12 月 6 日，南京地铁 S3 号线（宁和城际）开通运营。S3 号线是南京地铁第八条建成运营的线路，也是南京开通的第三条过江地铁线路，在浦口境内设有 7 个站点

（网络图片）

12 月 7 日，全球顶尖科技公司半导体产业基地 Cadence Design Systems, Inc. 落户浦口

（南京头条　提供）

12 月 8 日，在 2017 世界智能制造大会南京智能制造重大项目签约仪式上，三个项目落户浦口

（苏小北　供稿）

12 月 17 日，在 2017 中国最美村镇评选颁奖典礼上，浦口区不老村、瓦殿社区分获“中国最美村镇 50 强”“中国最美村镇生态奖”

（网络图片）

12 月 30 日，红星美凯龙浦口店开业　　（郭华林　摄）

2017 年，南京老山有氧运动示范基地获“江苏省特色运动项目基地”称号。图为 9 月 29 日，2017 健身走江苏暨南京老山有氧运动示范基地落成仪式在浦口举行　　（老山管办　供稿）

自行车文化体验馆

蝶梦山丘

张圩油菜花

知青故里

10月，在长三角最具魅力旅游特色小镇评选中，浦口区永宁街道获“长三角最具魅力私家旅游目的地”称号

（金洪源　网络图片）

西埂莲乡

湿地景观

手狮之乡

河岸花海

5月8日，浦口区中医院改扩建工程（新门急诊楼）竣工并投入使用　（朱军玲　摄）

2017年，浦口区试点建立“街道—中心—社区—服务站”四位一体的基层卫生服务管理网络。图为5月20日，江浦街道联合高旺卫生院在西水湾睦邻微服务中心举办“医路同行 关爱健康”大型义诊走进社区服务活动，特邀鼓楼医院、南医大二附院、中大医院等省级三级医院的专家免费为群众诊治

（江浦街道　供稿）

2017年，浦口区推进保障房及配套建设，当年投资113.46亿元，新开工保障房面积155.99万平方米，竣工面积117.86平方米。图为汤泉街道的侯郢雅苑保障房项目于12月竣工 （康居集团　供稿）

2017年，浦口区对72座城市公厕进行升级改造，全部达到二类以上标准。图为改造后的上河街公厕

（城管局　供稿）

9 月 29 日，象山湖有氧运动示范基地——象山湖公园建成开放　（崔晓　摄）

2017 年，浦口区完成 11 条道路、9 座桥梁景观亮化工程。图为城南河沿线、彩虹桥夜景

（城管局　供稿）

目　　录

特　　载

专　　记

大 事 记

浦口概览

党政 群团

法治 军事

经济管理

开发园区

房地产业

苗木花卉业

农业 水务

工业 建筑业

商贸 旅游业

城建 环保

交通 邮政 通信

金　融　业

科技 教育

文　化

卫生 体育

社会生活

街场概览

人物 名录

统计资料

附　录

索　引

特 载

在区委四届四次全会第一次全体会议上的讲话

区委书记 瞿为民

（2017年12月29日）

一、深入学习贯彻党的十九大精神

党的十九大是在全面建成小康社会决胜阶段、中国特色社会主义进入新时代的关键时期召开的一次十分重要的大会，在我们党和国家的发展进程中具有重大而深远的历史意义。全区各级党组织和广大党员必须把学习贯彻党的十九大精神，作为当前和今后一段时期的首要政治任务，准确领会核心要义，武装思想，指导实践。

第一，深入学习贯彻党的十九大精神，最首要的是坚决维护习近平总书记的核心地位

党的十九大最重要的政治成果，是选举产生了以习近平同志为核心的新一届中央领导集体，再一次明确了习近平总书记在党中央、在全党的核心地位，为在新的历史起点上推进党和国家事业提供了根本政治保证。

确定和维护核心，是我们党的一个巨大政治优势。党的十八大以来，以习近平同志为核心的党中央举旗定向、运筹帷幄，推动党和国家事业发生了历史性变革、取得了历史性成就。党和国家事业之所以能够取得如此辉煌的成就，最重要的原因，就是因为有了以习近平同志为核心的党中央的坚强领导，就是因为全党全军全国各族人民紧密团结在以习近平同志为核心的党中央周围，齐心协力、共同奋斗。十九届一中全会选举产生了以习近平同志为核心的新一届中央领导集体，反映了全党的共同意志，对保证党和国家兴旺发达、长治久安，具有十分重大而深远的意义。

维护习近平总书记的核心地位，是最大的政治、最大的大局。我们要把坚定维护以习近平同志为核心的党中央权威和集中统一领导作为第一位的政治要求，自觉在政治立场、政治方向、政治原则、政治道路上同党中央保持高度一致。要始终听党话跟党走，做政治上的明白人、老实人。要坚定贯彻执行党的基本理论、基本路线、基本方略，始终做到党中央提倡的坚决响应、党中央决定的坚决执行、党中央禁止的坚决不做。

第二，深入学习贯彻党的十九大精神，最重要的是聚焦领会习近平新时代中国特色社会主义思想

党的十九大最重要的理论成果，是把习近平新时代中国特色社会主义思想确立为我们党必须长期坚持的指导思想，为在新的时代条件下坚持和发展中国特色社会主义提供了新的科学理论指引。

理论创新，是我们党永葆先进性的根本。以习近平同志为核心的党中央紧密结合新的时代条件和实践要求，进行艰辛理论探索，形成了习近平新时代中国特色社会主义思想。新思想涵盖了“八个明确”的基本内容、“十四条坚持”的基本方略，深刻揭示了中国特色社会主义的本质特征、发展规律和建设路径；深刻回答了新时代坚持和发展什么样的中国特色社会主义、怎样坚持和发展中国特色社会主义这个重大时代课题；有力引领了坚持和发展中国特色社会主义的伟大实践，全面开启了中国特色社会主义新时代。习近平新时代中国特色社会主义思想集中体现了我们党从理论自觉到实践自觉的全方位思考，凸显了“新时代”、定位了“新目标”，聚焦于中国特色社会主义，着力于解决“新矛盾”，既是科学理论，也是行动指南。

坚定不移用习近平新时代中国特色社会主义思想武装头脑，是全党新时期思想建设的重大政治任务。我们要不断增强“四个自信”，充分认识贯穿其中的坚定信仰信念、鲜明人民立场、强烈历史担当、求真务实作风、勇于创新精神和科学方法论。要坚持理论联系实际,以习近平新时代中国特色社会主义思想为指引,加强对重大问题的研究、对重点工作的谋划,使之成为推动各项事业发展的强大思想武器。

第三,深入学习贯彻党的十九大精神,最关键的是准确把握“两个一百年”奋斗目标的战略安排

党的十九大最重要的实践成果,是描绘了从现在起到本世纪中叶我国发展的宏伟蓝图,为决胜全面建成小康社会、开启全面建设社会主义现代化新征程提供了基本遵循。

十九大对新时代中国特色社会主义发展作出的战略安排,是我们党在实现中华民族伟大复兴征程上向全国人民作出的庄严承诺。报告围绕实现“两个一百年”奋斗目标,进行了阶段性战略安排,既有时间表,又有路线图,具有很强的全局性、战略性、前瞻性。这样的目标安排植根于时代变化、着眼于人民需求,更彰显着当代共产党人实事求是的精神、不忘初心的情怀、牢记使命的责任。

美好蓝图已经绘就,时间路线也已清晰。我们要集中精力抓好中央战略部署的具体落实,增强“不忘初心,牢记使命”的自觉性,为实现伟大战略安排不懈奋斗。当前尤其是要毫不动摇坚持党的全面领导,贯彻新发展理念,坚决打好防范化解重大风险、精准脱贫、污染防治“三大攻坚战”,坚定不移深化供给侧结构性改革,高水平全面建成小康社会。

前不久,习近平总书记在江苏视察时,对坚守实体经济、推动创新发展、深化国企改革、实施乡村振兴战略、建设生态文明、加强基层党组织建设等六个方面提出了明确要求。我们要深刻认识到习近平总书记视察江苏重要讲话精神与党的十九大精神一脉相承,是党的十九大精神指导江苏工作的具体化,为江苏发展指明了前进方向、提供了根本遵循,大家要一道学习,一体贯彻。一要深入学习领会。深入把握党的十九大基本观点、基本精神以及习近平总书记重要讲话的精神实质,全面系统地学、持之以恒地学,多思多想,学懂弄通,确保吃准吃透、融会贯通。二要抓好宣讲培训。要采取广大群众喜闻乐见的形式,在全区范围内集中开展宣讲活动,推动党的十九大精神、习近平总书记重要讲话精神进企业、进农村、进机关、进校园、进社区,切实提高干部群众推动发展、解决问题的能力水平。三要扎实推进贯彻落实。要立足省市战略部署、立足我区发展实际、立足本职工作,抓好贯彻落实,把党的十九大精神、习近平总书记重要讲话精神体现到工作的方方面面,努力创造浦口改革发展的新业绩。

二、坚定信心,开启浦口发展新征程

今年以来,区委常委会在中央和省市委的坚强领导下,迎难而上、开拓进取,实现了各项事业健康发展的良好局面。总体来看,今年是彰显讲政治顾大局党性观念,团结奋进、和谐稳定的一年。我们以高度的责任感和有力的工作举措,实现了新区管理体制调整的平稳过渡和社会风险的有效防控,营造了团结奋进的发展氛围与和谐稳定的社会环境,在服务服从中借力借势,抓住机遇乘势而上。今年是坚持稳中求进总基调,锐意进取、保持经济平稳较快增长的一年。我们坚持“调结构、转方式、促增长”,经济发展稳步提升。预计实现地区生产总值918亿元,按可比价计算同比增长10%;一般公共预算收入105亿元,同比增长9.3%;全社会固定资产投资1200亿元,同比增长12.1%。今年是贯彻落实省市区党代会决策部署,改革创新、富民增收实现新突破的一年。我们准确把握上级任务要求,不断创新方式突破瓶颈制约,让发展成果更多惠及群众。全体居民人均可支配收入达到43900元,社会消费品零售总额336亿元,分别同比增长10%、11.2%。今年是新一届区领导班子全面履职,展现忠诚干净担当和干事创业精神的一年。新一届区四套班子以良好精神状态和务实工作作风,树立了“勇于革新、规范高效”的鲜明导向,成为带领全区人民奋勇前行的坚强力量。

一年已经过去,成绩来之不易。新年即将到来,使命光荣任务艰巨。责任呼唤担当,使命引领未来,全区上下要始终以十九大精神为指引,坚守干事创业情怀,坚持问题导向破解难题,努力创造无愧于新时代的新业绩。

一要坚持对标找差,提升工作标准

认真审视全区资源基础和实际现状,发展不平衡不充分的问题依然十分突出,资源要素利用不充分,价值提升不充分,市场经济的激励作用不充分,供给侧结构性改革成效还不明显。

一是创业创新的实际成效与“双创高地、智慧新城”的战略定位不相匹配。区第四次党代会明确了建设“双创高地、智慧新城”的发展目标,但目前我们对创新规律的把握还不够深入,支持创业创新的生态体系尚未建立,创新成果转化数量不多、影响不大,高新技术企业、高层次人才未能形成集聚态势。

二是企业主体的窘迫现状与产业重镇的应有地位不相匹配。从城市发展的规律来看,产业向郊区集聚是必然趋势。近年来全区在高端交通装备领域落地了上汽依维柯、锦湖轮胎等重大项目,在集成电路领域引入了台积电、楷登电子等世界著名龙头企业,两大主导产业定位清晰。但产业链集聚度不够,规模企业数量较少,工业总产值不高,高新技术企业更少,与现代产业集聚的目标还有不小差距。

三是生态旅游的影响力知名度与山水泉林的资源禀赋不相匹配。浦口集大江、大河、低山、丘陵、平原、岗地、湿地、温泉于一体,是生态旅游资源的集大成者,但资源利用程度不高,生态价值优势远未得到体现。全区还没有AAAAA级旅游景区,AAAA级只有1家,仅占全市5%,4星级以上乡村旅游区绝对数量与江宁等先进区有较大差距,年接待游客的数量和旅游收入远远低于同类先进区县,生态旅游名片不亮。

四是人民群众的获得感满意度与快速发展的良好态势不相匹配。近年来,浦口城乡面貌显著改善,民生投入不断加大,治理机制持续优化,各项考核名列前茅。但与群众的需求相比,从群众的主观感受来看,我们的工作还不到位,“联勤联动、群防群治,自助互助、共建共享”等良好机制的作用发挥不充分,群众工作能力有待提高,群众的满意度获得感不强。

这些不匹配现象，反映出我区党员干部的作风素养与发展形势的要求还不相适应。一些干部对工作缺乏研究，主动服务基层意识不强，不到位、不精细、不较真、不大气的情形比较普遍，眼里看不到问题，手上拿不出办法，真正的“问题专家”比较少。改变目前的状况，需要全区上下把“对标找差”作为明年工作的主要手段，对照先进标杆，找品质成效的差距，找现实状态的短板，找作风能力的不足。在“对标”中认清差距、激发动力，在“找差”中准确定位、寻求突破，不断提升目标定位和工作境界，不断创新思维方法和实践路径，形成符合发展规律、契合自身实际的工作方法和具体举措。

二要坚持辩证思维，把握机遇优势

江北新区直管区管理体制调整是当前浦口发展的最主要特点，我们要坚持辩证的思维方法，在两点论与重点论的结合中寻找机遇，增强信心，推动高质量发展。

调整后，我们一方面面临着“规模”和“能级”双重压力，经济总量减少，产业空间缩小，带来了提升档次、形成特色、培育竞争优势的新压力。另一方面也为立足资源实际，高起点优化产业结构，高速度发展主导产业，高质量推进经济社会协调发展提供了机会，有利于寻找新的突破口。从政策条件上看，浦口是新区的重要板块和产业承载地，既可以享受新区的政策利好，又能获得直管区重大基础设施建设和项目投资带来的外溢红利；从产业发展上看，企业和载体平台总数虽然减少，但是集成电路、高端交通装备等行业龙头企业的引领集聚效应逐步显现，地区吸引力显著提高，有利于我们不断深植主导产业的实力根基；从社会治理上看，人口数量大幅降低，社会矛盾相对减少，更有条件优化基层治理，更有利于做大正能量，形成和谐发展的社会氛围；从工作力量上看，服务企业、服务群众的力量配比更有优势，工作底数更清，精准性更强，更有利于加强领导、资源下沉，集中力量解决过去解决不了的问题。

因此我们有理由坚定信心和决心，在今后工作中要着重突出“四个相统一”：坚持服务服从与借力借势相统一。既要有服务服从、顺势而为的胸襟格局，着眼于发展大局全面落实管理体制调整要求，把思想和行动进一步统一到省市委决策部署上来，又要有借力借势、乘势而上的勇气魄力，增强化不利为有利、化被动为主动的本领，提升承接新区辐射、新区效应为我所用的能力水平。坚持负重前行与轻装上阵相统一。既要增强紧迫意识，树立更高目标，攻坚克难，持续保持弯道超车的锐气，实现相对量争先进位，又要敢于面对现实，甩掉思想包袱，摸清家底、压挤水分、找准基数，心无旁骛谋划实实在在的发展。坚持全面发展与突出重点相统一。既要对标找差，补齐短板，全面突破公共服务供给不均衡和城市功能不配套的矛盾，又要改变管理粗放、力量分散模式，推动资源下沉，对重点目标集中用力，立足不同板块的资源基础、机遇条件，实行差异化发展，探索体现竞争优势的发展路径。坚持量力而行与尽力而为相统一。既要坚持实事求是，遵循客观规律，体现稳中求进、务实持续的科学精神，又要善于把握机遇，创新路径，争取支持，不断挖掘潜力，展现积极进取的负责态度。

三要坚持系统谋划，明确思路方向

党的十九大为我们描绘了实现中华民族伟大复兴的美好蓝图，省市委全会提出了明确的奋斗目标和工作要求。我们要在贯彻落实中央和省市委的战略部署中，全面把握上级要求与自身实际、条件约束与争先进位、突出重点与综合平衡之间的关系，运用系统化思维，找准发展目标，找准路径，实现“最优解”。明年工作的总体思路是：全面贯彻党的十九大精神，以习近平新时代中国特色社会主义思想为指引，认真落实“两聚一高”“一个高水平建成、六个显著”要求，践行“以人民为中心”发展思想，以“对标找差”为主线，突出目标、问题、责任“三个导向”，深入实施创新驱动、乡村振兴、协调发展、可持续发展战略，统筹推进稳增长、促改革、调结构、惠民生、防风险各项工作，实现经济高质量发展和社会持续进步，奋力开创浦口“四个生态”建设新局面。

我们在区委四届三次全会上，提出了“五个国家级”奋斗目标，要进一步聚焦重点，明确方向，丰富实践内涵。国家级自主创新先导区要突出创业创新生态营造、资源要素应聚尽聚，在创新发展上提供范例，体现引领创新的示范带动作用。国家级开发区要突出配套完善和主导产业集群，打造最优投资环境，实现产城融合一体发展，体现一流国家级开发区的水平。国家级新型城镇化示范区要突出机制先进、利益共享、人民幸福，坚持以人为本，一切从实际出发，体现“全域、全要素、全周期”统筹发展的导向。国家级旅游度假区要突出特色品牌打造和主题鲜明，形成国际知名、国内一流的旅游名片，体现浦口独特的旅游资源和生态优势。国家级现代农业示范区要突出特色化、专业化、美丽化、生态化、智能化，体现现代农业、现代农民、现代农村的一体发展。通过建设“五个国家级”，把浦口打造成为创新活力迸发的产业重镇、宜居宜业宜商的生态新城、善秩良俗彰显的文明之乡。

在具体路径上，要深入实施创新驱动、乡村振兴、协调发展、可持续发展四大战略。实施创新驱动战略，围绕市委“121”部署，将创新作为发展内生动力，抓牢“人才、技术、环境”三个关键，着力推动创新成果与产业发展需求有效对接、产业链发展与金融创新相辅相成、产品创新和商业模式创新同步发展。实施乡村振兴战略，按照“产业兴旺、生态宜居、乡风文明、治理有效、生活富裕”总要求，促进城乡双向互动和空间共融，着力提升乡村资源要素的价值，将乡村打造成为兼具经济、社会、生态、文化、生活等多重功能的新空间。实施协调发展战略，推动中心城区和新城、新市镇、特色小镇等合理布局，构建要素有序流动、主体功能互补、基本公共服务均等、城乡协调发展新格局。实施可持续发展战略，彰显绿水青山优势，全力推进“263”专项行动，着力塑造与环境相和谐的特色风貌，建设美丽浦口，促进地域生态文化与现代产业相互融合，让绿色成为浦口的鲜明底色。

三、明年全区工作的主要任务

明年是学习贯彻党的十九大精神的开局之年，也是浦口以崭新姿态进入发展新阶段的一年。明年发展的主要指标增速都要高于全市平均数,要逐年提高浦口在全市的经济份额和贡献度。做好明年工作,要进一步增强大局意识,坚定发展信心,深入开展"对标找差"活动,对准标、找准差,从而扬长补短、争先进位,着力在五个方面取得新成效。

一是大力推动科技创新和全面深化改革

主动承担江北新区"自主创新先导区"建设任务,遵循科技创新和产业发展规律,在聚力创新中增强动能、在深化改革中激发活力。

创新思维方式,提升集聚创新要素、激发创新活力的组织化程度。着眼于经济发展新挑战和高端产业新需求,以思维方式和运行模式的创新为重点,深入推进全面创新、全域创新和深度创新,综合提高原始创新、集成创新和引进消化吸收再创新等各方面自主创新的能力,打造一批新制度、新机制、新技术、新产品、新业态、新模式。树立工业化的理念,鼓励引导企业以产业链分工为基础,找准自身定位,集中力量在专业分工领域做到极致,形成特色优势。发扬合作社精神,构建创业创新主体与服务主体之间利益共同体,推动企业和人才在资金、技术、载体等方面资源共用、互为配套、收益共享。强化互联网的思维,完善线上线下平台,强化大数据分析运用,支持各类创新主体发挥互联网在市场开拓、交易模式优化等方面作用。突出专业化的运作,坚持专业的人做专业的事,加快科技专家、运营团队、资本运作机构等专业主体集群集聚,推动资源高效组合。

紧抓"两落地一融合"机遇,完善创新生态体系。紧盯"新增高企数量、高新技术企业产值、全社会研发投入占GDP比重、发明专利申请量"四项核心指标,坚持移大树与育小苗并举,积极培育高新技术企业,尤其要注重引进和培育瞪羚企业、独角兽企业。发挥浦口高新区政策和体制优势,聚焦人工智能、文化创意、金融审计三大主攻方向,推动南航无人机研究院等新型研发机构、博郡新能源汽车等科技成果项目尽快落地。深入研究新型研发机构的组织结构、权益分配等内在机制,围绕投资主体多元化,推动高校院所、科研团队、地方平台、社会资本紧密合作、利益共享,通过优化股权分配充分激发创新动力。着眼于不同行业功能需求,在开发区和高新区加快建设标准厂房、创客空间等载体,为项目引进和科技成果产业化创造条件。不断丰富"四个平台"内涵,为创新提供全流程全周期的专业服务,让企业和人才更方便找到资源,让创意和技术更容易走向市场,让创业成本更低、成功希望更大。

深化改革攻坚,增强经济发展动力。围绕"人无我有、人有我优、人优我特、人特我廉",深化供给侧结构性改革,充分发挥市场在资源配置中的决定性作用,引导企业实现布局调整和转型发展。不断优化改革要素供给,促进金融服务实体经济,用政府杠杆撬动天使、风投、创投等各类基金聚集,完善基金功能体系,引导优质资源向高增值行业、优秀企业和重点人才倾斜流动。强化集成改革,瞄准"全省最优"目标,继续推进"放管服"改革,推动营商环境评价工作常态化制度化。优化行政审批局运行,大力推进行政许可权相对集中,实现"一枚印章管审批"。以建立现代企业制度为目标,加快国资平台改革,积极提供可能的政策条件,建立经营性资产市场化运营机制,探索公益性、准公益性资产转化路径,增强国有企业资本规模和质量,提高市场竞争力。

二是大力推动项目建设和产业集聚升级

牢固树立"项目为王"理念,始终聚焦项目引进和服务保障,努力在打造"现代产业集聚区"上体现区域竞争力。

明确功能定位,准确把握板块发展重点。各街道、园区要立足区位条件、发展基础、资源禀赋,进一步聚焦功能定位,突出差异发展,在体现和支撑自身特色的项目中精准用力。江浦街道要大力发展科技创新和总部经济等高端产业,通过功能配套能力和形象提升,增强区域吸引力,担负起引领城市发展的重任。桥林街道要围绕服务开发区,提升生产生活配套品质,打造制造业和生产性服务业高地,建设现代化新城。星甸街道要立足生态优势,以健康产业和现代农业为重点,在乡村振兴上展现好形象、形成好机制。汤泉街道要紧扣温泉特色主题,打造国内一流、国际知名旅游目的地,加快创建省级、国家级旅游度假区。永宁街道要突出大都市近郊美丽乡村和现代农村定位,全面推进新型城镇化,形成具有浦口特色的"大城小镇"发展样板。高新区要围绕"一区多园、统筹发展",加快资源整合,打造最适合创新发展的政策体系和载体空间,成为承接"两落地一融合"的主战场、经济高质量增长的主阵地、建设"双创高地"的主力军。开发区要坚持产业培育和园区建设同步推进,加快打造"两个千亿级"产业集群,强化产业重镇的责任担当,早日跻身国家级行列。求雨山文创园要以创建"国家级文化产业示范园、国际化书法交流基地"为总体目标,大力发展文化创意、金融创新等产业,打造文化底蕴深厚、现代气息彰显的特色园区。珍珠泉旅游度假区要坚持以游客为中心,完善提升既有景区功能,开发利用潜在旅游资源,提升要素的质量和价值,持续提高效益、扩大影响。

抓牢项目引进,加快构建现代产业体系。坚持产业链式发展,围绕台积电、紫光、上汽、楷登电子等龙头企业,加强上下游企业及供应链环节的精准招商力度,着力"补前端、强中端、延后端",壮大主导产业规模。围绕软件信息、旅游商务、现代物流等领域开展专业招商,加快生产性服务业向专业化、高端化方向发展,夯实现代服务业根基。敏锐捕捉未来科技和产业发展前沿信息,在新金融、人工智能、生物医药、量子通信等产业起势阶段把握窗口机遇期,培育未来增长点。不断加强招商服务队伍建设,强化业务培训,打造与国际接轨的专业人才队伍。

强化服务保障,全力确保项目高效进展。准确把握项目需求,提升服务精准化水平,发挥领导挂钩组团发展优势,构建覆盖项目落地、建设、投产、运营全周期的保障体系。强化过程管理,实行包容性监督,变"事前设限"为"事中划线"和"事后监管",以务实精神实现项目各环节的路径突破。加强重点项目跟踪推进,全力推动签约项目开工建设,以国际化标准打造中法创意风情小镇,确保台积电一期顺利量产,加快紫光、鸿海等项目建设。

三是大力推动生态优化和人居环境改善

保护生态环境就是保护生产力,提升人居环境就是提升竞争力。要不断强化绿色发展、协调发展的自信自觉,把生态环境作为浦口体现特色优势的重要窗口。

沿江着力构筑现代新城。在长江沿线,立足良好区位条件,高标准推进老城提档升级和新城开发建设,大幅度改善城市功能品质。继续实施“263”和城市精细化建设管理专项行动,更大力度抓好水土气整治保护,推进水环境提升、雨污分流等工程建设,切实提升居民生活宜居度。紧密对接新区核心区的建设标准,高起点推进江浦、桥林等新城区城市设计,大力推动数字化基础设施建设,实现城市功能布局的现代化和管理运行的智能化。突出产城融合理念,着眼未来人口增长态势和发展需求,在开发区和高新区加快完善商业综合体等功能配套。加快推进综合交通提升,启动全域单轨交通规划建设。

沿山着力凸显绿色优势。在老山周边,立足得天独厚生态优势,坚持一手抓严格保护、一手抓科学利用,切实将绿水青山变成“金山银山”。加强对生态资源景区化开发的顶层设计,将龙之谷、华夏文旅等旗舰型项目打造为华东地区旅游生态链上的璀璨明珠。加快老山周边基础设施建设,为优质文旅项目引进创造条件。不断放大有氧运动品牌效应,持续扩大老山周边旅游知名度。探索建立生态补偿机制,整合市、区两级资源,对限制开发和为生态做出重大贡献的地区给予财政转移支付。

沿河着力建设美丽村镇。在滁河沿线,立足优质资源基础,大力推动新型城镇化建设和乡村振兴,着力展现美丽乡村和现代农业风貌。以人的城镇化为核心,探索建立由政府主导、企业和个人共同参与的农民市民化成本分摊机制。不断完善政府债券、PPP模式等可持续投融资机制,推动基础设施和公共服务标准提升,提供新型城镇化浦口路径。启动江星桥线以西60平方千米美丽乡村新片区建设,确保聆泉福音、草圣书香、浦乡苗源等“珍珠村”开村营业。加强对全区民宿发展的统筹指导,鼓励农民以土地、房屋、资金和劳动力等要素入股,在财富形成中提升参与度和分配权。紧抓“国家级农村集体产权制度改革试点”契机,赋予农民集体资产股份收益权能,释放农村活力。大力推动农业装备、生产技术、经营方式现代化,延长农业产业链,培育新型农业经营主体,加快农业科技创新步伐,打造国家级现代农业示范区。

四是大力推动民生发展和社会治理提升

坚定“以人民为中心”发展思想不动摇,紧贴人民最关心最直接最现实的问题,一件事情接着一件事情办、一年接着一年干,使人民获得感、幸福感、安全感更加充实、更有保障、更可持续。

持续推动富民增收。深入实施全民创业行动计划,突出抓好大学生、返乡务工者等人群创业,确保培育自主创业者700人以上。统筹抓好高校毕业生、农村劳动力等群体就业,大力促进劳动力供需对接,广泛开展常态化、有针对性的就业技能培训。围绕全年30%脱贫任务,积极落实就业、创业、分红等“三个靶向”项目,探索建立低收入户大病补充保险制度,到2018年底精准扶贫进入扫尾阶段。

增强社会保障水平。深入推进城乡居民基本医疗保险制度整合,逐步提升不同类型参保群体社会保障待遇,构建区、街、社区三级保障服务体系。加快保障房建设和交付进度,推进“公廉并轨”,统筹建设、合理分配,探索以产业人才共有产权管理为核心的住房激励制度。落实“户户享有物管”目标,标准化建立物业管委会运作模式,引导物业力量广泛参与社区治理,提升居民归属感。

优化公共服务供给。围绕提高公共服务均等化水平,支持汉开、书人等民办学校在浦口发展,多渠道满足群众对优质教育资源需求。加快筹建江浦实验小学等教育集团,通过集团化办学实现优秀管理团队和师资力量均衡布局。加快推进桥林新城医院等项目建设,推动中心医院和中医院三级创建,提升医疗卫生服务整体水平。聚焦重点人群,提供个性化家庭医生签约服务,不断健全医疗服务体系。

加强社会治理创新。围绕提高大联勤治理水平,加强社会治理数据收集和状态分析,把握治理重点,增强预见性和精准性;做实做细网格工作,以标准化建设推动“两巡”全覆盖,优化APP推广模式,进一步提升发现问题能力。深化乡贤会、居民消费合作社等载体建设,引导居民自筹和社会捐赠设立“微公益”基金项目,做优居民自治平台。深化诚信体系建设,强化诚信数据运用,着力构建跨部门、跨领域的联合激励、惩戒机制。探索建立“时间银行”,实施志愿积分和“服务换服务”互助模式,营造“我为人人,人人为我”浓厚氛围,建设美善浦口。

五是大力推动民主法治和文化发展繁荣

法治是地区核心竞争力的重要标志,文化是城市发展软实力的重要体现。要坚持德法并举,充分发挥法治的稳定、保障作用和文化的引领、凝聚作用,为全区发展提供安定环境、和谐氛围和精神动力。

健全民主政治体系。加强和改进区委对全局工作的集中统一领导,构建决策科学、执行坚决、监督有力的领导机制。区委常委会支持区人大、政府、政协和法院、检察院依法依章程履行职能,并定期听取其党组工作情况汇报。不断拓宽“两代表一委员”民主监督、建言献策的渠道,促进全区各项工作更好地体现人民意志、维护人民利益。完善大统战工作格局,发挥统一战线优势作用,引导各阶层人士谋求共同发展。做好工青妇等群团工作,发挥桥梁纽带作用。

全面深化依法治区。强化法治建设责任落实,推动“一街一品”等法治特色亮点实体化运行,打造一批省级民主法治标准化示范村(社区),巩固国家级法治创建先进区建设成果。把提高居民法治素养作为法治宣传教育的重要任务,推进公共法律服务体系建设,推动形成人人懂法信法、个个靠法守法的良好格局。

增强先进文化引领。结合学习宣传贯彻十九大精神,培育浦口特色宣讲队伍,发挥先进文化引领作用。牢牢掌握意识形态工作领导权,认真落实意识形态工作责任制,营造清朗网络空间。坚持正确舆论导向，全面展示“四个生态”新浦口建设的生动实践。健全文明城市长效管理体系，打造一批有影响力的精神文明建设示范品牌。

推动文化事业发展。完善公共文化服务体系，充分发挥全区历史文化资源作用，不断满足群众文化需求。建立文创产业投融资体系，以财政部PPP试点项目为契机加快求雨山中华书法特色小镇建设。推进创意设计集聚区建设，打造文创产品终端展销平台，促进文化产业蓬勃发展。

四、全面提升适应新时代发展需求的党建工作水平

中国特色社会主义进入新时代，浦口发展进入新征程，党的建设必须有新作为。全区各级党组织要以永远在路上的决心推动全面从严治党向纵深发展，为“四个生态”新浦口建设提供坚强政治保证。

一是把党的政治建设放在首位，用习近平新时代中国特色社会主义思想武装头脑。以党的政治建设为统领坚定理想信念宗旨。严格遵守政治纪律和政治规矩，教育引导全区党员干部牢固树立“四个意识”，坚决维护习近平总书记在党中央、全党的核心地位，更加自觉地在思想上政治上行动上同以习近平同志为核心的党中央保持高度一致。把深入学习贯彻习近平新时代中国特色社会主义思想作为根本性任务来抓。把习近平新时代中国特色社会主义思想同十九大报告、新党章、《习近平谈治国理政》第一、第二卷联系起来学，制定系统计划，分期分批对党员干部进行轮训，提升融会贯通和指导实践的能力。扎实推进“两学一做”学习教育常态化制度化。丰富党委(党组)中心组学习，认真开展“不忘初心、牢记使命”主题教育，引导广大党员用党的创新理论武装头脑，自觉为实现新时代党的历史使命不懈奋斗。

二是树立正确选人用人导向，建设与新时代发展相适应的高素质专业化干部队伍。坚持“突出政治标准，注重基层一线”的选人用人导向。把政治标准放在首位，提拔重用牢固树立“四个意识”和“四个自信”、忠诚干净担当的干部；把岗位历练作为重要因素，提拔重用基层一线和在困难艰苦岗位，能吃苦、敢创新、有作为的干部。完善“多维度考评，注重人岗相适”的选人用人机制。强化干部日常评价，深化“三评一议一记录”机制，针对不同岗位特点，探索领导干部“功能定位、错位考核”的实绩考核方式。加强对干部的分类排序，建立各类人才干部库，精准了解干部特点，精准对接岗位需要。营造“有为就有位”的选人用人环境。坚持严管和厚爱结合、激励和约束并重，落实干部能上能下规定，推动形成“优者上、庸者下、劣者汰”的鲜明导向；完善容错纠错机制，旗帜鲜明为担当者担当、为负责者负责。建立“以生态聚人才，以人才兴产业”的引才用才机制。紧抓“两落地一融合”机遇，完善人才集聚生态体系。突出人才引领，创新激励措施，激发“创业南京”“创业浦口”等高层次人才内生动力，加快人才资源转化，提升产业发展品质。

三是以提升组织力为重点，加强基层组织建设。不断强化党组织政治属性服务功能。全面加强城市、农村、两新组织、开发园区、商务楼宇等各领域党建，提高党组织领导基层治理、团结动员群众的能力，把党的正确主张变成群众的自觉行动。进一步发挥“村书记讲坛”作用，提升党组织带头人推动发展、服务群众的本领。增强党员党性意识和作用发挥。完善困难党员关爱基金等关怀激励机制，增强党员归属感荣誉感。推进积分制管理和考核，加强党员干部信用评价应用，探索不合格党员干部“回炉”机制，引导党员发挥先锋模范作用。做大做强基层党建品牌。全面推广“行村制”，推动大走访常态化制度化，落实好“人心是最大的政治”要求。整合党建工作资源，做实做强党建品牌，探索党建引领基层治理和社会服务的有效路径。

四是坚持从严从实，持之以恒推进正风肃纪和反腐败斗争。落实两个责任，增强不想腐的自觉。坚定不移地把党风廉政建设和反腐败斗争推向深入，推行责任落实全程纪实。坚持惩前毖后、治病救人，运用好监督执纪“四种形态”，抓早抓小、防微杜渐。坚决肃清“杨、季”余毒，进一步净化政治生态。坚持有腐必反，强化不敢腐的震慑。认真贯彻落实中央八项规定实施细则和省市具体办法精神，紧盯“四风”新表现，把案件查处的净化和震慑作用发挥到最大。构建问题线索共享机制，制定微腐败、微侵害等负面清单，促进基层小微权力规范运行。夯实监督举措，扎牢不能腐的笼子。用制度管人、管事、管权，用好“巡察”党内监督利器，把政治巡察摆在突出位置，发挥派驻纪检组的“探头”作用，推动正风肃纪工作向纵深发展。积极稳妥推进监察体制改革，实现对所有行使公权力的公职人员监察全覆盖。

做好明年工作，需要全区各级党组织和广大党员的共同努力。让我们更加紧密团结在以习近平同志为核心的党中央周围，在党的十九大精神指引下，在省市委的坚强领导下，不忘初心、牢记使命，开拓进取、创新实干，为建设“四个生态”新浦口而努力奋斗！

政府工作报告

区长　王　磊

（2018 年 1 月 2 日）

2017 年工作回顾

刚刚过去的一年，是浦口发展史上不平凡的一年。随着年中江北新区管理体制重大调整，浦口发展掀开了新的一页。这一年，在上级党委政府和区委正确领导下，在区人大、区政协监督支持下，区政府紧紧团结依靠全区人民，践行新发展理念、紧跟新时代步伐，积极应对区域新变化、发展新要求，主动作为、奋力进取，顺利完成了区四届人大一次会议确定的各项目标任务，经济社会保持了稳中有进的发展态势。新区管理体制调整前，预计浦口板块全年实现地区生产总值 918 亿元，可比价增长 10%；一般公共预算收入 105 亿元，同比增长 9.3%；全社会固定资产投资 1200 亿元，同比增长 12.1%；社会消费品零售总额 336 亿元，同比增长 11.2%。调整后，预计全年实现地区生产总值 272.7 亿元，一般公共预算收入 38.06 亿元，全社会固定资产投资 480 亿元，社会消费品零售总额 52.4 亿元，全体居民人均可支配收入 42210 元。

一、经济质量更有提升。主导产业高效集聚。集成电路、汽车制造产业链集聚企业超过 60 家，预计实现战略性新兴产业主营业务收入 100 亿元，增幅达 21%。万元工业增加值能耗同比下降 7%。新增规模以上企业 15 家，久吾高科等 3 家入选省级服务型制造示范企业。奇柯全球总部基地体验馆、金盛田商业广场等商贸综合体建成运营，象山湖市民广场一期、佛手湖郊野公园陆续开放。老山十里画廊被命名为首批省旅游风景道，环老山体育旅游景区获评中国体育旅游精品区。全年接待游客 1200 万人次，旅游总收入同比增长 30%。全国首个国家级现代农业产业科创中心成功奠基，创建省主题创意农园 3 家。新增农业龙头企业 3 家、农业专业合作社示范社 5 家、设施农业 5450 亩，家庭农场生产经营面积比重达 45%。永宁大埝社区获批省休闲观光农业示范村。重点项目推进有力。强化定点招商、以商引商，成功引入华夏文旅、楷登电子、中铁十四局大盾构总部等亿元以上项目 76 个，总投资 333.5 亿美元、1089 亿人民币。严格实行区领导挂钩帮办、部门协同会办机制，灵玲动物王国、海尔虚实网服务园等项目加快建设，欣铨科技、鑫星银行综合服务平台、浦镇海泰研发基地等项目主体封顶，龙之谷蜂巢酒店基本建成，台积电一期进机调试，美国空气化工实现试运营，上汽依维柯、锦湖轮胎等 10 个项目竣工投产。园区平台全面优化。经开区双峰路东延、步月路西延等主干道建成通车，书人学校、智慧谷研发中心主体完工，丝兰湖商业中心投入使用。七坝港 5 千吨级多用途码头工程基本建成，公共物流保税仓库一期实施内装，申通智慧物流科技产业园成功落户。科工园 28 万平方米海绵城市建设工程顺利启动，海桥社区中心、海桥路配建学校加快建设，金雁湖社区中心主体封顶，总投资 30 亿美元、4 平方千米的中法创意风情小镇成功奠基。求雨山城市设计获教育部优秀工程勘察设计一等奖，书法特色小学、雨香路等配套加快推进，核心区二期 30 万平方米征迁顺利完成。

二、改革创新更具活力。体制机制逐步理顺。服务服从江北新区发展大局，整体划转直管区经济社会管理事项，完成江浦街道 19 平方千米行政区划调整。主动策应供给侧结构性改革，稳步推进 6 大类 49 项重点改革任务，制定支持开发园区创新发展、金融服务实体经济发展、企业信贷风险补偿资金管理办法等一揽子政策，助推园区“一特三提升”、企业扩规上档。金融生态综合排名全省第二。推行国企薪酬制度改革，完成国资监管系统一期建设，国有资产保值增值能力增强。农村土地承包经营权确权登记颁证全面通过省市验收，1207 宗农村宅基地和农房统一登记发证试点推进。完成 18 个社区（村）股改工作，获批国家级农村集体产权制度改革试验区。要素制约有效破解。结合土地利用总体规划修编，土地指标“两减两增”规模位居全市前两位，基本解决“十三五”期间用地瓶颈。实施增减挂钩 3400 亩、占补平衡 900 亩，有效保障重大项目用地需求。永宁街道获评省耕地保护激励单位。成立政府投资基金管理委员会，优化管理考评办法，整合扩大城市发展、产业投资等基金，政府投资基金认缴总规模达到 55 亿元。规范推进桥林老城综合开发等 12 个 PPP 项目落地，总投资额达 349 亿元。发挥大江北资金池作用，统一配置资金 142 亿元，平台融资成本控制和资金使用效率实现双提升。创新创业加速提质。积极推进“两落地一融合”工作，以科工园为主体，整合经开区、文创园创新资源组建浦口高新区，同步成立科创平台，一区多园、统筹发展创新格局初步形成。新增国家级众创空间 1 家、省级众创空间 8 家，成功孵化企业 11 家。建立校企联盟 5 个，签订产学研合作协议 48 项。正式创建国家知识产权强县工程试点区，经开区创成国家知识产权试点园区。新增高新技术企业及民营科技型企业 20 家，上市挂牌企业 2 家，稻草熊影业入选省重点文化科技企业。出台科研院校人才服务办法，申报科技顶尖专家 2 名，引进“创业南京”人才 4 名、“创业浦口”人才 60 名。高标准启动建设 1500 套产业人才共有产权房，为全市首创。

三、城乡功能更臻完善。基础设施加快建设。编制“多规合一”“一张蓝图”,完成浦口区2035发展规划大纲编制工作。投入73亿元,高标准实施省“931”和城市精细化建设管理十项行动,完成浦乌路等片区动迁320万平方米,开展城南新村等26个老旧小区及零散片区整治。启动象山路城市“微更新”、中圣街精细化综合整治工程,完成10个游园绿化提升、20处景观亮化,新改建公厕72座。建成汤盘线等30千米干线公路、康浦路等47千米城市道路,整治交通险段、堵点47处。宁和城际一期开通试运营,新增微循环公交线路2条、公共停车位5833个、公共自行车4500辆,提档升级公交站台50座,便捷交通日益凸显。铺设天然气管网25千米,新增用户8000家。完成江浦水源厂二期建设工程。美丽镇村亮点纷呈。有序推进桥林街道省级国家新型城镇化综合试点,乌江新市镇等8个新城新市镇高效建设,累计入选市级以上特色小镇3家。建成美丽乡村示范片区127平方千米,创建市级以上示范村、特色村、宜居村33个。江浦不老村入选中国最美村镇50强,桥林福音社区八刘等2个村组新评为省级水美乡村。升级“美丽乡村+”新业态,培育民宿21家,农业电子商务销售额增长35%,乡村旅游总收入达90亿元。楚韵花香、西埂莲乡等5家成功创建省四星级乡村旅游区。开展农田水利连片治理,完成河塘清淤150万立方米,铺设农村生活污水管网14.6千米。水墨大埝成功通过省级水利风景区验收。提档升级农村公路90千米,创成省级“四好农路”示范区。生态环境有效改善。强力推进“263”专项行动,实施雨污分流三年攻坚计划,完成124个排水单元雨污分流、10.7千米污水主次干管建设,整治排污口306个。实施新浦路等37处积淹水点改造,完成上河街等68项消险工程。全面落实河长制,高标准实施秃尾巴河等29条黑臭河道整治,建成区黑臭水体基本消除。加强桥林备用水源地保护,开展长江岸线开发利用专项整治行动,“一企一策”整治船舶修造企业13家。编制浦口区生态文明建设规划,建成“数字城管”系统,严控渣土运输、工地扬尘、秸秆焚烧,专项治理餐饮油烟133家,PM2.5年均浓度较2016年同期下降11.5%,圆满完成省环保督察任务。新增及抚育林木面积7000余亩,林木覆盖率跃居全省第一。

四、民生福祉更显丰厚。社会保障持续健全。10大类26项民生实事有序推进,新开工保障房107万平方米,其中全装修保障房75万平方米,竣工交付95万平方米。推进公共政务服务平台建设,新增城镇就业1.7万人,转移农村劳动力1866人,培育自主创业者870人。江浦街道同心众创空间创成市级大学生创业园。优化低保、医疗救助机制,出台低收入农户补充保险救助政策,设立500万元急重病灾救助资金。建成AAAA级居家养老服务中心1个、AAA级社区居家养老服务中心11个。全力打造医养结合养老康复示范中心,护理型床位占比达67%。募集慈善款物总额5270万元,2.2万人次受益。认真做好五方挂钩及东西部地区扶贫协作工作,探索“一人一策”“互联网+”等精准扶贫模式,帮助2511名低收入农户、6个经济薄弱村(欠发达村)顺利脱贫。社会事业协调并进。新建3所中小学、8所幼儿园,星甸中学等3所薄弱学校完成提档升级,9所幼儿园成功创建省市优质园。大力推行教师队伍“区管校用”,挂牌成立1个市级名师工作室,引进高层次人才2名,杨瑞清同志入选中国“当代教育家”名录,陈久贵等4名同志荣获市“陶行知奖”。与南京医科大学、健康江苏研究院等开展战略合作,中心医院二期内科楼、康复体检中心、中医院门急诊楼、病房楼及桥林国际门诊部陆续建成投用,南医大四附院等项目有序推进。构建2个“1+1+N”医联体,重点人群家庭医生签约率达70.3%。浦口市民中心、浦口文体中心建成运营,浦口公共文化数字化平台上线运行,入选全国基层公共数字文化服务推广项目。成功创建省农家书屋提升工程试点工作示范区。圆满组织“三赛一节”、保障世界轮滑锦标赛等国际国内高级别赛事,建成省级体质测定与运动健康指导站。社会治理不断创新。制定发布社会治理联勤工作规范省级标准,大联勤手机客户端上线运行,累计处置各类联勤事件31.7万起,在汤泉街道试点“巡更”“巡夜”,做实网格化巡查。扎实开展社会矛盾和安全隐患大排查大整治行动,整改隐患1.2万条,信访积案化解率达91.7%。完成信用系统“一网两库一平台”建设,归集54万个自然人、4.8万个法人信息。完善区、街、社区三级社会组织服务网络,实现街道社会组织服务与发展中心全覆盖。79个乡贤组织覆盖全域,74个社区(村)聘请法律顾问参与社会矛盾纠纷调处。制定全区106个成型住宅小区物业分类管理标准,设立5000万元小区物业管理奖励资金,投入2300万元完成52个小区安防设施建设。持续推进119家餐饮“明厨亮灶”,成功获评首批省级食品安全示范区。举办“核心价值观百家讲坛”系列活动,顺利通过全国文明城市国家综合测评,星甸九华村荣获“全国文明村镇”称号。永宁西葛被认定为省级地震安全示范社区。与此同时,工会、妇女、青少年、残疾人、档案、民族宗教、人民武装等各项事业也取得了新的成绩。

五、自身建设更加过硬。厉行法治履职尽责。贯彻法治政府建设五年实施方案。认真落实“三重一大”、重大民生事项征询民意等制度,组织开展重大行政决策评估工作,健全落实“双随机、一公开”“两法衔接”等工作机制。严格执行政府部门权力清单和责任清单,公开发布7305项行政权力事项、7539项办事指南。深入推进基层公共法律服务建设,推行公职人员学法用法等制度,全民社会法治观念得到进一步增强。自觉接受人大、政协监督,全年办理人大代表建议142件、政协委员提案100件,办结率、满意率均为100%。服务效能持续提升。将大走访活动作为“两学一做”学习教育的重要实践,梳理各类问题10211个,解决率达100%。完善“12345”工单办理绩效考核细则,接处工单5.9万件。大力推进“放管服”,有效落实“3550”改革,组建行政审批局,办结“不见面审批”6.7万件,代办投资建设项目141个。开展“证照分离”改革试点,深入推进“多证合一”,办事流程压缩80%以上。优化整合区政府门户网站建设,主动公开各类信息近1.5万条。严守纪律干净干事。坚持以习近平总书记治国理政新理念新思想新战略为指导,扎实开展“旗帜鲜明讲政治”学习教育活动,第一时间学习贯彻党的十九大精神。认真落实全面从严治党“两个责任”,全面梳理党风廉政建设“五项清单”,扎实开展“四个专项”整治行动。推行审计机关人财物管理改革试点,对公共资金、国有资产、国有资源和领导干部履行经济责任情况实行审计全覆盖,开展“百村审计”推动集体“三资”管理规范化。严格执行部门预算,落实公车使用管理、规范公务接待等制度,

“三公经费”支出继续保持零增长。规范编外人员管理,确保财政供养人员只减不增。加强政府债务管理,有效防控债务风险。

各位代表,去年我们所取得的进步和成绩,是市委、市政府和区委正确领导的结果,是全区上下凝心聚力、奋力拼搏的结果。在此,我谨代表区人民政府,向亲历和推动这一年变化的全区人民,向人大代表、政协委员,向各民主党派、工商联、各人民团体和各界人士,向所有参与和关心支持浦口建设发展的各界朋友,表示衷心的感谢和崇高的敬意!

我们也清醒认识到,浦口经济社会发展中还存在着一些困难和问题:一是转型升级处于重要关口,尤其是新区管理体制调整后,发展空间、产业版图规模缩减,“四上企业”数量较少,经济增长压力进一步加大;二是新旧动能接续转换任务艰巨,研发投入强度和科技成果转化偏弱,高新技术产业占比偏低,创新创业的氛围需要进一步营造;三是生态环境还有不少短板,空气质量、地表水质仍需持续提升,城市精细化、品质化管理有待进一步加强;四是发展不平衡、不充分问题依然突出,城乡居民收入差距仍然较大,农村路网、基础配套相对薄弱,优质教育、医疗、文体、养老等公共服务供给与群众需求存在差距,社会治理的精准度仍需进一步提升,等等。民之所望为施政所向,我们将不忘初心、牢记使命,直面问题,主动应对各方面困难挑战,积极回应浦口百姓新诉求、新期盼。

2018 年主要任务

今年,是贯彻落实党的十九大精神的开局之年,是改革开放40周年,也是江北新区管理体制调整后浦口开启发展新征程的起步之年。历经多年的积累沉淀,过江通道相继打通、产业平台有力构筑、重大项目陆续落户,浦口正处于加速赶超、蝶变腾飞的重要关口,与此同时,也面临着体制调整以后,区域面积减小、可用财力减少、创新载体减半三大挑战。这就需要我们在今年以及今后的工作中,更加集中精力、集聚要素、集约资源,坚持以人民为中心不动摇、坚持国家级发展目标不动摇、坚持生态保护底线不动摇、坚持城乡更新共融不动摇,把特色优势加快转化为发展胜势,在对标找差中提升综合实力,在竞速比质中提升动力能级。对照现有700平方千米区域,将发展布局优化为“一轴两翼五组团”,汇聚历史人文魅力、高校院所智力、社会资本财力,培育壮大五大主导产业,打造宜居宜业宜商的生态新城。在中部全域旅游组团,承启老山生态景观养生金轴,以龙之谷、华夏文旅、极光片羽等项目为龙头,串联老山国家森林公园、珍珠泉度假区、汤泉旅游度假区,加快打造千亿级休闲旅游产业。在西部产港城组团,启动国家级开发区创建,以台积电、紫光半导体、上汽依维柯等项目为龙头,全面拉开经开区50平方千米、桥林新城86平方千米建设框架,加快打造千亿级集成电路、千亿级交通装备产业。在东部都市区组团,对标新区核心区域,持续提优江浦主体功能区教育、医疗、文化等公共服务功能和城市治理体系,以虹悦城等项目及特色街区建设为依托,加快打造五百亿级商贸服务产业,提升中心城区靓丽形象、辐射水平。在南部高新区组团,借力“两落地一融合”,以中法创意风情小镇、中华书法小镇等为引领,联动科工园、求雨山文创园,着力培育五百亿级文化创意产业,前瞻布局人工智能等未来产业。在北部新型城镇化组团,落实“乡村振兴”战略,以永宁新市镇、星甸九峰山田园综合体等建设为引领,高标准提质539平方千米美丽乡村示范片区,同步完善路网、管网、水电气等山北片区配套短板,实现区域互联互通、资源共建共享的城乡融合发展新格局。

今年政府工作的总体要求是:深入贯彻落实党的十九大精神,以习近平新时代中国特色社会主义思想为指导,按照总书记视察江苏重要讲话要求和中央经济工作会议部署安排,紧扣“两聚一高”“一个高水平建成、六个显著”“四个生态”主题,坚持稳中求进工作总基调,坚持新发展理念,以供给侧结构性改革为主线,用系统化、项目化思维全面做好改革创新、实体经济发展、城乡精细建管、生态文明建设、保障和改善民生等工作,推动浦口在高质量发展上不断取得新进步。

今年经济社会发展的主要指标安排建议是:地区生产总值可比价增长10%,一般公共预算收入同比增长10%,全社会固定资产投资同比增长12%,社会消费品零售总额同比增长10%,全体居民人均可支配收入增速高于经济增速。

按照上述要求和目标,重点做好以下几个方面工作:

一、抓好转型升级,促进产业集群高端化

坚持质量第一、效益优先,推动经济发展质量变革、效率变革、动力变革,不断提高全要素生产率,着力建设更有活力、更具竞争力的特色产业群。

*强化产业发展。*按照习近平总书记视察江苏时提出的“必须始终高度重视发展壮大实体经济,抓实体经济一定要抓好制造业”要求,大力实施实体经济“大树”培育计划,加快机电制造、建筑材料等传统产业改造升级,鼓励运用预制装配和“互联网+”等新型模式,积极开展智能工厂示范建设。推动新兴产业提速成长,集成电路、交通装备产业规模突破100亿元,战略性新兴产业主营业务收入增长15%。全年新增规模以上企业8家,万元工业增加值能耗下降1.5%。推进全域旅游发展,高标准实施岔路口片区环境提升、珍珠泉景观改造二期等工程,象山湖有氧运动生态广场对外开放,实现旅游总收入和游客接待量增长20%。加快江浦既有商圈提档扩容,推进龙华虹悦城、奇柯总部基地等大型商贸综合体建设,支持家政、便利店等生活性服务业布局社区网点,努力打造“15分钟便民生活服务圈”。坚持质量兴农、绿色兴农,加速国家现代农业产业科创中心建设,拓展5个省市级农业示范园区公共服务功能。优化“一村一品一店”模式,全年新增示范性家庭农场10家,新型职业农民认定比例达10%以上,推动现代农业“三化一全”发展。创建省级农产品质量安全示范区。

*强化项目引领。*坚持每月“一次例会、一次督查”、每季度“一次考核排名、一次点评大会”的“四个一”推进机制,加强对投资强度、亩均产出等关键指标考核力度,保障华夏文旅、极光片羽等新签约项目尽早落地,加快紫光半导体、灵玲动物王国等旗舰型项目建设,推进台积电一期、欣铨科技一期、美国空气化工等项目投产达效,实现龙之谷蜂巢酒店对外运营、越博新能源汽车部分试生产,确保意中基金会中国代表处(总部)、鸿海产业基地等在手在谈项目正式落户。全年引进总投资亿元

以上项目56个,其中10亿元(1亿美元)以上项目14个。继续优化投资结构,技改投资占工业投资比重达52%,战略性新兴产业投资占工业投资比重提升2个百分点以上。

强化平台支撑。经开区继续实施17.5平方千米连片拆迁扩园,推进书人学校、琼花湖人才公寓、产业人才共有产权房等功能配套建设,打造紫峰研创中心、低碳谷二期、智慧谷研发金融中心等服务平台,丰子河大道等10条20千米道路建成通车,工业污水处理厂等5项基础设施竣工投用。七坝港多用途码头正式投运,港区综合服务大厦加快建设。科工园海峡大道以东路网全面贯通、以西路网全面开工,加快推进科创大厦、总部大厦、自贸区大厦等载体打造,启动中法创意风情小镇基础设施、两岸设计小镇产业项目建设,建成兰溪公园20万平方米海绵城市示范区。求雨山文创园围绕"国家级文化产业园、国际化书法交流圣地"目标,全面启动建设,创意设计园、文创空间、书画艺术长廊建成投用,集聚产业链关联企业70家。启动高旺片区规划布局研究,拓展产业发展新空间。

二、用好改革红利,促进自主创新系统化

充分发挥市场配置资源的决定性作用,坚决破除各方面体制机制弊端,破解影响政产学研融合发展的深层次问题,打造成本更低、效率更高、更容易成功的创新生态链。

突出机制完善。不断完善与江北新区发展要求相适应的管理体制和运行机制。开展全国第四次经济普查工作。集成各园区产业扶持政策,优化老山板块一体化管理机制,加快科技金融合作创新示范区建设。继续深化国资国企改革,实施国资监管综合系统二期开发,进一步统筹涉水事项建管职能,探索建立公建配套回购机制,推动区属国企向现代企业制度转型,不断做强做优做大。深入推进供给侧结构性改革,准确把握企业需求与政府支持的同频共振点,完善扶持实体经济、降低企业成本各项政策,全力支持驻区企业创新创业,激发和保护企业家精神。完成国家级农村集体产权制度改革试点,确保5个以上村深化股改工作通过农业部验收,建成区级农村产权交易中心。

突出资源聚合。按照"政府引导、市场运作、规范管理、滚动发展"原则,新设科创、海外直通车等专项子基金10亿元以上,引导带动社会资本与实体企业、主导产业精准对接。鼓励民营资本进入基础设施、公共服务等领域,积极推进老山休闲旅游综合开发等项目落地。坚守基本农田和耕地保护红线,连片提升9000亩耕地质量,实施增减挂钩、占补平衡2500亩,清理批而未供土地2000亩,新增闲置土地处置率达100%。出台征地留用地政策实施细则,探索发行土地储备专项债。优化土地供给结构,加快建立多主体供给、多渠道保障、租购并举的住房制度,保持房地产市场平稳健康发展。

突出创新驱动。扎实推进"两落地一融合"工作,推动浦口高新区实体化运作,与南京航空航天大学、南京审计大学等在宁高校共建新型研发机构2家以上,搭建校企联盟5个,打通"基础研究—应用研究—产业孵化"链条。发挥科技镇长团桥梁纽带作用,签订产学研合作项目50个以上。深化四个平台建设,新增在孵企业50家、毕业企业5家。建设亿元以上科技创新类项目12个。加快国家知识产权强县工程试点区建设,发明专利申请量同比增长10%以上。大力实施"创业南京"英才计划和青年大学生"宁聚"计划,出台人才安居相关配套政策,引进"创业南京"人才4名、"创业浦口"人才30名。全年新培育高新技术企业20家,高新技术产业产值占规模以上工业总产值比重提高2个百分点。

三、守好绿水青山,促进城乡发展品质化

坚持高站位谋划、精准化设计、精细化实施,联动推进旧城提档、新型城镇化和美丽乡村提升,实现生产、生活、生态协调发展,以"绣花精神"打造便捷绿色的美丽宜居区。

提升城市功能。充分发挥城市总体规划的战略引领和刚性管控作用,坚持区域化推进、区块化开发,有序实施239项城乡建设重点项目。圆满收官环境综合整治三年行动,完成北庄等片区征迁100万平方米,整治揽月山庄等7个老旧小区及零散片区64万平方米,实施江森路等6条道路、20条背街小巷、6个游园绿地整治和主城区景观亮化工程。推进"畅行浦口"建设,加快104国道、235国道等10条干线公路建设,推动"美丽绿道"创建。配合推进长江五桥、宁合高速改扩建等重点工程,加快实施城西路综合换乘枢纽等建设。开展公共交通品质提升三年行动,启动环老山轨道交通及中运量轨道交通一号线(江浦—桥林段)研究建设,新辟优化10条公交线路,建设50座智能公交站台,新增公共停车位5000个、公共自行车2000辆,加快打造"15分钟出行交通圈"。实施全区天然气管网两年建设计划,当年建成燃气管网50千米,配套改造罐装气用户9350户。

提升乡村颜值。全面推进桥林4.3平方千米老城综合开发,加快主干道路、公建设施及配套管网建设,加快打造石碛河风光带;启动永宁休闲旅游特色镇建设,串联"珍珠村"、滁河风光带等景区,全力打造全域康养休闲示范区;完成汤泉九龙湖环湖景观打造,启动惠济寺景区商业建设,加快省级旅游度假区创建步伐;推进星甸九峰山6.8平方千米田园综合体建设,实施江星桥线以西60平方千米环境综合整治提升,不断彰显"三山两河"独特魅力。实现美丽乡村全域覆盖,建成聆泉福音、草圣书乡等新珍珠村,创建市级美丽乡村示范村9个、市级民宿村2个。提档升级农村公路30千米,实施街村污水处理设施一体化建设运营。新增高效节水灌溉面积7200亩,疏浚农村河道147万立方米。深入推进"厕所革命",有序实施农村垃圾分类处理,推动乡村人居环境、村民生活质量不断改善。

提升管理水平。深入落实"263"专项行动,强化源头管控,推进129个排水单元雨污分流、20千米污水主次干管建设改造,实施珠江污水处理厂三期和中水厂二期工程。进一步完善三级河长工作制,开展珠北河等7条河道水环境提升,全域基本消除黑臭水体。加快推动应急备用水源建设,集中式饮用水源地水质全面达到或优于Ⅲ类。完成高旺河、驷马山河(沿江段)等堤防加固工程,投入1.9亿元实施易淹片区整治和汛后消险。开展第二次全国污染源普查,健全污染联防联控机制,狠抓扬尘管控、秸秆禁烧和餐饮油烟治理,空气质量优良天数比例力争达到75%,PM2.5年均浓度较2017年同期下降10%。依托"智慧城管""智能交通"和"天网工程"等平台,加

快创建新型智慧城市标杆城区。

四、办好民生实事，促进公共服务均等化

抓住群众最关心、最直接、最现实的利益问题，推进28项民生实事项目，不断提升公共服务供给的均衡优质水平，努力打造群众获得感、幸福感、安全感更加充实的美好生活圈。

做实社会保障。深入实施全民创业行动计划，突出抓好大学生、农民工、科研人员等“五类群体”创业，加强人力资源供需对接，新增就业12000人，转移农村劳动力1400人，培育自主创业者700人，建成1个省级创业型街道、17个省级创业型社区(村)。全面做好社会保险扩面征缴，探索实施困难群体补充大病保险制度，有序推进城乡居民基本医疗保险市级统筹，继续推动机关事业单位养老保险制度改革。坚决打赢脱贫攻坚战，确保低收入农户、经济薄弱村(欠发达村)脱贫率达90%以上，继续做好陕西镇安、苏北淮安对口支援帮扶工作。积极开展集体建设用地住房租赁试点，全面推广保障房全装修和装配式绿色建筑模式，建设各类保障房及公共配套500万平方米，竣工130万平方米。妥善解决原镇街拆迁安置房办证问题。高标准建设省级医养融合养老康复示范基地，探索线上线下实时联动居家养老模式，建成AAA级居家养老服务中心13个、社区助餐点26个，居家养老服务老年人口比例达20%。新增群众急救普及人数4000人。提标“残疾人之家”5家。

做优社会事业。促进教育优质均衡发展，组建2个教育集团，新建3所公办及惠民幼儿园、4所中小学，启动浦口中专校实训基地改扩建，实现学前教育无证园清零，义务教育优质资源覆盖率达88%，争创省教育技术装备示范区。强化医疗服务“向上提升、向下扎根”，积极与省内外优质医疗机构开展深度合作，进一步优化整合区内重点医疗资源，推动意大利国际医院加速签约落户，加快中心医院脑科楼、中医院儿童中心和桥林新城医院建设，同步提升7个社区卫生服务中心功能，打造特色专科医疗服务品牌。大力实施文化“四名工程”，启动浦口区博物馆建设，举办浦邑名家系列展览、全民阅读、文化惠民系列活动，建成基层综合性文化服务中心23家。继续办好“三赛一节”，加快推进浦口有氧运动健康园建设，形成浦口特色全民健身品牌。

做精社会治理。优化构建大联勤“大数据库”，推广智能“巡更”系统和“巡夜”机制，提高问题发现率和公众参与度。升级完善公共信用信息平台功能，有序开展信用应用试点工作。试点推进街道物业服务中心管理模式，推广“菜单式服务、等级化收费”，小区物业管理标准化建设达标率提升至75%。深入推进城乡社区治理，开展“五个一机制”社区试点，城乡和谐社区合格率分别达98%、95%。加快社会治安防控体系建设，公众安全感保持93%以上。加强食品药品安全综合治理，强化安全生产重点行业专项整治，促进安全生产形势持续好转。深化中国特色社会主义和中国梦宣传教育，实施公民道德建设工程，进一步巩固文明城市创建成果。

五、树好勤廉风气，促进区域环境优质化

牢固树立“四个意识”，全面开展对标找差、创新实干工作，坚持问题导向与目标导向并重、提升优势与补齐短板并举，营造同向前行、同心共建的发展向心力。

坚持依法行政。优化法治政府建设年度计划和考核指标，严格按照法定权限和程序行使权力、履行职责。实现政府法律顾问制度全覆盖，培育省市依法行政示范典型。突出执法重心下移，以江浦街道为试点，整合城管、市场监管、联勤力量，探索街道综合行政执法模式。建立健全多主体协同执法机制。深入推进“七五”普法，加快建设区级法治宣传教育中心。依法接受人大及其常委会的法律监督、工作监督，自觉接受政协民主监督和社会舆论监督，健全与人大代表、政协委员的沟通联络机制，高质高效办理人大代表建议、政协委员提案。

坚持为民施政。深入推行“互联网+政务服务”，推进“一张网”向街道延伸，实现审批服务事项网上办理率100%。推动“3550”常态化、制度化，积极探索容缺审批，实现区内重大项目代办率100%。完善“12345”工单办理跟踪检查机制，群众新增诉求化解率达到95%。深化调研基层、联系企业、走访群众等机制，及时了解社情民意、解决急需难题。完善分类培训、专项督查、考核问责和容错纠错等机制，推动形成“头雁效应”，营造想干事、能干事、干成事的浓厚氛围。

坚持廉洁从政。严格落实“两个责任”，健全重点领域、关键岗位廉政风险防控机制。将纪律和规矩挺在前面，进一步纠正“四风”，坚决查处侵害群众切身利益的“微腐败”。依法实行财政预决算公开，加强预算执行管理和绩效跟踪。严格推行审计全覆盖，强化对政府购买服务的监管评估。坚持政府过“紧日子”，严控“三公”经费，保持区级机关运行支出零增长。落实风险预警、融资会审等制度，确保不发生债务风险。重点推进征地拆迁、重大工程、社会公益事业等方面的政务信息公开，继续开展区领导及部门负责人在线访谈，以行政“透明度”提升群众“信任度”。

新时代赋予新使命，新起点开启新征程。让我们更加紧密地团结在以习近平同志为核心的党中央周围，以习近平新时代中国特色社会主义思想为指引，在市委、市政府和区委的坚强领导下，众志成城、昂扬奋进，努力在新一轮发展中占得先机、赢得优势，为加快二次创业、建设“四个生态”新浦口而努力奋斗！

附1：名词注释

1.“一特三提升”：着力打造特色创新集群，提升土地产出率、资源循环利用率、智能制造普及率。

2.“两减两增”：核减耕地保护面积、基本农田保护面积，新增建设用地规模、流量指标。

3.“1+1+N”医联体：1家三级医院、1家二级医院、N个基层社区卫生服务中心组成的三级联动医疗合作联合体。

4.“三赛一节”：浦口国际女子半程马拉松暨全国女子半程马拉松锦标赛、全国山地自行车冠军赛暨中国山地自行车公开赛、国际攀联世界杯攀岩赛、亚洲户外运动节。

5.“一网两库一平台”：信用门户网站、企业信用基础数据库、个人信用基础数据库、信用信息平台。

6.“两法衔接”：行政执法与刑事司法衔接。

7.“3550”：开办企业3个工作日内、不动产登记5个工作

日内、工业建设项目施工许可50个工作日内完成。

8.“三化一全”:农业生产智能化、特色产业电商化、管理服务网络化、信息进村入户全覆盖。

9.“三山两河”:“三山”指赭洛山、九峰山、驷马山,“两河”指驷马山河、滁河。

10.“四名工程”:文化产业名人、名品、名企、名园。

11.“五个一机制”:一个网格、一个乡贤、一个社工、一个社会组织、一个公益项目。

附2:浦口区2018年民生实事

1. 新开工保障房100万平方米,竣工130万平方米。建设人才安居房36万平方米。完成棚户区改造16万平方米。

2. 整治揽月山庄等7个老旧小区。实施滨江和园、华府国际等86个住宅小区物业标准化建设,优化考核指标,全区住宅小区物业管理标准化建设达标率提升至75%。

3. 启动安置房办证“暖万家”工程,利用两年时间,为全区2.1万余户建成已交付未办证拆迁安置家庭办理房屋产权登记。

4. 新开工建设双石线等城乡道路20条,建成石乌线等29条、23千米道路。

5. 完成城南河沿线景观亮化和环境综合整治,实施江浦片区街头绿地、游园广场提档升级;整治南江巷等20条背街小巷。

6. 新辟优化公交线路10条,升级改造智能公交站台(牌)50座,新增、更新绿色公交50台。新增公共自行车2000辆、站点50个。新增公共停车位5000个。

7. 启动天然气“通万家”工程,利用两年时间,为全区1.7万户保障房小区、老旧小区家庭接通天然气管网。当年建成燃气管网50千米,配套改造罐装气用户9350户。

8. 新改建供水管网23千米、污水管网20千米。完成康华新村等37幅地块、129个排水单元的雨污分流改造。完成龙华路、光明路等11个城市积淹水点改造。

9. 实施西江中心河、珠北河等7条河道水环境提升工程,全域基本消除黑臭水体。

10. 新建花园北路小学等中小学校4所,江浦实验小学开办1所新分校。建成星甸王湖小区幼儿园等公办及惠民幼儿园3所,创建省市优质园3所。

11. 推进教师“区管校用”,义务教育学校校长、教师流动比例不低于符合流动条件人员总数的15%。

12. 续建桥林新城医院,新建中医院儿童中心,建成中心医院脑科楼,江浦街道社区卫生服务中心新楼正式启用。

13. 两个“1+1+N”医联体下派医务人员21名,培育较高水平社区全科医生7名。

14. 实现新增就业12000人,政府补贴性职业培训4800人次,培育新型职业农民1000人。建成省级创业型街道1个、省级创业型社区(村)17个。新增农村电商主体10个。

15. 完成国家级农村集体产权制度改革试点工作,5个以上村股改工作通过农业部验收。

16. 当年实现全区90%农村低收入人口、经济薄弱村(欠发达村)稳定脱贫。

17. 投入500万元为8352户建档立卡的低收入农户家庭成员购买大病补充商业保险。经认定的困难群众免费参加城乡居民医保,且大病医保报销比例在现有基础上提高5个百分点。

18. 区城乡居民基本医疗保险报销比例原则上提高到市居民医保水平。

19. 建成AAA级居家养老服务中心13个、老年人助餐点26个,全年实现助餐服务22万人次。区福利院建成省级医养融合示范基地,每个街道建成1个社区老年人日间照料中心。

20. 区级残疾人托养中心投用,扩容区级残障儿童康复中心,建成1个残疾人文体活动中心,提标5个“残疾人之家”,残疾人基本康复服务覆盖率达80%。

21. 新建南京海峡两岸科工园文化中心、体育中心。建成23个基层综合性文化服务中心。

22. 新建3家、提档升级2家农贸市场。

23. 重点治理餐饮油烟商户27家,实现主城区内餐饮企业油烟排放基本达标。

24. 开展打击食品违法行为专项行动,实施食品放心工程,建设“1+1+5+X”(1个智慧监管系统、1个区域检测中心、5个街道快检室、X个农贸市场快检室)食品安全快速检测体系。

25. 群众安全感比例保持在93%以上。城市和谐社区达标率达98%,农村和谐社区达标率达95%。

26. 打造星甸九峰山市级田园综合体。建成聆泉福音、草圣书乡等新珍珠村,创建市级美丽乡村示范村9个。

27. 完成江星桥线以西60平方千米新建、提升农村道路30千米,建成农村道路绿化66千米、村庄绿化美化“示范点”5个。

28. 新、改建A级标准旅游厕所8座以上。新建1座职校广场城市公厕,完成50座农村公厕提档升级。

中共南京市委 南京市人民政府 关于进一步完善南京江北新区管理体制的意见

宁委发〔2017〕18 号

（2017 年 5 月 11 日）

为加快推进南京江北新区（以下简称“新区”）的开发建设，充分发挥新区创新引领、精简高效优势，进一步调动相关行政区积极性，现就进一步完善新区管理体制提出以下意见。

一、优化管理体系，提高行政效能

（一）优化组织架构

1. 加强新区领导小组的组织建设。领导小组组长由市委书记担任，副组长由市长担任，相关单位和有关行政区领导为小组成员，领导小组下设办公室。领导小组负责新区重大规划调整、重大政策制定和重大项目推进的研究和协调职能。

2. 实现新区与高新区、化工园区管理机构、人员高度融合。将高新区和化工园区党工委、管委会整建制并入新区党工委、管委会，保留高新区、化工园区党工委、管委会的牌子。优化新区党工委、管委会领导职数的设置。

3. 优化新区内设和相关机构。根据管理职能变化和机构整合需要，优化重组新区党工委、管委会的职能机构和重点产业发展管理机构，同步优化整合相应的垂管机构和其他机构。

4. 调整相关街道托管关系。高新区、化工园区原托管的 5 个街道（浦口区的沿江、泰山、盘城街道和六合区的大厂、长芦街道）和顶山、葛塘街道，由新区党工委、管委会统一托管。

（二）优化空间架构

1. 直管区

将新区原高新区、化工园区以及顶山街道、葛塘街道共 386.25 平方千米设立为新区直管区，同时在直管区内划定 33.2 平方千米的核心区，集中开发，发挥引领示范作用。

2. 共建区

在新区规划面积 788 平方千米范围内（以街道行政区划为边界），除直管区外的其他区域为共建区，以浦口区、六合区为主开发建设，新区对重大事项进行统筹。

3. 协调区

在浦口区、六合区和栖霞八卦洲范围内，除直管区、共建区外的其他区域为协调区，由江北新区对涉及关联和长远的事项与相关行政区加强沟通、协调。

（三）优化赋权架构

1. 积极争取省政府下放部分省级经济管理权限，全面承接省级各类试点政策在新区实施。建立新区管委会职能部门与省政府有关工作部门“直通车”机制，争取相关指标、政策、项目计划实行单列或直报。

2. 在直管区内，除涉及人大、政协、法院、检察院工作按行政区域分别由浦口区、六合区统一负责外，新区管委会承担省、市依法授予的各项行政管理权限，包括经济管理、城市建设管理、社会事务和社会管理的权限，并通过权责清单予以明晰。

3. 共建区的建设管理以浦口区、六合区为主。新区管委会依法行使市级规划、国土、环保审批管理权限和负责重大项目、重大政策的协调实施。新区管理机构根据行政区的需求可以依法行使共建区内其他市级审批和服务事项，为企业和群众提供方便快捷高效的服务。

4. 在协调区内，新区管委会着眼新区发展目标定位、整体功能的发挥、区域经济社会协调发展和长远发展，加强对相关重大事项的沟通、协调。

5. 按照新区行政管理体制改革的要求，推进现有财税管理整合，构建在直管区内封闭运作、统一管理、权责一致的财税管理体系和精简完善、高效协调的体制机制；坚持财力下倾，完善新区财力分配和补偿政策，加大支持六合、浦口区力度。市继续支持新区重大项目建设；积极向省争取江北地区的省集中财力返还，做大新区财政规模。

6. 新区公建中心和扬子集团由新区党工委、管委会领导，领导干部按管理权限任免。

7. 新区党工委按照干部管理权限和调整后的管理体制，负责直管区范围内所属或管理单位（含两园区和托管街道）干部工作。新区党工委调整处级干部，按规定报市委组织部职数预审。

8. 新区管委会负责搭建统一扁平的政务服务和权力运行平台，利用“互联网 + 政务”的手段，实现“一窗受理、一网通办”，方便企业和群众办事。

二、完善协调机制，形成推动合力

1. 完善政策协调机制。新区管委会、浦口区、六合区政府同步享有省市扶持政策，包括土地、财政、招商引资、人才引进和国家试点赋予的各项政策等。

2. 完善利益协调机制。新区管委会对需要委托浦口区、六合区政府承担直管区有关社会事务和社会管理事项，建立相应的利益补偿机制。同时，各主体在区域内的重大基础设施建设中建立成本共担机制。原纳入浦口区、六合区的统计口径保持不变。

3. 完善沟通协调机制。在新区、行政区、市级相关职能部门之间建立沟通协调机制。

三、深化配套改革,发挥新区优势

1. 深化行政审批制度改革。推进简政放权、职能转变,实现“网上办、集中批、联合审、区域评、代办制、不见面”。

2. 深化人事制度改革。探索设立法定机构和政府雇员制度;创新人才引进制度;建立完善绩效考核制度。

3. 深化市场监管体制和综合行政执法体制改革。搭建信用信息平台,推进信用体系建设;深化市场监管体制改革,建立分类监管机制,加强事中事后监管;整合执法队伍和执法事项,下沉执法力量,推进综合行政执法体制改革。

南京市人民代表大会常务委员会 关于南京江北新区行政管理事项的决定

(2017 年 6 月 27 日南京市第十五届人民代表大会常务委员会第三十四次会议制定 2017 年 7 月 21 日江苏省第十二届人民代表大会常务委员会第三十一次会议批准)

为了促进和保障南京江北新区(以下称江北新区)开发建设,根据国家、省有关规定,结合本市实际,就江北新区行政管理事项决定如下:

一、南京市江北新区管理委员会(以下称新区管委会)是市人民政府派出机构,履行下列主要职责:

(一)统筹协调江北新区改革发展和体制机制创新;

(二)组织编制江北新区经济社会发展规划和有关专项规划,按规定报批后组织实施;

(三)统筹规划江北新区产业布局,统筹推进江北新区重大投资项目建设;

(四)组织制定并实施推进江北新区开发开放的政策和措施;

(五)在直管区内,负责经济管理、城市建设管理、社会事务和社会管理,行使省、市依法赋予的和区级的行政管理权限;

(六)在共建区内,行使市级规划、国土、环保审批管理权限,负责重大项目、重大政策的协调实施;根据江北新区发展需求,行使被赋予的其他市级审批权限,承接相应服务事项;

(七)在协调区内,负责经济社会发展相关重大事项的沟通、协调。

二、新区管委会应当按照精简高效原则设立必要的职能机构。其行政审批机构相对集中行使行政审批管理权;其相关职能机构行使其他各项行政管理权。

新区管委会职能机构可以行使市级部门依法委托的行政管理权。

新区管委会职能机构可以依法委托街道办事处实施有关行政管理和公共服务事项。

三、市人民政府应当组织编制江北新区行政管理权责清单,明确具体权力事项、行使主体、行使方式和行使范围并向社会公布,并根据江北新区发展需求进行动态调整。

新区管委会应当建立行政权力公开透明运行的工作机制和实施流程,相对集中实施行政审批权和行政处罚权。

四、浦口区、六合区、栖霞区人民政府负责直管区外各自行政区域的行政管理工作,依法行使行政管理权。法规、规章和市人民政府另有规定的事项除外。

五、市级部门依法在江北新区设立的派出机构,负责规定范围内的行政管理和监督工作,依法行使行政许可和行政处罚等行政管理权,接受新区管委会的统筹协调。相关具体事项由市人民政府确定。

六、支持江北新区在深化行政管理体制机制改革方面先行先试,优先实施国家和省各类试点政策,探索扩大深化改革的领域和内容。

江北新区应当深化行政审批制度、市场监管体制和综合行政执法体制改革,推进简政放权和职能转变,整合执法队伍和执法事项,建立分类监管机制,加强事中事后监管。

七、新区管委会及其职能机构可以在权限范围内制定规范性文件。

本市规章部分条款适用需要在江北新区作出调整的,由新区管委会提请市人民政府依照法定程序作出决定,并报市人大常委会备案。

本市法规部分条款适用需要在江北新区作出调整的,由新区管委会提请市人民政府报市人大常委会依照法定程序作出决定。

八、本决定所称江北新区,是指经国务院批准的,位于本市长江以北,包括浦口区、六合区和栖霞区八卦洲街道,规划面积 788 平方千米的区域。

本决定所称直管区,是指泰山、沿江、顶山、盘城、大厂、长芦和葛塘等七个街道以及市人民政府明确的其他区域;所称共建区,是指在江北新区规划范围内,除直管区外的其他区域;所称协调区,是指在浦口区、六合区范围内,除直管区、共建区外的其他区域。

九、本决定自 2017 年 8 月 1 日起施行。

省政府办公厅关于赋予南京江北新区直管区部分省级管理事项权限的通知

（苏政办发〔2017〕139 号）

南京市人民政府，南京江北新区管委会，省各委办厅局，省各直属单位：

为进一步深化"放管服"改革，推进南京江北新区直管区内涉企审批事项扁平化、标准化、便利化，省人民政府同意《南京江北新区直管区省级管理事项赋权清单》，依照法定程序赋予南京江北新区直管区 46 项权力。其中，行政许可 25 项，行政确认 11 项，其他行政权力 10 项。

南京市人民政府要依据通知要求，切实做好赋权衔接工作，确保核准、审查、认定、验收等所有委托事项委托到位。南京江北新区管委会要按照权责一致的原则，依法承担承接事项管理职责，严格落实监管责任，切实提高承接能力和服务效率。省有关部门要按照职能分工，加强指导和业务对接，及时协调处理赋权过程中遇到的困难和问题，推动赋权工作顺利开展。

附件：南京江北新区直管区省级管理事项赋权清单（46 项）

江苏省人民政府办公厅
2017 年 11 月 8 日

附件

南京江北新区直管区省级管理事项赋权清单

（46 项）

表 1

序号	事项名称	类别	省级实施主体	备注
一、投资管理类（共 20 项）				
1	企业、事业单位、社会团体等投资建设的固定资产投资项目核准	行政许可	省发展改革委	国家明确由省级政府核准的项目及电力项目除外
2	企业投资建设固定资产投资项目备案	行政其他	省发展改革委	
3	固定资产投资项目节能评估和审查	行政许可	省发展改革委	执行"区域能评＋区块能耗"试点方案
4	工程建设项目招标事项核准	行政许可	省发展改革委	与项目审批权同步赋权
5	企业投资技术改造项目以及工业和信息化领域技术改造投资项目招标的核准	行政许可	省经济和信息化委	国家明确由省级政府核准的项目除外
6	企业技术改造项目备案	行政其他	省经济和信息化委	
7	固定资产投资项目节能评估和审查	行政许可	省经济和信息化委	执行"区域能评＋区块能耗"试点方案
8	改变土地用途审查	行政许可	省国土资源厅	
9	建设项目用地预审	行政许可	省国土资源厅	与项目审批权同步赋权，涉及基本农田的项目应报国土资源部预审
10	建设用地计划安排	行政其他	省国土资源厅	指标单列

续表 1

序号	事项名称	类别	省级实施主体	备注
11	建设项目环境影响评价文件审批和环境保护设施竣工验收	行政许可	省环保厅	环境保护部公告2015年第17号规定的事项除外
12	交通建设项目设计审批(含初步设计、施工图设计、设计变更)和竣工验收	行政许可	省交通运输厅	公路建设项目设计(含变更)审批和竣工验收除外
13	洪水影响评价审批	行政许可	省水利厅	水工程规划同意书审查除外
14	取水许可及排污口审批	行政许可	省水利厅	
15	生产建设项目水土保持方案审批	行政许可	省水利厅	
16	水利项目设计文件审查	行政许可	省水利厅	国家明确由省级水利部门审批的水利专项项目初步设计除外
17	水土流失危害确认	行政确认	省水利厅	
18	城市地下空间开发利用兼顾人民防空要求的审批	行政许可	省民防局	城市地下快速轨道交通和地下综合管廊项目除外
19	建设工程抗震设防要求确定	行政许可	省地震局	承接机构承担建设工程抗震设防监管责任
20	防雷装置设计审核和竣工验收	行政许可	省气象局	承接机构同时承担防雷安全监管责任
二、市场准入类(共12项)				
21	国际货物运输代理企业备案	行政其他	省商务厅	
22	融资性担保机构设立、变更与退出审批	行政许可	省经济和信息化委	仅限注册资本在人民币5000万元以下的融资性担保机构的变更审批
23	地方企业在境外开办企业(金融企业除外)备案	行政许可	省商务厅	仅限中方投资额3亿美元以下企业,待报商务部同意后执行
24	典当行及分支机构设立、变更审批	行政许可	省商务厅	仅限典当行及分支机构新设初审和部分变更审批权限(对外转让股份累计达50%以上、变更后注册资本在3000万元以上事项除外)
25	拍卖企业及分支机构设立、变更的审批	行政许可	省商务厅	
26	商业特许经营备案	行政其他	省商务厅	
27	举办营业演出活动审批	行政许可	省文化厅	涉外及港、澳、台营业演出活动除外
28	企业登记	行政许可	省工商局	仅限除《中华人民共和国公司登记管理条例》第七条第(一)、(三)、(四)项规定外内资企业、私营企业
29	股权出质的设立	行政确认	省工商局	与企业登记同步办理
30	企业的备案	行政其他	省工商局	与企业登记同步办理
31	企业集团修改章程的备案	行政其他	省工商局	与企业登记同步办理
32	食品经营许可	行政许可	省食品药品监管局	

续表1

序号	事项名称	类别	省级实施主体	备　注
三、经济综合管理类(共5项)				
33	省级高新技术产品认定	行政确认	省科技厅	
34	中外合作经营企业外国合作者先行收回投资审批	行政许可	省财政厅	
35	技术进出口合同登记	行政其他	省商务厅	
36	软件出口合同登记	行政其他	省商务厅	
37	融资性再担保公司设立许可	行政许可	省金融办	
四、社会综合管理类(共9项)				
38	参加基本养老保险职工退休审批	行政确认	省人社厅	省直管企业参加基本养老保险职工退休审批事项除外
39	工伤认定	行政确认	省人社厅	驻宁部、省属机关、参照公务员法管理的机关(单位)、事业单位和民间非营利组织工伤认定事项除外
40	机关事业单位养老保险缴费基数核定	行政确认	省人社厅	驻苏部、省属机关事业单位除外
41	基本养老保险个人账户(个人账户余额)一次性支付核定	行政确认	省人社厅	省直管行业统筹单位除外
42	集体合同审查	行政确认	省人社厅	
43	企业基本养老保险缴费基数核定	行政确认	省人社厅	省直管行业统筹单位除外
44	企业职工和离退休人员因病或非因公死亡及供养直系亲属待遇核定	行政确认	省人社厅	省直管行业统筹单位除外
45	企业职工基本养老保险待遇审核	行政确认	省人社厅	省直管行业统筹单位除外
46	社会保险登记	行政其他	省人社厅	省直管行业统筹单位除外

浦口区“十三五”城乡建设规划

浦政办发〔2017〕53号

(2017年6月20日)

第一章　浦口区“十二五”城乡建设规划实施评估

“十二五”期间是浦口区深入贯彻全市“三个发展”重大战略,迅速推动浦口经济社会转入超常态、超常规、超常速发展轨道的关键时期,也是我区城乡规划建设全面发展,提升城乡发展水平的战略机遇期。五年来在城乡规划、建设、管理等各方面开展的探索实践和取得的丰硕成果,开创了城乡建设转型发展、跨越发展的新格局,同时,也积累了城乡建设事业科学发展的宝贵经验。

一、“十二五”城乡建设总体评价

“十二五”期间,浦口区城乡建设工作坚持以科学发展观和党的“十八大”、十八届三中、四中全会精神为指导,按照“转型发展、创新发展、跨越发展”的总体要求,紧紧围绕跨越发展“一大中心”,以青奥会为契机,以打造“生态、现代、和谐”新浦口为总目标。着力突出空间布局优化、基础设施完善、生态环境提升、民生保障改善,统筹推进全域城市化和城市现代化建设。2013年获得国家生态区命名,全区生态建设水平迈上一个新台阶。同年,苏南现代化建设示范区规划经国务院同意后由国家发改委印发,江北新区战略发展规划编制工作全面启动,2015年江北新区获批国家级新区。区域知名度和美誉度显著提高,地位进一步巩固提升。

二、"十二五"城乡建设的成就

1. 城乡规划体系不断健全,规划引领作用显著提升

"十二五"期间,浦口区紧紧围绕统筹区域城乡发展的要求,加快完善城乡规划体系。完成了《南京市浦口区村庄布点规划(2013~2030)》,在南京江北新区总体规划的基础上完成了《南京市浦口新城核心开发区控制性详细规划》《浦口区江浦街道老城区(PKb071次单元)控制性详细规划》《南京市浦口新城(PKb084、093次单元)部分区域控制性详细规划》等工作,编制了《南京市浦口区石桥镇总体规划》《南京市浦口区星甸街道总体规划(2013~2030)》《南京市浦口区汤泉街道(新市镇)总体规划(2011~2030)》等一批街镇总规。到"十二五"末,已基本实现城区控制性详细规划和涉农镇街规划的全覆盖。完成了《浦口区龙虎巷历史风貌区保护规划》《南京市江北新区燃气专项规划》《南京市浦口新城医疗中心规划设计》等一批专项规划。完成了《浦口中心区概念性城市设计》《南京市浦口区汤泉新市镇城市设计》《南京市浦口区乌江新市镇镇区城市设计》《南京市浦口区星甸新市镇城市设计》,并同步引导了一批重大项目在浦口的选址落地。各项规划的科学性和前瞻性为实现城乡建设发展的阶段性目标提供了重要指引和遵循。

2. 城市空间结构不断优化,重点片区发展更加明确

坚持"一带多点"的城镇空间和"一山两片"的非城镇空间发展导向,有力有序推进空间结构优化,"中心城—新城—新市镇—新社区"的四级城镇结构体系基本形成,展现多中心互动、城乡协调新格局。中心区重点打造高端商贸、商务金融、科研产业,江浦—顶山—泰山核心轴线的公共服务功能不断完善。高新区借势苏南自主创新示范区国家战略,以北斗卫星导航、中丹生命科学园等项目为引领,统筹软件园、生物医药谷集聚发展,加快打造百亿、千亿级产业链。开发区以上汽(桥林)基地、集成电路产业园等项目为龙头,重点发展汽车制造、轨道交通等产业,推进整体连片拆迁,实施隧道片区企业搬迁,联动桥林新城加快七坝港区及物流园建设,实现产港城融合。科工园启动增址扩容,策应科工园、国际企业研发园,重点发展文化创意、新材料、物联网等产业,加强研发攻关和推广应用,全域打造高新技术产业化基地和自主研发创新高地。大力实施特色名镇建设战略,以开发园区为主体、以街道工业集中区为支撑、以都市型现代农业园区为补充的新型发展模式。"十二五"末,全区实现地区生产总值713亿元,是"十一五"末的2.2倍。

3. 村庄环境整治扎实推进,美丽乡村建设亮点纷呈

"十二五"期间,浦口区大力加强村庄环境综合整治,严格按照《全省村庄环境整治行动计划》要求,抓好规划布点村庄"六整治"和"六提升"工作,对非规划布点村庄重点抓好生活垃圾、乱堆乱放、河道沟塘等环境卫生整治,有效地改善村庄环境,保障辖区内农民群众基本生活需求。

积极推进美丽乡村建设工作,努力打造美丽乡村亮点工程。围绕休闲农业、美丽乡村旅游资源打造"八颗珍珠"乡村文化旅游示范点。"十二五"期间,扎实推进"一村一花"工程,种植花卉46万平方米,西埂莲乡、楚韵花香等珍珠村初具形象。品牌化推进葡萄节、莲藕节等农业休闲活动,盘城落桥社区成功创建全国一村一品示范村。汤泉瓦殿村关口章组、陈庄村陈庄组荣获市"十佳美丽乡村"。完成全区村庄布点规划,实施土地综合整治11.3万亩,疏浚农村河道河塘187万立方米,提档农村公路103千米,实现村居环境整体提升。农田水利配套设施建设连续两年位居全省前列。"十二五"期间,累计投入资金34亿元,完成170万平方米农民集中区建设,农村家庭住房成套比例达到85.17%。

4. 城乡服务配套更加均衡,民生福祉全面增进

"十二五"期间,浦口区围绕"呼应高新浦口建设,打造现代化教育强区"目标,积极推进各类教育协调发展,满足人民群众对高质量教育的需求。加快引进优质教育资源,南京一中、南京外国语学校、北京东路小学、力学小学等7所主城名校在区内开办分校,创建省市级优质幼儿园11所,教育服务设施配套不断完善。

浦口区大力推进文化体育惠民工程,建设浦口文体中心和浦口市民中心,新建街道文体中心和全民健身广场22个。建成2个省级公共文化示范镇街,3个南京市示范文化站,沿江、江浦街道文化站被评为一级文化站;共建43个市级社区(村)文化活动室示范点,15个南京市社区特色文化广场,新建5家图书馆流动服务点。"十二五"末,全区每万人拥有公共文化设施面积达1225平方米。

"十二五"期间,全区医疗投入力度不断加大,投资5.4亿元完成了区中心医院异地新建;投资1.5亿元完成了浦口医院住院楼建设和门急诊楼改扩建;总投资4.5亿元实施区中医院门急诊楼改扩建和新建医技住院大楼,目前已开工建设;总投资4亿元实施区中心医院二期病房楼、康复体检中心和脑病专科治疗楼项目,目前正在推进中。先后完成56个社区卫生服务站的标准化建设,完成盘城、星甸、永宁和泰山4个社区卫生服务中心改扩建工程。

全面推进街道居家养老服务中心建设,实现全区83个城市社区、33个农村社区居家养老服务中心全覆盖。建成500张床位的区级农村五保供养服务中心,建成镇街(场)社会救助服务中心。利用三年时间,区街两级共投入900多万元改造了11家镇街敬老院,解决农村敬老院服务设施陈旧、入住率偏低、服务档次不高三大问题,提升农村敬老院整体建管水平。

5. 综合交通网络不断完善,区域内外通达能力显著提高

"十二五"期间,浦口区综合交通网络不断完善,区域内外通达能力显著提高。公路建设扎实推进,312、328国道江北大道快速化改造顺利完成,S127宁滁快速通道全线通车,纬三路过江通道连接线建成通车,山北片区宁滁快速通道、汤盘公路(汤泉永宁段)、沿滁河通道等一批道路连接贯通,路网结构发生历史性转变,山南片区的江北大道、横江大道、滨江大道等一批高等级城市快速路的建成使浦口交通路网格局展现新城风范,全区初步形成以"六纵十横"干线路网为骨架,干支相连的公路网。铁路发展取得突破。宁启铁路复线电气化改造工程已基本完成,该线的贯通运营使浦口驶入动车时代,缩短浦口

与扬州、南通等方向的时空距离,对浦口经济社会发展将有巨大的拉动作用。轨道交通“从无到有”“十二五”期间,浦口新增10号线、3号线、S8号线三条轨道线,28千米,15座地铁站。公交场站建设不断加强,新建改造乌江、星甸、西葛、余家湾、桥林、西水湾等8座公交场站,总面积约4万平方米。

6. 生态环境建设稳步推进,城乡面貌明显改善

扎实推进“大干一百天、环境大扫除”及“再干两百天、环境再提升、管理见长效”等环境综合整治行动,全区环境形象大幅提升。“十二五”期间,切实加强节能减排,优化区域能源结构。“十二五”末,万元工业增加值能耗比“十一五”末下降20%以上,单位产出能耗水平持续处于低位。实施工地扬尘管理挂牌考核。大力发展循环经济,积极探索资源循环利用模式。深入实施蓝天清水工程,城镇建成区污水处理率86%,城镇生活污水日处理能力达22.65万吨,城区城市垃圾无害化处理率达到100%,环境质量综合指数达82.5分。着力推进公共景观打造,相继启动求雨山文化创意产业园、凤凰山公园、佛手湖公园、珍珠泉新景区等近10个公园建设,并建成凤凰广场、北门广场、城南河广场等一批城市广场。“十二五”末,城市绿化覆盖率提升至45.99%。

“十二五”期间,浦口区被环保部授予“国家生态示范区”称号,并成功入选“新浦口区成立10周年十件大事”;南京高新技术产业开发区建成“国家生态工业示范园区”,浦口开发区创建省级生态工业园区扎实有序推进;生态细胞工程创建取得丰硕成果,7个涉农街道全部通过全国环境优美乡镇(街道)考核验收,并建成省级绿色社区1个、省级绿色学校11家、市级绿色社区7个、市级绿色学校41家;重要生态功能区保护得到了进一步加强,制定颁发了《浦口区生态红线区域管理实施方案》(浦政发〔2014〕87号),进一步确立了生态红线的法律地位。通过一系列生态创建活动开展,大大提高了公众生态文明意识,全面推进生态文明建设已具备良好的基础条件。

7. 历史文化保护不断加强,自然人文特色日益彰显

“十二五”期间,出台《浦口区非物质文化遗产代表性传承人认定和管理办法》,完成《浦口文史》部分文字材料和图片组稿工作;启动编撰浦口历史文化丛书第二辑——《浦口文华》。扎实推进第三次全国文物普查工作,编制浦口区不可移动名录,共有185处不可移动文物。全面启动第一次全国可移动文物普查工作,区内共有4家国有收藏单位,共确定文物1104套,3000多件。浦口现有文物保护单位58处,其中包括1项国家重点文物保护单位,3项省级文物保护单位,30项市级文物保护单位,24项区级文物保护单位。积极开展“5·18”国际博物馆日主题活动;组织开展浦口区中国文化遗产日系列活动。举办文保员培训班,指导基层有效开展田野文物保护工作,推进文物保护工作专业化。

8. 市政公用设施逐步完善,助力城市稳步建设

给水工程有序进行。“十二五”期间,伴随着浦口区建设用地的不断增加,人口的迅速增长,全区用水需求越来越大,用水量年均增长约为10%。“十二五”期间,江浦水厂与给水管网建设有序进行,切实保障了浦口区的用水需求。江浦水厂一期20万立方米/日净水设施已经建成,从水厂出厂沿总部大道至浦滨路到三桥增压站已经铺设DN1400供水干管,浦乌线(西江路～桥林新城梨园路)DN1200供水管已建成,为关停三岔水厂奠定及良好基础。在建三桥增压泵站1座,设计规模10万立方米/日,已建成5万立方米/日;已建八里铺增压站,规模3万立方米/日。沿中心大道至七里河大街附近已铺设DN1000给水管,江浦水厂已在浦珠路七里河处与浦口水厂管网连通。

雨污分流改造工程积极推进。老珠江镇片区正积极推进雨污分流改造工程,随着胜利、石佛农场、四方沟、王楼、五里、新闸口、黄狼与坝子窑等泵站新扩建工程的完成,基本形成了比较完善的雨水排水系统。完善了污水收集系统,大大提升了污水收集率,珠江污水处理厂一级A提标及二期扩建工程的建成,强化了南京长江段的保护,保障了长江水质安全,为浦口区的节能减排做出一份贡献。

防洪层级水平不断提升。完成长江干堤应急加固工程27.97千米,新建长江干堤小年圩段1.6千米,治理滁河堤防41.41千米,建成滁河风光带工程24.4千米,实施城南河综合整治清淤工程等河道整治及堤防加固工程,共投资约16亿,大幅提高了浦口区的防洪等级。

供电需求得到切实保障。“十二五”期间,伴随着浦口区建设用地的不断增加,人口的迅速增长,全社会用电需求越来越大,全区社会用电量年均增长约为13.61%。“十二五”期间,浦口区变电站和供电线路建设有序进行,切实保障了浦口区的供电需求。500千伏秋藤变的前期建设工作正稳步推进;完成220千伏变电站6座,线路15条;建成110千伏变电站22座,电力架空线路17条。

通信网络运行高效安全可靠。浦口区已建成大容量、数字化、覆盖全市的光纤网络与无线通信网络,形成了技术水平先进,网络运行高效、安全、可靠,满足用户多层次需求的现代化信息基础网络。

天然气事业成就显著。浦口区在“十二五”期间管道天然气事业取得了十分显著的成就,基本实现了燃气发展“十二五”的规划目标,天然气管网大规模发展,液化石油气使用量显著减少,居民燃气用户数量超额完成目标,安全整治规划工作成效显著,燃气市场得到进一步规范。“十二五”期间,进行浦口区原有次高压管道的连通,使得浦口区的天然气供应能力得到了基本保障,并建成了珠江高中压调压计量站,基本满足了供气需求。

综合管廊工程快速推进。浦口核心区围绕核心商务区已敷设10千米综合管廊,管廊干线为横江大道、浦滨路、迎江路、九袱洲路,管廊支线为广西埂大街、规划支三路、规划支六路。管廊内纳入了强电、弱电、空调水管、自来水等各专业管线,采用综合管廊既节省了用地又美化了环境,避免了繁华区域反复掘路面维修各类地下管线,有效缓解土地资源紧张与日益增长的城市功能需求之间的矛盾,提高地下空间的利用率。

环卫工程日趋完善。“十二五”期间,浦口区内有13座中小型垃圾转运站,大多采用垂直压缩、水平压缩、吊斗式,以及地摊、高台等工艺。垃圾处理方式较为单一,多采用填埋处置,填埋场满负荷或超负荷运行,处置缺口问题突出。2015年初江北环保产业园生活垃圾焚烧发电项目正式投入使用,该工程包含垃圾接收、贮存与输送系统、焚烧系统、烟气处理系统、

垃圾热能利用系统等,该项目不但充分利用了垃圾的热值,又能对燃烧产生的有害成份通过烟气处理系统进行统一处理,减少对环境的污染。

9. 住房保障体系日趋优化,保障制度创新转型

住房保障体系日趋优化。"十二五"期间,累计开工建设各类保障性住房 6 万套,其中廉租住房 0.05 万套;经济适用住房 0.75 万套;公共租赁住房 0.2 万套;棚户区改造安置房 1.5 万套;集体土地拆迁安置房 3.5 万套。建成保障性住房 690 万平方米。"十二五"末,通过实施保障性安居工程,累计解决了约 1.7 万户中低收入家庭的住房困难。

廉租住房制度进一步健全。动态调整廉租住房准入标准,逐步扩大廉租住房保障范围,其中收入标准从"十一五"期初的人均月收入 1000 元调整至 1513 元。"十二五"期间,加快推进城市棚户区和城郊结合部改造,按照集中成片、改造与整治相结合模式,对 3 万余户家庭实施了危旧房改造,多渠道、多方式解决群众住房困难。

保障制度创新转型。"十二五"期间,不断强化保障性住房建设管理,优先安排储备土地用于保障性住房建设;优先在轨道交通沿线和站点周边区域安排保障性住房项目;优先安排区财政专项资金用于保障性安居工程建设;优先办理保障性住房建设前期手续,完善绿色审批机制。同时,创新审核机制,实行"三级审核、两次公示",严格资格准入,提高审核的准确性和效率。推进分配公开。建立了"公开摇号、顺序选房"房源分配制度。"十二五"期间,累计公开摇号 12 次,全部做到阳光透明。

10. 建设管理体制创新深化,管理模式推陈出新

利用现代科技手段,在重点区域构建数字化城市管理平台,实现城市管理工作由传统管理向现代管理转变,力争城市重点组团实现全时段、全方位覆盖的数字化城市管理。

推进园林绿化、环卫保洁等市容作业管理改革,建立政府购买公共服务制度,形成市场化、竞争性的公共服务供给新机制。全区域城市化和城乡(区域)一体化积极稳妥推进,推进城乡交通、城乡水务管理一体化。

社会治理创新工程稳步实施,落实《南京市街道办事处工作职责清单》,明确街道在统筹城市管理、指导社区建设、组织公共服务、创新社会管理和维护和谐稳定、服务经济发展方面的职责。制定落实国家和省生态文明改革实施方案的实施意见,建立健全经济社会发展绿色评价办法。实施《建立严格的环境准入制度实施方案》《加大环保执法和司法力度实施方案》,创新环境监管执法体系,建立环保公益诉讼制度,引导社会力量有序参与环境监管。

三、"十二五"城乡建设的不足

1. 建设重点不够突出,城乡建设发展效率有待提高

土地集约利用效率有待提高。根据江北新区总体规划,江北新区城乡用地中建设用地为 432 平方千米,其中城市建设用地为 197 平方千米,浦口区人均城市建设用地约 201 平方米/人,人均村庄建设用地约 331 平方米/人,高于全国的人均标准。

江北新区地均效益横向比较结果显示,浦口区每平方千米的工业产值为 31.38 亿元,大幅落后于国内园区发展领先的苏州市平均 316.6 亿元/平方千米的水平,同时也低于 50.7 亿元/平方千米的南京市平均水平。

产业空间有待整合。中心城内电子信息、生物医药产业遍地开花,外围地区机械加工、装备制造及纺织服装产业散落在各个街镇级的地方工业园内。如电子信息产业多分布在高新地区,生物医药行业则集聚于浦口开发区与老山附近。机械加工和装备制造多分布在西侧的桥林街道。

主导产业缺乏统筹。浦口组团分布着 8 个产业平台,紫金创新平台散布于高新、浦口区;南京软件园还分成了东区和西区两个部分。研发平台多而散成为浦口区产业空间布局的一个短板。

2. 公共服务均等化有待加强,城乡文化特色彰显不足

城区功能发展尚需完善。公共服务功能和城市品质尚显薄弱,产业培育尚待完善,还没有形成集生产、生活、学习、休憩、娱乐等功能为一体的综合发展空间单元,且交通上仍不够便利,对南京新增人口的吸引力不足。

城乡公共服务供给欠均衡。各街道的基础设施配套及公共产品供给与城区差距较大,未来在城乡建设上仍需加强,以实现浦口区城镇化的均衡发展。

3. 产业转型面临压力,产城融合有待加强

产业转型面临压力。2015 年,浦口区三产结构中第二产业比重高达 49.7%,从二产内部结构来看,整体结构呈现以重工业为主导的局面,且多以原料工业和加工工业为主,两者所占比例竟分别高达 60.5% 和 37.6%。

产城融合有待加强。城市各功能区混杂,例如工业区与住区混杂现象较普遍,产业片区缺乏完善的产业配套,体系较混乱,缺乏高效的的管理体制。

4. 综合交通方面,与江北新区、交通运输率先基本实现现代化的要求相比,仍存在一些差距

基础设施建设尚未达到引导新区发展的要求。与南京主城的联系有待加强,路网结构有待完善,水运资源优势尚未充分发挥,各种运输方式之间缺乏衔接。

运输服务水平尚未达到支撑新区发展的要求。城市公交优先发展水平有待提高。公交系统尚未形成以大运量公交为骨干的公交体系,区间公交及区内公交数量偏少,对中心城区服务不够。交通物流支撑产业转型发展不足。水路、铁路、公路等多种交通运输方式之间缺乏有效组织,多式联运发展较为滞后。

行业治理能力尚未达到指导新区发展的要求。行业约束力不强,基础设施建设推动难度大。干线公路建设模式存在多头管理、多方建设、各自为政、互不相同等问题。交通运输信息化、智能化的发展水平有待进一步提升。绿色交通发展有待提高。土地、资金等资源制约不断加大。

第二章　浦口区"十三五"城乡建设背景分析

一、宏观政策背景

1. 新型城镇化

新型城镇化是以城乡统筹、城乡一体、产城互动、节约集约、生态宜居、和谐发展为基本特征的城镇化,是大中小城市、小城镇、新型农村社区协调发展、互促共进的城镇化。2014

年，江苏被列为国家新型城镇化综合试点省份，为深化浦口区城乡建设改革创新，提升城市化和城市现代化质量效益，创造了宽松的条件，提供了有力支撑。在城镇化高速发展的态势下，浦口区城镇化的效益和质量提升仍显不足，各城镇单元土地利用效率参差不齐，城市功能建设尚显不足。当前和今后一个时期，城乡建设工作必须深深根植于新型城镇化要求，在城乡一体发展上取得新的突破，实现城市建设精细化管理，城市空间均衡化、生态化发展。

专栏1 新型城镇化

2014年3月《国家新型城镇化规划(2014～2020年)》正式公布，规划中明确指出，中国目前的城镇化必须走新型城镇化的道路，并对新型城镇化的内涵和意义做出详尽的解释。主要表现在三个方面：

一是以人的城市化作为任务核心。国家提出要加快改革户籍制度，创新和完善人口服务和管理制度，逐步消除城乡区域间户籍壁垒，促进人口有序流动、合理分布和社会融合。新型城镇化的目标是使农业转移人口享有城镇基本公共服务，把进城落户农民完全纳入城镇住房和社会保障体系，在农村参加的养老保险和医疗保险规范接入城镇社保体系。建立财政转移支付同农业转移人口市民化挂钩机制。

二是存量城市化与增量城市化相结合。国家新型城镇化战略提出要遵循发展规律，积极稳妥推进，着力提升质量。今后一段时期，着重解决好现有"三个1亿人"问题，促进约1亿农业转移人口落户城镇，改造约1亿人居住的城镇棚户区和城中村，引导约1亿人在中西部地区就近城镇化，实现存量城市化与增量城市化相结合的发展模式。

三是积极推进集约低碳城市化。为了提高城市可持续发展能力，国家新型城镇化规划提出积极推进集约、低碳城市化。严控城市增长边界重视城市存量挖潜；将公共交通放在城市交通发展的首要位置，积极发展快速公共汽车、现代有轨电车等大容量地面公共交通系统，科学有序推进城市轨道交通建设。健全节约集约用地制度，完善各类建设用地标准体系，严格执行土地使用标准，适当提高工业项目容积率，盘活利用现有城镇存量建设用地，提高城镇建设使用存量用地比例。

2. 一带一路

2013年9月和10月，习主席在出访中亚和东南亚国家期间，先后提出共建"丝绸之路经济带"和"21世纪海上丝绸之路"(简称"一带一路")的重大倡议。南京市为应对"一带一路"节点城市的发展要求，南京市实施"两区、一岛、两社区、三枢纽"对外开放新空间拓展策略。两区即两岸产业协同发展和创新驱动试验区，一岛即中新合作生态科技岛，两社区即国际健康服务社区和河西国际(人才)社区，三枢纽即空港、海港、高铁枢纽经济区。在这些政策背景下，浦口区应在对外发展良好形势下，积极加强对外互动合作，拓展走出去、引进来城市空间的载体布局。积极布局利于促进中国产品、产能、技术、资本输出产业，发展海峡科工园、国际健康服务社区等对外协作功能区，积极推进港口产业区布局。

3. 江北新区

2015年7月2日，国务院印发《关于同意设立南京江北新区的批复》，正式批复同意设立南京江北新区，江北新区成为中国第13个，江苏首个国家级新区。江北新区"三区一平台"的战略定位，有利于我区产业转型和城市建设实现跨越式发展。但同时，长江上游的皖江城市带、区域周边的南京都市圈和苏中崛起都会对我区带来压力和挑战，周边城市的提挡升级和转型发展，会更加强烈的吸引产业发展要素资源集聚。浦口在应对其他城市及都市圈的虹吸效应，提升自身地位上面临重大挑战。

专栏2 江北新区"三区一平台"发展定位

按照《国务院关于同意设立南京江北新区的批复》(国函〔2015〕103号)，江北新区要逐步建设成为"自主创新先导区""新型城镇化示范区""长三角地区现代产业集聚区"以及"长江经济带对外开放合作重要平台"。

自主创新先导区。充分发挥苏南国家自主创新示范区的引领带动作用，大力推进新区创新集成、产业集群、空间集聚，突出企业创新主体，强化科技与经济对接、创新成果与产业对接、创新项目与现实生产力对接、研发人员创新劳动与其利益收入对接，充分释放科技人员的潜力与活力，形成有利于出创新成果、有利于创新成果产业化的新机制，推动大众创业、万众创新，不断提高创新型新区建设水平。

新型城镇化示范区。坚持走以人为本、四化同步、优化布局、生态文明、文化传承的中国特色新型城镇化道路，有序推进农村转移人口和其他常住人口在江北新区落户并享受基本公共服务。创新城镇化投融资体制机制，探索行政管理创新和行政成本降低的新型管理模式，完善提升新城—新市镇—新社区(美丽乡村)新型城镇体系，建设绿色、智慧、人文新区。

长三角地区现代产业集聚区。加快经济转型升级，积极推进产业空间布局调整，以新产业、新业态为导向，以高端技术、高端产品、高端产业为引领，培育壮大战略性新兴产业集群，稳步推进传统产业提挡升级，加快发展现代服务业。促进工业化、信息化深度融合，完善产业链条和协作配套体系，建设长江三角洲地区具有较强自主创新能力和国际竞争力的现代产业集聚区。

4. 新常态

中国发展处于重要战略机遇期。城市发展适应经济发展新常态，创新宏观调控思路和方式，破解经济社会发展难题。适应新常态，主要表现在四个方面。一是速度换档。新常态时期城市经济发展由高速向中高速转变，在能源、土地、环境约束下，经济增速由2位数向1位数换挡，中国GDP增速从2012年起开始回落，2012年、2013年、2014年、2015年上半年增速分别为7.7%、7.7%、7.4%、6.9%，是经济增长阶段的根本性转换。中国告别过去30多年平均10%左右的高速增长。城市发展应当保持战略上的平常心态，减少对环境和资源的消耗,重在追求提高经济质量。二是结构升级。城市应该调整三次产业结构、促进工业、服务业内部产业结构升级。三是创新驱动。“十三五”的发展更多要靠技术和科技创新的优势实现,减少对投资和要素投入的依赖,空间上更多依赖对于存量空间的充分利用,推动产业结构升级和城市综合功能提升。四是理念转变。城市发展不单以GDP为评价标准,更加关注环境、均等化公共服务、城市安全。应对新常态的背景,浦口区应该“三大特征、九大趋势、四个转向、八个更加注重”。

新常态“三大特征、九大趋势、四个转向、八个更加注重”

表2

要求方向	要求内容
三大特征	1.“改革”和“法制” 2.经济发展“新常态” 3.“迈上新台阶”
四个转向	1.经济发展速度正从告诉增长转向中高速增长 2.经济发展方式正从规模速度型转向质量效率型 3.粗放增长转向集约增长 4.经济结构正从增量扩能专为主转向调整存量、做优增量并存
八个更注重	1.更加注重满足人民群众需要 2.更加注重市场和消费心理分析 3.更加注重引导社会预期 4.更加注重加强产权和知识产权保护 5.更加注重发挥企业家才能 6.更加注重加强教育和提升人力资本素质 7.更加注重建设生态文明 8.更加注重科技进步和全面创新
九大趋势性变化	1.个性化多样化消费成为主流 2.基础设施互联互通和一些新技术、新产品、新业态、新商业模式的投资机会大量涌现 3.高水平引进来、大规模走出去正在同步发生 4.新兴产业、服务业、小微企业作用更加凸显 5.要素的规模驱动力减弱,经济增长更多的依靠人力资本质量和技术进步 6.数量扩张和价格竞争正逐步转向质量型、差异化为主的竞争 7.环境承载力已经达到或者接近上限 8.风险总体可控,但化解以高杠杆和泡沫化为主要特征的各类风险将持续一段时间 9.既要全面化解产能过剩,也要通过发挥机场机制作用探索未来产业发展方向

5.苏南现代化建设示范区

2013年,经国务院同意,国家发展改革委正式印发《苏南现代化建设示范区规划》,浦口区“十三五”建设积极参与苏南现代化建设中,实现城市现代化、生态文明化、产业现代化的新要求。按照规划,对南京的要求是积极发挥科教文化、区域金融、枢纽港和信息港联动发展的优势,强化辐射带动中西部地区发展重要门户作用,重点强化科技创新、文化创意、江航运物流和区域金融商务四大功能,创建国家创新型城市和国际软件名城,并对其经济现代化建设、城乡现代化建设、社会现代化建设、生态文明建设、政治文明建设都提出了明确的指导意见。

二、区域背景

1.南京都市圈发展要求

《南京都市圈区域规划》《南京都市圈城乡空间协同规划》是浦口区域协调的重要依据。按照南京都市圈发展要求,浦口区提升核心城市的功能。高起点规划建设新城市,规划现代化、国际化、智能化新型滨江城市,以集约化、生态化和便捷化为原则,合理谋划城市空间结构,科学规划和高标准建设基础设施,提升公共服务供给能力。提升产业发展水平。以现代服务业加速增长和战略性新兴产业规模化发展为重点,构建高品质、高附加值的现代产业格局。直接服务涵盖大滁城、马鞍山等地区。加强区域协作,拓展腹地范围,积极实施区域联盟战略,促进与周边地区资源要素的相互联动,重点强化对滁州,马鞍山的的辐射与带动,加快与周边地区的一体化发展进程。

2.南京市发展要求

2014年底,习近平总书记视察江苏并发表重要讲话,向我们发出了“迈上新台阶、建设新江苏”的动员令。市委、市政府作出了“迈上新台阶、建设新南京”的重大决策,并展开了一系列工作新布局,建设“经济强、百姓富、环境美、社会文明程度高”的新南京,对加强和改进城乡规划、建设、管理,指明了正确方向、提出了更高要求。浦口区必须深刻把握“新南京”建设中的目标要求,注重生态环境的保护与建设,更加注重人文底蕴的传承和发扬,更加注重以人为核心的城镇化建设、更加注重城市管理的智能化和人性化,更大力度推进高品质新城新区的开发建设,让浦口区城乡的自然之美、人文之美、传统之美和现代之美交相辉映,不断提升美丽宜居水平,完成2020年基本实现现代化的使命。

3.浦口区新的发展要求

2016年7月浦口区第四次党代会提出要全面融入长江经济带、苏南国家自主创新示范区等重大战略,借力借势江北新区建设,提高浦口发展能级和影响力,全面贯彻党的十八大和十八届三中、四中、五中全会以及习近平总书记系列重要讲话精神,积极践行“创新、协调、绿色、开放、共享”发展理念,突出“建设江北新区”这一中心任务,突出“双创高地,智慧新城”这一发展定位,重点把握生态是优势、创新是灵魂、环境是竞争力、效率是生命线“四个关键”,着力推动自主创新发展、新型城镇化建设、现代产业集聚和对外开放合作,坚持以人民为中心,提升城市功能品质,丰富美丽乡村内涵,营造共建共享范围,全面提升浦口城市竞争力和影响力,全力开创江北新区发展新局面。

三、城乡发展理念背景

1.“五个发展”新理念

十八届五中全会提出,实现“十三五”时期发展目标,破解发展难题,厚植发展优势,必须牢固树立并切实贯彻创新、协调、绿色、开放、共享的发展理念。“十三五”期间浦口区必须把创新摆在发展全局的核心位置，不断推进理论创新、制度创新、科技创新、文化创新等各方面创新；必须坚持节约资源和保护环境的发展理念，坚持可持续发展；必须以人为本，使全体人民在共建共享发展中有更多获得感。

2. 中央城市工作会议精神

2015 年 12 月，中央城市工作会议明确了做好城市工作的指导思想、总体思路和重点任务。“十三五”期间，浦口区城市建设要科学规划城市空间布局，实现紧凑集约、高效绿色发展，统筹规划、建设、管理三大环节，提高城市工作的系统性，依靠改革、科技、文化三轮驱动，推进“多规合一”，统筹推进土地、财政、教育、就业、医疗、养老、住房保障等领域配套改革。要推进城市科技、文化等诸多领域改革。城市发展要把握好生产空间、生活空间、生态空间的内在联系，实现生产空间集约高效、生活空间宜居适度、生态空间山清水秀。浦口区的城市建设工作要把创造优良人居环境作为中心目标，努力把城市建设成为人与人、人与自然和谐共处的美丽家园。

3. 生态低碳理念

生态低碳理念在浦口区的应用应该主要体现在海绵城市、公交都市、地下综合管廊等方面。海绵城市提出最大限度地减少城市开发建设对自然生态环境造成的破坏，保护城市原有的生态敏感区，将城市建设成自然积存、自然渗透、自然净化的“海绵体”；公交都市提出公共交通主动引导城市发展，具有较高的城市公共交通分担比例，多元化的城市公共交通服务网络、以人为本的城市公共交通优先政策；地下综合管廊：以新区为重点推开空间，结合地铁建设、河道改造、老区改造、道路改造统筹推进，充分利用地下空间，改变城市面貌、保障城市安全。

四、浦口区的机遇与挑战

1. 浦口区“十三五”城乡建设面临的主要机遇

（1）多重国家战略叠加为新时期浦口区城乡建设注入了强大动力，带来新的机遇

2014 年底，习近平总书记视察江苏并发表重要讲话，向我们发出了“迈上新台阶、建设新江苏”的动员令。市委、市政府作出了“迈上新台阶、建设新南京”的重大决策，并展开了一系列工作新布局。建设“经济强、百姓富、环境美、社会文明程度高”的新南京，为浦口区建设发展指明了方向。同时国家“一带一路”和长江经济带建设，以及长三角一体化、苏南现代化建设示范区等一系列重大国家战略在浦口区交汇叠加，为浦口区的发展提供了更多的政策支持。市委、市政府提出了建设“一带一路”节点城市、长江经济带门户城市、长三角区域中心城市和国家创新型城市的奋斗目标，为新一轮城乡建设拓宽了视野思路、提供了用武之地。当前和今后一个时期，浦口区城乡建设必须深刻把握“新南京”的发展要求，更加紧密地对接融入国家战略布局，着力强化城市服务水平，集聚辐射能力，不断提升城市品质，提高城市宜居水平，加强区域协同水平。

（2）江北新区带来资源要素侧重为新时期浦口区城乡建设创造了良好的发展条件

2015 年 7 月 2 日，国务院印发《关于同意设立南京江北新区的批复》，正式批复同意设立南京江北新区，江北新区成为中国第 13 个，江苏首个国家级新区。国家级新区获批为浦口区带来资金、人才、产业、土地、政策的集聚优势，“十三五”期间浦口区必将在城市建设、产业发展、城市服务等方面迎来重大的发展机遇。

（3）“一个高水平建成、六个显著”为南京城乡建设转型发展提供了坚实有力的保障

2016 年 10 月，南京市第十四次党代会中提出“一个高水平建成、六个显著”是南京今后五年的奋斗目标，是加快建设“强富美高”新南京、迈上新台阶的具体体现，凝聚着全市人民的美好期盼。这一目标为南京城乡建设转型发展提供了坚实有力的保障。具体表述为：高水平全面建成小康社会，积极探索开启基本实现现代化建设新征程；产业结构显著提升，都市现代农业特色发展，服务经济成为主导，先进制造业竞争力进一步增强，科技创新能力显著增强，建成国家创新型城市；城乡面貌显著变化，城市空间布局持续优化，江北新区“三区一平台”建设加快推进，市民生活更加便利、市容环境更加整洁、城市运行更加安全有序；生态环境显著改善，生态红线区域得到有效保护，长江绿色生态岸线初步建成，绿色低碳水平明显提高，能源资源使用效率大幅提升；民生福祉显著增加，城乡居民普遍享受到标准化、均等化基本公共服务，人民群众的获得感和幸福感明显提升。文化自信显著增强；历史文化名城保护和建设扎实推进，文化国际影响力进一步增强；党的建设显著加强，社会治理更加完善，诚信建设取得实效，社会更加和谐稳定。

2. 浦口区“十三五”城乡建设面临的主要挑战

（1）人口的城镇化滞后于土地的城镇化，提升城镇化的质量和效益面临紧迫挑战

在城镇化高速发展、城市空间格局初步形成的态势下，城镇化的效率和质量提升仍显不足。突出表现在城市整体发展效率偏低，江北副城人口及用地增幅均低于规划预期，发育相对滞后，桥林新城城市功能建设明显不足，人口吸引和集聚能力差，导致对周边地区的辐射带动作用难以发挥，整体城镇化质量明显偏低。同时，商业设施、文化设施、教育设施、大型体育设施、医疗设施等重要的公共服务设施建设相对滞后，并未与城市空间拓展同步，也影响了城市功能的均衡提升。

（2）应对新常态下资源约束趋紧、实现可持续发展的能力需要加强

我国目前处于增长速度换挡期、结构调整阵痛期和前期刺激政策消化期“三期叠加”，生态环境污染、资源环境约束加大、城市用地紧张，城市面临可持续发展物质基础的紧缺。随着党的十八大提出了“大力推进生态文明建设”的战略决策，发展的需要和问题的倒逼都加快了绿色变革实施的步伐。浦口区需要面对城市发展与生态环境污染和城市用地紧张与新区拓展的双重矛盾，整体面临可持续发展物质基础的紧缺，资源节约和环境友好的生产方式，绿色低碳消费的生活行为尚未普遍养成的现状，节能减排降耗和环境基础设施建设压力进一步加大。随着人民群众对宜居环境、生活品质的要求不断提升，亟须巩固、继承并发扬来之不易的城乡建设成果，提升城市人居水平。改变粗放的城乡建设方式，实现节约、集约、低碳发展，着力建设让市民生活更健康、更舒适、更美好的理想空间环境必将给浦口区城市建设带来极大的挑战。

（3）城市管理水平落后于城乡建设步伐，综合治理能力提升面临挑战

城市发展不仅要注重建设规模，更要具有内在的涵养。城市的外在形象主要靠规划和建设，城市的内在秩序则主要靠管理和制度。只有通过加强和改进城市管理，才可能将建设的成果转化为长远的效能，实现城市的软件升级、资源涵养和可持续发展。人民群众对城市秩序、宜居环境、生活品质的要求不断提升，如何巩固、继承并发扬来之不易的城乡建设成果，提升城市人居水平；如何根治各类城市病，实现人的现代化，促进人的全面发展，这一系列涉及城市毛细血管循环的问题都需要在新时期高度关注、尽快解决。浦口区城市建设近年来步伐才逐步加快，城市管理水平更落后于城乡建设速度，需将城市发展的目标、路径、动力更多地聚焦和建立在民生改善和城市精神塑造上，全面提升城市管理的法制化、标准化、精细化、规范化、长效化水平，着力建设让市民生活更健康、更舒适、更美好的理想空间环境，实现城市科学、高效、可持续发展，不断提升城市的宜居性和凝聚力。

第三章　浦口区“十三五”城乡建设发展战略

结合浦口区实际，同时根据宏观形势和区域背景提出“十三五”时期浦口区发展思路，将围绕生态、产业、用地和景观展开，具体包括加强生态环境保护，提升城乡环境品质；加快重要产业空间建设，引导产业转型创新发展；挖掘城乡用地潜力，改善城市功能和品质；梳理特色景观资源，彰显城市景观特色。

一、区域服务战略

1. 产业协作：积极融入长三角区域产业体系，加强与南京主城区和各区在科技创新、高端制造等方面的合作，打造国家科技创新和区域智能制造中心；加强与苏北、皖江、皖北等区域腹地的产业协作，重点发展产业链高端环节，培育生产性服务功能，促进区域经济发展水平的整体提升。

2. 服务提升：高标准建设浦口中心区，以服务南京都市圈和更大区域为目标，提高大型商业、社会服务设施及生产性服务设施的标准和服务水平。

3. 交通协调：加快建设与江南地区间的跨江通道和城市轨道系统，加强两岸交通联系；建设浦口区与周边市县的高等级公路通道，预留宁滁城际、宁合城际等城际铁路通道，形成通达便捷的区域交通运输体系，提升浦口区的区域交通枢纽作用。

4. 环境共建：建立区域水资源、土地资源、产业布局方面的协调机制，切实保护好河湖水系、基本农田保护区及周边主要山体，加强长江流域环境污染治理力度，统一规划区域生态郊野公园。

二、生态城乡战略

1. 强化生态保护：明确区域生态保护体系，加强大气、土壤、动植物、江河生态区、自然保护区、风景名胜区的保护，不断改善生态环境。

2. 试点建设“海绵城市”：尊重和充分利用现有水系，优化河道布局，建立完善的雨水排水系统，提高排涝标准。浦口中心区初步建成“蓄渗滞净用排”海绵城市体系。

3. 构建郊野公园体系：合理利用江北新区山、江、湖、林等生态资源，建设形式多样的郊野公园，为市民提供舒适宜人、方便到达的近郊游憩空间。

三、创新驱动战略

1. 产业结构调整：在经济总量稳步发展的基础上，不断优化产业结构；促进农业向现代化方向转型，大力发展都市型农业；优化工业内部结构，逐步淘汰高能耗和高污染产业，优先发展智能制造业，打造自主创新品牌，构建具有国家影响力的产业集群；加快金融、物流等现代服务业和以互联网＋、休闲旅游为代表的新经济业态发展，提升服务业发展层次。

2. 创新转型驱动：充分发挥南京市科技、教育、人才优势，加快经济发展方式转型，提升科技创新对经济增长的推动力；加速集聚科技领军人才、创新型企业和国内外知名研发机构，培育高端生产性服务业。

3. 集聚区域发展要素，加快科研创新为主导的生产性服务业发展，激发人才的创造力和活力；推动污染产业调整和制造业转型升级，以重点园区为核心整合开发载体，建设江北新区的科技创新和生产性服务基地。

四、品质提升战略

1. 建设现代化设施：加强现代化基础设施投入，提高城市应对突发灾害的能力，保障城市安全；构建一体化交通网络，打造轨道交通引领的国家级新区，建设公路、轨道、水运多模式一体化的交通枢纽；建设高效、便捷的公共服务体系，通过高品质设施吸引人口集聚。

2. 培育和谐文明的社区：建立以综合社区为单元的城市新型社会组织结构，加强社区配套设施建设，开展丰富多彩的社区活动，营造社区归属感，提升居民的幸福感和满意度。

3. 营造独特的城市风貌：挖掘浦口区丰富的历史文化资源，切实保护有代表性的历史地段和建筑，营造宜人舒适的生活环境，成为富有吸引力和竞争力的绿色人文新区。

第四章　浦口区“十三五”城乡建设发展定位与目标体系

一、指导思想

以科学发展观和党的十八大、十八届三中四中全会精神为指导，深入贯彻习近平总书记系列重要讲话精神，以“迈上新台阶、建设新南京”为契机，贯彻推进“四个全面”战略布局，坚持“人文、绿色、智慧、集约”的发展理念，以城乡一体、山水秀美和民生和乐为重点，以改革创新为动力，以依法行政为保障，以提高质量和效益为中心，充分发挥市场配置资源的决定性作用，加快推进城乡建设管理绿色发展、转型发展、可持续发展，全面提升城市综合承载力、集聚辐射力，为打造“四个城市”、发展“五型经济”、建设“强富美高”的美丽宜居新浦口提供强有力支撑和保障。

二、总体目标

“十三五”期间，浦口区城市建设以新常态发展模式和新型城镇化建设思路为指导，把握生态文明新时代的时代特征，站在后青奥时代的战略高度，以江北新区发展建设为契机，制定总体发展目标。

江北新区总体规划提出“营造高端环境，激发创新活力迈向一个生态低碳、科技人文、宜居可持续的江北现代化都会区”。浦口区应在上述目标的指引下,进一步契合国家战略、区域职责和南京城市新功能,继续抢抓江北新区加快建设发展机遇,坚持以提高发展质量和效益为中心,加快推动创新战略实施、产业结构转型升级、城乡功能品质提升和社会民生实事落实,打造“双创高地、智慧新城”。本次规划提出浦口区城乡建设发展目标为:

——区域影响有力提升

——产业转型示范前沿

——城市品质全面升级

——生态城乡魅力彰显

三、主要预期目标

——城市发展指标。到2020年,常住人口城镇化水平达到80%以上。

——交通现代化指标。城市居民公交出行分担率不低于35%。

——城乡住宅建设指标。城镇常住人口保障性住房覆盖率不低于20%,城市中低收入住房困难家庭应保尽保目标全面实现;重点加强保障性住房建设,建设各类政策性保障性住房800万平方米。

——市政公用指标。实施区域供水工程,使城乡统筹区域供水覆盖率达到95%,基本实现城乡供水服务均等化。加强实施水污染物减排措施与收集处理,使城镇污水处理率不低于90%以上;提高生活垃圾无害化与分类处理水平,使得城市生活垃圾无害化处理率达到100%,城区生活垃圾分类收集覆盖率达99%。

——园林绿化指标。加强绿地建设,城镇建成区绿化覆盖率不低于45%、林木覆盖率不低于37%、力争公园绿地服务半径覆盖率达到90%。

——环境保护指标。注重生态环境建设,使得空气质量达到二级标准的天数比例达到90%、地表水好于Ⅲ类水质的比例达到85%、城镇绿色建筑占新建建筑比重达到100%。

第五章 浦口区“十三五”城乡建设主要任务

一、优化城市用地布局,推动产城融合建设

按照江北新区发展定位和“以人为本、生态优先,区域统筹、产城融合”的总体思路,进一步协同推进新型工业化、信息化、城镇化、农业现代化和绿色化,促进生产空间、生活空间和生态空间等协调发展,“十三五”期间重点建设五个功能片区。

1.浦口中央商务区

重点打造浦口中央商务区、浦口火车站历史文化街区和国际健康服务社区三大服务功能区,打造江北新区的文化、医疗、商务中心。围绕此目标,近期重点开发区域主要位于国际健康医疗服务社区和浦口火车站周边区域,有序推进江北CBD及周边区域商业商务、高端居住功能建设,重点发展高端商贸、商务金融、文化休闲、健康医疗等产业,规划建设5.3平方千米国际健康服务社区,加快华润商业广场、东方万汇城等项目推进,形成具有服务南京都市圈和更大区域服务水平的江北中心区。

2.珠江创业合作片区

以知识创新先锋地,高品质生活家园为建设目标。围绕此目标,海峡科工园在老山南麓地区积极打造低碳科技社区,重点建成华东地区重要的智能芯片设计园;借助南京农业大学等三所高校落址建设,建设高校协同创新园;加快珠江科技园区存量工业地更新,积极发展高新技术和研发产业,形成区域产学研一体化前沿基地。国际企业在新一代通信工程领域集聚一批技术含量高、附加值高的研发机构入驻,打造国内外知名研发机构集聚区。建设TOD社区,成为江北地区功能完善的创新研发基地。

3.高新科技创新片区

打造成为科技创新示范区,产业转型引领区。围绕此目标,近期重点加快建设生物谷,形成长三角重要的生物产业基地;建设北斗卫星研发园,形成我国重要的通信装备产业基地;加快现状用地功能更新,建设高新区综合服务中心,提高高新区综合配套水平,形成南京都市圈北部的科技创新和生产性服务基地。

4.桥林先进制造片区

推动桥林省级新型城镇化试点,用好田园水乡资源,加快老城改造和新城建设,“十三五”期间完善滨江村站点、朱石路站点周边区域生活功能,建设双峰路研发功能景观带,完善新城生活配套;发挥区经济开发区带动作用,启动七坝港扩能改造,开展港区铁路专用线规划研究,建设浦口开发区汽车轨道交通产业园和集成电路产业园,做好台积电、上汽等企业和开发区建设的配套服务,打造区域一流的智能制造新城和产港城融合新城。

5.老山旅游休闲片区

打造成为华东地区的生态旅游、休闲度假中心。围绕此目标,重点建设两带两片,包括以珍珠泉旅游观光片为依托的山水景观带和以汤泉温泉度假片区为依托的休闲生态带。珍珠泉旅游观光片近期重点推进老山生态旅游体验园(一馆三园)建设,完善老山休闲体验功能,推进佛手湖创意休闲湖区、珍珠泉度假区建设,提升老山区域性度假基地功能;汤泉温泉度假片区用好中国温泉之乡品牌,合理配置产业形态,建设形成区域知名的生态宜居新市镇、风景文化旅游名镇和都市休闲温泉小镇,打造长三角知名的休闲旅游度假基地、江北山水田园生态走廊。温泉度假、休闲养生等旅游产业结合南京北站规划建设,启动旅游综合服务中心建设,形成富有吸引力和竞争力的长三角及华东地区旅游休闲度假中心。

二、完善综合交通体系,提升交通服务水平

基本建成“城乡一体、系统衔接、生态持续”的综合交通运输体系。基本实现浦口全区与长三角中心城市2小时内通达,南京都市圈内1小时通达,与南京主城区20分钟通达;全区1刻钟(15分钟)上高速,新城、新市镇、新社区10分钟通达国省干线公路网,浦口片区、桥林新城居民步行5分钟可达轨道或公交车站。

1.强化对外交通建设,形成衔接有序、集约高效的综合交通运输体系

铁路方面,重点建设南京北站、宁通城际铁路、宁淮城际铁路、宁合城际铁路及北沿江铁路等,完成浦口火车站功能改造。公路方面,完善江北新区"一环七射"高速公路网和内部干线公路网络,推进宁合高速扩建工程,开工建设浦仪高速、宁巢高速,续建G235(S002)浦口汤盘公路段、G104南京北段改扩建、X304延陵路二期工程、X353七坝港集疏运道路(步月路),加快推进G235(S002)星甸至桥林段建设,建设S508板桥汽渡连接线渔火路、丰子河路(三桥—桥林大道)、S356浦口段(临江路)、X202沿山大道西延段,推进长江大桥连接线、纬三路连接线、纬七路(龙华互通)连接线建设。水运方面,开工并完成七坝多用途、钢铁、远锦、宏波、长城件杂码头建设,并完成七坝港区15千米东西向疏港公路(省道356沿江疏港公路)和7千米南北向疏港公路、1千米跨石碛河延伸道路。

专栏3　南京北站建设的重要意义

目前南京铁路线形成了"一环两跨八射、客货分线"的铁路格局,但铁路枢纽沿江方向仍缺乏大容量快速通道,与苏北腹地之间的快速城际铁路不足。且江北地区铁路站点缺乏,无法支撑国家级新区的发展,且不利于南京市国家级铁路环形枢纽目标的实现。"十三五"期间,应重点推进南京北站的建设,实现"三足鼎立"的铁路枢纽格局。

2. 继续推进过江通道建设,强化江南江北间联系

形成十二条过江通道的格局。新建长江五桥过江通道和上元门过江通道,加上已建的长江大桥(道路、铁路复合)、长江三桥、长江隧道、大胜关铁路大桥、3号线过江通道、10号线过江通道、模范西路过江通道和在建的4号线过江通道、宁和城际过江通道。开展和燕路、汉中西路和建宁西路等过江通道前期研究,确保开工一条。

专栏4　"十三五"浦口区范围内市综合交通重点项目规划建设表

浦口区市综合交通重点项目建设情况一览表

表3

序号	项目名称	类别	建设性质	建设年限
1	长江五桥	过江通道	新建	2016～2020
2	上元门过江通道	铁路跨江通道	新建	2016～2020
3	地铁4号线二期	轨道交通	新建龙江—珍珠泉段10.7千米	2016～2020
4	地铁11号线一期	轨道交通	新建马骡圩—浦洲路段27千米	2016～2020

3. 完善骨架路网建设,基本建成与城市空间结构相适应的路网格局

形成"十纵三横"的快速路网,快速路总长度约167千米。"十纵"分别为万家坝路、浦泗路、江北大道、定向河路、总部大道、长江五桥连接线、渔火路、步月路、通港路以及江星桥路。"三横"分别为:浦珠大道—浦珠路、滨江大道和沿山大道。形成"十八纵八横"的主干路网。总长度约225千米。"十八纵"分别为:晓山路、万家坝路、永新路、华新路、创新南路—中心路、柳州东路、兴浦路、珍珠南路、定向河路、花卉大道、中央大道、七里河路、森林大道—城南河路、雨山西路—团结路、绿水湾路、延陵路、林中路以及林西路。"八横"分别为:华宝路、盘新路、天华北路—柳州南路、浦珠路—浦珠北路、沿山大道、丰字河路、知城西路—公园路、凌霄路—中心西路。

4. 以轨道交通为骨干,强化公共交通主导地位

轨道交通方面,续建轨道交通4号线和宁和城际铁路,新建轨道交通11号线和宁滁城际北线。公交场站方面,一是逐步推进对外交通设施、轨道换乘站点、旅游中心、片区中心等换乘点或客流集散点处公交枢纽站建设,建设公交枢纽站9个(不含城西路和泰冯路换乘中心),新增枢纽用地面积5公顷。二是集约高效建设主城区、合理布局外围区公交停保场,新建公交停保场4座,新增场站用地面积17.54公顷,基本实现公交车辆进场停放。三是不断优化调整公交首末站设置,灵活配套人口、就业岗位集中区域首末站,逐步消除占路首末站,到2020年,公交首末站达45个,总规模约23.89公顷。加强公交港湾站及附属设施的布点和建设。四是积极推进公共交通设施用地综合开发、立体开发。

专栏5　"十三五"公交场站规划建设表

公交枢纽站规划建设情况一览表

表4

序号	枢纽名称	轨道交通线路	面积(平方米)	衔接交通方式
1	浦珠路站枢纽	3号线	7095	轨道、公交、自行车、出租车、停车
2	珠江东站枢纽	10号线	4106	轨道、公交、自行车、出租车
3	沿江街道枢纽	宁天	3075	轨道、公交、自行车、出租车、停车
4	星火路站枢纽	3号线	4200	轨道、公交、自行车、出租车
5	林东站枢纽	宁和	4360	轨道、公交、自行车、出租车
6	高家冲站枢纽	宁和	5040	轨道、公交、自行车、出租车、停车
7	宝塔山枢纽		4729	公交、自行车
8	浦口码头枢纽		1162	公交、自行车、轮渡
9	珍珠泉站枢纽	4号线	3800	公交、自行车

公交停保场规划建设情况一览表

表 5

序号	场站名称	类型	性质	占地面积（公顷）
1	浦口北停保场	综合停保场	新建	5.63
2	城西路停保场	综合停保场	新建	4.04
3	浦口中停保场	综合停保场	新建	4.48
4	桥林停保场	一般停车场	新建	3.39

5. 推进公共自行车建设，实现浦口区全覆盖

建成“以固定服务点为主体，以移动服务点为补充，以综合基地为保障，以调度中心为载体”，与公共交通衔接良好，点多面广、使用便捷、运转高效的公共自行车系统，使得公共自行车系统真正成为公共交通系统重要组成部分之一，实现浦口城区公共自行车全覆盖。并应为自行车、步行交通创造安全、顺畅的交通环境。结合浦口中心区等商业区，滨江岸线、老山、滁河等自然景观区域，发展各类特色步行街（区）及慢行交通休闲步道。“十三五”期间投入公共自行车 10000 辆，实现城区公共自行车全覆盖。

专栏 6　公共自行车服务网点布局原则

根据对各类用地出行特征的分析，将公共自行车服务网点划分为四大类：

（1）换乘站点：设置在包括轨道交通站和常规公交站在内的公共自行车服务点，主要为换乘地铁或公交服务，通过公共自行车系统与轨道/公交系统的无缝衔接，达到吸引市民采用公共自行车 + 轨道/公交出行的目的；

（2）居住点：设于各居住区内部的公共自行车服务点，本类网点设置主要为居民日常出行提供服务。市民可在居住小区就近租用自行车，直接前往目的地；也可前往合适的公交站点，换乘公交直达目的地，减少公交换乘次数，使出行更加便捷；

（3）公建点：在人流集中的共建点设置，主要有两方面的功能：一方面是通勤功能，方便上班人员和办事人员采用公共自行车出行或到达；另一方面是购物休闲功能，方便公建点（主要是商业设施）的外来人员利用公共自行车的休闲、娱乐、购物活动；

（4）旅游景点：在旅游景点、公园、游乐场等处布设，旨在增加景点的可达性，方便居民游玩、休憩。

公共自行车网点布设数量情况一览表

表 6

网点类型	设置位置	桩位规模（个）	配车规模（辆）
换乘站点	设置于地铁站出入口以及大型公交换乘站点附近	40～100	100～200
居住小区	设置于居民小区附近	20～40	30～50
公建设施	设置于商业、办公、医院、学校、文体中心等附近	20～40	20～80
旅游景点	设置于旅游景点附近，方便游客到达车站以及骑车在景区内部游玩	20～40	20～100

6. 推进社会公共停车场建设

继续推进老城区尤其是商业繁华地段、学校等公共设施附近社会停车场建设，加快推广既有停车设施错时对外开放，基本解决老城区停车难问题；结合轨道交通线路的建设时序，合理配置沿线站点公共停车设施，完善绿色慢行交通设施及地下过街通道建设，实现“P + R”便捷换乘。

在柳州东路与江山路交叉口西南侧、柳州东路与江山路交叉口西北侧进行“生态型”停车场新建，大约可新增 260 个车位；大桥北路与天华南路交叉口西北侧进行“生态型”停车场新建，大约可新增 80 个车位；启新路与江山路交叉口西北侧，大约可新增 220 个车位。

7. 开展充（换）点设施规划及建设，推动新能源汽车发展

加快充电桩建设，有效推动新能源汽车的推广应用，按照符合规划、便于实施、交通便捷、布局均衡、复合利用的原则，结合停车场专项规划中确定的停车设施用地及城市规划中用地功能兼容的城市绿地，布局柳州东路等多个充电站。

专栏 7　南京市充（换）点设施规划建设发展紧迫性

近年来，我国新能源汽车在政府的大力支持下取得了较大发展，2014 年是新能源汽车的爆发元年，借势国家补贴、地方支持、环境治理、社会认知的多重正能量，新能源汽车成为了整个汽车行业乃至中国社会的关注焦点，数据显示，我国 2014 年全年新能源汽车销量达到 74763 辆。

南京作为公交都市及新能源汽车示范推广应用城市之一，在国家和各个省市出台各种政府激励政策的氛围下，也相应出台了配套地方政策，对车辆采购、补贴标准、基础设施建设、商业模式探索等方面都作出了相应规定，截至 2015 年 6 月底，南京市共推广各类新能源车 4332 辆，建成近 2000 根充电桩，其中 2015 年共计推广新能源汽车 497 辆，距离 2015 年推广目标 3380 辆还有一定差距。究其原因，充（换）电设施建设的滞后，已经影响到南京新能源汽车推广应用示范城市的创建。

三、突出生态人文建设,提高人居环境品质

坚持"绿色、人文、智慧、集约"的理念,擦亮"国家级生态示范区"品牌,加快新型城市化步伐,统筹推进美丽乡村及特色小镇建设。树立"大文化视野"理念,充分展示江北的人文底蕴,全面开展历史文化资源保护与利用的基础性工作,加快推进重大文化工程和公共文化服务建设项目,打造传统文化与现代文化交相辉映的文化新区。

1. 推进城市生态环境保护

构建生态安全体系。严守新区生态红线,对划定的8类15块生态红线区域,实施严格的生态准入措施,坚决杜绝占用生态用地和空间的项目。做好长江沿岸湿地、老山等风景名胜区、重要湿地的生态功能保护区建设。在重点农业区和生态功能区发展具有地域特色的绿色生态产品,保护基本农田、树林、湖泊、湿地,维护生物多样性。高标准建设新区生态绿廊,积极打造以老山为轴、长江滨江风光带和滁河风光带为翼的生态布局。

强化源头治理。积极创建"全国生态文明示范区",将青奥的相关环境治理措施制度化、常态化;持续开展建筑扬尘、工业废气、秸秆焚烧、餐饮油烟等专项治理,建立渣土车全程查控管理模式,主次干道机扫率提升至90%;联网监控渣土车运输,开展"五色工地"挂牌考核,实现秸秆禁烧"双零火点";坚持推进"三高两低"企业整治工作。

加大环境整治力度。继续强化"河长制"责任落实,加大污水排放接入管网力度,推动开发区污水处理厂高标准运营;推进清水行动,全面实行河长制,加快城南河、朱家山河等河道综合治理,确保集中式饮用水源地水质达标率始终保持100%。建立环境倒逼机制,淘汰落后产能,推进节能降耗。

推进农村环境整治。加强农业面源污染防治,鼓励禽畜水产生态养殖,促进化学农药和肥料的减量使用,提升农业废弃物资源化利用水平;积极开展改水、改厕、改塘,使村庄环境全部达到布局优化、道路硬化、村庄绿化、路灯亮化、卫生洁化、河道净化;实行农村生活污水无害化处理、推广再生能源和太阳能源和人阳能利用、农业生产节水节肥节能新技术。完善农村生活垃圾"组保洁、村收集、镇街转运、区处理"的模式,生活垃圾分类收集在全区普遍推行。

强化城市特色设计。按照"大集中、小分散"的多组团布局,开展控规修编,突出重点地区和关键节点设计,推进桥林水街、津浦铁路纪念广场等特色片区建设;重点实施滨江风光带二期建设,进一步规划利用好西江口湿地、浦口码头等资源,打造兰溪公园等项目,同步完善周边路网交通、服务中心等公共配套,打造"滨江城市展厅"。

2. 推进园林绿地系统建设

进一步完善城市绿地系统结构。推进绿色生态工程建设,积极推动城市楔形绿地、城市公园建设和提档改造,加强郊野公园建设和环境整治。扩大城市绿地总量,逐渐优化绿地布局,至2020年城镇建成区绿化覆盖率不低于45%,人均公园绿地面积达12平方米/人以上。

着力提升绿化节点景观品质。涵盖时代特点、历史特点,与绿色生态相结合,继续推进区内地标性绿化景观节点的打造,加大重点地段绿地公园的改造建设,实现公园景观品质的大提升。

加快推进城市河道治理工程。采取控源截污、垃圾清理、清淤疏浚、生态修复等措施,加大黑臭水体治理力度,落实黑臭河道治理"河长"制,按照时间节点分阶段分别实现消除黑臭、巩固整治成果及根治黑臭的目标。其中,2016年计划消除黑臭河道3条,为城南河、定向河及朱家山河;2017年计划消除黑臭河道31条。力争到2020年全面消除黑臭河道,使主要江河湖库水功能区水质明显改善,实现"水流畅通、岸绿、景美"的目标。

3. 重视人文培育

打造特色文化品牌。结合南京江北新区浦口中心区规划、浦口老城改造、南京滨江风光带建设,高起点规划建设浦口火车站历史风貌区;在保护街区格局和文物的前提下,逐步推动左所大街、龙虎巷风貌区的保护性开发和利用;积极打造定山寺、慧济寺等寺庙文化;汤泉温泉、老山不老村等休闲度假文化。以书法文化为特色,打造书法之乡,完善"金陵四老"纪念馆功能,精心打造求雨山文化创意产业园,使其成为国内顶尖的专业书法文化产业链平台、面向全国的书法圣地。结合浦口区历史文化,在城市各主要节点建设名人雕塑广场。

积极创建特色小镇。积极推进浦口区特色小镇建设工作,"十三五"期间秉承"科学规划优布局、因地制宜造精品、创新管理保落实"的发展思路积极打造16个特色小镇。

专栏8　南京市浦口区人大:为"特色小镇"建设出谋划策

今年4月,南京市出台《关于优化全市区域功能定位和产业布局的意见》,"特色小镇"的概念首次出现,提出力争把特色小镇建设成为生态园林式的新型产业社区。

浦口区人大以及各街道人大高度重视"特色小镇"建设工作,组织代表积极为汤泉温泉小镇、老山生态旅游体验小镇等建设项目出谋划策。

一是科学规划优布局。紧紧围绕江北新区建设发展规划和农业农村建设,提高规划的科学性和精细度,形成"重点突出、梯次合理、特色鲜明、相互衔接"的规划体系。要加强与国土、规划等部门协调,想方设法破解土地要素制约等重点难点问题,为特色小镇建设创造必要条件。

二是因地制宜造精品。要充分利用浦口的自然和人文资源,彰显地方文化特色,深度挖掘文化风貌和历史古迹资源,杜绝"千镇一律"现象。依托美丽乡村资源,将自然景观、人文特色、环境资源及特色产业有机结合,打造出具有明确产业定位、文化内涵、旅游和一定社区功能的特色小镇。

三是创新管理保落实。要坚持加大投入、创新管理,进一步拓宽融资渠道、强化招商力度,鼓励多元化主体参与建设,通过多样化经营的手段,合理让利于社区、居民,充分激发社区、居民的参与积极性。要建立健全考核机制,加强工作督查考核,定期通报各阶段工作的落实情况,用机制推进各项建设任务落到实处。

浦口区创建特色小镇情况一览表

表 7

名　　称	特色产业定位	建设规模
求雨山中华书法小镇	文化旅游	规划占地面积约 3 平方千米，核心区面积 1 平方千米，预计建设总投资 84.8 亿元
汤泉天然温泉养生小镇	温泉养生、度假、文化	规划占地面积约 3.01 平方千米，核心区面积 1.09 平方千米，预计建设总投资 65.1 亿元
南京老山天景生态旅游小镇	生态旅游	规划占地面积约 3.82 平方千米，核心区面积 1.84 平方千米，预计建设总投资 300 亿元
桥林集成电路小镇	集成电路	规划占地面积 3 平方千米，核心区面积 1.1 平方千米，预计建设总投资 205 亿元
两岸设计小镇	工业设计	规划占地 3.33 平方千米，其中核心区为 1.09 平方千米，3 年预计建设总投资突破 30 亿元
顶山 HR(Human Resource)小镇	人力资源	规划占地面积约 3 平方千米，核心区面积 1 平方千米，预计建设总投资 36 亿元
狮子岭禅茶康养小镇	生态旅游	规划占地面积约 3.34 平方千米，其中核心区面积为 1.09 平方千米，预计建设总投资 60.87 亿元
星甸静脉小镇	生态环保	规划占地面积 3.1 平方千米，核心区面积 1.3 平方千米，预计建设总投资 50 亿元
盘城生命之光小镇	生命健康	规划占地面积 2.51 平方千米，核心区面积 1.43 平方千米，预计建设总投资 30 亿元
侯冲碳谷小镇	待定	规划占地面积约 2.51 平方千米，核心区面积 0.8 平方千米，预计建设总投资 4.7 亿元
浦口火车站民国风情小镇	旅游休闲	—
永宁铁路小镇	待定	规划占地 1.2 平方千米，核心区面积 1.2 平方千米，规划投资约 80 亿元
江北农科小镇	智慧农业、创意旅游、养生养老	规划占地面积约 4 平方千米，核心区面积 1.36 平方千米，预计建设总投资 42.24 亿元
响堂民俗文化小镇	民俗文化旅游	规划占地面积约 4 平方千米，核心区面积 1.2 平方千米，预计建设总投资 30 亿元
九华雨花茶小镇	茶叶生产、销售	规划总面积 3 平方千米，核心区域面积 1 平方千米，预计建设总投资 20 亿元
乌江新市镇	生态旅游、书画展览培训	规划区域面积在 3 平方千米左右，核心区面积约 1 平方千米，预计总投资框架为 20 亿，第一期预计总投资为 4 亿

四、优化公用设施建设，加强综合服务效能

1. 加快推动城乡供水一体化，完善供水干管布置

优化水资源配置，提高水资源利用效率，加快区域供水设施的建设，优先发展城市公共供水，逐步整合乡镇水厂，关停三岔水厂，推动城乡供水一体化，实现长江直供水全覆盖。

新建桥林水厂供水能力 20 万立方米/日；新建象山增压站设备规模 10 万立方米/日。适时启动科工园增压站土建 5.5 万立方米/日，设备规模 3 万立方米/日工程；开发区增压站土建 6 万立方米/日，设备规模 3 万立方米/日工程；黄姚增压站设备规模 6 万立方米/日等新建工程。

实现桥林水厂、江浦水厂、浦口水厂互联互通，连通管径 D1000 以上，加大老旧管网改造，优化供水系统调度，管道漏损率控制在 10% 以下。

推进应急水源建设，强化水资源安全保障。加大三岔水库等应急水源地保护力度，规划新建桥林取水口至江浦水厂和浦口水厂应急原水管道。按照应急水源规划，逐步完成应急水源建设，并实行供水管道联网。

推广使用节水器具和设备，新建建筑内必须安装节水型用水器具和设备，并逐步更换现有建筑内费水严重的用水器具和设备。推广中水回用技术，提高工业用水的重复利用率，减少工业耗水量，建设节水型城市。

2. 改造城市雨水系统，推进海绵城市建设

构建高标准排水防涝体系。中心城有效应对不低于 50 年

一遇的暴雨,骨干河道排涝标准为20年一遇,新建管道满足3年一遇降雨标准,重要道路和地区满足3~5年一遇降雨标准;改造、新建排涝泵站,达到排涝模数不低于4立方米/秒·平方千米的标准。

建设"蓄渗滞净用排"海绵城市城市体系。新建区径,流系数宜按0.5控制,新建区硬化地面透水性地面比例不宜低于40%。建成区改造后径流系数不超过改造前。

利用景观水体或绿地系统就地对雨水径流进行削减及净化,因地制宜地采用生态型雨水利用技术,加强初期雨水收集处理。建筑红线外以调蓄水系和绿地、雨水湿地、生物滞留池、植草沟和下凹式绿地,硬化开敞空间铺设透水砖、渗沟、渗井等措施为主。建筑红线内布局透水铺装雨水花园、绿色屋顶、下凹式绿地、调蓄池等设施。

3. 积极实施"清水工程",改善区域环境质量

加强长江水环境保护,持续开展城南河、七里河、高旺河、朱家山河等主要入江支流以及秃尾巴河、小外江河与团结河等黑臭河道水环境综合整治,深入实施雨污分流、控源截污、河道整治及生态修复工程,全面消除城市河道黑臭现象及劣V类水质,严格控制入江水污染物排放总量;加强滁河和湖库水环境保护,强化滁河及主要支流水环境综合治理,确保达到水环境功能区水质要求,确保主要湖库水质处于轻度富营养化水平以内;力争3年左右时间全面消除黑臭现象。

实施雨污分流三年攻坚计划,重点推进外部条件成熟区域按照"雨污分流"制进行排水管网完善;新开发区域,严格执行"雨污分流"排水体制,按规划同步配套雨污水管网;建成区域,按照因地制宜原则,积极推进"雨污分流"。

着力改善区域地表水环境质量、提高污水收集和处理能力,不断加强城乡污水处理设施和配套管网建设,城镇污水处理率达到96%,再生水回用率不低于30%,污水排放标准为一级A。扩建桥北、珠江和高新区北部污水处理厂,逐步废除高新区污水处理厂,使城区污水总处理能力达48.5万吨/日;适时启动永宁、汤泉、星甸等乡镇污水处理厂新扩建工程以及星甸等乡镇污水处理厂提标改造工程,新市镇污水处理设施覆盖率达100%。

进一步完善污水收集系统,配套建设污水管网。改造浦滨路污水管,敷设d600—d800污水管;迁移芝麻河沿线污水主干管,从城南河路起沿浦云路—五桥连接线—珠江污水厂敷设d1500—d1800污水主管;改造文昌路污水管,敷设d800污水管;改造中圣街污水管,敷设d1200污水管。

4. 完善防洪体系,保障城市安全

到2020年,全面建成防洪抗旱减灾体系,城市防洪保护区防洪能力明显提高,排涝抗旱能力显著增强。按照人水和谐的理念,给洪水以出路,合理安排河道整治、堤防等工程建设,不断完善综合防洪减灾体系,滁河流域防洪标准总体达到20年一遇。实现城市防洪全面达标,江北新城浦口防洪圈防洪标准达到100年一遇;桥林新城防洪圈防洪标准达到100年一遇。加快圩口防洪工程建设,全面提升圩口防洪除涝能力,骨干河道城市段防洪标准达到百年一遇,其余段达20年一遇。保护水库及重点塘坝,不能随意缩减其水域面积。构建与社会经济发展相协调、安全可靠的防洪减灾保障体系。

5. 完善供电设施建设

"十三五"期间,城市建设将大力推进,浦口区用电负荷会急速增长,年均增长率约为15.60%,预计2020年全区最高用电负荷将达到1437.04兆瓦。

"十三五"期间,浦口区将新建9座变电站和扩建(增容)12座变电站以保障城市发展带来的用电需求。其中,新建500千伏1座,为秋藤变;新建220千伏2座,为莫家变和新城变,扩建(增容)220千伏变电站2座,分别为沿泰变、盘城变;新建110千伏6座,分别为定向变、华山变、中心变、大方变、象山变、汤泉变,扩建(增容)110千伏变电站10座,分别为虎桥变、团结变、江圩变、北门变、开发区变、安业变、浦口变、西区变、复兴变、桥北变。

6. 加大通信设施覆盖力度

加大光缆网覆盖范围,以FTTH方式为主部署中心城宽带网络,加快推进新市镇地区的光纤宽带接入网建设。开展基础电信网、有线电视网和计算机主干网"三网融合"示范建设。

扩建泰山新村机楼、江浦机楼;新建3座枢纽机房和核心机房。加强推进"三合一"基站的建设。

7. 加强燃气供应保障

至2020年,浦口区天然气气化率达95%以上。天然气居民用户数达到27.8万户。

天然气以"西气东输"一线气为主,积极争取如东LNG、川气东送等其他气源。液化石油气主要来自扬子石化等本地炼油厂和外地输入。

新建桥林LNG储配站,占地面积3公顷,近期储气能力72万立方米,兼具气源储配、调压、应急、汽车加气等多种功能。

新建桥林、永宁高高压调压站;新建桥林高中压调压站;在永宁、汤泉等新市镇建设天然气供应站,近期采用CNG供应管道天然气。新建高压管道43千米。

8. 推进地下综合管廊建设

到2020年,建成一批具有国际先进水平的地下综合管廊并投入运营,反复开挖地面的"马路拉链"问题得到明显改善,管线安全水平和防灾抗灾能力得到明显提升,城市地面景观得到明显好转。

桥林管廊主要在新星大道、浦滨路适时启动;三桥管廊主要在浦滨路、横江大道以及海峡大道适时启动,核心区主要在浦辉路、七里河大街、浦滨路、横江大道、珍珠南路、胜利路、兴浦路适时启动。

协调供电、电信、燃气、排水、人防等市政公用设施部门工作,建立合理的收费机制和运营管理机制,可由政府牵头,充分鼓励社会资本参与建设和运营管理。

9. 健全消防体系,合理布置消防站点

贯彻"预防为主,防消结合"的方针,确立共同防火的管理体制,完善全区指挥中心、消防支队、消防站三级消防体系;按照以接到出动指令后消防队5分钟内能到达责任边缘为原则,确定各消防站的责任区面积为4~7平方千米。

"十三五"期间新增3座消防站,雅居乐镇南河路、桥林街道及浦口开发区各1个。

五、加强民生设施建设,提升居民生活质量

1. 加大公共服务设施建设,改善城市住宅配套功能

为满足居民在文化体育、医疗卫生、社会福利、治安管理、休闲游憩等方面的基本需求,大力推进与居民生活密切相关的各类配套公共服务设施建设,并以此来引导和调控我区住房开发建设的速度和规模,切实提高市民生活质量。

文化设施建设规划。提升公共文化服务水平,新建区博物馆,加快推进基层综合性文化服务中心建设,"十三五"期间重点建设浦口中心区文化中心、浦口滨江文化中心两个市级文化中心和珠江地区文化中心、浦口新城规划展览馆、桥林城市规划展示馆三个地区级文化中心。其中,浦口中心区文化中心占地14.0公顷,以文化、演出、展示、休闲、教育等功能为主;浦口滨江文化中心占地5.2公顷,以会展、艺术、博览、文化创意等功能为主。创建一批省、市级公共文化服务示范街道,示范中心(站),全区每万人拥有公共文化设施面积达2000平方米。深入完善全民阅读体系,扎实开展"书香浦口"建设,居民综合阅读率达到94%以上。加快推进现代公共文化标准化、均等化、社会化、数字化建设,争创江苏省公共文化服务体系示范区。

体育设施建设规划。提升体育服务水平,新建地区体育场馆、体育中心,加快推进基层综合性体育服务中心建设,"十三五"期间重点建设珠江地区体育中心、高新区体育中心等四处地区级体育中心。

医疗设施建设规划。提升地区医疗服务水平,"十三五"期间重点建设江北副城中心医院、桥北地区中心医院、南京高新区医院、浦口区妇幼保健医院、南京张文新骨伤科医院、江苏省残疾人康复中心、江苏省建康学院附属康复医院、桥林新城医院等综合、专科、康复医疗设施。积极推进妇幼保健所、卫生监督所及疾病预防控制中心"三合一"公共卫生机构建设。

福利设施建设规划。拓展社会福利覆盖领域,建构新型城乡社会化养老服务网络。"十三五"期间重点将区社会福利院转型为医养融合型养老康复示范机构。利用社会资金,新建一处相对高端的养老休闲社区或养老康复机构。

2. 推进保障性安居工程建设

进一步细化落实住房保障"1+4"政策。以制度完善、政策健全、供应有序、进退规范为目标,适应新型城镇化与城乡发展一体化要求,加快构建以政府为主提供基本保障、以市场为主满足多层次需求的住房供应体系。按照"保障基本、并轨运行、租售并举、产权共有"的思路,将现有的住房保障品种整合为货币补贴、住房租赁、产权购买三类,推进公共租赁住房与廉租住房并轨运行,建立以共有产权管理为核心的购买型住房保障制度,健全和完善住房保障制度体系。坚持分层实施、梯度保障,优先满足城镇低保和低收入住房困难家庭需求。

加快保障房由大规模建设向多元化、稳步供应转变。坚持保障和改善民生为重点,注重群众基本住房和多层次住房需求,推进住房保障和住房供应体系建设,不断改善群众居住条件和环境,提升群众居住品质。正确发挥政府和市场的作用,建立和完善市场调节和政府保障相结合的住房政策体系。建立健全以货币补贴、公共租赁住房、共有产权房、产权调换房四位一体的城市住房保障体系。在保障与提高城市低收入住房困难家庭和农村拆迁安置家庭住房条件的基础上,逐步改善城市夹心层、新就业人员、外来务工人员等其他城市住房困难群体的居住条件,基本解决城市低收入家庭住房问题。鼓励科研院所、高校、大中型企业等利用符合城市规划的自有土地建设单位公共租赁住房,缓解本单位新就业人员和外来务工人员居住需求。鼓励各区政府、开发园区、功能板块结合自身实际和规划要求,建设公共租赁住房,解决本区域内住房困难人员的居住需求。鼓励民间资本投资建设公共租赁住房。但需要与近期建设规划、居住专项规划紧密融合,并合理配置公共服务设施,确保规模与用地布局合理。重点建设巩固、大新、桥林开发区、泰山、润泰、永宁侯冲等六大保障房建设片区,注重保障性住房选址,增强配套设施建设,避免建设大规模郊区保障房用地,结合城市更新、居住用地开发等建设项目均衡布局,与商品房小区形成有机融合,至"十三五"期末,累计建成各类保障性住房16.4万套,1804万平方米。

3. 推进存量地区棚户区改造

有序组织实施棚户区危旧房改造。结合住房保障体系转型、城市片区开发、新型城镇化建设,加大棚户区改造力度,既要努力满足群众改造需要,又要与政府财力、土地供应等能力相适应。依法依规做好征收补偿工作,在尊重棚户区危旧房居民选择意愿的前提下,改进更新改造工作方式,统筹用好实物安置与货币补偿两种方式。对征收人进行安置的房屋,将征收安置房纳入保障性安居工程管理,根据征收规模实际,超前规划,完善安置住房选点布局,提高安置社区公共服务水平。对涉及危旧房、环境较为恶劣的棚户区、城中村等旧居住区,通过功能优化调整采取整体搬迁易地安置的方式进行用地置换,适度提高容积率,鼓励市场机制参与。重点对珠江老镇、浦口东门和南门、浦口老火车站地区三个地区的棚户区进行改造。珠江老镇现状棚户区面积167公顷,至"十三五"期末完成50%即80公顷棚户区改造更新;浦口东门和南门现状居住密度较高,建筑肌理及风貌具有一定保留价值,现状棚户区面积为165公顷,至"十三五"期末完成80%即130公顷棚户区改造,成为整个江北新区的城市更新示范项目;浦口老火车站地区棚户区面积66公顷,至"十三五"期末,实现整体更新。

浦口棚户区改造情况一览表

表8　　　　单位:公顷

片区名称	现状棚户区面积	改造力度	改造棚户区面积
珠江老镇	167	50%	80
浦口东门和南门	165	80%	130
浦口老火车站地区	66	100%	66

有序实施老旧小区出新工程。对于建筑质量尚可的旧居住建筑,在不改变建筑主体结构和使用功能的前提下,改善旧式住宅外立面,增加必要的服务设施,提升居住环境品质。根据实际需要,定计划、分批次实施一系列老旧住宅小区出新工

程,全面提城市形象,改善居民的生活环境和条件。

4.保持房地产市场健康持续发展

进一步完善房地产市场体系。继续发挥房地产业拉动城市发展,推动城市化进程的作用。建立房地产市场调控的长效机制,科学制定年度土地供应计划,优化住房供应结构,发挥房地产业对推动经济升级转型和城市转型的带动作用,引导房地产业进入片区改造、旅游开发、园区建设等领域,大力发展产业地产和创意地产,推动住宅产业化和商业楼宇经济发展,促进房地产业整体平稳健康发展。

全面提升房屋管理水平。加强直管公房经营管理和维修养护,规范企业经营行为,确保直管公房住用安全和国有资产保值增值,为建设和谐房产做贡献。全面提升房屋安全管理水平,进一步加强房屋拆改行政许可的力度,指导督管市场化的物业管理,对老旧小区及社会零散无人管片区全面覆盖物业管理新体制——"统一领导、分级负责、条保块管、综合协调",各街道以"两站一中心"的管理体系服务百姓。

六、统筹镇村体系布局,加快城乡均衡发展

促进城乡区域协调发展,推进城乡各要素间和谐共融,打造宜居宜业的城乡环境。对接江北新区"中心城—新城—新市镇"的城镇体系格局,重点建设浦口中心区、桥林新城以及星甸、汤泉、永宁等新市镇。

1.推动新市镇功能配套与品质提升

进一步完善新市镇功能配套。在新市镇建设过程中,转变过去单纯注重功能建设的思路,转向功能与品质并重,在完善功能配套的同时,加强特色塑造,以省级示范镇、市级重点特色镇为重点,不断增强城镇综合承载能力,培育壮大一批功能健全、特色鲜明的新市镇。积极引导城镇空间由外延扩张为主向内涵提升和外延合理拓展并重转变,促进新市镇走特色化、集约化、现代化的发展道路,积极推进桥林新城城乡统筹发展试点,以新市镇建设为核心推进新型城镇化。加快桥林新城建设,坚持"产、城、人融合"的新区发展目标,促进桥林新城完善配套与服务设施,增强新城吸引力,在开发时序、建设机制等方面理清思路,通过产业的导入,吸引新城人口的集聚,进一步完善城市功能与各类配套服务,进而促进产业的更好集聚。加强新市镇的特色功能打造,星甸作为江北新区西南部生态休闲产业特色鲜明的新市镇;永宁,基于良好的交通区位和老山资源发展乡村休闲旅游,可以打造成为江北新区中心城周边生态休闲产业特色鲜明的新市镇。

增强城镇综合承载能力。主动对接区域供水、高等级公路、轨道交通、水利等重大基础设施和功能板块,强化镇域交通、供水、信息化等功能设施建设,按照"先地下、后地上、成系统"的原则,统筹协调各类工程管线的规划、建设和管理,增强城镇承载经济、承载民生功能。

严格按照新市镇城市设计进行建设。强化对城镇重要节点、景观走廊、开敞空间的设计和控制,注重对城镇整体色彩、建筑风格的研究和引导,深度挖掘自然山水、民间建筑等空间特色资源,营造"精致、雅致、宜居、乐居"的新市镇。

2.优化镇村布局规划

加强特色村庄梳理。深入开展特色资源调查,形成乡村地区特色资源名录,并按照资源状况定为标志型、优势型、基础型三个等级,在此基础上,制定特色村评价标准,加强特色村的梳理。规划特色村共21个(新增村庄7个),其中自然景观型4个,历史文化型8个,特色产业型9个。

统一村庄分类。结合省厅要求及南京实际,对区村庄布点方案进行统一及细化,其中特色村进一步细分特色类型,分为历史文化型、自然景观型、特色产业型及其他特色型四类。规划重点村55个,特色村8个,重点(特色村)13个,一般村998个(其中布点村32个)。

深化乡村产业引导。积极引导乡村产业发展,第一产业主要形成三大农业产业板块,包括现代规模农业种植区、休闲旅游观光农业区、生态型现代林业。第二产业坚持高层级平台优化提升、产业配套提升相结合的原则。第三产业以旅游业为主,根据浦口区资源文化特色,规划提出五大旅游主题区,包括滁河湿地生态区、农耕休闲度假区、"一山三泉"景区、滨江休闲文化区和民国风情创意展示区。

3.强化美丽乡村示范区建设

全面完成美丽乡村示范区建设任务。推动浦口区美丽乡村示范区建设,以风貌展示带为依托,选择山水空间布局较好、生态环境较优、村庄特色鲜明的区域,通过资源倾斜、项目整合、政策扶持,重点打造以"田水路林村"为核心要素的美丽乡村精品片区,示范带动全市美丽乡村建设工作。"十三五"期间,全面完成老山不老村、知青故里、岨里人家、楚韵花香、水墨大埝、桃园静谷、康郢文苑、葡萄庄园、九华茶坊和芳草香甸"十颗珍珠"规划建设工作。努力打造"水墨大埝—知青故里—西埂莲乡"三点一面和美丽乡村张家圩、草场圩两个片区的美丽乡村旅游观光线、盘城葡萄园等综合性乡村休闲旅游文化片。以线路化推进为主线,以美丽乡村示范村建设为基础,以项目为抓手,进一步突出大景点建设意识,重点围绕汤泉街道邵兴圩片区、永宁街道复兴圩片区、张圩片区、老山森林南部片区共计140平方千米的范围实施整治、建新、连接、基础、提升五大工程,做好项目化管理、责任化推进,实现串点成线、拓展成面,尽早展现浦口山青、水碧、村美、兴业的美丽乡村景象,争取尽早建成大都市近郊美丽乡村示范区。

全面彰显美丽乡村独特魅力。注重特色挖掘,综合考虑农村地理区位、山水肌理、资源禀赋、发展现状、村民需要、旅游开发等因素,采取"专家设计、公开征询、农民讨论"的办法,推行"一村一策一方案"建设模式,对村庄的资源进行深入梳理分类,实施差异化整治,坚持个性化塑造,充分挖掘地形地貌、建筑风貌、历史人文、产业资源特色,彰显"一村一景、一村一品、一村一韵"的美丽乡村独特魅力。

探索建立多元投入机制。强化区级资源整合,积极研讨相关政策,搭建共建平台,进一步发挥示范片区专项资金引领作用,使资金、资源利用更加集中集约化。采取有效措施引导、推进民营企业更多地参与农村公共服务和基础设施的经营管理,更大范围探索民营资金股份化、资源资本化,有效缓解浦口区美丽乡村建设资金保障压力。

4.推进农村危房改造工程

加强农村危房改造工作。根据救助对象住房实际状况、村镇建设规划以及救助对象的意愿,明确救助标准、程序,采取新

建、改建、扩建、修缮、置换、租用等方式开展危旧房改造。鼓励农户拆除危旧房、闲置房,利用存量建设用地建新房,加大危旧房改造奖励力度,积极推进农村特困户的危房改造工作,推动农村基本住房安全保障建设,并结合村庄环境整治提升,同时改善农村人居环境,创建一批环境宜居、设施配套、特色鲜明的示范村庄,切实提高农村困难群众的生活条件。(建议更改为:以解决农村困难群众最基本安全住房为目标,积极推进农村危房改造,确实把农村建档立卡贫困户、农村分散供养五保户、低保户、贫困残疾人家庭等重点对象危房改造放在优先位置。结合村庄环境改善提升行动,探索改善困难农民群众住房条件与改善乡村人居环境、塑造乡村特色风貌相结合的机制,切实提高农村困难群众的生活条件。

5. 促进城乡公共服务均等化

全面推进城乡统筹发展,实现城乡基本公共服务均等化,在浦口区农村地区建立布局合理、配套齐全、功能完善、服务便捷的基本公共服务设施体系。

提升公共服务辐射水平。重点提高基础教育、医疗卫生和文化体育等公共服务水平。提升地区医疗服务水平,“十三五”期间加大力度建设社区卫生服务站,按照“15分钟医疗卫生服务圈”“一村一室”和“转、并、联”的要求,合理调整布局,“十三五”期间,计划将全区社区卫生服务站总数由目前的79个增加到106个。提升办学质量,优化城乡基础教育资源,创建“省学前教育改革发展示范区”;在养老服务方面,深化街道区域性居家养老中心站点建设,推进医养融合和公办民营等养老模式,满足居民的不同养老需求。

推动城镇公共服务向农村延伸。构建城乡一体的劳动力就业服务体系,落实统一的城乡居民基本养老保险制度,完善新农合可持续筹资机制等。

七、积极发展绿色建筑,提高建筑科技水平

谨遵“绿色发展、循环发展、低碳发展”的发展理念,以发展绿色建筑为方向,牢牢抓住新型城镇化建设机遇,大力推广适合建筑产业现代化生产的实用技术,大力发展绿色建筑企业。

抓好《绿色建筑行动方案》的贯彻落实工作。继续实施浦口区绿色生态城区示范,加大绿色建筑和绿色基础设施建设推广力度,强化质量管理。重点做好政府办公建筑、政府投资的学校、医院、保障性住房等公益性建筑强制执行绿色建筑标准工作。

稳步提升新建建筑节能质量和水平。做好新修订发布的民用建筑节能设计标准贯彻实施工作。加大抓好新建建筑在施工阶段执行标准的监管力度。总结国际国内先进经验,开展高标准建筑节能示范区试点。强化民用建筑规划阶段节能审查、节能评估、民用建筑节能信息公示、能效测评标识等制度。

促进城市功能区绿色化发展。率先在新建政府投资项目、保障性住房项目、生态城区、绿色建筑示范区中开展建筑产业现代化工程试点,鼓励部分商品住宅项目进行建筑产业现代化试点,引导城建开发企业在设计理念、技术集成、建造方式和管理模式等方面实现根本性转变,为建设绿色城区打下坚实的基础。

促进建筑节能向绿色建筑转变。推动新建建筑绿色化发展,加快既有建筑节能改造,推进绿色建筑规模化及绿色建筑区域示范。根据建筑具体情况,加大对既有建筑改造的政策扶持力度,进行单项、组合项或全面改造,实现建筑节能化向建筑绿色化的升级。

推进绿色建筑由数量型向质量型、单体向绿色片区转变。进一步明确绿色建筑中长期发展目标、主要任务、保障措施,在城乡规划中全面落实绿色建筑要求,探索研究绿色城区的建设策略。全区新建居住建筑全面执行65%节能设计标准,“十三五”期间全区公共建筑执行65%节能设计标准,并于“十三五”期末在公共建筑中开展超低能耗建筑示范。

八、深化体制机制改革,提升建设管理水平

深化管理体制改革,构建市区协调、高效运转的城市管理运行机制,创新城市管理模式,推进管理全过程的标准化、市场化、信息化、精细化,全面提升人民群众对城乡建设管理的满意度。

1. 深化行政管理制度改革

深化行政管理制度改革。南京市委、市政府拟定的政府职能转变和机构改革方案,目前已得到省委、省政府正式批复。住建局更名为城乡建设局,“十三五”期间加强工作聚焦,推进行政管理制度改革,加强事中事后监管,清理各类审批事项,重点减少涉及投资活动、创新创业、生产经营、高技术服务等领域的审批事项。加快建立健全投资项目纵横联动协同监管机制,建立健全重大决策终身责任追究制度、决策反馈纠偏机制和决策责任倒查机制,以大数据为依托推进监督机制科学化。

2. 规划引领:发挥城市规划管理的引领与调控作用

推进多规融合与衔接。健全城乡规划管理的规章体系、组织体系和监管体系。强化城乡规划与国民经济和社会发展规划、土地利用规划、环境保护规划等相关规划的统筹协调,强化城乡规划与各类专业、专项规划的综合平衡和衔接,加快形成市域“多规合一”的新局面。

加强规划实施多方监督。健全规划编制管理体系,加强规划编制项目的立项管理、成果评审、成果验收和入库工作,将依法依规实施规划的情况纳入目标责任考核内容,及时处理和纠正违反法规和城乡规划的行政行为,并按规定追究相关人员的行政或法律责任,切实维护规划的权威性和严肃性,营造有利于规划实施的宏观政策环境。

3. 监控管理:建立监管信息平台,加强城建事业监控管理

建立监管信息平台与评价机制。加快建筑市场监管信息系统建设进度,加强建筑工程招投标制度和配套法规完善,全面实施电子招投标工作,严格招标投标监督管理,加大建筑工程招投标执法检查力度,加强建筑市场诚信体系建设,助推企业产业发展和转型升级步伐,促进建筑市场的公平竞争,营造良好的发展环境。

建立城建事业过程监控制度。全面梳理构建和完善覆盖全市、涵盖全过程的监管制度体系,不断创新方式,加大监管模式的改变,完善工程质量安全制度建设。着眼建筑施工安全的动态控制,改进监督检查方式,从监管资源平均分配

转变为差异化管理。推进质量监管的标准化,深入工程质量责任主体的精细化管理,明确监管环节程序标准,全面实现督察工作的规范化、流程化。建立信息化工作平台,将质安监管过程数字化。

推动智慧城市建设试点示范工作。坚持目标导向,按照南京智慧城市建设具体要求落实浦口区行动,加快形成宽带、泛在、融合、安全的信息网络和基础设施条件和环境。大力推动各类信息化、网络化、智能化技术的试点示范、推广应用,促使城市"不得病""少得病"和"快治病",保障城市健康和谐发展。促进企业充分利用智慧城市基础设施和技术手段,提升运营效力、降低运营成本、增强市场竞争力。让百姓更多享受到现代城市管理技术带来的便利和实惠,不断提升群众对城乡建设的满意度。

4. 养护管理:推行城市养护长效管理,完善市容文明管理制度建设

推行城市养护市场化进程。理清政府与企业的关系,进一步探索政府推动与市场化操作相结合的运行及管理模式,全面推进养护企业与政府管理部门脱钩,发挥主体作用,推动企业走专业化、规模化发展之路,强化政府对养护作业服务质量的监管。规范企业和管理部门双方行为,打破市场壁垒,加强契约管理,建立有利于形成竞争机制的日常养护作业市场准入条件,形成日常养护作业按照作业标准和服务水平进行招标的新办法,建立成本加合理利润的科学投入机制,形成有序竞争格局。

推进园林绿化养护市场化进程。逐步建立市场准入机制,形成"政府监管、管养分离、市场竞争"的规范化、专业化、市场化管理机制。加强园林绿化养护市场化工作的监督及考核管理,对养护企业的作业资信和质量进行评估,建立园林绿化养护企业的信用评价体系和养护作业市场准入制度,全面提升园林绿化养护质量。

第六章　实施措施

一、健全城乡统筹机制

统一城乡要素市场建设。采用市场化运作方式,促进城乡要素自由流动、平等交换和公共资源均衡配置,广泛动员社会各方面积极支持、主动参与、形成合力,在产权交易、人力资源、技术市场等方面充分放权,交由市场运作,政府部门做好规划、引导和公共服务工作,大力培育发展社会组织,引入有实力的社会资本,通过平台建设实现监管。

加大公共财政的特定区域倾斜支持。根据各个功能区发展阶段的不同,重点增加公共财政对江浦老城、浦口东门和南门地区、浦口老火车站地区等三个城市更新地区和浦口中心区、老山休闲板块、高新创新板块、三桥科创板块、桥林制造板块等新城地区的资金倾斜,逐步建立起以民生为重点的公共财政机制。

二、深化依法治理机制

深化行政管理体制改革,依法全面履行政府职能。理顺政府、部门间的事权关系,强化统筹推进基本公共服务均等化的职责,加大城市规划建设、交通运输、市政管理等领域的机构职责整合力度,加快形成精干高效的政府组织体系,同时处理好政府与市场、社会的关系,在充分发挥市场在资源配置中决定性作用和充分发挥社会力量作用的同时,营造公平竞争的市场环境、提供必需的公共服务,依法实现从"全能政府"向"有限政府"转变。

健全依法决策机制,提高行政决策水平。完善行政决策规则和程序,明确重大行政决策范围,制定制定公众参与、专家论证、风险评估、合法性审查、集体讨论决定等5个法定程序操作规则,确保重大行政决策制度科学、程序正当、过程公开、责任明确。探索建立行政决策信息化管理系统,实现节点管理、流程控制、规范运行。

健全监测评估机制,强化行政权力制约与监督。形成科学有效的行政权力运行制约和监督体系,要做到组织严密、结构合理、配置科学、制约有力,靠制度约束权力,更要做到权责一致、相互协调、运行顺畅,切实增强监督合力和实效。整合监督资源,把党内监督、人大监督、民主监督、行政监督、司法监督、审计监督、社会监督、舆论监督等有机结合起来,建立"优势互补、监督有力、富有实效"的监督体系,形成整体监督合力。

三、推行智慧管理机制

构建智慧城建信息系统,实现城市建设的高效管理。整合区内现有的数字化系统,探索建立起区智慧城建信息系统,开展对现状建设项目的数字化信息采集工作,逐步建立起信息采集、动态更新、状态评价、维护预警等一系列数字化管理机制,从而实现城市建设项目的信息化高效管理。

实行项目储备与评价机制,借用外部智库力量。通过设立城建项目储备库与城建专家库,充分发挥专业委员会、高效、科研院所等智库的作用,建立起全区项目建设实施前的评价机制,通过第三方介入强化城建项目的社会参与环节,加强对项目建设可行性、操作性、风险性多方面的综合评价与甄别,提升项目决策的科学性、合理性。

与各部门共建共享大数据公共服务平台。基于现有城建项目的数字化管理的基础,加强部门协作联动,探索建立与各部门现有数据平台的信息共享、动态衔接等交流机制,实现城建管理的一体化。

四、创新资金保障机制

区分项目属性,分类落实主体责任。坚持分类指导,因地施策,落实各级政府主体责任,支持依项目设立"专项资金"科目,并保障资金安全、高效运行,使专项资金做到专款专用,发挥资金使用效益。

拓宽城建筹资渠道,支持投资主体多元化。创新金融产品,继续探索PPP模式新方式,强化项目策划,完善准经营性项目经营与收益机制、公益性项目资金筹措与偿债机制、公共产品与服务价格补偿机制等,积极引导外资、民资和个人资金等社会资本投入城建基础设施建设,形成银行贷款、企业债券、信托计划、中期票据、私募债券、保险资金等投入城建的多元化投融资机制。

浦口区“十三五”城乡建设重点项目

根据浦口区“十三五”城乡建设的主要内容合理确定重点项目，并建立项目库，重点项目的确定充分考虑与国民经济与社会发展规划、土地利用规划、生态环境保护规划的衔接。确定建设内容、规模及实施时序。

“十三五”城市建设重点项目涵盖了基础设计、民生和社会事业项目、老城改造、美丽乡村“十百千”及新市镇建设工程和环境综合整治等内容。规划具体分为“畅行交通行动、市政安全行动、环境整治行动、绿色浦口行动、魅力彰显行动及人居保障行动”六个部分。

规划“十三五”城乡建设总投资额达到2800亿元，其中2016年、2017年、2018年、2019年、2020年投资额分别达到570亿元、590亿元、580亿元、560亿元、500亿元，年均投资额达560亿元。

浦口区“十三五”城乡建设重点项目一览表

表9

类别	编号	项目名称	建设动态（性质）	位置	建设内容及规模	建设时序	项目类型
畅行交通行动	1	宁合高速江苏段扩建工程	扩建	浦口区	扩建高速公路24.8千米	2016～2020	建设项目
	2	宁和（宁巢）高速建设工程	新建	浦口区	新建高速公路18千米	2016～2020	建设项目
	3	G104南京北段改扩建工程	扩建	浦口区	改扩建一级公路13千米	2015～2017	建设项目
	4	S002浦口汤盘公路段建设工程	新建	浦口区	新建一级公路31.5千米	2013～2016	建设项目
	5	S002浦口星甸至桥林段建设工程	新建	浦口区	新建一级公路17千米	2016～2018	建设项目
	6	S356浦口段（临江路）	新建	浦口区	使用临江路线位，新建一级公路38千米，宽60米，其中西江路至桥林大道段长13000米，兼具城市快速路功能，一侧绿化带宽20米，一侧为绿化走廊	2016～2019	建设项目
	7	S508板桥汽渡连接线渔火路（沿山大道—江边）	新建	浦口区	新建一级公路10.5千米	2016～2019	建设项目
	8	长江大桥连接线快速化改造	改建	浦口区	快速路3.7千米	2016～2020	建设项目
	9	纬三路连接线快速化改造	改建	浦口区	快速路3千米	2016～2020	建设项目
	10	纬七路（龙华互通）连接线快速化改造	改建	浦口区	快速路3.3千米	2016～2020	建设项目
	11	X152汤盘公路与江北大道连接线	扩建	浦口区	改扩建一级公路8.8千米	2016～2020	储备项目
	12	X301双城路西延	扩建	浦口区	改扩建一级公路2.8千米	2016～2017	建设项目
	13	永新路西延	扩建	浦口区	改扩建一级公路1.1千米	2016～2017	建设项目
	14	星火线西延	扩建	浦口区	改扩建一级公路1.8千米	2016～2018	建设项目
	15	万家坝路西延	扩建	浦口区	改扩建一级公路2.1千米	2016～2018	建设项目
	16	永渡路	扩建	浦口区	改扩建一级公路3.4千米	2016～2020	储备项目
	17	X153浦泗东延线	改建	浦口区	改建一级公路4.2千米	2016～2020	储备项目
	18	X201江山线	续建	浦口区	改建一级公路3千米	2016～2020	储备项目
	19	浦园北路北延	新建	泰山街道	长约0.3千米	2016～2020	储备项目
	20	明江路南延	新建	泰山街道	长约0.2千米	2016～2020	储备项目
	21	华美路东延	新建	泰山街道	长约0.3千米	2016～2016	建设项目
	22	纬八路东延建设工程	续建	泰山街道	长3.1千米	2015～2017	建设项目

续表 9

类别	编号	项目名称	建设动态（性质）	位置	建设内容及规模	建设时序	项目类型
畅行交通行动	23	泰冯路城市化改造工程	新建	泰山街道	长约 3.3 千米	2016～2017	建设项目
	24	柳洲南路东延	新建	泰山街道	长约 0.4 千米	2016～2017	建设项目
	25	民兵路东延	新建	泰山街道	长约 0.7 千米	2016～2016	建设项目
	26	天华北路南延	新建	泰山街道	长约 2.0 千米	2016～2020	储备项目
	27	星火南路北延	续建	高新区	长约 0.7 千米	2015～2016	建设项目
	28	高新路南延	续建	高新区	长约 0.7 千米	2016～2016	建设项目
	29	毛纺厂路东延	续建	高新区	长约 0.2 千米	2015～2016	建设项目
	30	星火北路西延	续建	高新区	长约 0.7 千米	2015～2016	建设项目
	31	沿山大道北延	新建	高新区	长约 2.2 千米	2016～2020	储备项目
	32	江山路北延	新建	高新区	长约 0.5 千米	2016～2020	储备项目
	33	永锦南路北延	新建	高新区	长约 0.5 千米	2016～2020	储备项目
	34	永新路二标段	新建	高新区	长约 1.4 千米	2016～2020	储备项目
	35	永锦路三标段	新建	高新区	长约 0.2 千米	2016～2020	储备项目
	36	凌霄路	续建	开发区	长约 1.5 千米	2011～2016	建设项目
	37	双峰路	续建	开发区	长约 2.7 千米	2012～2016	建设项目
	38	步月路	续建	开发区	长约 2.2 千米	2013～2016	建设项目
	39	延陵路	续建	开发区	长约 1.5 千米	2015～2017	建设项目
	40	渔火路	新建	开发区	长约 10.5 千米	2016～2019	储备项目
	41	丰子河路	新建	开发区	长约 12.3 千米	2016～2019	储备项目
	42	滨江大道	新建	开发区	长约 13.0 千米	2016～2019	储备项目
	43	海峡大道	新建	科工园	长约 4.1 千米	2012～2016	建设项目
	44	基隆路	续建	科工园	长约 1.5 千米	2013～2017	建设项目
	45	台北路	续建	科工园	长约 1.2 千米	2013～2017	建设项目
	46	新合南路	续建	科工园	长约 0.5 千米	2015～2017	建设项目
	47	光明路	续建	科工园	长约 3.3 千米	2015～2017	建设项目
	48	义林路	新建	科工园	长约 1.4 千米	2016～2018	建设项目
	49	嘉义路	新建	科工园	长约 1.7 千米	2016～2018	建设项目
	50	台南路	新建	科工园	长约 1.7 千米	2016～2018	建设项目
	51	台北路二期	新建	科工园	长约 0.9 千米	2016～2018	建设项目
	52	基隆路二期	新建	科工园	长约 0.9 千米	2016～2018	建设项目
	53	杏林路	新建	科工园	长约 1.4 千米	2016～2018	建设项目

续表 9

类别	编号	项目名称	建设动态（性质）	位置	建设内容及规模		建设时序	项目类型
畅行交通行动	54	淮月路一期	新建	科工园	长约 1.7 千米		2016～2018	建设项目
	55	勤业路	新建	永宁街道	长约 1.4 千米		2016～2016	建设项目
	56	银泉路道路改造工程	续建	汤泉街道	长约 1.0 千米		2015～2016	建设项目
	57	银泉西路	新建	汤泉街道	长约 0.3 千米		2016～2016	建设项目
	58	吉泉南路	新建	汤泉街道	长约 0.3 千米		2016～2016	建设项目
	59	八里路二期	新建	江浦街道	长约 0.9 千米		2016～2017	建设项目
	60	财八路	新建	江浦街道	长约 1.3 千米		2016～2017	建设项目
	61	八里路一期	续建	江浦街道	长约 1.0 千米		2012～2017	建设项目
	62	浦口区治堵工程	新建	浦口区	每年不少于 5 个交叉口		2016～2020	建设项目
市政安全行动	1	镇街供水管网改造工程	续建	汤泉、桥林、永宁、星甸、江浦街道内	建设汤泉、桥林、永宁、星甸、江浦街道内（龙山）元西桥总表管线等	15 条供水管线	2016	建设项目
			新建	浦口区	对浦口区内各街道内供水管线进行改造		2016～2017	建设项目
	2	岔珑路北延供水管道建设工程	新建	岔珑路北延（浦合路—林场站）	岔珑路北延供水管道建设工程，管材球墨铸铁管、钢管	管径 DN400，长度约 5200 米	2016	建设项目
	3	汤盘线供水管道建设工程	新建	汤盘线（永宁街北—花旗 104 国道）	汤盘线（永宁街北—花旗 104 国道）供水管道建设，管材球墨铸铁管、钢管	管径 DN500，长度约 8000 米	2016～2017	建设项目
	4	定山大街供水管道建设工程	新建	定山大道（滨江大道—江北大道）	定山大道（滨江大道—江北大道）供水管道建设，管材球墨铸铁管、钢管	管径 DN600，长度 3300 米	2017～2020	建设项目
	5	平江大街供水管道建设工程	新建	平江大街（横江大道—江北大道）	平江大街（横江大道—江北大道）供水管道建设，管材球墨铸铁管、钢管	管径 DN500，长度 1300 米	2017～2020	建设项目
	6	横江大道供水管道建设工程	新建	横江大道（光明路—商务东街）	横江大道（光明路—商务东街）供水管道建设，管材球墨铸铁管、钢管	管径 800，长度 4266 米	2017～2020	建设项目
	7	浦滨路供水管道建设工程	新建	浦滨路（七里河埂—商务东街）	浦滨路（七里河埂—商务东街）供水管道建设，管材球墨铸铁管、钢管	管径 DN1000，长度 1800 米	2017～2020	建设项目
	8	象山增压站及配套管网建设工程	新建	象山增压站位于沿山大道北侧	新建 1 座供水象山增压站及配套管网	增压站规模为 10 万吨/日，DN1000 配套管网 9000 米	2016～2018	建设项目
	9	黄姚增压站 桥林水厂新建工程	新建 适时启动	沿山大道与星火南路交接处 桥林滨江处	黄姚增压站新建工程 桥林水厂新建工程	2 万立方米/日 20 万立方米/日	2016～2017 2016～2020	建设项目 储备项目
	10	江浦水厂扩建工程	适时启动	现状江浦水厂处	扩建江浦水厂规模至 55 万立方米/日	35 万立方米/日	2016～2020	储备项目

续表 9

类别	编号	项目名称	建设动态(性质)	位置	建设内容及规模		建设时序	项目类型
市政安全行动	11	科工园增压站新建工程	适时启动	科工园宁合高速北侧	科工园增压站新建工程	土建5.5万立方米/日,设备规模3万立方米/日	2016~2020	储备项目
	12	开发区增压站新建工程	适时启动	高旺河以西,宁乌公路以北	开发区增压站新建工程	土建6万立方米/日,设备规模3万立方米/日	2016~2020	储备项目
	13	开发区增压站新建工程	适时启动	高旺河以西,宁乌公路以北	开发区增压站新建工程	土建6万立方米/日,设备规模3万立方米/日	2016~2020	储备项目
	14	500千伏秋藤变电站	新建	桥林新城	1000兆伏安		2016~2017	建设项目
	15	220千伏墨家变电站	新建	桥林新城	360兆伏安		2016~2018	建设项目
	16	220千伏新城变电站	新建	中心城	360兆伏安		2016~2020	建设项目
	17	110千伏定向变电站	新建	中心城	240兆伏安		2016~2017	建设项目
	18	110千伏华山变电站	新建	中心城	240兆伏安		2016~2017	建设项目
	19	110千伏中心变电站	新建	中心城	240兆伏安		2016~2019	建设项目
	20	110千伏大方变电站	新建	桥林新城	240兆伏安		2016~2019	建设项目
	21	110千伏象山变电站	新建	中心城	240兆伏安		2016~2020	建设项目
	22	110千伏汤泉变电站	新建	汤泉街道	240兆伏安		2016~2020	建设项目
	23	电信枢纽楼	新建	中心城	18000平方米		2016~2020	建设项目
	24	联通枢纽楼	新建	中心城	18000平方米		2016~2020	建设项目
	25	共享枢纽楼	新建	中心城	8000平方米		2016~2020	建设项目
	26	桥林高高压调压站	新建	桥林新城			2016~2020	建设项目
	27	桥林高中压调压站	新建	桥林新城			2016~2020	建设项目
	28	永宁高高压调压站	新建	永宁新市镇			2016~2020	建设项目
	29	桥林LNG储配站	新建	桥林新城	3公顷	72万立方米	2016~2020	建设项目
	30	汤泉CNG供应站	新建	汤泉街道			2016~2020	建设项目
环境治理行动	1	污水主次干管工程	续建	珍珠花苑路等	建设珍珠花苑路等道路污水主次干管	长度约7266米	2016	建设项目
			新建	浦口区	建设浦口区污水主次干管	年平均建设4000米污水管网	2016~2017	建设项目
	2	污水接管工程	新建	浦口区	配套小区雨污分流接管工程,完善浦口区内沿线排污口截污、管道修复及改造		2016~2017	建设项目
	3	七坝港污水管道工程	新建	七坝港	七坝港污水管道工程	长度约2750米	2016~2017	建设项目
	4	浦滨路污水改造工程	新建	浦滨路(西江路—绿水湾)	浦滨路(西江路—绿水湾)污水管改造工程	管径600~800,长约4700米	2016~2017	建设项目
	5	小柳河污水管网改造工程	新建	地和路和锦嘉路	地和路和锦嘉路污水管道、浦欣家园雨污分流、周边小区雨污水管线排查、整改		2016~2017	建设项目

续表 9

类别	编号	项目名称	建设动态(性质)	位置	建设内容及规模		建设时序	项目类型
环境治理行动	6	芝麻河污水管道改移工程	新建	芝麻河(城南河—五里河)	芝麻河污水管道进行改移	管径 DN1400,长约1400米	2016~2017	建设项目
	7	珠江中水厂厂外管道建设工程	新建	浦云路(沿河路—城南河路)等	建设浦云路(沿河路—城南河路)等中水管道	管径 DN300,DN400,长度约4300米	2016~2017	建设项目
	8	浦口行政区1#、2#、彩虹桥污水提升泵改造工程	新建	浦口区	出新改造,设备维修,并增加中控系统、水质在线监测系统、信息平台等		2016~2017	建设项目
	9	绿水湾污水泵站及其配套污水管网建设工程	新建	绿水湾与芝麻河交叉口西北角	建设绿水湾污水泵站及其配套污水管网	1.5万吨/日	2016~2017	建设项目
	10	听莺污水泵站	新建	浦口区桥林街道	听莺污水泵站土建及设备安装工程	2.5万吨/日	2016~2017	建设项目
	11	丰子河路污水泵站	适时启动	丰字河路与定向河交叉口东侧	新建丰子河路污水泵站1座	4.8万立方米/日	2016~2020	储备项目
	12	高科十二路污水泵站	适时启动	高新区	新建高科十二路污水泵站1座	3.4万吨/日	2016~2020	储备项目
	13	珠江污水处理厂扩建工程	适时启动	江浦街道新合村	扩建珠江污水处理厂规模至20万立方米/日	12万立方米/日	2016~2020	储备项目
	14	桥北污水处理厂扩建工程	适时启动	浦泗公路与滨江大道交叉口西南角	扩建桥北污水处理厂规模至20万立方米/日	10万立方米/日	2016~2020	储备项目
	15	高新区北部污水厂扩建工程	适时启动	朱家山河与宁淮高速公路交汇处以北的三角地带	扩建高新区北部污水厂规模至4.5万立方米/日	2万立方米/日	2016~2020	储备项目
	16	桥林污水处理厂新建工程	适时启动	高旺河入江口南侧	新建桥林污水处理厂	4万立方米/日	2016~2020	储备项目
	17	永宁污水处理厂	适时启动	永宁镇	新建永宁污水处理厂规模为0.9万立方米/日	0.9万立方米/日	2016~2020	储备项目
	18	汤泉污水处理厂	适时启动	汤泉镇	扩建汤泉污水处理厂规模至1.2万立方米/日	0.9万立方米/日	2016~2020	储备项目
	19	星甸污水处理厂	适时启动	星甸镇	扩建星甸污水处理厂规模至1.2万立方米/日	0.9万立方米/日	2016~2020	储备项目
	20	石桥污水处理厂	适时启动	石桥镇	扩建石桥污水处理厂规模至0.6万立方米/日	0.3万立方米/日	2016~2020	储备项目
	21	珠江污水处理厂中水厂建设工程	续建	江浦街道新合村	珠江污水处理厂中水厂建设工程	2万吨/日	2016	建设项目
	22	桥北污水处理厂中水厂建设工程	适时启动	浦泗公路与滨江大道交叉口西南角	桥北污水处理厂中水厂建设工程	3万吨/日	2016~2020	储备项目
	23	高新区北部污水处理厂中水厂建设工程	适时启动	朱家山河与宁淮高速公路交汇处以北的三角地带	高新区北部污水处理厂中水厂建设工程	0.5万立方米/日	2016~2020	储备项目

续表 9

类别	编号	项目名称	建设动态(性质)	位置	建设内容及规模		建设时序	项目类型
环境治理行动	24	二中片区排水工程	续建	二中片区	实施二中片区水系疏通，建设珠泉路、立新路2座过路箱涵		2016	建设项目
	25	浦口大道积淹水整治工程	新建	浦口大道	治理龙华路、花卉大道、康华小区、浦珠南路等道路雨水流入浦口大道，造成浦口大道积淹水的问题。清疏浦口大道至新河的康华小区排水沟		2016	建设项目
	26	桥北地区易淹片区消险改造工程	新建	桥北片区	采取修复排水管道、新建双室收水井、出水口疏通、整治周边排水管网等方式消除30处易淹易涝点； 完成桥北易淹片区泵站实时信息化系统，金庄泵站、引水河泵站、东门泵站、金汤河泵站、桥北泵站安装远程自动化控系统及110联动安全系统		2016～2018	建设项目
	27	珠江科技产业园河道整治项目	新建	珠江科技产业园	芝麻河、胜利河、毛庄河、良圩河四条河道整治		2016～2017	建设项目
	28	京新河河道建设一期工程	新建	柳州东路至引水河路	京新河河道建设一期工程，含南医大附属医院桥涵	河道长约450米	2016～2017	建设项目
	29	朱家山河(泰山段)综合整治工程	续建	朱家山河(东大路—迎江桥)	河道清淤清杂、堤防加固、岸坡防护、堤防达标、堤顶路建设和周边环境绿化等	河道长约8000米	2016	建设项目
	30	大众河河道整治工程	新建	大众河(东大路—朱家山河)	河道整治、污水截流、绿化、景观等	河道长约1700米	2016～2017	建设项目
	31	小外江河河道整治工程	新建	引水河至浦洲路	小外江河河道整治、清淤、改造等	河道总长2100米，河道上口宽度为36米，河道两侧保护带宽度为10米	2016～2017	建设项目
	32	雨山河(五里桥—雨山桥段)整治工程	新建	雨山河(五里桥—雨山桥段)	河道疏浚、岸坡绿化、护砌	长约2100米	2016～2017	建设项目
	33	琼花河河道工程	新建	浦口开发区	新开挖琼花河	河道长650米，河道上口宽20米	2016～2017	建设项目
	34	玉莲河河道工程	新建	玉莲湖—听莺路	新开挖玉莲河	河道长280米，宽16米	2016～2017	建设项目
	35	听莺河河道工程	新建	云杉路—琼花河	新开挖听莺河	河道长800米，河口宽20米，两侧各10米绿化带	2016～2017	建设项目
	36	绿水河河道工程	续建	沿山大道至嘉义路段	河道整治、景观绿化等	河道长4000米，宽10～26米	2016	建设项目
	37	知城河河道工程	新建	知城河	河道整治、景观绿化等	河道长984米，宽6～10米	2016～2018	建设项目
	38	张村河河道工程	新建	三桥高速至湾梗河段	新开挖张村河	长1354米，宽20～30米	2016	建设项目
	39	科工园河道清淤	新建	王家场河(三桥高速—湾梗河)；湾梗河(西江路—解放泵站)；芝麻河(虎桥河—学塘河)	河道清淤		2016	建设项目

续表 9

类别	编号	项目名称	建设动态(性质)	位置	建设内容及规模		建设时序	项目类型
环境治理行动	40	东方红河整治及闸口泵站工程	新建	东方红河	按规划进行河道整治、闸口泵站实施扩容	整治河道长度1600米;闸口泵站扩容至20立方米/秒	2016	建设项目
	41	南门泵站建设工程	续建	芝麻河入城南河口处	拆迁、新建泵站一座	16立方米/秒	2016	建设项目
	42	解放泵站建设工程	新建	湾梗河入高旺河河口	新建解放泵站1座	14立方米/秒	2016～2018	建设项目
	43	新民泵站新建工程	新建	跃进河口	新建5套机组	20立方米/秒	2016	建设项目
	44	祝庄泵站、老纺岗泵站改造工程	新建	盘城街道	拟对祝庄泵站、老纺岗泵站进行改造		2016～2017	建设项目
	45	大外江泵站扩容程	适时启动	上阳河入高旺河河口	大外江泵站实施扩容	扩容至24立方米/秒	2016～2020	储备项目
	46	城南河(橡胶坝至龙王庙)治理工程	续建	城南河(橡胶坝至龙王庙)	堤防加固	3600米	2016	建设项目
	47	永宁河堤防加固工程	续建	永宁河	堤防加固	4300米	2016	建设项目
	48	万寿河孟骆圩堤防应急加固工程	新建	万寿河孟骆圩	堤防加固	1900米	2016	建设项目
	49	清流河堤防加固工程	新建	清流河	堤防加固	9600米	2016～2017	建设项目
	50	驷马山河(沿江段)堤防加固工程	新建	驷马山河	堤防加固	2300米	2017～2018	建设项目
	51	滁河近期治理完善工程	新建	滁河	堤防加固	11700米	2018～2020	建设项目
	52	高新区火炬南路、星火南路、柳州路道路景观改造	续建	高新区	火炬南路1500米,星火南路1700米,柳州路长2400米,道路人行道施工及路牙更换		2014～2016	建设项目
	53	星火路环境整治工程	新建	高新区	星火路北起浦泗路、南至东大路沿线长约1740米的道路、排水、景观、照明及附属设施改造、环境整治		2016～2017	建设项目
	54	大众河河道整治工程	新建	高新区	工程起点东大路,终点朱家山河,总长1700米,规划上口河道10～40米。进行河道整治、污水截流、绿化、景观等工程施工		2016～2017	建设项目
	55	泰山园区路网道路出新工程	新建	高新区	泰山园区丽岛路、柳园路、鼎泰家园周边道路		2016～2017	建设项目
	56	铁路西沟河道整治工程	新建	高新区	东起火炬南路,重点至朱家山河,其中火炬南路至星火南路为现状河道,正在进行清淤,长约1030米;向阳路至朱家山河为新建河道,长约1440米,规划上口线宽度14.5米		2016～2017	建设项目
	57	龙泰路、永丰路等产业区三期路网道路出新工程	新建	高新区	龙泰路、永丰路、永中路、解放路、发展路、创业路等行车道出新		2016～2017	建设项目
	58	柳州路、星火南路、火炬南路行车道出新工程	新建	高新区	柳州路(大桥北路至浦珠路),长2450米,车行道宽24.1米;星火南路(梅桂营铁路桥至浦珠路),长1800米,车行道宽18米;火炬南路(梅桂营铁路桥至星火南路),长2000米,车行道宽18米;沥青重新摊铺		2016～2017	建设项目
	59	创业河、二阳沟下穿京沪铁路箱涵工程	新建	高新区	新建创业河下穿京沪铁路箱涵48米,二阳沟下穿京沪铁路箱涵103米		2016.3	建设项目

续表 9

类别	编号	项目名称	建设动态(性质)	位置	建设内容及规模	建设时序	项目类型
环境治理行动	60	新科三路、新科四路、惠达路、汇文路、研新路行车道出新工程	新建	高新区	新科三路(江北大道至星火路),长1810米,车行道宽8米;新科四路(高新路至高科九路),长1200米,车行道宽14.1米;惠达路(丽景路至纬八路),长1250米。车行道宽13.8米;汇文路(星火路至研新路),长180米,车行道宽7.1米;研新路(丽景路至汇源路)长680米,车行道宽11.7米	2016~2017	建设项目
	61	朱家山河(泰山段)综合整治工程	续建	泰山街道	朱家山河东大路至迎江桥约8千米河道清淤清杂、堤防加固、岸坡防护、堤防达标、堤顶路建设和周边环境绿化等	2014~2016	建设项目
	62	万家坝路环境综合整治工程	新建	盘城街道	完成居民约500户、工企5家,房屋面积约10万平方米拆迁	2016	建设项目
	63	盘城中学及保障房四期地块环境综合整治	续建	盘城街道	完成居民550户、工企7家,房屋面积10万平方米拆迁	2015~2016	建设项目
	64	城南河	整治	浦口区	梳理污水主次干管,构建收集系统,控源截污、规范排水行为、清淤疏浚、引水补水,开展排水达标区建设	2016	建设项目
	65	主次干道彩化	改造	浦口区	完成一批主次干道绿岛、岛头节点的花境建设	2016	建设项目
	66	临街绿化提升	改造	浦口区	完成一批沿城市主干道社会重点临街绿地的改造提升	2016	建设项目
	67	白马社区三二组基础设施配套景观改造	改造	江浦街道	绿化改造及景观提档升级工程	2016	储备项目
	68	汤家洼景观改造	改造	汤泉街道	占地面积800亩,基础设施、旅游设施、绿化、路灯	2016	储备项目
	69	琼花湖景观绿化工程	新建	开发区	占地面积约7.76万平方米	2016	建设项目
	70	开发区一期地块环境整治工程	新建	开发区	北至规划路,南至长桥路,西至百合路南延,东至红枫路,占地面积约120亩,场地平整	2016	建设项目
	71	开发区三期地块环境整治工程	新建	开发区	东至沿山大道,南至步月路,西至凌霄路,北至延陵路,占地面积约7646.9亩,进行场地平整	2016	建设项目
绿色浦口行动	1	赭洛山生态林地	改建	星甸镇赭洛山	建设赭洛山生态公益林,88.0公顷	2016~2020	储备项目
	2	亭子山生态绿地	改建	浦口区沿江江滩	建设亭子山生态绿地,1471.0公顷	2016~2020	储备项目
	3	浦口沿江生态绿廊	新建	浦口区沿江江滩	沿江江滩地200米宽度内污染截留、景观带、堤内及堤外100米绿化改造与环境整治	2016~2020	储备项目
	4	浦口东北主风道	续建/改建	雨山西河—胜利河—和平河水系	河道按80米标准整治联通,两侧道路、绿化带与建筑控高,共200米风道	2016~2020	储备项目
	5	朱家山河蓝廊	改建	朱家山河两侧	河道两侧拓宽至60米,建设防护林地	2016~2020	储备项目
	6	湾梗河蓝廊	改建	湾梗河两侧	河道两侧拓宽至50米,打通串联至城南河	2016~2020	储备项目
	7	珠西河蓝廊	改建	珠西河西侧	珠西河西侧打通串联至城南河	2016~2020	储备项目
	8	芝麻河蓝廊	改建	芝麻河两侧	河道两侧拓宽至50米	2016~2020	储备项目
	9	东方红河蓝廊	改建	东方红河两侧	河道两侧拓宽至50米	2016~2020	储备项目
	10	丰字河蓝廊	改建	丰字河两侧	河道两侧拓宽至50米	2016~2020	储备项目
	11	高新区中心公园	新建	浦口区丽景路东北侧	区域性综合公园,8.3公顷	2016~2020	储备项目

续表9

类别	编号	项目名称	建设动态（性质）	位置	建设内容及规模	建设时序	项目类型
绿色浦口行动	12	科技创新公园	新建	浦口区石头河入江口西侧	区域性综合公园,7.5公顷	2016～2020	储备项目
	13	宝塔山公园	续建	浦口区泰山新村东北	区域性综合公园,11.7公顷	2016～2020	储备项目
	14	北堡公园	续建	滨江大道与长江大桥引桥北侧	区域性综合公园,6.9公顷	2016～2020	储备项目
	15	浦口公园	续建	浦口区沿江路与新马路交汇处北侧	区域性综合公园,9.5公顷	2016～2020	储备项目
	16	浦珠公园	新建	浦口区中央大道与浦珠路交汇处西侧	区域性综合公园,5.4公顷	2016～2020	储备项目
	17	青龙湖公园	新建	浦口区中央大道与万寿路交汇处南侧	区域性综合公园,12.2公顷	2016～2020	储备项目
	18	七里河滨河公园	新建	沿七里河	区域性综合公园,54.5公顷	2016～2020	储备项目
	19	狮山公园	新建	浦口区白马路西,狮山路南	区域性综合公园,4.4公顷	2016～2020	储备项目
	20	浦口凤凰山公园	续建	浦口区凤凰山	区域性综合公园,10.8公顷	2016～2020	储备项目
	21	城南河滨河公园	新建	沿城南河	区域性综合公园,47.8公顷	2016～2020	储备项目
	22	国际社区公园	新建	浦口区浦滨路与城南河路交汇处西北侧	区域性综合公园,6.2公顷	2016～2020	储备项目
	23	芝麻河公园	新建	浦口区沿芝麻河	区域性综合公园,18.8公顷	2016～2020	储备项目
	24	河口公园	新建	纬七路过江隧道与七里河交汇处西北侧	区域性综合公园,10.1公顷	2016～2020	储备项目
	25	兰溪公园	新建	浦口区沿山大道南,审计学院校区以西,礼泉路以东	区域性综合公园,31.8公顷	2016～2020	储备项目
	26	玉莲湖公园	新建	双峰路南侧,玉莲湖周边	区域性综合公园,9.5公顷	2016～2020	储备项目
	27	琼花湖公园	新建	步月路与凌霄路交叉口西南侧	区域性综合公园,4.6公顷	2016～2020	储备项目
	28	石碛文化公园	新建	浦乌路南侧,石碛河两侧	区域性综合公园,21.6公顷	2016～2020	储备项目
	29	丝兰湖公园	续建	百合路南侧,丝兰湖周边	区域性综合公园,2.3公顷	2016～2020	储备项目
	30	老龙山公园	续建	浦乌路与双峰路交叉口东北侧	区域性综合公园,9.5公顷	2016～2020	储备项目
	31	惠济寺遗址公园	新建	浦口区汤泉镇北约400米处	区域性综合公园,10.8公顷	2016～2020	储备项目
	32	星甸中心公园	新建	浦口区星甸镇三明南路与星龙路交叉口北侧	区域性综合公园,6.1公顷	2016～2020	储备项目
	33	求雨山文化公园	续建	浦口区雨山路西侧	专类公园,13.1公顷	2016～2020	储备项目
	34	青奥体育公园	续建	浦口区城南河入江口以南	专类公园,23.1公顷	2016～2020	储备项目
	35	社区公园	新建	江北新区	社区公园,300.0～400.0公顷	2016～2020	储备项目
	36	老山生态旅游体验园	新建	浦口区老山国家森林公园东侧	郊野公园	2016～2020	储备项目
	37	珍珠泉风景区	续建	浦口区珍珠泉风景区	郊野公园	2016～2020	储备项目
	38	佛手湖公园	新建	浦口区佛手湖东侧、南侧	郊野公园	2016～2020	储备项目
	39	老山国家森林公园	续建	浦口区老山国家森林公园	郊野公园	2016～2020	储备项目
	40	绿水湾国家城市湿地公园	续建	浦口高新区三桥园区和江浦街道东南侧	郊野公园	2016～2020	储备项目
	41	九峰山郊野公园	新建	浦口区星甸镇九峰山	郊野公园	2016～2020	储备项目

续表 9

类别	编号	项目名称	建设动态(性质)	位置	建设内容及规模	建设时序	项目类型
绿色浦口行动	42	绿水湾路	新建	中心城	提升绿化界面,4.3 千米	2016～2020	储备项目
	43	中央大道	新建	中心城	提升绿化界面,4.5 千米	2016～2020	储备项目
	44	滨江路	新建	中心城	增加透景廊道,15.1 千米	2016～2020	储备项目
	45	沿山大道	新建	中心城	增加透景廊道,14.3 千米	2016～2020	储备项目
	46	学府路	新建	中心城	优化慢行空间,3.3 千米	2016～2020	储备项目
	47	桥林滨河路	新建	中心城	优化慢行空间,6.5 千米	2016～2020	储备项目
	48	兴浦路	新建	中心城	优化慢行空间,9.2 千米	2016～2020	储备项目
魅力彰显行动	1	江北大道景观提升	改建	中心城江北大道(桥北至马叉河段)	绿化,12.5 千米	2016～2020	储备项目
	2	高架桥桥下空间绿化、亮化工程	改建	中心城江北大道(桥北至马叉河段)	绿化、亮点	2016～2020	储备项目
	3	大桥北路、浦珠路景观改造	改建	中心城	植被协调、断面协调,6.0 千米	2016～2020	储备项目
	4	十里卡河景观整治	改建	中心城	景观设计、设施布局、场地组织,4.5 千米	2016～2020	储备项目
	5	芝麻河景观整治	改建	中心城	景观设计、设施布局、场地组织,8.0 千米	2016～2020	储备项目
	6	沿山路景观改善	改建	中心城	生态化道路景观设计,乔木种植,22.0 千米	2016～2020	储备项目
	7	滨江路北侧带状绿地景观设计	改建	中心城七里河至定向河之间	绿道建设、停车布局、设施小品规划、公园景观设计,4.0 千米	2016～2020	储备项目
	8	浦口水厂改造升级	改建	中心城	设施遮蔽,建筑改造、景观设计,17.0 公顷	2016～2020	储备项目
	9	夹江口湿地公园景观设计	改建	中心城	浦洲路桥下空间利用、衔接八卦洲头湿地、景观设计,150.0 公顷	2016～2020	储备项目
	10	中圣街建筑立面整治	改建	中心城	沿街建筑立面、广告牌、设施整治,1.1 千米	2016～2020	储备项目
	11	城南河下游景观设计	改建	中心城浦云路至河口段	流线组织、停车布局、景观设计、设施规划,3.0 千米	2016～2020	储备项目
	12	滨河体育公园景观提升	改建	中心城	对现有的滨河地区进行提升改造,和体育中心联动发展,1.2 公顷	2016～2020	储备项目
	13	杨家沟河道景观整治	改建	桥林新城	景观设计、设施小品规划,3.0 公顷	2016～2020	储备项目
	14	纵向水渠景观整治	改建	桥林新城纵向水渠	景观设计、设施小品规划,11.0 公顷	2016～2020	储备项目
	15	石碛河景观整治	改建	桥林新城	景观设计、设施小品规划,7.5 公顷	2016～2020	储备项目
	16	浦东路北节点设计	改建	浦东路与浦珠路交口处	交叉口设计、标识引导	2016～2020	储备项目
	17	浦东路南节点设计	改建	浦东路与浦滨路衔接处	跨越浦津路,道桥设计	2016～2020	储备项目
	18	定向河、七里河、城南河步行桥设计	改建	中心城	慢行系统规划、道桥设计	2016～2020	储备项目
	19	绿水湾公园入口设计及提升	改建	西入口(青奥公园处入口)东入口(绿水湾路与滨江路交口处)	流线设计、停车布局、景观设计(结合绿水湾公园设计推进)	2016～2020	储备项目

续表9

类别	编号	项目名称	建设动态(性质)	位置	建设内容及规模	建设时序	项目类型
魅力彰显行动	20	城南河,七里河入江口滨江绿带整治	改建	中心城	流线设计、步行道桥设计、景观设计	2016~2020	储备项目
	21	滨江路两侧步行系统设计	改建	中心城七里河至定向河之间	滨江路两侧广场、过街设施设计规划,4.0公顷	2016~2020	储备项目
	22	朱家山河河口地区景观设计	改建	浦口老码头至朱家山河口地区	流线设计、步行道桥设计、景观设计,4.0公顷	2016~2020	储备项目
	23	城南河至沿山大道连续性路面标识设计	改建	城南河路、上河街、中圣街、黄山岭路、老山森林大道、白玉兰路	路面统一材质标识、标识设计	2016~2020	储备项目
	24	轴线景观节点设计	改建	中圣街—上河街交叉口,黄山岭路—老山森林大道交叉口,老山森林大道—白玉兰路交叉口	道路交叉口景观节点设计与标识指引	2016~2020	储备项目
	25	城南河步行桥设计	新建	浦云路、华创路、慧谷路延长线对接下河街	滨河公园广场衔接设计、桥梁设计	2016~2020	储备项目
	26	龙王山公园景观提升	改建	中心城	景观改善,210.0公顷	2016~2020	储备项目
	27	城南河路断面提升设计	改建	中心城	停车设施布局、人行过街设施布局,2.4公顷	2016~2020	储备项目
	28	浦口火车站及其周边历史建筑群保护性开发	改建	浦口火车站、大马路、金浦路、码头路两侧街区	保护修缮、设施升级、街道景观整治,4.0公顷	2016~2020	储备项目
	29	港务二公司码头改造	改建	中心城	工业设施再利用,景观设计,2.0公顷	2016~2020	储备项目
	30	老山景区标识系统设计	续建	老山	景区景点、道路引导体系设计	2016~2020	储备项目
	31	本土建筑实践区规划	续建	佛手湖景区、响堂水库	四方当代艺术区开放,增加服务设计,100.0公顷	2016~2020	储备项目
	32	老山门户公园规划设计	新建	老山	规划控制	2016~2020	储备项目
	33	滨江带设施标识规划	新建	中心城七里河至定向河之间	设施布点,标识CI设计	2016~2020	储备项目
	34	滨江带公共艺术品规划	新建	中心城七里河至定向河之间	雕塑规划	2016~2020	储备项目
	35	特色意图区城市设计深化	新建	中心城	街墙控制、高层点位控制	2016~2020	储备项目
	36	浦厂—龙虎巷—浴堂街历史地段整体规划	新建	中心城	保护修缮、设施升级、街道景观整治,30.0公顷	2016~2020	储备项目
	37	珍珠泉公园与铁路公园衔接节点设计	新建	中心城	公园出入口设计及对接景观路设计,2.0公顷	2016~2020	储备项目
	38	津浦铁路线公园设计	新建	津浦铁路线浦口火车站至北站段	文旅小轨道景观设计、河道景观提升,3.0千米	2016~2020	储备项目
	39	桥林老城复兴计划	新建	桥林老城	产业功能策划、景观设计、设施布局、场地组织、停车规划,30.0公顷	2016~2020	储备项目
	40	沿山路延长线	新建	中心城北至南京北站,南至宁合线	生态型林荫道	2016~2020	储备项目
	41	浦口大道西侧绿地景观提升	改建	中心城	公园型道路绿化带、景观设计、设施布局,4.0千米	2016~2020	储备项目

续表 9

类别	编号	项目名称	建设动态(性质)	位置	建设内容及规模	建设时序	项目类型
魅力彰显行动	42	花卉大道节点设置及景观提升	改建	中心城	攀援植被景观改善,2.5千米	2016~2020	储备项目
	43	中央大道共享街道示范项目	改建	中心城	景观、设施深化,6.0千米	2016~2020	储备项目
	44	兴浦路	改建	中心城	生态型林荫道景观设计,5.0千米	2016~2020	储备项目
	45	新马路	改建	中心城	路面升级、设施规划、沿街立面整治,3.5千米	2016~2020	储备项目
	46	浦滨路延长线	改建	桥林新城	生态型林荫道,路幅可较浦口中心城段缩小,4.5千米	2016~2020	储备项目
	47	滨河路	改建	桥林新城	生态型林荫道,5.0千米	2016~2020	储备项目
	48	老山环山自行车道建设	改建	老山	结合现有道路,串联整合、提升品质	2016~2020	储备项目
	49	滨江绿地绿道建设	改建	滨江大道(绕城高速至三桥段)	绿道建设、停车布局、设施小品规划、水岸景观整治,6.0千米	2016~2020	储备项目
	50	绿水湾路绿道	改建	绿水湾路	绿道建设、停车布局、设施小品规划、水岸景观整治,5.0千米	2016~2020	储备项目
	51	黄山岭路绿道建设及路侧绿化升级	新建/改建	黄山岭路	自行车专用绿道建设、景观绿化升级,2.5千米	2016~2020	储备项目
	52	老山森林大道绿道建设	新建/改建	老山森林大道	自行车专用绿道建设、景观绿化升级,7.0千米	2016~2020	储备项目
	53	社区休闲活动步道	新建	滁河城市段西段至龙池区域	结合水系道路,建利从滁河岸线到龙池的社区休闲活动环,0.5千米	2016~2020	储备项目
	54	名人雕塑	新建	浦口区	重要节点处建设名人雕塑	2016~2020	储备项目
人居保障行动	1	浦口区市民中心	新建	中心城	总建筑面积7.3万平方米,由A、B、C三幢建筑组成,包含图书馆、综合健身馆、文化中心以及行政服务中心、体校教室、学生宿舍等设施	2016~2020	建设项目
	2	浦口滨江文化中心	新建	中心城	建设城市级文化中心 5.2公顷	2016~2020	储备项目
	3	珠江地区文化中心	新建	中心城	建设城市级文化中心 12.5公顷	2016~2020	储备项目
	4	浦口新城规划展览馆	扩建	中心城	建设城市级文化中心 3.0公顷	2016~2020	储备项目
	5	桥林城市规划展示馆	新建	桥林新城	建设城市级文化中心 1.8公顷	2016~2020	储备项目
	6	浦口文体中心建设	续建	中心城	文化中心总建筑面积6.7万平方米,包括多功能剧场、展览、广播电视台等设施;体育中心5层总建筑面积3.7万平方米,包括游泳池、篮球馆、网球馆、体育健身中心等设施	2016~2020	储备项目
	7	科工园文化中心	新建	中心城	规划园区文化中心,总建筑面积2.1万平方米	2016~2020	储备项目
	8	珠江地区体育中心(浦口体育场)	扩建	中心城	建设地区级体育中心 5.0公顷	2016~2020	储备项目
	9	高新区体育中心	新建	中心城	建设地区级体育中心 3.0公顷	2016~2020	储备项目
	10	地区体育中心1	新建	中心城	建设地区级体育中心 6.0公顷	2016~2020	储备项目
	11	地区体育中心2	新建	中心城	建设地区级体育中心 4.0公顷	2016~2020	储备项目
	12	江北副城中心医院	新建	中心城	建设医院(综合医院二级) 15.0公顷	2016~2020	储备项目

续表 9

类别	编号	项目名称	建设动态（性质）	位置	建设内容及规模		建设时序	项目类型
人居保障行动	13	桥北地区中心医院	新建	中心城	建设医院（综合医院三级）	8.9 公顷	2016～2020	储备项目
	14	南京高新区医院	异地新建	中心城	建设医院（综合医院二级）	6.3 公顷	2016～2020	储备项目
	15	浦口区妇幼保健医院	新建	中心城	建设医院（综合医院二级）	3.3 公顷	2016～2020	储备项目
	16	南京张文新骨伤科医院	原址扩建	中心城	建设医院（专科医院二级）	1.1 公顷	2016～2020	储备项目
	17	江苏省残疾人康复中心	新建	中心城	建设医院（专科医院二级）	4.0 公顷	2016～2020	储备项目
	18	南医大第四附属医院	新建	中心城	按三级医院标准新建一所内含 800 张床位的综合医院（门急诊部、医技科室、住院部、后勤保障、科研教学、行政管理和生活服务设施用房等），总建筑面积约 17.6 万平方米		2016～2020	储备项目
	19	桥林新城医院	新建	桥林新城	新建一所占地面积 7.51 公顷，建筑面积 15 万平方米（含地下）的二级综合医院，设置床位 600～800 张，建设内容包括：急诊部、门诊部、住院部、医技科室、后勤保障、行政管理设施用房等		2016～2020	储备项目
	20	浦口区精神病康复医院	新建	中心城	建设 1000 张床位，集工疗、农疗为一体的专科康复医院		2016～2020	储备项目
	21	浦口区养老康复中心	改建	中心城	改造升级为医养融合型	4.0 公顷	2016～2020	储备项目
	22	浦口区高端老龄社区或养老康复机构	扩建	中心城	500 张床位或 300 间老龄公寓房及医疗设施用房	10.0 公顷	2016～2020	储备项目
	23	浦口区综合殡葬园区	新建	星甸街道	区殡仪馆新馆、20 万个格位的纪念堂、回民殡葬区及相关配套设施，建筑面积 5 万平方米，总投资 5 亿元	17.0 公顷	2016～2020	建设项目
	24	巩固 3 号地块保障房	续建		建设 40.74 万平方米保障房，1.44 万平方米小学，0.49 万平方米幼儿园及一栋 1.33 万社区中心		2016	建设项目
	25	巩固 4 号地二期保障房	续建		建设 17.2 万平方米保障房及一所 0.5 万平方米幼儿园		2016	建设项目
	26	西江家园保障房二期保障房	续建		建设 10.69 万平方米保障房及一栋 0.17 万平方米幼儿园		2016	建设项目
	27	西水湾三期保障房	续建		建设 0.84 万平方米保障房及配套		2016	建设项目
	28	润泰花园南苑二期保障房	续建		建设 18.7 万平方米保障房、一栋 0.42 万平方米社区及一所 0.26 万平方米幼儿园		2016	建设项目
	29	茶棚村捋马村保障房（农民集中居住区）	续建		建设 6.05 万平方米保障房及一栋 0.24 万平方米幼儿园		2016	建设项目
	30	顶山南门二期保障房	续建		建设 10.8 万平方米保障房		2016～2017	建设项目
	31	顶山南门棚户区改造一期	续建		建设 18.54 万平方米保障房、一栋 0.26 万平方米社区中心及一所 0.2 万平方米幼儿园		2016～2017	建设项目
	32	大新 4 号地二期保障房	续建		建设 9.6 万平方米保障房及一所 1.95 万平方米的中学		2016～2017	建设项目
	33	凤凰花苑保障房	续建		建设 15.4 万平方米保障房		2016～2017	建设项目
	34	柳岸听莺保障房	续建		建设 18.47 万平方米保障房及一栋 1.23 万平方米社区中心		2016～2017	建设项目

续表 9

类别	编号	项目名称	建设动态(性质)	位置	建设内容及规模	建设时序	项目类型
人居保障行动	35	兰桥雅居三期保障房	续建		建设32.5万平方米保障房及一所0.3万平方米社区中心	2016~2017	建设项目
	36	润泰花园三期保障房	续建		建设10万平方米保障房	2016~2017	建设项目
	37	江浦街道巩固5号地保障房	续建		建设29万平方米保障房	2016~2018	建设项目
	38	江浦街道巩固6号地保障房一期	续建		建设14.75万平方米保障房	2016~2018	建设项目
	39	江浦街道巩固6号地保障房二期(PC建筑人才公寓)	续建		建设2.65万平方米人才公寓	2016~2018	建设项目
	40	巩固10号地一期公建配套	续建		建设3.9万平方米的社区中心及1.4万平方米管理服务中心	2016~2017	建设项目
	41	余家湾安置房	新建		用地面积35亩,建筑面积3万平方米	2016~2018	建设项目
	42	侯冲街南二期安置房	新建		用地面积8亩,建筑面积1.5万平方米	2016~2018	建设项目
	43	巩固7号地保障房	新建		建设约35万平方米保障房及一栋1万平方米社区中心及一所1.95万平方米中学	2016~2018	建设项目
	44	巩固8号地保障房	新建		建设约30.68万平方米保障房、一所0.62万平方米幼儿园及一所2.3万平方米小学	2016~2018	建设项目
	45	大新5号地保障房	新建		建设15.2万平方米保障房	2016~2019	建设项目
	46	顶山南门棚户区改造二期	新建		建设6.94万平方米保障房及配套	2016~2019	建设项目
	47	巩固10号地二期公建配套	新建		建设一所2.4万平方米中学,一所0.7万平方米幼儿园及一栋约1万平方米社区中心	2016~2017	建设项目
	48	大新10号地保障房	新建		建设26.7万平方米保障房及公建配套	2016~2019	建设项目
	49	复兴小学易地扩建工程	新建		建设一所36班约3.5万平方米小学	2016~2017	建设项目
	50	桥林街道中心城区保障房	新建		61.3万平方米增减挂钩安置房	2016~2018	建设项目
	51	老山林场保障房二期建设	新建		建设7.4万平方米拆迁安置房及附属工程	2016~2017	建设项目
	52	龙井侯郢保障房三期建设	新建		建设9.55万平方米安置房及附属工程	2016~2017	建设项目
	53	王湖保障房建设	新建		建设16.2万平方米安置房	2016~2017	建设项目
	54	桥北三角地块保障房	新建		新建11幢18.4万平方米保障房及配套	2016~2017	建设项目
	55	永宁棉厂三期项目	新建		建设约3.2万平方米安置房小区及配套	2016~2018	建设项目
	56	老山林场三期项目	新建		建设约5.7万平方米安置房小区及配套	2016~2018	建设项目
	57	东门1号地保障房	新建		新建53.4万平方米保障房及配套	2016~2018	建设项目
	58	浦欣家园四期	新建		建设12.5万平方米保障房及配套	2016~2020	建设项目
	59	泰山黄姚五组地块	新建		建设约15.8万平方米保障房及配套	2016~2020	建设项目

续表 9

类别	编号	项目名称	建设动态（性质）	位置	建设内容及规模	建设时序	项目类型
人居保障行动	60	高华幸福家园三期	新建		建设约 5.7 万平方米保障房及配套	2016～2020	建设项目
	61	杨山雅苑	新建		建设约 14.8 万平方米保障房及配套	2016～2020	建设项目
	62	润泰花园四期	新建		建设约 17.5 万平方米安置房小区及配套	2016～2020	建设项目
	63	润泰花园八期	新建		建设约 1.14 万平方米的社区中心及幼儿园	2016～2020	建设项目
	64	大新 8 号地块	新建		建设约 10.33 万平方米安置房小区及配套	2016～2020	建设项目
	65	巩固 11 号地块——社区	新建		建设约 4.38 万平方米社区中心	2016～2020	建设项目
	66	大新 9 号地块	新建		建设约 9.67 万平方米安置房小区及配套	2016～2020	建设项目
	67	巩固 9 号地块	新建		建设约 17.76 万平方米安置房小区及配套	2016～2020	建设项目
	68	巩固 16 号地块	新建		建设约 33.6 万平方米安置房小区及配套	2016～2020	建设项目
	69	润泰花园五期	新建		建设约 7.5 万平方米安置房小区及配套	2016～2020	建设项目
	70	润泰九期	新建		建设约 2.2 万平方米的社区中心	2016～2020	建设项目
	71	巩固 12 号地块——住宅	新建		建设约 13.33 万平方米安置房小区及配套	2016～2020	建设项目
	72	巩固 13 号地块——学校	新建		建设约 6.4 万平方米小学	2016～2020	建设项目
	73	润泰花园六期	新建		建设约 18.83 万平方米安置房小区及配套	2016～2020	建设项目
	74	大新 11 号地	新建		建设约 11.3 万平方米保障房配套学校	2016～2020	建设项目
	75	巩固 14 号地块——住宅	新建		建设约 17.5 万平方米安置房小区及配套	2016～2020	建设项目
	76	巩固 15 号地块——住宅	新建		建设约 38.12 万平方米安置房小区及配套	2016～2020	建设项目
	77	润泰花园七期	新建		建设约 14.32 万平方米安置房小区及配套	2016～2020	建设项目
	78	江北泰山保障房片区（拆迁安置房）	新建		建筑面积约 69 万平方米，建设住宅楼及配套设施，共计住宅 4286 套	2016～2020	建设项目
	79	沿江 150 亩保障房（拆迁安置房）	新建		总建筑面积约 38.9 万平方米，建设住宅楼及配套设施，共计住宅 2920 套	2016～2020	建设项目
	80	泰山 74 亩经济适用房（拆迁安置房）	新建		总建面积 18.4 万平方米，建设 8 栋高层住宅楼及配套设施，共计住宅 1422 套	2016～2020	建设项目
	81	南京高新区盘城居住新区一期三组团保障性住房（安置房）	新建		总建筑面积 11.3 万平方米，建设 14 栋小高层、高层住宅楼及配套设施，共计住宅 1037 套	2016～2020	建设项目
	82	海科新寓棚户区改造保障房 B 区 A 地块	续建		总建筑面积 11.4 万平方米	2016～2020	建设项目
	83	海科新寓棚户区改造保障房 B 区 B 地块，C 地块	新建		总建筑面积 20.8 万平方米	2016～2020	建设项目

续表 9

类别	编号	项目名称	建设动态(性质)	位置	建设内容及规模	建设时序	项目类型
人居保障行动	84	开发区保障房四期	新建		建筑面积约 22.17 万平方米	2016~2019	建设项目
	85	开发区保障房五期	新建		建筑面积约 12.8 万平方米	2016~2019	建设项目
	86	开发区保障房六期	新建		建筑面积约 22.86 万平方米	2016~2019	建设项目
	87	傅云小区保障房三期	续建		新建建筑面积 5 万平方米	2016~2020	建设项目
	88	西江保障房建设	续建		建设总建筑面积 8.98 万平方米的安置房	2016~2020	建设项目
	89	2017 年浦口区老旧小区整治出新工程(城建集团)	新建		建设内容:屋面出新、立面出新、地下管网改造、地面景观改造、小区配套功能完善等。规模:总建筑面积约 70.2 万平方米	2017	建设项目
	90	2017 年浦口区老旧小区整治出新工程(江浦街道)	新建		建设内容:屋面出新、立面出新、地下管网改造、地面景观改造、小区配套功能完善等。规模:总建筑面积约 106.7 万平方米	2017	建设项目
	91	2017 年浦口区老旧小区整治出新工程(沿江街道)	新建		建设内容:屋面出新、立面出新、地下管网改造、地面景观改造、小区配套功能完善等。规模:总建筑面积约 9.51 万平方米	2017	建设项目
	92	2017 年浦口区老旧小区整治出新工程(星甸街道)	新建		建设内容:地下管网改造、地面景观改造、小区配套功能完善等。规模:总建筑面积约 4.49 万平方米	2017	建设项目
	93	2017 年浦口区老旧小区整治出新工程(汤泉街道)	新建		建设内容:屋面出新、立面出新、地下管网改造、地面景观改造、小区配套功能完善等。规模:总建筑面积约 2.96 万平方米	2017	建设项目
	94	2017 年浦口区老旧小区整治出新工程(桥林街道)	新建		建设内容:屋面出新、立面出新、地下管网改造、地面景观改造、小区配套功能完善等。规模:总建筑面积约 6.58 万平方米	2017	建设项目
	95	2017 年浦口区老旧小区整治出新工程(永宁街道)	新建		建设内容:屋面出新、立面出新、小区配套功能完善等。规模:总建筑面积约 16.36 万平方米	2017	建设项目
	96	2017 年浦口区老旧小区整治出新工程(泰山项目)	新建		建设内容:屋面出新、地下管网改造等。规模:总建筑面积约 16.36 万平方米	2017	建设项目

编制单位:南京市浦口区城乡建设局

·文稿编辑 朱军玲·

专　　记

浦口区健康产业发展战略的思考

张晓宇

随着经济社会发展水平的不断提高，人们逐步对健康问题愈加重视。健康产业是为所有人服务的产业，进入21世纪以来，伴随着生命科技领域的基因检测、智慧（精准）医疗等技术瓶颈被逐个突破，全球健康产业进入发展的黄金时期。据部分国际经济研究机构预计，全球健康产业的市场规模可望达到兆亿（美元）级，被誉为是继IT行业爆发性增长之后的"财富第五波"。同时，健康产业也被联合国工业规划署确定为21世纪先进产业的代表。

传统健康产业仅着重关注医药制造和医疗服务等少数行业，而近年来全生命周期的"大健康"理念愈发深入人心，健康管理、营养保健、健身休闲、养生旅游等行业都纳入健康产业发展范畴，形成了丰富的行业分类和产业链条。正是意识到健康产业的迅猛发展，不少地方政府将其纳入今后产业选择的"备选框"。

2015年6月27日，国务院正式批复成立国家级江北新区，在新成立的新区范围内，"4+2"产业体系即"智能制造、生命健康、新材料、高端交通装备四大先进制造业+现代物流、科技服务两大生产性服务业"被正式提出，"生命健康"作为一个重点发展的产业门类，由此进入浦口人的视野。

本文拟结合浦口经济社会发展实际，分析浦口健康产业发展所处于的历史阶段，运用SWOT方法分析浦口健康产业发展所具有的优势与劣势、机遇与挑战，阐述浦口健康产业发展应采取的对策措施，分别对健康产业发展的思路、目标、重点及保障措施进行了系统阐述，为浦口健康产业探寻发展路径。

一、健康产业的行业范畴

近年来，从国家到省市地方政府充分重视健康产业的推动发展，各类指导性的文件纷纷出台。2013年，国务院印发《关于促进健康服务业发展的若干意见》（国发〔2013〕40号）；江苏省政府也印发《关于加快健康服务业发展的实施意见》（苏政发〔2014〕76号）；南京市委、市政府随后也分别印发《关于建设中国健康服务与生命科技名城的意见》（宁委发〔2014〕68号）和《建设健康南京行动计划（2015～2017）》（市政办发〔2014〕125号）。这些主要文件对于健康产业含义的阐述不尽相同，涵盖的产业范围也存在着较大的差异，因此，发展浦口健康产业，首先必须对浦口健康产业的含义做一个明确的划分。

健康，是与人类自身发展紧密相关的古老命题。随着社会发展、社会需求以及人们对健康认识观念的更新，人们对"健康"的内涵定义也在发生着改变。

现代意义的健康观念，围绕着人的衣食住行以及生老病死，关注各类影响健康的危险因素和误区，提倡自我健康管理，是在对生命全周期中全面呵护的理念指导下提出来的。全新意义的健康，追求的不仅是个体身体健康，还包含精神、心理、生理、社会、环境、道德等方面的完全健康。从这个意义上来讲，由新的健康观念所延伸出的健康产业，涵盖人们社会经济生活的方方面面，因此，这样的健康产业可以将其理解为对人们全部经济社会活动从另一个侧面的重新阐述。

狭义的健康产业，更主要地是关注人类个体的身体健康。现代健康产业之所以能够被加以重视，主要是受到某些医疗技术突破的影响。自从上世纪生物工程（基因）技术被引用到疾病治疗领域以来，医疗产业的面貌被彻底改写。而近些年来，一些前沿生物基因技术开始走出实验室，实用性增强并逐步实现产业化，医疗的成本随之成倍甚至呈现数量级地降低，由此引发医疗产业的规模极可能出现爆炸式的增长。尤其是全基因测序和精准化医疗所带来的革命性的影响。例如，全基因测序技术是为了识别每个目标（患者）个体在基因方面存在的隐患（即已存在或可能的病发机理），从而在个体基因层面针对性地提供诊疗方案，并根本上完全彻底治愈包括肿瘤在类的各种重大恶性疾病。精准化医疗，也基于基因研究，针对每个个体（基因等）特征提供疾病预防、治疗。无论是基因测序还是精准医疗技术,都是以全部人类作为基数的庞大产业,因而拥有难以想象的巨大市场空间。

因此,各类文献对于健康产业的定义,基本介于广义的全口径范畴和狭义的健康医疗服务之间。综合健康产业内容广泛的特点,结合浦口区目前行业发展、区位特性以及城市未来整体规划的发展方向,我们将浦口健康产业的内容和范畴明确为包含生物医药、医疗服务、养老服务、健康旅游、体育服务和健康食品等6个主导产业,以及由此衍生出来的上、下游行业。

二、浦口区健康产业的发展现状

判断产业发展的程度及基本状况,可以先从产业规模的角度入手。在这里我们把产业规模确定为3个方面的指标,即行(产)业各类机构的数量、总产出(产品或提供的服务)以及从业人员数。其中,总产出部分根据各产业特点,分别采用价值量指标和数量指标。

文中所涉及到的行(产)业划分,主要依照《国民经济行业分类注释(2011版)》(简称分类,下同),并结合浦口对具体行业的认定来操作。

1. 生物医药行业

按照行业分类,没有单独的生物医药行业。与此相近的"生物药品制造",是指利用生物技术生产生物化学药品、基因工程药物的生产活动。而由于传统化学技术、中医技术和新兴的生物技术在医药生产企业中运用交错,难以明确区分。故为方便起见,将全区各类医药生产制造企业均纳入该行业。

根据2015年末的统计资料,全区医药制造企业共计16家,当年工业总产值127.3亿元,占全区规模工业企业全部产值的比重为8.8%。其中,产值超过5亿元的企业有4家。医药制造行业从业人员数为3907人,占全部规模企业从业人员数的5%。浦口生物医药制造业已经初步形成一定的规模。

由于医药生产企业较为特殊的环境及落户要求,因此,与其他行业相比,生物医药生产企业的聚集度较高。企业主要分布在2个园区,高新区的生物医药谷和浦口开发区的隧道片区。

产业	指标名称	单位	绝对量
生物医药	规模以上医药制造企业数	个	16
	2015年总产值	亿元	127.3
	医药企业从业人员数	人	3907

2. 医疗服务行业

医疗服务指的是传统的医疗卫生。医疗服务行业最主要产业载体,是各级各类医疗服务机构、医疗服务中心、诊所等。目前全区医疗卫生的整体覆盖率和数量已经达到一定程度的水平,医疗服务的能力也在增强。

全区有各类医疗卫生机构超过200个,包括20多家各类医院,93个街道(社区)医疗服务中心及90家门诊部(诊所、医务室)等,其中二甲医院3家,浦口区中心医院确立为三甲医院创建单位。全部医疗机构共有床位2020张,卫生人员3987人,卫生技术人员3375人,其中执业医师(含助理)1385人,注册护师(士)1547人。区属医疗卫生机构在职人员1602人,其中高级职称163人、中级职称637人、初级职称678人。

全区医疗卫生机构年门急诊量321.5万人次,年出院量5.62万人次。

产业	指标名称	单位	绝对量
医疗服务	全区医疗卫生机构数	个	222
	门(急)诊量	万人次	321.5
	执业医师(含助理)数	人	1385

同时,也应该看到,目前全区没有一家三甲医院,医疗服务的水平还处在一个比较基本的阶段,居民就近获得优质医疗的难度存在,重大疾病医疗的服务能力还非常有限。

3. 养老服务行业

按照行业分类,养老服务是指各级政府、企业和社会力量兴办的主要面向老年人提供的长期照料、养护、关爱等服务机构的活动。

目前,全区初步形成了"居家养老为基础、社区养老为依托、机构养老为支撑"的全社会养老服务体系。共有各类养老机构20家,其中公办11家,民营9家;养老床位3488张,其中民营机构床位1314张;直接从事养老服务的护理员76名,其中72人取得资格证书。全区特色化的居家养老服务中心118个。此外,全区正筹划建设一个高端国际化养老社区。

产业	指标名称	单位	绝对量
养老服务	各类养老机构数	个	22
	养老机构床位	万人次	3488
	养老护理员数	人	76

养老服务与老年医疗健康紧密相关,因此,医养融合是养老服务体系建设的一个重要方面。目前,养老机构和居家养老服务中心均达到较高的医疗卫生服务覆盖率。

4. 健康旅游行业

健康旅游业没有明确的行业划分,我们将其定义为赋以健康概念的旅游行业。由于浦口的旅游资源及其所形成的旅游产品,无不都与浦口生态、健康理念相互融合,因此,浦口的健康旅游产业,基本上等同于旅游产业。

目前,全区有AAAA级景区一个,AAA级景区2个。此外,浦口区2013年获评国家级生态区,正是在2015年全区重点打造并推出农村旅游"十颗珍珠"项目,都大大丰富了浦口旅游的内涵。2015年,全区旅游直接收入20.55亿元,同比增长25.0%;景区旅游接待量959.53万人,同比增长18.1%。全区旅行社16家,均具备法人资格;区内各类旅行社的营业网点53个。由于旅游的特殊流动性,区内登记注册的导游人数较少。除了各类旅游社以外此外,由"十颗珍珠"及其带动的各种诸如农家乐旅游项目,也带动了相当数量的农民加入到旅游行业中。

产业	指标名称	单位	绝对量
健康旅游	全区旅游景点数	个	23
	旅行社数	个	16
	旅游总收入	亿元	20.55

5. 体育服务行业

体育服务产业,就是国民经济行业分类中的体育行业。

经过南京亚青赛和青奥会的成功举办,浦口经济发展培育了相当的体育"基因",体育场馆主要集中在青奥公园附近。目前全区有大型体育场馆1451个,其中包括青奥体育公园等大型体育闯关在内的体育场和体育馆各8个,游泳馆6个,健身房(馆)62个。各类体育场地数量多,且分布比较均匀。

全区每年承办省级以上体育赛事4项,突出了浦口体育的知名度。

体育行业从业人员方面,体育指导员2005名。

产业	指标名称	单位	绝对量
体育服务	体育场地数量	个	1451
	承办省级以上赛事	项	4
	体育指导员人数	人	2005

6. 健康食品产业

从食品生产的角度看,健康食品产业存在两个领域,一是第一产业(农林牧渔业)和二是制造业中的食品生产行业,而由食品生产延伸出来的研发、营销等相关产业也应纳入到这一产业之中。

目前,全区有49家食品生产企业,其中规模以上企业7家,2015年规上食品产业产值15.5亿元,同比增长27.1%;其中,产值超过5亿元的企业1家。规模企业从业人员为907人,占全部规上企业从业人数的1.2%。

产业	指标名称	单位	绝对量
健康食品	规模以上食品制造企业数	个	7
	2015年总产值	亿元	15.5
	食品企业从业人员数	人	907

此外,浦口一旦较大面积地推广有机绿色食品的种植生产,那么,相应农业人口将大大扩充健康食品产业从业人数规模。

三、浦口区发展健康产业的SWOT战略分析

从上述全区健康产业发展的基本情况看,6个分支行业发展参差不齐,如生物医药产业,整体产出已经达到相当的规模,且医药谷等高端产业载体也已呈现日趋完善的状态;健康食品行业已落户大型龙头企业,产业规格提升以及规模的放大指日可待;但诸如医疗服务、健康养老和体育服务行业多停留在普通县级区域的层次,并没有达到很高的产业发展水平。因此,必须站在全区健康产业未来发展的角度看,加强系统性统筹发展思维能力,切实解决协同发展的问题,从而使得健康产业的各个行业共同达到产业发展的高水准。

对于产业发展的战略研究,比较通行的方法是采取SWOT综合分析法。所谓SWOT分析法,源自美国著名的咨询顾问公司麦肯锡(McKinsey&Company),其基本做法是通过分析产业优势(Strengths)、劣势(Weakness)、机会(Opportunity)和威胁(Threats)达到"知己知彼"的目的,并基于此对产业发展作出战略决策(建议)。SWOT分析法,本质上是对产业发展内外部条件各方面内容进行综合和概括,进而分析组织的优劣势、面临的机会和威胁的一种方法。就全区健康产业而言,必须客观地判断产业发展态势,聚合内生动力和外在因素两方面的力量,实现双轮驱动,才能更好更快推动健康产业向更高的发展层次攀升。

(一)浦口健康产业的发展优势

1. 生态资源丰富、自然环境优美。浦口区自然环境优越,靠山拥江,山水交融,聚集了森林、温泉、湖泊水库、湿地等多种类型的生态资源,是国家级生态示范区,环境优美,空气清新,生态环境质量在南京市位于前列。这些宜居的天然条件,有利于大力发展医疗服务、养生养老、生态度假、休闲旅游等健康产业。

2. 区位条件优越、辐射范围较广。浦口处于东部发达地区和中西部地区交汇处,连接苏皖,辐射中西部,是南京都市圈,宁镇扬同城化的核心区域之一,浦口所处的枢纽地位,成为苏南面向内陆腹地的战略支点,有利于各类产业的交流互动。现有津浦铁路、宁启铁路、京沪高铁交汇,宁淮公路等穿境而过,连接苏北、皖东、皖北与豫南。所在地区人口稠密,服务需求量丰富。

3. 产业载体丰富、发展初具规模。浦口区拥有国家级高新技术开发区一个,区内拥有生物医药谷集聚了包括研发型企业在内的众多生物医药企业和研究机构;两个省级开发区浦口经济技术开发区和海峡两岸科工园内也落户了一批食品及生物医药重点企业。区内旅游度假业已初具规模,拥有老山、汤泉、珍珠泉旅游度假区,湿地公园、青奥体育公园、"十颗珍珠"等美丽乡村等一批休闲旅游业发展载体及重大项目,具备承载健康产业发展的条件。

4. 智力资源聚集,科技优势明显。浦口所处的南京科教文化资源非常丰富,浦口区又是市重点建设的三个"大学城"之一。区内有南京工业大学、南京信息工程大学、南京审计大学等12所高等院校,在校师生约为10万人。区内国家级科研机构众多,包括大学院校在内的各类研究型科研院所,11个博士后科研工作站和院士工作站,50多个各类科技创新平台、工程技术中心及多个研发团队。丰富的人才资源为健康产业发展提供坚实的智力支持。

(二)浦口健康产业存在的劣势

1. 产业布局零散,融合渗透不够。浦口区已形成了以生物医药、生态旅游、养生度假为主的健康产业发展格局,但是大规

模、特色化产业集群还未形成，产业链尚不完备。生物医药与医疗服务业、医疗服务与养老服务之间、医疗服务与旅游业之间、养老服务与养生度假休闲旅游之间、体育产业与旅游之间等缺乏有效融合。产业间的渗透性、关联度、集群效益不明显，健康产业整体竞争力不强。

2. 高端产品缺乏，服务层级较低。浦口区健康产业资源丰富，但是高端精品仍显不足，特别体现在医疗卫生方面，目前全区尚无三级医院，已有各级医院及社区卫生服务中心的床位与人员配备相对不足；养老服务方面，现有的养老机构以福利院、居家、社区养老为主，缺乏高标准养老设施与服务人员配备；旅游业方面，目前全区尚没有国家 AAAAA 级景区，仅有 AAAA 级景区 1 个、AAA 级景区 2 家，旅游业发展载体亟需改造升级。

3. 产业特色不足，市场影响较弱。浦口区拥有老山国家森林公园，汤泉水质优于南京市其他地区温泉，另以古寺为代表的历史遗存构成独有的文化脉络，但是以上自然与人文资源特色彰显不够，健康产品、健康服务以及健康宣传与南京及长三角周边地区同质化现象较为严重。2015 年浦口区接待游客超过 700 万人次，但客源以南京市内的居民与大学生为主，周边省市居民跨区域旅游所占比例较低。

（三）浦口健康产业的发展机遇

1. 国家及省市产业规划为浦口健康产业指明发展方向。2013 年，国务院发布《关于促进健康服务业发展的若干意见》提出 2020 年我国健康服务业总规模将达到 8 万亿元以上的总目标；之后，江苏省发布《关于加快健康服务业发展的实施意见》，提出江苏省健康服务业规模发展、集聚发展和创新发展水平位于全国前列的总目标，2020 年产业规模达 1 万亿以上；随后，南京市政府下发《建设中国健康服务与生命科技名城的意见》，首次将健康服务和生命科技产业作为战略性新兴产业纳入全市经济社会发展战略体系，《意见》提出将南京建成中国健康服务与生命科技名城，2020 年全市生命科技产业销售额达 3000 亿元。国家与省市各级政府促进健康产业发展战略势必会促进相关优惠政策制定、提升产业保障力度、加大产业投入，促进浦口区健康产业的发展。

2. 国家级新区的设立为浦口区升级转型提供新契机。江北新区的设立将为浦口经济转型带来历史性的发展机遇，有利于将健康产业打造成浦口区的主导产业，成为其产业转型发展的“新引擎”。具体来说，国家级新区的设立将在政策、资源、人口三个方面为浦口区带来利好。政策方面，江北新区具有国家产业转型和新型城镇化示范作用，具备政策制度创新、产业功能转型的先行先试条件，在土地、财税等各项政策方面享受优惠，有利于将浦口打造成江苏省和南京市健康产业发展示范区。资源方面，新区的设立将促使各方优势资源涌入，交通、商业配套、就业、医疗等众多方面的整合提升；人口方面，根据《南京江北新区总体规划（2014 ~ 2030）》，浦口区是未来新区中心城所在地，规划 2030 年中心城人口达 100 万人，桥林新区人口 25 万人，优质资源的涌入以及免费开放的过江交通将有力推动浦口区城镇化进程，有利于促进内需，带动健康产业发展。

3. 日益增长的健康服务需求为浦口区带来市场机遇。随着经济发展及人们生活水平的提高，城市居民对于居住环境、休闲运动场所、食品卫生等需求层次不断提高，对身心健康越来越关注。另一方面，环境污染、亚健康已成为影响城市生活质量的重要因素，与居民逐渐苏醒的环境意识以及日益增长的健康需求之间形成矛盾。人口老龄化进一步带来医疗卫生、养生保健、社区服务等特殊需求增加，巨大的需求面对的是不完备的市场，养老体系的欠缺给市场带来了巨大的机遇，养老产业已成为健康产业大军中的重要一员。

（四）浦口健康产业发展面临挑战

1. 健康产业同质化发展的挑战。在国家、省、市促进健康产业发展的政策影响下，各地势必会纷纷助推健康产业发展，努力抢占发展先机。在生物医药、医疗服务、健康旅游、养老领域，南京市其他行政区均存在与浦口区相似的资源载体，如何处理区域内行业发展同质化问题、获得竞争优势将是浦口健康产业发展的一大挑战。

健康产业领域分类	浦口拥有的载体（资源）	周边地区的载体
生物医药	高新区生物医药谷	江宁生物科技园、南京生物医药科工园、江苏生命科技创新园等
医疗服务	国际健康服务社区（在建）	江宁医疗服务中心（在建）
健康旅游	老山森林公园、西江口湿地、汤泉温泉小镇	紫金山、栖霞山、游子山、无想山森林公园；六合兴隆州、乌渔州湿地、汤山温泉小镇等
养老服务	福利院、养老机构等	法国、澳大利亚等高端养老机构进驻仙林；鼓楼、秦淮、建邺、雨花台等区智能化养老试点

2. 产业政策的持续性问题。由于浦口地处江北新区核心区域，新区未来产业发展受到规划的极大影响，而新区对产业选择的侧重方向上有着较大的不确定性。因此，健康产业发展政策的持续性可能受到不利的影响。

四、SWOT 分析结论

SWOT 模型是比较经典的战略分析方法，80 年代推广运用以来得到各方青睐，也有着非常丰富地成功案例，特别是在对沃尔玛、中国电信等大型企业的发展战略选择中得到非常好的验证。SWOT 分析模型，是分别从产业发展的内部因素和外部因素分析，按照 SWOT 分析模型矩阵进行策略组合，即 SWOT 分析有四种不同类型的组合：优势——机会（SO）组合、弱点——机会（WO）组合、优势——威胁（ST）组合和弱点——威胁（WT）组合。（如下图所示）

SWOT 矩阵：

外部分析＼内部分析	优势 S 1. 2. 列出优势 3.	劣势 W 1. 2. 列出劣势 3.
机会 O 1. 2. 列出机会 3.	SO 战略 1. 2. 发出优势 利用机会 3.	WO 战略 1. 2. 克服劣势 利用机会 3.
威胁 T 1. 2. 列出威胁 3.	ST 战略 1. 2. 利用优势 回避威胁 3.	WT 战略 1. 2. 减少劣势 回避威胁 3.

优势——机会(SO)战略是一种发展企业内部优势与利用外部机会的战略,是一种理想的战略模式。当企业具有特定方面的优势,而外部环境又为发挥这种优势提供有利机会时,可以采取该战略。

弱点——机会(WO)战略是利用外部机会来弥补内部弱点,使企业改劣势而获取优势的战略。存在外部机会,但由于企业存在一些内部弱点而妨碍其利用机会,可采取措施先克服这些弱点。

优势——威胁(ST)战略是指企业利用自身优势,回避或减轻外部威胁所造成的影响。

弱点——威胁(WT)战略是一种旨在减少内部弱点,回避外部环境威胁的防御性技术。

前文在分析影响健康产业的外部因素时提到,地区间的同质化竞争会阻碍浦口健康产业的外部威胁(Threats),但用发展的思路却仍然可以将其视为机遇。健康产业的6个行业,尤其以医疗和养老为代表的服务业行业,带有显著的"属地化"特征,即这些行业的需求通常按照"就地""就近"的方式加以解决。地区间产业发展的同质化,实际上是服务质量水平均等化的进程,有利于弥补浦口与城区之间服务能力的差距。

从目前相关行业态势看,全区产业升级和资源汇聚的速度正在加快,浦口健康产业的发展已经占得先机。以医疗服务产业为例,近两年,全区在医疗卫生领域投入巨资正加快建设基础设施。投资4.5亿元用于中医院改扩建工程;投资4亿元建设区中心医院二期工程;总投资25亿元的南京医科大学第四附属医院,已完成选址并启动专业设计;鼓楼医院江北分院也正在加快建设。

而综合外部宏观发展环境看,应该看到从国家层面大力发展健康产业成为既定方针,健康产业规模的扩大是必然趋势。各地在健康产业的竞争上并不是原有市场"存量"的竞争,而是体现在"增量"竞争。对于"蛋糕"在不断做大的健康产业市场而言,适度的竞争并不意味着威胁与挑战,而是实实在在的发展机遇。

从这个意义上来说,浦口健康产业的发展并没有明显的外部威胁(Threats)特征。浦口发展健康产业优势相对明显,整体上而言,机会大于挑战,因此,在SWOT的四种经典策略分析中,健康产业发展最佳的策略选择应为SO策略组合。也就是,在目前健康产业整体体现出来的优势基础上,充分发掘运用当前产业发展所面临的机遇,继续推动健康产业形成新的更大的优势和能力。

五、浦口健康产业发展的思考

作为一种分析方法,SWOT分析法也有其无可避免的局限性,主要体现在研究者更容易把焦点集中在外部因素的分析,从而忽视自身发展的主动性。事实上,浦口丰富的自然地理禀赋不仅是浦口引以为豪的资源,在一定程度上也成了健康产业快速发展的思想羁绊,这也是浦口健康产业在过去相当长的时间内发展较慢的重要原因。因此,在研究浦口健康产业发展战略的时候必须充分考虑本区内部各种要素,包括决策者的主观因素和产业自身的内在发展动能。

聚合放大浦口生态资源的品牌优势,形成对各类产业人才吸引力和号召力

现代经济社会快速发展过程中,项目、资金等各类经济社会资源的流动性增强,容易受到短期内形势的干扰而产生无序的流动,从而对经济发展造成不利影响。而浦口优良的自然地理环境是"搬不走"的资源,其重要性就得到了进一步的凸现。作为周边为数不多的国家级生态示范区之一,浦口有着异常丰富的生态资源优势,这是浦口健康产业发展最根本也是最可靠的依据。

相比较之下,人的主观意念是资源产生流动性的最主要源头,人才的流动驱动着各类资源的流动。但同时也应看到,如果产生观念上的认同,那么人才的流动就趋于稳定,也就有利于其他各类资源的聚集。因此,健康产业发展的当务之急是找到人才认同浦口山水资源的契合点。

一直以来,浦口的山、水、林、泉等生态健康资源"秀在闺中"。虽然有着不可多得的优良品质,但却没有形成健康品牌,缺乏大众影响力。"百里老山"是浦口生态资源的代表,其沿线浦口生态资源最为聚集的区域,同时,"老山"也是本土企业老山药业生产蜂产品所享有的驰名商标。2014年,老山药业所开发的蜂产品企业标准被认定为国家标准,在健康产品领域已经形成一定的影响力。"老山"作为浦口的代名词,是浦口健康产业各个行业天然的黏合剂。发展健康产业,必须更好地保护"老山"生态资源,使得其成为健康产业人才最强有力的"磁石";深入发掘老山健康旅游资源,包装推广以"老山"命名的健康旅游线路;赋予"老山骑行"等已有体育项目赋予更多健康理念等等。

因此,继续打造具有浦口特色的"老山"品牌,有利于强化各类人才对浦口的感性认识,从而增强对浦口发展健康产业的情感认同,进而有利于浦口健康产业形成更大的号召力和吸引力。

具体到健康产业的6个不同的行业,也应当有不同的人才引入机制和模式。比如,对于知识密集型的生物医药产业,技术门槛高,人才相对而言极其稀缺。必须要由政府主导的模式,发动多方面的社会资源,将生物医药产业人才引进纳入到市、区重点的人才引进计划,采取"项目+人才"整合引进的方式,使得项目(技术)和人才双落地的模式;而对于生活服务型的体育服务、旅游养老等行业,则更多地应采取"产城人"结合的方式来聚合人才,把产业发展、城市建设和行业人才的聚集统一协调起来,使得行业人才与产业在浦口能够融合发展。

以科学的"义利观"和"大局观"引领休闲养老产业发展

在浦口明确的健康产业6大行业中,养老服务行业最为特殊,是否应该纳入健康产业,一直存在着较大争议。必须看到,浦口社会人口结构的"老龄化"趋势已经形成。按照2010年第六次全国人口普查数据,在全区70余万常住人口中,60岁以上的人口已经达到8.41万人,占到全区人口总数的11.85%(注:全区有约10万以上的在校大学生),预计在2020年之前,浦口社会"老龄化"程度仍将加深。因此,浦口居民的健康养老需求是一个直面的现实。

另一方面,老年人颐养天年是中国社会传统的价值追求,因此,在道德层面上需要有一个"老有所养"的良好社会格局氛围。因此,综合多方面因素,浦口必须发展好养老产业。

传统观念上,"养老"对政府而言是一项社会义务,因此,随着老龄人口的不断累积,"养老"产业是一项比较沉重的负担。. 但同时,经过数十年的劳动积累,"中国大妈"们掌握着巨大的精神和物质财富。发展养老产业,是有效释放社会总需求的重要一环。面对巨大的养老服务需求,必须更新观念,必须进行产业化推进,以应对"老龄化"社会的到来。

应树立正确的"义利观",不能单纯地将养老作为社会或地方政府的负担,也应该将其作为社会财富和资源。因此,在培育更加健康的养老产业格局方面,除了政府要进行必要的投入(补贴)外,也要适度地运用市场经济的运作方式来提升养老服务的质量和水平。政府投入主要在于"兜底",提供最基本的养老服务,促进社会的稳定,同时,要动员家庭、社会和市场的力量向不同类型的老年人提供更加优质、更有特色的老年养老服务。由此,除了继续拓展浦口目前"居家养老、社区养老、机构养老"等多种模式,化解养老机构不足,也要筹划好如江北新区珍珠泉片区的"国家养老社区"等高端养老机构,从而满足不同老年人群的差异化需求。

发展养老服务业,也要有"大局观"。养老产业的外在表现是对各类养老服务的消耗,但相关养老服务产品的提供,也会形成一定长度的产业链条,对经济增长形成一定的拉动力。例如,新建1家新的养老机构,必然会拉动房地产及建筑业等上游行业的增长和人员就业。

养老服务行业发展的"大局观",也体现在城市产业布局上。养老行业是,投入高、回报周期长的行业,而发展养老产业不可避免地与其他生产型行业产生资源占用的竞争,尤其体现在日益稀缺的城市土地资源上。除了高端养老机构以外,中低层次的养老机构无法布置在城市核心区。因此,有必要将养老产业的空间布局向城区外围延伸。

浦口老山沿线的乡村地区城市(镇)化进程相对落后,但生态资源最为集中,如老山林场的森林资源,汤泉街道的温泉(苗圃)等,都是不可多得的生态健康资源,非常适宜老年人的休闲养生。目前,"不老村""楚韵花香"等"十颗珍珠"休闲旅游项目造正陆续推出,"休闲养生"的生活模式显出雏形,具备一定基础。因此,可以全区将养老机构建设的重心转移到这些地区,辅以相应的交通医疗等综合配套,进行诸如养老地产等低强度的产业开发,不仅可以缓解城市发展用地的需求,增强生态资源的开发利用效率,同时推动这一地区的城市化建设,从而带动当地经济社会发展。

在确立发展健康产业的基础上,要对健康产业各子行业制定发展规划,也就是要有明确的目标和"路线图"。本文根据前文的研究分析,对健康产业各行业发展的方向、目标、路径和关键点提出战略性思考,以期对浦口健康产业的发展有所助益。

生物医药行业

生物医药行业的发展方向:应确定为在目前产业规模的基础上继续做大做强,成为产业规模聚集,人才(技术)资源优势突出的生物医药产业基地。

生物医药行业的发展目标:浦口区生物医药总产值增幅超过全区规模工业产值增幅10个百分点以上,成为拉动增长的重要力量。到2020年,全区生物医药总产值达到600~700亿元的规模;引进扶持年产值超过10亿元的生物医药制造支柱企业10家,5~10亿元产值企业20家,形成梯次规模;根据企业(项目)配套相应的高级人才队伍,引进国家千人计划人才5名以上,省市领军型科技创业人才或科技创业家10~20名,形成人才优势。

生物医药行业的发展路径:必须发挥生物医药聚集区的载体作用,积极促成区内规模以上医药企业向生物医药谷聚集,改变以往分散的分布状况。前期首先通过存量企业聚集,放大生物医药谷的产业规模,形成号召力;中期重点引进有足够影响力和知名度的国际化大型医药制造企业进驻;后期积极延伸生物医药产业链,把相关的研究开发、技术创新、销售服务的载体也聚拢吸引过来,增强生物医药产业的发展后劲和持续力。

医疗服务行业

医疗服务行业的发展方向:是全面提升全区医疗服务的能力和水平,服务在医疗服务的"数量"和"质量"两方面事项双双提升,将浦口区建设成全市乃至全省医疗服务示范区。

医疗服务行业的发展目标:形成覆盖城乡,以医院(含下属的基层卫生机构)及专业公共卫生机构分布相得益彰,互为补充的医疗卫生服务体系。

至2020年,浦口区拥有三级综合医院2~3家,二级综合医院5家,中医院和各类专科医院5家,并由医院向下延伸配属相应的社区卫生服务中心,专业公共卫生机构3个。

按照100万常住人口的规模计算,每千人拥有床位数6~6.5张,每千人口拥有执业(助理)医师数4人以上,每千人拥有执业护士数达5人以上,并发展基层数量相当的一批全科医生。

医疗服务行业的发展路径:按照"先基建后人才"的发展次序,利用政策、资本聚集的难得机遇加快推进江北新城医疗中心(鼓楼医院江北分院)、区中心医院等医疗机构基建投入,促成南大医学院等医学科研机构落地;在基础条件允许的情况下,利用"名医轮诊""本地医院"+"外地医生"等模式,实现医疗服务的本地释放;吸引一批名医、医疗高端人才长期服务于浦口本地。

养老服务行业

养老服务行业的发展方向:建成功能完善、服务优良、覆盖城乡的社会养老服务体系,促进和谐社会的建设发展。

养老服务行业的发展目标:建成1个高端国际化养老社区,树立浦口养老产业品牌;继续完善增强浦口居家养老、社区养老模式的服务功能,居家呼叫服务和应急救援服务的覆盖率达到100%,建成AAAA级居家养老服务中心1个,AAA级居家养老服务中心20~30个,解决绝大多数老年人的养老需求;每千名老人拥有养老机构床位数达到50张,养老护理员岗前培训率100%,持证上岗率达到95%。

养老服务行业的发展路径:加强健康养生创意园区建设,以浦口"美丽乡村"为核心,建立全市乃至全省首家健康养生园(区);通过引入社会资本和知名养老管理机构,吸纳先进企业入驻并发挥聚集辐射效应,发展养老社区、养老地产等项目,逐步丰富全区健康养生养老全产业链;与生物医药、健康食品行业形成产业间良性互动,实现相关产业产品的本地消化和效应释放。

健康旅游行业

健康旅游行业的发展方向:在保护生态资源环境的基础上,开发健康旅游项目和养生旅游线路,形成人与自然和谐共处的产业发展格局。

健康旅游行业的发展目标:维护好浦口区"一山三泉"旅游资源,建成基础设施完善、产品成熟、品牌形象提升的生态旅游、休闲度假目的地。发掘资源与健康产业的契合点,新增温泉养生、康疗度假、体育休闲等旅游项目10个以上,推出具有浦口地方特色的旅游产品。

健康旅游行业的发展路径:做好旅游产业发展的"点面"结合。一是推动落实重点旅游项目的载体建设,包括加快汤泉(温泉)旅游度假区、求雨山文化创意产业园等项目规划建设,做好重点旅游项目的"布点";二是将旅游项目向乡村区域延伸,结合浦口"美丽乡村""10颗珍珠"的打造和特色化的莲藕、葡萄等农业嘉年华活动,与重点旅游项目形成相互补充和衬托。

体育服务行业

体育服务行业的发展方向:提高人民群众对各类体育活动的参与度,增强人民群众体质、活跃身心,以体育促进人民群众生活质量的提升;建成公共体育设施更加完善、门类更为丰富,体育品牌影响力更强的新城区。

体育服务行业的发展目标:年申(承)办国家级体育赛事5项以上,省级体育赛事10项以上;人均体育设施用地面积达到2.93平方米,国民体质监测合格率达93%以上,每千人拥有体育指导员数量达25人以上;体育服务业增加值达到10亿元的总规模。

体育服务行业的发展路径:在建成的青奥公园基础上,通过引入国际知名体育健身服务企业(品牌),发展城市体育服务综合体,提供高端的健身健康服务和运动康复医疗等服务;加强与国家、省级体育部门协同,争取将更多国家、省级体育比赛项目,尤其是大球类、竞技类等观赏性强的比赛由浦口承办,扩大浦口体育活动的影响力;面向大众普及健身知识,抓好青少年体育锻炼,争取培养出本土优秀的竞技类体育运动员。

健康食品行业

健康食品行业的发展方向:在保障"健康、安全"的基础上,逐步提升健康食品行业的产出总量。

健康食品行业的发展目标:打造本土化的健康食品品牌企业,并不断增强研发能力;培育定点的有机食品生产基地,并逐步扩大规模,本地特色健康食品得到彰显。

在雨润食品基地基础上,引进单体投资亿元以上规模企业5~10家,着力引进5~10亿元以上的食品企业落户;引进或成立省级及以上食品研究平台2家以上;培育1~2个江苏省名牌产品。

健康食品行业的发展路径:做好农业种植和健康食品制造两个方面,尤其是要依托生态资源,发展特色有机农产品生产。以老山为核心,结合林场风景区的众多休闲旅游资源建立健康绿色药业、休闲食品生产基地;以汤泉家农业公园、江苏农垦汤泉国际农业科技示范园区等基地为依托,主打绿色无公害天然食品生产,与健康养生养老产业协同发展。

(作者工作单位:浦口区统计局)

江浦区域楼宇经济发展现状及建议

张晓宇

随着南京市“跨江发展”战略的实施以及国家级江北新区批复等多重促进政策效应的释放,浦口城市建设和经济发展驶上快车道,城乡面貌发生着巨大的变化。

由于浦口行政区域跨度大,地域之间经济结构特点不同,因而在整个行政板块中,城市建设的差别也非常显著。总体上看,在行政区域的东西走向上形成泰山、江浦两个经济密集区域,犹同杠铃的两端,成为浦口经济最重要的组成部分。以泰山街道桥北路为轴的区域已显现出比较成熟的城市特征。人口密度高,土地开发建设的强度大,城市空间资源的使用已接近饱和,目前主要以优化存量为主;而哑铃另一侧的江浦区域,则是另外一番景象。江浦区域的建设发展“老县城”中心向外拓展,城区外围大片的土地空间资源,当下的城市开发建设以持续增量为主。就目前的江浦区域城市建设而言,一批新兴楼宇的出现不仅丰富提升了城市面貌,凸显出城市快速的变化发展,而且新兴楼宇的成长有助于形成新的经济主体和经济形态(模式)。虽然江浦地区的楼宇经济尚处在起步阶段,但按照当前和未来发展态势,其完全有希望成为一个新的经济“增长极”。

截至2016年底,江浦区域范围内建成的商务型楼宇26栋,其中有经营活动(以入驻法人和产业活动单位为主要形式)的楼宇达到24栋,包括浦口“总部大厦”“明发财富中心”、鼎业金陵酒店等地标性建筑在内的重点楼宇(指单体建筑面积在5,000平方米以上的商务类楼宇,下同)已经达到23栋,这些高端商务楼宇在改造和提升江浦城市面貌的同时,也成为江浦经济形态尤其是高端服务业发展不可小觑的生力军。

本文针对江浦区域新兴(商务)楼宇的发展形势和状况,阐述目前江浦楼宇经济目前所处的层次和地位,分析目前面临的一系列困难和问题,以期为江浦经济的持续健康发展提出有益的意见建议。

注:由于江浦街道是浦口区人民政府所在地,行政区域面积大、情况复杂,该区域内各类行政性的经济建设主体众多,包括浦口开发区、海峡两岸科工园以及国资、交通、城建等国有控股集团,在江浦区域内都有自己相对独立与街道管理服务范围外的专属的行政区域。因而,辖区内各类主体管辖地域划分也是错综复杂。文中所采用的江浦区域,是指行政区划所确定的江浦街道辖区的全部范围,涵盖但不局限于江浦街道直接管辖服务的地域范围。

一、楼宇经济的概念及发展趋势

楼宇经济概念的提出始于上世纪90年代,是经济学界提出的一个复合概念,即楼宇经济区别于经典的经济学分类,是对一类比较独特的城市经济形态的总括。

具体而言,楼宇经济是指城区利用新开发楼盘和闲置用房,以商务楼、写字楼、科研楼宇、标准厂房、城市综合体、保护建筑和居民住宅SOHO等(不包括行政、事业单位自用房、宾馆、专业市场、医院、学校等建筑)为载体,通过出租、售卖、合作等形式,招商引进现代服务企业或都市型工业,从而培植新税源和新的经济增长点,促进城市经济发展的经济活动。它是以商务楼、功能性板块和区域性设施为主要载体,以开发、出租楼宇引进各种企业的形式,从而达到引进税源,带动区域经济发展为目的,是体现集约型、高密度为特点的一种经济形态。

国内楼宇经济的发展雏形,出现在城市开发建设初期的几个地区,如90年代末的深圳和上海。随后,在东部沿海的一些经济发达城市(宁波、福州、大连、天津、无锡等)也开始关注楼宇经济并开展实际的运作实践。时至今日,楼宇经济的概念和运作方式逐步为更多的地方政府所接受并推广。

楼宇经济的兴起不是偶然的,它是城市和经济社会发展到一定阶段所自然出现的经济形态。楼宇经济以服务业为主要特征,充分依托城市空间集中的资金、人才、技术、信息、交通等资源,结合其他各类产业要素,集约利用土地,在高度共享和互动机制的作用下,实现产业高度集聚、交易成本降低、产出效益增大、单位税收提高。在城市普遍空间资源集约、经济转型发展的大背景下,做大做强楼宇经济,对于优化产业结构、提升产业能级、实现经济社会健康可持续发展有着十分重要的意义。

正因为楼宇经济在城市发展中占据着如此重要的地位,南京各主城区无一例外地将发展楼宇经济作为地区经济建设的重要手段和平台。近些年,鼓楼、玄武、秦淮、建邺等主城区都相继出台加快发展楼宇经济的政策措施,楼宇经济呈现出蓬勃发展的态势,取得了骄人的发展业绩。截至2016年末,鼓楼区重点楼宇93栋,贡献税收约30亿元;玄武区重点楼宇73栋,贡献税收超过25亿元;建邺区重点楼宇53栋,包括阿里巴巴总部等一批超级个体入驻。这些城区楼宇经济都在当地经济总量中占据重要的一席之地。

二、江浦区域发展楼宇经济的必要性

经济的外在表现形式,总是伴随着各类生产要素所发挥作用的不同而发生变化。按照过往的发展历程来看,投资拉动是经济快速增长的主动力,各类基建的布局加快,最显著的特点就是城市面貌的显著变化以及各类基础设施的日趋完善。但是,基建等高强度投入的“脉冲”高峰难以长时间持续,经济的驱动力必然发生改变,因而,资产轻质化、高端化的趋势逐渐显现了出来。

近几年，在新兴企业的资产构成中，以知识、技术（专利、人力资源等）为形式的无形资产的比重大大提升，互联网的大发展也加快了资产轻质化的进程。各方面的综合因素的叠加，使得人力资源是成为驱动经济发展的最核心要素。相应地，经济的形式也服从于经济发展驱动力的变化，换言之，经济的外在形式必须更好地服务于经济增长主驱动力——人的发展，人们普遍希望获得更优越的办公条件，更便捷的基础服务。因此，集约化的楼宇经济更能够适应经济发展的内在需求，这也是楼宇经济发展的决定性因素。

长期以来，江浦主要建设都是围绕在原县城周边，城市开发拉不开手脚，建设的强度不高。与主城区相比，江浦是新城区、后起之秀。按照国土部门的数据，江浦街道辖区面积共计195平方千米，超过南京市任何一个主城行政区，土地空间资源丰富，这是最大的优势。从目前规划建设的发展蓝图来看，楼宇经济的成长壮大是江浦经济重要的发展方向和必然趋势。

1. 集约利用土地资源的需要。江浦街道虽然辖区总面积接近200平方千米，但毕竟是脱胎于郊区经济模式，目前辖区范围中工农业性质的用地占据了相当的部分，尤其是农业用地的面积占比高。据统计，目前江浦街道下辖17个社区，其中农业社区8个，土地面积超过总面积的一半，这些涉农村（居）中，相当部分的土地面积纳入耕地保护范围。在城市社区中，居民楼密集，可新利用的空间资源极少。近期开发建设的街道范围，主要是集中在同心、七里桥、火药洲等少数几个社区。

不仅如此，按目前的规划，江浦区域是江北新区吸纳新增常住人口的主要区域，随着大量涌入的人口转化为常住居民，城市开发建设的用地指标中有相当部分须作为居民住宅。换言之，按照目前人口聚集和经济发展态势，江浦的发展方向必然是建设成为新型城区，对土地的使用必须产生约束。城市土地资源短缺，就需要集约化利用土地，在土地空间的利用上，变以往"摊大饼"式的横向发展为纵向发展（即多建高楼）。目前可供开发利用的江浦土地资源的越来越短缺，而城区经济要持续发展，就必须集约利用土地，迫切需要以集约化发展为本质特征的经济形式的出现。楼宇经济正是对土地集约利用的经济。按照目前各主要城区经济发展的脉络看，发展楼宇经济是城区经济建设的必由之路。

2. 发展服务业为主导产业的必然要求。按照南京市2011年出台的《郊县镇街分类考核实施办法》的规定，江浦街道列入现代服务业为主导的街道名单，在产业选择上确立鲜明的服务业发展导向。一方面，在招商引资项目选择上，主攻重点的服务业企业项目。红星美凯龙、明发城市中心、虹悦城等一批重大服务业项目已经相继落户江浦；另一方面，辖区内主要的工业集中区逐步转型，例如，原珠江工业园区的功能设置进行转变，改变土地使用性质，由原先的工业用地逐步转为研发用地。园区内的各类工业企业正在逐步迁出。

江浦的经济结构也实现"由二进三"的转变。按照初步测算，2016年，江浦街道实现地区生产总值128.9亿元，其中一产、二产和三产增加值分别为5.7亿元、41.9亿元和81.3亿元，服务业增加值所占比重已经超过6成。

随着工业的外迁和比例的降低，现代服务业在城市日益发展，正日益成为城市（区）产业发展的支柱和主要方向。现代服务业在城市的集聚，需要楼宇提供办公空间。楼宇经济的崛起，是现代服务业集聚和辐射的必然结果。以"知识经济"为代表的现代服务业的发展，为楼宇经济发展提出了大量的需求。

3. 江浦产业升级走高端化路径的内在要求。楼宇经济的崛起，是价值链分解的必然结果。在社会分工不断加剧的趋势下，价值链不同环节呈现出快速分解的态势，而相同或相近的环节在同一空间中不断积聚，以至于出现各种专业性极强的功能区域。企业是构成经济的细胞。在经济发展早期，企业在办公空间上是一体的，研发、管理、设计、生产等位于同一办公地点，在社会分工不断加剧的趋势下，产业链各环节逐步分解，随之管理与研发、生产在空间上分离。企业由原先的单一中心、独立行为向多中心、相互依存。企业的管理功能更趋向于市中心，而研发功能更趋向于专业的科技园，生产功能更趋向于低价便宜的郊区或工业区。价值链各环节的分解和同类集聚，打破了过去传统的企业自建自用的办公场所，新的集聚需要新的商务楼宇提供空间支持。

三、江浦区域楼宇经济发展现状

江浦街道毗邻国家级江北新区核心区，拥有独特的地理交通和环境区位优势，城市经济发展也正处在产业转型的过渡过程之中。街道经济结构的优化调整取得一定的成效，服务业增加值占据街道经济总量的绝大部分。随着经济转型的不断深入，区域范围内楼宇经济也开始显现出加速发展的迹象，但同时，重点楼宇布局分散、产业集聚度低、产出低的问题也逐步呈现。因此，有必要优化楼宇的空间布局，加强规划引领，

1. 江浦区域楼宇分布的基本情况

2016年末，江浦区域范围内共有重点楼宇23栋，按所处的不同社区划分，其中虎桥社区10栋，七里桥社区5栋，五里社区5栋，团结社区2栋，同心社区1栋；重点楼宇的合计建筑面积为74.06万平方米，具体看，虎桥社区34.56万平方米，七里桥社区11.80万平方米，五里社区14.20万平方米，团结社区12.30万平方米，同心社区1.20万平方米；重点楼宇中入驻的企业（含法人和产业活动单位）406家，其中法人单位151家，产业活动单位255家；2016年，江浦区域重点楼宇实现税收收入为13205万元。

2. 江浦区域楼宇分布的主要特点

（1）江浦楼宇分布松散，但面积集中。无论从楼宇的数量、建筑面积以及管辖主体来看，江浦区域的楼宇分布比较分散。

从数量来看，江浦区域内总计重点楼宇23栋，数量少且分布在不同的5个社区，平均每个社区仅4.6栋，即使是重点楼宇最多的虎桥社区，也仅有重点楼宇10栋。如果按照江浦街道17个社区的基数计算，平均每个社区仅1.35栋重点楼宇。

从建筑面积来看，江浦区域15栋重点楼宇中，建筑面积在虎桥社区的10栋重点楼宇总计建筑面积34.56万平方米，占到江浦区域全部重点楼宇面积的46.7%，其中服务外包产业园内的8栋楼群总面积就达到33万平方米。从单体楼宇的建筑面积来看，团结社区内的总部大厦达到12.3万平方米，此

外,建成尚未招商的商明发新城中心建筑面积超过 40 万平方米。

(2)楼宇经济的贡献度不高。虽然商务楼宇的产业定位高,办公条件优良,但就当下而言,楼宇的经济的贡献度不高。以楼宇产生的税收指标为例,2016 年江浦区域全部 23 栋重点楼宇实现的税收仅为 1.3 亿元,占当年街道一般公共预算收入比重仅为 8.8%,对地方财政的贡献和影响度都很小。

从单位面积所产生的效益来看,楼宇经济也没有体现出高效性。仍以税收为例,2016 年,江浦区域每平方米单位面积产生的税收为 178.5 元,这与城区动辄平均近千元的税收相比,相去甚远。

(3)楼宇的管辖(服务)行政主体较多。江浦区域内重点楼宇的管辖(服务)功能,分属于不同的行政主体,且分布在不同行政区域。主要的行政主体,包括江浦街道办事处、浦口开发区、海峡两岸科工园 3 个平行的行政管理单位。其中,海峡两岸科工园管辖(服务)的楼宇 10 栋,分别位于同心社区和虎桥社区;浦口开发区管理(服务)的重点楼宇 7 栋,主要集中在七里桥社区和虎桥社区;江浦街道办事处直接管理(服务)的重点楼宇 6 栋,分布在 3 个不同社区。

(4)楼宇产权所有人比较复杂。由于楼宇的开发建造主体,为不同的房地产开发企业,且建造完成后对外开放销售,因此,楼宇的分割单位的产权所有人比较复杂。以浦口标志性的总部大厦为例,目前,整座大厦共分割为 100 多个独立的单位,实际对应相同数量的不同产权所有者。除极少数实力较强的所有者拥有其中整层的产权外,多数分割单位都是隶属于不同的所有者。同一楼层拥有多个不同所有者的情况,不在少数。

总体看,江浦楼宇经济已经初具规模,虽然目前在经济总量中占比较小,但随着楼宇经济不断发展,“成长的烦恼”会逐步消减,经济贡献度自然也会逐步提高。虽然楼宇经济发展有着先天的优良条件和美好的发展愿景,但就当下而言,江浦区域内的商务楼宇依然存在规划缺乏、产业集聚性不强,定位不清晰,发展方向不明确等一系列的问题,需要及时加以解决。具体而言:

一是楼宇经济缺乏必要的规划。截至目前,区(街道)级的管理机构,没有针对楼宇经济发展的统一发展规划,各级主体大多注重商务楼宇初期建造,一批诸如总部大厦、明发新城中心之类的商务楼宇拔地而起,彻底改变原江浦地区的城市建设面貌。楼宇的“高端大气上档次”只是楼宇经济外在的“形”,而楼宇中的入驻企业、产业布局才是楼宇经济的“神”。要做到“形神兼备”,就必须注重对楼宇内经济主体的正确引领,要形成明确的发展导向。不可否认,楼宇“重建造、轻经营”的现象在一定程度上比价普遍,必须引起重视。以总部大厦为例,实体建筑在 2013 年就已经建成交付,虽然楼宇尤其是新建楼宇的出租有一个“慢热”的过程,但总部大厦的企业入驻仍维持在一个较低的水平。截至目前,仅有 67 家企业(含产业活动单位)入驻,且入驻企业的质量也是参差不齐。

与单个楼宇自主招商相对应的是,由于不同区域楼宇的管理分属不同的行政主体,在一定程度上存在着各自为战、自由发展的弊端,各主体之间在发展楼宇经济上缺乏必要的协同,客观上也增加内部相互恶性竞争的情况。

二是楼宇的集聚度明显偏低。楼宇经济的优势在于其特有的集约性,如果聚集度不高,就不能充分发挥楼宇经济的优势而趋于平庸。江浦区域内楼宇聚合度不高,主要体现在两个方面:一是楼宇的地域分布疏松。目前,江浦楼宇分布在相对集中的几个点状区域,一是总部大厦(及七里桥周边)片区;另一个海峡两岸科工园片区,这两区域都集中在老城区的外缘,即使相对较近的总部大厦片区,也难以获取较全面的城市公共服务功能。二是没有明确的产业聚集。不同于主城区发展楼宇经济有着明确的金融、软件(科技)等导向,浦口目前楼宇主要脱胎于“孵化器”,产业业态的形成基本依赖孵化企业的自然成长。同时,有楼宇的产权分散,其中相当部分的产权属于个人或盈利性的企业(组织),业主出租办公场所的逐利性,往往只考虑短期内租金收益的高低,对入驻企业经营的业态和持久性等因素缺乏必要的评估,这些都对楼宇内产业的集聚产生不利影响。

四、江浦区域发展楼宇经济的思路及相关建议

江浦区域要形成较为成熟的楼宇经济业态,必须紧密结合城市开发进程,以人口的大量流入带动资金、技术等各种生产要素的流入,从而形成发展规模和质量。发展楼宇经济,必须牢牢把握“企业”这个关键。没有大量有实力、有成长的优质企业,即使楼宇建设遍地开花,楼宇经济也只能是“空中楼阁”,因此,一方面,要在入驻企业培育引进的“质”和“量”上做好文章,另有一方面,有针对性地合理调整发展楼宇经济的政策措施,为楼宇经济健康稳健可持续发展提供有力保障。

(一)多渠道统筹,增加扩充入驻企业的数量

1. 做好企业的引进。要充分利用主城区在产业结构升级调整所产生的“产业转移”和溢出效应,加大新区发展潜力的宣传,吸引企业到江浦地区落户。例如,在珠江路科技街升级改造的过程,一些科技含量不高但规模较大的批发零售类企业无法在主城区立足,可以利用税收、奖励等优惠政策,安排企业在江浦生根落户或设立实体分支机构。

2. 做好新生企业的培育。2015 年中央经济工作会议提出,要继续深入实施创新驱动战略,推进“大众创业”“万众创新”,依靠改革创新,加快新旧动能的转换和传统产业的升级。必须在已有基础上大力推进新型众创空间的建设,以各类企业“孵化器”为重要载体,丰富广告招商、办公、研发等楼宇功能,同时,强化楼宇周边的创业服务、生活配套公共基础功能建设,以满足不同创业者和企业的不同需要,为更多新生企业的培育做好各类基础保障设施。

3. 提高招商引资质量,促进产业结构升级。在楼宇招商引资过程中,重量级的“明星”企业的入驻,对其影响力有着“画龙点睛”的强力提升作用。要充分发挥国家级新区的政策优势以及美好发展蓝图,花大力气重点引进一批具有全球视野、经营定位高端的国际国内知名企业,利用这些企业的影响力,结合产业链招商的思维,吸引一批为其服务的上下游配套企业,“以点带面”实现品牌形象的整体提升和产业聚集。

(二)制定有力政策措施,为楼宇经济发展提供保障

楼宇经济的成长,具有典型的“慢热”性质,不可能一蹴而

就，因此，必须做好分步走的准备，补齐江浦楼宇经济的目前不足和短板。

1. 制定江浦区域楼宇经济发展规划。楼宇经济要发展，规划是必不可少的引领。对楼宇而言，本身就不具有独立性，楼宇经济发展必须与城市的建设进程相融合、相促进。楼宇与周边各型各类配套产业（设施）的集聚，有着相辅相成的因应效果，因此，在必须要把市场和政府的力量充分调动起来。为了避免纯粹的市场行为所可能引发的功能单一、竞争同质化等问题，政府部门必须做好相应的发展规划。要充分考虑新区的功能定位、地域特点、城市建设以及服务管理各方面的因素，因势利导地科学制定江浦区域的楼宇经济发展规划，统筹城市空间和产业布局，同时，根据各城市板块不同的功能定位，加强入驻企业的引导，从而实现楼宇经济与周边人群、经济环境的融合发展。

2. 提升楼宇综合管理水平。楼宇的竞争力除本身区位优势外，其品质的提升，必将更多地依赖管理服务、特色创意等"软实力"。目前，江浦多数楼宇没有专业化的物业管理和配套商务服务，流动性企业占比高、小企业多的弊病，使得楼宇经济发展受到制约，也降低了企业入驻的吸引力。必须规范相关物业企业行为，提升楼宇管理水平，以规范有序的优质服务为楼宇内企业解决后顾之忧。

政府机构要给予必要的服务支撑，包括企业登记设立、金融支持，便捷的基础设施配套，营造良好的治安、交通、市容绿化等周边环境。应当借鉴主城区的做法，整合街道、部门以及相关的楼宇管理主体的职能，在区级层面成立的楼宇管理平台，打造专业化的楼宇服务团队，以加强对入驻企业行政审批的指导和服务。

3. 建立楼宇经济发展引导资金。楼宇经济本质上而言，是市场的自发行为，但目前产权分散所产生的问题，已经显现出影响楼宇经济健康发展的苗头。建议针对楼宇产业结构可能陷入的"散""乱"状态，建立一定规模的政府引导资金，将政府行为用市场化的运作手段来进行适度干预。一方面，政府资金可以回购部分物业的产权，或者部分持有其产权，政府对应产权部分的物业对外出租时，在入驻企业的业态、规模、行业属性等设定清单，采取引导性的规范；另一方面，参照政府自持物业的规范清单，对上述引导产业范围内的个人（或单位）的出租情况，给予适当的补贴，增强引导资金的影响覆盖面。

（作者工作单位：浦口区统计局）

关于南京市浦口区精准扶贫的实践与思考

倪明　赵敏

为深入贯彻落实区委区政府精准扶贫的系列举措，准确掌握全区低收入农户人群的收入变动情况，及时了解扶贫增收效果，区统计局于2017年初建立了"浦口区农户精准扶贫动态监测系统"，对全区农村低收入农户（年家庭人均可支配收入低于9000元，下同）的收入情况进行适时跟踪监测。

"浦口区农户精准扶贫动态监测系统"数据显示，2017年上半年，我区对低收入农户的脱贫帮扶初见成效，但由于低收入农户固有的特质和存在的问题，以及部分帮扶政策措施的错位，低收入农户的增收还需做更多的努力。

一、低收入农户的现状和特点

监测结果显示，2017年上半年，全区低收入农户3156户6752人，占全区农村总户数的4.4%，比2015年减少1137户2582人。

在3156户家庭中，低保户2134户4157人，分别占低收入农户家庭总户数和人数（下同）的67.6%和61.5%；一般贫困户1000户2545人，分别占31.7%和37.7%；一般农户20户46人，分别占0.6%和0.7%；五保户2户4人，均占0.1%。详见表10：

2017年浦口区主要气象要素资料情况

表10

类别 \ 属性	低保户		一般贫困户		一般农户		五保户	
	户数（户）	人数（人）	户数（户）	人数（人）	户数（户）	人数（人）	户数（户）	人数（人）
数量	2134	4157	1000	2545	20	46	2	4
占比（%）	67.6	61.5	31.7	37.7	0.6	0.7	0.1	0.1

截至2016年底脱贫的1173户2610人中，一般贫困户、低保户和五保户共1148户1990人。一般贫困户、低保户和五保户的户脱贫率分别为28.9%、68.7%和0.2%；人口脱贫率分别为33.9%、63.4%和0.2%。

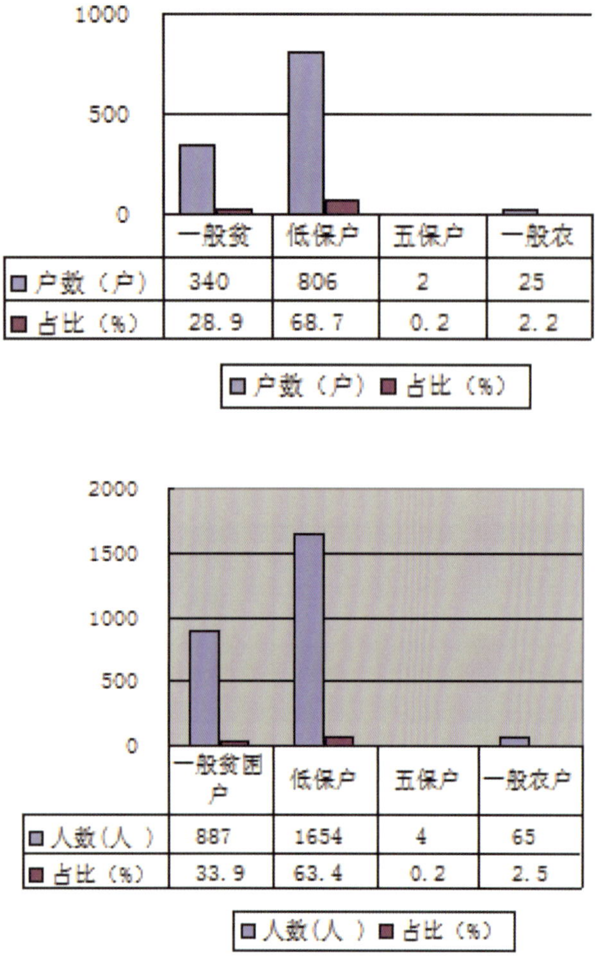

图 1:2016 年末脱贫户数和人数按属性分类及占比

全区低收入农户主要特点如下:

(一)户型规模较小。从家庭人口数量看,2017 年上半年,全区农村低收入人口 6752 人,户均 2.14 人,比全区农村户均人口的 3.22 人少 1.08 人;从家庭成员的结构看,低收入农户中劳动力较少,户均劳动力为 0.81 人,比全区农村户均劳动力的 2.02 人少 1.21 人。

(二)年龄结构老化。农村低收入家庭的年龄结构呈现出明显的老龄化倾向,由于年龄偏大,文化水平低,低收入家庭对新知识的接受能力以及新环境的适应能力都比较弱,其主要以农业为主而陷入极度贫困,经常处于入不敷出的状况。监测资料显示,在低收入农户家庭中,60 岁以上人口所占比重为 37%,高出全区同类指标 20 个百分点,低收入农户中人口老龄化倾向比较严重。

(三)受教育程度偏低。从文化程度分组情况看,全区低收入农户家庭成员数为 6752 人。其中,学龄前儿童 118 人,占低收入农户家庭总人数(下同)的 1.8%;文盲半文盲 1300 人,占 19.3%;小学文化程度 2744 人,占 40.6%;初中文化程度 1719 人,占 25.5%;高中文化程度 565 人,占 8.3%;大专及以上文化程度 306 人,占 4.5%。由此可见,受教育程度在初中及以下的人数占总人数的比重高达 87.2%。文化知识的贫乏导致观念落后,学习意愿差,缺少谋生的技术,在社会上就业难、收入低。

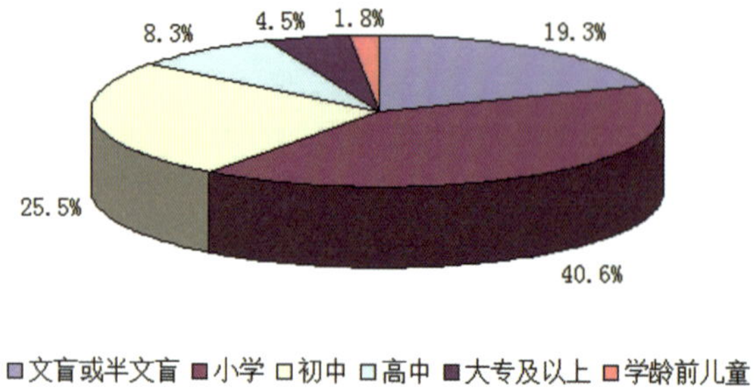

图 2:浦口区 2017 年上半年低收入农户家庭成员学历情况

(四)低收入农户分布不均。在全区低收入农户中:泰山街道 43 户,占 1.4%;沿江街道 12 户,占 0.4%;江浦街道 175 户,占 5.5%;桥林街道 905 户,占 28.7%;汤泉街道 535 户,占 16.9%;盘城街道 288 户,占 9.1%;星甸街道 821 户,占 26.0%;永宁街道 377 户,占 12.0%。不难看出,低收入人口及分布与当地经济发展相关联。经济发展较强的地区低收入人口较少,经济发展落后地区低收入人口较多。经济较弱且人口较多的桥林和星甸两个街道低收入农户占全区的比重达到 54.7%。

二、精准扶贫效果初显,低收入农户收入水平落差缩小,收入结构优化

(一)低收入农户人均可支配收入与全区平均水平的收入比例和绝对值差额逐步缩小。

2015 上半年和 2017 年上半年,浦口区低收入农户家庭人均可支配收入分别为 3460 元和 6342 元,同期的全区农村居民人均可支配收入分别为 10217 和 12218 元。

二者的相对比例由 2015 年上半年的 1:2.96 降至 2017 年上半年的 1:1.93,绝对差额也从 2015 年上半年的 6757 元降至 2017 年上半年的 5876 元(见表 11)。

浦口区低收入农户与农村居民人均可支配收入对比

表 11

类别 \ 时期	2015 年上半年	2017 年上半年
低收入农户家庭人均可支配收入	3460	6342
农村居民人均可支配收入	10217	12218
二者收入比	1:2.96	1:1.93
二者绝对值差额	6757	5876

(二)政府保障政策兜底力度逐渐加大,低收入农户收入结构变化明显。

2015 年上半年至 2017 年上半年,全区低收入农户四大类

收入占家庭人均可支配收入的比重呈"三升一降"态势,工资性收入、财产性收入和转移性收入占可支配收入的比重上升,分别上升2.2、1.0和0.4个百分点;生产经营性收入占可支配收入的比重下降3.6个百分点。工资性收入和财产性收入的占比提升较快,对总体收入增长的贡献明显。具体结构见表12:

浦口区低收入农户收入结构

表12

指标名称	2015年上半年		2017年上半年	
	数值(元)	比重(%)	数值(元)	比重(%)
家庭人均可支配收入	3460	100	6342	100
一、工资性收入	1101	32.1	2174	34.3
二、生产经营性收入	257	7.5	245	3.9
三、财产性收入	34	0.1	67	1.1
四、转移性收入	2068	60.3	3856	60.7

1.工资性收入增长较快

2017年上半年,全区低收入农户家庭人均工资性收入为2174元,比2015年上半年增加1073元,增长97.5%;占人均可支配收入的比重达到34.3%,较2015年上半年提高2.2个百分点,在促进增收方面发挥了更加明显的主导作用。主要原因是越来越多的低收入农户工资性收入比重有所增加。一是近年来新型城镇化快速推进和农村经济快速发展,一系列政策的出台为低收入农户提供了更多就近就业的机会。二是南京市从2016年1月1日起上调最低工资标准,最低月工资标准和最低小时工资标准均有了一定程度的提高,月最低工资标准调整为1770元,增加140元,增长8.6%;非全日制用工小时最低工资标准调整为15.5元,增加1元,增长6.9%。

2.财产性收入回升有力

2017年上半年,家庭人均财产净收入为67元,比2015年上半年增加33元,增长97.1%;占人均可支配收入的比重仅为1.1%,比重增加1个百分点。主要原因一是现在正处于上半年,农民得到的利息、租金、集体分配股息和红利等财产净收入等只计算到半年度的;二是当前低收入农户家庭拥有的财产主要包括集体土地使用权、宅基地使用权和房屋产权,从监测结果看,这些财产所释放出来的"生钱"功能十分有限。

3.转移性收入平稳增长

转移性收入主要包括计划生育金、低保金、五保金、养老保险金、生态补偿金和其他转移性收入。低收入农户转移性收入在人均可支配收入中所占比重为60.7%,居四大类收入的第一位。2017年上半年,家庭人均转移性收入为3856元,比2015年上半年增加1788元,增长86.5%。低收入农户转移性收入比重的提高,得益于区委区政府提高农村低保标准(2017年提高到810元/月/人)、扩大低保的覆盖面等政策的落实。

4.生产经营性收入有所下降

2017年上半年,家庭人均生产经营性收入为245元,比2015年上半年减少12元,下降4.7%。主要原因一是低收入农户中部分是老弱病残的人,没有劳动能力,有的是把土地给亲友种植,收获以后亲友赠点粮食作消费;二是因2016年畜禽禁养和"263"环境整治政策的出台,部分居民因限养禁养,畜禽养殖收入相对减少。

三、低收入农户收入持续增收的难点

监测资料显示:"缺乏资金、家中有病残患者、缺少劳动力",是当前低收入农户增收的三大困境。其中,51.0%的家庭是缺乏资金,35.0%的家庭是家中有成员残疾或患大病,14.0%的家庭是缺乏劳动力。通过监测数据分析,我们认为低收入农户持续增收有两大难点。

(一)低收入农户自身特点决定了低收入农户增收难度较大

低收入农户文化程度普遍偏低,受教育程度在初中及以下的人数占总人数的比重高达87.2%。接受新知识、新科技的能力不强,发展意识不强,增收主要依靠公共财政转移支付,"造血"能力弱,发展源动力不足。由于缺文化、缺技能,造成其打工无路、致富无门、增收困难。同时,文化知识的贫乏必然导致观念的落后,加重了贫困农民的消极思想,落后的文化意识形成的精神贫困,往往比经济物质贫困更可怕。

(二)缺乏自主经营创收的动力

全区低收入农户家庭人均可支配收入占比最大的是转移性收入,2015年上半年占了可支配收入的60.3%,2017年上半年提高到60.7%。多数低收入农户一味地依赖政府和部门救助,缺乏自主经营创收的动力。同时,耕地、播种面积的不断减少和畜禽禁养、"263"环境整治等政策的实施,种植业和畜牧业收成的降低也成为必然,作为主要收入渠道的农产品销售所取得的收入受到直接影响。

四、低收入农户现实需求与帮扶政策措施的分析

(一)低收入农户现实需求

监测数据显示,低收入农户帮扶需求占比排序依次为:慰问救助(51%);大病救助(35%);提供就业岗位(6%);子女教育帮扶(5%);提供就业技能培训(2%);扶持发展家庭经营(1.2%);提供创业指导(0.4%);其他(2.5%)。可以看出,绝大多数低收入农户的帮扶是依赖政府和社会各界的救助,主要是因为我区低收入农户中有近八成是因病因残致贫的。

(二)浦口区出台的帮扶政策和措施

1.帮扶政策。进一步创新扶贫开发工作思路,动员全区各级各部门及党员干部、驻区企事业单位结对帮扶经济薄弱村(欠发达村)和低收入农户,做到工作到村、扶贫到户、责任到人、措施到位,进一步加快全区脱贫致富奔小康步伐。年度工作进度分解为"2332",即2016年确保完成20%的脱贫任务,2017年和2018年各完成30%,2019年完成20%,2020年巩固提升、总结完善。

2.帮扶措施。按照开发式和救助式两种模式实行分类扶持,根据低收入农户建档立卡台账,对具有一定劳动能力的低收入人口,按致贫原因和脱贫愿望,精准定制公益性岗位(荐岗)就业、初始创业的"靶向"扶持方案,实行产业扶持、就业创业扶持,实施开发式结对帮扶;对完全或基本丧失劳动能力的

贫困人口,实行低保兜底救助式扶持。

(1)实行就业创业帮扶脱贫。主要是产业帮扶、就业帮扶、建设低收入农户项目区、强化创业培训和服务等。

(2)释放改革红利帮扶脱贫。在不改变用途的情况下,财政专项扶贫资金和其他涉农资金项目所形成的集体经营性资产,允许部分折股量化给低收入户,尤其是丧失劳动能力的贫困户。

(3)实施物资帮扶脱贫。党员干部对结户的有劳动能力低收入户按照每年每户不少于1000元钱物标准进行帮扶。

(4)实施民生帮扶。区财政对建档立卡的低收入家庭学生实施教育费用全额减免,并按照幼儿园1200元/年、小学1500元/年、初中和高中2000元/年的标准给予生活补助;加强支出型贫困家庭医疗救助和临时救助,及时缓解因病因残等致贫、返贫带来的生活困难。

(5)完善社会救助保障帮扶脱贫。对无法依靠产业扶持和就业帮扶脱贫的低收入农户,按政策规定纳入低保范围。逐步建立低保与扶贫开发的资信互通共享平台,实现动态监测管理和工作机制的有效衔接,并根据经济和社会发展水平相适的原则,逐步完善救助标准动态调整机制,及时做好低保等救助标准提标工作。

(三)农户帮扶愿望与帮扶措施的对应情况

桥林街道林山村第044户,该户常住人口3人,属于低保贫困户,其本人在外务工,丈夫早年去世,老母亲年老体弱,无劳动能力,其子白血病,长期卧病在床。该户家庭人均可支配收入为7583元,全年家庭总收入中,工资性收入占35.2%,财产性收入占6.5%,转移性收入占58.3%。由此可见,转移性收入占其大部分。另外,该户唯一的劳动力为了兼顾家庭,只能就近打零工,迫切期盼政府及相关部门能够就近为其提供相对固定且收入较高的就业岗位,但因种种原因至今无法落实。

桥林街道林山村第030户,该户常住人口2人,属于一般贫困户,妻子生大病,需要定期看病,其本人由于年老体弱,也不能从事强度较大的体力劳动,收入主要来源依靠养老保险及种地各项补贴等。该户家庭人均可支配收入为7045元,全年家庭总收入中,主要是转移性收入,占88.3%,其余为财产性收入,占11.7%。该户由于无劳动力,且需要定期看病,长期需要药物治疗,因此迫切期望政府及相关部门能够在大病医疗救助等方面得到更多帮助,但受制于农村医保政策等因素,问题也难完全解决。

(四)存在的问题

1.部分帮扶单位对低收入农户的实际帮扶不到位。有些公司和企业,由于不受政府部门直接监管,年初制定的帮扶结对表中虽已明确列出,但是年内并未落实兑现,最后只能由村(社区)兜底,这也无形当中加重了村(社区)的经济负担。

2.低收入农户的筛选有待商榷。自2015年建档立卡以来,已有两年多的时间了,我们在走访的村民中发现少数低收入农户消极怠工,即俗称的"好吃懒做",这部分人必须由政府"搀着走",手一松就瘫在那不动,只等着政府和社会的救助。按照五年的帮扶计划来看,进门槛的时间过长,村(社区)的同志建议适时对低收入农户进行再筛选,以避免滋生不劳而获的消极思想。

3.从目前的监测情况来看,大部分帮扶措施已经得到推广实施,但是"释放改革红利帮扶脱贫"这一帮扶措施并未真正得到深入实施。即"在不改变用途的情况下,财政专项扶贫资金和其他涉农资金项目所形成的集体经营性资产,允许部分折股量化给低收入户,尤其是丧失劳动能力的贫困户。"

五、保持低收入农户持续增收的建议

当前,扶贫开发正进入实施精准扶贫的关键阶段。全区的扶贫开发工作应当立足本地实际,在充分了解掌握全体低收入群体特点和生产生活状况的基础上,精准发力,形成扶贫方式精准化,扶贫主体多元化,扶贫开发与生态建设协调发展的扶贫开发"新常态"。

1.增"造血",增强就业创业能力。继续完善有利于低收入农户就业创业的相关政策措施,为低收入农户创造更多就业和创业的机会。大力实施产业帮扶、来料加工、休闲旅游、农村电商等倾斜举措,扶持推动有条件的低收入农户通过就业创业增收致富。对低收入人群免费提供置业培训,增加更多的就近就地灵活的就业机会。对低收入农户中的就业困难人员,优先安置公益性岗位就业。

2.保"输血",加大专项救助能力。继续加强扶贫管理工作,简化申报流程,夯实精准扶贫基础数据,严防"输血"不够、不准、不力等问题。因暂时有病、因学致贫的低收入农户,要给予更多的医疗救助、教育救助、临时救助等专项救助,助其渡过困难期。要逐年提高农村居民基本养老保险标准,增加大病报销比例和救助力度,不断提高农村医疗服务水平,下派驻村医生,跟踪医疗救助,切实发挥医疗救助保障对减贫的重要作用。

3.强"兜底",强化政策帮扶能力。对丧失劳动能力、生活无自理能力等无法通过开发性扶贫实现脱贫的低收入人口,强化政策性保障兜底,将所有符合条件的农村低收入人群纳入低保范围,实现应保尽保,使其不愁吃穿,保障其基本医疗和住房安全。

4.拓"功能",拓展村级帮扶能力。大河有水小河满,村集体经济快速发展是低收入农户增收的基础和源泉。做大做强村集体经济这块"蛋糕",逐步建立村集体在扶贫工作中的主导地位,应支持村集体创办农业生产经营合作社、劳务合作社等服务实体,鼓励村集体盘活现有存量资产,增加财政资金投入和增收项目安排,不断探索村集体经济新的实现形式,更好地促进村集体经济的持续稳定增收,切实提高村级组织在扶贫工作中的公共服务能力。

5.抓"宣传",强调"精""准"宣传到位。农户甚至是村(社区)的工作人员对精准扶贫的概念比较模糊。村级(社区)层面提出此项工作必须精细化管理的建议,即在帮扶的同时,还要剖析扶贫如何做到"精""准",对待特别困难的低收入农户"有的放矢"。

(作者工作单位:浦口区统计局)

美丽乡村视阈下乡村旅游的现状调查与思考

——以南京市浦口区“十颗珍珠”为例

李兆才 刘磊 赵慧

乡村旅游是游客在乡村地域,以具有乡村风情的自然和人文旅游资源为吸引物所进行的休闲、观光和体验等系列活动。近年来,快速发展的乡村旅游,已成为全国各地争先打造的经济社会发展新业态、新亮点。随着江北新区政策落地,浦口作为核心承载地,其乡村旅游产业发展迎来了难得的历史机遇。围绕南京市委、市政府部署,在“部门+街道”共建模式的携手打造下,浦口区以美丽乡村建设为重要载体和坚实平台,以点带面、串点成线,244平方千米美丽乡村重点片区基本建成,先后推出12条春夏秋冬“四季”精品旅游线路,楚韵花香、水墨大埝、九华茶坊等“十颗珍珠”建成对外开放。本文以浦口区“十颗珍珠”为研究对象,走访调研了相关职能部门和6个珍珠村,并对183份有效问卷进行数据分析。通过对浦口乡村旅游的分析研究,总结其做法与成效,并在此基础上对推进路径加以探析。

一、浦口区推进乡村旅游的做法及成效

1. 科学布局,完善乡村旅游基础配套

加快农村基础设施建设,改善乡村交通、用水、用电、通讯等生产生活条件,是推进美丽乡村建设和发展乡村旅游的共同任务。浦口区从可持续发展的长远视角,将“珍珠村”放入“生态旅游型社区”进行分类考核,同时充分整合各类资源,乡村整体形象面貌焕然一新。问卷显示,89%的受访者对“本村及周边地区的环境”“非常满意”,92%的受访者认为“所在的美丽乡村建设中变化最大的”是“公共设施”。通过景点连接工程,先后建成21千米老山生态廊道、24千米滁河风光带,打通汤盘路、宁滁快速、岔琥路与104国道连接线三条“外环线”,实现了大地景观、湿地景观、旅游线路的有机串联。通过建新工程,先后完成1247个村庄整治和30万平方米的新社区建设,累计创建市级美丽乡村示范村16个,汤泉瓦殿村关口章组、陈庄村陈庄组荣获市“十佳美丽乡村”称号。在全力保障“水电路网”的同时,各个“珍珠”也积极强化旅游基础设施配套:“水墨大埝”实现了Wi-Fi网络全覆盖、“楚韵花香”先后扶持6家农家乐经营户,通过基础设施的全面提升,吸引更多旅客闻“乡”而来,全面激发了乡村旅游的发展活力。

2. 开放融合,拓展乡村旅游内涵品质

浦口区深入挖掘产业、文化和品牌营销等重要内涵,因地制宜做好“乡村旅游+”的“融合”文章,真正实现“1+1>2”的效果。“乡村旅游+产业”:按照农业供给侧结构性改革要求,大力推进乡村旅游与地区产业有效融合,“一村一品”“一乡一业”,目前全区设施农业规模达到10.6万亩,培育了“九华茶坊”赭洛山茶叶、“盘城葡萄园”滁河湾葡萄等一批省级名牌农产品。“乡村旅游+文化”:文化是乡村旅游的不竭源头。浦口区全面梳理古街、古巷、古桥、古树等资源,加强对文化风貌和历史古迹的挖掘、塑造,先后打造了楚汉文化遗存的“楚韵花香”、知青怀旧文化元素的“知青故里”景点,深入挖掘“乡情乡味”。作为亚青会和青奥会的重要举办地,浦口区充分挖掘“后青奥文化”,将青奥元素、健康养生与乡村旅游有效结合,在“珍珠村”打造中着力推出了以“水墨大埝”为代表的一批康乐养生品牌。“水墨大埝”通过深入挖掘青奥自行车文化资源,主推山村休闲度假、运动休闲旅游、文化体验旅游、乡村民俗旅游的一颗“珍珠”。“乡村旅游+营销”:积极顺应时代要求,与知名旅游电商——同程旅游深入战略合作,开通“浦口旅游旗舰馆”,拓展网络营销空间。同时定期开展主题活动,先后开展盘城葡萄节、永宁侯冲“河岸花海”欢乐游等主题节庆活动,提升了乡村旅游的美誉度和影响力。

3. 机制创新,推动乡村旅游健康发展

坚持政府引导、社会参与、共建共享,推动乡村旅游成为一项“全员动员、全员参与”的自觉行动。在资金投入方面,探索“部门+街道”共建模式,由城建、交通、康居等国资企业“一对一”帮建“珍珠村”,共同开展规划设计、项目建设等工作,“珍珠村”当年投入均超过1亿元以上,同时也形成有效国有资产1亿元以上,为珍珠村建设解决了资金难题,实现了借智借力、资源共享。在管理运营方面,积极引入市场元素,充分对接市场需求,成立专门的旅游开发有限公司运营珍珠村。“老山不老村”在产权与经营权分离的前提下,授权南京时代一德文化旅游发展有限公司整体租赁开发,并按约定比例由街道和企业共享经营收益。通过与专业资质经营管理团队的业务合作,提高乡村旅游运营的效益和水平。在利益分配方面,以创业、收取租金、获得股权收益等方式,引导农民参与。探索“租金+预期收益”模式,在专业公司经营的基础上,由村集体和村民联合成立专业合作社,形成的收益70%归村集体,20%归街道,10%归原村民,让农民从美丽乡村建设中得到实惠。

二、浦口区乡村旅游发展中存在的问题

(一)缺少特色定位和差异化营销

乡村旅游的市场竞争很大程度上依赖于错位发展的产品定位以及多样化、立体化的宣传营销。对照这一要求,浦口乡村游的总体产品质量还有待提升,主要体现在产品类型同质—部分“珍珠村”缺少具备“造血功能”的经营设施,在产品类型设计中存在雷同现象,80%以上还停留在较为低端化的观光游览、餐饮休闲等经营项目上,旅游产品的转化度低;品牌形象模糊—浦口乡村旅游产品形象模糊,难以产生足够的品牌效应,导致部分“珍珠”长期以来“深藏闺阁等人看,欲露俏容满含羞”,不能满足游客多层次、多样化和高品位需求,尚未形成具备绝对竞争力的拳头产品和明星品牌(见下表);推广手段单一—,街道与平台间缺乏联动机制,推广“十颗珍珠”时往往“各表一章”“各自为阵”,更遑论与周边旅游景点的打包宣传。广告宣传经费投入少,推广手段主要依托传统媒体,线上网络营销空间有待拓展,线下主题活动还未实现系列化、常态化、制度化。

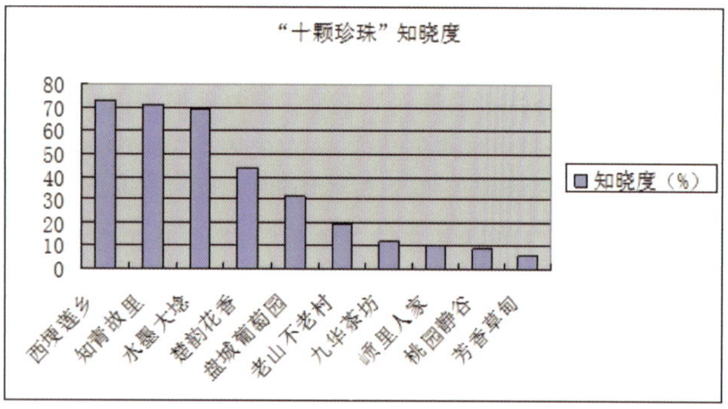

(二)缺少集群整合和规模效应发挥

浦口区乡村旅游资源丰富,产业基础良好,但集群效应还未得到充分发挥。主要体现在:“珍珠”内部抱团合力不足—“珍珠村”所属区位较为分散,个别景区的交通配套和功能设施还不够完善。在发展旅游产业的同时,农业、茶业、餐饮业有机整合不足,地区产业链辐射效应不明显;区域旅游资源整合力度不够—当前浦口乡村旅游与周边地区未建立良好的旅游资源交流平台,同南京都市游、苏皖地区及长三角经济圈尚未实现良性互动,缺乏热点精品线路与主题活动,无法共享客源市场,“大旅游”格局亟待形成。

(三)缺少群众参与和经营典型带动

三农的核心问题是农民,共建共享的出发点和落脚点均是农民,农民的参与是乡村旅游的根。在“珍珠”建设中,政府投入了大量的人力、物力和财力,充分发挥了主导作用。但“珍珠”建设是一项系统工程,单靠政府唱“独角戏”是无法完成的,需要政府引导下的社会资本与当地群众广泛参与。问卷显示,89%的受访者“对开设农家乐有顾虑”、39%的受访者“不愿意出资参与投入珍珠村建设”。农民大多一次性获取拆迁费用或者土地出租费用,一般不拥有企业股份、不参加分红,其主体意识和归属感不强。这既违背了乡村旅游发展的初衷,也容易在利益分配方面导致不均衡,长此以往将影响农耕文化、乡风民俗和乡土特色的留存与传播。

(四)缺少常态化培训和专业梯队建设

旅游人才是旅游产业发展的基石。景区人才尤其是管理人才,营销人才,需要基本业务知识的培养,以促进销售,推动发展,适应市场需求,以优质的服务满足游客的求新、求乐、求购的愿望。调研发现,浦口乡村旅游的人才结构不甚合理。主要表现为,现有人才素质偏低:“珍珠”的管理和服务者大都是当地村干部或村民,文化水平及专业化程度不高,市场经营手段与旅游市场资源相对匮乏;专业人才缺口大:“珍珠”经营者大都是街道或平台工作人员,专业人才引进速度远远滞后于乡村旅游发展需求,这也是目前多数乡村游企业所面临的一大困惑。

三、浦口区乡村旅游发展推进路径

(一)科学规划,建设乡村旅游特色项目

规划是政府主导发展的重要资源,科学规划是推动发展的前提条件。浦口在乡村旅游规划建设时,要以丰富的自然资源和深厚的人文底蕴为依托,突出乡村性、文化性、生态性、体验性、差异性(创新性),因地制宜、科学定位,切实将资源转化为效益,确保国有资产的保值增值。

具体规划中,坚持三个原则:市场导向引领—树立“大旅游”理念,立足南京、辐射长三角地区,通过缜密的市场调查,充分分析自身资源禀赋,制定迎合市场需求的形象定位;长效性推进—在乡村旅游规划中,要把旅游乡村的住宿、餐饮、停车场、农产品购物点等配套设施与新农村的基础设施、公共设施建设结合起来,营造村容整洁卫生、村民文明友善的旅游环境,促进乡村旅游的快速健康发展。依托高水平的规划设计单位“一张图绘到底”,杜绝规划的朝令夕改,维护规划的刚性和权威;差异化定位—坚持差异化发展策略,一方面做强做足区别于都市的“乡村性”,另一方面做强做足区别外地的浦口特色性。可将浦口“十颗珍珠”的产品类型定位为观光游览项目(楚韵花香、知青故里等)、休闲度假项目(桃园静谷、老山不老村等)、康体保健项目(水墨大埝等)和农业体验项目(盘城葡萄园、九华茶坊等)等。

(二)整合旅游资源,设计乡村旅游精品路线

旅游线路设计的是否合理,不仅直接关系到旅游者的满意度和舒适度,更关系到旅游产品的市场知名度和吸引力。结合浦口实际,有效整合现有资源,在设计精品线路时需考虑以下原则:

点线面串联:针对“十颗珍珠”散、小、弱的现状,由政府牵头,提出相应的整合发展策略,实施廊道式、组团式发展,聘请专业人士精心设计,合理搭配重要景点和一般景点,兼顾历史积淀与乡土民情,将“十颗珍珠”镶嵌在浦口的“一核”“二带”“六大板块”和“八大旅游产品”等线路上,以“绩优股”带“潜力股”,打造区域性旅游精品;突出主题原则:主题旅游是对景区内涵的浓缩和升华,通过不同主题活动的组合游,以活动聚人气、人气带效益,提高旅游地的重游率;充分考虑客源需求:调研发现,浦口乡村旅游的人群以自驾游为主,逗留时间多为1~2日。在线路设计时,应与团队游求同存异,结合目标客群

需求,有的放矢、设其所需。同时加强住宿、餐饮等配套设施建设,争取在"一二日游"基础上,适当向"多日游"拓展。

(三)统筹参与主体,培育农民参与度

发展乡村旅游,应与"美丽乡村"示范区建设相结合,着力打造美丽于形、魅力于心、形神兼备的美丽乡村和农民幸福家园。发展乡村旅游,农民不应只是出租资源、拿租金的旁观者,而应是主要的开发者和经营者,是熟练掌握乡村旅游这种"渔"并用它来脱贫致富的实践者。

针对农民归属感不强、参与度不高的问题,要通过树立典型,抓点带面,重点扶持有资源、有愿望、有能力的人,通过示范带动,实现乡村旅游强村富民的功能。按照"乡村旅游+扶贫"的要求,在直接给予物质"帮"的基础上,政府应逐渐从主导向扶持、引导转移。充分调动各方积极性,引领"农家乐协会"等旅游合作组织发展,提高乡村旅游组织化水平,促进乡村旅游升级换代。引导农民以土地、宅基地出租入股获得租金股金,鼓励农民开发特色乡村商品或自加工产品从销售中获得收入。充分发挥大联勤、居民消费合作社、乡贤会等平台作用,促进居民自助互助、共建共享,营造"人人为我、我为人人"的良好氛围,实现乡村旅游"乡风民风"净化功能。

(四)完善营销方式,扩大乡村旅游影响力

在区域经济一体化日渐加速的今天,任何区域都不可能游离于外部大环境,区域旅游合作也成为提高区域旅游产业竞争力的主要途径之一。当前,应通过资源共享、市场共促、形象共推、责任共担的方式,实施产品推介、旅游指引、媒体营销"三位一体"的立体化促销战略。

加大产品推介力度:依托浦口四季宜人的气候环境,融入文化养生元素,以"山水城林"为载体,打造"春品香茗、夏游莲乡、秋赏林海、冬浴温泉"的四季休闲品牌。积极开展高铁沿线及客运站沿线客源城市定向推介,扩大浦口客源市场辐射力;规范旅游指引系统:印制出版《浦口区旅游交通图》,进一步完善旅游交通标识和景区标志系统。采编浦口赏花线路、美食线路、采摘线路等旅游攻略,印制旅游宣传画册、制作旅游宣传片;拓宽媒体营销渠道:加大经费投入,在主流媒体投放城市形象广告。充分融入"互联网+"元素,与国内重点门户网站和在线旅游企业合作,开展线上线下联动的主题营销活动。充分利用与完善微信、微站等官方自媒体,构建全方位、多平台、立体式的宣传推介体系。

(五)"培引"结合,提高从业者经营管理水平

乡村旅游的经营管理者应具备敏锐的市场眼光、丰富的管理经验和强烈的环保意识。现阶段,乡村旅游开发中的人力资源建设,应结合浦口发展实际,遵循"培引"结合原则,以"培养现有人才为主,引进专业人才为辅"的方式,提高乡村旅游从业者的经营管理水平。

加强对浦口区乡村旅游从业者的培养和管理:以常态化业务培训为抓手,组织从业人员学习旅游政策、市场动态、环境保护等知识。与市级有效联动,探索建立市、区、镇街三级乡村旅游人才培训体系,开办乡村旅游中层管理人员培训班,开办乡村旅游基层服务人员培训班。借鉴他山之石,学习先进的管理经验和运营模式。同时,探索建立地区性的乡村旅游行业标准。实现乡村旅游服务专业化、管理规范化;招揽高级旅游专业人才:在积极引入旅游专业管理人才的同时,可以考虑将核心业务外的其他业务适当外包,注入现代科学经营理念,让"专业的人做专业的事",节约建设成本,提升发展效益。

(六)完善机制,加大政策支持力度

乡村旅游的健康发展,离不开科学有效的政策创设。针对当前乡村旅游发展中的公共服务不足、组织化程度不高等问题,一方面要大力争取上级党委、政府的重视与支持,同时在区级框架下,也可进行一些政策机制方面的探索。如建立完善乡村旅游的管理协调机制,成立类似于旅游商务委员会的协调机构,统筹管理旅游、农业(涉及农户、合作社)和商业(涉及公司);同时完善具体协调机制,将主要管理职能部门和相关行政管理部门有效整合。针对用地难、信贷难等突出问题,应探索在政策框架下完善有关土地、财税、金融的支持政策。适应"大众创新、万众创业"要求,参照招商引资优惠政策,对乡村旅游中的企业、创业者进行优惠扶持,吸引更多的文化、艺术、科技专业人员落户乡村旅游创业就业,推动浦口乡村旅游早日成为地区经济发展的战略新引擎。

(作者工作单位:浦口区委党校)

·文稿编辑 朱军玲·

大 事 记

1 月

3～6 日 区政协四届一次会议在区政府大礼堂召开。区政协主席邓林、副主席葛华友分别受区政协第三届委员会常委会委托,向大会作工作报告并介绍提案工作情况。审议通过政协四届一次会议决议(草案)。邓林当选为区政协第四届委员会主席,金仁斌、葛华友、王维、程晓明、黄和当选为副主席。邓林就新一届区政协更好地履行职能提出五点要求。

4～7 日 区四届人大一次会议在区级机关大礼堂召开。会议听取区政府、区人大常委会、区法院、区检察院的工作报告。大会以无记名投票方式选举李好平为区四届人大常委会主任,选举赵德本、李玉明、张岚、刘俊为副主任,选举陈高峰为区法院院长、王珍祥为区检察院检察长。以举手表决方式通过区四届人大财政经济委员会、法制委员会两个专门委员会组成人员名单。选举王磊为区政府区长,选举赵洪斌、吴俊、黄振宇、许国平、高昌玖、陈晓路为副区长。大会以举手表决的方式,通过《南京市浦口区第四届人民代表大会关于区政府工作报告的决议(草案)》等 6 项决议。

16 日 由区委宣传部、区广播电视台举办的“传媒新纪元”智慧浦口手机台上线仪式暨迎新春文艺演出在浦口文化中心大剧院举行。

△ 上海旭珩资产管理有限公司董事局主席黄江南一行调研考察科工园,就旭珩新药研发风险对冲股权投资基金项目召开座谈会。

17 日 位于浦口区浦珠北路上的澳林广场人行过街景观天桥基本建成。天桥外观酷似“南京眼”,总长 60 米。

18 日 紫光南京半导体产业基地、IC 国际城项目落户浦口开发区。

20 日 区纪委召开四届二次全体会议。区委常委、纪委书记张屹代表区第四届纪委常委会作题为《落实党内监督责任 深化纪律作风建设 奋力推动浦口全面从严治党向纵深发展》的工作报告。各街道党工委主要负责人向区委递交 2017 年度党风廉政建设责任书。区纪委委员以举手表决方式,审议通过工作报告和全会决议。

△ 南京老山三夫户外有氧运动国际综合营地项目签约仪式在浦口区举行。国家体育总局登山运动管理中心(中国登山协会)经营开发部部长丁祥华,三夫户外创始人、董事长张恒及其团队,区委副书记任家龙等出席签约仪式。该项目位于老山度假区象山湖片区和东山大峡谷片区,将打造集综合服务区、运动体验区、团队活动区、娱乐探索区和自然教育区为一体的五大功能片区,总投资 10 亿元。

22 日 香港德盈集团投资有限公司江北虹悦城项目签约仪式在浦口区举行。该项目总投资 35 亿元,总用地面积 6.78 万平方米,将打造一座包含超五星级酒店、甲级办公和商业街区在内的大型商业综合体。

25 日 王晓冬烈士骨灰安放仪式在浦口区二龙山公墓举行。

是月 地铁 10 号线临江站地下过街通道工程竣工。该工程由江北公建中心于 2016 年 4 月启动建设,建设内容包含主通道及 3 个通道口等,总长 200 多米。

2 月

9 日 区工商联(商会)召开第四次代表大会。大会听取区工商联第三届执委会工作报告,选举产生工商联(商会)第四届执委会委员、工商联主席、副主席等。

12 日 2017 年全省首批重大项目集中开工仪式在南京江北新区紫光南京半导体产业基地及 IC 国际城研发园项目现场举行。其中,研创园 5 个项目——省产业技术研究院总院及专业化研究所、研创园智慧产业总部综合体、国际科技创新总部基地、国际跨境电商服务总部基地、IC 设计研发基地项目集中开工;落户在浦口开发区的紫光南京半导体产业基地及 IC 国际城、欣铨(南京)集成电路有限公司 IC 测试中心等 4 个项目,总投资 825.5 亿元,占全市总投资的 30.4%。

13 日 世界纳米基金会主席及创始人保罗·斯坦纳一行考察科工园。

15 日 位于文德西路与光明路交叉口南侧、地铁 10 号线雨山路站附近的浦口城西路换乘枢纽项目开工。该项目是南京市重点项目之一,是江北新区重要的综合换乘交通枢纽。

19 日 南京江北新区法国创意风情小镇投资协议签约仪式在法国巴黎举行,标志着中法产业合作示范区正式启动。江北新区管委会常务副主任、浦口区区委书记瞿为民与培格索斯集团 CEO 巴和伟代表合作双方签约。法国前总理、现任参议院国防军事与外交委员会主席、展望与创新基金会主席拉法兰出席签约仪式。

△ 金沙龙之谷室内休闲体验园项目通过环境影响评价第一次公示。该项目总投资90亿元,占地43.2万平方米,分为龙谷小镇、奇幻未来、雨林秘境、冰火水世界、童话王国、珍宝湾嘉年华六大核心板块。项目地下工程开工。

22日 由南京大学、南京扬子国资投资集团共同主办的第二届长江湿地论坛在南京召开。江北新区即将重点打造绿水湾国家城市湿地公园。根据规划,湿地公园位于江北新区滨江南段,规划范围西起三桥廊道,东至青奥公园,总长度约11千米,总面积17.23平方千米。

△ 浦口举行首届"律动之春"体育休闲月新闻发布会。人民网、新华网、新华日报、南京日报等多家中央、省市级媒体代表出席活动。

23日 省委书记李强在江北新区调研时强调,要加大力度推进江北新区建设,江北新区要围绕"新"字做好文章,加快构建新的体制机制,着力培育新的发展形态,在产业发展、城市建设等方面向更高层次的形态迈进,形成引领性优势;要瞄准金融集聚区、创客集聚区、互联网特区等亮点,不断推出具有兴奋点的产业平台、创新平台,形成对要素和人才的"强磁场",打造创新创业的良好生态系统,努力成为全省未来创新的策源地、引领区、重要增长极。

△ 江北新区CBD地下空间一期设计方案专家评审会召开。在江北新区CBD中心区,拟建一座涵盖配套商业、地下停车场、地铁站点、市政综合管廊于一体的"地下城市"。项目将采取PPP模式,由江北新区公建中心组织实施,计划9月开工,6年内完工。

△ 2017南京浦口国际女子半程马拉松暨全国女子半程马拉松锦标赛新闻发布会在浦口举行。该赛事将于4月9日举行,设置女子半程(3000人)、5000米健康跑(1000人)两个项目。

27日 浦口区求雨山中华书法小镇、南京老山天景生态旅游小镇入选南京市首批市级特色小镇创建名单(全市22个)。

△ 江北新区健康产业项目集中签约活动举行。由南京大学、美国密歇根大学、瑞典医疗健康发展中心和台北医学大学参与的7个健康服务业项目签约落户南京江北新区国际健康城。其中,鼓楼医院江北国际医院引入中瑞国际肿瘤综合治疗中心和中美国际口腔医学合作中心两大国际专科中心。

△ 中国电信在江北新区产业技术研创园建成4个5G基站,标志着总投资3亿多元的中国电信5G实验网项目以研创园为中心在江北新区全面铺开。

是月 百年浦口火车站文物修缮工作启动。计划三年后建成"民国风情特色小镇"。

△ 浦口中专校成功创建为"国家中等职业教育改革发展示范学校"。

△ 浦口区举行"创赢浦口"微信公众号启动仪式。

△ 星甸街道后圩村试点建成全区首个家庭农场集中区。

3 月

1日 省委书记李强,省长石泰峰,省政协主席蒋定之,省委副书记、市委书记吴政隆等领导一行到江北新区青龙绿带启龙亲江公园,与省市机关干部一起参加义务植树活动。瞿为民、王磊等区领导参加活动。

△ 科工园管委会与中交投资签订科工园项目投资建设合同补充协议,开启新一轮战略合作。

4日 浦口区召开机关作风建设暨党员干部大走访和城市精细化建设管理动员大会。区四套班子全体领导出席会议。

△"奔泰体育杯"2017南京老山100千米国际越野挑战赛在浦口老山举行。

6日 教育部开学督导组到浦口区开展2017年春季开学专项督导工作,实地察看江浦高级中学、一中明发分校、行知小学、浦东幼儿园,并听取该区相关工作汇报。副区长陈晓路陪同检查。

△ 浦口区纪念"三八"国际劳动妇女节107周年暨"立家规、正家风、传家训"表彰大会在永宁街道侯冲社区姚徐老街举行。会上,对50名"立家规、正家风、传家训"优秀作品获奖个人进行表彰。

7日 禄口机场江北新区专线增设浦口站点,站点设于浦口大道的明发·新城中心。线路票价实施阶梯价,其中机场至浦口(明发·新城中心)30元/张。

9日 由省专利信息服务中心、科工园管委会、高创中国及M Square Cluster(M2产学合作团)共同举办的知识产权与金融资本创投会暨国际技术合作大会在科工园召开。来自国内外多家金融机构、10家上市公司、20家创投机构、50家黑马企业等参会。会上,科工园与江苏高创投资发展有限公司和M2产学合作团签订《集成电路产业协同创新中心合作协议》和《国际技术转移中心合作协议》。大会旨在进一步引导社会资本投入知识产权密集型产业,集中力量促进知识产权密集型企业的培育,架设产业、资本、技术合作共赢的桥梁。

10日 南医大四附院建设工作领导小组会议暨理事会成立大会召开。会议讨论通过南医大四附院理事会章程,理事会、监事会人员名单,院长人选,并签署《南京医科大学第四附属医院补充协议》。

15日 市政府下发《关于调整浦口区部分行政区划的批复》(宁政复〔2017〕4号),同意将江浦街道七里桥社区全部和火药洲社区部分区域(面积19平方千米,人口2.67万人)划入顶山街道管理。

16日 浦口区政府与中铁十四局集团在山东济南签署投资意向协议书,标志着中铁十四局大盾构公司正式落地浦口区。

20日 中国林场协会会长、国家林业局原总工程师姚昌恬一行到老山林场调研指导国有林场改革及森林经营相关工作。

21日 南京市政府办公厅公布《南京市"十三五"金融业发展规划》,南京将重点打造河西、新街口和江北新区三大金融中心,其中江北新区力争到"十三五"末打造成为全国一流的新金融中心。

△ 区四届人大常委会第一次会议召开。会议讨论通过《2017年常委会会

议、主任会议议题、执法检查计划》和《各街道人大工委、高新区人大联络办全年工作计划》,听取和审议关于推进浦口区全民健身事业发展情况的报告,通过新一届人大常委会各委员会及各街道人大工委组成人员名单。

△ 英国安格利亚鲁斯金大学校长伊安·马丁(Iain Martin)一行到科工园调研考察,双方举行中英创意设计中心落地两岸设计小镇揭牌仪式。

△ 清华大学文化产业研究中心主任、南京市政府文化产业顾问熊澄宇一行调研科工园特色小镇建设工作,实地查看两岸设计小镇及法国创意风情小镇项目进展情况。

22 日 法国前总理拉法兰以及法国企业家代表团一行到科工园参观考察法国创意风情小镇项目。区委书记瞿为民陪同考察。

23 日 2017 中国(南京)·中法产业合作交流会在江北新区开幕。中法产业合作备忘录、中法产业发展基金、标致雪铁龙、中法新能源联合应用开发中心等 22 个中法合作项目签约落户江北新区。

23～24 日 2017 中国半导体市场年会暨第六届集成电路产业创新大会在南京高新区举行。这是南京首次承办全国集成电路领域最高规格的年度盛会。

30 日 2017"浦口春韵"花海节暨浦口旅游新品发布活动在雨发生态园举行。启动仪式上,区旅游局与途牛旅游网,区内旅行社与驴妈妈旅游网、江苏金陵商务国旅、南京浙风国旅进行战略合作签约。活动推出 2016 年新评为国家 AAA 级景区的雨发生态园及侯冲旅游区、不老村、水墨大埝、楚韵花香 4 家省四星级乡村旅游区。

△ 奇柯南京全球商品总部基地在意大利米兰举办供应链签约仪式,签约 300 余个欧洲品牌,涵盖教育、医疗、家居、酒店、母婴等,届时将引进南京。位于江浦街道的南京全球商品总部基地是奇柯集团在江苏打造的中国最大的全球商品商贸平台,将打造成全球商品保税展示、批发、直销总部基地。

31 日 区康居集团 2017 年度第二批重点工程集中开工,包括房建工程、市政道路工程、河道整治工程等 14 个民生项目。

△ 由政府、银行、基金管理人三方合作的两大产业基金——服贸基金与通航基金在江北新区揭牌成立,规模均为 20 亿元。其中,服贸基金是中国服务贸易领域首个政府引导基金,由江北新区发展基金、南京银行、盛世扬子共同发起设立,主要投资现代服务业领域;通航基金主要投资通用航空产业及其上下游产业链,包括智能制造、高端装备、新材料等。

是月 浦口区启动海绵城市试点示范片区建设。

△ 浦口区召开城市精细化建设管理动员大会,部署城市精细化建设管理十项行动,包括建筑立面综合整治、绿化景观提升、道路综合整治、沿河环境整治、老旧小区整治、交通秩序整治等 10 大类 253 个项目,总投资 51.2 亿元。

△ 由区政府主办、区政府门户网站和区电视台承办的"浦口政府网在线访谈"节目正式上线,让百姓与政府部门的沟通"零距离"。

△ 浦口区被国家知识产权局评为全市唯一的国家知识产权强县工程试点区。

△ 浦口区工商联获"2016 年全国'五好'县级工商联"称号。

△ 文化浦口云项目在文化部 2017 年全国基层公共数字文化服务推广项目评审中获全省第一、全国第三的佳绩。

△ 江浦街道摄制的《江浦好人》获中国电影家协会主办的 2017 第三届"根亲中国"微电影大赛"十佳作品"奖。

△ 江北新区研创园在团结路率先建成全省首个 NB—IOT 智慧路灯项目。

△ 共享电动汽车首次开进江北新区研创园。此次布局江北的是 EVCARD 电动分时租赁汽车,EVCARD 是国内最大的新能源汽车分时租赁公司"环球车享"旗下品牌。2016 年 12 月底,"环球车享"首次进入南京市场。

△ 华大半导体旗下的香港上市公司晶门科技在南京高新区成立晶门科技(中国)有限公司。晶门科技将采用"无晶圆厂"商业模式,专门设计、开发和销售专有集成电路芯片及系统解决方案。

4 月

1 日 长江五桥主桥部分启动建设。路线起自浦口区五里桥,跨越长江主航道后,经梅子洲,下穿夹江南岸,接江山大街,全长 10.33 千米。设计车速 80 千米/小时,双向六车道,为一条免费的过江通道。

2 日 桥林街道第三届望月海棠文化节开幕。开幕仪式上,海棠园获"文创农业实训基地"和"浦口区特色园艺基地"授牌。

6 日 中国侨联副秘书长、经济科技部部长赵红英一行到浦口区调研指导科工园(江北新区服务外包产业园)侨务工作,参观服务外包产业园展示厅和园区新侨创新创业代表企业科孚纳米,并授予科孚纳米"中国侨联新侨创新创业联盟副理事长单位"称号。

7 日 上汽集团桥林基地竣工投产仪式在浦口区举行。桥林基地总投资 73 亿元,年产整车 10 万辆及发动机、变速箱、车桥,占地面积 84.33 万平方米,采用全新的技术、设备和工艺,是一个现代化的商用车生产基地。

△ 两岸生命健康产业联盟正式落户科工园。

15 日 2017 中国山地自行车公开赛在水墨大埝拉开帷幕。

17 日 江北新区和中国电信江苏分公司在研创园联合举办 NB—IOT 智慧物联应用启动仪式,标志着江苏首个 NB—IOT 规模商用落地江北新区。

21 日 欣铨(南京)集成电路有限公司半导体测试项目开工仪式在浦口开发区举行。

22 日 2017 老山库珀有氧运动与健康国际高峰论坛在浦口举办。

23 日 由跳水奥运冠军李娜和体操奥运冠军何可欣及许诺、陈盆滨等体坛名人领衔的 2017 中国南京"有氧老山"国际山地半程马拉松赛在南京老山景区举行。刘旭、俞建琴分获 21 千米精英组男子、女子组别冠军。

△ 由扬子国资集团打造的一家 24 小时图书馆——扬子云书房在扬子科创中心开业。扬子云书房联结共享南京大学、东南大学、河海大学等高校图

书馆以及金陵图书馆等综合图书馆，馆藏累计超过500万册，可线上阅读线下借阅。

24日 由浦口国资集团承建的区级居民服务综合体——浦口市民中心投入使用。项目占地2.22万平方米，总建筑面积超过7.2万平方米，包含健身中心、文化中心、行政中心和商业。

25日 第十届“留交会”在南京开幕，市区两级组织举办第七届北美创业大赛获奖选手南京行暨集成电路产业发展论坛。该活动是江北新区为海内外高层次创业创新人才量身打造的高端交流合作平台。工信部人才交流中心主任王希征与江北新区管委会常务副主任、浦口区委书记瞿为民共同为“江北新区IC智慧谷”揭牌。

△ 江北新区管委会与北京银行南京分行签署全面战略合作协议。未来三年，北京银行将为江北新区提供总计800亿元的资金额度，用于支持新区科技中小企业、优势产业和重点项目等实体经济的发展，其中100亿元将用于支持海绵城市建设。

26日 浦口区举行2017浦口区智能制造产业高峰论坛暨人才项目签约活动。该活动为第十届“留交会”浦口专场，300多名智能制造行业领域人才和140家企业参加活动。Precise—ITC、AMOLED Driver芯片设计、存储控制芯片设计、从事生产与销售尖端硅晶圆产品研发等7个项目现场签约落户，投资额2100万元。

28日 浦口区举行中国（江苏）知识产权维权援助中心（南京江北新区）分中心揭牌仪式及知识产权联合执法活动。中国专利保护协会副会长、秘书长马维野和市委常委、江北新区党工委专职副书记罗群为分中心揭牌，副区长石勇等为分中心网上平台上线举行启动仪式。

△ 南京金象城皇冠假日酒店管理合同签约仪式在浦口区金象朗诗·红树林售楼处举办，正式宣告金象国际集团与洲际酒店集团的合作。这是继在新街口、百家湖之后，皇冠假日酒店在南京的第三家五星级高端酒店，也是江北第一家五星级酒店。

29～30日 世界杯攀岩赛及2017年亚洲户外运动节在水墨大埝举办。

是月 经省林业局认定，浦口区林木覆盖率37.59%，位居全省第一。

△ 宁和城际一期工程新建车站全部完成主体结构，全面开展安装装修施工。浦口段实现轨通、电通，全线左线完成轨道铺设。

△ 由全国40多家经济广播电台联合推出的“一带一路”沿线中国最美驿站推选活动结果揭晓，永宁街道获“最佳线路”称号。

△ 南京江北新区人力资源服务产业园与南京智联空间孵化器战略合作协议签约仪式在园区举行。

△ 区老山管办启动南京老山有氧运动小镇创建工作。

△ 交通集团浦珠路澳林广场人行过街景观天桥工程建设完工并投入使用。该工程于2016年9月27日开工建设。

△ 区公路站启动县道大中修工程项目建设，X202盘汪线（沿山大道）改造工程开工建设。

△ 浦口区首个装配式建筑项目——巩固6号地人才公寓项目开建。

△ 浦口区慈恩老年人服务中心获市AAA级养老机构等级，是该区首个AAA级养老机构。

△ 由侯冲旅游有限责任公司、区文化馆、南京浦泉玉成文化发展有限公司联合出品的微电影《手狮舞者》在永宁举行开机仪式。

5月

1日 “五一”假期，全区各大景区（点）接待游客58.55万人次，旅游总收入3.1亿元。

2日 区政府发布《关于印发〈关于加快推进我区建筑产业现代化促进建筑产业转型升级的实施意见〉的通知》，2016～2025年，浦口区将大力推广预制装配整体式混凝土建筑。

3日 横跨万寿河，连接汤泉、星甸两个街道的万寿河大桥合拢。这座大桥创下浦口区桥梁建造史上跨度最大预制箱梁的纪录。

5日 总投资4亿元的南京日托光伏400MWT背接触光伏组件制造项目在浦口开发区签约。项目由南京大学物理系教授、博士生导师张凤鸣博士为首的博士团队于2012年11月创立。

△ 南京汉开书院作为剑桥大学考试委员会下属的国际学校以及国际考试中心收到函件，该校小学部通过剑桥国际考试中心（Cambridge International Examinations）的审核认证，正式成为剑桥国际小学。

8日 区中医院新门急诊楼开诊暨大型义诊活动在浦口中医院本部举行。活动还举行南京中医药大学教学医院揭牌仪式。

9日 中共中央台湾工作办公室、国务院台湾事务办公室主任张志军一行到浦口区调研科工园青年创业基地。

11日 浦口第一期村（社区）党组织书记讲坛在区委党校举行。江浦街道巩固社区、桥林街道兰花塘社区、沿江街道复兴社区、顶山街道金汤街社区4名社区党组织书记围绕“农村征地拆迁”“社区精细化服务工作”等话题做交流发言。

12日 浦口首届奇柯芭碧珑国际风尚节在科工园开幕，标志着奇柯南京全球商品总部基地的体验形象店——奇柯绿洲展销中心正式开业。

13日 由区政府主办，浦口开发区、东南大学经济管理学院承办，省第九批科技镇长团浦口（高新）团协办的“一带一路”现代物流发展高端论坛在浦口区举行。

17日 省国土厅厅长李侃桢、副厅长李如海一行到江北新区调研重大项目用地服务保障工作。实地考察紫光南京半导体产业基地及IC国际城（一期）项目、台积电（南京）有限公司12英寸晶圆厂与设计服务中心项目所在地块规划和建设情况。

△ 浦口区召开区委第二轮巡察工作动员部署会，区委书记瞿为民作动员讲话。

18日 市委、市政府在高新区召开江北新区机构调整组建宣布大会，江北新区管理体制迎来大变革。为优化管理体系，提高行政效能，江北新区将成立直管区、共建区和协调区。在直管区内，新区管委会承担省、市依法授予的各项行政管理权限。同时，浦口区顶山、沿江、泰山、盘城4个街道及六合区3个街道划归新区党工委、管委会统一托管。会上宣读《市委、市政府关于进一步完善江北新区管理体制的意见》《市委关于江北新区领导班子调整的决定》。

△ 浦口大联勤手机客户端(APP)正式上线。

19 日　浦口区召开“互联网+政务服务”暨简政放权优化创业创新环境工作推进会。区委书记瞿为民提出工作要求。

22 日　由区交通集团实施的浦口区车站后铁路平改立引道工程建成开放交通。该工程位于桥北点将台路与永利铁路平交路口,是应对南京长江大桥封闭维修、缓解桥北片区路网拥堵压力的民生工程。2016 年 10 月开工建设。

△ 汤泉温泉旅游度假区召开项目推进工作会议,研究浦乡苗源景观设计、惠济寺重要节点项目建设、丰盛五季温泉庄园项目规划设计方案、龙井社区服务中心设计方案等事宜。

24 日　汤泉温泉旅游度假区召开汉舍项目推进会议,就山谷道路线型问题、土地招拍挂、签订补充协议等事宜进行研究讨论。区委常委、宣传部部长、汤泉温泉旅游度假区管委会主任郑晓明,美国汉舍中国区总裁马雨婷参加会议。

28 日　“我要上全运”第十三届全国运动会群众比赛“水墨大埝”江苏省攀岩资格赛暨江苏省首届攀岩锦标赛在水墨大埝景区开幕。

28~30 日　中国书协第七届楷书专业委员会第一次工作会议暨委员会作品展在求雨山文化名人纪念馆举办。活动由中国书协研究部、中国书协第七届楷书专业委员会主办,南京求雨山文化创意产业园管理办公室、求雨山文化名人纪念馆承办。会议制定 2017 年及未来三年工作计划。

是月　光浦欧洲产业投资引导基金成立暨南京奇柯全球商品总部基地及关联产业链项目签约仪式在意大利驻华大使馆举行。

△ 浦口区举办第八届中国京剧艺术节浦口专场,举办演出 6 场,观众 3000 余人次。

△ 区国资集团正式启动亭子山万寿园(一期)PPP 项目。该项目位于星甸街道亭子山天禀矿区,是浦口区殡葬惠民服务建设重点工程,占地面积 16.67 公顷,总建筑面积 4.8 万平方米,计划总投资 7 亿元,建设周期 3 年。

6　月

1 日　国家土地督察南京局副专员程正平一行到浦口区,对 2017 年土地例行督察问题整改、全面划定永久基本农田、农业农村发展用地以及被征地农民合法权益维护情况进行专项督查。

3 日　江苏省首个专为人才提供的共有产权房项目地块 NO.2017G26 挂牌出让。

9 日　总投资 2.1 亿元的华友微电子半导体、汽车、新材料表面处理中心及资源回收再利用项目在浦口开发区签约。

10 日　浦口区遭受特大暴雨袭击。区委书记瞿为民、副区长许国平一行到珍珠南路、观江路、浦滨路等城区主要淹水点现场检查指导防汛排涝工作,对加快抢排工作提出明确要求。

△ 由区国资集团投资建设的全区首个居民服务综合体——浦口市民中心、文化中心、体育中心商业配套正式营业。“三个中心”是区政府社会事业类重点民生工程,也是该区近年来定位较高、单体投资规模较大的居民服务综合体,总投资超过 15 亿元。

15 日　长三角县市(区)广电旅游联盟“大美浦口”推介会在浦口区明发珍珠泉大酒店举行。活动由区旅游局、区广电台主办。江浙沪皖 30 多家广电台和 10 余家旅游公司参加,其中 16 家联盟台成员单位签订旅游节目联播公约,10 家旅游公司签订旅游合作框架协议书。

16 日　江北新区管委会、四川大学与省产业技术研究院在江北新区产业技术研创园签署合作协议,三方将在园区内共建先进高分子材料技术研究所。

17 日　农业部部长韩长赋、副部长张桃林一行到浦口区江浦街道考察南京国家现代农业产业科技创新示范园区。

20 日　区政府下发《关于印发〈浦口区“十三五”城乡建设规划〉的通知》。

21 日　智能有源阵列天线及配套高端混合信号芯片研制生产基地落户浦口开发区,总投资 2 亿元。

28 日　中科院青年促进会南京分会暨浦口创新基地在科工园成立揭牌。

△ 总投资 2.1 亿元的集成电路晶圆制造配套环保再生项目落户浦口开发区。

△ 位于桥林街道结合台湾人文风貌打造的台湾风情小镇完工。风情小镇由 13 栋复古建筑组成,有精品酒店、亲子主题游乐园和农耕科普基地等休闲娱乐设施。

30 日　由区级机关工委、区广电台联合举办的庆祝建党 96 周年表彰大会暨“传诵红色经典 喜迎党的十九大”经典诵读大赛决赛在浦口文化中心大剧院举行。

是月　科工园与蓝色气候(北京)能源有限公司签订合作协议,标志着蓝色气候总部基地项目正式落户科工园。项目总用地 3.33 万平方米,总建筑面积 8.3 万平方米,总投资不低于 10 亿元。

△ 科工园与南京紫泉电力设计咨询有限公司签署项目投资协议书,标志着紫泉电力设计企业总部及研发中心正式落户。

7　月

1 日　江北新区成立两周年新闻发布会在南京生物医药谷企业服务中心举行。发布会通报新区成立两年来经济建设发展情况。

3 日　104 国道浦泗立交至南京二桥段(浦仪公路西段)工可报告获得省发改委批复。

5 日　谢亿民院士率团队与浦口开发区签署合作协议。工程结构优化设计与先进制造技术研究院项目落户开发区低碳谷。

10 日　2017 海峡两岸暨港澳青年创新创业训练营开营仪式在健康学院举行。来自两岸及港澳的 100 名训练营营员参加创新创业活动。

11 日　第 28 个世界人口日中国主题宣传活动在浦口区举行。主题为“人口流动健康同行,计划生育倡导文明”。联合国人口基金官员金秀丽,国家卫计委宣传司司长毛群安、流动人口司司长王谦,省卫计委副主任何小鹏,副市长胡万进,浦口区委常委、宣传部部长郑晓明,副区长陈晓路等参加活动。

12日 江北新区管委会副主任诸渊深到桥北地区调研交通建设工作。

18日 省委常委、副省长杨岳到浦口调研农业农村电商发展工作。

22日 江北新区创新发展研讨会在南京举行。江北新区管委会常务副主任、浦口区委书记瞿为民致辞时指出,新区要践行扬子江城市发展战略,争做扬子江城市群建设的"桥头堡"和"排头兵"。

24日 总投资2000万美元的圣凰科技氮气保护装置及自动化搬运设备研发生产项目落户浦口开发区。

26日 南京首个低碳科技产业园——浦口开发区低碳谷(一期)建成开园。低碳谷总占地面积9.73万平方米,其中一期3.3万平方米,共有17栋独栋研发办公楼、2栋综合服务楼,南京南大碳联环保研究有限公司、南京工业大学四大研发平台等12家高科技企业相继落户。

27日 省委常委、市委书记张敬华一行到浦口区调研产业发展、社会治理、生态保护等情况。实地考察江浦街道大联勤指挥中心、不老村乡村旅游、上汽集团桥林汽车产业基地和台积电项目建设现场。张敬华强调,要服从服务全市发展大局,借势借力江北新区建设,找准定位、抢抓机遇、乘势而上,努力在新一轮发展中占得先机、赢得优势。

28日 第二届中德智能制造企业家大会在南京举行。会议签署中国人工智能产业创新基地共建协议,举行江北新区中德智能制造项目签约仪式,总投资41.35亿元,主办方为中德智能制造联盟成员单位授牌。区长王磊出席会议。

29日 "书中有我——萧娴先生诞辰115周年遗墨展"在中国美术馆开幕。活动由中国美术馆主办,南京市求雨山文化名人纪念馆协办。展览从蜕阁生平、大笔豪情和博涉多优三个方面阐述萧娴先生的书法,展出萧娴先生不同时期的代表性作品近百幅。

是月 电商产业园项目在浦口开发区七坝港区落户,总投资1.6亿美元,占地13.33公顷。

△ 第七届大学生集成电路设计·应用创新大赛华东赛区决赛在浦口举行。

△ 南京一中江北新区分校完工,学校包括初中和小学,一共8轨72个班。

△ 定向河小学PPP项目正式开工。该校位于顶山街道,南至纬三路连接线,北至阳光帝景小区,占地面积2万平方米,建筑面积2.6万平方米,计划总投资1.5亿元,拟建一所5轨30班小学。

8 月

1日 位于浦口市民中心的区图书馆、文化馆开馆试运行。

6日 "百年巨匠——林散之四代书画展"在山海关秦皇岛闲庭艺术馆·国家语言文字推广基地开幕。

△《浦口区"十三五"旅游业发展规划》出炉。规划明确,到2020年创建成为国家全域旅游示范区。

9日 区委召开四届三次全体会议,专题研究部署富民工作,深入推动"四个生态"新浦口建设。区委书记瞿为民代表区委常委会围绕全力打赢聚焦富民主攻仗、坚定不移推进"四个生态"新浦口建设两个方面作工作报告。区长王磊围绕全区重大产业项目推进及开发区建设情况作工作报告。区委农工委等7家单位围绕推动富民增收作表态发言。会议表决通过《浦口区委四届三次全体会议(草案)》。

11日 江北核心区摩天大楼地块(NO.2017G41)正式开拍。绿地集团以90亿元底价拿下,未来将兴建550~600米的超高层地标式建筑。

12日 桥林老城片区综合开发(新型城镇化试点)PPP项目签约仪式在桥林新城指挥部举行。项目总投资63.63亿元,采用BOT模式,合作期限13年,借助中建方程、中建八局专业的融资、建设和运营维护经验,开展拆迁、基础设施和公共服务项目建设、市政基础设施维护、城市管养等工作,将4.48平方千米桥林老城打造成"产城融合、田园宜居、智能创新"的新型城镇化示范区。

14日 区体育局获"2013~2016年度全国群众体育先进单位"称号。

17日 总投资7亿元的南京紫气源科技发展有限公司绿色智能环网柜及电力产品研发生产基地落户浦口开发区。

18日 华夏文旅南京国际旅游度假区项目签约仪式在浦口区举行。签约仪式由区委常委、宣传部部长郑晓明主持,华夏文旅集团总裁夏振翔致辞、区长王磊发表重要讲话。该项目位于汤泉街道,占地规模220万平方米,总投资215亿元。涵盖南都古城景区、世界首创会跑的实景演艺《金陵传奇》秀剧场、国内首家内陆城市拥有虎鲸表演的海洋王国、国内首家融入海洋主题元素的温泉公园、融入海洋文化特色及生态自然特色的万人主题度假酒店等旅游业态,努力创建南京江北首家国家AAAAA级景区。

22日 江苏恒鼎新材料科技有限公司总部经济项目落户浦口开发区,总投资7亿元。

25日 知识产权类科技孵化项目落户浦口开发区。

25日~9月10日 2017年世界全项目轮滑锦标赛在南京举办。该赛事是国际轮滑联合会创办的首届世界综合性轮滑项目比赛,共举行9个项目的专业竞技比赛和表演赛,其中位于浦口的青奥体育公园为单排轮滑球、自由式轮滑、轮滑阻拦赛场地。

27日 上海交通大学—江北新区新材料工程化研究中心揭牌暨一期项目落地签约仪式举行。该中心由上海交通大学与江北新区共建,双方将依托中心加强在关键技术研发、科研成果转化、创新创业资源引进以及人才培养交流等方面的合作。揭牌仪式后,中心与一期落地的3个新材料项目签约。

28日 凌晨,扬子江隧道北接线工程进城方向隧道快速化主线建成通车。据交警九大队监控数据显示,当日早高峰结束时间由原来的10:30提前至9:25,缩短约65分钟;江北大道高架上拥堵车辆排队长度缩短近2千米。

30日 区政府召开全体(扩大)会议,总结2017年以来全区经济社会发展情况,分析当前经济形势,部署下半年重点任务,全力做好改革发展稳定各项工作,确保全面完成全年经济社会发展目标任务。

31 日　南京一中江北新区分校举行开校典礼。该校为九年一贯制学校,占地约 7.3 万平方米,总建筑面积 7 万平方米,总投资约 2 亿元。学校配建中学教学楼、中学实验楼、风雨操场及食堂、小学教学楼、小学实验楼及办公楼、报告厅各 1 栋,以及足球场、篮球场等附属设施。

是月　智慧互联网化纤产业电商交易平台项目落户科工园,总投资 4 亿元。项目将致力于推动中国化纤行业转型升级,服务地方实体经济。

△ 区政府 1 号文重点工程——江浦街道白马邻里中心项目支护工程开工。该项目是区交通集团与江浦街道合作打造的首个新型社区中心项目,规划占地 2.99 万平方米,总建筑面积 9.9 万平方米,由休闲娱乐、创意办公、医养及社区服务三大功能四大组团构成。区交通集团承建,南京欢乐港商业管理有限公司负责招商运营。

△ 首个台商金融服务中心落户科工园伊诺光点创梦基地。

△ 全市首家为家庭农场服务的专业合作社——南京石村龙虾养殖专业合作社在浦口成立。

△ 由江苏力然体育发展有限公司主办,老山林场、区体育总会、江苏太古可口可乐饮料有限公司协办的"水动乐杯"2017 南京老山国家森林公园国际越野挑战赛落幕。

9　月

1 日　浦口区召开新的社会阶层人士统战工作会议,学习贯彻全国、省、市相关会议精神,并成立浦口区新的社会阶层人士联谊会。区委常委、统战部部长杨雯懿为联谊会揭牌,并为 11 家新的社会阶层人士统战工作实践创新基地授牌。

4 日　南京市江北新区管委会与剑桥大学在英国剑桥就共建"剑桥大学—南京创新中心"签署合作文件,市委常委、江北新区党工委专职副书记罗群出席仪式并与剑桥大学代表举行会谈并签约。该项目是剑桥大学创办 800 年来在中国唯一以大学名义冠名实施创新研发、成果转化、国际学术交流的科技创新中心,是江北新区推动开展高端国际创新合作的最新成果。

5 日　全区卫生与健康大会召开。会上举行健康江苏建设与发展研究院浦口创新研究基地揭牌仪式。

6 日　浦口区召开区纪委派驻机构成立大会。会上宣读《区委关于派驻纪检组干部人事任免决定》。

12 日　2017 金洽会重大项目集中签约仪式在南京国际博览会议中心举行。浦口区有华夏文旅国际旅游度假区等 7 个项目上会签约,投资总额 501 亿元,投资总额和签约项目数量均居全市前列。

△ 江北新区研创园在金洽会上签约 8 个项目,投资总额约 182 亿元,包括 Arm(安谋)创新基地暨培训中心、国际集成电路芯片研究基地、天安数码城、博雅智慧教育产业园等项目。

13 日　浦口区投资环境推介会暨重大产业项目合作签约仪式在雅居乐御锦天酒店举行。这是金洽会期间重要专场活动之一。浦口区委书记瞿为民致辞并作浦口投资环境推介,香港泉康投资电商产业园项目等 16 个重大项目现场签约。市委常委、江北新区党工委专职副书记罗群出席活动。

15 日　巩固 6 号地块保障房二期 PC 建筑人才公寓项目通过省住建厅认证,取得浦口区首个三星级绿色建筑设计标识证书。

△ 江苏金阳光绿色能源有限公司项目落户浦口开发区,总投资 5 亿元。

18 日　奇柯南京全球商品总部基地项目签约仪式在浦口区举行,区领导王磊、丁爱民,奇柯瑞士控股有限公司董事长 Charles Fischer 出席签约仪式。奇柯南京全球商品总部基地项目总投资 56.5 亿元,占地面积 30 万平方米。

19 日　市委副书记龙翔到浦口区调研重大产业项目推进情况,实地调研台积电南京工厂、上汽桥林基地项目和南京日托光伏科技股份有限公司。

20 日　江北新区中央商务区地下空间一期工程暨绿地金融中心开工仪式在江北新区核心区举行。其中,中国葛洲坝集团股份有限公司承建的江北新区中心区地下空间一期工程,是当前国内规模最大、功能最复杂的地下空间项目,总用地面积 52 万平方米,总建设规模约 145 万平方米,总投资 200 亿元;绿地金融中心项目总规模 118 万平方米,投资总额近 300 亿元,开发内容包括金融中心、科创中心、指挥办公、五星级酒店、大型商业等。

21 日　浦口区被农业部、中央农办确定为 2017 年度农村集体产权制度改革试点单位。

22 日　申通南京智慧物流科技产业园作为浦口开发区第一个物流科技产业园项目落户七坝港区。总投资 30 亿元,占地面积 40 万平方米。

22～24 日　浦口文创亮相 2017 第九届南京文化创意产业交易会。区委宣传部、区文化产业联合会组织 30 余家企业参展。浦口文创展区以特色小镇、文化旅游、文创产品、科技互动等丰富内容吸引众多观众驻足。

26 日　浦口区召开青年企业家联合会成立大会。大会审议通过浦口区青年企业家联合会章程等,选举产生联合会第一届理事会会长、常务副会长和秘书长。

27 日　桥林老城片区综合开发 PPP 项目暨石西路、水杉路、新柳路开工仪式在桥林街道举行。该项目是区政府一号文重点民生工程,由中建方程投资发展有限公司投资建设,总投资 63.63 亿元,用地面积 4.43 平方千米,涵盖 9.6 千米石碛河风光带、水街、姚庄和明因寺 4 个片区。

28 日　纪念萧娴先生诞辰 115 周年系列活动之学生汇报展、拓片展及捐赠仪式在求雨山萧娴纪念馆前厅开幕。区领导葛华友、吴光政、何泽虎,萧娴女儿江凤子等出席开幕式。

△ 第二届"阅读悦美"书香浦口读书节闭幕式暨"相约浦口"第八届文化艺术节开幕式在区文化馆小剧场举办。

29 日　2017 健身走江苏暨南京老山有氧运动示范基地落成仪式在象山湖公园举行。区委副书记任家龙发表致辞,奥运会蹦床冠军陆春龙发出健身倡议,省、市、区相关领导共同启动南京老山有氧运动基地落成。

30 日　巩固保障房片区滨江嘉园项目开展第一批次交付工作。

是月　金洽会期间,浦口区签约亿元以上重大产业项目 26 个,总投资 791 亿元,涵盖以集成电路为主的先进制造业、文化旅游等现代服务业项目。

△浦口知识产权服务大厦项目获中国建筑业协会“全国建筑业绿色建造暨绿色施工示范工程”称号。

△星甸街道九峰山田园综合体被列入市级田园综合体试点建设名单，建设期3年。

△浦口区农村土地承包经营权确权登记颁证工作通过省市联合验收。

△区交通集团104国道汊河大桥建设项目正式启动。

10 月

1日　由区农业局、汤泉街道主办的第十三届中国·南京农业嘉年华浦口分会场暨第三届雨发嘉年华在雨发生态园开幕。

10日　由市书协、区文联、区文广局主办，求雨山文化名人纪念馆、区书协承办的第二届“草圣乡风——浦口区书法大赛获奖、入展作品展”在求雨山文化名人纪念馆开展。

11日　绿地控股公告，公司下属子公司江苏省建筑工程集团有限公司牵头的联合体，中标南京求雨山文创园PPP项目，项目总投资160.52亿元，合作期限20年，建设内容包括棚户区改造、土地一级整理、求雨山文化创意产业园建设等。

12日　区人大常委会举行“浦口人大”APP上线仪式，标志着浦口人大工作方式由“网上”向“掌上”转变，形成网站、微博、微信、手机APP四位一体的信息化发展新格局。

△浦口文化产业联合会作品《“采莲香”陶瓷香钵工艺品其他创意》获“首届江苏省创意休闲农业设计大赛其他衍生类金奖”。

13日　科工园与中国捷安特有限公司（香港）签署捷安特服务科创产业总部项目战略合作协议。区委副书记、区长王磊出席签约仪式。

△南京求雨山文化创意产业园管理办公室与省建筑工程集团有限公司和平安信托有限责任公司组成的联合体举行求雨山PPP项目投资合作意向协议签约仪式，正式签订《投资合作协议书》。该项目为全生命周期PPP项目，计划总投资160.52亿元，合作期限20年，其中建设期6年。

△在第十届长三角投资发展论坛·长三角慢生活旅游峰会上，永宁街道获评“长三角最具魅力私家旅游目的地”，是南京市唯一获此荣誉的街道。

16日　半导体及电子材料研发、生产基地项目落户浦口开发区，总投资10亿元，注册资金1亿元，占地面积3.33万平方米。

17日　区委召开第三轮巡察工作动员部署会。会上宣布区委第三轮巡察组组长、副组长的授权任职和巡察任务分工。

18日　位于老山南麓的象山湖市民公园建成开放。总面积约320公顷，呈现“一山一水一村落”的格局，是一座融自然景观、体育健身、休闲旅游于一体的综合型市民休闲公园，也是百里老山有氧运动示范基地。

19日　吴国亭从艺六十周年作品回顾展在省美术馆开幕。展览由浦口区政府、省美术馆主办，区文广局承办，求雨山文化名人纪念馆执行承办，省政府侨务办和省归国华侨联合会支持。

21日　省华教中心、市侨办及区教育局相关负责人在行知教育集团接待美国华文教育交流访华团，双方签署三年教育合作备忘事项。

22日　金盛田广场正式开业。开业首日，客流量近10万人次，销售额破100万元。

△由南京扬子国资投资集团打造的中欧迷你硅谷大厦在江北新区研创园奠基开工，江北新区国际创客中心一期暨中欧迷你硅谷创新中心正式开园，来自欧洲的20家高科技企业成为迷你硅谷的首批“房客”。

24日　中科创新智能制造产业园项目落户浦口开发区，总投资11亿元，占地面积13.4万平方米，主要从事高新技术产业孵化、开发、服务、咨询。

△浦口区军粮供应站被中国粮食行业协会授予“全国放心粮油进农村进社区示范工程示范销售店”称号。

25日　南京丽铭农业生态发展有限公司（丽铭农庄）被农业部办公厅认定为“全国精品休闲渔业示范基地（休闲渔业主题公园）”。

26日　“雨山问道——秦淮七友年度展”在求雨山林散之纪念馆开幕。

27日　世界五百强中国铁建旗下的中铁十四局集团大盾构工程有限公司在江浦街道总部经济园大楼揭牌，标志着占有全国大盾构一半以上市场份额的高科技施工企业落户江浦街道。

30日　省委常委、市委书记张敬华专题调研江北新区金融业发展工作。

30～31日　2017海外华文媒体浦口行活动在浦口区开展，来自日本、美国等10家海外华文媒体负责人参加考察活动。省侨办副主任杜伟，市侨办副主任谈德荣，区委常委、统战部部长杨雯懿等领导参加接待并与海外华文媒体座谈。

31日　浦口区新媒体联盟成立大会在区市民中心召开。浦口政务新媒体、浦口社会新媒体等80余家联盟成员参加会议，省市主流新媒体、市级自媒体大V等30余家特邀成员出席会议。区新闻策划与融合发展中心、区新媒体联盟先后揭牌；审议并通过《浦口区新媒体联盟运行办法和联盟理事单位、成员单位名单》；授予求雨山文创园等5家单位为浦口区第一批“市级网络文化小屋”称号；向浦口区最具影响力的新媒体企业颁奖；浦口媒体融合人才培养校地合作项目签约。

11 月

3日　教育部基础教育一司司长吕玉刚率全国中小学生研学实践教育营地核查组到浦口区核查行知教育基地。

4日　浦口区首个美丽乡村自然教育基地——九华自然学校暨莫愁生态环境保护协会自然教育基地在星甸街道九华村成立。

8日　江苏省发布《省政府办公厅关于赋予南京江北新区直管区部分省级管理事项权限》的通知（苏政办发〔2017〕139号）。为深化“放管服”改革，推进江北新区直管区内涉企审批事项扁平化、标准化、便利化，省政府同意《南京江北新区直管区省级管理事项赋权清单》，依照法定程序赋予南京江北新区直管区46项权力。这是江北新区获批国家级新区以来，江苏省首次下放事权，为江北加速发展创造优良政策环境。

△ 南京新的免费过江通道——南京和燕路过江通道南段、浦仪公路正式动工,总投资127亿元。其中,连通浦口桥北和六合的浦仪公路总投资58.14亿元,工期4年。

△ 科工园与易程科技股份有限公司签署项目战略合作协议。易程产业园项目计划总投资25亿元。

△ 2017年度浦口交通十大为民办实事工程之一的浦口区首条微循环(社区)公交613路开通仪式在象山湖公园举行。

9日 区民主党派、无党派人士办公活动场所——“统战之家”揭牌仪式在星甸街道后圩村岘里人家举行。

10日 晶门科技(中国)有限公司(即南京科技中心)在江北新区举行开幕仪式。

11日 区交通集团主办的浦口区第三届公共自行车公益骑行活动在水墨大埝举办。该集团推出的全国首个“电子围栏式——无桩租还车”系统宣布上线。

12日 2017老山有氧三项精英赛在老山森林公园举行。该赛事由市金融发展办公室、浦口区政府、南京体育产业集团联合主办。

13日 浦口区与全球顶尖的系统设计工具、软件、知识产权和服务供应商Cadence Design Systems, Inc.共同签署关于建立Cadence(中国)半导体产业基地的战略合作备忘录,以及国产集成电路知识产权开发与服务平台正式投资协议。副市长蒋跃建,江北新区管委会常务副主任、浦口区委书记瞿为民参加活动。

14日 海外高层次人才访问暨中瑞先进技术(南京)联合创新创业中心项目洽谈活动在浦口区举行。浦口开发区与南京前海有芯信息技术有限公司签署中瑞先进技术(南京)联合创新创业中心意向协议。

△ 在南京召开的加快推进全市主导产业优化升级和科技园区整合新闻发布会上,《南京市科技园区整合设立工作方案》正式发布。按照方案,新设南京浦口高新区,并牵头整合服务外包产业园、浦口国际企业研发园、紫峰研创园、求雨山文创园。由南京浦口高新区管理机构统一管理,南京浦口科创投资集团有限公司为园区科技投融资平台,产业方向为人工智能、文化创意。

16日 江北新区直管区获省级46项管理权力,有关行政审批期限将缩短30%,有助于江北新区优化营商环境,激发新区的经济活力和创新动力。

17日 星甸街道九华村获中央文明办“第五届全国文明村镇”称号。

18日 位于南京湖南路1号凤凰文化广场的浦口文创&凤凰文创集合店揭牌成立。

△ 南京越博动力一期新能源汽车动力系统研发及部件生产基地项目奠基仪式在浦口区举行。同时举行南京越博动力与浦口开发区二期土地签约仪式。

22日 中法创意风情小镇奠基仪式在浦口区举行。法国前总理、现任参议院国防军事与外交委员会主席拉法兰,法国展望与创新基金会总干事德嘉莱,省委常委、市委书记张敬华,市委常委、江北新区党工委专职副书记罗群,江北新区管委会常务副主任、区委书记瞿为民,区长王磊参加活动。张敬华和拉法兰共同为中法创意风情小镇和中法(南京)产业园建设发展有限公司揭牌。

22~23日 第三届全国民宿大会暨恩施州首届民宿发展大会在湖北省恩施州召开。浦口区永宁街道大埝社区旅游开发有限公司获“首批全国民宿产业发展示范企业创建单位”称号。

23日 南京青奥体育公园体育馆正式启用。作为亚洲最大的室内体育馆,可容纳2万人同时观赛。

24日 区管领导干部学习贯彻党的十九大精神轮训班第一期在区委党校开班。区长王磊作专题辅导报告。

27日 浦口首批景区消费投诉站在楚韵花香等8个风景区挂牌成立。

28日 区人大常委会召开第五次会议。会议听取和审议区政府关于“12458”教育提档工程工作情况报告、区政府关于交通优化工程建设情况报告、区政府关于重大产业项目推进落实情况报告,审查和批准浦口区2017年国民经济和社会发展计划以及财政预算调整方案。

30日 南京五季艾美温泉度假酒店、汤泉虹悦城商业综合体项目开工典礼在汤泉街道举行。

是月 浦口区老山生态旅游体验园(天井洼)建设等16个项目列入省2017年度第四批PPP入库项目,总投资264亿元,涵盖旅游、城镇综合开发、市政工程、保障性安居工程、交通运输等领域。

△ 苏博—溯远生物科技产业园正式落户科工园。项目由南京溯远基因科技有限公司承建,投资总额5亿元,是集高通量DNA测序用集成电路芯片研发生产中心、大型分子生物类仪器研发制造中心与食品安全快检设备研发生产中心为一体的生物科技产业园。

△ 为印度诺伊达市(Noida)“量身定制”的首列地铁列车离开南京浦镇公司运往印度,并在印度完成交付。这是“南京造”地铁继孟买地铁一号线后,第二次驶进印度城市。

△ 区城建集团与南京泽坤文化发展公司正式签约,在江浦街道共同打造上河街童悦城项目。项目总建筑面积约6000平方米,是组合一站式、家庭、体验、教育四种元素为主的商业综合体和亲子家庭一站式主题MALL(购物中心)。

12 月

1日 全国首家国家级农业科技创新中心——南京国家现代农业科技创新中心落户江北新区研创园。重点围绕生物农业、绿色农业、智慧农业三大领域建设现代农业科研中心、总部基地和高端服务中心。奠基活动期间,举行全球精品农业科技园、江苏现代智慧草莓产业园、南京智慧农业等10个现代农业产业科技重大合作项目签约仪式。

2日 2017年第二届健康江苏建设与发展高峰论坛暨首届浦口卫生与健康创新发展论坛在浦口区开幕。国家卫计委项目资金监管服务中心主任张朝阳、省卫计委副主任汪华、区长王磊等出席会议。

4日 南京旅游资源规划开发质量评定委员会发出公告,浦口水墨大埝景区被评为国家AAA级景区。

5日 浦口开发区被国家知识产权局确定为国家知识产权试点园区(该批

次南京唯一）。试点周期从2018年1月至2020年12月。试点期间，国家知识产权局将对试点园区工作进行分类指导、项目扶持和跟踪管理，并在试点期满后进行考核验收。

6日 南京第三条跨江地铁线——S3号线（宁和城际一期）开通试运营。地铁S3号线途经江宁区、雨花台区、建邺区和浦口区，东起南京南站，西至浦口的高家冲站，是中国唯一在桥上与高铁并行的地铁线路，全长36.22千米。

7日 浦口高新区管委会与北京华控创为信息科技有限公司签订项目合作协议，项目总投资5亿元。该公司专注于人工智能和智慧城市研发、产业化，在人工智能、语音识别、合成、应用等领域处于世界领先水平。

8日 南审与求雨山文创园举行“两落地、一融合”战略合作协议签约仪式。协议主要以“项目导向、多方合作、共谋发展、校地融合”为原则，通过共同规划、合作建设，进一步促进南审综合实力和国际竞争力的提升、丰富求雨山特色小镇内涵和产业。

△ 在2017世界智能制造大会南京市智能制造重大项目签约仪式上，上海新华华锦封测材料、中科创新智能制造产业园两个项目落户浦口开发区。

9日 由区人社局与同心众创大学生创业园联合发起，浦口区内外各高校创业社团自愿联合结成的区域性联盟组织——浦口区高校创业社团联盟揭牌成立。

11日 浦口区在2017年江苏体育产业大会上获得三项表彰，即2017南京浦口国际女子半程马拉松暨全国女子半程马拉松锦标赛获“‘魅力江苏’2017马拉松十佳赛事”称号，2017中国南京水墨大埝国际攀联世界杯攀岩赛获“省十佳最具影响力和品牌价值体育赛事”称号，南京老山有氧运动示范基地获“省特色运动项目基地”称号。

13日 浦口区科协被中国科协评为“2017年全国科普日活动优秀组织单位”。

15日 浦口区被国土资源部评为“2017年地质灾害防治高标准‘十有县’”。

△ 区审计局成功创建省AAAAA级数字档案室。

17日 在上海举行的2017《中国梦村镇梦》县市长论坛暨中国最美村镇颁奖典礼上，汤泉街道瓦殿社区获“2017中国最美村镇生态奖”，江浦街道不老村获“中国最美村镇50强”。

△ 区教育局在城东小学举办首期浦口校长论坛。

18日 2018南京浦口国际女子半程马拉松暨全国女子半程马拉松锦标赛召开新闻发布会。2018南京浦口国际女子半程马拉松赛是江苏省第一个纯女子半程马拉松赛，也是国内最高级别的女子半程马拉松赛事。

19日 浦口区行政审批局揭牌成立，标志着浦口区在全面深化行政审批制度和放管服改革上迈上新台阶——“一枚印章管审批”。

21日 由区委宣传部、区文广局主办的浦口区第八届文化艺术节闭幕式在区文化馆小剧场举行。艺术节以“相约幸福浦口，共建美好家园”为主题，历时8个月，共开展动静态文艺活动20余场。

27日 浦口区房产交易及不动产登记一体化办理平台在区房产交易大厅正式上线运行。

29日 区委四届四次全体会议召开。区委书记瞿为民代表区委常委会向全会作报告。会议表决通过《浦口区委四届四次全体会议决议》。区委副书记、区长王磊作会议小结并布置当前和今后一段时间工作。

30日 红星美凯龙国际家居生活广场（浦口商场）开业。商场位于浦口大道与江北快速路交汇处，总建筑面积20万平方米，总投资15亿元。

是月 紫光科技研发园正式落户科工园，计划总投资20亿元以上。

△ 浦口高新区与南京艾立宝公司签署公共服务平台战略合作协议。

·文稿编辑 朱军玲·

浦 口 概 览

自 然 地 理

【位置】 浦口区位于南京市西北部、长江北岸,与鼓楼区、建邺区、雨花台区、江宁区隔江相望,北部、西部分别与六合区及安徽省来安县、滁州市、全椒县、和县毗邻;北纬31°51′~32°15′、东经118°21′~118°46′。面积913.75平方千米(含江北新区托管的顶山、沿江、泰山、盘城4街道),占南京市总面积的13.88%。

【地貌】 境内地质基础为震旦系变质岩;各时代地层均有发育,但仅有震旦系上统地层出露较好,结构清楚。地貌多姿,集低山、丘陵、平原、岗地、大江、大河为一体;区域属宁、镇、扬丘陵山地西北边缘地带,地势中部高,南北低。老山山脉由东向西横亘中部,制高点大刺山海拔442.1米,平原标高7~5米,山地两侧为岗、塝、冲相间的波状岗地,临江、沿滁为低平的沙洲、河谷平原。土壤多样,水稻土、潮土、黄棕壤占97%以上。

(朱军玲)

【气候】 2017年,年平均气温16.8℃,比常年偏高0.9℃。全年高温日数(≥35℃)20天。年极端最高气温40.6℃(7月25日),极端最低气温-5.1℃(1月21日)。7~8月37℃及以上高温日数10天,其中7月高温日数8天,达到历史同期最多值。除6月与常年平均气温持平、9月比常年平均气温偏低外,其他月份气温均偏高。

年降水量1319.6毫米,比常年偏多15%。年降水日数(≥0.1毫米)123天,暴雨日数5天。日最大降水量242毫米(6月10日),突破历史同期极值(1999年6月2日日最大降水量171.4毫米)。6月22日入梅,7月11日出梅,入梅偏晚(常年6月18日),出梅正常(常年7月12日),梅雨期19天,与常年25天相比偏短。梅雨期间,降水总量比常年偏少,全区各自动气象站测得累计降水量在90.2~159.1毫米之间,未出现明显的强降水过程,其中降水量最大的星旬也只有常年的55%。主要降水时段分布不均,2月、3月、5月、7月、11月和12月降水较常年同期偏少,其余月份降水量均偏多。其中,9月降水量222.4毫米,比常年同期偏多144.3毫米,偏多184.8%;11月降水量比常年偏少82.7%。雪日3天,均出现在2月。

年日照总时数1991.7小时,与常年值基本持平。1~7月日照较为充足,日照时数均比常年同期数值偏高。8月,受副热带高压暖湿气流与北方冷空气交汇影响,出现多阴雨寡照天气,雨日数较常年明显偏多,日照异常偏少。月内降水日数累计达到20天,阴天日数11天。月日照总时数168.3小时,与常年同期相比偏少25.7小时。受降水影响,9月阴天日数18天,日照总时数112.5小时,与常年同期相比偏少46.3小时。10~11月,全区依然多阴雨天气,每月大约有一半时间无有效日照。12月,全区降水偏少,日照充足,日照总时数超过常年同期均值。

上年度初霜日为2016年11月24日,终霜日为2017年3月15日。2017年度初霜日为11月23日,年内无霜期日数252天。

2017年浦口区主要气象要素资料情况一览表

表13

月份	平均气温(℃)	平均最高气温(℃)	平均最低气温(℃)	降水量(毫米)	有降水日数(天)	日最大降水量(毫米)	日照时数(小时)
1	5.3	9.1	2.5	60.6	8	29.3	143.0
2	6.2	11.9	2.1	35.9	7	23.6	146.2
3	10.3	15.1	6.1	51.0	11	10.6	163.2
4	17.4	22.9	12.9	97.5	10	47.8	206.8

续表 13

月份	平均气温（℃）	平均最高气温（℃）	平均最低气温（℃）	降水量（毫米）	有降水日数（天）	日最大降水量（毫米）	日照时数（小时）
5	22.4	27.9	17.8	72.9	7	29.0	228.9
6	24.8	29.3	21.0	273.9	7	242.0	170.7
7	30.0	34.5	26.4	91.1	11	46.8	241.5
8	27.7	31.9	24.7	264.6	20	122.8	168.3
9	22.9	26.6	20.2	222.4	19	85.4	112.5
10	16.7	20.7	13.9	128.7	13	59.0	125.6
11	12.0	16.8	8.2	10.4	6	7.1	139.0
12	5.6	10.4	2.0	10.6	4	4.4	146.0
全年	16.8	21.4	13.2	1319.6	123	242.0	1991.7

【主要灾害性天气】 有记录以来的最暖冬季。2017年冬季(2016月12月至2017年2月)平均气温6.3℃,是浦口1961年有气象记录以来最暖的一个冬季,较常年同期偏高2.4℃。与常年同期相比,2016年12月平均气温偏高2.6℃,2017年1月偏高2.8℃,2月偏高1.8℃。春季全区温度持续偏高,平均气温较常年偏高1℃。但气温起伏大,遭受3次寒潮天气过程。

6月出现历史同期罕见强降水。6月10日,大暴雨普降浦口,24小时降水量达242毫米,超过历史同期记录,是1961年有记录以来的降水量第二多,仅次于2003年7月5日的301.4毫米。

出梅后全区进入高温烧烤天气。自7月15日开始出现连续12天高温天气(≥35℃),其中7月22～26日最高温度都维持在39℃～40℃。7月25日,浦口国家观测站测得最高温度40.6℃,打破7月历史最高温度记录,仅低于2013年8月11日40.8℃,居于1961年以来第二位。在全区18个区域自动气象站中,测得最高气温为42.5℃。 (梅疏影)

【水文】 根据区气象和水务部门统计,2017年全区年降水量1319.6毫米,比上年减少444.6毫米,下降25.2%。其中,5～9月降水量924.9毫米,比上年减少79.7毫米,下降7.93%。长江下关汛期最高水位9.14米(7月11日),最低水位4.85米(5月6日、6月4日);滁河晓桥汛期最高水位9.09米(6月11日、9月26日),最低水位6.19米(9月15日)。

2017年汛期长江下关、滁河晓桥水位特征值一览表

表 14 单位:米

月份	长江下关				滁河晓桥			
	最高水位	日期(时间)	最低水位	日期(时间)	最高水位	日期(时间)	最低水位	日期(时间)
5	6.03	5月27日9:45	4.85	5月6日2:30	7.01	5月8日10:15	6.31	5月31日23:45
6	7.85	6月30日15:15	4.85	6月4日1:15	9.09	6月11日13:00	6.31	6月1日11:15
7	9.14	7月11日11:30	6.72	7月30日22:45	8.97	7月10日13:30	6.86	7月30日23:45
8	7.33	8月22日9:00	5.86	8月30日22:15	8.22	8月8日16:30	6.85	8月1日2:00
9	6.58	9月9日10:45	5.33	9月29日23:05	9.09	9月26日12:10	6.19	9月15日10:05

(梅疏影 黄益双 李元全)

【自然资源】 浦口山富地饶,聚宝藏珍。地貌总体表现为集平原、岗地、丘陵、低山及大江、大河为一体的综合型。区境东南部为长江沙洲平原,面积157平方千米;西北部为河谷平原,面积约125平方千米,平原地区低平坦荡,土壤肥沃;中部为东北—西南走向的老山山脉,总面积约90平方千米,山体起伏,植被丰厚;低山与平原之间分布着砂砾丘陵、黄土岗地,总面积530平方千米。地貌单元的多元性,为土地资源开发利用提供了有利的自然基础。全区土地开发程度较高,农业用地中耕地面积2.81万公顷,旱涝保收面积占耕地面积的75%以上,实有林地面积25230公顷,林木覆

盖率37.59%,位居全省第一。全区后备土地资源少,主要分布于沿江滩涂,还有部分丘陵山地尚未开发利用。

区境水资源较丰富,主要来自地表水、地下水和过境水。全区水域面积2.1万公顷,占土地总面积的23.33%,其中长江、滁河水面占5.3%,内河、塘、库等水面占18.03%;境内长江段总长54千米,面宽水深,万吨巨轮常年通航,是一座天然良港,具有广阔的开发前景。年平均降水量1102.2毫米,地表径流量约24.62亿立方米。过境水量充沛,其中长江大通以上集水面积170万平方千米,多年平均过水量稳定在9100亿立方米。境内地下水资源分浅水层和深水层,水文地质分长江漫滩区、滁河漫滩区、老山岩溶水分布区和丘岗区。根据原江浦县水利农机局20世纪90年代提供的资料,平水年地下水资源评价量9.01亿立方米;深层地下热水资源水量丰富,水质较好,为开发利用创造了有利条件,其中汤泉街道出露温泉群9处,泉水总流量9600立方米/日,最高温度52℃;泰山、顶山一带"甘泉遍布",仅定山山麓就有珍珠泉、卓锡泉、虎跑泉、琥珀泉等,珍珠泉长年流量0.2立方米/秒,恒温22℃。

境内矿产资源以沉积的非金属矿产为主,已探明的石灰岩分布于老山西山段及大孤山至二顶山一线,总储量7.82亿吨,氧化钙含量高达55.4%,是生产特种水泥和炼钢熔剂的最佳原料;石英岩矿分布于龙洞山、二顶山一带,总储量4.14亿吨,据象山、大马山、狮子岭等开采矿点分析,二氧化硅含量94.4%~99.6%,是生产玻璃和冶金硅的优质石料。在永宁街道东葛至高丽丘陵地区及桥林兰花、汤泉龙山、滴水珠等地有品种齐全的红砂、黄砂和白砂,储量大、品位高,是建筑用的优质矿产。

区内植物起源古老,种类颇多,分180科800多种,其中木本植物37科330种,银杏、杜仲、广玉兰、喜树等珍稀品种均有分布,惠济寺3株千年古银杏树所结无芯白果,食之甘美,称国内一绝,星甸千亩杜仲林成为国内杜仲培植基地,药用、树脂、树胶、纤维、淀粉、油脂及保健饮料等植物资源具有广阔的开发前景;有苏中中药库之称的老山地区,有野生药材97科307种,其中165种为国内重点药材,沙参、丹参、明党参和柴胡等被医药界视为上品,多为外商指名求购。

【地方名特产】 浦口素称"鱼米之乡",经过培植利用的粮、棉、油及林果、桑茶、花卉等优良品种数以百计,其中"赢丰"牌、"滁河湾"牌国家一级无公害大米,"余家湾"牌大米,"三桥"牌鲜食玉米,"夏绿"牌菜秧,"飘香"牌田藕,"福童"牌、"赭洛山"牌、"狮岭春早"牌、"老山云蕊"牌茶叶,"勤富"牌草莓等畅销市场。野生动物270多种,其中香獐、穿山甲、中华虎凤蝶等为国家二级保护动物;长江浦口段为四大家鱼鱼苗天然捕捞场,年捕量1亿尾左右,西江口的刀鱼、银鱼等水鲜产品均享有盛誉。人工饲养的"苏农"牌光鸭,"咏香"牌肉鸭,"康宝"牌富锌、富硒鸡蛋,以及"绿浦"牌鳊鱼,"公子州"牌鳜鱼、鳊鱼,盘城观赏鱼,中华绒螯蟹等成为地方名特产品。

(朱军玲)

历史沿革

今之浦口区系原南京市浦口区和江浦县于2002年4月合并成立的新浦口区。

江浦县于明洪武九年(1376)初建时,其辖域分别隶属于六合、和州、滁州故地。原浦口区在民国16年(1927)以前,则为江浦县所辖区域。因此,记述今之浦口区历史沿革,可溯至江浦建置前的隶属关系。

秦至东汉末年的500多年,地域先后隶属九江郡棠邑县、东城县、建阳县和全椒县。三国时,地域先属魏,后属吴或属魏、吴弃地。两晋时,地域隶属淮南郡乌江县、秦郡尉氏县、顿丘县,并于今泰山街道范围内置宣化镇。南北朝时,于地域西部置怀德县。陈宣帝太建五年(573)五月,伐北齐,渡江浦涂水,直取秦郡,"江浦"作为地名载入《南史》。

隋文帝开皇三年(583),以州统县,地域分属和州乌江县、方州六合县、滁州新昌县。开皇八年(588),晋王杨广筑"晋王城"于桃叶山下(今泰山新村一带)。唐、宋、元各代,地域分属和州乌江县、真州六合县、滁州来安县。

明洪武四年(1371),以浦口"扼抗南北,钳制江淮",在今顶山街道南门(原南门镇)和泰山街道东门(原东门镇)一带建浦子口城。洪武九年(1376),析六合孝义乡和和州遵教、怀德、任丰、白马四乡及滁州丰城乡置江浦县,隶属南直隶应天府,县治设在浦子口城内。洪武二十四年(1391),迁县治于旷口山(今江浦街道)。万历八年(1580),知县余乾贞兴筑县治新城。清初,县域隶属江南省江宁府。雍正年间(1723~1735),县境划为五乡,原浦口地区为其东乡地。咸丰年间(1851~1861),太平天国设天浦省,区域属之。光绪末年,始行"市、乡自治"之制,改东乡为浦口市。

民国元年(1912),江苏省行政公署实行省、县二级制,县域直属于省。民国3年(1914),改行省、道、县三级制,县域属金陵道。民国16年(1927),国民政府迁都南京,废道,区域复属于省。同年,浦口商埠划属南京市管辖。民国22年(1933),浦口商埠区域建为南京市第八区。民国23~26年(1934~1937),江浦县先后属江苏省第九、第十、第五行政督察区。

抗日战争期间,江浦沦陷后,浦口地区(南京市第八区)复属江浦县。境内县国民政府、汪伪政府和中共抗日民主政府"三权"并存或交替。抗日战争胜利后,国民政府仍以浦口商埠区域恢复为南京市第八区,江浦县仍属省第五督察区。

1949年4月解放后,江浦县划属安徽省皖北行政公署滁县专署。江浦所属之浦镇、东门镇划归南京市,与南京市第八区合并建为南京市两浦区。1950年,两浦区先后改称第八区、新七区。1953年1月,根据中央人民政府关于调整省、区建制的决定,江浦划回江苏省,隶属扬州专区。1955年8月,新七区定名为浦口区。

1956~1970年,江浦县先后隶属镇江专区、南京市和六合专区。1971年3月,六合专区撤销,复属南京市。

2002年4月3日,原浦口区、江浦县合并,成立新的南京市浦口区,区政府驻珠江镇(今江浦街道)。 (刘海东)

名胜古迹

恬静暮色(珍珠泉) (吴玉忠 摄)

【概况】 浦口区南临长江、北枕滁河，中部横亘百里老山。境内旅游资源丰富，自然风光、人文景观与历史遗迹交相辉映，自古就是旅游胜地。“一代草圣、十里温泉、百里老山、千年银杏、万只白鹭、十万亩国家级森林公园”是对浦口旅游特色的生动概括。区内主要景区、景点有珍珠泉旅游度假区、老山国家森林公园、惠济寺遗址及古银杏、汤泉温泉城、求雨山文化名人纪念馆等。因其集山、泉、林、寺于一体，融旅游、度假、休闲、娱乐于一炉，被誉为“南京的后花园”。浦口自古历史悠久，文化积淀深厚。据考古发掘和出土器物推论，40万年前，浦口境内已有古人类的足迹。至新石器时代，就有先民在这片土地上繁衍生息。营盘山古文化遗址出土的一男性陶塑人面像是境内发现的最早的艺术作品，被考古学家称为“南京先祖”。2017年，浦口行政区有各级文物保护单位38处。其中，省级文物保护单位1处(牛头岗古文化遗址)、市级文物保护单位19处、区级文物保护单位18处。

【珍珠泉旅游度假区】 位于定山西南麓，为南京地区唯一的省级旅游度假区。规划面积1400余公顷，以山为主、泉为中心，构成度假区景观的基本骨架。芙蓉峰、妙高峰、狮子峰、石人峰、寒云峰、双鸡峰六峰环合，低山丘陵错落有致，峰峦起伏多变，环境幽深；珍珠泉、琥珀泉、情侣泉等大小泉眼30多处，素有“山秀、石美、泉奇”之誉。度假区由定山寺景区、珍珠泉景区、野营度假区、登山游览区、赏泉区、中心游乐区等10个观光游览区、1个度假别墅区及1个综合服务区构成。其中，享有“一泉三景”美誉的珍珠泉为区内最大特色。因该泉源头之水如成串珍珠从石缝中涌起，故名珍珠泉；当游人奋力鼓掌或引吭高歌时，泉中喷珠便越多越疾，如同喜迎嘉宾，又称“喜客泉”；而晴天远眺泉中水珠，又如小雨点在水面跳溅，似晴天细雨，故称“晴雨泉”。此外，在各景区内散布着定山寺遗址、达摩碑、明代摩崖石刻等历史文化遗迹及梅海凝云、镜山湖放排、鱼乐轩、高尔夫球场、野生动物生态园、森林游泳池、跑马场、万米长城、百米滑道等游览景点和项目。

【老山国家森林公园】 位于浦口区中西部腹地，贯穿浦口区东西，东临南京长江大桥，连接浦口高新技术开发区，西接安徽省和县，紧靠滁河，是南京西郊风景区主轴，有“南京绿肺、江北明珠”美誉。公园占地6667公顷，1991年被原林业部确定为森林公园，是江苏省最大的国家级森林公园。区域内山峦起伏，古木苍翠，原始森林覆盖率达85%以上。植被属落叶阔叶和常绿阔叶混交林，树种达720多种，林相丰富，尤其在深秋，红、

一叶烟波(老山) (史安标 摄)

黄、绿、紫，色彩缤纷，层次分明，景色迷人。公园分狮子岭、七佛寺和平坦三大主要景区，拥有龙洞、观音洞、天井洞、白筱岭洞等奇巧、诡异的溶洞景观，兜率寺、张孝祥墓等名胜古迹，以及滑草场、空中自行车、百鸟园等特色项目。登上位于七佛寺景区、海拔326米的老鹰山瞭望塔，可远望长江如练，俯瞰茫茫林海，别有一番情趣。

【惠济寺与古银杏】 位于汤泉街道西北侧惠济寺公园内。寺庙建于南唐，称汤泉禅院。宋初易名惠济院，元祐年间（1086～1094）改院为寺。清道光年间（1821～1850），在此创立英华书院。后书院与寺均毁于咸丰年间（1851～1861）战火。现仅存石柱础9个、“汤泉禅院之碑”残片数块、“英华书院”匾额1方、清代修寺碑1块及3株千年古银杏树。古银杏树不仅枝繁叶茂，姿态各异，而且所结果实皆无苦蕊心，堪称珍品，为银杏树中一绝。此地已辟为惠济寺公园，园内立有当代草圣林散之所撰《古银杏行》诗碑，诗、序、释文共521字，全幅气势恢宏，字态奇逸，堪为诗书俱佳的代表作。

【汤泉温泉】 位于汤泉街道北。汤泉因有多处天然温泉而得名，是全国闻名的“温泉之乡”。早在南朝时期，刘宋孝武帝刘骏曾到此沐浴，开启了名士贤达专程赴此沐浴优游的先河。此后，梁昭明太子萧统，宋代名儒王安石、苏轼、秦少游，明太祖朱元璋等都曾慕名而至，沐体濯足。泉水均出自汤泉山，地层为下石炭纪石灰岩，出露泉源多达23眼，其中流量较大已经利用和为人所称道者，有五柳泉、珍珠泉、菱角池、川堂泉、太子泉、汤湖堰泉和高下村泉。据有关部门测定，温泉水总流量6500立方米/日，泉温一般为35℃～47℃。经国内外专家多次验证，泉水中含钨、镁、钾、钠等30多种化学物质和氡、硫酸氢等气体，可治疗多种皮肤病和运动系统、神经系统疾病，温泉余水还可用做灌溉和水产养殖。

大吉度假村露天温泉鱼疗池　　（网络图片）

【求雨山文化名人纪念馆】 位于江浦街道西门外的求雨山，是国家三级博物馆、国家AAA级景区。该山为老山余脉，海拔41米，占地20公顷，满山松篁交翠，风光旖旎。1988年，首度于此建造林散之书画陈列室。至1997年，先后建成散木山房、宝砚斋、阅翠楼、墨香阁、爱雨轩、白马亭、柬筠亭等，并更名为林散之纪念馆。馆中藏林散之书画精品400余件，并陈列其生前用过的部分文

惠济寺　　（郭华林　摄）

具和印章。此后，萧娴纪念馆、高二适纪念馆及胡小石纪念馆先后落成，形成以四大书画名家纪念馆为核心的文化公园。园中景色清幽，人文荟萃，被世人誉为“当代兰亭”，是国内外书画界人士及书画爱好者心驰神往的书法山、文化园。

【定山寺】 位于浦口区狮子峰下，背山面江，是中国禅宗的重要寺院，被誉为“达摩第一道场”和南朝四百八十寺之首，也是中国禅宗发祥地和最初祖庭之一。始建于南梁天监二年(503)，由梁武帝萧衍在原六合山下为高僧法定而建，敕名“定山寺”。时为江北第一古刹，与江南栖霞寺、鸡鸣寺齐名。六合山也随之更名为定山(六合山因有狮子峰、妙高峰、芙蓉峰、石人峰、寒云峰、双鸡峰六峰环合而得名)。“定山之名，实肇自法定”，今之顶山，系“定”字谐音之讹。定山寺是禅宗始祖菩提达摩于南梁普通七年(526)一苇渡江后驻锡之地，达摩修炼传承禅宗之法，面壁修行。现存达摩岩、宴坐石、卓锡泉、一苇渡江碑等重要遗迹。明弘治四年(1491)，洁云禅师在寺内竖达摩画像碑一块。达摩络腮圆眼，拱手立于渡江芦苇之上，图像清晰，栩栩如生。此碑是中国最早的达摩画像碑，比嵩山少林寺的祖师碑要早120多年。定山寺屡遭战火，屡毁屡建。2012年，该寺开工复建，复建面积约3万平方米，沿中轴线依次为山门、天王殿、大雄宝殿、大禅堂。风格采用唐风建筑，为全木结构，所用木材全部为进口非洲红花梨。

林散之纪念馆 (朱军玲 摄)

政区 人口

【行政区划】 3月15日，市政府下发《关于调整浦口区部分行政区划的批复》(宁政复〔2017〕4号)，江浦街道七里桥社区全部和火药洲社区部分区域划入顶山街道管理。4月20日，区政府下发《关于同意桥林街道部分村(居)撤并、更名的批复》(浦政复〔2017〕14号)，撤销原乌江居委会、原五一村，合并成立新的乌江居委会；撤销原林蒲社区、原双营村，合并成立新的林蒲居委会；撤销原林东村、原河南村，合并成立新的林东居委会；原南一村更名为南驿村。5月11日，中共南京市委、市政府下发《关于进一步完善南京江北新区管理体制的意见》(宁委发〔2017〕18号)，调整浦口区、六合区相关街道托管关系，其中浦口区的顶山、沿江、泰山、盘城4个街道由江北新区党工委、管委会统一托管；此外，在江北新区直管区内，社会事务和社会管理等行政管理权限由省、市依法授予新区管委会承担。2017年末，浦口行政管理区下辖江浦、桥林、星甸、汤泉、永宁5个街道办事处；有城乡社区76个，其中城市社区50个，农村社区26个(其中村居合一社区4个)。

【人口】 2017年末，浦口行政区居民总户数11.05万户，户籍总人口32.79万，常住人口36.23万。户籍人口中，城镇人口14.44万，乡村人口18.35万，城镇人口比重44%；年内迁入人口5615人，迁出9695人，人口机械变动为净流出4080人。人口密度(户籍)为每平方千米470人。“全面两孩”政策稳步实施，全年新出生婴儿3535人，出生率10.86‰，其中二胎占41%，完成再生育审批38例；死亡人口1581，死亡率5.32‰；自然增长人口1954人，人口自然增长率5.54‰。 (统计局)

新建的定山寺大雄宝殿 (网络图片)

2017 年末浦口行政区街道(场)及社区居委会、村委会名录一览表

表 15

地区	社区居委会、村委会		
	类别	个数	名　称
江浦街道	居委会	15	烈士塔、求雨山、人民桥、新河、同心、高旺、西江口、老虎桥、华光、新合、珠江、团结、八里、巩固、白马、火药洲(3 月撤销)、七里桥(3 月撤销)
桥林街道	居委会	11	乌江(4 月新成立)、林浦(4 月新成立)、明因寺、石碛、福音、双垅、西山、滨江、兰花塘、百合、林东(4 月新成立)
	村居合一	2	高汤、刘公
	村委会	7	七联、勤丰、双庙、周营、南驿(4 月南一村更名)、林山、茶棚、双营(4 月撤销)、五一(4 月撤销)、林东(4 月撤销)、河南(4 月撤销)
星甸街道	居委会	5	石桥、星兴、万隆、解放桥、石窑
	村居合一	2	石村、高庙
	村委会	7	后圩、十里、汤集、双山、山西、九华、王村
汤泉街道	居委会	9	金泉、九龙、高华、三泉、泉西、龙华、龙山、龙井、新金
	村委会	5	泉东、陈庄、瓦殿、滴水珠、大黄
永宁街道	居委会	8	西葛、大埝、张圩、侯冲、东葛、高丽、大桥、永宁
	村委会	3	友联、青山、联合
老山林场	居委会	1	岔路口
汤泉农场	居委会	1	汤农

(韦思阳　张忱)

【民族】 2017 年,全区有汉族、回族、土家族、苗族、壮族等民族 34 个。其中,少数民族 33 个(含 1 个未识别民族),人口 4083 人,约占全区人口总数的 1.23%。少数民族中,回民 2588 人,占全区少数民族人口的 63.38%。

【宗教】 全区有四大宗教:佛教、道教、伊斯兰教、基督教。经批准登记的宗教场所 72 处,其中佛教 12 处,伊斯兰教 1 处,基督教 59 处;筹备设立的宗教活动场所 2 处,其中道教 1 处,伊斯兰教 1 处。有三大宗教团体:佛教协会、伊斯兰教协会、基督教三自爱国运动委员会。有信教群众 3.5 万人,宗教教职人员 107 人。(黄广付)

国民经济和社会发展

【经济发展概况】 2017 年江北新区管理体制调整后,浦口行政区实现地区生产总值 317.58 亿元,按可比价格计算,较上年增长 8.2%,增速较往年有所放缓。全区经济结构更侧重于服务业,三次产业比重依次为 12.7%、24.7% 和 62.6%,第三产业增加值占地区生产总值的比重超过 5 成。

第一产业增加值 40.20 亿元,增长 1.4%。实现农林牧渔总产值 75.84 亿元,增长 5%。新型农业经营体系加快构建。至年末,农民专业合作社累计 564 家,其中国家级示范社 5 家、省级示范社 12 家、市级示范社 11 家、区级示范社 39 家。新增工商注册家庭农场 94 家(共 479 家),其中 17 家进入首批省级示范家庭农场名录,24 家认定为市级示范家庭农场。现代农业规模继续加大。新增永宁街道大桥社区 1 个标准化菜地示范方,全区有标准化菜地示范方 4 个,总面积 156.4 公顷。新增设施蔬菜、设施园艺面积 363.33 公顷。

第二产业增加值 78.42 亿元,增长 7.8%。全区规模工业企业中主营业务收入达亿元以上企业 29 家,占规模企业总数的 21.6%。产值亿元以上企业主营业务收入 93.17 亿元,占行政区总量的 76.4%。规模工业企业完成工业总产值 158.41 亿元、销售产值 175.77 亿元、主营业务收入 173.02 亿元、利税总额 17.66 亿元。工业行业发展明显分化。规模以上工业行业中 9 个行业产值依然保持增长,其中电气机械和器材制造业、化学原料和化学制品制造业、非金属矿物制品业产值增速分别为 39.8%、33.7% 和 27.5%;13 个行业产值同比下降,数量较上年明显增加,其中金属制品业和专用设备制造业产值分别下降 20.6% 和 24.3%。

第三产业增加值 198.96 亿元,增长 9.2%。全社会消费品零售总额 82.41 亿元,其中批发和零售业零售额 67.56 亿元,住宿和餐饮业零售额 14.85 亿元。市场主体持续升级,象山路市民中心、金

盛田商业广场等一批新型商贸综合体投入运营。新增限额以上贸易企业(单位)12家(累计72家),限额以上企业(单位)全年消费品零售额35.02亿元,增长11.5%。随着台积电等外资项目落地,利用外资快速增长,全年实际使用外资3.21亿美元,增长32.7%。服务外包执行额总数9133万美元,增长4%,服务外包执行额离岸数4444万美元,增长9.8%。浦口行政区进出口总额90亿元,其中出口总额14.9亿元,进口总额75亿元。旅游接待量1029万人次,旅游总收入112.2亿元。不老村等5个景区被命名为省四星级乡村旅游区。上线南京智慧民宿服务平台民宿17家,床位462张。以乡村旅游为主题的微电影《幸福花开》获2017"美丽乡村"国际微电影艺术节"最佳故事片"大奖,以及华东赛区"十佳作品"奖。

全社会固定资产投资481.4亿元,增长2.8%。其中,一产投资1.27亿元,下降72.1%;二产投资135.95亿元,下降28.7%;三产投资344.18亿元,增长24.5%。区国资集团、康居集团、城建集团和交通集团四大投资平台累计完成投资108.92亿元(划出江北新区在地项目),占全区固定资产投资的22.6%,同比提升10.1个百分点。受新区建设发展、城市功能改善等长期有力因素的影响,房地产投资继续保持较快增长。全年房地产开发投资198.12亿元,增长20%,其中江浦片区房地产投资突破百亿元大关,达到104.9亿元,占房地产投资总额的52.9%。

一般公共财政预算收入54.71亿元,增长9%,其中各项税收收入42.73亿元,占公共预算财政收入的78.1%。公共财政预算支出70.91亿元。民生类支出增长较快,占总支出的78%。至年末,金融机构存款余额1820.56亿元,其中居民储蓄存款447.18亿元,金融机构贷款余额1124.5亿元。住户类短期贷款业务中,消费贷款余额21.38亿元,增长73.4%,连续数年保持快速增长势头;住户类中长期贷款业务中,消费贷款余额370.82亿元,增长16.7%,增速较上年有所放缓。

全体居民人均可支配收入39898元,增长9.3%;人均生活消费支出26467元,其中食品消费支出7011元。城镇居民人均可支配收入50505元,增长8.7%;人均生活消费支出31838元,其中食品消费支出8151元。农村居民人均可支配收入23512元,增长9.3%;人均生活消费支出18170元,其中食品消费5251元(注:除金融领域数据口径采用浦口板块以外,其余数据采用口径为剔除江北新区直管区后的浦口行政区)。

【城区环境】 完成51户危房改造任务,农村家庭住房成套比例88%。推进桥林乌江、桥林陡岗、汤泉、星甸等8个新城新市镇项目建设,12个小城镇建设项目基本完成。协调推进各责任单位及平台开展海绵城市建设工作,为改善城市生态环境和提升防汛抗旱能力、加快海绵城市建设奠定基础。建设天然气管网29.03千米,新增用户9570户。跟踪新开工地信息,从源头做好扬尘管理,五色挂牌考核工地346家次。做好污染源在线监控,开展餐饮油烟污染治理专项行动,累计治理110家,完成5个"餐饮一条街"整治。主要污染物排放量得到有效控制,化学需氧量减排893.21吨,氨氮减排38.19吨,二氧化硫减排193吨,氮氧化物减排1568.33吨。空气质量优良天数274天,达标率75.1%;PM2.5年均浓度38微克/立方米,下降11.6%;降尘均值3.9吨/平方千米;集中式饮用水源地水质达标率100%;声环境质量稳定控制在国家标准以内,噪声功能区达标率保持100%。建成美丽乡村示范片区127平方千米,创建市级以上示范村、特色村、宜居村33个。江浦街道不老村入选中国最美村镇50强,桥林街道福音社区八刘等2个村组被评为省级水美乡村。楚韵花香、西埂莲乡等5家创成省四星级乡村旅游区,水墨大埝通过省级水利风景区验收。

【社会事业】 2017年,浦口行政区(下同)认定省、市预备高新技术企业24家、高新技术企业5家。新增市级以上工程技术研究中心2家。新增知识产权管理标准化备案企业36家,通过省级绩效评价合格企业12家,通过国家级第三方认证企业6家;新增市知识产权示范培育企业8家、国家知识产权优势企业4家。新增省专利项目优秀奖4项、市优秀专利奖1项、省级贯标优秀奖2项。3月,浦口区被认定为国家知识产权强县工程试点区创建单位。众创空间建设取得新进展,获国家、省、市级备案的众创空间分别有2家、8家、9家,新认定市级孵化器2家。培育创新型企业家3名,集聚科技顶尖专家2名。

教育类重点工程建设投入7500万元。完成万科幼儿园等8所幼儿园建设,完成新世纪小学、定向河小学、天华东路中小学等9所学校建设手续办理。全部学校通过"江苏省合格学校"验收,教育技术装备均达到或超过省定标准。名校聚集进度加快,南京一中江北新区分校如期开学,汉开书院增设小学部,华东台商子女学校浦口办学点正式启用,书人实验学校、明道中学有序推进,全区优质教育资源得到进一步充实。挂牌成立1个市级名师工作室和10个区级名师工作室。杨瑞清入选中国当代教育家名录。行知中学通过"南京市推进素质教育示范初中"评估。浦口中专校通过省高水平现代化职业学校创建验收,在全国职业院校技能大赛上获得1金1银。

浦口公共文化服务数字化平台上线,注册用户8万余人,用户点击量超100万次。推出文化活动350场,超10万人次参与线上文化活动。发展注册文化志愿者1147人,组织活动232场,惠及居民6万余人。创建25家省级标准社区(村)综合文化服务中心,创建2家四星级、3家三星级农家书屋,浦口区被评为省级"农家书屋提升工程试点工作示范区"。全区每万人拥有公共文化设施面积超过1500平方米。组织开展各类文化活动1343场,送演出137场,放映农村数字电影481场,送图书1.37万册。联合中国美术馆举办"书中有我——萧娴先生诞辰115周年遗墨展"。求雨山名人馆全年接待游客36.16万人。

医疗服务能力明显提升。成功创建3个市中医重点专科、5个市级示范化母婴室、6个市级标准化母婴室和4个省级示范化村卫生室。录用各类人才202人,其中硕士以上研究生25人,高层次人才10人,博士学位以上人才实现零的突破。全区人均基本公共卫生经费85元。在全省率先启动卫生监督移动执法全过程记录。通过国家级四害防治先进城区复查验收,区中心医院获“江苏省健康促进医院优秀单位”称号。医疗卫生投入持续加大。桥林新城医院等省市重点项目有序推进;中心医院二期内科楼,中医院门诊楼、病房楼,桥林国际门诊部,石桥社区卫生服务中心异地改建项目建成并投入使用。

体育健身设施不断完善,人均体育设施面积3.11平方米。浦口市民中心等大型体育场馆对外开放;区体育场完成升级改造;水墨大埝、象山湖、环老山等体育主题公园完成提档升级;美丽乡村建设融入体育元素,新建健身步道近20千米。举办“浦口律动之春”三赛一节(浦口国际女子半程马拉松暨全国女子半程马拉松锦标赛、全国山地自行车冠军赛暨中国山地自行车公开赛、国际攀联世界杯攀岩赛及亚洲户外运动节)、南京国际跑步节、老山库珀有氧运动与健康国际论坛、南京老山有氧三项精英挑战赛、南京国际越野跑挑战赛、第四届长三角体育运动休闲季(江苏浦口站)等大型国际国内赛事活动,累计参与人数近2万人次。4月,区政府与省体育局签订协议共建老山有氧运动小镇,推动“浦口·国家有氧运动健康园”建设。

社会保障体系继续完善。城乡基本养老保险续保率98%,城乡基本医疗保险覆盖率100%,失业保险覆盖率98.7%。城镇企业职工养老、工伤、生育、失业、基本医疗保险累计参保68.8万人次。各项社保基金收入、各级政府补贴计27.1亿元,各项社保基金支出22.93亿元,各项基金累计结余4.17亿元。城镇企业职工养老保险基金备付能力达84个月。对28310名低保对象发放低保金159.85万元。全区养老机构10家,其中医护型养老机构7家,设置养老床位1775张。新增城镇就业17587人,实现再就业12601人。

【2017年度“建设浦口”先进单位和先进个人名单】

一、“建设浦口”先进单位(38家)

江浦街道　汤泉街道　开发区
国资集团　康居集团　城建集团
科工园　机关工委　公安分局
城管局　国资工委(财政局)　法院
检察院　信访局　政务办　编办
拆管中心　党校　国税局　地税局
供电营业部　江浦街道烈士塔社区
江浦街道人民桥社区　江浦街道珠江社区
江浦街道八里社区　桥林街道明因寺社区
桥林街道林山村　桥林街道林蒲社区
桥林街道福音社区　星甸街道双山村
星甸街道九华村　星甸街道万隆社区
汤泉街道瓦殿社区　汤泉街道金泉社区
汤泉街道高华社区　永宁街道大埝社区
永宁街道东葛社区　永宁街道西葛社区

二、“建设浦口”先进个人(179名)

曹　原　郑恒萍　曹卫华　童金洲
刘　飞　石　磊　李业明　张国栋
王林东　杨庆枫　陈为群　张　晖
李成理　宋　炎　徐立新　赵锡中
周　红　孙治国　倪云国　王晓苏
朱　晔　马　恬　张雅婷　周兆琴
王礼华　邵联财　袁受国　梁有能
张乐荣　胡　振　马连龙　林　波
狄昌盛　邵昕昕　何建国　刘明海
杨　震　任　斌　孙欢欢　吴久宝
杨晓玲　叶连保　于　康　赵海军
江明镜　陈积花　赵祖祥　马　星
杨忠彬　庆秋萍　夏　敏　刘尚路
童敬明　毛　栋　刘远翠　张林涛
周进达　陈　辉　甘　龙　陈一波
陈　健　徐跃军　陈德萍　王月球
刘　刚　陆春红　徐国庆　朱远刚
朱宗余　张孝东　艾　平　史建荣
崔学兵　李春梅　杨军虎　桑乃华
干　晟　王　青　卞　琦　张小卫
刘　光　王春林　张伍强　许朝宏
倪大江　刘　民　徐　鹏　马寿年
吕万清　徐　昊　成　俊　龚　庆
诸鑫星　韩　勇　殷贵萍　杨　璞
李　炜　秦慧东　张福强　戴　曦
卞大亮　方文清　王　辉　余　涛
窦仕斌　邹华昌　任卫兵　史莉玲
胡先海　吴芳芳　孙景桥　姚凤萍
王如勇　魏　华　马淑强　叶雪峰
张春晓　张　勇　成相飞　陈忠国
韦　群　岳　钧　陈登明　蔡德森
成　伟　许　海　毛如虎　郭丽娟
李　龙　权　民　高国晨　苏　健
侯利旺　许尤山　刘　杰　姚　晖
李羽斌　李冬梅　汪凯波　刘　猛
任　欢　张华俊　高金明　高　峰
李　逸　宋秋华　李朝星　张　伟
张广宗　王德胜　张忠新　窦兴春
刘　超　郭　清　周　芹　王健健
吉中连　张晓宇　张　斌　陈先荣
郑　煜　谢　勇　尹治宇　田　珂
沈利萍　丁家洪　郑小萍　冯智武
丁建明　郭仁静　孙爱文　张　祥
高韦玮　陈德虎　王溢峰　金　玲
李桂荣　聂敦刚　葛洪海

(雷雨)

【2017年度区级机关“为人民办实事”十佳项目】　为促进浦口区机关作风不断转变,推进机关为群众办实事工作的落实,进一步增进机关部门与群众的密切联系,根据全区机关作风建设工作安排,组织开展2017年度“为人民办实事”十佳项目评选活动。区级机关部门共申报办实事项目57件。2018年2月,经区作风建设领导小组研究决定:开发运用“浦口区中小学招生网上报名系统”等10个项目为2017年度区级机关“为人民办实事”十佳项目,并予以表彰。

2017年度区级机关“为人民办实事”十佳项目一览表

表16

序号	项目名称	项目单位
1	开发运用“浦口区中小学招生网上报名系统”	区教育局
2	以交通出行畅通平安为民办实事、事事赢民心	公安分局

续表 16

序号	项目名称	项目单位
3	全民健康服务之60岁以上老年人健康综合服务项目	区卫计局
4	浦口区交通优化工程	区交通局
5	正党风 促村风 带民风 党(村)史馆助力美丽乡村建设	区委组织部
6	挖掘乡村特色美食,打造乡村旅游新亮点	区旅游局
7	区级低收入农户增收项目区建设	区农业局
8	精细化建设管理实施“公厕革命”等民生工程,提升城市宜居宜业品质	区城管局
9	市民中心文化馆图书馆开放服务	区文广局
10	魅力浦口 醉美乡村	区财政局

【2017年度浦口区创新项目评选】 根据《浦口区创新项目考评办法(试行)》(浦委办发〔2017〕65号)要求,2017年度创新项目分为三大类型进行评选:政治建设类由区委组织部牵头,经济建设、生态文明建设类由区发改局牵头,社会建设、文化建设类由区委研究室(社建工委)牵头。2018年2月14日,经过申报、初审、综合评审等环节,并报区委研究同意,共评选创新项目67个,其中一等奖19个,二等奖48个。

2017年度浦口区创新项目获奖情况一览表

表 17

奖项	序号	项目名称	实施单位	获奖格次
政治建设类	1	打造村(社区)党组织书记讲坛 建强基层带头人队伍	组织部	一等奖
	2	以行村制为核心的基层党组织治理新模式	汤泉街道	一等奖
	3	建立“四个上一线”战时思想政治工作机制激发全警战斗力	公安分局	一等奖
	4	开辟大走访共建实验田	城建集团	一等奖
	5	“法润乡土”微课堂	法院	一等奖
	6	构建“134”干部管理新模式 切实增强干部队伍内生动力	江浦街道	二等奖
	7	推进党建与德育融合 促进学生健康快乐成长	教育局	二等奖
	8	打造全市首家人大APP 推进浦口智慧人大建设	人大办	二等奖
	9	“党风+政风+家风”探索基层党建 带动社会治理新模式	永宁街道	二等奖
	10	建党员“流动”的服务站 做基层“行走”的店小二	发改局	二等奖
	11	构建“大学生客栈、青年公寓、人才产权房”人才安居住房三级供给保障体系	康居集团	二等奖
	12	“三位一体”抓党建 打造坚强有力战斗堡垒	房产局	二等奖
	13	《不忘初心 砥砺前行》浦口区“全面从严治党这五年”宣传周活动	区纪委	二等奖
	14	企社联动打造立体化扶贫新格局	国资集团	二等奖
	15	城管局重点工程装载“安全卫士”杀毒系统	城管局	二等奖
	16	探索建立群体案件防控机制 构建劳动仲裁“防、调、裁”争议处理体系	人社局	二等奖
	17	创建新平台帮扶困难学子	总工会	二等奖
经济建设、生态文明建设类	1	创新审批流程 提升审批效能	发改局	一等奖
	2	采用新工艺、新机械、新材料,快速更换雨、污水窨井盖	水务局	一等奖
	3	利用物联网技术打造省内首家道路工程质量、安全、环保“三位一体”监管平台	交通局	一等奖
	4	“一人一策”探索有劳动能力低收入户脱贫新路径	农工委	一等奖
	5	“五个率先”创新招投标监管新机制	建工局	一等奖
	6	打造人才公共服务平台 增强创新创业驱动活力	组织部	一等奖
	7	探索全区首单公益项目租金收益权资产证券化 助推区级国有融资平台转型升级	国资集团	一等奖
	8	脱贫帮扶初见成效 持续增收仍需努力——建立浦口区农户精准扶贫动态监测系统	统计局	二等奖
	9	抢抓试点机遇 加大集成创新 全力打造具有桥林特色的国家新型城镇化样本	桥林新城指挥部	二等奖

续表 17

奖项	序号	项目名称	实施单位	获奖格次
经济建设、生态文明建设类	10	完善园区安居体系 启动产业人才共有产权房试点工作	开发区	二等奖
	11	创新工作机制 打破审计监督“最后一千米”	审计局	二等奖
	12	浦口区人力资源和社会保障大数据决策支持系统	人社局	二等奖
	13	让企业办事零障碍、使百姓办事少跑腿——试点探索建设项目施工图多图联审	编办	二等奖
	14	基于 BP 神经网络的城市土地储备规模预测研究	土储中心	二等奖
	15	城市园林修剪枝条及落叶垃圾变废为宝	城管局	二等奖
	16	创新破产重整及破产企业注销机制 助力新浦口供给侧结构性改革发展	法院	二等奖
	17	政府基金引导 培育科创企业	财政局	二等奖
	18	构建人才安居住房三级供给保障体系	康居集团	二等奖
	19	打造四大平台强化产业服务生态圈	江浦街道	二等奖
	20	调研成果“以电商驱动美丽乡村互联网＋的永宁实践”推广	永宁街道	二等奖
	21	浦口区工业退役场地数据化管理	环保局	二等奖
	22	基于绿色发展理念的“四好”农村公路建设新技术研究	交通局	二等奖
	23	钢板桩隔仓注浆拔除施工创新	城建集团	二等奖
	24	构建“12345”村级财务立体化监管体系	星甸街道	二等奖
	25	新型轨道交通在都市近郊区规划应用中的探讨——以浦口区新型轨道交通规划研究为例	规划分局	二等奖
	26	围绕人民美好生活需要 提升城市统筹建管水平	建设局	二等奖
社会建设、文化建设类	1	构建“贤爱堂”社区治理新模式	江浦街道	一等奖
	2	“零距离”听百姓民声 “不见面”为群众服务	政法委	一等奖
	3	建设全省一流公安检查站	公安分局	一等奖
	4	浦口公共自行车无桩租还车项目	交通集团	一等奖
	5	开展“巡更”“巡夜”，做实大联勤网格	汤泉街道	一等奖
	6	文化浦口云	文广局	一等奖
	7	浦口区新媒体联盟建设、运用及成效	宣传部	一等奖
	8	互联网＋居民消费合作社	星甸街道	二等奖
	9	涵养中华文化，搭建平台载体，促进国际交流	教育局	二等奖
	10	浦口区城乡居民医保“掌上转诊”便民服务	社保中心	二等奖
	11	扬执法利剑，治车窗抛物	城管局	二等奖
	12	加快社会信用体系建设 着力打造“信用浦口”新名片	发改局	二等奖
	13	创新维修资金第三方监管，创造浦口幸福人居环境	房产局	二等奖
	14	创新服务供给方式 建设农民幸福家园	桥林街道	二等奖
	15	580(我帮您)永宁街道志愿服务提升项目	永宁街道	二等奖
	16	浦口区大数据分析平台	信息中心	二等奖
	17	以德法同行促进浦口社会治理新常态	司法局	二等奖
	18	浦口区“1＋1＋5＋X”食品安全快速检测体系	市场监管局	二等奖
	19	全区信访维稳工作联动机制	信访局	二等奖
	20	成立浦口区新的社会阶层人士联谊会(简称“新联会”)	统战部	二等奖
	21	探索小微权力规范运行工作机制	检察院	二等奖
	22	打造历史文化与景区特色融合新载体	珍珠泉度假区	二等奖
	23	水墨大埝美丽乡村旅游区 创新“旅游＋体育”模式	城建集团	二等奖
	24	广电＋旅游 借势借力 放大浦口知名度和影响力	广播电视台	二等奖

· 文稿编辑 朱军玲 ·

党政 群团

中共浦口区委

·综 述·

【区委四届三次全会】 8月9日在区级机关大礼堂召开。区委书记瞿为民代表区委常委会围绕全力打赢聚焦富民主攻仗、坚定不移推进“四个生态”(宜居健康的自然生态、创业创新的人文生态、法治诚信的社会生态、风清气正的政治生态)新浦口建设向全会作工作报告。在全力打赢聚焦富民主攻仗方面,报告指出,要坚持以人民为中心的发展思想,以鼓励创业、扩大就业为抓手,以发展服务业为支撑,以盘活资产为路径,以实现精准脱贫为重点任务,以增强公共服务为基本保障,推动富民增收与经济增长互促共进。在推进“四个生态”新浦口建设方面,报告强调,要以“五个国家级”(国家级自主创新先导区、国家级开发区、国家级新型城镇化示范区、国家级旅游度假区、国家级现代农业示范区)培育新一轮发展优势,要用改革创新助力经济社会发展,要把塑造城市绿色品牌作为面向未来的战略使命,要让法治成为地区核心竞争力的重要标志,要以学习贯彻十九大精神推进全面从严治党。区长王磊围绕全区重大产业项目推进及开发区建设情况作工作报告。报告指出,下一步,全区要做好“抓招商、蓄实力,推项目、添动力,强载体、提引力,育主体、增活力,优环境、聚合力”五个方面工作,推动重大产业项目建设再上新台阶。区委农工委等七家单位围绕推动富民增收作表态发言。会议表决通过《浦口区委四届三次全体会议(草案)》。就做好下一阶段工作,瞿为民强调,要传达全会精神,把思想和行动统一到区委决策部署上来,确保扶贫攻坚战、“四个生态”浦口建设取得实效;要坚定发展信心,保持发展定力,加大力度强化项目招商引资和建设,确保完成目标任务;要以良好社会环境迎接十九大召开,发挥大联勤、大走访作用,主动发现、及时处置问题,加强风险防控,为经济社会平稳发展营造良好环境。

【区委四届四次全会】 12月29日在区级机关大礼堂召开。区委书记瞿为民代表区委常委会向全会作报告,报告就深入学习贯彻党的十九大精神进行部署,回顾2017年以来工作取得的成绩,部署2018年全区工作的主要任务,强调全面提升适应新时代发展需求的党建工作水平。报告指出,2018年要在五个方面取得新成效:推动科技创新和全面深化改革,主动承担江北新区“自主创新先导区”建设任务,遵循科技创新和产业发展规律,在聚力创新中增强动能、在深化改革中激发活力;推动项目建设和产业集聚升级,树立“项目为王”理念,聚焦项目引进和服务保障,在打造现代产业集聚区上体现区域竞争力;推动生态优化和人居环境改善,强化绿色发展、协调发展的自信自觉,把生态环境作为浦口体现特色优势的重要窗口;推动民生发展和社会治理提升,坚定“以人民为中心”发展思想不动摇,紧贴人民最关心最直接最现实的问题,一件事情接着一件事情办、一年接着一年干,使人民获

12月29日,浦口区委召开四届四次全体会议 (宣传部 供稿)

得感、幸福感、安全感更加充实、更有保障、更可持续;推动民主法治和文化发展繁荣,坚持德法并举,发挥法治的稳定、保障作用和文化的引领、凝聚作用,为全区发展提供安定环境、和谐氛围和精神动力。会议表决通过《浦口区委四届四次全体会议决议(草案)》。区委副书记、区长王磊作会议小结并布置工作。就抓好当前和今后一段时期的工作,王磊提出四点要求:要高质量推动经济发展,落实中央经济工作会议精神和省市区委全会要求,重点抓好产业发展、项目推进和平台建设;要高站位深化机制改革,贯彻落实中央和省市各项改革部署,发挥市场配置资源的决定性作用,为经济健康发展注入新活力;要高品质提档城乡建设,实施239项城乡建设项目,重点把握好交通路网、水气管网、城乡环境、城市管理四个方面,推动城乡资源共享、优势互补;要高标准改善民生福祉,抓住群众最关心、最直接、最现实的利益问题,把区级财力的80%用于民生改善,推进保障房全装修、医疗报销比例提升、"厕所革命"等28项民生实事项目,努力在"七有"(幼有所育、学有所教、劳有所得、病有所医、老有所养、住有所居、弱有所扶)上取得新进展。

【全区机关作风建设暨党员干部大走访和城市精细化建设管理动员大会】 3月4日在区级机关大礼堂召开,区四套班子领导出席会议。会议表彰"建设浦口"先进单位51家、先进个人246人、纳税大户20家、纳税额增幅领先企业10家。区政务办、城管局、高新区研创园、江浦街道作表态发言。区长王磊就全区党员干部大走访暨城市精细化建设管理工作做具体部署。王磊强调,要增强政治意识,提升行动自觉;增强攻坚意识,推动工作落实;增强责任意识,确保工作实效。区委书记瞿为民强调,要深入剖析服务企业、服务群众存在的问题,从改进作风的角度认识开展大走访、实施城市精细化建设管理的重要意义;要坚持以人民为中心,问需于民、问计于民、问评于民,深入基层、深入群众,察实情、办实事,提升群众获得感;要把打造一流的营商环境作为核心任务,转变服务理念、优化服务内容、创新服务方式,走进园区、拜访企业,解难题、助发展,提升企业满意度;要将开展10项行动作为精细化建设管理的重要抓手,做到精准发力、解决问题,确保城市面貌显著、持续改观。

【全市"互联网+改革"之基层在线第三场访谈活动在浦口举办】 6月23日在会议中心举办。活动由市委研究室、南京报业传媒集团、龙虎网共同策划,市委副秘书长、社建工委书记孙惟勤,区领导任家龙、高昌玖参加活动。区委政法委副书记吴兴枝、江浦街道党工委宣传(统战)委员吴元杰、江浦街道烈士塔社区书记马恬、南工大法学院副教授马海韵围绕浦口区大联勤工作的开展以及运作模式与居民展开交流。区委副书记任家龙指出,实施社会治理大联勤,要按照联勤联动、群防群治的思路,通过建立区街联动的三级平台加网格体系,以街道属地对各类问题的及时发现,推动部门条线的快速处置,促进社会治理问题及时发现、早期干预、快速调处,促进不在秩序的部件实现正常秩序。

【全市特色田园乡村试点暨美丽乡村建设推进会在浦口召开】 9月15日在星甸街道会议室召开,市领导龙翔、华静,区领导瞿为民、任家龙、许国平、王礼文,市级机关部门以及江宁、六合、溧水等涉农区党委或政府分管领导参加活动。龙翔一行到美丽乡村楚韵花香、崾里人家、星甸街道后圩村万亩水产养殖基地,考察浦口区美丽乡村建设情况。会上,市委农工委(美丽办)汇报美丽乡村工作推进情况,浦口、江宁、高淳区作交流发言。市委副书记龙翔就如何抓好特色田园乡村和美丽乡村建设工作提出三点意见:适应发展趋势,迎接乡村复兴的新机遇;把握目标内涵,统筹推进,展现新作为;融合工作力量,凝聚共识,形成新合力。龙翔强调,特色田园乡村建设要出样品,示范村建设要出精品,田园综合体建设要出名品,要注重规划设计与保持乡村原貌、注重品质提升、注重传统文化的传承以及功能的完善。

【全区社会矛盾和安全隐患大排查大整治行动领导小组会议】 9月26日在会议中心召开,区领导瞿为民、郑晓明、刘党伟、黄振宇、许国平、高昌玖、马伦国、陈高峰、王珍祥、蔡新良出席会议。区委常委、政法委书记刘党伟传达全国社会治安综合治理表彰大会精神,汇报全区大排查大整治行动前一阶段工作和下一阶段重点工作安排。区综治办、安监局、公安分局、发改局(金融办)汇报全区社会稳定督查工作情况、安全生产督查工作情况、十九大安保维稳工作准备情况、金融领域防风险工作情况;老山林场汇报大排查大整治工作开展情况。就落实社会矛盾和安全隐患大排查大整治行动,区委书记瞿为民强调:要全面排查,摸清问题,通过利用联勤网格发现问题、加快推广大联勤APP、加快风险排查的问责等举措,提高发现问题的能力;要综合施策,梳理解决问题途径,能解决的要立即解决,即知即改,复杂、系统性的问题要认真研究,注重科学性和规律性,并及时跟踪、反馈,要多想办法、找路径,解决问题、消除隐患;要注重研究,分析反思问题,把握事故规律、增强工作规则性,同时加强应急预防。

【全区农村集体产权制度改革动员部署会】 10月25日在会议中心召开,区领导任家龙、王礼文出席会议。区委农工委总结前期浦口区农村集体产权制度改革工作情况,剖析问题,并对下一步工作提出建议。6月,农业部、中央农办公布100个2017年度农村集体产权制度改革试点县(市、区)名单,浦口区为南京市唯一入选区。在充分考察和调研的基础上,区委、区政府决定分三个批次推进农村集体产权制度改革工作。2016年至2017年10月,完成第一批17个村(社区)改革,改革村(社区)数占全区总数的25%;2017年10~12月开展第二批,完成改革村(社区)数至少占全区总数的70%;2018年4月底前,剩余村(社区)作为第三批全部完成,确保2018年10月底通过农业部验收。区委副书记任家龙指出,农村集体产权制度改革是继家庭联产承包责任制之后,又一项农业农村领域的重大改革,事关广大人民群众的切身利益、农业的繁荣发展、农村的和谐稳定,要以强烈的责任感和使命感推进这项工作。要全面清产核资、摸清家底,要科学确认农村集体经济组织成员身份,要有序推进集体资产股份合作制改革,要发展农村集体经济。

【学习传达党的十九大精神大会】 10月28日，浦口区召开学习传达党的十九大精神大会，区四套班子全体领导（含其他市管干部）、区管副职以上领导干部、区双管单位主要领导参加学习会。区委副书记任家龙传达党的十九大及省市有关会议精神。区委书记瞿为民指出，党的十九大是在全面建成小康社会决胜阶段、中国特色社会主义进入新时代的关键时期召开的一次十分重要的大会，在党和国家发展史上具有重大里程碑意义。瞿为民就宣传贯彻十九大精神强调，一要深刻理解、准确把握十九大确立的重大理论观点和重大战略思想，要从牢牢把握新时代“举什么旗”“走什么路”“应有什么样的精神状态”“担负什么样的历史使命”“实现什么样的奋斗目标”五个方面深化十九大报告学习；二要迅速兴起学习宣传贯彻十九大精神的热潮，全区各级党组织要按照中央和省市委部署，结合各自实际，抓好学习培训、集中宣讲、宣传解读、组织协调，把学习宣传贯彻十九大精神组织好，做到干部培训全覆盖、宣讲活动全覆盖、社会宣传全覆盖；三要以习近平新时代中国特色社会主义思想为指引，深入推动浦口新一轮发展，各级党组织和党员干部要以奋发有为的精神面貌，抓好十九大精神在浦口的贯彻落实。

【区委工作务虚会】 12月15～16日在会议中心召开。会议深入学习贯彻党的十九大精神及习近平新时代中国特色社会主义思想、省委市委重要会议要求，科学分析研判面临的形势任务，思考谋划2018年工作。区委常委、副区长分别结合前期调研和各自分管工作，畅谈2017年工作情况及2018年工作打算。区长王磊分析江北新区管理体制调整后，浦口面临的“区域面积减小、可用财力减少、创新载体减半”三个问题，并阐述对策。区委书记瞿为民强调，江北新区管理体制调整后，面临新情况新问题，大家要坚定信心、树立决心，要顺势而为、借势借力，要突出重点、加强创新，要突出执行、落实到位。2018年工作，要以目标为导向，做好对标找差，确定追赶、超越的对象，把工作当学问做，紧抓问题导向、责任导向，抓好发展的机遇期、窗口期；要重点思考工作中存在的“不到位、不精细、不较真、不大气”问题，确保在工作上有新境界，干部作风上有新气象，在新区体制调整后的开局之年取得好成绩。 （雷雨）

·政策研究·

【概况】 文稿起草高质高效。始终把为区委领导提供高质量的文稿服务放在第一位，超前研究领导决策思路，提高文稿的指导性和可操作性。起草省市委主要领导调研、农业农村工作会议、组织工作会议、改革工作会议等文稿90余篇，特别是完成区委四届四次全会报告的起草任务。围绕提升浦口美誉度和影响力，加大对外宣传力度，《浦口打造现代产业集聚区的路径研究》《社区治理视角下居民消费合作社的实践探索与路径选择——以南京市浦口区为考察对象》《创新“微社区”平台 聚焦“大效应”治理》3篇调研文章获江苏省社科精品工程二等奖，大联勤、居民消费合作社、微社区治理3个案例收录于《砥砺奋进——南京社会建设发展实录》，《浦口区围绕破解“三个为什么”难题，深入推动党的建设制度改革》发表于《南京改革》。

调查研究注重转化。坚持把调查研究作为提高辅政水平的基础性工作，按照“贴近领导搞调研，服务决策谋大事”思路，加强调研工作组织、协调和重大课题实施，力求为区委决策提供意见建议。以推动调研的制度化为重点，以提高调研成果转化率为关键，做好全区面上年度重点调研课题的组织推进，年初抓申报、年底抓评比，组织开展区社科联年度优秀调研成果评比，收到参评文章106篇，其中54篇分获一二三等奖及优胜奖；对内组织调研月活动2次，综合运用实地走访、驻村驻点、组织座谈等调研方法，形成调研文章27篇，编发《领导参考》13篇，其中3篇获区委主要领导批示。信息参考价值不断提高，注重从不同方向、不同角度、不同渠道搜集信息，依托新华网和安邦智库，梳理国内外经济社会发展的前沿信息，编发《每月信息摘编》12期。

综合改革有序推进。行使区委改革办职能，围绕落实区委改革领导小组工作部署，强化顶层设计、创新试点，高效组织推进6个方面49项改革任务，完成市委改革督察组实地督察迎检工作。坚持“工程化”推进，年初制定区委改革年度工作要点和季度推进计划，协调经济体制和生态文明体制改革、民主法制领域改革等六个专项小组工作，实行季报制度，形成“改革办综合协调、专项小组统筹推进、部门条块具体落实、一把手直接主抓”的责任链条。坚持“项目化”管理，建立全区改革项目库和创新项目清单，强化过程性督查，重点园区 Wi－Fi 覆盖、试点产业人才共有产权房制度等18项创新试点任务取得实质性进展。

社会治理勇于创新。围绕加快构建法治诚信的社会生态，贴近基层实际和群众需求，坚持“三个导向”（目标导向、问题导向、责任导向），努力提升人民群众的获得感和满意度。突出目标导向，牵头做好全市民生幸福建设群众满意度测评，针对2016年测评成绩不理想的现状，一手抓问题整改，组织相关部门召开分析会，开展区内自测，深入查找问题，细化整改措施；一手抓组织发动，把11月份作为宣传月，通过线上线下多渠道宣传民生工作成绩亮点，提高群众认同感。突出问题导向，针对浦口社会治理品牌不多的现状，注重培育典型、挖掘亮点，在全市社会建设创新案例评比中，江浦街道《浦口贤爱堂·邻里自治中心运作模式》、永宁街道《村民民主协商会破解基层自治难题》2个案例被评为市十佳案例，桥林街道农民集中安置小区的“林山样本”、星甸街道“互联网＋消费合作社”被评为2017年度市级创新联系点。突出责任导向，牵头组织全区和谐社区（村）分类考核和社会（文化）建设创新项目评比，坚持公平公开公正，完善考核细则，严格规范评审流程，发挥考核的激励和鞭策作用。

社科事业蓬勃发展。与市社科院、南工大、南信大等高校院所开展课题合作研究，6项重大课题研究报告汇编成册，《关于推进美丽乡村“互联网＋”的实践与思考》获南京市决策咨询奖一等奖。坚持高校与地方联动、社科团体与科普基地联动，“幸福浦口 快乐每周”惠民演出、中华传统文化教学影像制作、中小学“五小”素质教育作品成果展3项活动获省市社科联项目资助2万元，南信大《以案说法》入选南京市《2017年社科知识与百姓生活》系列科普丛书。联系省市高校、科研院所专家学者,组建社科专家库,东南大学建筑学院院长韩冬青等10位专家入选。区社科联获“2017年度全国社科组织先进单位”称号。

【区社科联一届二次理事会全体会议】 1月17日在会议中心召开。市社科联副主席张石平,区领导任家龙、郑晓明出席会议。区委常委、宣传部部长、区社科联主席郑晓明向理事会作工作报告。报告指出,过去一年,区社科联围绕全区中心工作,开展理论研究、咨政服务、社科普及,加强组织建设和人才培养,在推动全区改革和发展中发挥了应有作用。2017年,区社科联要继续团结和带领全区社科界,突出思想引领,突出咨政服务,突出成果展示,为保障江北新区发展、推动浦口“四个生态”建设贡献更大力量。会议强调,要把握发展形势,增强行动自觉;要把握工作重点,加强社科研究;要把握自身特点,加强组织建设。大会宣读《关于表彰2016年度区社科联优秀调研成果的通报》,53篇优秀调研成果受到表彰。

【区委全面深化改革领导小组会议】 4月27日在会议中心召开,区领导瞿为民、任家龙、张屹等出席会议。会议全面总结2016年工作完成情况,查找存在问题,明确2017年主攻方向和重要任务。会议指出,2016年全区深化改革工作在各方面取得较好成绩,2017年改革工作要以凸显浦口特色、注重任务落实为目标,推进6大领域49项重点任务,实现各改革重点领域和关键环节取得新突破。区委书记瞿为民强调,要深入学习习近平治国理政系列重要讲话,特别是关于深化改革的每一次重要讲话,领会精神实质;要加强理论指导,坚持目标导向,坚定改革方向;要从存在的问题着手,坚持问题导向,力求务实管用;要借鉴外地经验,保持先进性,体现探索性;要从试点入手,暴露问题、积累经验、找到规律。

10月26日在会议中心召开,区领导瞿为民、王磊、任家龙等出席会议,各部门、街道主要负责人参加会议。区委改革办汇报2017年全区改革工作要点和改革创新项目推进情况,6个专项小组组长汇报各领域改革工作推进情况、存在问题和改革思路。区委政法委、区委宣传部、区联勤办等部门相关负责人汇报改革项目实施方案。区委书记瞿为民强调,当前重点任务是确保改革任务全面完成,抓好江北新区管理体制调整,了解现状,学会倾听,疏通堵点,找到路径,提前谋划2018年改革工作,做好2017年改革创新评比。瞿为民要求,要将全面深化改革作为政治责任,在改革上赢得先机、敢于担当、配套改革、有序推进,力求改革思路更加精确、改革推进更加有力、改革成果更加显著。

【两个案例被评为“南京市社会建设创新十佳案例”】 9月4日,2017南京市社会建设创新案例现场评审暨颁奖大会在江苏省会议中心举行。此次征集推选自3月启动申报,共征集全市各部门、各区及企事业单位230个案例,经过网上投票、评审组评分、专家评分,推选出50个案例参加现场评审。来自市社会建设领导小组成员单位的分管领导现场打分,社工师、社会组织负责人、社区居民代表以及机关、高校、企业的群众评委参加投票。30余家单位的案例分获十佳案例、典型案例、优秀案例。其中,江浦街道《浦口贤爱堂·邻里自治中心运作模式》、永宁街道《村民民主协商会破解基层自治难题》2个案例被评为市十佳案例,区联勤办《“大联勤”社会治理体系》、区司法局《培育乡贤文化 涵育文明新风》2个案例被评为市典型案例,区妇联《“彩虹”公益服务品牌 精心呵护妈咪宝贝》案例被评为市优秀案例。

【区社科联一届三次理事会全体会议】 12月14日在会议中心召开,市社科联副主席张石平,区委常委、宣传部部长、区社科联主席郑晓明出席会议,区社科联常务理事会成员及全体成员单位代表、受表彰的先进个人参加会议。会议总结2017年工作,部署2018年任务。区委常委、宣传部部长、区社科联主席郑晓明向理事会作工作报告。会议表彰2017年度区社科联优秀调研成果。会议指出,2017年区社科联在区委、区政府的正确领导下,深入学习贯彻十八大、十八届历次全会和十九大精神,贯彻落实省市区党代会部署,主动服务浦口经济发展大局,加强应用研究,创新工作平台,整合优质资源,有力推动社科事业发展,获“2017年度全国社科组织先进单位”称号。会议要求,2018年工作要以贯彻十九大精神为主线,深化理论武装工作;以建设新型智库为目标,提升研究服务能力;以培育品牌基地为重点,加强社科普及工作。 (郁康)

·组织工作·

【概况】 截至年底,区委下设31个直属党(工)委,各党(工)委下属980个基层党组织,全区有党组24个。党员22898人。其中,女性6039人,占26.4%;35岁以下5599人,占24.5%;高中以上文化程度16685人,占72.9%。

【“两学一做”学习教育常态化制度化】 根据中共中央总书记习近平重要指示精神和省市区委“两学一做”(学党章党规、学系列讲话,做合格党员)学习教育常态化制度化工作座谈会精神,综合分析全区“两学一做”学习教育取得的成效和存在的问题,制定下发《关于推进“两学一做”学习教育常态化制度化的实施方案》《关于推进“两学一做”学习教育常态化制度化2017年工作安排》《关于做好推进“两学一做”学习教育常态化制度化几项重点工作的通知》等文件。党员领导干部带头制定自学计划,准确把握新党章要求,学习领会十九大精神和习近平治国理政新理念新思想新战略。开展主题为“旗帜鲜明讲政治”“习近平总书记治国理政新理念新思想新战略”“学习贯彻党的十九大精神”3次专题讨论,基层党支部围绕学习贯彻省市区党代会精神,联系各自实际,开展“我为创新、富民做什么”专题讨论。领导班子成员带头赴党校、分管领域、基层单位或所在支部讲专题党课,基层党支部结合学习教育常态化制度化部署安排,组织党课学习,做到“三个讲清楚”(讲清楚为什么开展“两学一做”学习教育、讲清楚学党章学党纪学系列讲话的重点任务、讲清楚怎么做合格党员),深化党员干部思想认识。结合“两聚一高”(聚力创新、聚焦富民,高水平全面建成小康社会)先锋行动,督促各单位制定具体方案,细化任务要求,做出部署安排,组织党员立足各领域各行业实际,开展党员亮绩行动,彰显先锋模范作用,为推进改革发展做出贡献。

【党员干部大走访】 2017年,在全区开展党员干部大走访活动。重点抓好五个方面工作:开展政策宣传。向基层、企业、群众宣传党的十八届六中全会和省市区党代会精神,宣传党的富民惠企政策,实现各项政策在基层的深入人心、有效落实。深入调查研究。通过座谈交流、个别访谈等形式,深入村(社区)和企业开展调查研究,了解摸清换届后村(社区)经济发展、公共服务、基层治理和“两委”班子运行现状,了解摸清企业生产经营情况和重点项目推进落实情况。记好民情日记。听取基层和群众的呼声,了解基层和群众的所急所需,理清工作思路,研究提出加强和改进工作的具体措施。化解矛盾难题。帮助群众解决缺思路、缺项目、缺技术、缺资金等问题,促使尽快走上致富之路;帮助村(社区)做好理清工作思路、化解信访积案、排查矛盾隐患等工作;帮助企业解决融资、审批、用工及环保等问题,促进企业提速增效、转型升级;加大项目协调推进和服务力度,解决项目推进过程中的困难和问题,促进项目早开工、早建成、早见效。办好民生实事。整合各方力量,做好就业创业、医疗救助、社会保障、子女上学等方面的民生实事,差别化提供助老、助小、助残、助困等服务。全区3233名党员干部参与大走访,共走访城乡居民家庭11.89万户(农村居民家庭71447户、城市居民家庭47415户)、企业(项目)1635个、科技创业人才329人、基层站所320个,均实现全覆盖。

【干部队伍建设】 创新干部考核考察方式,结合“三评一议一记录”(实绩评价、能力评价、作风评价,民主评议,记录纪实)干部日常考核,融入干部选任考察、后备干部调研工作,推行常态化推荐、常态化调研,实现干部日常考核、关键时刻考核有机统一,形成覆盖全面的综合考核考察体系。对全区各部门、街道、园区进行考核考察,利用上下互评、相互印证的方式,科学、立体地识别干部,为干部选拔任用提供重要参考。严格按照《党政领导干部选拔任用工作条例》要求,坚持以岗择人、人岗相适,优化领导班子知识结构和专业结构,培养选拔政治强、懂专业、善治理、敢担当、作风正的领导干部。优化干部知行周记制度,对知行周记本的版式、内容重新设计印制,增设周计划表,增加心得体会所占比重,激发干部将学习、思考和研究的所“知”与联系基层、服务群众和推进工作的所“行”有机结合,推动工作落实。严格落实组织工作重要事项请示报告制度,严明工作纪律和要求,使每名领导干部对请示报告制度的意义内涵入心入脑,对请示报告制度的具体内容、报告程序了然于胸,做到应报尽报,对未能按要求履行职责的干部严肃处理。做好干部档案审核工作,开展全国干部人事档案专项审查,收集、整理、甄别档案材料,严格按照时间节点有序推进。坚持整合力量、调动干部,按照“组织需要、尊重意愿、双向选择、统筹使用”的原则,安排新转员且有意愿的干部以“七大员”(社会治安指导员、社会工作指导员、基层党建指导员、产业发展辅导员、创新创业辅导员、重点工程督导员、重要工作督导员)身份参与全区中心工作,继续发挥作用。

【干部教育培训】 做好中央精神学习培训工作。3月28~31日,分两期组织422名区管在职领导干部在区委党校集中轮训,学习贯彻党的十八届六中全会和省市党代会精神。6月29日,根据《关于推进“两学一做”学习教育常态化制度化2017年工作安排》文件精神和《区委常委会“两学一做”学习教育工作安排》,按照在全省党员干部中开展“旗帜鲜明讲政治”专题学习的要求,结合全区七一活动安排,面向全体在职区管领导干部,开展“旗帜鲜明讲政治”专题辅导,省委党校教授李继锋以《重温长征历史 弘扬长征精神》为主题作专题讲座,430名区管干部参加培训。做好外出培训组织工作。5月12日至6月9日,分四批次组织149名区管副职干部赴井冈山开展“传承红色基因,提升党性修养”专题培训。培训结束后开展学员心得体会汇编工作,对培训质量进行评估分析,并形成培训总结报告。做好领导干部进高校工作。按照市委组织部《关于2017年领导干部高校专题学习春(秋)季学期报名工作的通知》要求,组织152名处级干部参加高校专题学习。举办浦口干部大讲堂。围绕领导干部关注热点,挑选专题和师资,与南大合作,聘请相关领域专家教授授课,举办“2017年宏观经济形势与政策展望”“PPP发展形势”等专题讲座,参学干部约600人次。

【基层党建工作】 落实困难党员关爱基金,以区财政和区管党费为主,合理使用350万元困难党员关爱基金,按季度对全区困难党员进行临时补助。结合“四个集中”(集中排查、集中覆盖、集中规范、集中保障)行动和“百日攻坚行动”,在“两新”组织(新经济组织、新社会组织)实现党组织和党建工作的有效覆盖,共单独建立党组织162个、联合建立党组织59个、选派党建工作指导员167人。开展“大联勤+基层党建”工作,突出党员联勤队员先锋作用,在联勤工作站设置党员先锋岗,党员队员佩戴党徽,做到亮身份、树形象,为网格居民提供精细化服务。完成党费补交和使用,根据中组部《关于党费收缴工作专项检查中清理收缴的党费使用有关问题的通知》和省委组织部、市委组织部要求,共补交党费481.09万元,补交党费主要用于脱贫攻坚、帮扶困难党员群众、开展党员教育培训、拨付党支部活动经费等方面。完善党建工作经费保障机制,建立健全来源稳定、管理规范、保障有力的基层党建经费保障机制,加大财政支持力度,2017年,区财政下拨村(社区)党建工作经费、党员教育活动经费893.23万元。

【党员教育管理】 严把入口关,从严发展党员,按照“控制总量、优化结构、提高质量、发挥作用”总要求,遵循“成熟一个发展一个”原则,严格执行“两推三考一服务”(党员推荐与组织推荐相结合,培训考试、素质考量、访谈考察三重把关,搭建党员志愿服务平台)党员发展机制,确保把政治成熟、立场坚定的优秀分子吸纳到党组织中来。注重实行结构性倾斜,对非公企业、国有企业、社会组织给予充分的党员发展名额。分两期对全区345名发展对象进行集中培训、统一测试,提升发展对象整体素质,确保新党员发展质量。将建强入党积极分子队伍纳入区一体化目标考核细则,确保党员队伍活水源头、勃勃生机。严肃党内纪律,建立党员退出机制,畅通党员出口,多次对失联党员进行摸底统计,跟进失联党员查找情况。探索和完善党员积分制管理,优化党员责任、义务、荣誉和负面"四张清单",将党员工作目标任务量化、定性化、责任化。

【人才强区战略】 服务澳大利亚工程院院士谢亿民、中国工程院院士杨裕生申报科技顶尖专家集聚计划。贯彻落实《江苏省人才工作领导小组关于实施乡土人才"三带"行动计划的实施意见》,开展乡土人才摸排梳理工作,组织召开街道、园区、部门乡土人才意见征集座谈会,草拟《浦口区乡土人才"三带"行动计划实施意见》《浦口区乡土人才选拔培养管理暂行办法(试行)》,在全社会营造"人人都是人才、人人皆可成才"的浓厚氛围。围绕江北新区产业优势、科教优势、区位优势、开放优势,对接南大、哈工大等高校,9名人才到江北新区和浦口区挂职科技镇长团。制定《浦口区选拔引进清华大学人才服务管理办法》,力推高校院所在干部挂职、人才引进、大学生就业等方面与浦口区加强合作。发挥"创赢浦口"微信公众号、浦口区人才服务网宣传作用,印发"创业浦口"宣传手册、人才科技产业政策申报指南,举办省"双创计划"申报辅导会,系统介绍国家和省市人才计划申报条件和扶持标准,扩大政策的知晓率和覆盖面,累计吸引337名人才申报"创业浦口"高层次创业人才,10人申报省双创计划。落实《高层次人才服务管理办法》,优化人才服务手段和内容,为人才在日常体检、配偶就业、子女入学等方面提供优惠政策和便利条件。落实人才安居政策,制定《浦口区共有产权房重点产业人才认定办法(试行)》《浦口区人才安居办法适用对象(目录)》。围绕政策解读、项目申报、企业管理、产业发展、人才引进等主题,通过创业训练营、创客周末、融资对接、创新创业大赛、人才招聘、参观新区重大项目等形式,帮助人才对接资源、拓宽视野,提高创新创业能力,增强对浦口的荣誉感、归属感,举办两岸生命健康产业技术暨人才研讨交流会、"创赢浦口"中科院高端人才项目对接会、"海峡两岸创客周"暨"青创空间进高校"等活动30场。上门走访人才企业,查看企业落地办公、社保缴纳、销售业绩等状况,督促人才企业规范、诚信运营。紧扣市对区目标考核要求,围绕初创成活率、优质孵化率等绩效考核指标,跟进督促街道、园区开展定期自查。统筹梳理人才政策,做好科技、人才项目申报培训辅导,帮助提升企业资质,增强发展后劲,其中江苏久吾高科技股份有限公司在创业板成功上市(高端团队企业),南京日托光伏科技有限公司年销售突破6亿元,南京尧顺禹生物科技有限公司获国家科技进步二等奖。加强与社会服务机构合作,为南京洁态环保科技有限公司、爱威机电(南京)有限公司、南京钛能电气有限公司等单位牵线对接南京紫金科创,落实社会融资近1000万元。以"江苏·大院大所合作对接会"为契机,加强与清华大学、中科院等单位的对接合作,加大关键核心技术和高层次人才引进力度,做好顶尖人才重点产业研发平台注册落户服务。

【全市科技镇长团团长座谈会在浦口召开】 1月17日在浦口高新区管委会召开。省委组织部人才工作处处长洪浩、调研员高政文,市人才办副主任张明娣等领导出席会议,栖霞、江宁、浦口、六合、溧水、高淳6区及浦口开发区科技镇长团团长参加会议。各区(园区)汇报近期科技、人才工作推进情况,重点就科技镇长团团队管理、工作业绩、下一步工作打算做交流发言。洪浩对第九批科技镇长团挂职以来开展的工作给予肯定,对科技镇长团下一步工作提出四点希望:围绕"两聚一高"目标,科技镇长团工作要有新的定位;在深化改革背景下,科技镇长团工作要有新的作为;在全面从严治党布局下,科技镇长团工作要有新的要求;在现有管理制度下,科技镇长团工作要有新的贡献。

【抓基层党建和落实全面从严治党主体责任述职】 1月21日,在区政府会议中心召开区委常委会听取2016年度抓基层党建和落实全面从严治党主体责任述职会议。区委常委,市委党建工作领导小组成员、市编办主任许宏,市委组织部组织一处副调研员张秦一出席会议。各街道党工委书记和区级机关工委、教育局、卫计局党委书记述职,区委书记瞿为民逐一点评,其余24名区直属党(工)委负责人以书面形式述职。瞿为民强调,就进一步落实从严治党要求,抓好全区基层党建和党风廉政建设,一要准确理解中央关于全面从严治党的新要求新论述,学习贯彻"四个意识"、《关于新形势下党内政治生活的若干准则》《中国共产党纪律处分条例》等;二要加快提升基层党建工作整体水平,在借力借势、服务服从江北新区建设中展现新作为,在解决问题中提高服务能力;三要推进党风廉政建设,把"立规矩"作为大事来抓,创新监督执纪方式方法,加大审查力度,推动"两个责任"(落实党风廉政建设责任制,党委负主体责任,纪委负监督责任)在基层压紧压实。

【全区组织工作会议】 3月16日在区政府会议中心召开,区委书记瞿为民,区委常委、组织部部长王安伟出席会议。区委书记瞿为民在充分肯定近年来全区组织工作取得的成绩后指出,2017年是党的十九大召开之年,是全面贯彻党的十八届六中全会精神、推动全面从严治党向纵深发展的关键之年,做好2017年工作具有十分特殊而重要的意义。要深刻认识新形势新任务新要求,把贯彻习近平系列重要讲话精神作为根本遵循,树立"四个意识",在思想上政治上行动上更加坚定地同以习近平同志为核心的党中央保持高度一致;把迎接党的十九大胜利召开和学习贯彻好党的十九大精神作为工作主线,把实现省市区党代会确定的目标任务作为组织部门的使命担当,增强做好组织工作的使命感和责任感。区委常委、组织部部长王安伟结合学习贯彻全国全省全市组织部部长会议精神,对2017年组织工作进行部署。

【村(社区)党组织书记讲坛】 5月11日,组织开展全区第一期村(社区)党组织书记讲坛。围绕征地拆迁和社会治理两大主题,江浦街道巩固社区、桥林街道兰花塘社区、沿江街道复兴社区、顶山街道金汤街社区4名社区党组织书记交流发言，现场互动提问，区委书记瞿为民点评。为保证讲坛效果，前期组织村（社区）书记赴安吉、江宁等地参观，学习先进地区经验，拓宽基层干部视野。

9月4日，举办第二期村（社区）党组织书记讲坛。江浦街道华光社区、桥林街道茶棚村、星甸街道万隆社区、汤泉街道陈庄社区、永宁街道永宁社区5个村（社区）党组织书记围绕“抓党建 促富民”主题作交流发言，并与现场参会人员进行问答式互动。省委党校党史党建教研部主任董连翔教授作专业点评。

12月19日，举办第三期村（社区）党组织书记讲坛。江浦街道白马社区、桥林街道林蒲社区、星甸街道九华村、汤泉街道瓦殿社区、永宁街道大埝社区5个村（社区）党组织书记围绕“党建引领美丽乡村建设”主题作现场演讲，并与现场参会人员进行互动交流。市社科联副主席、市社科院副院长张石平作点评，高度评价浦口区村（社区）党组织书记讲坛，认为讲坛“主题聚焦、形式新颖、互动共享、互学互鉴”，同时从“特色彰显魅力、创新铸就动力、品牌成就实力”三方面谈了建设好美丽乡村的启示。

（朱宇希）

【浦口区科技镇长团“一带一路”现代物流发展高端论坛】 5月13日举行。浦口区科技镇长团“一带一路”现代物流发展高端论坛由区政府主办，浦口开发区、东南大学经济管理学院承办，省第九批科技镇长团浦口（高新）团协办。中国工程院院士杨善林、中国物流学会副会长贺登才、中欧物流集团有限公司董事长姜超峰，以及来自上海交大、浙大、东南大学等高校现代物流研究领域的专家学者齐聚浦口，围绕物流行业的最新成果和发展趋势，探讨“一带一路”倡议背景下现代物流发展方向，为江北新区乃至南京市物流产业发展出谋划策。南京市江北新区管委会常务副主任、浦口区委书记瞿为民出席论坛开幕式并致辞。现代物流是江北新区聚焦发展的“4+2”产业体系中的重要一环。浦口区作为江北新区主阵地，发展现代物流业具有较大潜力，七坝港长江航运物流园开工，冷链物流等新兴业态逐步发展。下一步该区将挖掘七坝港口等天然优势，丰富物流产业形态，做强物流产业体系，推进综合物流体系建设，发展专业物流、智慧物流，将现代物流业打造成区域竞争的新优势。论坛开幕式举行东南大学研究生实践基地揭牌仪式。

【中科院青年创新促进会创新基地成立】 6月28日，“创赢浦口”高端人才项目对接会暨中科院青年创新促进会创新基地揭牌仪式在科工园举办。中科院南京分院常务副院长杨桂山、中科院地理与湖泊研究所副所长段学军出席，区长王磊出席并致辞，区委常委、组织部部长王安伟和中科院青促会理事长刘倩共同为创新基地揭牌。中科院青促会是中科院优秀青年学者的组织，有会员2000多人，很多会员成为中科院科技创新的骨干力量。来自中科院地理与湖泊研究所、中科院纳米技术与纳米仿生研究所、中科院生物医学工程技术研究所等10多个科研单位的近50名青促会会员，与浦口区相关部门、街道、园区负责人和企业家代表就生物医疗器械、纳米新材料、先进测试仪器、土壤污染修复等高端产业化项目展开对接。中科院青年创新促进会浦口创新基地的揭牌，为院地双方搭建常态化合作平台，有利于更多“中科院系”科技成果在浦口生根发芽、开花结果，有利于浦口进一步集聚创新资源，对接大院大所科技成果落地转化，构建院地协同发展的新格局。

（组织部）

·宣传工作·

【概况】 突出理论武装引领，探索宣传教育新思路。制定《浦口区党委（党组）理论学习中心组学习实施细则》，提升中心组学习的制度化规范化水平。制定区委中心组年度学习计划，组织全区领导干部学习会3场、区委中心组（扩大）学习会4场、集中交流研讨5场。加强对基层党组织理论学习的指导，下发《关于印发2017年全区党（工）委中心组专题学习计划的通知》，开展巡学旁听工作。组织2016～2017年度基层党员冬训，实施专题培训200余场，参训党员近2万人次。开展十八届六中全会、省市区党代会精神宣讲活动100余场，宣讲队伍50余人。成立学习贯彻党的十九大精神区委宣讲团，实现人员构成全覆盖、宣讲范围全覆盖、宣讲对象全覆盖。谭丽莉《加强班组思想政治工作推动企业文化建设发展》获评市思想政治工作优秀课堂，浦口草根名嘴吴开萍、穆建获市“百姓宣讲名嘴”选拔活动三等奖。情景剧《联勤身边事》、歌曲《飞翔的梦想》入选南京市2017理论宣讲文艺作品，区委宣传部获组织工作奖。完成研究课题近40个，在市委宣传部、市政研会组织的全市思想政治工作研究成果评比中，《高校联盟拓展全民阅读空间》《浦口区社区志愿者服务的路径探析》获三等奖，《全媒体时代泰山街道开展网络舆情引导的探索与思考》获优秀奖。区社科联获“2017年度全国社科组织先进单位”称号。

坚持核心价值导向，推进文明创建新提升。完善文化建设目标考核细则，组建区文明城市长效管理办公室，实行旬督查月通报季讲评年考核制度。制定《浦口区宣传推进南京市民文明规范“八个不”实施方案》，开展“文明浦口随手拍”网络有奖互动活动。星甸街道九华村获“全国文明村”称号，江浦街道不老村、星甸街道瓦殿社区获“2017全国最美村镇”称号，江苏省江浦高级中学、浦口实验学校获“南京市文明校园”称号。制定《浦口区落实〈南京市公益广告发展规划（2016～2018年）〉实施方案》，策划制作微电影《江浦好人》，获2017第三届“根亲中国”微电影大赛十佳作品奖和中国大学生微电影创作大赛组委会特别推荐奖。开展第二届“美善浦口人”评选，宣翠华获第六届江苏省道德模范提名奖和2017十大中华慈孝人物奖，宣翠华、刘志刚、王阴霞获“江苏好人”称号，宣翠华、姜开峰、张继微获“第六届南京市道德模范”称号，宣翠华、曹必明、张继微、赵善福、王永辉、王喆、朱军林获“南京好人”称号，尤家玉获“2017年度南京十大孝亲人物“称号。“志愿江苏”平台志愿者活跃度全市排名第二，贤爱堂、太阳花、心灵彩虹3个志愿服务项目获评“2017年省志愿服务交流大会优秀参展项目”，江浦、永宁、桥林街道获“南京市街道志愿服务总站示范点”称号，求雨山名人纪念馆、浦口区图书馆获“首批市公共文化设施学雷锋志愿服务示范单位”称号，浦口区图书馆图书漂流车获“首批市志愿服务驿站”称号。

强化正面宣传引导，营造和谐稳定新氛围。借助意识形态工作联席会议制度，研判分析新闻线索，分季度制定外宣重点选题，考核中明确新闻外宣加分制度，调动街道、部门宣传工作积极性。通过构建矩阵宣传平台、开设系列专题栏目、开展主题采访活动等形式，做好党的十九大精神主题宣传。在省市区重大专项工作宣传上，加强与中央、省、市媒体的联系，实施对外宣传“请进来”工程，邀请中央电视台、《人民日报》、人民网、《新华日报》《南京日报》、江苏电视台、南京电视台等主流媒体开展集中专题采访活动。在市级以上新闻媒体发稿896篇，其中中央电视台、《人民日报》等国家级媒体发稿4篇，《新华日报》头版头条稿件11篇，《南京日报》头版稿件26篇，其他媒体头版头条194篇，江苏电视台正面报道94次，南京电视台正面报道89次。邀请中新社记者赴西埂莲乡现场直播荷塘美景，引发数万名网友观看。举办长三角广电旅游联盟“大美浦口”推介会，吸引长三角32家广电台参与。举办“律动之春·体育休闲月”“迎接十九大·童眼看浦口”“喜迎十九大·说说你的心里话”“幸福浦口新家园”等系列主题活动。制作完成浦口形象宣传片《浦口 与心最近的地方》。成立全市首家区级新媒体联盟，打通省市区三级新媒体圈层。健全以“浦口发布”为龙头的新媒体矩阵建设，制定全区政务微信、微博绩效考评办法，求雨山书法网络文化小屋、浦口区全民阅读网络文化小屋及楚韵花香、水墨大埝、知青故里美丽乡村网络文化小屋5家网络文化小屋被市网信办集中授牌，围绕迎接党的十九大、浦口区四届三次全会等组织开展系列网络主题宣传活动，凝聚网络民意正能量。

【党的十九大精神学习宣传】 党的十九大闭幕后，按照中央、省委、市委要求和统一部署，全区各级党组织迅速行动，掀起学习贯彻党的十九大精神的热潮。制定《区委关于认真学习贯彻党的十九大精神的通知》《关于成立学习贯彻党的十九大精神区委宣讲团开展集中宣讲活动的实施方案》等文件，成立由139人组成的学习贯彻党的十九大精神区委宣讲团，推动党的十九大精神进企业、进农村、进机关、进校园、进社区，在区委党校、街道、社区(村)、部委办局、直属单位开展宣讲151场，组织区“草根宣讲团”开展分众化、对象化、互动化特色宣讲活动60场，实现人员构成全覆盖、宣讲范围全覆盖、宣讲对象全覆盖，推动党的十九大精神深入人心。

【蔡丽新调研浦口宣传思想文化工作】 2月8日，市委常委、宣传部部长蔡丽新一行到浦口区调研宣传思想文化工作，区领导瞿为民、郑晓明、高昌玖、葛华友陪同。蔡丽新一行到美丽乡村水墨大埝、南京老山生态旅游体验园、泰山街道社会主义核心价值观主题教育馆、沿江街道大联勤指挥中心、猪八戒网江苏总部项目调研指导。蔡丽新指出，要树立江北新区意识，提升宣传思想文化工作水平；要发挥优势，提升标杆，着力打造理论建设高地和文明创建高地；要加强主题宣传策划、强化公共文化服务、推进文化产业发展，为江北新区发展提供保障。

【核心价值观百场讲坛】 6月16日，由中宣部宣教局、光明日报社共同主办的核心价值观百场讲坛工程第53场活动在浦口区举行。区委中心组全体成员、部分区管副职以上领导干部、区双管单位主要领导等500余人参加活动。中国人民大学法学院教授、中国立法学研究会副会长兼秘书长冯玉军作题为《社会主义核心价值观融入法治建设的要义和途径》讲座。冯玉军围绕“公正是法治的生命线”“法律是外在的道德，道德是内心的法律”“坚持立德树人、德法兼修的原则，培养法学理论和实务人才”等方面，通过大量案例、数据，阐释社会主义核心价值观融入法治建设的意义、方法和路径。500余名干部群众到场聆听讲座，光明网和光明云媒客户端进行视频现场直播，287万名网友收看节目，30.5万名网友通过微博、论坛等参与交流互动。

【第二届“美善浦口人”评选表彰】 9～12月，区文明委组织“美善浦口，德耀金陵”评选活动。经各部门各街道申报推荐、区评审组委会初选、文明委成员单位投票、审核公示等环节，区文明委研究决定，授予李忠豪等10人第二届“美善浦口人”称号。2018年1月2日，在浦口文化中心举行第二届“美善浦口人”表彰暨故事分享会，会上宣读《关于表彰第二届“美善浦口人”的决定》，区领导为第二届“美善浦口人”颁奖。分享会通过电视短片加现场访谈的形式讲述第二届“美善浦口人”的真情故事，并回

6月16日，核心价值观百场讲坛第53场活动在浦口举行　　（柏顺　摄）

顾第一届“美善浦口人”给大家带来的感动。两届“美善浦口人”同时登台，第二届“美善浦口人”为第一届“美善浦口人”送上鲜花。每位“美善浦口人”都希望将美和善的精神继续发扬光大，感染更多身边人，共同建设美善浦口。

浦口区第二届“美善浦口人”一览表

表18

姓 名	性别	出生年月	政治面貌	推荐类型	单位及职业	主要事迹
聂锡华	男	1958.3	中共党员	敬业奉献	永宁街道社区卫生服务中心医生	初心不改，仁心仁术，扎根社区40余年，为民健康服务
郭玲玲	女	1985.2	中共党员	敬业奉献	浦口特殊教育学校教务主任	平凡教师数十年如一日，坚持自己的特教之梦
李忠豪	男	1992.3	中共党员	敬业奉献	浦口巡特警大队民警	爬高30米，筋疲力尽，只为救下轻生者，并让其恢复生活勇气
张学春	男	1974.8	中共党员	助人为乐	浦口区建工局综合科主任科员	永葆军人本色，热心公益事业，用实际行动弘扬雷锋精神
刘志刚	男	1980.12	群众	助人为乐	南京蔚然财物管理公司总经理	坚持11年，不改初心，浦口首例捐献造血干细胞
荀　伟	男	1977.2	预备党员	诚实守信	汤泉街道个体户	诚信经营，拾金不昧
刘永春	男	1973.2	群众	见义勇为	浦口交警大队交通协管员	危急时刻，见义勇为，自己负伤帮助邻居脱离险境
尤家玉	女	1967.7	群众	孝老爱亲	江浦街道求雨山社区居民	数十年如一日照顾非亲非故的空巢老人
王阴霞	女	1971.12	群众	孝老爱亲	育婴房销售员	夫妻换肾，演绎爱情童话
郑明园	女	1973.6	群众	孝老爱亲	浦口区居家养老服务中心负责人	用心助老爱老敬老，让老人乐享晚年，老人们心中的“孝女”

【全市首家区级新媒体联盟成立】 10月31日，南京市首家区级新媒体联盟——浦口区新媒体联盟成立大会在浦口区市民中心召开。市委宣传部部务委员刘斌，浦口区委常委、宣传部部长郑晓明等领导出席会议，省市主流新媒体、市级自媒体大V、3家驻区高校以及周边城市政务新媒体等30余家作为特邀成员出席会议，浦口政务新媒体、浦口社会新媒体等80余家联盟成员参加会议。浦口区新闻策划与融合发展中心、浦口区新媒体联盟揭牌；为浦口区最具影响力新媒体企业颁奖；浦口媒体融合人才培养校地合作项目签约；5家单位被授予“浦口区第一批市级网络文化小屋”称号；审议并通过《浦口区新媒体联盟运行办法和联盟理事单位、成员单位名单》。浦口区新媒体联盟全面整合区内、省市及周边地区100余家新媒体资源，是区级新媒体资源整合、对接、协作的公共服务平台，为全区机构单位提供线上线下一站式策划宣传服务，搭建品牌活动、舆论管控、行业协作、人才培育四大功能平台。联盟成员大会下设联盟理事会、秘书处、专家委员会，秘书处下设活动部、舆情部、行业协作部等工作部门。新媒体联盟成员单位有人民网、新华网、浦口发布、浦口手机台、南京江北生活圈、南京众祥传媒等100余家。 （高倩）

10月31日，南京首家区级新媒体联盟在浦口成立 （宣传部　供稿）

· 统战工作 ·

【概况】 构建大统战工作格局。召开全区统战工作会议,贯彻落实中央、省市区委系列决策部署。调整区委统一战线工作领导小组,出台《关于调整区委统一战线工作领导小组成员的通知》《中共南京市浦口区委统一战线工作领导小组 2017 年工作要点》《区委统战部 2017 年重点工作推进计划》等保障性文件,强化大统战工作格局的组织领导。围绕区委、区政府中心工作,制定下发《2017 年度浦口区委统战部调研工作方案》,通过实地走访、召开座谈会、发放调查问卷等形式开展调研,夯实大统战工作格局的理论根基。通过专题培训、交流座谈、参观考察等形式,组织统一战线各界代表人士和统战系统干部学习贯彻党的十八届系列全会、十九大会议和习近平系列重要讲话精神,贯彻落实中央、省市区统战工作会议要求。完成工商联、伊斯兰协会换届,筹建浦口区新的社会阶层人士联谊会和青年企业家联合会。将驻区高校党外知识分子和无党派代表人士充实到党外代表人士队伍中,全区统一战线"六支队伍"(民主党派人士、无党派人士、少数民族人士、宗教人士、非公有制经济人士、港澳台和海外代表人士)不断壮大,为构建大统战工作格局积累资源优势。建立同心浦口、智慧侨务、台胞驿站等新媒体工作平台,建立党外代表人士及与浦口知名人士信息系统数据库,加强沟通联络和政策宣传,形成统一战线合力。

服务经济社会发展大局。发挥党外代表人士智库优势,在星甸街道岠里人家建成集学习培训、宣传展示、联谊交友等功能于一体的"统战之家"。组织民主党派、无党派人士与政府部门开展对口联系活动,召开党外代表人士情况通报会,推动党外代表人士在更多领域、更多平台知情明政。深化校地统战部部长联席会议制度,推动产学研项目合作。发挥工商联助推经济发展的平台优势,深入 180 多家会员企业和所有基层商会、行业商会开展调研,收集整理意见建议 18 类,形成《强化服务,创新驱动,促进民营经济加快转型升级》调研报告,供区委、区政府决策参考。组织企业参加经贸合作交流 200 多家、参加信息政策解读培训 50 多家,帮助企业寻找转型升级的路径。培养有情怀的企业家,组织 80 多名企业家参与精准扶贫,累计捐助资金和慰问物品 300 余万元。发挥港澳台海外人才优势,围绕台积电、清华紫光等重点项目落地,在科工园、浦口开发区成立侨台办公室,打造酷立方、伊诺光点、众创码头等平台载体,营造宜居宜业的环境。借助海外华人华侨高层次人才江苏行、海外寻根之旅夏令营、海外华人传媒协会访问等活动,加大对外文化交流和宣传,搭建引才引智引资平台。

推进民族宗教工作。组织保障上,把民族宗教工作纳入区委、区政府重要议事日程,成立浦口区民族宗教工作领导小组,召开全区民族宗教专题会议,强化对民族宗教的高位协调。机制建设上,加强区、街、社区(村)三级宗教工作网络建设,明确属地管理和工作职责,形成上下联动、协调配合的工作格局。工作推进上,适应发展新形势,对全区宗教活动场所进行重新规划布局,制定《浦口区宗教活动场所布局规划编制实施方案》,推进宗教活动场所实现科学规划、合理布局。推进宗教团体规范化管理,指导成立浦口区基督教三自爱国运动委员会临时管理小组。

新的社会阶层人士统战工作形成生动局面。调研全区新的社会阶层人士情况,为做好新的社会阶层人士工作提供科学依据。依靠基层统战力量,建立一支 260 人的代表人士队伍,完善数据库资料。发挥区委统战工作领导小组作用,建立新的社会阶层人士统战工作联席会议制度,定期交流探讨新的社会阶层人士统战工作中出现的新情况新问题,全面形成多部门共同参与、通力合作、齐抓共管的联动机制。成立浦口区新的社会阶层人士联谊会及 4 个分会,授牌建立新的社会阶层人士统战工作实践创新基地 11 个,引导新的社会阶层人士在各领域传播党和政府的声音,汇聚社会正能量。组织和指导区新联会、"同心·律师服务团""贤爱堂"开展交流座谈、主题联谊、惠民公益服务、文化拓展等活动,在社会形成广泛影响。

【全区统战暨宗教工作会议】 4 月 8 日在区政府会议中心召开。区委书记瞿为民,区委常委、统战部部长杨雯懿,副区长陈晓路出席会议。各街场、度假区与区政府签署《浦口区民族宗教领域 2017 年度社会管理综合治理暨平安创建工作责任书》,区委组织部、教育局、江浦街道、泰山街道、民宗局、南工大作交流发言。杨雯懿、陈晓路分别就全年统战工作和宗教工作做部署,并传达省市有关会议精神。就进一步推动全区统战工作,瞿为民强调,一要夯实同心同向的思想政治基础,发挥民主党派和无党派人士的积极作用,重视党外监督,支持民主党派加强自身建设;二要推动形成和衷共济的发展氛围,发挥统战部门服务非公经济的桥梁纽带和助手作用,把招商引资、引才引智作为统战工作服务发展的重要切入点,发挥知识分子和专家学者的智力支持作用;三要服务法治诚信的社会生态建设,推动宗教界践行和弘扬社会主义核心价值观,抓好宗教界人士队伍建设,把信教群众团结在党和政府周围,把加强合法宗教场所建设作为重点任务。

【首个台商金融服务中心成立】 8 月 24 日,由区台办、科工园主办的两岸金融服务沙龙(第一季)在伊诺光点创梦基地举行,区台办、创梦基地和部分两岸企业负责人参加活动。活动邀请台湾第二大金融控股公司富邦金控全资子银行富邦华一银行南京分行作金融服务解读。富邦华一银行总裁助理、南京分行行长助理康继强向伊诺光点创梦基地负责人钱振汉颁授富邦华一银行南京分行"台商金融服务中心"铜匾,浦口区首个台商金融服务中心挂牌成立。富邦华一银行在伊诺光点创梦基地设立服务窗口,为台企、台商、台青、台胞提供跨境贷款、跨境取款、台籍购房贷款、消费贷款、台青创业贷款、企业结算业务等金融产品与服务。

【新的社会阶层人士统战工作会议】 9 月 1 日在区政府会议中心召开,区委常委、统战部部长杨雯懿等出席会议。会议传达区委书记瞿为民对做好全区新的社会阶层人士统战工作指示精神。杨雯懿要求各部门和单位提高政治站位,从巩固党的执政基础、促进经济社会发展、维护意识形态安全、维护社会和谐稳定的高度，认识做好新的社会阶层人士统战工作的责任感和使命感。成立浦口区新的社会阶层人士联谊会及民营企业和外商投资企业管理技术人员分会、中介组织和社会组织从业人员分会、自由职业人员分会、新媒体从业人员分会4个分会。“同心·律师服务团”“同心驿站”“新媒体之家”“贤爱堂”“浦泉沙龙”“新农e家”“匠心苑”等11家新的社会阶层人士统战工作实践创新基地揭牌成立。

【驻区高校统战部部长联席会】 9月15日在不老村召开。南大、南工大、南信大、南审、东大成贤学院、南农大工学院、江苏第二师范学院、铁道学院等高校统战部部长和区委统战部全体班子成员参加会议。区委常委、统战部部长杨雯懿通报全区上半年统战工作情况及浦口区发展情况。各高校统战部部长对校区联动、优势互补、共同发展作表态，重点围绕如何加强校区统战资源合作共享、发挥校区统战优势服务区域经济社会发展，以及对区委工作的建议、需要解决的困难等方面作交流发言。杨雯懿指出，要加强与高校之间的联系交流与合作，建立健全高校统战部部长联席会议机制，做好共同发挥统一战线的重要法宝作用、共同推动浦口经济社会发展、共同加强党外代表人士培养选拔使用、共同建立健全校地统战工作运行机制四个方面的工作。

【“2017海外华文媒体浦口行”考察活动】 10月30～31日，来自日本、美国、加拿大等国家的10家海外华文媒体负责人到浦口区开展“2017海外华文媒体浦口行”活动。省侨办副主任杜伟，市侨办副主任谈德荣，区委常委、统战部部长杨雯懿，区政府副区长吴俊等参加接待并座谈。参访团考察江浦、永宁、汤泉等街道美丽乡村建设情况，参观浦口开发区展示厅，了解江北新区发展前景，走访行知教育集团、求雨山文化名人纪念馆等华文教育基地，感受中华文化魅力。

【全市首个“统战之家”成立】 11月9日，浦口区民主党派、无党派人士办公活动场所“统战之家”揭牌仪式在星甸街道后圩村幔里人家举行，浦口区“统战之家”在全市率先成立。市委统战部副巡视员李永胜，浦口区委常委、统战部部长杨雯懿，各民主党派浦口区基层组织及区知联会负责人等30多人出席。“统战之家”由办公室、会议室、阅览室、活动室、接待室等功能区组成，总面积约3300平方米，其中党派办公区面积约300平方米，是集小型会议、宣传工作展示、党外知识分子教育培训、联谊交友等功能于一体的统战工作创新平台载体，是浦口加强党外代表人士队伍建设的主要阵地。 （张卉）

·老干部工作·

【概况】 2017年年底，全区有老干部168人，其中区管离休干部117人，易地安置4人，区(县)四套班子退休干部47人。区管离休干部中，机关事业单位68人，企业和自收自支事业单位49人；享受市(厅)级待遇5人，县处级待遇62人，科级待遇50人；党员81人，非党员36人；平均年龄88岁。

【老干部工作领导管理体系建设】 区委、区政府始终把老干部工作摆在重要位置，调整充实老干部工作领导小组，区委书记瞿为民向老干部通报全区发展情况，区长王磊听取老干部对政府工作报告的意见建议。深入老年协会、老干部群体，调研老干部工作，召开座谈会，听取老干部的意见和建议。将老干部工作纳入全区绩效考核，形成街道、部门齐抓共管老干部工作的格局。举办老干部工作培训班，编写《老干部工作人员工作手册》，提升老干部工作人员业务水平。

【老干部政治待遇落实】 坚持理论学习制度，指导各离退休干部党支部以集中学习和送学上门等方式加强理论学习，为老干部阅览室订阅《人民日报》《参考消息》《南京日报》《银潮》等报刊杂志，为老干部加强自我学习提供保障。召开全区老干部情况通报会2次，通报全区经济社会发展和江北新区管理体制调整情况。坚持“六必访”(重大节日必访、重要生日必访、重病住院必访、高温酷暑必访、遇到困难有需求时必访、临终去世时必访)制度，组织全面走访慰问2次，慰问生病住院老干部100人次，协调相关单位处理15名去世离休干部相关事宜。重阳节为年满70周岁及以上老干部上门祝寿。坚持考察学习制度，组织“老干部看南京”活动2次，组织全区75周岁以下市管退休干部疗养1次。

【老干部生活待遇落实】 加强对“三个机制”(离休费保障机制、医药费保障机制、财政支持机制)运行情况的监督检查，开展老干部生活补贴发放情况督查2次，协调相关部门及时落实老干部2016年一次性生活补贴，确保老干部享受改革发展成果。组织全区离休干部、四套班子退休老干部、异地安置的离休干部进行健康体检，并安排专人上门为老干部解读体检报告。加强与区内医院合作，优化老干部就诊绿色通道，缩短老干部就诊排队等候时间。

【老干部阵地建设】 推进老干部活动中心硬件建设，邀请省市老干部活动中心领导到现场指导，到苏州、无锡等地参观学习，浦口区老干部活动中心(浦园路7号)修建完成。坚持以活动中心为依托，开展适合老年人特点的文化活动。5月、7月分别举办老干部扑克牌邀请赛和游艺竞赛活动，丰富老干部的精神文化生活，增进老干部之间的交流。党的十九大召开前夕，在老干部中开展十九大征文活动，抒发老干部的爱党爱国情怀，收到征文40篇，评选获奖征文9篇。开展“寻找最美老干部”活动，选树先进典型，发挥示范引领作用，李玉等10名老干部被评为浦口区“最美老干部”。

【先锋园成立】 3月，在江浦街道人民桥社区成立离退休干部临时党支部——先锋园。临时党支部注重搭建好学习平台，坚持“自我教育、自我管理、自我服务”原则，采用集中学习和分散学习相结合、集中辅导和送学上门相结合、政治理论学习和文娱活动相结合的办法，使辖区机关事业单位离退休干部党员既能参加单位组织生活又能参加临时党支部组织生活，实现“一方隶属，多方管理”。成立老党员志愿者队伍,离退休党员参与爱心帮扶,结对关爱弱势群体,为离退休党员发挥作用搭建平台。深化组织保障,定期邀请高校教师、老干部先进典型为社区离退休干部党员授课,为先锋园提供师资保障。强化经费保障,市委老干部局、区委老干部局共下拨党建专项经费3.5万元,保障临时党支部开展工作。细化服务保障,指导社区按照就近方便的原则,整合多功能活动室、图书阅览室、电子阅览室、党员议事会等社区资源,为离退休党员进入社区活动提供学习活动场地。开展迎春美丽乡村健步走、游不老村、中山陵拓展学习等活动,组织观看《焦裕禄》《知心法官》等影视作品。

【老干部扑克牌邀请赛】 5月10~11日举办,40多名老干部参加比赛。比赛本着重在参与、享受过程、快乐至上、加强交流的宗旨,为老干部提供一个相互交流、切磋技艺、展示风采的平台,使他们充分享受扑克牌比赛的快乐。产生一等奖1对、二等奖2对、三等奖3对。

【老干部工作培训班】 9月7日在区政府会议中心举办,邀请市委老干部局企业离休干部管理服务中心主任金培友授课。金培友重点围绕深入学习贯彻习近平对老干部工作的重要指示和中央、省市委文件精神,以及如何进一步提高老干部工作者的政治素养和业务能力等内容进行辅导,并为每名培训人员配发《老干部工作人员工作手册》等资料。全区138人参加培训。 (王晓林)

·信访工作·

【概况】 2017年,区委信访局接待人民来访221批518人次,同比批次下降2.2%、人次下降63.6%;办理来信(含网上信访件)283件,下降4.1%;办理区领导信箱600件,上升23%;接待信访复查74件,其中受理办结24件,引导信访人走法定途径50件;召开区级信访联席会议179场次,形成会议纪要37份,化解信访突出问题41个;区领导接待会办40场次,处理区级层面重大信访问题29个;申请使用区社会和谐资金294万元,解决棘手信访问题14个;市交办的18件信访积案依法退出6件、化解12件,化解率100%;全区未发生信访重大事件,重大敏感时期实现“四个不发生”(不发生大规模集体访和群体性事件、不发生个人极端事件、不发生因工作不到位导致涉访人员到举办地滋事或滞留、不发生信访事件社会炒作和负面舆情)。2月,区委信访局被省人社厅、省信访局授予“全省信访系统先进集体”称号。

信访工作特点主要有:一是“信升访降”,随着现代通信网络技术不断发展,多数信访人摒弃传统的上访形式,选择通过网上信访表达诉求。二是信访诉求仍然相对集中,主要集中在城乡建设、国土资源、劳动社保、农业农村等领域。

【全面落实区领导接访包案制度】 区领导高度重视信访工作,区主要领导、分管领导亲自接待信访群众、调度信访工作、推进积案化解,为全区信访工作开展创造有利条件。区领导定期听取重点信访事项包案进展汇报,深入责任单位协调督促信访事项化解。区主要领导组织召开信访工作专题调度会12次,研究处理全区层面信访突出问题18件。

【健全“大信访”工作机制】 建立健全信访工作机制,坚持区街两级信访工作联席会议制度,召开区级联席会议179场次,化解信访突出问题41个。政法各部门强力支持信访工作,建立以区委政法委、区公安分局、区维稳办和区委信访局为核心成员单位的全区信访维稳工作联动机制,针对突发性、复合性信访问题,坚持部门联动、形成合力,在转交办过程中及时联办会办,成功处置华山山庄、老山历史遗留问题、南京胜利体育用品公司劳资纠纷等涉众型矛盾。推进“大联勤+信访”工作,将深度融入大联勤作为信访工作的基础工程,坚持用大联勤提升信访工作实效、用信访工作丰富大联勤内涵,形成齐心协力抓信访、协调联动治隐患、群策群力解难题的良好局面。全区信访工作形成领导带头、部门协同、齐抓共管的大联动信访工作格局。

【规范信访业务办理】 按照国家信访局《关于进一步加强初信初访办理工作的办法》要求,全面梳理规范信访事项的受理、办理、答复、送达、信息录入5个基础环节。强化初信初访办理规范,提高办理质量,提高接访、办信、督办、复查的信访业务水平。

【诉访分离】 梳理街场、有关责任部门依法分类处理信访诉求清单,理清正常信访事项边界。完善涉法涉诉类信访事项终结退出机制,不再受理涉法涉诉类信访事项,并做好思想教育和政策解释工作。受理信访事项复查申请74件,对50件涉法涉诉类信访事项出具不予受理告知单,并引导信访人通过法律途径依法维权,实现涉法涉诉类信访事项有序退出。

【信访形势分析研判】 建立健全信访事项研判分析会制度,每月初和月中召开分析会,研究解决信访工作中存在的问题和疑难复杂信访事项,完善信访工作措施,确保信访工作扎实有效开展。

【“群众满意接访窗口”创建】 根据省委信访局《关于开展争创“群众满意接访窗口”活动实施的意见》,以“让形象更佳、让服务更优、让窗口更亮、让环境更美”为目标,在区人民来访接待中心和49家信访责任单位开展“群众满意接访窗口”创建活动。浦口区人民来访接待中心、浦口区社会矛盾纠纷调处服务中心、浦口区综治中心改造工程于3月原址重建,年底完工,总投资1600万元,建筑面积2000平方米。

【重要敏感时期信访保障】 为做好各个重要时间节点的信访维稳工作,区信访工作联席会议办公室(区委信访局)超前部署安排,组织召开信访工作专题调度会7次,开展大排查、大接访、大化解工作,强化重点人员稳控、驻京劝返、应急处置。加强与公安、维稳等部门联动,发挥大联勤工作优势,超前排查矛盾。通过领导包案,利用全方位联动协调优势,有效化解问题矛盾。坚持24小时值班制,及时掌握最新动向。完成各级“两会”、党的十九大、“12·13”国家公祭日等重要敏感时期信访保障任务,十九大期间信访维稳保障工作受到省驻京信访工作领导小组通报表扬。

【信访制度改革举措落实】 持续抓依法逐级走访，推广应用依法逐级走访权益保障卡，最大限度地减少越级上访，发放权益保障卡245张，发卡率100%。增强“互联网+信访”理念，用好南京市和谐信访信息化管理系统，实现来信来访业务网上流转、网上办理。通过“南京市信访局”微信公众号和手机APP等平台，推动走访向网上信访转变，网上信访件180件，逐渐成信访主渠道，实现“访降信升”。

【信访工作宣传培训】 以合法合理信访为目标，推动信访工作法治化，用法治的精神、法治的思维、法治的方式、法治的力量解决突出信访问题。制作专题电视节目“信访连心桥”12期，宣传信访法治、推进诉访分离、树立正确导向。强化信访通报制度，每月通报全区信访工作情况，提升信访工作整体水平。组织全员业务培训3次，开展上门服务指导213次。（谷业婷）

·党校教研·

【概况】 宣传贯彻党的十九大精神。坚定正确的政治方向，始终把学习宣传贯彻党的十八届六中全会、党的十九大精神以及习近平视察江苏重要讲话精神作为首要的政治任务，强化政治担当，着力在学懂、弄通、做实上下功夫，组织党员学习、干部培训和基层宣讲。开展集体备课、交流研讨6场，举办区管干部学习贯彻党的十九大精神轮训班2期，开展基层宣讲35场，受训2050人次，教育引导党员干部树立“四个意识”（政治意识、大局意识、核心意识、看齐意识），增强“四个自信”（道路自信、理论自信、制度自信、文化自信），自觉在思想上政治上行动上同党中央保持高度一致。

贯彻党校姓党根本原则。贯彻落实全国、省委、市委党校工作会议精神，按照区委《关于加强和改进新形势下党校工作的实施意见》（浦委发〔2016〕27号），落实区委常委每人每年至少到党校讲一次课要求，区主要领导带头，各位区委常委积极参与，走进党校为学员授课，培训效果显著。制定出台《区委党校贯彻落实区委〈关于加强和改进新形势下党校工作的实施意见〉的任务分解》（浦委校发〔2017〕23号）。7月27日，根据《市委办公厅转发〈市委组织部、市委党校关于提升全市党校系统整体办学水平的实施意见〉的通知》（宁委办发〔2017〕38号）要求，区委党校增挂中共南京市委党校浦口分校牌子。

提高干部教育培训质量。举办区管副职党性锻炼专题培训、党员发展对象培训等主体班27期，培训学员4275人次，其中区管干部、村（社区）党组织书记、科级及以下公务员三类培训对象实现全覆盖。联合办班204期，培训学员1.84万人次，协助区委组织部举办“干部大讲堂”3期、村（社区）党组织书记讲坛3期。开展合作办学，与兄弟党校合作举办主体班6期，首次承接区外主体班3期，培训学员400多人次。

开展教科研工作。完成省委党校立项课题结项1项，课题名《创新实践新市镇建设，推动构建新型城镇化体系——以南京市浦口区星甸街道为例》；完成市委党校立项课题结项2项，分别为《关于南京市浦口区保障房建设的实践与思考》《关于南京市浦口区精准扶贫的实践与思考》；完成区级重点调研课题1项，课题名《创新实践新市镇建设，推动构建新型城镇化体系——以南京市浦口区星甸街道为例》；申报市委党校立项课题3项，分别为《老龄化背景下社区居家养老服务研究》《浦口区城市河道治理的长效机制研究》《新型城市化视阈下特色小镇研究——以南京市浦口区为例》。公开发表调研文章9篇，其中陈娟娟、张广宗、修楠的《社区治理视角下居民消费合作社的实践探索与路径选择——以南京市浦口区为例》获2016年度江苏省社科应用研究精品工程二等奖，李兆才、刘磊、赵慧《美丽乡村视阈下乡村旅游的现状调查与思考——以南京市浦口区“十颗珍珠”为例》获南京市第五届社科决策咨询优秀成果一等奖，张广宗《城镇化背景下拆迁安置社区治理的探索与实践》获南京市第五届社科决策咨询优秀成果二等奖。组织开展校内“微党课”赛课活动，形成宣讲菜单，推选1名青年教师参加区级机关“微党课”赛课，获一等奖，入选区级机关理论宣讲团。组织开展基层宣讲67场，受训5475人次。

加强队伍建设。开展培训学习、岗位练兵和实践锻炼，实施青年教师“四个一”（一堂课、一篇独立署名文章、一个参与调研课题、一本精品好书）培养工程和“以老带新、一帮一”结对制度。组织青年教师参加省委、市委党校和区内外高校业务培训54人次，引进教师3人，轮岗交流2人，选派3名优秀青年教师参与区“四个一线”（发展一线、民生一线、稳定一线、党建一线）、大走访办公室、巡察等重点工作，助力青年教师茁壮成长，为党校发展提供人才保证。

改善办学保障条件。文体活动中心工程开工，总投资3472万元，占地面积2485平方米，建筑面积2849平方米。科研楼四楼装修和体育馆改造工程进入扫尾阶段，总投资280万元，建筑面积1662平方米。完成区委、区政府和有关部门交办的公务接待24批次，常态化为驻校单位做好服务保障。丰富校园文化，加大环境整治力度，巩固“南京市园林式单位”创建成果，营造优美有序的校园环境。

【区管干部学习贯彻党的十八届六中全会和省市党代会精神专题轮训班】 3月28～31日在区委党校举行，422名区管干部参加轮训。培训以深入学习贯彻党的十八届六中全会和省市党代会精神为主要内容，安排《十八届六中全会精神和全面从严治党》《省市党代会精神》等专题，国家行政学院教授许耀桐为学员解读《关于新形势下党内政治生活的若干准则》和《中国共产党党内监督条例》。经过培训，参训学员增强了“四个意识”，提高了贯彻落实中央和省市区委决策部署的自觉性和坚定性，为加快打造“双创高地、智慧新城”、推动江北新区建设奠定思想和理论基础。

【青年“微讲坛”】 5月23日，区委党校组织全体青年教师到江北新区扬子科创中心参观扬子云书房，并举办以“为你读诗”为主题的第六期青年“微讲坛”活动。在参观了解扬子云书房的整体规模、建设理念和运营方式后，青年教师围绕“读诗”这一话题，诵读顾城、舒婷、纪伯伦等诗人的诗篇,并相互分享读诗感悟。

12 月 18 日,区委党校组织全体青年教师开展"青说十九大"青年"微讲坛"活动。5 名青年教师以新时代、新思想、红船精神等为切入点,阐述自己学习党的十九大精神的心得体会。全体青年教师就学习十九大精神进行交流探讨。

4 月 17 ~ 21 日,南京市对口支援人才项目培训计划创新能力提升研修班在区委党校举办 (尹苏 摄)

【南京市对口支援人才项目培训计划创新能力提升研修班】 4 月 17 ~ 21 日在区委党校开班,来自重庆、商洛、西宁的 70 名学员参加培训。培训以"创新能力提升"为主题,以技术创新管理、产业转型升级、团队建设等为主要内容,采取课堂讲授、现场教学、小组讨论等方式,帮助学员开拓眼界、创新思路、提升能力。

【区管干部学习贯彻党的十九大精神轮训班】 11 月 24 ~ 25 日、12 月 1 ~ 2 日,分两期在区委党校开班。培训紧扣习近平系列重要讲话精神和马克思主义中国化的最新成果,邀请中央党校、省委党校、市委党校及南师大、南农等高校教授作专题辅导,安排《习近平新时代中国特色社会主义思想》《加快生态文明体制改革,建设美丽中国》《贯彻新发展理念,建设现代化经济体系》《全面实施乡村振兴战略,率先推动江苏农业和农村现代化》等课程。 (张广宗 钱梦佳)

· 机关党建 ·

【概况】 2017 年年末,区级机关工委所属党组织部门 51 个,其中机关党委 1 个,党总支 16 个,党支部 34 个。党员 2453 人。

【机关党的思想政治和文化宣传工作】 深化党员和党务干部教育培训。5 月、9 月,分别举办第四期、第五期科级及以下党员干部轮训班,培训 500 余人;6 月,举办党务干部培训班,组织 44 名党务干部赴井冈山开展理想信念教育;9 月,组织区级机关理论宣讲员到延安开展学习培训,提高宣讲水平;11 月,举办党支部书记培训班,按党建片组开展工作交流。开展理论宣讲工作。组织开展区级机关"微党课"公开赛课活动,各基层党组织推荐"微党课"作品 64 个,获奖作品 20 个,其中《以人民的名义擦亮信访窗口》《家风建设,从严治党新抓手》获一等奖。建立区级机关理论宣讲团,完成 32 个党组织预约上课,听课人数 1100 余人。宣讲团成员穆建(社保中心)、吴开萍(信访局)在全市百姓宣讲名嘴选拔活动中获三等奖,穆建被市委宣传部推荐参加全省宣讲骨干培训班学习,浦口区级机关理论宣讲团被评为"南京市特色宣讲团队",省级机关刊物《工作与学习》作专题介绍,并向全省机关推广。宣传党建工作成果。开展"迎接党的十九大——不忘初心 · 我的入党故事"微故事征文活动,征文 100 余篇,对《永远跟党走》《党是我心中永远的指明灯》等 10 篇优秀作品进行汇编,开展"回首这五年、喜迎十九大"主题展板宣传活动。组织开展第三届经典诵读,12 支基层党组织代表队围绕"传诵红色经典 喜迎党的十九大"主题朗诵经典名篇。结合创建"三型党组织"(责任型、服务型、学习型)活动开展七一表彰,表彰区级机关先进基层党组织 10 个、优秀共产党员 70 人、优秀党务工作者 20 人。注重社会舆论引导。办好区

11 月 24 ~ 25 日,区管干部学习贯彻党的十九大精神轮训班在区委党校举办 (钱梦佳 摄)

级机关媒体品牌“走进机关”电视节目，打造机关部门和党员干部正面形象，宣传机关重点、亮点、特色工作和先进典型，播出52期。开展文明志愿交通服务活动，引导市民文明出行，提高机关干部精神文明素质。

【机关党建工作】 开展“三型党组织”创建。落实区第四次党代会要求，印发《关于开展创建“责任型、服务型、学习型”党组织活动的实施意见》，开展创建“三型党组织”典型案例评比，评选出区检察院《以全面从严治党为契机，提升浦口检察“三型”党组织建设创新发展》、区粮食局《我是见习书记》等10个典型案例。严肃党内政治生活。学习贯彻《关于新形势下党内政治生活的若干准则》，落实“三会一课”（党员大会、支部委员会、党小组会，党课）、民主评议党员、谈心谈话等制度，规范党员积分制管理等制度，对党员实施科学化、制度化、常态化管理。做好党员发展、转正工作，发展党员28人，转正预备党员31人。开展党员年度统计工作，严格按照组织程序，做好党的十九大代表候选人初步人选酝酿推荐工作。创新党组织管理方式。用活网络资源，创新设计机关网上电子台账系统，加强对机关党建工作的过程考核，推动各项目标工作落实，发布党建任务55条，各党组织上报任务3157条，实现机关党建工作部署、督促、考核、统计、公示的在线管理。开展党员干部大走访。印发《关于开展领导干部“走千企入万户、助发展促富民”大走访活动，共建幸福浦口新家园具体办法》，做好有关数据旬报工作。工委走访社区群众160户、企业2家，收集困难问题8条，制定集体经济增收专项行动方案以及具体帮扶措施12项。

【机关作风建设】 贯彻落实市区机关作风建设大会精神。印发《2017年浦口区机关作风建设工作意见》，推动机关作风建设深入开展。召开机关作风建设推进会，总结分析机关作风建设形势，明确努力方向和改进措施。强化作风监督日常检查。完善机关作风建设监督员队伍，聘请60名机关作风建设监督员并进行培训。每月召开例会，将日常督查情况列入年底作风评议。对2016年评议中涉及到的58家部门93个问题和2017年上半年47家部门78个问题下发专报，狠抓整改。针对2016年市对区作风评议工作中民生幸福指数满意度低的问题，将相关指标分解到各责任部门，督促整改。开展机关作风评议。制定《2017年度浦口区机关作风建设综合评议方案》《2017年度浦口区区领导综合评价和区机关部门对口评价工作方案》《2017年度市级机关部门（单位）对口评价浦口区区级机关部门（单位）方案》，组织全区各层面干部、群众1000人，对全区87个部门（单位）作风建设进行评议，同时进行作风建设第三方测评，全区6560名评议人参加第三方测评。抓好为民办实事工作。表彰2016年度区级机关“为民办实事”十佳项目，区委组织部“建立困难党员关爱专项基金”、区民政局“老年人助餐项目”等10个项目获表彰。开展2017年区级机关为民办实事重点项目申报工作，从53个部门（单位）报送的办实事项目中筛选出100件，作为全年办实事督办重点。为确保各项目顺利完成，监督员对项目完成程度进行过程性监督，让群众真正得到实惠。

【机关党风廉政建设】 落实党风廉政建设主体责任和监督责任。组织50家党组织签订“党风廉政建设责任书”，敦促责任履行。加强区级机关党组织纪检委员队伍建设，完善联络体系、责任体系和工作制度。开展“打铁还需自身硬”专项行动、腐败易发多发重点领域专项行动、作风建设“防隐身防变异防反弹”专项行动、群众身边不正之风和腐败问题专项治理4个专项行动，定期整理上报工作情况。深化机关廉政文化建设。组织党员干部参观王荷波纪念馆，到雨花台烈士陵园开展党性教育。区机关颂廉作品展被中央电视台书画频道专题报道。加强监督执纪工作，抓好“四风”（形式主义、官僚主义、享乐主义、奢靡之风）整治，畅通信访举报渠道，加强与区纪委案件主管部门、区级机关党组织的协调配合，办结案件2起。

【群团工作】 成立编办基层工会组织，指导做好组建工作。推进“工人先锋号”“巾帼文明岗”“青年文明号”“文明窗口”“文明示范岗”等创建活动，区级机关团工委2人被评为浦口区第六届“十佳青年”。利用业余时间开办第五期“习艺修身——浦口区机关书法国画摄影培训班”、太极拳培训班及葫芦丝演奏提高班，机关干部职工近500人次参加培训。举办学员作品展2期，展出优秀作品222幅。在“展示大美南京、喜迎盛会召开”全市机关迎接十九大书画摄影大赛中，32人获奖。12名学员加入省市区书法、国画、摄影家协会，4人作品入选江苏省优秀花鸟画作品展。策划区级机关体育赛事活动，举办有氧三项、自行车、环湖跑、登山等群众性体育运动8项，机关干部职工1000余人次参加。

【全区机关党的建设工作会议】 4月1日在区会议中心召开，区委副书记任家龙出席会议并讲话。播放《2016年浦口区机关党的工作掠影》视频短片，区信访局、建工局、社保中心围绕抓好党建服务中心工作作交流发言，区级机关党组织书记代表递交党风廉政责任书，区级机关工委书记张国栋总结汇报2016年机关党建主要工作情况，介绍2017年机关党建工作总体思路和具体部署。区委副书记任家龙对全区机关党的工作给予充分肯定，并对下一步工作提出要求。

【“微党课”公开赛课】 5月26日，区级机关工委在区委党校组织开展区级机关“微党课”公开赛课活动，200余名机关党员现场观摩。活动自3月开展，区级机关各党组织组织党员备课，在单位内部进行“微党课”试讲，并推荐64个“微党课”参加机关赛课活动，通过初选和预赛，遴选出20个优秀“微党课”进入公开赛。区信访局吴开萍《以人民的名义擦亮信访窗口》、区委党校修楠《家风建设，从严治党新抓手》获一等奖，区委宣传部凌莉《党费——信仰》等4个“微党课”获二等奖，区社保中心穆建《牢固树立全心全意为人民服务的宗旨意识》等6个“微党课”获三等奖。

【庆祝建党96周年表彰暨经典诵读大会】 6月30日，由区级机关工委、区广电台联合举办的庆祝建党96周年表彰大会暨"传诵红色经典·喜迎党的十九大"经典诵读大赛决赛在浦口文化中心大剧院举行。区委常委、区委副书记任家龙,副区长陈晓路等出席大会。会议表彰2017年区级机关先进基层党组织10个、优秀共产党员70人、优秀党务工作者20人。机关12支代表队进行经典诵读比赛,抒发对国家的热爱和对党的讴歌。区国税局代表队诵读篇目《"一带一路",巨龙腾飞的舞步》获一等奖,区政府办《诗意中国》等2个节目获二等奖,区法院《一封家书》等3个节目获三等奖。

【"微党课"集中宣讲】　为推动理论宣讲工作制度化、长效化,区级机关工委运用"微党课"赛课成果,集中开展系列宣讲活动。8月23日,第一轮"微党课"在区政府会议中心开讲。8名普通党员授课,15个机关部门(单位)170余名党员参加听课。全年组织宣讲活动9次,宣讲理想信念、家风建设、群众路线、党的十九大精神等内容。

【机关作风建设推进会】　8月25日召开。区委副书记任家龙,区委常委、纪委书记张屹,区委常委、组织部部长王安伟出席会议,邀请市级机关工委副书记、市作风办副主任俞天啸,市级机关工委副巡视员、市作风办副主任顾国成,市作风建设第四监督组组长孙达华等到会指导。张屹汇报机关作风建设工作基本情况及存在的问题。孙达华强调,作风建设工作是建好政府与人民群众之间的沟通桥梁,做好监督工作、宣传工作和中心工作意义重大。俞天啸认为浦口区响应省市委号召,大走访工作推进有力,解决城乡居民困难,为地区发展积极助力。任家龙就推进全区作风建设工作强调:要在思想上高度重视,增强作风建设的责任感和紧迫感;要在落实上迅速行动,提高作风建设的质量和水平;要在制度上严格规范,营造作风建设的良好环境;要在服务上真心热忱,提高人民群众的幸福感和满足感。

【作风建设监督员培训】　10月25～26日在汤泉街道龙井社区举办,60名新聘任的作风建设监督员参加培训。市委党校教授刘玉冬作题为《旗帜鲜明讲政治》授课,原省政协副巡视员车亚平作题为《精心组织　务求实效　切实担负起监督工作的使命和责任》授课。10月26日下午,组织各对口监督组与各对口监督单位对接工作。

【机关作风建设综合评议】　12月8日,在区会议中心召开全区2017年绩效考核、和谐社区(村)分类考核暨作风建设评议动员部署会,2017年度浦口区机关作风建设综合评议活动全面启动。区委副书记任家龙,区委常委、副区长赵洪斌出席会议,各街场、部委办局、直属单位1名分管负责人和1名业务科室负责人参加会议。全区87个被评议部门(单位)接受来自社会各层面7500余名评议人的作风评议和职能评价,以及第三方调查机构组织的作风建设满意度测评。

(袁燕)

2017年,区级机关工委开展系列宣讲活动　　(朱秀华　摄)

浦口区人大

【概况】　2017年,浦口区召开四届人大一次会议及其常委会会议6次、主任会议13次,听取和审议人民政府、人民法院、人民检察院工作报告30项,开展执法检查和视察调研23次,作出决定决议8项,任命国家机关工作人员60人次。

坚持党的领导,推动区域发展。按照中共浦口区委确定的中心工作和中心任务,开展人大工作,行使监督职权,促进全域经济社会建设。围绕经济发展,听取区政府上半年、全年工作情况报告,视察重大产业项目推进落实情况。围绕城乡统筹,专题调研桥林街道、汤泉街道工作情况。围绕富民增收,深入基层开展调研,反映社情民意,提供决策依据,形成专题报告《关于浦口区农民增收和农村扶贫工作的调研报告》,被省人大常委会授予二等奖。

坚持完善监督机制,增强监督刚性。审查批准计划和财政预算草案,听取执行情况的报告,建立审计查出问题向人大报告机制。听取法院、检察院上半年工作情况报告,检察院检察改革工作情况报告,法院、检察院2名副职履职情况的报告。组织开展《南京市华侨权益保护条例》《南京市住宅物业管理条例》《南京市蔬菜使用农药管理条例》专项执法检查。加强审议意见跟踪落实,通过完善提出流程、细化问题内容、强化跟踪督办、开展反馈测评,强化人大监督刚性。

坚持聚焦热点,促进民生改善。听取和审议全民健身事业发展、教育提档工程、交通优化工程、生态环境保护、保障房建设等10项民生工作情况的报告,组织代表集中视察全区十大类民生实事推进情况,推动解决一批涉及群众切身利益的热点难点问题。

坚持代表工作创新,发挥代表作用。顺应移动互联网发展趋势,率先在全市人大系统开发手机APP客户端,打造集宣传、学习、履职、交流和管理五大功能于一体的代表工作新平台。将代表划分为7个专业组,组建五大类11名专家顾问团队,实行代表建议线上提交督办,提高代表履职实效。

坚持求真务实，激发人大工作活力。构建区人大全覆盖的工作机制、全过程的监督机制、全方位的联动机制，理顺各委员工作职责，完善“前期调研—实地视察—会议审议—整改测评”的监督流程，打造网站、微博、微信、手机APP四位一体的信息宣传平台。省人大网站采用信息385条，市人大网站采用信息607条，信息宣传工作位列全省第一名、全市第二名，被省人大常委会办公厅和省人社厅联合授予“江苏省人大机关系统先进集体”称号。

【浦口区四届人大一次会议】 1月4～7日，南京市浦口区第四届人民代表大会第一次会议在区级机关大礼堂召开。应到代表248人，实到代表248人。会议听取和审议区长王磊作的《政府工作报告》；审查和批准《浦口区2016年国民经济和社会发展计划执行情况与2017年国民经济和社会发展计划（草案）的报告》，批准《浦口区2017年国民经济和社会发展计划》；审查和批准《浦口区2016年财政预算执行情况和2017年财政预算（草案）的报告》；听取和审议区人大常委会主任李好平作的《浦口区人大常委会工作报告》、区法院院长陈高峰作的《浦口区人民法院工作报告》、区检察院代检察长王珍祥作的《浦口区人民检察院工作报告》。作出《关于区人民政府工作报告的决议》等6项决议。选举李好平为浦口区第四届人民代表大会常务委员会主任，赵德本、李玉明、张岚、刘俊为副主任，选举委员35人；选举王磊为浦口区人民政府区长，赵洪斌、吴俊、黄振宇、许国平、高昌玖、陈晓路为副区长；选举陈高峰为浦口区人民法院院长，王珍祥为浦口区人民检察院检察长。表决通过浦口区第四届人民代表大会财政经济委员会组成人员（刘俊、刘巍、郎秋叶、钟晓云、夏正鸿、葛平平、程敢松）、浦口区第四届人民代表大会法制委员会组成人员（郑从俊、王宠俊、冯涛、吕洁、庆秋萍、刘玉戎、陈永军）。大会期间，收到代表建议159件。

【人大常委会会议】 3月21日举行浦口区第四届人大常委会第一次会议。讨论通过《2017年常委会会议、主任会议议题、执法检查计划》和《各街道人大工委、高新区人大联络办全年工作计划》，听取和审议《关于推进浦口区全民健身事业发展情况的报告》。会议决定有关人事任免事项，通过新一届人大常委会各工作委员会及各街道人大工委组成人员名单。

5月26日举行浦口区第四届人大常委会第二次会议。听取和审议区政府《关于全区黑臭河道综合整治情况的报告》《关于全区垃圾治理工作情况的报告》；听取部分市人大代表履职情况的报告并开展测评；决定有关人事任免事项。

7月27日举行浦口区第四届人大常委会第三次会议。听取和审议区政府《关于2017年上半年工作情况的报告》；审议区政府《关于2017年上半年国民经济和社会发展计划及财政预算执行情况的报告》（书面）；听取和审议区政府《关于2016年区本级财政预算执行情况和其他财政收支情况的审计工作报告》；审查和批准2016年浦口区财政决算；听取和审议区法院、区检察院《关于2017年上半年工作情况的报告》。

9月27日举行浦口区第四届人大常委会第四次会议。听取和审议区政府《关于代表建议办理情况的报告》、区检察院《关于检察改革工作情况的报告》；听取区法院副院长张晖、区检察院副检察长沈明志的履职情况报告；听取《关于黑臭河道综合整治情况报告的审议意见书》和《关于全区垃圾治理工作情况报告的审议意见书》落实情况的汇报，并分别开展测评；听取民宗侨台委《关于〈南京市华侨权益保护条例〉执法检查的报告》（书面）和环资城建委《关于〈南京市住宅物业管理条例〉执法检查的报告》（书面）；听取区政府《关于2016年度环境状况和环境保护目标完成情况的报告》（书面）；决定有关人事任免事项。

11月28日举行浦口区第四届人大常委会第五次会议。听取和审议区政府《关于“12458”教育提档工程工作情况的报告》《关于交通优化工程建设情况的报告》《关于重大产业项目推进落实情况的报告》；审查和批准《浦口区2017年国民经济和社会发展计划调整方案》和《浦口区2017年财政预算调整方案》；决定有关人事任免事项。

12月28日举行浦口区第四届人大常委会第六会议。听取和审议区政府《2017年浦口区国民经济和社会发展计划以及财政预算完成情况的报告》《2018年浦口区国民经济和社会发展计划（草案）以及财政预算（草案）的初步方案》；讨论决定区四届人大二次会议有关事宜，表决通过区四届人大常委会代表资格审查委员会；决定有关人事任

1月4～7日，浦口区第四届人民代表大会第一次会议在机关大礼堂召开

（林杰 摄）

免事项。

【人大常委会主任会议】 全年召开人大常委会主任会议13次。1月17日，召开浦口区四届人大常委会第一次主任会议，研究区人大常委会领导工作分工，明确各工作委员会联系部门，部署节前相关工作。2月24日，召开浦口区四届人大常委会第二次主任会议，研究《浦口区人大及常委会各委员会主要职能》《浦口区人大常委会会议、主任会议、执法检查工作规程》《2017年常委会会议、主任会议议题、执法检查计划》和《各街道人大工委、高新区人大联络办全年工作计划》。3月15日，召开浦口区四届人大常委会第三次主任会议，决定浦口区四届人大常务委员会第一次会议有关事项。4月12日，召开浦口区四届人大常委会第四次主任会议，听取桥林街道人大工作情况报告。5月17日，召开浦口区四届人大常委会第五次主任会议，听取区政府《关于推进全民健身事业发展情况报告的审议意见书》落实情况汇报，研究确定浦口区第四届人大常委会第二次会议有关事项。6月20日上午，召开浦口区四届人大常委会第六次主任会议，听取汤泉街道人大工作情况报告。6月20日下午，召开浦口区四届人大常委会第七次主任会议，讨论浦口区人大常委会工作顾问推荐人选，听取"浦口人大"手机APP项目建设情况汇报。7月21日，召开浦口区四届人大常委会第八次主任会议，研究浦口区四届人大常委会第三次会议有关事项，审议区政府及各有关单位的工作报告，讨论各工作委员会有关调查报告、初审报告和决定(草案)。8月11日，召开浦口区四届人大常委会第九次主任会议，听取永宁街道人大工作情况的报告。9月18日，召开浦口区四届人大常委会第十次主任会议，研究决定浦口区四届人大常委会第四次会议有关事项。10月25日，召开浦口区四届人大常委会第11次主任会议，听取泰山街道人大工作情况报告。11月21日，召开浦口区四届人大常委会第12次主任会议，听取区政府《关于代表建议办理情况报告的审议意见书》、区检察院《关于检察改革工作情况报告的审议意见书》落实情况的汇报，听取审计意见整改工作情况的汇报，听取区法院关于人民陪审员任命情况的汇报，民主推荐浦口区全市人大机关系统先进单位和先进个人，研究决定浦口区第四届人大常委会第五次会议有关事项。12月21日，召开浦口区四届人大常委会第13次主任会议，讨论设立浦口区四届人大常委会代表资格审查委员会有关事宜，研究浦口区四届人大常委会第六次会议有关事项，听取浦口区四届人大二次会议筹备情况的汇报，并讨论区人大常委会工作报告。

【"浦口人大"手机APP上线运营】 10月12日上线运营。"浦口人大"手机客户端涵盖人大资讯、学习园地、代表履职、交流天地等七大版块12项功能，集宣传、学习、交流、履职和管理五大功能于一体，是信息宣传平台、学习培训平台、作用发挥平台和沟通交流平台。

【区人大工作理论研究会召开理事会暨2017年年会】 10月31日召开。区人大常委会副主任、区人大工作理论研究会会长刘俊，研究会常务理事和理事参加会议。收到论文39篇，经评选，评出特等奖论文15篇、优秀论文24篇。

【人大工作顾问团队组建】 2017年，浦口区人大常委会向区属各单位、驻区高校和科研院所广泛征聘各领域专家学者11人(李静、卢锐、盛凌振、周连勇、钱宙、严玥、吴坚、狄昌龙、米永刚、檀时龙、陈友国)，组建财政经济、法律法规、环资城建、教科文卫、农业农村五个领域工作顾问团队，解决监督工作中专业化程度不足的问题，对提高人大科学决策水平、增强人大监督实效起到促进作用。

(李朝星)

浦口区政府

·综 述·

【区政府全体(扩大)会议】 8月30日在区政府会议中心召开，区政府全体领导出席会议。会议总结2017年以来全区经济社会发展情况。区长王磊指出，2017年以来，面对复杂多变的宏观经济形势，全区上下统筹抓好稳增长、促改革、调结构、惠民生各项工作，经济社会发展总体平稳、稳中有进，呈现出良好的发展势头。就做好下半年政府工作，王磊强调，要始终坚守安全稳定这"一条底线"，始终聚焦创新和富民这"两大主题"。一要抓好发展要事，要狠抓经济运行、项目建设和载体建设，准确把握经济形势和发展走势，围绕各项目标任务，集中精力抓指标、抓项目、抓服务，努力把"稳"的基础打得更牢，把"进"的势头保持更好；二要抓好建管急事，下半年是全年建设管理的一个高峰期，各牵头单位、责任主体要集中精力、心无旁骛、紧盯目标、狠抓推进，加快推进城市精细化建设管理十项行动、生态环境整治系列行动、新型城镇化建设行动等工作；三要抓好民生实事，要聚焦24件民生实事，尤其是交通出行、看病上学、居家养老等实事项目，更要强化工作组织、加大推进力度，真正把实事办好、好事办实，让百姓拥有更多获得感；四要抓好稳定大事，要全力保障公共安全，全力确保安全生产，全力维护社会稳定，维护持续安全稳定是当前最为重要的政治任务，必须做到万无一失；五要抓好改革难事，要以推进供给侧结构性改革为主线，进一步瞄准问题、精准发力，深化"放管服"等各领域改革，加强法治政府建设，努力在新一轮发展中占得先机、赢得优势，以优异的成绩迎接党的十九大胜利召开。

【区政府常务会议】 2017年，区政府召开常务会议13次。其中，6月21日，召开第5次常务会议，听取浦口区2017年上半年经济"双过半"情况汇报，研究润泰四期、五期保障房项目PPP招标方案，审议《南京浦口经济开发区专家顾问选聘管理办法》，研究狮子岭禅茶康养小镇项目开发等相关事宜。12月21日，召开第13次常务会议，审议2018年政府工作报告(讨论稿)，听取全区已建成交付未办证拆迁安置房相关情况报告，听取对《浦口区旅游业发展改革三年行动计划(2015～2017)》开展第三方评估工作的报告，研究江浦街道杨柳新村等安置小区上市交易等事宜。

(政府办)

·政务服务·

【概况】 2017年,浦口区累计受理各类行政审批和便民服务事项12.81万件,其中即办件78339件,承诺件49727件。服务评价综合满意率96.95%,承诺办结率99.8%。完成公共资源交易标段1643个,交易金额541.48亿元。接处"12345"热线工单59948件,办结率99.83%。4月7日,区政府办所属的南京市浦口区行政服务中心整建制划转到南京市浦口区政务服务管理办公室管理。8月28日,区政务服务中心迁至江浦街道象山路4号B座市民中心,原龙华路8号行政服务中心停止办理业务。

【"互联网+政务服务"任务落实】 按照"三集中三到位"(将分散在部门的行政审批事项向一个科室集中、审批科室向政务服务中心集中、审批事项向电子政务平台集中,审批事项进驻中心落实到位、审批窗口授权到位、电子监察到位)要求,推动39家部门844个事项进驻服务,筑牢部门"一站式"服务基础。完成审批服务事项的拆分、补充、修改,完善办事指南,配置审批(服务)事项1075项。将区政府门户网、各部门政务服务栏目整体迁移到江苏政务服务网,实现政务服务的"三级四同"(省、市、县三级权力名称、类型、依据、编码相统一),为审批服务事项的信息同源奠定基础。推行"在线咨询、网上申请、网上审批、网端推送、快递送达"审批模式,实现事项在线率100%,全程网办开通率91.24%,EMS支持率89.32%,为企业和群众提供EMS快递服务1394件。

【投资建设项目预审代办】 推进投资建设项目预审代办服务工作,受理投资建设代办项目146个,其中下发重大项目模拟审批告知单项目115个,总投资额482亿元。

【推动群众诉求化解】 在构建热线管理长效机制方面:出台《浦口区"12345"政务热线运行管理实施细则》,明确派单规则,解决工单派发难、推诿扯皮等问题;联合区督考办、检察院、法制办、作风办、编办等部门,建立联席会议制度,研究解决职责不清、职能交叉、疑难复杂等事项的处置问题;修订出台《浦口区2017年度"12345"政务热线工作绩效考核实施细则》,保障群众诉求得到及时回应。在狠抓群众诉求工单办理方面:实施"民意110",联合区法制办等部门对回访群众不满意的诉求工单,开展履职认定;会同区督考办、纪委,对工作绩效考核靠后的3个成员单位实施联合督办;对3人次以上群众频繁反映的诉求实施个案督办,累计发放督办函82件,现场督办8次。

浦口区行政服务中心办事大厅 (朱军玲 摄)

【提高窗口服务质量】 出台《浦口区2018年政务服务管理考评实施细则》,明确14项考核标准。制发窗口工作纪律、规范文件5个,列出禁止性规范18个。对窗口办事评价情况进行回访,以问题的及时发现和整改赢取群众满意度。组织第三方群众满意度测评,通过电话调查对38家窗口单位工作、纪律、作风等方面进行明察暗访,发现问题105个,整改105个,群众满意度良好。

【服务公共资源交易】 深入老山管办、浦口开发区、康居集团等重点单位,实施建设工程交易点对点服务,为1283个建设工程类项目提供交易服务,涉及资金279.62亿元。实现政府采购全流程电子化项目,服务各类政府采购项目360个,涉及资金261.86亿元。

【首次实施建设工程项目电音开标】 3月,南京市公共资源交易浦口分中心首次使用电脑语音系统对建设工程项目实施电音开标。该系统在开标前统一播放投标截止时间等相关提示音,开标过程中播放开标纪律、公布投标人名单、抽取评标方法、对投标文件进行解密,并对投标报价和项目负责人等进行公开唱标。

【政府采购项目实现网上受理】 5月26日,政府采购项目网上受理系统试运行。6月6日正式运行。该系统可以受理包括工程、货物、服务、PPP、棚户区改造五大类政府采购项目,提供公开招标、邀请招标、询价采购、竞争性谈判、单一来源、协议供货六类采购方式。政府采购项目网上受理,可以灵活选择业务办理的时间和地点,缩短业务办理时间,减少采购单位负担。至年底,网络受理政府采购项目432项。

【招投标市场首次实现远程不见面开标】 11月16日,浦口区供水增压站维修改造工程项目监理开标活动通过网上开标大厅完成,标志着浦口区招投标市场首次实现远程不见面开标。招标人操作远程不见面开标大厅系统完成开标程序,通过远程视频系统核验投标人身份,使用网上交易系统解密电子投标文件和唱标。网上开标大厅改变了招标人现场组织、投标人现场列席、监督机构现场监督的模式,提升了招投标服务效能,降低了企业投标成本。（刘彪）

·人 事·

【概况】 坚持引培并举,高层次引才工作取得新突破。整合会计、知识产权、法律事务等第三方资源34家,建成公共政务服务平台,打造人才服务大数据平台1.0版,基本实现人才服务"一站式"办结。开展人才政务服务业务培训,组织街道、园区、引才载体37人赴浙江省杭州市学习人才政务服务工作经验,协调人才企业证照办理41家次,资金兑现32件。发挥政府人才综合管理部门职能,拓展招才引智渠道,利用南京留交会、大连海创周等规模性招才平台强化专项引才,组织举办"筑梦江北,创赢浦口——2017浦口区智能制造产业高峰论坛暨人才项目签约活动",智能制造行业300余名人才和140家企业参加,现场签约工业项目7个,投资2100余万元。实施重点人才工程,组织327人申报"创业浦口"人才计划,入选60人;遴选16人申报"创业南京"人才计划,入选4人;从全区规模工业企业中筛选4家企业申报"高端人才团队计划",江苏中路、钛能电气、亿高微波3家入选;指导久吾高科创成江苏省博士后创新实践基地;协助工大数控、国电环保、同凯兆业3家企业3名人员入选第14批江苏省"六大人才高峰"高层次人才培养资助计划,获得资助经费12万元。加强引才过程中的风险防控,明确引才责任,规范申报流程,严格评审制度,做好兑现服务,坚决杜绝违规违纪行为发生。

人事管理科学化水平持续提升。坚持"严制度守规矩、以规范促公正、靠服务立形象"的基本思路和要求,以贯彻落实"三项制度"(事业单位岗位管理制度、人员聘用制度、公开招聘制度)为抓手,梳理141家事业单位人员聘用情况,督促相关单位对400余名合同逾期人员进行续签,及时为1300余人岗位等级晋升、人才引进、区内调动和公开招聘等办理岗位聘用,实现全区事业单位在编在岗人员合同聘用的全员覆盖。把握公开招聘条件设置、资格审核、面试体检、聘用公示等敏感环节,坚持政策宣传不失位、严格审核不缺位、全程监管不越位,组织教育、卫生等46家事业单位公开招聘6次,累计招聘工作人员453人,未发生一起违规违纪或考生投诉举报事件。严格执行"未进行岗位设置的事业单位不得新进人员"的根本要求,突出岗位比例设定、方案核准要求、组织实施程序等重点环节,加强政策指导与监督,完成区文广局、教育局等16家主管部门27家事业单位岗位设置工作,确保部分新设立及编制调整事业单位相关工作的正常推进。完成37名公务员和参照管理人员职位招录的网上资格初审、复审、面试、体检、考察(政审)、录用审批、报到等工作,做到零纰漏、零差错、零事件。做好事业单位参照管理工作,完成国土系统第二批15人参公资格审核、培训、人员登记和任职工作,指导区劳动人事争议仲裁院、城市管理综合行政执法大队2家单位180人登记材料的上报审批、培训、考试等工作。组织开展2017年科级非领导职务晋升工作,对26家单位33名公务员进行任职行文(主任科员22人、副主任科员11人),对2016年23名军队转业干部进行首次定职(主任科员3人、副主任科员8人、科员12人)和部分军队转业干部半年后重新定职(6人由科员定职为副主任科员)。坚持严管和厚爱结合、激励和约束并重,完善干部考核评价机制,推进公务员平时考核工作,在区水务局、桥林街道、永宁街道开展公务员平时考核试点,为2018年在全区推广积累经验。开展"加强公务员队伍培训教育和能力建设,打造为民务实清廉工作团队"主题培训,860名科级及以下公务员参加培训。

【全区人才政策培训会】 2月23日,区人社局(区高层次人才引进计划专项办公室)联合区科技局在工大科技产业园共同举办全区人才、科技政策培训会。街道、开发区、创业载体、人才企业、人才工作专员70余人参加会议。区人社局结合各年度人才、科技、工信、文化等产业领域的项目申报情况,挑选部分项目进行解读,重点介绍国家、省、市、区四级人才计划和团队计划的申报要求。区科技局介绍全区科技政策和2017年科技人才重点工作。

【组团参加第十届南京留交会】 4月25日,第十届中国留学人员南京国际交流与合作大会在南京国际博览中心开幕。区委书记瞿为民率队参会,区人才办主任韩忠、人社局局长黄荣及70余位海内外高层次人才出席开幕式并参观浦口展区。浦口区组织集成电路、智能制造、生物制药、膜科技产业等领域30多家企业参会,展区既重点推介区内各大引才载体和服务平台,又突出体现历年来留学回国的海归人才在浦口创新创业的成果。发放宣传资料200余本,洽谈对接人才113人,吸引参观并意向落户的人才、企业33人(家),涉及智能制造、软件信息、无线通信、未来网络、生命科学等新兴产业领域。

【2017浦口区智能制造产业高峰论坛暨人才项目签约】 4月26日,由区政府主办,区人社局、浦口开发区牵头承办的"筑梦江北,创赢浦口——2017浦口区智能制造产业高峰论坛暨人才项目签约活动"举行。此次活动是第十届中国留学人员南京国际交流与合作大会的浦口专场,智能制造行业300多名人才和140家企业参加。30多家企业或人才意向留在浦口创业,Precise - ITC、AMOLED Driver芯片设计、存储控制芯片设计、从事生产与销售尖端硅晶圆产品研发等7个项目签约落户,投资额2100余万元。

【2017年公务员招录工作完成】 8月2日,区人社局召开区政府部门2017年新招录公务员报到工作会议。有关部门组织人事干部和新招录公务员60余人参会。浦口区2017年申报招录行政部门公务员17名、参公单位工作人员21名。经考试、考察(政审)、公示等规定程序后,行政部门16名、参公单位21名人员被录用。（任四玲）

·机构编制·

【概况】 深化行政审批制度改革。出台《全区深化行政审批制度改革加快简政放权激发市场活力重点任务分解的通知》(浦委发〔2017〕8号)等系列文件,围绕“六个聚焦”,分解细化改革任务19项。聚焦体制创新方面,制定《南京市浦口区相对集中行政许可权改革试点方案》,梳理相对集中权力事项113项,成立区行政审批局。聚焦投资建设方面,网上登记备案完成登记项目101个,实现“多评合一”,“模拟审批”形成完备制度,投资建设代办服务、区域联合性评价、“多规合一、联合勘验、联合测绘”、多图联审均得到实践并有效推进。聚焦创业环境方面,高度重视全省“双创”(创业、创新)环境评价工作,会同相关责任部门对标找差、优化流程,压缩办理时限、精简申请材料,确保实现“3550”(开办企业3个工作日内完成、不动产交易登记5个工作日内完成、工业生产建设项目施工许可50个工作日内完成)工作目标。聚焦民生热点方面,公布区政府26个部门公共服务事项清单目录186项。聚焦“互联网+”方面,对接省政务服务“一张网”建设,出台《浦口区加快推进“不见面审批(服务)”改革工作方案》,公布区级不见面审批(服务)事项清单309项。聚焦科学监管方面,落实“双随机、一公开”(在监管过程中随机抽取检查对象、随机选派执法检查人员,抽查情况及查处结果及时向社会公开)抽查,建立“一表两清单、两库一平台”(执法检查表格、随机抽查事项清单、简政放权事中事后监管责任清单、检查对象名录库、执法检查人员名录库、市场监管信息平台),公布区第一批随机抽查事项清单,涉及32个部门276项。出台《南京市浦口区综合行政执法体制改革实施意见》等系列文件,推进综合执法体制改革工作。根据农业领域综合执法改革要求,指导区农业局制定《浦口区农业综合行政执法体制改革试点工作方案》,梳理执法事项清单193项。

优化机构编制资源配置。坚持调研先行、科学管理,按照严控机构编制总要求,科学优化机构编制资源配置,服务保障民生事业发展。坚持调研先行,探索管理新课题。针对行政许可权集中试点、综合执法体制改革、事业单位法人绩效评估、基层编办规范化管理等新课题,到先进地区实地调研,筹划浦口区改革方案。开展问政于企调研,实地走访企业17家,调研投资建设项目6个,召开座谈会5场,了解营商环境指标数据。坚持问题导向,加强机构编制管理。根据中央、省、市关于建立机构编制问题台账、完善机制推进整改工作的相关要求,经自查上报、汇总审核,梳理全区机构设置、人员编制、机构编制批复2年以上不落实等3类、6个方面机构编制问题,建立问题清单,制定整改措施。坚持民生保障,调整机构编制资源。完成机构编制服务保障事项50余项:组建区级党委巡察办和巡察组,设置纪委派驻纪检组,完成纪委监委机关机构编制调整,设立非公有制经济组织党建工作办公室;落实“两落地、一融合”,设立浦口高新区管委会;开展相对集中许可权试点,成立区行政审批局;调整区行政服务中心隶属关系并增设挂牌机构;批准教育、卫计、规划、城建、房产、农业、水利等45家部门事业单位招聘计划538名,充实民生保障力量;完成260家事业单位年度报告公示、91家事业单位法人绩效评估和250家事业单位信用等级评价工作。坚持“退一进一”,规范编外人员管理。按照区委、区政府要求,对编外用工情况进行再次排查,按照“退一进一”原则,强化计划审批,规范用工范围,修改《关于进一步完善浦口区机关和事业单位编外人员管理的意见》,审议通过11家216名编外人员计划,意见出台后,批准4家38名编外人员计划。坚持服务服从,对接江北新区,牵头负责机构编制划转工作。完成4个街道、74家事业单位的整建制划转,完成340名行政编制、3391名事业编制划转,移交行政人员295名、事业人员3044名。

【简政放权创业创新环境评价工作位列全市第四】 3月23日,省审改办对简政放权创业创新环境评价工作作出评价结果反馈。浦口区位列南京市第4位,其中“开办企业”项和“不动产登记交易”项位列南京市第1位,“施工许可”项位列南京市第4位。在全省109个评价对象中,浦口区排名第57位。

【2016年度绩效评估试点工作完成】 8月15日,区编办对2016年度教育和卫计系统91家参加评估的事业单位进行通报表彰并授予星级牌匾。其中,A等五星级事业单位14家,B等四星级32家,C等三星级45家。至此,浦口区2016年度绩效评估试点工作全面完成。

【行政服务事项进驻区行政服务中心】 8月28日,区编办事业单位登记管理、机关群团统一社会信用代码赋码的申办受理、咨询查询、审批核准、办结发证等服务事项进驻区政务服务中心窗口办理,实行“一站式”服务。

【第二批不见面审批(服务)事项清单公布】 9月11日,区审改办集中公布第二批不见面审批(服务)事项清单,涉及9家部门84项不见面审批(服务)事项,调整删除第一批暂时无法实现不见面审批(服务)2项。区审改办要求各单位以信用体系建设和监管为核心,强化事中事后监管,确保达到“不见面、批得了、管得住”,增强企业和群众的获得感。 (胡楠)

·信息化工作·

【概况】 2017年,以“智慧浦口”为重点建设目标,实施信息化项目25个,其中续建项目10个,新建项目15个。

【征信系统建设】 推进浦口区征信系统建设及2017年度信用数据归集及整合入库工作,共归集入库数据112万条(人口基础数据54万条、法人基础数据4.8万条),其中个人信用数据53万条,涉及部门33家,企业信用数据7000余条。9月,在区行政服务中心一楼大厅设置诚信自助查询终端1台。该系统可依法依规向政府部门、金融机构、公共事业单位和社会提供企业及个人信用信息查询、核查等服务。

【智慧医疗建设】 配合区卫计局推进卫生信息化项目建设,开展区域卫生信息平台升级和区域性基层医疗卫生中心综合信息系统项目建设,完成区域性基层医疗卫生中心综合信息系统、区域卫生信息平台升级、区域远程会诊平台以及区域卫生大数据基本平台项目的建设工作。

【云平台升级改造】 完成存储虚拟化引擎、光纤存储、光纤交换机和服务器虚拟化软件等设备扩容存储,提供160T高可用存储空间。升级原有存储、内核,对虚拟化平台进行补丁修复,提高云平台的业务承载能力和数据安全性,为“智慧浦口”建设提供信息化服务支撑。

【“在线访谈”互动平台上线】 3月28日,由区政府主办、区政府门户网站和区广电台承办的浦口政府网“在线访谈”平台上线。推出城市管理、物业管理、“263”专项活动、黑臭河道整治、教育专访、美丽乡村6期访谈,在区政府门户网、浦口电视台、浦口手机台、浦口发布微博及微信公众号等多媒体同时开放交流平台,扩大受众群体,提升交流质量。

【重点区域 Wi－Fi 覆盖工作完成】 12月,完成23个重点区域 Wi—Fi 覆盖工作。2月,启动浦口开发区、科工园、珍珠泉度假区、老山管办、汤泉温泉度假区、青年人才公寓、浦口文化中心等23个区域、2300余个AP热点的 Wi—Fi 覆盖建设,投资455万元,提升浦口区创新创业环境和智慧城市服务水平。

【大联勤综合信息服务平台建成】 12月建成。大联勤综合信息服务平台8月启动建设,配置五大功能模块,开发事件预警、资源整合、联勤联动、信息查询、大数据分析、绩效考核、应急指挥、治安监控、三维立体展示、权限管理10个核心应用共19个二级功能模块,接入相关部门资源信息95类900余万条,提升社会治理实效和为民服务能力。

【大数据分析平台建成4个分析模块】 至年底,大数据分析平台建成“12345”热线、大联勤、信访、大走访4个分析模块。大数据分析平台7月启动建设,重点针对区域时间段内社会关注量集中的热点、难点问题,通过同类别数据对比分析、不同类别数据相关性分析,对浦口区域内社会发展现状及趋势做出研判,完成三期《浦口区社会治理大数据分析报告》,直接辅助领导决策和指导基层工作。 (黎义清)

浦口区政协

【概况】 2017年,浦口区召开政协四届一次会议及常委会会议5次、主席会议5次、主席专题协商座谈会2次;开展视察调研40余次;收到委员提案120件,立案118件,办结118件;编发《浦口政协》简报10期。

聚焦发展大局,积极协商议政建言。协商议政抓实效。完善政协计划性协商体系,创建政协主席专题协商座谈会,明确政协各类会议协商议题,形成以全体会议为龙头,以专题议政性常委会议、主席会议为重点,以主席协商座谈、专项视察、专题调研为常态,以对口协商、提案办理协商为补充的协商议政新格局。围绕党风廉政建设和反腐败工作、“263”专项行动开展情况、城市精细化建设管理、黑臭河整治、精准扶贫、2017年国民经济和社会事业发展情况、财税工作情况等议题开展专题协商。围绕区委、区政府中心工作,以加强地名管理和特色小镇建设为主题,召开主席专题协商座谈会2次,为改革发展稳定汇集民意民智。视察调研谋良策。以节能减排、生态治理修复、城市亮化、法律援助及安全生产等为主题,组织委员跨界别、跨委组开展专项视察、专题调研,邀请党委、政府领导、职能部门负责人向委员通报政情并互动交流。形成浦口区法律援助专题调研的意见建议、《关于浦口区安全生产的建议》专项视察意见及其他调研文章20余篇。受区委委托,开展农村集体土地拆迁工作中特殊群体有关情况调研,由区政协主席牵头,成立相关部门、政协专委会参加的调研组,集中走访5家街道,形成《关于农村集体土地拆迁中特殊群体有关情况》的调研报告。提案信息促发展。3月,四办联合召开人大建议和政协提案交办会议。5月,配合区政协提案委,联合区政府办督查科,走访部分提案承办单位,加强与委员、承办单位的沟通协调。实行重点提案督办制度,协商确定重点提案7件,商请区委、区政府领导领办。结合重点提案督办活动,开展教育、旅游、交通与管理等6个专题提案协商,邀请区政府分管领导、政协委员及教育局、旅游局、科技局等提案承办单位参会,开展面对面协商,提升提案工作整体水平。收到社情民意176篇,向市政协报送59篇,被市政协采用14篇,评选优秀提案10件,评选优秀调研文章5篇。

创新监督形式,提升民主监督实效。将监督工作融入协商议政全过程,做到年度监督议题与年度重点协商、视察、调研计划同研究、同部署,改进监督形式,提高监督实效,在现场视察、深度对话、共商对策基础上,确保委员的知情权得到落实、参与权得到体现、话语权得到表达。政协常委会议专题听取全区党风廉政建设和反腐败工作成效的情况通报,推动从严治党和政风改进。开展区政务办专题民主评议,收集社会各界意见建议32条,形成评议总结报告,助推部门改进工作。邀请担任区纪委“两员”(特邀监察员、党风联络员)和从事新闻媒体工作的政协委员全程参与监督,促进政协民主监督与党委纪律监督、新闻舆论监督有机结合。推荐100余名政协委员分别担任人民监督员、机关作风监督员和第三方测评人,旁听案件庭审,参与机关作风监督测评,促进机关作风转变。按照市政协“千名委员,百日推进”专项监督工作部署,率先在全市启动河道整治专项民主监督,除市政协确定的18条国考、市考河流外,将区考12条河道纳入监督范围。组织政协委员、水利专家开展专项视察,分析黑臭河道情况,协商讨论解决对策。成立市、区两级委员联组4个、监督小组30个,开展联动监督活动30余次,走访社区群众近100人,梳理意见建议30多条,《关于立即启动桥北污水处理厂二期》的提案被市政协评为年度优秀提案。

坚持团结民主,广泛搭建合作共事平台。发挥界别优势。推荐不同界别的政协委员参加区政协四届一次会议专题议政会,与区委、区政府领导交流,反映所联系界别群众的意见诉求。组织民主党派、工商联和无党派人士及团体围绕中医药事业发展规划、地方社会事业发展与相关部门负责人座谈交流,提出建议。成立《浦口文史》编纂委员会,形成各方参与、共同推进的文史工作格局。强化工作联系。重视发挥委组的基础性作用,注重对委组工作的指导,印发委组《2017年度浦口区政协委员工作组工作任务分解》《2017 年度浦口区街道政协工委工作任务分解》,落实专项工作经费,为委组活动创造条件。引导各街道政协工委根据各自区域经济社会发展特点,自选主题开展协商民主在基层活动,协助党委、政府做好察民情、体民意、集民智、聚民力工作。根据委组活动组织开展情况,评选先进委组 6 个。组织培训 2 次,邀请区长王磊通报全区 2017 年上半年工作情况和下半年工作安排,帮助委员知情明政。健全考核激励机制,完善委员管理、社情民意、提案办理等制度,评出优秀委员 30 人。开展“访委员、听建议”活动,实行主席接待日制度,走访接待委员 80 余人次。密切联系群众。结合大走访工作,区政协党组成员深入社区、企业,对发现的问题和委员提出的意见建议,采用信息专报形式及时报送党委、政府。组织部分委员赴陕西省商洛市镇安县开展扶贫协作,与当地政府签订合作框架协议,支持贫困地区发展科技产业和新型农业。

【政协四届一次会议】 1 月 3~6 日,在区政府大礼堂召开中国人民政治协商会议南京市浦口区第四届委员会第一次会议。出席委员 218 人。区委书记瞿为民代表中共浦口区委讲话;审议通过邓林代表政协南京市浦口区第三届委员会常务委员会所作的工作报告、葛华友代表政协南京市浦口区第三届委员会常务委员会所作的关于提案工作情况的报告。选举产生政协南京市浦口区第四届委员会主席、副主席、秘书长、常务委员,邓林当选为主席,金仁斌、葛华友、王维、程晓明、黄和当选为副主席,陈小涛当选为秘书长,丁庆等 30 人当选为常务委员。

【政协常委会议】 全年召开政协常委会会议 5 次。1 月 6 日召开政协四届一次常委会议,协商通过有关人事任免和人事调整事项。3 月 23 日召开政协四届二次常委会议,审议通过政协四届一次会议以来提案审查立案情况的报告,协商讨论区政协相关制度的制定情况,协商通过有关委员调整和人事任免事宜。7 月 28 日召开政协四届三次常委会议,听取区纪委关于 2017 年上半年全区党风廉政建设和反腐败工作情况的通报,围绕全区“263”专项行动议题进行协商讨论,原则通过《政协浦口区委员会委员履职考核办法(试行)》,并协商通过有关委员调整和人事任免事宜。9 月 29 日召开政协四届四次常委会议,听取区政府关于区政协四届一次会议以来委员提案办理情况的通报,围绕城市精细化建设管理议题,听取区城管局工作情况通报,并与专家、政协常委开展协商讨论,协商通过有关人事调整事宜。12 月 22 日召开政协四届五次常委会议,听取区政府关于 2017 年国民经济和社会事业发展情况、财税工作情况通报,并开展协商讨论,传达学习全国政协《关于学习贯彻中国共产党第十九次全国代表大会精神的决议》,并讨论研究区政协四届二次会议筹备工作,协商通过有关人事任免事宜。

【政协主席会议】 全年召开政协主席会议 5 次。2 月 24 日召开政协四届一次主席会议,审议区政协 2017 年工作要点和各专委会 2017 年工作计划,以及区政协四届一次会议以来提案审查立案情况的报告,并协商确定主席分工及有关事宜。5 月 27 日召开政协四届二次主席会议,围绕全区黑臭河道整治议题,听取区水务局工作开展情况的通报和全区黑臭河道整治专项视察情况的通报,并与专家、政协委员代表进行协商讨论。7 月 28 日召开政协四届三次主席会议,协商讨论委员调整及有关人事任免事宜,提交常委会议协商通过。11 月 24 日召开政协四届四次主席会议,围绕精准扶贫议题,实地视察星甸街道王村社区精准帮扶项目推进和经济薄弱村门面房帮扶情况,听取区委农工委脱贫攻坚进展情况的通报,以及区财政局、康居集团就扶贫资金使用和扶贫项目建设情况的介绍,并与政协委员开展协商讨论。12 月 22 日召开政协四届五次主席会议,协商讨论区政协四届二次会议筹备事宜和有关人事任免事宜,并提交常委会议协商通过。

【政协主席专题协商座谈会】 创新开展主席专题协商座谈会,从“小微议题”入手,破解发展难题。专题调研中华书法小镇、顶山 HR 小镇等 5 处特色小镇规划落实、建设管理情况,形成《关于特色小镇建设的思考》调研文章。组织委员、专家学者和有关职能部门座谈,听取对地名管理的意见建议,提交《关于加强浦口区地名管理工作》调研报告。

【各界人士座谈会】 1 月 5 日,政协南京市浦口区第四届委员会第一次会议

1 月 3~6 日,政协浦口区第四届委员会第一次会议在区政府大礼堂召开
(柏顺 摄)

期间,区委组织召开各界人士座谈会。委员们围绕全区经济、社会事业发展中的热点、难点问题,向区委、政府反映群众愿望和诉求。区政协办以社情民意形式进行收集整理,通过《浦口政协》专刊报送区委、区政府,经区委、区政府主要领导批示后由区委办、政府办逐条细化,分送相关部门办理落实。（李逸）

中共浦口区纪委

【概况】 落实管党治党责任。协助区委做好党风廉政建设主体责任任务分解和责任制检查考核,以责任书逐级压实责任,以工作记实保证责任落地。开展反腐败协调,行政执法机关、司法机关移送问题线索1000余条。根据发现的区管干部苗头性倾向性问题,提请区委、区政府领导开展谈话提醒,履行"一岗双责"。建立区纪委领导班子联系点制度,指导基层落实"两个责任"。严格责任追究,对主体责任履行不力的1个街道党工委给予通报问责处理,街道党工委书记给予纪律处分和组织处理,2个街道党政主要负责人作出深刻检讨。

深化作风建设。出台《关于重申严禁党员领导干部利用婚丧喜庆事宜大操大办借机敛财的通知》和《进一步严明纪律坚决抵制违规吃请和公款吃喝的通知》等规定,严明纪律要求。开展"防隐身防反弹防变异"专项行动,督促相关主责部门对会所进行拉网式排查,强化公务用车使用管理,开展公款报销、公款购买券卡和高档白酒专项检查,立案77人,给予党纪处分58人。以节前常态化通报曝光向党员干部公开示警,通报曝光5批次13件26人。

巩固反腐败斗争压倒性态势。坚持抓早抓小、动辄则咎,综合运用纪律处分和组织处理的措施,努力实现惩处极少数、教育大多数。运用监督执纪"四种形态"(党内关系要正常化,批评和自我批评要经常开展,让咬耳扯袖、红脸出汗成为常态;党纪处分和组织处理要成为大多数;对严重违纪的重处分、作出重大职务调整应当是少数;严重违纪涉嫌违法立案审查的只能是极少数)处理643人,第一、二种形态占96.1%,第三种形态占3.3%,第四种形态占0.6%,收到较好的政治、社会和法纪效果。受理信访举报件534件,同比增长31.2%;立案查处违纪违法案件266件,增长38.5%,其中自办案件177件,增长51.3%;给予党政纪处分213人,增长72%。

展现专项整治成效。针对教育、卫生、民生专项资金、征地拆迁、国有投资工程等领域腐败易发多发问题,开展专项整治,劲扫行业不正之风。联合有关部门对工程招投标和建设资金使用情况进行驻点审计和延伸检查。发现问题线索132件,立案审查80人,督促建章立制105个。围绕群众身边不正之风和腐败问题,开展村居审计、农村集体"三资"(资金、资产、资源)审计、惠农补贴发放专项治理,立案审查90人,给予党政纪处理71人、问责处理14人。组成8个检查组,开展扶贫、安全生产、环保等工作专项检查30余次,对责任心不强、措施不力的59名党员干部进行责任追究,给予党政纪处理8人、问责处理41人。

释放体制改革动能。推进党的纪律检查体制改革,成立区委巡察机构,制定《中共浦口区委2016～2021年巡察工作规划》。组织开展中央、省委巡视问题整改,分三轮对17家单位开展巡察,向被巡察单位提出工作建议168条,向区级层面及有关单位提出工作建议36条。对第一、二轮巡察的9家单位实施"回头看",问题整改率达98%。推进派驻机构改革,9个派驻纪检组对60家区一级党和国家机关实现派驻监督全覆盖,构建纪检组与被监督单位分管领导、纪检委员的工作网络。推进监察体制改革试点,挂牌组建区监察委员会,实现纪委、监委合署办公。

加强自身建设。学习党的十九大精神,坚持"两学一做"常态化制度化,增强"四个意识",坚定"四个自信"。以"学思讲坛""微讲堂"等为载体,开展纪法衔接专题培训、派驻业务学习、"三转"(纪检监察机关转职能、转方式、转作风)大讨论,提升专责机关履职能力。执行《中国共产党纪律检查机关监督执纪工作规则(试行)》,细化制度措施46条。投入400余万元建成区、街两级纪律审查谈话点,出台《关于加强执纪审查中一般性审查谈话安全工作实施办法》,保障谈话审查工作规范有序、安全高效。在113个社区(村)和机关支部设置纪检委员并组织专题培训。在全系统开展形式主义、官僚主义问题自查自纠,梳理排查问题20个。查处纪检监察干部的作风问题,对3名纪检干部给予党纪处分或组织处理。

【区纪委四届二次全体会议】 1月20日召开。一阶段会议在区政府大礼堂召开,约310人参会;二阶段会议在区政府会议中心二楼召开,约170人参会。区委常委及区人大、区政协主要领导出席第一阶段会议。区委书记瞿为民指出,党的十八大以来,全区各级纪检监察组织聚集主责主业,强化监督执纪问责,全区廉洁责任层层压实,纪律规矩更加严明,作风建设持续加强,震慑效应明显增强,为浦口"四个生态"建设提供了纪律保障。区委常委、区纪委书记张屹代表区纪委常委会作题为《落实党内监督责任,深化纪律作风建设,奋力推动浦口全面从严治党向纵深发展》工作报告。关于2017年全区党风廉政建设和反腐败工作,张屹指出:一要严肃党内政治生活,二要夯实"两个责任",三要狠抓重点问题专项治理,四要持续加强纪律审查,五要加强党内监督,六要锻造纪检监察铁军。

【区级巡察机构设置调整】 1月13日,区编办下发《关于区级党委巡察办和巡察组设置有关事项的批复》(浦编字〔2017〕1号),同意设立中共南京市浦口区委巡察工作领导小组办公室。区委巡察办设在区纪委,主要承担综合协调、组织指导、制度建设、监督管理、服务保障等工作,核定办公室主任1名、专职副主任(副处级)1名。设立4个巡察组,组长从区管正职领导干部中优选,根据每次巡察任务确定并授权,各巡察组设专职副组长(副处级)1名。

7月12日,根据《关于调整区级巡察机构设置的通知》(浦编字〔2017〕38号),区委巡察工作办公室列入区委职能部门,设在区纪委,核定编制21名。4个区委巡察组各增设专职组长(正处级)1名,调整后,领导职数为:巡察办主任1名、专职副主任(副处级)1名,巡察组专职组长(正处级)4名、专职副组长(副处级)4名。

【派驻机构改革】 根据省市统一部署，撤销3个区纪委监察局派驻纪检监察工作室，撤销部门纪检监察机构。8月30日，完成综合派驻机构改革，设立9个综合派驻纪检组，对60家区一级党和国家机关派驻监督全覆盖。派驻第一纪检组负责监督：区委办（督考办、保密办）、研究室（改革办、社建工委）、农工委、经信局、农业局（林业局、农开局、农资办）、水务局、商务局（粮食局）、卫计局8家单位；派驻第二纪检组负责监督：宣传部（文明办、文联）、科技局（知识产权局、科协）、教育局、旅游局、文广局、体育局、信息中心、广电台、残联9家单位；派驻第三纪检组负责监督：建设局（建工局、人防办、征收办）、房产局、交运局、浦口开发区、珍珠泉度假区、科工园、老山管办、拆管中心、规划分局9家单位；派驻第四纪检组负责监督：政法委（综治办、依治办、国安办）、法院、检察院、司法局、市场监管局（食药局、食安委）、安监局、城管局（行政执法局）7家单位；派驻第五纪检组负责监督：政府办（法制办、外事办、机关事务管理局、应急办）、政务办（政府服务中心）、发改局（物价局）、财政局、国资工委、审计局、统计局、土储中心、国土分局9家单位；派驻第六纪检组负责监督：人大办、政协办、组织部（党联办、"两新"工委、人才办）、编办（事业单位管理局）、老干部局、党校（行政学校）、民政局、红十字会8家单位；派驻第七纪检组负责监督：统战部（民宗局、台办、侨办、工商联）、人社局（公务员局）、档案局（档案馆、党史办、地方志办）、总工会、团区委、妇联、社保中心7家单位；派驻第八纪检组负责监督：公安分局、610办、信访局3家单位；派驻第九纪检组（综合监督管理组）负责其他派驻纪检组的工作联络、日常管理和后勤保障等工作，协助区纪委纪检监察干部管理监督室对派驻纪检组及其人员进行监督。

【"全面从严治党这五年"宣传周】 9月25～28日举行。启动仪式上，浦口区党员干部代表400余人观看专题片《全面从严治党这五年》，聆听广播剧《铸剑——王荷波》，参观"全面从严治党五年"成就图片展。图片展分教育篇、改革篇、正风篇、惩治篇、队伍篇5个篇章，在全区巡回展出。

【机关党总支委员会成立】 11月13日，经区级机关工委批复同意，成立区纪委党总支委员会，下设3个党支部。12月6日，浦口区纪委召开机关党员大会，选举产生区纪委党总支委员。党总支委员会有委员5人，书记陈富国，副书记于霞，党员77人，其中在职党员56人，退休党员21人。

【推进监察体制改革试点工作】 12月12日，根据省委、市委关于深化国家监察体制改革试点工作相关部署和要求，区编委调整区纪委、区检察院机构编制。12月20日，区委办印发《南京市浦口区深化国家监察体制改革试点工作实施方案》，明确成立区监察委员会，撤销监察局和检察院的反贪、反渎、预防职务犯罪等部门，将相关机构、职能、人员转隶至区监察委员会。12月29日，区检察院15名转隶干部全部转隶到位。调整后，区纪委设办公室（研究室）、纪检监察干部管理监督室、宣传教育室、党风政风监督室（区政府纠正行业不正之风办公室）、信访室、案件监督管理室、纪检监察一至五室、案件审理室12个内设机构。改革后，区纪委有编制109名，其中委机关64名（含检察院划转政法专项编制24名），派驻纪检监察组45名（含政法专项编制10名）。委机关区纪委、监委领导班子职数9名，室主任12名、副主任15名；派驻纪检组组长9名（其中正处3名）、副组长12名；巡察机构巡察办主任1名、副主任1名，巡察组专职组长4名、专职副组长4名。（朱晓宇）

9月6日，区纪委派驻机构成立大会召开 （张晓雨 摄）

社会团体

·浦口区总工会·

【概况】 2017年，新建工会60家，新发展会员6141人。全区有工会组织1121家，会员15.5万人。杜则玲、杨玲获省"五一劳动奖章"称号，江苏本色建设工程有限公司获省"五一劳动奖状"称号，钛能科技股份有限公司、南京浦口康居建设集团有限公司工程管理部获省级"工人先锋号"称号。朱远富、纪祖焕、陈鹏获市"五一劳动奖章"称号，南京市浦口区滁河河道管理所获市"五一劳动奖状"称号，南京市浦口区农产品检验检测中心、浦口公安分局阳沟街派出所、浦口公安分局建设派出所获市级"工人先锋号"称号。南京瑞联电气有限公司配线车间等10家单位获区级"工人先锋号"称号。南京市第二基础工程公司获"江苏省厂务公开民主管理示范单位"称号，浦口区总工会获"江苏省推进厂务公开民主管理先进单位"称号。编发《浦口工会信息》11期205篇，20多篇次新闻稿被媒体采用，发布微博500多条。

【职工思想政治教育与文化技术教育】 开展职工思想教育，强化思想政治学习和业务教育培训,发挥教育阵地作用,促进干部职工素质提升。开展党的十八大,十八届五中、六中全会和十九大宣传教育工作,组织开展"两学一做"学习,筑牢职工思想基础。组织全区工会系统信息员培训、集体协商业务培训、经审人员专业培训、信息数据采集业务培训以及工会组建、财务、心理健康等培训班18期,培训干部职工2300多人次。江苏省南京市浦口经济开发总公司、南京一中明发滨江分校、江苏九天高科股份有限公司、浦口区江浦街道巩固社区、南京工大科技产业园股份有限公司5家单位申报市级"职工书屋"示范点,南京市浦口区公路管理站创成市级书香企业。举办浦口区第五届职工歌手大赛,开展纪念南京市总工会成立90周年专题征文、摄影活动,组织职工参加第八届中国京剧艺术节相关活动,开展全民阅读和"寻找最美劳动者"有奖征文活动等近10场。

【职工劳动技能竞赛】 围绕区委、区政府中心工作和决策部署,开展各类创新建功活动。各级工会独立或联合开展"智慧新城"建设、重大基础设施建设、住宅物业管理、环卫、医疗急救与消毒隔离、动物检疫、消防演练及银行系统职工技能竞赛活动10多场,区总工会组织职工技能竞赛3场,分别为浦口区环卫职工劳动职业技能竞赛、浦口区"医院感染控制"技能竞赛、浦口区银行业金融机构青年员工业务竞赛。南京锦湖轮胎有限公司、南京华明市政工程有限公司、浦口区中心医院3家单位获"2017年度市'安康杯'竞赛优胜单位"称号,南京延线电力工程有限公司江北一班、南京金正奇交通设备有限责任公司钳工组2个班组获"2017年度市'安康杯'竞赛优胜班组"称号,王正军获"2017年度市'安康杯'竞赛优秀个人"称号。

【职工劳动及社会保障】 累计组织招聘活动15场,提供就业岗位3800余个。完成工会法律援助案件52件,挽回经济损失90多万元。新增工会法律援助服务站10家,参与劳动仲裁案件审理59件。发放要约书700多份,对97家规范化建设示范单位进行考核检查,深入企业176家次,开展一对一业务培训80余人次,培训职工方协商代表147人次。建立困难职工档案167份(市级46份、区级121份),调整录入医疗救助对象200多人,向困难企业和街道工会援助服务站、浦口开发区职工援助服务中心划拨专项经费12.5万元,为167名建档困难职工赠送"春节大礼包",元旦、春节期间慰问困难职工431人次,发放慰问金49.28万元。资助学子131人次(研究生1人、大学新生26人、大学在读生18人、高中技校生30人、义务教育阶段学生56人),发放助学金26.1万元。为54名有创业愿望和创业能力的失业人员、失地农民提供创业小额贷款640万元。续保和新发展互助互济会员17510人次,向777人赔付106.2万元。

【南京市职工互助互济会浦口办事处成立】 1月24日在区总工会举行揭牌仪式。市总工会副主席刘辉、保障部副部长陈团,区总工会常务副主席周怀建、副主席郭丽萍等出席揭牌仪式。南京市职工互助互济会浦口办事处负责保障项目的宣传和咨询,办理互助保障项目的承保、续保和退保业务,负责参保人员的核保和理赔申请,指导基层单位做好核保和理赔初审工作等。周怀建为办事处主任,韦向萍为副主任。截至年底,新参保14335人次,续保12082人次,办理理赔案件965件次,赔付总金额163.64万元。

【南京市春季要约行动启动仪式暨集体协商现场推进会在浦口召开】 3月15日在浦口开发区召开。区委常委、组织部部长王安伟,区总工会主席徐宏晓等出席会议,来自全市各区协调劳动关系三方委员会、部分企业人力资源部、工会干部等130多人参加会议。九天高科等10家企业工会主席在现场进行集体协商要约。区总工会常务副主席周怀建作交流发言,分享集体协商、劳资和谐等具体措施和成效。2015~2016年,区总工会走访企业260余家,摸索出集体协商"七个一"(收集整理一本有关集体协商的法律法规适用手册、编制一套规范流程、为基层工会提供一套示范标本材料、推行一套考核激励机制、每年选树表彰一批优秀集体协商示范企业、打出一套工资集体协商与工会规范化建设"组合拳"、形成一套"抓关键少数带大多数"的工作法)和"六必须"(企业集体协商工作从开始到终结的主要节点时间必须事先报告、集体协商主要内容必须事先报送专职指导员初审、集体协商会议必须通知专职指导员到场旁听、职工(代表)大会必须依法履行会议程序、集体合同和工资集体合同必须经职工(代表)大会票决通过后方可签订、集体合同和工资集体合同及附件材料必须经专职指导员审核通过后方可报人社部门审查备案)做法,减少走过场现象。2016年以来,全区66家协商示范企业人均工资增长8%,未发生一起劳动纠纷案件。区委常委、组织部部长王安伟向与会者介绍全区经济社会发展情况和浦口区推进集体协商的主要做法,他表示更加重视发挥协商机制在调节利益分配、解决热点问题和钝化社会矛盾中的独特作用,通过各层面的广泛协商,接地气、聚人气。

【区总工会全委(扩大)会议】 3月30日在区总工会会议室召开。区委常委、组织部部长王安伟及区总工会主席徐宏晓、常务副主席周怀建、副主席郭丽萍出席会议,区总工会二届全体委员、受表彰单位代表、中间层次工会、直属工会和企业工会主席近100人参加会议。区总工会副主席郭丽萍宣读表彰决定,通报市级以上奖项情况。区总工会常务副主席周怀建总结2016年工会工作,动员部署2017年重点工作任务。区委常委、组织部部长王安伟对区总工会一年来的工作成绩给予肯定,希望全区各级工会组织贯彻落实中央和省市区委要求,紧跟时代步伐,融入中心工作,积极主动作为,组织和带领广大职工在各自的工作岗位上开拓创新、再立新功。区总工会主席徐宏晓要求,一要抓好会议精神的学习、传达和贯彻,以多种形式落实到具体工作实践中;二要理清工作思路、明确主要任务、细化落到实处,推动工作再上新台阶,打造"党政放心、职工满意"的工会组织;三要牢记"创新、富民、精准、实干"关键词,为加快建设"强富美高"新浦口做出更大贡献。

【浦口区第五届职工歌手大赛】 4月19日,"滁之春·永宁杯"浦口区第五届职工歌手大赛初赛在永宁街道侯冲风景区举办。大赛由区总工会主办、区职工文化活动中心和永宁街道总工会联合承办,以"歌声溢满 河岸花海 美丽乡村等你来"为主题,旨在表达全区干部职工对建设江北新区的热情,对幸福生活和实现中国梦的憧憬,展现广大干部职工践行为实现中国梦建功立业的良好精神风貌。浦口区各中间层次工会、直属工会22家单位90多名职工歌手参加初赛,评选出42名选手参加决赛。4月26日,浦口区第五届职工歌手大赛决赛在永宁街道姚徐老街开赛,最终产生通俗唱法一等奖2名、二等奖8名、三等奖17名,美声唱法一等奖2名、二等奖5名、三等奖8名。

【"创新建功杯"医院感染控制医技大赛】 4月27日在浦口区中医院举办。竞赛由市总工会、市人社局、共青团市委共同主办,区总工会、区卫计局联合承办。比赛内容为无菌技术技能操作,67人参加比赛。浦口中医院张鹏鹏、沈晋及浦口医院贺丽萍获一等奖,魏金鑫等9人获二等奖,彭兵等18人获三等奖,桑小路等37人获优胜奖。

【南京市环卫职工劳动职业技能竞赛在浦口举行】 9月22日在江浦街道九袱洲路举行。竞赛由区总工会和区城管局联合主办、南京浦诚环卫公司协办,市总工会职工大赛办主任柏懋林、市城管局环卫处副处长李奇强、市环卫协会秘书长庞道友、区城管局局长杨庆枫、区总工会常务副主席周怀建等出席活动。竞赛是城市保洁的浓缩过程,包含5吨机扫车、8吨高压冲洗车、1吨小型冲洗车、新型机扫车、保洁员清洗垃圾桶5个比赛项目,以机械化作业为主、人工作业为辅,采取扣分法计算总分,主要考核作业操作程序、作业质量和作业时间。比赛采用单程赛形式,大、小型项目同时进行。邢加云、许正萍2人获"南京市技术能手"称号,肖亮、金莉、张良琴、钱光英4人获"南京市五一创新能手"称号,肖亮、金莉2人获"南京市青年岗位能手"称号,赵丽、王天雨、王兵、赵加有、王永辉5人获浦口区"五一创新能手"称号,朱跃获浦口区"五一巾帼标兵"称号,许正萍等28人获"浦口区城市美容师"称号。 (孙立兵)

·共青团浦口区委·

【概况】 2017年,全区有团委23个、团工委11个、团总支23个、团支部597个。团员11894人,团干部375人。

【共青团改革】 按照团省委、团市委和区委对浦口区共青团改革的有关要求,草拟《共青团浦口区委改革实施方案》(征求意见稿),通过召开座谈会、发放问卷等形式广泛征求直属团组织、驻区高校、企业等青年群体的意见建议,坚持问题导向,梳理意见清单,查找自身不足,明确改革方向。深化"专、兼、挂"相结合的团干部队伍建设,团区委机关由5名专职人员、2名兼职人员、1名挂职人员组成。招募40名大学生兼职团干部,根据专业特色和个人意愿,分别安排到团区委机关、街道团工委等岗位,成为全区共青团工作的一支重要力量。联合驻区高校,充实浦口区志愿联盟力量,为全区群众和重大活动做好服务保障。对接全区志愿服务资源以及街道、社区等对公益服务的需求,促进全区公益服务项目、志愿服务活动的开展,参与"七彩大篷车,志愿社区行"、国际女子半程马拉松志愿服务等活动。

【青少年思想引领】 在全区青少年中营造学习感悟优秀传统文化、增强文化自信的浓厚氛围,作为学校教育的重要补充。办好青少年儿童周末国学兴趣班,开展经典诵读、礼仪培训、爱国主义教育基地参观等传统文化教育体验活动,普及国学文化和传统艺术,弘扬中华传统文化。创作少年儿童舞台剧《闵损的芦苇衣》,获省文化厅肯定。开展第六届浦口区"十佳青年"评选表彰,驻区高校、企业及社会公众推荐90余名优秀青年参评。培养、表彰一批在推动"四个生态"浦口建设中做出突出业绩和重大贡献的青年典型,在全区青年中营造"人人找标杆、人人学先进、人人比贡献"的良好氛围。举办"不忘初心跟党走"青春诗会专场演出,回顾党团结带领全国人民在民族解放、新中国建设、全面深化改革的历史进程中做出的伟大历史贡献,展示青年风采。

【青年创新创业及就业】 联合南工大社会调查团队,对全区创业就业青年、失地待业青年及驻区高校在校青年等群体基本情况开展专项调研,为青年群体解决现实问题,提供精准定向服务。筹划2017海峡两岸青年创新创业训练营活动,邀请海峡两岸150余名青年创客到浦口。承办"I CAN"大赛江苏赛区赛事,60余支参赛队伍参加竞赛。通过训练营和大赛搭建创业青年与成功企业家、投资机构、政府部门之间以及青年创客之间的交流平台,让青年在分享中成长。贯彻落实团中央《关于实施农村青年电商培育工程的通知》精神,帮助青年把握电子商务发展带来的商机并掌握相关技能,拓展创业致富渠道。举办农村电商宣讲会、电商园区参观考察、网店经常讲座等农村电商培育系列活动,聘请专业培训机构以及专家、电商从业者,对全区有志从事电商创业的青年进行培训,从行业现状、发展趋势、存在机遇到商品货源、销售渠道、网店"装修"等方面进行指导培训。联合小巨人、酷立方、ic咖啡等8家青创空间,组建浦口区青创空间工作联盟,走进驻区高校开展宣讲和项目路演,集中展示各青创空间的特色亮点和不同高校的优势学科,搭建青创工作阵地与创业就业学子的沟通桥梁,鼓励更多高校毕业生留在浦口创业就业。完成区青商会换届工作,全区100余名青年企业家加盟,会员企业涵盖智能制造、生命健康、新材料等高端产业。成立金融系统青年汇,汇聚全区银行、保险、券商等行业的从业青年,开展技能竞赛、业务培训、交友联谊等活动。

【兼职团干部双选会】 4月14日在团区委会议室召开,南工大、南审等10所驻区高校100余名青年学子参加。此次活动是贯彻落实中央和省市区委群团工作会议精神,深入探索团干部队伍"专、兼、挂"制度,充实浦口共青团工作力量,帮助学生拓宽视野、增长才干的重要举措。通过自荐、高校团组织集中推荐、团区委及街道团组织选拔等方式,确定兼职团干部40人,安排至团区委及街道团工委助理岗位。

【第六届"十佳青年"表彰】 5月9日，"不忘初心跟党走，创赢浦口绽青春——纪念建团95周年暨第六届'十佳青年'表彰活动"在区级机关大礼堂举办。区领导瞿为民、赵洪斌、王安伟、李玉明、葛华友出席。活动回顾全区共青团在思想引领、创新创业、诚信教育、榜样树立等方面重点工作，展示青少年国学教育成果，表演《弟子规》情景剧，播放创新创业、农村电商培育系列短片，邀请在浦口就业创业的青年代表分享心路历程，总结青年诚信教育的重要意义和有关举措。表彰10名第六届"十佳青年"。

浦口区第六届"十佳青年"一览表

表19

序号	姓名	工作单位	序号	姓名	工作单位
1	何雪冰	江苏省江浦高级中学	6	史晓鹤	南京供电公司浦口供电营业部
2	崔蓉蓉	浦口区检察院	7	张　超	南京市第十建筑工程有限公司
3	王　巍	浦口医院	8	朱燕娥	浦口朴之文化交流中心
4	吴　瑕	必胜客南京有限公司	9	张玉刚	阳沟街派出所
5	潘　琦	南京文牛科技有限公司	10	李　戬	南京市浦口区烟草专卖局

【海峡两岸暨港澳青年创新创业训练营】 7月9～15日在浦口区举办，109名港澳青年参加活动。活动旨在宣传推介浦口区创业就业环境及政策，挖掘优秀的创意和项目，举办创业思维及商业模式模拟训练、创业方案研讨、创业项目路演等活动。智能动态模拟排程系统、"印迹"软件系统、天能天然气喷射系统、铸造废砂热法再生系统、智能高效纺织印染类污水处理系统、智能电梯远程实时监测系统6个项目获奖并进行路演。

【青商会换届】 8月12日，区青商会成立三周年暨换届大会在市民中心举办。区委常委、组织部部长王安伟出席活动，青商理事单位负责人、各直属团组织负责人参加活动。青商会是由浦口区青年企业家、青年经营管理者以及工商界中具有代表性的青年人士自愿结成的联谊性、非营利性社会组织，致力于团结全区工商界青年人士，培养和造就一支优秀的青年经济管理人才队伍。大会选举伊道科为新一届商会会长，刘飞、余荣卿、秦磊为执行会长，有会员企业102家。

【金融系统青年汇成立】 8月24日在紫金农商行江北新区分行召开成立大会。区委常委、副区长赵洪斌出席会议，全区银行、保险、券商企业青年代表60余人参加会议。浦口区金融系统有青年员工1300余人，青年汇有成员单位35家。成立浦口区金融系统青年汇，旨在提升浦口区金融系统青年群体交流与合作，团结带领金融系统青年坚定理想信念，立足岗位推动行业发展，提升金融服务水平，为浦口经济社会发展贡献青春力量。

【共青团浦口区五届一次会议】 12月22日，共青团浦口区第五次代表大会及共青团南京市浦口区第五届委员会第一次全体会议在区委党校召开。团市委书记林武平，区领导瞿为民、李好平、邓林、任家龙、赵洪斌、王安伟出席。团区委书记朱翠婷作报告。经全体代表酝酿讨论，采取无记名投票方式差额选举产生共青团南京市浦口区第五届委员会委员23名、候补委员10名。甘露、朱翠婷、汤亮、张蓉、张燕、张瑞琪、周倩、周美玲、钱琨9人当选为团区委常委，朱翠婷当选为团区委书记，汤亮、周倩、周美玲、钱琨、张燕当选为团区委副书记。

（何鹏远）

·浦口区妇联·

【概况】 2017年，全区有妇联组织121个、"两新"（新经济组织、新社会组织）妇联组织11个。区妇联围绕群团工作改革及浦口区妇女事业发展新要求，探索实践妇联工作新思路、新载体，"彩虹"品牌工作取得实效，创建"责任型、服务型、学习型"党组织活动获区机关工委十大创新案例奖。3月，"彩虹"品牌通过工商总局七大类商标注册；8月，品牌工作接受省妇联主席缪志红及全省13个市妇联主席调研；9月，《彩虹公益服务品牌 精心呵护妈咪宝贝》获南京市社会建设创新优秀案例奖；11月，浦口区彩虹女性服务品牌工作写入南京市妇女第14次代表大会报告。

【"彩虹廉洁"助推组织建设】 发挥党组核心作用，落实党组责任，加强制度建设，开展主题调研，每周一工作研究、周三政治业务学习、周五走访基层制度常态化开展。联合区委宣传部开展"家规家风家训"作品征集及评选，引导广大家庭"立家规、正家风、传家训"，彰显浦口区家风底蕴和特色。加强妇联组织队伍建设，在"两新"组织南京高古农机专业合作社、南京东爵有限公司成立妇联，在国有企业南京浦诚环境卫生管理有限公司成立妇联。推动街道妇联组织区域化建设，换届后，5个街道执委人数由51人扩大到161人，兼职副主席增至21人，其中永宁街道妇联主席由街道班子中女领导兼任，并在全区率先探索建立"妇女微家"。

【"彩虹社会组织"实施妇儿公益项目】 依托高校资源，与15家社会组织合作（外区引进6家、本土培育9家），形成政社群多方参与格局。依托政府专项资金,打造妇儿公益社会服务项目21个,内容涵盖弱势妇儿关爱、妇女就业创业、和谐婚姻家庭关系调适、科学家教、家庭文明建设、绿色家园宣传营造等方面,服务覆盖桥林、星甸、永宁、沿江、泰山、顶山6个街道、40个社区,新建、激活桥林街道林山社区、星甸街道石村村、永宁街道永宁社区等14个社区妇儿之家阵地功能。"不出门创客"培养计划等创业就业服务帮助一批失地、失业和工作不稳定的妇女转变创业就业理念、提升就业技能、实现创业就业愿望。桥林街道成立"桥大叔"婚姻家庭调解工作室,整合社工、心理咨询师、高校教师、司法工作者等力量,共同探索新时期基层妇联婚姻家庭矛盾调处工作的新机制及新方法,直接受益者68人,间接受益者100余人。实施"彩虹挚约 爱在浦口"婚姻家庭综合服务项目,与市妇联合作引导城乡适龄青年树立正确的婚恋观和家庭观,建设和谐婚姻家庭,得到省市多家婚姻家庭专业社会组织支持。

【"彩虹学堂"提升女性群体能力素养】 引入彩虹发展服务站,配合女性社会组织举办公益讲座。开设彩虹母亲学堂、女干部学堂、女企业家学堂,讲座内容包含政策宣讲、家庭建设、科学家教、权益维护、创业就业、生活素养,满足不同女性群体的需求。彩虹母亲学堂组建"专家+草根"讲师团队,开办公益讲座60多场,2000余人受益。女干部学堂为各级妇联干部、科级及以上女干部开设能力提升系列课程,培训540余人次。女企业家学堂举办讲座2场,60人次参加。

【"珍珠炫彩"助力美丽乡村建设】 举办"家风隽永 德润永宁""书香阅读·家道家风""学散之书法,承散之家风"等活动,弘扬良好家风,建设和美家庭。实施素质提升项目,开展文明礼仪培训,扶持巾帼丝带绣创业,提升美丽乡村"珍珠村"家庭文明诚信理念。培育巾帼示范基地,南京市浦口区张爱华家庭农场、南京高古农机专业合作社、南京鼎梦资产管理有限公司、江苏油阿婆农业科技有限公司创成市级巾帼示范基地,南京高古农机专业合作社、南京鼎梦资产管理有限公司、江苏膜科技产业园创成省级巾帼示范基地。累计为43名创业女性发放小额贴息贷款1139万元,助力创业女性发展生产、增收致富。开展巾帼农家乐、职业女农民、农村妇女骨干等培训,促进妇女创业就业培训常态化。推动"女大学生创业导师行动",培育女大学生创业实践基地6个,鼓励和扶持更多女大学生在浦口自主创业。

【"虹姐说事"拓宽妇联工作渠道】 多元形式说家风。开展"寻访浦口最美家庭"活动,在"浦口妇联"微信公众号及社区科普阅览屏推送家规、家训及家风微故事;举办"虹姐议家事"论坛,就科学家教主题进行专题探讨。整合专业力量说维权。参加南京市第九届家庭学法大赛,宣传《中华人民共和国反家暴法》《南京市未成年人保护条例》;举办"以案释法"巡回论坛5场,引导妇女群众依法维护自身合法权益。关注民生说实事。制发《浦口区妇女儿童发展"十三五"规划》,落实男女平等基本国策,努力实现浦口区妇女全面发展、两性平等和谐发展、妇女事业与经济社会同步协调发展;实施单亲贫困母亲、"两癌"(乳腺癌、宫颈癌)患病妇女2个综合帮扶项目,为罹患"两癌"的116名妇女发放药物补助资金46.4万元,为18名"两癌"单亲贫困妇女子女发放高一、大一助学金1.12万元;新建春蕾圆梦班1个,实施"音乐种子""春蕾助学"行动,惠及儿童590人。

【纪念"三八"国际劳动妇女节107周年主题活动】 3月6日,浦口区纪念"三八"国际劳动妇女节107周年暨"立家规、正家风、传家训"表彰大会在永宁街道侯冲社区姚徐老街举行。市妇联副主席彭媛媛,区领导王安伟、李玉明、葛华友等领导出席活动,各党工委分管领导,受表彰人员,区妇联常委、执委、区管女干部,街道、系统妇委会主任参加活动。结合永宁街道滁之春启动仪式,联合区委宣传部举办家规家风家训作品展示表彰、家庭嘉年华、美丽乡村建设成果展等主题活动,团结引领广大家庭涵养时代家风,用社会主义核心价值体系引领社会思潮、凝聚社会共识、激发社会正能量。市妇联副主席彭媛媛高度评价浦口区近年来妇女儿童工作取得的成绩。她希望浦口区各级妇联组织继续努力,围绕家庭建设,创新思路和载体,推动"最美家庭"等妇联品牌工作常态常新。区委常委、组织部部长王安伟希望全区广大女性同胞力争在工作岗位上做先进、在家庭亲友中做表率、在社会群众里做榜样,为江北新区建设贡献力量。会议对50名"立家规、正家风、传家训"作者进行表彰。

【"爱Ta护家 牵手共建 幸福家园"活动】 3月1日,在9个街道分别开展广场法律宣传咨询活动。主会场设在泰山

3月6日,区妇联召开纪念"三八"国际劳动妇女节暨"立家规、正家风、传家训"表彰活动 (柏顺 摄)

街道澳林广场,区妇联、泰山街道妇联、区平安家庭创建成员单位(区委政法委、区公安分局、区检察院、区法院、区司法局、区民政局、区卫计局、区总工会、团区委、区教育局等)参加。通过法律咨询、文艺演出、健康咨询、家庭才艺展示等形式,开展《中华人民共和国反家暴法》宣传和维权服务,在全区营造法制宣传舆论氛围。

【2017年妇女儿童工作会议】 9月15日在区政府会议中心一楼召开。区委常委、区政府党组成员、科工园党工委书记丁爱民出席会议,区妇儿工委各副主任,各街道分管领导、妇联主席,区妇儿工委各成员单位分管领导、联络员等80余人参加会议。成员单位和街道代表向区政府递交浦口区"十三五"妇女儿童发展规划责任书,先进集体代表区民政局、桥林街道就做好妇女儿童工作的好经验、新做法作交流发言。丁爱民对全区"十二五"期间妇儿工作给予充分肯定,并对"十三五"时期妇儿工作进行全面部署。他要求各责任单位要按照党中央、国务院、省市区关于妇女儿童工作的决策部署,开拓创新、扎实工作,努力开创全区妇女儿童工作新局面,为高水平全面建成小康社会、加快建设"四个生态"新浦口做出更大贡献。 (鞠琳)

·浦口区工商联·

【概况】 2017年,区工商联以学习贯彻《中国共产党统一战线工作条例》和党的十九大精神为主线,坚持思想政治教育与政策教育相结合,召开实践教育专题会议5次,组织参加市工商联举办的非公有组经济代表人士培训4期、"金陵工商讲堂"4期、非公有制经济代表人士党性教育3次。宣传国家和省市区扶持非公有制经济发展的政策,使非公经济人士理解和掌握关于企业创新发展的方针政策,增强对党和政府的信任,提升企业创新发展信心。

【制度建设】 以制度建设为抓手,完善主席会议、常委会会议、执委会会议及学习调研等系列工作制度,发挥兼职副主席(副会长)履职作用。通过加强制度建设,推进区工商联规范化建设,创新工作机制和工作思路,引导非公人士践行社会主义核心价值观,增强社会责任感和使命感,发挥领导班子和常委、执委在非公经济发展中的引领带头作用。强化协调服务,增强干部核心意识、发展意识、担当意识,发挥区工商联的桥梁纽带作用和助推经济社会发展的前台作用。

【组织建设】 做好全国"五好"(领导班子好、会员发展好、商会建设好、作用发挥好、工作保障好)县级工商联申报认定和"四好"(班子建设好、团结教育好、服务发展好、自律规范好)商会创建工作。根据全国、省、市工商联"五好"县工商联建设标准,建立健全工作制度,改进工作作风和工作方法,丰富工作载体和工作手段,注重会员发展,强化作用发挥,推进商会基础建设。按照"四好"商会创建工作标准,加强对街道、园区、行业商会的组织建设和工作指导,通过建立行业活动小组、自主开展活动等手段,发挥会员的主人翁作用,增强组织凝聚力和战斗力。制定《浦口区工商业联合会会员发展规划》《浦口区工商业联合会会员管理办法》,健全会员档案和台账,对会员实行动态管理。组建南京市浦口区青年民营企业家联合会,全区有各级商会组织11个,会员890人。

【会员服务】 集中会员力量,开展宣传推广活动,组织200多家企业参加经贸交流合作活动80多场,帮助企业开拓国内外市场。促进银企合作,搭建融资平台,组织会员企业与紫金农商行、中国银行、南京银行等开展项目产品推荐和合作交流活动,帮助20多家会员企业解决融资难题。组织50多家企业参加信息政策和业务解读培训会,使企业家们深入了解国际贸易、金融资本、"互联网+外贸"市场新模式和人力资源市场状况,帮助企业寻找转型升级的新路径。加强对外联络,促进商会合作交流,与重庆市潼南区商会、北京市西城区商会、南京市青年民营企业家联合会、南京市品牌家居商会、鼓楼区商会、六合区商会、溧水区商会、安徽省明光市商会等开展合作交流,针对创新服务、合作双赢和商会发展等主题深度座谈,拓宽会员企业合作发展空间。做好会员企业、有关部门及上级机关的通联工作,严格执行上级有关会员服务工作要求,及时掌握会员企业情况和利益诉求,做好对外联络和经济服务工作。

【理想信念教育】 以各种教育实践活动为抓手,践行"两个健康"(非公有制经济健康发展、非公有制经济人士健康成长)主题,做好非公经济人士理想信念教育,组织200多人次企业家参加各类培训,提高参训人员综合素质。组织非公经济人士参加政治及统战理论知识学习、浙江大学民营企业家十九大专题培训,提高政治理论素养。组织非公经济人士赴井岗山、延安等地开展红色革命教育和爱国主义教育,培育非公经济人士勤勉、奋斗和创造的企业家精神。开展新生代非公经济人士理想信念教育培训,增强传承与发展企业的责任感和使命感。开展"营造企业家健康成长环境,弘扬优秀企业家精神"教育,宣传先进典型,使非公经济人士树牢家国情怀,增强"四个自信"。依托会员企业、人大代表、政协委员个人邮箱及手机短信平台、微信群、"同心浦口"微信公众号等载体,发送理想信念教育实践活动主要内容、具体安排和《爱国、敬业、创新、守法、诚信、贡献的倡议》,引导非公经济人士树立信誉理念、遵守诚信准则、参与市场竞争,促进非公经济健康发展和非公经济人士健康成长。

【社会责任履行】 区工商联、各基层商会和行业商会组织80多家企业开展光彩事业行动,累计捐助资金和慰问物品300多万元。引导60多家非公企业参加"迎春送温暖""百企帮百村"等活动,帮扶群众近200人,累计捐助慰问金和慰问物150多万元。组织商会和企业开展"金秋助学"活动,南京国泰消防集团与贫困学生贲驰达成长期助学帮扶协议,直至其大学毕业就业。汤泉街道商会设立光彩事业基金,建立帮困档案,发放助学款5万多元,八年来共为215名贫困学生发放助学金近38万元。组织南京立业变压器有限公司、南京先声东元制药有限公司、南京雨发建设集团、南京汤泉建设集团、紫金农商银行江北新区分行、江苏久吾高科技有限公司、南京工大科技产业园有限公司、明发集团浦口房地产开发有限公司、江苏瑞银科技有限公司、江苏耀邦养老服务有限公司10家企业和浦口区餐饮商会参加"爱心点燃希望、铸力脱贫攻坚"为主题的社会公益活动,募集善款近120万元。南京先声东元制药有限公司对"浦爱同行,有你有我"慈善公益认捐项目进行现场认捐,捐款40万元。

【大走访活动】 畅通联系沟通渠道。建立完善区工商联走访调研企业等制度,有针对性地开展联系和服务工作,及时向区委、区政府反映非公企业在经济新常态下的新发展理念和构想以及对党委政府的期盼。细化调研方案。重点收集整理企业实际生产经营现状、要素保障、经营管理、投融资、发展环境、创新发展、市场培育、人才培养方面的资料,形成调研报告供区委、区政府决策参考。完善政企对接机制。聘请区法院、检察院、发改局等20家为顾问单位,加强区工商联与政府涉企部门配合协作,为广大非公有制企业和非公有制经济人士提供政策、资金、技术、信息、维权等方面的服务。强化以守法诚信为重点的理想信念教育。在走访调研中,围绕提升创新能力、加快转型发展、聚焦守法诚信、提增发展信心进行座谈交流,引导非公经济人士依法治企、诚信经营、创新发展。区工商联和基层商会走访会员企业185家,机关对基层商会和行业商会走访调研实现全覆盖,发放《大走访活动走访对象调查表》《民营企业家思想状况调查表》185份,收集问题18个,协调相关部门予以解决,办结13个,并及时把结果反馈给企业。结合企业发展状况及存在的困难和问题,形成《强化服务,创新驱动,促进民营经济加快转型升级》调研报告并报送区委。

【工商联换届工作完成】 2月9日,浦口区工商联召开第四次代表大会。区领导任家龙、杨雯懿等出席会议,顾问单位分管领导、区工商联第三届领导班子、各街道商会主要负责人及会员代表230人参加会议。区工商联第三届执委会主席翟广平作第三届执委会工作报告。会议选举产生浦口区工商联第四届执委会及其领导班子,陈晓路当选为主席,翟广平当选为名誉主席,彭素琴等24人当选为副主席,吉中连当选为秘书长,常委共45人。

【浦口区青年企业家联合会成立】 9月26日,在明发珍珠泉大酒店召开青年企业家联合会成立大会。市委统战部副部长、工商联党组书记毛卫华,区委常委、统战部部长杨雯懿,区委统战部副部长、工商联党组书记滕远升及省市青年企业家联合会领导出席会议。大会审议通过《浦口区青年企业家联合会章程》及理事会选举办法,选举产生浦口区青年企业家联合会第一届理事会领导班子成员,王根彬当选为第一届理事会会长,余荣卿等5人当选为常务副会长,李陶薇等10人当选为副会长,有理事65人。浦口区青年企业家联合会将发挥桥梁纽带作用,引导青年企业家健康成长,反映利益诉求,维护合法权益,帮助排忧解难,促进理事单位健康成长。(吉中连)

·浦口区残联·

【概况】 2017年,全区持证残疾人10066人,其中视力残疾1618人,听力残疾886人,言语残疾294人,肢体残疾4986人,智力残疾1156人,精神残疾694人,多重残疾432人。有残疾人专业康复机构1个,为浦口区残疾人康复中心。浦口区获"江苏省十二五期间残疾人工作先进区"称号。

【残疾人社会保障】 根据《浦口区困难残疾人家庭临时救助管理办法》,向281户符合条件的三、四级困难残疾人家庭发放临时救助金50万元。春节期间走访慰问贫困残疾人家庭650户,发放慰问金45.5万元。为10名残疾人子女发放施宪纲助学金6000元。完善残疾人社会保险,增强抵御意外风险能力,实现残疾人老有所养、病有所医。投入221.37万元,为7418名残疾人办理居民合作医疗保险,为1119名残疾人办理养老保险,为894名灵活就业残疾人员发放养老保险补贴。投入14万元,为13979名残疾人购买意外伤害保险。保障残疾人福利政策落实到位,为217名残疾人机动轮椅车车主发放燃油补贴5.67万元;为贫困残疾人发放基本家用电器,其中太阳能热水器20台、电视机100台、洗衣机90台、微波炉100台,电风扇110台、电饭煲100个、台式电脑10台;落实残疾人免费乘车乘船政策,为1300名持证残疾人开通免费乘车卡。

【残疾人就业增收】 举办盲人按摩、计算机操作、手工编织、中式烹饪、美发、种植养殖等培训班,探索残疾人培训新需求新模式。突出农村残疾人多元化就业,重点扶持种植养殖就业、涉农项目创业,着力解决农村残疾人就业难问题。以电商就业、创业为重点,拓宽残疾人新型就业、创业路径,举办"互联网+微营销"培训,加大对残疾人手工产品的网上销售力度,促进残疾人在家实现就业、创业。完善就业年龄段持证残疾人就业失业实名制系统,掌握残疾人就业失业状况,对新增残疾劳动就业人员进行登记造册、建档立卡,全面掌握有就业意向残疾人的具体情况,为用人单位和残疾人提供就业服务信息。采取"残联买单,残疾人免费"的方式,紧扣市场需求和残疾人生理特点,瞄准用人单位需要,进行"订单式"培训,培训各类残疾人130人。实施多渠道多途径安置残疾人就业,增强残疾人造血功能。举办就业援助月、就业专场招聘会等活动,通过福利企业、扶贫基地等集中安置残疾人就业,举办残疾人专场招聘会16场,新增残疾人就业117人。鼓励残疾人自主创业,加大扶持力度,对符合条件的10名残疾人发放自主创业奖2万元。与地税、财政等部门合作,坚持以安排残疾人就业为目的,以收取残疾人就业保障金为手段,推进按比例就业年审工作,做到以收促安,对安置残疾人达比例和超比例的企业进行奖励,鼓励和带动更多的企业单位安置残疾人就业。

【残疾人康复服务】 以残疾人精准康复工作为抓手,完善街道、社区康复服务网络。联合区卫计局、扶贫办,出台《浦口区残疾人精准康复服务行动实施方案》,建立自上而下的组织体系和网络体系。开展需求评估、转介、适配服务等工作,完善社会化的康复服务体系,新增社区残疾人康复站3家,打造20分钟康复圈。开展"三助一给"(助听、助视、助行,精神病免费给药)工作,为20名听力言语残疾人、60名低视力残疾人、304名肢体残疾人发放助听器、盲杖、低视力辅具、轮椅、拐杖并提供假肢安装;配合卫生部门做好精神病免费服药工作,做好前期精神病服药人员的筛查申报,定期向卫生部门报送名单,为457名贫困精神病人提供免费体检、免费给药。开展康复服务"四进家庭"(康复知识进家庭、训练指导进家庭、无障碍设施进家庭、辅助器具进家庭)工作,筛查全区残疾人家庭,为331户残疾人家庭提供服务。联合区中心医院为500多名疑似白内障患者进行体检,为51名白内障患者进行免费复明手术。在训0~6岁残疾儿童抢救性康复儿童244人,7~14岁残疾儿童抢救性康复儿童26人,分布在全市25家康复机构中,通过监督检查、残疾儿童家长电话咨询,实时了解全区残疾儿童康复状况,规范康复机构运行机制。加强残疾人辅具技能学习,残疾人选手王娜代表市残联参加省辅具技能大赛,获二等奖。

【残疾人文体活动】 促进残疾人融入社会,推进残疾人之家建设,5个街道残疾人之家均达标。以全国爱耳日、全国助残日等节日为契机,举办助残日文艺汇演,弘扬人道主义精神和残疾人"平等、参与、共享、融合"的现代文明理念,营造和优化理解、尊重、关心、帮助残疾人的社会环境。7月,与五台山游泳馆合作,将五台山游泳馆江北分馆确定为浦口残联游泳训练基地,并筛选7名残障儿童举办游泳康复训练班,部分儿童从不能独自下水到能独自下水行走短游,很多残障儿童坚持自费参加游泳康复训练。8月,残疾人乒乓球运动员李倩获亚洲乒乓球锦标赛金牌。侯硕的男生独唱《大江南》获全国残疾人文艺汇演二等奖。残疾人协会组织梅花山踏青赏梅、盲人按摩技能大赛、手语角走进南审、公益骑行等活动,带动近100名残疾人参与活动。

【中残联调研浦口区残疾儿童康复救助工作】 3月10日,中残联康复部副主任纳新带领复旦大学公共卫生学院教授吕军、首都经贸大学劳动经济学院教授张琪等专家视察浦口区残疾儿童康复工作。省、市残联领导胡乃亮、马兰,区政府副区长高昌玖等陪同。纳新一行到浦口区残疾人康复中心,察看脑瘫儿童、智障儿童、孤独症儿童训练室和个训室,询问孩子们的训练和生活情况。在会上,纳新一行听取市残联、区残联残疾儿童康复救助工作情况汇报,并与康复机构负责人、残疾儿童家长进行座谈。调研组一行对浦口区在残疾儿童救助中财政兜底支持给予肯定,希望地方政府完善工作机制,进一步形成全社会关心残疾人、关爱残疾儿童、关注残疾人儿童家庭的氛围,推动残疾儿童康复救助工作再上新台阶。

【残疾人中式面点培训班】 8月7~12日在浦口特教学校举办,全区32名有就业培训愿望的肢体、听力言语、智力残疾人参加培训。国家二级中式面点师陶化亮对学员进行中式面点基本理论学习、面点操作工艺实践、面点原料的运用配制等培训,学员培训期满后参加集中考试,成绩合格者颁发结业证书。通过培训,残疾学员掌握20多种中式面点制作方法,提高残疾人生活技能,帮助残疾人实现就业愿望。

【残疾人电子商务网络移动终端微营销培训】 8月28日至9月2日,区残联联合市残疾人就业管理中心、南京益科职业技术学校共同举办残疾人电子商务网络移动终端微营销培训班,全区30多名残疾人参加培训。培训内容包括电子商务基础知识、移动电商、移动终端——社群、移动终端——微营销、移动终端——全网营销、微营销工具实操等,以老师授课、师生互动等形式展开,旨在让残疾人系统掌握电商和微商知识,解决残疾人就业创业难题,加快残疾人家庭脱贫致富步伐。8人实现电商就业。

【残疾人职业规划及就业素质能力培训】 9月8日,区残联和浦口区太阳花残疾人互助乐园在区残联会议室共同举办残疾人职业规划及就业素质能力培训,30多人人参加培训。市人力资源培训指导中心徐宏报从"我想要什么""市场需要什么""我能干什么"等方面进行培训。

【盲人按摩技能大赛】 10月22日,浦口盲协在江浦街道烈士塔社区举办盲人按摩技能大赛,24名残疾人选手参加。比赛分为6组,每组4人。赛事分为两部分:第一部分为理论比赛,通过必答与抢答,考察参赛者对中医诊断学、经络穴、人体解剖学、诊疗常用手法的理论水平;第二部分为手法实际操作,通过找穴位手法实际操作,考察参赛者的实际操作能力。第三组(任乐乐、任刚伟、王青、王小妹)、第五组(陈兆霞、庆宇翔、沈怀庭、宋媛媛)成为此次比赛的优胜队。 (王振兴)

·文稿编辑 徐 源·

法治 军事

政法委及综治

【概况】 2017年,区委政法委全面落实中央、省市区政法工作会议精神,紧扣为党的十九大召开创造和谐稳定的社会环境,承担保一方平安稳定的政治责任,推进平安浦口、法治浦口和过硬队伍建设,确保全区社会大局持续稳定。完成党的十九大和国家公祭活动安保维稳任务。

【“大排查大整治”行动】 区委成立领导组织,召开会议部署“大排查大整治”工作。组建工作专班,制定下发《浦口区开展社会矛盾和安全隐患大排查大整治行动工作方案》,明确各相关部门责任分工,要求全区各级各部门按照“党政同责、一岗双责”要求,强化风险意识、忧患意识、责任意识,把安全稳定工作做实、做细、做到位。制定《浦口区社会矛盾和安全隐患大排查大整治行动督查工作方案》《区领导带队开展安全生产大检查的工作方案》。区领导多次带队开展社会稳定和安全生产检查,各级各部门主动开展自查自纠,区行动办组织2个督查组开展持续督查、滚动督查,对排查出的风险点及时汇总上报区政府分管领导,确保各类风险点管控到位、整改到位。

【大联勤建设】 区委政法委制定下发《关于进一步加强和规范大联勤网格化服务管理工作的通知》《网格长(员)巡查项目及操作规程(试行)》《浦口区社会治理大联勤网格化服务管理工作问责办法(试行)》等规范性文件,完善大联勤工作制度。围绕“问题发现”和“群众参与”2个关键点,推动社会治理现代化。完成大联勤APP手机客户端开发,组织开展大联勤手机客户端上线仪式暨星级网格、最美网格员颁奖典礼,授予史明俊等10人“最美网格员”、杜荣荣等20人“优秀网格员”称号。授予烈士塔社区凤凰花园小区网格等3个网格“四星级网格”、泉西社区泰来家园网格等4个网格“三星级网格”、柳州社区第四网格等6个网格“二星级网格”、路西社区第七网格等7个网格“一星级网格”称号。以汤泉街道为试点,探索网格化治理新方法、新路径,向全区推广大联勤网格“巡更”“巡夜”工作,实现网格化服务管理无死角、问题发现能力大提升。全年处置联勤事(部)件31.73万起,办结31.46万起,办结率99.16%。

【综治平安建设】 整合区特巡警大队、街道专职巡防中队、社区保安和联勤人员等巡防力量,规范巡逻布局、勤务报备、卡点设置、警情研判,把巡防力量推向街面,提高街面见警率和治安控制力。开展群防群治工作,全区在册平安志愿者13234人,其中专业骨干1966人。制定下发《2017年全区社会治安重点地区挂牌整治工作方案》,对5个治安重点地区(永宁街道大桥社区、汤泉街道龙山老街等)开展全面整治。集中开展出租房屋安全隐患整治,共排查登记出租房屋7101户,整治治安和消防隐患503处。加强平安小区创建,投入2300万元,完成52个小区安防设施建设,群众安全感达97%,全市排名第三。深化平安铁路创建“专管员”和“护路工作站”制度,创新设立平安铁路志愿守望岗。加强反恐基础防范,建立健全“四位一体”(信息员监控、民警查访、行业管控、轨迹跟踪)的关注对象动态管控机制,对全区登记在册的关注对象全部纳入视线进行管控。排查化解重点领域矛盾问题,推广实施乡贤会,结合大联勤网格化服务,推进矛盾多元化解机制建设。化解矛盾9282起,办结刑事案件1861起,同比下降11.9%,其中“两抢”、扒窃和盗窃电动车等街面案件发案同比分别下降81.8%、26.1%和32.1%。

【法治浦口建设】 围绕区委关于法治建设“1+4”文件体系,制定年度法治浦口建设工作要点,编制“十三五”依法治区规划,明确今后五年的奋斗目标、指导思想、实施方法和实现路径。制定《浦口区公益诉讼专项资金管理办法》和《浦口区推进公益诉讼工作实施办法》,推进公益诉讼工作开展。牵头组织区法院、检察院、公安分局等部门召开专题研讨会,开展刑事案件认罪认罚从宽制度试点工作。组织全区法治骨干法治意识和素质教育培训班2期,开展法治宣传月活动,在江浦街道老虎桥社区组织开展南京市首场“中国梦·法治路·社区行”法治走基层活动,引导群众参与法治创建。督导各街场和成员单位开展法治为民办实事项目200多项,组织区人大代表、政协委员开展视察评议活动,全面深化法治浦口建设,群众法治满意度达97.5%。

【雪亮工程建设】 投资1.5亿元,推进“雪亮工程”一期、二期、三期建设,用两年左右时间新建视频监控点位6906处、高清智能卡口56组,进一步筑牢“空中三道防线”,织密全区信息化、立体化、现代化社会治安防控体系,实现视频监控全覆盖、区街两级综治中心与公安机关视频图像资源联网共享。“雪亮工程”一期建设建成监控点位1081处、高清智能化卡口16组;二期建设1687个监控点安装完毕,正在进行系统调试并进入试运行;三期建设4138个点位完成设计论证,进入施工招标阶段。摸排社会面单位59家,统计社会面监控936个。通过“雪亮工程”建设,实现全区社会面视频监控资源联网共享,为服务群众、服务企业、实现百姓安居乐业创造更加良好的治安环境。

【平安小区建设】 以维护小区居民安全为出发点,坚持分类施策,推进居民小区治安防范设施建设,突出老旧(次新)小区安防设施升级改造。全年投入2300万元,开展平安小区(含独立楼寓)工程建设162个,改造小区单元门320扇,为住户更换超B级锁芯7855个,为小区安装防爬刺4824米、监控探头272个、小区道闸35套。

【综治中心建设】 2017年,投入1200万元对区综治中心进行改造,建筑面积3000余平方米。突出“六化”(硬件建设标准化、工作手段精细化、化解力量多元化、工作方式联动化、为民服务便利化、工作运行实体化)目标,推动区来访接待中心、大调解中心、网格服务管理指导中心、法律援助中心、综治办、国安办、维稳办、流动人口服务管理工作组办公室和综治委9个专项组及平安志愿者协会等社会组织入驻中心。整合视频监控、视频会议、视频调解、综治信息平台等网络系统,推动数据资源一个入口进入、一个平台整合、一个界面展示,实现远程应急指挥、视频会议、视频调解、分析研判、在线培训、工作监督等功能,努力建成全市一流的区级综治中心。

【法治创建活动】 开展法治区县、法治街道、法治单位、法治村(社区)系列创建活动,加强特色创新,打造法制建设先进典型。申报江浦街道团结社区、永宁街道联合社区、桥林街道林山社区、星甸街道星兴社区4家单位参与省级民主法治示范村(社区)创建活动,至年末,4家单位获“省级民主法制社区(村)”称号。完善永宁街道联合社区村民议事协商会议制度,深化村(居)重大事务民主决策机制,实现村务由个议到合议再到众议的规范性流程操作,有效从源头预防社会矛盾纠纷的产生。打造泰山街道法治文化体验馆、沿江街道法治文化园,通过丰富多彩的形式,向群众宣传法律知识、法治常识。完善浦口乡贤会工作机制,江浦街道烈士塔社区乡贤会“贤爱堂”充分发挥老党员、老干部、退休老教师作用,组织乡贤志愿者调解队伍,丰富基层自治内涵。区检察院建立预防村官职务犯罪教育示范基地,列出村(社区)权力清单,规范权力行使,明确权力规范。 (张斌)

法治政府建设

·综 述·

【概况】 2017年,区法制办收到行政复议申请38件,其中不予受理3件,受理35件,审结33件(维持12件,驳回12件,终止7件,确认违法2件),召开听证会26件。代理区政府行政应诉17件。审查区政府重大经济合同、文件49件,处理涉法事务10件,办理省市文件征求意见19件。

【依法行政】 4月,制发《2017年全区法治政府建设工作计划》(浦依法〔2017〕2号),重点部署安排年度法治政府建设工作任务要求。5月,召开全区5个街道及9家重点执法部门分管领导、科室负责人法治政府建设工作座谈会,听取各单位加强法治政府建设特色亮点工作,探讨法治政府建设的重点、难点问题。12月,组织全区法制工作人员215人,开展“贯彻十九大,建设法治政府”培训,从理论知识和实践经验等方面进行再教育,提高全区法制工作人员的法治思维和依法行政能力。同月,根据《浦口区2017年度法治政府建设考核细则》要求,对全区各部门法治政府建设工作开展考核。

【执法监督】 推进“两法衔接”(行政执法与刑事司法衔接)工作,抓好平台对接,加强管理员管理。年初转发《关于做好省“两法衔接”信息共享平台对接和启用工作的通知》(宁两法衔接办〔2017〕1号),要求相关单位安排专用计算机、扫描仪等设备接入,与互联网物理隔离。7月,组织全区有关单位参加市“两法衔接”信息共享平台管理员培训班。做好执法证件发证管理工作,全年申领行政执法证件294件,其中行政执法证262件,行政执法监督证32件,10月,对新办证人员开展培训、考试。动态调整全区行政执法主体,经市法制办审核确认的行政执法主体65个。做好规范性文件审查、备案,审查并发布区政府规范性文件5件;向市政府和区人大报备5件,报备率、合格率、及时率均达100%。发挥法律顾问和行政复议委员会作用,参与研讨重大、疑难、复杂的行政复议案件3件,代理合同纠纷民事诉讼案件1件,出具书面法律建议书57份。

【《法治政府建设实施方案》出台】 年初,根据国务院、省市文件精神,结合浦口工作实际,研究制定《浦口区法治政府建设实施方案(2016~2020年)》及《法治政府建设重点工作责任分工》。6月初,经区政府常务会议、区委常委会议集体审议通过并下发全区各部门。《法治政府建设重点工作责任分工》共涉及8大类36条147项具体工作,明确各责任单位的法治政府建设重点工作任务、完成时间节点及主要成果形式。

【市法制工作座谈会在浦口召开】 1月20日,全市政府法制工作座谈会在浦口区召开,市法制办领导以及各区政府法制办负责人参加座谈会。各区法制办汇报2016年法治政府建设工作开展情况和2017年工作打算。市法制办主任鲍陈提出要加快研究制定各区政府法治政府建设的具体实施方案,进一步细化明确年度重点工作目标和任务,加强法制机构和队伍建设,为社会经济发展提供法制保障。

【浦口大联勤获评省级依法行政示范项目】 9月,浦口大联勤申报省级依法行政示范项目,选取具有一定特色及成熟模式的大联勤社会治理体系推荐为省级依法行政示范项目。12月,参加由省法制办组织的依法行政示范项目述评活动,经省审核组审核,浦口大联勤社会治理体系项目被省依法行政领导小组办公室确定为省级依法行政示范项目。

（羊羚　王春雨）

·公　安·

【概况】 2017年,浦口公安分局以“对党忠诚、服务人民、执法公正、纪律严明”总要求为引领,贯彻落实市局“一个支撑、双轮驱动、三大保障”战略部署,立足全区打造“双创高地、智慧新城”发展定位,全力夯实基础、完善机制、锐意创新,实现队伍更健康、执法更规范、工作上台阶的目标。12月25日,副市长孙建友深入浦口调研时,对分局工作给予充分肯定。

维护平安稳定。情报预警精准高效。搜集上报情报信息4914条,同比增长104%,其中省厅采用乙级信息17条,增长41.7%。完成上级交办指令68668条,抓获红色预警逃犯49人,抓获率85.9%,居全市第二。维稳处置措施有力。全国“两会”“一带一路”国际合作高峰论坛、江苏发展大会、党的十九大、国家公祭活动等重大安保维稳任务圆满完成,妥善处置规模群体性事件50起2987人次。反恐防范基础更牢。落实反恐防范措施,关注对象“三日一查”和“七要素”(建、评、帮、控、拉、查、跟)管控机制落到实处,新登记关注对象173人,全区580名关注对象(在校560人、社会面20人)底数清楚、动态可控。涉恐隐患排查整治深入推进,检查单位450家,整改隐患320处。活动安保万无一失。夫子庙灯会、轮滑世锦赛、森林音乐节、南京马拉松赛等171场次大型活动安保和警卫任务圆满完成。特别是森林音乐节期间,全体民警冒着风雨、连续作战、不怕疲劳,强化人员安检、面上巡查、内部管控和防范宣传,确保8万名观众安全观看。

治安管理能力增强。“地面三道防线”初步形成。以“江浦警务站、4个公安检查站、17个治安岗亭”为支点的“地面三道防线”初步形成,文德路等17条重要道路、39处重要点位做到巡防警力全覆盖。全年盘查人员39.9万人、车辆4.6万辆,抓获违法犯罪嫌疑人59人。刑事发案1861起,同比下降11.9%,其中“两抢”、扒窃和盗窃电动车等街面发案同比分别下降81.8%、26.1%和32.1%。“空中三道防线”建设稳步推进。视频监控“天网工程”一期、二期2768个监控点位和26组高清智能化卡口建设完成,重要路段、易发案部位基本实现监控全覆盖。网吧“人脸识别系统”建设率达100%,网吧信息核查抓获“三逃”人员9人。合成打击质效提升。“冬季攻势”“三打击一整治”“雷霆扫毒”等专项行动深入推进,分局合成办运转顺利。破获刑事案件517起,抓获刑事作案成员856人。侦破“桥林、石桥地区砸车窗玻璃盗窃车内财物”“盗窃地铁轨行区电缆线”等一批大要案件。

基层基础工作扎实。社会治理不断创新。出台《浦口区推进社区综治警务工作一体化建设实施方案》,2万元社区工作经费得到保障,31名社区民警担任社区综治办副主任。上传入户调查视频65194条,发放安全提示短信2800万条,社区民警知晓率排名同类地区第一。在市局三个季度社区民警考核中,分局取得两次同类地区第一、一次第二的好成绩。基础管控主动破题。组织全警强化信息采集,与中燃公司、国家电网以及辖区128家房产中介建立信息交换机制,开展大规模清查整治行动18场次,累计登记流动人口12.9万人、出租房屋1.5万户、清理群租房1028户、依法处罚房屋出租户846人。排查整治见实效。大排查大整治、五项基础管控攻坚持续推进,寄递业、旅馆、网吧、加油站、公交车等行业阵地常态化暗访检查机制健全完善,全年检查3782家次,整改安全隐患960余处,依法处罚134家次。

消防基础设施建设得到加强。建成微型消防站120处,安装简易喷淋装置50套、独立式感烟火灾探测报警器1000个。火灾隐患排查整改力度不断加大,排查“九小场所”7127家,整改隐患7048处,下发处罚决定书1660份。全区发生火灾事故68起,同比下降5.8%,火灾事故实现“零死亡”,消防工作绩效位列新五区第一。台积电等重大项目危化品基础信息系统和治安监控系统建成,爆破作业安全监管力度不断加大,涉爆从业人员持证上岗率达100%,全年362次爆破作业实现“零事故”。

警务工作效能提高。“一所一品、一队一品”深入推进,桥林开发区警务站服务台积电等重点企业效果显著;西水湾小区网格化治理得到副市长孙建友赞扬;自主研发“警情大数据智能预警系统”,获全省建模大赛三等奖;浦口看守所连续23年安全无事故、连续8年被公安部评为一级看守所;星甸检查站十九大安保成效位列全省100个检查站

开展社会面集中清查行动。图为对网吧进行常态化检查　（公安分局　供稿）

之首。制定出台《浦口分局服务保障经济社会发展十项举措》,21 大项、101 小项举措全面落实。积分落户、交通非现场记分处罚等措施顺利实施,全年办理户口迁移、出入境、车管等业务 13.9 万件,民意 110 绩效考核在同类地区排名第一。“走访帮困、排查问题、化解风险、服务群众”集中攻坚活动深入开展,全年走访村居 365 个、企事业单位 3282 家次,排查化解风险隐患 939 个,帮助困难群众或家庭 841 人(个),帮助企业和群众解决困难 154 个,征求群众对公安工作的意见建议 1234 条。

公安队伍精神面貌焕然一新。“民警大讲堂”创新开办,培训 15 场 1500 人次。编发《督察通报》169 期,立案调查违纪案件 3 起 3 人次,比上年同期减少 3 起 5 人次。队伍“风险点大排查”创新开展,“每月 20 号风险点排查日”的举措,得到区委、区政府主要领导肯定,并在全区政法单位推广。在全市率先建立“办案区视频值守”机制,24 小时不间断视频巡查整改执法不规范问题等措施落地落实。7 名困难民警及家属得到大病特困救助,发放民警辅警加班补贴 467 万元,组织开展警营文化活动 8 场次、功模疗休养 3 批次。35 个集体和 432 名个人获得分局及以上公安机关和党委政府表彰奖励,刑警大队被评为“全省优秀公安基层单位”,冯涛、朱彤被评为“全省优秀人民警察”,王喆、姜开锋、王邦熠等获个人二等奖。在省厅练兵竞赛中,珠江派出所民警高杰、看守所民警刘志平分别取得巡特警、监所条线考核第一名。

【浦口公安分局机构设置】 9 月 29 日,泰山新村、沿江、阳沟街、顶山、南门五个派出所划转江北新区公安分局。至 2017 年底,浦口公安分局下设 2 个综合管理机构、20 个执法勤务机构和 9 个派出所。2 个综合管理机构为政治处、警备保障室。20 个执法勤务机构:指挥室、区维稳办、督察大队、法制大队、国保大队、刑警大队、禁毒大队、经侦大队、治安大队、人口大队、出入境大队、内保大队、网安大队、食药环大队、交警大队、看守所、反恐大队、巡特警大队、公交保卫大队、星甸公安检查站。9 个派出所:珠江派出所、桥林派出所、建设派出所、汤泉派出所、永宁派出所、星甸派出所、石桥派出所、乌江派出所、珍珠泉派出所;共有民警 625 人。

【中共十九大安保维稳】 分局举行十九大安保誓师大会,动员全警打赢安保维稳攻坚战。组建刑侦尖刀、交管铁骑、基础管控、机动处突、治安巡防 5 支战时安保突击队,8 月以来连续工作、放弃休息、坚守岗位 2 个多月,圆满完成十九大安保任务。依法逮捕涉稳重点人 1 人,刑事拘留 2 人,行政拘留 3 人,治安传唤 24 人次,谈话警示 142 人次,实现“零滋事、零非访”。

【重大项目开工仪式安保】 2 月 12 日,全省重大项目开工仪式在浦口区紫光南京半导体产业基地 IC 国际城研发园项目现场举行,省委书记李强、省长石泰

十九大安保誓师大会 (公安分局 供稿)

峰等百余名省、市、区领导参加开工仪式。分局按照“严之又严、细之又细、实之又实”安保工作要求，从严扎好外围交通管控圈、治安秩序稳控圈和核心区域防控圈，保障开工仪式安全有序。

9月12日，台积电（南京）有限公司晶圆厂十六厂进机典礼在浦口开发区台积电工厂内举行。工信部、省、市、区各级领导，台积电8家半导体设备供应商亚洲区负责人等200余人参加进机仪式。分局抽调150余名警力做好安保工作。

【大型活动安保维稳】 2月9～12日，第31届中国·秦淮灯会游客突破历史新高。2月11日正值农历正月十五，老门东灯展区人流量达12.6万人次。分局每日抽调230名警力负责老门东景区安保任务，保障灯会在平安有序、精彩祥和的氛围中进行。

4月9日8时30分，2017南京浦口国际女子半程马拉松暨全国女子半程马拉松锦标赛在滨江大道城南河路鸣枪开跑，国内外3700名马拉松运动员和爱好者参加比赛。分局组织29家单位562名安保力量，保障赛事安全举行。

8月26日至9月10日，2017年世界全项目轮滑锦标赛在南京举行。赛事设立7个竞赛场馆及15家住地酒店，其中浦口设立3个竞赛场馆及2家住地酒店，公路赛、马拉松赛等7个大项300余场比赛在浦口举行，44个国家和地区、2300余名运动员和赛事官员齐聚浦口。浦口分局投入安保警力5300余人次，连续作战16天，确保赛事安全。

10月3～4日，2017南京森林音乐节在青奥体育公园举行，8万余名观众到场观看。时值十九大安保维稳和国庆中秋安保关键时刻，浦口分局每天组织400余名安保警力，昼夜作战超过12小时，确保活动安全举办。

10月15日7时30分，国内外2.8万名马拉松运动员和爱好者参加2017南京马拉松比赛。浦口分局承担江东北路与草场门大街交叉口—江东中路与应天大街高架交叉口沿线5000米安保任务，抽调27家单位322名警力，会同

8月26日至9月10日，区公安分局完成2017年世界全项目轮滑锦标赛安保任务 （公安分局 供稿）

武警、消防和江苏警官学院270名学警共592名安保人员，圆满完成安保任务。

【国家公祭仪式安保】 12月13日，2017年南京大屠杀死难者国家公祭仪式在南京大屠杀遇难同胞纪念馆广场举行，中共中央总书记、国家主席、中央军委主席习近平出席仪式。浦口分局提高政治站位、凝聚思想共识、严格履职尽责，以“最高标准、最严要求、最严措施”，狠抓维稳管控、清查整治、巡逻防范、打击犯罪、安全监管、队伍管理等安保措施落实，完成境内23.7千米高铁线路要人警卫任务，保障公祭仪式安全顺利举行。

【潜逃17年的命案嫌疑犯抓获】 1月12日，浦口分局以开展历年逃犯专项追捕行动为契机，加强线索研判、组织专项追捕，在南京珠江路某饭店抓获外省潜逃17年的命案嫌疑犯於某某（男，50岁，安徽省怀宁县人）。2000年8月4日凌晨，上海市普陀区桃浦路1149号附近发生一起故意伤害致两人死伤恶性案件。侦查发现於某某有重大作案嫌疑。随后，上海警方对於某某开展长达17年的追捕工作。

【两起命案全破】 1月18日18时，浦口区海峡城科创园嘉盛工地民工宿舍突发一起故意伤害致死案件，被害人杨某某（男，71岁，安徽泗县人）经抢救无效死亡。案发后，浦口分局启动合成作战机制，刑侦、技侦、图侦同步上案，当晚23时，将嫌疑人李某某（男，27岁，安徽泗县人）抓获。李某某交代因和工友喝酒过程中发生口角冲突，后找出一把尖刀，对现场4名工友进行捅刺并逃走。

10月27日23时，星甸街道王村村汪西组5号院内发生一起故意伤害致人死亡案件。分局经4个小时连续奋战，犯罪嫌疑人汪某某（男，25岁，石桥人）投案自首。其交代因欠下对方10万余元赌债，在对方上门讨债和自己父母发生矛盾时，持刀将受害人捅伤致死的犯罪事实。

【盗窃基站蓄电池系列案侦破】 2017年春节后，江浦、桥林、汤泉、永宁、星甸等地陆续发生通讯（电信、移动、联通）基站蓄电池被盗案件，严重影响周边大型企业运营和群众正常生活。浦口分局成立专案组，合成作战，经过一个月连续工作，将潘某某（男，38岁，桥林人，中邮建公司维护工）等4名犯罪嫌疑人抓获，直接破案37起，涉案蓄电池72块，涉案价值50余万元。

【涉枪寻衅滋事案破获】 7月10日零时,犯罪嫌疑人驾车窜至江浦街道金地·格林格林小区附近路面,手持长枪朝路边停靠车辆射击三枪,致该车驾驶员王小龙(男,26岁,徐州邳州人)手部中枪受伤。分局缜密侦查,22小时速破涉枪寻衅滋事案件,抓获主犯李某某(男,28岁,浦口人,有寻衅滋事前科),连带抓获涉案嫌疑人员5人,缴获仿制长枪1把。

【砸车窗盗窃系列案破获】 9月,桥林、石桥、星甸、汤泉等地连续发生多起砸汽车玻璃盗窃车内财物案件,发案频、数量多、案值大,严重影响群众安全感和满意度。浦口分局重拳打击违法犯罪行为,10月10日抓获嫌疑人童某某(男,50岁,桥林人,前科劣迹人员),侦破砸车窗玻璃盗窃车内财物系列案件10起,涉案价值10万余元。

【雷霆扫毒】 5月5日晚,分局组织30名警力在江北人民医院附近抓获毕某某(男,42岁,湖北通城县人)等贩毒嫌疑人5人,破获一起跨省特大贩毒案,现场缴获冰毒2袋,重约1995克,毒资3.7万余元和运毒汽车1辆。

10月21日16时14分,江星桥线石桥往星甸方向,嫌疑人驾驶无牌汽车手持砍刀拦截过往汽车30余辆,并追砍其中8辆汽车导致受损,分局调集150名警力拦控堵截,将吸毒致幻嫌疑人刘某(男,34岁,建邺区人,有吸毒前科)抓获。

【严惩赌患】 6月13日晚,分局通过缜密侦查、深夜出击,捣毁泰山街道明发·滨江新城居民楼内一地下赌场,抓获涉赌违法人员27人,缴获赌资13万余元。

【油罐车起火扑灭】 5月27日22时,一辆由江苏仪征开往安徽和县的油罐车,行驶至长江三桥高速浦口高旺出口处时车辆失火、引发燃烧。分局启动应急处置机制,经过4个小时连续奋战,至28日凌晨2时许,油罐车明火被扑灭。

【交通秩序治理】 深入推进交通秩序治理三年行动,开展交通安全大调研、大整治,组建浦口大道"铁骑小分队",延长早晚高峰勤务时间,增加街面巡查力量,推出局领导站高峰、守点夜查等交通管理新举措,"智能交通"一期投入使用,道路通行环境进一步改善。现场处罚交通违法案件8.4万起,上升54%,其中查处酒驾569起、超员1211起、非机动车和行人违法1.96万起,分别上升5.4%、1.3%、289%。全年发生交通事故3698起,下降1.4%;交通死亡事故79起、死亡84人,比上年减少8起、6人,分别下降9.2%、6.7%。

【积分落户】 落实南京户口迁移积分落户新政策,在区行政服务中心设置积分落户窗口,3月、6月集中受理积分落户申请,共高效规范办理符合条件件申请160人。 (陆军)

·检 察·

【概况】 2017年,区检察院以司法办案为中心,以司法改革为动力,以队伍建设为抓手,全面履行检察职能,为地区经济社会发展营造良好司法环境。受理批准逮捕案件404件596人,批准逮捕339件485人,同比分别上升0.7%、3.35%;受理审查起诉案件870件1234人,提起公诉820件1124人,同比分别上升8%、9%。

【案件办理】 办理全市首例网络传销"善心会"特大传销以及涉案金额达亿元的"易乾坤""浦聚缘"非法吸收公众存款案件,共批捕、起诉涉众型犯罪105件288人。开展社会矛盾和安全隐患大排查大整治行动,对1466起案件逐一剖析,严格落实8起风险案件的维稳防控措施,妥善处置19人次缠闹访、告急访案件,提前介入屠某某长期非法上访扰乱社会公共秩序一案,为党的十九大召开维护地区安全稳定贡献检察力量。注重围绕保障民生加强司法办案,先后查办侵犯知识产权、骗取农机购置补贴、破坏生态资源等一批有影响力的案件,依法批捕3名诈骗农机购置补贴人员,并以此案为线索立案查处2名滥用职权人员和2名行贿人员,及时形成"案件专报",为区委、区政府决策提供参考。办理环境资源案件26件33人,集中办理一批破坏长江生态环境资源案件,为健康宜居自然生态建设提供司法服务。回应群众对依法维权的诉求,控申接待室连续三届蝉联全国检察机关"文明接待室"。

【职能履行】 强化法律监督,加强对侦查活动、刑事审判活动、民事行政活动、刑事执行活动的监督。全年立案侦查职务犯罪案件11件18人,其中贪污贿赂案件9件15人、渎职犯罪案件2件3人。紧扣基层实际,创新预防措施,在5个街道8个社区开展"小微权力运行清单"制度化预防试点,引导基层干部和群众依法办事,受到街道干部和群众广泛好评,被列入2017年"十大法治浦口为民办实事项目"。注重加强对青少年的法治保护,依法批捕侵犯青少年合法权益犯罪嫌疑人13人,对11名涉嫌犯罪的未成年人开展检察帮教,组织"法治进校园"活动33场次,4300余人次青少年参加,办理的帮教涉案未成年人案件获"南京市维护妇女儿童权益典型案例优秀奖",青少年维权蒲公英工程入选"全省检察机关保护留守儿童十大典型案事例"。

【队伍建设】 坚持把学习宣传贯彻党的十九大会议精神作为首要政治任务,引导全院干警学习领会习近平新时代中国特色社会主义思想。以"队伍建设年"为抓手,强化能力培养。吴某某滥用职权贪污案等2件职务犯罪案件分别被评为全市检察机关"反贪十大精品案件"和全省"反渎职侵权工作优质案件",1项课程被评为全省检察教育优秀课程,2名检察人员入选市检察院优秀兼职教师,3项检察研究课题被评为省、市检察院重点课题,涌现出全国"优秀侦查人才"、浦口区"十佳青年"、全市检察机关"未成年人检察业务竞赛标兵"和"优秀书记员"等一批先进典型,公诉部被评为南京市"三八红旗集体"、江苏省"巾帼文明岗"。编制完成《廉政风险点排查防控管理手册》,规范119种职权目录和87项权力运行流程,排查廉政风险点229个,制定防控措施306项,切实把党风廉政建设的风险防控落到实处。综合运用谈心谈话、廉政约谈等监督执纪,推进纪律作风建设,在全院形成讲政治、守规矩、守纪律的鲜明导向。

【司法责任制改革】 根据司法改革要求，区检察院结合实际推进改革落实。设立“1局6部1组”，实行人员分类管理，构建23个办案组织。严把员额队伍“入口关”，通过标准化遴选确定1人入额，全院共28名员额检察官。落实职权清单，推进入额必须办案。改革后全院人均办案效率提高30%左右，2017年司法责任制改革得到市检察院充分肯定。

【公益诉讼】 区检察院主动谋求上级领导和社会各界帮助和支持，召开检察改革工作通报会，通过走访座谈、“12345”政务热线、两法衔接等手段，梳理相关执法单位办理行政处罚案件200余件，排查食品药品安全、生态环境保护等民生领域公益诉讼案件线索15件。全面推进公益诉讼改革，介入调查9件公益诉讼线索，启动公益诉讼前置程序3件，通过检察建议有效督促执法部门解决某乳业公司长期超标排放污水问题。对豆某某破坏省级公益林案件提起刑事附带民事公益诉讼，切实维护社会公共利益。

【认罪认罚试点工作】 注重系统推进认罪认罚从宽制度试点探索，研究制定要素规范化审讯模板，针对办理未成年人案件特别程序要求，尝试“圆桌式谈话”和“一站式办案”新方法，全年适用认罪认罚起诉585件749人，占全部起诉案件比例的71.69%。完善法律援助中心工作站律师值班制度，值班律师为未被羁押的犯罪嫌疑人提供法律帮助206人次，试点工作经验被市检察院转发。 （邛鸿亮）

·法　院·

【概况】 2017年，区法院受理各类案件16807件，办结16806件，同比分别上升5.52%和12.6%。区法院被最高法院评为“在司法宣传工作中做出突出成绩的人民法院”。

【履行审判职责】 加强刑事审判工作，增强人民群众安全感。全年受理刑事案件843件，上升7.8%，办结791件，判处罪犯998人。推进民商事审判工作，助推诚实守信社会氛围。受理民商事案件10358件，办结10045件。其中，办结婚姻家庭、赡养、继承等家事案件1391件，办结交通事故损害赔偿案件1089件，办结房地产纠纷案件1096件，办结物业纠纷案件1007件，办结劳动争议案件718件，办结买卖、租赁、承揽等合同纠纷案件1582件，办结票据、保险、证券、股权、信用卡等金融纠纷案件125件，办结金融借款、民间借贷案件1646件，受理破产纠纷案件11件。攻坚“执行难”，维护人民合法权益。受理执行案件5539件，上升23.47%；执结5012件，上升15.03%；执行到位总金额3.6亿元。“破解执行难工作”得到上级法院肯定。发挥小额诉讼程序的制度优势，受理民事小额诉讼案件1582件，办结1462件。

【服务发展大局】 依法妥善审理破产及非破产强制清算等案件，推动中生钙业公司等企业的破产清算、江苏佳汇新材料有限公司等企业的破产重组，挽救破产企业，服务全区供给侧结构性改革。关注涉民生类案件，组织发放破产清算企业南京金口机械集团有限公司职工工资221万余元；通过司法拍卖，为天嘉服饰公司400余名职工发放工资500余万元。加强产权司法保护，增强人民群众财产安全感。建立健全环境资源保护联动机制，加大环境资源审判宣传力度，形成生态文明建设合力。推进“阳光司法”，以信息化建设为支撑，以审判流程公开、庭审活动公开、裁判文书公开、执行信息公开为手段，全年网络庭审直播案件477件，裁判文书在互联网上公布6135份，方便各方当事人、社会公众全方位参与监督。连续五年开展“邀请万名群众进法院”活动，2017年邀请群众7152人，旁听案件1940件，助力司法公正目标的实现。

【聚焦司法改革】 严格按照中央政法委要求，推动法官员额制改革，将审判权集中到52名员额法官手上。严格落实院（庭）长办案要求，确立院（庭）长办案示范机制。打造“智慧法院”，推行网上立案常态化、窗口立案电子化的立案新模式，网上立案3946件。推进诉讼服务中心标准化建设，在诉讼服务中心设置导诉机器人，为当事人提供综合性、智能化的诉讼服务。制定《浦口法院公告送达实施办法》，利用互联网开展网络公告送达工作，全年刊登送达公告2560份，为当事人节省登报公告费用76.8万元。完善各项诉讼功能，创新执行工作机制，以区委办、区政府办名义出台《关于支持人民法院基本解决执行难工作的实施意见》。通过“点对点”及“总对总”网络查控系统，在线查询被执行人的财产情况，及时控制执行标的。加强基层法庭建设，桥林法庭加强与妇联合作，揭牌成立“桥大叔”婚姻家庭纠纷调解工作室，永宁法庭开展“法润乡土微课堂”活动。

【“桥大叔”婚姻家庭纠纷调解工作室揭牌】 4月1日，区法院桥林人民法庭的“桥大叔”婚姻家庭纠纷调解工作室举行揭牌仪式。“桥大叔”工作室整合桥

4月1日，桥林法庭的“桥大叔”婚姻家庭纠纷调解工作室揭牌
（李虹　摄）

林街道妇联、法庭、司法所、派出所等部门的力量，旨在维护家庭成员在婚姻家庭纠纷中的合法权益，开展婚姻家庭纠纷调处、离婚案件诉前法律咨询、维权指导、心理疏导、法律援助等免费服务。至年底，调解矛盾纠纷78起，调解成功率96%，开展法律咨询、心理疏导等20件。

9月28日，浦口区法检“两长”首次同庭办案　（李虹　摄）

【“百名法官进百村”暨“法润乡土微课堂”揭牌】　4月28日，浦口法院永宁人民法庭举行“百名法官进百村”暨“法润乡土微课堂”启动揭牌仪式。永宁法庭通过“法润乡土微课堂”“乡间巡回法庭”和“法官预约调解”3个载体，将“百名法官进百村”活动具体落到实处，充分发挥人民法庭宣传法治、普及法律、推动文明、匡扶正义的引领作用，让人民群众真切地感受到法庭在身边、法官在身边、法律在身边，引导人民群众自觉学法、守法、信法，打造无讼社区。

【《基本解决执行难实施意见》下发】　7月3日，区委办和区政府办印发《关于支持人民法院基本解决执行难工作的实施意见》，明确基本解决执行难是加快浦口区产业转型升级、推进城乡建设、加强文化建设的重要组成部分，对建设“双创高地、智慧新城”奋斗目标的实现具有十分重要的意义。区委、区政府支持人民法院在两年内(2016～2017)基本解决执行难，要求各街道、各部委办局、各直属单位结合实际，认真贯彻落实。

【法检“两长”首次同庭办案】　9月28日，区法院公开开庭审理被告人刘某某涉嫌贪污罪一案。审判长由区法院院长陈高峰担任，公诉方由区检察院检察长王珍祥担任公诉人出庭。这是区法院院长与区检察院检察长首次同庭履职，也是落实员额制、司法责任制要求和以审判为中心的诉讼制度改革的重要举措之一。自2015年5月起，浦口法院出台《关于院长、副院长、审判委员会专职委员、庭长、其他审判委员会委员审理案件的若干规定(试行)》，对院(庭)长、审判委员会委员审理案件的类型、数量及考核等方面做出具体规定并纳入考核机制。2017年，院(庭)长办结案件7049件，占结案总数的43.2%。院(庭)长参与办案形成常态化机制。

【解决执行难工作新闻发布会】　11月29日召开。扬子晚报、浦口区电视台等媒体及南京司莫特建材有限公司39名工人到会参加。发布会由区法院新闻发言人助理、法官张茗主持，执行局局长郑煜、执行员王奕、法官马亮出席发布会。郑煜通报2017年浦口法院解决执行难工作情况。全年受理执行案件5539件，上升23.47%，执结5012件，上升15.03%，执行到位总金额3.6亿元，“破解执行难工作”得到上级法院肯定。加大失信联合惩戒力度，将690名失信被执行人信息纳入“黑名单”。加大强制执行力度，以“凌晨执行”“假日执行”等手段强化执行威慑，开展执行集中行动44次，出动人员1817人次，拘传240人次，搜查13起，罚款60.65万元，依法对202名被执行人采取司法拘留措施，上升2.6倍。继续推行在淘宝网等网络的司法拍卖，上传拍品92件，成交77件，

4月28日，永宁法庭举行“百名法官进百村”暨“法润乡土微课堂”揭牌仪式　（李虹　摄）

成交金额1.43亿元。王奕介绍南京司莫特建材有限公司工人讨要工资系列案件执行情况，现场发放工人工资30余万元。

【全区首例公益诉讼案公开审理】 11月28日，区法院行政庭依法公开审理豆某某涉嫌盗伐林木罪的刑事诉讼及附带民事公益诉讼案。该案的附带民事公益诉讼系区法院审理的由区检察机关作为公益诉讼人提起的浦口区第一例环境民事公益诉讼案件，也是区法院适用新修订的《中华人民共和国环境保护法》《最高人民法院关于审理环境民事公益诉讼案件适用法律若干问题的解释》受理的环境民事公益诉讼案件。

（李虹）

11月28日，区法院公开审理浦口区公益诉讼第一案 （李虹 摄）

·司法行政·

【概况】 2017年，浦口区司法行政系统围绕中央、省、市“推进覆盖城乡公共法律服务体系建设”要求，打造服务型司法机关。12月，区司法局被省司法厅表彰为“全省司法行政系统党的十九大安保维稳工作先进集体”。

【“七五”普法】 坚持“谁执法谁普法”“谁服务谁普法”工作责任制，举办法治摄影展、法治书画作品邀请展及大学生法治演讲比赛，巩固和深化“法润浦口”服务品牌。承办社会主义核心价值观百场讲坛活动及省司法厅“美好生活德法相伴”现场动员部署会，将法治宣传与乡景、乡贤、乡风相结合，推动德法融合。把法治元素植入群众喜闻乐见的传统民俗文化，创建法治书画创作展示基地，创作一批小品、相声、歌曲、诗词等德法融合的作品，在传承中弘扬法治精神。开展以“共产党员正家风”为主题的“家风家训格言、微故事征集”专题活动，评选出162条（篇）法治家风和故事。

【公共法律服务】 以浦口司法行政为民十件实事为抓手，开通法律援助“直通车”，建立法律援助“名优工程”，成立小微企业法律服务团，开展美丽乡村建设综合法律服务，做好公证机构主持摇号方式公开销售商品住房工作，提高公共法律服务的覆盖面，让人民群众感受司法为民的服务温度。

【矛盾纠纷多元化解】 开展党的十九大和国家公祭日安保维稳工作。推动公调对接、交调对接及医患纠纷调处工作持续开展，完善矛盾纠纷多元化解机制。全区74个村（社区）普遍聘请法律顾问，实现乡贤会及法律顾问全覆盖，引导乡贤人士及村（社区）法律顾问参与矛盾纠纷调处工作。

【特殊人群监管】 强化社区服刑人员监督管理，实现社区服刑人员手机定位率100%，对5名重点人头实施24小时定位腕带监管，确保社区服刑人员在矫在控。落实重点人员的必接必送工作，完善解戒人员后续照管制度，发挥服刑人员亲属远程会见系统的亲情帮教作用，有效降低重新犯罪率。

【浦口乡贤会调研】 3月3日和3月22日，省司法厅法制宣传处处长李长山一行到浦口区调研乡贤会和基层民主法治建设情况。在星甸街道后圩村、九华村，沿江街道路西社区、京新社区，江浦街道烈士塔社区等基层社区（村）走访调研，召开座谈会，了解乡贤会组织制度和基层民主法治建设开展情况。浦口区乡贤会民间调解机制自2015年全面推动，2016年11月，浦口区乡贤法律服务中心正式成立并登记注册。作为全区乡贤工作的中心枢纽，服务中心指导各地乡贤会建设，开展各类教育培训，引导乡贤人士开展志愿服务。到2017年1月，全区选拔乡贤1069人，建成乡贤会107家，其中街道乡贤会3家，村（社区）乡贤会104家，22家乡贤会登记注册。一些乡贤会进一步延伸服务阵地，如京新社区乡贤会以居民组、小区为单位建立乡贤之家、乡贤站点，将工作深入推向基层。一些乡贤会拓展服务领域，如京新社区乡贤会建立“乡贤+联勤”模式，组织乡贤巡防小区；烈士塔社区打造“贤爱堂”乡贤服务议事阵地。两年来，各乡贤会参与排查化解重大矛盾纠纷138件，协助特殊人群管理和帮教125人次，参与法治宣传70余场。李长山充分肯定乡贤会和基层民主法治工作在社区矛盾调解、居民需求挖掘、小区管理建设中起到的重要作用，同时针对乡贤会成员如何更好地参与社区事务以及在德治与法治相结合、推进基层治理中发挥更大作用提出建议和要求。

【美丽乡村建设综合法律服务活动】 3月25日9:30，浦口区美丽乡村建设综合法律服务活动在江浦街道桃源谷拉开帷幕。来自南审的普法志愿者们将精美谜笺悬挂在桃树枝上，现场群众参与有奖竞猜。活动有腰鼓、合唱、快板、舞蹈,一个个妙趣横生的法治谜语,如“巴黎的产品——法治”“巴黎的产品,推广到日本——法治宣传日”等,吸引社区300余名群众参与。发放法治读本、普法购物袋、宣传水杯等宣传礼品100余份。

【江苏省“美好生活·德法相伴”动员会在浦口召开】 4月11日,江苏省法治宣传教育工作领导小组办公室、江苏省司法厅在南京市浦口区召开“美好生活·德法相伴”动员部署会,省司法厅厅长、南京市司法局局长及全省各地市司法局相关领导出席会议。参会代表首先观摩江浦街道烈士塔社区的贤爱堂·邻里自治中心,中心由乡贤人士和社工共同参与开展12个邻里项目,扎实为民服务,得到观摩领导赞许。代表们重点考察星甸街道九华村基层民主法治创建、村规民约建设、乡贤会社会组织在村居治理中的作用,切身感受到德法文化双结合对司法行政工作的推动作用。12日,省司法厅法制宣传处处长李长山通报2016年法治宣传工作情况及2017年工作安排。浦口区司法局局长马卫东作题为《强化三个载体·推进德法同行,不断提升村居德治法治自治水平》交流发言。浦口区烈士塔社区书记马恬代表全省13个民主法治示范村(社区),发起争创“崇德尚法”新型村(社区)的倡议,号召全省21556个村(社区)争创“崇德尚法”新型村(社区),成为“崇德尚法”的倡导者、实践者、推动者。省司法厅厅长柳玉祥就推动全省法治宣传教育转型增效提出要求。

【区司法局联勤指挥中心投入运行】 5月投入运行。实战化联勤指挥中心整合现有资源,是集纠纷排查、研判分析、应急处置于一体的指挥平台,具有即时、发布、统计、视频四大功能。通过平台即时视频传输,能够对司法局科室及各司法所的现场画面进行实时播放;通过短信、网站、“双微”平台等信息发布媒介,能够定期发布法律风险提示,向大众普及法律知识;通过每周、每月统计的研判数据,能够对阶段性工作进行分析汇总,最终达到同台指挥、同步行动、实时跟踪、定期分析的目标。实战化联勤指挥中心的建成,推动全区司法行政工作不断向网络化、规范化、专业化、一体化、科学化方向迈进。至年末,区司法局联勤指挥中心采用微博直播的形式,协助区公证处办理房产摇号3起,全程公开透明,线上线下与网民互动交流,以微博聚力,拉近与群众的距离,有效提高司法行政工作效率和服务水平。

【“法润江苏·普法惠民公益环省行”走进浦口】 9月21日晚,2017年度“法润江苏·普法惠民公益环省行”浦口站文艺演出在江浦街道凤凰台广场拉开帷幕。活动由江苏省司法厅、江苏省法制宣传教育工作领导小组办公室、江苏省广播电视总台影视频道等单位联合主办,浦口区法治宣传教育领导小组办公室、浦口区司法局承办。文艺演出在歌舞《旗袍秀》中开场,演出节目有女声独唱《天下太平》等。现场发放法律援助联系卡及《公正办理流程》《防集资诈骗》折页2000余份。

【普法信息网络平台】 6月,浦口区司法局打造普法信息网络平台,推动普法信息的网格化、系统化、智能化。该平台通过报送,自行生成信息表格,实现上报、下载、审核一体化操作。成立76名专职信息员队伍,建立信息员微信群、QQ群,定期组织开展专题培训,做好信息交流和学习。平台让区内法治宣传教育领导小组成员单位、司法局各科室间的信息报送更加智能化、便捷化,推动全区司法行政信息工作迈上新台阶。

【矛盾纠纷排查化解“百日会战”】 6月下旬至10月下旬,区司法局组织律师、基层法律服务工作者、公证员,共同参与矛盾纠纷排查化解工作。对矛盾纠纷总体形势和影响社会稳定的突出矛盾做好分析研判,集中分析研究重大纠纷和历史积案,提出稳控和化解意见。结合村居法律顾问工作要求,把关政府决策,促进依法行政,防止引发矛盾纠纷。适时开展法律咨询活动,对符合法律援助的及时提供援助服务,对因拆迁、继承等问题引发的矛盾纠纷开展公证服务。延伸工作触角,进基层、进社区,为村居自治、村庄整合、农房改造、土地流转、旧村改造等重大工作项目提供优质法律服务,指导调解员和乡贤志愿者开展预防和化解重大社会矛盾纠纷工作。积极参与宣传,减少源头矛盾纠纷隐患,指导依法维权,降低纠纷数量,减少非法、无序、暴力解决纠纷的行为。全年排查矛盾纠纷2355次,排查重大矛盾纠纷11次,调解处理11次,成功率100%,各级调解委员会排查矛盾纠纷3246件,调解成功3241件,成功率99.8%。

【法律顾问覆盖全区】 浦口区司法局贯彻落实省市关于“普遍建立政府法律顾问制度”和“一社区(村)一顾问”战略部署,取得良好成效。截至7月底,通过政府购买服务,全区有54个单位部门聘请法律顾问;9个街道114个村(社区)均聘请法律顾问,聘用率达100%,实现法律顾问全覆盖。律师、法律工作者利用自身业务优势,参与矛盾纠纷排查化解,履行法律援助律师职能;参与规范性文件和重大决策、行政措施、管理行为的合法性审查,提出法律意见和建议;代理诉讼和非诉法律事务,参与调解、仲裁活动;协助开展普法宣传,促进依法行政、依法治企、诚信经营;提供法律咨询服务,参与信访、维权、维稳案件的调处等。

(邓冰)

人民武装

·综　述·

【编制体制调整改革】 7月6日,区人武部在会议室召开区人武部编制体制调整改革大会。南京警备区司令员曹新民宣读中央军委国防动员部命令和警备区党委通知,任命中共南京市浦口区委书记瞿为民为区人武部党委第一书记,梁宁为区人武部政治委员、党委书记,吕华吾为区人武部部长、党委副书记。保留军事科,改政工科为政治工作科,改后勤科为保障科。调整改革后,区人武部按照新编制新体制运行正常。

【思想政治建设】 2017年,区人武部坚持以习近平国防和军队建设系列重要论述为指导，深入学习贯彻党的十九大精神和习近平建军强军治军重大战略思想，贯彻落实军委国防动员部、省军区和警备区党委扩大会议精神，聚力练兵备战，投身强军改革，强力正风肃纪。开展“维护核心、听从指挥”主题教育，坚定不移维护权威、维护核心、维护和贯彻军委主席负责制。加强强军思想教育，坚决拥护支持军队编制体制和力量编成国防动员系统改革。领导干部带头给机关和民兵预备役人员宣讲授课，持续掀起学习贯彻党的十九大精神热潮。抓住重大典型宣传，在全社会大力宣扬浦口区革命烈士、陆航十旅飞行员王晓冬和缉毒英雄、福州边防支队司令部侦查队副连职参谋陈雷雷的先进事迹，弘扬强军兴军正能量，在全区营造“学英雄、颂烈士、爱军队”的宣传氛围。干部职工通过总结学习成果，发表稿件70篇，其中中央媒体14篇、省市媒体56篇。

【干部队伍建设】 坚持党管干部的原则，严格按照“依法办事”要求和“十六字”方针规范人武部党委议事、决策程序。坚持用军队好干部“五条标准”（对党忠诚、善谋打仗、敢于担当、实绩突出、清正廉洁）规范干部言行，争做新一代“四有”（有灵魂、有本事、有血性、有品德）革命军人。加强干部创新军事理论学习，采取参加军地业务培训、岗位自学、以会代训等方法，让干部掌握一专多能本领。每月集中组织一次岗位练兵学习，在各种军事训练、演习活动中锤炼干部真打实备的能力素质。严格遵守中央“八项规定”、军委“十项规定”和省军区党委“十二项规定”，严守政治纪律和政治规矩，严格执行“六个禁令”。坚持党委集体理财、民主理财和“双主官”联合审批制度，自觉接受群众监督。严格落实廉洁征兵工作规定，确保无违规问题发生。

【民兵思想政治教育】 结合民兵整组，印发《民兵整组点验考核政治工作指示》《民兵整组点验考核政治动员令》《民兵整组点验考核政治教育提纲》，利用人员集结、调整民兵预备役人员出入队等时机，层层宣传发动，并通过入队宣誓、宣布任职命令、组织形势战备教育、教唱《中国民兵之歌》等活动，鼓舞士气，激发大家加入民兵组织的光荣感、自豪感。区人武部组织两个调研组就如何加强民兵组织建设、民兵干部队伍建设、兵员动员政治工作等问题深入街道、企事业单位和院校开展调查研究。检查、督促基层武装部抓好民兵重点分队建设，编实编齐人员，配齐配强干部，加强骨干业务培训。抓好军事训练思想政治工作，严格按纲施训，分专题组织民兵抗洪抢险、森林防火集训、思想政治教育考核，成绩达到良好以上。

【停止有偿服务全面推进】 年初，区委、区政府根据全国深入推进军队和武警部队全面停止有偿服务工作电视电话会议以及省市全面停止有偿服务工作会议精神，按照“坚决全面、积极稳妥”总要求，结合浦口实际，制定路线图、时间表。成立区委书记瞿为民为组长、区长王磊为第一副组长、43个成员单位负责人组成的驻区部队全面停止有偿服务工作领导小组，下设办公室、综合计划组、政策宣传组、善后保障组。建立联络员、联席会议、情况通报、联合执法、舆情引导机制。科学制订《浦口区全面停止有偿服务活动实施方案》。各职能部门采取上门走访、实地勘察、调阅资料等方法，对全区涉军土地和有偿服务单位进行调查摸底，调查摸清驻区部队39个有偿服务项目，区主要领导2次召开会议专题研究停止驻区部队有偿服务工作，分管领导先后20余次到涉军部队搞好对接，实地走访调查，专程赴浙江萧山学习改革先进经验。召开军地联席会议12次，征求部队有偿服务的合理化意见和建议。11月3日，区政府与73096部队签订111.4公顷仓储物流项目土地置换意向协议；协调多家部队达成土地置换意向。

【王晓冬烈士骨灰在二龙山公墓安放】 1月25日，王晓冬烈士骨灰安放仪式在浦口区二龙山公墓举行。区领导瞿为民、王磊、梁宁、高昌玖，王晓冬烈士生前所在部队领导、亲属、好友以及社会各界代表500余人参加仪式。10点整，在庄严的国歌声中，烈士亲属手捧骨灰走下灵车，在礼仪兵的护送下缓缓走入仪式现场。覆盖着鲜红党旗的烈士骨灰盒，被静静地安放在遗像下，全体人员默哀3分钟。第31集团军领导在安放仪式上宣读批准王晓冬同志为烈士的认定书，介绍王晓冬生平事迹。区委副书记、区长王磊致悼词。王晓东烈士骨灰安放在二龙山公墓英烈亭。（王晓冬生平简介及主要事迹参见“人物”类目第345页）

【后勤综合保障】 修订完善后勤综合保障方案，细化后勤指挥编成和力量编配。1月，投入3万元安装门禁设备。3月，针对作战室和宿舍楼年久失修、设施陈旧、信息化程度低，区政府投入180多

1月25日，王晓冬烈士骨灰安放仪式在浦口举行　　（人武部　供稿）

万元,改造区人武部作战值班室和宿舍楼,出新营院水泥路面和环境。新建指挥通信、监控安防系统,完善内部配套设施,全面提升战备规范化、信息化水平。做好抢险救灾等非战争军事行动和敏感时期应急处突后勤准备。狠抓后勤实战化训练,结合训练任务,深化后勤保障计划、保障力量编组运用、保障方式方法创新研究。结合民兵整组、军事训练、抗洪抢险、森林防火、征兵做好后勤保障工作。12 月,组织后勤干部参加警备区"三实"(实爆、实射、实掷)训练考核和业务学习。加强大宗物资采购项目监督。全年参加军地组织的各类业务培训 16 次。

【安全管理】 每周组织一次安全大检查,每月召开一次安全形势分析会,落实安全风险评估机制。2 月,组织开展"学条令、学法规、整作风"活动,按照《预防犯罪工作条例》,对"十类"个别人进行排查摸底,掌握人员动态。6 ~ 7 月,针对改革期间各类事故案件增多的实际,组织开展改革期间纪律教育整顿,严格落实军委国防动员部纪委《关于做好国防动员系统改革期间纪律监督工作的意见》规定,将省军区纪委下发的严明改革纪律"七个决不允许"、安全管理防控十种风险和安全工作"十个不发生"的规定,印成小手册,每人一册,对照检查,确保改革纪律落地生根、人员思想稳定和集中统一。8 月,开展枪弹清查整治"回头看"活动,鉴定零持有承诺书,对所有枪支弹药逐支逐发进行清点核对,保证账物相符。落实光控、声控、指纹锁、视频监控等手段,加强武器库巡查值班。9 月,开展"整治违法违规涉军网站和新媒体账号专项行动"活动,对照《军队人员使用微信"十不准"》等规定要求,全面清理整治涉军网站、博客、微信、公众号等传播平台和所属人员开办的互联网网站、新媒体账号。结合全军安全工作大检查,学习《预防犯罪工作条例》等文件法规,加强值班人员、涉密人员、驾驶员政治审查。加强办公区域用电和防火安全管理,对临近饭店消防设施、排烟设施和液化气罐使用情况进行安全检查。落实重要目标警卫和安防措施,修订完善各类应急预案。组织核心涉密人员政治考核,摸清涉密人员现实思想、行为底数,消除不安全因素,确保核心秘密安全。10 月,同步参加省军区和警备区统一组织的安全管理集中教育整顿,学习军委、军委国防动员部、东部战区和省军区党委纪委下发、转发的 10 个文件规定,观看《强军》纪录片,围绕整顿思想、整顿纪律、整顿作风、整顿秩序、整治隐患,结合外地违纪违规事故案件,查找反思单位和个人存在的苗头隐患和问题,制定整改措施,确保部队高度集中统一和安全稳定。

【双拥工作】 春节期间,组织慰问离退休干部、结对帮扶的 14 个贫困家庭,送去慰问金、大米、食用油、鸡蛋共计 1.6 万元。3 月,组织开展常态化学雷锋志愿活动。做好驻区部队军人随军家属就业安置工作,解决子女上学难问题。抓好定点帮扶的贫困乡村徐州市丰县赵庄镇赵庙村扶贫帮困工作,投入 10 万元,帮助该村修建下水道和水泥路 500 米,解决群众生活、生产和出行困难。"八一"期间,开展"关爱功臣、关爱老兵"慰问活动,组织基层武装部对健在的 322 名老战士和在乡老复员军人、伤残军人、烈属、牺牲病故军人家属,以及军队离退休干部进行走访慰问,发放慰问金 50 万元和大米、食用油等生活用品。4 名党员干部参与省市大走访活动,走进 60 户居民家中访贫问苦,与 9 名特困户结成帮扶对子。121 名民兵营连干部与所在社区(村)、组的 121 个特困新兵家庭结成帮扶对子;专武干部与特困军人家庭结成一对一帮扶对子,帮助 20 户特困军人家庭解决生活难题,共投入资金 12 万元。组织动员民兵 800 人次,参与大联勤安保执勤、巡逻等活动,协助公安部门打击刑事犯罪、维护社会治安。

(杨贡斌)

· 国防动员 ·

【概况】 2017 年初,区委、区政府召开常委议军会,调整国防动员委员会和区国防教育委员会组成人员,落实国动委联络员例会制度,开展国防动员潜力核查和专项调研,推动各项工作落实。2 月,区国动委对照警备区下发的《2017 年国防潜力调查》15 项内容,走访辖区内相关高新技术企业,补充完善数据资料。4 月,修订政治动员方案,调整充实政治动员数据库,参加警备区国防动员作战方案修订。落实党委议训议战制度,做好抢险救灾、反恐维稳、森林防火、民兵军事训练等政治工作,开展国防教育活动。加强战备设施和民兵情报信息员队伍建设,深化民社情报知系统应用。9 ~ 12 月,落实退伍军人服预备役登记制度,抓好两批退伍军人服预备役登记工作,更新退伍军人数据系统。

【国防教育】 4 月,采取多种形式、多种渠道,加大对《中华人民共和国国防法》《中华人民共和国国防教育法》《中华人民共和国国防动员法》《征兵工作条例》等国防法律法规的宣传教育。4 月 24 日,区委、区政府、区人武部在区政府大礼堂召开区委中心组(扩大)学习会,区委中心组全体成员、各部委办局主要领导、街道办事处班子全体成员参加会议。会议邀请国防大学教授戴旭给 500 名党政干部作"世界大变局与中国复兴的战略准备"国防形势报告。9 月 18 日,开展第 17 个全民国防教育日系列活动,组织领导干部到部队过"军事日"。各街道武装部在市民广场进行政策法规咨询,散发宣传材料 2000 多份。区电台、电视台和政府网站开设宣传平台,全方位宣传国防知识。组织全区中小学生参加"小哥白尼杯"南京市小学生国防知识竞赛,组织初高中新生军训,上国防教育课 12 场次 1.5 万人次。10 月,组织 9 个街道武装部长参加南京市国防教育骨干培训。

【日常战备】 落实战备工作机制,明确战备工作职责、标准、程序,加强战备设施建设。利用元旦、春节、五一、国庆等战备时机,组织 9 个街道民兵应急战备拉动,锤炼快速反应能力。3 月,修订完善抗洪抢险、森林防火、应急维稳等 18 个非战争行动预案。完成警备区首长机关对区域内战场环境勘察,对重要目标防护方案进行论证,修订完善重要军事目标平战时防卫方案。11 月,采取现地勘察、图上核对、拍照留存、汇总梳理的方法,摸清辖区内屯兵坑道现状。完成战备值班室改造,配齐战备物资,提升战备软实力。指导街道武装部抓好战备工作,树立战备意识,增强战备观念。

【征兵工作】 贯彻省市征兵工作会议精神,围绕征兵工作"五率"(报名率、上站率、合格率、择优率、退兵率)要求,早筹划、早动员、早部署,持续做好兵役法规宣传发动工作,营造参军报国氛围。成立15个政策宣传组,制作征兵横幅1000余条,印制《征兵宣传手册》8000份,组织200余名专武干部、高校辅导员、社区工作者登门入户宣传,4所挂钩高校召开优秀大学生入伍事迹报告会,邀请现役军官和优秀士兵与学生面对面谈收获,鼓励高校大学生报名参军。坚持廉洁征兵,聘请46名区人大代表、政协委员、退伍战士、群众为"廉洁征兵监督员",全程参与征兵监督,设立举报电话、信箱42部(个)。各级严把征兵体检、政审、定兵关,坚持为部队输送优质合格兵员,超额完成市政府下达的征集任务。

【警备区首长战场勘察】 3月9日,南京警备区司令员曹新民、政委张宁一行30人,在区领导任家龙、梁宁、吕华吾陪同下到浦口区进行战场勘察。浦口自古为江北军事重镇和天然内河良港,境域地势起伏,地貌多姿,是战时部队集结机动和物资储备要地。区人武部针对区域内重要军事、交通目标众多的实际,修订完善重要军事目标平战时防卫方案。警备区首长机关对辖区内重要目标逐一勘察论证,先后视察浦口老山森林消防中队和滁河永宁段,检查防火训练和森林消防人防技防情况,勘察防洪大堤。

(杨贡斌)

·民兵预备役·

【概况】 2017年,紧紧扭住军事斗争准备龙头不动摇,严格制定训练计划,抓好首长机关军事训练,先后完成作战理论、非战争军事行动理论、识图用图、战术标图、军用文书、主要武器装备操作、指挥信息系统使用等31个课目的教学训练,参加警备区组织的动员业务和"三实"训练考核。采取集中培训和跨区联训的方式,突出抓好抗洪抢险、通信分队、防化救援应急分队等骨干集训和预编人员返岗训练,提高民兵分队整体训练水平。组织民兵开展实战化、基地化训练和演练。

【民兵整组】 按照平战结合、军民融合发展要求,拓宽民兵整组范围,优化编组结构,民兵布局更加合理。给每个街道配备身份证读卡器,深入街道采集基干民兵身份证、电话号码等信息,对个人信息不符、一人信息被多家单位采集或被多个分队编组的,重新进行审核编组,确保编兵人员真实性。

【抗洪抢险演练】 5月15～19日,组织全区66名民兵操舟机手骨干集训。学习抗洪抢险安全常识、紧急避险措施、抗洪抢险技术和装备理论知识。举行水上救援训练,掌握转移疏散灾民、搜救落水人员、转运物资器材、冲锋舟编队航行、水上越障等技能和方法。6月23日,参加南京市在浦口区象山水库举行的民兵抗洪抢险分队应急拉动演练,累计动用操舟机10部、冲锋舟10艘、车辆20台次。区民兵抗洪抢险分队以过硬的素质和精湛的技能,圆满完成水上编队、水上越障和水上救援3个课目演练。

【省军区领导调研浦口】 8月22日,江苏省军区政委孟中康到浦口区调研武装工作,听取区委常委、区人武部政委梁宁情况汇报。孟中康对浦口区委、区政府认真履职尽责,坚持党管武装制度,大力为武装工作办实事、解难题,武装工作走在全市前列给予高度评价;对区人武部党委班子政治素养好、大局意识强、团结氛围浓、干事劲头足、单位风气正给予肯定。

【征兵工作调研】 10月30日,南京警备区司令员曹新民、副司令员高亮一行在区委副书记任家龙、副区长高昌玖陪同下,赴区中心医院就2017年征兵体检工作召开座谈会。区中心医院院长周韶谷介绍高校体检、青年体检和征兵体检组情况。曹新民指出,近年来浦口区中心医院在征兵体检工作中无一例责任退兵,坚持做到组织好、把关好、协调好,圆满完成征兵体检工作。随后,警备区领导到汤泉街道和九龙社区调研征兵工作,在汤泉街道会议室召开挂钩高校征兵座谈会,对浦口区连续三年超额完成征兵任务、无一例退兵工作给予肯定。

【民兵森林防火集训】 11月27日至12月1日,区人武部针对冬季火灾高发期,在区国防教育训练基地和老山消防队,组织民兵60余人开展民兵森林防火分队骨干集训。采取理论与实战相结合的方法,就火灾的预防、扑救方法和安全常识进行集中辅导,并进行灭火器材装配、负重越野、灭火弹投掷、风力灭火机扑火、森林消防车灭火5个课目的训练和演练。

(杨贡斌)

·消防工作·

【概况】 2017年,区消防大队有现役消防官兵68人、合同制战斗员35人、文职雇员36人,肩负着浦口区的防火灭火及抢险救援等任务。下设珠江公安消防中队和汤泉消防中队。有各类执勤消防车9辆,其中水罐消防车1辆,泡沫水罐消防车5辆,举高喷射消防车1辆,云梯消防车1辆,抢险救援车1辆。接警425起,出动消防车890辆次、消防官兵5672人次,抢救被困人员95人,疏散人员305人,抢救财产价值662.3万元。其中,开展火灾扑救102次(含增援、草坪垃圾火等),抢险救援及社会救助237起,执勤保卫86次。全区发生火灾68起(社会单位火灾16起,住宅火灾20起,施工工地火灾4起,道路、机动车火灾20起,电动自行车火灾5起,其他火灾3起),直接财产损失约295万元,无人员死亡。全区未发生有影响的火灾事故,火灾形势总体保持稳定。排查社会单位3647家,发现火灾隐患7756处,督促整改火灾隐患或违法行为7584处(起),临时查封74处,办理消防行政案件309起,责令"三停"(停止施工、停止使用、停止营业)38家。

【公共消防设施建设】 消防大队积极推动消防站建设,浦口开发区消防站建设完成,汤泉消防站施工图纸设计完毕。在缺少消火栓的路段增设消火栓,对新建、拓宽的城市道路按要求设置市政消火栓,全年新增消火栓300个,极大缓解消防水源不足的状况。建立重点单位微型消防站149处、社区微型消防站55处,消防大队按照微型消防站建设标准逐一验收,对站点人员进行业务技能培训,提升基层火灾处置能力。实施电动车集中充电改造,联合街道和物管部门推广安装电动车充电桩,在小区、商业区建设电动车集中充电停放点82处。

【服务地方经济发展】 对区内重大经济项目和民生项目建设开通"绿色通道",协调市消防局开展技术指导和咨询服务,在工程设计阶段先期介入、主动服务,落实专人全程跟踪服务,将存在的问题解决在报建之前。协调市消防局召开现场会办3次,解决问题30余条,服务重大民生项目20余家次,对102家服务单位开展大走访活动,满意率100%。

【重大火灾隐患单位挂牌督办】 年初,对辖区内单位进行排查梳理,发现浦口金太阳保健服务中心、南京汉宁木业有限公司存在重大火灾隐患,上报区政府挂牌督办,大队派专人上门,现场指导,跟踪服务。金太阳保健服务中心自行关停,汉宁木业被查封。

【"九小场所"消防检查】 2月7~11日,开展足疗店、洗浴中心、汗蒸房等"九小场所"集中检查。4月28日,浦口公安分局召开派出所消防工作会议,总结2016年派出所"九小场所"检查工作,部署2017年"九小场所"消防工作。6月19日、12月14~31日,消防大队对辖区9个派出所开展消防轮训,全年轮训22次600余人次,对"九小场所"日常消防监督检查要点进行详细讲解。12月1~9日组织开展"九小场所"消防安全集中检查,消防大队联合派出所消防工作指导办公室对消防工作进行常态化督查,并进行通报。全年检查"九小场所"7127家次,督促整改火灾隐患14521处。

【基层消防建设管理】 4月21日,浦口区政府召开网格化工作推进会,落实网格长负责制和网格长、网格员备案制度,培训派出所民警、村居"两委"和网格人员41次1000余人。依托消防安全网格化管理体系,共排查消防隐患1886处,其中街道5个,社区(村)62个,公共娱乐场所278家,养老机构7家,商场市场22家,劳动密集型企业25家,群租房户、"三合一"户(住宿与生产、储存、经营等一种或几种用途混合设置在同一联通空间内的场所)1487户。加强派出所保安消防队伍建设,在桥林、星甸、永宁街道依托派出所成立三支保安消防队,配备小型消防执勤车辆,弥补偏远地区灭火救援力量空白的缺陷。

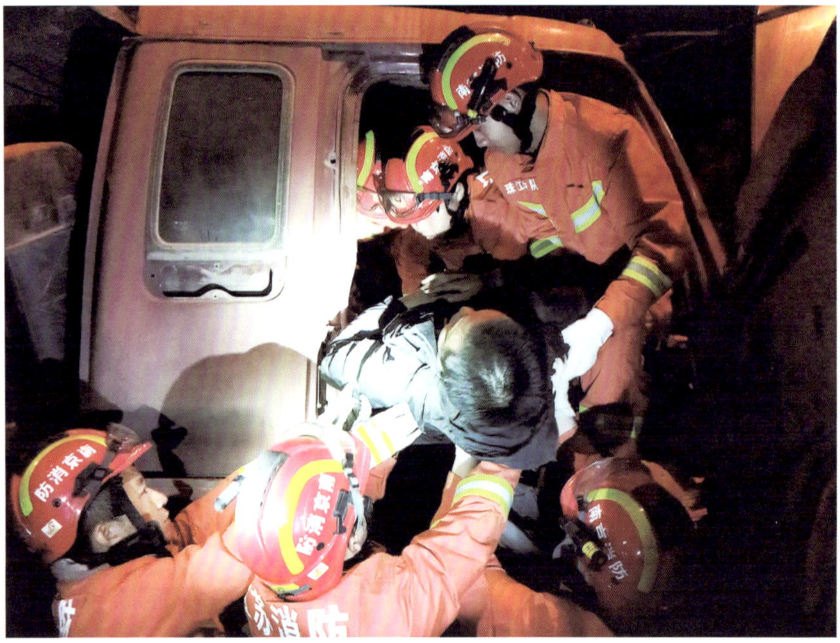

浦口消防大队官兵参加灭火救援事故处置,抢救人民生命和财产安全

(朱力伟 摄)

【夏季消防安全大检查】 5月17日,浦口区消防安全委员会下发《2017年浦口区夏季消防检查工作方案》。5月25日,消防大队组织辖区352家重点单位召开夏季消防安全检查动员部署会。6月6日,区政府召开全区夏季安全生产暨消防安全检查工作会议,明确消防隐患排查整治重点。大队分别联合民政、安监、市场监管、教育、文广等部门对辖区养老机构、商场市场、人员密集场所等开展消防安全检查,全面排查整治消防安全隐患。检查单位3114个次,发现火灾隐患或违法行为5354处,督促整改火灾隐患或违法行为5304处,下发行政处罚决定书217份,下发临时查封决定书55份,责令"三停"31家。

【高层建筑综合治理】 区消委会下发《2017年浦口区高层建筑消防安全综合治理工作方案》。7月24日,邀请房产办、物管办召开高层建筑消防安全现场协调会。8月2日,消防大队制定专项检查工作方案,组织全体监督员签订《高层建筑消防安全检查责任状》,将高层公共建筑分片包干到每名监督员。8月17日,组织高层建筑物业管理公司召开治理推进会。全年排查高层建筑204处,发现并整改火灾隐患724处。

【消防安全宣传培训】 11月9日,在江浦街道金浦广场开展以"关注消防,平安你我"为主题的"119"消防宣传日活动。邀请各行各业代表开展"全民消防我代言"活动,开展消防安全有奖竞答,设立消防器材展示区,消防宣传车驶入大街小巷开展全覆盖式宣传。开展"消防进学校、进军营、进课堂"活动,组织指导南工大、江苏警官学院等开展疏散逃生、灭火演练和消防运动会。依托大队消防讲师团深入部门、街道、社区等进行培训和业务指导，全年组织培训124次，培训人员8000余人次。印制沿街店面消防安全须知以及电动车停放、充电场所和民用建筑燃气使用场所消防安全须知2万余份、《消防宣传二十条》5000余份、消防宣传册1万余份，免费发放到社会单位和居民群众家中。利用微信公众号发布消防温馨提示、灭火小常识等，收到良好的社会效果。

【冬春火灾防控】 11月21日，区消委会下发《浦口区2017年今冬明春火灾防控工作实施意见》。11月22日组织召开冬春火灾防控动员部署会议，分析全区火灾现状，明确工作重点。12月26日，区政府召开冬春火灾防控工作推进会，总结前期工作成果，对下一步重点工作提出要求，加强部门间协同工作机制，开展联合执法行动。冬防期间检查单位959个次，发现火灾隐患或违法行为1451处（起），督促整改火灾隐患或违法行为1441处（起），下发行政处罚决定书74份，下发临时查封决定书24份，责令“三停”14家。 （崔荣蓉）

·人民防空·

【人防工程建设和管理】 2017年，《南京市浦口区人防工程总体规划》（2016～2030）通过评审，人防工程建设管理更加规范。结合城市建设和民生需求，开展地下停车场和过街通道等方面调研和建设，全面提升人防工程开发利用水平，完成地下空间普查，组织编制地下空间开发利用规划。江浦白马绿地广场人防工程项目顺利推进，完成项目建议书、可研批复、地勘、总评方案审定、施工图设计等前期工作，组织施工招标。优化人防审批流程，减少办件材料（由9件减少到6件），压缩办件时间（承诺时间由10个工作日变为4个工作日），全年办理各类行政审批218件。城市防护工程体系进一步丰富和完善，保障房项目全面落实人防工程配建要求，向5个保障房项目下达修建防空地下室的行政许可。防空地下室易地建设费征收联系单制度全面落实，全年征收防空地下室易地建设费4亿余元。

【应急准备和警报设施维护管理】 强化基本指挥所和预备指挥所的标准化管理，提升日常战备水平。做好机动指挥所建设，开展技术人员培训，完善后勤保障，确保尽快形成战斗力。开展防空专业队组训工作，在全区9个街道和4个驻区企业组建抢险抢修、医疗救护、消防、治安、防化防疫、通信、运输、伪装设障、信息防护、心理防护10个人防专业队。按照训练大纲要求，结合浦口人防实际，制订训练计划，开展训练演练。4月，组织11名专业队骨干参加市人防骨干培训。6月，组织技术人员参加省人防在泰州组织的通信业务技能培训。7月上旬，组织长江隧道、长江三桥等单位人员参加市人防办组织的重要经济目标试点集训。9月，在市人防疏散基地组织人民防空机关及专业队骨干集训，区人防办、街道人防办及区人防专业队骨干共47人参加集训。11月，组织人防指挥部成员及重要经济目标单位负责人46人参加培训。抓好防空警报器安装、维护和鸣放工作，在“9·18”全省防空警报试鸣日和“12·13”国家公祭日鸣放，全区（含江北新区）防空警报鸣放率和完好率均达100%。

【宣传教育工作】 结合“5·12”防灾减灾日，开展广场宣传和疏散演练活动，向广大居民普及防空防灾和自救互救知识，帮助居民熟悉掌握应急疏散的程序和方法，提高居民的应急避险能力。完善和更新“人防宣传一条街”宣传内容3次。投入6万余元，为全区44所小学、23所初中征订民防知识教材及多媒体辅助教材，确保民防知识开课率100%。组织开展第二届“人防杯”中学生民防知识竞赛活动，全区2296名初一学生参加统考选拔（初赛）；11月，各校选派4名队员参加复赛；12月2日，举行决赛现场录播，汤泉中学代表队获一等奖。

【基层人防工作】 制定并下发《浦口区2017年人防工作意见》《2017年浦口区社区人防工作实施意见》，指导街道、社区加强人防工作规范化建设、人防专业队整组和警报器维护管理工作，提高社区战时防空、平时防灾救灾能力，推进社区人防工作的常态化与制度化。9～11月，完成1万只应急包的摇号、公示、登记和发放工作。

【指挥通信系统建成运行】 4月18日，区人防办机动指挥通信系统建成，并参加南京市人防系统组织的首次联调联试，取得成功。机动指挥通信系统于2016年1月开建，投入资金近500万元，由一辆中型信息处理车和一辆小型信息采集车组成。通讯时，将车载平台开赴到应急现场，搭建通讯网络，实时处理现场传输过来的语音、视频、图片等信息，实现现场不同制式、不同频段通信网络的互联互通。同时，可与上级远程指挥中心进行通讯，构成统一的应急指挥平台，实施全方位高效有序地指挥和调度。该车载技术装备在全国人防应急指挥通信系统中处于领先水平，极大地提升区人防平战结合应急指挥通信能力。

【“人防宣传一条街”出新】 6月起，区人防办对“人防宣传一条街”进行改造。“人防宣传一条街”位于泰山街道浦园路，浦口公园西侧，由区人防办2010年7月投资建设，分导示牌、橱窗和灯厢三部分组成。由于使用时间相对较长，部分灯厢基座松动，橱窗锈蚀，区人防办组织人员对灯厢基座进行加固、橱窗外部框架重新翻新、宣传内容再次更新。改造后的“人防宣传一条街”突出两个部分，第一部分是6个宣传栏和4个橱窗，以人防基本知识为主题；第二部分是宣传长廊，8个立式双面灯厢，以《中华人民共和国人民防空法》为主题。

【警报业务培训】 9月8日，区人防办组织全区新建、变更防空警报器设点单位的维护管理人员参加市人防警报业务培训。培训重点突出鸣放操作方法和警报器日常维护，全区参训人员逐一进行操作训练，并全部通过考核。

【防空应急疏散演练】 9月18日，区人防办联合江浦街道在浦口新世纪小学开展防空应急疏散演练活动。10时整，随着一声急促的警报声，新世纪小学三、四、五年级学生约800人在老师的带领下，有序地从教室内紧急撤离，全校师生沉着冷静，按照学校制定的紧急疏散预案，本着“安全快速，就近撤离”的原则，圆满完成“9·18”防空应急疏散演练活动。

12月2日，浦口区第二届“人防杯”中学生民防知识竞赛决赛在浦口文化中心举办　　（人防办　供稿）

【第二届“人防杯”中学生民防知识竞赛决赛】 2017年，是《中华人民共和国人民防空法》颁布实施20周年。12月2日，区人防办在浦口文化中心大剧院开展第二届“人防杯”中学生民防知识竞赛决赛。市人防办副巡视员李凯宁、区人防办主任采晓云、区教育局及区广电台等单位领导和450多名中学师生观摩比赛。全区6支代表队24名队员参加决赛，分别是浦口区星甸中学、汤泉中学、第二中学、龙山学校、第三中学、第四中学6支代表队。汤泉中学代表队获一等奖，第三中学、龙山学校代表队获二等奖，其他代表队获三等奖，乌江中学获优秀组织奖。决赛由浦口电视台全程录播，并通过浦口手机台现场直播。12月初，在南京新闻综合频道、南京龙虎网、市人防和浦口区政府等网站进行报道。

【家庭应急救援包发放】 11月1日，区人防办举行2017年家庭应急救援包发放摇号仪式。区人防办主任采晓云、江北新区建设与交通局人防负责人王毅、各街道人防办主任、1名社区书记和居民代表共40余人参加。根据市人防办要求和区政府为民办实事安排，全区发放1万只应急救援包（含江北新区），各街道发放数量依据街道常住户数按比例确定，摇号采用分街道电脑抽取的方式。区公证处公证人员对摇号过程进行现场公证，区人防办通过区政府门户网站及时公布摇号结果，各街道在社区公示栏公示，时间不少于7个工作日，公示结束后组织发放，确保整个发放过程公平、公正、公开。

【人防指挥部及重要经济目标单位人员集训】 11月13～15日，区人防办在溧水大金山国防园开展人民防空指挥部人员及重要经济目标单位人员集训。区级机关15个部门及南京长江三桥、浦口电视台等4家重要经济目标单位共46人参加。集训邀请陆军指挥学院、陆军工程大学专家授课，紧贴人防军事斗争准备，结合战时或应急情况下人防指挥部和重要经济目标单位职责任务，重点安排“城市人防建设思考”“人民防空指挥部职责任务”“重要经济目标防护建设”等课程，穿插安排国防教育现场教学等内容。

【地下空间规划编制招标】 12月初，区人防办在江苏省设备成套有限公司举行《浦口区地下空间开发利用规划编制》开标活动。规划区域为江北新区管理体制调整后的新浦口区，剔除高新区、泰山街道、沿江街道、顶山街道以及江浦街道隧道片区、珠江科技产业园。招标采用政府采购的方式，委托江苏省设备成套有限公司按照招标文件要求进行，最终中标单位为南京市规划设计研究有限责任公司。

【国家公祭日防空警报鸣放】 12月13日10时01分，分布在浦口区各点位的防空警报器和国家公祭日主会场的防空警报同步鸣响，引领人员默哀，车辆、轮船鸣笛，提醒广大市民勿忘国耻、振兴中华。在组织防空警报鸣放同时，区人防办在星甸中学同步组织防空防灾疏散演练。9时45分，全校师生按照演练方案号令，快速有序撤离疏散，在学校操场集合。10时01分，全体师生进行集体默哀，祭奠逝者。　　（胡婷婷）

·文稿编辑　卢仕松·

经济管理

区域经济管理和改革

【概况】 2017年,区发改局坚持规划引领,统筹协调全区经济社会发展,在推进重大项目建设、深化综合体制改革、加快产业转型升级、提升金融服务经济水平等年度重点工作方面发挥参谋助手作用。

【牵头做好与江北新区直管区综合经济指标移交工作】 完成第一批次移交工作,即根据区政府2017年国民经济和社会发展奋斗目标,对南京高新区及顶山、泰山、沿江、盘城4个街道的任务分解进行简单划转,协调区级相关部门与上级主管部门和江北新区相关部门沟通,取得市级相关部门对移交数据的认可。初步梳理第二批次移交数据,即测算江浦街道3月新划入顶山街道的19平方千米、珠江科技产业园、浦口开发区隧道片区、三桥片区等区域范围内的相关数据。

【全区"十三五"专项规划编制】 推动全区各专项规划牵头编制单位加强与市主管部门对接,根据市专项规划的相关内容调整区专项规划对应内容。汇总全区28个专项规划及相关编制说明,完成《关于全区"十三五"专项规划工作相关情况的汇报》和所有"十三五"专项规划编制说明的汇编。统筹推进各专项规划根据上会意见修改完善并印发。

【新型城镇化综合试点建设】 统筹做好桥林街道作为省级国家新型城镇化综合试点工作,推动永宁全域新型城镇化建设。分别成立桥林街道国家新型城镇化综合试点工作领导小组、永宁全域新型城镇化项目建设领导小组,启动桥林新型城镇化专项规划编制。向上级争取新型城镇化建设资金,完成2017年江北新区国家新型城镇化示范区建设专项资金申报工作。牵头完善新型城镇化推进机制改革,推进城乡发展一体化。统筹全区16个部门摸排全区公共服务配置现状,对标找差,联合社会事业科制定全区"十三五"时期基本公共服务功能配置实施计划。

【信用体系建设】 2017年,全区信用系统形成"一网两库一平台"的完整架构。"一网"即区电子政务外网,"两库"即自然人信用信息数据库和法人信用信息数据库,"一平台"即区公共信息服务平台。加快信用数据归集,努力实现应归尽归。全区自然人信用信息数据库中,归集54.1万个自然人的基础数据,占户籍总人口的84%;全区法人信用信息数据库中,归集4.8万个法人基础数据,基本实现信用主体基础数据全覆盖。同时,信用主体行为数据的数量不断增加,两库中共归集自然人信用行为数据44.6万条,涉及63万人次,归集法人信用行为数据7168条。全区信用信息数据库建成以来,广泛应用于干部选拔、评优评先等公共事务办理过程中的查询。近两年来,服务区内各项业务查询750人次,其中服务区委办"建设高新浦口先进个人"查询182人次、区机关工委"优秀党员""优秀党务工作者"查询218人次、区委组织部"干部提拔"查询130人次、区防指"防汛有功个人"查询201人次。

【全区重大项目建设】 年内,推进省、市重大项目21个,当年实施项目19个,总投资1788.7亿元。2017年开工18个,开工率94.7%;累计完成投资221.13亿元,完成年度计划的99.5%,基本完成全年目标任务。推进区2017年重点实施项目430个,总投资2699.7亿元。当年累计完成投资462.8亿元,完成年度计划的100%;前期工作项目30个,总投资193.46亿元,前期工作有序推进。

【项目审批手续高效办理】 2016年以来,贯彻落实国家、省、市"放管服"(简政放权、放管结合、优化服务)改革以及"抓投资、促转型、调结构"工作要求,进一步压缩审批时间、减少附件材料。备案、核准、审批时间分别缩减到0.5个、2个、3个工作日,节能审查时间改为即办。备案类项目取消街道(园区)初审意见,核准类项目环评、能评由前置改为后置。提前启动2017年上半年政府投资类新开工重点项目前期手续办理,对重大项目提前电子审件,并一次性告知修改意见、附件清单等信息。按照省市统一安排,于2017年7月起将投资建设备案项目由"发文备案"改为"网上登记备案"。年内累计办理审批、核准、备案项目722个,模拟审批项目52个,召开可行性研究报告评审会52场。

【政策资金争取】 加快产业经济发展,向上争取政策资金支持。全年申报2017年市级放心副食品专项资金项目4个,申请补助230万元。牵头申报

2017年市级电子商务专项资金，申报江苏良晋电子商务股份有限公司的1322电子商务应用平台建设项目、南京云田数码科技股份有限公司的县域互联网综合服务平台——云田商城等9个项目为2017年南京市电子商务专项项目。牵头管理区内产业发展专项资金，为项目持续发展提供政策保障。2017年度安排预算4810万元，因7月江北新区区域管理权限调整，部分企业归口江北新区管理，预算调整到2130万元。

【PPP模式推广运用】 贯彻落实国家和省市发改委做好传统基础设施领域政府和社会资本合作(PPP)的相关政策文件精神，推进政府和社会资本合作模式。按照要求补录2016年传统基础设施PPP合作入国家重大项目库，共18个项目，总投资342.2亿元；梳理上报2017年全区传统基础设施PPP合作项目，共11个项目，总投资353.5亿元。全年列入省库的PPP项目14个，总投资372.6亿元。

【重大招商活动】 组织参与各类重大招商活动。牵头做好2017"金洽会"各项工作。全区纳入市成果项目17个，总投资723.4亿元。其中，外资项目8个，总投资57.45亿美元；内资项目9个，总投资350亿元。华夏文旅南京国际旅游度假区等7个项目上会签约，总投资501亿元，其中外资项目4个，总投资36.31亿美元；内资项目3个，总投资265亿元。做好江苏发展大会各项工作。搭建筹备工作组织架构，明确具体分管领导及联络员，梳理相关产业政策8项，明确浦口区在产业发展上的有关扶持、鼓励措施，摸排重点招商项目24个，理清招商合作重点，形成客商考察浦口方案。

【非法集资风险防范】 在宣传教育方面，先后于1月、5月开展防范非法集资宣传月活动，累计悬挂宣传横幅上百条，发放宣传单、海报、宣传彩页3万余张，全方位揭示非法集资的危害和表现形式。在风险排查清理方面，开展非法集资风险专项排查、涉嫌非法集资广告资讯信息排查清理，本着"打早打小"原则，及时准确掌握全区非法集资苗头。在风险提示方面，在春节、全国"两会"和十九大等敏感时期，以及农村地区等薄弱环节，做好风险提示工作，确保非法集资信访突发事件妥善应对、高效处置。在统计数据报送方面，召开专题会议确保相关信息准确及时报送。妥善处置广东盛世网络科技有限公司虚拟货币投资上访事件，有效引导上访者寻求司法帮助，维护自己的合法权益。

【互联网金融风险专项整治行动】 11月，按照省市互联网金融风险专项整治统一工作部署，结合省市反馈的重点抽查名单，聘请第三方中介专业机构，对华鼎文交所、特银资产、笛卡尔、晟琨资本、天宏华信、悦才信息科技等重点企业开展现场核查，并要求属地街道加强管理。当年悦才信息科技迁出浦口。针对互联网金融领域非重点的130家企业，聘请第三方机构进行现场核查，抽查比例36%，全面摸清企业情况，排除风险隐患。对互联网金融领域的新事物(如现金贷、比特币)开展全方位摸排。

【金融服务实体经济工作】 2017年新增上市、挂牌企业2家(江苏久吾高科技有限公司、南京新景祥网络科技股份有限公司)。协助省财政厅、市发改委落实资本市场奖励政策，累计为区内17家企业申请省市奖励资金690万元。协助市金融办落实股权投资基金及管理机构补贴奖励政策，为区内企业申报申请奖励资金30万元。针对新形势、新情况，学习兄弟区县工作经验，结合浦口区实际并广泛征求相关单位意见，于9月19日出台《推进供给侧结构性改革金融服务实体经济发展办法的操作细则》，助推全区实体经济蓬勃发展。

【小微企业融资难题有效缓解】 发挥全区产业发展专项资金信贷风险补偿机制的作用，对已缴纳土地出让金、尚未取得土地证的企业，纳入拆迁计划的企业，可抵押知识产权的科技人才企业，以及有效抵押物不足以覆盖申请贷款额度的四类企业，经政府出具推荐函，企业可从合作银行获得最高500万元贷款。全年该补偿资金为30余家企业解决1.5亿元的融资需求。

【地方准金融机构发展】 为确保地方准金融机构的平稳健康发展，区发改局除采取以网络监管为主、现场检查为辅的日常监管方式外，还完成对区内小贷公司、担保公司的年检、评级、专项检查等监管工作，及时反馈所存在的问题，防范公司经营风险。区内小贷公司、担保公司健康稳定发展，并开展创新性业务，其中金通小贷开通应付款保函业务，正阳小贷开展小微企业私募债、开鑫贷等业务。

【交易场所监管】 2017年，针对交易场所风险高发情况，进一步强化监管。1月，对华鼎文化艺术品交易中心开展现场检查，并就检查中发现的问题约谈其高管人员，要求按照法律法规限时整改，并将有关情况及时报告区领导和省市金融办。针对该机构连续数起信访事项，争取省市金融办的支持，做好受理和答复工作。落实省市金融办关于清理整顿各类交易场所回头看工作实施方案的具体内容，督促该机构做交易模式的整改，做好交易场所会员单位备案，并按要求制定《浦口区交易场所风险防范化解和处置预案》。

【绿色循环经济发展】 全年生产(折标砖)墙材2.42亿块，新墙材应用220万平方米，新墙材应用比例100%。生产散装水泥56.2万吨，散装率100%。生产预拌砂浆55万吨，占年度计划的61%。沿江和泰山2个街道"禁粘"(禁止烧结和使用粘土砖)创建工作通过省市墙体材料改革办公室验收。完成固定资产节能审查项目104个。提升执法监督水平，优化市场环境。定期和不定期对区内在建工地进行检查和抽查，先后对区康居集团、国资集团以及科工园建设工地新型墙体材料和禁止现场搅拌工作进行检查。坚持"接报必查，查后必有果"的工作原则，对举报的8个工地进行核查，工地查验112次。加快转变发展方式，促进产业低碳化发展。开展《浦口区到2020年低碳经济发展规划》《浦口区到2020年资源综合利用发展规划》编制工作。开展与省相关部门战略合作，筹备碳金融产业园区建设。江苏(苏州)环境资源交易中心有限公司、省低碳经济研究院、省信息中心等碳交易机构以及第三方碳核查机构落户，绿色经济发展步入正常轨道。以江水源热泵项目为试点，探索碳交易的供应链碳资产质押融资模式。以装配式建筑发展为契机，加快产业结构调整步伐。引进装配式建筑企业，促进建筑产业现代化发展。天云建材与江苏龙信集团联合建设的装配式建筑生产线项目建成并进入调试阶段。作为浦口区首个装配式建筑——江浦街道巩固6号地人才公寓项目，9月15日通过省住建厅认证，取得全区首个三星级绿色建筑设计标识证书。

【服务业重点项目推进】 江北虹悦城成功引进，悦象城商业中心加快建设，浦口市民中心商业配套开业迎客。推荐江苏良晋电子商务股份有限公司的面向手机供应链综合应用服务平台、点米网络科技股份有限公司的伙伴联盟、江苏金贸钢宝电子商务股份有限公司的金陵钢宝网3个平台为2017年度互联网平台经济“百千万”工程重点企业。6月15日，在明发珍珠泉大酒店举办长三角县市（区）广电旅游联盟“大美浦口”推介会，来自上海、浙江、安徽、江苏的32家广电台、10余家旅游公司参加活动。8月18日，投资215亿元的华夏文旅南京国际旅游度假区项目签约。物联网产业基地、蓝色气候总部基地、紫泉电力设计企业总部及研发中心等一批服务业新兴领域项目落户浦口。

【特色小镇创建工作】 区发改局牵头开展浦口区特色小镇创建工作，加强协调落实服务，制定特色小镇相关文件，负责对特色小镇创建责任主体开展业务培训，进行政策解读和现场答疑，对创建过程中的重点工作和遇到问题进行指导。区内有市级特色小镇3个（求雨山中华书法小镇、南京老山天景生态旅游小镇、两岸设计小镇），当年计划投资49.33亿元，至年末，完成投资54.41亿元，完成投资进度110.3%。开展第二批市级特色小镇创建工作申报，汤泉天然温泉养生小镇入选市级创建特色小镇。

【浦口首座地源热泵系统（一期）通过核验】 8月24日，市建筑节能管理办公室牵头组织有关专家对南京协澳智能控制系统有限公司“基于北斗星的智能电网同步时钟系统研发生产项目”可再生能源应用项目，即地源热泵系统进行核验。该项目位于浦口开发区紫峰路34号，占地1.68万平方米，总建筑面积2.71万平方米。此次核验的是已投入使用的一期工程，即防静电标准生产车间及综合楼采用地源热泵技术空调系统建设。项目被列入市建筑节能示范项目，也是浦口工矿企业首座地源热泵。该系统投入运行后，不仅每年可节约电力折标煤40.52吨，减少碳排放118.42吨、碳粉尘排放32.3吨、硫排放3.56吨，而且也可大幅提升现场环境质量。专家组经过审阅资料和实地考察、体验地源热泵空调应用的实际效果后一致认为，该示范项目符合《南京市建筑节能示范项目管理办法》要求，一致通过核验。

【公共信用信息查询服务窗口开通】 9月1日，为提高信用信息查询效能，简化办事流程，区发改局在区政务服务大厅增设公共信用信息查询窗口，购置信用查询一体机，实现自然人信用查询一窗口通办，立等可取；法人信用查询前一天手机APP申请，24小时内审核完毕，次日凭验证码在全市所有信用查询一体机上都可以自动打印获取，真正实现不见面办结。 （王意明）

国有资产监督管理

·综　述·

【政府资产报告编报】 4月，区财政局（国资办）组织开展浦口区2016年度政府资产报告编报工作，纳入此次政府资产报告编报的单位计36户。经统计，截至2016年12月31日，浦口区政府经管资产期初总额178.29亿元，期末总额348.31亿元。其中，行政单位期初总额88.13亿元，期末总额224.91亿元；事业单位期初总额82.79亿元，期末总额104.19亿元；企业期初总额7.37亿元，期末总额19.21亿元。经管资产中，政府储备物资期初总额8566.38万元，期末总额7780.44万元；公共基础设施期初总额94.52亿元，期末总额243.21亿元；自然资源资产期初总额82.77亿元，期末总额104.16亿元；保障性住房等其他经管资产期初总额1453.07万元，期末总额1542.99万元。

【行政事业单位资产编报】 3月，根据财政部特急通知、省财政厅和市财政局的加急通知精神，区财政局（国资办）组织开展浦口区行政事业单位资产编报工作。纳入此次资产报表编报的行政事业单位211户，其中行政单位55户，事业单位及社会团体156户。经统计，截至2016年12月31日，211户行政事业单位资产总计账面数82.51亿元，实有数81.66亿元；负债总计账面数31.9亿元，实有数31.48亿元；净资产总计账面数50.61亿元，实有数50.18亿元。

【资产配置预算管理】 2017年，按照国务院关于加强行政事业单位资产配置预算管理、从严控制新增资产数量和经费、健全完善资产管理和预算管理有机结合的要求，区财政局（国资办）在区级行政事业单位全面执行资产配置预算管理，全区223家行政事业单位全年安排资产配置预算资金2726.77万元。其中，教育系统1596.87万元（主要来源：公共财政拨款、非税收入、上级补助、其他补助及市级专项资金），其他行政事业单位1129.9万元。加强资产配置审核，截至2017年10月31日，区财政局（国资办）共审核单位报送的资产配置单185次，配置资产2563件，涉及购置资产预算金额1101.39万元。

【区属国有企业国有资产统计】 3月，区财政局（国资办）完成2016年度区属国有企业国有资产统计及报表编制工作，纳入统计范围的区属国有企业55户，比上年新增17户。经统计，55户区属国有企业资产总额1883亿元，净资产445亿元，同比分别增长35.5%、32.44%；资产负债率76.37%，增加0.37个百分点；累计实现营业收入50亿元。

【国有企业“三供一业”分离移交】 根据国务院国资委、财政部《关于国有企业职工家属区“三供一业”分离移交工作指导意见的通知》(国办发〔2016〕45号)、省政府办公厅《关于印发江苏省国有企业职工家属区"三供一业"分离移交工作实施方案的通知》(苏政办发〔2017〕2号)精神,7月,区财政局(国资办)按照市"三供一业"(指企业的供水、供电、供热和物业管理。"三供一业"分离移交是指国企将家属区水、电、暖和物业管理职能从国企剥离,转由社会专业单位实施管理)工作的统一要求,组织开展全区企业"三供一业"情况调查摸底和核实工作。经过自下而上、自上而下以及与市国资委的核实,浦口区存在市级(含市级)以上"三供一业"情况的企业11家,其中5家央企、1家省企、5家市企需移交"三供一业"。8月,江北新区管理体制调整后,浦口区11家涉及"三供一业"的国有企业移交给江北新区,浦口行政区只涉及1家央企,即上海铁路局永宁铁路段(上海铁路局在浦口境内的泰山铁路段和顶山铁路段均移交江北新区),具体移交工作由区交运局负责。 (薛军)

【整合资源做大国有企业资产规模】 为进一步整合资源、盘活资产,加快推进汤泉温泉旅游度假区、顶山都市人力资源产业园、桥林、桥北的开发建设。区国资办整合南京汤泉温泉旅游开发有限公司、南京顶山都市产业园投资发展有限公司,将其股权无偿划转至区属国有企业大江北集团,并由大江北集团出资新设立南京桥林新城建设发展有限公司、南京大桥北建设发展有限公司,将大江北集团资产规模进一步做大。截至年末,大江北集团总资产1685.83亿元,净资产496.56亿元,实收资本248.18亿元。

【区属企业国有资本经营预算】 根据财税体制改革要求,为完善全口径预算管理体系,区国资办组织区国资集团、城建集团、交通集团、康居集团完成国有资本经营预算编制工作。2018年,国有资本经营预算收入8265万元,支出8265万元,实现收支平衡。

【浦口区政府投资基金设立】 为进一步提高财政资金使用效益,发挥好财政资金杠杆作用,创新财政支持经济和社会发展方式,根据2016年第五次区委常委会、2016年第三次区政府常务会审议通过的政府投资基金设立方案,结合2017年第一次区政府常务会审议并印发的《浦口区政府投资基金管理办法》(浦政发〔2017〕114号),11月,由区财政分别出资设立"南京市浦口区产业发展基金"和"南京市浦口区城市建设发展基金"2支母基金。母基金采用有限合伙制形式,基金总规模55亿元,形成覆盖创投、中小企业发展、转型升级、重点产业、基础设施和公共服务等领域的政府投资基金体系。

【中科招商种子基金投资运作】 中科招商种子基金自2013年9月设立以来,发挥财政资金的引领作用和杠杆效应,支持初创期科技型企业,服务全区招商工作,有效开展项目筛选、尽职调查、项目投资和投后监管。截至2017年末,完成投资项目9个,投资总额1.5亿元,已投项目主要涉及集成电路、电子通信、移动互联网、健康医疗、信息安全、大数据、红外热传感、加速孵化器等领域。

【国有企业负责人薪酬改革工作】 为进一步完善国有企业负责人及其经营班子的激励约束机制,区国资办于10月制定《区属集团工作目标考核和薪酬改革方案》,对区属集团工作性、评价性和鼓励约束性等相关指标实行千分制考核,其中工作性指标包括政治、文化建设、经营业绩、政府工作任务。集团公司负责人年度薪酬由基本年薪和绩效年薪两部分组成,绩效年薪与考核结果挂钩,初步建立与市场经济相适应的企业薪酬分配制度。

【国有企业重组改革工作方案摸底】 12月,区国资办牵头在全区开展国有企业基本情况摸底调查工作,对区属集团、园区、街道(场)、部门所属企业进行全级次调查,对企业出资人、经营状况、经营范围、主营业务、资产负债等方面情况进行全面梳理,并结合浦口实际情况,草拟《浦口区国有企业整合重组方案》,对下一步国企重组改革提出指导性意见。 (肖建)

·浦口区国资集团·

【概况】 区国资集团承担浦口公益社会事业类项目的融资、建设、运营和国资管理等任务,以及水利工程、学校工程等非自建项目的资金支付职能,并在此基础上逐步增强市场化运作能力,建立企业主营业务体系,实现对国有资产的保值增值。截至2017年末,集团注册资本33.41亿元,资产总额407.56亿元,权益总额140.07亿元,年底资信评级由AA升至AA+。

2017年,区国资集团领导班子成员6人,员工86人,平均年龄33.2岁,本科及以上学历77人,拥有中高级以上职称和职业资格的有50人。集团内设综合管理部、计划财务部、运营管理部、合同预算部、工程建设部、规划设计部、前期发展部、监察室七部一室。集团下属公司35家,其中全资子公司15家,控股公司4家,参股公司10家,下属单位6家。全资子公司实体运作的有2家,分别为南京启辉物业管理有限公司、南京大村建设投资有限公司;参股并实际运营的公司7家,分别为浦镇城轨公司、跃进汽车公司、长江三桥公司、长江隧道公司、纬三路隧道公司、江苏农垦汤泉国际公司、南京国际健康服务公司。先后成立南京泽诚文化发展有限公司、南京泽悦建设发展有限公司、南京泽博资产管理有限公司以及南京九峰山生态旅游发展有限公司等,各公司均为独立法人,对内以各自项目建设、运营为目标,对外独立承担法律责任。

全年重点建设项目22个,对照区政府1号文目标任务,除因江北新区成立一些移交项目外,所有项目均按要求开工建设,开工率、工地、重点企业、道路扬尘污染防控和检查合格率均为100%。完成固定资产投资22亿元,累计支付项目资金47.94亿元,其中2017年支付项目49个,支付资金12.78亿元。实现经营收入约7000万元。至年末,管理运营国有资产16处,实现国有资产租赁收入6277.23万元,实现参股公司股权投资分红款2909.09万元。

2017年浦口国资集团重点工程项目情况一览表

表20 单位:万元

序号	项目名称	建设性质	2017年投资	年末项目进度	备注
1	浦口区中医院改扩建	续建	8000	建成并投入运营	
2	浦口区中心医院二期(浦口区康复体检中心)项目	续建	3936	项目完工,移交给卫生局,正在办理竣工等相关手续	
3	浦口区中心医院二期(脑病专科治疗大楼)项目	续建	12300	外墙装饰完工,室内装饰完成80%	
4	浦口区知识产权服务大厦	续建	45500	墙体砌筑、二次结构施工完成80%,正在进行幕墙龙骨施工	江北新区范围内项目,集团还在推进
5	南医大第四附属医院建设项目	续建	92800	筏板基础施工完成,负一层底板完成50%	江北新区范围内项目,集团还在推进
6	浦口区余家湾粮库拆旧建新工程	续建	5428	主体结构封顶,正在进行室内装饰施工	
7	江浦实验小学综合楼新建工程	续建	1500	完工投入使用	
8	桥林街道乌江新市镇及美丽乡村片区打造	续建	26700	整体效果基本显现,年内基本完工	
9	台海科工园国际学校	新开工	10000	主体结构基本封顶	
10	定向河小学建设工程	新开工	5100	正在进行土方开挖及降水井施工	江北新区范围内项目,已开工,集团还在推进
11	区委党校文体活动中心	新开工	1650	总包进场,临设搭设完成,正在办理施工许可	
12	“崂里人家”二期	新开工	12500	基本完工	

【区中心医院精神病专科治疗楼采用新型墙体材料】 区中心医院精神病专科治疗楼项目于2014年3月开工,2017年12月投入使用,总建筑面积16758平方米,总投资8985万元。项目内隔墙体采用蒸压加气混凝土砌块,外墙围护结构采用煤矸石烧结多孔砖。蒸压加气混凝土砌块不仅可以在工厂内生产出各种规格,还可以像木材一样进行锯、刨、钻、钉,由于体积较大,施工速度也非常快,可作为各种建筑的填充材料;煤矸石烧结多孔砖是以煤矸石等废料为主的工艺所生产的建筑材料,硬度、抗压能力、耐酸碱性等都很高,运输、后期施工中损耗也低,可节约施工成本。(参见“卫生体育”类目第308页)

【区中心医院脑病专科治疗大楼主体工程通过验收】 5月通过验收。区中心医院脑病专科治疗大楼是区重点民生项目之一,为地上6层、地下1层框架结构建筑,总建筑面积1.65万平方米,

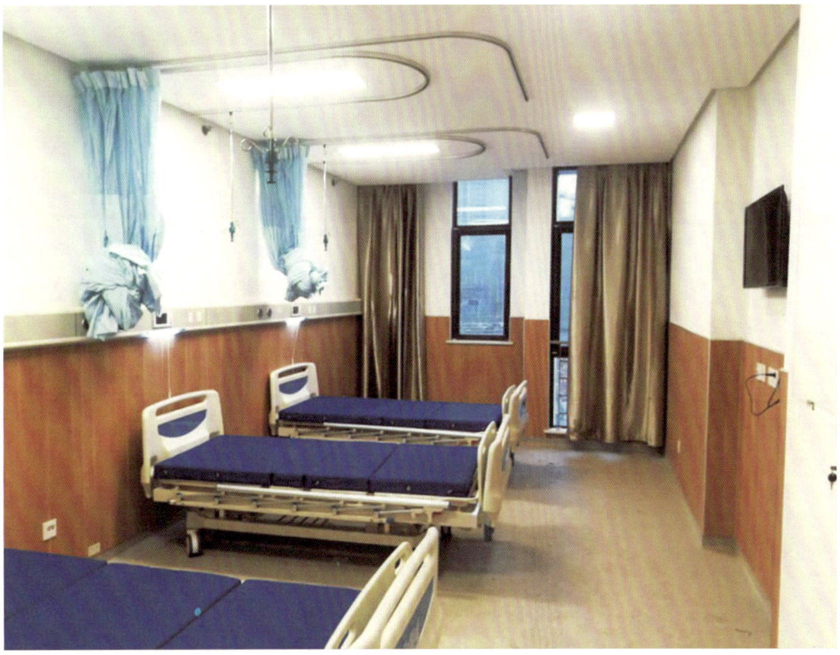

浦口区中心医院精神病楼床位 (国资集团 提供)

其中地上 1.15 万平方米,地下 0.5 万平方米,总投资 1.83 亿元。项目由南京市建筑设计研究院有限责任公司设计,为一级公共建筑,桩基安全等级为丙级,深基坑安全等级为二级,地基基础设计等级为丙级。建成后将承担全区 70 万人口心理精神疾病的预防、治疗与科研任务,是连接城乡精神卫生医疗工作的重要枢纽,是全区医疗体系建设中一个重要环节,对于加强浦口区脑病专科的基础设施建设有着举足轻重的作用。

(王磊)

【知识产权服务大厦项目获“全国绿色施工示范工程”称号】 4 月,由国资集团负责实施的知识产权服务大厦 PPP 项目被市扬尘管理办公室评为“扬尘污染防控示范工地”;7 月,项目获中国建筑业协会颁发的“2017 年度全国建筑业绿色建造暨绿色施工示范工程”称号。该项目是浦口区采取政府与社会资本方合作的首个公建类 PPP 项目,也是全区首个开工建设的公建类 PPP 项目。项目位于顶山街道七里河北侧、珍珠河东南侧,于 2016 年 4 月开工建设,总投资 9.2 亿元,占地面积 4.27 万平方米,由 3 栋 8 层单体建筑组成,总建筑面积 98362.5 平方米,其中地上 59869.4 平方米,地下 38493.1 平方米。项目是以科技创新服务为重点,以高端人才服务、中介服务和政府公共服务为支撑的创新要素集聚性用房。 (冯玉凡)

8 月 31 日,江浦实小教学综合楼建成使用 (朱军玲 摄)

【区中医院改扩建项目通过市节能改造示范项目立项评审】 5 月,区中医院改扩建项目通过 2017 年度南京市既有建筑节能改造示范项目立项评审。该项目是区重点民生工程,位于江浦街道公园北路 18 号,是浦口区唯一二级甲等中医院,总投资 4.57 亿元,涵盖门诊、急诊、骨外科、血液科等 16 个科室。建设内容包括将原职工医科大学教学楼改造为门急诊楼,新建一栋 15 层医技病房楼,以及新建污水处理、高压氧舱等配套用房,总建筑面积 51583 平方米。该项目建设亮点在于将原建筑部分拆除至仅保留原混凝土结构,并按照新荷载标准进行加固,最后进行装修、安装工作。改造后的项目外墙增加了具有保温功能的防水涂料,门窗采用断桥隔热,屋面、太阳能、设备等均进行节能改造,既节约能源、节省成本,也降低了对周围环境的影响,符合节能环保、绿色建筑的理念。(参见“卫生 体育”类目第 307 页)

(杨汝艳)

5 月 8 日,浦口区中医院新门诊楼投入使用 (国资集团 提供)

【江浦实验小学综合教学楼建成使用】 8 月 31 日完工并投入使用。江浦实验小学综合教学楼项目由区国资集团投资建设,2016 年 4 月 1 日开工,项目为地下 1 层、地上 4 层建筑,框架结构,总建筑面积 6062.42 平方米,其中地上 5553.42 平方米,地下 509 平方米,总投资 5500 万元。该综合楼包括多功能厅、图书馆、科学实验室、机器人教室、书法教室、录播教室等功能房间。外墙采用仿木铝格栅装饰,屋面采用钢结构坡屋面,建筑整体呈现为现代中式风格,采用合院的空间排布方式,体现百年名校的历史文脉。 (许媛媛)

【定向河小学 PPP 项目开工】 全区重点民生教育工程包括 6 个中小学 PPP 项目,即定向河小学、台海科工园国际学校、天华东路高级中学、天华东路小学、毛纺厂路中学、毛纺厂路小学,总投资14亿元。其中,位于顶山街道的定向河小学于7月开工。项目南至纬三路连接线,北至阳光帝景小区,占地面积2万平方米,总建筑面积2.6万平方米,其中地上4层、地下1层,建筑高度21.1米,计划总投资1.5亿元,拟建一所5轨30班小学。学校内配备风雨操场、食堂、报告厅、多功能室、阅览室、美术兼书法、计算机、音乐、科教等设施及教室,抗震设防烈度为7度,结构安全、建筑耐火与防水等级为二级。2017年末完成桩基施工,计划2018年完成主体结构封顶。该项目的建成将缓解浦口片区小学教育资源紧张的状况,为推进全民素质教育改革工作做出贡献。 (杨汝艳)

【余家湾粮库拆旧建新工程平房仓封顶】 12月,由区国资集团负责承建的余家湾粮库拆旧建新工程平房仓完成主体结构封顶。该项目位于永宁街道大桥社区108号,建设内容为拆除原余家湾老旧粮库,新建2栋平房仓、大米加工车间、烘干房、一站式服务楼等配套设施,总建筑面积9725.97平方米,总仓容2.56万吨。项目建设采用当前国家储备库的成熟技术及先进生产设施,可满足稻谷储备2年、小麦储备3年的安全储粮要求。建设后将改善全区粮食储备能力不足的现状,加强区粮食局对各级储备粮食的管理,保障全区粮食安全。

(刘鑫)

【浦口市民中心、文体中心商户开业】 6月10日,由区国资集团投资建设的浦口市民中心、文化中心、体育中心商业配套正式营业。"三个中心"是区政府社会事业类重点民生工程,也是该区近年来定位较高、单体投资规模较大的居民服务综合体,总投资超过15亿元。

浦口市民中心位于江浦街道象山路,是浦口区首个集行政服务、文化体育和社区商业配套等功能为一体的居民服务综合体。总建筑面积近8万平方米,占地面积2.2万平方米,为一级公共建筑,总投资7.2亿元。项目涵盖行政办公、体育运动、文化休闲、商业配套四大功能。6月10日,悦购超市、星巴克、汉堡王、可颂坊、奶酪时光、江南小镇、汉釜宫等餐饮,奇乐儿主题公园、名思教育、中国国旅等生活配套正式营业。位于浦口市民中心A座6楼的网球、羽毛球馆于9月9日正式对外营业,使用面积1300平方米,包括标准网球场地1片、专业羽毛球场地5片。

8月,位于浦口市民中心的政务服务中心投入使用

(朱军玲 摄)

浦口文体中心位于南京高新区泰山园区内,总投资近10亿元。其中,文化中心包含多功能剧场(可容纳800人)、辅导培训、阅览办公、广播电视等功能,总用地面积21470平方米,总建筑面积67188平方米,地下车库可容纳机动车500辆、非机动车1700辆,区广播电视台已入驻。体育中心总用地面积21197平方米,总建筑面积37322平方米。6月10日,由英派斯管理运作的篮球馆、网球馆、羽毛球馆、乒乓球馆正式营业,泳池于6月下旬投入使用。宽窄巷子火锅、蓝湾咖啡、乐和大酒店等配套餐饮,汉武道跆拳道、菲尔德英语、小银星艺术团、海博教育、浦口棋院、名思教育等文化休闲配套在试运营结束后正式开业。

(许媛媛)

【区国资集团获AA+信用评级】 11月底,区国资集团获得正式评级报告,公司主体信用等级由AA升为AA+,标志着该集团成为区属国有平台中信用等级最高的企业之一。为进一步树立集团在直融市场的形象,增强议价能力,2017年,集团在江北新区大背景下,结合现有资产状况、外部环境、盈利稳定性等方面,委托国内权威评级机构联合资信评估有限公司对集团主体信用进行重新评级。经过信用风险要素分析,联合资信认为,作为浦口区重要的社会基础设施投融资与国有资产管理运营主体,国资集团在外部环境、政府和股东支持等方面具有显著优势,给予公司AA+主体信用等级,评级展望为稳定。AA+主体信用等级将进一步巩固集团在债券市场的良好形象,也为后期转型升级、融资创新创造良好的先决条件。

(张鸿铭)

财　政

【概况】 2017年,浦口区一般公共预算收入54.71亿元(含顶山街道1~8月份收入,不含沿江、泰山、盘城街道),同口径增长9%。其中,税收收入42.73亿元,非税收入11.98亿元。分预算级次为,区本级一般公共预算收入18.97亿元,街道、园区一般公共预算收入35.74亿元。一般公共预算支出70.91亿元(含顶山街道全年支出,不含沿江、泰山、盘城街道)。

2017 年浦口区财政收支情况一览表

表 21　　单位:万元

财政收入			财政支出		
类别	科目	金额	类别	科目	金额
公共财政预算收入	合计	547141	公共财政预算支出	合计	709123
	一、税收收入小计	427299		一般公共服务支出	82241
	增值税	128492		国防支出	33
	营业税	1465		公共安全支出	42132
	企业所得税	94737		教育支出	154313
	个人所得税	27997		科学技术支出	10160
	资源税	214		文化体育与传媒支出	16514
	城市维护建设税	26417		社会保障和就业支出	85476
	房产税	11302		医疗卫生与计划生育支出	53958
	印花税	10769		节能环保支出	4962
	城镇土地使用税	13506		城乡社区支出	69746
	土地增值税	67577		农林水支出	71191
	车船税	538		交通运输支出	22613
	耕地占用税	0		资源勘探信息等支出	15495
	契税	44285		商业服务业等支出	9876
	二、非税收入小计	119842		金融支出	1145
	专项收入	23470		援助其他地区支出	3770
	行政事业性收费收入	49757		国土海洋气象等支出	11030
	罚没收入	8626		住房保障支出	44177
	国有资源(资产)有偿使用收入	25580		粮油物资储备支出	1805
	国有资本经营收入	0		债务付息支出	6021
	政府住房基金收入	1125		债务发行费用支出	10
	其他收入	11284		其他支出	2455
附列资料	上划中央收入	342518	附列资料	政府性基金支出	2128366
	政府性基金收入	2084855		社保基金支出	46130
	社保基金收入	52302			

【财政税收环境优化】　围绕年初预算收入计划,保持与国税、地税等部门的联系,编发税收分析月报,分析总结收入情况,做好台积电退税跟踪服务以及申请市级相关支持,努力完成目标任务。把握省级财政体制调整机遇,对接金融保险企业,做好金融保险企业收入级次由省级调整为市县级的工作,完成200余户金融保险业分支机构纳税落户浦口。落实并完善营改增试点政策,在释放减税效应的同时,运用信息系统,实现资源共享、管理同步,细化、固化收费标准,从源头上防止乱收费行为,对依法审批及明确取消的行政性收费项目在征收系统中及时删除。取消、停征、减免行政性收费22项、政府性基金1项,为企业及群众减少负担,为经济发展创造良好环境。

【创业创新支持】　以打造"双创高地、智慧新城"为目标,推进产业结构优化升级,发挥财政资金杠杆作用,协同相关部门整合资源,完善产业政策扶持体系。支持重点产业、科创中心、小微双创、人才高地建设,出台《浦口区中小微企业转贷专项资金使用操作细则(试行)》《浦口区产业发展信贷风险补偿专项资金实施细则(试行)》《关于推进供给侧结构性改革金融服务实体经济发展的办法》等,完善区级财政扶持政策体系。推进区政府投资基金体系建设,放大财政政策效应,培育重点产业。强化中科招商种子基金运作,完成南京慧感项目、南京世锴项目、方旭智芯项目投资,总投资5800万元。制定《浦口区政府投资基金管理办法》,完成区政府投资基金母基金协议签订和基金注册,开展文化产业基金、集成电路产业基金方案的研究制定。推进政府和社会资本合作(PPP)模式,确保重大项目规范实施、按期落地。2017年,全区有17个项目被列入省级PPP项目库,总投资284亿元。推进13个PPP项目签约落地,投资额366亿元。

【民生福祉改善】　加大对就业、社会保障、教育、文化、医疗卫生、住房保障、养老服务、生态文明建设等重要民生领域的财政聚焦保障力度。加大基础教育经费投入,投入4100余万元专项经费,重点用于全面实施学前一年基本免费教育和学前教育"增量、普惠、提优"工程;投入1.03亿元,用于偏远学校、薄弱学校购置教学设备,确保全区所有学校通过江苏省合格学校验收。落实文化惠民政策,投入770余万元,完成15个省市标准化社区(村)综合文化服务点提档升级，建成四星级书屋2家、三星级书屋3家，举办第二届书香浦口读书节。健全养老服务体系，投入1100余万元，建成AAA级居家养老服务中心10个，AAAA级居家养老服务中心1个。提升医疗卫生惠民能力，投入基本公共卫生服务费用6500余万元，实现12大类45项基本公共卫生服务项目全覆盖。突出城市建设精细化，投入5900万元，实施"公厕革命"；投入7600余万元，实施城南河、彩虹桥等城市亮化工程。完善社会治理方式，投入1300余万元，深化大联勤工作，推动社会治理现代化。推进脱贫攻坚工作，开展急重病灾救助，追加医疗保险经费，拨付低收入户增收脱贫补助资金1100余万元，惠及1870人。2017年，浦口行政区教育、就业和社会保障、农林水事务、医疗卫生等13个民生类科目支出55.6亿元，占一般公共预算支出的78%。

【财政预算改革深化】 围绕深入推进依法理财和法治财政建设，细化明确法治财政建设目标任务、职责分工。完善规范透明的预算制度，坚持"公开为常态、不公开为例外"的做法，将公开透明贯穿预算改革和管理全过程，指导区级部门开展预决算信息公开工作，牵头开展专项检查，严格规范会计账务及预决算工作，确保财政资金更透明地在阳光下运行。明确预算编制标准，严控一般性支出，提高预算安排的规范性，部门"三公"经费（政府部门人员因公出国/境经费、公务车购置及运行费、公务招待费）、会议费、培训费预算零增长。加强债务融资管理，出台《浦口区融资管理暂行办法》《浦口区债务风险应急预案》《浦口区政府性债务化债方案》《浦口区债务风险预警办法》等文件，对区属国企融资实行授信备案制、放款会审制，按照"合理控制在账资金、不突破控债规模、成本择优、转型创新"原则，规范融资行为，提高融资资金使用效率。

【17个PPP项目列入省级项目库】 11月，省财政厅PPP办公室会同省有关部门审核浦口区申报项目，确定桥林老城片区综合开发（新型城镇化试点）项目、南京老山生态旅游体验园（天井洼）项目、浦口开发区凌霄路建设工程项目等17个项目为江苏省2017年度第四批PPP入库项目，总投资284亿元，涵盖旅游、城镇综合开发、市政工程、保障性安居工程、交通运输等领域。

【南京大江北集团注册首只债券】 2017年，南京大江北集团围绕区委、区政府转型融资工作要求，发挥资产规模大、评估等级高、融资能力强的优势，启动中国银行间市场交易商协会的非融资企业债务融资工具注册发行工作，4月取得交易商协会40亿元中期票据、56亿元永续中票的注册资格。大江北集团中期票据和永续中票是交易商协会注册专家委员会更新后首位无任何附加条件的过会项目。

【会计人员资格考试】 5月13～16日、9月9～10日，浦口区2017年度全国会计专业技术初级资格考试、中级资格考试在浦口中专校举行。考生分别为4059人、1903人，获得初级、中级会计资格证书的分别为1209人和127人。

【全市财政支农政策培训会议在浦口举行】 5月8日举行，市财政局、市级农口部门及各区财政部门参加。培训内容包括政府和社会资本合作（PPP）项目操作指南、《南京市黑臭河道资金管理办法》《涉农区财政农业工作评价办法》以及市财政局农业处2017年工作要点。

（何婷婷）

税　　务

·国家税务·

【概况】 2017年，区国税局累计完成税收收入39.19亿元（不含车购税），同比增收5.94亿元，增长17%。其中，增值税26.99亿元，增收1.22亿元，增长4%；消费税2.74亿元，增收1.2亿元，增长77%；企业所得税9.46亿元，增收3.52亿元，增长59%。

2017年浦口区国税局入库税金情况一览表

表22　　单位：万元

项　　目	合　　计	其中：中央	2017年新欠入库
总　　计	406301	233289	2612
一、税收收入合计	435619	262847	2611
1. 增值税收入	269902	134951	2210
一般增值税	58796	29398	943
改征增值税	213376	106688	1267
福利企业增值税退税	-3618	-1809	—
软件增值税退税	-3776	-1888	—
免抵调增增值税	5124	2562	—
2. 消费税收入	27378	27378	—
国内消费税	27378	27378	—
3. 企业所得税	94660	56839	401

续表 22　　单位:万元

项　　目	合　计	其中:中央	2017 年新欠入库
(1)一般企业所得税	93568	56141	401
内资企业	61795	37077	387
外资企业	31773	19064	14
(2)分支机构预缴所得税	688	413	—
内资企业	688	413	—
外资企业	—	—	—
(3)总机构预缴所得税	68	51	—
内资企业	68	51	—
外资企业	—	—	—
(4)分支机构汇算清缴所得税	189	113	—
内资企业	189	113	—
外资企业	—	—	—
(5)总机构汇算清缴所得税	104	78	—
内资企业	104	78	—
外资企业	—	—	—
(6)企业所得税待分配收入	43	43	—
内资企业	43	43	—
外资企业	—	—	—
4. 车辆购置税	43679	43679	—
二、出口退税合计	-29633	-29633	—
1. 出口货物退增值税	-24167	-24167	—
2. 改征增值税出口退税	-342	-342	—
3. 免抵调减增值税	-5124	-5124	—
三、非税收入合计	315	75	1
1. 文化事业建设费收入	247	7	1
2. 税务部门罚没收入	68	68	—

2017 年浦口区国税局查补税金及税款滞纳金、罚款收入情况一览表

表 23　　单位:万元

项　　目	合计	国内税收收入					其他罚没收入
		小计	增值税	其中改征增值税	企业所得税	车辆购置税	
一、应征查补税金	7754	5946	3490	321	2456	—	1808
1. 税务稽查部门查补	7062	5303	2859	32	2444	—	1759
税款	5055	5055	2700	21	2355	—	—
滞纳金	170	170	115	11	55	—	—
罚款	1837	78	44	—	34	—	1759
2. 税务其他部门查补	692	643	631	289	12	—	49
二、入库查补税金	1760	1692	789	344	903	—	68
1. 税务稽查部门查补	1020	1001	112	32	889	—	19
其中:中央	608	589	56	16	533	—	19
地方	412	412	56	16	356	—	—

续表 23 单位:万元

项　目	合计	国内税收收入					其他罚没收入
		小计	增值税	其中改征增值税	企业所得税	车辆购置税	
其中:税款	919	919	66	21	853	—	—
滞纳金	68	68	34	11	34	—	—
罚款	33	14	12	—	2	—	19
2.税务其他部门查补	740	691	677	312	14	—	49
三、入库税款、滞纳金、罚款收入	3811	3811	394	111	3404	13	—

【职能调整】 3月,区国税局遵循依法规范、减负增效、积极稳妥、统筹兼顾、防范风险的原则,以风险管理为导向,以强化纳税服务后台支撑为切入点,调整职能,打造征管工作新格局。调整第一税务分局职责,该分局专业从事基础管理、非分析识别类风险应对及上级下发的清单外事项,落实事前防范、事中管控及税收调查等基础事项管理。明确第二、三、四、五、六、七税务分局负责税收风险应对,剥离发票核查等基础管理工作,抽调业务骨干充实第二、三税务分局,负责重大税收风险和重点税源应对。调整纳税服务科职责,将调查核查职能调整至第一税务分局,纳税服务科内设办税服务组、咨询辅导组、综合管理组、会统核算组4个小组,集中承担纳税服务事项的执行,专注前台受理和对外服务。4月,职能、人员调整到位后,约谈新办纳税人183户次,首次不予核准领用发票12户,省国税局下发开票异常纳税人保持为零。7月,开展税户属地管理调查,有347户注册与实际经营不一致企业。8月,根据区财政局提供的江北新区管户名单,完成1854户纳税人的收入国库调整工作。2017年,实现各种涉税事项对外执行标准和口径统一,执法风险和廉政风险降低。

【打击虚开发票违法犯罪及骗取出口退税】 稽查局执行"一案双查"(对稽查局稽查的企业、监察室进行抽查)工作制度,发挥稽查"以查促管、以查促收、以查促查、以查促廉"效能。查办虚开增值税普通发票案件、黄金票专案、金税协查案件、举报案件等51件(含上年结转19件),其中结案32件,移送公安机关6件,商请公安机关提前介入6件,查补入库税款750余万元,查办重大任务案件9件,运用查账软件稽查4户次,入库率99%,整体结案率63%,金税协查回函率100%,追究刑事责任5人次。

【纳税评估】 2017年,区国税局完成纳税评估82户,评估有问题户77户。评估总绩效7753.45万元,其中实际入库绩效4848.67万元(补缴增值税551.72万元、补缴所得税3401.31万元、补缴消费税2.8万元、加收滞纳金892.84万元),调减留抵236.13万元,弥补亏损1.07亿元。

【欠税管理】 落实欠税公告制度,按期公告欠税人欠税情况。开展欠税清理,发生新欠税1235户次,欠税7692.52万元,清理入库新欠7108.83万元,余额583.69万元。清理往年陈欠132.13万元、本年陈欠13032.43万元。

【营改增政策辅导】 3月,根据苏国税函〔2017〕63号文和市国税局部署,区国税局组织全体税务干部、增值税纳税人学习营改增政策,并就其中的热点开展辅导。对内发放培训材料3次,集中式培训2次,组织考试2次;对外走访企业100余户,收集问题建议217条,集中培训房地产业纳税人103户、金融业纳税人8户、建筑业和生活服务业纳税人1000户、其他增值税纳税人2000户,举办税负上升纳税人专项培训3场,微信推送、短信群发、邮箱回复辅导2万户次。

【大督查工作自查效果明显】 省国税局疑点数据大督查涉及所得税、营改增、发票管理、货劳税、货劳税处单独下发数据五大项193条。4月,区国税局采取逐户核实的方式开展自查,深入分析疑点数据,发现问题51条,补税8057.2

5月22日,区国税局干部开展"营改增"税收政策咨询服务　(张文文　摄)

元,补缴滞纳金 511.6 元,退税 21585 元。失控发票应转出进项税额 36.58 万元,除 2 户走逃(失联)无法转出进项税额外,共转出进项税额 16.7 万元。

【出口退税及时准确】 做好出口企业退税服务和分类等级管理工作。一方面及时审核、极速退税,确保纳税人资金不受占用;另一方面做好无纸化后风险管控,对纳税人实行分类分级管理,从源头把控风险。11 月,完成出口企业退税工作。审批生产企业 780 户次,免抵税额 8656.71 万元,准予退税额 1.77 亿元;审核外贸企业 194 户次,准予退税额 6708.62 万元。

【电子税务局上线运行】 4 月 1 日起,市国税局在全市范围内将网上办税服务厅升级到电子税务局。电子税务局采用互联网思维,运用云计算、大数据等先进技术建设现代化综合管理平台,是落实"互联网 + 智慧江苏国税"的重要举措,可办理开具外经证、申请代开增值税发票、申报纳税、发票票种核定、增值税一般纳税人资格登记等业务。区国税局在办税服务厅自助办税区开辟电子税务局体验区,新增 3 台电脑,配备 2 名导税员,为纳税人答疑解惑。

【税户归属调整】 根据市委、市政府《关于进一步完善南京江北新区管理体

6 月 20 日,南京依维柯汽车有限公司法人向区国税局办税厅赠送锦旗
(张文文 摄)

制的意见》,顶山街道、浦口开发区以及江浦街道部分企业的税户归属江北新区本级金库。调整涉及企业和个体工商户 2146 户,其中企业 310 户。8 月底,区国税局完成涉及企业的税种认定、预算分配比例和收款金库调整工作。9 月,310 户企业入库税款 4383.58 万元,占当月总入库税款的 23.3%,其中南京先声东元制药有限公司入库税款 1953.66 万元,占江北新区金库入库税款的近一半。此次调整为高新区金库、化工园金库和江北新区本级金库"三库合一"奠定基础。

5 月 10 日,区国税局税收业务骨干到驻区高等院校开展税法宣传 (张文文 摄)

【自助办税区获纳税人好评】 为应对营改增纳税人日益增多的现状,体现"始于纳税人需求,基于纳税人满意"的服务宗旨,区国税局加强自助办税区建设。自助办税区分为导税台、申报区、验证区、普通发票开具区、自助领购发票区五大块。导税台配导税员 2 人,负责帮助纳税人正确使用自助办税设备,解答纳税人疑问,向纳税人发放办税宣传手册;申报区配备电脑 2 台,供纳税人在电子税务局申报,实现 IC 卡抄报税,以及在电子税务局上提交代开发票申请;验证区设置自助办税机 4 台,提供增值税进项发票认证业务;普通发票开具区配有代开发票自助终端 3 台,代开发票立等可取;自助领购发票区配备发票申领自助终端 4 台,具有"全天候、全功能、全市通"的特点。自助办税服务便捷高效,自助机操作简捷,纳税人只需输入识别号和密码后即可按照机器提示自助操作,自助纳税申报和专用发票认证操作时间比窗口办理时间缩短 16.25% 和 24.21%。

【税法宣传进校园】 5 月 10 日,区国税局与江苏省税务协会到南审开展税法宣传进校园活动。省税务协会会长周苏

明、副会长蔡德田、区国税局副局长刘克富、南审副校长裴育及部分税务师事务所负责人出席活动。裴育介绍南审财政和税收专业的发展状况及成就，并期待与税务部门、税务师协会在人才培养方面建立更加深入、更加良性的交流合作。蔡德田从行业支持、市场需求、改革需要和国际经验等方面阐述注册税务师行业的发展前景，希望同学们在实践中成长为专业型、专家型税务人才。活动邀请从事税收工作的南审校友从学习经历、专业优势、行业文化、发展前景等方面现身说法，鼓励大家投身税收事业。税务专家回答税法方面的疑难问题，并介绍全国税务知识竞赛情况。

【金融业预算级次调整后首次申报完成】 7月1日起，金融保险业改征增值税的预算级次由中央、省五五分成，改为中央50%、县区50%，税款属地入库。区国税局由政策管理部门牵头，与地方政府沟通，宣传解读政策内涵，协调区财政、工商和人行等部门共同参与调整工作。与纳税人联系，逐户核实分支机构基础信息，准确填报总、分支机构关系表，完成税务登记、税种认定及三方协议签署等工作，为首次属地纳税申报和税款缴纳奠定基础。34户汇总纳税企业全部完成纳税申报，扣缴入库分配税款4474.63万元。

【台积电项目税收服务】 根据财税〔2017〕5号文件规定，台积电项目可享受退还集成电路企业采购设备增值税期末留抵税额的优惠政策，是全市第二家享受退税资格的企业。台积电公司2017年下半年起购进相关设备，预计至2018年底设备总投入110亿元，累计申请退还增值税19亿元。针对台积电项目退税时间紧、金额大的特点，区国税局与区财政局、人行、浦口开发区等部门协作，成立由区领导任组长的台积电项目退税协调小组，明确区国税局负责做好与企业的对接和退税政策解读，帮助企业熟悉退税流程，每月初提醒企业在10日前提交当月退税申请资料。同时保持与财政局、人行之间的信息通畅，合理调度国库资金，确保当月退税当月到账。至年底，实际退税8.1亿元。（郗社生）

·地方税务·

【概况】 2017年，浦口地税局组织各项收入54.57亿元，同比减收15.07亿元，减幅21.64%。减收原因是2016年税收中含营业税20.75万元，且2017年10月顶山街道区域内税户划至江北新区，减少税收1.39亿元。其中，税收收入40.13亿元，减收11.96亿元，减幅22.96%；其他各项非税收入14.44亿元，减收3.11亿元，减幅17.74%；区县级一般预算收入26.62亿元，减收14.13亿元，减幅34.67%。获“建设浦口先进单位”称号。

2017年南京市浦口地方税务局收入完成情况一览表

表24 单位：万元

类别	项目	收入	类别	项目	收入
税种	累计税收收入	401277	一般预算	区级一般预算收入	266156
	增值税	7691	非税种	累计非税收入	144426
	营业税	2930		教育费附加	11236
	企业所得税	146054		地方教育费附加	7483
	个人所得税	69993		税务部门罚没收入	53
	资源税	215		残疾人就业保障金	755
	城市维护建设税	26417		社会保障基金收入	124148
	房产税	11302		工会经费收入	741
	印花税	10769		其他非税收入	10
	城镇土地使用税	13506			
	土地增值税	67577			
	车船税	538			
	契税	44285			

【税收征收管理】 以“向征管要效益，强征管促收入”为工作思路，加强税收征管基础建设，制定出台《南京市浦口地方税务局注销税务登记管理规范》《南京市浦口地方税务局催报催缴管理规范》《南京市浦口地方税务局非正常户管理规范》《个体工商户税收征收管理办法》《个体工商户管理服务手册》《个体工商户办税指南》《查账征收个体工商户地税申报流程》。处理2013、2014年未申报且状态为非正常或注销的企业264户。开展企业所得税汇缴专项审核风险应对工作，评估109户，查补各项税款437万元。开展税务稽查，查处税收违法案件24户，查补税款1697.98万元，通过法院强制执行欠缴税款36万元。

【风险应对】 建立应对任务完成情况定量考核机制，开展风险管理培训，制定《中等风险应对程序规范性具体要点》，实地核查45户。做好税收应对管理的基础工作,与国土、房管和水利等部门多次沟通协调,上门走访,采集相关数据3500余条。风险应对498户,应对税款1.31亿元,同比增长63.75%,风险成效贡献率3.61%。建立税收违法行为举报案件管理台账,接收并处理举报案4件。

【依法治税】 强化依法治税,发挥督察内审效能。对内开展行政处罚和相关税务新政培训,提高干部法治意识和能力;对外加强税收法治宣传,营造法治税收氛围。以争创"税收法治示范单位"为抓手,加强行政处罚裁量基准管理,推行执法文书说理制度,规范执法行为。强化执法监督,开展案卷评查,处理行政处罚案件783件,累计处罚金额132.63万元。开展税收执法大督察自查工作,先后开展契税征收管理、行政处罚管理、非正常户管理等7项执法督察,责任追究5人次。坚持常态化督审,开展风险应对质量检查,完成中等风险应对质量检查15户。做好外部审计推送疑点的核实反馈,逐条核实疑点数据127个,并抓好问题整改,组织入库税款25.33万元。

【纳税服务】 围绕简政放权、放管结合、优化服务,推动"放管服"改革落地。定期开办纳税人新办户培训,走访企业宣传税收政策,向纳税人发送最新税收征管方法、优惠政策、办税流程等资料,针对科技创新企业、小微企业及重点税源企业举办专场培训6场。完成企业所得税税收优惠备案项目87个,小型微利企业申报2982户,政策受惠面100%,累计减免税款571万元,户均减免税额1.17万元。推行二手房交易"1小时办结"制,房产交易"一体化"办税平台成功运行,构建"增量房自助办税、存量房线上办税"新模式。严格按照"窗口受理、内部流转、限时办结、窗口出件"要求,落实导税服务、限时服务、延时服务、预约服务等服务举措。在2017年全国纳税人满意度调查中,浦口地税局位列全国区县局第12名。

【获评"江苏省2016年度按比例安排残疾人就业工作先进单位"】 3月20日,浦口地税局被省政府残疾人工作委员会评为"江苏省2016年度按比例安排残疾人就业工作先进单位"。浦口地税局和盛婕分别获得省级2016年度按比例安排残疾人就业工作优秀单位和优秀个人称号。修订并实行《南京市浦口地方税务局关于加强社会保险费欠费催缴和清缴的工作要求(试行)》,做好社保费相关工作,规范征缴流程,将社保费欠费催缴清缴纳入常规工作。加强与区社保经办机构的沟通协调,做好暂不纳入催缴和清缴范围欠费户联合认定工作,认定非正常户157户。全年入库残疾人就业保障金754.62万元,征缴面67%,征缴工会经费741万元。

(何林)

审　计

【概况】 2017年,区审计局完成自定审计项目22个,查出管理不规范资金84.3亿元,发现非金额计量问题15个,移送纪检监察机关处理1人。完成结算类固定资产投资审计项目60个,送审金额13.15亿元,审定金额10.41亿元,核减工程造价2.74亿元,平均核减率20.83%,督促落实审计整改建议33条。上报信息85篇,其中省审计厅采用8篇,市审计局采用56篇,市政府网站采用85篇,区政府网站采用48篇。区审计局通过江苏省AAAAA级数字档案室验收。

【财政收支及部门预算执行审计】 深化对"四本预算"执行情况的审计监督,开展区本级预算执行审计,揭示"四本预算"(一般公共财政预算、政府性基金预算、国有资本经营预算、社保预算)在分配、使用和管理过程中存在的突出矛盾和体制机制障碍,推进完善财税体制和相关制度建立,防范经济运行中的重大风险隐患。将存量资金盘活、政府性债务、财税体制改革作为财政审计重点,将资金绩效作为专项资金审计的首要目标,抓住专项资金立项、分配和使用等关键环节,关注专项资金执行进度及绩效评估,分析评价资金使用的效率和效果,促进提高财政资金使用绩效,保障公共资金安全。继续对部门预算执行情况进行全面审计,促进从严控制"三公"经费、降低行政运行成本、加强行政事业单位国有资产管理,关注资产配置、采购及处置等关键环节。

围绕经济社会发展大局,以财政审计大格局为统领,突出绩效审计重点,深化政府投资项目审计、经济责任审计和民生资金审计,把审计评价政策贯彻执行情况以及财政资金的使用效率、效果、效益情况作为审计的首要目标。以促进审计整改为出发点,制定《浦口区审计局加强审计整改工作督查指导意见》,促进被审计单位完善规章制度、规范财务核算与管理,促进财政预算管理的科学有效,促进政府建设资金的廉洁高效,促进干部监督管理制度和问责制度的有效执行,促进民生幸福指标的尽早实现,确保浦口区率先发展的各种资金运用科学、规范、有效,发挥审计围绕中心、服务大局的积极作用。

【政府投资审计】 全面贯彻落实浦口区政府《关于政府投资建设项目审计监督全覆盖的实施意见》,制定政府投资项目审计年度计划,整合政府审计、社会审计和内部审计三方资源,对投资审计项目实行扎口管理。依法独立开展投资审计,全面退出与政府投资项目的可研论证、项目审批、招投标、合同签订、物资采购、价款结算、竣工验收等工程管理工作。按照《南京市聘请社会审计机构和专业技术人员参与政府投资建设项目审计的管理办法》规定,规范聘请中介机构参与投资审计的行为,强化审计质量控制,防范审计风险。研究工程审计复核工作,强化对中介机构的监督指导,特别是跟踪审计人员到岗履职情况的督查,清退社会中介机构1家。开展局校合作,与南审共同探索PPP项目审计工作。

【经济责任审计】 突出对重点领域、重点单位、关键岗位领导干部的经济责任审计,提高任中审计比例,安排经济责任审计项目16个(含上级审计机关授权项目1个)。加强经济责任审计与各专业审计的融合,推进地方党政主要领导干部任期经济责任审计与自然资源资产离任审计的有效结合。坚持问题导向,立足权力运行与责任落实,重点揭示重大违纪违法、重大决策失误、重大损失浪费、重大风险隐患、重大履职尽责不到位等问题。促进建立纪检监察监督、组织监督、巡视巡察和审计监督有机结合的经济责任审计整改及问责体系。

【专项资金审计】 围绕“保障安全、完善制度、规范管理、提高绩效”的民生审计总目标，加大对“三农”（农业、农村、农民）、社会保障、卫生等民生资金和项目的审计力度。开展美丽乡村专项资金、卫生专项资金、城镇居民医保资金和新农合基金整合专项审计，专项资金审计量达到区财政预算安排的专项资金总量的20%。通过摸情况、揭问题、提建议、促改革，及时回应社会各界对民生问题的关切，促进相关部门和地方政府完善民生制度，促进惠民政策落地生根。

【审计监督全覆盖】 7月，按照《南京市关于实行审计全覆盖工作的实施意见》《南京市“十三五”期间审计工作发展规划》要求，结合浦口区实际，出台《浦口区关于实行审计全覆盖的实施意见》，明确公共资金、国有资产、国有资源和领导干部履行经济责任情况审计全覆盖工作任务。

【人财物管理改革试点】 6月，成立审计改革试点工作领导小组，明确组成部门和职责分工。出台《浦口区关于实行审计全覆盖的实施意见》，制定《浦口区审计局全面提升审计业务质量三年行动计划（2017～2019年）》《浦口区审计局全面提升干部队伍素质三年行动计划（2017～2019年）》。11月，在全市各区率先建立5个审计对象库（一级预算部门对象库、街道农场对象库、园区平台对象库、经济责任审计对象库、固定资产投资审计对象库），力争五年轮审一遍，配合市审计局开展审计信息系统一体化建设。 （田珂）

【项目备案管理】 2017年，区审计局完善政府投资建设项目备案管理，完成结算项目备案工作，备案项目95个，增长24.44%。备案项目核减额1.23亿元，平均核减率9.84%。

【审计整改清单制】 2017年，区审计局推行审计整改清单制。审计整改清单涵盖审计发现的问题、涉及金额、审计处理意见、审计整改要求、审计整改规定时限等内容，并按审计项目分部门编制，做到一个项目一份清单、一个部门（单位）一份清单，明确整改责任主体，明确被审计单位主要负责人是落实审计整改工作的第一责任人。对审计查出的部门和单位自身存在的问题，主要领导要负责整改；对下属单位存在的问题，主管部门领导要负责督促落实整改措施。区审计局建立一对一整改跟踪帮扶机制，对审计整改情况进行跟踪督促，加强与被审计单位的沟通交流，及时全面了解被审计单位审计整改工作进展及成效，针对被审计单位在落实审计整改过程中遇到的困难和问题给予指导。

【获“全市审计机关考核优秀单位”称号】 1月，区审计局被南京市审计局评为“全市审计机关考核优秀单位”，这是该局连续五年获得该称号。五年来，区审计局在促进政策执行、规范权力运行、提高财政绩效、强化队伍建设、推动职责履行等方面全面强化审计监督，完成审计项目131个，管理不规范金额134.28亿元，提出审计建议466条。（审计局）

市场监督管理

【市场主体基本发展情况】 截至年末，全区实有各类市场主体67313户，资金总额1986.47亿元。其中，内资企业（含分支机构）1507户（企业法人948户、分支机构559户），资金总额662.62亿元；私营企业（含分支机构）37960户（企业法人12399户、分支机构557户、个人独资及合伙企业25004户），注册资本1087.83亿元；个体工商户26857户，资金数额28.68亿元；农民专业合作社711户，成员出资总额17.15亿元；外商投资企业（含分支机构）278户（企业法人201户、分支机构73户、代表处4户），投资总额63.54亿美元，注册资本总额30.19亿美元。新注册登记企业2869户，同比减少39.5%。新增注册资本411.06亿元，同期减少19.82%（外资注册资本按1:6.3的汇率计算）。

2017年浦口区新增企业发展情况一览表（按产业分类）

表25

产业分类	新增企业（户）			新增注册资本（亿元）		
	2017年	2016年	增幅（%）	2017年	2016年	增幅（%）
第一产业	34	51	－33.33	1.83	1.10	66.20
第二产业	633	838	－24.46	121.17	181.25	－33.15
第三产业	2202	3853	－42.85	288.06	330.33	－12.80
合　计	2869	4742	－39.50	411.06	512.69	－19.82

注：第一产业新增注册资本增幅按四舍五入前计算

2017 年浦口区新增企业发展情况一览表(按主要行业分类)

表 26

行业分类	新增企业(户)		新增注册资本(亿元)	
	2017 年	2016 年	2017 年	2016 年
制造业	127	198	16.13	73.66
信息传输、计算机服务和软件业	103	202	20.07	35.69
科学研究和技术服务业(科技型企业)	606	775	85.11	46.36
租赁和商务服务业	447	651	106.00	148.32
批发和零售业	508	1296	23.59	30.05
交通运输、仓储和邮政业	66	80	12.45	2.88
文化、体育和娱乐业	101	138	5.68	17.26
住宿和餐饮业	53	75	1.55	2.03
居民服务和其他服务业	79	122	3.03	2.37
建筑业	490	632	101.65	106.70
房地产业	155	395	26.03	37.18
合　计	2735	4564	401.29	502.50

2017 年浦口区新增内资企业产业结构对照一览表

表 27

产业分类	新增企业(户)			新增注册资本(亿元)		
	2017 年	2016 年	增幅(%)	2017 年	2016 年	增幅(%)
第一产业	6	2	200.00	0.29	0	—
第二产业	99	35	182.86	37.34	46.91	-20.40
第三产业	423	356	18.82	103.44	77.03	34.29
合　计	528	393	34.35	141.08	123.94	13.83

2017 年浦口区新增私营企业产业结构对照一览表

表 28

产业分类	新增企业(户)			新增注册资本(亿元)		
	2017 年	2016 年	增幅(%)	2017 年	2016 年	增幅(%)
第一产业	28	49	-42.86	1.54	1.10	39.92
第二产业	526	795	-33.84	80.21	47.51	68.83
第三产业	1712	3435	-50.16	175.80	248.29	-29.20
合　计	2266	4279	-47.04	257.55	296.90	-13.25

2017 年浦口区新增外商投资企业产业结构对照一览表

表 29

产业分类	新增企业(户)			新增注册资本(万美元)		
	2017 年	2016 年	增幅(%)	2017 年	2016 年	增幅(%)
第一产业	0	0	—	0	0	—
第二产业	8	8	0	5743	129797	-95.58
第三产业	67	62	8.06	13992	7493	86.73
合　计	75	70	7.14	19735	137290	-85.63

2017年浦口区新增个体工商户产业结构对照一览表

表30

产业分类	新增户数(户)			新增资金数额(万元)		
	2017年	2016年	增幅(%)	2017年	2016年	增幅(%)
第一产业	470	702	-33.05	9981	17422	-42.71
第二产业	362	565	-35.93	4947	8193	-39.62
第三产业	4459	9108	-51.04	46700	98425	-52.55
合　计	5291	10375	-49.00	61628	124040	-50.32

2017年浦口区新增农民专业合作社业务结构对照一览表

表31

业务分类	新增户数(户)			新增资金数额(万元)		
	2017年	2016年	增幅(%)	2017年	2016年	增幅(%)
种植业	22	25	-12.00	6489	3545	83.05
养殖业	8	12	-33.33	1760	1085	62.21
与农业生产经营有关的技术、信息等服务	0	3	-100.00	0	400	-100.00
农产品销售	5	0	—	4016	0	—
农产品加工	1	0	—	36	0	—
其他	1	0	—	10	0	—
合　计	37	40	-7.50	12311	5030	144.75

（刘羽昕）

【商事制度改革】 继续推进“多证合一、一照一码”、个体工商户“两证整合”工作，全年发放企业“一照一码”营业执照13450张、个体工商户“两证整合”营业执照8934张。实施全程电子化登记和不见面审批，8月发出浦口首家全程电子化登记企业执照，实现企业登记由“面对面”到“键对键”的转变。牵头全区“开办企业”项目，推出“一窗收件，集成服务”审批模式，完善多证联办、远程服务、网上登记等便民措施，更有效地激发“创业创新”的市场活力。（刘羽昕）

【质量工作】 3月，浦口区召开质量强区大会，会上表彰首届区长质量奖企业。8月，启动第二届区长质量奖评奖工作，8家企业完成评审并报区政府审批。开展质量信用评价工作，新增省质量信用体系A级以上企业14家。

2017年浦口区新增省质量信用体系A级以上企业情况一览表

表32

序号	企业名称	主导产品
1	南京特瑞线路器材有限公司	电力金具、五金生产及销售
2	南京中德生态农业科技园有限公司	蔬菜、瓜果、苗木、草坪种植，水产养殖，农业技术研发、推广及咨询
3	南京俊超仓储设备有限公司	货架
4	江苏兴宇建设有限公司	建筑
5	南京万成生态园林有限公司	生鲜食用农产品销售，苗木种植、销售，餐饮服务，住宿
6	南京大吉泉水饮料有限公司	“大吉山”牌系列饮用水的生产与服务
7	江苏硕德电力技术有限公司	电力自动化设备、高低压配用电设备
8	南京埃德法电气自动化有限公司	智能电容器、微机保护装置
9	南京东屋电气有限公司	智能电脑门锁的生产、销售
10	中昇建机(南京)重工有限公司	制造超大型起重机械，制造施工升降机、钢管鹰架、钢构桥梁、钢结构建筑、卷扬机、地下施工机械桥梁施工机械等，销售、租赁自产产品

续表 32

序号	企业名称	主导产品
11	南京澳林购物广场有限公司	零售
12	苏果超市有限公司浦珠北路连锁店	零售
13	南京盛满食品有限公司	速冻食品
14	南京味芳调味品有限公司	调味料(固态)

● 链接:

浦口区区长质量奖

浦口区区长质量奖是区政府设立的最高质量管理荣誉,主要授予在浦口区内具有独立法人资格,实施先进质量管理模式,有广泛的社会知名度与突出的影响力,质量领先、技术创新、品牌优秀、效益突出的企业或组织。区长质量奖每年评定一次,有效期三年,奖金20万元,提名奖奖金5万元。设立区长质量奖,旨在贯彻落实《国务院质量发展纲要(2011～2020年)》精神,引导和激励浦口企业导入实施卓越绩效经营管理模式,走质量效益型之路,增强核心竞争力和可持续发展能力。

首届区长质量奖评选活动于2016年8月23日启动。经过企业申报、街道(主管部门、行业协会)推荐、征求意见、资料初审、专家现场评审、区长办公会综合审议、组织公示等程序,最终先声东元、雨发2家企业上榜。 (王冬梅)

【品牌管理】 全年新申报驰名商标2件、省著名商标19件、市著名商标17件,申请发放驰著名商标奖励资金179万元。完成8个省名牌产品及30个市名牌产品申报,新认定省名牌产品3个、市名牌产品15个。围绕扶农富民,培育"鱼家湾"大米优质农产品品牌,服务浦口乡村振兴战略。

2017年浦口区获省、市名牌产品情况一览表

表 33

级别	序号	企业名称	产品名称	级别	序号	企业名称	产品名称
江苏省名牌	1	南京依维柯企业有限公司	汽车	南京市名牌	11	南京立业电力变压器有限公司	电力变压器
	2	雨发建设集团有限公司	土木工程建筑业		12	南京麦浦园林景观建设工程有限公司	园林绿化工程
	3	南京岫岚农副土特产品有限公司	跑山鸡		13	南京谷盛米业有限公司	大米
	4	南京大吉铁塔制造有限公司	输电线路钢管塔		14	南京简诺种植专业合作社	龙虾
南京市名牌	1	南京工大数控科技有限公司	数控铣齿机		15	南京博路电气有限公司	非晶合金配电变压器
	2	江苏久吾高科技股份有限公司	陶瓷微孔滤膜		16	南京乾鑫电器设备有限公司	低压成套配电设备
	3	南京先声东元制药有限公司	注射用比阿培南		17	南京岫岚农副土特产品有限公司	"力健"牌跑山鸡
	4	南京先声东元制药有限公司	依达拉奉注射液		18	南京十里清峰茶叶专业合作社	绿茶
	5	南京依维柯企业有限公司	汽车		19	南京华鼎茶叶种植专业合作社	绿茶
	6	南京中脉科技发展有限公司	中脉远红床垫		20	雨发建设集团有限公司	市政工程
	7	南京擎天科技有限公司	电子政务软件		21	南京市浦口区石佛茶林果园	"福童"牌茶叶
	8	南京红太阳房地产开发有限公司	房地产开发		22	南京登峰起重设备制造有限公司	起重机械
	9	南京中升恒岳汽车销售服务有限公司	汽车维修				
	10	南京弘阳物业管理有限公司	物业服务		23	中昇建机(南京)重工有限公司	塔式起重机

(徐波 王冬梅)

【标准化建设】 年内跟踪服务《社会治理联勤工作规范》标准化制定工作,该标准报国家标准委备案。《社会治理联勤工作综合标准化试点》项目报省质监局并作为市重点项目予以推进。(相荣勇)

【食品安全】 强化日常监管,全年检查食品生产经营单位4402家,发放食品经营许可证1187家。突出专项整治,开展食品小作坊、校园周边及全国山地自行车公开赛等大型活动食品安全保障行动26次。推进"明厨亮灶",全区建成单位(学校食堂、大型餐饮、集体配送单位)119家,占比92.96%。3家食品生产企业(南京澳淇海食品有限公司、南京佳茂食品厂、南京浦佳食品科技有限

公司)完成先进质量管理模式认证,5家食品生产单位(南京特味浓生物科技有限公司、南京浦顺麻油有限公司、南京佳茂食品厂、南京浦佳食品科技有限公司、南京今世鹏食品有限公司)电子追溯体系建成并上线运行。探索工作创新,打造"1+1+5+X"食品快检体系。加强科学检测,食品抽检1323批次,不合格23批次,全部按程序处理。组织食品安全宣传周、食品安全科普下乡、"你点我检"等服务活动,增强民众食品安全意识。 (汪志春 钟静)

【特种设备安全】 加强公众聚集重点场所和隐患排查重点设备的日常监管,将未注册登记、超期未检、定检不合格的特种设备作为重点隐患清理对象。加大对珍珠泉、雨发生态园、大型超市、医院等人员密集场所特种设备安全检查。组织实施特种设备大检查、大执法行动,出动执法人员40人次,检查特种设备生产使用单位50余家,检查电梯、锅炉、压力容器、起重机械等特种设备100余台套,共发现各类隐患20处,下发特种设备安全监察指令书5份。加强十九大期间安全生产管控,对4家高危企业实施驻点监管。全区电梯定检率99.8%,参保率50%。购买第三方技术服务辅助特种设备监管,提高监管科学性。

(苏健 钟静)

11月24日,区市场监管局在象山农贸市场开展"你点我检"活动,保障市民"菜篮子"安全 (钟静 摄)

【药品、医疗器械监管】 加强药械经营管理水平,对全区91家药品零售企业、13家医疗器械生产企业、139家医疗器械经营企业和115家医疗机构检查全覆盖。开展城乡结合部和农村地区药店诊所药品质量专项整治、疫苗流通和使用管理专项监督检查、隐形眼镜等10个药品和医疗器械专项工作。加强行政指导,约谈7家医疗器械企业,对25家医疗器械企业下达责令改正通知书,并处以警告行政处罚。完成药品抽检168批次,发布药械风险预警70起。开展"安全用药月"活动,邀请执业药师进社区普及安全用药知识,保障群众用药安全。

(郭国华 钟静)

为守护特种设备安全"生命弦",2月8日,区市场监管局执法人员在雨发快乐田园游乐场检查大型游乐设施 (钟静 摄)

【计量器具管理】 继续实施集贸市场的电子秤、医疗机构的医疗计量器具"两免费"检定,其中检定原浦口区12家农贸市场电子秤1314台,平均首检合格率99.7%。开展重大节日、重点领域、超限检测站、集贸市场、加油机计量器具、食品小作坊计量器具等7项计量监督检查,检查结果均为合格。培育盘城街道社区卫生服务中心、泰山街道社区卫生服务中心、南京水城华农农贸市场管理服务有限公司、江苏永辉超市有限公司南京滨江新城分公司、沃尔玛(江苏)商业零售有限公司南京桥北路分店5家省级诚信计量单位。

(相荣勇)

【企业(个体)监督管理】 有序推进市场主体年度报告工作,全区年报率89%。开展公示信息"双随机"(随机抽取检查对象、随机选派执法检查人员)抽查工作2次,抽查企业607户,其中列入异常名录88户。开展网络市场监管专项行动,严厉打击网络侵权假冒、刷单炒信、虚假宣传等违法行为。做好长期未经营企业的清理工作,共有 291 户企业进入拟吊销程序。

(庆绍军　李清华)

【市场经济秩序规范】 全年立案 125 件,结案 71 件,结案率 56.8%,罚没款 310 万元。严惩各类食品药品及商业不正当竞争行为,联合公安部门查处汤某某等降糖胶囊假药案件,该案被省公安厅挂牌督办,同时被市食药局列为全市大要案。加强知识产权保护,查处商标侵权案件 16 件。协同区房产局开展房产中介专项整治,查出无照经营户 103 家。牵头开展"现金贷"平台、企业集资、农村地区防范非法集资风险排查等工作,排查相关企业 45 家。严厉打击传销,配合区公安部门捣毁传销窝点 298 处,遣散清理人员 1690 人次。

(王好　庆绍军)

【"守合同重信用"企业】 2017 年,新认定省级"守合同重信用"企业 12 家,市级"守合同重信用"企业 21 家。

(徐波)

2017 年浦口区省、市级"守合同重信用"企业一览表

表 34

级别	序号	企业名称
省级	1	钛能科技股份有限公司
	2	江苏乔爵实业有限公司
	3	南京博路电气有限公司
	4	南京麦浦园林景观建设工程有限公司
	5	南京雨发农业科技开发有限公司
	6	南京乾鑫电器设备有限公司
	7	南京际华五三零二服饰装具有限责任公司
	8	南京雨发生态园旅游开发有限公司
	9	江苏路延建设有限公司
	10	江苏兴宇建设有限公司
	11	南京工大数控科技有限公司
	12	南京快联路桥建设工程有限公司
市级	1	江苏康格建设有限公司
	2	江苏阅顺环保工程有限公司
	3	南京谦中谦建设工程有限公司
	4	南京火头军信息技术有限公司
	5	南京隆邦酒店用品有限公司
	6	南京亿通厨房设备厂
	7	南京王者之风建筑装饰股份有限公司
	8	江苏润邦智能停车设备有限公司
	9	江苏宇翔建设发展有限公司
	10	南京新世电科技开发有限公司
	11	江苏宁枫宏图汽车销售服务有限公司
	12	江苏投盛典当有限公司
	13	南京钟山岩土工程有限公司
	14	江苏九天高科技股份有限公司
	15	南京佳奇家具制造有限公司
	16	南京正三角文化传播有限公司
	17	中邮通建设咨询有限公司
	18	江苏硕德电力技术有限公司
	19	江苏安防科技有限公司
	20	南京环美科技股份有限公司
	21	南京丰德博信户外传媒有限公司

【浦口区获"首批省级食品安全示范区"称号】 7 月 4～5 日,省食品安全宣传周主场活动暨"双安双创"(全国食品安全示范城市创建、农产品质量安全县创建)现场会在淮安举行。会上,省政府举行首批省级食品安全示范城市授牌仪式,浦口区连同其他 15 个县(市、区)被省食品安全委员会办公室评为"江苏省首批食品安全示范县(市、区)"。浦口区于 2015 年 9 月启动省级食品安全城市创建工作。2016 年 11 月,国家食药总局局长毕井泉赴浦口调研,对该区基层食品药品监管机构规范化建设、"大联勤 + 食品安全"网格化监管、食品安全快速检测等方面工作给予充分肯定。

(田丽静)

【"1 + 1 + 5 + X"食品快检体系建设】 以街道为单位,投入专项经费,分期分批,用 2 年时间(2016～2018 年)构建"1 + 1 + 5 + X"食品快检体系,即 1 个智慧监管系统、1 个区域检测中心、5 个街道快检室、X 个农贸市场快检室,全方位打造群众"放心菜篮子工程"。至年末,江浦、桥林 2 家街道快检室,汤泉、星甸、永宁、凡星、江佑铂庭、象山路 6 家农贸市场快检室在线运营。

(钟静)

【先声东元获浦口首个"省质量管理优秀奖"】 区市场监管局多次深入先声东元等企业开展上门服务,"零距离"指导企业实施质量战略,提升内部管理水平和产品质量水平,增强竞争力。该局

扩大宣传，开通“绿色通道”，安排专人跟进指导企业申报各级质量奖，并组织一批优秀企业导入卓越绩效管理模式，推动地方经济方式转变，提升企业综合竞争水平。2月8日，南京先声东元制药有限公司获得省质量强省推进工作领导小组授予的“2016年江苏省质量管理优秀奖”，这是浦口区首个获得该奖项的企业。

【首届区长质量奖企业揭晓】 3月24日，在区政府组织召开的全区质量工作大会上，南京先声东元制药有限公司、雨发建设集团有限公司2家企业获首届区长质量奖，分别获得20万元奖金和荣誉证书；南京乾鑫电器有限公司、钛能科技股份有限公司2家企业获得区长质量奖提名奖。（王冬梅）

【首家企业简易注销登记办理】 3月20日，南京山野医人酒业有限公司通过国家企业信用信息公示系统平台中的“简易注销公告”专栏，主动向社会公告拟申请简易注销登记及全体投资人承诺等信息。至5月4日，公告期满45天，且没有相关个人或企业提出异议。5月5日，该企业正式向区市场监管局窗口提出注销申请。经审查后，区市场监管局当场予以核准注销，并颁发注销通知书。该企业是在《工商总局关于全面推进企业简易注销登记改革的指导意见》（工商企注字〔2016〕253号）出台后，浦口区首家通过该方案成功实施简易注销的企业。

企业简易注销登记改革的实施，有助于提升市场退出效率，降低市场主体退出成本，进一步提高政府效能，优化营商环境，让真正有退出需求、债务关系清晰的企业快捷便利退出市场，重新整合资源，更好地享受到商事制度改革的红利。

【浦口首张全程电子化登记企业营业执照发出】 8月15日，在浦口区政务服务中心市场监管局窗口，南京启初教育咨询有限公司法定代表人领取全区首张全程电子化登记营业执照。这是浦口区推进“互联网＋政务服务”、深化商事制度改革的重要举措。

● **链接：**

全程电子化登记

全程电子化登记是指申请人办理注册登记时，采用互联网申报方式提交电子申请材料，登记机关在网上受理、审查、核准、发照、公示和归档的登记方式。申请人无须再到登记场所提交纸质材料，实现全程无纸化登记。全程电子化突破了地域空间和办公时间限制，将传统的“面对面”服务转变为“键对键”服务，使得申请者能够“点点手指交材料、足不出户办执照”，企业登记变得更加便捷、轻松。此外，全程电子化实行网登实名制，对主要人员启动身份认证，身份认证是全程电子化登记注册材料可追溯性的前提，也是全程电子化登记申请的关键，在与全国公民身份证系统联网核查的基础上，全程电子化登记注册对被委托人（经办人）、法定代表人、股东的身份均进行实名认证。申请人将所需资料全部上传之后，到银行免费办理个人U盾，激活电子签名账户，即可完成网上签名认证。（刘羽昕）

11月27日，区市场监管局向楚韵花香风景区颁发全区首批景区“12315”维权联络站牌匾（钟静 摄）

【首批景区“12315”维权联络站成立】 为进一步扩大“12315”维权网络社会覆盖面，促进景区消费维权工作协调发展，11月27日，浦口首批景区消费投诉站在楚韵花香、雨发生态园、不老村、珍珠泉、老山、水墨大埝、丽铭农庄、姚徐老街8个风景区挂牌成立，区市场监管局副局长王向阳向景区负责人颁发“12315消费维权联络站暨消费者协会维权服务站”铜牌。

景区消费投诉站由景点负责人和1～2名工作人员组成，并配备专门的办公室和投诉电话，平时主要负责宣传《中华人民共和国消费者权益保护法》相关知识，受理、调解消费纠纷，收集、上报消费信息等工作。在投诉站成立前，游客如遇景点门票收费不合理、游览车随意要价等问题需投诉时，往往因耗不起时间，大多数游客就只能选择“吃哑巴亏”。在景区内设固定的消费投诉站后，可以将矛盾化解在源头，直接给消费者提供方便快捷的解决途径。此举将有利于提升景区形象，有效保护消费者的合法权益，促进浦口美丽乡村旅游事业的发展。（杨娟）

价 格 管 理

【价格监测】 做好价格监测日常工作。每日向市监测中心上报36个大中城市监测数据、微博比价，每日向区电视台提供各农贸市场价格数据，每周四向市监测中心上报主副食品测报、价比三家数据，每月15日向市监测中心上报宾馆、商品房、药品监测数据等。落实劳动力市场价格监测工作。督促4家监测点(物业企业3家、家政服务企业1家)完成劳动力市场价格监测数据上报,做好全国农本调查观察点农本调查工作。在智慧浦口手机平台建立“阳光物价”价格信息栏目。主副食品价格每周三更新,涉及20个品种;超市比价每周四更新,每次涉及6个品种;药品价格每月15日更新,涉及20个品种;房地产价格根据备案情况随时更新。加强农副产品平价直销店管理,2017年江北新区管理体制调整后,原有的12家农副产品平价直销店,有7家移交江北新区管理,行政区直管平价店5家。

2017年浦口区凡星农贸市场主要主副食品价格行情一览表

表35　　单位:元/500克

品　种	类　型	年初最低价	年初最高价	年末最低价	年末最高价
晚籼米	标一	2.0	2.2	2.1	2.2
粳米	标一	2.2	2.3	2.3	2.4
菜籽油	一级散装	6.0	6.0	6.0	6.0
肋条肉	猪肉	15.0	16.0	13.0	14.0
牛肉	去骨后腿肉	26.0	27.0	26.0	27.0
羊肉	去骨后腿肉	22.0	23.0	26.0	28.0
鸡蛋	新鲜完整	4.0	4.2	4.8	5.0
白鲢	活750克左右	3.5	4.0	3.5	3.8
活鲫鱼	150~250克	8.0	9.0	8.0	9.0
青菜	鲜货	1.5	2.0	1.0	1.5
大白菜	鲜货	1.5	2.0	1.0	1.5
芹菜	香芹、鲜货	3.5	4.0	3.0	3.5

【价格认定工作】　主动融入区政府中心工作,为地方经济发展涉及的重大工程、重点项目、国有资产处置、生态建设、政府购买公共资产服务等领域提供价格服务,为委托方及时出具价格认定报告。全年完成各类价格认定案件584件,认定值16.25亿元。其中,司法认定129件,认定值173.14万元;价格认定258件,认定值16.08亿元;价格争议调解170件,调解值31.12万元;涉税财物认定27件,认定值1497.6万元。开展2起政府部门购买资产价格认定工作,包括商业性用房、酒店式公寓、办公用房等计19852平方米,产权车位164个,认定总值4.5亿元,为政府部门累计节省金额4055万元。参与台积电、长江五桥、隧道口片区环境综合整治、求雨山文化名人纪念馆环境综合整治、新市镇建设、美丽乡村建设等20多个重点项目(工程)。

【收费管理】　进一步规范行政事业性收费项目和政府定价的经营服务性收费项目,严格执行国家和省市出台的取消、降低、减免的收费政策,梳理政府定价的涉企经营服务性收费,取消不合理收费项目、降低部分偏高的收费标准。根据市物价局出台的最新行政事业性收费目录,结合取消、降低、减免的收费项目以及浦口实际情况,更新或转发《浦口区行政事业性收费目录》等目录清单,并通过财政、物价部门的门户网站向社会公布并实行动态管理,主动接受社会监督。落实新出台的《江苏省幼儿园收费管理办法》和市级相关文件,探索教育收费监管的新方向、新制度,研究修订浦口区幼儿园收费管理办法(或参照市局执行),梳理区内公办、民办、惠民园收费标准,明确各类幼儿园收费的具体要求,保障受教育者和幼儿园的合法权益。

【物业收费管理】　2017年,依据新颁布的《南京市住宅物业管理条例》,结合《江苏省物业服务收费管理办法》(苏价规〔2013〕4号)、《南京市物业服务收费管理实施办法》(宁价房〔2005〕58号)以及《南京市停车收费管理规定》(宁价规〔2014〕1号)等政策法规,对辖区内17个符合备案条件的普通住宅项目进行前期物业服务合同备案管理。备案的主要内容包括前期物业服务收费备案申请、物业管理招投标中标备案标、企业营业执照、企业资质证书、项目前期物业服务合同、项目业主临时管理规约(或前期物业服务协议)共6项内容。备案审核的主要依据是查验所申请项目的公共物业服务收费价格以及停车收费价格是否在政府指导价规定的范围之内。备案的17个普通住宅项目中,物业公共服务费主要有以下几个标准(其中荣里花园为多层和高层2个收费标准):一是高层(含小高层)住宅物业公共服务费标准,其中1.9元/平方米的有10个,1.85元/平方米的有1个,1.45元/平方米的有1个,1.2元/平方米的有2个,0.65元/平方米的有1个(拆迁安置房);二是多层住宅物业公共服务费标准,其中1.5元/平方米的有2个(带电梯),0.6元/平方米的有1个。

【价格监督检查】 全年查处价格违法案件2件,其中结案1件,罚款5000元,责令退还消费者170.6万元。办理"12345"工单888件、"12358"工单170件,主要涉及停车收费、物业收费管理、商品房(精装房)销售等。开展节日市场价格监督检查,先后出动15组32人次,检查各大超市、卖场、旅游景点等单位100家次,检查商品收费1000余笔次。开展新型业态价格行为专项整治,对南京米牛电子科技有限公司涉嫌在其淘宝天猫网店铺页面作虚假原价宣传立案调查,对其处以5000元罚款。对汤泉小学(公办小学)、同心幼儿园(民办惠民园)、德明文化艺术培训中心(社会办学机构)、南京实验国际学校(民办中小学)4家单位进行教育收费专项检查。针对物业管理服务收费存在的乱收费、强制收费等行为,以及群众举报投诉居高不下的现象,开展多种形式的专项治理,先后解决桥北金都汇广场收取装修押金、钱塘望景小区超标准收取地下车库车位租金等问题。开展涉企收费专项检查,分别于7月18日和26日对区白蚁防治所、区不动产登记中心收费行为进行检查,无违规收费情况。10月24日至11月3日,对老山森林公园、三桥、G42杰海和汤泉服务区、G40华山服务区、西葛老街、水墨大埝农家乐等单位进行巡查、检查。根据市物价局《关于组织开展全市商品房销售价格行为检查的通知》要求,检查辖区内6家在售商品房项目明码标价、销售公开、代收费用、价格宣传等价格行为。检查结果表明,商品房销售企业较好地执行商品房销售相关规定。

【基层医疗收费改革】 根据省、市有关文件精神,结合浦口实际,会同区卫计局、人社局、财政局,按照"有升有降,升降平衡,结构性调整"的原则,对基层医疗机构收费进行核定调整。对实行政府指导价的医疗服务,按照"管细、管好、管到位"要求,依法行政,会同卫生、社保相关部门做好协调,履行价格程序。及时受理医药价格投诉咨询,有效化解各种矛盾。为彻底破除"以药补医"机制,将医院补偿由服务收费、药品加成收入和政府补助3个渠道改为服务收费和政府补助2个渠道,区物价局组织浦口医院、浦口中心医院、浦口中医院3家区级公立医院所有药品(中药饮片、医院制剂除外)实行零差率销售并实行"一般诊疗费"项目。按照"总量控制、结构调整"的原则,以2013年药品合理差价总额为基础,70%通过调整医疗服务价格,提高手术、护理、诊疗等医疗服务性收费来解决,10%通过医疗机构提高管理、服务能力自我消化,其余20%由财政补偿。

【商品房价格管理】 履行调控的主体责任,引导开发企业合理定价,防止开发商捂盘惜售,有效遏制房价过快上涨势头。做好商品房价格审核和保障性住房价格审批工作,全年办理价格备案49批次、8064套,总建筑面积96.86万平方米,其中普通商品房项目42批次、7824套,平均备案价格25730.3元/平方米,与2016年10月平均备案价格25685.98元/平方米基本持平;办理产权车位备案5256个、储藏室364个,平均备案价格分别为14.54万元/个、7000元/平方米。审批保障房项目5个,总建筑面积113.21万平方米,其中住宅61.25万平方米、9466套,综合平均价格为4681.09元/平方米。

【自来水价格改革】 5月23日,按照全市统一要求,经区政府常务会议批准,取消城市附加费,调整自来水到户价格。推进农业水价综合改革,建立健全农业水价形成机制,出台《关于浦口区农业水价综合改革试点区指导价格试行标准的通知》。

2017年浦口自来水总公司自来水价格一览表

表36 单位:元/立方米

类别	阶梯	用水量	供水价格	污水处理费	水资源费	到户价格	
						调整前	调整后
居民一户一表用户	第一阶梯	年用水量≤180立方米	1.79	1.05	0.20	3.10	3.04
	第二阶梯	180立方米<年用水量≤300立方米	2.50	1.05	0.20	3.81	3.75
	第三阶梯	年用水量>300立方米	4.63	1.05	0.20	5.94	5.88
居民合表用户	不执行阶梯价格		1.79	1.05	0.20	3.10	3.04
执行居民生活用水价格的非居民用户	不执行阶梯价格		1.94	1.05	0.20	3.25	3.19

续表 36　　　　单位:元/立方米

类 别	阶梯	用水量	供水价格	污水处理费	水资源费	到户价格	
						调整前	调整后
非居民生活用水			1.97	1.65	0.20	3.90	3.82
特种行业用水			2.80	1.80	0.20	4.90	4.80

注:居民家庭人口为3人以上的用户,每户每增加1人,各阶梯年用水量分别增加60立方米,各阶梯到户价格不变

【民办学校收费放开试点】 为贯彻省委、省政府《关于加快推进南京江北新区建设的若干意见》(苏发〔2016〕6号)提出的"创新公用事业和公益性服务价格管理,鼓励非营利性民办学校收费先行放开",落实省物价局《关于南京市浦口区民办学校收费试点改革的批复》(苏价费〔2016〕186号)有关先行试点民办学校收费改革的精神,有序推进民办教育收费市场化改革,创新教育收费监管方式,进一步激发民办教育的活力,为民办学校创造良好发展环境,促进全区民办教育事业健康发展,9月,经区政府常务会议研究通过,率先在南京市开展民办学校收费放开试点工作。经省物价局批准,区内的苏杰学校和汉开书院2所民办学校收费放开,由学校自主定价。试点学校收费标准由学校遵循公平、公开、合法和诚实信用的原则自主制定,价格主管部门对其实行备案管理。试点学校除按备案标准收取学费、住宿费和按省规定项目收取服务性收费及代收费外,不得以各种名目擅自增加收费项目、提高收费标准和收取其他费用。

(刘廷峰)

国土资源管理

【概况】 2017年,浦口国土分局做到保护与发展并举,管理和服务并行,各项工作取得良好成效。12月,浦口区被国土资源部评为"2017年地质灾害防治高标准'十有县'",永宁街道获省国土资源厅"2016年度省级耕地保护激励单位"称号,浦口国土分局通过江苏省档案工作五星级规范测评。

【耕地保护】 组织划定上图入库22480公顷永久基本农田,设立基本农田区级保护宣传牌、镇级保护牌及村级保护标志牌79个,设立保护界桩292个,实现基本农田保护区域全覆盖。"两库"项目(占补平衡及增减挂钩项目)进展顺利。其中,占补平衡项目23个,建设规模62公顷,新增耕地面积61公顷;增减挂钩项目51个,建设规模229公顷,新增农用地220公顷,新增耕地213公顷,均通过市局验收。加快推进耕地质量提升工程,提请区政府成立区级领导小组并出台《浦口区整合涉农资金连片推进农村耕地质量提升工作实施方案》(浦政办发〔2017〕91号),紧扣连片整治标准和时限,整合区农业局、农业资源开发局等部门4个项目,面积606.67公顷,并纳入高标准农田项目库。提请区政府出台《关于调整浦口区占补平衡补充耕地指标激励的通知》(浦政办发〔2017〕78号),提高新增占补平衡补充耕地指标补助标准(增幅85%),促进占补平衡项目实施积极性。组织2017年度耕地保护补贴发放,为全区45872户农户发放耕地保护补贴资金10449.68万元。永宁街道获评"2016年度省级耕地保护激励单位"。

【矿产资源保护】 实行打击偷盗采属地责任状签订和"零报告"制度,巩固打击偷盗采专项行动成效。完成8家持证露采矿山和地热井上年度储量动态监测和年报编制工作,推进3家露采矿山关停工作。结合"两减六治三提升"专项行动("两减"即减少煤炭消费总量和减少落后化工产能,"六治"即治理太湖水环境、生活垃圾、黑臭水体、畜禽养殖污染、挥发性有机物污染和环境隐患,"三提升"即提升生态保护水平、提升环境经济政策调控水平、提升环境监管执法水平)和区环境综合整治三年计划,对全区所有废弃露采矿山进行实地摸底调查,拟定整治工作方案和计划,为下一步正式实施奠定基础。

【土地执法】 针对土地例行驻点督察反馈问题,代区政府拟定土地督察典型案例整改方案和土地整改工作实施方案,对照整改标准和整改时限,履行"查保"双责,及时跟踪动态销号。按照规定时限需整改问题293个,面积468公顷,已整改问题231个,面积309公顷,完成率分别为78.8%、66%。

【保障发展】 通过土地利用规划调整完善成果报批,精准算好"增量、流量、存量"三本账,妥善统筹好"三区"(江北新区直管区、共建区、协调区)融合关系,破解用地难题。规划至2020年,全区耕地保护面积由原2.78万公顷调减至2.63万公顷,核减面积0.15万公顷,同比核减5.5%;全区基本农田面积由原规划3.07万公顷(含城市周边3000米内划入的707公顷)核减至2.25万公顷,核减面积0.82万公顷,同比核减25.7%;全区在2020年前建设用地总规模由原2.45万公顷调增至2.57万公顷,其中新增建设用地规模1210.8公顷,并批准下达流量指标1811.4公顷。全区规划空间指标3022.6公顷,增长12%。保障全区至2020年新增建设用地规划空间大部分需求。通过主动作为,多渠道多方式争取,取得各项国家计划269公顷,下达增减挂钩使用规模318.13公顷,定向购买或参与竞买耕地占补平衡指标约133.33公顷,有力提供了区内项目土地资源要素供给。组件上报部省审批15个批次169个项目及17个单独选址项目,总面积约1266.67公顷,农用地面积866.67公顷,占用耕地面积480公顷(含区外4个项目,总面积300公顷,农转用面积153.33公顷,占

用耕地66.67公顷),特别是台积电、清华紫光、龙之谷、住宅用地及土地督查整改等45个项目,涉及用地总面积212.47公顷,做到与土地利用总体规划调整完善成果衔接同步报批并先行批回,实现全年征地批回率83%(不含国家重点项目),2017年度重大项目保障率93%。完成土地供地面积297.12公顷,出让合同价款231.42亿元。其中,经营性用地10幅地块,出让面积118.37公顷(含住宅7宗、面积60.33公顷,中标代建5.42万平方米保障房),出让合同价款224.47亿元(含住宅地块212.5亿元);协议出让16宗、1.6公顷、2.73亿元;工业(研发)用地13宗、90.65公顷、4.22亿元;办理划拨用地35宗、86.5公顷(含保障性住房31公顷)。

【节约集约用地】 拟定《浦口区2017年存量用地清理工作方案》,全年清理批而未供土地面积1124.33公顷,清理目标完成率100%;完成闲置土地处置7宗、30.37公顷,处置目标完成率100%。全面推进桥林街道同一乡镇村庄建设用地布局试点实施工作,划定建新项目区54.97公顷,落实不低于10%面积的农村建设用地"减量化"任务。完成工业用地调查数据核查,以及低效产业用地调查和成果汇编;完成城镇低效用地再开发供地8宗,再开发面积67.45公顷,目标完成率100%。严格执行开竣工申报制度,已供项目巡查率和信息录入率100%。对逾期未进行开工申报的企业,均函告管辖单位或企业,将事后依法处置向事中监管服务转变,年内无新增闲置土地现象发生。

【权益维护】 启动并完成年度农村宅基地与地上农房不动产权统一调查试点,共调查约5000宗;全年批后实施涉及9个批次16个单独选址105个项目,批准规范实施104个项目,到期征地批后实施完成率99%。

【地质灾害治理】 及时组织开展地质灾害排查、巡查、复查工作;建立健全全区56个隐患点的群测群防体系;完成猪头山滑坡地质灾害智能监测预警工程,5月投入运行;完成9个市财政补助地质灾害治理工程(桥林街道林山村花园组、双云村雷杨组、周营村雷云组、林山村邢庄组地质灾害治理项目,老山林场狮子岭赵家花园地质灾害治理项目,永宁街道岔珧路73853部队2号拦油池西侧地质灾害治理项目,沿江街道冯墙社区柏巷滑坡应急消险工程、马庄组地灾治理一期工程,沿山大道北侧石佛社区赵家洼地质灾害治理工程),总投资1100万元,全部通过市级竣工验收,申请市级补助资金428万元;12月成功创建全国地质灾害高标准"十有县"。

【《浦口区土地利用总体规划(2006~2020年)调整方案》获省政府批复】 10月25日获省政府批复。在此次土地规划调整完善工作中,浦口区以"保护为先,优化为主,调控为要"为原则,围绕全区发展大局和"一轴两带五片区"的发展布局形态,主动衔接城市规划、生态红线规划及城市周边永久基本农田划定成果,全面梳理重大项目新增建设用地需求,合理优化规划空间布局,实现调整完善工作"一争取三优化"。通过向上争取,实现省、市下达土地规划指标向浦口区"两减两增"(两减:耕地保护面积由原2.78万公顷调减至2.63万公顷,基本农田保护面积由原3万公顷调减至2.23万公顷;两增:2020年前新增建设用地规模由2.45万公顷增至2.57万公顷,流量指标规模增至0.18万公顷)政策倾斜,有序扩展规划空间,促进生产、生活、生态空间协调发展;优化布局定边界,精准衔接城市开发边界、基本农田边界,精准构建板块、产业、城镇和生态布局;优化布局控总量,按照增量向圈内集聚、适量向圈外集效的调整原则,合理构建城乡协调发展空间;优化布局促"三农",科学确定村庄建设控制区,促进农村土地综合整治、美丽乡村和规模农业建设。 (汪涛)

● **链接:**

"一轴两带五片区"总体布局

"十三五"期间,浦口主要构建"一轴两带五片区"总体布局。一轴,是指由东向西构建以老山为核心的生态景观养生金轴,利用山水泉林寺魅力风光,彰显春夏秋冬四季风景,打造江北城市森林公园。两带,老山南翼以旧城改造推动城市肌理更新,串联周边文化、科技、青奥、休闲旅游元素,打造滨江城市发展带;老山北麓串联永宁和星甸新市镇、汤泉温泉旅游度假区、民宿群等,连片带动352平方千米美丽乡村示范区,打造沿河生态休闲带。五片区,是指加快建设高新区"一园一谷一基地"(南京软件园、生物医药谷和先进制造业大项目基地),打造众创示范型科学城;提升桥北—顶山整体服务功能,打造中央辐射型商务城;强化科工园与软件园互动协作,打造总部国际化智慧城;推动浦口开发区联动桥林新城、七坝港区,打造高端智造业产港城;突出珍珠村、农业园引领带动休闲旅游与现代农业同步发展,打造新型城镇化生态区。 (朱军玲)

【李侃桢调研江北新区重大项目用地服务保障工作】 5月17日,省国土资源厅厅长李侃桢、副厅长李如海一行到南京江北新区,就重大项目用地保障工作开展调研。市委常委、江北新区党工委副书记罗群,江北新区常务副主任、浦口区委书记瞿为民陪同调研。调研组实地考察紫光南京半导体产业基地及IC国际城(一期)项目,以及台积电(南京)有限公司12英寸晶圆厂与设计服务中心项目所在地块规划和建设情况。李侃桢强调,省国土厅将加大江北新区政策支持力度,建立省市国土资源管理工作会商机制常态化,及时研究解决江北新区在用地计划安排、重大项目用地保障等方面的具体问题;用地指标将向江北新区给予一定倾斜,针对台积电、清华紫光等重大项目,省国土厅将按照特事特办的原则给予重点保障;进一步加快与国土部的协调沟通,推进浦口区土地利用总体规划调整完善成果尽快获得批准,保障江北新区重大项目及时落地开工建设。李侃桢指出,江北新区要有效落实好建设用地总量和强度双控措施,挖存量、减增量,促进集约节约用地,构建集约节约用地新机制,要有效衔接好征地报批进度和项目建设时序,做到保重点、保急需。

【国家土地督察南京局调研浦口】 6月1日,国家土地督察南京局副专员程正平一行到浦口区,对2017年土地例行督察问题整改、全面划定永久基本农田、农业农村发展用地以及被征地农民合法权益维护情况进行专项督查,并召开座谈会,解读相关政策。江北新区管委会常务副主任、浦口区委书记瞿为民出席会议,南京高新区管委会、江北新区规划国土环保局以及区内各相关职能部门、街道、平台、园区以及用地主体负责人参加会议。座谈会上,市国土局、浦口区政府、高新区管委会、江北新区规划国土环保局等分别就调研内容进行汇报。瞿为民表示,土地督查工作既是对浦口区土地管理工作的一次全面体检,更是对浦口区推动改进国土资源管理、提升资源保障能力和水平的一次契机,全区上下将进一步强化责任意识,端正整改态度,严格按照督查组的要求开展土地管理工作,以问题为导向,主动积极配合,抓好问题整改,维护土地利用和管理秩序。程正平对该区国土资源管理相关工作的开展给予充分肯定,并要求地方政府要深刻理解把握经济发展和耕地保护的统一性,要以高度的使命感和责任感保护耕地,把责任落到实处;一方面要查漏补缺,高质量完成永久基本农田划定工作,推进永久基本农田"落地块、明责任、设标志、建表册、入图库",确保永久基本农田划定工作划得准、建得好、保得住,另一方面要边查边改,抓紧做好有关问题整改工作;结合土地利用规划调整完善工作,整改一批、拆除一批、处理一批,做到人事并处,消除违法用地状态;要根据国土部出台的相关政策配套文件,全面落实保障设施农业以及乡村旅游健康有序发展。

【不动产登记实现"一窗受理"】 区不动产登记中心采取一系列便民、利民服务举措,服务办事群众。5月22日和7月3日,两次对不动产登记业务进行提速,实现除需要权籍调查类案件外,所有不动产登记业务从10个工作日提速至5个工作日办结;7月17日,正式实施存量房(二手房)买卖转移与抵押登记合并办理,将2个业务流程10个工作日压缩至1个流程5个工作日,并精简共性申请材料7件;9月18日,全面实现存量房(二手房)转移和抵押登记并案办理,再次将工作时限压缩至3个工作日。区不动产登记中心协同房产、地税部门整合业务流程,调整象山路大厅窗口设置,推行综合受理窗口。通过加强与房产、地税部门信息共享,利用"互联网+"技术,实现"网上预约、一次取号、一套材料、一窗受理、一键缴费、快递送证"的线上线下集成服务模式,让群众只跑一次腿、只取一次号、只排一次队即可办理证书。同时实现不动产登记证书EMS快递上门、外网实时查询案件办理状态、网上开具购房证明等便民服务。全年发放不动产权证书74307本、不动产登记证明44187份,办理不动产权司法查封案件2099件。

4月27日,浦口区组织开展突发地质灾害应急避险救援演练

(国土分局 提供)

【猪头山滑坡地质灾害智能监测预警工程建成投用】 5月,在市国土局的支持指导下,浦口国土分局联合省地质矿产局第一地质大队在汛期前完成猪头山滑坡地质灾害智能监测预警工程。该工程是南京市典型滑坡地质灾害智能监测预警示范工程,运行后将对猪头山地质灾害滑坡进行实时有效地监测。通过对监测数据和实时视频影像分析研究,能及时发出预警,准确预测下一步发展趋势,为全区唯一大型地质灾害隐患点的防治工作提供科学指导,最大限度地减少和防止滑坡所造成的损失。5月18日,省国土资源厅厅长李侃桢到南京调研地质灾害防治工作时,对浦口区猪头山地质灾害自动监测示范点的建设给予充分肯定。

【突发地质灾害应急避险救援演练】 4月27日,浦口国土分局联合永宁街道组织公安、城管、交通、卫生、永宁中心幼儿园等部门,在永宁街道举行地质灾害应急避险救援演练,主要模拟发现突发滑坡地质灾害险情后组织幼儿园师生紧急撤离避让过程。通过演练,增强了幼儿园师生和居民防范地质灾害的意识和自救能力,提高了部门应急处置与协同作战能力、快速反应能力,积累备战险情的经验。 (汪涛)

安全生产监督管理

【概况】 2017年,区安监局贯彻落实国务院《中共中央国务院关于推进安全生产领域改革发展的意见》,坚持"安全第一、预防为主"综合治理方针,健全完善安全生产责任体系,开展安全生产隐患大检查、大排查、大整治,严厉打击各类非法违法行为,夯实基层基础建设,全区安全生产形势总体保持平稳可控。全区发生一般生产安全事故19起,死亡19人,比上年分别下降9.5%、13.6%。

【安全生产监管体系建设】 强化责任落实,安全生产监管体系更加健全。区委、区政府先后组织召开3次区委常委会和专题会、3次政府常务会、15次全区安全生产会议,学习习近平、李克强关于安全生产方面的重要指示批示精神,听取工作汇报,研究重大问题,确保安全生产工作落到实处。制定《浦口区各有关部门安全生产工作职责清单》,明确各部门应履行的安全生产职责,厘清安全生产综合监管与行业监管职责和界限。各级各部门全面落实安全生产"党政同责、一岗双责、齐抓共管"和"三个必须"(管行业必须管安全、管业务必须管安全、管生产经营必须管安全)要求,层层签订安全生产责任书。

【安全生产防控】 强化监管举措,完善安全生产防控措施。制定《关于进一步强化安全生产监管执法的实施意见》,从责任体系、监管执法、事故追究、责任考核进一步规范和强化各项监管措施。制定《"大联勤+安全生产"专项行动实施方案》,采用大联勤区划界线作为监管网格边界,加快构建"企业进网格、网格进企业"的全覆盖监管模式。完善监管举措,完成餐饮场所燃气自动报警器的安装;对"两重点一重大"(重点监管的危险化工工艺、重点监管的危险化学品和重大危险源)危险化学品企业生产储存装置自动控制技术进行改造;深化隐患排查治理和风险辨识管控,聘请专业安全生产评价机构对全区23家试点企业进行指导。加强分析研究,针对2017年安全生产面临的严峻形势,撰写《浦口区生产安全事故的原因分析与对策》,查找规律、剖析原因,并提出有针对性措施,防范类似事故再次发生。

【安全生产隐患治理】 开展大检查、大排查、大整治。全区组织检查组5214个、检查人员37735人次,检查生产经营单位7952家次,排查整治安全隐患和问题25491处。区政府班子全体领导分组带队分片深入一线全面督查安全生产工作。区安委会7个督查组每月督查各街场、园区安全生产大检查工作开展情况,确保十九大、国家公祭日等重点时段的安全生产稳定。推行公开曝光制度,利用区电视台和手机电视台等媒体,对区内3家企业严重违法违规行为进行曝光,对10家存在失信行为的企业列入"黑名单"管理。

【安全生产专项整治】 推进"安全生产执法年"活动,加强事前执法力度,全年行政处罚企业64家,处罚金额115万元,查处投诉举报12起,事前立案数增长300%,事前处罚金额增长523%,事前处罚数位列全市第三。开展危险化学品、烟花爆竹、道路交通、建筑施工、城镇燃气、特种设备、人员密集场所消防、交通运输等重点行业专项整治和打非治违行动,打击各类非法违法行为为8万余起,处罚金额2300余万元。

【安全生产事故查处】 规范事故查处程序,坚持"科学严谨、依法依规、实事求是"原则,执行国务院493号令规定,规范调查取证、研判分析、事故性质、责任认定、出具报告、公布结果各环节,把责任、整改、教育、处置逐一落实到位。严格落实生产安全事故统计制度,真实、准确、完整、及时统计生产安全事故信息,对发生的每起生产安全事故通报至全区所有安委会成员单位。严格按照"四不放过"(事故原因未查清不放过、事故责任人未受到处理不放过、事故责任人和周围群众没有受到教育不放过、事故制定切实可行的整改措施没有落实不放过)原则,加大事故责任追究力度,全年追究生产经营单位行政责任26家、追究刑事责任17人、党纪政纪问责13人。

【安全生产规范化建设】 加强基层安监能力建设,制定《关于进一步加强我区街镇安监机构建设实施办法》,在江浦、桥林、星甸3个符合条件的街道单独设立安全生产监管科,分别增设行政编制科长岗位1个。推进企业规范化建设。推行安全总监制,全区129家符合要求的企业全部配置安全总监;209家企业通过标准化三级,3家企业通过标准化二级,1家企业通过军工系统标准化一级。开展"安全生产月"等宣传活动,提升全民安全意识。共制作展板458块,悬挂标语1320条,发放宣传资料10万余份,播出宣传用语3000余条,接受群众咨询5000余人次;组织各类培训班20期,培训安全生产管理人员3309人次。开展职业卫生综合治理,加强职业卫生监管执法,行政处罚8起,罚款12万元,完成职业危害项目申报1082个。 (管馆)

统 计

【统计业务】 完成第三次全国农业普查现场登记工作,并通过各级审核验收。做好统计预测预警,坚持每月15日、25日对当月主要指标进行预测预计并分析原因,对初次预计中发现的经济运行中的苗头性、倾向性问题及时反馈预警。开展工业、服务业重点企业统计数据的跟踪监测,对影响全区经济运行的重大情况,及时分析并向区委、区政府主要领导报告,撰写统计情况简报6篇。推进统计分析研究,对各专业主要指标发展进程变化,及时撰写统计进度分析86篇。组织开展2017年统计专题调研分析的申报和选定工作,区统计局及各街道、开发区围绕"浦口楼宇经济发展状况""浦口'4+2'产业发展状况"等江北新区建设进程和经济社会领域的新特点、新情况确定选题36个,各专题定稿后组织专业考评组开展评选,并遴选出3篇调研文章参加市级评选。首次借助第三方力量开展统计宣传,尝试与区统计学会合作并签订协议,明确由学会牵头负责全区统计数据的综合开发利用和宣传工作。发挥统计网站、浦口微博、浦口微信等平台作用,提升政务信息宣传力度,全年发布微博2862条,发布微信168期,撰写统计政务信息505篇,其中市局采用215篇,省局采用61篇。按照省市住户调查样本轮换工作要求,完成记账户调查大样本轮换工作,入户摸底全区2005户家庭,抽中200户家庭作为记账户全面开展试记账工作。

【统计创新】 2月初,启动2017年度全区创新项目申报及评选工作,各科室、街道(园区)上报《浦口区农户精准扶贫动态监测》《办文办会办事流程与规范》等创新项目17个,按照"挂图作战、隔月推进"的办法,分准备、推进、完善三阶段制定推进工作表,跟踪督促各创新项目进展。11月,各创新项目经过修改完善以及局内初选，最终选送《浦口区农户精准扶贫动态监测》项目参加区和市统计局评审。3月初，完成全区精准扶贫动态监测系统初步开发设计，同步制作《浦口区农户精准扶贫动态监测手册》，5月完成上线并全面开展低收入农户监测工作，初步实现对全区低收入居民家庭状况的实时更新和监控，为及时了解扶贫效果、区委区政府决策提供参考依据。开展"三新"(新产业、新业态、新商业模式)经济统计，配合市统计局开展"城市商业综合体情况"和"软件园产业情况调查"试点，提出的"综合体商户实行全面调查"建议被国家统计局采纳。做好服务业七大行业企业名录确认和"三新"专项统计报表的上报。有序组织统计调查登记制度改革，完成与工商、税务、质检、编办、民政等部门的对接，利用"五证合一"改革成果，加强基本单位名录库日常核查管理。与区国税局对接，确定由国税定期提供企业应税收入情况，建立全区准"四上企业"(规模以上工业企业、资质等级房地产和建筑业企业、限额以上批零住餐企业、规模以上重点服务业企业)监测库。

【统计法制】 探索统计基层基础动态监测网建设。制定下发《浦口区关于进一步加强统计基层基础建设的工作意见》《浦口区社区(村)统计工作管理办法》，做好市统计局统计数据质量"五张网"(联网直报企业一体化质量控制网、重点数据质量风险防控网、统计违法行为惩戒网、统计职业道德教育强化网、统计基层基础建设动态监测网)动态监测机制和基层基础规范化示范单位建设，组织开展"一村居一亮点"工作，推进社区(村)统计规范化管理。有序开展统计执法检查。制定下发《全区统计监审和统计督查工作计划》，根据"双随机、一公开"(在监管过程中随机抽取检查对象、随机选派执法检查人员，抽查情况及查处结果及时向社会公开)原则，对顶山、江浦2个街道的统计督查开展指导，抽取30家机关企事业单位作为2017年监审单位。贯彻执行市统计局关于开展触犯"四条红线"专项整治行动要求，学习5月28日颁布的《中华人民共和国统计法实施条例》，在市统计局组织的统计法律知识竞赛中获三等奖。

【浦口区第三次全国农业普查完成表格登记】 4月，完成第三次全国农业普查"五张表"现场登记工作。全区登记普通农户56938户、规模农业经营户1545户、农业经营单位747家、镇级普查登记单位11家、行政村级普查登记89家，并先后通过市级、省级和国家级审核验收。

【两篇专题分析获市奖】 5月，市统计局下发《关于表彰2016年全市优秀统计分析的决定》(宁统办字〔2017〕68号)，浦口区统计局选送的专题分析在全市评比中获得好成绩。其中张晓宇撰写的《浦口区健康产业发展战略的思考》获区局类别优秀分析一等奖；沿江街道何婷撰写的《沿江街道学前教育供需矛盾与对策建议》获区局类别优秀分析三等奖，这也是近几年来唯一由街道统计人员撰写的获奖作品。

近年以来，区统计局将每年专题撰写人员的范围由原先的区局各科室扩展到全区统计系统，并将专题分析的撰写纳入年度工作考核。这一举措提升了街道、园区基层统计人员专题写作的动力。两年间，街道统计人员文章写作和分析研究的整体水平大幅提高。2016年，《沿江街道学前教育供需矛盾与对策建议》甫一定稿，立即得到相关职能部门的重视，一些区政协委员也把这些问题做成专项议题进行研究解决，文章产生非常良好的社会影响。 (张晓宇)

【2017年人口变动调查样本核查工作完成】 9月，按照省市统计局的核查方案，区统计局全面开展2017年人口变动调查样本核实工作。为保证样本核查的准确性，区统计局要求调查员对调查小区进行实地核查，对有无拆迁等情况及时上报，并对抽中的调查小区名称、地址代码、城乡属性准确性和样本区域的边界、建筑物的归属等情况进行核实确认。至年底，完成2017年人口变动调查样本核查工作。此次核查为浦口区2017年人口变动情况抽样调查工作顺利开展夯实基础。 (梁娟娟)

·文稿编辑 朱军玲 徐源·

开发园区

综　述

【浦口29个项目参加省重大项目集中开工仪式】 2月12日，全省首批重大项目集中开工仪式在江北新区国际企业研发园紫光南京半导体产业基地及IC国际城研发园项目现场举行。省、市、区四套班子领导及紫光集团等企业负责人出席开工仪式。这是江苏省首次由省级层面统一组织，省、市、县三级联动推进的重大项目集中开工活动。省、市、县共有5大类1363个重大项目集中开工，总投资1.33万亿元，年度计划投资4300余万元。浦口区的紫光南京半导体产业基地及IC国际城（一期）项目、两岸设计小镇项目等29个重大项目集中开工，涵盖装备制造、轨道交通、生物医药、特色小镇、民生工程等领域，其中制造业项目9个，服务业项目14个，民生及社会事业项目6个，总投资1390.3亿元，当年计划投资143.4亿元。（王意明）

2017年省重大项目集中开工浦口区（含南京高新区）项目一览表

表37

序号	项目名称	序号	项目名称
1	紫光南京半导体产业基地及IC国际城（一期）	16	星火路商办中心
2	两岸设计小镇	17	美国空气化工大宗气体研发生产基地
3	汤泉天然温泉养生小镇	18	星火智谷移动互联网产业园
4	江苏省产业技术研究院总院及专业化研究所	19	浦口区知识产权服务大厦
5	研创园智慧产业总部综合体	20	生物医药谷研发基地四期
6	芯火智峰CBD	21	南京四维数字电力及软件产业园二期
7	浦口区保障性安居工程	22	江苏高科技投资集团创投孵化中心
8	中欧轨道智能交通国际研创基地	23	南京浦镇海泰制动设备、轨道制动系统研发基地
9	立昌光电研发基地	24	强新科技aiRNA新药研发与生产基地
10	先声百家汇创新药物及精准医疗产业化基地	25	IC设计研发基地
11	滨江风光带	26	浦口区城西换乘枢纽建设工程
12	国际科技创新总部基地	27	台海科工园国际学校
13	国际跨境电商服务总部基地	28	定向河小学建设工程
14	常发宝隆时代广场	29	生物医药谷加速器三期
15	欣铨（南京）集成电路有限公司IC测试		

（安家江北）

【智能制造七大项目落户浦口】 4月26日,由浦口区政府主办,区人社局、浦口开发区牵头承办的“筑梦江北,创赢浦口”浦口区智能制造产业高峰论坛暨人才项目签约仪式在浦口区雅居乐酒店举行。该活动作为第十届留交会的浦口专场,吸引300多名智能制造行业领域人才和140家企业参与,其中超过50人来自欧美、澳洲和中国台湾地区。Precise - ITC、AMOLED Driver芯片设计、存储控制芯片设计、从事生产与销售尖端硅晶圆产品研发等7个项目签约落户,投资额2100余万元。

市委常委、江北新区专职副书记罗群在讲话中指出,江北新区筹建以来,明确智能制造、生命健康、新材料、高端装备制造和现代物流、科技服务“4+2”产业体系。其中,智能制造是新区重点发展的主导产业之一。新区成立之后,全力优化创业创新环境,出台含金量高、针对性强的创新创业“十项政策”,在人才引进、众创空间建设、科技金融等方面加强扶持,打出政策“组合拳”,这些都为江北新区智能制造产业快速健康发展夯实了基础、增强了动力。

(王琦 林静 李康)

【“金洽会”重大项目集中签约】 9月12日,2017“金洽会”重大项目集中签约仪式在南京国际博览会议中心举行。浦口区有7个项目上会签约,投资总额501亿元。浦口签约项目特点:一是规模体量大。7个项目中,外资项目4个,总投资36.31亿美元,内资项目3个,总投资265亿元。其中,华夏文旅国际旅游度假区项目单体投资215亿元,中法创意风情小镇总投资30亿美元。二是科技含量高。4个签约项目聚焦在智能制造、高端交通装备等战略新兴产业,有利于该区优势产业的产业链不断完善、有利于两个千亿级产业集群建设加快推进。三是投资业态新。签约项目中包含大型文化创意、休闲旅游等现代服务业项目,业态新、成长性好、发展潜力大,有利于该区国家级旅游度假区的打造,为文化特色创意区建设提供强力引擎。此次“金洽会”上,浦口区纳入市会成果项目17个,总投资723.4亿元,项目数量及投资额均居全市前列。 (王意明)

浦口经济开发区

·综 述·

【概况】 浦口经济开发区是国家级江北新区先进制造业基地,总面积86.72平方千米,功能定位为“江北新区向西南辐射的次区域中心,以先进制造业和港口物流为特色的现代化滨江新城”,总体发展目标为“智能制造新城、产城融合新城、田园水乡新城”。至2017年末,浦口开发区拉开桥林新城框架50多平方千米,产城融合发展初现雏形。此外,还联动石桥工业园区、星甸工业园区、桥林工业园区、永宁工业园区、永宁低碳谷和江北环保产业园等专业园区。

围绕江北新区“4+2”产业定位,浦口开发区重点发展智能制造、高端交通装备两大主导产业和新材料一大特色产业。园区聚集台积电、紫光、上汽、博郡等一批旗舰型项目,集成电路和新能源汽车两大千亿级产业一批上下游配套企业正在加快聚集。获“省集成电路产业园”称号,建成集成电路封装、测试和精密模具公共服务平台。

【经济发展】 2017年,浦口开发区实现地区生产总值88.78亿元,一般公共预算收入9.06亿元,全社会固定资产投资194.08亿元,工业总产值164.92亿元,规上企业106家,高新技术企业40家,高新技术产业产值62.4亿元,申请专利1453件,完成实际利用外资2.88亿美元,完成外贸出口额3.53亿元,服务外包执行额4696万美元(其中离岸数3500万美元)。

【综合实力显著增强】 根据《省政府办公厅关于2016年度全省经济开发区科学发展综合考核评价情况的通报》,浦口开发区2016年在全省110个经济开发区(含27个国家级经济开发区)综合排名中,在2015年跃进17位的基础上,再次跃进14位,由2015年第50位上升到2016年第36位。在全省83个省级经济开发区综合排名中,由2015年第25位上升到2016年第13位。

【实际利用外资居全市省级开发区首位】 2017年,浦口开发区完成实际利用外资到账28799万美元,同比增长58.6%,占全区行政区(不含高新区)总额的89.7%,在全市9家省级开发区中保持首位,在全省省级开发区中位于前列。

【主导产业集聚优势显现】 全年签约落户产业类项目37个,总投资2518亿元,其中有总投资300亿美元的紫光半导体产业基地及总投资300亿元的IC国际城项目。入园企业中,国际化公司占比越来越高,上市公司投资达80%以上。园区聚集台积电、紫光等一批旗舰型项目,其中台积电项目一期基本完工,集成电路和新能源汽车两大千亿级产业初具雏形。围绕台积电和紫光项目,集成电路产业引进台湾欣铨科技、弘洁半导体、美国空气化工等产业链企业约50家,以德睿智芯、扬贺扬为代表的一批集成电路设计企业初具雏形,获“江苏省集成电路先进制造业基地”和“江苏省新型工业化示范基地”称号。新能源汽车产业:上汽依维柯整车项目投产运营;10月,博郡新能源汽车整车项目开工,正式量产后年产量可达30万辆;越博等10多家产业链核心零部件项目落户开工。园区自主培养的久吾高科在深圳创业板挂牌上市。日托光伏、亿高微波和矽邦半导体等新兴高科技企业呈现爆发式增长态势,增幅一般在300%以上。

【科技创新】 坚持创新驱动战略,浦口开发区于2017年先后被授予“省级知识产权示范园区”和“国家知识产权试点园区”称号,获批中国(江苏)知识产权维权援助中心(南京江北新区)分中心,涌现出“S. WORK”“膜科技产业园”“蒲公英”等一批国家级、省级、市级科技孵化器和众创空间,桥林园区获批首个市级孵化器紫峰研创中心,园区发展潜力得到显著增强。全力推进“两落地、一融合”(科技成果项目落地、新型研发机构落地,校地融合发展)工作,引进澳大利亚技术科学与工程院士谢亿民教授及其工程结构优化设计与先进制造技术研究院项目。尧顺禹生物科技董事长赵庆顺与南京大学研究生团队的新一代基因编辑技术获国家科学技术进步奖二等奖。借鉴深圳市创新经验,打造建立高端创新服务平台“开发区创新俱乐部”及线上“企业创新交流平台”微信公众号,拓展企业沟通交流渠道,引领企业创新升级。建设运作全国领先一站式全流程集成化公共服务平台——开发区科技综合服务平台,并被市经信委认定为南京市中小企业公共服务平台。

【机制创新】 学习借鉴国家级开发区管理机制,就浦口开发区机制创新做前期研究,初步按照行政管理职能和企业管理职能区分的原则,将浦口开发区管委会和旗下开发有限公司职能做相对区分。按照“网上办、集中批、联合审、区域评、代办制、不见面”方向,就组建行政审批局做前期研究并形成初步方案上报区编办。牵头组织开展区域性联合评价试点工作,涉及征地稳评、文物勘测、压覆矿产调查、地质灾害危险评估等。深化干部人事制度改革,探索实行中层干部轮岗制度。加大人才引进力度,通过南京高层次人才交流中心平台公开招聘专业人才充实干部员工队伍。

【创新俱乐部平台成立】 浦口开发区秉持“换位思考、主动服务”发展理念,8月,成立“开发区创新俱乐部”。该俱乐部是园区企业自主发起成立的一个企业家领袖沟通交流平台,是园区解放思想、开放创新服务方式的重要体现。创新俱乐部的成立和运作,有利于进一步整合园区企业资源,发挥优秀企业带头引领作用,推动企业间学习交流,实现企业间优势互补,全面提升园区自主创新能力和产业竞争力,同时也有利于园区更好地服务园区企业,帮助企业实现创新突破发展。有理事成员单位29家。

·功能开发与环境建设·

【园区路网框架建设】 全年开工、建设道路工程25个,总长102.53千米,当年建成11.2千米。完成雨水管网铺设20.26千米、污水管网铺设15.06千米、电力管线铺设4.64千米、弱电管线铺设5.04千米、路灯安装246盏。工业污水处理厂项目建成并投入运营;桥林东自来水增压站项目完成试桩及围墙等附属工程建设;完成听莺路污水提升泵站项目建设;开发区消防站项目基本建成。完成土地利用总体规划调整306.67公顷;调整桥林新城86.7平方千米(不包含中心城区外3000米范围)以及江北环保产业园范围内的基本农田落界,计调整面积3559.6公顷。完成土地征转39宗,计325.87公顷,其中独立选址7宗、48.67公顷。

【城市功能配套建设】 桥林新城50平方千米园区框架全部拉开,邻里中心、医院、学校和人才公寓等一批商业生活配套项目加快建设。2017年起,一批项目陆续建成投用,桥林新城生活配套环境有较大改善。其中,丝兰湖商业中心土建完工,幕墙基本完工,项目总投资1.5亿元,占地面积1.89万平方米,总建筑面积4.76万平方米,建有商业配套、行政服务中心和地下停车场等;总投资7亿元的智慧谷土建基本完工,年末完成幕墙玻璃面板安装约40%;书人实验学校主体封顶;琼花湖、丝兰湖等一批人才公寓开工建设。浦口开发区有17个PPP项目签约入省财政厅PPP项目库,其中1个项目被选为省PPP示范项目。园区城市管理得到加强,“智慧城管”项目正式上线。

【桥林片区建设】 园区正式启用移动地理信息系统平台。该系统涵盖城市规划、路网、竖向、给水、雨水、污水、中水、电力、燃气、地块面积及属性、桥林新城航拍图等图层,并可以实现量测距离、面积等功能。通过与城市地下管线管理中心合作,以园区公共区域内地下管线的基础信息数据为支撑,绘制地下管线图,建立统一、全面、完整、科学、准确的地下管线信息数据库。年内初步建立起地下管线普查制度,为地下管线管理打下良好的基础。

【特色园区建设】 深化“两落地、一融合”,强化与知名高校院所合作,引进培育一批新型研发机构,打造提升园区创新创业载体和平台,大力培育创新企业,形成创新型产业集群,为园区经济发展提供持续动力。以桥林新城为主体,以其他特色园区为配套,重点加快紫峰研创中心、低碳谷二期、星甸中小企业创业园等新建科技创新创业平台建设,努力打造一批市级、省级乃至国家级众创空间、科技孵化器和加速器,争创国家级新型工业产业化示范基地等一批国家级、省级特色园区品牌。低碳谷围绕绿色低碳环保理念,打造国内独具特色的集研发、生产、交易、推广、服务于一体的绿色低碳产业集群,成为碳谷小镇核心亮点区域,已入驻澳大利亚工程院院士谢亿民工程结构优化设计与先进制造技术研究院、南大碳联环保研究院、江苏省绿色建筑工程技术中心等12个项目,初步形成高等人才项目、高校相关产业企业、科技研发型企业、低碳环保类研究院的集聚。七坝港区物流园完成规划,综合服务大楼完成项目立项,公共物流保税仓库(一期)进入装修阶段;南京港多用途码头工程一期项目基本建设完成,远锦码头项目开工建设;海尔虚实网服务园项目完成结构主体,辉瑞医药电商产业园基础施工,七坝物流园签约落户申通、泉康、中远、铁犁等一批物流电商企业。星甸中小企业创业园打造集研发、办公、厂房于一体的现代化创业园区。环保产业园垃圾焚烧发电厂和灰渣填埋场正常运营;卓越环保固废处理项目基本完工,2018年初可试运行;12月,苏全固废处理项目开工;江北废弃物处置中心进行场地平整和围墙建设。

【环境美化亮化工程】 深入打造园区湖景公园小品,全年开工、建设绿化工程5个,完成绿化总面积23.34万平方米,其中玉莲湖景观打造项目绿化面积约10万平方米。高标准启动桥林新城城市美化亮化总体规划设计,加快推进宁和城际S3号线等重点区域城市美化亮化,展示浦口开发区对外形象。

·项目建设·

【项目签约落户情况】 2017年,浦口开发区签订项目协议44个,总投资约2400亿元,其中10亿元以上重大项目13个。

2017 年浦口开发区主要落户项目一览表

表 38

项目名称	签约单位	签约时间	投资总额	占地面积(公顷)	建设内容及经营范围、规模
紫光南京半导体产业基地	紫光集团	1.18	300 亿美元	100.00	主要产品为 3D – NAND FLASH 存储芯片和 DRAM 内存芯片
紫光 IC 国际城	紫光集团	1.18	300 亿元	106.67	是为满足半导体产业基地项目及紫光云数项目而建设的配套国际社区,包含科技园、设计封装测试基地、国际学校、商业设施、国际人才公寓等综合配套设施
南京康盛仓储服务电商产业园	香港泉康投资有限公司	7.5	1.6 亿美元	16.13	建设现代化汽配供应链服务中心(采购、分拨、配送、结算于一体)+平台项目(呼叫、电商、金融等)+招商企业(合作入驻物流企业、新创新电商企业等)
集成电路良率及自动化设备设计二期项目	圣凰科技股份有限公司	7.24	2000 万美元	2.00	主要供应集成电路制造产业所需要之设备服务及制造改善效率提升服务
辛耘企业晶圆再生项目(框架协议)	辛耘企业股份有限公司	7.31	8 亿元	3.33	主要为晶圆制造公司提供 12 英寸晶圆再生服务
智能电气科技园	钛能科技股份有限公司	8.29	10 亿元	4.93	从事能源自动化(变电站、水电站、光伏电站自动化)、水利工程自动化(泵闸站)、能源管理领域的研发、设计、制造、营销和服务,并计划创建国家级工程技术中心、企业院士工作站、企业博士后科研工作站
中国新型轨道交通总部基地	中铁高新工业股份有限公司	9.12	40 亿元	33.33	主要从事建设单轨列车整车研发制造总部基地及相关零部件产业配套生产
准时达南京半导体供应链基地	鸿海集团(准时达供应链管理有限公司)	9.12	20 亿元	32.47	拟为台积电、清华紫光等半导体龙头企业提供供应链管理服务,计划建设包括原物料配送中心、成品智能仓配中心、成品集拼分拨中心、运营管理 & 供应链金融中心等功能区域
浦口智能制造供应链产业园	帆宣系统科技股份有限公司	9.12	1.7 亿美元		主要从事台积电配套产业、洁净设备、系统工程引进高科技产业及服务平台、客制化设备制造业务、全方位系统应用解决方案、厂务工程业务客制化及整合系统、高科技设备材料代理销售业务
半导体及电子材料研发生产基地	上海新华锦焊接材料科技有限公司	10.16	10 亿元	3.33	建设半导体及电子材料研发生产基地项目,主要产品包括锡球、电镀球、锡膏等
中科创新智能制造产业园	南京芯谷企业孵化器有限公司	10.24	11 亿元	13.40	主要从事高新技术产业孵化、开发、服务、咨询,吸引以集成电路企业为核心的高端智能制造企业入驻,为中小型企业提供孵化平台。计划分两期开发,建设期 3 年
远洋·南京浦口汽车后市场产业园(框架协议)	远洋集团投资产业有限公司	11.9	30 亿元	13.33	主要建设以汽车配件销售、物流集散、物流载体、金融服务四大模块,实现物流企业一站式服务,全程自动化存储,促进现代汽车配件物流经济的发展
新能源汽车核心部件研发及智能制造产业园	南京越博电驱动系统有限公司	11.18	15 亿元	11.87	主要从事新能源汽车核心部件研发及产业化、智能制造等
申通智慧物流科技产业园	杭州申通产业投资基金	11.23	30 亿元		建设物流仓储、智能化转运中心、智慧物流研发中心等
南京铁犁电商物流园	苏州铁犁电子商务有限公司	12.29	20 亿元		主要建设区域性电商物流仓储中心、大数据中心及相关配套设施

【重点产业项目推进情况】 2017 年,浦口开发区列入区政府 1 号文产业类重点项目 25 个,服务类综合体 5 个,总投资 1340 亿元,占全区总投资的 60.47%。其中,新开工项目 14 个,总投资 876 亿元;结转项目 11 个,总投资 465 亿元。列入省、市重大项目 12 个。

2017年浦口开发区部分重点项目开工(续建)情况一览表

表39

项目名称	区位	总投资	开建时间	计划竣工时间	建设内容及2017年进度
台积电(南京)有限公司12英寸晶圆厂与设计服务中心	桥林新区集成电路产业园	30亿美元	2016.7	2020.12	一期土建和装修施工结束,在进行设备安装,部分设备开始试运营。二期土地于12月完成摘牌
紫光南京半导体产业基地及IC国际城(一期)	桥林新区集成电路产业园	800亿元	2017.3	2019.12	新建存储器制造基地、研发中心及集成电路产品封装测试中心、科技园、配套设施等。年内完成桩基施工和部分设备采购
欣铨(南京)集成电路有限公司IC测试中心	桥林新区	14亿元	2017.3	2019.12	初期产品以通讯晶片(手机用)为主,一期年测试封装12英寸晶片24万片。年内主体施工结束,进入设备调试阶段
美国空气化工大宗气体研发生产基地	桥林新区	10亿元	2017.3	2018.9	建设约2.8万平方米研发、生产用房及水电、消防、绿化等配套设施。年内进行主体施工
汽车零部件配套产业园	桥林新区	10亿元	2017.3	2020.12	建设约25万平方米汽车零部件厂房、办公用房及附楼、物流仓储用房等建筑物。年内进行一期厂房主体施工
南京康联汽车配套有限公司汽车改装及汽车零部件制造项目	桥林园区	1.2亿元	2017.4	2018.4	建设约2万平方米厂房、仓库及辅助用房等。年内进行主体施工
瑞科特电气二次设备舱项目	桥林园区	5亿元	2017.6	2018.12	建设约10万平方米生产、办公用房及水电、消防、绿化等配套设施。年内一期厂房基本完工
三乐科技创新产业园	桥林新区	15亿元	2017.9	2019.10	建设约35万平方米科研、生产、办公和配套用房及水电、消防、绿化等配套设施。年末进行桩基施工
江苏海滨投资集团有限公司海滨集团总部经济建设研发基地	桥林园区	5亿元	2017.9	2019.12	建设约3.9万平方米办公楼、研发楼及相关配套设施等。年内进行桩基施工
江苏绿国新能源科技有限公司绿国新能源总部经济中心	桥林园区	5亿元	2017.9	2019.12	建设约3.9万平方米办公楼、研发楼及相关配套设施等。年内进行桩基施工
南京可莱威生物科技有限公司可莱威集团总部及研发基地	桥林园区	3.5亿元	2017.9	2018.12	新建约2.6万平方米研发、生产用房及水电、消防、绿化等配套设施。年内进行桩基施工
公共物流保税仓库(一期)	七坝港区	1亿元	2017.9	2018.12	建设约2万平方米公共物流保税仓库。年末进行内部装修及办理海关相关手续

【两项目竣工投产】 6月,南京先丰纳米材料科技有限公司柔性透明石墨烯和银纳米线导电膜项目竣工,正式投入运营,总投资3亿元。该公司租赁紫峰研创厂房1万平方米,研发、生产柔性透明石墨烯和银纳米线等导电薄膜。至年末,销售金额1200万元。10月,弘潔科技股份有限公司半导体、光电零件精密清洗与表面处理项目竣工并投入运营,总投资3亿元。该公司租赁紫峰研创厂房1.6万平方米,主要从事半导体配件冲洗、刷洗、喷洗、振湿等。 (邵斯捷)

南京海峡两岸科技工业园

·综 述·

【概况】 南京海峡两岸科技工业园是由国务院于1995年批复,助推两岸合作交流的国家级科技工业园,规划面积18.65平方千米。紧邻地铁10号线浦口核心商圈,交通区位优势卓越,历史文化底蕴深厚。园区背靠老山,面对长江,区内水系纵横,自然资源丰富,既是南京江北新区核心发展平台,也是两岸合作交流的国家级窗口,更是融汇产业和新城发展的先导园区。园区位于江北新城核心区范围内,宁淮高速、宁合高速、沿山大道、浦乌路、长江大桥、长江三桥、长江五桥(在建)、地铁10号线、地铁3号线、南京长江隧道、扬子江隧道等多条路线为园区提供了便捷的交通网络。园区重点发展战略性新兴产业,立足四大主导产业:集成电路、以IT为推动的服务业、生命健康、文化创意。汇聚顶尖人才,提供产业相关技术支持,形成创新研发到生产应用的完善上下游产业链条,构筑江北新区最具竞争力的高端产业平台。

2017年,科工园以打造"双创高地"为建设目标,坚持知识产权强区战略。服务外包产业园一期10万平方米载体全部出租,二期23万平方米载体出租率超90%。拥有创新创业孵化器8个,伊诺光点创梦基地、鼎韬酷立方新入选为市级孵化器平台。新增孵化企业43家,毕业企业3家。与天津鼎韬达成共建服务外包产业园的战略合作,打造5万平方米汇聚服务外包产业的企业聚集平台,自9月项目启动以来,入驻企业10家,招租面积3000余平方米,常驻办公人数70余人。申请知识产权110件,其中发明专利超60件。8人入选创业浦口人才计划,1人入选省"双创"计划。组建落地研发项目"园小二"服务团队、一站式客服中心、智慧政务服务平台、园区产服平台、园区品牌发展中心,配套出台《新项目例会制度》《园区落地研发企业服务手册》《简化"施工许可"审批流程图》《服务外包产业园企业入驻指南》《科工园百问百答》等一系列政策文件。

4月,中国侨联授予科孚纳米公司"中国侨联新侨创新创业联盟副理事长单位"称号。11月,点米科技荣登2017中国人力资源服务企业排行榜第六位。

【经济发展】 2017年,科工园完成全社会固定资产投资75.5亿元,同比增长17.55%;一般公共预算收入4.14亿元,增长15.1%;实际使用外资5225万美元,增长3%;服务外包执行额在岸数2000万美元,离岸数500万美元,增长33%。

【知识产权与金融资本创投会暨国际技术合作大会】 3月9日在科工园召开。大会由省专利信息服务中心、科工园管委会、高创中国及M Square Cluster(M2产学合作团)共同举办。来自国内外多家金融机构、10家上市公司代表、20家创投机构、50家黑马企业、产业专家、知识产权专家、资深投资人等参加活动。科工园管委会主任李业明代表科工园与江苏高创投资发展有限公司和M2产学合作团签订《集成电路产业协同创新中心合作协议》和《国际技术转移中心合作协议》,旨在推动集成电路产业协同创新中心和国际技术转移中心建设,为区域发展带来更多的产业动力,培育一批一流的集成电路优质企业。

【法国前总理拉法兰一行考察科工园】 3月22日,法国前总理、参议院国防军事与外交委员会主席、法国展望与创新基金会主席拉法兰,以及培格索斯集团巴和伟等法国企业家代表团一行到科工园参观考察法国创意风情小镇项目。区委书记、江北新区管委会副主任瞿为民等陪同考察。会议主要围绕小镇四个目标定位,即法国在中国的国家名片、法方世界级企业总部、法国人在华生活的中心、法国创意研发中心提出下一步工作计划部署。拉法兰对法国创意风情小镇的工作给予高度评价,认为法国企业要更好地了解中国,借这次合作的契机,在政府的重视与支持下建立长期互利共赢的伙伴关系,并为当地发展做出贡献。

【小巨人创客中心获省十大"创新服务奖"】 3月,入驻科工园·新城壹号广场的北京银行小巨人创客中心入选江苏省银行业协会评选的2016年度江苏省银行业"创新服务"有影响十件大事,获全省十大"创新服务奖"。北京银行小巨人创客中心是科工园引进的众创空间重点项目之一,是江苏省首家银行系统众创空间,2016年12月1日揭牌开业。2017年,小巨人创客中心拥有运营团队20余人,具有专业的企业运营、风控等知识。运营模式上,实行"创业孵化+股权投资+债权融资"的三位一体科技创业孵化模式,提供孵化、投资、融资、担保一揽子解决方案。运营特色上,以投贷联动创新为主线,联动企业、机构、银行、政府等多方资源,采取线上、线下综合服务模式。

【张志军一行调研科工园】 5月9日,中共中央台湾工作办公室、国务院台湾事务办公室主任张志军一行实地走访调研科工园青年创业基地。张志军与台湾青年开展座谈交流会,分享创新创业的经验和想法。他表示,台湾青年一要加强与大陆青年的沟通交流,更好地融入大陆氛围,将台湾的创业理念与成果在南京得到最大的发挥和展示;二要及时反馈在创新创业过程中的困难和需求,进一步坚定创新创业之路,与海峡两岸青年创业基地一起排除万难、谋求发展;三是希望各台青通过分享在大陆创业的经历,进一步宣传和动员台湾有志青年赴宁创业,加强两岸互通交流,形成创新创业产业链效应;四是要求海峡两岸青年创业基地加强对台青企业的服务和指引,强化生活、娱乐等配套,通力协助台青在宁充分展示创新创业的理念,分享创新创业的优秀成果,实现两岸创新创业共同发展、互利共赢。

【激光雷达芯片与ADAS主题研讨会】 8月11日由科工园举办。研讨会特邀国内外业界资深专家学者,共同交流激光雷达在无人驾驶技术方面的应用成果。会上,专家学者们针对激光雷达的技术发展以及激光雷达应用领域方面展开演讲,分享各自研究领域的观点。此次研讨会的召开,在促进激光雷达技术发展及应用领域方面具有重大意义,同时也为江北激光雷达领域技术领军与科研应用团队提供了一个持续发展、合作共赢的交流平台。

【科孚纳米出席中国国际石墨烯创新大会】 9月24日,科工园入驻企业——南京科孚纳米技术有限公司协办出席在南京举办的2017中国国际石墨烯创新大会。该公司董事长萧小月教授作为大会执行主席主持开幕式,其子公司合作伙伴、诺贝尔物理学奖获得者安德烈·海姆出席大会。科孚纳米亮相此次大会,不仅为科工园提高了知名度,而且为公司转型升级奠定了基础。

·功能开发与环境建设·

【基础设施建设】 全年基础设施类重点项目51个,总投资164.29亿元。51个项目中,当年竣工项目9个,在建项目20个,新开工项目22个。

2017年科工园基础设施类重点项目建设情况一览表

表40　　单位:万元

序号	项目名称	计划总投资	2017年建设内容	开工时间	竣工时间
1	台南路二期(淮月路—海峡大道)	550600	南区商业部分主体施工	2011.6	2019.6
2	临江南路(石塘路—西江路)	6030	项目竣工	2013.5	2017.12
3	淮月河(沿山大道—海峡大道)	25490	项目竣工	2013.7	2017.12
4	绿水河二期(海桥路—浦乌路)	6870	项目竣工	2013.7	2017.12
5	油坊路(嘉义路—澎湖路)	5840	项目竣工	2013.7	2017.12
6	两岸设计小镇	50058	项目竣工	2015.10	2017.12
7	海科新寓保障房D区	2310	项目竣工	2015.10	2017.12
8	海桥路配建小学	2260	竣工验收	2015.10	2017.12
9	台北路(海峡大道—光明路)	11733	部分建成	2015.10	2018.12
10	海科新寓棚户区改造保障房B区A地块	3360	部分建成	2015.10	2018.12
11	海桥路配建中学	1670	部分建成	2015.10	2018.12
12	应山路(澎湖路—台南路)	37970	部分建成	2015.12	2018.12
13	光明路(沿山大道—文德西路)	100000	项目竣工	2016.5	2017.12
14	雪山路(玉山路—基隆路)	11952	路基处理,管道预埋	2016.6	2018.12
15	乐山河(沿山大道—海峡大道)	10594	路基处理,管道预埋	2016.6	2018.12
16	卓溪路(义林路—光明路)	8843	路基处理,管道预埋	2016.6	2018.12
17	石塘西路(浦滨路—湾梗路)	6172	路基处理,管道预埋	2016.6	2018.12
18	兰溪公园	4544	路基处理,管道预埋	2016.6	2018.12
19	海桥社区中心(海桥路以南、五华路以东)	2287	河道开挖	2016.6	2018.12
20	科工园给水增压站	1073	路基处理,管道预埋	2016.6	2018.12
21	基隆路(海峡大道—光明路)	60000	主体封顶	2016.11	2018.12
22	淮月路二期(嘉义路—浦乌路)	50000	主体封顶	2016.11	2018.12
23	澎湖路(海峡大道—五华路)	17230	路基处理,管道预埋	2016.12	2018.12
24	澎湖路二期(淮月路—海峡大道)	13337	路基处理,管道预埋	2016.12	2018.12
25	和美路(淮月路—杏林路)	8747	路基处理,管道预埋	2016.12	2018.12
26	湾梗路(石塘路—西江路)	7450	路基处理,管道预埋	2016.12	2018.12
27	智城路(新北路—基隆路)	7311	路基处理,管道预埋	2016.12	2018.12
28	新合南路(石塘路—西江路)	7307	路基处理,管道预埋	2016.12	2018.12
29	科工园停车场	5073	路基处理,管道预埋	2016.12	2018.12
30	海科新寓棚户区改造保障房B区B地块、C地块	2565	主体封顶	2017.4	2017.12
31	石塘路(浦滨路—滨江大道)	40000	一期开工建设	2017.6	2019.6
32	仰山路(淮月路—基隆路)	7171	开工建设	2017.6	2019.6

续表 40　　单位:万元

序号	项目名称	计划总投资	2017 年建设内容	开工时间	竣工时间
33	云林路(淮月路—荣庄路)	6840	开工建设	2017.6	2019.6
34	淮月河支河(宁合高速—宁淮高速)	5903	开工建设	2017.6	2019.6
35	牌坊路(嘉义路—澎湖路)	5269	开工建设	2017.6	2019.6
36	义林路(玉山路—基隆路)	4237	开工建设	2017.6	2019.6
37	科工园金雁湖社区中心	1637	主体竣工验收	2017.9	2018.12
38	杏林路(沿山大道—基隆路)	22751	开工建设	2017.9	2019.12
39	台北路二期(淮月路—海峡大道)	11847	开工建设	2017.9	2019.12
40	兰源路(新北路—基隆路)	9829	开工建设	2017.9	2019.12
41	宜兰路(淮月路—荣庄路)	9741	开工建设	2017.9	2019.12
42	知城河	6179	开工建设	2017.9	2019.12
43	海桥路配建幼儿园	1638	开工建设	2017.9	2019.12
44	科工园片区积淹水改造(湾梗河整治)	88220	开工建设	2017.9	2020.12
45	科工园公交首末站	1000	开工建设	2017.10	2018.12
46	嘉义路二期(淮月路—海峡大道)	40000	一期开工建设	2017.10	2019.6
47	嘉义路(海峡大道—台南路)	43000	开工建设	2017.10	2019.9
48	月塘路(嘉义路—台南路)	20000	开工建设	2017.10	2019.9
49	台南路(海峡大道—嘉义路)	20000	开工建设	2017.10	2019.9
50	基隆路二期(淮月路—海峡大道)	179000	开工建设	2017.10	2020.6
51	淮月路一期(沿山大道—嘉义路)	90000	桩基施工,基坑开挖完成	2017.10	2020.9
	合　计	1642938			

【特色园区建设】 江北设计小镇全年完成投资额 17.38 亿元。9 月下旬举行特色小镇专场推介会,进一步扩大影响力,提升小镇知名度。制定海绵园区 2018～2020 年三年行动计划和年度目标分解,因地制宜开展园区海绵建筑及路网水系专项设计,将海绵概念实现到园区基础建设当中,并督促园区各产业项目将海绵指标落实到建设实处。完成中法创意风情小镇 VI 识别系统和宣传片制作等工作,并于 11 月 22 日举办小镇奠基仪式,标志着中法创意风情小镇正式拉开建设序幕。

【两岸生命健康产业联盟落户】 4 月 7 日,由科工园、区人才办、团区委共同主办的两岸生命健康产业技术暨人才研讨交流会在科工园举行。副区长石勇、科工园管委会主任李业明、财团法人金属工业研究发展中心创新育成中心经理林克青、伊诺光点创梦基地负责人钱振汉及众多来自中国台湾生命健康领域的高新企业与技术人才参会。会上签订《两岸生命健康产业联盟协议》和《南京海峡两岸科技工业园进驻协议》,标志着两岸生命健康产业联盟正式落户科工园。园区将秉持两岸协作共创健康中国的理念,依托落户园区的台湾生命健康企业,搭建两岸生命健康产业的研发协作平台与新技术科研成果的中试基地和企业加速基地,用以引进高端生命健康产业技术人才、成熟的生命健康技术应用合作及相关产业项目投资落户两岸生命健康产业联盟。

【公共区域地下管线普查技术方案评审会】 11 月 24 日召开。科工园邀请测绘行业及相关领域专家组成专家组,共同听取科工园地下管线普查技术方案汇报。经过专家组充分讨论,一致认为该技术方案满足国家相关规范和文件要求,目标明确、内容完整,技术路线正确,能够满足未来园区快速发展规划建设需求。专家组还就地下管线探测精度、数据标准及管线入库等问题给出指导性建议。

·项目建设·

【招商引资】 2017 年,科工园新签约重大招商项目 14 个,其中 10 亿元以上项目 4 个,分别为中法创意风情小镇、Cadence 中国半导体产业基地、中意创新设计基地、蓝色气候能源有限公司总部基地,累计总投资 326 亿元。重点在手在谈的招商项目 21 个,包括点米科技总部基地、保丰新三板产业园、全球第二大晶圆厂格罗方德中国(合资方案)项目等。新开工项目4个,分别为科技创新二号大厦和三号大厦、江苏锐丰视听科技文化产业谷、迪威视讯智慧产业园及南京集成电路国际城研发园(一期)项目。

【中英创意设计中心落户】 3月21日,英国安格利亚鲁斯金大学校长伊安·马丁(Iain Martin)一行调研科工园,实地考察科工园两岸设计小镇建设推进情况,并走访两岸设计小镇内的中国台湾伊诺·光点创梦基地,双方开展了在文化创意领域的经验交流。随后,双方在科工园举行中英创意设计中心落地两岸设计小镇揭牌仪式。该中心基于南信大的五星专业(数字媒体艺术)与英国安格利亚鲁斯金大学剑桥艺术学院合作,共同打造传媒国际青年培养基地、“三城”创意产业集聚区、国际文创综合体等。区委常委、宣传部部长郑晓明,科工园管委会主任李业民及相关部门负责人陪同调研。

【浦镇海泰研发基地项目动工】 4月19日,南京中车浦镇海泰制动设备有限公司轨道交通制动系统研发基地项目在科工园举行开工仪式。中国城市轨道交通协会副秘书长王飚、中车南京浦镇车辆有限公司董事长兼党委书记赵大斌、中车海泰公司董事长唐永明出席开工仪式。该项目位于科工园内五华路以东、山林路以西、沿山大道以南、玉山路以北区域,占地面积9.52公顷,总建筑面积15万平方米,计划总投资6亿元,将建设集研究开发中心、工艺设计中心、试验中心于一体的轨道交通制动系统研发基地。可年产高速动车组制动系统200列,城际动车组制动系统50列,地铁、低地板有轨电车、高档客车等制动系统950辆。

【奇柯项目开业运营】 5月12日,浦口首届奇柯芭碧瓏国际风尚节在科工园开幕。区委常委、科工园党工委书记丁爱民和江苏奇柯公司董事长查尔斯·费舍尔参加开幕仪式。总投资68亿元的奇柯南京全球商品总部基地规划打造成中国全球商品商贸航空运输总部基地,建设辐射全国的国际名品集散地和贸易批零及仓储中心。此次风尚节的开幕,标志着奇柯南京全球商品总部基地的体验形象店——奇柯绿洲展销中心正式开业。丁爱民在开幕式上表示,科工园是江北新区落实“一带一路”倡议和长江经济带发展战略的核心载体,奇柯绿洲展销中心作为江北新区民生休闲高端配套,是依托江北新区及科工园政策便利诞生的江苏省首个性价比最高、品类最全、宜购、宜休闲于一体的全球商品保税展示、批发、直销总部基地,希望科工园与各企业共同努力,共同打造一个国际化的新社区。

【紫泉、蓝色气候项目协议签订】 6月15日,科工园分别与南京紫泉电力设计咨询有限公司、蓝色气候(北京)能源有限公司正式签订合作协议。

紫泉电力设计企业总部及研发中心项目总投资约7亿元,拟建设紫泉集团总部大楼以及研发中心、营销中心、财务中心、采购中心,总建筑面积约5万平方米。项目建成后将发挥电力技术领域的引领作用,实现企业资源整合,形成集团化运作,带动周边相关产业链的快速发展并解决周边员工就业问题。

蓝色气候总部基地项目总投资不低于10亿元,总用地3.33万平方米,总建筑面积8.3万平方米。主要建设内容包括国家级土壤实验室(含土壤修复中心)、设备研发和技术装备展示交易中心、工程设计中心、行业培训中心、国内外专家综合办公区、生态农业电商中心及海归研发孵化中心等,主营业务为投资、建设、运营沼气发电、有机肥、生态农业开发、河道治理、土壤修复等,形成“互联网电商 + 生态农业 + 新能源产业”的完整产业链。项目建成后,总部办公人数不少于500人,申报发明专利不低于100项,项目运营后将全面推进周边地区生态农业环境的健康、安全和可持续发展。

【物联网产业基地项目落户】 6月16日,科工园与南京物联网研究院发展有限公司签署物联网产业基地项目合作意向书。该项目着力打造物联网核心技术与产品研发平台、产业投融资平台、运营支持平台、交流协作平台等,主要从事物联网智能终端、大数据存储及处理平台、物联网产业应用的关键技术、产品前瞻性研究与开发,以及建立雾计算数据中心,构建物联网检测服务公共平台。

【智慧互联网化纤电商平台项目落户】 8月23日,总投资4亿元的智慧互联网化纤产业电商交易平台项目正式落户科工园。该项目主要依托渤商所竞价、直购、云商、跨境贸易等专业电商平台,建立和完善中国化纤产业的供应链互联网服务体系,为上下游生产者、消费者、经营者和投资者在渤海商品交易所的交易平台上进行电子交易、结算、交割和仓储物流监管融资等提供服务。项目建成后将致力于推动中国化纤行业转型升级,服务地方实体经济。

【台商金融服务中心落户】 8月24日,由区台办与科工园共同主办的首届两岸金融服务沙龙在科工园举行,标志着首个台商金融服务中心落户科工园·青创园。该中心是针对台企及台青在创业、就学、工作、购房等方面的优惠融贷服务及金融业务解疑的“马上办”中心,为进驻浦口的台湾人士提供有效的金融解决方案。

【捷安特服务科创产业总部项目落户】 10月13日,科工园与中国捷安特有限公司(香港)签署捷安特服务科创产业总部项目战略合作协议。区委副书记、区长王磊出席签约仪式。中国捷安特有限公司(香港)将在科工园设立捷安特服务科创产业总部,打造健康骑行综合平台,整合研发中心、网络中心、建设中心、运营中心、培训中心和赛事体验中心六大事业中心。该项目落户浦口,将进一步带动浦口区旅游业发展,给浦口提供更多就业机会,实现政府、企业、社会、居民的多方共赢。

【苏博—溯远生物科技产业园落户】 11月2日,科工园与南京溯远基因科技有限公司签订正式合作协议,苏博—溯远生物科技产业园落户园区。产业园由南京溯远基因科技有限公司承建,总投资5亿元,将建设集高通量DNA测序用集成电路芯片研发生产中心、大型分子生物类仪器研发制造中心与食品安全快检设备研发生产中心为一体的生物科技产业园。建成后,将引进包括ABI、博日、尼康、莱卡、伯乐等同行业国内外企业投资入驻。

【易程产业园落户】 11月8日,科工园与易程科技股份有限公司签署项目战略合作协议。区委书记瞿为民,区委常委、科工园党工委书记丁爱民,易程科技股份有限公司董事长李吉生等出席签约仪式。瞿为民指出,作为备受市、区关注的重大项目,易程科技服务有限公司落地,将汇聚、打造物联网、通讯、智慧交通、生物识别、智慧安全、大数据分析以及军民融合等高新技术产业,提升产业园的科技实力和社会影响力。此次签约的易程产业园项目计划总投资25亿元,将对接国内外资本市场,围绕物联网产业的核心技术和市场应用,打造包括1~2家上市公司、一批不同规模与定位的科技公司在内的控股、参股企业群,使园区成为国内在科技实力与产业规模方面领先的物联网产业园。

【浦口区建设工程检测中心落户】 11月23日,科工园与南京市建正建筑工程质量检测中心签订正式协议,标志着南京市浦口区建设工程检测中心项目正式落户科工园。项目计划总投资1.5亿元,总建筑面积4.1万平方米,重点建设检测研发及培训中心、综合实验楼、办公大楼、运营中心等。

【大数据产业知识产权与金融资本创投会暨国际技术合作大会】 11月29日在科工园举办。大会以"借力知识产权与金融资本,打造产业升级大数据引擎"为主题,旨在集中力量培育知识产权密集型企业,架设产业、资本、技术合作共赢的桥梁。大会对科工园公共技术服务平台的搭建起到至关重要的作用,尤其在知识产权服务、科技成果转化等方面强化了科工园专业化服务体系,也将极大促进自主知识产权高新技术及产品在当地的产业转化。闲暇客(中国)国际健康大数据服务项目、越洋紫晶磁光电云存储研究院项目等国内外大数据相关细分领域的优秀创新项目签约落户。由科工园和高创中国、M2产学合作团共建的中央大学技术产业化中心在活动现场揭牌,省国际科技合作中心向高创中国授予"国际合作示范基地"称号。

【紫光科技研发园落户】 12月5日,紫光科技研发园正式落户科工园。紫光集团有限公司在科工园成立南京紫光科技园发展有限公司,计划总投资20亿元以上,打造办公研发中心,产业规划以研发销售、市场拓展业务为主。紫光集团有限公司是清华大学旗下的高科技企业,以集成电路产业为主导,形成从"芯"到"云"的高科技产业生态链。项目建成后,将引进紫光集团旗下及关联的H3C、展讯通信、紫光国芯、紫光数码、RDA及紫光南京半导体存储基地等一大批紫光研发产业链上下游领军型企业。 (付婕 刘涛)

浦口高新技术产业开发区

·综 述·

【概况】 浦口高新区位于江北新区共建区范围内,于2017年12月18日正式挂牌成立,总规划面积约30.32平方千米,主导产业为人工智能、文化创意、金融审计。由南京海峡两岸科工园牵头,整合浦口开发区紫峰研创园、江北新区服务外包产业园、浦口国际企业研发园、求雨山文创园。按照"一区五园"发展思路,最大限度整合园区资源,从知识创造、技术创新、产业升级、结构优化、参与国际竞争和可持续发展等方面打造全区高新技术产业创新集聚区。

【机构设立】 12月25日,区编办下发《关于设立南京浦口高新技术产业开发区管理机构有关事项的通知》(浦编字〔2017〕69号),为落实市委、市政府"两落地一融合"决策部署,按照市委、市政府《关于印发〈南京市科技园区整合设立工作方案〉的通知》(宁委发〔2017〕34号)及市编委《关于设立南京浦口高新技术产业开发区管理机构有关事项的通知》(宁编字〔2017〕63号)要求,经研究决定,在科工园管委会基础上,设立中共南京市浦口区委南京浦口高新技术产业开发区工作委员会、南京浦口高新技术产业开发区管理委员会,为浦口区委、区政府派出机构,正处级建制,与科工园管委会两块牌子一套班子。浦口高新区采用管委会式的组织架构,下设7个工作部门,共有工作人员152人,其中管委会领导9人。年末,浦口高新区领导班子、管理团队及各部门工作人员全部到位。高新区内其他整合园区按照原有机构和领导班子继续开展各自范围内建设发展工作。

【"一区五园"范围】 南京海峡两岸科工园规划面积约12.84平方千米,北至沿山大道,南至浦乌路,西至宁淮高速,东至光明路;浦口开发区紫峰研创园总占地面积10.54平方千米,北至新星大道,南至紫桐路、龙港路,西至沿山大道,东至百合路、紫峰路;江北新区服务外包产业园用地面积约为3.2平方千米,北至浦乌路,南至浦滨路,西至三桥连接线,东至虎桥;浦口国际企业研发园用地面积约2.4平方千米,北至浦滨路,南至滨江大道,西至三桥连接线,东至园界路;求雨山文创园用地面积1.3平方千米,北至雨山西路,南至文德西路,西至雨山西路,东至中圣北街和雨山路。

【发展理念】 实施园区建设、产业引进、基金驱动"三轮驱动"战略,以创新创业、产城融合、绿色共生为发展原则,最大限度整合园区资源,从知识创造、技术创新、产业升级、结构优化、参与国际竞争和可持续发展等方面全面打造高新技术产业创新集聚区。基金驱动方面,将由浦口区产业发展母基金引导,先行设立浦口科创产业投资基金、海外直通车产业基金、浦口高新区专利优势基金,同时依托求雨山金融街引进一批市场化基金及创投机构。

【人才集聚】 浦口高新区累计有高新技术企业9家,高新技术产值24亿元,科技型企业183家,入库和在培企业28家。申请知识产权超140件,其中发明专利62件。8人入选"创业浦口"计划,1人入选省"双创"计划,培育创新型企业家1人、集聚科技顶尖专家1人、"双创"博士1人,培育高端团队1家。

·功能开发与环境建设·

【企业培育】 浦口高新区以打造“双创高地”(大众创业、万众创新)为建设目标,加大科技型企业的孵化培育力度,加快现有载体的产业布局。服务外包产业园一期10万平方米载体全部招租,二期23万平方米载体招租率超90%。拥有创新创业孵化器8个,其中伊诺光点创梦基地、鼎韬酷立方、亚克众创码头、IC咖啡、北京银行小巨人入选省级孵化器平台。与天津鼎韬达成战略合作,共建服务外包产业园项目,打造5万平方米的汇聚服务外包产业的企业聚集区。

【产城融合】 浦口高新区按照“产城融合”发展理念,加快园区基础设施建设,完善生活配套功能。南京银行鑫星中小银行项目全面完工,浦镇海泰制动设备轨道系统研发基地项目主体封顶,金雁湖社区服务中心、海科新寓保障房、海桥路幼儿园、广州锐丰总部及试听文化产业谷、迪威视讯智慧产业园等项目全面开工建设,奇柯全球商品总部基地完成土地出让前期准备工作。

·项目建设·

【产业招商】 浦口高新区成立以来,先后引进重大产业项目14个,其中投资额10亿元以上项目4个,累计总投资超326亿元。其中,有总投资20亿元的Cadence南京基地、总投资30亿美元的中法创意风情特色小镇、紫泉能源科技企业总部及研发中心、蓝色气候总部基地等。

【新型研发机构】 引进审计大数据研发中心项目,其运营公司——南京南审审计大数据研究院有限公司于12月28日领取工商营业执照。科研工作在南京审计大学开展,利用大数据分析技术为市公安局开展经济案件侦破提供银行数据分析和线索梳理工作,签约引进下游企业4家,并与南京中新赛克科技有限责任公司(上市公司)、南京盈放科技股份有限公司(上市公司)签署合作协议。

12月7日,浦口高新区与北京华控创为签约 (科工园 提供)

【国家战略重点产业项目落户】 12月7日,北京华控创为信息科技有限公司与浦口高新区管委会签约仪式在科工园科创总部大厦举行。区委书记瞿为民、北京华控创为信息科技有限公司CEO史敬出席签约仪式。项目计划总投资5亿元,将在浦口高新区建设语音识别研发创新平台及运营中心,与军事科研院所成立人工智能(语音识别)联合研究中心、集团运营总部及结算中心,未来将成为华控创为集团的实际运营、结算总部及申报上市主体。北京华控创为信息有限公司由清华控股于2016年5月出资成立,核心技术团队为清华大学、中国军事科学院等高校、院所科研人员。该公司专注于人工智能和智慧城市研发、产业化,在人工智能、语音识别、合成、应用等领域处于世界领先水平,已自主研发了包含语音识别、语音合成、语音分析等8项人工智能核心技术的诸多应用产品。该公司是国家级高新技术企业,项目属于国家重点战略产业,其落户对促进浦口区产业转型升级、提升区域核心竞争力具有重要推动作用。

【与艾立宝公司签约】 12月27日,浦口高新区与南京艾立宝公司签署公共服务平台战略合作协议。项目将对浦口高新区的企业服务、管理和运营模式进行调研和重新优化,并根据调研结果和优化措施制定园区公共服务和管理体系,推进园区公共服务平台建设,为入园企业提供各类服务。 (刘涛)

·文稿编辑 朱军玲·

房 地 产 业

房地产开发

【概况】 截至12月末,浦口区实现房地产开发投资262.61亿元(含江北新区直管区),同比增长37.4%。其中,商品住宅投资190.82亿元,增长32.1%;商品房在建施工面积955.16万平方米,增长52.2%;商品房竣工面积161.39万平方米,增长67%。 (魏星)

【宝隆·时代广场】 位于江浦街道新浦路。5月20日开盘,首推12号、13号、14号楼计592套4.8米挑高公寓,户型面积41~75平方米,销许均价3万元/平方米,折后均价1.65万元/平方米~1.78万元/平方米。年末在售8号、5号、9号楼公寓,户型面积56~67平方米,均价1.8万元/平方米。

2011年7月19日,江苏常发地产有限公司以3.43亿元底价拍得江浦街道新浦路6号地块(NO.2011G30),楼面地价1628元/平方米。项目由江苏兴隆兴业集团投资,南京江北常发投资有限公司开发建设。功能定位为区域级商业配套,项目内建有集中式商业、沿街商铺、写字楼。商业面积约6万平方米,办公面积约13万平方米。办公公寓12栋(含双廊楼栋和单廊楼栋),为11~12层高层,其中1~2层为商业,层高5.8米,办公层高4.8米,面积41~75平方米。小区内配有三大主题商业街区——潮·生活广场、创客中心、滨河美食广场,其中潮·生活广场涵盖超市、儿童游乐中心、电影院、餐饮等业态。

宝隆·时代广场基本情况一览表

表41

指标名称	基本情况	指标名称	基本情况
项目地址	江浦街道新浦路128号	建筑类别	高层、小高层
用地面积	69137.9平方米	物业类别	商业、办公
建筑面积	259976.53平方米	土地使用年限	2013.6.24~2053.6.23
容积率	3.5	产权年限	40年
建筑密度	49.72%	首次开盘时间	2017.5.20
建筑高度	≤60米	首批交付时间	2018.12.31
绿地率	20.15%	首次开盘均价	16500~17800元/平方米
开发企业	南京常发江北投资有限公司	年末均价	18000元/平方米
建筑设计单位	北京炎黄联合国际工程设计有限公司	主力户型	54平方米、61平方米三室二厅
环艺设计单位	上海冉地景观设计有限公司	交付标准	毛坯
施工单位	江苏星月星建筑安装工程有限公司	总户数	2060户
监理单位	江苏金丰华工程监理咨询有限公司	机动车停车位	2250个
物业管理公司	江苏隆府物业管理有限公司	物业费	3元/平方米·月

【毅达·汇创中心】 位于浦口大道与宁合高速交汇处。6月11日首开,推出3号楼570套精装酒店式公寓,4.8米挑高,面积35~45平方米,销许均价2.5万元/平方米,折后均价2万元/平方米。梯户比为6梯30户。年末在售2号楼4.8米挑高精装公寓,均价2.65万元/平方米,总价90万元/套起。

2015年9月23日,南京汇景摩柏股份有限公司经42轮竞拍,以3.5亿元竞得浦口大道以南S01地块(NO.2015G37),楼面地价4056.7元/平方米。2016年9月23日开工,2017年3月确定案名创客公馆,由毅达资本出资打造。小区规划建设5栋商业办公用房,主要包括商业办公和商业街铺两种类型产品，其中2栋20层的酒店式公寓、1栋21层的商务办公楼、1栋8层的商务办公楼和1栋商业中心。项目周边路网发达，紧临地铁10号线南京工业大学站，距南京长江隧道北出口约2000米；商业配套方面，紧邻规划中的高端大型商业综合体虹悦城，项目对面即是年末开业的红星美凯龙，周边另有明发新城天街、东方万汇城、金盛田广场、慕斯荟、大润发等成熟商业配套。

毅达·汇创中心基本情况一览表

表42

指标名称	基本情况	指标名称	基本情况
项目地址	江浦街道浦口大道南侧	建筑类别	高层
占地面积	24650.58平方米	物业类别	商业、办公
建筑面积	129526.73平方米	土地使用年限	2016.1.19~2056.1.18
容积率	3.5	产权年限	40年
建筑密度	31.87%	首次开盘时间	2017.6.11
建筑高度	≤100米	首批交付时间	2019.8.31
绿地率	30.05%	首次开盘均价	2万元/平方米
开发企业	南京汇景摩柏房地产开发有限公司	年末在售均价	2.65万元/平方米
建筑设计单位	南京城镇建筑设计咨询有限公司	主力户型	35平方米
环艺设计单位	杭州绿城衡宇环境设计有限公司	交付标准	精装修
施工单位	中国核工业华兴建设有限公司	总户数	1140户
监理单位	中邮通建设咨询有限公司	机动车停车位	1588个
物业管理公司	绿城物业服务集团有限公司	物业费	3.2元/平方米·月

【三金·鑫宁府】 位于江浦街道珠泉西路与江森路交汇处。7月22日首开，推出1号、2号、4号楼计250套毛坯房源，面积105~152平方米，销许均价24756~26018元/平方米。12月9日加推7号楼72套房源，均价25596元/平方米。

2015年9月23日，经47轮角逐，南京三金房地产开发有限公司以总价12.6亿元竞得江浦街道谢营2号地块(NO.2015G35)，溢价率110%，楼面地价11130元/平方米。这也是2015年之后江北首幅地价破万的地块。2016年12月开工，并确定案名为三金·鑫宁府。项目规划13栋18层住宅楼，采用大围合式的建筑布局。产品方面，项目整体打造纯板式结构，一梯一户，户型面积103~170平方米。景观方面采用法式景观园林，以十字景观为主轴，辅以五重园林景观，另有百米银杏大道、超大果岭草坪、互动口袋花园。

三金·鑫宁府基本情况一览表

表43

指标名称	基本情况	指标名称	基本情况
项目地址	江浦街道珠泉西路与江森路交汇处	建筑类别	高层
占地面积	47170.94平方米	物业类别	住宅、商业
建筑面积	142383.8平方米	土地使用年限	2016.4.11~2086.4.10
容积率	2.4	产权年限	70年
建筑密度	18%	首次开盘时间	2017.7.22
建筑高度	≤100米	首批交付时间	2019.6.30
绿地率	40.57%	首次开盘均价	25387元/平方米
开发企业	南京三金房地产开发有限公司	年末在售均价	25596元/平方米
建筑设计单位	上海联创建筑设计有限公司	主力户型	103平方米三房、127平方米四房、152平方米五房
环艺设计单位	上海联创建筑设计有限公司	交付标准	毛坯
施工单位	江苏省江建集团有限公司 南京建工集团有限公司	总户数	856户
监理单位	南京广建工程监理有限公司	机动车停车位	689个
物业管理公司	南京银城物业服务股份有限公司	物业费	1.9元/平方米·月

【明发·星悦城】 备案名“星悦天地广场”,位于高新区核心位置,距离地铁3号线星火路站约100米。8月19日在浦口体育中心首次开盘,推出1号和8号楼计517套4.8米挑高公寓房源,其中1号楼(办公)20层,4梯16户,计309套;8号楼(酒店式公寓)16层,2梯13户,计208套。户型面积30~45平方米,销许均价2.8万元/平方米,折后均价1.6万元/平方米,总价50万元/套起。此次开盘选房仅限前期认筹客户,以开盘入场券单号进行电脑摇号选房。当天1200多人参与选房,3小时售罄。

2016年9月19日,明发集团经过64轮竞价,以5.5亿元竞得南京高新区一幅商办混合用地(NO.2016G42),楼面地价6684元/平方米,溢价率139.1%。2017年6月确定案名星悦城,由明发、弘阳、新城三大品牌房企联合打造,新城操盘,3家房企联合注册南京明弘新房地产开发有限公司。项目总建筑面积约11万平方米,规划9栋15~20层公寓、办公楼,面积25~45平方米,4.8米挑高,是江北首个打造双钥匙产品概念的小区。商业配套方面,自带5000平方米1~3层地铁时尚购物中心,项目对面即为规划中的大型商业综合体龙湖天街。

明发·星悦城基本情况一览表

表44

指标名称	基本情况	指标名称	基本情况
项目地址	沿江街道星火路与汇贤路交汇处	物业类别	办公、酒店式公寓、商业
占地面积	27427.7平方米	土地使用年限	2017.2.24~2057.2.23
建筑面积	108947.8平方米	产权年限	40年
容积率	3.0	首次开盘时间	2017.8.19
建筑密度	26.49%	首批交付时间	2019.12.30
建筑高度	≤100米	首次开盘均价	1.6万元/平方米
绿地率	20.2%	年末在售均价	1.7万元/平方米
建筑类别	高层	主力户型	35平方米
开发企业	南京明弘新房地产开发有限公司	交付标准	毛坯
建筑设计单位	南京长江都市建筑设计股份有限公司	总户数	2143户
施工单位	荣华建设集团有限公司 江苏扬建集团有限公司	机动车位数	1320个
监理单位	南京北江建设监理有限公司	物业费	3.8元/平方米·月
物业管理公司	南京弘阳物业管理有限公司		

【招商·御澜府】 备案名“玉澜府”,位于泰山街道东大路,与东大成贤学院一路之隔。11月8日在鼎业开源大酒店首开7栋楼,共376套精装房源,推出90~141平方米4种户型,销许均价24608~26082元/平方米。460组购房者参与摇号,中签率81.7%,但当天开盘去化不足四成。

2016年12月27日,招商蛇口以10.2亿元获得泰山街道泰山西路与左所东路夹角地块(NO.2016G87),楼面地价10353元/平方米。2017年6月确定案名“御澜府”,并确定由招商蛇口、弘阳地产、嘉华国际三大品牌房企联手开发。9月30日开工,分3期开发建设。项目采用新亚洲主义建筑风格,新中式园林景观设计,规划建设16栋14~18层精装高层住宅。项目周边主干道有江北大道快速路、沿山大道、东大路、泰工路等,距地铁3号线东大成贤学院站约800米,距大型商业综合体弘阳广场约2000米。

招商·御澜府基本情况一览表

表45

指标名称	基本情况	指标名称	基本情况
项目地址	泰山街道东大路	物业类别	住宅
占地面积	44783.85平方米	土地使用年限	2017.3.7~2087.3.6
建筑面积	129795.83平方米	产权年限	70年
容积率	2.2	首次开盘时间	2017.11.8
建筑密度	15.84%	首批交付时间	2019.12.31
建筑高度	≤60米	首次开盘均价	25580元/平方米

续表 45

指标名称	基本情况	指标名称	基本情况
绿地率	35.22%	主力户型	90 平方米、113 平方米三房,129 平方米、141 平方米四房
建筑类别	高层	交付标准	精装修
开发企业	南京弘威盛房地产开发有限公司	总户数	869 户
施工单位	中国江苏国际经济技术合作集团有限公司	机动车位数	1001 个
监理单位	南京工苑建设监理咨询有限责任公司	物业费	1.9 元/平方米·月
物业管理公司	南京弘阳物业管理有限公司		

【明发·阅山悦府】 备案名“阅山居”,位于南工大与浦口大道交汇处。11 月 14 日首开,推出 21 号、27 号楼计 54 套 5 层山景叠墅,销许均价 28155 ~ 29975 元/平方米,户型面积 100 ~ 223 平方米,总价 330 万起,毛坯交付,其中 21 号楼一梯一户,27 号楼一梯四户。

2012 年 2 月 10 日,浦口开发区以 3.2 亿元底价拍下南工大与浦口大道夹角地块(NO.2011G86),楼面地价 4025 元/平方米。2013 年 11 月 27 日,经浦口区政府批准公开征集意向受让方,该地块土地使用权转让给明发集团,楼面地价 9200 元/平方米。2016 年 4 月开工建设,并确定案名“阅山悦府”,是明发集团在南京打造的所有产品中最高端的“阅山”系产品。项目依老山而建,以新亚洲主义的建筑风格打造低密度纯叠墅产品社区,规划 28 栋 574 套 5 层山景纯叠墅,户型多达 10 种,面积 100 ~ 258 平方米,同时配有商业设施及 1.5 万平方米的开放式园林。

明发·阅山悦府基本情况一览表

表 46

指标名称	基本情况	指标名称	基本情况
项目地址	浦口区沿山大道 189 号	建筑类别	叠加
占地面积	72279.8 平方米	物业类别	别墅
建筑面积	7.94 万平方米	土地使用年限	2012.8.29 ~ 2082.8.28
容积率	1.1	产权年限	70 年
建筑密度	24.91%	首次开盘时间	2017.11.14
建筑高度	≤15 米	首批交付时间	2019.5.31
绿地率	37.68%	首次开盘均价	29065 元/平方米
开发企业	明发集团南京浦口房地产开发有限公司	主力户型	98 平方米、101 平方米、169 平方米、206 平方米、223 平方米
建筑设计单位	上海都市建筑设计有限公司	交付标准	毛坯
施工单位	浙江欣捷建设有限公司	总户数	574 户
监理单位	江苏宏嘉工程项目管理有限公司	机动车停车位	787 个
物业管理公司	绿城物业服务集团有限公司	物业费	3.98 元/平方米·月

【通宇·林景尊园】 位于江浦街道新浦路与康盛路交汇处,属江浦核心居住区,配套成熟、生活方便,距离南京长江隧道不远,离规划中的地铁 11 号线直线距离 900 米。12 月 20 日首开 5 栋楼,计 362 套毛坯房源,户型面积 89 平方米、95 平方米、106 平方米,销许均价约 2.73 万元/平方米。

2011 年 4 月 27 日,通宇以 2.62 亿元底价竞得该地块(NO.2011G13),楼面地价 4202 元/平方米。2017 年 3 月开工。项目承袭法式建筑精髓,外立面主体采用天然石材干挂,总体量约 8.9 万平方米,规划建造 8 栋 11 层低密住宅,一梯两户,户型有 88 ~ 93 平方米两房、105 平方米三房、118 ~ 123 平方米三房以及部分底跃。另配建 15 班幼儿园和近 2 万平方米基层社区中心。

通宇·林景尊园基本情况一览表

表 47

指标名称	基本情况	指标名称	基本情况
项目地址	江浦街道新浦路7号	物业类别	住宅、商业
占地面积	36681.3 平方米	土地使用年限	2013.6.13～2083.6.12
建筑面积	62358 平方米	产权年限	住宅70年,商业40年
容积率	1.7	首次开盘时间	2017.12.20
建筑密度	30%	首批交付时间	2020.3.31
建筑高度	≤35 米	首次开盘均价	2.73 万元/平方米
绿地率	35.1%	主力户型	89 平方米、95 平方米的两房,106 平方米、120 平方米三房
建筑类别	小高层	交付标准	毛坯
开发企业	江苏通宇投资有限公司	总户数	538 户
施工单位	江苏省东海建设集团有限公司 江苏益众置业有限公司	机动车位数	640 个(其中地面 22 个)
监理单位	江苏顺悦建设监理有限公司	物业费	1.9 元/平方米·月
物业管理公司	南京林景物业管理有限公司		

【明发·银河城】 备案名“悠天地商务中心”,位于高新区惠达路与丽景路交汇处,离地铁3号线星火路站约700米。12月底首开A栋40年产权的4.8米挑高公寓,户型面积60平方米,折后均价1.4万元/平方米～1.5万元/平方米。梯户比为8梯45户。

2013年2月7日,明发·银河城地块(NO.2013G01)被一家在新加坡注册成立的公司 AllGreen Holding Limited 以1.2亿元竞得,楼面地价1357元/平方米,溢价率23.14%。项目由南京明发高区置业有限公司开发,2017年7月开工,规划建设A、B两栋20层商办综合体,其中一、二层为商业。60平方米的户型分为两种,一种是为投资客准备的双钥匙户型(三房两厅两厨),另一种是自住型墅级挑高户型(两房两厅两卫一厨)。

明发·银河城基本情况一览表

表 48

指标名称	基本情况	指标名称	基本情况
项目地址	浦口区丽景路11号	建筑类别	高层
占地面积	17689.3 平方米	物业类别	办公、商业
建筑面积	120653.44 平方米	土地使用年限	2013.9.29～2053.9.28
容积率	4.99	产权年限	40 年
建筑密度	29.73%	首次开盘时间	2017.12
建筑高度	≤100 米	首批交付时间	2019.12.31
绿地率	33.78%	首次开盘均价	1.4 万元/平方米～1.5 万元/平方米
开发企业	南京明发高区置业有限公司	主力户型	60 平方米
建筑设计单位	南京长江都市建筑设计股份有限公司	交付标准	毛坯
环艺设计单位	南京石城园林景观工程有限公司	总户数	1365 户
施工单位	南京北地春建设集团有限公司	机动车位数	965 个
监理单位	南京旭光建设监理有限公司	物业费	3.8 元/平方米·月
物业管理公司	绿城物业服务集团有限公司		

(朱军玲)

房产市场

【概况】 2017年,浦口区商品住宅上市130.23万平方米,同比下降47.63%,成交102.18万平方米,下降63.71%,供求双量均跌至近五年新低;成交均价24298元/平方米,增长36.15%。从月度走势看,区域房价走势趋于平稳,但伴随新老盘交替,全区仍面临价格上涨压力。区商品住宅库存整体处在3500套左右,其中高新区、青奥体育公园片区库存严重不足,片区分化加重。二手住宅成交量下跌,成交均价涨幅收窄,受“5·13”新政对购房资格限制,以及房贷利率不断收紧的影响,购房成本增加,交易周期变长,成交量明显下跌,房主对市场的预期逐步回落,趋于理性平稳。

【商品房供销情况】 全年商品房累计上市239.2万平方米,同比下降20.04%;实现商品房合同销售165.49万平方米,下降50.36%;销售金额348.53亿元,下降39.32%。其中,江北新区管理体制调整后的浦口行政区商品房上市77.69万平方米,成交57.75万平方米,销售金额123.69亿元。12月,全区商品房上市42.35万平方米,环比增长4.67%,同比增长2259.73%(2016年12月浦口区商品房仅上市1.79万平方米);实现商品房合同销售14.8万平方米,环比下降5.61%,同比增长41.5%;销售金额29.32亿元,环比下降18.12%,同比增长52.38%。其中,浦口行政区商品房上市面积18.42万平方米,销售面积4.41万平方米,销售金额11.16亿元。

商品住宅供销情况:全年商品住宅上市130.23万平方米、11322套,同比分别下降47.63%、52%;销售102.18万平方米、8498套,分别下降63.71%、67.73%;销售金额248.29亿元,下降50.59%;均价24298元/平方米,增长36.15%。其中,浦口行政区商品住宅上市37.74万平方米,成交33.34万平方米,销售金额82.47亿元。12月,全区商品住宅上市30.51万平方米,环比增长31.95%;销售10.88万平方米、1019套,环比分别增长2.89%、9.1%,同比分别增长44.16%、34.97%;销售金额22.7亿元,环比下降19.34%,同比增长53.6%;均价20880元/平方米,环比下降21.60%,同比增长6.54%。其中,浦口行政区商品住宅上市9.46万平方米,成交3.46万平方米,销售金额9.56亿元。2017年,全区商品住宅上市、销售面积分别占全市的18.08%、14.93%。

商品住宅供销结构情况:从面积结构来看,144平方米以下商品住宅的上市量、销售量所占份额分别为88.12%、80.47%,其中90平方米以下商品住宅上市量、销售量所占份额分别为24.72%、24.33%;从价格结构来看,商品住宅销售单价主要集中在1.9万元/平方米~3.2万元/平方米,销售份额为79.01%;1万元/平方米以下商品住宅的销售量所占份额为1.87%。

商办物业供销情况:全区商办物业上市量75.42万平方米,同比增长127.94%;销售面积52.69万平方米,增长17.6%;销售金额92.25亿元,增长38.44%;成交均价17508元/平方米,增长17.72%。其中,浦口行政区商办物业上市32.38万平方米,成交20.38万平方米,销售金额38.24亿元。12月,全区商办物业上市8.68万平方米,环比下降33.82%,同比增长641.54%;销售面积3.32万平方米,环比下降21.92%,同比增长26.27%;销售金额6.08亿元,环比下降14.65%,同比增长48.88%;成交均价18302元/平方米,环比增长9.32%,同比增长17.9%。其中,浦口行政区商办物业上市8.42万平方米,成交0.66万平方米,销售金额1.28亿元。

2017年浦口区主要街道商品住宅市场供应情况一览表

表49

片区	全年上市量			12月上市量		
	面积(万平方米)	同比(%)	占比(%)	面积(万平方米)	环比(%)	占比(%)
江浦街道	59.83	-52.69	45.94	14.53	181.34	47.62
顶山街道	20.67	-11.86	15.87	15.98	—	52.38
泰山街道	20.24	-6.87	15.54	—	—	—
沿江街道	19.01	-22.11	14.60	—	—	—
高新区	6.77	-85.38	5.20	—	—	—
汤泉街道	3.71	-33.32	2.85	—	—	—
合　计	130.23	-47.63	100.00	30.51	31.95	100.00

注:数据来源于南京网上房地产。统计内容不含经济适用房、拆迁安置房、中低价商品房

2017 年浦口区主要街道商品住宅市场销售情况一览表

表 50

片区	全年销售情况			12 月销售情况			
	面积（万平方米）	同比(%)	占比(%)	面积（万平方米）	环比(%)	同比(%)	占比(%)
江浦街道	60.15	-51.91	58.87	3.65	-28.47	34.29	33.55
泰山街道	14.84	-41.05	14.52	2.42	-41.36	3111.62	22.24
沿江街道	11.51	-65.57	11.26	0.10	-85.91	-84.55	0.92
高新区	7.47	-86.79	7.31	4.52	—	20.20	41.55
顶山街道	4.49	-85.01	4.40	—	—	—	—
汤泉街道	3.70	-64.84	3.62	0.18	-65.44	-46.65	1.65
桥林街道	0.02	-97.27	0.02	0.01	—	—	0.09
合　计	102.18	-63.71	100.00	10.88	2.89	44.16	100.00

注:数据来源于南京网上房地产。统计内容不含经济适用房、拆迁安置房、中低价商品房

2017 年浦口区主要街道商品住宅成交价格情况一览表

表 51

片区	成交均价（元/平方米）	同比(%)	片区	成交均价（元/平方米）	同比(%)
江浦街道	27030	30.47	汤泉街道	16638	21.93
顶山街道	25208	21.84	高新区	15145	8.57
泰山街道	22965	30.06	桥林街道	9540	47.29
沿江街道	19811	53.61			

【二手房交易情况】 全年二手房交易95.48 万平方米、11414 套,成交额150.96 亿元,同比分别下降 47.62%、39.69%、21.15%;成交均价 15811 元/平方米,增长 50.53%。其中,12 月全区二手房交易面积 8.86 万平方米,环比下降 0.67%,同比增长 90.44%;成交套数974 套,环比下降 13.81%,同比增长63.15%;成交额 15.45 亿元,环比下降3.68%,同比增长 130.25%;成交均价17439 元/平方米,环比下降 3.03%,同比增长 20.9%。

二手住宅交易 90.46 万平方米、10512 套,成交额 145.87 亿元,同比分别下降 48.07%、42.58%、22.63%;成交均价 16126 元/平方米,增长 49.01%。12 月,全区二手住宅交易面积 7.96 万平方米,环比下降 7.32%,同比增长94.07%;成交套数 913 套,环比下降12.46%,同比增长 110.85%;成交额14.74 亿元,环比下降 5.86%,同比增长144.25%;成交均价 18514 元/平方米,环比增长 1.57%,同比增长 25.86%。

【住房租赁情况】 全年房屋租赁登记备案 13160 件,面积 70.82 万平方米,备案年租金 27956.47 万元。其中,12 月新增房屋租赁登记备案 981 件,面积7.28 万平方米,备案年租金 4167.41 万元。至年末,全区房屋租赁登记备案在册总数 20037 件。

【房地产税收情况】 据区财政局、国税局、地税局统计数据,全年实现房地产业税收总额 32.16 亿元(不含高新区,下同),占全区税收收入的 41.77%,占财政总收入的 10.81%。实现房地产地税部分税收 24.03 亿元,占全区地税总收入的 58%,其中开发企业所得税 11.41亿元,同比增长 201%。12 月,全区房地产业税收收入 -0.51 亿元(地税部分,负数指退税)。

【房地产金融情况】 据人民银行江浦支行数据,截至 12 月末,全区房地产各项贷款余额 517.59 亿元,比上月减少3.45 亿元,其中个人住房贷款余额367.51 亿元,较上月增加 6.3 亿元;住房开发贷款余额 89.9 亿元,较上月减少11.12 亿元。

【地方调控持续深化】 2017 年,房地产政策坚持“房子是用来住的,不是用来炒的”基调,深化调控政策。此轮地方调控总体持续时间长、范围广、强度大,调控内容从传统的需求端抑制需求向供给侧增加有效供应转变,除限购限贷政策外,创新的限售政策叠加土拍收紧、供应结构优化、市场监管严格,调控效果逐步显现。浦口先后执行南京于 3 月15 日、5 月 13 日两次加码调控政策,相继升级限购限贷,扩大执行范围,出台限售政策,即要求新购住房在取得不动产权证后,3 年内不得转让,同时率先执行公证摇号开盘加强市场监管,保障交易公平;随后收紧土地政策,从网拍摇号调整为最高限价竞配建保障房面积等。在此轮以“四限”(限购、限贷、限价、限售)为特色的地方差别化调控中,南京的调控政策算得上是较为严厉的城市之一,

调控取得明显效果，市场逐步降温，稳控房价目标基本实现。

同时，中央多次强调完善促进房地产市场平稳健康发展的长效机制，加快建立多主体供给、多渠道保障、租购并举的住房制度。地方也跟进大力培育发展住房租赁市场特别是长期租赁、深化发展共有产权住房试点。7 月 20 日，住建部、发改委、财政部等九部委联合印发《关于在人口净流入的大中城市加快发展住房租赁市场的通知》，南京作为 12 个首批开展住房租赁试点城市之一，于 8 月 18 日发布发展住房租赁市场相关举措，并于年底前连续挂出多幅租赁住房用地，加大推进租赁市场发展力度。

【改善类商品住宅供应放量】 2017 年，全区商品住宅上市 130.23 万平方米，同比下降 47.63%，在全市（不含高淳、溧水）中占比 18.08%，仅次于江宁，位列全市第二位，上市规模创近五年新低。从季度走势看，受分时分流统筹上市调控措施影响，全区上市量主要集中在二季度和四季度，分别为 43.11 万平方米、56.18 万平方米，累计占比 76.24%；分区域看，青奥体育公园、桥北为供给主力，占全区比重的 53.29%，主力上市项目有苏宁·威尼斯水城、雅居乐·滨江国际、中建·国熙台、正荣·润江城、保利·西江月、金象朗诗·红树林等；从面积结构看，120～144 平方米供应套数占比 27.7%，同比增长 18%，100～120 平方米供应套数占比 28.94%，增长 7%，改善类户型供给显著增长。

2013～2017 年浦口商品住宅上市量一览表

表 52

年份	商品住宅上市情况			占全市份额（%）
	上市面积（万平方米）	同比（万平方米）	增幅（%）	
2013	252.90	－26.10	－9.35	27.89
2014	218.82	－34.08	－13.48	21.44
2015	265.60	46.78	21.38	24.42
2016	248.66	－16.94	－6.38	23.35
2017	130.23	－118.42	－47.63	18.08

【楼盘间销量分化加剧】 2017 年，全区商品住宅成交 102.18 万平方米，同比下降 63.71%，在全市中占比 14.93%，位居全市第四位，成交量及在全市中占比均跌至近五年新低。从季度走势看，各季度成交量分别为 16.07 万平方米、25.45 万平方米、30.86 万平方米、29.8 万平方米，整体呈稳步增长态势；从成交结构看，120～144 平方米房源占比 28.36%，增长 19%，改善需求显著增长；从楼盘开盘情况看，自 5 月 24 日摇号细则公布以来（截至 12 月 31 日），全区有 16 家楼盘由于认筹客户数大于推盘套数申报公证摇号，占全区商品住宅开盘项目总数的近六成，其中亚泰·山语湖、旭辉银城·白马澜山、招商·兰溪谷、融创·臻园和弘阳·时光里 5 盘中签率低于 10%，而亚泰·山语湖 4% 的中签率更是刷新全市最低中签率。相对而言，近四成的项目因认筹客户数少于推盘套数未采取公证摇号开盘，甚至同区域的不同楼盘中签率表现和去化情况也出现较大差异，市场分化横向蔓延、纵向加剧。

2013～2017 年浦口商品住宅销售量一览表

表 53

年份	商品住宅销售情况			占全市份额（%）
	销售面积（万平方米）	同比（万平方米）	增幅（%）	
2013	240.64	8.47	3.65	25.69
2014	160.27	－80.37	－33.40	22.08
2015	321.10	160.83	100.35	27.83
2016	281.57	－39.53	－12.31	19.54
2017	102.18	－179.38	－63.71	14.93

【新老盘交替带来价格上涨压力】 2017 年，全区商品住宅销售均价 24298 元/平方米，同比增长 36.15%。年内多家纯新盘入市，如通宇·林景尊园、明发·阅山悦府、三金·鑫宁府、招商·御澜府等，销许均价较高。同时，区域低价项目，如弘阳·时光里、招商·兰溪谷等推盘量较少，拉动整体区域均价上涨，但从月度走势看，整体保持平稳。从单价结构看，2.5 万元/平方米以上房源成交面积占比 55.07%，同比增长 44%；从项目领取销许价格看，楼盘加推价格与上一批次相比基本持平。总体来看，随着一些价格低洼区域的老盘清盘，同时高价地项目将逐步入市，后期房价将面临较大的上涨压力。

2016～2017 年浦口区商品住宅分单价段销售套数占比情况一览表

表 54

单价（元/平方米）	2016 年套数占比	2017 年套数占比	单价（元/平方米）	2016 年套数占比	2017 年套数占比
<10000	3.69%	1.86%	20000～25000	23.44%	21.92%
10000～15000	33.43%	7.42%	25000～30000	8.46%	39.17%
15000～20000	28.23%	13.73%	>30000	2.75%	15.90%

【去化周期低于全市水平】 截至 12 月末，全区商品住宅（含别墅）累计可售面积 80.14 万平方米、6165 套，库存量较上年年末（3444 套）显著增加。从月度走势看，库存套数整体走势较为平稳，长期维持在 3500 套左右。12 月末库存量显著提升，主要是由于雅居乐·滨江国际、华润·国际社区及观山悦集中在月末领取销许，可售房源数突增 20.83 万平方米、1848 套。从去化周期看，若按照近 6 个月去化速度（月均套数）计算，去化周期为 3.7 个月，低于全市（不含高淳、溧水）的 4.6 个月；从滚动一年供销比看，截至 12 月末，全区商品住宅滚动一年供销比（套数）为 1.33，与上年的 0.9 相比，供求关系发生反转。分片区来看，高新区库存基本为零，其次是青奥体育公园片区，去化周期不足 3 个月。

2017 年浦口区商品住宅库存套数及去化周期情况一览表

表 55

时间节点（年月）	库存套数（套）	去化周期（月）	时间节点（年月）	库存套数（套）	去化周期（月）
2016.4	3046	—	2017.3	2941	4.6
2016.5	2860	—	2017.4	3167	5.5
2016.6	3472	—	2017.5	3020	5.3
2016.7	2577	1.0	2017.6	3217	5.6
2016.8	2674	1.0	2017.7	3891	6.1
2016.9	2334	0.9	2017.8	3533	5.7
2016.10	3386	1.6	2017.9	3495	4.6
2016.11	3959	2.1	2017.10	3297	4.3
2016.12	3444	2.1	2017.11	4349	5.4
2017.1	3458	2.8	2017.12	6165	3.7
2017.2	3166	3.1			

注：时间节点为各月末

【二手住宅量跌价涨】 2017 年，二手住宅交易面积 90.46 万平方米，同比下降 48.07%；成交均价 16126 元/平方米，增长 49.01%。从月度走势看，下半年以来，成交量呈逐步下滑趋势，价格涨幅也出现收窄，主要是“5·13”新政对购房资格限制，叠加房贷利率不断收紧，导致购房成本增加、交易周期拉长，使得成交量下跌明显。据南京 365 网站挂牌数据显示，浦口区 12 月挂牌价格 20739 元/平方米，较 1 月上涨 5.19%。从月均增速来看，2017 年环比增速在 -2%～2% 之间波动，变化幅度较小，表明房主市场预期逐步回落、趋于理性平稳。

2013～2017 年浦口区二手住宅成交量及价格情况一览表

表 56

年份	成交面积（万平方米）	增幅（万平方米）	比上年（%）	成交均价（元/平方米）	增幅（元/平方米）	比上年（%）
2013	104.04	37.86	57.21	6721	1191	21.54
2014	51.98	-52.06	-50.04	8193	1472	21.92
2015	134.96	82.98	159.64	8841	648	7.91
2016	174.21	39.25	29.08	10822	1981	22.41
2017	90.46	-83.75	-48.07	16126	5304	49.01

2017 年 1～12 月浦口区二手住宅成交量及价格情况一览表

表 57

月份	成交面积（万平方米）	成交均价（元/平方米）	月份	成交面积（万平方米）	成交均价（元/平方米）
1	5.68	15241	7	8.43	14887
2	3.04	14390	8	7.84	17903
3	7.19	13762	9	7.24	18278
4	10.63	14401	10	4.69	17948
5	10.96	14625	11	8.59	18227
6	8.23	15806	12	7.96	18514

【商办公寓成为商业用房成交主力】 2017 年，全区商业用房上市量 15.18 万平方米，同比下降 4.32%，主力上市项目有宝隆·时代广场、招商·兰溪谷、明发·科技商务城、明发·财富中心和苏宁·威尼斯水城，合计上市面积占比达 64%；商业用房成交 11.54 万平方米，下降 18.71%，其中以底商为成交主力，成交占比 78%，成交主力项目为招商·兰溪谷、弘阳·爱上城、新城·花样紫郡、金都汇广场、北江锦城等；商业用房均价 26252 元/平方米，增长 11.06%。全区办公用房上市量 60.24 万平方米，增长 249.77%，主力上市项目为宝隆·时代广场、明发·财富中心、弘阳·时代中心，合计占比 53%；办公用房销售量 41.15 万平方米，增长 34.44%，其中以公寓产品为主，成交占比高达 98%，主力成交项目有明发·财富中心、弘阳·时代中心、东方·万汇城、明发·星悦城、宝隆·时代广场，合计成交占比 67%；办公用房成交均价 15057 元/平方米，增长 39.31%。（魏星）

土地市场

【概况】 2017 年，全区土地供应增加，土拍热度降温。全年上市经营性用地 12 幅，面积 133.52 万平方米，其中住宅类用地 7 幅，出让面积 79.41 万平方米。经营性用地成交 14 幅（含 2016 年 12 月 30 日挂牌出让地块 2 幅），面积 141.38 万平方米，同比增长 56.9%，成交金额 352.07 亿元，其中住宅类用地 9 幅，出让面积 87.28 万平方米，增长 21.28%。土地成交量较近 5 年同期均值高 41.98 万平方米，仅次于 2014 年高点。从现房销售情况看，9 幅住宅类用地中有 7 幅须现房销售，短期内难以缓解浦口楼市供应紧张的局面。从住宅类用地成交区域看，江浦街道 4 幅，青奥体育公园 2 幅，高新区、江北新区核心区和泛桥林片区各 1 幅，其中核心区首幅综合体地块 2017G41 成功出让，由绿地集团以楼面地价 9731 元/平方米竞得。从楼面地价看，全年土地出让平均楼面地价为 11054 元/平方米，下降 18.69%。2017 年土拍方式深化调控，除延续达最高限价 90% 需现房销售外，取消摇号改用竞配保障房面积等形式，同时对购地资金严格监管，土地市场有所降温，房企拿地热情不减，但更趋理性。（魏星）

2017 年浦口区成交地块一览表

表 58

序号	成交时间	地块编号	出让面积（平方米）	成交价（亿元）	保障房配建面积（平方米）	楼面地价（元/平方米）	是否现房销售	开发企业	所属片区
1	2.15	NO.2016G99	58455.30	29.60	—	23017	是	银城地产集团股份有限公司	江浦街道
2	2.15	NO.2016G102	20227.72	9.40	—	23235	是	苏州金辉房地产开发有限公司	江浦街道
3	3.30	NO.2017G08	63410.14	12.60	—	4968	否	南京金名城置业有限公司	南京高新区
4	7.5	NO.2017G15	18098.21	4.32	—	9548	否	南京石城无线电厂有限公司	江浦街道
5	7.7	NO.2017G24	100482.28	49.80	30400	19824	是	南京硕天投资发展有限公司	江浦街道
6	7.7	NO.2017G25	83377.37	41.50	22600	19909	是	五矿建设恒富置业有限公司	江浦街道
7	7.7	NO.2017G26	127381.78	17.00	—	7456	否	浦口区保障房建设有限公司	桥林街道
8	7.7	NO.2017G27	68643.54	23.10	6200	14956	是	弘阳集团南通房地产有限公司	南京高新区
9	7.7	NO.2017G28	14259.66	1.90	—	5330	否	南京生物医药谷建设发展有限公司	南京高新区
10	8.11	NO.2017G41	200633.6	90.00	—	综合 9731	否	绿地集团南京宝地置业有限公司	江北新区核心区

续表 58

序号	成交时间	地块编号	出让面积(平方米)	成交价(亿元)	保障房配建面积(平方米)	楼面地价(元/平方米)	是否现房销售	开发企业	所属片区
11	10.25	NO.2017G54	51158.25	18.40	1200	19982	是	南京中海海浦房地产有限公司	江浦街道
12	12.27	NO.2017G74	162394.23	46.8	—	18012	是	上海中建八局投资发展有限公司	江浦街道
13	12.27	NO.2017G75	430128.40	5.85	—	907	否	南京金沙旅游发展有限公司	泰山街道
14	12.27	NO.2017G76	132014.08	1.80	—	1948	否	南京金浦东部房地产开发有限公司	星甸街道

注:G08、G27、G28、G41 地块为非浦口区土地储备地块 (朱军玲)

2013～2017 年浦口区土地成交量及楼面地价变化情况一览表

表 59

年份	土地成交面积(万平方米)	比上年(%)	楼面地价(元/平方米)	比上年(%)
2013	47.81	-54.09	4914	134.89
2014	186.88	290.88	4782	-2.69
2015	30.81	-83.51	8621	80.28
2016	90.11	192.47	13595	57.70
2017	141.38	56.90	11054	-18.69

(魏星)

【土地收储与出让】 2017 年,区土储中心报省国土资源厅新增储备地块 11 幅,总面积约 80.6 万平方米;报区政府全年排定 43 幅地块,总面积约 344.73 万平方米;报市储备并经市政府审批公示出让 14 幅地块,总面积 67 万平方米,其中住宅用地 54 万平方米。当年完成 67.67 万平方米土地收储工作,有效保障全区建设用地供应。全年用地出让 10 幅地块,总面积约 118.37 万平方米,成交价 224.47 亿元。

【土地指标管理】 根据《浦口区土地指标管理暂行办法(试行)的通知》(浦政发〔2016〕249)号)要求,于 2016 年 11 月 23 日出台《浦口区土地指标交易暂行办法》,成立土地指标管理平台。2017 年,根据收回城乡建设用地增减挂钩 200 万平方米、耕地占卜平衡 33.33 万平方米的目标,与区国土部门联动,由国土部门负责认定指标的形成与验收,区土储中心负责指标资金专户管理。2017 年度收购永宁、汤泉、星甸、桥林 4 个街道,164.53 万平方米土地增减挂钩指标,售出 134.73 万平方米土地增减挂钩指标、13.33 万平方米占补平衡指标、21.6 万平方米空间规划指标、21.13 万平方米国家计划指标用于项目运作,保障区委区政府及各平台、街道重点项目落户。

【土地储备产业基金平稳投放】 经过前期大量准备工作,1 月 6 日,区土储中心与招商银行合作成立江苏浦储贰期股权投资合伙企业(有限合伙),成功通过中国证券基金业协会备案,投放 12.5 亿元,区土储中心作为劣后方出资 1.88 亿元,募集资金 11.9 亿元。

【政府债务置换工作完成】 按财政部、国土资源部、中国人民银行、银监会四部委 2016 年 2 月提出的妥善处理存量土地债务要求,存量土地储备贷款应纳入政府性基金管理,与逐步发行的地方政府债券予以置换。2017 年,区土储中心采用专项债券形式,涉及多家金融机构,置换总额 18.4 亿元。 (徐鹤娟)

【土拍新政】 6 月 29 日,市国土资源局发布 2017 年第 02 号、03 号、04 号土地出让补充公告:“根据南京市政府宁政规字〔2017〕7 号文件《南京市建设项目建筑面积管理办法》有关要求,我市行政区范围内出让类用地建设项目建筑面积的确认及房产实测建筑面积自 2017 年 7 月 1 日起按上述文件执行。2017 年第 02、03、04 号出让公告中的地块均执行文件规定。”

7 月 5 日、7 月 7 日,根据 2017 年宁网挂第 02 号、03 号公告,南京连续进行两场土地拍卖,其中浦口区共有 6 幅地块推向市场,涉及江浦、高新、桥林等板块。此次土拍实行新规则,即当网上交易竞价达到最高限价时,停止竞争地价,不再采取摇号形式确定竞得人,改为竞争保障性住房建筑面积,面积最多者为竞得人,所建保障性住房无偿移交政府,相应房屋建设成本不纳入该地块商品住宅房价准许成本。

【金辉竞得江北地王进军浦口】 2016 年 12 月 30 日,市国土资源局发布 2016 年宁网挂第 07 号土地出让公告,挂出 6 幅地块,其中浦口 2 幅(G99、G102),均位于江浦街道。2017 年 2 月 14 日,G99、G102 通过“南京市国有建设用地使用权网上交易系统”进行网上挂牌出让。G99、G102 地块分别经过 118 轮、38 轮竞价,分别达到最高限价 29.5 亿元、9.3 亿元,均待次日现场摇号来确定归属,且须现房销售。经 2 月 15 日现场摇号,G99地块被银城地产以29.6亿元竞得,楼面地价23017元/平方米;G102地块被金辉地产以9.4亿元竞得,楼面地价23235元/平方米,成为江北新地王,这也是金辉地产首次进军江北市场。

这两幅地块地处江浦街道成熟生活区,周边包括揽月山庄、海都嘉园、国信·阅景龙华、融侨·观邸等成熟社区,生活氛围浓厚;与地块仅隔一条白马路的旭辉银城·白马澜山当前无房源在售,上一批房源价格在每平方米2.3万元~2.8万元。两幅地块东南侧即为江北虹悦城的拟选位置,直线距离不足1000米。此外,地块周边云集江北各大高价地块,楼面价均在2万元/平方米以上,其中中建G02、恒大G47、北京城建G48、金隅G07等地块已动工。

2017年2月15日浦口出让地块(G99、G102)信息一览表

表60

指标名称	地块基本情况及交易信息	
地块编号	NO.2016G99	NO.2016G102
土地位置(名称)	浦口区江浦街道白马路东侧、海都路西侧地块	浦口区江浦街道白马路以东、花海路以南地块
四至	东至现状,南至揽月路,西至白马路,北至现状	东至现状,南至现状,西至白马路,北至孝祥路
总用地面积	58455.3平方米	20227.72平方米
出让面积	58455.3平方米	20227.72平方米
规划用地性质	R2二类居住用地	R2二类居住用地
出让年限	70年	70年
容积率	1.01≤R≤2.2	1.≤R≤2.0
建筑高度	H≤50米	24米≤H≤50米
建筑密度	≤22%	≤25%
绿地率	≥30%	≥35%
公告编号	2016年宁网挂第07号	2016年宁网挂第07号
挂牌日期	2016.12.30	2016.12.30
挂牌出让起始价	17.8亿元	5.6亿元
起拍楼面地价	13841元/平方米	13842元/平方米
竞争保障房建设资金起始价	25.9亿元	8.2亿元
预售限制起始价	23.6亿元	7.5亿元
现房销售起始价	26.6亿元	8.4亿元
最高限价	29.5亿元	9.3亿元
最高楼面地价	22939元/平方米	22988元/平方米
加价幅度	1000万元	1000万元
竞买保证金	8.9亿元	2.8亿元
成交日期	2017.2.15	2017.2.15
成交价格	29.6亿元	9.4亿元
成交楼面地价	23017元/平方米	23235元/平方米
溢价率	66.29%	67.86%
摘牌单位	银城地产集团股份有限公司	苏州金辉房地产开发有限公司
备注	G99地块须配建建筑面积不少于3900平方米的人才房,建成后无偿移交浦口区政府。	

【龙湖竞得高新商办地首进浦口】 2月27日,市国土局发布2017年宁网挂第01号土地出让公告,出让8宗地块,其中1宗商业地块(G08)位于南京高新区。3月30日,南京迎来"双限"(限购限贷)升级后的首场土地拍卖会。其中,经过34轮竞价,南京金名城置业有限公司(龙湖地产)以12.6亿元竞得G08地块,楼面地价4968元/平方米,龙湖首次进军江北新区。该地块将建成办公、商业、酒店式公寓,未来将有效弥补高新区的商业不足。当下高新区新房限价严格,均价在1.6万元/平方米左右,二手房成交均价普遍在2万元/平方米以上,属于一二手房倒挂严重的区域。

2017 年 3 月 30 日浦口出让地块(G08)信息一览表

表 61

指标名称	地块基本情况及交易信息	指标名称	地块基本情况及交易信息
地块编号	NO. 2017G08	公告编号	2017 年宁网挂第 01 号
土地位置(名称)	高新区软件园商业配套服务 1 号地块	挂牌日期	2017. 2. 27
四至	东至汇源路,南至文景路,西至星火路,北至汇贤路	出让起始价	9. 3 亿元
总用地面积	63410. 14 平方米	起拍楼面地价	3667 元/平方米
出让面积	63410. 14 平方米	加价幅度	1000 万元
规划用地性质	Bb 商办混合用地	竞买保证金	1. 86 亿元
出让年限	40 年	成交日期	2017. 3. 30
容积率	1. 01≤R≤4. 0	成交价格	12. 6 亿元
建筑高度	≤150 米	成交楼面地价	4968 元/平方米
建筑密度	≤50%	溢价率	35. 48%
绿地率	≥20%	摘牌单位	南京全名城置业有限公司
备注	(1)地块内商业建筑面积不得小于地上总建筑面积的 10%,酒店式公寓建筑面积不大于地上总建筑面积的 25%,且宜相对集中布置;(2)地块内所有商业、办公用房须自持 5 年(自竣工验收之日起算),5 年后可分割销售、可分割转让。		

【江浦商办地价突破 9500 元/平方米】 6 月 2 日,市国土局发布 2017 年宁网挂第 02 号公告,共挂出 11 幅地块,其中浦口江浦街道商办地块 1 幅(G15)。7 月 5 日进行公开出让,南京石城无线电厂有限公司经过 147 轮竞价,以 4. 32 亿元竞得 G15 地块,楼面地价 9548 元/平方米,溢价率 208. 57%,成为江北新区商服用地新地王。

2017 年 7 月 5 日浦口出让地块(G15)信息一览表

表 62

指标名称	地块基本情况及交易信息	指标名称	地块基本情况及交易信息
地块编号	NO. 2017G15	公告编号	2017 年宁网挂第 02 号
土地位置(名称)	浦口区江浦街道白马路东侧、狮山路南侧地块	挂牌日期	2017. 6. 2
四至	东至七里泄洪沟,南至白马路,西至海院路,北至现状	挂牌出让起始价	1. 4 亿元
总用地面积	21455. 22 平方米	起拍楼面地价	3094 元/平方米
出让面积	18098. 21 平方米	加价幅度	200 万元
出让年限	40 年	竞买保证金	2800 万元
规划用地性质	Bb 商办混合用地	成交日期	2017. 7. 5
容积率	2≤R≤2. 5	成交价格	4. 32 亿元
建筑高度	24 米≤H≤35 米	成交楼面地价	9548 元/平方米
建筑密度	≤50%	溢价率	208. 57%
绿地率	≥20%	摘牌单位	南京石城无线电厂有限公司

【江浦、桥北、高新区 5 幅地块出让】 6 月 3 日,市国土局发布 2017 年宁网挂第 03 号公告,共挂出 13 幅地块,其中浦口住宅用地 4 幅(G24 ~ G27)、商办混合用地 1 幅(G28)。7 月 7 日进行公开出让。江浦宅地最高限价未破 2 万元/平方米,高新区宅地最高限价 1. 5 万元/平方米,地价预期普遍下降,导致很多大牌开发商继续在江北拿地。

世茂、五矿首次竞地进浦口　江浦街道 G24 地块经过 301 轮竞争,由南京硕天投资管理有限公司(世茂)以 49. 8 亿元和保障性住房建筑面积 3. 04 万平方米竞得,楼面地价 19824 元/平方米;江浦街道 G25 地块经过 239 轮竞争,由五矿建设(营口)恒富置业有限公司(五矿)以 41. 5 亿元和保障性住房建筑面积 2. 26 万平方米竞得,楼面地价 19909 元/平方米。

康居集团竞得全省首个人才共有产权房地块　桥林街道 G26 地块经过

41 轮竞价，由浦口区保障房建设发展有限公司（区康居集团）以 17 亿元竞得，楼面地价 7456 元/平方米，地块将用于打造桥林新城产业人才共有产权房项目，是南京首个以土地出让形式建设的人才共有产权房项目。

弘阳再拿南京高新区地块　高新区 G27 地块经过 139 轮竞争，由弘阳集团南通房地产有限公司以 23.1 亿元和保障性住房建筑面积 6200 平方米竞得，楼面地价 14956 元/平方米；高新区 G28 地块由南京生物医药谷建设发展有限公司以底价竞得，楼面地价 5330 元/平方米。

2017 年 7 月 7 日浦口出让地块（G24、G25、G26）信息一览表

表 63

指标名称	地块基本情况及交易信息		
地块编号	NO. 2017G24	NO. 2017G25	NO. 2017G26
土地位置（名称）	浦口区江浦街道光明路以西、浦虹路以南地块	浦口区江浦街道光明路以西，立新路以北地块	浦口区桥林街道浦乌路以北、步月路以东地块
四至	东至光明路，南至现状，西至园利路，北至浦虹路	东至光明路，南至立新路，西至园利路，北至现状	东至秋荫路，南至宁乌公路，西至步月路，北至丹桂路
总用地面积	100482.28 平方米	88948.04 平方米	132783.54 平方米
出让面积	100482.28 平方米	83377.37 平方米	127381.78 平方米
出让年限	70 年	70 年	住宅 70 年，商业 40 年
规划用地性质	R2 二类居住用地	R2 二类居住用地	R2 二类居住用地，Rc 基层社区中心
容积率	1.01≤R≤2.5	1.01≤R≤2.5	综合容积率：1.79
建筑高度	≤100 米	≤100 米	—
建筑密度	≤20%	≤20%	—
绿地率	≥30%	≥30%	—
公告编号	2017 年宁网挂第 03 号	2017 年宁网挂第 03 号	2017 年宁网挂第 03 号
挂牌日期	2017.6.3	2017.6.3	2017.6.3
挂牌出让起始价	35 亿元	29 亿元	13 亿元
起拍楼面地价	13933 元/平方米	13913 元/平方米	5701 元/平方米
加价幅度	1000 万元	1000 万元	1000 万元
竞买保证金	17.5 亿元	14.5 亿元	6.5 亿元
最高限价	49.8 亿元	41.5 亿元	—
最高楼面地价	19824 元/平方米	19909 元/平方米	—
成交日期	2017.7.7	2017.7.7	2017.7.7
成交价格	49.8 亿元（配建 3.04 万平方米保障房）	41.5 亿元（配建 2.26 万平方米保障房）	17 亿元
成交楼面地价	19824 元/平方米	19909 元/平方米	7456 元/平方米
溢价率	42.29%	43.10%	30.77%
摘牌单位	南京硕天投资发展有限公司	五矿建设恒富置业有限公司	南京市浦口区保障房建设有限公司
备注	NO.2017G25：C 地块内须配建一所 12 班幼儿园，由浦口区教育局完善用地手续并负责建设，所对应土地按划拨方式供地，与出让地块同步交付使用。 NO.2017G26：（1）该地块带方案挂牌，具体建设方案参照《浦口经济开发区关于桥林先进制造业基地产业人才共有产权房建设方案》进行。（2）A 地块地上房屋建成并验收合格后，由浦口开发区整体回购，回购核算均价为 16000 元/平方米，由浦口区房产局对回购行为进行全程监督。回购后，由浦口开发区定向销售给符合条件的桥林先进制造业基地产业人才。（3）B 地块须配建一处地上建筑面积应不少于 4600 平方米的基层社区中心，建成后整体无偿移交浦口区政府。（4）C 地块须配建一处 12 班幼儿园，由浦口区教育管理部门负责建设并办理手续，与出让地块同步规划、同步建设，建设资金全由浦口区财政拨付，土地按划拨方式供应。（5）竞得人须在签订出让合同前与浦口区人民政府签订《地块投资建设协议》		

2017 年 7 月 7 日浦口出让地块(G27、G28)信息一览表

表 64

指标名称	地块基本情况及交易信息	
地块编号	NO. 2017G27	NO. 2017G28
土地位置(名称)	高新区龙王山东侧 pkb01307 - 06 地块	高新区龙王山西侧药谷配套 1 号地块
四至	东至江北大道,南至侨康路,西至蓝园路,北至侨谊路	东至方庄路,南至新锦湖路,西至星火北路,北至规划九路
总用地面积	80240. 50 平方米	14259. 66 平方米
出让面积	68643. 54 平方米	14259. 66 平方米
出让年限	住宅 70 年,商业 40 年	40 年
规划用地性质	R2 二类居住用地,Rc 基层社区中心	Bb 商办混合用地
容积率	综合容积率:2. 25	1. 01≤R≤2. 5
建筑高度	—	≤35 米
建筑密度	—	≤45%
绿地率	—	≥20%
公告编号	2017 年宁网挂第 03 号	2017 年宁网挂第 03 号
挂牌日期	2017. 6. 3	2017. 6. 3
挂牌出让起始价	12. 4 亿元	1. 9 亿元
起拍楼面地价	8029 元/平方米	5330 元/平方米
加价幅度	1000 万元	200 万元
竞买保证金	6. 2 亿元	0. 38 亿元
最高限价	23. 1 亿元	—
最高楼面地价	14956 元/平方米	—
成交日期	2017. 7. 7	2017. 7. 7
成交价格	23. 1 亿元(配建 6200 平方米保障房)	1. 9 亿元
成交楼面地价	14956 元/平方米	5330 元/平方米
溢价率	86. 29%	—
摘牌单位	弘阳集团南通房地产有限公司	南京生物医药谷建设发展有限公司
备注	NO. 2017G27:(1)B 地块须建设一所 12 班幼儿园,由政府完善用地手续并负责建设,所对应土地按划拨方式供应。(2)C 地块中须配建一处基层社区中心,功能应包括:社区卫生服务站,建筑面积不小于 300 平方米;文化活动室,建筑面积不小于 600 平方米;体育活动站(场),用地面积不小于 600 平方米;基层社区服务中心,建筑面积不小于 600 平方米;社区警务室,建筑面积不小于 60 平方米;居住养老服务站,使用面积不小于 150 平方米;公厕,建筑面积不小于 100 平方米;公用移动通信基站,应预留建设条件,具体由建设单位会商铁塔公司确定;垃圾收集站,建筑面积不小于 80 平方米;环卫作息场,建筑面积不小于 30 平方米;环卫车辆停放场,用地面积不小于 250 平方米。其中,社区卫生服务站、基层社区服务中心、居住养老服务站、社区警务室、公厕、垃圾收集站、环卫休息场、环卫车辆停放场须由受让人出资建设,与首期项目同步规划、同步验收后无偿移交区政府,所对应土地按划拨方式供应,出让面积据实核减,出让金总价款不作调整。(3)须配建建筑面积不少于 7600 平方米的人才房,建成后无偿移交政府。 NO. 2017G28:(1)地块内商业建筑面积不得小于地上总建筑面积的 20%,酒店式公寓建筑面积不大于地上总建筑面积的 25%。(2)地块内所有商业、办公用房须自持 5 年(自竣工验收之日起算),5 年内不得申请分割销售、转让,5 年后可分割销售、可分割转让。(3)竞得人须在签订出让合同前与南京生物医药谷发展中心签订《地块投资建设协议》	

【绿地竞得江北核心区摩天大楼地块】

7 月 12 日,市国土局发布 2017 年宁网挂第 05 号土地出让公告,挂出 G41、G42 两幅地块。其中,G41 地块位于浦口区七里河大街以东、九袱洲路以南,处于江北新区的核心地段,靠近中央商务区,根据地块规划,未来这里将兴建550 ~ 600 米的超高层建筑,成为江北地区名副其实的标杆。该地块出让条件非常复杂,总共有 10 条约束条款,这也对竞买人的资质有较高的要求。根据土地开发协议,其 A1 地块的 550 ~ 600 米超高层建筑 12 个月内开工(取得规划许可证、施工许可证、开始工程桩施工),60 个月内土建全部封顶,72 个月内项目取得竣工

验收证书;受让人同意在 2021 年 9 月 2 日前完成全部工程建设。8 月 11 日 9 时,备受关注的 G41 地块正式开拍,绿地集团以 90 亿元底价成交,折合楼面地价 9731 元/平方米。此次地块成交意味着江北核心区建设正式启动。

2017 年 8 月 11 日浦口出让地块(G41)信息一览表

表 65

指标名称	地块基本情况及交易信息	指标名称	地块基本情况及交易信息
地块编号	NO. 2017G41	挂牌日期	2017. 7. 12
土地位置(名称)	浦口区七里河大街以东、九袱洲路以南地块	挂牌出让起始价	90 亿元
四至	东北至纵四路,西南至七里河大街,西北至九袱洲路,东南至横江大道	最高限价	120 亿元
总用地面积	229855. 3 平方米	加价幅度	1000 万元
出让面积	200633. 6 平方米	竞买保证金	45 亿元
出让年限	住宅 70 年,商业 40 年	成交日期	2017. 8. 11
规划用地性质	Bb 商办混合用地,Rb 商住混合用地,R2 二类居住用地,Rc 基层社区中心用地	成交价格	90 亿元
容积率	综合容积率:4. 61	折合楼面地价	9731 元/平方米
公告编号	2017 年宁网挂第 05 号	摘牌单位	绿地集团南京宝地置业有限公司
备注	(1)竞买人或其控股股东须具备房地产开发一级资质,且不接受联合竞买。(2)竞买人或其控股股东旗下企业具备已建成至少一栋 400 米以上超高层的开发经验,报名时须提供相应的施工许可证及竣工备案表原件。(3)该地块内住宅用地面积约 14. 53 公顷,实际以建成后实测面积为准,但不得超过 20 公顷。因建筑业态较多,出让后可应税务部门要求向税务部门提供各用途及分区的起始价测算说明。(4)A1 地上建筑面积约 28. 4 万平方米;A1 ~ A5 建筑密度约为 55%。A1 须配建不低于 5 万平方米的五星级酒店,由竞得人自持 20 年,20 年后可整体转让。(5)A2、A4、A5 商办混合用地中,各地块酒店式公寓的建筑面积比例最高不超过地上总建筑面积的 35%。(6)B1、B2、B3 商住混合用地中,各地块商业办公建筑面积占地上总建筑面积控制在 10% ~30%。(7)A1 ~ A5、B1 ~ B3 商业部分分割销售面积不得小于 200 平方米,办公部分分割销售面积不得小于 150 平方米。(8)D1 地块内须配建一座 24 班小学,D2 地块内须配建一座 12 班幼儿园,D3 须配建一座基层社区中心,均由政府建设,按照划拨方式供应。(9)除 A1 地块外,其他地块要求装配式建筑面积比例为 100%,建筑单体预制率≥50%。(10)竞得人在签订出让合同前须与江北新区管理委员会签订《地块开发建设协议》(详见地块附件)			

【中海 18. 4 亿元拿下江浦纯宅地】 9 月 22 日,市国土局发布 07 号土地出让公告,挂出 8 幅地块,其中浦口 1 幅(G54)。G54 地块距地铁 10 号线雨山路站约 500 米,属江浦雨山路板块纯宅地,最高限价楼面价未破 2 万元/平方米,地块属性非常优质,引来安居—融创联合体、碧桂园、旭辉、保利、中海、雅居乐、正荣等大牌房企争相竞拍。10 月 25 日进行网络竞拍,经 61 轮竞价,G54 地块被中海以最高限价 18. 4 亿元摘得,楼面地价 19982 元/平方米,地块内需配建 1200 平方米保障房,且须现房销售。该地块为江北新区管理体制调整后浦口区推出的首幅用地。该房企曾在江浦板块打造过中海 · 万锦熙岸,于 2016 年交付,当下二手房均价约 2. 5 万元/平方米。

2017 年 10 月 25 日浦口出让地块(G54)信息一览表

表 66

指标名称	地块基本情况及交易信息	指标名称	地块基本情况及交易信息
地块编号	NO. 2017G54	挂牌日期	2017. 9. 22
土地位置(名称)	浦口区江浦街道文德路以南、团结路以西地块	挂牌出让起始价	13 亿元
四至	东南至张墩路,西南至现状,西北至建设路,东北至团结路	起拍楼面地价	14117 元/平方米
总用地面积	51158. 25 平方米	最高限价	18. 4 亿元
出让面积	51158. 25 平方米	最高楼面地价	19982 元/平方米
规划用地性质	R2 二类居住用地	加价幅度	1000 万元
出让年限	70 年	竞买保证金	6. 5 亿元

续表 66

指标名称	地块基本情况及交易信息	指标名称	地块基本情况及交易信息
容积率	1.01≤R≤1.8	成交日期	2017.10.25
建筑高度	24米≤H≤35米	成交价格	18.4亿元(配建1200平方米保障房)
建筑密度	≤25%	成交楼面地价	19982元/平方米
绿地率	≥30%	溢价率	41.54%
公告编号	2017年宁网挂第07号	摘牌单位	南京中海海浦房地产有限公司

【华昌底价拍得“龙之谷”项目用地】 11月24日,市国土局发布第10号土地出让公告,共挂出8幅地块,其中浦口3幅(G74、G75、G76)。12月27日进行公开出让。其中,江浦街道G74地块经过99轮竞争,由上海中建八局投资发展有限公司以46.8亿元竞得,楼面地价18012元/平方米;泰山街道G75地块由南京金沙旅游发展有限公司以5.85亿元底价竞得,楼面地价907元/平方米,该地块为区重大建设项目——“龙之谷”主题乐园项目用地;星甸街道G76地块由南京金浦东部房地产开发有限公司以1.8亿元底价竞得,楼面地价1948元/平方米。

● 链接:

“龙之谷”主题乐园

2015年7月17日,南京金沙旅游发展有限公司在浦口区市场监督管理局登记成立,法定代表人蔡永康,公司经营范围包括游览景区管理、会议及展览服务、酒店管理、餐饮管理等。其母公司为上海华昌。南京金沙旅游发展有限公司将在G75地块内建设“龙之谷”室内休闲体验园项目,总投资88亿元,是亚洲最大的综合性室内乐园项目,被列为江苏省重点建设项目,备受各界瞩目。园区规划建设室内沙滩综合体、水上灯光秀、儿童职业体验中心、数字化乐园世界和超五星级南京蜂巢酒店等娱乐体验项目。总占地面积43万平方米,总建筑面积约26万平方米,主要由6个馆组成,其中A馆为旅游集散中心,B馆为科技馆,C馆为热带雨林馆,D馆为海洋馆,E馆为儿童馆,F馆为国内最大的室内溶洞馆。

2017年12月27日浦口出让地块(G74、G75、G76)信息一览表

表67

指标名称	地块基本情况及交易信息		
地块编号	NO.2017G74	NO.2017G75	NO.2017G76
土地位置(名称)	浦口区江浦街道奶牛场2号地块	浦口区泰山街道沿山大道以北、三河采石场以南地块	浦口区星甸街道河沿组、贯嵿组、孙嵿组地块
四至	东至大马山路,南至规划道路,西至规划道路,北至狮山路	东至现状,南至汇水沟,西至现状,北至现状	东至规划道路,南至规划道路,西至规划道路,北至规划道路
总用地面积	176039.37平方米	430128.40平方米	132787.49平方米
出让面积	162394.23平方米	430128.40平方米	132014.08平方米
出让年限	70年	40年	40年
规划用地性质	R2二类居住用地	B3娱乐康体用地	B1商业用地
容积率	1.01≤R≤1.6	R≤1.5	综合容积率0.7
建筑高度	≤35米	18米≤H≤45米	—
建筑密度	—	≤50%	—
绿地率	—	≥30%	≥40%
公告编号	2017年第10号公告	2017年第10号公告	2017年第10号公告
挂牌日期	2017.11.24	2017.11.24	2017.11.24
挂牌出让起始价	37亿元	5.85亿元	1.80亿元
起拍楼面地价	14240元/平方米	907元/平方米	1948元/平方米
最高限价	51.9亿元	—	—
最高楼面地价	19975元/平方米	—	—
加价幅度	1000万元	1000万元	500万元
竞买保证金	18.5亿元	1.17亿元	0.36亿元
成交日期	2017.12.27	2017.12.27	2017.12.27

续表 67

指标名称	地块基本情况及交易信息		
成交价格	46.8 亿元	5.85 亿元	1.8 亿元
成交楼面地价	18012 元/平方米	907 元/平方米	1948 元/平方米
溢价率	26.49%	0	0
摘牌单位	上海中建八局投资发展有限公司	南京金沙旅游发展有限公司	南京金浦东部房地产开发有限公司
备注	NO.2017G74:(1)地块要求装配式建筑比例为100%,建筑单体预制率应不低于30%,住宅建筑(三层及以下的低层住宅除外)应100%实行成品住房交付。 NO.2017G75:(1)该地块不得联合竞买。(2)该地块建成后受让人须自持经营不少于10年,自持期间不得销售、不得转让,满10年后不得分割销售、不得分割转让。(3)该地块须配建大型室内综合场馆,总建筑面积不少于30万平方米,占地面积不少于20万平方米。其中,室内水乐园建筑面积不低于6万平方米,室内雨林馆建筑面积不低于5万平方米。(4)该地块出让范围内已有钢结构构筑物予以保留,受让人在签订土地出让合同前须向南京珍珠泉旅游度假区管委会缴纳该构筑物建设费用24058.84万元。(5)地块内单体建筑面积超过5000平方米的公共建筑应当采用装配式建筑技术建设,且同一地块必须100%采用,公共建筑单体预制装配率应不低于40%。(6)该地块须在签订出让合同前与浦口区政府签订《地块投资建设协议》。 NO.2017G76:(1)该地块不得联合竞买。(2)河沿组地块内配建不少于1.5万平方米的商业建筑,须由竞得人自持不少于10年,自营期间不得销售、不得转让,满10年后不得分割销售、不得分割转让。(3)该地块须在签订出让合同前与浦口区政府签订《地块投资建设协议》		

(朱军玲)

住房保障

·综 述·

【概况】 全年完成36户租赁补贴保障家庭年审工作,有6户家庭因"收入超标、人员死亡、家庭人口发生变化、退出低保"等原因退出保障。货币补贴实际在保户数31户,当年发放补贴资金65.1万元。2008年起,累计保障1012户,累计发放补贴1840.42万元。

经济适用房上市79户,收缴上市收益金3067.59万元。

公租房累计保障322户,其中当年新增169户完成配租,实际在保145户。

在保障城镇最低收入人群的廉租住房方面,全区累计保障户数1239户,其中租赁补贴户数1012户,实物配租户数227户;实际保障户数201户,其中租赁补贴户数170户。

全年接收各行政机关、事业单位报送房改补贴申请材料95家次306人,涉及审核资金1662万元。截至年末,全区历年累计审批房改补贴资金约4.2亿元,涉及170多家机关、企事业单位,保障覆盖1万多人。

【住房保障覆盖面扩大】 1月,浦口区扩大住房保障覆盖面,将外来务工人员、城市中等偏下收入住房困难家庭纳入货币化保障。同时,将城市中低收入住房困难家庭收入认定标准由家庭月人均可支配收入低于2421元调整为3074元。10月,放宽外来务工人员申请货币化保障标准,具体申请条件及程序与市区接轨,进一步推动实现市民"住有所居"。

【住房困难群众"应保尽保"】 2017年,增租赁补贴22户,省目标完成率147%,比上一年增长15.7%;公租房实物配租169户,覆盖400余人,比上一年增长259.6%。 (魏星)

【江北新区推出1500套"人才房"】 3月,南京江北新区1500套产业人才共有产权房项目获市政府批复,相关地块(2017G26)于7月挂牌出让,预计2019年建成投用。这是江苏省首个专为人才提供的共有产权房项目,这一利好消息被认为是南京为吸引人才放出的一个大招。根据批复,这些人才安居房产权四成归政府,六成归人才,3年后可上市交易。房型面积120~200平方米不等,上市交易溢价收益部分六成归人才,四成归政府。人才在江北新区每工作一年,政府将上述收益的5%~10%奖给人才。若房价下跌,政府以原值购回六成产权。

● **链接:**

南京对人才的吸引力,江苏居首

《扬子晚报》记者就应届毕业生的就业流向,采访南京的一些高校。以南京大学为例,根据中国最顶尖的高校联盟——九校联盟(简称C9)公布的最新《毕业生就业质量报告》,南京大学2016届毕业学生实际共有8065名毕业生就业,其中本科毕业生3329人(占41.28%),硕士研究生3696人(占45.83%),博士研究生1040人(占12.89%)。南京大学2016届毕业生在东部地区就业4441人,占87.4%;在中部地区就业379人,占7.46%;在西部地区就业261人,占5.14%。南京大学2016届、2015届、2014届毕业生,在江苏就业的分别占49.4%、56.8%、55.1%。

据统计,南京大学2016届本科生平均年薪为10.24万元,研究生毕业生平均年薪为10.99万元,南京2017年1月新房均价为20305元/平方米。应届高校毕业生如果靠自己能力在南京购房,仍需要一定时间的积累。尽管如此,南京对人才的吸引力,在江苏各城市中仍居首位。根据《江苏省各地区大学生吸引力报告(2015 年度)》,2015 年最具吸引力的是南京,吸纳的毕业生数量最多,为 68582 人;其次是苏州,为 47511 人。近年来,南京每年吸纳的应届毕业生人数都在 6 万人以上。此前南京出台的对高校毕业生发放一定租房补贴的政策,也对吸引外地毕业生到宁工作产生积极影响。 (《扬子晚报》)

· 浦口区康居集团 ·

【概况】 民生保障工程指标全面完成。全年建设保障房及公建配套总量 645.91 万平方米,新开工保障房面积 155.99 万平方米,竣工面积 117.86 万平方米;推进保障房及配套建设,实现当年投资 113.46 亿元;全社会固定资产投资 102 亿元;重点项目开工率和投资计划完成率 100%。推进星甸、石桥新市镇建设,实现当年投资 6.7 亿元,完成黑臭河道治理 6 条。新增绿地面积 10.67 万平方米,完成绿色图章审批任务,PC 建筑建设面积 45.7 万平方米,绿色三星建筑建设面积 36.03 万平方米,完成前期项目相关工作目标,收回、低效、存量、闲置土地处置盘活率 86%。扬尘污染控制相关工作年度目标完成率 100%。

经营业绩指标超额完成。全年经营收入 1.13 亿元,实现利润总额 0.38 亿元,在账资金增值率 1.53%,净增债务限额管理 -57.57 亿元。资产运营方面,全年供应公租房 350 套,其中浦口行政区 150 套,提供 75 平方米套型房源 198 套;西圩盛景华庭人才公寓分配工作完成率 100%;保障房小区物业标准化管理达标 4 个(含直管区 1 个)。

【模拟审批新机制推进保障房建设】 2017 年,康居集团抢抓区政府的模拟审批创新机制,以模拟审批方式启动保障性住房项目的前期手续办理以及工程的实质性开工建设。全年通过该方式办理前期手续 42 个,约 472 万平方米,占总建设体量的 67.45%。至年末,区康居集团保障房新开工项目 12 个,总建筑面积 155.99 万平方米,比上年减少 129.74 万平方米,下降 54.59%。竣工项目 11 个,总建筑面积 117.86 万平方米,增加 16.9 万平方米,增长 16.74%。续建项目 16 个,总建筑面积 369.59 万平方米,增加 88.94 万平方米,增长 31.69%。 (钱娇)

2017 年康居集团保障房续建项目一览表

表 68　　单位:万平方米

序号	项目名称	建筑面积	开工时间	计划竣工时间
1	柳岸听莺一期保障房及社区中心	14.48	2015.5	2018.12
2	巩固 5 号地保障房	37.23	2015.11	2018.12
3	巩固 6 号地保障房一期	15.2	2015.11	2018.12
4	巩固 6 号地保障房二期(PC 建筑)	2.7	2015.11	2018.12
5	巩固 7 号地保障房及社区中心、中学	38.37	2016.7	2018.12
6	巩固 8 号地保障房及幼儿园、小学	34.82	2016.7	2018.12
7	兰桥雅居四期保障房	24.6	2016.8	2019.12
8	兰桥雅居五期保障房	14	2016.9	2019.12
9	兰桥雅居六期 -A 组团一期保障房	23.99	2016.9	2019.12
10	桥林中心城区保障房	62.98	2016.9	2019.12
11	大新 5 号地保障房	17.36	2016.9	2019.6
12	大新 10 号地保障房及幼儿园、社区中心	31.81	2016.9	2019.12
13	顶山南门棚户区改造二期	6.32	2016.9	2020.3
14	兰桥雅居三期保障房(B 地块)	21.2	2016.10	2018.12
15	凤凰花苑 A 地块保障房(汤盘公路安置房 A 地块)	4.7	2016.10	2018.12
16	泰山黄姚五组保障房及社区中心、幼儿园	19.83	2016.12	2019.6
	小　计	369.59		

2017 年康居集团保障房新开工项目一览表

表 69

单位:万平方米

序号	项目名称	建筑面积	开工时间	计划竣工时间
1	浦欣家园四期保障房及幼儿园	21.60	2017.3	2020.3
2	南一村南中保障房二期(林山雅苑二期)	9.59	2017.3	2018.12
3	永宁街南保障房	1.61	2017.3	2018.12
4	大新 8 号地保障房	13.91	2017.4	2020.6
5	大新 9 号地保障房	12.88	2017.4	2020.6
6	老山林场三期保障房及社区中心、幼儿园	13.32	2017.6	2019.12
7	永宁余家湾保障房及幼儿园	7.83	2017.6	2019.3
8	巩固 9 号地保障房	24.28	2017.9	2020.6
9	巩固 12 号地保障房	17.94	2017.9	2020.6
10	兰桥雅居十期保障房及幼儿园	16.65	2017.9	2020.6
11	兰桥雅居十一期保障房	8.05	2017.9	2020.6
12	星甸冯马保障房	8.33	2017.9	2019.3
	小　计	155.99		

2017 年康居集团保障房竣工项目一览表

表 70

单位:万平方米

序号	项目名称	建筑面积	开工时间	计划竣工时间
1	顶山南门二期保障房	10.80	2014.12	2017.12
2	兰桥雅居三期保障房(A 地块)	11.30	2015.1	2017.12
3	顶山南门棚户区改造一期及社区中心、幼儿园	19.25	2015.9	2017.12
4	大新 4 号地保障房二期及中学	11.55	2015.10	2017.12
5	凤凰花苑 B 地块保障房(汤盘公路安置房 B 地块)	10.30	2015.12	2017.12
6	润泰三期保障房	9.77	2015.12	2017.12
7	龙井侯郢三期保障房	9.54	2016.6	2017.12
8	夏桥保障房二期	6.65	2016.8	2017.12
9	杨山雅苑保障房(1 号地块)	14.15	2016.9	2017.12
10	高华幸福家园三期	8.85	2016.9	2017.12
11	永宁棉场保障房三期	5.70	2016.9	2017.12
	小　计	117.86		

(徐沆宇)

【工程建管方式创新】 一是开展反面观摩会,组织参建单位集中观摩安全生产、文明标化工作薄弱项目,以达到举一反三、共同提升的目的。二是开展安全应急演练,强化企业安全生产责任意识和应急防范意识。三是采取购买服务,竞争性引入具有综合甲级资质的上海建设、江苏建科两家第三方总控单位,提升项目管控水平。四是继续推行集中招标,共完成 55 万平方米真石漆及 544 台电梯集中采购。其中,电梯采购分 4 个标段,控制价 1.64 亿元,中标人分别为日立、上海三菱、广州广日、永大电梯,品牌、质量显著提升,成本明显降低,自电梯集中采购以来,累计节约成本 3500 万元以上。五是持续推进 PPP 采购。当年完成大新、沿江片区保障房项目,桥林 6 号、10 号、11 号及星甸冯马保障房项目 PPP 招标;巩固片区与公建配套项目 PPP 项目开标,敲定社会投资人。六是继续推行 PC 建筑(预制混凝土),当年在建总建筑面积约 48 万平方米。8 月 15 日,《南京市关于进一步推进装配式建筑发展实施意见》(宁政发〔2017〕143 号)新闻发布及媒体现场观摩会在江浦街道巩固 6 号地人才公寓项目现场召开。七是探索螺旋挤土灌注桩、高强钢筋、真彩石等新型施工工艺、新材料。

【构建多层级的人才住房供给体系】 康居集团响应“双创高地、智慧新城”战略,坚持保障房与人才安居工程同行,逐步建立“大学生客栈、青年公寓、人才产权房”三级人才住房供给体系。第一层级,在巩固6号地二期人才公寓中调配部分房源配建大学生客栈99套,每套宿舍4~6人,可提供床位522张。第二层级,全区首个交付的人才安居住房项目——盛景华庭南苑青年人才公寓项目,建筑面积15.73万平方米,房源1594套,全部提供南京研创园、浦口开发区、科工园等平台,实现订租率100%;在建的巩固6号地、大新10号地人才安居住房项目,建筑面积6.75万平方米,可提供房源1080套。第三层级,建设桥林人才共有产权房,为《南京市人才安居办法(试行)》出台后,浦口区首个先行先试项目,计划2019年竣工。该项目以工业化、绿色化、智能化为设计目标,推行PC装配式技术,单体预制装配率不低于60%,绿色建筑三星标准设计,采用节能环保的地源热泵、新风系统,配置智能化家居,精装修成品房交付。

【基本公共服务供给】 一是统筹商业街区招商和运营。5月启动幸福里·睦邻街区招商工作,作为康居集团首个整体规划、包装、经营的保障房商业街区,集家居、购物、餐饮、娱乐为一体,招商总面积7.2万平方米,共有商铺400间,引进苏果、光大银行、美的、书人教育、汉庭酒店等101家知名品牌签约,计划2018年2月9日开街运营。另在巩固保障房片区配备近20万平方米商业配套。二是开展精准帮扶。出售巩固保障房片区119平方米、128平方米、179平方米三种户型经营性用房22间,年内租赁20间,帮扶15个市级经济薄弱村和7个区级经济欠发达村(含盘城街道3个)。此次经营性用房产权量化到村,统一委托康居集团经营管理10年,从2016年起按每村每年20万元给付收益,10年期满后根据实际情况由康居集团继续统一经营或由其他国有平台统一经营。三是探索建管一体化。建立保障房物业“管家式”服务体系,制定服务模式的内容和标准,创国有企业物业服务品牌;在巩固3号、4号地启动“睦邻活动中心”计划,打造“四点半课堂”“银发影院”“家宴坊”“七彩乐园”“畅想书吧”等亲情服务项目,增强居民获得感。四是推行保障房全装修工程。在建的桥林中心安置点保障房全装修试点项目,建筑面积63.3万平方米,房源4296套。在总结试点经验的基础上,将在浦口行政区新开项目进行推广实施,第一批全装修项目总建筑面积87万平方米。

(钱娇)

【全区首个绿色三星建筑认证】 9月15日,巩固6号地块保障房二期PC建筑人才公寓项目通过省住建厅认证,取得三星级绿色建筑设计标识证书。该项目建筑节能综合指数达到65%以上,并采用PC装配技术建设,预制装配率71%。该项目为浦口区首个采用PC装配技术建设,整体按照绿色三星标准设计实施的人才公寓项目。

【20亿元非定向债务融资工具注册成功】 5月2日,依据人行《银行间债券市场非金融企业债务融资工具管理办法》和中国银行间市场交易商协会相关自律规则,区康居集团20亿元非定向债务融资工具注册成功。注册成功后,该集团在两年有效期内可分期发行定向PPN。债务融资经营风险较小,此次注册成功进一步提升集团综合实力,降低融资成本,调结构、补短板,降低集团对银行贷款的依赖。随着国家加大对政府融资平台债务的控制力度,以及区委、区政府进一步规范融资行为和融资成本控制的要求,集团及时调整策略,找准方向,在重点采用传统银行授信的同时,探索债务融资的新渠道,逐步形成适应集团发展的广渠道、低成本、结构优的科学资金筹措体系,确保集团资金的正常运转。

【第二期非公开定向债务融资工具成功发行】 10月30日,区康居集团以AA+级信用,在银行间市场以非公开定向发行的方式,第二次成功募集到位资

巩固6号地

巩固6号地人才公寓 (康居集团 供稿)

金10亿元,票面利率5.8%,资金用途主要用于偿还银行借款等。此次成功发行,标志着集团由传统融资市场转向直融市场,通过直融募集资金有效地与还贷相结合,从成本上以低替高,从期限上以长换短,控制集团账面存量资金,降低债务风险,确保集团资金的正常运转。

【中票发行成功】 7月19日,区康居集团以AA级信用在银行间市场首次成功发行中期票据5亿元,发行价5.16%利率水准。此次中票的发行成功申请,标志着该集团在融资渠道创新上取得重大突破,进一步彰显出集团在直融市场上的良好信誉,有利于企业实现融资成本的灵活配置,对提高企业应对复杂多变的金融环境和提升企业经济价值具有积极意义。10月26日,该集团又以发行价5.26%利率水准发行第二期中期票据5亿元。两期申请资金均主要用于保障房建设营运及偿还银行借款等。

【重点工程集中开工】 3月31日,区康居集团2017年度第二批重点工程集中开工,项目包括房建工程、市政道路工程、河道整治工程等14个民生项目。其中,房建工程项目包括大新8号和9号地项目、浦欣家园四期项目、洛庄酒店项目、泰山黄姚五组项目、顶山南门棚改二期项目、桥林五期项目,总开工面积90.98万平方米;市政道路工程项目包括江森路、园创路、立新南路项目,总开工长度2150米;河道整治工程包括大新十字河河道整治、安置房南圩十字河河道整治、南圩十字河河道整治项目,总开工长度1740米。

5月31日,第三批重点工程集中开工,主要项目为老山林场三期桩基、永宁街南土建、复兴小学土建等6个项目,开工总面积37.36万平方米。

9月9日,第四批重点工程集中开工,项目合计116.9万平方米。其中,巩固9号、10号、12号地块桩基项目,计31.09万平方米;顶山南门棚改二期土建项目,6.32万平方米;桥林六期A地块项目,23.99万平方米;桥林十期、十一期项目,计18.12万平方米;桥林G26地块试桩项目,31.3万平方米;星甸冯马项目,6.08万平方米。

【海都嘉园三期保障房项目开工】 12月20日开工,由区康居集团子公司南京宁浦房地产开发有限责任公司负责承建。项目位于江浦街道白马社区东侧,总用地面积1.99万平方米,总建筑面积5万平方米。开发建设有5栋11层住宅、2栋沿街商业用房及物业用房,可提供房源232套,计划2019年竣工交付。

【立新南路市政道路竣工】 为完善城市功能、共享城市发展公共资源,推进保障房片区周边配套的市政道路、河道、公建设施的建设,4月1日,由康居集团建设的立新南路工程开工建设。7月29日竣工。该工程西起团结路,东至规划江森路,道路全长276米,宽24米,按城市支路道路标准设计施工,总造价463万元。

【7条黑臭河整治】 2017年,区康居集团实施7条黑臭河道整治项目,治理总长度8300米,分别为江浦街道的巩固河、团结河、芝麻河,顶山街道的大新十字河、南圩十字河、安置房南圩十字河,以及沿江街道的小外江河。此次整治工作着力优化片区内管网规划,加大控源截污力度,科学制定外源污染拦截净化、内源污染消化转移、生态系统恢复重建、景观提升等整治方案。同时对接区黑臭河道整治工作指挥部,优化方案设计,做好上下游衔接工作。4月2日,7条黑臭河道排污口全面排查结束,清淤工程全面开工。11月30日完成整治工作。

【首批140套公租房分配到户】 3月23日,区康居集团联合区房产局开展2017年度首批公共租赁住房摇号分房工作。此次共分配140套公租房,主要集中在西水湾家园和大新华府小区,多为50~60平方米户型。分配全程采取摇号的形式,坚持公开、公平、公正的原则,各个环节透明化。在验房阶段,工程人员全程陪同,对公租房室内热水器、油烟机、灶具等电器的使用说明及注意事项做一一讲解,并对验房过程中发现的问题及时修补到位,确保房屋质量,保障低收入困难家庭能够在最短时间内住上新居。

【西江佳园二期工程竣工交付】 西江佳园二期工程位于江浦街道张西路,由区康居集团所属南京宁浦房地产开发有限责任公司实施建设。项目于2015年3月开始建设,2017年3月竣工交付。总用地面积7.9万平方米,总建筑面积10.7万平方米,计开发建设20栋6层住宅、1栋幼儿园、1栋社区服务中心,有624套房源,涵盖4种户型,面积73~118平方米。

【润泰花园二期交付】 8月1日,由康居集团所属保障房公司承建的润泰花园二期——南苑小区竣工交付。该项目于2015年3月开工建设,总建筑面积13.7万平方米,由5栋26层高层和5栋17层高层组成,计1382套房源,有7种户型,面积66~120平方米,小区内配建幼儿园和社区服务中心,配备停车位

3月,西江佳园二期工程竣工交付　　（康居集团　供稿）

1595个。

【滨江嘉园竣工交付】 9月30日,滨江嘉园项目迎来第一批次交付。该项目位于江浦街道巩固保障房片区,东北至团结路,西南至浦虹路,建筑面积约45万平方米。小区计有15栋32~33层高层住宅,共4008套安置房源,可提供4种户型,面积66~84平方米。该项目由康居集团旗下谒民城镇建设综合开发公司承建,物业为康和物业。

【侯郢雅苑项目竣工】 侯郢雅苑项目位于汤泉街道雨发生态园以北,由区康居集团所属南京宁浦房地产开发有限责任公司负责承建,2016年8月开建,2017年12月竣工。总用地面积5.98万平方米,总建筑面积9.5万平方米,开发建设27栋多层住宅、1栋沿街商业用房及1栋物业用房,可提供房源406套。

滨江馨园睦邻生活中心家宴坊 (康居集团 供稿)

【滨江馨园睦邻生活中心投入试运营】 11月1日投入试运营。项目由二层的活动中心和三层的家宴坊组成,总建筑面积1000平方米,由康居集团子公司康和物业负责日常物管服务。睦邻中心整体风格采用温馨和谐的主色基调,整个空间设计简洁、清爽、动静分离,在各功能室的使用方面提倡一室多用、高效、节约的原则,将相似度高、融合度强的活动进行有效整合。二层活动中心内设书香人家、健康之家、老来乐棋牌室、畅想书吧、银发影院、放学来吧、七彩乐园等各项功能室,提供"为老为小"亲情服务,增强业主的获得感、幸福感;三层家宴坊主要为业主操办红白喜事提供场所。睦邻中心将打造成为集生活、健康、教育、娱乐为一体的文化娱乐生活空间,为业主的业余生活创造良好的文化娱乐环境,增进物业与业主间的沟通与互动。 (康居集团)

【康居集团竞得桥林人才共有产权房G26地块】 (参见本类目第188页)

房产管理

【概况】 2017年,浦口区房地产市场持续调控。全年核发商品房预售许可证29件(不含江北新区),同比减少10件,下降25.64%。开发面积95.12万平方米,减少0.53万平方米,下降0.56%;销售房屋125栋、11072套,增加624套,增长5.97%。办理合同鉴证10199件,交易信息核验32件。签订新建房屋白蚁

9月30日,滨江嘉园竣工交付　　12月,侯郢雅苑项目竣工　　(康居集团 供稿)

预防合同176份、面积1407.4万平方米。开展商品房市场检查121次,检查房地产经纪机构110家,对全区开发企业、销售企业、楼盘进行市场检查121次。对17家企业的18个项目进行资金监管,监管面积151.56万平方米,总金额16.95亿元。

【测绘业务】 全年完成商品房预测算238栋,面积236.63万平方米;完成新建商品房竣工测绘623栋,面积523.17万平方米。完成房屋竣工测绘590栋,面积495.47万平方米,同比增长1.16%;完成房屋预测算204栋,面积211.57万平方米,下降45.55%;总平图测绘63个项目、418栋房屋、548格方格网,下降29%;厂房、自建房测绘262户、229.95万平方米,增长126.35%。各项费用总收入714.84万元,增长14.29%。

【交易登记"一窗受理"】 7月31日,浦口区正式实行房产交易登记"一窗受理"。即通过调整窗口设置,将房产窗口并入国土一站式窗口,实现一次取号、一次性办结;通过优化办事流程,将测绘配图流程纳入房源核验环节,另将网签、交易备案并案办理,当场办结。实现4个环节减为2个,工作时限缩至0.5个工作日内办结。全年办理房屋交易备案9698件,合同备案5626件。

【房产中介市场逐步规范】 全年检查经纪机构111家,其中双证齐全的46家,只有营业执照未办理备案证明的52家,双证俱无的13家。同时,对已备案的46家经纪机构实行星级管理。房地产经纪机构从业人员550余人,其中具备资格证书的50人,占比仅9%。全年受理经纪公司备案18件,同比增加7件,增长40%。新增业务担保限制3件,限制调整2件,解除限制4件。

【车位租售备案制度】 结合《江苏省物业管理条例》规定,创新开展车位租售方案备案工作,即要求开发企业在办理车位销售许可前,明确车位租售的时间、方式、对象等内容,形成租售方案进行备案,并严格按照方案进行租售。全年完成17个小区的车位租售方案备案,未发生一起住宅小区地下车位只售不租的投诉。

（魏星）

房屋征收管理

【概况】 2017年,浦口区排定征收项目107个(其中新开项目72个,结转项目35个),完成居民征收17633户、企业征收135家,征收面积约338万平方米。其中,区拆管中心承担国有土地征收项目37个,完成居民征收3227户、企业54家,总面积约63万平方米。

【房屋征收新政出台】 6月6日,区政府针对集体土地上房屋征收出台《南京市浦口区征收集体土地涉及房屋补偿安置办法》(浦政规〔2017〕2号,简称"办法")、《南京市浦口区征收集体土地涉及房屋补偿安置办法实施细则》(浦政规〔2017〕3号)、《南京市浦口区征收集体土地涉及房屋补偿标准》(浦政规〔2017〕4号)。"办法"自发布之日起施行,2014年出台的《南京市浦口区征地房屋拆迁补偿安置办法》(浦政规〔2014〕1号)废止,"办法"施行前已实施的项目,继续沿用原有的规定办理。

10月12日,区政府针对国有土地上房屋征收又出台《南京市浦口区国有土地上房屋征收补偿最低保障意见》(浦政办发〔2017〕101号)、《南京市浦口区国有土地上房屋征收补偿有关重大疾病、困难家庭补助办法》(浦政办发〔2017〕102号)、《南京市浦口区国有土地上房屋征收补偿补助奖励规定》(浦政规〔2017〕5号,简称"规定")。"规定"自发布之日起施行,区政府2011年9月17日发布的《浦口区国有土地上房屋征收补助价格、奖励标准》(浦政规〔2011〕3号)同时废止,在此之前已发征收决定的征收项目,仍按原规定执行。

【征收资金监管】 全年征收资金专户共收到各用地单位拨入资金112.97亿元,同比增长18.79%;拨出资金97.61亿元,增长41.44%。配合各融资平台办理过账资金拨入13笔,涉及金额49.29亿元;拨出13笔,涉及金额54.33亿元。完成121个项目、11649户过渡费审核工作,涉及金额1.1亿元。新开跟踪审计摇号项目36个,其中4个全面完成协议签订工作,8个处于协议签订阶段,12个完成跟踪调查工作,4个处于调查阶段,8个尚未启动。完成22个项目决算审计工作。

【司法征收保障】 全年作出房屋补偿决定71件,补偿决定催告书25件,向法院申请强制执行19件,承办房屋征收行政复议4件,行政诉讼19件,代理公益诉讼5件。有效加快了征收项目扫尾进度,为征收工作营造良好的社会氛围。

【货币化安置奖励标准提高】 房屋征收新政中,参照市区货币化安置奖励政策,国有土地上房屋征收对选择货币补偿的居民,如放弃申购征收安置房(产权调换房)、政府保障性住房(共有产权房、公共租赁房等),并在签约期限内搬家,可给予不超过房地产评估总额20%的奖励,此外再给予房地产评估价格10%的货币安置奖励费,且将该奖励费在区政府公布的补偿方案、补偿实施方案中予以明确。10月12日正式执行。

【新增重大疾病、困难家庭补助】 房屋征收新政中,国有土地上房屋被征收人、直管公房承租人及同户籍内直系亲属患重大疾病且符合医疗救助条件的,或被征收人、直管公房承租人家庭生活特别困难并符合救助条件的,且在奖励期内完成签约并搬迁的,可以给予补助。被征收人及其直系亲属,在被征收人与实施单位签订协议并交房搬家后申请上述补助,由本人申请并提供相关证明材料,经社区、街道、区民政、区残联等部门审核后,由实施单位汇总,依据政策审核后发放。

【最小户型保底和最低保障适当提高】 房屋征收新政中,国有土地上房屋被征收人、执行政府规定租金标准的直管公房承租人(以下称直管公房承租人)在南京市仅有一处合法房产凭证记载的住宅,获得的货币补偿金额低于征收决定之日由政府定价的最小户型征收安置房总价,可享受该征收项目征收安置房最小户型建筑面积不低于45平方米的房屋安置，被征收房屋不再补偿。被征收人、直管公房承租人放弃申购征收安置房且获得的房地产评估价格低于45万元的，征收补偿款补足至45万元；符合货币安置奖励费有关规定的，在45万元基础上计算货币安置奖励费。

【超面积申购安置房规定】 6月出台的集体土地新政，对超面积申购安置房作出规定：超出面积在10平方米（含）以内的，超出部分按照所购征收安置房基准价格计算购房款；超出面积大于10平方米的，超出部分按照所购征收安置房价格上浮50%计算购房款。总超出面积不得大于30平方米。此举一方面保障老百姓正常购房，保护被征收人的权益，另一方面在超出面积上限和超面积购房款上作出规定，缓解安置房供应压力。

【部分补偿标准适当提高】 房屋征收新政中，集体土地上房屋征收，部分补偿标准适当提高：一是搬迁奖励费，取消片区分类，统一按照1000元/平方米，不足5万元的补足5万元，进一步激励被征收人在奖励期内尽快搬家。二是装修补偿费，取消片区划分，统一将装修补偿费调整为900元/平方米。三是将搬迁费统一调整为50元/平方米。四是将一类片区区位补偿款标准提高到200元/平方米。

【扬尘管控及安全生产】 制定《浦口区2017年征收房屋拆除工地文明施工精细化管理工作方案》（浦拆管发〔2017〕23号），加强扬尘防控工作制度化、规范化、长效化机制建设。自1月起，每周对全区正在启动和已实施的房屋征迁项目进行一次现场检查。全年检查40余次，对不符合要求的拆除工地，及时向责任单位说明，并下达整改意见书10份，强化扬尘防控和安全生产措施，严格绿色、文明施工、安全拆除。

【重点项目征收工作启动】 3月2日，江浦街道南庄地块环境综合整治项目启动征收谈判工作。该项目东至同心路、南至小珠泉小区、西至城东路、北至交通局3号地，涉征居民374户，企业2家，房屋建筑面积42555平方米。项目将进一步改善人居环境，提升城市形象，改变城市面貌。

5月10日，位于江浦街道的求雨山文化创意产业园环境综合整治（雨山组地块）启动征收。该项目东至雨山路，西至雨山西路，南至雨山桥，北至求雨山。涉及征收居民329户，企业11家，房屋建筑面积5.3万平方米。项目计划打造具有影响力的集收藏展示、艺术品交易、教学培训、创作研究、文化交流、旅游休闲等功能为一体的中国当代书法高地和综合文化产业园区。

12月18日，江浦街道北庄地块环境综合整治项目、求雨山文化创意产业园（向阳组）地块环境综合整治项目、地铁10号线城西路站D地块（二期）环境综合整治项目房屋征收签约工作同时启动，共涉征居民829户，企业13家，房屋建筑面积近13万平方米。项目将进一步加快片区老城改造和开发建设步伐。 （邵晓娟）

物业管理

【概况】 2017年末，全区有物业管理企业51家（不含江北新区直管区，下同），共管理住宅物业项目83个，从业人员2411人，管理物业面积约790万平方米，占住宅区总面积的59%，新建住宅项目物业管理覆盖率100%。年内对11个住宅项目的前期物业企业选聘工作进行全程监管，其中公开招标项目9个，协议项目2个，总建筑面积177万平方米。完成7个住宅项目的物业管理用房备案，总建筑面积95.69万平方米，其中交付物管用房面积0.4万平方米。引导企业申报物业管理优秀示范项目，有2个住宅项目（滨江和园、山水田园）和1个大厦项目（新城总部大厦）通过南京市物业管理优秀项目审核。在全区物业管理体制创新工作的基础上，区房产局指导全区5个街道开展物业管理体制创新工作，实行属地化管理。加强房产执法工作，完成房产行政执法案件9起，其中正式下达处罚决定3起，整改6起，共收缴罚金8.5万元。

【维修资金管理】 全年归集维修资金4.09亿元，历年累计归集维修资金总额25.08亿元。年内审核领域花园、林景雅园等62个小区公共设施和共用部位维修、更新、改造使用维修资金申请206个，计拨付维修资金907.06万元。收缴物业保修金7116万元。

【房屋安全管理】 在江浦街道西水湾小区设立房屋安全服务窗口。全年受理房屋安全管理投诉案件587件，下发《房屋结构安全检查通知书》146份，结案率100%。受理房屋结构变动行政许可15件，满意率100%。开展房屋安全宣传6次，创新制作3D动画宣传，组织房屋安全培训4次。危险房屋4处，消险2处，危险房屋有效治理率50%。

【老旧小区出新】 全年组织实施23个老旧住宅小区及零散片区整治出新工程，涉及江浦、桥林、汤泉、永宁、星甸5个街道，总建筑面积203万平方米，惠及531栋房屋1.84万户业主，工程总投资58907万元，资金来源为区城建集团与街道配比。工程内容主要实施屋面整治、立面整治、地面改造、下水系统改造及综合配套提升等。具体工作由区城建集团及属地街道负责实施，区房产局进行指导、监督。

【物业标准化建设】 将物业管理标准化建设纳入城市精细化建设管理工作，并结合金地、绿城等品牌物业的行业标准，依据浦口区住宅小区物业管理现状，优化A、B、C三类物业管理标准，强调管理方案、自治组织、绿化管养、设施维护等4类54项精细化管理内容，突出物业管理标准的规范性和可操作性。同时，按照精细化时间节点要求，定期组织专家对拟达标小区开展考核验收，2017年完成既定目标，全区住宅小区物业服务质量得到较大提升。

【小区综合治理】 结合2016年“大联勤+物业管理”工作经验，研究、制定《2017年浦口区社会治理“大联勤+物业管理”专项行动方案》，细化住宅小区联勤点设置规范、工作规范等内容。至年末，全区106个成型住宅小区实现联勤网格全覆盖；各联勤点组织社区、物业人员、业主作为联勤队员，开展常态化联勤巡查，实现针对小区内各类物业矛盾问题的发现、上报、处置、反馈的“闭环”式管理。同时，结合街道综合执法工作，通过联席会议、联勤反馈等方式，实现小区内违建、占道经营等问题的综合治理。通过“大联勤＋物业管理”平台，全年有效解决物业管理问题1100余件。

【小区管委会制度建立】 结合《江苏省物业管理条例》和《南京市住宅物业管理条例》的有关规定，研究制定管委会制度，由街道、社区、片警和居民代表共同组建小区管委会，在保证业主自治的同时，引入政府监管，实现业主自治管理的规范化。截至年末，全区陆续成立小区管委会72个，并以此为依托，调整选聘物业企业28家，改善管理混乱小区10余个，妥善处理重大物业矛盾26起。

【物业企业考核机制制定】 将物业管理纳入2017年浦口区政府1号文一体化考核目标，增加物业工作在街道年终考核中的权重，推动街道、社区切实履行工作职责。同时为鼓励相关主体做好物业工作，提升物业管理工作积极性，区政府于7月11日出台《浦口区住宅小区物业管理专项奖励资金管理办法》（浦政办发〔2017〕65号）和《浦口区住宅小区物业管理专项奖励资金使用操作细则》，拟拨付5000万元设立住宅小区物业管理专项奖励资金，对物业管理标准化示范住宅小区、示范自治组织、优秀物业主体等9类对象进行奖励。区房产局按照“管理办法”和“操作细则”，开展2017年物业专项奖励资金评审工作（年内资金暂未拨付）。 （魏星）

【康和物业完成象山花园小区物业接管】 7月1日，区康居集团旗下自有物业公司康和物业完成对象山花园物业接管工作。此次物业接管，是该集团首次尝试接管商业小区。象山花园位于江浦街道公园北路，由宁浦公司于2000年承建，建筑总面积4.2万平方米，计13栋362户，其中拆迁安置房170户，商品房192户。 （康居集团）

住房公积金管理

【概况】 2017年，南京住房公积金管理中心浦口分中心（简称分中心）突出住房保障职能，打造“民生公积金”。一是狠抓增缴扩面的工作源头，不断扩大公积金制度覆盖面。实施分中心抓“两头”（抓信息比对和行政执法）、业务承办银行促“中间”（促进单位扩面建缴）的制度扩面策略。突出重点保障群体，定期到区内大型企业、劳务派遣公司等重点缴存单位检查公积金缴存情况，加大对劳务派遣人员、街道社工、特勤保安、环卫工人等群体的公积金保障力度，维护职工合法权益。加大政策宣传力度，对新建制单位集中开展政策宣传及业务培训，同时与银行、社保等单位深入园区、缴存企业、街道、广场开展形式多样的政策宣传服务活动，公积金制度的社会影响力和群众知晓度不断增强。二是把握政策惠民的工作导向，满足职工刚性住房需求，切实做到“应贷尽贷”。2017年，全区住房公积金归集12.19亿元，用于发放公积金贷款，当年支持1530户家庭圆了住房梦。为落实党的十九大提出的“加快建立多主体供给、多渠道保障、租购并举的住房制度，让全体人民住有所居”，进一步加大对无房职工租房自住的支持力度。三是服务人才安居的工作大局，助力高层次人才扎根南京。落实南京市建设人才安居名城发展战略，针对高层次人才提取公积金支付房租，放开连续足额缴存3个月的限制，提取金额放宽至每月现有提取标准的2倍；高层次人才申请公积金贷款，放开连续足额缴存6个月的限制，最高可贷额度最大可放宽至现行最高可贷额度的4倍，为各类人才来宁就业、创业创造良好条件。

【“智慧公积金”打造】 推进“放管服”改革，大力开展公积金网上业务。一是开展网上提取公积金业务。实现与房产、民政、银行、支付宝之间的数据共享，为群众提供足不出户的“秒批办结”体验。自9月1日起，相继推出离退休、支付房租和购房网上提取公积金业务，职工通过公积金网上办事大厅、支付宝、南京公积金手机APP等在线办理。二是扩大公积金网上缴存和“集中代收”业务覆盖面。截至2017年底，全区有88%的缴存单位开展公积金网上缴存业务。

【“服务公积金”打造】 分中心推出一系列便民惠民举措：推出逐月提取公积金归还商业贷款业务，提高公积金资金使用效率，减轻职工还款压力；推出增设电梯提取公积金业务，进一步拓宽公积金使用渠道；推出购买共有产权住房公积金贷款业务，减轻保障群体的购房压力。

不断优化服务流程。一是全面提高审批效率。10万元以下提取全部当场办结，贷款终审时限由5个工作日缩减至1个工作日，网签终审1个工作日内审批完毕，从职工提交公积金贷款申请资料到完成发放手续，最快10个工作日即可办结；精简按揭审批材料，规定房地产开发企业在领取商品房预售许可证后即可与分中心签订按揭协议，无需等待楼盘封顶；简化委托逐月提取还商贷业务办理流程，实现客户“一站式”签约。二是大幅简化租房提取公积金手续，放宽提取条件、减少提取凭证，方便当地无房职工办理提取手续。三是延长公积金提取业务办理时间。即从6月2日起，提取住房公积金支付房租和偿还住房贷款的办理时间全部延长至全年任意工作日，而此前提取公积金支付房租业务的办理时间为每年的6～12月，提取公积金偿还住房贷款业务的办理时间为每年1～12月的上半月。调整后，缴存职工随时都可以申请办理。四是大幅简化公积金账户转移流程。当地转移取消《南京住房公积金转移申请单》，异地转移直接通过全国住房公积金转移接续平台办理。 （董登峰）

苗木花卉业

综　述

【概况】 2017年，浦口区苗木花卉（以下简称花木）种植面积11297公顷，其中观赏苗木11239公顷，其他花卉58公顷；苗木花卉设施面积81.5公顷。苗木花卉销售额11.4亿元，其中观赏苗木11.21亿元，其他花卉1869万元。花木企业1483个，从业人员3万人，种植花木农户1.06万户，花木经纪人2177人，专业技术人员2147人，行业协会1个，专业合作经济组织59个，花木品牌1个。苗木花卉亩产值6728.05元，从业人员人均产值37959.01元。

【苗木产地检疫及调运检疫】 严格执行苗木产地检疫和调运检疫规定，6.67公顷以上苗木产地检疫率100%。设置固定窗口，核实调运检疫信息，履行调运检疫流程，宣传检疫监管政策。按照每车一证、每车必检要求，签发出区调运检疫证113张、木材运输证106张，调运现场检疫率100%。

【省农业科技入户和基层农技推广】 2017年，实施省级农业科技创新与推广项目，遴选高效园艺示范户270户，选出技术指导员27人，开展科技入户示范工作，推动农业增效、农民增收。实施基层农技推广体系改革与高效园艺项目，遴选科学种养水平和经济效益较高、能够带动周边农户依靠科技发展生产的高效园艺类（花木）示范户200户，示范种植面积226.1公顷。（郑爱春）

放飞花海（永宁街道张圩社区油菜花海）（滕宏飞　摄）

【省苗木商会调研浦口苗木产业】 9月7日，江苏省苗木商会会长蒋益明、执行会长戴锁方、秘书长周志英一行，到浦口区调研苗木产业的现状、发展趋势及存在的问题。浦口区林业站负责人汇报全区苗木产业发展现状。截至2016年年底，全区苗木培育面积1.2万公顷，年销售额近12.5亿元，苗木种类300个，主打品种雪松培育面积近4000公顷。省苗木商会副会长单位、南京麦浦苗木种植合作社和八刘苗木种植合作社负责人就苗木发展现状和存在的困难作汇报。蒋益明指出：浦口区是全省五大苗木培育基地之一，有着悠久的苗木培育历史，在苗圃建立和雪松苗的播种、扦插技术上有技术优势，但在产业经营模式和新品种培育方面仍需加强；苗木培育要以“农户＋合作社”式分散经营为主，苗木产业发展向“基地、企业＋互联网”模式转变，苗木培育企业要直接加入园林绿化工程建设，根据市场需求，通过互联网推销产品；雪松、香樟、广玉兰等品种存在局限性，苗木培育单位要加强与科研单位及外界市场的沟通，加快培育新品种、推广新技术，快速占领市场。（农业局）

【花木种植培训】 8月，区科技局在汤泉街道三泉社区举办苗木生产栽培技术培训，80多户苗木种植户参加培训。南京林业大学教授丁彦芬从园林苗圃及其任务、园林苗圃生产现状及存在的问题、园林苗圃的建立、嫁接育苗技术、苗木的整形修剪5个方面进行讲解，种植户就苗木种植中遇到的问题与专家互动交流。

9月，区科技局在桥林街道林东社

区举办“月季在休闲农业发展中的应用及其栽培技术”培训，60多户苗木种植户参加培训。省农科院教授邓衍明讲授休闲农业发展现状、月季在休闲观光农业中的应用前景、月季的栽培管理技术等知识。（科技局）

【西埂莲乡参加第三届荷花栽培育种研讨会】 10月19～21日，由江苏省植物学会、中国园艺学会水生花卉分会、中国园艺学会栽培植物命名与登录工作委员会共同主办的第三届荷花栽培育种及国际登录学术研讨会在南京召开，西埂莲乡景区负责人参加会议。西埂莲乡景区与浙江人文园林公司、江苏省中科院植物所、南京水一方文化旅游管理公司就荷花一、二、三产融合、协调发展进行交流发言。大会总结中国近年来荷花资源调查、新品种培育及国际登录、栽培新技术、深加工产品、旅游观光等方面的研究成果，达成各方共同推动荷花科研、产业发展及提升中国荷花在国际上领先地位的共识。（交通集团）

【麦浦园林获评“全国十佳优秀园林企业”】 6月9日，南京麦浦园林景观建设工程有限公司被中国风景园林协会评为“2017年全国十佳优秀园林企业”，总经理任晓毅被评为“2017年全国园林绿化优秀企业家”。2006年，任晓毅成立南京麦浦园林景观建设工程有限公司。2012年，成立南京麦浦苗木种植专业合作社，采取“绿化工程公司＋合作社高效苗木基地＋农户”的发展模式，推进苗木种植专业化和规模化，吸纳7个村民小组106户低收入户为合作社社员，人均年收入3万多元。累计投入资金6800万元，改造桥林街道勤丰社区200公顷丘陵山地，打造美丽乡村生态风光带和乡村生态园林。与省林科院、南农大、南林大、区园艺特产站等科研单位长期合作，引进小叶刺冬青、红果冬青、杨梅、红豆杉等南京地区名贵树种，试种世界濒危树种对节白蜡，打造小苗圃育基地、月季嫁接基地、大树繁殖基地、特色树种示范基地、林果采摘基地，初步建成浦口区规模最大的集科技创新、成果展示、科技培训、旅游观光等功能于一体的综合性现代化旅游生态园。2013年，南京麦浦园林景观建设工程有限公司获“省级林业产业龙头企业”称号。2016年，任晓毅以“绿化兴农富农”入选全国农村创业创新优秀带头人。（肖亮）

种　植

【概况】 2017年，全区苗木花卉种植面积11297公顷，其中观赏苗木11239公顷，盆栽植物13公顷，鲜切花18公顷，草坪27公顷。苗木花卉设施面积81.5公顷。雪松、栾树、女贞等苗木播种100公斤，年生产量5000万株。苗木花卉种类300余个，系列品种3500余个。

2017年浦口区苗木花卉种植面积一览表

表71　　单位：公顷

街　场	种植面积			设施面积
	合　计	观赏苗木	其他花卉	
江浦街道	1272	1250	22	4
桥林街道	2241	2234	7	15.2
星甸街道	3300	3300	0	0
汤泉街道	2880	2876	4	60
永宁街道	1370	1345	25	2.3
老山林场	200	200	0	0
汤泉农场	34	34	0	0
合　计	11297	11239	58	81.5

（郑爱春）

【15处休闲农业景点花卉各异】 3月，区农业局整合农业园区、农庄、美丽乡村珍珠村（示范村、特色村）等主要休闲农业赏花景点及品种，推介赏花景点15处，分别是：雨发生态园（郁金香、桃花、梨花）、侯冲风景区（玫瑰花、薰衣草）、张圩油菜花海（油菜花）、水墨大埝（桃花、马鞭草）、麦浦生态园（樱花）、葡萄庄园（葡萄）、老山樱花峪（小樱花、野梨花）、南京艺莲苑（荷花）、响堂桃源谷（桃花、栀子花）、老山不老村（格桑花）、望月海棠园（海棠花）、西埂莲乡（荷花）、楚韵花香（樱花、鼠尾草）、九华茶坊（茶花、蛇目菊）、岘里人家（桃花、梨花）。

【雨发生态园花海】 3月，雨发生态园20余万株郁金香、大地花坛、樱花和23公顷杏花、桃花、梨花竞相开放，园区内种植热带植物加拿利海藻、棕榈树等。5月，格桑花、硫华菊、百日草等纵横交错，

百亩花海,万株花开。（农业局）

望月农庄海棠节 （旅游局 供稿）

【望月农庄海棠花开】 4月2～20日,第三届望月海棠文化节在望月农庄举办。望月农庄位于桥林街道西山社区,占地面积80公顷,是一座集新优品种研发、生产销售、休闲观光旅游、科普惠农为一体的现代化海棠主题园,培育出性状稳定、树形各异的海棠树种30多种,其中黄金甲、小甜甜、芙蓉海棠、紫王子、白兰地被省林木品种审定委员会认定为林木良种并在全省推广。园内种植珊瑚礁、香雪海、红玉等50多个海棠品种、5000余盆新品海棠盆景、12万株海棠,花型有单瓣、重瓣、半重瓣,颜色包括紫色、红色、粉色、紫红、粉红、白色、粉蕾白花等花色。

【西埂莲乡99种莲花竞相绽放】 西埂莲乡位于永宁街道联合社区,北傍滁河,南依老山。核心区占地面积约66.7万平方米,荷博园占地面积2.67公顷,建有特种莲花培育池80个,首批植入特种莲花99种,其中“四最莲花”分别是:花茎最大莲花逸仙莲、最古老莲花中国古代莲、最名贵莲花秣陵秋色、花瓣最多的莲花宜良千瓣。还有红太阳、中国红遵义、中国红井岗山、春暮樱桃、卓越、红统帅、伯里夫人、金凤凰、绣球等莲花品种。（《南京日报》）

【老山东山片区森林花坞建设启动】 3月21日,老山管办对东山片区峡谷内的林分根据现状地形地貌和森林条件状况进行林相改造建设。该片区占地面积13公顷,在树木稀疏的林带,选用春季观花的碧桃为主,结合同色同花期花卉郁李、榆叶梅,形成森林花坞主题的彩色森林示范点。栽种碧桃5000株、郁李2万株、榆叶梅1500株,苗木带苞种植,大部分苗木开出第一年的春花。（老山管办）

【老山林场打造“三化”示范林基地】 根据省委、省政府林业发展要突出“三化”(彩色化、珍贵化、效益化)指示精神,2017年,老山林场围绕绿色与效益相结合,打造“三化”示范林基地27公顷,推进林业绿化转型发展和森林品质提升,种植鸡爪槭、红枫、榔榆、榉树等珍贵彩色树种,栽植苗木2万余株。（老山林场）

永宁街道西埂莲乡 （滕宏飞 摄）

【东葛社区种植槭树科苗木】 3月,省农科院院士李倩中等专家到永宁街道东葛社区种苗繁育基地,对种植技术进行现场培训。李倩中带来金陵黄枫、小叶鸡爪槭、三季红枫、赤枫、羽毛枫5种优良品种的槭树科种苗5000株,并现场指导种植、培育、整形、修剪,社区32户苗木种植户种植种苗5000棵。

【河岸花海玫瑰园进入盛花期】 5月初,永宁街道河岸花海景点玫瑰园进入盛花期。河岸花海景点占地面积约100公顷,河道长约2500米,玫瑰园面积33公顷,种植玫瑰300万枝、薰衣草20公顷。从叙利亚引进大马士革玫瑰,会随着花期改变颜色,刚开时是粉红色,两天后变成淡粉红,一周后变成白色。

(永宁街道)

永宁街道河岸花海玫瑰园　　(滕宏飞　摄)

销　　售

【概况】 2017年,浦口区苗木花卉销售额11.4亿元,其中观赏苗木11.21亿元,盆栽植物1237万元,鲜切花382万元,草坪250万元。网络销售6.8亿元。

【汤泉街道搭建苗木电子信息化平台】 2017年,汤泉街道搭建苗木电子信息化平台,集苗木产品展示、产品交易、物流服务、苗木种植技术服务、新品种推荐等功能于一体,整合苗木销售企业、种植大户、经纪人、运输公司、货车司机、个体农户、包装材料经营户等群体在平台进行展示、互动。同时在苗木产业集中区建设苗木“码头”40多个,为农户销售苗木提供中转场地,提高苗木装载、运输效率,消除苗木销售旺季交通拥堵和安全隐患。

(汤泉街道)

2017年浦口区苗木花卉销售情况一览表

表72　　单位:万元

街　场	观赏苗木	其他花卉	合　计
江浦街道	6000	1282	7282
桥林街道	24230	42	24272
星甸街道	32100	0	32100
汤泉街道	37257	45	37302
永宁街道	9150	500	9650
老山林场	2900	0	2900
汤泉农场	500	0	500
合　计	112137	1869	114006

(郑爱春)

农业 水务

新农村建设

【概况】 2017年,浦口区农村工作以深化农村集体产权制度改革、精准扶贫、推进美丽乡村建设为重点,加快新农村建设,取得丰硕成果。2月,永宁街道永宁社区13组、友联社区杨家洼组、侯冲社区刘家门口组,汤泉街道陈庄社区茆家洼组、瓦殿社区朱家岗组、新金社区韩冲组,星甸街道汤集村栗戴组,桥林街道福音社区八刘组8个社区(村)被市委、市政府评定为"2016年度美丽乡村示范村"。12月17日,汤泉街道瓦殿社区被中国最美村镇评选活动组委会、上海第一财经传媒有限公司评为"2017中国最美村镇生态奖"。浦口区有建档立卡低收入农户3822户8400人,经济薄弱村(欠发达村)19个。累计脱贫建档立卡低收入农户2833户6026人,脱贫率72%,贫困发生率由4.9%降至1.3%;累计脱贫经济薄弱村(欠发达村)15个,脱贫率79%。政策宣传到户率94.61%,低收入农户对扶贫工作满意度达94.43%,脱贫人员对脱贫工作认可度达82.8%。成功申报全国第二批农村集体产权制度改革试点区县。建立产权交易平台,交易额1.15亿元。

【精准扶贫】 凝聚脱贫合力,保障攻坚脱贫。继续执行2016年8月16日区委办、区政府办印发的《关于开展结对帮扶活动推进精准扶贫工作的通知》,坚持政府主导、社会参与、群众配合,动员全区38名市管干部、75个机关单位、27家驻区企事业单位及全区机关干部参与结对帮扶。争取市财政扶贫开发专项资金1449万元、区级配套资金2233万元。坚持"三强两好"选人用人导向,选派有思想、有本领、有担当的致富能人到村(社区)任职。选派19名机关优秀年轻干部担任经济薄弱村(欠发达村)第一书记,5个市级经济薄弱村全部配备正处职干部。组织开展"万名党员干部帮万户"活动,明确低收入农户每年每户不少于1000元的钱物慰问标准,4134名机关党员干部结对低收入农户3227户。开展机关部门结对帮扶,安排区级部门、平台帮助结对村(社区)编制促进村集体发展的规划和帮扶方案,通过资源开发、产业培育、农产品直销、技能培训、吸纳就业等形式参与扶贫开发,增强村集体造血功能。动员社会各方参与,组织开展"六助"(助老、助困、助学、助医、助孤、助残)服务,提供救助金1400万元,受益者1.5万余人。组织1200多家民营企业参与"同心·万家民企帮万户""百企帮百村"扶贫工作,累计筹集帮扶资金2736万元,帮助困难户5968户,安置就业3000余人,解决农村剩余劳动力2000余人。

坚持因人施策,实施精准脱贫。通过建档立卡,对低收入农户进行精准识别、精准分类、精准施策。开展"三个靶向"帮扶,针对有劳动能力的低收入农户,按照每个有劳动能力低收入人口6000元的标准,测算到人、补助到村,实施扶持购岗、鼓励创业、帮扶入股的扶贫举措,做到"应扶尽扶"。市、区两级共补助"三个靶向"资金1000.2万元,扶持低收入人口1667人。公益扶贫平台助力脱贫,在经济薄弱村(欠发达村)设立电商销售服务网点,帮助低收入群体通过自身劳动实现脱贫致富。王村社区是浦口区试点村之一,10月,南京市"公益扶贫"APP平台在星甸街道王村社区上线。农产品交易量、交易额均位于全市前列,芋山脆梨销售量稳居榜首。低收入项目区促进就业,每个项目区补助100万元,争取1000万元/年的区级财政奖补资金,围绕特色农产品、高档苗木、有机茶叶等特色产业,引导街道建设低收入项目区。打造汤泉街道大黄社区、桥林街道林东社区、星甸街道王村社区等项目区,带动253户481名低收入农户就业增收。为星甸街道争取市财政补助200万元/年,用于片区整体开发建设,建成九华社区组级环境提升基础设施建设项目。医疗救助兜底保障,实施急重病灾救助,救助621人,补助资金590.7万元,缓解低收入农户生活困难。

提升发展能力,产业促进脱贫。加大财政资金投入力度,走产业扶贫道路,因地制宜选择发展项目,采用"一村一策"办法,帮助提升经济薄弱村(欠发达村)发展后劲。扶持发展物业经济,采取"统一规划、统一购置、统一出租、产权收益归村"的形式,为19个经济薄弱村(欠发达村)统一购置康居集团128平方米左右的门面房并签订返租协议,康居集团按每村每年20万元,连续10年给付收益。壮大村级特色产业,把特色高效农业作为农民脱贫增收的基础工作,重点打造星甸水产养殖、西埂莲乡莲藕、赭洛山茶叶等特色品牌。星甸街道石窑社区从推进农产品销售出发,利用居民消费合作社,采用"O2O"模式,开办实体直营店,实现年度销售额、社员数量翻一番,社员分红增长10%以上。落实党费扶贫项目，申报集中连片欠发达地区市级党费补助项目资金210万元，为星甸街道石窑、双山、万隆、王村、星兴5个村（社区）分别购买100平方米的门面房对外出租，每年收入租金达20万元。扶持经济薄弱村增强造血功能，壮大村级集体经济。

【扶贫开发监管】 实行全过程监管，保障扶贫开发工作有效开展。把好精准识别关，严格甄别扶贫对象，准确录入信息数据，建立扶贫对象档案资料库。把好动态调整关，区扶贫办出台《浦口区年度精准脱贫和动态调整工作方案》，健全常态化管理和动态调整机制，每年调整一次新增及返贫动态。把好精准退出关，按照"区负总责、镇街落实、村组联动"要求，指导街道按照"两审一公告"（街道办事处审核、区人民政府审核，对确认结果予以公告）程序，完成扶贫对象精准退出工作。会同区统计局深入街道、社区，强化精准脱贫工作指导。配合市、区纪委开展专项监督检查，督促精准脱贫举措落到实处。会同区财政局实施扶贫开发工作绩效评估，开展扶贫对象精准管理专项检查，推进扶贫开发阳光运行。12月15日，成立浦口区"阳光扶贫"工作领导小组，区委副书记任组长，区纪委书记任副组长，由22个部门负责人组成，依托南京市"阳光扶贫"监管系统开展精准扶贫工作，加强扶贫领域监督管理。

【农村集体产权制度改革】 2017年，完成全区68个村（社区）的村、组两级"三资"（资金、资产、资源）全面清查工作，摸清资产家底，依法界定所有权归属，为后期改革工作的全面开展打下基础。健全农村产权交易平台建设，围绕省市关于集体资产流转交易"应进必进"总体要求，加强宣传、强化指导，规范交易办法、交易流程，农村产权交易成交标段数156个，交易总金额1.15亿余元，溢价总金额1325万元，溢价率11.43%，有交易品种7种。6月，浦口区被确定为全国第二批农村集体产权制度改革试点区，是南京市唯一入选区。10月，组织召开全区农村集体产权制度改革动员暨推进大会，在前期18个村（社区）试点的基础上，整体推进剩余50个村（社区）的农村集体产权制度改革工作。11月，成立农村集体产权制度改革领导小组，由区委书记瞿为民任第一组长，区长王磊任组长，部分区领导任副组长，农工委、发改局等23个部门为成员单位。在桥林街道兰花塘社区、星甸街道万隆社区、永宁街道侯冲社区、汤泉街道龙井社区及江浦街道同心社区、新合社区6个试点社区探索村社分设。各街道先后出台规定村委会和合作社分别承担具体职能的相关文件，试点村基本做到职能、人员分开，初步理清村民委员会和经济合作社职能职责，推进农村社区股份合作社规范发展。

【指导街道分类发展】 2月，南京市委、市政府颁布2016年度郊区镇街分类考核结果，永宁街道获2016年度郊区镇街分类考核综合类现代农业主导型镇街一等奖，江浦街道获2016年度郊区镇街分类考核综合类服务业主导型街道三等奖，沿江街道获2016年度郊区镇街分类考核综合类先进制造业主导型街道三等奖。区委农工委根据市政府《2017年度南京市郊区街镇分类考核指标体系》，制定《浦口区镇街分类考核工作方案》，建立区街（19个部门、5个街道）两级分类考核工作网络，明确考核工作日程表，如期完成2017年分类考核工作。

（陈晓娴）

农　林

·综　述·

【概况】 2017年，全区深化改革创新，改革经营制度和经营主体，创新农业经营模式，坚持"农工、农商、农旅"融合发展战略，推进现代农业健康发展。实现农林牧渔及服务业总产值75.84亿元，同比增长2.3%（按统计局统计口径为5个街道65个村，下同）。其中，农业产值39.47亿元，增长1.2%；林业产值7.45亿元，增长10.3%；牧业产值8.86亿元，下降10.7%；渔业产值14.9亿元，增长7.7%；农林牧渔服务业产值5.16亿元，增长12.7%。种植业与林牧渔业产值比为39.47∶7.45。实现农林牧渔及服务业增加值43.23亿元，增长2.1%。其中，农业增加值25.27亿元，增长0.41%；林业增加值4.26亿元，增长9.7%；牧业增加值3.49亿元，下降9.8%；渔业增加值7.19亿元，增长7.2%；农林牧渔服务业增加值3.03亿元，增长11.9%。农村居民人均可支配收入23512元，增长9.3%。高效特色种植养殖业、休闲旅游农业、现代示范园区、新型农业经营主体、农业电子商务等农业发展方式加快转变，一、二、三产业加快融合。全区无重大动物疫病流行、无农产品质量安全事故、无森林火灾事故。1月24日，区农业局被省农委授予"2016年全省农经农业系统工作效能建设成效显著单位"称号。浦口区位列2016年度全省种子市场秩序评价全省第二名、全市第一名。经省林业局认定，浦口区林木覆盖率37.6%，位居全省第一。农业基本现代化综合得分在全省67个区（县、市）中继续稳居第一方阵。

（邹陈勇）

【高效设施农业】 2017年，市、区设施农业项目总投资6375.8万元，计划安排补助资金2583万元。新增设施蔬菜、设施园艺面积363.34公顷，累计设施蔬菜、设施园艺总面积5852.6公顷，占耕地面积的24.09%。其中，新增胡守兴、滕之武、陈正华、黄元柱、桂红、胡大路、子梦、邵贤豹家庭农场和南京丽铭农业生态发展有限公司10家家庭农场设施蔬菜面积204.07公顷（单体钢架大棚66.73公顷、连栋钢架大棚4.2公顷、玻璃温室4公顷、竹木棚14.33公顷、防虫网13.33公顷、喷滴灌55公顷、其他46.48公顷），新增南京雨发农业科技开发有限公司及张爱华、满园春、芮世、康乐、姜开龙、文菁、桃李天下、山水仁家、富云等12家家庭农场设施园艺面积159.27公顷（8米钢架大棚2公顷、钢架避雨大棚15.3公顷、连栋钢架大棚7.87公顷、防鸟网17.8公顷、棚篱架10.67公顷、喷滴灌77.8公顷、茶园防霜设施10.47公顷、其他17.36公顷）。

（陈登明）

【农民专业合作社】 2017年，全区有农民专业合作社564家，其中国家级示范社5家、省级示范社12家、市级示范社

11家、区级示范社39家。进入江苏省合作社扶持名录的合作社119家，其中土地股份合作社19家。下发《致全区农民合作社理事长的一封信》800份，指导农民专业合作社做好年度报告公示工作及规范化建设，完成年度报告公示的合作社比率达72%。培育南京市内第一家以家庭农场为经营主体的合作社——石村龙虾养殖专业合作社，由10家家庭农场组成，龙虾养殖面积80多公顷，辐射周边养殖面积266.7公顷。41家合作社获“金陵惠农贷”贷款3190万元。实施省级“合作社能力提升、销售服务能力建设、合作社培训指导服务”专项项目3个，争取财政支持49.5万元。（杨基楼）

【家庭农场】 2017年，全区有家庭农场636家，其中新增工商注册家庭农场94家，工商注册家庭农场总数479家，经营总面积8505公顷，占家庭承包经营耕地面积的44.1%，增长5.1%。南京市浦口区邵贤豹家庭农场等11家家庭农场实施省级家庭农场专项项目，争取财政资金80.9万元。南京市浦口区张爱华、葛少、珊珊、尹广红、新兴5家家庭农场被省农委评定为“2017年度省级示范家庭农场”，并入选省级示范家庭农场名录，南京市浦口区胡守兴家庭农场等8家家庭农场被市农委认定为“2017年市级示范家庭农场”，南京市浦口区宏梅家庭农场等11家家庭农场被认定为“2017年区级示范家庭农场”。全区示范家庭农场68家，其中省级17家、市级24家、区级27家。（卢圣飞）

【农业龙头企业】 2017年，新认定南京十里岸乡旅游开发有限公司等3家区级农业龙头企业，通过对区级农业龙头企业的动态监测，取消江苏君幸食农业科技发展有限公司等27家公司区级农业龙头企业称号。全区有农业龙头企业36家，其中国家级1家、省级3家、市级16家、区级16家。农业龙头企业实现销售收入27亿元、利润1.14亿元。实施“蜂胶液提取生产线技术升级改造、农产品加工厂房及冷藏设施建设、南京市浦口区伯江家庭农场冷库建设、大米及油菜籽加工流水线建设”市级农产品加工项目4个，财政扶持145万元。国家级农业龙头企业南京老山药业入选中央电视台发现之旅频道“品质”栏目，第二期企业专题纪录片《老山蜂蜜王国——蜂王浆篇》于8月1日播出。（胡春）

【农业电子商务】 2017年，推进“互联网+”农业行动，推动“互联网+”向“三化一全”（农业生产智能化、特色产业电商化、管理服务网络化、信息进村入户全覆盖）方向发展。实施“农业电商人才培训计划”，引导更多农民网上创业，联合区农民科技教育培训中心制订《浦口区2017年农产品电子商务培训工作方案》和培训任务分配表，于9月6~8日举办130人参加的农产品电子商务培训。南京云田网络科技股份有限公司、江苏雨润肉食品有限公司、南京老山药业股份有限公司被评为“江苏省2017年农业电子商务示范单位”，南京云田网络科技股份有限公司、南京创程供应链管理有限公司、南京老山药业股份有限公司、江苏雨润肉食品有限公司、南京市浦口区玉福农产品经营部、南京市浦口区子余家庭农场6家单位被评为“南京市2017年农业电子商务示范单位”。改善农村电商发展保障条件，全区建成农业电商主体60家，农产品网络销售额5.6亿元。加快物联网在设施园艺、畜禽养殖、大田种植、水产养殖等领域的运用，引导各类现代农业示范园区加入市农委建立的智慧农业信息化平台，引导各类新型主体开展物联网示范点建设。新建南京市简诺种植专业合作社、南京市浦口区望月农庄2个农业物联网技术应用示范点，全区规模设施农业物联网应用水平提高2%，农业信息化覆盖率达67%。（陈地科）

【农产品质量监管】 2017年，开展农产品“三品”（无公害农产品、绿色食品、有机产品）认证和产地环境抽样检测。按照“三位一体，整体推进”工作方针，全面落实农业部无公害水稻、蔬菜、水产品、林果、茶叶生产技术标准，带动标准化生产，组织引导龙头企业、行业协会、重点街道、基地大户进行“三品”申报。南京福联种植专业合作社、南京市浦口区名文家庭农场、南京市浦口区沐兴家庭农场、南京润博生态农业科技发展有限公司、南京市浦口区后圩水产养殖专业合作社、南京市浦口区胡守兴家庭农场、南京市恒硕种植专业合作社、南京市浦口区余冲茶场、南京市浦口区邵之家庭农场、南京市浦口区滕之武家庭农场10家企业通过农业部无公害农产品认定中心认定，稻、麦、油、菜、西甜瓜、菜用大豆、绿茶、沼虾、绒螯蟹等31个产品被认定为无公害农产品，总产量34020吨。待认定企业9家、产品15个。报送中绿华夏绿色认证中心审核待批的企业4家、产品10个。完成对282家企业和规模农户农残仪速测抽检3985批次、风险监测630批次、监督抽检500批次，检测合格率100%。在全区农业园区、“三品一标”（无公害农产品、绿色食品、有机产品，农产品地理标志）农业企业逐步建立农产品质量安全诚信档案。落实产地证明制度合作社（企业）200家，信用体系建设过程中建档企业30家，通过省级农产品追溯管理示范单位4家，种植业食用“三品”产量占种植业食用农产品总产量的42.1%。7月，浦口区被省食安委评为“首批江苏省食品安全示范县（市、区）”。（弓义）

【农产品质量检测】 5月26日由省农委组织的农药残留能力验证、7月31日由省质监局组织的“三省一市”（江苏、浙江、安徽、上海）土壤重金属残留能力验证均一次性通过。年内实行不定期定量检测参数包括农产品农药残留参数33个、土壤重金属参数5个、农产品重金属参数5个。完成蔬菜瓜果农药残留定量检测450批次，蔬菜瓜果土壤重金属残留500批次，农产品、土壤重金属例行检测150批次。开展农产品质量安全监督抽检，完成监督抽检500批次，每批次检测农药残留参数33个，监督抽检合格率100%。对南农大江浦试验农场转基因农作物种植基地的大豆进行转基因安全监管检测，检测21批次。完成省级小麦风险监测9个批次的采样、制样、信息录入工作。（缪松涛）

【土地承包经营权确权登记颁证】 全区应确权街道5个、村居63个，涉及农户46068户。实际确权村居65个，涉及农户50788户。2014年开始试点，2015年全面推开，2016~2017年完成65个村居颁证，区政府颁发新的承包经营权证书48757户，证书颁发到户率96%。确权二轮承包面积18162.04公顷。实测农村承包地面积23491.46公顷，绘制承包地块19.08万块。整理农村土地承包经营权确权登记颁证成果档案50164卷。按照合法、合情、合理和民主协商的办法，解决土地矛盾纠纷85件次。浦口区土地承包经营权确权登记数据库建立汇交，并通过农业部质检。9月26日，全区农村土地承包经营权确权登记颁证工作以优秀等次通过省市联合验收。（江丁山）

【农民培训与科技入户】 根据省农业委员会《关于下达2017年第五批省级农业专项资金（农业科技创新与推广任务类）暨做好相关项目实施工作的通知》和市政府《关于下达2017年南京市第一批农业专项资金项目补贴计划的通知》《关于新型职业农民培育及认定管理》文件精神，制定工作方案和培训计划。完成新型职业农民培训1758人，申请认定新型职业农民52人，全区新型职业农民培育程度增长7.6%。培植部级科技示范户700户、省级科技示范户940户，实施渔业科技入户400户，培植家庭农场40个、示范合作社30个。选聘科技入户技术指导员148人。发布水稻武运粳31号、南粳5055号、武运粳30号、Y两优1号，小麦扬麦20号、扬麦23号、宁麦13号，以及栾树、樱花、海棠、紫薇等主导品种12个，主推机插水稻丰产精确定量栽培、晚播小麦独秆栽培、稻麦周年高产高效模式与栽培、彩色苗木嫁接、月季花嫁接技术等10项。结合挂县强农富民工程项目，与南京农业科学研究所联合开展科技对接帮扶，在桥林街道双庙、刘公社区，星甸街道王村、十里社区，永宁街道东葛社区5个社区（村），开展苗木、花卉、国家级优良无性系茶叶、西甜瓜设施栽培等级科技成果转化、试验示范与技术帮扶，重点建设星甸街道王村生态农业科技示范基地53公顷，示范推广设施蔬菜、西甜瓜等新品种，以及嫁接育苗、基质栽培、配方施肥、促控栽培、绿色防控等高效繁育生产技术，打造集新优品种示范、繁育、新技术推广应用和休闲观光为一体的生态型园区。发展农技耘用户2448户。桥林、永宁、汤泉、星甸、盘城5个街道创建成南京市镇村农技服务体系综合示范站。（陈地科）

【创意休闲农业发展】 培育建设主题创意农园，7月28日，南京雨发林果果乐园、南京望月海棠主题园、南京中德桂花树酒园被省农委确定为江苏省主题创意农园，农园面积分别为633.33公顷、66.67公顷和140公顷。参加2017中国·南京休闲农业创意大赛，选送参赛作品24件，5件作品获奖，其中浦口区选送的金陵葫芦张团队（张苗）设计的作品《葫芦画》获产品创意类铜奖，南京一苇渡江文化传媒有限公司（梁梅）设计的作品《望月海棠文化节》获营销创意类铜奖。另选送2件作品参加首届江苏省创意休闲农业设计大赛，其中浦口文化产业联合会作品《“采莲香”陶瓷香钵工艺品其他创意》获其他衍生类金奖，南京一苇渡江文化传媒有限公司作品《望月海棠文化节》获营销与服务类优秀奖。

【休闲农业宣传推广】 年内推进“宣传推广33家休闲农业景点”等民生重点实事项目建设。以2017“律动之春”体育休闲月系列活动为契机，谋划休闲农业特色宣传活动，打造浦口区休闲农业对外宣传新名片。1～3月推介侯冲风景区玫瑰花—滁河风光带油菜花—水墨大埝、响堂桃源谷—金鸡文化园—雨发生态园郁金香、麦浦生态园樱花园—望月农庄海棠—赭洛山茶文化园、水墨大埝—埔义农业生态园—格冠生态园、

岘里人家（星甸街道后圩社区） （滕宏飞 摄）

楚韵花香—崂里人家—雨发生态园5条春季赏花休闲游路线。编辑发行《“返浦归真春花美”2017浦口春季赏花指南》,收集雨发生态园(郁金香、桃花、梨花)、侯冲风景区(玫瑰花、薰衣草)等15个赏花景点,同步推介雨发小厨娘酒店、丽铭农庄、望月农庄等11个农庄、农园、农家乐的美食和特色菜。在新华网、《周末新江北》、南京电视台“都市农业”专栏、南京电视台十八频道、浦口电视台“三农时空”专栏、浦口发布、永宁发布、龙虎网等媒体开展休闲农业和春季赏花宣传活动。与区委宣传部“浦口发布”、江苏交通广播电台、南京经济电台合作,开展《“返浦归真春花美”2017浦口春季赏花指南》免费赠送活动。4~11月分别举办第13届中国·南京农业嘉年华浦口分会场、第三届南京·浦口望月海棠文化节、第一届南京简诺龙虾节、雨发花海节、中国南京休闲农业创意大赛启动仪式等特色节庆活动。永宁街道策划“滁之春”活动方案,加大侯冲风景区、张圩油菜花海、水墨大埝等景点宣传力度。向市农委推荐雨发生态园经典案例,宣传推介休闲农业和乡村旅游优秀案例。雨发农业科技公司申报的宣传系列活动获2017年南京休闲农业优秀宣传推广活动项目三等奖。雨发生态园、望月农庄、浦桥王剑茶叶公司、龙兴腾园林公司、中德农业公司参加南京市青少年现代农业体验实验基地创建启动仪式。通过“1+1+N”模式,把1个休闲农业景点、1个少年宫和多所学校结成对子,开展现代农业文明校外实践基地共建。通过主题创意农园培育申报、星级企业创建、学农基地试点等活动宣传推广休闲农业景点。

【休闲农业景点建设】 南京雨发生态园建设高科技智能玻璃温室2万平方米、雨发花海200万平方米、国际大马戏场馆3100平方米、激光靶场300平方米、婚纱摄影基地20万平方米及冰雕世界、四季滑雪场,投资8000万元新建木屋164栋,其中69栋于9月26日对外营业。推进聆泉福音现代农业科普基地建设,建设大地景观约12公顷、农耕博物馆1758平方米。实施桥林街道双庙社区郁金香休闲创意农业项目建设,建设滨水景观主体、配套停车场及附属设施3800平方米。

【农家乐建设】 建成星甸街道后圩社区农家乐专业村、江浦街道华光社区响堂农家乐专业村。星甸街道后圩社区成立农家乐、渔家乐13家,年收入20万元,启动建设农业展览馆、虾蟹博物馆等项目;华光社区响堂组工商注册农家乐经营户23家,石山谷土菜馆、桃源谷农庄、领地生态农业园、正意生态餐厅、小桥流水农业休闲中心等年营业额各20万元。至年底,全区建有汤泉街道瓦殿社区、龙井社区,星甸街道九华社区、后圩社区,永宁街道大埝社区、联合社区、侯冲社区,江浦街道华光社区8个市级农家乐专业村。 (沈其富)

【农业保险】 2017年,全区实现农业保险总保费收入364.2万元,其中种植业保费收入171.8万元,高效设施农业保费收入192.4万元,累计开设水稻、小麦、油菜、蔬菜大棚、育肥猪、能繁母猪、奶牛、肉鸡、蛋鸡、林木、苗木、肉用仔鹅、鸭、露地葡萄、梨、螃蟹、山羊、桃、茶叶、淡水鱼等险种20个,提高了全区农业保险险种覆盖面,实现农业保险保障“三农”发展的宗旨。 (王意明)

【农村土地承包经营权确权登记颁证工作通过省市联合验收】 9月26日,由省经管站、市农委、市档案局、市国土局、市财政局、市规划局、市农工委等单位组成的省市联合验收组对浦口区农村土地承包经营权确权登记颁证工作进行检查验收。省市联合验收组现场抽查星甸街道农村土地承包经营权确权登记颁证工作的组织开展和档案整理归档,深入星甸街道十里社区检查证书发放到户情况,听取浦口区农村土地承包经营权确权登记颁证工作汇报,观看土地承包经营管理系统和档案数字化管理的演示。省市联合验收组认为浦口区农村土地承包经营权确权登记颁证工作成果显著,农民满意程度高,并就承包数据的动态维护管理、专项资金规范使用、档案规范保存提出指导意见,要求浦口区下一步要将农村土地承包经营权确权登记颁证工作成果档案全面进入档案馆保存,并做好矛盾纠纷的调处、仲裁,以及农村土地承包经营权确权登记颁证成果的应用。浦口区农村土地承包经营权确权登记颁证工作以综合评分95.5分的优秀成绩通过省市验收。

【第13届中国·南京农业嘉年华浦口分会】 10月1~8日,由区农业局、汤泉街道主办的第13届中国·南京农业嘉年华浦口分会场暨第三届雨发嘉年华在雨发生态园举办。举办优质农产品展销、蝴蝶兰花卉展示、多肉植物展览、蔬菜瓜果采摘、皇家大马戏表演、松果木屋享国庆、魔术灯光秀摄影大赛、雨发生态美食节、中秋拜月共团圆等活动,是一个集吃、住、玩、乐、购、体验于一体的农业嘉年华。入园人数6.19万人次,实现营业收入521.7万元,其中优质农产品、果蔬采摘收入126万元。

【获首届江苏省创意休闲农业设计大赛金奖】 10月12日,浦口文化产业联合会作品《“采莲香”陶瓷香钵工艺品其他创意》获首届江苏省创意休闲农业设计大赛其他衍生类金奖,南京一苇渡江文化传媒有限公司作品《望月海棠文化节》获首届江苏省创意休闲农业设计大赛营销与服务类优秀奖。“采莲香”作品把采莲场景与产品融为一体,将采莲赏荷文化融入设计,以船体与莲蓬为主要元素,采用深灰、浅绿、淡蓝等颜色,神秘幽静,清新自然,富有创意。

【格冠公司创成全国休闲农业与乡村旅游四星级示范企业】 2月24日,江苏格冠农林科技有限公司获“2016年全国休闲农业与乡村旅游四星级示范企业(园区)”称号。格冠公司成立于2011年,注册资本1000万元,是一家以苗木种植为主,集水果采摘、观光旅游、休闲度假为一体的大型生态园。主园区有采摘区、休闲观光区、垂钓区、生态餐饮区、农事体验区等。2013年初,格冠公司牵头成立南京格冠苗木种植专业合作社和南京恒旭苗木种植农地股份专业合作社,通过“企业+基地+专业合作社+农民”的农业产业化经营模式,雇佣周边农户种植蔬菜瓜果,带动农户增收致富。11月,被评为南京市重点农业产业化龙头企业、明星企业。2016年5月29日,江苏格冠美术馆落成;9月29日,举行格冠美术馆开馆暨首届书画精品展。

【大埝社区获“江苏省休闲观光农业示范村”称号】 11月27日，省农委下发《关于公布2017年江苏省休闲观光农业示范村名单的通知》，浦口区永宁街道大埝社区获“江苏省休闲观光农业示范村”称号，南京市仅有5家入选。大埝社区坐落于老山脚下，东临珍珠泉风景区，社区面积539公顷，山林面积227.6公顷，基本农田72公顷，建设用地46.2公顷。社区依托老山林场资源优势，以苗木、林果种植和水产养殖为主导，以基础农业为依托，结合当地风土人情，建成南京弘阳生态科技有限公司、南京云水涧建设发展有限公司、上海千泉文化发展有限公司、南京华泰科技有限公司、南京赛城国际生态发展有限公司等休闲农业和乡村旅游经营主体17个，有建筑面积1300平方米的游客服务中心1个、车位500个、餐位200个、床位236张。建成300平方米自行车文化展示馆、1万平方米的自行车文化体验馆、全长300米的九曲水街、1.33公顷蜜桃谷和黑石公园、五福广场等项目。按照国际奥委会和国际自行车运动联盟世界杯的赛道建设标准，建成犀牛望月段自行车公路赛道。水墨大埝先后获“南京最具原生态休闲农业景点”“南京最佳休闲地”等称号。2017年11月22日，大埝社区旅游开发有限公司被中国旅游协会评为“首批全国民宿产业发展示范企业创建单位”。12月22日，水墨大埝水利风景区被省水利厅评为“2017年度省级水利风景区”。 （农业局）

·种植业·

【概况】 2017年，全区农作物播种总面积24015公顷，同比减少8825公顷，下降26.9%。其中，粮食作物播种面积10598公顷，减少3602公顷，下降25%；经济作物种植面积13417公顷，减少5223公顷，下降28%。粮经作物种植面积比44:56。

粮食作物中，夏粮种植面积4259公顷，减少971公顷，下降18.6%；秋粮种植面积6339公顷，减少2631公顷，下降29.3%。粮食总产量71231吨，减少26769吨，下降27.3%。其中，夏粮总产量20664吨，减少5936吨，下降22.3%；秋粮总产量50567吨，减少20833吨，下降29.2%。粮食平均单产6.72吨/公顷，减少0.17吨/公顷，增长0.25%。其中，夏粮平均单产4.85吨/公顷，减少0.23公斤，下降4.53%；秋粮平均单产7.98吨/公顷，增加0.02吨/公顷，增长6.19%。

小麦种植面积4192公顷，减少928公顷，下降18.1%；总产量21416吨，减少2699吨，下降11.2%；平均单产5.11吨/公顷，增加0.4吨/公顷，增长8.49%。水稻种植面积4460公顷，减少2080公顷，下降31.8%；总产量39797吨，减少17820吨，下降30.9%；平均单产8.92吨/公顷，增加0.11吨/公顷，增长1.25%。小麦以扬麦20号、扬麦23号、宁麦13号等优质高产品种为主，占小麦总面积的90%以上。开展全程社会化服务，推广应用小麦适期精量机械条播、秸秆全量还田、新型肥料等高产栽培技术。在病虫草综合防治上，推广应用大型自走式植保施药机械和示范小型飞行器。以绿色、高产、增效创建为着眼点，促进增产增效。全区省市小麦绿色高产创建示范方4个，其中在桥林街道林山社区及永宁街道友联社区、大桥社区建设省级小麦绿色高产创建示范方3个，平均单产6.65吨/公顷，比全区平均单产增加1.54吨/公顷，增长

大埝人家（永宁街道大埝社区） （滕宏飞 摄）

30%。水稻以武运粳30号、武运粳31号、镇稻18号、南粳5055号为主栽品种,推广水稻集中育秧和机插秧精确定量高产栽培技术。全区省市水稻绿色高产创建示范方3个,其中桥林街道和永宁街道建设省级水稻绿色高产创建设示范方2个,平均单产9.98吨/公顷,比全区面上栽培增加1.06吨/公顷,增长11.9%。在桥林、星甸、永宁等街道和汤泉农场培育水稻集中育秧基地7个,秧池面积15.33公顷,机插面积1533公顷。创新水稻高产高效栽培模式,在"稻鸭共作""稻田养虾"成功模式的基础上,探索"稻鱼共作""稻小龙虾黄鳝共作""稻泥鳅共作"3个重点稻田种养新模式。其中,在永宁街道青山社区实施"稻鱼共作"模式16.67公顷,在永宁街道友联社区实施"稻小龙虾黄鳝共作"模式15公顷,在桥林街道林山社区实施"稻泥鳅共作"模式14公顷。全区普通玉米种植面积700公顷,以苏玉20号、苏玉29号为主栽品种,总产量5345吨。鲜食玉米种植面积33.33公顷,主要品种为苏科糯3号、苏科糯5号、苏玉糯11号。

经济作物以蔬菜、油菜、西瓜、甜瓜、草莓种植为主。全区蔬菜播种面积6833.3公顷,总产量22.1万吨。油菜种植面积2562公顷,减少105公顷,下降3.9%;以秦油10号、丰油737号为主栽品种,总产量6697吨,减少303吨,下降4.3%。西瓜、甜瓜、草莓等瓜果种植面积776公顷,下降34.2%;总产量21175吨,下降40.4%。其中,草莓种植面积7.33公顷,设施种植面积6.67公顷,总产量304吨,产值855万元。全区有标准化菜地示范方4个,总面积156.4公顷。在永宁街道张圩社区、联合社区实施省级绿色油菜高产高效示范片1个,主推品种为沣油737,平均单产2.87吨/公顷,比全区油菜单产增加0.26吨/公顷。南京市浦口区胡守兴家庭农场被省农委列为2017年省级现代农业产业技术体系西、甜瓜示范基地。

(王永恒)

【种植业社会化服务】 2017年,全区主要农作物病虫害统防统治面积26080公顷,覆盖率60%。在桥林、永宁、星甸、盘城街道和汤泉农场开展水稻病虫害全程承包专业化统防统治服务面积1734.9公顷,其中南京浦口艾津植保专业合作社服务面积902.5公顷,化学农药用量减少20%。建设水稻生产全程机械化和社会化服务示范区面积1328.3公顷,涉及7个街场、18个社区,9家服务组织参与示范区建设。示范区水稻生产全程机械化作业,肥料、农药及用工等成本显著减少。水稻平均亩产659.6公斤,比全区面上亩产增长10.2%;亩收益1083.1元,比全区面上增长30.4%。各示范区建有综合防治服务组织,桥林街道林山圩示范区面积149公顷,涉及林山、林东等社区,服务组织为南京马涛种植专业合作社、南京洁健农机专业合作社和南京浦口艾津植保专业合作社。永宁街道三合圩示范区面积783.6公顷,涉及友联、青山、联合、永宁、大桥等社区,服务组织为南京众鑫丽种植专业合作社、南京稻丰农机专业合作社、南京福联种植专业合作社、南京泽康种植专业合作社和南京浦口艾津植保专业合作社。星甸街道高庙、王村社区示范区面积85.6公顷,服务组织为南京弘民农机专业合作社。盘城街道双城社区示范区面积102.5公顷,服务组织为南京稻丰农机专业合作社和南京浦口艾津植保专业合作社。汤泉农场示范区实施面积184公顷,服务组织为南京汤农农业种植专业合作社和南京浦口艾津植保专业合作社。南京齐术植保合作联社在浦口新城、浦口开发区、江边湿地公园及主要交通干道两侧开展"加拿大一枝黄花"社会化防除服务试点,涉及范围185平方千米,"加拿大一枝黄花"发生危害折实面积近58公顷,平均防效96%以上。10月26日,全省"加拿大一枝黄花"防控技术交流观摩活动在浦口举行。

(林玉清)

【蔬菜瓜果田头速测】 年内蔬菜瓜果田头速测样品65540个,发放速测灵59箱。配合上级部门抽检14次,抽取样品340个。其中,部级抽检1次,抽检样品14个,合格率100%;省级例行抽检4次,抽检样品144个,合格率99.3%;省级风险监测5次,抽检样品20个;市级监督抽检1次,抽检样品24个,合格率100%;市级例行抽检3次,抽检样品138个,合格率100%。

(陈登明)

【草莓生产质量安全抽检】 1月,区农业局农产品检验检测中心在15个草莓基地抽取草莓样品15份,进行43种农药残留定量检测,抽检合格率100%。冬季大棚草莓温度低、棚内湿度大,易造成草莓灰霉病流行,不仅会造成草莓减产,而且影响草莓品质。浦口区草莓种植户采用多层薄膜覆盖以增加大棚温度、棚下滴灌技术以降低棚内湿度,棚内放蜂促进草莓授粉结果,增施有机肥促进草莓生长,及时清理田间病叶减少菌源,控制大棚草莓病害发生,降低农药使用量,保障地产草莓质量安全。

(农业局)

·林 业·

【概况】 2017年,完成绿化造林面积154.2公顷,其中新增成片造林72.47公顷。浦口区森林覆盖面积32466公顷,其中有林地面积26076公顷,特灌林面积3390公顷,四旁植树面积3000公顷。林木覆盖率37.6%,位居全省第一。完成农田林网控制面积1200公顷,四旁植树36.6万株。完成森林抚育1333公顷,其中一般性抚育933公顷(各街道),重点示范森林抚育400公顷(老山林场)。全区茶园总面积951.73公顷,比上年减少53.33公顷,均为绿茶。其中,开采面积933公顷,产量150.3吨,总产值1.89亿元。果园面积855.6公顷,产量2万吨,产值1.26亿元。其中,引进新品种蓝莓种植面积10公顷,产量68吨,产值245万元。浦口区森林植物检疫站和郑爱春分别被评为2017年苏浙皖松材线虫病联防区先进集体和先进个人。

(吴飞飞)

【国家珍稀濒危野生动植物资源保护】 年内区林业站加强20公顷国家二级珍稀濒危野生秤锤树极小种群的保护,在南林大帮助下,编制《国家二级珍惜濒危野生动植物种群秤锤树保护小区规划》,对保护小区加强管护。维修更换老山林场13公顷虎凤蝶保护小区破旧设施,更换钢丝护栏网200米,安装保护区宣传警示牌,清除保护区两侧伏竹和杂草,指派专人看护。两个保护小区均设置宣传、警示标识标牌,杜绝人为破坏现象发生。

【重大林业有害生物防控】 2017年,区林业站组织森防专业防治队使用农药毒死蜱、苦参碱和阿维菌素化学防治美国白蛾3次。6月7日、6月14~15日,开展第一代美国白蛾幼虫喷药防治,防治面积近115公顷;7月31日至8月2日,开展第二代美国白蛾幼虫喷药防治,防治面积近89公顷;9月15~16日,通过高扬程喷雾方式,开展第三代美国白蛾幼虫喷药防治,防治面积68公顷。8月4~5日,在江浦街道西江社区开展美国白蛾生物防治,释放周氏啮小蜂蛹1.2亿头。各工业园区、苗木生产基地防治面积近800公顷。南京浦禾园林景观工程有限公司在中标管护区、桥林街道麦浦苗木种植合作社和望月农庄海棠基地多次喷洒无公害农药防治美国白蛾。市林业主管部门、专业院校、科研院所等单位专家对美国白蛾防治效果进行现场验收,验收组对叶片保存率95%的防治效果给予高度肯定。

老山林场松材线虫病疫情分布在4个分场的马尾松和黑松林区,受害松林面积86公顷,疫病总体上有所减轻,但疫情分散,分布面广。星甸街道万隆社区、永宁街道大埝社区和汤泉街道瓦殿社区、滴水珠社区受害面积10公顷,病死树35株。老山林场聘用专业除治队伍进行作业,清理病死树228.86吨,统一运送至六合瓜埠加和包装箱厂进行除治,做到彻底清除、不留隐患。周边地区病死树全部清理下山,集中焚烧,杜绝疫木外流。在林区内驯养灰喜鹊,防治松毛虫,提高树木抗病力。在林间释放肿腿蜂,抑制松褐天牛的繁殖扩散。

（郑爱春）

【林区森林资源保护】 坚持“打防结合,预防为主”的指导方针,严格落实“打、防、管、建”等综合治理措施,按照“查隐患、堵漏洞、打现行”工作要求,先期研判,找准方向,全员参与,运用定期巡查和突击检查相结合的方式,加强对风景区、园区、矿区、工程施工现场、林村结合部等场所的日常巡查,强化工作机制,及时发现并制止一批违法苗头行为,构建“和谐林区”。开展野生动物保护执法,区森林警察大队深入赛事周边街道各酒店、饭馆、农庄等餐饮场所,下发《关于禁止非法经营利用野生动物执法告知书》1000余份,引导经营性场所守法经营,预防和控制破坏野生动物资源案件的发生。开展“利剑行动”,加强对山区、林区、湿地等野生动物集中区域及栖息地巡查,清除销毁捕鸟网50余张,放归蛇类、鸟类、蛙类、獾类等野生动物活体2000余只。同步开展野生动物保护法律宣传,联合江苏电视台“零距离”栏目、南京电视台“直播南京”栏目等电视媒体对森林资源执法工作进行宣传报道,倡导市民从自身做起,增强保护野生动物的责任心及守法意识。

【涉林涉野违法犯罪打击】 区森林警察大队会同工商、药监、公安、交警等部门,共同开展野生动物保护执法。接报处理警情122起,其中“12345”政府热线4起,群众举报26起,110指令20起,林权林木纠纷31起,野生动物保护类41起,均得到及时妥善处理。立案查处林业行政案件7起,其中非法改变用途林地5起,毁坏林木案件2起,罚款36.38万元。协同公安部门办理破坏森林资源刑事案件2起,其中盗窃林木案件1起,非法占用林地案件1起。与公安、交警部门查获野生动物(蛇、蛙、鸟、獾)活体2000余只。“12345”政府热线回访满意率100%,林权林木纠纷矛盾妥善化解,有效预防群体性事件发生。在“利剑行动”期间,加大对非法侵占林地破坏森林资源行为的打击力度。8月30日,区森林警察大队根据举报,发现桥林街道林山社区江滩林地被非法占用用于船舶修建,区森林警察大队及时组织民警及江苏森茗生态景观研究院有限公司林业技术人员对现场占用情况进行林业调查勘验,并联系南京市公安局水上分局共同侦办案件。

（李璨）

【在省第四届手工制茶技能大赛中获奖】 4月26~27日,由江苏省茶叶学会、省茶叶协会和省农林职业技术学院联合举办的第四届江苏省手工制茶技能大赛在江苏农林职业技术学院茶博园举行。全省各市针形茶类、扁形茶类和曲形茶类三类炒茶能手63人参赛。浦口区9名选手参赛,其中8名参加针形茶类(雨花茶)比赛、1名参加扁形茶类(名特茶)比赛。老山生态农业开发有限公司选手马多元获针形茶类第三名,谭正美获扁形茶类第三名。

【在市雨花茶暨名特茶质量评比活动中获奖】 4月30日,南京茶叶行业协会举办2017年南京市雨花茶暨名特茶质量评比。全市选送茶样39只,其中浦口区选送3只(雨花茶1只、地方名特茶2只)。省、市茶叶专家采用双密码双百分制的评分方式,对参评茶样品的内在品质(汤色、滋味、香气、叶底)和外形风格特征等进行评审。南京市浦口区石佛茶林果园选送的“福童”牌雨花茶获雨花茶类金奖,南京市浦口区旺盛农副产品加工厂选送的“狮岭春早”牌茶叶获名特茶类金奖,南京老山生态农业开发有限公司选送的“老山云蕊”牌茶叶获名特茶类银奖。

（农业局）

·养殖业·

【概况】 2017年,全区养殖业坚持规模化、工厂化、生态化、现代化发展战略,创新发展模式,走“养殖业+”融合发展道路,促进健康发展。全区生猪出栏12.53万头,存栏4.8万头;奶牛存栏1900头,鲜奶产量10159吨;家禽出栏452.72万羽,存栏112.63万羽;新增设施畜牧业面积34公顷,生猪大中型规模养殖比重达78.41%。全区有规模渔业养殖场(户)491户,水产品养殖面积3021公顷,产量2.59万吨。特种养殖面积2000公顷,总产量5638吨。全面推行设施渔业、水产健康养殖、池塘工厂化生态养殖、虾池种稻试验、集装箱养鱼、稻田养殖、休闲渔业等养殖模式,促进渔业生产高效益发展。畜禽粪便产生总量11.91万吨,利用量11.71万吨,畜禽类便资源化利用率98%,规模畜禽场畜禽类便资源化利用率100%。通过堆沤直接还田10.42万吨,通过沼气工程后还田10683吨,其他方式处理2195吨。

（高金军）

【动物卫生监督和疫病防控】 2017年5月开展春防检查,11月开展秋防检查,组织各街道进行推磨式检查。对17家农贸市场活禽交易进行专项检查,主要检查休市、消毒、病死禽无害化处理制度执行情况,发放消毒指南51份、告知书51份,监督检查农贸市场58场次。强化浦口区畜禽运输检查站防堵功能,履行查证验物、消毒、“瘦肉精”监督抽检职责,检查车辆37451车次,其中生猪22281车次270.05万头、猪产品11028车次80883.2吨、牛产品1050车次3752吨、羊产品269车次3115吨、禽产品2500车次37178.3吨、兔肉1车5.5吨、牛313车次5094头、禽5车次5.85万羽、羊2车次480只、马2车次8匹。实施“一尿三检”(盐酸克伦特罗、沙丁胺醇、莱克多巴胺)各53950头份,结果均为阴性。录入江苏省动物卫生监督信息系统检疫证50748张,居全省首位。区动物卫生监督所制定《2017年浦口区养殖环节“瘦肉精”检测实施方案》,实施养殖环节“一尿三检”各1020头份,对汤泉、星甸、泰山、桥林、江浦、永宁街道36个生猪养殖场户实施“瘦肉精”飞行监测,检测样品108份,全部合格。加强规模养殖场投入品和病死动物无害化处理监管,监督检查规模养殖场户127场次,从源头上保障动物产品质量安全。区水产技术指导站构建水产品质量网格化监管体系,在街道设水产品质量安全监管员8人,在社区设水产品质量安全协管员48人。组织开展现场检查,检查水产养殖场(户)、苗种场、企业、合作社290家,签订水产品质量安全承诺书290份。地产水产品抽样620个,其中部、省级监督抽检和市级例行抽检样品117个,区级快速检测样品503个。

【动物防疫和畜禽屠宰监管】 5月,开展产地检疫报检点标准化建设,汤泉街道报检点被市列为动物检疫申报点标准化建设示范点,按照场所设施、信息公示、队伍建设、工作要求、管理制度“五统一”标准建设,全面提升动物检疫形象,11月通过南京市农业综合行政执法总队动物卫生监督执法支队验收。全年对9个产地检疫报检点实施监督检查,重点检查产地检疫档案记录、产地检疫操作规范、辖区规模场产地检疫开展情况等,监督检查报检点51个次。强化产地检疫申报宣传,按照产地检疫规程规范检疫操作,做到有报必检,产地检疫申报率100%,生猪产地检疫4.2万头,家禽产地检疫9.13万羽。区动监所与230家规模养殖场户、2家兽药生产企业、8家兽药经营单位、5家饲料生产企业、10家宠物诊疗场所签订承诺书、发放告知书各255份。 (陈长沙)

【水产养殖】 全区有规模养殖场(户)491户,水产品养殖面积3021公顷,产量2.59万吨。特种养殖面积2000公顷,主养品种为河蟹、青虾、克氏螯虾等,总产量5638吨。引进“太湖1号”青虾苗种2415公斤、“太湖2号”青虾苗种930公斤。青虾、河蟹、小龙虾养殖面积分别为803.1公顷、282.73公顷、378.91公顷。其中,设施渔业面积79公顷、水产健康养殖面积334公顷。改革养殖模式,开展池塘工厂化生态养殖、虾池种稻试验、集装箱养鱼,面积分别达0.32公顷、115.66公顷、125立方米。采用“稻虾、稻鳅、稻鳖”等模式,稻田养殖面积115.33公顷。大力发展休闲渔业,全区休闲渔业企业78家,从业人员864人,休闲渔业年接待量10.5万人次,经济收入达1.07亿元。采用包括稻虾、稻鳖、稻鳅、稻鳝等新模式,新建稻田综合种养示范面积115.7公顷。南京林涛怀善家庭农场示范建设池塘工厂化养殖流水槽3000平方米,计划打造成“稻田综合种养+池塘工厂化养殖”的绿色生态养殖系统。在三合圩精品园区试验推广集装箱养鱼模式,示范推广125立方米。

【禁渔期执法检查】 3月1日起,区渔政监督大队对沿江水域开展禁渔期打击非法捕捞执法检查,出动执法人员115人次、执法艇19艘次,清理违规网具64套。发放宣传资料36份,悬挂横幅6条,区电视台连续三天滚动播放禁渔通告。与公安部门联合执法11次,查获渔业违法案件6起,其中行政处罚2起2人、移交公安部门立案处理4起11人,出具“两法衔接”(行政执法、刑事司法)案件认定材料36件。严厉打击违禁捕捞行为,确保江面无违规渔船、江中无违规网具、市场无江鱼销售,提升渔民对禁渔期制度重要性认识,建设水域生态文明,推动渔业绿色发展。

【省级江豚自然保护区监测点设立】 2月,在长江夹江大套八圩江边和长江三桥下建立2个江豚固定监测点,成立10人的观测员队伍。监测点填报《江豚省级自然保护区观测点观察记录表》200余份,上传视频300余段。 (蔡德森)

【全市首家为家庭农场服务的专业合作社成立】 3月24日,南京石村龙虾养殖专业合作社成立。合作社由10户家庭农场组成,是全市首家为家庭农场服务的专业合作社。成立信息、技术、流通、资金4个服务组,为成员提供龙虾虾苗购买、培育、养殖、销售等服务。10户家庭农场联合养殖水面约70公顷,比入社前每亩水面增长20%,合作社社员人均纯收入5万元。

【首届动物检疫技能竞赛】 5月16日举行。浦口区首届动物检疫技能竞赛由区农业局主办、区动物卫生监督所承办,9个街道22名专业检疫人员参赛。竞赛以“规范监管、以检促监、提升技能、展示风采”为主题,旨在考查检疫一线执法人员的综合履职能力,保障市民食品安全。分理论考试和动物检疫技能操作考核两部分,内容包括《中华人民共和国动物防疫法》《生猪产地检疫规程》等法律法规知识考核、动物检疫技能现场操作。周立勇、王成学、邹文金、戴大海、赵阳、周传云获前六名。

【丽铭农庄获“2017年全国精品休闲渔业示范基地”称号】 10月25日,农业部下发《农业部办公厅关于公布2017年休闲渔业品牌创建主体名单的通知》,南京丽铭农业生态发展有限公司(丽铭农庄)被认定为“2017年全国精品休闲渔业示范基地(休闲渔业主题公园)”。南京丽铭农业生态发展有限公司(丽铭农庄)创办于2007年,占地面积120公顷,其中水产养殖面积73公顷、休闲垂钓与休闲服务面积27公顷。丽铭农庄注册登记成立南京联桥水产养殖专业合作社,直接带动水产养殖户75户,间接带动水产养殖户36户。初步形成以休闲渔业旅游为主题,集生态渔业生产、渔业配送、果蔬种植、畜禽养殖、渔业科研、休闲娱乐、度假、渔业观光、科普于一体的现代渔业产业园区和生态渔业旅游区。2016年,丽铭农庄接待游客10.5万人次,年经营收入1850万元,其中渔业收入1100万元，占全年总收入的60%。2017年4～6月，举办2017"朝晖杯"江苏省首届巾帼钓鱼赛、2017"互融宝杯"江苏省首届海峡两岸垂钓联谊赛。通过各种垂钓赛事活动，带动休闲渔业、休闲服务业发展，带动当地农民就业和增收，增进海峡两岸人文交流。

【畜禽养殖污染防治】 实施畜禽养殖污染专项行动，年初列入非禁养区治理场72家，关闭养殖场27家。2月16日，5个街道31家养殖场的"干粪堆积场、三级沉淀池、雨污分流管道、粪污运输车、沼气、干湿分离机"健康养殖配套设施工程获市农委及财政批复，总投资1114.6万元，项目已完成。全区畜禽养殖污染治理场58个，完成污染治理率目标任务的80.56%。

【畜禽养殖业发展规划制定】 根据《江苏调整优化畜禽养殖布局 推进养殖污染防治工作指导意见》《南京市浦口区水污染防治行动计划》《关于印发〈浦口区畜禽养殖禁养区划定方案〉的通知》《关于印发〈浦口区畜禽养殖场所整治工作方案〉的通知》等文件要求，11月，制定《2016～2020浦口区畜禽养殖业发展规划》。畜禽养殖主导品种以生猪和草鸡为主，推广水禽旱养养殖模式，倡导蛋鸡机械化养殖，禁止新建奶牛、肉牛养殖场。（农业局）

·农业园区·

【概况】 2017年，全区有1家省级现代农业产业园区（雨发生态园）、5家市级现代农业示范园区（雨发生态园及江浦、星甸、永宁、汤泉示范园）。现代农业园区规划面积19833公顷（汤泉园区含雨发园区667公顷），占全区耕地面积的77%。建成面积18680公顷（汤泉园区含雨发园区667公顷），占规划面积的94.2%。其中，雨发、江浦、星甸、永宁、汤泉园区建成面积分别为667公顷、2760公顷、8780公顷、4020公顷、2453公顷，占规划面积的100%、82.8%、100%、113%、70.1%。

【雨发现代农业示范园区】 2017年，雨发生态园建成秦村种植基地景观道路及绿化工程5万平方米、蒙古包民族风情区1680平方米、婚纱摄影基地20公顷，打造大地花坛景观2公顷，建设快乐田园二期工程，松葉民宿村新建三角木制平房、四角棚屋、连栋景观房、太空休闲仓等164套，69套对外运营。举办郁金香节、五一嗨翻天疯狂气球节、"端午全家总动员——冲关嘉年华"等活动。10月1～8日，举办"第13届中国·南京农业嘉年华浦口分会场暨第三届雨发嘉年华"，接待游客6.19万人次，实现营业收入521.7万元。获"国家AAA级旅游景区"称号。

雨发快乐田园 （王有斌 摄）

新建黄瓜核心基地8公顷，示范种植黄瓜品种5个，培育多肉植物20万株，建造葡萄园休闲观光连栋大棚2万平方米，新建高科技智能玻璃温室2万平方米。省级园区公共服务平台项目南京雨发农副产品展销暨质量检测服务中心通过市级验收。利用科技超市服务平台开展科技服务，接待农户观摩、学习、咨询1.14万人次，发挥园区专家作用，为企业、农户解决生产技术难点272项，开展技术培训8期，参加培训1580人次。接待国内外农业代表团60余次，学习交流人数1600余人次。辐射带动园区周边龙井、龙山、大黄、高旺等社区苗木种植户1650户、果蔬种植户1015户、水产养殖户182户，户均增收3000元以上。

【江浦现代农业示范园区】 2017年，江浦现代农业示范园区规划总面积3333.33公顷，分为6个功能区。其中，种植业区2200公顷、畜禽养殖区66.67公顷、水产养殖区533.33公顷、综合服务区1公顷、加工集中区0.33公顷、物流冷藏区0.13公顷、其他面积531.87公顷。园区主导产业为种植业、养殖业。南京国家现代农业产业科技创新示范园区选址京沪高铁与宁淮高速之间江北新区规划的生态廊道内，项目建设将覆盖江浦街道现代农业示范园区。园区对项目区内农户进行拆迁集中安置，对区域内土地全部流转并开展综合整治，高标准建设农业基础设施。对张西路路面进行提档升级，拓宽改造项目西侧高旺河5000米江堤，建成堤面宽6米的沥青道路，形成项目区交通环形道路。

【星甸现代农业示范园区】 2017年，星甸现代农业示范园区启动建设浦口区唯一的农业展览馆，占地面积8870平方米，建筑面积7090平方米，至年底，主体工程封顶并进行内外装修。养殖特种水产中华绒螯蟹、淡水澳龙、泰国虾、台湾黄金大泥鳅等16个省级品牌水产。江苏金浦集团、滨海协鑫、扬子集团等新型农业企业入驻。南京翠云山电子商务有限公司等企业加入"互联网+"和农村电商平台，实行线上线下同步销售。澳洲淡水龙虾繁育、红茶开发和车厘子引进示范种植等项目落地。“峄里人家”吸引游客20万人次,实现旅游收入2000万元。“九华茶坊”吸引游客18万人次,实现旅游收入1500万元。

【永宁现代农业示范园区】 2017年,永宁现代农业示范园区加强农田基础设施建设,包括200公顷三合圩水利重点片区、333公顷张圩水利重点县项目和33.3公顷张圩市级标准化菜地项目。在大桥、东葛、侯冲社区新建标准化连栋大棚2.1万平方米。建设三合圩优质粮油基地配套设施,新建4000平方米机房机库、粮食烘干车间、粮食仓储库及6台套烘干设备,桩基工程完工。在张圩社区新建1万平方米玻璃温室展示中心,主体框架完工。深化农产品加工,提高农产品附加值,重点培育“绿一”牌青虾、“简诺”牌龙虾、“西埂莲乡”牌莲藕、“晓桥”牌大米、“中德隆”牌果蔬等农业品牌。发挥“互联网+农业”作用,发展农村电子商务。云田数码在永宁园区设立区级农村电商管理中心1个、服务站43个、农产品特色馆1个,电商管理中心所在的侯冲社区被省商务厅授予“江苏省农村电子商务示范村”称号。2017年,永宁现代农业示范园区被评为“市级A类园区”。

【汤泉现代农业示范园区】 2017年,在汤泉街道便民服务中心设立农业园区综合服务中心,下设园区管理、农产品质量检测、农民培训、农资展示销售、电商销售、档案管理等功能区。主导产业苗木花卉种植面积1258公顷,占园区建成面积的51.28%,汤泉现代农业示范园区是江苏省重点苗木基地、国家级标准化示范区。拥有省级龙头企业1家、市级龙头企业5家、无公害企业4家。实施重点项目8项,分别是打造5个市级宜居村、2个市级特色村、3个市级示范村美丽乡村重点示范片区土地综合整治工程、浦乡苗源珍珠村项目建设工程、农路提档升级工程、富云连栋钢架大棚、楚韵花香民宿建设等。 (王永恒)

·农　机·

【概况】 全区农机总动力26.09万千瓦,保有量4.66万台套,农业机械原值3.67亿元。拥有大型联合收割机283台、大中型拖拉机903台、小型拖拉机2099台、水稻高速插秧机252台、步进式插秧机439台、秸秆还田及综合利用机械592台、粮食烘干机79台,日烘干量1179吨,产地烘干能力59.4%。农机专业合作社61家,入社成员3064人,入社比例48.2%。举办农机化培训班28期,培训人员1440人次,召开新机具推广、机械化植保、秸秆机械化还田、水稻机械化育秧等现场会8场,现场观摩人员460余人次。全年机耕面积18864.66公顷、机播面积9028公顷、机灌溉面积18864.66公顷、机械植保面积18864.66公顷、机收割面积10261公顷;完成秸秆机械化还田作业面积4632.5公顷,多种形式利用秸秆2.5万吨,其中夏季麦油秸秆还田面积2126公顷,秋季稻谷秸秆还田面积2506公顷,秸秆综合利用率97.88%。农机化水平达87%。

【农机智能“管家”】 2017年,浦口区根据农业部《“互联网+”现代农业三年行动实施方案》和省农机局有关建设农机生产信息管理服务系统要求,推进农机北斗智能“管家”建设。投入17.78万元,采购农机北斗监测设备并建设北斗信息管理平台,对当年新购买的拖拉机、插秧机和收割机全部免费安装北斗监测设备,提升农机作业管理信息化、精细化水平。 (俞涛)

【农业机械安全监理】 3月13日至4月26日,区农机安全监理所组织开展“送检下乡”服务活动,在全区设置含公路管理站在内的13个集中检审点。“送检下乡”分检审组和巡查组,同时对上路行驶的手扶拖拉机、大中型拖拉机、联合收割机开展安全宣传与年度安全检验。2017年,新注册登记农业机械23台,检验各类农业机械474台,对无挂车农机开展“三同时”(同时开展安全检查、同时开展安全教育、同时签订责任状)备案管理,网络录入320台,审验农机驾驶证225本,依法对92名新申领拖拉机驾驶证人员进行培训,对29名违法记分的农机驾驶员进行安全教育学习。发放跨区作业证38张,与机手签订农机安全责任书240份。联合公安部门驻农机警务室组织开展联合检查92次,出动执法人员320人次,检查农机合作社16家、农机维修点2家,检查农业机械320台,纠正违章情况16起,责令消除隐患4起,受公安部门委托开展农机事故安全性能检验,出具检验报告11份。6月20日,参加全区安全生产月大型广场活动,编印《浦口区农机安全使用手册》《农机服务指南》,以农机安全协会名义,为农机大户和农机合作社制作农机安全制度,购买安全器材,印制农机安全知识挂图,发放农机手安全劳保服,发放安全知识资料400份,接受咨询20余人次。按照省农机局要求开展“三个一致”(拖拉机、联合收割机及驾驶人许可业务的纸质档案、电子档案、证件记载信息一致)清查工作,完成农机档案清查774件,其中拖拉机290台、联合收割机35台、变型拖拉机239台、驾驶员210人,按照省公安厅、省安监局、省农机局工作部署开展变型拖拉机强制报废工作,注销144台。未发生一起责任性农机亡人事故,区农机安全监理所被区政府授予安全生产先进单位称号。开展队伍建设与岗位练兵,组织参加全市区级和镇街级农机监理员证培训审验,新增街道农机监理员6人。10月28～29日,参加全市农机安全监理技能大赛,封暴、狄昌山分获第一名、第六名。联合太保公司办理江苏省新型农机政策性保险,开展农机政策性保险宣传,农机政策性保险投保率100%。 (封暴)

·农业资源开发·

【概况】 2017年,农业资源开发工作围绕发展现代农业要求,坚持项目建设与特色产业发展相结合、与生态环境修复相结合,通过高标准农田项目、省级丘陵山区项目建设,推动美丽乡村建设进程。叶兆志、陈培和、颜志敏获“南京市农业资源综合开发工作先进个人”称号,江邦勇荣立2017年度浦口区政府三等功。

【2016年桥林街道高标准农田项目通过验收】 9月,2016年桥林街道高标准农田建设项目通过省、市级验收。该项目2016年11月1日开工建设,规模513公顷,总投资1178万元,其中财政投资1150万元。新建泵站20座、机耕桥6座、渡槽5座、衬砌渠道30千米、泥结石12.82千米、水泥路7.11千米、涵管100座、田间放水口1200座、跨渠桥200座。

【省级丘陵山区项目】 2016年度省级丘陵山区项目立项批复8个,分别是星甸街道汤集特色苗木种植基地、双山红梅种植基地、蔡庄高效苗木种植基地、王村优质苗木种植基地、高庙高效苗木种植基地,桥林街道双庙苗木种植基地、石碛社区苗木种植基地,汤泉街道龙井高效苗木种植基地,总建设规模245公顷。总投资1255万元,其中财政资金708万元,自筹资金547万元。2017年9月,所有项目竣工。区农开局联合区财政局对8个项目进行验收,各项目建设内容符合设计、工程质量标准。10月,通过市级验收。

2017年,立项批复省级丘陵山区项目4个,分别是星甸街道朱敏苗木种植基地项目、星甸街道山西苗木种植基地项目、桥林街道桥丰农业休闲观光基地项目、永宁街道柳月湾休闲观光基地项目。建设规模89.7公顷,总投资400万元,其中财政投资240万元。9月,批复项目计划和概算。10月,组织召开项目开工建设部署会。至年底,4个省级丘陵山区项目建设完成。

2017年浦口区省级丘陵山区项目一览表

表73

项目名称	建设规模(公顷)	财政资金(万元)		
		总投资	财政投资	自筹资金
星甸街道朱敏苗木种植基地项目	20.7	81	54	27
星甸街道山西苗木种植基地项目	21.7	81	54	27
桥林街道桥丰农业休闲观光基地项目	26.7	148	72	76
永宁街道柳月湾休闲观光基地项目	20.6	90	60	30
合　计	89.7	400	240	160

【2015年市级特色基地项目通过验收】 6月,2015年立项批复的3个市级特色基地项目工程全部竣工并通过验收。3个项目分别是华航林果种植基地、润顺高效苗木种植基地、汤泉九龙粮油种植基地,总建设规模62公顷,总投资267.84万元,其中市财政投资230万元。华航林果基地项目总投资46.58万元,其中财政投资40万元,新建渠道1560米,铺设水泥路600米。润顺高效苗木基地项目总投资96.26万元,其中财政投资90万元,新建机耕桥1座、涵洞1座,块石挡墙410米,铺设水泥路660米。汤泉九龙粮油基地项目总投资125万元,其中财政投资100万元,新建排涝站2座、涵管2座、箱涵2座、防渗渠500米、小沟护砌600米,铺设水泥路1720米、砂石路1300米。

【农业综合开发信息化管理平台试运行】 2017年底试运行。2017年,与南农大农村信息化工作技术研究中心共同研发农业综合开发信息化管理平台。该平台投资10万元,涵盖农业开发项目的申报、设计、监理、质检、验收等环节,可实现农开项目全程智能化管理,降低农业开发项目建设风险点,建立项目全程质量责任可追溯体系,全要素全过程全方位实施监控,确保农开项目监管更加科学规范。

【农业资源开发项目管理】 结合农业资源开发项目立项要求和工作实际,制定区级农业开发项目验收办法。引进第三方机构实施监管,严格抓好项目的设计、监理、质检、审计、验收等环节,形成环环相扣、相互监督的机制。在项目实施过程中,严格月工作例会制度,把好项目进度和质量关口;严格项目审计制度和区级财政报账制度,确保项目财政资金安全使用;严格项目验收第三方核查制度,确保项目工程数量和质量符合批复要求。 (滕野)

水　务

【概况】 2017年,区水务局承担市、区目标任务9类101项,其中区级目标4类83项,主要涉及黑臭河道整治、重点工程建设、防汛防旱、水资源管理、水利工程管理、供排水管理以及政治建设、文化建设等。获2016年南京市落实最严格水资源管理制度考核优秀等级。

【水务工程建设】 2017年,实施三大类17项水务工程,总投资7.62亿元。加快防洪减灾工程建设,完成清流河整治,实施高旺河、驷马山河沿江段治理以及桥北地区易淹片区改造工程。开展农村水利建设,实施小型农田水利重点县、重点片区、农村河道疏浚、小流域治理、农村重点泵站改造、水利信息化建设等工程,为现代农业发展提供水利支撑。实施省级滁河水利风景区完善、水库扶持项目、水利风景区生态环境整治二期、确权划界、象山水库坝体综合整治等工程。中央财政小型农田水利重点县项目和8个“水美乡村”(永宁街道友联村、联合村、侯冲社区、大桥社区,汤泉街道大黄村、瓦殿村、新金社区,桥林街道福音社区)建设项目在省级绩效考评中获评优秀。

【水务一体化管理】 落实水资源管理制度,开展水资源消耗总量和强度双控行动,编制完成《浦口区水资源消耗总量和强度双控实施方案》。加强水环境保护,编制完成《浦口区不达标水功能区整治方案》。推进节水型社会建设,创成节水型企业、学校等节水型载体21个,其中省级2个,市级13个,区级6个。开展水务规范化管理单位创建及复核工作,平坦水库创成省规范化小型水库,象山、唐冲、付坝、百子岭、大黄、小拐子、大渔塘水库通过省级规范化小型水库复核。水墨大埝创成省级水利风景区,完成珍珠泉国家级水利风景区和滁河省级水利风景区生态补偿建设项目。推进农业水价综合改革,超额完成永宁街道三合圩353公顷试点任务。加强供水安全,水质综合合格率100%。牵头推进供水基础设施建设,江浦制水厂自来水深度处理工程、象山增压站及配套管网工程开工建设。牵头推进污水处理工作,加强日常监管及监督考核,规范管理制度,珠江污水处理厂出水达标率100%。牵头推进污水设施建设,完成绿水湾污水提升泵站及配套管网建设工程,文德路、浦滨路等污水管网建设5000米,完善污水收集体系。

【防汛工作】 汛前,做好防汛准备工作,在全市率先启动汛后应急消险工程建设,全区68项消险工程于5月底全部完成。7月3～17日,长江下关超警戒水位,区防汛指挥部及时启动应急响应,责任人到岗到位,各项措施迅速落实。应对6月10日、8月8日特大暴雨袭击,提前组织腾空水位,安排抢险人员、抢险设备到达易淹水点驻守,全力投入抢排,保障城市生产生活秩序。全区没有发生因暴雨洪涝造成的较大灾害和损失。

(李元全)

【浦口区2017年小型农田水利重点县工程完工】 12月底完工。浦口区2017年小型农田水利重点县工程位于永宁街道张圩片区,总投资4116.26万元,4月12日开工,主要建设内容包括:改建泵站7座(排涝站1座、灌溉站6座),渠道砼防渗护砌23千米,灌排沟护砌6400米,拆建分水闸5座,过路涵等渠系配套93座,排涝沟整治7000米,拆建机耕桥、生产桥9座,建设机耕路7000米,建设高效节水灌溉工程33公顷。工程建成后,将新增和改善灌溉面积253公顷,改善排涝面积约300公顷,对提升水土流失治理水平、减轻农业面源污染、改善农田生态条件和周边环境质量、实现农业可持续发展发挥重要作用。

(水务局)

【浦口区2015年市级应急消险工程、小水库防渗处理工程通过竣工验收】 4月13日,市水务局召开浦口区2015年市级应急消险工程、小水库防渗处理工程竣工验收会,市水务工程质量安全监督站、区财政局、区水务局及工程建设、设计、施工、监理等单位参加会议。市级应急消险工程、小水库防渗处理工程竣工验收小组在实地察看工程现场、查阅工程资料、听取参建单位汇报后一致认为,工程均按批准的设计内容完成施工,工程标准和质量符合设计和规范,工程档案齐全,工程效益初步发挥,同意通过竣工验收,并提出要加强建后管理,发挥工程的长久效益。浦口区2015年市级应急消险工程2016年1月18日开工,5月18日完工,总投资995.62万元,工程建设内容包括:对石窑、蒋家坝堰、金坝、友谊、享堂、小拐子、唐冲、百子岭水库及滁河盘城段堤防进行防渗处理与闸门更换。浦口区2015年度小型水库防渗处理工程2015年12月4日开工,2016年4月14日完工,总投资283.86万元,对大顶山、蒋山口水库进行防渗处理及闸门更换。

【水利重点工程通过市级验收】 6月9日,市水务局、市水务工程质量安全监督站、区水务局、区财政局和相关街道组成市级验收组,对浦口区2012年农田水利重点片区工程、2013年瓦殿冲小流域综合治理工程、2014年农村翻水线更新改造工程进行集中验收。验收组通过查看

6月9日,2014年农村翻水线更新改造工程通过验收

6月9日,2012年农田水利重点片区工程通过验收

(卢韬　摄)

工程现场，听取建设、设计、施工、监理等参建单位的工作汇报，查阅有关资料，一致同意三大工程通过市级验收。

浦口区2012年农田水利重点片区工程位于星甸街道（前赵片）、汤泉街道（龙华片），总投资3051.39万元，2012年5月开工，9月完工。主要建设内容有：龙华片新建灌溉站2座、原址拆建灌溉站2座、新增小滚水坝10座、建设涵闸1座、清淤沟渠、建设砂石路及防渗渠；前赵片拆建下陈、大元2座灌溉站，提高33干渠翻水线抗旱能力，拆建、新建小灌溉站7座，拆建百子节制闸，以及前赵大沟清淤、渠道护砌、过路涵、砂石路建设等。工程的实施使项目区恢复和新增有效灌溉面积400公顷，恢复和新增旱涝保收田面积1000公顷，新增节水灌溉控制面积333公顷，治理水土流失面积775公顷。

浦口区2013年瓦殿冲小流域综合治理工程位于汤泉街道瓦殿社区，总投资468.06万元，2014年3月开工，6月完工。瓦殿冲小流域总面积867公顷，此次综合治理面积775公顷，其中治理水土流失面积213公顷，林区生态保护面积75公顷，水环境治理区640公顷，人居环境综合治理面积60公顷。工程在浦口区首次将生态清洁型小流域建设与美丽乡村建设相结合，在实施过程中充分考虑瓦殿村关口章组美丽乡村建设需要，确保工程既满足水土流失治理要求，又符合村庄环境整治整体规划，与村庄的整体风格相适应，为关口章的美丽乡村示范区建设增添色彩。

浦口区2014年度农村翻水线更新改造工程位于星甸街道石村社区，总投资348.82万元，于2015年3月开工，6月竣工。主要建设内容有：拆建驷马山一级站，设计流量0.44立方米/秒；拆建驷马山二级站，设计流量0.22立方米/秒；渠道衬砌1620米；小洞子塘、赵庄长塘清淤，平均清淤深度约1.2米；新建分水口5座、穿路涵2座；新建管理设施。工程自完工以来，运行基本正常，解决翻水线覆盖区域100公顷农田的灌溉问题。

【浦口区2016年农桥项目通过市级验收】 6月1日，市财政局、市水务局牵头对浦口区2016年农桥项目进行验收。验收组在察看现场、检查台账、听取汇报后一致认为，浦口区2016年农桥工程按批准的设计规模和标准完成全部建设内容，设计、施工符合国家和行业标准，同意通过验收。浦口区2016年农桥项目于2016年3月开工，9月底完工，10月底通过区级验收，项目批复实施农桥50座，总投资1139.38万元。

【农村河道疏浚工程通过区级验收】 6月2日，由区水务局牵头，区财政局、桥林街道、汤泉街道、工程监理部统一对街道农村河道疏浚工程进行检查验收。检查组认为，各街道严格按照工程建设程序实行招投标，按照工程标准实施，做到任务明确、管护落实、责任到位，较好完成2017年农村河道疏浚任务，同意通过区级验收。同时要求街道完善工程竣工资料，补充绿化，加强长效管护。浦口区下达2017年农村河道疏浚计划总土方约172万立方米，涉及桥林街道幸福河、东风河、周营河、林山雅苑河和汤泉街道潘庄排水河、张庄组河、大鱼塘溢洪道、百子岭排洪沟。自2016年10月以来，街道按照“招投标制、合同制、监理制”要求，开展河道疏浚工作。截至2017年5月，2017年河道疏浚任务全部完成，实际完成总土方量约165万立方米。

【特大暴雨应对】 6月9日，浦口区遭遇暴雨袭击，6月9日20时至6月10日17时，累计降雨235毫米，远超12小时140毫米特大暴雨标准。受强降雨影响，浦口区出现较大积淹水点10处，其中顶山街道珍珠南路、泰山街道威尼斯水城淹水情况较严重，对市民出行造成较大影响。针对此次强降雨，浦口区超前部署，及时启动防汛排涝应急预案，主要采取以下措施：一是提前部署，严格落实防汛责任制。区防汛防旱指挥部提前下发通知，要求各街道及相关单位做好防范暴雨准备工作，加强对防汛工作的领导，严格落实防汛责任制。区防汛防旱指挥部领导带班值班，全面进入防汛临战状态，并要求各街场防汛责任人全部到岗到位，街场、水库、堤防、市政、管道公司等责任单位巡逻，排查防汛隐患和薄弱点，做好防御暴雨的各项应急准备。二是领导重视，迅速启动防汛应急预案。区主要领导和分管领导迅速赶往现场，全面组织指挥防汛工作。各街场分管领导及分圩分片责任人、区派各圩牵头负责人全部到岗到位，各涵闸和险段安排专人值守，巡逻队上堤巡逻，各街场抢险队、防汛物资及运输车辆做好充分准备。三是突出重点，做好防汛应急措施。落实24小时值班和领导带班制度，确保及时掌握雨情汛情。组织技术人员前往防汛一线，及时了解汛情动态，做好应急处置工作。加大对重要公

6月10日，区水务局组织人员排除城市积水

（吴克菲　摄）

共设施、地下空间、低洼片区、重点塘坝和堤防的巡逻力度,发现险情立即上报,并及时做出有效处置。四是全力抢排,及时排除城市积水。提前安排城市泵站开机,24座泵站全部运转,加大腾空力度,及时预降河、湖、库水位。汛情发生后,区防汛防旱指挥部组织100多人的防汛队伍第一时间在泵站开机排水、易淹水点助排、架设临时机泵,各街道积极应对,所有机泵及时开机排涝,排涝能力不足的及时架设临时机泵排水。截至当日16时,共出动防汛人员500多人,架设临时机泵60余台,出动泵车3辆,经全力抢排,各积淹点积水基本排空,市民出行基本不受影响。

【梅雨期间防汛】 7月以来,南方部分地区遭遇强降雨天气,长江中上游多地超过警戒水位。受上游来水影响,7月7日7时30分,南京长江下关最高水位9米,并呈持续上涨趋势,防汛形势十分严峻。浦口区采取多项措施做好沿江片区防汛工作:一是迅速启动Ⅲ级应急响应。7月3日,浦口区发布Ⅲ级应急响应,迅速启动应急预案,严格落实防汛工作责任制。区派驻圩口牵头负责人、各沿江防汛责任主体负责人全部到岗,强化对防汛工作的组织领导。二是加大防汛工作检查力度。区领导到防汛一线检查指导防汛工作落实情况,并提出具体要求;区防汛防旱指挥部派出2个检查组分赴沿江各责任主体,检查防汛措施落实情况。三是强化值班值守和巡查力度。各责任主体落实领导带班和24小时值班值守制度,并实行汛情日报告制度;组织巡查队伍巡查堤防、水库、塘坝、闸站及水务设施,出动巡查人员1200余人次。四是做好抢险人员与物资准备。增派技术人员到重要防汛地段督促检查,抢险队伍全天候待命,各类抢险物资、装备器材全部到位。五是及时发布防汛信息。发布《水务信息简报》,以QQ、微信等方式,及时通报天气情况和水情、雨情、汛情,指导各责任主体做好应急准备;加大防汛宣传力度,争取人民群众支持,确保沿江地区安全度汛。

【2016年汛后消险柳洲南路积淹水点改造工程通过验收】 9月19日,区水务局召开2016年汛后消险柳洲南路积淹水点改造工程竣工验收会,区水务局及工程建设、设计、施工、监理等单位参加会议。柳洲南路积淹水点改造工程总投资300万元,6月15日开工,8月15日竣工,主要工程项目是在柳洲南路(浦珠北路—华美路)两侧新建直径600~800毫米的雨水管道。验收小组在实地察看工程现场、查阅工程资料、听取参建单位汇报后一致认为,工程按批准的设计内容全部实施完成,工程标准、质量满足设计和规范要求,工程档案齐全,工程效益初步发挥,同意通过竣工验收。

【2016年顶山、江浦、永宁汛后消险工程通过验收】 9月21日,区水务局召开浦口区2016年顶山、江浦、永宁汛后消险工程竣工验收会。市防汛防旱指挥部办公室、市水务工程质量安全监督站、区财政局、区防汛防旱指挥部办公室及工程建设、设计、施工、监理、审计、运行管理等部门和单位参加验收。2016年顶山、江浦、永宁汛后消险工程由区水务局、区财政局批复,顶山、江浦、永宁街道实施。批复工程总投资2356万元,2016年12月开工建设,2017年5月完工,主要建设内容为珍珠河、珠西河堤防加固,坝子窑缺口封堵,部队小圩堤防防渗处理,滁河三合圩未治理段防渗处理,蒿子圩防汛堤顶道路建设等。验收小组在实地察看工程现场、查阅工程资料、听取参建单位汇报后,一致认为工程按批准的设计内容实施完成,工程标准、质量满足设计和规范要求,工程档案齐全,工程效益初步发挥,同意通过竣工验收。

【2016年桥林、泰山、盘城街道消险工程通过验收】 10月19日,区水务局召开浦口区2016年桥林、泰山、盘城街道消险工程竣工验收会。区防汛防旱指挥部办公室及工程建设、设计、施工、监理、审计、运行管理等部门和单位参加验收。验收小组实地察看石碛河、坝子窑等工程现场,查阅工程档案资料,并听取各参建单位汇报。验收组成员一致认为,浦口区2016年桥林、泰山、盘城街道消险工程完成项目批复的全部建设内容,施工质量满足规范和设计要求,投资控制合理,工程档案齐全,工程运行正常,同意通过竣工验收。

桥林街道消险工程1月8日开工,5月16日完工,总投资902.91万元,主要处理2016年汛期出现的险情,消除蒋山口水库、河道、堤防等水利工程的险工隐患,确保桥林街道水利工程防汛安全。

泰山街道消险工程于2016年11月9日开工,2017年2月7日完工,总投资265.78万元,主要处理2016年汛期出现的险情,消除朱家山河、长江堤防的险工隐患,确保泰山街道防汛安全。

盘城街道消险工程2月8日开工,5月8日完工,总投资205.17万元,主要处理2016年汛期出现的险情,消除朱家山河、涵洞、塘坝等水利工程的险工隐患,确保盘城街道水利工程防汛安全。

(李元全)

·文稿编辑　徐　源·

工业 建筑业

工 业

·综 述·

【概况】 2017年,浦口行政区规模工业企业完成工业总产值158.41亿元、主营业收入173.02亿元、利税总额17.66亿元。

工业行业发展明显分化。全区规模以上工业行业中9个行业产值依然保持增长,其中电气机械和器材制造业、化学原料和化学制品制造业、非金属矿物制品业产值增速分别为39.8%、33.7%和27.5%。

2017年,列入市计划的19个“双百工程”项目(一百个重点工业产业建设项目、一百个重点技术改造项目)总投资1218.5亿元,当年计划投资133亿元,全年完成投资118亿元,完成年计划的88.7%。软件和信息服务业实现销售收入27亿元,增长15.4%,完成年计划的100%。规模以上工业企业研发经费支出9亿元,增长11%,完成年计划的100%。煤炭消费总量17.7万吨标煤,实现控制在18万吨标煤以内的目标,全区万元工业产值能耗同比下降2.43%。 (秦慧东 刘清华)

2017年浦口区规模工业主要经济指标一览表

表74

产业分类	企业数(个)	工业总产值(亿元)	主营业收入(亿元)	利税总额(亿元)
交通装备制造	12	45.51	65.85	3.22
汽车制造业	4	39.86	59.99	2.90
铁路、船舶、航空航天和其他运输设备制造业	8	5.65	5.86	0.32
电子信息	3	2.05	2.11	0.31
计算机通信和其他电子设备制造业	2	0.66	0.76	0.01
仪器仪表制造业	1	1.39	1.35	0.30
食品药品	6	4.78	4.66	-0.07
农副食品加工业、食品制造业	3	4.16	3.87	-0.27
医药制造业	3	0.62	0.79	0.20
新材料	7	26.28	25.63	4.35
化学原料和化学制品制造业	4	15.75	15.88	1.22
橡胶和塑料制品业	3	10.53	9.75	3.13
机电 电气	39	42.68	39.46	3.92
机电(含金属制品业、专用设备、通用设备制造业)	27	32.74	31.33	3.47
电气机械和器材制造业	12	9.94	8.13	0.45
其他产业	28	37.11	35.31	5.93

续表 74

产业分类	企业数（个）	工业总产值（亿元）	主营业收入（亿元）	利税总额（亿元）
纺织服装、皮革羽毛制鞋等	4	3.95	3.90	0.03
非金属矿物制品业	20	27.09	27.72	3.89
废弃资源综合利用业	1	0.54	0.54	-0.01
水、电力生产和供应业	3	5.53	3.15	2.02
合　计	95	158.41	173.02	17.66

（统计局）

产业集群效应初步显现。集成电路产业签约落户项目40个，意向项目12个。其中，清华紫光完成三通一平、地勘，基坑支护施工单位进场施工；台积电项目完成内部轨道工程建设，于9月12日举行装机典礼，开始密集装机作业；芯艾科2号厂房主体施工。新能源汽车产业项目进展顺利，依维柯、锦湖轮胎项目投产运营；南京越博新能源汽车项目正在进行基础施工；总投资100亿元的博郡纯电动汽车项目正式签约，1.8万平方米试制车间完成装修和设备安装。

创新运行监测模式。启动建设浦口区工业企业资源集约利用系统，建立工业经济数据库，形成科学合理客观的评价体系，通过采用大数据技术，实现精准分析、精准施策，推动全区工业企业提高绩效水平。2017年，浦口区新增产值2000万元以上的规模企业13家。

2017年浦口区新增13家规模以上工业企业主要指标一览表

表75　　单位：万元

序号	单位名称	工业总产值（本期）	主营业务收入（本期）	利税
1	南京金欧铁路装配制造有限公司	2104.9	2104.9	295.7
2	南京环境再生能源有限公司	20638.0	20637.5	5728.3
3	南京越博电驱动系统有限公司	10164.8	9155.7	607.3
4	南京绿芯集成电路有限公司	3073.0	3073.0	-196.1
5	南京天孚机械设备有限公司	4592.7	4592.7	543.9
6	光大水务（南京）有限公司	3871.7	3871.7	1270.9
7	晶美晟光电材料（南京）有限公司	2405.5	2350.4	417.0
8	南京依维柯汽车有限公司	372385.1	575048.8	7074.4
9	南京神奇科技开发有限公司	1001.8	3255.3	1387.9
10	南京沐鼎节能建材有限公司	4310.2	4209.3	341.7
11	南京卓基工业设备有限公司	2731.2	2776.1	155.5
12	南京军瑶新型材料有限公司	3896.3	3896.3	39.3
13	南京坚固高中压阀门制造有限公司	3000.0	2271.5	58.2
合计		434175.2	637243.2	17724.0

“双百工程”项目协调推进。编印《浦口区2017年工业项目简介》，全面掌握了解项目情况，协调解决三乐集团大功率微波技术工业应用服务平台等项目在建设过程中遇到的实际问题。加大对“双百工程”项目的政策倾斜，给予优先办理相关手续、优先推荐申报国家及省市区专项资金的扶持政策，指导企业办理进口设备关税减免等手续。

技改项目跟踪服务。立足窗口，进一步提升技改服务水平，全面推进不见面审批改革，项目核准和备案实行网上办理，简化办理流程，缩短办理期限、减少办理资料，实行网上全程办理和审批结果“不见面”送达。全区完成技改备案21项，总投资4.4亿元。

鼓励企业技术创新。全年确认实施企业研发项目132个，当年研发费用总投入1.6亿元。乾鑫电器有限公司通过省级企业技术中心认定，南京日托光伏科技股份有限公司、南京擎天科技有限公司通过市级企业技术中心认定。5家企业被认定为省互联网与工业融合创新示范试点企业，市互联网化提升重点项目建设企业16家。加强新技术、新产品推广应用，制定《浦口区新技术、新产品首购首用风险补偿机制实施细则》，帮助企业申请市级“两新”（新产品、新技术）产品13个，获得资级认定10个。强化新产品指标考核，新产品销售收入占主营业务收入比重达30%。

开展节能减排。制定《浦口区减少化工产能专项行动实施方案》《浦口区削减煤炭消费总量专项行动实施方案》《浦口区铸造企业专项整治实施方案》，全面完成两减目标任务。关停南京昌盛船业公司、南京增胜船业公司2家企业，化解造船行业产能16万载重吨。拆除江星水泥厂相关设备，化解水泥行业产能30万吨，完成全年去产能任务。开展节能政策法规培训，完成电力直接交易试点申报，鼓励企业安装电力在线监测系统。完成梯尔希（南京）药粉研发有限公司等企业清洁生产审核，完成信宁水泥厂、东爵有机硅（南京）有限公司等能耗3000吨标煤以上企业检查，完成浦镇、信宁等耗能5000吨标煤以上企业能源利用报告，完成鼎发建筑、兰叶建设等19家企业的改扩建项目能耗评审。

促进中小企业服务平台建设。研究拟定《浦口区中小企业公共技术服务示范平台认定办法》，指导鼎泰药研、苏试广博、矽邦等平台制定服务中小企业及创业者的优惠政策，推动平台加强自身建设，提升服务能力和水平。全区重点培育南京道吉企业顾问有限公司等5家中小企业公共技术服务平台，全年通过市级以上认定平台8家。

2017年浦口区新增市级以上中小企业服务平台一览表

表76

序号	运营单位	平台名称	级别	认定时间	地区
1	苏商传媒有限公司	江苏省中小企业公共服务平台	省级	2013	汤泉
2	南京道吉企业顾问有限公司	南京市中小企业公共服务平台	市级	2013.11	桥林
3	江苏苏建天目投资项目管理有限公司	南京市中小企业公共服务平台	市级	2015.1	汤泉
4	南京苏试广博环境可靠性实验室有限公司	公共技术服务平台	市级	2015.12	浦口开发区
5	矽邦半导体封装科技有限公司	南京集成电路封装公共技术服务平台	市级	2016	浦口开发区
6	南京畅远信息科技有限公司	南京浦口开发区科技综合服务平台	市级	2017	浦口开发区
7	方圆标志认证集团江苏有限公司	方圆认证（江苏）服务平台	市级	2017	汤泉
8	万购地产网络	南京万购地产信息集成服务平台	市级	2017	汤泉

培育优秀民营企业。研究拟定《浦口区优秀民营企业培育实施方案》和《浦口区优秀民营企业认定办法》（讨论稿），选取中脉科技集团、南京易亨药业有限公司、南京钛能电气有限公司等一批重点民营企业列入培育库，在培训、融资、管理提升等方面进行重点服务。至年末，全区有南京大吉铁塔制造有限公司、南京博路电气有限公司等7家企业入选南京市百优民企培育库，其中南京云田数码科技有限公司、南京博路电气有限公司、南京擎天科技有限公司3家企业获得南京市百优民企培训项目扶持资金。

做好安全生产工作。召开安全生产工作会议及安全知识培训5次，发送安全提醒短信200多条，完善专项整治联络员制度和分管领导联系制度，采取“跟踪推进、定期复查”的方式，倒逼企业整改安全隐患。全年组织检查人员84人次，检查生产企业31家次，发现安全隐患110余处，全部整改完成。加强民爆行业安全生产监管，制定《2017年度浦口区民爆行业安全生产大检查工作方案》，定期联合市相关部门和专家对省民爆公司浦口分公司进行全面检查。开展民爆行业安全生产检查和隐患回头看14次，出动人员30余人次，发现各类隐患8处，全部完成整改。

加强国有资产安全管理。制定《浦口区托管企业资产管理监督暂行办法》，对存量企业资产重新进行核查登记。推进改制企业国有房产拆迁，南京第五制药厂、南京第二家具厂等改制企业以及南京第二轻工机械厂等5家托管企业的职工宿舍和厂区全部拆迁，拆迁厂房3万余平方米、职工宿舍166户。工人新村、江浦印刷厂、南京服装十四厂等企业完成拆迁工作，其余企业拆迁任务正在有序推进。做好信访维稳工作，受理办结南京第二轻工机械厂9名职工群访事件，全年接待职工上访59批次130余人次，所有信访事项都得到有效化解和处理，未发生一起越级上访事项。

【南京亿高获评“省百家优秀高成长中小企业”】 4月11日，浦口区南京亿高微波系统工程有限公司被江苏省经信委评为“省2016年度百家优秀高成长中小企业”。南京亿高微波系统工程有限公司是浦口区工大科技产业园内的一家高新技术企业，专注于治疗、理疗领域，具有完整的研发、生产、营销和服务体系，网络遍及全国近30个省市。国内90%以上的三甲医院都在使用亿高产品，平均每天就有6名患者使用亿高产品治疗疾病。亿高产品已打入国际市场，覆盖欧洲、东南亚、中东和非洲等国家和地区。近三年，亿高主营业务收入平均增幅达80%，利润增幅达60%，连续五年以高于行业两倍增速高速发展,南京亿高微波系统工程有限公司成为区内中小企业创新发展的领跑者。

【省市经信委验收水泥行业去产能项目】 9月4日,省、市经信委组成联合工作组,验收区内水泥行业去产能项目完成情况,检查企业淘汰落后产能整改落实情况。工作组一行前往南京江星水泥有限公司,对照验收标准进行现场评估。该企业拆除3×13米磨机、1.8×7米磨机等5台设备,得到验收组充分肯定。

【10项产品通过市"两新"认定】 9月,擎天物联网+区域生态文明建设管理与服务云平台软件(擎天科技)、长效抗菌材料(神奇科技)、高抗污染PVDF中空纤维超滤膜及组件(久盈膜科技)等10家企业10个产品通过"2017年度南京市新兴产业重点推广应用的新产品"认定。项目主要分布在新一代信息技术、新材料、新能源等战略性新兴产业领域,分别代表浦口区相关行业的最高水平和最新成果。 (秦慧东 刘清华)

· 交通装备制造产业 ·

【概况】 2017年,浦口行政区交通装备制造产业规模以上企业12家,实现工业产值45.51亿元、主营业收入65.85亿元、利税3.22亿元。其中,机车类规模以上企业8家,实现工业产值5.65亿元、主营业收入5.86亿元、利税0.32亿元;汽车类规模以上企业4家,实现工业产值39.86亿元、主营业收入59.99亿元、利税2.9亿元。 (统计局)

【汽车零部件配套产业园开工建设】 该项目于3月正式开工建设,预计于2020年12月完工。项目位于浦口开发区桥林新区,总投资10亿元,建设约25万平方米汽车零部件厂房、办公用房及附楼、物流仓储用房等建筑物,一期厂房主体正在施工。

【锦湖轮胎项目投产运营】 3月初,位于浦口开发区桥林新区的锦湖轮胎项目竣工投产,总投资4.8亿元,占地46万平方米。至年末,企业生产轮胎1300万个,实现工业产值35亿元。

【中国新型轨道交通总部基地落户浦口】 9月12日,浦口开发区与中铁高新工业股份有限公司签订中国新型轨道交通总部基地项目落户浦口协议。该项目位于浦口开发区桥林园区,总投资40亿元,占地33.3公顷,建设单轨列车整车研发制造总部基地及相关零部件产业配套项目。

【新能源汽车核心部件研发及智能制造产业园项目落户】 11月18日,浦口开发区与南京越博电驱动系统有限公司签订新能源汽车核心部件研发及智能制造产业园项目落户浦口开发区桥林园区正式协议。总投资15亿元,占地11.87公顷,主要从事新能源汽车核心部件研发及产业化、智能制造等。

(甘露)

· 电子信息产业 ·

【概况】 2017年末,浦口行政区电子信息产业规模以上企业3家,实现产值2.05亿元、主营业收入2.11亿元、利税0.31亿元。 (统计局)

【台积电晶圆制造项目主体工程投产】 9月12日,台积电举行装机典礼,开始密集装机作业。该项目位于浦口开发区集成电路产业园,总投资30亿美元,注册资本10亿美元,占地93.33公顷。至年末,台积电建设的16纳米制程及12英寸晶圆厂和设计服务中心主体工程竣工投产,晶圆厂年生产2万片12英寸晶圆。

【紫光南京半导体产业基地项目开建】 2月12日开工建设。紫光南京半导体产业基地项目位于浦口开发区集成电路产业园,总投资300亿美元,注册资本350亿元,占地100公顷,以存储芯片及存储器尖端制造环节为突破口,集存储产品设计、技术研发、生产制造、销售于一体,主要产品为3D-NAND FLASH存储芯片和DRAM内存芯片,一期投资约100亿美元,月产芯片10万片。

【三乐科技创新产业园开工建设】 该项目于9月开工建设,预计2019年10月完工。项目位于浦口开发区桥林新区,总投资15亿元,建设约35万平方米科研、生产、办公和配套用房及水电、消防、绿化等配套设施,项目正处于桩基施工阶段。

【欣铨(南京)集成电路有限公司IC测试中心开工建设】 该项目于3月开工建设,预计2019年12月完工。项目位于浦口开发区桥林新区,总投资14亿元,初期产品以通讯晶片(手机用)为主,一期年测试封装12英寸晶片24万片,正在进行基础施工。 (甘露)

【大学生集成电路设计应用创新大赛在浦口举行】 7月26日,第七届大学生集成电路设计应用创新大赛(华东赛区决赛)在浦口区举行。大赛由教育部电工电子基础课程教学指导委员会指导,IEEE、北京电子学会、北方芯云科技主办,南京邮电大学、第九批科技镇长团浦口(高新)团、浦口开发区、浦口区人才办、浦口区科技局、江北新区人力资源服务产业园、浦口区团委承办。大赛旨在聚焦集成电路发展领域,创新人才培养方式,使高校人才培养与行业人才发展需求相对接,推动创新型集成电路设计人才培养,同时提供产学研用结合的服务平台,让更多高校院所的专家学者、行业企业的专业人士和有志于从事集成电路的大学生们汇聚浦口、了解浦口,推动浦口集成电路事业快速发展。来自东南大学、上海交通大学、武汉大学、南京理工大学、南京邮电大学、青岛大学、中国科学技术大学等19个院校的84支团队参赛。大赛邀请清华大学、复旦大学、东南大学、南京邮电大学、美国佛蒙特大学等高校资深教授和行业领军专家以及天津北方芯云科技有限公司、美国IEEE有限公司、南京微盟电子有限公司、中国科学院电子学研究所、中国科学院科技战略咨询研究所等知名研究所、企业的专家组成评委团。经过激烈角逐,共有65支队伍脱颖而出,获得华东赛区一、二、三等奖,其中37支队伍代表华东赛区参加全国总决赛。 (开发区)

·新材料产业·

【概况】 2017年,浦口行政区新材料产业规模以上企业7家,实现工业产值26.28亿元、主营业收入25.63亿元、利税4.35亿元。 (统计局)

【新材料产业园项目落户】 8月25日,浦口开发区与江苏佳成特种玻璃制造有限公司签订新材料产业园项目。该项目位于浦口开发区桥林园区,总投资6亿元,主要生产Low-E玻璃、高强度单片铯钾防火、平钢、弯钢、中空、氩气中空、夹层、防弹、玉砂、磨砂等特种玻璃。 (邵斯捷)

【江苏绿国新能源总部经济中心开工】 项目于9月开工建设,预计2019年12月竣工。该项目位于浦口开发区桥林园区,总投资5亿元,建设约3.9万平方米办公楼、研发楼及相关配套设施等,已在进行桩基施工。 (甘露)

·机电设备及电气机械·

【概况】 2017年,浦口行政区机电设备制造和电气机械器材制造产业规模以上企业39家,实现工业产值42.68亿元、主营业收入39.46亿元、利税3.92亿元。其中,机电设备制造规模企业27家,实现产值32.74亿元、主营业收入31.33亿元、利税3.47亿元;电气机械和器材制造业规模企业12家,实现工业产值9.94亿元、主营业收入8.13亿元、利税0.45亿元。 (统计局)

【柔性透明石墨烯和银纳米线导电膜项目竣工】 南京先丰纳米材料科技有限公司总投资3亿元,租赁紫峰研创厂房1万平方米进行改造,研发生产柔性透明石墨烯和银纳米线等导电薄膜。项目于6月投入运营,至年底,销售收入1200万元。

【瑞科特电气二次设备舱项目开建】 项目于6月开工建设,预计2018年12月竣工。该项目位于浦口开发区桥林园区,总投资5亿元,建设约10万平方米生产、办公用房及水电、消防、绿化等配套设施。至年末,一期厂房基本完工。 (甘露)

·其他产业·

【概况】 2017年,浦口行政区其他产业类规模以上企业34家,实现产值41.89亿元、主营业收入39.97亿元、利税5.86亿元。其中,服装纺织羽绒类规模以上企业4家,实现产值3.95亿元、主营业收入3.9亿元、利税0.03亿元;非金属制造业规模以上企业20家,实现产值27.09亿元、主营业收入27.72亿元、利税3.89亿元;其他规模以上企业10家,实现工业产值10.85亿元、主营业收入8.35亿元、利税1.94亿元。

【南京康盛仓储服务电商产业园项目落户】 7月5日,浦口开发区与香港泉康投资有限公司签订南京康盛仓储服务电商产业园项目落户协议。该项目位于浦口开发区七坝港区,总投资1.6亿美元,注册资本2904万美元,占地16.13公顷,建设现代化汽配供应链服务中心(采购、分拨、配送、结算于一体)+平台项目(呼叫、电商、金融等)+招商企业(合作入驻物流企业、创新电商企业等)。

【公共物流保税仓库(一期)开工建设】 项目于9月开工建设,预计2018年12月竣工。项目位于浦口开发区,总投资1亿元,建设约2万平方米公共物流保税仓库,正在进行内部装修及办理海关相关手续。

【申通智慧物流科技产业园落户】 11月23日,浦口开发区与杭州申通产业投资有限公司签订申通智慧物流科技产业园落户协议。该项目位于浦口开发区七坝港区,总投资30亿元,建设物流仓储、智能化转运中心、智慧物流研发中心等。 (甘露)

·街道工业园区·

【珠江科技产业园区】 珠江科技产业园区东至芝麻河,西至浦乌路,南至绿水湾路,北至民主路,规划面积4平方千米,实际开发面积3.67平方千米。2017年,珠江科技产业园重点项目19个,年度投资额19.03亿元。除因江北新区管理体制调整导致无法开工的项目(九飞、兰卫、浦云路)外,其余项目均在12月底前开工,完成当年投资比例100%。完成珠江科技产业园防撞隔离墩工程及清运工程;对园广路、象贤路等4条道路进行改造,总长2300米;完成电力杆线迁移工程(一期);完成象贤路、研新路自来水管道迁移工程。

推进3家企业转型发展,明发千秋业完成项目立项、总平审核、模拟审批等手续,教育用地的幼儿园、小学及初中项目开工建设,完善伊凯科技、浦园机械总平审定、房屋构建物评估等转型手续。至年末,园内落户企业91家,占地总面积229.27公顷。其中,工业企业46家,占地115.97公顷,行业类别以机械加工制造、电子仪器(仪表)、建材、服饰为主;研发类企业40家,已挂牌项目24家,总占地面积41.49公顷,总建筑面积135.75万平方米,已建成41.1万平方米,待挂牌项目16个,总占地面积40.41公顷;学校、派出所等其他性质单位5家,占地31.4公顷。珠江科技产业园区规模以上企业实现工业总产值8.2亿元,增长10.6%;销售收入7.9亿元,增长3.4%;利税2.39亿元,增长46.7%。 (章金玲)

【桥林街道工业园区】 桥林街道工业园区有4个,即桥林园区、茶棚园区、十里造船带、七坝园区。

桥林园区规划面积3平方千米,实际开发1.5平方千米,园区范围东至步月路、西至林中路、南至浦乌路、北至凌霄路。自2009年浦口开发区整体搬迁至桥林后,基础设施建设都由浦口开发区代建。2017年,入园企业8家,共有企业(含租赁企业)114家,其中规模以上企业15家,职工总人数约4800人。规模工业企业实现工业产值16.4亿元、销售收入16.4亿元、利税1.46亿元。

茶棚园区成立于2002年,规划面积66.67公顷,位于桥林街道茶棚安置小区对面,东至浦乌路,西至东阮组,北至山前柯王组,南至圣伟路。茶棚园区落户企业主要以加工和新型材料生产为主,主要企业有江苏中烟南京卷烟厂、南京军瑶新型材料有限公司、南京硕丰包装有限公司等。2017年,因江北新区对桥林新城总体规划进行修编,茶棚园区不再作为工业园区保留。

按照省、市长江岸线整治和水源地保护的相关文件精神要求,十里造船带产业园实施整体整治和关停,对于没有手续的船厂实施拆除,已办理手续的船厂按照环保、安监等相关部门要求完成整改后进行生产。

七坝港区产业园位于长江三桥上游4000米、板桥汽渡西侧,规划建设49个泊位,其中万吨级泊位13个,年吞吐能力达715万吨。七坝港物流园区紧紧依托七坝港,一期规划面积11.2平方千米。南京长江七坝港投资发展有限公司征地10公顷,总投资5亿元新建码头、钢材交易市场、钢材加工市场,3000吨级码头即将竣工投入使用,2个5000吨级码头正在建设之中。

(阮厚银　徐飞)

2017年桥林园区落户企业一览表

表77

序号	企业名称	注册资本(万元)	投资额(万元)	占地面积(公顷)	落户时间
1	南京桥嘉汇电子科技有限公司(电子监控项目)	1600	8000	0.67	2017.2
2	南京金咏达机械制造有限公司	1600	10000	2	2017.3
3	江苏睿林浦和投资有限公司(云健康研发及智能制造中心项目)	1700	15000	2.3	2017.4
4	南京金星宇节能技术有限公司(新建高标准厂房项目)	1666	10000	1.1	2017.4
5	南京道广建筑模板有限公司(兴办智能机器人研发及生产项目)	1000	10000	2.1	2017.8
6	南京宇豪工贸实业有限公司(电子产品及计算机配件项目)	3000	15000	0.47	2017.9
7	南京优硕电子科技有限公司(高性能电子产品研发、生产项目)	1600	8000	0.87	2017.10
8	南京哲清聚富科技发展有限公司(高性能电子产品研发、生产项目)	2000	10000	0.67	2017.10

2017年桥林园区规模企业情况一览表

表78　单位:万元

序号	企业名称	总产值	销售收入	利税
1	南京金正奇交通设备有限责任公司	18562.0	18562.0	1670.5
2	南京大吉铁塔制造有限责任公司	100728.8	100728.8	9065.5
3	南京神六机械设备制造有限公司	2716.3	2716.3	244.4
4	南京圣合轨道交通设备有限公司	2830.5	2830.5	254.7
5	南京天云新型建材科技有限公司	9902.8	9902.8	891.2
6	南京天奥医疗仪器制造有限公司	3011.7	3011.7	271.0
7	南京天孚机械设备有限公司	4592.9	4592.9	413.3
8	南京卓基工业设备有限公司	2271.7	2271.7	204.4
9	南京坚固高中压阀门制造有限公司	2271.3	2271.3	204.3
10	南京长城制管有限责任公司	4037.3	4037.3	204.3
11	南京欧利特金属型材制造有限公司	2269.7	2269.7	204.2

续表 78 单位:万元

序号	企业名称	总产值	销售收入	利税
12	南京天印科技有限公司	2801.9	2801.9	252.1
13	南京金星宇节能技术有限公司	3703.0	3703.0	333.2
14	南京联翔机电装备有限公司	1455.0	1455.0	130.9
15	南京林名鑫电子有限公司	2870.3	2870.3	258.3
	合　计	164025.2	164025.2	14602.3

【星甸街道工业园区】 星甸街道工业园有2个园区,分别是星甸工业园和石桥工业园。至2017年末,实际开发面积154.61公顷。入园规模以上工业企业30家,实现工业总产值7.95亿元、销售收入6.6亿元、利税总额8108万元。

星甸工业园位于街道东郊,东距宁合高速出口1000米,北依老山西山山脉,西临东街,南以万寿河景观带为中心不断向前拓展。至年末,实际开发84.61公顷。园区形成三明北路、三明南路、林河路、翠云大道为主的道路串联整个园区企业,道路总长5800米,沿路埋设直径160毫米的自来水管网,路灯近100盏,架设10千伏高压电线,绿化带及绿化地块4.7万平方米。污水管网2500米,雨水管网2200米,排涝明渠2300米,排涝泵站4台套。

2017年,星甸工业园区新落户企业4家:南京大地建设科技有限公司,总投资4亿元,当年投资近亿元,占地8.1公顷;南京京建维兴装饰材料有限公司,注册资金1000万元,总投资1200万元,年内已上竹木纤维护墙板生产线;南京汤建工程材料有限公司,占地2公顷;江苏波杜农贸股份有限公司(租赁厂房)。至年末,星甸工业园落户企业43家,其中规模以上工业企业16家,实现工业总产值4.73亿元、销售收入4.14亿元、利税总额5630万元。

石桥工业园区位于石桥西北侧,东至江星桥公路,西至经三路,北至北环路,南至石桥化工厂。至年末,实际开发面积70公顷。园区有双陈路、赭洛山路、滕王路、驷马河路等7条道路,总长9000米,总投资2500万元。供排水管道总长6000米,供电杆线总长3200米,园区厂房建筑面积180万平方米。重点打造经一路、纬二路及其他道路绿化工程,园区有路灯164盏。

2017年,石桥工业园区无新入驻企业。年末,园区有工业企业32家,其中规模以上工业企业14家。全年实现工业总产值3.22亿元、销售收入2.46亿元、利税总额2478万元。 (潘永梅)

2017年星甸街道规模以上工业企业情况一览表

表 79

区　域	企业总数(个)	规模企业数(个)	总产值(万元)	销售收入(万元)	利税(万元)
星甸工业园区	43	16	47276	41399	5630
石桥工业园区	32	14	32175	24628	2478
其他	34	12	7080	26900	13524
合　计	109	42	86531	92927	21632

【汤泉街道工业园区】 规划面积100公顷,实际开发23公顷,建设厂房面积约7.41万平方米,园区内道路、供电、供水、排水、通讯“五通一平”已完成,建成道路4条,长约1500米,总投资2078万元。2017年,汤泉工业园区基础设施无新建项目。

至年末,汤泉工业园区落户企业21家,多数为小型企业,仅有1家规模以上工业企业,多数企业为转型升级企业,加之汤泉街道实行退二进三的定位,重点发展旅游业,园区仅发展科技型、创新型、集约型工业企业。工业园区实现工业总产值11.05亿元、销售收入11.84亿元、利税1.08万元。 (邱菊)

【永宁街道工业园区】 永宁街道工业园分为永宁工业园东片区、西片区、混凝土产业园区。东片区划归浦口开发区托管。2017年,东片区建设园区海棠路553米、琥珀东路1154米,路宽分别为12米和14米,总投资1918万元。年末,园区有企业14家(不含注册企业),实现工业产值3.3亿元、销售收入3.1亿元、税金2500万元。西片区共有6家规模以上工业企业,实现工业产值4.1亿元、销售收入3.3亿元、利税4100万元。混凝土产业园位于永宁工业园区内,合浦公路永宁段旁,交通方便,区位优越,占地20.1公顷。到2017年末,有6家规模工业企业落户,从业人员1200余人,实现工业产值15.1亿元、销售收入12亿元、利税1.2亿元。 (徐蜇 朱婷婷)

【企业介绍】 南京天奥医疗仪器制造有限公司 成立于1998年,坐落于浦口开发区桥林园区。公司是一家生产医用护理设备的制造厂商,主要生产医用车、台、柜,医用病床,麻醉气体吸附剂三大类数百个品种,分为太空系列医用车、手术室及麻醉科用品、急诊室及护理部用品、医用病床、不锈钢产品、医院信息化管理用品、物流管理系统七个系列。2008年,被选为中国人民解放军空军搜救、伤员运输及抢救列装的单一产品来源。2013年,承接中国第一架卫生飞机上所有车、台、柜的设计研发及生产。产品远销东南亚、中东、欧美等30多个国家和地区。先后通过ISO 13485、ISO 14001、GB/T 28001、ISO 9001资质认证,及江苏省著名商标、南京市著名商标复审,是江苏省高新技术企业、国家级守合同重信用企业。2017年,占地面积1.5万平方米,员工170人。实现工业产值3012万元、销售收入3012万元、利税271万元。研发经费占主营业务收入的8%,研发出太空系列医用车、ICU探视系统、3D全高清手术示教等医疗信息化终端产品。至年末,申请专利46项,有效专利27项,专利申请增长45%,专利实施率100%。

南京金正奇交通设备有限责任公司 成立于2003年11月,主要生产铁路客车转向架零配件。2008年,通过ISO 9001:2000质量管理体系认证。2009年,通过西门子和长客股份CRH3高速动车组转向架零部件国产化评审,成为西门子300千米零配件首批国产化合格供应商,被列入"十一五"国家科技支撑计划"中国高速列车关键技术研究及装备研制"项目中转向架关键材料课题的产业化依托单位。2012年,通过I-RIS国际铁路行业标准体系认证。2015年,获评江苏省高新技术企业。2016年,完成中国标准化动车组60余种产品试制试验并形成供应。2017年,取得军标体系认证。实现工业产值18562万元、销售收入18562万元、利税1670万元。

南京大吉铁塔制造有限公司 成立于1997年,注册资金5000万元,主要产品为各种电压等级的输电线路铁塔、广播电视塔、微波通讯塔、钢管塔、钢管杆、钢结构架及铁路专用设备,年产铁塔35万吨、钢管塔10万吨、热镀锌50万吨、铁路等其他产品5万吨。生产的输电线路铁塔、变电站构架、通信铁塔等产品出口东南亚、中亚、中东、南美、非洲等30多个国家和地区,是国家电网公司、南方电网公司等制定供应商,占国内市场份额的20%,出口量占国内出口总量的40%。自主研发五元素镀锌技术专利、Q460钢管的热浸镀锌方法专利。公司获"全国守合同重信用企业""全国民营企业纳税百强""江苏省科技型中小企业""江苏省管理创新优秀企业"等称号,产品获国家级新产品和国家技术创新优秀新产品奖、江苏省名牌产品、南京市名牌产品、南京市科技进步二等奖。2017年,占地面积53.7公顷,职工1200余人。实现工业产值10.07亿元、销售收入10.07亿元、利税9065万元。

福荣混凝土有限公司 2007年9月落户永宁工业园区,注册资本2000万元,占地面积0.67公顷,主要生产混凝土。2017年,公司有职工100人。有混凝土搅拌机2台、装载机2台、沙石分离机1台,全年生产混凝土89万立方米,实现工业产值2.9亿元,销售收入2.79亿元,上交税金905.7万元,利润109.1万元。

南京乾鑫电器设备有限公司 坐落在永宁工业园东片区。2017年,公司有职工180人,生产高低压电器设备3000余套。实现工业产值1.3亿元、销售收入1.3亿元、利税3000万元。企业获"江苏省守合同重信用企业""江苏省企业技术中心"等称号。产品获南京市名牌产品称号。

南京博路电气有限公司 坐落在永宁工业园区东片区。2017年,企业有职工160人,生产高低压电器设备1300台套,产品获南京市名牌产品称号。该企业授权专利9件,其中发明专利1件,获省市高新技术产品认定证书3个,并获江苏省企业金融管理信用贯标证书。企业获"江苏省最具成长型科技企业""江苏省守合同重信用企业""南京市信用管理示范企业"等称号。2017年,实现工业产值1.8亿元、销售收入1.3亿元、利税3000万元。

(阮厚银 徐飞 徐堑 朱婷婷)

【良品铺子江苏总部项目落户星甸街道】 11月8日,江苏良品铺子食品有限公司在浦口区市场监管局注册工商营业执照,良品铺子江苏总部项目落户星甸街道,注册资本1001万元,总投资1亿元。良品铺子是全国休闲食品第一品牌,连锁门店2200多家,全国员工超过1万人,技术研发人员近300人,年销售达80亿元。 (星甸街道)

【南京江北钢材城投资管理有限公司投入运营】 2017年建成并投入运营。该公司2009年10月在浦口区政府的鉴证下与桥林街道办事处签订投资合作协议,在桥林街道滨江社区小年圩建设南京江北钢材城投资管理有限公司钢材交易基地,项目备案通知书文号浦发改备字(2009)88号,项目总投资8亿元,其中一期投资5亿元,注册资金8000万元。

建筑业

【概况】 2017年,区内建筑企业226家(含江北新区托管四街道),其中总承包特级1家、一级6家、二级16家、三级96家、其他107家。产业格局呈现梯形化态势,规模企业进入快速发展轨道。全区建筑业代征税收6.29亿元,同比下降38.8%。建筑业总产值111.71亿元,同比增长6.83%。

加强招投标市场监督管理。全年建设工程进场交易量243.39亿元,交易备案标段1160个,其中国有投资项目通过公开招标项目合计标段470个,交易金额125.89亿元,节约投资金额29.26亿元。实现异地远程评标和网上电子化招投标全覆盖,进场项目应招标率、应公开招标率均达100%。区建设工程招投标监管工作被江苏省住建厅列为全省招投标改革试点地区之一。本着"分类监管、提高效率、降低成本"的原则,在房屋建筑和市政基础设施工程招投标活动中,全面实行"坚持以国有投资工程监管为重点,进一步放开非国有投资项目招标限制;简化中小型工程招投标评标内容,缩短交易时间,提高交易效能;取消以项目总投资为标准判别工程项目是否依法必须招标的条件限制,推行以单项合同价作为控制标准"等举措,强化对招投标交易过程的监管，有效保障全区重点工程交易活动的顺利开展。

加大建筑市场执法力度。全年检查工地202个，签发督办整改通知书69份、停工通知书36份。加大建筑市场执法查处，打击违法违规行为。对无施工许可擅自施工的违法行为立案查处37起，处罚金额474.84万元。构建建筑系统联动管理机制，形成建筑市场与施工现场的有效联动。制作各类联动工作联系单246份。妥善处理建筑工程领域“双清”(清理建筑工程领域农民工工资和工程款拖欠)矛盾。现场受理并协调处理清欠矛盾102起，累计处理拖欠款11343.91万元，其中民工工资4827.96万元，涉及民工2867人，办结率达100%。

提高在建工程质量。持续推进工程质量三年提升工作，全年完成对辖区内在建工程项目的全面巡查4次，总建筑面积35.76万平方米。重点抓好保障性住房的质量监管，强化分户验收，推进业主代表参与验收，促进保障性安居工程质量提升。探索质量监督体制改革，实施日常监督与专项巡查相结合的模式，强化差别化巡查模式，确保工程质量责任有效落实，实现工程质量监督模式由监督工程实体质量向监督建设各方主体行为的转变。区建工局发出《工程质量整改通知书》180份、《工程局部停工(暂停)通知书》34份、复工通知书36份、不良行为记录1份。全年报监工程712个，报监面积674.51万平方米，加上年接转工程，全区监督工程项目1473个，面积1435.83万平方米。至年末，全区有93个项目获优质结构工程称号，获“金陵杯”工程14个，获“杨子杯”工程1个。

加强安全文明施工管控。持续完善“e路安全”2.0监管系统，运用“互联网+”手段，对项目实施24小时监管，确保项目各项安全生产措施、文明施工措施落到实处。强化施工现场文明生产，将文明工地创建与安全标准化工地活动结合起来。重点加强在建工地的现场围挡、裸土覆盖、道路硬化、物料堆放、工人宿舍等文明施工情况的监督管理，全区95%以上的在建工程均符合《南京市扬尘污染防治管理办法》规定，并坚持长效管理，提升工地现场文明施工水平。鼓励各级施工企业参与文明工地创建，实施奖惩措施，推动企业加大投入，提升施工和各类设施管理的科学化、标准化、规范化。全年申报已验收的省级文明工地51家，申报已验收的市级文明工地72家，获省、市级文明工地分别是47家、57家。

【工程招投标异议和投诉网上受理】 4月7日，区建工局召开“网上受理建设工程招投标异议和投诉”试点工作会议，全区各街场及相关建设平台等20家单位参加会议。按照《江苏省住房和城乡建设厅关于开展房屋建筑和市政基础设施工程招标投标改革试点工作的通知》(苏建招〔2016〕260号)文件精神，通过网上电子招投标系统，投标人和其他利害关系人对工程招投标活动有异议或认为存在违法行为的，则由相应的投标人使用单位的专用“CA”锁，依法进行网上提交“异议”或者“投诉”材料，招标人网上受理“异议”和网上回复处置结果。招投标监管机构通过网上监督招标人“异议”处置行为，以及通过网上受理相关当事人提出的投诉。通过采取网上受理“异议”和“投诉”，进一步提高招投标活动中各类争议的处置效率和行政监督效能，实现对各类“异议”和“投诉”的受理与处置全过程的“网上留痕、可溯和可查”。网上受理建设工程招投标异议和投诉系统于4月10日正式上线。

【区建筑业协会第三届会员代表大会】 6月28日在区建工局九楼会议室召开。大会由第二届建筑业协会秘书长秦礼华作工作报告。根据《浦口区建筑业协会章程》规定，经与会全体代表表决，大会选举周仕和、刘建华等34人为浦口区建筑业协会第三届理事会理事。浦口区建筑业协会第三届理事会召开第一次会议，选举周仕和为浦口区建筑业协会第三届理事会会长，刘建华、张子平、沈继友、赵家宏、程意国、赵以亮、卞文、兰阳8人为副会长，沈继友为秘书长。

【一站式系统电子施工许可证发放】 自9月20日江苏省建筑工程一站式申报系统建立以来，多家建设单位到政务中心窗口咨询，提出在一站式系统申报中遇到的相关问题。区建工局行政审批科工作人员与省站工作人员协调对接。江苏大唐置安智能科技有限公司建设的大唐置安智能科技大厦项目和南京德润置业有限公司建设的九月森林工程在一站式申报系统中同时办理质安监和施工许可，9月29日，电子施工许可证顺利通过。

【省优质示范工程观摩活动在浦口举办】 9月26～27日，江苏省住房和城乡建设厅组织开展2017年优质示范工程质量月观摩活动。全省建筑行业有关人员观摩浦口焦点科技大厦和江北新区综合管廊两个在建工程，通过浏览展板及视频展示、听取专人讲解、查看工程实体质量等形式，学习两个工程在质量安全提升行动、工程常见质量问题专项治理、信息化技术应用、绿色建筑、项目管理等方面的先进经验和做法。

(陈佳美)

·文稿编辑 卢仕松·

商贸 旅游业

商 贸

·综 述·

【概况】 2017年,浦口区商务局把促进和服务商务经济发展作为根本任务,紧盯主要指标聚力攻关,紧抓重点工作整体推进,着力在内贸扩内需、外贸抓增长、外资抓重点、服贸抓挖潜、招商抓项目上下功夫,推进商务经济持续发展。全年完成社会消费品零售总额336.1亿元(含江北新区托管四街道),同比增长11.2%,增幅位居全市首位。全区进出口总额101.92亿元(含江北新区托管四街道),其中出口总额23.02亿元,进口总额78.9亿元。合同利用外资28069万美元,实际使用外资32102万美元,同比增长32.7%。全区新设外资项目备案47家,增资备案12家。组织星甸、永宁街道申报电子商务示范村培育对象。南京云田网络科技股份有限公司被评为“2017~2018年度国家级电子商务示范企业”。加大商务管理力度,确保安全生产零事故。

2017年浦口区商务经济完成情况一览表

表80

序号	指　　标	区考核目标	市考核目标	1~12月实际完成	完成区目标(%)	完成市目标(%)	同期	同比增长(%)
1	社会消费品零售总额(亿元)	335	332.48	336.10	100.3	101.1	302.25	11.2
2	出口创汇(亿元)	21	21	23.02	109.6	109.6	20.19	14.0
3	服务外包执行额总数(万美元)	9015	9015	9133.00	101.3	101.3	8781.00	4.0
4	服务外包执行额离岸数(万美元)	4200	4200	4444.00	105.8	105.8	4047.00	9.8
5	合同利用外资(万美元)	—	—	28069.00	—	—	100293.00	-72.0
6	实际使用外资(万美元)	32000	32000	32102.00	100.3	100.3	24191.00	32.7
7	服务贸易(万美元)	—	2180	5979.30	—	274.3	1846.60	223.8

【居民消费合作社巩固提升】 全年完成6家居民消费合作社巩固提升。区政府制定下发全区居民消费合作社巩固提升方案,明确工作目标,分解落实任务。区领导带队深入基层调研,多次组织街道进行座谈交流,就创新工作举措、丰富服务内容及方式、强化与电商对接等提出明确要求。举办APP培训班,提升APP使用效率。强化与电商对接,拓展服务内涵。组织云田网络科技公司与居民消费合作社对接,在合作社上线云田8宝灵机,增加招工、招生、快递、车险代办等服务,多次举办宣传推广活动,进一步丰富消费合作社服务内涵。

【商业网点规划编制】 2016年12月启动《浦口区商业网点规划》(2016~2030年)编制,经过前期调研、文本起草、征询意见、修改完善等过程,2017年底,规划评审稿编制完成,通过专家评审。规划涵盖全区商业网点规划的目标与策略、商业中心体系、特色商业体系、商品交易市场体系、近期规划建设重点等内容,发挥对全区商业网点建设的重要指导作用。

【农贸市场提档升级】 2017年,区商务局牵头推进象山菜市场、江佑铂庭农贸市场、睦邻农贸市场3家农贸市场提档升级。根据《南京市农贸市场提档升级精细化长效管理工作行动计划》要求,开展全区市场调查摸底、研究制定工作方案、做好跟踪指导服务等工作,全面推进落实农贸市场提档升级工作。2017~2019年,全区计划完成12家农贸市场提档升级,其中2017年完成3家农贸市场提档升级改造，累计总投资865万元，新增经营面积7280平方米。

【社会消费品零售总额增幅全市第一】 2017年，按照市全口径数据反馈，全区实现社会消费品零售总额336.1亿元，同比增长11.2%，增幅位居全市首位，消费品市场持续活跃，商贸服务业持续发力。新增限上企业12家，限上企业总数达106家。大润发超市、金浦购物中心等限上贸易企业增长稳定，市民中心（悦购超市）、金盛田广场（永辉超市）等一批新商业综合体建成营业以及新商贸零售企业投入运营。

【电子商务蓬勃发展】 2017年，全区重点电子商务企业实现电子商务交易额约101亿元。区商务局加强监管，梳理电子商务企业并鼓励企业纳入江苏省电子商务统计平台，加强对电子商务企业的数据监测和管理。培育南京六小狐电子商务有限公司等重点电商企业。至年末，共有17户电商企业纳入省电子商务统计平台。根据省、市文件精神，制定《浦口区关于推进电子商务产业发展的扶持政策（试行）》，下发《关于印发〈浦口区电子商务产业发展专项资金管理办法（试行）〉的通知》。通过政策引导，鼓励传统经营主体利用电子商务转型升级，引导电子商务创业，加大招商引资力度，促进电子商务产业发展。经上级评审，南京云田网络科技股份有限公司被评为“2017～2018年度国家级电子商务示范企业”。组织星甸、永宁街道申报电子商务示范村培育对象。引导电子商务示范村镇在区域内发展线上线下融合，通过电子商务示范建设的示范效应，带动地区就业和收入增长，实现惠民富民。

【实际使用外资实现新突破】 2017年，全区上下充分发挥推进江北新区建设的重大利好，围绕“4＋2”产业规划和主导产业，引进欣铨（南京）集成电路有限公司、极光片羽旅游开发（南京）有限公司等一批大型外资项目，全区利用外资工作取得新突破。全区新设外资项目备案47家，增资备案12家，合同利用外资28069万美元，实际使用外资32102万美元，完成奋斗目标的100.3%，同比增长32.7%。

【招商引资成效显著】 2017年，区商务局组织参与全区2017中国·南京金秋经贸洽谈会“浦口区投资环境推介会暨重大产业项目合作签约仪式”、南京（深圳）新兴产业推介会、江北新区（上海、北京）企业恳谈会、南京（浦口）意大利招商洽谈推介会、中法产业合作交流会、美洲知识产权应用暨项目合作大会、中德智能制造企业家大会等各类大型招商活动。引进华夏文旅、楷登电子、中铁十四局大盾构总部等亿元以上重大产业项目75个，其中10亿元或1亿美元以上项目14个。 （卢艳）

【金盛田广场开业】 10月22日开业。金盛田广场位于龙华路与浦口大道交汇处，总占地面积43093平方米，建筑面积86509平方米，有停车位2400个。一层为生活配套，永辉超市、百家名牌百货入驻；二层集娱乐、购物、休闲、健身、学习和亲子功能为一体，入驻品牌有永辉超市、上影影城、金吉鸟健身、卡奇乐儿童乐园、励步英语，以及辣啡、北京烤鸭、川味壹号等餐饮。 （徐源）

【奇柯南京全球商品总部基地项目签约】 9月18日签约，区领导王磊、丁爱民，奇柯瑞士控股有限公司董事长Charles Fischer等出席签约仪式。奇柯南京全球商品总部基地项目总投资约

10月22日开业的金盛田广场 （郭华林 摄）

56.5亿元,占地面积约30公顷,建设内容包含Emotion Park汽车体验城、美食迪士尼、国际时尚名品直销中心、家居时尚产业中心等,打造集跨境电商服务平台、多业态线下体验和配套生活居所服务三位一体的有机综合商业体,成为全球商品进入中国的集散基地。

(宣传部)

【红星美凯龙国际家居生活广场开业】12月30日开业。红星美凯龙浦口商场位于浦口大道和浦珠中路交叉路口,总投资15亿元,占地面积20万平方米,拥有500平方米以上的家居旗舰店、独立店、体验店60多家。商场共有7层,其中地下1层,地上6层。负一楼为家电、通暖、窗、照明、开关、瓷砖、装饰画,一楼为吊顶、家具、建材、厨电、家纺、卫浴,二楼为厨电、门、全屋定制、卫浴、地板、家具,三楼为定制类、儿童家具、装饰公司,四楼为软床、床垫、沙发、家纺,五楼为美式、现代中式、板木、实木家具,六楼为壁纸、涂料、办公家具、装饰公司、家纺。

(徐源)

12月30日,红星美凯龙浦口商场店开业 (郭华林 摄)

·烟草专卖·

【概况】 2017年,区烟草专卖局(分公司)新增办烟草销售许可证233户,全区烟草销售总户数2660户。全年销售卷烟32709.6箱,其中销售重点品牌30150.8箱,占总销量的92.18%,同比增长10.29%;销售总额12.85亿元,增长11.64%;销售结构157.19元/条,增长3.38%。查获各类违法案件372起,总案值522.97万元,上缴罚没款184.61万元,其中案值5万元以上的案件22起。获省局嘉奖4次。市场净化率始终保持在98%以上。区烟草专卖局获江苏省工会"职工书屋"示范点、"江苏省三星级档案室""江苏省内保系统先进集体""浦口区全面推进依法行政工作先进单位""浦口区优秀基层党组织"等荣誉。

【卷烟市场营销】 密切关注卷烟市场动态,借力江北新区建设红利,保持市场良性发展。优化调整客户经理服务片区,增设4条拜访线路,全区有15条拜访线路。提高客户拜访效率,户均在店服务时间由9.2分钟提高到12.7分钟,户均走访次数由1.41次提升到2.45次。提升现代终端管理水平,利用营销管理信息系统,开展多维度指标分析,形成零售客户经营状况的可靠评估依据。运用精益思维,对各项工作的开展实施闭环管理,促进卷烟市场秩序、品牌培育效果、客户盈利水平、客户服务实效等全面改善。

【市场状态监测】 通过市场状态监测样本信息采集,开展消费市场调研、消费者跟踪,完善消费者信息库,分析销售市场动向和消费需求变化,第一时间掌握市场真实情况与真实需求,统筹安排货源投放总量、结构和节奏,并更加注重过程控制、动态调节,推动市场信息由"采"到"用"的转变。

【市场监管】 始终坚持守土有责、守土尽责,履行基层专卖执法主体职能。始终保持市场监管高压态势,发挥基层中队主力军作用,强化中队职能分工,实施卷烟市场分片管理,落实案件查处责任。寻求工商、公安等职能部门协作,提升市场监管和卷烟打假能力。全年出动专卖执法人员3237人次,先后开展"冬季会战"、春季取缔无证照卷烟经营行为、"闪电21号"等专项集中整治行动。查获销售假烟案件14起、销售走私烟案件44起、非法渠道进货案件76起、无证运输案件39起、无证经营案件199起。

【依法行政】 2017年,规范许可业务流程,坚持行政许可合法性审查,加强许可证后续管理,受理"12313""12345"等投诉、举报、咨询85起。行政许可新办233件、变更51件、延续420件、停业116件、恢复营业107件、歇业68件。坚持重大复杂行政处罚案件集体讨论、合法性审查和报备,加强行政处罚工作事前、事中和事后监督。全年作出行政处罚204起,其中适用简易程序22起、一般程序182起,召开重大案件集体讨论38次,报备10起。向工商部门移交无证经营案件214起。协调"两法衔接"(行政执法、刑事司法)工作,移送公安部门处理涉嫌犯罪案件22起。

【"6·16"非法经营网络案件告破】 6月16日,浦口区烟草专卖局联合公安交警部门,在南京长江三桥公安检查站设卡,从一辆车牌号为豫S35119的大客车上查获宋某某超限量携带中华、利群、南京等系列11个品种495条卷烟,案值8.99万元。8月19日,浦口区公安、烟草部门依法检查无锡市振奋路21号杨某某经营的世纪华联超市,查获南京、中华、黄鹤楼等系列共43个品种141.9条卷烟(均为假冒卷烟),案值5.1万元。抓获宋某某(男,1967年9月14日出生,河南省信阳市人)、杨某某(女,1967

年4月24日出生,河南省信阳市人)、杨某某(男,1980年4月13日出生,河南省信阳市人)3人。经查证和嫌疑人供述,2014年以来,宋某某等3人多次从河南信阳、江苏苏州等地通过微信等方式购进假烟用于销售。其中,通过微信支付5.3万余元,用于购买假烟。现金购买假烟51.8万余元,销售45万余元,运输假烟价值8.99万余元,库存假烟价值5.1万余元,累计涉案116.19万余元。至此"6·16"非法经营网络案件告破。 (李莉娜)

·粮食商贸·

【概况】 2017年,区粮食局以保障全区粮食安全为己任,立足服务耕者和食者,全面推进各项重点工作顺利开展。严格执行国家夏粮、秋粮收购政策,落实两季粮食收购资金9600万元,确保不发生一例"打白条"现象。以全省粮食系统"百库千企万户"大走访活动为契机,遍访区内和周边家庭农场、种粮农民合作社和3.4公顷以上的种粮大户,建立健全种粮农民信息档案,实施关口前移,精准服务。以优质优价、锁定原粮、不落地收购、上门收购、预约收购等举措,促进当地粮农增收增效。借力"满意苏粮APP"使用平台,为粮农售粮提供政策咨询、售粮点导航、预约售粮等全方位的信息化服务。在陡岗、星甸储备库设立困难粮农援助点,提供免费运输、整晒除杂等志愿者服务,密切与粮农的关系。全年累计收购粮食38191吨,超额完成3.6万吨市区两级储备任务。

落实粮食安全责任制,按照省市粮食安全责任制考核工作的总体部署和要求,建立健全由区政府分管领导负责,区粮食局牵头,发改、财政、农林等部门分工协同的联席会议制度,明确粮食安全责任制考核6大类44项细则和内容,各司其职、各负其责、补齐短板、落实到位。成立专门考核迎查班子,与各相关部门有效对接,逐一分解各项考核内容,整理全区考核台账。1月22日,通过全市粮食安全责任制考核组实地核查,取得优异的考核成绩。1月,省粮食局授予浦口区粮食局"全省粮食行业安全生产工作先进单位"称号。

做好安全储粮和安全生产工作,健全安全生产标准化长效管理机制,层层签订安全生产目标管理责任状,落实主体责任。加大"一规定两守则"(《粮油储存安全责任暂行规定》《粮油安全储存守则》《粮库安全生产守则》)学习培训力度,全年累计培训人员36人次,其中10人通过国家和省市培训考核。开展药剂熏蒸和消防应急演练,面对极端恶劣天气,成立安全应急队伍,健全应急处置预案,企业实行双人双岗和24小时值班制度。按照国家、省、市"大快严"(大排查、快整治、严执法)工作部署和要求,开展粮食隐患大排查专项整治行动,通过对照自查,找准粮食质量安全中存在的问题隐患,建立隐患整改清单,并跟踪督查整改。规范企业劳动用工制度,清理"三无"资格临时用工5人,为18名外包从业人员办理意外伤害保险。

加强粮食监管,依据《粮食流通管理条例》等法律法规,依法规范各类市场主体收购行为,履行粮食行政管理部门监督检查职责,检查、指导企业严格遵守国家"五要五不准"(要敞开收购,随到随收,不准折腾农民;要依质论价,优质优价,不准坑害农民;要公平定等,准确计量,不准克扣农民;要现款结算,不打白条,不准算计农民;要优质服务,排忧解难,不准怠慢农民)粮食收购守则,维护粮食流通市场秩序,保护种粮农民利益,确保国家粮食收购政策落实到位。开展粮食库存、粮食流通统计制度执行情况、"大快严"集中行动等检查活动,全年开展各类监督检查21次,参加检查人员89人次,检查涉粮企业52家,注销经营户粮食收购资格1家。健全粮食流通信用体系建设,促进粮食企业诚信守法经营,区内6家粮食经营企业通过省级粮食流通行业守法诚信A级认证,22家粮油店获"南京市放心粮油示范店"称号。6月,南京市商务局授予浦口区粮食局购销公司"群众满意服务窗口"称号。

严格执行国粮军〔2017〕61号和省军粮办〔2017〕9号文件精神,浦口军粮供应站为全区驻地部队核发新的购粮证,严明军粮供应政策和纪律,实现驻区部队军粮配送全覆盖。推进"中国好粮油行动",参加吉林、淮安大米产销衔接活动,在市民广场、居民小区广泛开展多场次促销活动。全年实现70多家机关、企事业单位、中小学食堂的定点配送,30余家工会组织一年三节职工福利粮油供应,为全区1.12万户困难群众救助粮油配送上门,为石桥老年托管服务中心80名老人、民工子弟幼儿园免费供应粮油。全年实现市场化销售额1000余万元、利润110万元。11月,浦口军粮供应站在省"双拥模范区"考核组实地检查中获较高评价,并获"全国放心粮油示范店"和"江苏省守法诚信A级企业"称号。

【余家湾粮库工程建设】 余家湾粮库拆旧建新项目位于永宁街道大桥社区,占地面积2公顷,总建筑面积9725.97平方米。2016年10月5日开工,到2017年12月底,仓房、大米车间、烘干房、一站式服务楼均已完成,烘干设备安装完毕,大米加工设备正准备安装,各项辅助生产设施正在施工中,共拆除职工住房26户。2017年下半年规划新建低温库房1栋,仓容600吨,总投资600多万元,完成前期工作,即将开工建设。

【世界粮食日暨全国爱粮节粮宣传周活动】 10月16日,由南京市粮食局主办、浦口区粮食局承办的"爱粮节粮保安全,优粮优价促增收——南京市2017年世界粮食日暨全国爱粮节粮宣传周"活动在江浦街道凤凰广场举行。来自南京市粮食局、南京粮食集团、南京市军粮供应站、各区粮食局等单位100多位粮食工作者和市民群众参加爱粮节粮宣传活动,共同喜迎党的十九大召开。副区长吴俊致辞,市粮食局局长徐震中发表讲话,举行"南京粮食砥砺前行这五年"工作剪影展和粮食科普知识展、有奖问答、优质粮油产品展销、文艺演出等系列活动。

【应急演练】 12月28日,南京市暨浦口区粮食应急保供、质量安全事故、粮库火灾事故应急演练在浦口区粮食购销公司陡岗中心库开展。省、市粮食局和各区粮食部门主要负责人应邀参加观摩活动。演练按照《南京市粮食质量安全事故应急预案》增强对突发事件的应对能力,确保应急状态下居民口粮有效供给及粮食质量安全事故的及时处置。

演练采取市区联动与分段实施相结合、室内推演与现场实战相结合的方式进行。演练结束后,各专家组成员、观摩领导对应急演练进行评估,并提出意见和建议。 (孙爱文)

旅 游

·综 述·

【概况】 2017年,旅游接待人数1029万人次,实现旅游总收入112.2亿元(扣除江北新区部分)。

区旅游局编制完成《浦口区旅游业发展"十三五"规划》。按照创建标准,推动国家等级景区及省级乡村旅游区创建工作。水墨大埝争创国家AAA级景区通过南京市旅游资源规划开发质量评定委员会验收并批准。珍七路被省旅游局命名为"首批江苏省旅游风景道"。水墨大埝和不老村申报争创省五星级乡村旅游区(待批)。汤泉街道瓦殿社区(楚韵花香)和江浦街道不老村分别获得"2017中国最美村镇生态奖"和"中国最美村镇50强"称号。

【民宿新业态得到发展】 培育旅游新业态,制定下发《浦口区关于加快乡村民宿业发展的指导意见》,明确乡村民宿发展要求和总体目标。2017年底,全区开业经营各类民宿17家,床位462张,累计销售额1500万元。其中,10家民宿上线南京智慧民宿服务平台,不老村、蝶梦山丘、隐居等品牌民宿被省旅游局纳入精品推广民宿项目。老友记客栈、原舍、享聚、逸度山居、悠山、逸舍、有栖、己居等民宿广受好评。

【旅游宣传营销】 3月30日,区旅游局举办"浦口春韵"花海节暨浦口旅游新品发布会,联动区内景区、乡村旅游区和旅行社,邀请南京及周边206家旅行商和28家新闻媒体50多名记者参加活动,28家媒体均对活动进行全面报道,与会旅行商参加踩线活动,达到宣传和营销目的。

2017年,区旅游局与各景区、乡村旅游区、区电视台等单位联合举办风筝节、海棠节、"童眼看浦口""长三角广电联盟走进生态浦口""周末去哪儿"等系列宣传营销活动,旅游企业利用自身电子屏、宣传栏等加大文明旅游公益广告的宣传力度,投放文明旅游宣传资料和宣传海报,收到良好的宣传效果。

【旅游行业培训】 全年分两批组织相关旅游企业赴苏南、浙江等地考察,学习先进地区民宿、农家乐建设和经营管理模式等经验,并邀请行业内专家、运营商作辅导讲座。5月17日,区旅游局委托浦口中专校举办"厨艺技能与服务管理"培训班,参训60余人,并安排他们到鼎业开元酒店实习一个月,提高从业人员的整体厨艺技能和服务管理水平。10月31日,南京市乡村旅游美食大赛暨乡村民宿名点展示活动在永宁街道知青故里大食堂举行,区内24位参赛选手带来的33道美食全部获奖,总成绩排名全市前列,其中金牌菜9道,数量位居全市第一。12月18~24日,区旅游局组织全区旅游企业中高层管理人员到南京旅游学院举办"旅游经营管理"培训班,参训40余人,进一步提高旅游企业管理人员的经营管理水平。

【旅游市场监管】 2~4月,区旅游局开展集中检查,重点打击旅行社以不合理的低价组织旅游活动、虚假宣传、误导游客等行为。继续采取购买安全生产技术服务的办法抓好安全生产,3月,组织召开全区旅游行业安全生产会议;联合公安、消防、市场监管、卫生监查等相关职能部门在五一、国庆等节假日以及高温重点时段,对全区旅游企业进行安全生产检查,推进星级酒店安全标准化建设;9月14日,区旅游局和区红十字会在雨发生态园举办全区旅游系统安全应急演练现场观摩会及安全生产培训会。 (周晨)

【第三届望月海棠文化节】 4月2~20日在望月农庄举办。活动由浦口区委宣传部、桥林街道办事处、浦口区农业局、浦口区文广局、浦口区旅游局主办,南京浦口望月农庄承办。望月农庄有海棠种植园53公顷、海棠品种50余个、新品海棠盆景5000余盆,是"律动浦口"5条春季赏花休闲游路线的主要赏花景点。海棠节期间举办海棠国际研讨会、海棠诗词笔会、海棠书画展、民俗手工艺展、椿装体验、椿棠试吃秀、海棠特产销售等活动。12万株海棠吸引万名市民观赏。 (农业局)

【华夏文旅南京国际旅游度假区项目落户】 8月签约落户汤泉街道。华夏文旅南京国际旅游度假区项目总投资215亿元,总占地规模约220公顷,涵盖南都古城景区、世界首创会跑的实景演艺《金陵传奇》秀剧场、国内首家内陆城市

4月2~20日,第三届望月海棠文化节在望月农庄举行 (旅游局 供稿)

拥有虎鲸表演的海洋王国、国内首家融入海洋主题元素的温泉公园及融入海洋文化特色、生态自然特色的万人主题度假酒店等旅游业态，努力创建江北首家国家AAAAA级景区。预计到2020年，项目一期工程开放，南都古城、水世界、海洋公园和部分主题酒店面世；2022年开放二期工程，包括汤泉公园和部分主题酒店。（宣传部）

【水墨大埝国家AAA级旅游区验收获批】 11月13日，南京市旅游委员会副主任王敏虹带领专家组到水墨大埝旅游区现场验收国家AAA级旅游景区，副区长许国平陪同。专家组通过实地走访，从旅游交通、游览设施、旅游安全、旅游卫生、旅游购物、景区管理等方面进行验收，并对景区在安全警示标识、游客中心功能设置、旅游厕所卫生管理等方面存在的问题提出整改要求。专家组指出下阶段要重点做好三方面工作：一是牢固把握AAA级旅游景区质量标准，深入挖掘文化内涵，突出景区特色，提升景区形象和影响力；二是认准发展趋势，深化"旅游+体育"主题，促进景区健康可持续发展；三是分清主次，把握景区建设节奏，从游客安全出发，尽快完善各项基础配套设施，提高游客舒适度。12月，经南京市旅游资源规划开发质量评定委员会批准，水墨大埝旅游区获评国家AAA级旅游景区。（杨旻）

【景区共享电动汽车租赁网点建设】 2017年初，区旅游局与国内最具规模的汽车分时租赁公司上汽集团环球车享汽车租赁有限公司合作，推进区内旅游企业布点共享电动汽车工作。至年末，在7家旅游景区和南京鼎业开元酒店设立9个电动汽车分时租赁网点，共有车位54个，投放车辆30多台。（参见"交通 邮政 通信"类目第262页）（周晨）

【汤泉旅游度假区建设加快】 2017年，汤泉街道加快推进度假区规划建设与景区建设，开展汤泉总规、控详及度假区旅游专项规划修编，打造山水相融的旅游休闲度假形态；重点实施银泉路等10条道路新建工程，同步实施管线综合改造和沿线绿化、亮化、美化工程；九龙湖亲水公园等一批核心景观全部对外开放；老街沿线建筑立面出新及亮化工程全部完成；温泉主管网基本实现全覆盖，公共配套日趋完善，旅游配套服务能力显著增强；实行区域旅游发展战略，引入华夏、汉舍两个重大旅游项目，汤泉五季温泉养生庄园项目有序推进。（邱菊）

·珍珠泉旅游度假区·

【概况】 2017年，珍珠泉旅游度假区完成地区生产总值1.56亿元，同比增长22.5%；完成一般预算收入1.12亿元，同比增长5.4%；旅游直接收入28亿元；旅游接待量384.4万人次；固定资产投资20.3亿元，同比增长82.49%。

2017年珍珠泉风景区节假日园事活动一览表

表81

节假日名称	时间	地点	主题活动名称
春节	1.30～2.14	景区东大门水世界	新春提灯会
清明节	4.3～4.5	风景区镜山湖水域	清明竹排大赛
五一劳动节	4.29～5.1	风景区野营区	浦口新歌声电视歌手大赛
端午节	5.28～5.30	风景区野生动物园梦幻剧场	端午马戏嘉年华
夏季水世界	7.22～8.28	风景区东大门水世界	"沙滩星光夜"水上电子音乐节
国庆节	10.1～10.8	风景区内	"旧貌换新颜 最美珍珠泉"
秋季大学生旅游节	10.28～11.30	风景区野营区	珍珠泉大学生缤纷烧烤节
圣诞节	12.24	风景区内	圣诞卡通巡游
元旦	12.31	风景区内	与南京交通台主持人一起跨新年活动

【蜂巢酒店工程建设】 蜂巢酒店坐落在南京老山生态旅游体验园，占地5.4公顷，投资30亿元。2017年末，总建筑面积约8.5万平方米的蜂巢酒店A塔楼屋顶金属幕墙完成，玻璃幕墙完成90%；B塔楼屋顶金属幕墙完成70%，玻璃幕墙完成90%；接待厅幕墙施工完成；机电安装完成80%；室内装饰完成30%；景观工程完成40%。

【龙之谷项目建设】 坐落在南京老山生态体验园，总投资90亿元，2016年开工建设。2017年11月中旬，室内休闲体验园总建筑面积约60万平方米，A馆、B馆钢结构完成，屋面幕墙完成40%；C馆、D馆基础施工完成70%；E馆桩基施工完成。与国土分局、华昌公司对接，确认最终的土地挂牌方案。

【"金鸡报春贺新年 奇趣尽在珍珠泉"迎新春活动】 1月28日至2月2日（大年初一至初六），景区举办"金鸡报春贺新年 奇趣尽在珍珠泉"迎新春活动，以金鸡报春为主题，结合景区特点，突出新春喜庆氛围，主要活动内容有金鸡报春贺新年、源头投币许愿、火鸡闹新春、冰雪冰雕世界等。

【"珍珠泉·灵玲国际大马戏"新闻发布会】 4月24日，南京珍珠泉旅游度假区、南京灵玲旅游发展有限公司在珍珠泉景区梦幻剧场举行"珠灵璧合、宁有好戏""珍珠泉·灵玲国际大马戏"新闻发布会。南京市委宣传部、浦口区政府、南京市旅游委员会及浦口区相关部门领导出席发布会。

【佛手湖景观工程竣工】　2017年底竣工并对外开放。项目位于珍珠泉度假区南片,佛手湖大坝垂直下游,沿山大道旁,占地约39.77公顷,立项投资额1亿元。该工程按功能分为入口接待区、中心草坪活动区、滨溪景区游览区、堤坝景观游览区、花谷森林探幽区及森林生态体验区。主要建设内容有入口广场、绿化、栈道桥梁、景观雕塑、园林小品等,伴以景观照明等配套服务设施。

· 老山旅游度假区 ·

【概况】　2017年,老山旅游度假区实现全社会固定资产投资3.6亿元,完成全年任务的109%;实现一般预算收入1050万元,完成全年任务的105%。重大招商10亿元以上项目签约3个,分别为《南京老山三夫户外有氧运动国际综合营地合作建设框架协议书》(10亿元)、《南京老山华商信息科技产业中心项目框架合作协议》(10亿元)、《狮子岭古寺禅茶小镇合作协议》(6亿美元)。重点工程项目开工率89%,投资计划完成率55%;有氧运动示范基地一期建成开放;亿元以上项目华商老山交流中心(一期)正在以模拟审批推进项目建设;收回低效存量闲置土地处置盘活率达100%。老山户外运动基地分别被省体育局、省旅游局授予“江苏省特色运动项目基地”“2017中国体育旅游精品景区”“南京老山十里画廊旅游风景道”称号。

【老山库珀有氧运动与健康国际高峰论坛】　4月22日在浦口举办,南京市体育局局长陈卫红、浦口区委副书记任家龙、副区长吴俊、江苏省体育总会秘书长李一冰等领导出席,老山有氧运动推广工作委员会成员单位列席。此次论坛由央视CCTV5主持人袁文栋主持。跳水奥运冠军李娜、体操奥运冠军何可欣、CCTV5“体育世界”主持人崔征、CCTV4“中国新闻”主持人刘阳、前国家女篮队员许诺、中国极限马拉松第一人陈盆滨等应邀出席。世界各地约120名“有氧运动”的专家学者共同就老山有氧、健康、运动等主题进行探讨交流,分享关于健康有氧运动的国际顶尖研究成果,探讨有氧运动项目的神奇功效,并为健康生活开出独特的“有氧运动处方”。美国前总统布什的首席医生、国际有氧运动之父库珀博士等一批国际专家亲临论坛,并分享最新最全的有氧运动国际前沿观点。自2015年以来,作为库珀有氧运动基地的老山相继组织老山有氧运动国际研讨会、南京国际跑步高峰论坛、南京有氧三项国际高峰论坛等国际论坛,进行运动健身方法的科研与交流,为老山有氧运动品牌创建指明方向。同时,以其国际顶尖的专业性和实践性,不仅为全民健身事业发展带来最先进的理念和实践指导,而且为老山有氧品牌注入“科学血液”,让老山有氧运动品牌朝着深层次、高标准的方向迈进,带动提升老山品牌价值。

【国际山地半程马拉松赛暨体坛名人、公益跑】　4月23日,由跳水奥运冠军李娜和体操奥运冠军何可欣及许诺、陈盆滨等体坛名人领衔的2017中国南京“有氧老山”国际山地半程马拉松赛在南京老山景区举行。区委常委、宣传部部长郑晓明,副区长吴俊以及江苏体育休闲频道副总监王海龙等领导出席开幕式。开幕式由央视CCTV5主持人袁文栋主持。马拉松赛道设计注重赛道与自然景观的衔接性,能够真正感受到脚下的越野体验,路况包含碎石、土路、台阶、木栈道,不同的道路完全感受到越野跑的野趣和丰富多彩的道路体验。赛事充分融入体育精神文化元素,分为21千米精英组、10千米体验组和5千米体坛名人奥运冠军公益跑三个组别。世界有氧运动之父肯尼斯·库珀亲自带领120名“有氧运动”的专家学者环象山湖执杖走5千米,李娜、何可欣、许诺、陈盆滨、袁文栋、崔征、刘阳等领衔5千米公益跑组。经过激烈角逐,刘旭、俞建琴分别获得21千米精英组男子、女子组别冠军。

【“美丽老山、彩色森林”工程】　2017年,老山旅游度假区会同老山林场启动“美丽老山、彩色森林”改造项目,实施林相整理、林分改造抚育、森林景观提升等系列工程,为生态宜居浦口建设增色添彩。在老山景区112平方千米的范围内实施改造,重点包括老山森林公园、大椅子山景区、佛手湖景区、象山景区等11个分区。改造采用“点线面体”相结合的技术路线。其中,“点”指围绕不老村、象山湖等景点,对景点周边林分进行改造,形成各具特色的植被景观;“线”指在珍七路、岔珑路等主要道路两侧建设景观林带,形成道路风景林绿色通道;“面”指根据不同地区的功能特征,形成生态保育林、景观风景林、田园风光经济林等不同植被功能区;“体”指以整个老山森林公园为整体,以林相改造和植被恢复为重点,进行全方位森林景观改造。最终形成乔灌草立体配植、老中青有效

4月23日,2017有氧老山国际山地半程马拉松赛在浦口老山举行（滕宏飞　摄）

搭配的生态体系。3 月 10 日,启动第一期大椅子山防火汽车通道两侧的林相改造,老山管办通过政府采购的方式规范招标,与老山林场组建专业队伍具体实施,该片区绿化品种以灌木和地被绿化为主,绿化总面积约 1.8 万平方米,地被植物主要品种为常夏石竹、麦冬、石蒜、常春藤,灌木主要品种为杜鹃、金丝桃、金钟花、南天竹,形成山地常绿花带景观效果,强化植物防火隔离带的森防功能。3 月 21 日,实施第二期东山大峡谷桃花坞片区改造,占地 14.5 公顷,种植 3.4 万余株彩叶树种,其主打品种小乔木碧桃,色彩鲜艳丰富,与身高 1 米多的粉色花郁李高低搭配,为老山增添一条绿意盎然的花带景观,向游客展示老山森林美景。

【象山湖环湖栈道两侧绿化工程完工】 位于白马社区的象山湖市民公园是区十大为民办实事项目之一。2 月 20 日,老山管办启动实施环湖栈道绿化工程,至 4 月 15 日完工。栈道全长 3880 米,环湖周边根据地形现状,产生临水区、缓坡区、林下区等不同的种植条件。老山管办选择杜鹃、栀子花、金丝桃、花叶芦竹、花叶美人蕉等品种,对栈道两侧进行绿化修复。选用杜鹃花环湖种植面积 6000 平方米,2000 棵栀子花沿栈道两侧点缀其中。该项目完成绿化验收,初步形成杜鹃环绕、栀子飘香的景观特点。

【库珀有氧中心落户老山】 4 月 21 日落户。该中心是世界“有氧运动之父”肯尼斯·库珀博士领导下的库珀有氧运动中心在海外的第一家分支机构,占地面积 27 公顷,总建筑面积 11245 平方米,由 4 栋楼组成,致力于打造中国大健康领域集研发、培训及有氧运动健身和康复为一体的大健康管理中心。

【老山有氧运动小镇创建启动】 4 月 22 日,在宿迁召开的 2017 国际时尚体育城市暨体育健康特色小镇建设论坛会议上,南京老山有氧运动小镇入选江苏省第二批体育健康特色小镇。江苏省体育局和南京市浦口区人民政府按照《江苏省体育局关于开展体育健康特色小镇建设工作的通知》(苏体经【2016】92 号)要求,就建设南京老山有氧运动小镇签订共建合作协议。同时,南京老山旅游度假区管委会与三夫户外用品股份有限公司签约,共同打造南京老山三夫户外有氧运动国际综合营地,正式拉开老山有氧运动小镇创建工作的序幕。

【老山景区交通路网规划】 6 月 15 日,老山管办组织相关部门研究落实老山景区交通路网规划。结合浦口枕山拥江、滨河畔湖的生态特色,优化老山景区 112 平方千米的交通区位,形成完整的旅游通道架构。根据《老山景区保护条例》《老山景区总体规划》等相关条例和上位规划,研究轨道交通和城市主干公路网与老山景区贯通衔接,优化对外交通转换通达条件。会同区交运局,研究并落实岔路口地区交通改造的可行性分析,针对现状交通堵点进行局部改造及消险治理。探索多种形式旅游交通规划建设模式,探索“旅游 + 公路”“生态 + 防火 + 步道”,发挥森林资源及旅游功能的多重效益,以生态旅游廊道、防火巡查步道、旅游景观公路等形式,实现由传统交通功能向资源保护利用、度假休闲体验的创新转变。

9 月 29 日,老山有氧运动示范基地、全民健身体育公园——象山湖公园建成开放

(老山管办 供稿)

【第四届长三角运动休闲体验季江苏浦口站活动】 6 月 17 ~ 18 日,“律动浦口,有氧老山”2017 年第四届长三角运动休闲体验季江苏浦口站活动在老山景区举行。长三角运动休闲体验季活动由江苏省体育局、上海市体育局、浙江省体育局和安徽省体育局联合主办,三省一市的体育部门携手联动,发掘最有特色的运动休闲目的地和体育旅游项目。

6 月 17 日,约 200 名长三角运动休闲爱好者参加开幕式。江苏省体育局副局长王志光、安徽省体育局产业处处长杨晨曦、浙江省体育局体育经济处副处长王振璋、上海市体育局计财处副处长张元、江苏省体育产业指导中心书记陈小君、区委常委、副书记任家龙、副区长陈晓路等领导出席。仪式结束后举行自行车骑行活动,参观自行车体验馆,晚上举办掼蛋推广赛、天然温泉康体养生等活动;18 日参观库珀有氧(中国)中心、老山·不老村,游览江苏最美跑步线路之一——珍七路。活动旨在运用区内生态资源优势,发展有氧大健康、大旅游,推动休闲运动产业发展,打造有氧运动和长三角运动休闲旅游重要目的地。

【象山湖公园建成开放】 9 月 29 日,位于老山景区中部片区南麓的象山湖市民公园建成开放。该公园总面积约 320 公顷,呈现“一山一水一村落”的格局,建有文化广场、台地花园、状元广场、三生广场、儿童乐园、环湖步道等景点及配套设施,是一座融自然景观、体育健身、休闲旅游于一体的综合型市民休闲公园,也是百里老山有氧运动的示范基地。

【绿苑路(一期)建设工程完工】 绿苑路一期建设工程位于老山岔路口片区,项目西起岔毛线,东至老山林场绿之苑小区,全长约609.43米,5月18日开工,8月20日完工,主要建设内容包括道路、排水、边坡防护、绿化、路灯、交通标志标线等。该项目有效保障岔路口保障房片区居民的生活出行。

【老山有氧三项精英赛】 11月12日在老山旅游度假区举办。活动由南京市金融发展办公室、南京市浦口区人民政府、南京体育产业集团联合主办,江苏省银行业协会、江苏省证券业协会、江苏省保险行业协会协办,青奥产业南京有限公司和南京老山旅游度假区管理委员会办公室承办。金融系统运动精英450人参赛。活动延续"登山5千米+自行车10千米+跑步6千米"的模式,每3人一组(必须含一名异性),以接力赛的形式进行。比赛起终点设定在七佛寺停车场,以老山中部为核心区,精选三条优质赛事线路。自行车路线从七佛寺停车场出发,沿珍七路骑行至四方艺术湖区返回至七佛寺停车场;登山路线为:七佛寺停车场—老山森林公园(南门)—百鸟园—大风口—半山亭—吴洼口—七佛寺停车场;跑步路线为:七佛寺停车场—不老村(车行道)—环湖自行车道—象山湖大坝—象山湖观景栈道—不老村(人行道)—七佛寺停车场。经过激烈角逐,安徽腾飞队以1小时18分17秒成绩夺得老山有氧三项接力赛第一名。

【健身走江苏暨南京老山有氧运动示范基地落成】 9月29日,2017健身走江苏暨南京老山有氧运动示范基地落成仪式在区象山湖公园举行,上万市民相约于此,共同健步走。江苏省体育局副局长王志光,南京市体育局局长陈卫红,区领导任家龙、吴俊等出席活动。奥运会蹦床冠军陆春龙发出健身倡议,省市区相关领导共同启动南京老山有氧运动基地落成仪式。市民徒步穿越"城市绿肺""天然氧吧",从象山湖公园文化广场出发,途经象山湖大坝,穿越珍七路,路过不老村,再回到广场,可以欣赏到"十里画廊""象山湖景"、不老村等景点,全长7000米。

9月29日,2017健身走江苏暨南京老山有氧运动示范基地落成仪式在浦口举行
(老山管办 供稿)

【象山生态运动广场方案设计启动】 10月25日,老山管办启动象山湖市民休闲公园二期老山象山生态运动广场设计方案。该项目位于象山湖片区中部,东至黎村吴村,西至泄洪渠,北至象山水库大坝,南至草坪广场,总面积约7公顷,北侧以坝埂坡地为主,集中设计面积约5.6公顷。该项目秉承运动无极限、活力无极限、生命无极限的设计理念,强调活力、时尚、科技与创新,目标打造具有娱乐性、视觉冲击力的新型多功能运动公园,依托老山优美自然环境森林氧吧,通过对场地微地形的处理、多种运动设施的创意集合、先进科技手段的运用,创造出市民健身娱乐休闲新空间。

【危旧房改造项目二期工程开工】 3月15日,老山林场中部地区危旧房改造项目二期工程开工。该工程属2017年区重点民生工程,位于老山林场岔路口地区,共20栋住宅建筑及5个地下车库(含人防),总建筑面积77657.2平方米,其中地下建筑面积25217.3平方米,住宅为地上六层、地下一层,建筑总高度19.2米。基础形式为筏板基础,结构类型为剪力墙结构,抗震等级为地下车库三级抗震,主楼为四级抗震。至12月31日,该工程3、4、8、9、20号楼完成主体结构施工,其中3、4、8、9号楼完成二次结构施工。剩余各单体正处于主体结构施工阶段,其中1、6、7、12号楼因场地条件限制计划2018年建设。1号楼地下车库(含人防区域)、2号楼地下车库(上部19号楼施工至2层楼面)、4号楼地下车库(上部20号楼完成主体结构)、5号楼地下车库(上部17号楼施工至6层楼面)完成主体结构施工,3号楼地下车库完成基础垫层施工。 (张晓妹)

·美丽乡村·

【概况】 2013年3月,浦口区成立美丽乡村工作领导小组。5月,编制《浦口区美丽乡村建设总体规划》,拟定分步实施措施和考核体系。2015~2016年,立足建成南京大都市近郊美丽乡村目标,整合农业、土地、生态和交通等规划,突出浦口生态资源、人文资源等特色。永宁街道侯冲社区挖掘历史文化,打造以知青元素为特色的生态旅游村;汤泉街道龙井社区依托雨发生态园,打造现代休闲农业观光园;永宁街道联合村借助333公顷莲藕基地,打造以廉政文化为主题的红色莲乡旅游村庄。

2017年,区美丽办坚持产业融合,延伸美丽乡村产业链,发展美丽乡村+特色产业、美丽乡村+旅游、美丽乡村+健康、美丽乡村+文创等新业态,举办永宁荷花节等节庆活动,组织水墨大埝国际攀岩赛、中国山地自行车公开赛等大型赛事,打造"骑行、登山、健走"有氧三项运动品牌。按照“沿江(长江)、沿山(老山)、沿河(滁河)”发展规划,变“分散建点”为“集中建带”,做到点有特色、线有美景、片有精品。在滁河两岸打造近万亩“河岸花海”风光带,在宁滁快速通道两侧建设万亩农业大地景观。打造美丽乡村,促进农民就近就地就业。树立“互联网+”理念,引导农民成立丝带绣、农家乐等专业合作社,发展网商、微商,依托云田商城、乐村淘等农村电商平台,全年农业电子商务销售额增长35%以上。鼓励农民筹建农家乐及精品民宿,永宁街道“二牛”农家乐、“三婶家”民宿、汤泉街道“南北大锅台”“周老二土菜馆”等经营户年收入均达30万元以上。

2017年底,全区累计建成美丽乡村示范片区479平方千米,市级以上示范村28个、特色村16个、宜居村27个,其中以“水墨大埝”“楚韵花香”为代表的“十颗珍珠村”已建成。全区乡村旅游接待游客约400万人次,乡村旅游总收入50亿元。浦口区陆续获评“全国休闲农业和乡村旅游示范区”“全国一二三产融合试点示范区”,永宁街道获“2016中国最美村镇”称号,侯冲社区成功创建“2016中国美丽休闲乡村”之“历史古村”,美丽乡村的知名度和美誉度不断提升。 (陈晓娴)

【江浦街道美丽乡村建设】 2017年,浦口区江浦街道加快推进美丽乡村建设,完成响堂·桃源谷游客服务中心、咖啡书吧以及地下管网工程等基础设施建设;做好老山不老村一期运营管理,不老村经过前期的规划建设、运营定位、营销推广,在社会及业内形成较高的知名度。2017年,不老村以争创“中国最美村镇50强”称号为契机,对村落整体环境、布局、管理运行等方面进行再提高,完成不老村商业空间招商工作,其中18个商业空间对外营业,悠山、老友记两家民宿被南京市旅游业协会度假租赁分会评为“优质推荐民宿”和“江苏十大特色民宿”。 (章金玲)

【瓦殿社区获“2017中国最美村镇生态奖”】 12月17日,在上海举行的2017“中国梦 村镇梦”县市长论坛暨中国最美村镇颁奖典礼上,浦口区汤泉街道瓦殿社区获“2017中国最美村镇生态奖”称号。汤泉街道美丽乡村建设如火如荼,其中以瓦殿社区“楚韵花香”为代表的新农村建设取得令人瞩目的成就。“楚韵花香”是浦口区美丽乡村“十颗珍珠”之一,是一处以自然景观和乡村休闲为特色,楚韵文化与自然村落互相交融,四季有花、处处是景的原生态美丽乡村。“楚韵花香”打造楚韵文化展览馆,记载项羽自垓下败走乌江,途经汤泉街道瓦殿社区关口章组,留下的一系列传说。陆续打造小隐汤泉花海民宿、宕口乐园、茶社、农家乐、旅游商品销售等商业业态,提升品牌影响力和竞争力,繁荣乡村旅游产业。 (汤泉街道)

雨中乡村游(江浦街道不老村) (滕宏飞 摄)

【不老村上榜“中国最美村镇50强”】 12月17日,在上海举行的2017“中国梦 村镇梦”县市长论坛暨中国最美村镇颁奖典礼活动中,江浦街道不老村获“中国最美村镇50强”称号。不老村位于老山国家森林公园南麓,地处象山湖西侧,与古刹七佛寺毗邻,与宁滁快速通道相连,地理位置十分优越,是浦口重点打造的美丽乡村“十颗珍珠”之一。村子南北皆山,水网星罗棋布,中部细长凹地为一山间谷地,占地面积约23.3公顷。不老村在打造之初就确立以文化、艺术、禅意为主题,着力发展“人、自然、文化”完美结合的慢生活区域,如禅茶、抄经、素斋等体验,瑜伽、山水写生、茶道、花道等课程。在这里旅游,时光仿佛是慢下来的。 (卢斌)

【市特色田园乡村试点暨美丽乡村建设推进会在星甸召开】 9月15日,全市特色田园乡村试点暨美丽乡村建设推进会在浦口区星甸街道召开。市领导龙翔、华静、邵建光,市级各机关部门及江宁、六合、溧水等涉农区党委或政府分管领导等参加。区领导瞿为民、任家龙、许国平、王礼文以及星甸街道主要领导陪同。会前,市委副书记龙翔一行参观“岘里人家”和后圩村万亩水产养殖基地。会上,市委农工委(美丽办)汇报全市美丽乡村工作推进情况。浦口、江宁、高淳区作为代表,分别进行汇报交流。会议传达全省特色田园乡村建设座谈会讲话精神和市委常委会有关精神,总结近年来南京市美丽乡村建设取得的成绩,分析当前面临的新形势、新任务、新要求。针对如何抓好特色田园乡村建设和美丽乡村建设工作,龙翔提出三点意见,要适应发展趋势,迎接乡村复兴的新机遇;要把握目标内涵,统筹推进,展现新作为;要融合工作力量,凝聚共识,形成新合力。 (潘永梅)

【汤泉街道楚韵花香获评“省四星级乡村旅游区”】 1月3日,经江苏省旅游园区质量等级评定委员会评定小组现场验收、审核,楚韵花香达到江苏省四星级乡村旅游区的质量等级标准要求,被授予“江苏省四星级乡村旅游区”称号。“楚韵花香”是浦口区美丽乡村“十颗珍珠”中的一颗,是浦口区重点文化产业项目之一,也是汤泉温泉旅游度假区的一个重要乡村旅游板块。项目地处汤泉街道瓦殿社区关口章及周庄组,占地约100公顷,紧靠宁合高速汤泉出口,东至京沪高铁,南至秦家大山,西至宁合高速,北至山水大道,交通便利,区位优越,是以自然景观和乡村休闲为特色、楚韵文化与自然村落互相交融,四季有花、处处是景的原生态美丽乡村。为打造江苏省四星级乡村旅游区,楚韵花香从2016年年初开始分步推进创建工作,对园区交通、游览、旅游安全、卫生、旅游购物、综合管理、资源与环境保护等方面进行升级改造、扩容提质,园区整体形象和品位有了质的飞跃,成为省内新的乡村旅游地标和国际户外活动承载地。

(汤泉街道)

【美丽乡村农路建设提档升级】 5月15日,由交通集团负责建设的浦口区南部片区2017年美丽乡村农路建设提档升级项目启动。该项目位于星甸街道、桥林街道,项目路线由三段组成:北段路线北起盘汪线与高绰线交叉口,向西南至现状十里路2000米后转至小路向西,接至江星桥线,路线长6310米;中段路线北起盘乌线与七联路交叉口,沿现状七联路向南接至杨王路(X305),路线长5430米;南段路线起自S124与茶棚路交叉口,沿茶棚路向东至龙周线交叉口后转向南至四清河路交叉口,向东至堤顶路,转向西至林驷路,沿林驷路向北至故居路,接至S124,路线长12.49千米。3段线路总长约24.23千米,总投资20904万元,用于路基、路面、桥涵、小型构造物、交叉、交安设施及景观等工程提档升级。 (李静雯)

【区中华虎凤蝶保护协会成立】 6月4日,区中华虎凤蝶保护协会成立大会在水墨大埝中华虎凤蝶自然博物馆举行。水墨大埝中华虎凤蝶博物馆馆长张松奎、蝶梦山丘飞行民宿创始人郜青轩、水墨大埝景区负责人参加揭牌仪式。水墨大埝中华虎凤蝶自然博物馆设序厅、中华虎凤蝶全虫态、虎凤蝶属性研究三个常设展区,以"爱与生命"为主题,通过对中华虎凤蝶全虫态展示以及对世界虎凤蝶家族解密,完整再现中华虎凤蝶从卵到羽化的全过程,明确标注中华虎凤蝶在世界各地区的分布。区中华虎凤蝶保护协会的成立,让游客参与其中,使更多的人保护自然、保护中华虎凤蝶。

(陈雅琪)

【王村特色村工程启动】 7月17日,由交通集团实施的星甸街道石桥王村特色村工程启动。王村组按照浦口区特色村的标准进行规划建设,结合王总庙、王村老街等特色资源,形成集乡野游憩、文化体验、农家游乐及蔬果采摘于一体的特色美丽乡村。主要功能包括:生态宜居乡村、人文古迹游玩、自然风光览胜、农家美食餐饮、乡村民俗体验、民俗艺术展示、果林体验采摘、亲水娱乐垂钓、休闲度假住宿等。该项目的建设对于推进农村经济发展方式转变,提升村庄整治和农房改造,带动贫困片区联动发展十分必要。该工程总投资3012万元。至年末,建成污水管网工程、社区中心、大庙前商业街工程、王村社区道路出新、墙面出新及景观绿化工程,当年累计投资1716万元。

【"童眼看浦口"系列活动启动】 9月9日,由区委宣传部、区旅游局、南京日报社联合举办的首届南京日报小记者"童眼看浦口"研学游系列活动在西埂莲乡启动。南京报业传媒集团总编辑、南京日报社总编辑丁辉宇,区委常委、宣传部长郑晓明,副区长吴俊,以及永宁街道、区旅游局、交通集团相关领导出席活动。主办单位领导共同为浦口区"南京日报小记者活动基地"揭牌。在"童眼看浦口"首场活动中,100名来自全市各区各校的小记者组成观察团,走进西埂莲乡,漫步万亩荷塘,赏荷吟诗,深入探究荷文化。南京市非物质文化遗产秦淮灯彩代表性传承人曹红现场教授孩子们制作荷花灯。小记者们以独特视角和笔触,写出内心鲜活的感受,挖掘出浦口荷塘别样之美。浦口区与南京日报携手打造莲乡基地,成为区域旅游与媒体合作的新典范。

【《幸福花开》微电影获奖】 2017年上半年,区旅游局与区委农工委联合投资28万元,拍摄制作以浦口区美丽乡村建设为背景、宣传乡村旅游景点为目的的《幸福花开》微电影,提升全区乡村旅游形象,加大旅游文化创新,受到"美丽乡村"国际微电影艺术节组委会评委们的高度评价。8月,获华东赛区"十佳作品"奖。11月,获"美丽乡村"国际微电影艺术节"最佳故事片"大奖。

【西埂莲乡获评"省四星级乡村旅游景区"】 12月28日,江苏省旅游局公布2017年度省四星级乡村旅游区评审结果,西埂莲乡通过省级评定委员会考核验收,获"省四星级乡村旅游景区"称号。西埂莲乡是一个集莲文化展示、观光等为一体的综合性农业乡村旅游风景区。自建设以来,始终按照特色旅游农业的发展思路,以打造休闲观光、农事体验于一体的农业乡村旅游基地为目标,重点加强景区基础设施建设和带动周边农户发展,突出莲文化,增强景区吸引力,每年吸引大量游客前往。

(李静雯)

·文稿编辑 卢仕松·

城建 环保

城市规划

【概况】 2017年,区规划分局组织开展浦口区2035发展大纲规划编制工作,开展全区“多规合一”一张蓝图编制工作,完成江浦老城、桥林新城控详编制与上报工作。核发选址意见书108份、建设工程用地许可证62份、建筑类建设工程规划许可证82份,出具工业用地出让初审意见30份、建筑规划条件(设计要点)53份、建筑方案审定意见书70份。按照新区管委会和区政府要求,推进模拟审批工作,办理模拟选址意见函8件,模拟规划条件(设计要点)49份,模拟规划总平方案审查49件。地形图修测供图306个项目,修测1:1000地形图9590格,合计95.9平方千米。地形图免费供图164个项目,1:1000地形图47263格,1:2000地形图2591格,合计576.27平方千米。接收初验51项,计306栋475万平方米。±0复验52项,共295栋452万平方米。规划验收项目68项,共486栋635.3万平方米。

加强对违法建设项目的查处力度,配合区城管局进行违法建设行为的认定。与区城管部门联合现场查看约12次,函复城管部门26件。加强市政工程、交通工程、地下管线及居住区综合管线的规划管理,实施多端口管理,完善地下管线一张图。主动上门服务各园区、平台,推进管线动态更新。重点服务浦口开发区、科工园,与开发区签订共建共享协议,片区管线普查全部完成,协助科工园开展管线普查。主动对接城建集团、水务集团、江浦街道、桥北指挥部等部门和单位,开展上门服务,协助高新区管线中心开通专网,帮助其建成管辖区域单独管理、跨区域项目共同管理的新模式。实现全区多端口、管线中心总扎口的管线管理。开展对老旧小区、旧标准资料转换工作,完成非公共区域试点任务。通过加装当地数据备份,对管网系统进行优化,实现与市管线中心服务器同步更新和地上地下一体化可视与展示。

【“多规合一”蓝图编制启动】 2017年初,按照市“多规合一”工作方案要求,区规划分局迅速启动浦口区“多规合一”一张蓝图工作。通过多领域、多层次的顶层设计,“多规合一”将原来各成体系的经济社会发展规划、城乡规划、土地利用规划整合在一张蓝图上,在空间布局上形成统一目标,不仅化解规划矛盾,还能精简审批环节,提高项目审批效率,降低企业交易成本,使群众享受到改革的红利。

【浦口区2035发展大纲编制】 8月,江北新区体制机制调整后,浦口区部分区域划入江北新区,全区资源条件、人口、空间、产业和交通等方面发生变化。区规划分局系统分析浦口区人—地—房—财的发展现状,研判浦口区的发展阶段和发展瓶颈。提出浦口区2035年发展定位与目标,以“五个国家级”培育浦口区新一轮发展优势,将建成“南京江北宜居之城·创智之城·休闲之城·幸福之城”和“国家级新型城镇化示范区、南京大都市旅游休闲目的地、江北新区创新智造基地”。以“严格管控、突出引导”的生态战略、“培育内生功能”的产业战略、“城乡一体”的新型城镇化战略、“多轮驱动”的人口战略,全方位支撑浦口区的全面发展。优化城乡空间发展框架,落实江浦中心城区—桥林新城—新市镇的城镇体系,重点扩大桥林新城和汤泉—永宁片区的发展规模,桥林新城拓展约21平方千米,打造产城一体化的综合性产业新城。汤泉永宁片区联动发展,扩展约9.7平方千米,汤泉优化布局高端康养度假和低密度总部研发功能,永宁优化布局大商贸、大物流和高端装备制造功能。引入低成本、高效率的中运量单轨交通,串联山南山北城镇功能空间,串联核心旅游功能空间,为推动全区就业、生活、服务等功能一体化和建设国家级旅游度假区提供重要支撑。

【重大项目规划方案审批】 2017年,区规划分局完成虹悦城江北项目浦照地块规划优化,完成图则编制并入库。完成桥林新城NJJBg020-08管理单元图则(桥林共有产权房)规划调整,已上报市政府,经市规委会通过。完成南京江北新区NJJBd020控详32图则单元技术优化工作,上报市局控详及城市设计编制例会同意。为台积电南京PN2/U02/IO2配套项目一期工程、江北新区规划展览馆、浦口区中医院改扩建、江北新区智能电网调度中心、江北新区充电塔、台海科工园国际学校、服贸创新发展大厦及凤滁路公交首末站、南京一中江北校区建设、江浦街道白马邻里中心、南京卫校南丁格尔护理学院等重大项目或重点民生工程审批规划方案或发放规划许可证。

2017 年浦口区规划批复清单一览表

表 82

规划名称	批复时间	涵盖范围
南京海峡两岸科工园海绵区建设规划	4 月 12 日	南至浦乌路，西至宁淮高速，北至沿山大道，东至光明路
南京江北新区 NJJBg010、NJJBg020 单元控制性详细规划	7 月 16 日	东至规划新星大道，南至浦乌公路，西至规划林中路，北至规划桥星大道

（朱锦惠　茆荣娇）

城市建设

·综　述·

【概况】 2017 年，区建设局主要承担规范和指导全区村镇建设、促进城乡建设统筹发展的责任；承担全区燃气行政管理和行业监督管理责任；负责房地产企业设立备案和资质管理初审；指导全区房地产开发企业开发经营；承担国有土地上房屋征收与补偿活动的监督管理责任；承担全区市政基础工程施工质量安全监管和建设工程勘察设计的责任；承担全区建筑节能和建设系统科技进步工作等责任。局机关内设科室 6 个（党政办、政策法规科、综合计划科、城市建设管理科、村镇建设管理科、燃气管理科）；下属单位 3 个，其中事业单位 2 个，分别是城市建设管理服务中心、南京市建设工程施工图设计审查管理中心（浦口分中心）；事改企单位 1 个，为浦口燃气管理所。

全区村镇建设工作全面推进。区建设局指导相关街道推进 8 个新城新市镇项目，项目总投资 144.78 亿元，2017 年计划投资约 35.86 亿元，其中桥林街道乌江新市镇及美丽乡村片区打造、桥林街道陡岗新市镇及美丽乡村片区打造、桥林街道陡岗新市镇二期工程、汤泉街道新市镇工程、星甸街道新市镇建设等 8 个项目完成年度任务，12 个小城镇建设项目全部完成。推进特色田园乡村建设试点工作，第二次申报于 10 月底完成。

民生服务工作落到实处。2017 年，全区计划完成 51 户危房改造任务，至年末全部完成，农村家庭住房成套比例达 88%。协调推进海绵城市建设工作，大桥北堡片区试点项目完成，科工园试点项目正在按计划推进。编制完成全区雨污分流攻坚行动方案，按照“三年任务两年完成”的要求，加强对水务集团和城建集团工程进度的监督，共 124 个新建片区。至年末，118 个新建片区工程竣工，其余 6 个新建片区确保 2018 年 1 月底前完成任务。33 个排口整治全部完成，27 个片区进行“回头看”，CCTV 检测基本完成，正根据检测结果进行整改，管网清疏整改全部完成，计 31.15 千米。

牵头扎口工作取得实效。2017 年，积极推进城建重点项目建设，行政区负责实施的 26 个市城建重点项目已开工 25 个，当年计划投资 11.8 亿元，累计完成投资约 12 亿元；259 个区城建重点项目开工 231 个，当年计划投资 327.3 亿元，累计完成投资约 262.8 亿元。在继续做好环境综合整治指挥部日常工作的基础上，重点抓好城市精细化管理十项行动，编排十大项重点整治内容 251 项具体整治项目，并按照“五一”“七一”“十一”、十九大和元旦等时间节点细化分解，制定挂图作战表，确保整治项目按计划推进。落实“放管服”施工许可改革，加快推进“施工许可 50 目标”工作，按审批环节的前后逻辑关系，实行并联审批，将最多时限和最少时限的项目审批分别缩短到 25 个工作日和 18.5 个工作日，实现工业建设项目 50 个工作日内获得施工许可证的目标。

各项业务工作有序开展。全年累计办理建设工程质量监督手续 27 项，工程造价约 14.96 亿元；办理建设工程安全监督备案 27 项；办理建设工程竣工验收备案 2 项。在建工程 49 个，对工程质量安全巡查近 700 人次，检查在建工程项目约 250 余个次，查出安全隐患约 180 条，发出质量、安全整改通知书 196 份、暂停施工通知书 16 份，约谈相关施工企业 12 家，处罚企业 3 家。通过市文明工地验收 9 个，通过省文明工地验收 9 个。完成天然气中低压管网建设 24.79 千米，新增用户 7744 户，配套中低压调压站 6 座。征收基础设施配套费项目 63 个，总金额 6.86 亿元；减免 7 个，总金额 1.19 亿元。受理房屋建筑勘察报审项目 117 项，建筑面积 990 万平方米；受理工业和民用建筑施工图文件审查项目 112 个，总建筑面积 780 万平方米；市政工程施工图报审项目 13 个，总投资 7.5 亿元。

区建设局被南京市城乡建设委员会评为“南京市 2017 绿色建筑暨建筑节能工作考核第一名”。（洪丹）

【浦口城建集团】 2017 年，区城建集团围绕区政府 1 号文目标任务，创新工作机制，打造精品工程。

加快推进“五个一”重点工程和市政道路建设。“一山”，凤凰山消险改造工程完成设计招标，原有构筑物已拆除，正在进行山体加固；“一桥”，浦云路大桥工程完成关键节点航道通航条件影响评估评审；“一街”，中圣街精细化整治样板示范段建设工程启动前期手续办理；“一巷”，一条巷商业综合体建设工程进行建筑设计方案以及项目周边交通组织分析；“一空间”，凤凰大街地下商业街开发工程进行可行性研究。小外江路、民兵路、江山路改造、胡桥片区道路等市政道路完工。光明南路、花海路、康浦路、八里路、财八路二期、柳州南路东延等市政道路建设加快推进。注重规范文明施工，纬八路东延、民兵路、小外江路等工地被评为省、市级文明工地。

老旧小区整治优质化。2017 年，集团承担江浦街道城南新村二、三期、同心佳园等小区整治项目，其中城南新村二、三期小区整治为创建省适老改造示范项目。

排水达标区建设标准化。完成北江豪庭、雨山美地、领域花园、凯莱花园等60个排水单元,年底完成18个小区雨污分流“回头看”及管道检测工作。加快推进防汛排涝项目建设,提升城市防洪能力。闸口泵站完成全部工程建设。解放泵站变电所基础工程和支护桩施工完成。

陡岗新市镇及美丽乡村建设项目快速推进。福音东街沿街两侧房屋立面出新改造244户,面积约2.1万平方米,其中重点整治卢前村54户、卢后村48户、八刘村47户。实施道路改造、绿化景观提升、综合管网铺设,方便老百姓生活与出行。总面积12284平方米的台湾风情街基本完工,招商运营管理工作同步启动;农贸市场、环路及桥梁施工、卢前卢后村庄、农耕博物馆展陈年底完工。

浦口火车站项目加快推进。完成居民拆迁97%、企业拆迁90%。港二公司整体搬迁协议签订,于12月底前完成搬迁。文保工作同步进行,火车站主体大楼、站台、雨廊国家级文保建筑物及贵宾楼、售票处、电厂市级文保建筑物文保设计单位已确认,其中主体大楼工程立项获市文广局批复。景观绿化滨江风光带建设工程(朱家山河河口至津浦铁路)年底全面完工。

水墨大埝运营进入新阶段。水墨大埝连续两年成功举办全国山地自行车公开赛和世界杯攀岩比赛。水墨大埝被评为“国家AAA级风景区”和“江苏省四星级美丽乡村”,景区为附近居民提供工作岗位200余个,实现对口就业、就近就业。当地村民依托景区自营农家乐8家,年均收入10万余元,农产品销售5家,年均收入万余元。引进民宿、餐饮美食以及滑草场、攀岩运动等项目。按照现代企业制度,从组织架构、人力资源、薪酬体系、绩效制度等方面对景区内部管理进行优化设计,进一步研究梳理对景区的管控模式,建立明确的权责划分,推动景区市场化发展。

商业街区管理实现新提升。提升老浦口1914商业街和林公堤两大商业街区的管理运营,通过改善经营方式、改变装修风格、拓宽宣传方案等方法帮助一批商户聚集人气;对于一些经营特别困难的商户,集团采取置换方式,引入品牌商家,提高街区价值,增加商圈竞争力。

2017年,由区城建集团承建的聆泉福音农耕博物馆完工 (城建集团 供稿)

老浦口1914商业街传承津浦铁路文化,开展文化创意墙绘活动,重在展现津浦铁路时期的地域文化,惟妙惟肖的图画吸引周边大量人群驻足拍照,提升街区人气。林公堤商业街展现民国时期的人文特色,融入吹糖人、捏面人、说书等民国文化,提升街区的文化品牌价值。

探索招投标新模式。9月18日,由集团承担的全区首例EPC设计施工总承包模式项目——2017年排水达标区工程顺利开标。根据项目时间紧、任务重、影响大、项目投资研究粗等实际,研究招标文件,科学、合理设置评标办法。针对招投标“e阳光”系统无法对EPC项目实现电子标书网上评标,集团从抽取评委时间、打印名单流程、接评委等全过程严密防控,密切与招投标监管部门联系,杜绝一切风险,高质量地完成EPC项目招标工作,受到招投标监管部门好评。

拓展资本市场业务。8月,在银行间市场交易商协会成功发行中期票据,集团积极跟进永续中票、短融、超级短融、PPN等直融产品,争取降低成本以适应区内成本要求。梳理符合国家政策支持的PPP运作项目,吸纳社会资本参与集团工程建设。 (李奕潼)

【新市镇基础设施建设】 2017年,区建设局按照南京市区域城市化规划要求,围绕“全域一体、城乡统筹”新市镇建设发展目标,以市级重点新市镇汤泉街道和星甸街道为核心,重点围绕完善道路、路灯、给排水等市镇公用设施体系,加强新市镇污水管网建设,提高污水收集处理能力,增加优化公共绿地、健身广场等服务配套设施,提升新市镇的功能品质和风貌形象。增强城镇的综合承载能力,全年完成12项新市镇市级基础设施工程建设,累计新建、改建道路8500米,铺设雨污水管网13.74千米,改造广场3个,新增绿化8.8万平方米、路灯787盏,总投资近3.5亿元。 (刘江宣)

【海绵城市示范区建设】 根据《关于推进海绵城市建设的实施意见》(浦政办发〔2016〕90号)文件精神以及区“263”专项行动实施方案的相关要求,完成科工园片区海绵城市试点工程建设规划编制及报审工作,并获区政府正式批复。完成光明路、淮月路等道路的海绵建设方案,完成金雁湖社区中心等一批房建项目海绵方案专项设计,完成兰溪公园海绵方案专项设计。海绵道路建设有序推进,兰溪公园河道开挖完成,挡墙、堰坝、桥梁桩基、荷花池土方开挖等有序施工,透水沥青停车场和下凹绿地全面施工。确定沿山大道、五华路、基隆路、光明路围合范围为海绵园区建设先导示范区,总面积约3.25平方千米,计划2020年全面建成。 (吴小萌)

2017 年浦口区城建集团重点工程建设项目一览表

表 83　　单位:万元

类别	序号	项目名称	建设性质	计划总投资	建设内容及规模	开工时间	竣工时间
基础设施	1	纬八路东延(江北大道—江山路)	续建	30000	起于江北大道,止于江山路,长约3300米,宽35~50米。包括道路、桥梁、排水、景观、路灯、交通工程	2015.10	2018.12
	2	财八路二期(八里路—森林大道)	新开工	16000	起于八里路,止于森林大道,长1300米,宽35米。包括道路、排水、景观、路灯、交通工程	2017.6	2018.12
	3	明发滨江片区道路及排水改造工程	续建	15000	明发滨江新城片区明滨路、明新路、明江路、明春路等道路污水、雨水管网建设、改造以及道路加固修复工程	2016.6	2018.12
	4	八里路一期(森林大道—财八路)	续建	13000	起于森林大道,止于财八路,长约1000米,宽35米,城市次干道。包括道路、桥梁、排水、景观、路灯、交通工程	2016.6	2017.12
	5	八里路二期(财八路—光明路)	续建	10000	起于财八路,止于光明路,长约900米,宽35米,城市次干道。包括道路、桥梁、排水、景观、路灯、交通工程	2016.6	2018.12
	6	小外江路	续建	9000	起于引水河路,止于浦洲路,长约2100米,宽24米。包括道路、排水、景观、路灯、交通工程	2016.1	2017.12
	7	花海路一期(白马路—花卉大道)	续建	7000	起于白马路(原海院路),止于花卉大道,长约700米,宽24米。包括道路、排水、景观、路灯、交通工程	2016.1	2017.12
	8	雨山南路一期(沿山大道—八里路)	续建	7000	起于沿山大道,止于八里路,长约900米,宽24米,包括道路、排水、景观、路灯、交通工程	2016.5	2018.12
	9	康浦路	续建	5000	起于浦口大道(原总部大道),止于康安路,长约800米,宽24米。包括道路、桥梁、排水、路灯、交通工程	2016.6	2017.12
	10	光明南路	续建	5000	起于文德西路,止于西水湾路,长约500米,宽约35米。包括道路、排水、景观、路灯、交通工程	2016.6	2017.12
	11	民兵路东延(至江山路)	续建	4000	长约700米,宽约35米,城市次干道	2016.6	2017.12
	12	柳洲南路东延(至滨江大道)	续建	2300	长约400米,规划宽度48米,城市主干道	2016.6	2017.12
	13	浦辉路新建工程	新开工	1000	道路长约320米,宽16米,定向河小学配套道路	2017.6	2017.12
	小计			124300			
民生及社会事业	14	2017年浦口区老旧小区整治	新开工	26741	总建筑面积约70.2万平方米,包括屋面出新、立面出新、地下管网改造、地面景观改造、小区配套功能完善等	2017.6	2017.12
	15	浦厂中学扩建工程	新开工	18000	新建教学楼、校园综合管网,配建景观绿化、运动场及附属工程等	2017.11	2019.6
	16	明发滨江新城二期雨污分流	新开工	10000	明发滨江新城二期实施雨污分流	2017.9	2018.12
	17	东方红河整治及闸口泵站工程	续建	10000	按规划进行河道整治、闸口泵站实施扩容,整治河道长度1600米	2016.9	2018.5
	18	解放泵站建设工程	续建	7000	改扩建14立方米/秒的泵站1座	2016.9	2018.5
	19	港二公司职工医院	新开工	3000	港二公司职工医院建设,完成通水、通电,交付毛坯房	2017.6	2018.12
	小计			74741			

续表83 单位:万元

类别	序号	项目名称	建设性质	计划总投资	建设内容及规模	开工时间	竣工时间
新城新市镇及美丽乡村建设	20	桥林街道陡岗新市镇及美丽乡村片区打造	续建	45000	沿陡岗街道路两侧立面出新、强弱电杆线下地,新建福娃广场、农贸市场、台湾风情街、农耕博物园,八刘景观水系改造及3个自然村整治等	2016.8	2017.12
	21	桥林街道陡岗新市镇二期	新开工	10000	涉及房屋外立面出新改造、道路改造、污水管网及污水处理设施新建、路灯亮化、公厕新建、活动广场及景观配套、集成电路产业孵化器项目	2017.1	2017.12
	22	水墨大埝二期	新开工	4000	建设花园餐厅、花园民宿、环三道路和绿化景观。建设10栋民宿,不少于80个床位	2017.3	2017.12
	小计			59000			
环境综合整治	23	滨江风光带建设(朱家山河河口—津浦铁路)	续建	193500	南京港第二港务公司厂区整体搬迁,建设1座一级驿站、1座二级驿站、2座三级驿站,朱家山河至津浦铁路一线岸线环境综合整治	2016.12	2018.12
	24	凤凰山瀑布消险	新开工	4000	凤凰山瀑布安全隐患消除	2017.5	2018.12
	25	小外江河河道整治(引水河—浦洲路)	续建	3500	起于引水河,止于浦洲路,河道总长2100米,河道上口宽36米,两侧保护带宽10米。河道整治、清淤、改造等	2016.1	2017.12
	26	京新河一期工程(引水河路—柳州东路)	续建	3500	起于引水河,止于柳州东路,总长约450米,含南医大附属医院桥	2016.6	2017.12
	27	雨山河河道整治(五里桥—雨山桥段)	续建	3000	五里桥至雨山桥段长约2100米河道疏浚、岸坡绿化、护砌	2016.9	2017.12
	28	引水河河道整治	新开工	1500	河道清淤整治,沿河排口截污,生态修复;沿河排水户整治,办理排水、排污许可达100% 城建集团:①牵头做好引水河(百润路桥—引水河泵站段)河道综合整治工作,并对水质达标负总责;②根据消除黑臭河道要求,总体设计,提出治理措施,分步实施,确保2017年完成整治目标; 泰山街道办事处:①做好相应河段的管养工作;②负责相关矛盾的协调工作;③负责弘阳广场、旭日上城小区、红太阳加工区的污水排污口整治; 沿江街道办事处:①做好相应河段的管养工作;②负责相关矛盾的协调工作; 水务集团:配合做好周边污水主次干管的衔接及技术指导; 高新区公建中心:实施引水设施建设; 大桥北公司:①负责秃尾巴河来水达道消除黑臭河道要求;②负责安业河等引水河支流的黑臭河道整治	2017.10	2017.12
	29	新河河道整治	新开工	1500	河道清淤整治、沿河排口截污、生态修复、沿河排水户整治,办理排水、排污许可达100% 城建集团:①牵头做好新河河道综合整治工作,并对水质达标负总责;②根据消除黑臭河道要求,总体设计,提出治理措施,分步实施,确保2017年完成整治目标; 江浦街道办事处:①做好相应河段的管养工作;②负责相关矛盾的协调工作	2017.10	2018.6

续表 83 单位:万元

类别	序号	项目名称	建设性质	计划总投资	建设内容及规模	开工时间	竣工时间
环境综合整治	30	小柳河水质处理工程	续建	1000	起于浦欣家园小区,止于小柳泵站,长约 1300 米。根据河道特点,采用微生物滤床系统、跌水曝气导流等方式对水质进行处理	2016.9	2017.12
	31	新浦路与康建路交叉口积淹水点改造	新开工	900	完成康建路东侧段的建设工作,并新建 D1500 雨水管道,与下游的东方红河连通;增设检查井,连通康建路与新浦路雨水管道	2017.3	2017.12
	32	十里长河河道整治(五合路段、沿南农路)	新开工	500	河道清淤整治,沿河排口截污,生态修复;沿河排水户整治,办理排水、排污许可达 100% 城建集团:①牵头做好十里长河河道综合整治工作,并对水质达标负总责;②根据消除黑臭河道要求,总体设计,提出治理措施,分步实施,确保 2017 年完成整治目标; 江浦街道办事处:①做好相应河段的管养工作;②负责相关矛盾的协调工作	2017.10	2017.12
	小计			212900			
老城改造(动迁)	33	浦口火车站历史风貌区改造	续建	90000	浦口火车站保护改造利用及周边工企居民搬迁;文保建筑物测绘,保护规划编制	2015.10	2018.12
	小计			90000			
特色小镇建设	34	浦口火车站民国风情小镇	新开工	310000	浦口火车站风情小镇规划设计;文物建筑物加固修缮;港二公司整体搬迁;周边居民、工企单位拆迁	2017.3	2019.12
	小计			310000			
合计				870941			

(李奕潼)

【农村危房改造图集设计】 2017 年,区建设局将农村危房改造惠民工程落到实处,在全市率先试点编制农村危房改造设计图集。针对农村建房大多凭经验施工且户型不成套的问题,在桥林街道进行试点,邀请专业设计单位编制《桥林街道农村危房改造设计方案》,组织专家对方案进行评审后,免费供建房户参考选用,指导危改农户规范建房。图集中的户型面积从 48～96 平方米不等,房屋功能布局更加合理,基本满足各类危改农户需求,让他们住上"经济、适用、安全、卫生"的住房,受到街道危改农户的普遍欢迎。 (刘江宣)

【绿色建筑暨建筑节能工作】 根据市建委《关于开展 2017 年全市绿色建筑暨建筑节能工作考核的通知》(宁建科字〔2017〕280 号)文件精神,区建设局采取五项举措,做好全区绿色建筑暨建筑节能工作。强化组织建设,成立以区委分管常委为组长,区建设局局长为副组长,区发改局、建工局等单位领导为成员的领导小组,明确绿色建筑节能管理职责。加大宣传力度,开展绿色建筑暨建筑节能培训 4 次。通过建立部门联动工作机制、加大监督检查力度、落实建筑绿色标准审核等方式,推进新建建筑节能工作。结合环境整治,做好既有建筑节能改造。提升过程监管,推进可再生能源建筑应用。经南京市建委对各区绿色建筑暨建筑节能考核,浦口区列南京市第一名。 (吴小萌)

【重点工程项目设计招标】 1 月 24 日,区城建集团完成 2017 年桥北及江浦片区黑臭河道整治工程、浦云路大桥、浦辉路新建工程、浦厂中学扩建工程、明发滨江新城二期雨污分流工程等 7 个项目的设计招标工作,秉承"公开、公平、公正"原则,吸引多家设计院参与投标。7 场招标工作的评标委员会均由城市规划、建筑学、道路工程、桥梁工程、排水工程等专业领域的知名专家组成。评委们根据招标文件,对投标单位的企业资质、投标报价、人员与业绩、设计方案等方面进行综合评定,最终确定中标单位:南京市市政设计研究院有限责任公司、上海市城市建设设计研究总院、江苏省建筑设计研究院有限公司、南京万通城市建设设计咨询有限公司。 (陈静)

【凤凰山瀑布消险工程开工】 5 月 10 日开工。凤凰山瀑布工程总投资 4000 万元,当年投资 2000 万元,由区城建集团负责实施。6 月底前完成瀑布拆除工作,后续进行山体加固工作。预计 2018

年12月完工。（张勇）

【中期票据成功注册】 6月，区城建集团在银行间市场交易商协会成功注册中期票据，开始迈向直接融资公开资本市场。此次中期票据发行期3年，注册金额15亿元，由上海浦东发展银行承销发行。集团密切关注金融市场行情，择机发行该笔中期票据，争取较低的发行价格，优化融资结构，加快推进低成本融资工作。（陆自耀）

【小外江路、小外江河工程竣工验收】 6月12日，小外江路及小外江河河道整治工程通过浦口市政基础设施工程质量安全监督站竣工验收。小外江路位于沿江街道，道路全长2100米，宽16～24米，设置双向四车道，起于1914商业街，止于浦洲路，工程总投资9000万元，是连接1914商业街、京新广场等商业体和附近居民小区的重要道路，对完善桥北地区路网，为江山路、南浦路分流起到至关重要的作用。小外江河河道整治工程包含景观绿化、河道整治、亮化工程等，该工程完善了桥北地区生态水网，打造周边居民休闲、娱乐、健身的景观场所，为推动区域生态环境建设发展提供样板。小外江道路整治工程被市城建委评为“市级标准化文明示范工地”。（王涛）

【1914文化创意墙绘活动】 7月初，城建集团为丰富地域文化，在1914商业街开展大型文化创意墙绘活动。文化创意墙绘规划约5000平方米，一期绘画工程完成约1000平方米，充分展现1914商业街命名的真实含义——纪念津浦铁路1914年通车到2014年通车100周年，再现民国时期老浦口特色的地域文化，以火车、风景、站台、人物等，还原民国时期老浦口火车站的面貌和社会各个阶层人民的生活状态。惟妙惟肖的图画吸引周边市民驻足拍照，提高街区的人气。（郑聪）

【纬八路东延工程竣工验收】 8月12日，纬八路东延工程通过浦口市政基础设施工程质量安全监督站的竣工验收。该工程位于沿江街道，西起南浦路，东至江山路，全长726米，道路等级为城市主干道，设置双向六车道。该道路是桥北地区规划主干道天华东路的一部分，是连接天润城小区、苏宁威尼斯小区与高新商务区及江北快速路的重要道路，对打通桥北地区东西向路网大动脉起到关键作用。（王涛）

【花海路一期工程主体完工】 12月底完工。花海路一期工程位于江浦街道，起于白马路，止于花卉大道，占地面积1.5公顷，长692.88米，道路等级为城市支路。该项目的实施，对于改善城市交通、完善路网结构、拉开城市框架、优化投资环境具有十分重要的意义。（纪国亮）

【民兵路工程通过竣工验收】 12月27日通过竣工验收。该工程位于浦口区沿江街道，西起南浦路，东至江山路，全长726米，宽35米，道路等级为城市次干道。民兵路的竣工验收打通复兴社区和威尼斯水城之间的新通道，方便周边居民出行，是浦口区2017年着力打造的便民利民工程的重要组成部分。（王涛）

·环境综合整治·

【城南河治理工程通过竣工验收】 5月27日，区水务局组织召开城南河（橡胶坝至龙王庙）治理工程竣工验收会，市发改委、市水务局、市水务工程质量安全监督站、区发改局、区财政局、区水务局等单位参加会议。会议成立浦口区城南河治理工程竣工验收组。城南河治理工程于2015年12月21日开工，2016年8月17日完工，建设内容包括堤防达标、迎水坡护砌维修、堤顶道路建设、废旧穿堤建筑物拆除、视频监控设备布设以及堤防景观绿化等。验收组实地察看工程现场，查阅工程资料，并听取建设、设计、施工、监理单位的工作报告和质监部门的专项意见后同意工程通过竣工验收。

【河长制工作】 2017年，浦口区推进河长制工作，全区有河道98条、水库24座。年初，区政府出台区、街两级河长制工作实施意见，明确河长名单，并通过媒体进行公开。制定出台督导检查、巡查督办等6项配套制度，通过发送手机短信提醒、制定河道基本资料等方式，服务各级河长巡河，主动履行河长职责，现场调研指导，协调解决矛盾，推进河长制工作有序开展。9月初，启动河长制“一河一策”行动计划的编制工作，9月底全部完成编制。

【省河长办对区河长制工作进行预验收】 11月29日，省河长办工作组对浦口区全面建立河长制工作进行预验收。市河长办、区河长办、区水务局、区环保局、江浦街道相关负责人参加。省预验收小组听取区河长办关于全面建立河长制工作及城南河河道综合整治工作情况汇报，审查相关台账，实地察看城南河现场后对浦口区全面建立河长制工作给予肯定，并针对下步河长制工作开展提出意见和建议。（李元全）

【黑臭河道整治通过验收】 区城建集团按照省、市、区统一安排部署，2017年完成引水河、小柳河、十里长河、京新河、小外江河、雨山河、新河7条河道计10.7千米河道整治任务。在整治过程中，通过“拆、截、清、修、引、测、管”7字方针进行河道治理，全方位、立体式组织落实工程任务，提高水环境质量，改善百姓生活质量，实现青水绿水。11月28日通过市考河道的完工验收，效果评估满意率在90%以上。（张勇）

【违规排水专项整治】 4月，区城管局细化落实全区“263”专项整治行动，会同水务局召开违规排水整治工作会议，对建筑工地生活污水未经许可排入城市河道进行专项整治。城管队员排查全区工地排水情况，对38家工地排水信息进行登记备案，累计检查工地110余次，教育整改工地12家，查处违法违规排水及污水满溢单位7家，累计罚款约15万元。

【施工工地围挡集中整治】 自9月以来，区城管执法大队对辖区建筑工地施工围挡（墙）不规范、围而不施工、围挡破烂（旧）歪斜脏乱、管理不到位等问题进行摸排。执法大队通过普法教育、片区排查、工地检查以及高效受理投诉、举报等方式，强化行政执法力度，大力开展整治。排查施工工地51处，发现29处工地存在不同程度的违规违法行为,督促整改轻微违规工地12处,立案查处违法施工17起,共罚款3.2万元。

(城管局)

【秸秆禁烧】 4月27日,区政府召开全区秸秆禁烧工作会议,强调早安排、早动手,从明确责任、落实制度、宣传发动、严防死守四方面,对各项禁烧工作任务进行部署。各街场落实禁烧组织领导、巡查网络和督查机制,全区转入禁烧战时状态,"蓝天卫士"秸秆禁烧监控系统80个高清摄像头全部投入使用,基本覆盖全区农作物种植区域。为提高火情处置及时性,将监控权限下放到各街道,区级全面监控与各街道重点监控相结合,确保发现问题第一时间处置;坚持疏堵结合、标本兼治。禁烧期间,全区设立秸秆收储中心5个、临时堆放点40个,有效遏制秸秆焚烧及入河现象。通过机械化还田及能源化、肥料化等方式有益消化秸秆9万余吨,综合利用率达97.5%。经过全区干群共同努力,顺利实现夏秋两季秸秆"零火点"。

【"263"专项整治】 2017年,浦口区开展"两减六治三提升"专项整治工作。"两减":减煤、减化工铸造,全区煤炭消费总量为17.7万吨标煤,完成市级下达的控制在18万吨标煤以内的目标;全区2017年度减少化工产能企业4家,铸造企业专项整治6家,并通过市级验收。"六治":城南河钱塘望景断面水质年均值达标率100%;治理生活垃圾重点项目,珠江工业园区垃圾分类贮存分拣中心建成并投运;列入整治计划的黑臭河道共7条(段),其中市考3条(段)、区考4条(段),整治工程均已完工;关闭畜禽养殖场27家,区级相关部门现场检查并认定31家,合计58家,完成比例80.56%,27个畜禽健康养殖配套设施建设项目基本完工;严格控制工地扬尘污染,落实工地"五达标、一公示"控尘措施(工地围挡、道路硬化、裸露地面覆盖、道路保洁、出入口冲洗达标,实行工地控尘责任公示制度),年度降尘均值3.9吨/平方千米(年度目标要求低于5吨/平方千米);治理重点环境风险企业12家,7家完成环境风险评估,5家列入"四个一批"名单。"三提升":完成6个生态红线区域内的违规项目清理整治,生态红线区域标牌、界桩设置安装完成;区财政局、环保局联合出台《水环境区域补偿实施办法》,统筹安排2018年环境保护及治理资金预算;强化城市环境问题巡查。截至12月31日,共出动环境执法人员4758人次,巡查污染源1611家次,受理市环保联合执法指挥中心交办件263件,查处环境违法案件192件,处罚金额363万元。

【废气专项整治】 区环保局在全区开展餐饮油烟污染治理专项行动,共排查餐饮单位2245家,确定其中133家为餐饮油烟整治单位。通过采取定期督促、限期治理、宣传指导、联合执法等措施,截至12月31日,完成治理110家,其余正在治理中,并完成桥林街道兴桥—祈福家园、永宁街道联合社区西埂莲乡、江浦街道龙华路美食街等5个"餐饮一条街"整治,超额完成区政府年初制定的87家治理任务。控制用煤总量,淘汰落后产能,开展2013~2014年度燃煤锅炉关停改造情况"回头看",杜绝"死灰复燃"。截至9月,船舶行业去产能16万载重吨、水泥行业去产能30万吨,提前超额完成年度目标任务。完善重污染天气应急响应,先后制定《浦口区保障江苏发展大会空气质量工作方案》《浦口区冬春季节空气环境质量管控方案》,排出管控对象名单。5月17~22日及12月9~15日,采取重点企业停限产、工地停工、道路保洁等应急管控措施,确保江苏发展大会、国家公祭日期间区域空气质量达标。 (吴宏杰)

公用事业

·供　水·

【概况】 2017年,南京浦口自来水总公司保障正常供水,确保供水的质量和安全,及时处理供水过程中出现的各种问题,全年未发生安全生产责任性事故。4月,实现长江直供水工程,结束部分街道吃水库水的历史,全区所有居民饮用上优质的长江水,受益人口约10万人。三岔水厂正式停产,转为总公司应急备用水源。公司实行严格的水质监测制度,严格按照国家标准,结合省厅和市供水处相关内控要求,对水源水、沉淀水、滤后水、出厂水、管网水进行全程跟踪检测,各项水质合格率及综合合格率达100%,出厂水106项指标全部合格,符合国家水质标准要求(GB5749-2006)。

2017年,供水量5396.19万吨(公司5175.25万吨、三岔220.94万吨),售水量4787.06万吨(公司4569.97万吨、三岔217.09万吨)。供水管网综合漏损率11.29%(公司11.7%、三岔1.74%)。公司加强对各街道经营部供水设施的监督管理,加大街道供水管网改造工程力度,有效降低供水管网综合漏损率。江浦经营部漏损率40%、桥林经营部漏损率34%、汤泉经营部漏损率33.05%、星甸经营部漏损率32.5%、永宁经营部漏损率33.5%,与2016年相比分别下降-0.5%、0.7%、1.85%、1.7%、1.4%。

2017年,公司新建和移交用户表卡19344只(户表改造和车库247只、新建小区用户19005只、新建单位92只),完成率100%。对使用年限达6年(含6年)以上的水表进行更换,公司全年累计更换老旧水表3513只。

2017年,公司实现经营收入44246.21万元,其中水费收入12445.61万元(总公司6981.16万元、三岔877.39万元、经营部4587.06万元)、其他收入31800.6万元(总公司23831.83万元、经营部7968.77万元),完成局下达任务的340.36%。实现利润15593.9万元(总公司13041.71万元、三岔亏损227.5万元、经营部2779.69万元),完成局下达任务的2227.7%。

(自来水总公司)

【浦口水务集团】 2017年,浦口水务集团完成项目投资5.6亿元,超全年目标任务的24.4%;实现经营收入28276万元,增长28.67%;利润12208万元,增长1218.36%。集团承担重点工程16项(续建工程7项、新建工程9项)。其中,供水设施类6项,排水设施类7项,中水管道建设1项,黑臭河道整治2项。新增项目3个。至2017年底,浦口区珠江污水处理厂中水厂厂外管道建设工程、浦口区2016年街道供水管网改造工程、小柳河周边污水管网改造工程、绿水湾污水泵站及配套污水管网建设工程、浦口行政区污水提升泵站改造及信息平台建设工程均提前完工；浦滨路污水管网改造工程除地铁影响段，其余完工。做好黑臭河道整治示范工程，北圩十字河、丁家山河河道整治工程3月开工，完成清淤疏浚、控源截污、岸坡清理、生态修复及活水补水，市考核验收合格。街道供水管网改造工程5月开工，11月完工，较计划提前6个月完成；城区供水管网建设工程10月开工，预计2018年12月完工；象山增压站及配套管网建设工程、江浦制水厂自来水深度处理工程、浦口区供水增压站维修改造工程、浦口区珠江污水厂收集系统主干管改造工程均已完成招投标，9～10月开工建设。浦口区2017年排水管道建设工程完成招投标，工程标段之一的中圣街（南门桥—南江巷）污水管道开工建设，预计2018年12月完工。

浦口区极乐河（狮山路—公园北路）污水截流工程于7月1日开工建设，9月15日完成江浦中学、浦口三中、特殊教育学校雨污分流及城运路、公园北路污水主管建设。浦口区象山路等片区雨污分流改造工程为区政府排水达标区“两年完成”攻坚任务，工程于10月27日进行江城人家小区样板打造，11月1日开工建设，12月底前完成63个排水单元雨污分流改造建设。南京市江浦水源厂二期扩建工程为浦口区承担的省“263”环保督查的浦口取水口整改任务之一，该工程创新使用EPC总承包模式，9月28日开工建设，11月26日提前完成市区两级下达的通水目标。

【珠江污水厂中水厂厂外管道建设工程完工】 6月22日，水务集团负责实施的珠江污水厂中水厂厂外管道全线主管、支管铺设及沿线河道补水管道建设工程完工。该工程主要包括江浦街道浦云路（园区路—上河街）、上河街（浦云路—珠泉西路）中水管道铺设，全长约4300米。珠江污水厂中水厂正式通水运行，标志着中水厂厂外中水回用管网的进一步完善，满足对雨山河—城南河的补水需求。该工程进一步推进城市污水再生利用，控制水体污染，提升城市整体环境，提高人民生活质量。同时，结合黑臭河道整治其他相关工程（清淤、截污、生态治理等）建设，有助于消除芝麻河、团结河、中心河、巩固民主河河道黑臭问题。（水务集团）

【区内首个EPC模式工程完工】 水务集团承担的南京市江浦水源厂二期建设工程首次采用EPC设计施工总承包模式。根据省“263”环保督查的浦口取水口整改任务要求，考虑到时间紧、任务重的实际情况，集团积极组织、合理谋划，创新采用EPC模式，统一进行设备采购及安装，缩短设备生产采购周期，从建设管理、设备生产、人员调配等方面入手，有效推进工程进度。工程于9月28日开工建设，11月26日提前完成市区两级下达的通水目标，具备向浦口水厂供水能力。试点成功后，区水务集团在象山路中均采用EPC模式推进工程建设。（张婷）

【三岔水库集中式饮用水源地达标建设通过市级验收】 11月17日，市水务局副局长束文杰带领市水务局、环保局组成的验收组对浦口区三岔水库集中式饮用水源地达标建设进行验收，浦口区水务局、环保局、区直属水库管理所相关人员参加验收。浦口区三岔水库集中式饮用水源地是省级核准的第三批集中式饮用水源地，水源地位于浦口区桥林街道，以三岔水库为取水水源，通过三岔水厂进行供水。自2016年开始，浦口区先后实施水源地隔离防护及保护标志设立、引驷干渠隔离防护及截污、水源地水质监测预警等达标建设内容，确保三岔水库饮用水源地达到“水量保障、水质达标、管理规范、运行可靠、监控到位、信息共享、应急保障”的水源地建设标准要求。验收组实地检查水源地达标建设与管理保护现场，听取浦口区关于三岔水库水源地达标建设工作情况汇报，查阅相关台账资料，经质询和讨论，一致同意三岔水库集中式饮用水源地达标建设通过验收。（水务局）

【江浦制水厂自来水深度处理工程开工】 10月，浦口区水务集团实施江浦制水厂自来水深度处理工艺改造工程。该工程占地面积0.93公顷，总建筑面积1900平方米，投资1.6亿元，预计2019年6月完工。主要实施内容为：在江浦制水厂现有基础上，新增规模20万立方米/天的深度处理工程，并对部分提升泵房、臭氧接触池、活性炭滤池、反冲洗泵房、臭氧发生器间、配电间、液氧站、配套电气、自控仪表及水厂管道等生产附属设施进行改造。（水务集团）

11月，江浦水源厂二期建设工程完工　（曹仕龙　摄）

2017年浦口区水务集团重点工程完成情况一览表

表84

单位:万元

序号	性质	项目名称	主要建设内容及规模	计划开工时间	实际开工时间	计划完工时间	实际完工时间	总投资
1	续建项目	浦口区2016年污水管道建设	建设西江路、雨山路等市政污水主次干管,长约5000米;建设盛泉新城雨污分流、上河街污水接管等工程		2016.9	2017.12	2017.12	6590
2		浦滨路污水管网改造	建设西江路至绿水湾路DN600－800污水管道,长约4700米;维修天浦路至团结路污水管道		2016.6	2017.12	2017.12	5031
3		小柳河周边污水管网改造	建设地和路和锦嘉路污水管道、浦欣家园雨污分流、周边小区雨污水管线排查、整改		2016.6	2017.12	2017.8	3874
4		绿水湾污水泵站及配套污水管网建设	建设1.5万吨/日绿水湾污水泵站及其配套污水管网		2016.11	2017.12	2017.10	2929
5		浦口行政区污水泵站改造及信息平台建设	对彩虹桥等3个污水泵站进行出新改造及设备维修,并增加中控系统、水质在线监测系统、信息平台等		2016.6	2017.12	2017.11	2907
6		浦口区2016年街道供水管网改造	高绰线支管、陡岗—三岔管线、余家湾—新桥、星甸桃园路、乌江街浦乌路北侧管线、大林—差田片区(沿山大道北侧)改造等		2016.9	2017.6	2017.4	2030
7		珠江污水处理厂中水厂厂外管道建设	建设浦云路等道路中水管道,DN300－DN400,长度约4300米		2016.9	2017.6	2017.5	1600
8	新开工项目	象山增压站及配套管网建设	新建1座10万吨/日象山供水增压站及配套管网	2017.10	2017.10	2019.12		23000
9		江浦制水厂自来水深度处理	对江浦制水厂自来水增加深度处理工艺,应对水源突发事件,确保供水水质,处理规模为20万吨/日	2017.10	2017.10	2019.6		16000
10		珠江污水厂收集系统主干管改造工程	结合芝麻河整治、五桥建设等工作,对珠江污水厂收集系统主干管(南门泵站—珠江污水厂)进行迁移、改造,管径DN1500－DN1800	2017.10	2017.9	2018.12		13500
11		浦口区2017年城区供水管网建设	康华路等城区供水管道建设,总长度约6000米	2017.10	2017.8	2018.12		7000
12		浦口区2017年排水管道建设	新建雨、污水管道,长约5000米;同时对道路下老、旧供水管道进行改造	2017.10	2017.10	2018.12		8000
13		浦口区供水增压站维修改造	对老象山、八里等供水增压站进行改造,包括建筑、水泵、电气、自控、厂外管道等	2017.10	2017.10	2018.12		6000
14		浦口区2017年街道供水管网改造	实施街道供水管网改造工程	2017.9	2017.5	2018.6	2017.11	3000
15		北圩十字河河道整治	控源截污、规范排水行为、河道清淤疏浚、生态修复	2017.5	2017.3	2017.12	2017.11	2600
16		丁家山河河道整治	控源截污、规范排水行为、河道清淤疏浚、生态修复	2017.5	2017.3	2017.12	2017.9	1800
合计								105861

·供　电·

【概况】 2017年,南京供电公司浦口营业部有全民职工94人,其中中层干部5人,女职工20人;大专及以上学历81人,其中本科50人,硕士15人。营业部内设采集运行班、营业班、用电检查班(市场班)、计量班、配电运检一班、配电运检二班和配电工程班。

全年完成售电量37.56亿千瓦时,同比增长20.05%;实现售电收入27.12亿元,同比增长19.79%;营业客户48.2万户,同比增长9.64%。累计申请5.86万户,同比增长28.39%;累计申请容量246.9万千伏安,同比增长40.41%。电网建设投资约5.62亿元,投产20千伏及以下配变容量285.49万千伏安,线路长度4436.01千米。网供最高负荷91万千瓦,同比增长18%。至12月底,实现连续安全生产2817天。

【电网建设】 全力推进、协调220千伏秋藤至高旺线路工程的施工建设,确保台积电保障电源工程及国内最长距离大截面试验电缆于6月11日投运,同期500千伏秋藤变电站6号主变充电成功,用户总降变于6月12日送电。履行属地化管理职责,配合协调推进晋北—南京±800千伏直流受端配套500千伏送出工程建设政外工作,涉及800千伏直流变电所进线,500千伏线路的120基杆塔增容改造。协调两家集体企业与江北新区相关部门及浦口区政府签订框架协议,为公司集体企业揽接约20亿元工程量。配合完成110千伏定向变、华山变10千伏配套出线方案编制,推进定向变、华山变建设。投资约8亿元的老山天井洼环境整治及20亿元的盘城街道电力杆线迁移工程实施。立足江北坚强智能电网示范区"十三五"规划,"一流配电网"三年计划实施成效明显。配网成资本项目率先完成全年任务,且配网结算率始终保持在公司前三。居配项目施工有序推进,结算进展持续提升。业扩配套项目完成项目立项。

【用电服务】 做好《2017年浦口区民生实事目录》十大工程的用电服务。服务七坝港岸电、江水源DHC系统、江北综合医疗中心、公安江北基地等重点项目建设用电。配合推进江北充电塔、江北生产调度大楼等工程建设。完成世界轮滑锦标赛等70项保电任务。为滨江馨园等150万平方米、共1.8万户安置房送电。超额完成3.81万户"多表合一"建设,建设量在市公司排名第一。改造完成48370户表箱。超前完成2045户"三供一业"(供电、供水、供气、物业)切转工作年度任务。优质服务管控手段更加优化,建立营业厅周学习制度和巡查机制,建成供电所自助营业厅及展示厅。

【经营管理】 农电专业管理提质增效明显,在上半年同业对标中综合排名第三,三季度排名第二。推进"两学一做"学习教育常态化制度化。采用月度清单制开展党建工作,实现党建与业务工作"五同一推"(同步计划、同步布署、同步实施、同步检查、同步考核,统筹推进)。"江北新区电力先锋队"党建品牌建设亮点纷呈。实施"网格化"党员服务队模式。配合市公司与浦口区人民检察院签订江北新区充电塔项目检企共建协议。职工创新创效取得长足进步,建成主业第一个技师创新工作室。"5980"("我就帮您")职工服务工程得以优化提升。党员服务队及职工服务相关活动被南京十八频道宣传。

【安全用电】 层层签订安全责任状,责任及目标更加明确。对作业现场实行信息化、智能化监督,监督网络更加坚固。采用教育、处罚、约谈、督办整改和公示等叠加举措,管控手段更趋完备。构建江北新区防外破工作体系,外破故障率同比下降32.14%。加强配农网线路及设备巡视,及时排查治理隐患,应用代维精益化管理系统,配网代维队伍考评机制作用明显。在负荷及设备同比增长21.18%的情况下,故障率同比下降37.83%,重复故障率同比下降47.78%,"95598"低压工单同比下降44.44%。主动走访高危和重要客户,帮助消除用电隐患,提升客户端安全用电水平。

(颜立鹏)

·供　气·

【概况】 2017年,区燃气管理所实现瓶装液化气销售4852吨,实现销售收入2157万元、增加值10万元、利税47.5万元。

开展多轮燃气行业安全执法检查,派出300多人次,特别在江苏发展大会、十九大、国家公祭日召开前后,加大检查密度,对加气企业、液化气储罐场及40余家供应站点开展三轮、数十人次的安全大检查,发现问题立即整改。联合相关执法部门,开展取缔黑气站点行动,全年组织联合执法17次,收缴钢瓶303只,取缔黑气站点15家,规范燃气经营市场,保障人民群众生命财产安全。加快天然气管站建设,中燃公司完成高压管道23.17千米、中低压管网29.03千米,安装居民用户9570户,建设区域调压柜8座(不含江北新区数据)。至2017年底,城镇燃气压力管道建成并投入使用344.8千米,其中高压管道26.9千米,中压管道111.59千米,低压管道206.31千米,燃气调压设备投入运行91座,高中压调压站1座,城镇燃气安装用户58899户(不含江北新区)。

(燃气管理所)

【燃气市场监督管理】 2017年,区建设局创新燃气管理模式,对全区燃气行业安全稳定、市场管理和建设发展进行全方位监管。

打击非法黑气站点。建立联动机制、责任机制、考核机制、激励机制和巡检机制。实现从部门联合执法—正规站点责任监督—燃气企业守法经营—借助大联勤群防群治—日常巡检的系统监督模式,全年取缔非法黑气站点17个。

探索液化气安全运输新模式。通过公开招标,选择有危险品运输资质的优质配送运输企业,实施瓶装液化气统一集中配送,有效解决过去各经营站点使用各类违规车辆运输燃气液化气带来的安全隐患问题。

探索液化气钢瓶信息化管理新模式。为6万余个钢瓶装上二维码,实现从钢瓶的"出身""户口"、到充装、销售、使用全过程的信息化监管，让管理者和使用者都成为管理钢瓶的“明白人”。全区未发生一起燃气事故。群众对燃气管理服务的满意度进一步提高，投诉件减少70%。 (熊伟)

【燃气突发事故应急处置】 1月9日13时，因施工单位在污水管网改造施工中将位于公园北路与珠海路交汇处地下燃气中压管径200毫米的管道破坏，造成公园北路、象山路、文昌路、环城西路等道路周边小区停气，涉及用户2万余户。区建设局及燃管科相关人员赶赴事故现场，针对事故管线下方地质条件复杂、各种管线密布纵横交错的情况，建设方、施工方、中燃公司共同商讨制定抢修方案，确保万无一失。同时，中燃公司拿出临时救急保供措施，使事故影响降到最低。10日21时抢修成功，恢复供气。

【打击流动黑气站点集中整治行动】 5月18日，区建设局联合公安部门深入江浦街道开展打击流动黑气站点专项行动。在江浦街道联勤办及城建科的配合下，将位于南门粮种场旁边建筑工地内的一个流动黑气站点取缔，当场暂扣136只15公斤钢瓶、7只50公斤钢瓶。2017年，区建设局将打击黑气站点作为大联勤的重点工作和法治为民办实事项目来抓，结合大走访活动的开展，从“12345”工单、大联勤等渠道梳理出热点问题，研究制定并实施全区液化气黑气站点集中整治专项行动，全年开展燃气巡查12次、联合打击行动5次，取缔黑气站点5个，暂扣钢瓶216只。打击多批非法经营燃气行为，为人民群众生活用气提供安全保障。

【天然气管网建设进度加快】 2016年10月起至2017年初，区建设局通过摸排梳理，全区尚有38个已建居民小区、19918户居民未通管道天然气。该局协调街道及相关部门配合南京中燃公司加快天然气管网建设，排定管道天然气2年建设计划和实施方案。首先确保安置保障房供气全覆盖。其次，对距离天然气主管网较远的汤泉、星甸、永宁街道，由于短时间内无法铺设主管网，计划在3个街道各新建1座CNG储配站，由CNG储配站向小区供气。对个别偏远小区建设天然气瓶组站，由瓶组站点对点供气。到2019年，努力做到浦口区域内天然气全覆盖，让居民使用清洁能源，减少经济支出，提高生活品质。

7月12日，区建设局联合桥林街道派出所、安监站、联勤办等部门深入桥林街道开展打击流动黑气站点专项行动 (熊伟 摄)

【省厅督查组开展燃气安全检查】 6月7日，省住建厅副调研员周敏珍带领有关专家组成第一督查组，督查浦口区燃气安全工作。督查组一行先后到浦口燃气汤泉储罐场和中燃公司珠江调压站进行实地检查，对厂站的安全管理、稳定供气等方面进行全面了解，对储罐厂设施、设备进行抽查，指出存在问题。督查组对区燃气行业安全管理提出要求：一要认真落实自查，重点排查不安全因素及事故隐患，杜绝安全事故的发生；二要强化安全教育，提升企业员工的消防安全意识；三要加强值班管理，重点目标实行24小时巡查制度，加强安保，严密防范；四要落实制度，完善各类管理制度，落实防范措施，做好安全工作；五要做好夏季安全生产，做好职工防暑降温等防护措施，确保一方平安。

【燃气安全联合检查】 8月，区建设局联合江北新区建设与交通局对江北新区直管区的燃气经营企业及各站点进行拉网式检查。两局执法人员重点检查企业建立安全生产台账情况、消防器材的配置和有效期、泄漏报警仪正常启用情况、非法导气及证照、管理人员持证上岗情况和前期开展隐患大排查大整治行动发现问题整改情况。共检查液化气站15家、气化站2座、汽车加气站3座。 (燃气管理所)

市容管理

【概况】 2017年，区城管局紧扣城市精细化建设管理十项行动、环境综合整治三年行动计划、“263”专项行动等中心工作，以重点项目建设为抓手，以规范化执法为引领，以提升城市管理水平和增强市民幸福感为目标，解决一批城市管理中的重点难点盲点问题，打造一批城市亮点工程，城市面貌和城市管理水平持续提升。对78座城市公厕进行升级改造，全部达到二类及以上标准。通过开展绿化补植、增设园林小品、丰富植物品种等措施，实施黄山岭路、象山路、城南河沿线等19处道路、绿地、广场的景观品相提档升级工作。完成城南河沿线、彩虹桥等9座桥梁、公园北路等11条道路景观亮化建设。以全面净化、序化、美化道路沿线建筑立面为标准，实施文德东路、珠江路7栋楼宇外立面、店牌店招和既有建筑节能改造。完成海都路、白云巷、公向巷等40条背街小巷整治任务。挖掘停车资源，有效缓解停车难问题，新建天浦路、江森路等5座停车场，新增机动车停车泊位4850个。施划交通标志标线约13.96万平方米，更换道路不规范交通标牌91块。以打造“门前三包”示范街为契机，落实“门前三包”责任制，江浦街道林公堤、河滨路、文德东路成为示范点，建立9个“门前三包”管理自治联盟组织，完成15处自助洗车点建设。清洗17栋不洁楼宇及店招标牌，面积约1.5万平方米。拆除违规设置的广告店招1082处，面积1.4万平方米。推进公共区域和老旧小区“除癣”行动，清除“牛皮癣”9.3万余处。加强重点区域执法力度，全年办理案件4071件，其中行政处罚类案件1872件，行政强制案件2199件，总罚款金额684.8万元。受理“12345”工单2004件、“12319”热线1163件，办结率均为100%。

完成城南河沿线、彩虹桥亮化工程　　（城管局　供稿）

【“冒牌”阅报栏集中拆除】 2月，区城管局组织施工队伍拆除辖区内假冒的13处阅报栏。经核实，这些阅报栏属于违章私自设立，其内容为商业广告。由于阅报栏都是由钢架埋在地下，施工人员先用气割将钢架割断，用绳索固定阅报栏主体后，再由执法队员将阅报栏主体轻轻放倒。之后，城管队员联系市政部门工作人员对破损公共路面进行及时修复，确保拆除作业安全。

【非机动车管理】 3月，区城管局加强非机动车日常管理精细化，以主要道路、窗口地区、学校周边、农贸市场、专业市场周边等重点路段为突破，梳理出一批非机动车停放秩序整治的重点区域，细化管辖路段，实行领导带班、定人定岗责任制度，提高管理效率。完善非机动车停车配套设施，新增非机动车停车区域6300余平方米，安装非机动车停车架600余米，安装隔离护栏3300余米。联合交警部门、街道城管中队开展非机动车“净街行动”，清理学校、商场及地铁口周边无人认领的废旧非机动车150余辆。

升级改造后的上河街公厕　　（城管局　供稿）

【扬尘污染治理】 3月，区城管局开展春季扬尘治理工作，在辖区内开展建筑企业施工扬尘大检查，重点对建筑工地是否按要求设置硬质围挡、工地出入口是否硬化处理、冲洗设备是否完备、是否采取湿法作业等情况进行检查，从源头杜绝扬尘污染源的发生。依靠“数字城管”“智慧环卫”系统平台，针对突发性的违章事件，做到及时发现、及时取证、及时整治、及时清理。加强城市管理稽查考核，对环卫机械作业的路线进行实时监督和考核，形成较为完善的常态治理工作机制。

【爱国卫生月活动】 4月，区城管局以爱国卫生月活动为契机，开展多项环境卫生集中整治行动。根据道路实际情况及道路含尘量合理调度车辆、人员，使用高压冲洗车、洗扫车等对主次干道路面、死角、人行道、交通节点等进行全面冲洗、清扫作业，并对辖区主次干道加大日常洒水频率，减少扬尘发生。共出动保洁人员300余人次，清理卫生死角30余处，各类垃圾78吨。

【龙虎巷路面整治出新】 4月，区城管局在大走访活动中发现顶山街道龙虎巷社区道路年久失修,路面破损严重,给附近群众出行带来不便。区城管局第一时间组织市政部门对该路段进行整治出新,出动人员约60人次,调动铣刨机、压路机、摊铺机、乳化沥青洒布车等作业车8辆,铣刨、摊铺沥青路面3574平方米。从沥青原材料质量、运输控制、摊铺控制、最终的碾压等环节,严格按标准化进行作业生产,确保工程质量达标争优,打造上级放心、群众认可的民生工程。

【渣土运输车辆复检】 5月,根据《南京市渣土运输管理办法》等有关规定,区城管局对全区备案的渣土运输车辆进行全面复检。要求所有申请备案的渣土运输公司的车辆不少于10辆且不允许采取挂靠方式,车辆必须经过密闭化改造,喷注统一醒目的标识,未达要求的一律取消渣土运输资质;渣土车辆随车安装GPS定位系统,并提供每台车辆GPS的"ID号",接入数字化城管平台;渣土公司及时对渣土车车厢盖板损坏、盖板合起后缝隙超过2厘米的车辆全部进行整修和更换,未在规定时间内整改到位的,停止发放渣土准运手续。备案的30家运输企业537辆渣土车均已复检验收合格。

【市政设施数字化管理】 6月,区城管局创新工作方式,建立数字化养护新模式,通过完善一桥一档、一路一档工作,形成桥梁、道路主要技术资料,施工竣工资料,养护技术文件,巡检、检测、测试资料等技术文件及相关资料,为工程施工、日常养护提供信息。建立道路巡查员病害查找信息系统,从病害查找、上报、派发维修单、维修整治到整治情况反馈形成循环闭合。对巡查人员定岗、定责,每条路责任到人,制定每天巡查任务量,并进行相应的考核,全面提升工作效率,确保管理成效。

【交通标志标线排查】 6月,区城管局对全区交通标志标线、道路指示牌等交通设施现状进行全面排查,共梳理整治道路59条,协调交警部门对标线开展排查,对不规范、不合理的标线进行完善整治,清除珠泉西路、象山路等道路部分不规范标线约600平方米,增加沿山大道等道路导向箭头、边线等标线500平方米。会同区民政局地名办、交管部门实地勘察,梳理存在的问题,更换40块信息错误的交通指路牌,有效保证交通标线醒目、规范,保障道路通行安全。

【垃圾分类进校园】 4月,区城管局开展"小手拉大手·垃圾分类进校园"活动。宣讲员围绕生活垃圾分类的现状、处理方式、资源循环等内容进行讲解,与同学们模拟垃圾分类互动,并进行分类解析。通过寓教于乐的课堂、生动有趣的游戏、废弃物再生制成的小礼物,向学生普及垃圾分类的环保知识,培养学生树立"垃圾分类从我做起"的理念,努力做到"教育一个孩子,带动一个家庭,文明整个社会"。

【垃圾分类环保游】 7月,区城管局开展暑期环保游活动。江浦实验小学20名三年级学生集中乘车参观栖霞区燕子矶慧分类绿色生活体验馆,体验馆工作人员为学生们介绍馆内各类展板、宣传画,就垃圾四分类法与同学们进行互动答题,并邀请学生现场动手实践,参与利乐包再生利用制作环保压花相框的游戏。

【黄山岭路排水管道铺设】 7月,黄山岭路道路积淹水严重,区城管局市政部门查看现场,制定解决积淹水问题的施工方案。7月6日组织人员进场施工,至7月11日完成健康学院段76米沟槽开挖及直径1000毫米混凝土管的铺设工作。为及时、高效完成工程施工,减轻工程对交通通行的影响,选择7月12日21点进行黄山岭路快车道分段的施工,从沥青路面破除到管道铺设、从窨井砌筑到路面恢复,市政工人连夜奋战9小时,共完成14米直径1000毫米过路管网铺设及沟槽回填工作。至7月13日凌晨完成全部管道建设工程,在第一班公交车到来之前开放通行。

【市政设施养护】 8月,区城管局市政部门采取三项措施,加大市政设施管理力度。一是实施巡查维修联动,无缝衔接。将日常巡查与路面维修合二为一,对巡查发现的小面积病害做到"即见即修",不具备修复条件的,及时设置醒目警示标志并上报,做到"报后速修",实现从"先查后修、查而不修、不查不修"向边查边修、高效养护转变。二是实施设备更新,提高养护效能。采购多功能路面再生热补车、滑移多功能装载机等大型市政养护机械19辆,对原有风镐、切割机等16台小型设备进行升级换代,全面开启"大养护"时代,实现从传统零星修补向现代快速养护转变。三是实施病害夜间整治,针对白天城市主要道路车辆多行人多、维修养护影响交通安全的状况,改变作业时间,转换作业模式,集中力量在夜间对道路病害进行维修整治,确保在早高峰前停止施工、恢复通行,真正实现便民利民。

【世界轮滑锦标赛环卫保障】 8月25日,2017世界轮滑锦标赛在浦口举行。区城管局环卫部门制定卫生保障工作方案,严格落实领导责任制,定人定岗,责任到人,为比赛提供整洁、有序的卫生环境。推行"水冲、机扫、人保"的作业模式,重点加大对城市主次干道、赛事和活动区域周边的精细化保洁力度,提升保洁频次。组织对轮滑比赛线路及下榻宾馆(酒店)附近果壳箱、垃圾桶进行检查,对破损、肮脏无法清洗的果壳箱和垃圾桶及时更换。通过"智慧环卫"管理平台、微信工作群等方式及时反馈问题,努力做到"早发现、早报告、早处理",全力配合赛事主办单位活动开展。

【智能化路灯工程建设】 9月,区城管局启动江浦片区路灯控制系统建设工程,对江浦片区80条道路的路灯照明设施以及20处新增景观亮化控制点实施集中智能管控。路灯智能监控系统包括监控中心和智能路灯控制终端,与浦口数字化城管照明监控子平台兼容整合,对管养路灯的亮灯控制实施"一把闸刀"式管理,即对各类照明设施实施远程控制,自动检测和报警,并利用光控、经纬度或时控进行精准开关灯控制,实现对全夜灯、半夜灯、广告灯、楼宇灯、路灯等各种不同灯型的控制,提升照明管理效率,实现城市照明节能降耗。至11月底,黄山岭路、城运路、公向巷等12条道路路灯完成整治提档并投入使用。新增及更换路灯97套,新增步道灯42套、墙头灯45盏,改造节能灯具70盏,更换电缆15.4千米。

【桥梁检测】 9月，区城管局开展2017年桥梁检测工作，通过公开招标方式确定专业桥梁检测单位，对管养范围内的107座桥梁开展全面检测和评级分类。检测内容包括桥梁上部结构、下部结构及附属设施、外观质量、缺损和病害情况等，重点对桥梁墩台基础、承重部构件、桥面排水、伸缩缝、桥梁安全防护设施等项目进行全面检查。11月底完成检测工作，106座桥梁检测合格，1座桥（创业桥）中幅评定为D级（属江北新区范围）。

【白云巷综合整治工程竣工】 9月，区城管局完成白云巷综合整治工程。该工程为全区城市精细化建设管理项目，内容包括增设外立面造型及亮化，原商户店牌店招统一更换，车行道、人行道综合整治等。统一规划建筑风格和色彩，外立面采用晶彩石涂料做仿石材效果，对二层阳台进行整体包封，增加檐口线条，并统一安装卷帘门。提升人车通行舒适度，车行道重新铺设沥青，人行道面层用花岗岩石材替换原面包砖、花岗岩石材路牙替换原混凝土路牙，更换树池和道路侧平石等。按照《南京市店招标牌设置管理办法》，对违规店招进行统一规整，选用彩色铝单板和亚克力发光字，既要求整齐规范，又尊重经营业主需求，融入个性元素，实现商户对项目效果和服务的双满意。

【停车收费智能化】 11月，浦口区道路停车收费采用主城区的POS机系统进行智能缴费，既提高缴费效率，又实现停车收费长效化、智能化和规范化管理。全区主城区有收费性道路泊位800余个，道路收费人员20余人，道路停车可以人工缴费，也可以在“我的南京”APP上缴纳，保证计时计费准确，既方便快捷又节省人力。接入主城区缴费系统POS机，在南京市区域范围内联网，若有恶意逃费行为，系统里将存有欠费记录，补齐欠款后方可再次停车，并将违规记录纳入个人信用平台。

【女子机扫队获表彰】 12月，区城管局浦诚环卫公司女子机扫队被市妇联授予南京市“三八红旗集体”称号。女子机扫队于2015年3月成立，有17辆小型机扫车，23名女性队员，平均年龄37岁，队员中大学学历的18名，是一支年轻化、知识化、专业化的队伍，负责清扫保洁浦口区15条道路的非机动车道和人行道，保洁面积21万平方米。女子机扫队以高质量的保洁水平和良好的精神风貌得到各级领导和群众的一致好评，获2017年南京市“工人先锋号”“五一巾帼标兵岗”等称号。

【人脸识别厕纸机试点安装】 12月，区城管局在下河街公厕试点安装人脸识别厕纸机。市民入厕取纸时，可通过该机器进行人脸识别，免费领取厕纸。人脸识别厕纸机采用智能生物识别厕纸系统，有两个相互配合的摄像机，一台为纳米级别远红外摄像机，一台为彩色摄像机，人脸识别精准度高。市民只需站到距机器半米左右的位置，面部直对机器扫描处，机器会语音提示站姿是否正确。三秒后，机器底部会自动“吐”出70厘米左右的厕纸，同一个人每次可出纸70～80厘米，每隔10分钟可被识别一次，如10分钟内需再次取纸，需扫描机器上的二维码，付款取纸，避免重复取纸，便捷、节约而且人性化。 （城管局）

环境保护

【概况】 2017年，区环保局以提升生态环境质量为核心，以开展“两减（减煤、减化工铸造）六治（治理长江流域水环境、治理生活垃圾、治理黑臭河流、治理挥发性有机物、治理扬尘污染、治理环境隐患）三提升（提升生态保护水平、提升环境经济政策调控水平、提升环境执法监管水平）”专项行动（简称“263”专项行动）为抓手，以控霾、治水、保土为重点，推动治污减排，强化生态保护，严格环境监管，区域环境质量明显好转。至年末，全区空气质量优良天数274天，达标率75.1%，较2016年同期67.2%上升7.9%（年度目标要求70%）；PM2.5年均浓度38微克/立方米，较2016年同期下降11.6%（年度目标要求下降4.25%）；1～12月份降尘均值3.9吨/平方千米（年度目标要求低于5吨/平方千米）；集中式饮用水源地水质达标率100%（年度目标要求100%）；声环境质量稳定控制在国家标准以内，噪声功能区达标率保持100%（年度目标要求90%）。

区环保局牵头组建区“263”办公室，协调各责任单位，开展方案制定、问题整改、曝光查处等工作，完成“两减六治三提升”年度工作任务。组织编制《浦口区“263”专项行动实施方案》、13个子方案和2017年工作计划；中央环保督察交办投诉32件（8月移交江北新区13件，行政区负责19件），已完成所辖19件整改；督促责任主体完成省、市“263”曝光问题整改8件，办理省、市“263”热线群众投诉8件；在区电视台播放“浦口环境整治263在行动”节目52期，曝光辖区“263”问题54件（7件移交江北新区），47件整改结束。

组织开展工业退役场地土壤环境风险调查，完成全区55处工业退役场地污染数据库建设。工业退役场地数据化管理工作在全市尚属首创。区环保局获“南京市环境监测工作先进单位”称号。

坚持规划先行，促进绿色低碳发展。编制完成《浦口区生态文明建设规划（2016～2020）》，制定37项具体指标，规划56项重点工程。全区受理各类环境信访投诉3891件，较上年同期增长51%。解决百威英博啤酒南京有限公司车间烟尘等一批污染扰民问题，先后开展砖瓦行业环保专项行动、“六查”（私设暗管偷排偷放情况，污染治理设施不正常运转，自动监控数据造假、监测数据造假，危险废物、一般工业固废偷排、偷倒，饮用水源地安全，建设项目违法行为）环境执法专项行动、畜禽养殖业污染整治、石料加工企业检查、纳污坑塘排查等环保行政执法活动。实现工业固废综合利用率90%、危险废物规范化管理抽查合格率90%、医疗废物无害化集中处置率100%。

【扬尘管控】 全年下发“问题菜单”314份，比上年同期增长170%，扬尘管控力度进一步加大。五色挂牌考核工地346家次（其中红牌8家次、黄牌104家次、蓝牌229家次、绿牌5家次）。责令停工71家次、限期改正430家次、立案查处89家次（处罚金额96.9万元）。进一步强化巡查，严格落实渣土车密闭标准。组织复检全区备案渣土运输企业及车辆,复检企业31家、渣土车659台,车辆密闭化率达100%。加大机械作业力度,加强城区清扫保洁力度。对主城区道路每天实行"一冲、两扫、三洒"机械化作业,主次干道机扫率达100%。

【污染场地调查】 2017年,区环保局贯彻《国务院关于印发土壤污染防治行动计划的通知》(国发〔2016〕31号),重点调查化工、农药、电镀等重污染行业退役场地,广泛收集资料,结合现场踏勘和快速检测技术,完成全区55处工业退役场地污染数据库建设。

【绿色宜居项目建设】 2017年,实施滨江风光带、水墨大埝绿化等工程,新增绿地面积约21万平方米。至11月底,建成区绿地率39.68%,超额完成市下达绿化造林任务,林木覆盖率37.59%,稳居全省前列。实施科工园片区海绵城市试点工程,规划总面积约3.25平方千米,完成兰溪公园、金雁湖社区中心等一批建设项目海绵城市方案设计。推进美丽乡村示范区建设。桥林、汤泉、星甸街道合计127平方千米重点示范区建设稳步推进,总投资约3亿元。

【生活垃圾集中处理】 2017年,推进江北环保产业园建设,垃圾焚烧发电厂建成投运,日处理生活垃圾2400吨,年发电量约2亿千瓦小时,年并网电量约1.8亿千瓦小时。卓越环保、苏全固废、江北废弃物综合处置中心3个环保项目开工建设。加大生活垃圾收集力度,扩大收集覆盖面。完成19个垃圾分类示范小区创建,生活垃圾密闭化收集运输率100%,无害化处理率100%,农村生活垃圾集中收集率100%。

【饮用水水源地保护】 2017年初,经排查,桥林备用水源地及其外围存在31家船舶制造、修理企业,实际状况不符合水源地保护刚性要求。9月,省环保下沉督察再次暴露此处问题。区委、区政府多次召开专题会议研究部署整改工作,明确分管副区长牵头,以桥林街道为责任主体,相关部门配合,成立整治工作领导小组,对保护区内违规项目进行清除或搬迁。桥林街道与相关船厂解除土地租赁合同,落实停电、停水;区环保局开展专项执法,处罚企业13家,完成长江桥林段生态红线范围界牌设立;区水务局完成桥林备用水源地规划取水口、一级管控区边界、二级管控区边界标牌及其他标识的设立。

【污水处理设施建设】 2017年,开展污水管网配套建设及企业污水接管工作,建成雨、污水管道86千米,完成124个新建片区雨污分流项目可研、立项和招投标工作。开展老旧污水管网改造,CCTV管道检测片区27个,完成管网清疏整改31.2千米、排口整治28个。开发区工业污水处理厂一期工程收尾。珠江污水处理厂中水厂一期工程5月投运,中水厂配套管网二期建设4300米,6月通过竣工验收。

全区三年农村水环境综合整治项目涉及4个街道27个行政村40个自然村。共修建污水处理设施39个、配套管网43.7千米,污水处理能力达1232吨/天,整治片区生活污水处理率达60%以上。至年底,27个整治项目均已完工。

【省环保督察】 9月,江苏省第一环保督察组对南京市开展为期一个月的环保督察。区环保局发挥牵头作用,严格落实24小时值班制度,协调各责任单位"即收即办"上级交办件。截至9月30日,省督察组调阅台账资料15批次。区环保局受理省环保督察组交办环境投诉38件次,累计出动执法人员2090人次,检查企业303家次,责令立即整改34家次、限期整改21家次,查封扣押3家,停产整改7家次,关停取缔24家,立案处罚5起,处罚金额24.8万元,问责处理31人(告诫1人、通报2人、约谈28人),确保顺利完成省环保督察任务。

(吴宏杰)

【"世界水日 & 中国水周"广场活动】 3月28日在江浦街道市民广场举办。活动由区水务局、共青团区委主办,南京大学创意产业研究中心、浦口公安分局、区文广局、区交通集团、莫愁生态环保协会协办。活动围绕"美丽的河·美丽的家"主题,宣传推广保护水资源、美化母亲河、建设美丽家园等理念及举措。200名志愿者开展环河骑行活动,在骑行中向市民发放整治黑臭河宣传册,介绍河流污染的现状和问题,并呼吁市民参与河道垃圾清理工作,在实际生活中做好保护河流、保护环境的工作。

(团区委　水务局)

【节水型载体及节水技改项目通过市级验收】 10月24日,市水务局召开浦口区2017年度节水型载体及节水技改项目验收会,区水务局、区经信局及各申报单位参加验收会。节水型企业有南京三乐集团有限公司和江苏九天高科技股份有限公司,节水型灌区有三合圩灌区,节水技改项目有南京御森建筑科技发展有限公司的雨水收集利用项目、南京飞浦电子材料有限公司的中水回用项目。验收组实地察看南京三乐集团有限公司节水企业创建现场,了解企业生产经营及近年来节水工作取得的成效。验收组对照创建标准审查各单位申报材料,质询有关问题,经讨论后一致同意浦口区2017年度节水型载体及节水技改项目通过验收。　(李元全)

·文稿编辑　卢仕松·

交通 邮政 通信

交　通

·综　述·

【概况】　至2017年末,浦口区境内公路总里程1464.34千米,比2016年减少456千米(因区划调整,部分道路划入江北新区,部分砂石道路剔除)。桥梁316座,12172.17延米,航道总里程79.46千米。铁路里程约130千米,其中宁启铁路浦口段约18千米,京沪铁路浦口段30千米,京沪高铁浦口段17千米,宁合铁路浦口段18千米,沪蓉线浦口段26千米,永利支线9千米,林浦线7800米,林浦三线3300米。公路货运量1314万吨,周转量13.18亿吨千米。水路运输量1139万吨,周转量8.26亿吨千米。办理行政处罚案件381件、行政许可案件257件,未发生行政复议和行政诉讼败诉案件。加大执法检查力度,查处道路运输违法案件613件。浦口区城乡道路客运一体化工作在全省评比中获评AAAAA级道路。浦口区汽车检测站获南京市"AA级信誉单位"和"安康杯"优胜组称号。区交运局、区公路管理站、区运输运政稽查管理所被评为"南京市文明单位"。　(诸子元)

【浦口交通集团】　2017年,区交通集团承担区政府1号文重点工程22项(含基础设施类11项、民生及社会事业类4项、美丽乡村建设类5项、环境综合整治类2项),总投资约45.2亿元,全年完成社会固定资产投资15.5亿元。所有项目全部开工建设,完工11项,完成全年目标任务。开展投融资,强化建设资金保障。集团融资授信储备结余53.6亿元(含直融产品授信储备18亿元,其中中票4亿元、PPN4亿元、永续债10亿元),转型融资工作取得突破,完成公司债券5亿元和企业债券6.8亿元的发行,为重点工程建设提供资金保障。推进交通道路建设。县道X305赭洛山连接线完工,北沿山大道、X203汤虎线与后圩连接线年底完工;干线公路104国道南京北段改扩建工程先导段扫尾,汉河大桥开工;235国道(省道S002)星甸至桥林段清表作业,同步办理工程许可证等前期手续;浦合线犀牛望月段改造等工程稳步推进。加快实施民生工程。澳林广场人行景观天桥、车站后铁路"平改立"、花卉大道噪声治理完工,缓解片区交通拥堵压力,改善周边居民出行条件;公共自行车四期完成96个站点建设,城西路综合换乘枢纽支护桩完工,白马邻里中心支护桩施工扫尾,浦口区慢行系统完成阶段性规划成果,适时启动先导段建设;柳新路综合整治项目实施土建、园路、景观施工,年内完工。推进美丽乡村建设。西埂莲乡二期完工并开园运营;加快王村特色村社区服务中心及幼儿园等基础设施建设,同步进行景观提升,年底完工;美丽乡村重点示范片区路网提升工程、景观节点工程等年底完工。12月28日,西埂莲乡获评省四星级乡村旅游景区。　(李静雯)

【区交运局机构设置】　2017年,区交运局内设科室6个:办公室(组织人事科)、政策法规科(区地方铁路及轨道交通建设工作领导小组办公室)、规划建设科(区交通战备办公室)、财务审计科、综合运输科、安全科技科(区交通应急办公室)。下属基层单位5个:浦口区公路管理站(挂浦口区超限检测站牌子)、浦口区运输运政稽查管理所(区汽车维修行业管理所、区镇街交通运输综合管理所与其合署办公)、浦口区汽车综合性能检测站、浦口区航运航道管理所(挂区港政管理所牌子)、浦口区交通工程质量安全监管站。　(诸子元)

·轨道交通·

【南京地铁S3号线(宁和城际)运营】　12月6日运营。南京地铁S3号线(宁和城际)是南京地铁第八条建成运营的线路,是南京地铁第三条开通的过江线路,也是浦口区域内第三条地铁运营线路。

地铁S3号线途经江宁区、雨花台区、建邺区和浦口区,线路东起南部新城的南京南站,一路向西经过雨花经济开发区北部、铁心桥地区、河西新城南部,行驶大胜关长江大桥专用过江通道跨越长江,进入桥林新城,西至高家冲站。地铁S3号线是南京地铁中唯一以桥梁形式跨越长江的线路,利用高铁大胜关长江大桥过江通道并与其合建,是中国首条在桥上与高铁并行的地铁线路。

2012年12月27日,南京地铁S3号线一期工程试验段搅拌桩施工,工程进入正式实施阶段。2017年3月10日,地铁S3号线实现长轨贯通。6月28日凌晨,一期工程跨江段完成"热滑"试验。8月13日,开始为期3个月的空载

12月6日,南京地铁S3号线(宁和城际)开通运营　　　(苏子祺　供稿)

试运行。11月13日,一期工程通过竣工验收。11月17日,一期工程通过试运营基本条件评审。12月6日,地铁S3号线(一期)正式开通运营。地铁S3号线(一期)全长36.22千米,其中地下线14.18千米、高架线和地面部分22.04千米。设置车站19座,其中地下站10座、高架站8座、地面站1座。浦口境内站点7个,分别为高家冲站、林山站、桥林新城站、石碛河站、双垅站、兰花塘站、马骡圩站。列车采用6节编组B型鼓形列车,标志色为粉紫色。由南京中车浦镇城轨车辆有限责任公司总体设计制造,使用法国阿尔斯通牵引系统。南京地铁S3号线采用大小交路混跑的运行模式,大交路从南京南站到高家冲站,单趟运营时间49分钟,小交路从南京南站到刘村站,单趟运营时间25分钟。至2017年末,南京地铁S3号线日均客流5万人次。

南京地铁S3号线运营站点及首末班车时刻表

表85

站　名	往南京南站		往高家冲	
	首班车	末班车	首班车	末班车
高家冲站	06:00	22:00	06:49	22:49
林山站	06:02	22:02	06:46	22:46
桥林新城站	06:05	22:05	06:40	22:43
石碛河站	06:07	22:07	06:41	22:41
双垅站	06:09	22:09	06:39	22:39
兰花塘站	06:11	22:11	06:37	22:37
马骡圩站	06:14	22:14	06:34	22:34
刘村站	06:23	22:23	06:25	22:25
天保站	06:26	22:26	06:22	22:22
高庙路站	06:29	22:29	06:19	22:19
吴侯街站	06:31	22:31	06:17	22:17
平良大街站	06:33	22:33	06:16	22:16
永初路站	06:34	22:34	06:14	22:14
油坊桥站	06:37	22:37	06:12	22:12
贾西站	06:39	22:39	06:09	22:09
春江路站	06:41	22:41	06:07	22:07
铁心桥站	06:44	22:44	06:04	22:04
景明佳园站	06:46	22:46	06:02	22:02
南京南站	06:49	22:49	06:00	22:00

(网络资料)

·公路建设·

【概况】　至2017年底,浦口区境内公路总里程1464.34千米。公路网密度161千米/百平方千米。其中,高速公路16.86千米,一级公路139.21千米,二级公路155.11千米,三级公路177.6千米,四级公路975.56千米。

2017年,全区公路基础设施建设完成投资约90亿元。其中,牵头实施约70千米干线公路建设,完成投资约35亿元;城市道路建设里程约163千米,完成投资约45亿元;农村公路提档升级工程建设里程40.57千米,投资额约2.07亿元;县道大中修工程建设里程8.85千米,投资额约4000万元。　(诸子元)

【铁路平改立引道工程建成】　5月22日,由交通集团实施的浦口区车站后铁路平改立引道工程建成通行。该工程位于桥北点将台路与永利铁路平交路口,是应对南京长江大桥封闭维修、缓解桥北片区路网拥堵的民生工程之一,列入2017年区政府1号文重点工程。项目采用3孔(5+8+5)米分离式框架立交结构,两侧建总长约380米引道下穿永利铁路,同步实施排水泵站、朱家山河堤防加固等配套工程。结合朱家山河防洪和道路周边区域排水需要，在引道旁新建泵站1座。

【城西路综合换乘枢纽开建】 6月14日，交通集团负责实施的城西路综合换乘枢纽项目开工建设。该项目是市重点项目之一，也是江北新区重要的综合换乘交通枢纽，建设内容包括换乘中心、停车场、车辆维保厂、加气站以及枢纽配套5部分。停车场将提供机动车停车位999个、非机动车停车位903个、公交车停车位270个，建有出租车和社会车辆临时上下客区通道2条，内侧车道用于车辆停车上下客，外侧车道用于后方车辆超车驶离。公交场站设有下客区、上客区和停车区，下客区有4个车位，满足16条公交线路的下客需求。整个项目按照"空间层叠+平面重叠"、竖向换乘和平面换乘结合的方式设计，利用地铁车站的地下空间和地面扩展布置交通设施、组织交通转换。在施工方面，遵循因地制宜、被动优先、主动优化的原则以及切实可行的技术方案，创造"技术先进、成本可控"的绿色综合体。 （李静雯）

【"物联网"监管平台投入运用】 6月7日，省内首次运用"物联网"技术开发的浦口交通在建工程质量、安全、环保信息监管平台投入运用，该套系统能实时反映项目概况、建设进度、施工现状等信息。在安全监管方面，通过视频（图像）监控、安全隐患处微波感应声光报警、工地小喇叭语音提醒及人员定位等一系列安全措施，对现场施工人员、机械、危险性较大工程进行管理，实现对一线作业现场设备和人员的安全警示及安全隐患排除；通过在相关监测点安装扬尘在线监测仪，对PM2.5、PM10的相关数值进行实时监测，并根据采集到的颗粒物数据自动生成统计图表，提高降尘措施的针对性和及时性；加强质量监管，通过在石料拌和楼、压路机、摊铺机等设备上安装数据采集传输软件、多点红外温度传感器、速度传感器等措施，对油石比、级配、拌合温度、筛孔通过率以及摊铺温度、铺面离析温度、压实温度及压实速度等关键参数进行全面监控，当监控数值超过标准值上下线时，施工现场工作人员的手机和平台后台将会收到报警提示。该平台所有监控图像及数据本系统均具有储存功能，便于归档、调阅、备案。

【农路改造技术课题通过专家评审】 6月13日，由区交运局承担的《江苏省农村公路提档升级工程路面绿色改造技术集成与工程示范》课题通过中国公路学会组织的专家评审。该课题包括路面冷再生技术、废旧轮胎利用技术、炉渣资源化利用技术和"白改黑"技术。据江苏省科技查新咨询中心检索该项目相关国内外文献表明：农村公路由于自身局限性，改造技术研究较少，尚无统一的方法进行指导，无成熟的经验借鉴。评审专家认为该课题成果达到国际先进水平。

【综合交通路网规划研究启动】 6月启动。按照浦口区建设"四个生态"、打造"五个国家级"的建设蓝图，规划方案立足重构城市空间布局的思路，拟定到2030年全面建成"能力充分、服务精准、便捷高效、开放畅达"的路网规划，以实现"123"交通时空通达的目标，即：主城组团、桥林组团、星甸组团、汤泉组团、永宁组团等城市组团、重要节点1刻钟（15分钟）上骨架路；各组团间2刻钟达到；至南京主城3刻钟到达。 （诸子元）

【浦口大道北段噪声治理声屏障工程完工】 6月30日，由交通集团建设的浦口大道北段噪声治理声屏障工程完工。浦口大道是宁滁快速通道的组成部分之一，道路全长约2300米，为城市快速路，车行速度80千米/小时，2013年7月建成通车。因道路邻近南工大与居民区，车行噪音较大，周边居民多次通过"12345"、网络问政、领导信箱等形式反映噪音扰民问题。为切实解决噪音污染，保障周边居民正常生活，区委区政府将这一民生工程列入区政府2017年1号文件，交通集团于2016年下半年开始启动浦口大道北段K2+600~K3+800区间噪声污染治理工作，在道路两侧增设声屏障，同步对声屏障工程影响的交通设施进行研究。该项目直立式声屏障长1376米，半封闭式声屏障长530米，吸声模块铺贴3800平方米；采用泡沫铝作为声屏障的吸声材料，亚克力作为声屏障的透明隔声材料，用于直立式声屏障采用材料厚度为10毫米，用于半封闭声屏障采用材料厚度为15~20毫米。

【首笔企业债券获批】 7月19日，交通集团开展转型融资，成功获得在国家发改委发行的首笔企业债券，债券规模6.8亿元，7年期。该笔企业债券获批提升了国内投资机构对交通集团的关注度，有助于交通集团拓宽融资渠道。

【白马邻里中心支护工程开工】 8月15日，由交通集团负责实施的浦口区江

6月30日，浦口大道声屏障工程完工 （郭华林 摄）

浦街道白马邻里中心项目支护工程开工。江浦街道白马邻里中心项目位于江浦街道狮山路南侧、白马路东侧,占地面积约3万平方米,总建筑面积约9.9万平方米,其中地上7层,地下2层。主要功能涵盖社区综合服务中心、社区医养结合服务中心、众创空间、超市及展示中心,打造集商业、文化、体育、卫生、教育等于一体的居住区商业中心,围绕居住配套功能"油盐酱醋茶"到"衣食住行闲",为区域百姓提供"一站式"生活服务,项目计划2020年建成运营。

【智慧路灯项目开工】 9月12~15日,区交通集团干线公路智慧路灯项目(岔琥路、宁滁快速通道及江星桥线改线段、汤盘标头段路段)开工。岔琥路路段全长约3690米,宁滁快速通道路段全长约10千米,江星桥线改线段全长约5310米,汤盘标头段22.8千米,采用LED光源,以上四个路段均采取两侧土路肩内对称布置单挑臂路灯。该项目实现对路灯的远程集中控制与管理、远程照明控制、故障主动报警、灯具线缆防盗、远程抄表等功能,能够大幅节省电力,提升公共照明管理水平,提升城市管理效率和市民生活质量。至年末,除汤盘路段没有亮灯外,其余3条路段完成基础工程,安装箱变2台,200盏路灯全部安装结束并亮灯。

【石乌线工程动工】 9月13日,区交通集团石乌线(赭洛山茶厂—红旗桥段)工程动工。该项目起于赭洛山茶厂北门(接老石乌线),沿九华茶坊规划红线向东南方向铺设,终点止于待建红旗桥南侧,全线共设置平交口3处。路线主要控制点为赭洛山茶厂北门(老石乌线)、九华茶坊规划红线、沿线河塘及终点红旗桥桥南连接线等。三级公路标准,全长1410米,路面宽7米,设计时速40千米/小时,计划于2018年年底完工。

(李静雯)

【永宁工区投入使用】 11月,浦口养护应急基地(永宁工区)建成并投入使用。该工区位于S002汤盘公路与G312宁滁快速路交汇处,占地面积1631平方米,配备日常养护、专项养护、应急处置等机械设备24台,按照省级一类工区的布局合理、结构清晰、环境优美、功能齐全、标识明显的要求,高标准、严要求开展养护工区标准化、规范化建设。整合原有花旗工区的机械设备和人员,力求永宁工区的硬件建设和软件建设双达标,不断提高养护管理规范化、科学化,养护作业机械化、专业化水平,打造应急养护工区的浦口样板。

4月15日,浦珠路澳林广场人行过街景观天桥工程建设完工(交通集团 提供)

【区路网管理与应急指挥中心竣工】 12月,浦口区首个路网管理与应急指挥中心竣工。该中心具备路网信息采集和运行监控、应急处置指挥、信息服务和执法监督等功能。路网中心负责辖区内国道66.2千米、省道13.38千米、县道232.71千米的监测管理工作。对沪霍线、启老线、宁滁快速路、浦泗路、宁乌路、刘村—侯庄互通公路等国省干线实现全覆盖,并延伸到浦合线、江星桥线、沿山大道等部分县道。该路网中心设在浦口区公路站永宁养护工区内,是在现有公路信息化平台的基础上,采用先进的网络和通信技术、数据集成和交换技术、多媒体技术、全球卫星定位和地理信息系统等先进技术和设备,构建满足行业技术规范要求,同时又体现浦口区自身特点的公路服务基础平台,从而为建成并实现公路管理服务体系、实现公路现代化的目标打下良好基础。

(诸子元)

【澳林广场过街景观天桥建成】 4月15日,由区交通集团实施的浦珠路澳林广场人行过街景观天桥工程建设完工。该项目于2016年9月开工,天桥主桥全宽5.06米,净宽4米,主跨34米,边跨10米,两侧为宽度2.8米的坡道和梯道,两侧主塔高度8.1米,主桥净高度5米。项目采取全预制拼装矮塔斜拉结构的创新工艺,使用寿命长、维护保养成本低,施工便捷,减轻对交通环境的影响。天桥建设完工,有效缓解交通拥堵,方便市民出行,为行人过街安全提供交通保障。 (李静雯)

【城乡道路获评AAAAA级道路】 12月17日,在全省城乡道路客运一体化评比中,浦口城乡道路获AAAAA级道路称号。2017年,区交运局以建制村公路通畅率、通客车率、城乡道路客运车辆公交化比率、车辆交通责任事故万车死亡率、基础设施一体化、信息服务一体化水平等为指标,按照省厅的程序和要求,对上年度城乡道路客运一体化发展水平进行评价。经过审核、抽查、评定和公示,浦口区城乡道路客运一体化被评定为省AAAAA级道路。 (交运局)

·公共交通·

【概况】 2017年,全区有公交线路64条,运营车辆680辆。扬子浦口公交客运有限公司完成客运量4984.5万人次,中秋、国庆双节期间共发车次34137次,运送旅客79万人次。新辟公交线路3条,优化调整公交线路35条。

(诸子元)

2017 年浦口区新辟公交线路一览表

表 86

线路编号	开通时间	运营线路	票价	服务时间
D61	6 月 1 日	江浦客运站至旭东路停车场南	3 元	江浦客运站 5:00～21:00;旭东路停车场南6:20～22:30
613	11 月 8 日	“雨山路地铁站”往返环行运行	2 元	双向 6:00～22:00
Y41	11 月 8 日	“熙龙山院”往返环行运行	2 元	双向 17:15～23:45

2017 年浦口区公交线路优化调整一览表

表 87

线路编号	调整时间	调整内容
403、404、430	2 月 9 日	上客站由高旺公交总站内调整至“高旺公交总站北”
605	2 月 18 日	原“星火路·永锦路”站更名为“药谷服务中心”
512、D7	3 月 25 日	双向增设站点“临江地铁站”
686	4 月 8 日	“江浦客运站西”由 6:30～18:30 调整为 6:00～19:00;“雨发生态园”站由7:00～19:00 调整为 6:30～19:30
401	4 月 8 日	线路中段双向恢复至护国路运行,临时绕行期间的花磁线不再运行
611	4 月 18 日	线路延伸至江苏南京与安徽滁州交界(安徽地界)1000 米处的“宁滁换乘中心”起讫
510	5 月 6 日	双向增设站点“临江地铁站”
D61	6 月 24 日	双向增设站点“高新路·侨康路”“浦镇大街·浦马路”
510、512、611	7 月 1 日	510 增设站点“江浦客运站南”;512 服务时间调整为“香榭美颂”5:00～21:45,“新和源装饰城”6:00～22:45;611 始发站由江浦客运站延伸至浦口区中心医院,服务时间调整为浦口区中心医院 5:20～21:00(宁滁换乘中心不变)
603	8 月 1 日	双向增设站点“浦珠南路·兴隆路”
512、D14、Y29、Y38	8 月 12 日	512、D14、Y29、Y38 双向增设站点“浦珠南路·兴隆路”;D14 双向增设站点“威尼斯水城三街区南”
D13	8 月 13 日	双向增设站点“傅云小区”
D61	8 月 15 日	双向增设站点“七里桥”“浦珠南路·兴隆路”
D7	8 月 22 日	双向增设站点“梦都大街西”;往江南方向增设站点“梦都大街·乐山路”;往江北方向增设站点“梦都大街地铁站南”
404	9 月 1 日	自“滨江村”站起,向南延伸至“绕河路西”站
685、G59、D10	10 月 18 日	685 单边增设站点“滨江和园东”;G59 单边增设站点“浦口区中心医院东”;D10 双向增设“新华五村西”
D7	11 月 1 日	双向增设站点“雨山桥西”
680	11 月 8 日	首末站不变(熙龙山院至熙龙山院),途经路段调整为白马路、江浦珠江路、康安路、新浦路、河滨路、珠泉路、城东路、河滨路、公园北路、象山路、亚青路、白马路;服务时间调整为:7:00～19:00
610、611	12 月 12 日	“午旗”公交车站双向往北调整约 100 米
408	12 月 18 日	服务时间调整为 6:00～18:00
417、418、431	12 月 23 日	417 首末站调整为星甸公交总站—星甸塘西;418 首末站调整为星甸公交总站—星甸河沿;431 双向增设站点“夏桥新苑南”
431	12 月 24 日	双向增设站点“南方滕南”“汤集村北”

(交运局)

【共享电动汽车首次进江北】 3月12日,在江北新区(高新区)研创园孵鹰大厦停车场上停放着2辆白色纯电动汽车(共6辆,被借走4辆),这是共享汽车首次开进江北。布局江北的是EVCARD电动分时租赁汽车,EVCARD是国内最大的新能源分时租赁公司“环球共享”旗下品牌,该平台已在上海投放超过6000辆车,设2500个运营网点。2016年12月,“环时车享“首次进入南京江宁,至2017年3月,在南京布站点40个。共享汽车租借手续简单,用户只需在手机上下载APP,进行实名认证、上传驾照、身份审核、缴纳押金之后,即可无需车钥匙,用手机扫码借车。租用电动汽车按时计费,起步价15元,可使用时间30分钟,超过30分钟后按0.5元/分钟计费,每24小时最高180元。至2017年末,共享汽车在南京投放1200辆,网点300个,覆盖全市11个区。(参见“商贸 旅游业”类目第235页)

3月12日,共享电动汽车首次进江北。图为布局江北的EVCARD电动分时租赁汽车 (朱军玲 摄)

【公共自行车三期项目通过验收】 4月21日,区交通集团邀请区交运局、财政局、审计局等主导单位以及浦口公共自行车三期项目的施工单位、审计单位、建设单位共同对浦口公共自行车三期项目进行验收。该项目站点分布与规划一致,站点基础、亭棚及锁止器安装稳固,系统运行正常,车况较好,设置数量满足市民需求。验收单位给予充分肯定。

(李静雯)

【公交站台回收】 7月,区交运局与区城建集团签订公交站台移交协议,区城建集团移交站台12座;11月,该局与科工园签订公交站台移交协议,科工园移交站台10座。上述公交站台回收后,由区交运局统一管理,维护保养。

【出租车更新】 8月江北新区管理体制调整前,完成203辆出租车的更新和桥北地区150辆出租车扩容稳评工作。更新的出租车是北京现代牌BH7160BMZ,核定载客数5人,车辆尺寸长4.6米,宽1.78米,高1.49米,是符合国家标准的双燃料汽车。2017年初,区交运局对桥北地区出租车扩容进行风险评估及稳评工作。因江北新区区划调整,相关扩容后期工作移交至江北新区。

【首条微循环(社区)公交613路开通】 11月8日,江北新区首条微循环社区公交线路613路公交正式开通。微循环公交里程短、班次多、效率高、车型小,是城市主干公共线路、轨道交通的重要补充,也是解决市民“最后一千米”出行问题的有效方案。开通微循环公交线路是区交运局“十件交通为民办实事工程”之一。613路起讫点均为雨山路地铁站,主要途经建设路、雨山西路、雨山路、公园南路、凤凰大街、文德东路、同心路、珠泉路、江森路、文德西路,运行模式为内圈和外圈双向对开,线路里程9000米,配车8米小型巴士16台,日发班次140个,高峰间隔7分钟,平峰间隔13分钟。

(交运局)

【第三届公共自行车公益骑行活动】 11月11日,由浦口交通集团主办的浦口区第三届公共自行车公益骑行活动在美丽乡村水墨大埝举办。南京市交通运输局副局长郑春发、浦口区委常委丁爱民等领导出席。活动当天,由浦口交通集团推出的“电子围栏式——无桩租还车”系统宣布上线。该系统是国内运营公共自行车首个突破固有的“锁桩借还车”模式,结合“互联网+”技术推出“驿站”概念,采用“电子围栏式无桩驿站”实现在指定电子围栏区域无桩还车,以“有桩互联+无桩有站”实现有桩无桩互通互联。除原站点锁桩外,新增的电子围栏区域可线上同步完成借还车。该功能的推出丰富了公共自行车站点城市布局,让市民享受更便捷的有桩、无桩无障碍租还车服务,最大程度缓解市民还车难问题。

(李静雯)

【汽车检测站获市级AA级信誉单位和市“安康杯”优胜组称号】 区汽车检测站在检测质量、队伍建设、服务品质、设备管养、环境规划等方面不断创新,通过市局和市放心消费工作领导小组的广泛征信、检查审核和社会公示,在3月、5月分别获得市局检测机构AA级信誉单位和市安全生产监督管理局联合市总工会颁发的2016年度南京市“安康杯”竞赛优胜组称号。

(交运局)

·航道 桥梁·

【概况】 航道总里程79.46千米(等级航道5条,69.96千米)。其中,四级航道1条,9400米(驷马山干渠);五级航道1条,43.43千米(滁河);六级航道1条,5600米(城南河);七级航道2条,

11.5千米(高旺河、石碛河);等外级航道1条,9500米(朱家山河)。码头6座,泊位20个,总长3844米。水路运量1139万吨,货物周转量8.26亿吨千米。港口企业4家,泊位11个(含在建企业3家,共10个泊位),岸线总长约1500米。

共有桥梁316座,12172.17延米。其中,小桥240座,4055.82延米;中桥61座,3004.17延米;大桥15座,5112.18延米。(诸子元)

【非法码头整治复绿】 根据《南京市政府办公厅关于巩固沿江非法码头整治成果开展生态修复工作的通知》精神(宁政传〔2017〕105号),9月,由区交运局牵头,汇同桥林街道、浦口开发区对辖区内已整治的5家非法码头(南京市润盛物流有限公司、江苏远锦七坝港港务有限公司、浦口区桥旺物流中心、南京西善桥农业机械配件门市部、南京顺三江炉料有限公司)开展复绿工作,按照市政府“拆除到位、场地清理到位、防止反弹到位、复绿到位”的新要求,清理水泥场地6500平方米,土地回填1.81万平方米,播撒草籽近3.4万平方米,铺设草坪6000平方米,种植各类景观树近3200株,达到生态复绿到位的要求。

【内河非法码头整治】 根据南京市政府办公厅《关于印发南京市内河航道沿线非法码头整治工作方案的通知》(宁政办〔2017〕138号)文件精神,区交运局牵头,以桥林、星甸街道(园区管委会)为整治工作的责任主体和实施主体,2017年8月至2018年6月底前,所有非法码头一律停止作业,并基本完成规范提升、搬迁或拆除工作。截至2017年12月底,桥林街道拆除2家码头(江尧物流码头、驷马矿业码头),并结合打造美丽新市镇工程,完成复绿工作;星甸街道2家码头(瑞林木业码头、苏宁矿码头)关停,街道正安排相关单位就拆除事宜进行费用评估;1家码头(七坝石碛河河道内码头)按照内河非法码头整治要求,自行拆除港口码头设施,完成进度的50%。

【“三无”船舶专项整治】 根据南京市政府办公厅《关于做好长江南京水域三无船舶专项整治工作的通知》(宁政传〔2017〕135号)文件精神,开展长江浦口段水域无船名号、无船籍港、无船舶证书“三无”船舶专项整治工作。专项整治由区政府统一组织,区交运局牵头,沿江各街道办事处(园区管委会)是整治工作的具体责任主体和实施主体,专项整治行动自2017年9月1日至2018年8月31日。截至2017年12月底,浦口区长江水域“三无”船舶调查、摸底、登记造册工作完成,并制作整治宣传横幅,张贴市政府整治通告,联合南京海事局、长江公安部门在长江水域上进行宣传发动。

【驷马山干渠自动升降浮标投入使用】 6月28日投入使用。驷马山干渠石桥段是江苏省干线航道网中一条重要的省际干线航道,年通过船舶4万多艘,货运量3000万吨。但石桥航道处有80米左右的水下暗礁,给船舶航行带来安全隐患。区航运航道管理所邀请工程技术人员多次现场勘查,确定在干渠航道右岸增设侧面浮标,使船舶最大限度远离礁石,形成航标隔离带的设标方案。结合驷马山干渠水位涨落幅度大、泄洪流量大、流速快、易造成浮标被洪水冲走的实际,采用自动升降式专利浮标,该浮标采用太阳能电池供电,使用LED灯具,不仅节能环保、亮度高,还可随着水位变化自动升降,改变老式浮标锚链需要人工调整的管养难题,最大限度保障船舶安全航行。通过3个月的运行,该航标标位准确、标体醒目、灯光明亮,为过往船只安全通行提供可靠保障,受到船民的欢迎。(交运局)

【汉河大桥建设项目启动】 9月30日,由交通集团实施的104国道汉河大桥建设项目正式启动。该项目位于苏皖交界处的汉河镇,为跨越滁河的桥梁工程,全长509.58米,江苏段全长282米,安徽段全长227.58米,桥跨左幅右幅均为3×40+(47+80+49)+3×40+3×30米,主桥上部结构采用预应力混凝土变截面连续箱梁,引桥分别采用组合箱梁及支架现浇箱梁的结构形式,下部结构采用柱式墩钻孔灌注桩基础。此项目对保障国道畅通、加强苏皖省际交通联系、服务南京都市圈建设、促进南京江北新区及沿线经济社会发展具有重大意义。

(李静雯)

·行业管理·

【公路管理】 2017年,区交运局以“五项行动”(普通国省道周边、高速公路周边、内河干线航道周边、港口码头周边、铁路周边洁化绿化美化行动)为契机,以创建省级“四好”(建设好农村路、管理好农村路、养护好农村路、运营好农村路)农村公路示范区为目标,把公路综合整治工作与文明城市复审相结合,形成相互支撑、相互推进的良好局面。探索管养一体化新模式,确立并实施路政、超限、养护、路网、应急“五位一体”的管理模式。整合公路行政管理资源,优化公路巡查工作方式和应急处理能力,履行公路养护管理职责,解决公路管理点多、线长、面广、人少的问题,减少路政养护重复巡查和多头巡查现象,确保做到“及时发现、及时上报、及时沟通、及时处置”。准确把握新时代对公路转型发展新要求,推动路域环境整治工作向纵深开展。全年干线MQI值为92.8,支线MQI值为88.4。

【工程监管】 区交通工程质量安全监管站严格贯彻落实相关交通工程建设质量与安全生产的法律法规、技术标准和规范,对辖区内交通工程建设项目质量、安全进行全程监管。全年监管项目53个,里程126千米,下发质量抽查意见书36份、安全抽查意见书83份、停工通知书2份、复工通知书2份,监督参建单位及时整改到位。探索创新手段,建立道路工程质量安全环保监管平台,在35个工程项目中推广应用。

【路政执法】 2017年,区运输运政稽查管理所现场纠正违法行为138起,清理非标121块,清理摊点133处,清除路面堆积180处350立方米;受理办结路政许可案件16起,接受交警移交检测超限车辆266辆,卸驳载货物计重7258吨;开展迎省级查路、重大节假日、环保督查等保畅通加班56班次,深入货源地劝返超限车辆 672 辆次,处理路损案件 21 起,收取赔偿费 14.18 万元,切实维护区内公路路产路权。未出现一例投诉案件,无一例违反工作纪律和工作规程的执法行为发生。

【公交站台建设管理】 区交运局加强公交场站的监督管理,全年检查公交场站 12 次,维修站台 110 座。购买清洗车、洒水车对公交站台进行全面清洗,并落实人员制定常态化管养方案。与区交通集团保持对接,区城建集团移交站台 12 座,科工园移交站台 10 座。提档升级公交站台 50 座,方便居民出行。

【运输行政许可】 全年依法办理新增道路运输经营许可 350 件,新增货运车辆 1503 辆,新增驾驶员从业资格证 373 本。年审道路运输经营户 2929 户、车辆运输证 5957 辆,资格证诚信考核 4017 人。辖区共有道路运输专业户 3838 户、车辆 6922 台、吨位 57248.7 吨。

【维修驾培监管】 2017 年,区交运局监督检查辖区内汽车维修企业 278 家次,出动执法人员 602 人次,下发整改通知书 10 份,处罚 3 起。落实《南京市机动车维修行业挥发性有机物污染专项整治工作方案》,完成 VOCS 整治工作。向维修企业发放《汽修行业危险废物重点环境管理事项告知书》,21 家维修企业均与有资质的固废回收单位签订固废处置协议。贯彻落实公安部新版《机动车驾驶培训教学与考试大纲》,实际开班人数 12456 人,理论学时审核 1997 人次,检查驾校 85 家次,处罚 1 起。

【运输行政执法】 围绕全年重点工作,结合行业监管实际需要,运输运政管理稽查所采取驻点值守与流动巡查相结合的方式,投入大量执法力量,持续对区内客运站、医院、高校、地铁站点、重点小区等窗口区域的运输市场进行整治,营造健康稳定的道路运输市场秩序。全年出动执法人员 22893 人次、执法车辆 8178 台次,检查道路运输车辆 28229 辆次,制止劝离涉嫌违规车辆 6498 辆次,行政处罚 329 件,处理投诉、举报 613 件。

【法制建设】 2017 年,区交运局完善法治政府建设工作制度,全面依法依规履行职责。强化行政权力运行监督,努力形成科学有效的权力运行制约和监督体系,增强监督合力和实效。强化行业依法治理能力,提升行业治理成效。依托大联勤等工作机制,强化道路运输市场治理和公路环境综合整治工作。全年开展交通运输市场专项整治行动 10 次、非法客运整治 3 次、出租车整治 2 次。在专项整治中,采取驻点值守与流动巡查相结合的执法方式,在桥北客运站、浦口客运站等重点窗口地区驻点值守,在浦珠路、宁六路、大桥北路、柳州路等重点道路和地铁 10 号线、3 号线、S8 号线等轨道交通重要进出口站以及区内重点大专院校、居民小区进行流动巡查,不定期开展夜查,严厉查处各类客运违法违规行为。加大公路环境综合整治力度,重点打击超限超载、抛洒滴漏、打谷晒场等违法行为。

【行政权力事项办理】 按照区编办、法制办要求,进一步梳理行政权力事项。其中,行政处罚 405 项、行政许可 15 项、行政强制 25 项、行政确认 5 项、行政裁决 1 项、行政奖励 1 项、其他权力 37 项,共计 489 项行政权力事项及依据、办理流程在区政府门户网和政务服务网依法公示。全年办理行政处罚案件 381 件,行政许可 257 件,未发生行政复议和行政诉讼败诉案件。

【安全生产】 区交运局建立"一岗双责"责任体系,完善"管行业必须管安全、管业务必须管安全、管生产必须管安全"机制,逐级签订安全生产责任书,健全安全生产责任体系。开展"安全生产隐患大排查大整治""百日执法行动"等安全生产专项检查,首创道路工程质量安全环保监管平台,对施工现场进行实时监管,切实消除安全隐患。完善应急预案,组织应急演练,加强应急体系建设,提升应急处置能力。

【航道管理】 全年完成滁河、驷马山干渠、城南河清扫河床里程 116.92 千米;完成流量观测及辖区干线航道典型断面测量工作;实施驷马山干渠航道应急抢险工程、永宁河与滁河交汇口侧面标志牌和滁河航道新建标志标牌工程;配合市航道处完成城南河航道降级等工作;组织实施 2 条航道方案设计、7 座跨河桥梁和 2 条下穿管线(廊)航道通航条件影响评价,办理 7 起航道行政许可;航标巡航 106 天次,里程 816 千米,航标正常率达 100%;航道巡航 128 天次,里程 2800 千米。

【危险货物运输监管】 严把危险货物运输企业资质关、车辆技术状况关、从业人员资格关,重点抓好安全管理。区交运局与危货运输企业签订安全管理责任状,督促企业落实安全生产制度,定期组织召开危货运输安全工作会议,坚持每月对辖区危货运输企业进行检查,重大节假日会同公安、安监部门联合检查,做到检查有记录、隐患有整改、整改有验收。全年现场安全执法检查 22 家次,驻点检查 2 次,联合公安、安监执法检查 4 次,"一车三方"(对每一辆车实行公安、交通运输、安监三方安全监督平台同时监管)平台查岗 280 余次。

【探索第三方工程安全咨询】 在季度安全大检查中,针对 PPP 项目引进第三方安全咨询服务,增加安全管理的专业性。加强对在建道路建设工程安全监管,区交通质监站采购安全技术第三方咨询服务,协助区交通工程质监站做好安全监督检查工作,提升全区"平安工地"创建水平,并根据检查结果对监管项目的风险源辩识、安全生产现状进行分析,提出解决应对措施,进一步提升全区公路工程的安全监管水平。

(诸子元)

邮　　政

【概况】 7 月,根据市公司《关于开展南京邮政公司 2017 年机构编制调整的通知》精神,浦口区邮政分公司对原内设机构进行撤销、更名、重组。分公司下设一室六部:综合办公室、市场经营部、金融业务部、运营管理部、集邮与文化传媒部、渠道平台部、包裹快递部。下辖珠江、江城、东门、永宁、大桥、三河桥、高新、浦镇、花旗、沿江、明发滨江、迎江、桥林、星甸、石桥、陡岗、乌江、龙山、高旺、汤泉20个支局。尚进任副总经理(主持工作),吴健、汪弋任副总经理。年末有职工274人。共有办公用房面积5500平方米、ATM机39台、投递段道60条、投递里程2518千米。其中,城市段道43条、里程1612千米;农村段道17条、里程906千米。实现业务收入1.38亿元,同比增长9.52%。市场经营部下发通信服务质量检查通报12期,处理"11185"工单933张、"95580"工单291张、"12345"政府工单143张。全年无重大投诉及媒体曝光事件发生。

【邮政经营业务快速发展】 至2017年末,储蓄余额累计新增2.26亿元,标保累计新增8.88亿元,完成全年标保的93.5%。寄递板块,小包业务收入634万元,增幅23%。"双11"期间,共投递快递包裹12.35万件,日均1.54万件,同比增长144%,投递峰值达2.13万件,三河桥投递部日均投递量排名全省前三。同城实物投递业务拓宽,浦口区已达成联通卡的上门配送、激活业务,平安、阳光、人保等车险保单的配送业务,车管所业务,德基、求雨山的宣传册投递,移动校园卡投递。函件业务收入431万元,增幅33%;集邮业务收入599万元,增幅14%;报刊发行业务收入467万元,增幅3%;电子商务实现分销业务收入251万元,增幅54%;增值业务收入456万元,增幅10%。

【服务平台管理运营】 浦口邮政分公司建设"邮乐购"加盟店平台,始终贯彻"建渠道、做批销、促代购、助返城、抓培训、带业务"的十八字方针,制定一系列办法,着重突出平台的管理和运用,提升加盟店运营质量,在批销订货、客户引流等方面发挥作用。进一步打造"警邮超市",出台一系列激励政策,组织多轮业务练兵,开展多场公关宣传活动,配合一整套网点联动开发方案,加强网点对警邮平台重要性的认识,全面推进邮政公共服务平台建设。深入构建邮政公共服务体系,与区国税局签订战略协议,其中税邮合作开代办点1家,综合服务平台资源价值不断释放。 (郭醒)

通　信

·电　信·

【概况】 2017年,浦口电信分公司在职员工134人,平均年龄36岁,其中女员工40人。分公司以标准化党支部建设为抓手,强化基层组织建设,在经营发展工作中充分发挥党员骨干的先锋模范带头作用,依托电信技术人才优势,投身江北新区建设发展,取得良好业绩。浦口电信党总支微党课课件"做合格党员、当有为书记"获南京市电信分公司二等奖。"三引三有,让党徽在岗位闪光"(中心引路、党建引领、活动引力,关键岗位有党员、急难面前有党员、创新突破有党员)案例获区机关工委创"三型"(责任型、服务型、学习型)党组织优秀案例。天翼手机和宽带用户规模持续增长,超百兆宽带引领市场主流。云计算、大数据、物联网在突破中发展,NB-IoT在江北实现全省率先商用。5月,浦口电信分公司搬迁至七里桥新址。

【电信设施及业务快速发展】 2017年,浦口电信重点跟进江北新区建设进程,及时调整或新建电信网点,电信设施、业务加快发展,服务新建园区、居民小区、商业综合体等。全年拓展电信服务网点34家,电信网点总数108家。组织全体员工开展五一大促销、基站建设劳动竞赛、校园秋季迎新、智慧家庭组网、装维技能大赛等劳动竞赛活动,激发员工主人翁精神,为员工展现自我、建功立业搭建平台,形成比学赶帮超、人人争先的和谐氛围,有效推动经营业务发展。

【第五次职工代表大会】 1月23日,浦口电信分公司召开中国电信南京浦口区分公司第五次职工(工会会员)代表大会暨2017年度工作会议。来自基层一线的骨干、女工等45名正式代表、9名列席代表参加会议。会议听取公司党总支书记、总经理江翔作题为《抢抓机遇与新区发展同频共振,使命担当为转型增长再立新功,打造南京电信收入发展新的增长极》工作报告,大会进行职代会换届选举,选举产生新一届职工代表委员会,王步云任工会主席。工会还签订集体劳动合同及女工劳动保护专项协议。

【电信助力区政府"移动"办公】 江北新区成立后,各单位外出考察、参与会议等频率增加,无法及时处理政府发文及邮件。同时,部门间协调、下级申报会签流程严格、时间长,这些都影响办公、办事效率。浦口电信安排专业团队对接服务,成功实现浦口区政府部门的"移动"办公。中国电信4G+网络具有网速快、覆盖全等优点,得到用户一致好评,促进浦口区政府信息化建设迈上新台阶。

【省重大项目集中开工仪式通信保障】 2月12日,省委、省政府在南京市浦口区清华紫光项目工地上举行2017年全省首批重大项目集中开工现场推进会,省市县5大类1363个重大项目集中开工。为确保开工活动仪式通信保障工作万无一失,浦口分公司克服时间紧、任务重、压力大困难,自年前就开始筹备,开通江浦至桥林街道的数字电路,紧急铺设光缆,新增局端设备,配合省、市电信公司按时、保质完成全省相关通信系统联调工作。其中,遇到部分地市传输路由丢包率过大、不稳定等问题,在省电信工程师共同协作下,提前解决障碍,使推进会现场的视频观看、音响传输得到保证。

【张敬华调研浦口电信信息展示中心】 7月20日,南京市委书记张敬华调研南京江北新区产业研创园,在江北新区领导罗群及市电信公司相关人员陪同下,参观中国电信浦口双创示范基地信息展示中心。中国电信浦口双创示范基地信息展示中心承担着对双创成果进行输出展示的重要责任,展示中国电信的综合信息化服务能力、新兴业务开放能力以及规模布设NB—IoT窄带物联网,为园区入驻企业、员工及创业者提供移动通信、流量数据、智慧应用等多方位服务,成为园区产业链整合的专业服务通道。 (孙发恩)

·移　动·

【概况】 2017年,浦口移动分公司坚持"四轮驱动"融合发展,加快优化发展模式、厚化能力基础、深化管理变革,提速增量、提质增效,扩大市场规模。浦口移动用户净增约4万户,完成4G终端销售11万台,浦口高校市场份额达74%,区域内完成基站建设125座,新建宽带6万多户,实现宽带光纤到户改造8万多户,全年无重大投诉、安全生产事故。浦口移动分公司及分公司综合支撑部工维组获市先进集体称号,浦口移动分公司工会获江苏公司省级先进分工会称号。员工高中杰获省级先进个人称号,王俊、杨少卿、殷允彬等获市级先进个人称号,王任飞获省级工会工作积极分子称号。

【重大活动通讯保障】 10月1～6日,南京超大规模户外音乐节——2017南京森林音乐节在中山陵音乐台、浦口青奥公园双会场举办。浦口移动分公司承担浦口森林音乐节分会场的通讯保障任务。该公司提前制定保障方案,克服连续阴雨困难,实施动态负荷均衡,确保用户感知良好。2G总话务量6826.57爱尔兰(erl),服务4G用户41.69万人次,单时段峰值流量144.05GB,总流量5115.53GB,2/4G网络接通率99%以上。音乐节通信保障工作圆满完成,得到音乐节组委会肯定。

11月,2019国际篮联篮球世界杯亚洲区预选赛中国对中国香港比赛在浦口青奥公园江鸥体育馆举行。比赛场地为新建场馆,通信网络建设尚未完成。浦口移动分公司接到赛事组委会通信保障通知后,寻求上级网络部、工程建设部支撑,克服传输管线接入困难、信源短缺等不利因素,全市范围内紧急调拨设备支援,赛前完成场馆内2/4G网络覆盖,新增2G小区4个、TDD小区6个、载波16个,并制定开通场馆内室通讯为主、应急通信车为辅、扩容周边宏站等一体化保障方案,确保场馆内信号覆盖及容量良好,满足大流量网路需求。比赛期间,面对超万人入场观众,网优人员前后台实时联动,并实施动态负荷均衡,对保障区域密集监控,随时应对突发网络状况。2G总话务量689.98erl(爱尔兰),4G单时段最大用户8884人,4G总流量292.82GB,各网络接通率99.8%以上,确保各项网络性能平稳,圆满完成赛事通信保障工作。

【为机关单位服务】 2017年,浦口移动分公司与浦口区卫计局签约浦口区卫生应急指挥中心数字平台项目,该项目实施后为浦口区重大卫生事件的应急处理提供了有力支撑。通过大数据分析,为区委宣传部等单位提供舆情预警,通过自动化提醒及时处理社会不良舆论,为维护社会稳定做出贡献。

(周慧兰)

·联　通·

【概况】 2017年,中国联通浦口区分公司基本实现年初制定的战略目标。新增室内分布建设近600栋,新增宽带接入校区76个,完成台积电跨海电路建设工程。开展小区宽带送服务上门活动,覆盖小区30余个,涉及用户1万余户。校园开学季期间,组织现场活动10余场。

【组织机构】 分公司下设4个网格和1个中心,即浦口东区公共营销网格、浦口西区公共营销网格、浦口集团营销网格、浦口校园营销网格及支撑中心,职工86人。12月,公司调整副总经理1人。年末,公司有总经理1人、副总经理1人。

【联通服务】 2017年,分公司坚持贯彻以客户为本的服务观念,塑造服务品牌形象。以暗访、互查、抽检等形式,瞄准服务短板专项督办推进,有效改善客户服务类投诉占比,提升客户服务感知。

【基础管理】 坚持问题导向,提升剖析能力。坚持部门周例会及代理商月例会制度,高效解决问题,确保信息及时有效沟通;建立定期通报与整改机制,对业务发展、客户服务等关键指标进行周、月通报,分析成因、细化问题、责任到人、限时整改;梳理岗位职责,明确工作要求,做好人岗匹配,杜绝具体事务上的扯皮、推诿,公司内部增强担责意识。 (雷洁)

·文稿编辑　卢仕松·

金融业

银　行

【概况】 截至12月末，浦口区金融机构各项存款余额1820.56亿元，比年初增加345.52亿元。其中，单位存款1373.38亿元，增加259.52亿元；储蓄存款447.18亿元，增加86亿元。各项贷款余额1124.5亿元，增加196.9亿元。其中，短期贷款169亿元，增加47.4亿元；中长期贷款954.42亿元，增加163.67亿元；票据融资1.02亿元，减少13.5亿元。

【人行浦口支行】 推动信贷结构优化，确保货币政策落实。及时传导货币政策。通过行长联席会、信贷例会和约谈走访等形式，向辖区金融机构传导中央、总行、分行货币政策，引导金融机构调整信贷结构，实施"三去一降一补"（去产能、去库存、去杠杆，降成本，补短板）。落实房地产调控政策，督促商业银行严格执行差别化住房信贷政策，加强住房信贷管理。编发《金融快报》8期、《金融简报》4期，向地方政府报告宏观货币政策，反映辖区信贷投放、金融运行动态等情况。推动金融支持企业。在确保信贷总量合理增长的同时，引导金融机构围绕江北新区发展加大对创业创新、小微企业的信贷支持力度，振兴实体经济。开展"金融支持中小企业发展深化年"活动，与区农业局合作汇编《中小企业优惠扶持政策暨创新金融产品选编》，与区农业局联合召开新型农业经营主体融资需求对接会，组织开展送金融进园区、进社区活动168场，涉及企业2000余家。截至12月末，全区金融机构中小企业贷款余额462.74亿元，较年初增加110.25亿元，增长31.28%。持续推进普惠金融。落实小额担保贷款政策，支持下岗失业人员、大学生、妇女、大学生村官等就业创业。截至12月末，下岗失业人员小额担保贷款余额5640万元，比年初增加1475万元，增长35.41%；新型农业经营主体贷款余额1.49亿元，比年初增加5390万元，增长56.64%。重视金融统计调研。做好人民币信贷收支表、统计月报等各项统计报表的编制上报工作，以及工业景气、民间借贷、外向型企业汇率变动承受力调查等监测工作。每半年通报一次浦口区金融统计工作评比情况，提升统计数据报送质量。立足基层人行工作实际，调研区域经济发展、信贷运行动态、货币政策落实效果等情况，完成上级行布置的调研工作，及时反映货币信贷运行中的热点、难点问题。

探索金融改革举措，推动金融服务转型升级。做好政策咨询服务。落实总行、分行"扩流入、控流出、稳预期、防风险"管理措施，宣传全口径跨境融资审慎管理政策，召开银行专项政策解读和业务操作培训会议，鼓励银行拓展企业全口径外债中介业务。为南京扬子国资投资集团有限责任公司在香港证券市场首发南京市首单5亿美元公募境外债券做好外汇政策咨询服务。强化信用体系建设。严格执行各项制度和操作流程，做好征信管理现场核查工作。截至12月末，个人信用报告查询36685笔，企业信用报告查询824笔。组织银行推广应用应收账款融资服务平台，制定推广计划，引导核心企业确认应收账款。推进农村信用体系建设，指导涉农金融机构维护更新农户电子信用档案、开展信用农户评比，评出信用户16112户。开展农信系统推广上线工作，深入涉农商业银行，督促提高信息采集入库效率，截至12月末，完成323户农户的信息录入工作。优化农村金融环境。推进农村金融综合服务站建设，加强服务站规范化建设，累计建成24个。探索农村金融综合服务站"互联网+"模式，拓展服务站综合功能。引导银行推广应用新兴支付方式，网上银行、手机银行和电话银行等业务发展迅速。推广应用电子商业汇票，提高电票业务在全部商业汇票业务中的占比，由74.45%上升至86.56%。对江苏众汇付信息技术有限公司等企业开展无证经营支付业务专项整治。配合"放管服"改革，召开专题协调会，采取优化开户流程、缩短开户时间、开辟绿色通道和加强监督管理等措施，推进浦口区简政放权、创业创新环境改革。促进国库业务健康发展。TIPS二代系统、TIPS前置系统上线运行。做好人行直接代理街道集中支付业务，会同区财政局调研解决实际问题，确保系统正常使用。会同财税部门制定《关于做好台积电项目大额退税服务工作的方案》，在退税过程中严格审核资料，及时向上级国库部门请示汇报，完成10笔退税总金额9.04亿元的资金退付。助力金融机构提升现金收付服务水平。组织实施浦口区人民币流通满意工程，在金融机构开展人民币收付业务内控制度建设，采取首问责任制，做好营业场所公示、券别调剂、不宜流通人民币挑剔等工作。联合区市场监管局对农贸市场、杂货店等经营场所开展"不得购买使用人民币图案冥币纸张"专项检查。对工行浦口支行等3家金融机构开展人民币收付和反假货币工作现场检查,开展人民币收付业务质量调查,召开浦口区现金管理工作会议,引导辖区金融机构增强服务意识。加强反假货币管理。指导金融机构反假工作,做好公安部门、金融机构送缴假币鉴定、保管及上交工作,以及反假货币管理系统的数据录入、维护及信息上报,举办反假货币宣传月活动。开展“人民币知识进美丽乡村”“人民币知识进校园”系列宣传活动,加强农村反假货币长效机构和宣传服务站建设,组织农村金融综合服务站开展人民币反假货币知识宣传。

强化金融管理与宣传,维护辖区金融稳定。建立网格化金融风险监测网络。以浦口境内各金融机构网点为基干,以2~3千米为半径,向外辐射成一个责任区,建立网格化金融风险监测网络。要求金融机构加强对责任区内具有融资功能的非金融机构,以及涉嫌假借、仿冒金融机构而从事资金活动的监测,上报可疑信息10份。浦口区金融生态环境评比得分96.17分,在全省金融生态优秀区县中位居第二,人行浦口支行在省金融生态创建工作会议上作经验介绍。防范法人金融机构风险。指导督促法人金融机构制定存保制度实施方案,对组织建设、政策宣传、舆情管理、风险监测及规范经营开展督查。按月统计存保申报表,按季度分析投保机构运行状况,年度开展存款保险评级、保费交纳工作,核查存款保险,分析关键指标变化趋势,研究投保机构可能存在的经营风险,引导其规范经营。开展“两管理两综合”(开业管理、营业管理,综合执法检查、综合评价)工作。整合监管资源,从严规范“两管理两综合”工作程序。督促金融机构建立健全重大事项报告制度,强化对金融机构落实人行各项金融管理政策的监督考核。对恒丰银行南京江北支行、兴业银行浦口支行等新开业银行开展业务辅导,完成辖区银行2016年度执行人行政策情况综合评价。对辖区金融机构开展综合执法检查,引导金融机构加大贯彻落实宏观金融政策的力度。提升基层央行影响力。联合团区委、区总工会及金融机构,成立浦口区金融系统青年汇,以服务青年、帮助青年、促青年成长为宗旨,为金融机构青年搭建交流平台。举办金融机构“弘扬工匠精神 彰显青年风采”业务竞赛,提升青年员工的理论水平和操作技能。普及金融知识。与区教育局合作,构建学校金融知识普及教育长效机制。开展“蓓蕾行动——金融知识进中小学”宣讲竞赛,挑选宣讲人员30余人,组成中学宣讲队5支、小学宣讲队6支,走进中学5所、小学5所,宣讲人民币知识、防诈骗知识、征信知识等金融基础知识。 (马芳)

人行浦口支行举办现金知识走进美丽乡村大型公益活动 (交行 提供)

【工行浦口支行】 截至12月末,各项存款日均余额123.8亿元,增加18.7亿元。其中,对公日均存款80.71亿元,增加15.64亿元;储蓄日均存款43.09亿元,增加3.06亿元。各项贷款日均余额75.57亿元,增加10.21亿元。其中,公司类贷款日均余额38.97亿元,减少1.45亿元;个人类贷款日均余额36.6亿元,增加11.66亿元。获江苏省分行营业部先进单位称号,获南京市公安局“内部安全保卫先进集体”称号。零案件、零重大事故、零重大负面舆情发生。

(陆永程)

【建行南京江北新区支行】 截至12月末,一般性存款时点余额232.12亿元,较上年同期增加7.77亿元。其中,企业存款126.47亿元,增加5.58亿元;储蓄存款105.65亿元,增加2.19亿元。各项贷款时点余额168.47亿元,增加13.49亿元。其中,个人贷款余额100.43亿元,增加15.17亿元;公司贷款余额68.04亿元,减少1.68亿元。实现税前利润6.75亿元,增加1.39亿元。江北新区支行在浦口地区设有浦口支行、文德路支行、象山路支行、汤泉分理处4个网点。一般性存款时点余额59.58亿元,增加17.87亿元;各项贷款时点余额32.33亿元,增加0.47亿元。

投放南钢债转股项目,创新增量债转股新模式,实现好的经济效益和社会效益。推进普惠金融,关注小微企业需求,服务小微企业发展,利用快贷、税易贷、助保贷等产品解决小企业融资难问题。

(王姝)

【农行南京江北新区分行】 12月28日,根据《中国银监会江苏监管局关于中国农业银行股份有限公司南京浦口支行升格、更名及韦金超等任职资格的批复》,农行南京浦口支行升格更名为农行南京江北新区分行。农行南京江北新区分行有营业网点12个,其中浦口境内6个,分别为营业部、凤凰支行、文德支行、桥林支行、星甸支行、汤泉支行。分行本部内设公司业务部(含国际金融部)、个人金融部(含个贷中心)、运营财会部、风险/信用管理部、综合管理部、网点管理部6个部门。

截至12月末，本外币存款136.5亿元，比年初增加12.8亿元。其中，对公存款75.7亿元，增加9.5亿元；个人存款60.8亿元，增加3.3亿元。本外币贷款165.05亿元，增加19.07亿元。其中，法人贷款74.23亿元，增加9.98亿元；个人贷款90.82亿元，增加9.09亿元。不良贷款率0.52%。实现中间业务收入1.22亿元、拨备前利润4.78亿元、拨备后利润4.11亿元。

营销省级预算单位社保卡业务5家，发卡3000余张。完成汤泉、星甸、桥林、文德路4个网点转型，适应“去网点化、离柜化”趋势，撤并自助区4个，明发滨江支行改造为智能轻型化网点。

累计创建总行级“三铁”（铁账、铁款、铁规章）网点6个、省行级“三铁”网点5个，“三铁”率91.67%，列全市农行系统第一。年度综合发展考核位居全市第一，农行南京江北新区分行获省分行先进集体称号，分行党委获评省分行“四好班子”（政治素质好、经营业绩好、团结协作好、作风形象好）。被总行授予“运营基础管理先进单位”称号，在浦口区银行业青年业务技能竞赛中获团体第一名。盘城支行被评为全市“十佳营业网点”，桥北支行创成省分行“青年文明号”。安全生产无事故，被南京市公安局授予“内保系统安全保卫先进集体”称号，桥北支行、凤凰支行获省分行“‘三化三达标’优秀网点”称号（三化三达标：标准化、制度化、精细化，物防达标、技防达标、人防达标）。开展银行乱象治理、“三违反、三套利、四不当”（违反金融法律、违反监管规则、违反内部规章，监管套利、空转套利、关联套利，不当创新、不当交易、不当激励、不当收费）专项整治、“夯实双基、强化案防”专项治理、案防风控大排查系列活动，内控合规被评为省分行一类行。在市分行20个条线专业评价中，农行南京江北新区分行11个条线进入前三名，其中公司业务、信用卡、运营管理、人力资源（党建）、纪检监察位列第一。（葛忠明）

【中行浦口支行】 截至12月末，人民币时点存款余额142.05亿元，较年初新增16.99亿元，增长13.6%。其中，人民币公司时点存款余额104.06亿元，新增13.35亿元，增长14.72%；人民币储蓄时点存款余额37.99亿元，新增3.64亿元，增长10.6%。人民币贷款余额147.26亿元，新增22.08亿元，增长17.64%。其中，人民币公司贷款余额81.64亿元，新增7.64亿元，增长10.32%；零贷余额65.62亿元，新增14.44亿元，增长28.22%。

抢抓江北新区发展机遇，践行普惠金融政策，服务实体经济。紫光云数、阿斯迈尔等企业总部及南华航空基本户落户支行。南京扬子国资投资集团有限责任公司首发南京市首单公募境外债券5亿美元，为全省最大一笔公募，也是江北新区第一笔业务落户支行。（孙帆）

【交行浦口支行】 截至12月末，各项时点存款余额91.55亿元，比上年增加7.19亿元，增长8.6%。其中，对公存款余额65.17亿元，增加4.83亿元，增长8.1；储蓄存款余额26.38亿元，增加2.36亿元，增长9.8%。贷款时点余额62.67亿元，增加5.38亿元，增长9.4%。其中，公司贷款余额42.03亿元，增加4.85亿元，增长13%；个人贷款余额19.11亿元，增加0.35亿元，增长2%；小企业贷款余额1.53亿元，增加1780万元，增长13.5%。

支持地方经济建设。以江北新区发展为契机，瞄准地方经济亮点、热点，加大资产业务投入，为南京天一工程、国资集团、科工园、交通集团、高新公用事业公司、软件园、珍珠泉、立业集团等企业投放贷款13.49亿元。围绕生物医药谷、软件园发展，向海天轨道、骏普电力等企业投放商票保贴6000万元，向东森工贸、韬和建设等小企业投放经营性贷款近1亿元。

开展金融知识宣传。举办“现金安全知识进美丽乡村”活动，在永宁街道水墨大埝景区发放宣传资料，涉及非法集资、反假币金融知识、防范通信网络诈骗等内容，向游客宣传金融知识。开展金融知识普及月活动，在龙行影城向低净值人群提供获取金融知识的途径和防范金融风险的技能，引导其合理选择金融产品，增强公众金融知识和风险责任意识。运用官方网站、微信公众号、网点“公众教育区”等方式，扩大金融知识宣传覆盖面。金融知识普及月期间，共发放宣传资料500份，受众客户500余人。

上线智易通系统。该系统是客户自助柜台设备，以“客户自助、风险自担”为主要方式，以智易通、手持终端等智能设备为载体，以支撑压柜、促进分流、提升效能为目标，满足客户综合化交易需求。可适用86项柜面交易迁移，实现多项业务一次提交、一次确认、一次审核、一次授权，减少客户排队等候时间，提高办事效率。（王晓柱）

【农发行浦口支行】 截至12月末，各项存款余额11.2亿元，比年初增加18250万元，增长19.46%；日均存款11.81亿元，增加2.7亿元，增长29.64%。各项贷款余额28.52亿元，增加7469万元，增长2.69%。全年累计投放贷款71339万元，收回贷款63870万元。实现中间业务收入506.57万元，同比增加495.21万元。无不良贷款。

巩固传统业务，确保粮食收储业务稳健运行。与粮食购销公司保持沟通，共同做好夏粮和秋粮收购准备，及时掌握夏粮、秋粮上市情况。累计发放粮食储备贷款11339.25万元，其中小麦储备粮收购贷款4651.25万元、稻谷储备粮收购贷款6688万元，累计支持企业购进小麦19715吨（区储小麦14562吨、市储小麦5153吨）、稻谷2.4万吨（区储稻谷1.7万吨、市储稻谷7000吨）。

信贷业务实现新突破。落实总行对科工园96亿元整体城镇化项目银团贷款的批复要求，审核贷前条件，和银团内其他商业银行商议共同放款事宜，发放银团贷款6亿元。跟踪南京国家现代农业产业科技创新示范园区项目，建立支行、营业部、省分行三级联动机制，与江北新区管委会签订意向性战略合作协议，初步达成融资意向40亿元。重点营销央企中电建路桥集团为项目主体的浦口区步月路与双峰路PPP项目，开创全省农发行系统营销PPP项目的先路。

【南京银行江北新区分行】 截至12月末，各项存款时点余额260亿元，较年初增加30.6亿元。其中，对公存款余额229.1亿元，增加26亿元；对私存款余额30.9亿元，增加4.6亿元。各项贷款时点余额128.72亿元，增加31.42亿元。其中，对公贷款余额（含贴现）101.2亿元，增加25.3亿元；个人贷款余额27.52亿元,增加6.12亿元。资产余额501亿元,增加65.4亿元,增长15%。实现营业净收入9.81亿元,实现EVA(经济附加值)3.8亿元。

区域市场占比持续提升。在江北地区27家商业银行中,总存款市场占比8.73%,排名第三位,较上年提升1位;对公存款市场占比11.29%,排名第一位。

业务结构调整有力。活期存款日均占比60.94%,位列总行第三位;个人存款在分行负债占比达13%,较年初提升2.3个百分点。信贷资产增幅32.29%,高于同业平均水平。消费贷款增量占个贷增量的比重达57%,个贷业务综合收益由年初4.6%提高到4.91%;存款FTP(内部资金转移定价)收入占营业净收入的50.32%,比上年同期提高8.5%。

特色业务优势明显。南京银行牵头的通航和服贸基金成为江北新区的龙头基金,合作基金8笔,总规模124.96亿元。加快贸易融资产品的推广和应用,拓宽业务和融资渠道,寻找收益增长点,提高贸易金融业务在江北新区的市场份额。普惠金融新增2.2亿元,科技文化贷款新增3.46亿元,小微客户新增100户。入围"苏科贷"业务合作银行。

(谢家禄)

【邮储银行浦口支行】 截至12月末,存款余额26.87亿元,增加3.46亿元。其中,个人存款13.49亿元,增加1.23亿元;公司存款13.38亿元,增加2.23亿元。贷款余额75亿元,增加11.77亿元。其中,个人贷款64.88亿元,增加14.3亿元;小企业贷款1.74亿元,增加2715万元;公司贷款8.38亿元,减少2.8亿元。清收不良资产259万元,不良资产余额228万元,不良率0.03%,低于全市0.23个百分点。温佳丽在浦口区"弘扬工匠精神 彰显青年风采"业务竞赛中获个人全能第四名,支行获团体总分第八名。

通过项目带动、持续营销、客户维护等措施,推动网点转型发展。截至12月31日,储蓄存款年均净增1.05亿元,余额13.5亿元。保险销量8545万元,完成率115%。商务贷款余额30200.73万元,年净增6136万元。非房消费贷款余额18289.64万元,年净增11801.3万元。向国电南京自动化股份有限公司授信4亿元,放款2亿元。南京红太阳股份有限公司国内证开证并押汇3000万元,总计余额4.3亿元。强化综合营销,细化综合营销政策,加快员工转型发展。零售信贷放款量6103万元,房贷放款量4360万元,保险、理财收入1496万元,实物金销售110个,信用卡激活187张。

加强安全生产管理,每月召开案件防控警示教育和安全保卫会议,提升全员合规意识。以人身、资金、运输、防火、防盗抢和设备安全为重点,每月对网点进行安全检查,节假日前配合公安、人行进行安全检查,对检查出的问题进行整改。开展银行柜面防电信诈骗挽损竞赛和内控达标年活动,无重大安全责任事故发生。新浦路支行以97.5分的成绩通过总行安全标准化建设验收。(王春林)

【江苏银行浦口支行】 截至12月底,各项存款时点余额66.7亿元,较年初增加15.99亿元。其中,公司存款余额58.09亿元,增加15.58亿元;储蓄存款余额8.61亿元,增加0.41亿元。各项贷款时点余额44.96亿元,增加15.8亿元。其中,公司贷款余额34.73亿元,增加13.73亿元;零售贷款余额10.23亿元,增加2.07亿元。结构化融资投放66.5亿元,增加46.5亿元。实现税前利润1.63亿元。

加快业务转型,支持地方经济发展。以国有企业、上市公司、优质制造业为重点,加大创新产品投放力度,向南京高技术开发区公用事业公司等平台及下属公司投放贷款17亿元;向南京浦口经济开发有限公司、南京汤泉温泉资源管理有限公司、南京大桥北建设发展有限公司新增投放产业基金46.5亿元;为南京江北新城投资发展有限公司发行全省首单5000万欧元债;注册并落地全省首单5亿元农业股权基金,其中首期1亿元投放到位。

拓宽营销渠道,支持小微企业发展。与区发改局、国税局、人才办、科技局等单位建立合作关系,开展银企对接活动20余场。与区发改局签约开展风险补偿业务,与区科技局签约加入苏科贷体系,与"我的麦田"知识产权互联网公共服务平台、清华力合中心等科技小企业孵化平台建立合作。发放小微企业贷款1343笔25621万元,其中涉农贷款8户3300万元,科技类贷款15户5037万元。

(普文海)

【紫金农商行江北新区分行】 截至12月末,存款余额214.7亿元,其中对公存款余额130.79亿元,储蓄存款余额83.91亿元。贷款余额125.52亿元,其中对公贷款余额70亿元,自然人贷款余额34.52亿元,小微贷款余额21亿元。手机银行客户64372户,直销银行绑卡客户19643户,发放贷记卡3256张,代扣代缴24865户。评级由年初AAA级晋级为AAAA级。获市先进职工之家、市文明单位、市先进基层党组织、区慈善爱心单位、区文明单位称号,获浦口区"蓓蕾行动"金融知识宣讲竞赛一等奖。分行营业部创成中国银行业文明服务规范五星级网点。

坚持为农服务宗旨,打造一支懂农业、爱农村、爱农民的"三农"服务队伍。推进"阳光信贷"标准化工作,重点支持农业龙头企业、农民专业合作社、家庭农场、特色农业等发展,走访600户,发放自然人贷款6769户、余额33.9亿元,发放小微企业贷款469户、余额21.09亿元。优化网点布局,有营业网点26个、农村金融服务站17个、"紫金快付通"24台,涉农行政村做到全覆盖,村村有点、有机、有联络员,实现助农取款不出村。通过金融服务站办理小额取现6222笔、556.11万元,消费895笔、119.34万元,公用事业缴费4019笔、81.83万元。作为浦口区村级账户统管开户银行,承担为全区村(社区)集体经济组织提供资金管理的职能,克服涉农补贴代发业务金额小、笔数多、时间集中、工作量大、柜面压力重等困难,做好全区居民、农户各项补贴代理发放工作,办理涉农补贴代发项目11个、户数近8万户、笔数约20万笔。

从风险管控能力着手,解决小微企业"融资难、融资贵"难题。开展"网格化"金融服务,按社区单位划分为74个网格,每个网格由客户经理包干,负责网格内街道、社区、园区各项金融服务,并及时走访社区、居民、企业,网格走访率90%以上。推出"金陵惠农贷"产品,对单户法人企业授信可达400万元,对农户个人授信可达50万元,贷款年限最长两年,免担保,基准利率。发放"金陵惠农贷”146 笔、1.03 亿元，惠及新型农业经营主体 90 余户。与区发改局联合推出“微保贷”产品，明确符合条件的企业可申请免抵押贷款，为 39 家小微企业发放“微保贷”81 笔、2.48 亿元。支持重点项目建设，以产业基金授信方式向污水管道建设、环境整治、保障房建设等 13 个重点项目投放资金 20 亿元。

创新扶贫方式，加大扶贫力度，助力精准扶贫。与区扶贫协会合作，开辟扶贫贷款“绿色通道”，扶贫贷款优先上报、优先审批。发放扶贫贷款 2060 户、3.01 亿元，带动就业 21273 户。对“四有”（有劳力、有志气、有信用、有项目）人员开通“直通车”，组织信贷人员了解他们的创业意愿，满足他们的资金需求，打造专业化、差异化、特色化的金融扶贫“紫金模式”。成立“紫微星”志愿服务队，组织志愿者走进特殊教育学校、留守儿童之家、敬老院、农民工子弟学校，实施“紫金爱心书包”计划，向适龄儿童赠送安全书包 500 个。 （孙海燕）

【民生银行浦口支行】 截至 12 月底，各项存款余额 88.43 亿元，较上年减少 3.14 亿元，下降 3.43%。其中，公司存款余额 82.5 亿元，减少 2.42 亿元，下降 2.85%；储蓄存款余额 5.93 亿元，减少 0.72 亿元，下降 10.83%。各项贷款余额 49.11 亿元，增加 11.6 亿元，增长 30.93%。其中，公司贷款余额 41.34 亿元，增加 9.04 亿元，增长 27.99%；个人贷款余额 7.77 亿元，增加 2.56 亿元，增长 49.14%。

支持江北新区及浦口区城建项目，重点围绕公用基础设施建设、环境综合整治、安居保障建设等项目开展业务，为扬子集团、南京高新区、浦口开发区、康居集团、城建集团等客户提供服务。遵循“坚守金融本源，服务实体经济”宗旨，加快公司业务结构转型，服务实体企业，走访实体企业约 50 户，上报新实体客户 13 户。完善精细化营销体系，推出“购房宝”业务，为买房人和开发商提供便利。小微贷款业务快速发展，小微贷款余额 2.9 亿元。 （万红梅）

【浦口靖发村镇银行】 至年末，各项存款余额 36125.54 万元，其中单位存款余额 31105.67 万元，储蓄存款余额 5019.87 万元。各项贷款余额 37348.12 万元，其中公司贷款余额 21502.67 万元，个人贷款余额 15845.45 万元。实现各项收入 3397.5 万元，利润 1508.1 万元，净利润 1100.17 万元。资本充足率 29.78%，贷款拨备比例 3.17%，拨备覆盖率 372.87%，流动性比例 41.38%，不良贷款率 0.85%。

贯彻落实中央经济工作会议、中央农村工作会议精神，坚持支农支小支微、支持实体经济的市场定位。重点发放种植养殖户、个体工商户和小微企业贷款，满足“三农”和中小微企业信贷需求。推出公务员信用贷、新居装修贷、帮学贷等贷款产品，满足不同层次人员贷款需求。

加强信贷规范化管理，落实贷款“三查”（贷前调查、贷时审查、贷后检查）制度，严密贷款操作流程。坚持多渠道、多途径、全面、持续了解客户及其业务的真实情况，落实担保措施，确保信贷资金安全。加强员工的思想教育、职业道德教育和业务技能培训。 （李玉娟）

【华夏银行南京浦口支行】 截至 12 月 31 日，各项存款时点余额 11.9 亿元，比年初增加 10.65 亿元。其中，对公存款余额 10.9 亿元，增加 9.92 亿元；个人存款余额 1 亿元，增加 0.73 亿元。各项贷款时点余额 32.15 亿元，其中公司类贷款余额 30.97 亿元，个人类贷款余额 1.18 亿元。获分行突出贡献奖、个人业务先进部室称号，被江浦街道人民桥社区博爱基金授予“博爱企业”称号。零案件、零重大事故、零重大负面舆情发生。

抓好项目储备。加强与政府平台类合作，围绕政府规划、政府 1 号文和特色小镇等重大项目开展授信合作。关注实体经济，为智能装备制造、集成电路、生物医药行业等千亿产业集群提供一体化金融服务。坚持小微企业客户平台化，办理南京同城首笔“苏科贷”业务，推进风险补偿基金合作。走访拆迁市场、人力资源市场、个贷市场，客户基础稳步提升。

夯实内部管理。制定员工管理办法、营销活动考核办法，修订部门岗位职责，为内控管理提供制度保障。坚持安全经营、风险防控理念，强化安全责任制，定期研究检查保卫工作，在南京市安全保卫大检查中得分 98.5 分，位居同城支行首位。 （高洁）

保　险

【人保浦口支公司】 2017 年，人保浦口支公司实现保费收入 34018.81 万元，增长 25.01%。其中，车险 30809.68 万元，增长 25.06%；农险 702.05 万元，下降 2.39%；非农非车险 2507.08 万元，增长 34.89%。赔款总支出 16061 万元。

多渠道发展车险业务，严格管理车商渠道、代理渠道、电销渠道、直销渠道，整治车险乱象，促进车险健康快速发展。调优农业保险服务格局，围绕辖区农业特色产业、优势产业和新兴产业，推出粮食作物（水稻、小麦）补充保额保险、青虾养殖保险、蓝（黑）莓保险、蓝莓树保险、莲（荷）藕保险等农业保险险种 22 个。围绕农业社会化服务、农业加工和运输、产品质量、农村电商、农村金融等，新设“农耕乐”“生猪货运险”等险种。配合地方政府脱贫攻坚工作，新设“人保惠农贷”项目，安排产业扶贫贷款基金 1 亿元。实施保险精准扶贫，对接区扶贫协会，适应经济薄弱村、欠发达村开发需求，推出“和谐家园”扶贫保险项目，推进“惠农贷”业务发展。 （李霖）

【人寿浦口支公司】 2017 年，人寿浦口支公司实现保费总收入 41001 万元，其中长险首年保费 12997 万元，短险保费 3687 万元，续收保费 24317 万元。理赔 7146 件，理赔金额 2039.13 万元。 （陈萍）

【太保浦口支公司】 2017 年，太保浦口支公司实现保费收入 5900 万元，其中车险保费收入 5100 万元，非车险保费收入 800 万元。有从业人员 24 人，营业场所面积 480 平方米，业务涉及浦口区车险、财产险、人身意外伤害保险、货运险、责任险等险种。在江北地区合作的汽车 4S 店 17 家。首次参保浦口区农险，提供农机险服务，投保 667 笔，保费收入 19 万元，实现农险零的突破。 （雷恒）

科技 教育

科　　技

·综　述·

【科技创新政策出台】 围绕省科技创新40条政策和市科技创新36条政策，结合浦口区实际，拟定《浦口区关于加快推进创新型城区建设的若干政策措施》《浦口区产学研合作示范企业认定管理暂行办法》《浦口区孵化器绩效评价办法》等政策，制定出台《浦口区科技型中小企业信贷风险补偿资金管理办法(暂行)》《浦口区高新技术企业引育资金管理办法(暂行)》《浦口区知识产权质押贷款补助专项资金管理暂行办法》《浦口区众创空间(新型孵化)管理办法》等科技政策，为推动全区科技创新提供政策保障。

【高新技术产业发展】 加强高新技术企业培育，出台《浦口区高新技术企业引育资金管理办法(暂行)》。新认定高新技术企业6家，共有高新技术企业31家;新增省级民营科技型企业17家，共有民营科技型企业59家;新增省级以上高新技术产品25个，有省级以上高新技术产品137个;实现高新技术产业产值63.1亿元。加强企业研发机构建设，新增市级工程技术研究中心2家。组织省、市级科技计划项目申报，推荐上报省级四大类计划10个项目。制定出台《浦口区科技型中小企业信贷风险补偿资金管理办法(暂行)》，推进“苏科贷”落地，科技型中小企业申请科技贷款12亿元。

2017年浦口区新增省级民营科技型企业一览表

表88

序号	企业名称	认定时间(批次)	街道、园区
1	江苏金瑞金融设备有限公司	6月(第一批)	浦口高新区
2	江苏先丰纳米材料科技有限公司	6月(第一批)	浦口开发区
3	南京康善制药设备有限公司	6月(第一批)	永宁工业园
4	江苏平达新型建材科技发展有限公司	6月(第一批)	永宁工业园
5	南京格瑞恩斯新材料科技有限公司	6月(第一批)	星甸工业园
6	南京威联达自动化技术有限公司	6月(第一批)	桥林街道乌江开发区
7	南京澳林生物科技有限公司	6月(第一批)	汤泉街道
8	南京项基科技有限公司	10月(第二批)	浦口高新区
9	南京美雪动力科技有限公司	10月(第二批)	浦口高新区
10	南京方生和医药科技有限公司	10月(第二批)	浦口开发区
11	南京科略环境科技有限责任公司	10月(第二批)	浦口开发区
12	南京瑞合新信息技术有限公司	10月(第二批)	浦口开发区
13	江苏万泽信息系统有限公司	10月(第二批)	桥林工业园
14	南京千万户电子科技有限责任公司	10月(第二批)	桥林工业园
15	南京微沐软件科技有限公司	10月(第二批)	永宁工业园
16	南京沐鼎节能建材有限公司	10月(第二批)	星甸工业园
17	南京鑫都源机械制造有限公司	10月(第二批)	汤泉工业园

2017年浦口区新认定高新技术企业一览表

表89

序号	企业名称	序号	企业名称
1	江苏久朗高科技股份有限公司	4	方圆标志认证集团江苏有限公司
2	南京日托光伏科技股份有限公司	5	江苏福瑞科技有限公司
3	江苏德义通环保科技有限公司	6	南京浦江工程检测有限公司

2017年浦口区新增省级以上高新技术产品一览表

表90

序号	产品编号	产品名称	企业名称
1	170111G0025N	温湿度控制器系列装置	南京澳德思电气有限公司
2	170111G0072N	新型避雷铠装移开式交流金属封闭开关设备	江苏银泰电气科技有限公司
3	170111G0074N	环保型彩色(发光)铺装	江苏中路交通科学技术有限公司
4	170111G0076N	双疏型气体净化膜材料	江苏久朗高科技股份有限公司
5	170111G0079N	信安之星(iSecStar)智慧云IPC－PFS系统	南京信安宝信息科技有限公司
6	170111G0091N	智能电力机柜(TDC 05)	南京瑞科特电气有限责任公司
7	170111G0167N	依维柯特种车专用底盘	南京依维柯汽车有限公司
8	170111G0214W	气相胶	东爵有机硅(南京)有限公司
9	170111G0227N	25T型铁路客车开敞式裙板	南京兴宇铁路工艺装备制造有限公司
10	170111G0229N	35KV光伏并网柜	南京乾鑫电器设备有限公司
11	170111G0230N	智能型高分断环网柜	南京乾鑫电器设备有限公司
12	170111G0235N	一种岩沥青高强沥青混合料(BRAC－20)	江苏中路交通科学技术有限公司
13	170111G0238N	城市轨道交通鼓型车辆模块化线槽	南京浦镇鸿利轨道车辆装备有限公司
14	170111G0242N	铝合金外遮阳卷帘窗	南京金星宇节能技术有限公司
15	170111G0247N	NBL15－10KV环网柜	南京博路电气有限公司
16	170111G0248N	NBL－ZW32型户外高压交流真空断路器	南京博路电气有限公司
17	170111G0443N	一种双层机械停车设备	江苏润邦智能停车设备有限公司
18	170111G0444N	多列垂直升降停车设备	江苏润邦智能停车设备有限公司
19	170111G0479N	SCB12－500型干式变压器	南京博路电气有限公司
20	170111G0512N	手机用宽工作温度高可靠性液晶材料	晶美晟光电材料(南京)有限公司
21	170111G0601N	轻型商用车综合能耗管理系统	南京依维柯汽车有限公司
22	170111G0602N	NJ2045G系列国V越野汽车整车	南京依维柯汽车有限公司
23	170111G0603N	IVECO高操控性底盘	南京依维柯汽车有限公司
24	170111G0652N	面向溶剂循环利用的高性能分子筛膜及成套装备	江苏九天高科技股份有限公司
25	170111G0705N	基于五合一集成控制器的纯电动物流车动力总成	南京越博电驱动系统有限公司

2017年浦口区新增市级工程技术研究中心一览表

表91

序号	工程技术研究中心名称	所属企业	街道、园区
1	南京市建筑室内环境工程技术研究中心	南京金星宇节能技术有限公司	桥林街道
2	南京市高效太阳能电池组件工程技术研究中心	南京日托光伏科技股份有限公司	浦口开发区

【科技人才队伍建设】 培育创新型企业家,5名创业人才申报南京市创新型企业家培育计划(江北新区管理体制调整后为4人)。组织企业申报2017年科技顶尖专家集聚计划,上报2人。推动实施《浦口区科技创业家创业导师制度实施方案》,组织科技创业家培训专场2场次,申报省"双创"博士2人,拟申报国家创新创业人才计划暨"万人计划"人才2人。

【创新平台载体建设】 2017年,出台《浦口区众创空间(新型孵化器)管理办法》。1家众创空间(划入江北新区)获得国家级备案,8家众创空间(2家划入江北新区)获得省级备案,9家众创空间(3家划入江北新区)获得市级备案,入驻科技企业及创业项目156个,获得天使风投的企业及项目15个。制定完善《浦口区孵化器绩效考核办法》,南京工大科技产业园获省级创业孵化链条试点,是南京市唯一入选单位。新增孵化器在孵企业44家、毕业企业5家,认定市级孵化器2家,分别为南京紫峰科技创业园、江苏可成科技企业孵化器。

2017年浦口区获省、市级备案众创空间一览表

表92

序号	众创空间名称	成立时间	级别
1	IC咖啡·芯世界	2015.9	省级
2	酷立方(南京)智能企业创造器	2015.11	省级
3	伊诺·光点创梦基地	2015.12	省级
4	可成双创工场	2016.5	省级
5	南京同心众创空间	2016.8	省级
6	北京银行小巨人创客中心	2016.12	省级
7	创梦社	2017.2	市级

注:酷立方(南京)智能企业创造器、IC咖啡·芯世界、南京同心众创空间、可成双创工场、伊诺·光点创梦基地2017年先后认定为市级、省级众创空间

【"两落地、一融合"】 在召开驻区高校座谈会和区工作推进会的基础上,谋划"两落地、一融合"(科技成果项目落地、新型研发机构落地,校地融合发展)工作,拟定方案,校地互动,推动新型研发机构落地。区委、区政府成立工作领导小组、工作推进办公室,整合成立浦口高新区,成立南京浦口科创投资集团有限公司,注册资金4亿元,用于新型研发机构项目建设。开展对接活动10场,落地新型研发机构2个(南京航空航天大学浦口先进制造研究院、审计大数据研发中心),签订产学研合作项目48项,成立校企联盟5个,分别是江苏神州信源系统工程有限公司与南京航空航天大学电子信息工程学院、南京云田数码科技股份有限公司与南京农业大学、江苏润邦智能停车设备有限公司与南京林业大学、江苏波杜农牧股份有限公司与吉林农业科技学院、南京科略环境科技有限责任公司与南京信息工程大学。

【知识产权强县工程】 成立以区政府主要领导为组长的浦口区创建国家知识产权强县工程试点区领导小组。开展知识产权"1+"行动,在规模以上工业企业专利"清零"的基础上,面向规模以下企业挖掘创造潜力,培育专利新增长点。江北新区管理体制调整后,专利申请1675件,其中发明专利申请858件;专利授权510件。新增江苏省专利项目优秀奖4项,分别为南京工业大学的"不锈钢板翅式换热器制造工艺""一种错齿铣刀盘加工精度的微进给包络检测方法""一种赤霉菌及发酵生产赤霉素GA4+7的方法"和江苏九天高科技股份有限公司的"一种NaA分子筛膜合成的方法"。新增江苏省贯标优秀奖企业2家,分别为南京天奥医疗仪器制造有限公司、南京澳德思电气有限公司。新增南京市优秀专利奖1项,为江苏九天高科技股份有限公司的"一种合成分子筛膜的装置和方法"。出台《浦口区知识产权质押融资管理暂行办法》,鼓励企业运用专利等知识产权质押融资和开展专利保险,是全市第一家开展知识产权专利质押融资工作的单位,南京东屋电气有限公司、南京洁态环保科技有限公司、爱威机电(南京)有限公司、南京博路电气有限公司、晶美晟光电材料(南京)有限公司、南京东锐铂业有限公司6家企业融资资质达1600万元。实施省、市级知识产权项目6个,分别为南京三乐集团有限公司的"江苏省企业知识产权战略推进计划项目"、南京市云田数码科技股份有限公司的"江苏省知识产权保护(电子商务平台)项目"、南京澳德思电气有限公司的"可编程电机控制器装置项目"、江苏久朗高科技股份有限公司的"用于含油烟气净化的双疏膜制备与应用技术研究项目"、江苏威凯尔医药科技有限公司的"1.1类抗血栓新药维卡格雷的II期临床研究"、南京日托光伏科技股份有限公司的"高效、低成本太阳能电池和组件的技术研发及产业化项目",争取上级项目经费160万元。获"江苏省知识产权工作先进单位""江苏省知识产权执法工作先进单位"称号,浦口开发区获批"国家知识产权试点园区"。

【科技兴农】 举办农业科技创新政策与服务培训班,普及农业科技创新政策,提升农业科技型企业和园区创新创业能力。开展现代农业与科技金融政策座谈会,农业科技型企业与南京银行进行互动交流探讨,带动现代农业企业向"高效、生态、品牌、科技、服务"方向发

展。建立完善农业科技型企业库，引进新品种80个，推广新技术36项。创新培训形式，在7家社区开展科技专家进社区活动，提升农业科技培训实效。推进农业科技园区建设，开展市级农业科技园区考核评估工作，加大园区科技创新力度。推荐雨发生态园、万成生态园申报第二批“星创天地”，雨发生态园获科技部“星创天地”平台认定。组织雨润食品申报2017年省重点研发计划项目，组织老山药业、万成生态园、尧顺禹生物科技、望月海棠农业科技4家企业申报南京市农业科技发展计划储备项目。

【科普宣传】 组织开展群众性科普活动100余场，承办南京科协大讲堂5场，组织开展市、区级社区科普大学教学活动30余场，吸引市民近6万人次参与。省、市、区科普教育示范基地免费对外开放，接待市民5万人次。申报“金桥工程”“双百工程”“讲、比活动”等项目15项。“科普进万家”V视在浦口电视台播放，新安装科普阅览屏11台，总数65台，社区覆盖率近85%。推进“科普中国百城、千校、万村行动”工程，新命名科普中国E站44个。出台《浦口区“十大科技之星”评选奖励办法》，开展浦口区第一届“十大科技之星”评选，产生“科技之星”10人，经区科协推荐，1人当选南京市“十大科技之星”。区科协、南京望月海棠科技有限公司科普示范基地获南京市创新争先奖牌，韩岫岚、孟奎、王伟获南京市创新争先奖章。区科协被评为“2017南京市科协系统创新争先先进单位”“2017年全国科普日活动优秀组织单位”“2017年度县级科协创新发展能力提升计划优秀单位”。江浦街道烈士塔社区被认定为“江苏省科普行动计划先进单位”，中科创新广场被南京市科协认定为“南京海智特色基地”。

【区科协获“2017年全国科普日活动优秀组织单位”称号】 12月，中国科协下发《中国科协办公厅关于公布2017年全国科普日活动工作考核结果的通知》，表彰2017年全国科普日活动优秀组织单位，浦口区科协作为南京市区级科协唯一单位入选。9月15日，浦口区2017全国科普日启动仪式在江苏卫生健康职业学院举行。活动主题是“创新驱动发展，科学破除愚昧”。区全民科学素质领导小组21家成员单位围绕健康卫生、防震减灾、食品安全等热门话题以及气象预报、智能机器人、VR自行车等科技创新成果，以实物展示、现场体验、互动咨询、有奖答题等方式进行展示和宣传，400多名市民、学生参与，发放科普宣传资料1万余份。科普日期间，区科协联合区教育局、各街道深入基层、学校、企业、军营等一线，组织“科普报告进校园”讲座5场，“消防科普知识进社区”讲座和展览13场，联合南京市中医学会组织“医学专家进社区”免费义诊活动和送科技下乡活动，扩大科普宣传覆盖面，提升科普宣传影响力。

【4家企业被认定为国家知识产权优势企业】 11月，国家知识产权局公布《2017年度国家知识产权示范企业和国家知识产权优势企业评审结果公示》名单，浦口区的江苏久吾高科技股份有限公司、江苏九天高科技股份有限公司、南京工大数控科技有限公司、南京九思高科技有限公司4家企业获国家知识产权优势企业认定。

【首届“十大科技之星”评选】 5月底，区科技局启动浦口区第一届“十大科技之星”评选活动。评选面向全区从事科学技术研究的机构、高等院校、企事业单位和社会团体工作的在职在聘科技工作者。产生首届“十大科技之星”10人。

2017年浦口区第一届“十大科技之星”一览表

表93

序号	姓名	单位	序号	姓名	单位
1	丁晓斌	南京九思高科技有限公司	6	张凤鸣	南京日托光伏科技有限公司
2	王　圣	国电环境保护研究院	7	张志祥	江苏中路交通科学技术有限公司
3	王志荣	南京工业大学	8	洪荣晶	南京工大数控科技有限公司
4	包正强	南京三乐集团有限公司	9	徐宝才	江苏雨润肉食品有限公司
5	仲兆祥	南京工业大学	10	曾庆琪	江苏卫生健康职业学院

【《浦口区知识产权质押贷款补助专项资金管理暂行办法》出台】 科技型中小企业具有轻资产、头脑型、创新型等特点，难以通过固定资产质押贷款获得支持，融资难成为企业发展的一大瓶颈。5月，区科技局联合区财政局下发《浦口区知识产权质押贷款补助专项资金管理暂行办法》。暂行办法明确规定知识产权质押贷款补助专项资金的使用范围、补助标准、办理流程以及相关申请材料要求，规范企业知识产权质押融资行为，为企业知识产权质押融资创造良好的政策环境，缓解企业融资难题。

（于李丽）

【雨发公司获科技部“星创天地”平台认定】 11月28日，科技部下发《科技部办公厅关于公布第二批星创天地名单的通知》（国科办农〔2017〕103号），南京雨发农业科技开发有限公司获科技部“星创天地”平台认定。“星创天地”是发展现代农业的众创空间，是农村“大众创业、万众创新”的载体，是新型农业创新创业的一站式开放性综合服务平台，旨在通过市场化机制、专业化服务和资本化运作方式，聚集创新资源和创业要素，促进创新创业的低成本、专业化、便利化和信息化。雨发生态园有入园企业6家、农民合作社4家、创业大户4家，创业经营的主导产业有蔬菜种植、经济林果种植、草莓种植、苗木花卉种植、茶叶种植、水产养殖、餐饮、休闲观光和旅游。建设2500平方米公共服务平台,组建专家队伍,为园区企业和农民提供技术服务。农副产品展示展销暨质量检测中心提供农药残留检测服务,提高园区农产品质量安全。农业技术培训平台面积600平方米,一次可容纳200人培训,被认定为新型职业农民培训基地(农民田间学校)。 (科技局)

·防震减灾·

【防震减灾依法行政】 分解落实防震减灾目标责任书工作任务,更新台网运行监测设备和备份设备,依法保护地震监测设施和监测环境。参加区重大项目行政模拟审批系统运行,参加区重大建设工程初步设计会审2次。做好防震减灾行政权力深化改革工作,贯彻落实《江苏省区域性地震安全性评价工作管理办法(暂行)》。按区委"放管服"要求,实行防震减灾行政审批"三集中、三到位"(部门许可职能向一个科室集中、审批科室向政务大厅集中、审批事项向网上办理集中,事项进驻大厅到位、审批授权窗口到位、电子监察到位)运行体制。完成"双随机一公开"备案材料。完成区政务中心行政审批窗口建设及"互联网+政务服务"事项基础数据库建设维护工作。做好省简政放权创业创新环境评价迎查工作。

【地震监测预报】 做好地震监测、前兆观测、数据报送及台网安全运行工作,制定《2017年度震情监视和短临跟踪措施工作方案》,震情会商和异常情况处置及时。完成震情监测及季度、年度震情趋势资料分析。开展每日野外定点、定时、定量前兆流体的取样观测,确保监测台网正常运行,台网运行率、监测资料连续率达98%以上。保障省级强震台网运行,完成市级3台地震烈度仪的运行维护巡检工作,组织地震宏观测点速报培训及检查。改造数字化测震室线路、机柜、UPS备份设备,完成前兆观测设备去安徽庐江基准台的全年标定任务。坚守24小时工作值守制,应急抢修台网故障设备。地震监测预报效能考核分值位列全市前列,在省地震局组织的市县地震监测预报工作效能考核中获评优秀单位。

【震害防御和应急救援】 完成《2017年浦口区地震应急评估分析》《2018年浦口区地震发生趋势分析》报告。修订完成《南京市浦口区地震应急预案》(浦政办发〔2017〕130号),指导街道、社区地震灾害应急预案、部分学校震灾应急预案的修定。在社区、学校开展地震应急避险逃生指导,提高市民、学生的灾害应急能力,学校灾害综合演练率100%。永宁街道西葛社区创成省级地震安全示范社区,鼎泰实验小学申报创建省级防震减灾科普示范学校。增建永宁街道西葛社区综合应急救援志愿者队伍、鼎泰实验小学教师地震应急救援志愿者队伍。参加省、市2017年地震应急模拟演练及桌面推演,组织街道地震灾情速报员参加全市震灾速报培训演练。

【防震减灾科普宣传教育】 在区电视台、区科技局科普移动大屏播出避震演练及防震减灾科普知识,在《新江北报》专刊宣传防震减灾常识。开展学校防震减灾科普教育,"5·12"汶川地震纪念日期间,在浦口教育信息网站上播出地震避险逃生动漫视频。指导小学生防震减灾知识手抄报比赛并参加南京市第三届小学生防震减灾手抄报比赛,组织参加全国防震减灾知识网络竞赛。在中小学开展防震减灾知识科普讲座、演练、互动、观摩、展板宣传咨询活动。更新防震减灾科普展板20块及防震减灾宣传用品。举行防震减灾科普宣传活动,减灾日、科普日、科普周期间,在星甸街道、江浦街道市民广场、江苏卫生健康职业学院及部分社区开展防震减灾科普宣传咨询活动,增强全民防震减灾意识。

(章利春)

·气　象·

【气象服务】 做好重大突发气象灾害预警,组织开展气象为农、森林防火气象等级预报、大气污染等专项服务,为全区种植养殖大户、城乡社区生产经营类高敏感群体提供直通式服务,为汛期决策、重大项目开工、国际女子半程马拉松赛等重要活动提供气象保障服务。更新服务对象名单,确保气象服务的针对性和有效性。发布预警信号63次、服务专题报告150余期,发送手机短信约200万人次,接受媒体采访30多次,开展人工影响天气作业2次。做好150块多媒体气象预警服务终端、8块户外电子显示屏及浦口气象微博、微信、手机APP等公共气象服务载体日常运行维护,确保均等化气象服务深入有效开展。

【气象防灾减灾】 修订下发《2017年度气象防灾减灾标准化街道建设考核评分表》,江浦、桥林、星甸、汤泉、永宁5个街道及75个社区(村)完成验收。召开街道气象协理员、社区气象信息员培训暨表彰会议。组织街道及社区开展世界气象日气象防灾科普宣传培训,为117个社区赠送防灾科普挂图,开展气象防灾进社区、进校园等专题培训3次、广场宣传6次,指导街道开展气象灾害专项应急演练。修订《南京市浦口区气象灾害应急预案》,调整区气象灾害应急领导小组,向全区120多个部门和单位下发防范应对强降雪、大风、低温、冰冻、强降水、高温等灾害性天气紧急通知3次。

【气象社会管理职责履行】 落实《省政府办公厅关于优化建设工程防雷许可有关事项的通知》(苏政办发〔2016〕151号)文件精神,完成防雷许可部分业务向区建设局、建工局等单位移交。落实《南京市浦口区推进落实省委省政府"3550"工作目标改革实施方案》,开展不见面审批、多图联审、预审代办服务和并联审批服务。完善防雷安全、施放气球责任主体、责任人清单、检查事项清单、执法人员清单。加强安全生产管理,开展石油长输管道防雷防静电安全专项整治和易燃易爆场所安全检查,做好夏季安全生产重点工作,排查安全隐患。开展"双随机一公开"防雷安全执法检查,检查危化品企业25家,排查防雷安全隐患7处,要求限期整改到位。加强对施放气球活动的监管巡查,联合市气象局依法取缔违规施放气球活动1次,化解施放气球安全风险隐患。

【"3·23"世界气象日】 3月23日,围绕"观云识天"主题,开展"3·23"世界气象日活动。开展一次进校园活动,利用移动科普车、展板、折页开展气象科普进校园活动,向人民小学免费赠送气象防灾科普书籍50余本;开放一次气象科普室,开放泰山街道桥北社区防灾避险科普室,150余名中小学生参观体验;开展一次集中宣传,发文要求街道及所辖社区开展气象防灾科普宣传,展出展板1000块,发放气象科普折页6万余张;开展一次局校合作,与南信大团委定期联合开展气象科普宣传、培训、交流等活动;开展一次应急演练,指导汤泉街道从灾前预警信息传递、灾中警戒设置和转移、灾后应急救援等方面开展气象灾害综合应急演练;开展一次专题培训,到沿江街道复兴社区开展气象防灾专题培训,100余人参加培训。

【南京环境气象监测网浦口站投入使用】 6月23日,南京环境气象监测网浦口站建成并投入使用。该站位于区气象局,占地面积20平方米,有大气环境监测设备、温室气体监测设备,可实时监测全区二氧化硫、氮氧化物、碳氢化合物、总悬浮颗粒、一氧化碳、浮沉、气溶胶等环境气象项目。 (王明江)

联合共建图书馆馆外流通服务点 (金玲 摄)

【防雷安全专项检查】 12月18～20日,区气象局组织气象行政执法人员和防雷技术骨干对全区加油站、加气站以及易燃易爆等重点企业开展防雷安全专项检查。检查人员重点检查各液化气站、加油站的防雷装置安装和防雷检测等情况,向存在安全隐患的单位下发整改通知书,对做好雷电灾害防御工作的重要性以及如何进行雷电灾害防御进行宣传与科普。

南京环境气象监测网浦口站投入使用 (王明江 摄)

【中国山地自行车赛事气象保障】 4月15～16日,浦口区举办2017中国山地自行车冠军赛暨中国山地自行车公开赛(浦口水墨大埝站)。4月14日,区气象局做出“16日上午基本无雨,下午有雨”的结论。4月16日,经过仔细分析后,将预报结论由“下午阴有阵雨”改为“多云到阴,有时有阵雨”,并于7时向组委会汇报“16时前基本无明显降水”的预报结论。16时比赛结束,18时降雷阵雨。区气象局圆满完成赛事气象保障服务。 (气象局)

【书香进机关活动】 10月25日,区气象局联合区图书馆建成图书馆馆外流通服务点。图书馆馆外流通服务点面积50平方米,有书籍400本,内容涵盖经典名著、生活保健、经管理财、成功励志、历史军事、文学艺术、政治法律、人文社科、人生哲学、亲子育儿等方面。 (王明江)

教　育

·综　述·

【概况】 2017年江北新区管理体制调整后,全区有各级各类学校、幼儿园62所。其中,幼儿园26所(公办园13所、民办园13所)、小学18所(含民办校1所、分校2所)、初中10所、九年一贯制学校4所、普通高中1所、中职类学校2所、特殊教育学校1所。设教师发展中心1个、街道成人教育中心校5个。在编教师2829人。在校学生37678人，其中在园幼儿8570人，小学生15255人，初中生6772人，高中生3604人，中职生3477人。

全区教育以立德树人为目标，以队伍建设为根本，以提升质量为核心，推进“十三五”教育规划“11229”工程（全区新建1所职业教育新校区、1所高级中学、约20所各类义务教育学校、约20家幼儿园，以促进学校内涵发展和学生核心素养为主旨的“9个教育专项行动计划”），深化教育改革，推进教育现代化建设。学前三年入园率99%，省市优质园比率81%，中小学入学率、毕业率、巩固率均达100%，高中阶段教育毛入学率98.2%，城乡居民社区教育活动年参与率72.3%。通过2016年教育现代化监测工作，教育现代化建设监测结果88.4分，较上年提高2.8分，完成市对区综合考核87分的任务。全区所有学校通过江苏省合格学校验收，教育技术装备均达到或超过江苏省义务教育学校办学条件督导标准。获“南京市教育装备管理先进奖”“南京市推进学校特色装备先进奖”“南京市中小学生合唱节比赛优秀组织奖”，获“南京市妇女儿童工作先进集体”“南京市教育新闻宣传工作先进集体”等称号。浦口中专校通过江苏省高水平现代化职业学校创建验收。举办2017年南京市暨浦口区全民终身学习活动周。江浦街道创成2017全国社区教育示范街道。

2017年浦口区各级各类学校、幼儿园一览表

表94

类别	序号	学校	类别	序号	学校
幼儿园	1	实验幼儿园	小学	6	行知小学
	2	凤凰幼儿园		7	高旺小学
	3	新世纪幼儿园		8	永宁小学
	4	行知幼儿园		9	永宁小学车站分校
	5	康华幼儿园		10	大桥小学
	6	阳光凤悦天晴幼儿园		11	汤泉小学
	7	霞光幼儿园		12	星甸小学
	8	城东幼儿园		13	石桥小学
	9	高旺幼儿园		14	乌江小学
	10	碧云山庄幼儿园		15	桥林小学
	11	揽月山庄幼儿园		16	陡岗小学
	12	同心幼儿园		17	大桥小学高里分校
	13	北江豪庭布朗幼儿园		18	苏杰学校
	14	书人阅景龙华幼儿园	初中	1	第二中学
	15	海科幼儿园		2	第三中学
	16	书人金色半山幼儿园		3	第四中学
	17	霞光幼儿园滨江分园		4	永宁中学
	18	乌江中心幼儿园		5	大桥中学
	19	桥林中心幼儿园		6	汤泉中学
	20	桥林街道陡岗幼儿园		7	星甸中学
	21	兰花幼儿园		8	石桥中学
	22	汤泉中心幼儿园		9	桥林中学
	23	龙山幼儿园		10	行知中学
	24	星甸中心幼儿园	九年一贯制学校	1	浦口实验学校
	25	石桥中心幼儿园		2	乌江学校
	26	永宁中心幼儿园		3	汉开书院
小学	1	江浦实验小学		4	龙山学校
	2	新世纪小学	普通高中	1	江浦高级中学
	3	珠江小学	中职学校	1	浦口中等专业学校
	4	人民小学		2	浦口电大
	5	城东小学	特殊教育学校	1	浦口区特殊教育学校

（毛静）

9月9日，浦口区开展庆祝教师节表彰活动　（柏顺　摄）

·基础教育·

【概况】 2017年，全区教育以"办人民满意的教育"为宗旨，以"打造教育强区"为目标，突出"全面优质、高位均衡"，全面完成区政府下达的各项教育目标任务。陡岗幼儿园创成省优质园，兰花幼儿园、书人阅景龙华幼儿园创成市优质园，申报市级民办惠民幼儿园10所，浦口二中、大桥中学、乌江学校创建市新优质初中，江浦高级中学被评为南京市首批"文明校园"。汉开书院增设小学部，华东台商子女学校浦口办学点启用，南京书人实验学校封顶。

【教育基础建设】 完成万科幼儿园、亚太山雨湖幼儿园等8所幼儿园建设，完成龙山学校、高里小学、浦口三中、浦口十四中、永宁中学教学楼加固工程，完成华东台商子女学校浦口办学点改造工程，完成新世纪小学、定向河小学、天华东路中小学等9所学校建设手续办理。投入约7500万元用于教育重点工程建设，投入5600万元用于56个校舍小型维修项目改造。星甸中学完成提档升级改造，校园面貌焕然一新。

【教学质量】 学前教育实施"增量、提优、普惠"工程，在公办和惠民性民办幼儿园就读占比87.57%，优质教育资源覆盖率达86%。小学教育以特色建设为引领，投入资金570万元，全区100%学校确立特色文化建设项目；开展"弹性离校"工作，开设托管班近300个，学生7000人，参与托管服务教师1000余人。初中教育实施质量攻坚工程，2017年中考达线率位列全市五郊区第二名，在全市初中发展性评估中获"教育公平奖""教育质量奖""队伍建设奖"，大桥中学获"南京市新优质初中一等奖"，行知中学被认定为"第五批南京市推进素质教育示范校"。高中教育质量持续攀升，文化类本一双达线201人，完成率228%；在2016～2017学年南京市普通高中教育发展性评估中，江浦高级中学获综合奖、教育教学质量优秀奖、教育教学管理奖、突出贡献奖和特色奖，江浦高级中学和江中文昌校区推进率分获全市四星级和三星级高中第一名。

【特色教育】 整合特色文化资源，小学全部确立特色文化建设项目，少儿足球、花样跳绳、阳光体育等素质教育特色项目百花齐放，成为全区推进素质教育的名片。浦口实验学校的惠童国学园传承中华优秀国学传统，新世纪小学的手狮舞申报世界物质文化遗产，人民小学的跆拳道、珠江小学的武术等在全市有较高知名度。行知小学、汤泉小学创成2017年全国青少年校园足球特色学校，汤泉小学、乌江学校等7所学校在2017南京市"市长杯"校园足球联赛中获一等奖。在全国机器人比赛、南京市中小学生健美操比赛、南京市阳光体育节、南京市纸飞机比赛、南京市金钥匙团体赛、南京市无线电测向比赛、南京市创意车模比赛等活动中均获一等奖。江浦高级中学在"12·9"南京市中学生合唱节中获一等奖。

【校地共建】 拓展与江苏第二师范学院、南京晓庄学院、南京审计大学等高校的合作空间，在师资培训、教育科研、学校管理、大学生实习就业等方面开展合作，加强教育理念、信息、成果等优质资源共享，促进教师队伍素质、学校办学水平提高。江浦实小、人民小学等学校被南京审计大学确定为大学生实践基地，南审定期到校带领和指导学生开展社团活动，丰富学生课余文化生活。

【对外交流合作】 江浦实小邀请美国著名绘本大师、自然拼读专家Lynn Maslen Kertell开展自然拼读教学活动，为英语教学注入新活力。大桥中学暑期组织学生开展新加坡研学之旅，让农村的孩子走出国门，体验不同的自然和人文风情。行知教育集团接待来自新加坡、马来西亚、美国、澳大利亚等国家师生25批次672人次，弘扬传统文化，提升浦口教育品牌国际影响。行知教育集团被国侨办授予"'中国寻根之旅'夏令营优秀组织奖"，行知基地创成全国华侨文化交流基地。

【教师队伍建设】 出台《浦口区教育系统师德师风建设年活动方案》，把师德建设摆在教师队伍建设首位，组织开展"师德师风先进群体""师德标兵""第三届浦口区最美教师"评选。启动与省教研室合作项目"基于证据的区域义务教育质量提升工程""基于证据的教学指导"课题研究。举办浦口区首届"校长论坛"，承办培训116场次，参训人员17096人次。招聘教师256人，引进高层次人才2人。挂牌成立市级名师工作室1个、区级名师工作室10个,发挥名优教师的引领示范作用。杨瑞清获“当代中国教育家”称号及“全国教育改革创新杰出校长奖”,陈久贵、狄万青、高发扬、杨华军4位校长获新一轮南京市“陶行知奖”,史伟燕等14名教师获“第九届南京市优秀青年教师”称号,张淑环等20名教师获“首届南京市德育优秀青年教师”称号。落实“区管校用”制度,推进人事制度改革,教师流动261人,中小学校长交流23人。

2017年浦口区挂牌成立市、区级名师工作室一览表

表95

序号	级别	名称	序号	级别	名称
1	市级	陈久贵名师工作室	7	区级	王忠敏名师工作室
2	区级	王红兵名师工作室	8	区级	许开红名师工作室
3	区级	任荔名师工作室	9	区级	刘晓宁名师工作室
4	区级	杜育林名师工作室	10	区级	陈桂萍名师工作室
5	区级	吴佩贞名师工作室	11	区级	袁爱国名师工作室
6	区级	蔡文秀名师工作室			

(毛静)

【陈久贵名师工作室被认定为市级名师工作室】 2月24日,市教育局举行全市第二批名师工作室授牌仪式,江浦高级中学陈久贵名师工作室被确认为南京市第二批名师工作室并授牌成立,该工作室成为浦口区第一个市级名师工作室。陈久贵名师工作室由江浦高级中学校长、特级教师、教授级高级教师陈久贵担纲主持,工作室成员由该校7名骨干教师和江宁高级中学、溧水高级中学等校7名资深教师组成。该工作室是集教学、科研、培训等职能于一体的教师合作学习与研究共同体,旨在发挥名师工作室“建之于有形,作用于无形”的功效,通过针对教育教学实践中的重点、难点问题的探索和研究,推动骨干教师队伍成长,打造一支在教育教学领域中有成就、有影响的高层次教师队伍,形成名师效应和品牌。 (江浦高级中学)

【省级教育科研项目落户】 11月25日,省中小学教学研究室“基于证据的区域义务教育质量提升工程”和“基于证据的教学指导”项目启动论证暨培训会在浦口区举行。江苏省教育学会会长杨九俊,上海市教育科学研究院原副院长、博导顾泠沅等省内外教育界专家为项目实施推进建言献策。“基于证据的区域义务教育质量提升工程”由区政府、市教育局、省中小学教学研究室共同设立,旨在探索新形势下区域推进义务教育内涵建设和质量提升的合作项目,推动全区教育理念革新、教育模式创新、教育体系更新,助力早日建成现代化教育强区。

【浦口区首届“校长论坛”】 12月17日在城东小学举办。省教师培训中心、江苏教育行政干部培训中心常务副主任严华银,省教育科学研究院教师发展研究所所长徐伯钧,扬州市教师发展中心主任束玉良,南京市天正小学校长、特级教师王九红等专家及副区长陈晓路参加论坛。论坛以“办学理念精品化,引领学校卓越发展”为主题,11位中小学校长结合学校课程建设、教学管理及德育工作进行交流发言。

【第13届行知教育三国论坛】 11月30日至12月1日在行知基地举行。马来西亚教育部“爱心计划”研修班和汉语教师研修班学员、新加坡校长代表以及国内专家130余人出席论坛。论坛以“回眸百年探索,重温知行合一,共赴行知教育实验新征程”为主题,共话华文教育,弘扬行知精神,推广汉语教学。长沙青竹湖湘第一外国语学校校长武建谋作《教育的慢、静、柔》主题演讲,新加坡资深小学校长胡春河作《从新加坡办学实践中发现行知教育》报告,行知集团校长杨瑞清作《当代生活场景下的“教学做合一”新探索》报告。举行中国华侨文化交流基地、江苏第二师范学院乡村教育工作站实践基地授牌仪式。

(毛静)

【与美国教育访华团签署教育合作备忘事项】 10月21日,由加州大学伯克利分校、美国加州硅谷东区高中学区、圣荷西城市学院及中国旅美科技协会硅谷分会负责人组成的华文教育交流访华团一行,参观行知教育基地,考察行知教育集团校园文化建设。区教育局与美国教育访华团签署教育合作备忘事项。双方商议,将发挥浦口区教育局和旅美科技协会硅谷分会优势,促进浦口学校与美国加州硅谷地区学校缔结校际友好合作关系,开展教育人文交流。双方讨论互派教育管理干部开展短期培训学习及影子式培训的议题,就共同实施双语教学实验项目达成共识,一致同意在条件允许的学前教育机构或小学推动开设中英双语教学实验班,并就开展网络教学、教师互派、学生交流互访等事宜制定流程安排。 (教育局 广电台)

【浦口区、鼓楼区“携手共进”工作现场会】 10月20日在浦口区大桥中学举行。浦口区教育局副局长任卫兵、浦口区和鼓楼区教师发展中心负责人以及两区中小学、幼儿园54所“携手共进”学校近200名教师参加。现场会以“借助携手共进平台,促进农村教师专业成长”为主题,举办公开教学活动、教学沙龙,大桥中学及南大附中交流教学工作经验。活动的开展搭建城乡教育联系的桥梁,让农村教师进一步实践全新的教育教学理念、先进的教育教学方法,对教师业务能力提升起到帮扶作用。

【省“民族团结一家亲”演讲比赛在浦口举办】 2月23日举办。江苏省“民族团结一家亲”演讲比赛由省教育厅主办，江浦高级中学承办。14所民族班的参赛选手分别来自维吾尔族、哈萨克族、蒙古族等少数民族，选手们讲述自己就读于新疆班期间发生在身边的民族团结事例。评出特等奖3名、一等奖4名、二等奖7名，江浦高级中学新疆班阿里米热同学获特等奖，并将与其他两位特等奖获得者代表江苏省参加全国总决赛。

【“中国寻根之旅”夏令营】 7月20日举办。活动由国侨办主办，江苏省侨办和南京市侨办承办，南京营活动由浦口行知基地协办。来自美国、加拿大、德国、法国、西班牙、印尼的148名海外华裔青少年参加文化体验活动，开展茶艺品尝、青瓷制作、外出参观、课堂体验、动手实践等活动，使营员们感受中国文化的博大精深和汉字的妙趣横生。行知教育集团获省侨办“‘中国寻根之旅’夏令营优秀组织奖”。 （毛静）

【足球特色教育成绩显著】 1月7日，在省教育厅、省体育局举行的2016江苏省青少年校园足球年度颁奖典礼上，浦口区凤凰幼儿园被授予“江苏省首批足球特色幼儿园”称号。该园自2015年被评为“南京市首批足球特色幼儿园”后，以足球为媒介，以“体验足球，快乐成长”为引领，根据幼儿的年龄和心理发展特点，开展“生活化、游戏化”的足球活动，构建幼儿园足球文化，使幼儿在足球活动中增强身体素质，磨练意志品质，培养团队合作精神，体验激情与快乐。

2月18～22日，举办第三届“区长杯”中小学生校园足球联赛。比赛由区教育局主办，区体育局承办，浦口外国语学校、泰山小学、行知小学、江浦高级中学协办，旨在培养学生的足球兴趣，让学生在足球运动中强身健体，锻炼意志，培养学生的团队合作意识和顽强拼搏精神，推动校园足球普及提高。32所学校、600多名运动员参赛。

7月16日，2017年江苏省“省长杯”校园足球联赛初中女子组总决赛在江苏省海门市举办。比赛分为初中男子、初中女子两个组别，男、女16支队伍300名运动员参赛。南京十七中初中女子足球队获亚军。

【在全国各项比赛中获佳绩】 7月9～12日，“泓辉·银座杯”2016～2017全国跳绳联赛总决赛在广州市举办，13个省市1300余名选手参赛。浦口区永丰小学花绳队8名队员获个人花样自选中级第一名、两人车轮跳花样自选高级第一名、两人同步花样自选高级第二名、4×30秒单摇接力第三名、大型表演赛第三名及“全国跳绳高水平运动队”称号。

7月10～17日，第15届全国中小学信息技术创新与实践活动（NOC）决赛在青岛大学举行，各省市近8000名师生参赛。浦口区浦口三中代表队参加初中组机器人迷宫越野项目决赛，获初中组全国一等奖、二等奖。

8月4～6日，全国模拟飞行比赛在宁夏回族自治区盐池县举办，8个省、自治区20支小队130余名航模运动员参赛。浦口区浦口新城实验小学航模队在“穿越气柱”“固定翼钻圈”“本场无边争霸赛”3项比赛中获2金、3银、1铜，获组织一等奖和团体三等奖。

【青少年弘扬社会主义核心价值观情景剧大赛】 5月27日，2017年浦口区中小学生社会主义核心价值观情景剧大赛（决赛）在力学小学海德北岸分校举办。大赛由区教育局、少年宫主办，力学小学海德北岸分校承办，17支代表队参加决赛，区教育局、团区委、各中小学师生代表300余人观看比赛。大赛以“弘扬核心价值观，讲好成长小故事”为主题，演绎凝聚在身边的社会主义核心价值观故事。浦口区实验学校《九色鹿的诚信》、河西中学《负荆请罪》、新世纪小学《蜗牛启示录》获一等奖。 （教育局）

2月23日，省“民族团结一家亲”演讲比赛在浦口举办 （教育局 供稿）

·职业教育·

【概况】 2017年，浦口区有中职教育学校2所，分别是南京浦口中等专业学校、南京广播电视大学浦口分校。

【南京浦口中等专业学校】 2017年，学校占地面积12.4公顷，有在校生3273人，在编教职工305人，其中专任教师268人，专任教师中硕士以上学历54人，高级职称117人。开设加工制造、信息技术、旅游服务、财经商贸等八大类16个专业。其中，机电技术应用、计算机应用和会计专业是“十一五”时期省级示范专业；数控技术应用、会计、旅游服务与管理专业、计算机动漫与游戏制作专业为“十二五”时期省级品牌、特色专业。校内实训基地设备总值4617万元。计算机实训基地是江苏省计算机紧缺人才培养基地、南京市软件人才培训基地,机电实训基地是江苏省职业学校省级实训基地,数控实训基地、计算机实训基地是江苏省高水平实训基地。与荷兰商贸促进会、韩国济州汉拿大学、加拿大蒙特利尔市教育局签订合作办学协议,在学生长短期交换与互访交流、学术研讨等方面进行合作交流。341 名学生参加对口高考,本科达线 158 人,达线率 46.3%,本科达线人数和达线率再次位居南京市第一、江苏省前列。在省级以上技能大赛上获 4 金、12 银、3 铜,其中全国职业院校技能大赛获 1 金、1 银。通过江苏省高水平现代化职业学校创建验收。创成全国青少年校园足球特色学校,在 2017 年"市长杯"校园足球联赛中获一等奖。

【南京广播电视大学浦口分校】 学校是经市政府批准设立的集本科、专科、技能培训为一体的多层次办学实体。2017 年,占地面积 3.29 公顷,有班级 23 个,在校生 1200 余人,其中全日制五年高职生 11 个班 356 人,开放成人教育在读本科、专科学生 12 个班 700 余人,在编在岗教职工 27 人,研究生学历(含在读)7 人,是全国高校网络教育部分公共基础课统一考试南京江北唯一考点。建有主干 100 兆的校园网,具有卫星电视课程、IP 和 VBI 课程存储及服务设备条件,与中国教育卫星宽带多媒体传输平台对接,能传输教育资源和信息,形成比较完备的现代远程教育网络。

【浦口中专校宣传片获全国校园影视评比一等奖】 12 月 9 日,第 14 届全国中小学校园影视奖颁奖典礼在江苏省宜兴市举行,浦口中专校形象宣传片《三十而立》获全国校园影视评比一等奖。该片记录浦口中专校在 30 年发展历程中取得的成就,彰显职教工作者的人性光辉和美丽心灵。至此,该校共有 5 部宣传片在全国校园影视评比中获奖。

【浦口中专校举行中荷学生文化交流活动】 5 月 6～13 日,浦口中专校与荷兰阿森克中学联合举办中荷学生文化交流活动,荷兰阿森克中学 20 位师生参加交流活动。浦口中专校带荷兰师生参观机电实训基地,并开展中国结制作、书法、剪纸、包饺子等活动,中荷两校青年学生在思想的碰撞融合中感受两国文化的异同之处,体味两国文化的博大精深。 (毛静)

【浦口中专校在省职业学校创业能力大赛中获二等奖】 12 月 11～13 日,江苏省职业学校创业能力大赛在无锡举行。全省 13 个市、83 个学校、141 个项目参赛,比赛设竞赛、创业实践挑战赛 2 个项目,共 4 个组别。浦口中专校毕业生靳明晖申报的"南京玖霖文化传媒有限公司"项目参加创业实践挑战赛(毕业学生组),获二等奖。

【浦口中专校在市职业生涯规划设计赛中获佳绩】 11 月 27 日,2017 年南京市职业学校"文明风采"竞赛项目——职业生涯规划设计比赛获奖名单公示,浦口区 3 件作品分获一二等奖。比赛共有 20 所职业学校 97 名学生参赛,评出一等奖 12 人、二等奖 18 人、三等奖 32 人。浦口中专校何梓凡同学的作品《汽车殿堂,任我飞翔》获一等奖,汪媛同学的作品《立足现在,胸怀未来》、魏带娣同学的作品《逐梦 Dream high》获二等奖。

(浦口中专校)

·特殊教育·

【概况】 2017 年,浦口区特殊教育学校占地面积 17820 平方米,校舍建筑面积 4500 平方米。有学前、小学、初中、职业教育教学班 13 个。在校学生 109 人,其中智力残疾 54 人,精神残疾 24 人,视力残疾 1 人,听力残疾 3 人,肢体残疾 1 人,言语残疾 1 人,多重残疾 25 人。教职工 34 人,专任教师 30 人,其中一级教师 24 人。对学校软硬件设施进行提升改造,建有康复训练室、语训室、感统训练室等专用教室,配备体感游戏机、语言训练机、smart 互动桌等康复、游戏、学习器材,基本满足不同残疾类别孩子的教育康复需求。

【助残公益活动】 5 月 19 日,主题为"真情守护,让爱歌唱"的助残活动暨关爱特殊儿童公益活动在特教学校举行。南京特殊教育师范学院、浦口区政府、区教育局、区残联领导以及特教学校全体师生、家长、爱心志愿者参加活动。活动向 110 名特殊儿童捐赠服装,金额 18480 元。 (毛静)

【张琳老师获"特教园丁奖"】 12 月 3 日,特教学校教师张琳获中国残联和教育部联合颁发的 2017 年"交通银行特教园丁奖",是南京市唯一获此殊荣的老师。评选面向特教教师和在普通学校承担随班就读工作的教师,全国表彰优秀特教教师 100 名。张琳老师扎根特殊教育 20 年,用真情守护着每一个孩子,用行动改变着每一个孩子,曾获"南京市斯霞奖""南京市好人""浦口区师德标兵"等称号。 (教育局)

·高等教育·

【南京工业大学】 7 月,中共江苏省委任命乔旭任南京工业大学校长。

学校有 11 个学部、28 个学院,本科专业(含方向)84 个,跨工、理、管、经、文、法、医、艺 8 个学科门类,具有留学生招生资格和教授审定权。录取本科生 6309 人、硕士研究生 1833 人、博士研究生 158 人;毕业本科生 7335 人,在校本科生 25326 人;招收外国留学生 79 人,在校留学生 189 人。有材料化学工程国家重点实验室、国家柔性电子材料与器件国际联合研究中心、国家生化工程技术研究中心、国家特种分离膜工程技术研究中心和国家热管技术研究推广中心等国家级科研机构 5 个,省部级研究中心 24 个,省部级重点实验室 23 个。有国家一级重点学科 1 个,江苏省一级学科国家重点学科培育建设点 1 个,江苏高校国家重点学科培育建设点 2 个,江苏高校优势学科一期工程 4 项、二期工程 6 项,"十三五"期间江苏省重点学科 2 个,"十三五"期间国家国防特色学科 4 个,博士后科研流动站 7 个,一级学科博士学位授予点 6 个,二级学科博士学位授予点 38 个(含覆盖),一级学科硕士学位授予点 22 个,二级学科硕士学位授予点 112 个(含覆盖),专业学位授权点(含领域)26 个。有教职工 2900 余人,高级职称人员 1300 余人,其中中国科学院院士 2 人、中国工程院院士 5 人、第七届国务院学科评议组成员 2 人、全国杰出专业技术人才2人、教育部“长江学者”特聘教授7人、国家“973”计划项目首席科学家8人、国家“千人计划”人选30人(其中青年“千人计划”17人)、国家杰出青年基金获得者13人、国家优秀青年基金获得者7人;教育部“长江学者和创新团队发展计划”创新团队4个、滚动支持创新团队2个;科技部“创新人才推进计划”中青年科技创新领军人才5人;中组部“万人计划”百千万领军人才1人、中青年科技创新领军人才4人;百千万工程国家级人选11人;“863”计划专家委员会专家1人、主题专家组专家3人;教育部高等学校教学指导委员会委员6人;全国模范教师2人,全国优秀教师4人,全国黄大年式教师团队1个。

化学、材料学、工程学3个学科进入ESI全球前1%行列,生物与生物化学的ESI潜力值达0.999。在全国第四轮学科评估中,化学工程与技术学科并列第三位,获得A等。3个专业通过住建部专业评估,7个专业获工程教育专业认证申请受理,受理数列全国第三位。承办第二届中国高等工程教育峰会,6个专业通过华盛顿协议工程教育认证,申报新专业3个,2个嵌入式培养专业获批。引进15门高质量网络课程,建成10个小班化、互动式智慧教室。完善多方参与的教师教学评价机制,重点跟踪考察8门和考研相关的专业核心课程的教学质量。获江苏省高等学校重点教材立项8部,江苏省教学成果奖一等奖2项、二等奖3项,江苏省优秀毕业设计(论文)一等奖1项、二等奖7项、三等奖7项、优秀团队2个。学生竞赛获省部级以上奖励744项,其中国际奖项25项,国家级奖项128项,包括全国“挑战杯”竞赛特等奖1项,美国(国际)大学生数学建模竞赛特等奖提名奖1项、一等奖3项、二等奖11项,中国研究生数学建模竞赛一等奖1项。学生团队获世界化工大会之化学能小车竞赛第二名。1人获“江苏省大学生年度人物”称号。

加大高端人才引进力度,用“双轨”制人员聘用模式补充原有人才聘用方式,引进人才263人,其中具有海外背景的99人、二层次以上46人、统招统分博士后36人、柔性引才引智42人。7人获批中组部“千人计划”青年项目,新增“千人计划”创新短期1人、外专千人2人、江苏特聘教授4人、江苏省双创团队(外国院士类)1个、双创计划(高校创新类)1人、双创博士(世界名校类)15人、江苏省六大人才高峰高层次人才项目24人、江苏省“青蓝工程”中青年学术带头人2人、优秀青年骨干教师4人和优秀教学团队1个。首次入选“中德博士后交流项目”资助,首次获得“博士后国际交流计划”派出项目资助。加强复合型的一体化团队建设机制,材料化学工程教师团队被教育部评为首批全国高校黄大年式教师团队。1名教师获国家杰出青年科学基金项目资助,2名教师获国家优秀青年科学基金项目资助。1名教师入选国家百千万人才工程,1名教师被授予“有突出贡献中青年专家”称号,1名教师入选中国科协青年人才托举工程(2016~2018)。校专家学者当选国际光学工程学会会士、入选中国石油和化学工业联合会专家委员会专家入选科技部中青年科技创新领军人才。

获批国家自然科学基金立项148项,获批直接经费9109.3万元,国家社科基金立项7项,立项数和资助额均创历史新高。获批国家重点研发计划课题立项17项、任务立项26项。获批省自然科学基金立项85项,省高校自然科学研究面上项目25项、重大项目12项,南京市校企合作后补助计划项目13项。横向科研实际到校经费1.55亿元,纵向科研到校经费1.68亿元。材料化工科研团队在石墨烯膜领域的相关研究成果在《Nature》杂志发表。发表SCI论文1564篇,作为第一作者单位发表SCI论文1018篇。8位教授入选中国高被引学者榜单。获科技奖项43项,其中获国家科技奖2项、江苏省科技奖6项、教育部科技奖3项、石化联合会科技奖6项、侯德榜化工科学技术奖4项、南京市“十大科技之星”1项、江苏省创新争先奖4项。新增平台基地5个,成立校企平台10个,与企业签署产学研合作协议33项、合作共建协议9项,获中国产学研合作创新奖、中国产学研合作促进奖、环保中国十大年度人物奖、江苏省创新争先奖,“特种分离膜团队”获江苏省创新争先奖牌。授权中国专利320项,获计算机软件著作权证书16件。教师获第19届中国专利优秀奖、首届石油和化工行业专利奖金奖、首届江苏省专利发明人奖。新增替代进口重大专项1项。首次获批海洋工程用钛合金材料军民融合江苏省重点实验室。推动科技成果“三权”(处置权、收益权、收益权)改革,学科型公司久吾高科在深交所上市,成为该校第一家、江苏省属高校第三家上市公司。

举办校地、校企合作对接会52场,成果转移转化推广活动61场,成立校企合作平台15个。签订横向科研合同1248项,联合申报各类成果转化项目42项。参与南京市“两落地、一融合”建设,和江北新区签订建设领域战略合作框架协议,建立南京工业大学江北新区建设研究院、六合技术转移分中心等。和中国石化、中国建筑、中国建材集团等央企开展全面合作,支持国家建设。与省内外多个地市开展合作,与佳兆业集团达成共建南工滁州科教城框架合作协议。产业研究院、校企研发平台、发展研究院等合作载体建立,与江北新区、江苏省产业技术研究院共建江苏省产业技术研究院膜科学技术研究所,与江北新区共建江北新区建设研究院,与南京经济技术开发区共建南京增材制造粉体材料研究院,与张家港市政府共建南京工业大学张家港产业学院。参与科普工作,与南京市琅琊路小学共建青少年科普基地,与南京外国语学校高中部开展科普合作,相关合作成果获“丘成桐科学奖(化学)国际竞赛”金奖。(吴杰)

【南京信息工程大学】 2017年,学校有学院24个,全日制在校生31219人(含滨江学院),其中本科生27538人,研究生3165人,学位留学生516人。教职工2246人,其中专任教师1683人。专任教师中,高级职称824人,博士生导师159人,中国科学院院士2人。

新增国家百千万人才工程国家级人选1人、国家“千人计划”青年项目1人、“长江学者奖励计划”青年学者1人、江苏省双创个人1人、江苏特聘教授3人、江苏省双创博士8人、江苏省“六大人才高峰”高层次人才13人、江苏省高校“青蓝工程”培养对象9人。入选教育部首批“全国高校黄大年式教师团队”1个、江苏省双创团队2个、江苏省

“六大人才高峰”创新团队1个。学校师资队伍建设经验入选江苏省教育改革创新优秀典型案例。创新高端人才引进机制,实施长望英才“校长面对面”活动,全额资助50名海外精英考察加盟。制定高端人才引进标准,全球招揽学院院长和学科领军人物。引进博士及副高以上职称专任教师109人,师资博士化率达79.72%、国际化率达46.2%。

推进人才培养模式改革,长望学院独立运行,藕舫学院创新设立。启动实施“三百工程”,引进百名首席预报员等气象行业专家,与校内教师共同组建高水平教学团队,共同招领百门课程,共同编写百部教材。获批江苏省高等学校“十三五”期间重点教材立项建设7部,获江苏省高等教育教学研究改革课题重中之重课题1项、重点课题1项;获评省教学成果奖一等奖2项、二等奖4项;获江苏省研究生教育教学改革成果奖二等奖。搭建众创空间、创客空间、大学生创业园、大学科技园四大双创教育平台,学校入选国家级深化创新创业教育改革示范校,“信大云创空间”入选国家级众创空间。首获“挑战杯”全国大学生课外学术科技作品竞赛国赛特等奖;获全国大学生数学建模竞赛一等奖3项;获第二届中国“互联网+”大学生创新创业大赛银奖1项;获美国大学生数学建模竞赛特等奖提名,获一等奖9项;获全国大学生电子设计竞赛一等奖2项;获全国大学生英语竞赛全国特等奖6项,并列江苏高校第一名;连续三年获国际计算机视觉与模式识别大会算法竞赛冠军;获全国大学生FPGA邀请赛特等奖。

教育部2017年学位授权新增博士一级学科学位授权点5个、硕士一级学科学位授权点8个、硕士专业学位授权点6个。在全国第四轮学科评估中,大气科学学科估等级A+,计算机科学与技术、数学、环境科学与工程、科学技术史4个学科进入B类学科,以大气科学为核心的优势学科布局更加凸显。计算机科学进入ESI国际学科排名前1%,地球科学学科排名提升至ESI前1%的339名,自然指数位列内地高校57名,地球与环境科学学科跻身全球百强榜第34名。

科研到账经费3亿元,科技总经费6.1亿元,文科项目合同经费841.48万元。理工类新增立项404项,其中国家级140项;新增横向186项,其中百万元以上项目29项。主持国家重点研发计划项目3项、课题3项。新增文科项目188项。获批国家社科基金10项,其中重大1项,教育部人文社科研究项目10项,江苏省社科基金项目15项。自然科学类发表论文1188篇,其中SCI(E)论文698篇,ESI高被引论文58篇;人文社科类发表论文388篇,其中SSCI论文20篇,C刊以上论文156篇。专利申请1317件,其中发明专利426件,专利授权583件。自然科学类获省部级以上奖励4项,获批国家社会力量奖4项,其中获气象科学技术进步成果奖一等奖1项。 (赵德全)

【南京审计大学】 2017年,学校有浦口、莫愁2个校区,全日制在校本科生、研究生、留学生1.6万余人。有专任教师1065人,其中正高职称170人,具有博士学位558人。

设国际审计学院、会计学院等专业学院(教学部)21个,政府审计学院、审计与评估研究院等特色学院(研究院)10余个。有本科专业34个。其中,审计学、金融学、财政学为教育部特色专业建设点,审计学、金融学为教育部专业综合改革试点项目,审计学、金融学类、财政学类、工商管理类、管理科学与工程类为江苏省“十二五”期间重点专业,审计学、金融学、财政学为江苏高校品牌专业。审计科学与技术、现代审计科学分别入选江苏高校优势学科建设工程一、二期项目,应用经济学学科入选江苏高校优势学科建设工程重点序列学科,理论经济学学科入选“十三五”期间江苏省重点(培育)学科,公共管理、统计学、计算机科学与技术、数学、马克思主义理论5个学科入选“十三五”期间江苏省重点建设学科。

有教育部“长江学者”特聘教授5人、讲座教授5人,教育部优秀跨世纪人才1人,教育部“新世纪优秀人才支持计划”3人,教育部教学指导委员会委员5人,中组部“千人计划”2人、百千万人才工程2人、“万人计划”1人,中宣部文化名家暨“四个一批”人才1人,享受政府特殊津贴专家8人,省部级有突出贡献中青年专家6人,全国审计专业学位硕士研究生教学指导委员会委员1人,财政部全国领军(后备)人才(学术类)3人,司法部全国优秀教师1人;江苏省青年科学家奖1人,江苏省优秀社会科学工作者1人,江苏省“双创计划”人才3人,江苏特聘教授2人,江苏省教学名师1人;江苏省“333人才工程”培养对象57人次,江苏省“六大人才高峰”培养对象14人;江苏省“青蓝工程”中青年学术带头人37人,“青蓝工程”优秀青年骨干教师77人,2017年度高校“青蓝工程”优秀教学团队培养对象1个(国际贸易专业CDIO教学团队)。

有江苏省高校哲学社会科学研究基地2个(现代审计发展研究中心、金融风险管理研究中心),江苏省高校协同创新中心(培育点)1个(审计信息工程与技术),省级重点实验室4个。根据江苏省学位委员会发布的《关于公布2017~2023年博士硕士学位授予立项建设单位的通知》,南审成为博士学位授予立项建设单位。《审计与经济研究》为全国中文核心期刊、CSSCI来源期刊、RCCSE中国核心学术期刊、全国高校精品社科期刊,《南京审计大学学报》为全国高校优秀社科期刊、CSSCI来源期刊(扩展版)、RCCSE中国核心学术期刊。

推进教育国际化,与英国伦敦政治经济学院、美国加州大学圣克鲁兹分校、俄罗斯莫斯科国立大学等高校建立紧密合作关系;与最高审计机关国际组织(INTOSAI)、最高审计机关亚洲组织(ASOSAI)、国际内部审计师协会(IIA)等国际行业组织,美国、法国等十几个国家和地区的最高审计机关建立广泛合作关系。学校被国际内部审计师协会(IIA)认证为中国唯一的“内部审计教育伙伴”(IAEP)合作级高校,与全球伙伴高校开展学生互换、教师互聘、学分互认、科研合作;被英国特许公认会计师公会(ACCA)评为“全球培养ACCA人才最多大学”“白金级培训机构”。

(杨凤春)

【江苏警官学院】 7月24日,中共江苏省委任命夏存喜为江苏警官学院党委书记。

2017年,学院本部位于浦口区石佛寺,另有安德门、龙潭2个校区。有全日制在校本科生6060人,成人学历教育在籍生2900人。招生1496人,毕业1486人。有教职工651人,其中专任教师351人。专任教师中,高级职称168人,具有博士、硕士学位教师245人,省"333工程"、高校"青蓝工程"等高层次人才培养对象58人次,公安部教学名师2人。

设公安管理系、治安管理系、侦查系等10个系(部),公安管理学、治安学、侦查学等16个全日制本科专业(方向),以及法学、刑事侦查、公安保卫等5个成人教育本、专科专业。有痕迹检验、法化学、刑事侦查等综合性实验室8个,部级公安智库1个,省级重点培育智库1个,省级重点研究基地1个,省级工程实验室2个,国家级实践教育基地1个,省实验教学与实践教育中心6个。有省优势学科建设项目1个、省重点建设学科3个、国家级特色专业建设点2个、教育部专业综合改革试点项目2个、省高校品牌专业建设项目2个、公安部重点专业建设项目1个、省级特色品牌专业6个。建有国内第一个指纹主题博物馆——南京中华指纹博物馆及国内唯一的民国警察史博物馆、全国公安院校唯一的枪械发展史博物馆。江苏省食品药品与环境犯罪技术检验工程实验室获批省级工程实验室。

围绕培育公安实战应用型人才,推进教育教学改革。129名公安专业学生通过国家司法考试。参加公安院校学生科技创新应用成果大赛,13个项目获奖,其中金奖1项、银奖2项,3个大创项目入围省级项目展示。非公安专业毕业生年终就业率85.5%,司法考试通过率43.2%,参加全国性模拟联合国大会比赛获最高奖,法律系学生代表队在全国大学生演讲大赛中获团体二等奖。完成增援金砖国家领导人厦门会晤、国家公祭日等重大活动警卫安保任务。

科研立项173项,其中市厅级以上100项、省部级项目10项。发表学术论文255篇,其中CSSCI来源期刊10篇、中文核心期刊34篇。出版著作28部,出版优势学科系列丛书2部、重点建设学科学术丛书8部。获得外观设计专利4个、实用新型专利7个。获全国公安机关改革创新大赛优秀奖1项、厅级科研成果奖3项。申报全国警用无人机飞行员教育训练基地和省级实验室1个,新建产学研基地8个。入选中国大学智库50强,省部智库分列法律与公共安全领域智库综合评分第四名和第九名。编印《智库专报》13期,其中5篇决策咨询报告分别被公安部、省委宣传部刊用,2篇得到公安部领导批示肯定。发挥智库学术交流功能,举办第三届连云港论坛·智库分论坛,发起成立连云港论坛智库的倡议。主办全国性学术会议8次,选派260多人次参加国内外各类学术会议,提交会议论文241篇。《以实战能力为导向的校局一体化育警机制探索与实践》获江苏省教学成果奖二等奖。推进优质课程资源库建设,2门课程获批省级在线开放课程立项。

联办法律硕士(警务方向)专业学位研究生教育,完成修订课程设置方案和10门课程教学大纲讲义,配套制定专业学位研究生教学科研工作规范。推进研究生培养创新工程项目建设,新获批项目24个,新建研究生工作站3个,获批省级研究生工作站1个。选聘南师大兼职硕士生导师7人,学院兼职硕导共23人,承担研究生教学任务教师68人,新聘22名行业教师、81名实战指导教官。获批江苏省2017~2023年硕士学位授予立项建设单位。

以争创一流培训基地为目标,以服务实战化职业警队建设为导向,以主体班次内涵建设为重点,加强在职民警培训工作规范化建设。编印《民警培训工作手册》《民警培训案例精选》等手册4部,研发教学专题18个,新增"三长"培训现场教学基地9个,举办培训70期,培训7000余人次。教官参与培训教学达190人次。完善外警培训常态化机制,打造外警培训新亮点,举办外警培训班5期,举办中外警务合作智库论坛5次。

【南京铁道职业技术学院】 2017年,学校有珍珠南路、建宁路2个校区。有全日制在校生9461人,外国留学生100人,成人学历教育在校生3461人。有教职工530人。设运输管理学院、通信信号学院、机车车辆学院、供电与工程学院、经贸学院、软件与艺术设计学院、国际教育学院、创新学院和社科教学部、思政课教学部、体育教学部、外语教学部、轨道交通综合实训中心、继续教育学院、地铁学院。跻身江苏省高水平高职院校建设单位行列。

获评全国职业院校交通运输大类示范专业点2个,获批省级骨干专业建设点5个。获省级重点教材2部、省级教学成果奖5项。"191创客空间"被认定为省大学生创新创业示范基地。学生在省级以上竞赛中获奖200余人次。其中,获全国职业院校高速铁路精测精调技能大赛团体一等奖1项、全国大学生电子设计竞赛(瑞萨杯)一等奖1项、全国大学生数学建模竞赛一等奖1项(代表江苏省首次摘得Matlab杯),全国职业院校技能大赛"互联网+国际贸易综合技能赛项"团体一等奖1项、"现代物流作业方案设计与实施"赛项团体二等奖1项、全国铁路职业院校技能大赛"高铁信号控制系统安装、调试与维护"赛项一等奖1项。经贸学院国际商务专业学生蔡甄妮获"江苏省大学生年度人物"称号。学生舞龙队获江苏省大学生龙狮精英赛冠军,学生足球队获江苏省第19届运动会高校部男子乙组足球比赛暨江苏省"省长杯"足球联赛亚军,学生篮球队获省第十九届运动会高校部男子乙组篮球比赛季军。

引进教师46人,其中正高职称3人、副高职称3人、博士7人、硕士33人。柔性引进上海铁路局技能大师4人。强化师资队伍培训,选派50多名教师赴境外培训,组织30名专业教师到西南交大进行国际化项目教学专业培训。申报省级项目,新增省"青蓝工程"项目培养对象3人、优秀教学团队1个,新增产业教授4人。推进职称评审工作,晋升专业技术职务44人,晋升副高职称13人,晋升教授3人。

联合江苏省铁路办和江苏铁投公司,政企校共建江苏铁路人才培训基地。联合深圳国泰安集团公司,共建高铁VR(虚拟现实)技术协同创新中心,开发动车组一级修VR教学软件。与吴中集团共建金川科技园,完成4.5万平方米二期工程建设。获上海铁路局科学技术进步奖二等奖1项。申请专利162项(其中发明专利94项),授权专利168项(其中发明专利19项)。开展社会培训4.57万人次、技能鉴定1600多人次。完成4400多名成人学历教育学生的教学工作,1200多人获得毕业证书。

成立国际教育学院,统筹国际化人

才培养,留学生在校生100人,首届22名印尼留学生毕业。与中航国际签署战略合作协议,共同开拓轨道交通海外培训市场,精准服务中国铁路企业"走出去"。参加中国—东盟教育交流周活动,联合北京交通大学、北京联合大学共同主办"一带一路"轨道交通教育培训校企合作对话会,来自中国、俄罗斯、越南、老挝、泰国、柬埔寨、斯里兰卡、印度尼西亚、吉尔吉斯斯坦、波兰等国27所高校代表、东盟国家政府官员和中国铁路企业领导等150余人出席,推动联盟成员之间的交流合作。接待埃塞俄比亚、加纳、肯尼亚、老挝等12个发展中国家的铁路工程建设管理与施工技术研修班成员到校参观学习,扩大学校的国际影响力。

学校先后获全国高职院校"服务贡献50强"和"国际影响力50强""江苏省来华留学生教育先进集体""全省百佳学生资助工作单位典型""江苏省高职院校后勤行业先进单位""江苏省高校信息化建设先进集体""江苏省共青团工作先进单位""南京市无偿献血先进单位""南京市征兵工作先进单位"等称号。南铁院金川科技园获江苏最具影响力空间线上评选第一名。（唐飞）

【南工大1项成果获国家技术发明二等奖】 1月8日,南工大生物与制药工程学院院长郭凯教授主持完成的"基于微流场反应技术的生物基无毒增塑剂及其衍生物连续绿色制造"项目获2017年度国家技术发明奖二等奖。该项目在国家"973"计划、校企合作项目的支持下,经多年攻关,突破尺度放大与尺度效应难以同步保持、多单元系统集成困难、高效工程装备缺失等技术瓶颈,解决MFS技术在复杂有机化工体系中的规模化工程应用的国际共性难题,使其在生物基无毒增塑剂及其衍生物产业中获得应用,在多家企业实现基于微流场反应技术的高品质柠檬酸酯产品、环氧脂肪酸甲酯产品及生物基聚氨酯硬泡多元醇产品的稳定生产,为推动微流场技术的规模化应用及增塑剂产业的无毒化转型和衍生应用做出重要贡献。（吴杰）

【国家监察与审计法治学术研讨会】 4月1日在南审举办,来自中国政法大学、武汉大学、中国人民大学等理论及实务部门的专家学者40余人参加。会议围绕国家监察委员会的设立、国家监察法的创制、审计监督的发展完善和检察体制改革等问题进行深入探讨。

【第七届世界华语辩论锦标赛总决赛在南审举办】 4月21～25日在南审举办。北美、欧洲、大洋洲、亚洲等388所高校报名参赛,经层层选拔,北京大学、多伦多大学、香港城市大学等24所全球高校辩论强队晋级总决赛。天津大学获冠军,墨尔本大学获亚军,北京大学和华东政法大学获季军。天津大学二辩谢宇获全程"最佳辩手"称号,陕西科技大学获"最具人气高校奖"。（杨凤春）

【南铁院首届会计杰出人才班结业】 6月13日,南铁院经贸学院举办首届会计杰出人才班结业典礼暨司书企业奖学金颁奖仪式。副校长刘盛烺、南京司书软件系统有限公司副总经理梁帅等出席典礼,经贸学院班子成员、会计系老师及2014、2015级两届会计杰出人才班全体同学参加典礼。宣读《关于表彰2014级会计杰出人才班司书企业奖学金的决定》,表彰学生12人,奖励企业奖学金1万元。首届会计杰出人才班共24人,一年半来,全国助理会计师通过率100%,3名同学通过美国注册管理会计师(CMA)考试,1名同学获省"挑战杯"大赛银奖及全国创业创效大赛三等奖,5名同学主持省大创课题,4名同学获江苏省会计技能大赛团体一等奖,3名同学协助老师参与企业横向课题研究,14名同学参与国税总局金三工程企业上线咨询培训,近20名学生参与瑞华会计师事务所项目审计,1名同学被评为省优秀学生干部,3名同学成为中共预备党员,1名同学被评为校年度人物,班级就业率100%,其中60%以上的同学继续本科层次深造。（唐飞）

【南信大入选国家"双一流"建设高校和江苏省高水平大学建设高校】 9月21日,教育部、财政部、国家发改委正式公布"双一流"(世界一流大学和一流学科)建设高校及建设学科名单,南信大入选"双一流"建设高校,大气科学学科成为"双一流"建设学科。同年入选江苏省高水平大学建设高校。

【南信大校长李北群出席世界气象组织教育培训大会】 10月30日,南京信息工程大学校长李北群应邀出席第13届世界气象组织(WMO)教育培训大会,并作主题为《打造世界一流气象学科,为全球气象水文教育培训能力建设贡献南信大力量》的主旨演讲。（赵德全）

【江苏警官学院入选中国大学智库指数排名前50名高校】 12月20日,由南京大学、光明日报社共同主办的2017中国智库治理暨思想理论传播高峰论坛在北京召开,论坛发布中国智库索引(CTTI)2017年度发展报告。根据CTTI系统中348所高校智库累积数据及MR-PA测评算法,江苏警官学院入选中国大学智库指数排名前50名高校。

（范开志）

·文稿编辑 徐 源·

文　化

社会文化

【概况】　完善现代公共文化服务体系。区委、区政府印发《浦口区关于推进现代公共文化服务体系建设的实施意见》，提出22项重点工作，为“十三五”期间全区公共文化服务体系建设提供指引。拨付2016年度文化事业奖补资金257.39亿元，区图书馆、文化馆新馆和浦口文化中心建成并投入使用，日均迎客近3000人次。推进基层综合性文化服务中心建设，创成25家省级标准社区(村)综合文化服务中心，创成2家四星级、3家三星级农家书屋，浦口区被省新闻出版广电局评为“2016年农家书屋提升工程试点工作示范区”。全区每万人拥有公共文化设施面积1622平方米。与驻区高校成立校地联盟，实现驻区高校与浦口区文化资源共享。借力高校文化志愿者团队，签订协议设立高校志愿服务岗。与区级机关有关部门、文化类社会组织合力打造文化浦口，引进优质文化资源，提高文化供给质量。发展注册文化志愿者1147人，组织活动232场，惠及居民6万余人。出台《浦口区书画名家宣传推广扶持办法(试行)》，宣传推广文化名人30多名，加强与文化名企联系，高端文化艺术与大众文艺团队相结合。浦口公共文化服务数字化平台上线运行，注册用户8万余人，点击量100万余次，推出文化活动350场，10万多名群众参与线上文化活动，文化场馆预约量1000余次，近万名群众通过平台使用文化场馆，京剧《大明城墙》网上门票预约1分钟内300人同时抢票。浦口公共文化服务数字化平台以全国第三、江苏第一的成绩入选文化部2017年全国基层公共数字文化服务推广项目。

彰显文化富民工作成效。组织开展文化活动1645场，送演出162场，放映农村数字电影599场，送图书1.37万册。第八届中国京剧节期间，《温世仁》《落梅吟》《邓恩铭》3个剧目在浦口文化中心演出6场，区文广局被省文化厅授予“第八届京剧艺术节先进集体”称号，并在全市表彰会上作交流发言。围绕第八届幸福浦口艺术节，举办首届“才艺浦天下”艺术技能大赛、第四届社区广场舞大赛及戏剧专场演出，知名表演艺术家于魁智、李胜素到浦口演出。围绕党的十九大胜利召开，举办“喜迎十九大”系列专场文艺演出、“砥砺奋进的五年”图片展、“璀璨珍珠”浦口区美丽乡村建设摄影展、“中国梦·伊犁情”伊犁州美术书法作品展等活动。创新农村电影放映“约片制”，首次以政府购买公共文化服务的形式组织农村公益电影放映。发挥图书馆、文化馆阵地作用，图书馆“雨山讲堂”开设名家有约、艺术沙龙、地方杂谈、健康有约等专题讲座12场。文化馆举办“欢聚艺堂”公益艺术普及班3期，开设成人、少儿班次30余个，惠及群众600余人。举办浦口区第二届少儿器乐大赛、浦口区首届艺术技能大赛等，为市民提供展示艺术才华的平台。引进京剧《大明城墙》、黄梅戏《杨三姐游春》、凤凰剧社专场戏剧演出等高雅艺术。举办第二届“阅读悦美”书香浦口读书节，开展“你读书我买单”“共享阅读”读书漂流等活动，开展“最佳阅读推广人”“优秀阅读组织”“最美阅读阵地”评选表彰。开展“书香街道”“书香社区(村)”评选，命名2个书香街道示范点、7家书香社区(乡村)示范点。在全市农家书屋“我的书屋、我的梦”主题征文和演讲比赛中，获一、二、三等奖各2个，并获优秀组织奖。打造一批阅读阵地，建设机关书房、扬子云书房、24小时自助阅览室等阅读阵地，推进图书馆漂流点进基层。启用高校图书联盟通借通还平台，完善校地联盟资源共享机制。被市全民阅读活动领导小组评为“2015～2016年度南京市全民阅读工作先进集体”。求雨山文化名人纪念馆的“书法进校园”系列活动获“2013～2016年度南京市博物馆(纪念馆)优秀青少年教育项目提名奖”。

【迎春系列文化活动】　全区各文化场馆、街道、社区(村)围绕春节主题，组织开展系列文化活动。区文广局开展“送春联进社区”活动。区文化馆举办“迎新春·忆长征”书画作品展。区图书馆开展迎新春有奖灯谜会活动，组织放映《海底总动员2》《反贪风暴2》《大唐玄奘》等影片。求雨山文化名人纪念馆举办迎春书法展。“文化浦口”微信公众号开展新春故事在线有奖征集活动，挖掘和展示身边的春节故事，弘扬传统文化。“浦口区图书馆”微信公众号举办“九州同庆 最美年俗”摄影在线有奖征集活动，展示各地春节特色文化风貌，寻找年俗年味。组织“迎新春·庆新年”文艺惠民演出，桥林、盘城、沿江、星甸、江浦、汤泉街道于年初一至初五举办民俗节目巡演12场，表演形式有花船、舞龙、舞狮、秧歌、戏曲、打莲湘、大头娃娃等。区文化馆、泰山街道和顶山街道举办元宵文艺演出。

2017年浦口区重点文化活动一览表

表96

序号	活动名称	时间	地点	主办、承办单位
1	“童心·画香”迎新春辞旧岁主题画展	1月1～31日	德明少儿馆	区文广局、区图书馆
2	“向人民汇报”文艺创作展演	1月4日	浦口文化中心大剧院	区委宣传部、区文广局、区文化馆
3	《古典诗词楹联与民俗文化》讲座	1月5日	泰山街道柳洲社区	区文广局、区图书馆
4	“少儿贺岁迎新年”优秀作文展	1月1～31日	德明少儿馆	区文广局、区图书馆
5	“习艺修身”机关书法、美术、摄影培训班第三期学员作品展	1月10～16日	求雨山文化名人纪念馆	区级机关工委、求雨山文化名人纪念馆
6	“幸福浦口·快乐每周”文化惠民演出	1月10日、16日、17日	泰山街道、江浦街道、星甸街道	区文广局、区文化馆
7	“亲子阅读,陪伴成长”少儿阅读推广活动	1月13日	布朗幼儿园	区图书馆
8	“送春联进社区”活动	1月16日、17日、20日	江浦街道、顶山街道、桥林街道	区文广局、区文化馆
9	2017年“送福迎春 乐享阅读”文化惠民活动	1月20日	星甸街道娄子小区	区图书馆、星甸街道
10	浦口区迎新春书法展	1月21日至2月2日	求雨山文化名人纪念馆	区文联、求雨山文化名人纪念馆、区书协
11	“迎新春·忆长征”书画作品展	1月24日至2月2日	区文化馆	区文广局、区文化馆、滨江书画院
12	“九州同庆 最美年俗”摄影在线征集活动	1月25日至2月11日	区图书馆	区图书馆
13	迎新春有奖灯谜会	1月27日至2月11日	区图书馆	区图书馆
14	“幸福浦口·快乐每周”文化惠民演出	2月10日	泰山街道澳林广场	区文广局、区文化馆
15	“幸福浦口·快乐每周”文化惠民演出	2月17日	汤泉街道龙山社区	区文广局、区文化馆
16	“幸福浦口·快乐每周”文化惠民演出	2月24日	盘城街道盘城新居小区	区文广局、区文化馆
17	“金鸡迎春 少儿乐享”网络书香过大年系列活动	2月	区图书馆	江苏省公共数字文化建设中心
18	“金凤迎春 乐享寒假”少儿系列活动	2月	区图书馆	江苏省少儿数字图书馆
19	“幸福浦口·快乐每周”文化惠民演出暨永宁街道“幸福妇女节”文艺演出	3月3日	永宁街道科普文体广场	区文广局、区文化馆、永宁街道
20	丁酉春求雨山诗歌吟诵会	3月5日	求雨山文化名人纪念馆	江城诗社、求雨山文化名人纪念馆
21	雨山讲堂《乳腺常见疾病防治》讲座	3月6日	泰山街道码头社区	区文广局、区图书馆、泰山街道
22	女性健康知识讲座	3月7日	区图书馆	区文广局、区图书馆
23	“幸福浦口·快乐每周”文化惠民演出进桥林暨庆祝三八国际妇女节	3月7日	桥林街道市民广场	区文广局、区文化馆、桥林街道
24	“时代女性·风采飞扬”手机摄影图片展	3月9～24日	区文化馆	区文广局、区文化馆
25	“幸福浦口·快乐每周”文化惠民演出暨顶山街道2017年老年人体育节	3月17日	顶山街道大新社区	区文广局、区文化馆、顶山街道
26	雨山讲堂《压力与情绪管理》讲座	3月22日	浦口区实验小学	区文广局、区图书馆、泰山街道
27	“幸福浦口·快乐每周”文化惠民演出——走进泰山街道	3月24日	泰山街道天润城第十街区	区文广局、区文化馆、泰山街道
28	“幸福浦口·快乐每周”文化惠民演出——走进星甸街道	3月31日	星甸街道翠云广场	区文广局、区文化馆、星甸街道
29	“乐儿兴趣营”少儿数字阅读线上系列活动	3月	区图书馆	江苏省少儿数字图书馆
30	“幸福浦口·快乐每周”文化惠民演出	4月7日	江浦街道凤凰台广场	区文广局、区文化馆
31	书法艺术进校园活动	4月12日	永宁小学	区文广局、求雨山文化名人纪念馆
32	雨山讲堂《告别陷‘颈’危机》讲座	4月13日	盘城街道江北社区	区文广局、区图书馆

续表 96

序号	活动名称	时间	地点	主办、承办单位
33	“幸福浦口·快乐每周”文化惠民演出	4 月 14 日	沿江街道复兴社区	区文广局、区文化馆、沿江街道文体站
34	第二届“阅读悦美”书香浦口读书节开幕式	4 月 20 日	江浦街道凤凰台广场	区阅读办
35	“幸福浦口·快乐每周”文化惠民演出	4 月 21 日	盘城街道裕民家园	区文广局、区文化馆、盘城街道文体站
36	“阳光下的插画”——世界经典儿童插画作品展	4 月 21 日	江浦街道凤凰台广场	区阅读办
37	“幸福浦口·快乐每周”文化惠民演出	4 月 22 日	桥林街道	区文广局、区文化馆
38	雨山讲堂《老吴韶阅读之阅读与人生》讲座	4 月 23 日	顶山街道文体中心	区文广局、区图书馆
39	“幸福浦口·快乐每周”文化惠民演出暨桥林小学“公益培训进校园”挂牌仪式	4 月 28 日	桥林小学	区文广局、区文化馆
40	“乐享阅读 趣享生活”主题放映月——视频讲座6 场	4 月	区图书馆	区文广局、区图书馆
41	“幸福浦口·快乐每周”文化惠民演出	5 月 12 日	汤泉街道高华幸福家园小区	区文广局、区文化馆
42	雨山讲堂《吃喝之中求健康》讲座	5 月 12 日	星甸街道文体活动中心	区图书馆、星甸街道
43	南京审计大学第三届“润泽之春”学生书画作品展	5 月 18～23 日	求雨山文化名人纪念馆	南京审计大学、求雨山文化名人纪念馆
44	雨山讲堂《叩问生命之美》讲座	5 月 19 日	桥林街道乌江学校	区图书馆、桥林街道
45	“幸福浦口·快乐每周”文化惠民演出	5 月 19 日	泰山街道明发外滩广场	区文广局、区文化馆
46	“幸福浦口·快乐每周”文化惠民演出	5 月 24 日	江浦街道老山管委会	区文广局、区文化馆
47	雨山讲堂《老年人常见慢性病的居家护理》讲座	5 月 24 日	江浦街道团结社区	区图书馆、江浦街道
48	“期刊的发展历程”图片展线下巡展进校园	5 月 24 日	联盟高校	区图书馆、联盟高校
49	“歌颂新浦口”求雨山诗词朗诵会	5 月 26 日	求雨山文化名人纪念馆	区文联、江城诗社、求雨山文化名人纪念馆
50	“品味端午 传承文明”主题活动	5 月 26 日	浦口区城东幼儿园	区文广局、区图书馆
51	“幸福浦口·快乐每周”庆六一文艺演出	5 月 26 日	浦口区特殊教育学校	区文广局、区文化馆
52	第八届中国京剧节浦口专场演出	5 月	浦口文化中心	区文广局
53	六一专场文艺演出	6 月 1 日	浦口区实验学校	区文广局、区文化馆
54	“阳光下的插画”——世界经典儿童插画作品展	6 月 1 日	布朗幼儿园	区文广局、区图书馆
55	“丹青写意新浦口”书画展	6 月 2～5 日	求雨山文化名人纪念馆	区文广局、区文联
56	“丹青写意新浦口”书画展	6 月 7 日	格冠美术馆	区文广局、区文联
57	“幸福浦口·快乐每周”文化惠民演出	6 月 9 日	星甸街道翠云广场	区文广局、区文化馆
58	雨山讲堂《黄帝内经中的养生智慧》讲座	6 月 13 日	桥林街道文体站	区文广局、区图书馆
59	“传授技艺 承接匠心——浦口区 2017 年文化和自然遗产日活动”	6 月 16 日	江浦街道市民广场	区文广局、区文化馆
60	“红领巾”读书征文征集活动	6 月	区图书馆	区文广局、区图书馆
61	“书中有我——萧娴先生诞辰 115 周年遗墨展”	7 月 27 日至 8 月 6 日	中国美术馆	中国美术馆、南京求雨山萧娴纪念馆
62	“可爱的你——庆祝中国人民解放军建军 90 周年”活动	8 月 1 日	区图书馆	区文广局、区图书馆
63	小小考古队活动	8 月 10 日	区图书馆	区文广局、区图书馆
64	互动阅读看军事活动	8 月 17 日	区图书馆	区文广局、区图书馆
65	“亲子阅读 清凉 E 夏”活动	8 月 19 日	区图书馆	区文广局、区图书馆
66	雨山讲堂——《读书明理:改变人生的神奇力量》	8 月 23 日	区图书馆	区文广局、区图书馆

续表 96

序号	活动名称	时间	地点	主办、承办单位
67	浦口区第八届文化艺术节教育局专场演出	9月8日	浦口文化中心大剧院	区教育局、区文广局
68	“幸福浦口·快乐每周”文化惠民演出	9月8日	汤泉街道	区文化馆
69	“喜迎十九大,扬剧名票联谊演唱会”活动	9月9日	区文化馆	区文广局、南京凤凰剧社
70	黄梅戏《杨八姐游春》专场演出	9月11日	区文化馆	区文化馆、南京溧庆黄梅戏剧团
71	“雨山讲堂·名家有约”——《核心价值规范的历史表达》	9月15日	区图书馆	区图书馆
72	“幸福浦口·快乐每周”文化惠民演出	9月15日	江浦街道凤凰台广场	区文化馆
73	“雨山讲堂·美学书院”——《纸上清秋 绘一缕清风 享一丝秋凉》	9月17日	区图书馆	区图书馆
74	“珍珠泉杯”浦口新歌声电视大赛决赛	9月18日	浦口文化中心大剧院	区广电台、区文广局
75	“喜迎十九大”诗书画联展	9月19~24日	求雨山文化名人纪念馆阅翠楼展厅	区文广局、求雨山文化名人纪念馆、江城诗社
76	“幸福浦口·快乐每周”文化惠民演出	9月22日	星甸街道娄子广场	区文化馆
77	第二届浦口区中小学生器乐大赛总决赛	9月26日	区文化馆	区教育局、区文广局
78	第二届“阅读悦美 书香浦口”读书节闭幕式	9月28日	区文化馆	区委宣传部、区文广局、区图书馆、区文化馆
79	纪念萧娴先生诞辰115周年萧娴书法刻石拓片展	9月28日至10月8日	求雨山文化名人纪念馆萧娴纪念馆	区政府、区文广局、求雨山文化名人纪念馆
80	纪念萧娴恩师诞辰115周年弟子书法展	9月28日至10月8日	求雨山文化名人纪念馆阅翠楼展厅	区政府、区文广局、求雨山文化名人纪念馆
81	庆国庆文艺演出	9月29日	永宁街道	区文化馆
82	“雨山讲堂·名家有约”——《如何通过微表情识破谎言知面知心》	9月29日	区图书馆	区图书馆
83	浦口区第八届艺术节戏剧专场暨南京凤凰剧社揭牌汇报演出	9月29日	浦口文化中心大剧院	区委宣传部、区文广局、区广电台、区文化馆、南京凤凰剧社
84	“精彩江苏——丝绸之路艺术摄影展”	9月30日	区文化馆	省文化厅、中国艺术摄影协会、省文化馆、省艺术摄影协会
85	“铭记历史 开创未来”图片展	9月	区图书馆	区图书馆
86	“璀璨珍珠”浦口区美丽乡村建设摄影展	10月1~9日	区文化馆	区文化馆、区摄影家协会
87	浦益课堂——传统文化手工月饼DIY培训一期	10月2日	区图书馆	区图书馆
88	雨山讲堂——《如何学习古诗》	10月10日	江浦实验小学	区图书馆、江浦实验小学、江浦街道文体站、江浦街道烈士塔社区贤爱堂
89	第二届“草圣乡风——浦口区书法大赛获奖、入展作品展”	10月10~15日	求雨山文化名人纪念馆阅翠楼展厅	市书协、区文联、区文广局
90	“喜迎十九大——中国梦·伊犁情伊犁州美术书法作品展”	10月13~21日	区文化馆	伊犁州文化馆、浦口区文化馆
91	雨山讲堂——《老年性痴呆的识别与预防》	10月13日	江浦街道烈士塔社区	区图书馆、江浦街道文体站、江浦街道烈士塔贤爱堂
92	浦口区第四届社区广场舞大赛	10月15日	浦口市民中心	区文化馆、各街道文体站
93	“喜迎十九大·永远跟党走”浦口区老同志书画摄影展	10月17~22日	求雨山文化名人纪念馆阅翠楼展厅	区委老干部局、区文广局、区老年大学、区文化馆、求雨山文化名人纪念馆
94	“幸福浦口·快乐每周”文化惠民演出进永宁	10月19日	永宁街道	区文化馆
95	“山青水秀——吴国亭从艺六十周年作品回顾展”	10月19~22日	省美术馆	区政府、省美术馆、区文广局
96	“雨山讲堂·美学书院”——《金芯流霞——剑菊胸针手作》	10月21日	区图书馆	区图书馆
97	首届全区艺术技能大赛决赛	10月21日	浦口市民中心	区文化馆、各街道文体站

续表 96

序号	活动名称	时间	地点	主办、承办单位
98	《加勒比海盗》专场电影沙龙	10 月 21 日	区图书馆	区图书馆
99	讲座《文化,何以自信——借助文化力量,推动区域进步》	10 月 26 日	区图书馆	区图书馆
100	“雨山问道——秦淮七友年度展”	10 月 26 日至 11 月 1 日	求雨山文化名人纪念馆阅翠楼展厅	区文广局、求雨山文化名人纪念馆
101	“喜迎十九大——举国同庆 共铸辉煌”图片展	10 月	区图书馆	区图书馆
102	中书协楷书委员会委员作品展	11 月 1～7 日	求雨山文化名人纪念馆	中书协第七届楷书专业委员会
103	“雨山问道——鞠慧水墨艺术展”	11 月 10～17 日	求雨山文化名人纪念馆	求雨山文化名人纪念馆
104	第二届“散之杯”少儿书法、美术作品展	11 月 14～25 日	区文化馆	区文广局、区教育局
105	第八届文化艺术节卫计局专场演出	11 月 15 日	浦口文化中心大剧院	区委宣传部、区卫计局、区文广局
106	2017 年“美善浦口”新作品大赛展演活动	11 月 18 日	浦口文化中心大剧院	区委宣传部、区文广局
107	第八届文化艺术节闭幕式	12 月 15 日	区文化馆	区文广局、区文化馆

【“向人民汇报”文艺创作展演】 1 月 4 日,“相约幸福浦口·共创智慧新城——‘向人民汇报’文艺创作展演”在浦口文化中心大剧院上演。此次创作展演是浦口文化中心大剧院首次启用。参加浦口区四届人大一次会议、政协浦口区四届委员会第一次会议的区四套班子领导、代表及委员等观看演出。智慧浦口手机台现场直播,数千名场外观众观看演出。展演节目有小扬剧《爸爸的证明》、表演唱《社区书记有梦想》、舞蹈《笔墨书童》、歌舞《乌江桥头忆雄魂》、歌曲《家在浦口》等。一词一曲,吟唱新区旋律;一笔一划,描绘江北风情;一字一句,述说浦口文化。

【获评“2016 年江苏省农家书屋提升工程试点工作示范区”】 3 月 29 日,江苏省新闻出版广电局公布《2016 年农家书屋提升工程试点工作先进地区名单》,浦口区获“2016 年江苏省农家书屋提升工程试点工作示范区”,是南京市唯一获奖的区。自 2014 年以来,浦口区根据省委宣传部、省市新闻出版广电局等部门部署,开展农家书屋提升工程试点工作,2014～2015 年,连续两年被评为“江苏省农家书屋提升工程试点先进区”。2016 年,第三次被列入省农家书屋提升工程试点单位,在农家书屋与社区(村)综合文化服务中心相结合、农家书屋公益岗位队伍建设等方面取得明显成效。浦口区有农家书屋 40 家,其中五星 2 家,四星 10 家,三星 12 家,已实现“文化共享工程”,农家书屋与区图书馆实现 VPN 连接,能够提供“一卡通”及数字阅读服务,成为服务农民、服务农村的重要文化载体。（文广局）

1 月 4 日,浦口区“向人民汇报”文艺创作展演圆满举办　（文广局　供稿）

【新年音乐会】 1 月 18 日,由区委宣传部、广电台主办,弘阳集团协办的“弘阳璀璨之夜——2017 浦口新年音乐会”在浦口文化中心大剧院奏响。区领导郑晓明、陈晓路及社会各界代表 600 余人观看演出。音乐会在管弦乐《春之声圆舞曲》中拉开序幕,演出《芦花》《我爱你中国》《我的太阳》《茉莉花》《蓝色多瑙河》《梁祝小提琴协奏曲》《拉德斯基进行曲》等曲目。（向锦）

【在市 11 届少儿艺术团队文艺大赛中获奖】 3 月 5 日,由市文广新局、教育局、关工委主办的“童年大眼睛”南京市第 11 届少儿艺术团队文艺大赛颁奖晚会在南京市文化艺术中心举行。浦口区文化馆选送的儿童剧《拯救小太阳》获戏剧类创作金奖、表演二等奖,器乐《非洲鼓》获音乐类(器乐)表演二等奖,相声《彬彬有礼》获戏剧类表演二等奖,区文化馆获组织奖。

【元旦、春节惠民活动】 元旦、春节期间，区文广局、各街道组织举办系列文化惠民活动，其中区级活动16项，街道、社区(村)活动28项。活动以“幸福浦口新家园”为主线，呈现出三大特点：一是突出主题宣传和主流价值。“庆祝十九大——展风采庆元旦 谱和谐迎新春”惠民演出、“十九大精神主题宣讲在行动”公益讲座等，将开展文化活动与宣传十九大精神、展示美善浦口形象紧密结合，弘扬社会主义核心价值观。二是传播优秀传统文化。排演花船、跑驴、手狮舞、河蚌舞等民间非遗及京剧、扬剧、越剧、黄梅戏等传统折子戏，组织民俗巡演6场，戏曲、民乐演出5场，书法、美术、摄影展览5场。三是活跃基层文化生活。组织开展文艺小分队下基层活动，发挥民间文艺团队、社会文化组织和文化志愿者的作用，开展“幸福浦口·快乐每周”演出进社区(村)，“雨山讲堂”公益讲座进敬老院、进安置小区，书法家现场写春联等活动，关注弱势群体文化需求，提供精准文化服务。

浦口区《狮娃》获江苏省“五星工程奖”优秀作品 (文广局 供稿)

【公共文化服务数字化平台建成】 3月，浦口区公共文化服务数字化平台建成并上线运营。该平台由网站平台(文化浦口云)、手机APP、“文化浦口”微信公众号组成，将区文化馆、图书馆、博物馆、美术馆以及街道、社区综合文化服务中心的文化资源和服务信息聚合于网络共享平台之上，通过电脑终端、移动终端及时推送，为公众提供文化活动预约、场馆预定、网上书房、资源展示、场馆虚拟等数字文化服务。平台有以下功能：一是发布文化活动预告。平台网罗区域内所有文化活动，市民只需网上预约便可参与观演出、听讲座、看展览等文化活动。二是场馆预定。平台整合区、街、社区三级公共文化设施资源，将排练厅、多功能教室、活动室等场所“晒”在网上，供文化团队预定。三是文化人才预约。平台将文化志愿者、文艺团队服务特长、服务区域、服务时间在网上展示，企事业单位、团队根据需求进行预约，获得文化辅导等服务。四是“网上书房”。打造融图书借阅、文献阅览、资料检索等服务为一体的“网上书房”，市民可网上查阅文献资料、中外电子图书、电子期刊。五是数字展馆。零距离线上体验公共文化场馆求雨山文化名人纪念馆、知青故里纪念馆等，虚拟参观漫游，欣赏珍贵藏品。六是精品资源。用数字化手段聚合区内文化服务资源，收罗地方文献、展览演出、讲座培训、原创纪录片，形成具有区域特色的公共文化服务资源数据库。该平台缓解供需双方信息不对称矛盾，打破文化单位壁垒，打通区、街两级公共文化机构资源，促进公共文化服务标准化、便捷化、均等化。

4~9月，举办第二届“阅读悦美”书香浦口读书节 (文广局 供稿)

【第二届“阅读悦美”书香浦口读书节】 4~9月，区全民阅读活动领导小组举办第二届“阅读悦美”书香浦口读书节。读书节期间举办“你读书，我买单”活动、“雨山讲堂”系列讲座、“爱心阅读”留守儿童夏令营、“悦读越快乐 经典分享秀”“我与读书的故事”征文演讲比赛、社区服刑人员“读书明理、走向新生”演讲比赛等活动。

【获评省“第八届京剧艺术节先进集体”】 6月30日,市文广新局在金陵图书馆召开第八届京剧艺术节总结表彰大会,区文广局被省文化厅评为“第八届京剧艺术节先进集体”。第八届京剧艺术节于5月11～29日在南京举办,参演剧目29个、武戏折子戏专场5个、祝贺演出剧目2个,共演出62场。浦口区承担《温世仁》《落梅吟》《邓恩铭》3个剧目共6场演出任务。4000余名观众观看演出,每场上座率九成以上,其中21日晚《落梅吟》上座率98%。

【“庆祝建军90周年”少儿读书活动】 8月1日,“可爱的你——庆祝中国人民解放军建军90周年”活动在区图书馆举行。活动以科普屋、拓展营、知识大PK三大环节为主线,特邀数字资源“乐儿智慧王国”老师与小读者现场互动,结合“渡乌江”“爬雪山”“过草地”系列长征故事,带领读者回忆长征历史,体验阅读乐趣。

【获南京市“农家书屋”演讲比赛一等奖】 8月22日,由南京市文广新局主办的“我的书屋 我的梦”主题演讲决赛在江宁区汤山街道举办,全市6个涉农区12名选手参赛。浦口区文广局选送的2名选手分获一、二等奖,其中星甸街道张雨倩的《农家书屋,我梦想起航的地方》获一等奖,永宁街道刘雨涵的《书屋托起我的梦》获二等奖。

【文化馆、图书馆新馆开馆试运行】 8月,区文化馆、图书馆新馆开馆试运行。新馆位于江浦街道象山路市民中心,占地面积近1万平方米。文化馆新馆包含排练厅、合唱排练室、阶梯教室、书画培训室等活动室,接受区内文艺团队网上预约,预约成功后可免费使用。文化馆开授第一期公益培训课,开设成人戏剧、舞蹈、少儿声乐等课程。图书馆新馆读者服务实现智能化、电子化,新增少儿阅览室、特藏室及24小时自助阅览室,设有盲人阅览室、资源播放厅、报告厅、培训室、陈列展览厅等服务窗口,上架图书近29.6万册。

【与南审澄园书院校地共建】 9月20日,区文广局与南审澄园书院在区文化馆举行校地共建签约授牌仪式。区文广局、团区委、南审团委、澄园书院参加活动。双方签订共建大学生志愿服务基地、大学生社会实践基地协议书及校地合作备忘录,并为南审澄园书院大学生志愿服务基地、大学生社会实践基地揭牌。

【第二届中小学生器乐大赛展演】 9月30日,“乐音悠扬·伴我成长”浦口区第二届中小学生器乐大赛优秀节目展演暨颁奖仪式在区文化馆小剧场举办。大赛由区文广局、教育局主办。演出古筝齐奏《青花瓷》、琵琶独奏《十面埋伏》、陶笛音乐剧《愉快的梦》等节目,学生们用不同的乐器、不同的形式共谱一场时而柔美时而激昂、时而古典优雅时而青春活力的音乐盛宴。南信大高新实小潘成怡的古筝独奏《幻想曲》、刘天佑的小提琴独奏《引子与塔兰泰拉》获一等奖。

【首届艺术技能大赛】 9～10月,举办浦口区首届艺术技能大赛。比赛由区文广局、区妇联、团区委主办,区文化馆承办,分海选和决赛两部分,来自区内各艺术领域、各年龄阶层的专业人士和业余爱好者150余人参加比赛。浦口实验学校平伟业的快板《祝福祖国》获第一名,江浦街道张艳歌曲《高原蓝》获第二名,同心幼儿园海星辰歌舞《童心的小鸟》获第三名。

【第八届文化艺术节】 9～11月,区委宣传部、区文广局举办“相约幸福浦口,共建美好家园”浦口区第八届文化艺术节。艺术节期间举办“才艺浦天下”全区技能大赛、浦口区第四届社区广场舞大赛、浦口区第二届中小学生器乐大赛、高雅艺术进基层、“喜迎十九大”系列文艺演出、“美善浦口”作品大赛、浦口区第二届“草圣乡风”书法大赛优秀作品展、浦口区第二届“散之杯”少儿书画大赛、萧娴诞辰115周年纪念活动等。为获得“我最喜爱的文艺团队”“优秀文艺团队”“优秀文化志愿组织奖”“优秀文化志愿者”“组织奖”以及“优秀组织奖”的单位和个人进行颁奖。

【敬老月系列文化活动】 10月,开展敬老月系列文化活动,其中区级活动12场、街场活动25场。开展老年人群文赛事、文艺演出:区文化馆在江浦街道市民中心举办第四届社区广场舞大赛,为中老年人提供展示自信、展现精神风貌的平台;“幸福浦口·快乐每周”演出团队结合“喜迎十九大”主题,到敬老院慰问孤寡老人和困难群众。举办书画展览、电影展映:举办“喜迎十九大·永远跟党走”浦口区老同志书画摄影展、“璀璨珍珠”浦口区美丽乡村建设摄影展、“中

第八届中国京剧艺术节上,浦口区承担3个剧目计6场演出 (文广局 供稿)

国梦·伊犁情”伊犁州美术书法作品南京浦口展等展览8场;区图书馆放映厅每周播放主旋律影片2部。举办养生讲座、技能培训:区图书馆在老年大学举办读书分享会;星甸街道开展退休人员健康养生知识讲座、“花开月圆·感恩有你”制作手工月饼送老兵活动、非遗“天剪工艺”技能培训班;桥林街道开展老年人季节养生课堂、“风雅桥林”老年书法课堂。

【第二届“散之杯”少儿书法、美术作品展】 11月14~25日,在区文化馆举办2017年“散之杯”浦口区第二届少儿书法、美术作品展。展览由区文广局、教育局主办,区文化馆、少年宫承办,区内艺术培训机构协办。全区35家中小学及社会培训机构参赛,共收到作品近1300件,其中美术作品近800件,书法作品近500件。评选出获奖作品250件,其中少儿美术类一等奖10件、二等奖20件、三等奖30件、入选奖90件,书法类一等奖8件、二等奖16件、三等奖24件、入选奖52件。

【“庆祝十九大”美善浦口新作品展演】 11月18日,浦口区“庆祝十九大”2017年美善浦口新作品展演在浦口文化中心大剧院举行。区领导郑晓明、张岚、陈晓路、葛华友、吴光政,江北新区宣传部副部长、副巡视员李云,市文广新局艺术处处长杨建平等参加活动,各党工委、街道分管领导、群众代表等600余人观看演出。活动由区委宣传部、区文广局主办,区文化馆与各街道文体站承办。展演分为“美在浦口,唱响价值观”和“善行天下,筑梦新时代”两个部分,围绕学习贯彻党的十九大精神主题,以歌舞、小品、合唱等形式,集中展示全区经济发展、城市建设、社会治理、富民利民、文明创建等方面的成果。舞蹈《红》、音乐快板《歌唱社会主义核心价值观》、情景朗诵《我与集团共成长》、音乐小品《最好的期待》、白局《家风颂》、歌舞《最美的微笑》等16个新创作的文艺作品参加展演。评选出创作金奖2个、银奖5个、铜奖7个、特别奖2个,浦口开发区合唱《奋进中的开发区》、桥林街道歌舞《家有美德千里香》获金奖。（文广局）

文学艺术

【概况】 推出高端书法展览。举办纪念萧娴诞辰115周年系列活动,联合中国美术馆举办“书中有我——萧娴先生诞辰115周年遗墨展”及学术研讨会,举办萧娴诞辰115周年系列活动之学生汇报展、拓片展等;在河北省秦皇岛市举办“百年巨匠——林散之四代书画展”;在江苏美术馆举办“山青水秀——吴国亭从艺六十周年作品回顾展”;承办中国书协七届理事会楷书专业委员会第一次会议及楷书委员会委员作品展;举办“雨山问道——秦淮七友年度展”。全年举办名家展览13期。丰富馆藏名家作品25件,求雨山文化名人纪念馆接待游客36.16万人次。推进书法艺术普及。举办第二届“草圣乡风”书法大赛、第二届“散之杯”少儿书画大赛,发现书法新人,培养书法人才。与区教育局联合开展“书法进校园”“书法进课堂”7场,与区级机关工委联合举办书法进机关培训班,完善书法普及长效机制。推进精品文艺创作。成立文艺创作中心,举办“美善浦口”全区文艺创作展演,建立文艺创作表演人才数据库,储备一批文艺创作人才。创作编排小扬剧《争树》、话剧《浦铁一村》、少儿剧《拯救小太阳》、成人舞蹈《守望》、小戏曲《妈妈今天进城来》等。编辑出版《高二适评传》《浦口文荟》《书香浦口》《@文化浦口》等文化丛书。7月1日起,狄昌明任《老山》杂志主编,吴永生任副主编。

【“习艺修身——机关书画、摄影作品展”】 1月10~16日,由区级机关工委主办,求雨山文化名人纪念馆、求雨山书画院承办的“习艺修身——浦口区机关书法、国画、摄影培训班第三期学员作品展”在林散之纪念馆阅翠楼展厅开展,展出学员作品149件。

7月4~10日,在林散之纪念馆阅翠楼展厅举办。征集书法、国画、摄影作品246件,展出96件。参展作品体现廉政文化和艺术形式的高度结合,展现机关党员干部的精神风貌和高尚情怀,吸引众多机关干部和基层群众观展。（文广局 袁燕）

【喜迎十九大展览及表演】 1月21日,由区文联主办,区书法家协会、求雨山林馆、江苏春艺城文化产业发展有限公司协办的喜迎十九大书法展览在求雨山林馆举行,展出书法作品70余件。4月28日,由区文联主办,求雨山文化馆协办,区书协、美协、摄影家协会承办的浦口区喜迎十九大书法美术摄影展在求雨山林馆举行,展出书画、摄影作品80余件。9月19日,区诗词家协会在求雨山林馆举办迎接十九大诗书画联展,并进行诗歌创作研讨活动,展出诗书画作品80余件。《老山》杂志第四期以诗文书画专刊形式喜迎党的十九大,南京凤凰剧社以京剧、昆曲等曲艺表演喜迎党的十九大。（狄昌明）

【“迎新春·忆长征”书画作品展】 1月24日至2月2日,区文化馆和滨江书画院共同举办“迎新春·忆长征”书画作品展。展出书画作品80件,其中书法作品30件,国画作品50件,表达了书画院师生对革命先驱的崇敬之意、对长征精神的传承之情。（文广局）

【诗歌吟诵会】 3月12日,由江城诗社和求雨山文化名人馆主办的诗歌吟诵会在求雨山林馆举行。江城诗社社员及诗歌爱好者50余人参加活动,蒋富连、刘家勤、马大龙、雍晓平等10余位诗人朗诵原创作品,歌颂党的十八大以来祖国及家乡发生的变化,反映人民安居乐业的幸福生活。

【“故事里的求雨山”征文】 5月13日,由区文联、区作协主办的“故事里的求雨山”征文颁奖大会在求雨山林馆举行。“故事里的求雨山”征文大赛投稿100余篇,评选出获奖作品38篇,侯利旺的《桃叶歌》、夏博的《戚继光借竹御敌》获一等奖。

【浦口书法家作品入展市迎接十九大书法作品展】 6月2日,“党的光辉——南京市迎接党的十九大胜利召开书法作品展”在市文联举办。浦口区黄之金、朱四平、毛祖斌、李静凤、刘新灵、谭志文、黄绍俊、张发祥、郑元松、冷兴奇10人作品入展。（狄昌明）

【“丹青大写新浦口”书画作品展】 6月2日至7月2日，举办“金陵五月风”第11届南京文化艺术节——“丹青大写新浦口”书画作品展。展览由区文广局、区文联主办，区文化馆、求雨山文化名人馆、江苏格冠美术馆承办。“丹青大写新浦口”书画作品展旨在用丹青笔墨绘写江北人文历史、地域风貌、民俗民风，展现新区时代精神。展览书画作品83幅，其中特邀作品24幅。这些书画作品的创作者皆为浦口区书画艺术骨干和驻区著名书画家，作品展现了书画者对浦口新区的热爱之情和突破自我的艺术激情。

【喜迎十九大“举国同庆·共铸辉煌”图片展】 6月，由区文广局主办、区图书馆承办的喜迎十九大“举国同庆·共铸辉煌”主题图片展在区图书馆展出。图片展分为“新中国诞生”“历史性转折”“开创中国特色社会主义道路”“迈向中华民族伟大复兴新征程”4个篇章，以大量史料图片回顾伟大祖国走过的68年光辉历程，记录新中国昂首阔步向前迈进，社会繁荣昌盛、经济快速发展、文化百花齐放、人民团结奋进的光辉发展历程。（文广局）

【众祥文化沙龙】 7月15日，第五届众祥传媒文化沙龙在不老村举行，区内外文艺工作者、书画爱好者50余人参加，举办诗歌朗诵、书画创作、座谈交流等活动。（狄昌明）

【萧娴诞辰115周年系列展览】 7月27日至8月6日，“书中有我——萧娴先生诞辰115周年遗墨展”在中国美术馆展出。展览由中国美术馆主办，南京市求雨山萧娴纪念馆协办，江苏省委宣传部、江苏省文化厅、江苏省文联、南京市文广新局、浦口区政府支持。展览分蜕阁生平、大笔豪情、博涉多优3个部分，展出萧娴不同时期代表作品近百幅。“蜕阁生平”部分简要介绍萧娴生平，展出作品10余件；“大笔豪情”部分展出萧娴作品40余件，“大笔”非仅指字之大小，更多的在于其文字内容的选涉，文心豪壮、书生意气，“豪情”亦非仅是对山川物景的留恋，更多在于表达由此而生发的世界大千的动静之态；“博涉多优”部分立足萧娴的书写关注，展示其书迹的状态，展出作品40余件。开幕式结束后，举办萧娴书法作品学术座谈会，立足于萧娴先生之亲情、友谊、志趣、修养及家国情怀等，高度评价这位为书写奋斗终生的书者。

9月28日至10月8日，纪念萧娴先生诞辰115周年系列活动之学生汇报展、拓片展及捐赠仪式在求雨山萧娴纪念馆展出。活动由浦口区政府主办，区文广局承办，求雨山文化名人纪念馆执行承办。20位萧娴弟子55件作品参展，展品书体各异，形式多样，篆隶作品师承萧娴古朴厚重的韵味，行草作品体现萧娴所期望的变化发展。萧娴亲属和学生向浦口区捐赠萧娴书法作品2件、书法碑刻图录及学生书法长卷作品。

【“百年巨匠——林散之四代书画展”】 8月6～10日在秦皇岛市闲庭山海关中国书法艺术馆展出。展览由国家语言文字推广基地、秦皇岛市山海关区教育局、南京市浦口区委宣传部、秦皇岛市书法家协会主办，浦口区文广局、林散之纪念馆支持，是“当代草圣”林散之作品首次走进山海关，也是林散之和其子著名书法家林筱之、孙林小康、曾孙林心源四代人书法绘画作品首次集中展示。展出林散之四代人书法、国画作品150件。

● 链接：

“当代草圣”林散之四代人简介

林散之，1898～1989年，名霖，又名以霖，字散之，号三痴、左耳、江上老人等，生于南京市江浦县（今南京市浦口区），祖籍安徽省和县乌江镇七颗松村，诗人，书画家，尤擅草书。1973年，草书条幅《东方欲晓》发表在《人民中国》，在国内外引起巨大反响，被誉为“当代草圣”。赵朴初、启功等称之诗、书、画“当代三绝”，林散之草书被称之为“林体”。林散之是大器晚成的典型，正因为其出大名很晚，数十年寒灯苦学，滋养了其书之气、韵、意、趣，使之能上达超凡的极高境界，对现代中国书法艺术事业的贡献可谓功莫大焉。林散之书法代表作有《许瑶诗论怀素草书》《自作诗论书一首》《李白草书歌行》等。

林筱之（林散之之子），1928年生，三岁识字，五岁从父学书画，后师从当代水墨大家黄宾虹。经过60年的学习，画临黄子久、渐江、石涛诸家，书学王羲之、王献之、颜真卿、李北海，于乙瑛、曹全诸碑，均有涉猎，后书风颇似其父，气势平稳，书风秀逸，笔间苦藤，内含灵气。其执笔亦使“钩手”法，悬腕中锋，得其父遗韵，使人观之，确显一家风骨。

林小康（林散之之孙），1965年生，字岵之，号风散人，1965年生于南京乌江，幼承家业，跟祖父、父亲学书画，5岁乱涂鸦，7岁练书法，10岁学习山水画。以六法为根本，由家学追摹宋元诸名家画，后学黄宾虹，对气韵生动和骨法用笔用力较多。16～18岁两次举办林家三代书画展，2001年辞去职务，离开金融职场，一心学习和创作，2005年在南京举办皖南山水个人画展。

林心源（林散之之曾孙），1999年生，2岁接触画笔，学习涂色，7岁接触国画，从一树、一石开始，山石勾皴点染，用笔用墨自然灵活、不落俗套。

林散之先生多年受教于黄宾虹，于诗文理论和书画创作俱得心传，更于草书一端专精独创，以画入书，灵光异彩，照灼古今，荣膺“当代草圣”之誉。其哲嗣筱之先生亦承宾翁教泽，文孙小康先生，曾孙心源，善传家法，并能书画，宣扬艺术，泽及当世。林氏四代共抱守成待后之情怀，为华夏艺文传家之典范。

【丁先红个人器乐音乐会】 9月9日，“乐汇中西，自成一家——丁先红个人器乐作品音乐会”在省文联艺术剧场举行。音乐会由江苏省音乐家协会、浦口区政府主办，省文联艺术剧场、浦口区文广局、南京远春文化传媒有限公司承办。丁先红，浦口浦镇人，著名作曲家、音乐教育家，从事音乐创作近60年，发表音乐作品、教育教学论文500余首（篇），获奖106项。丁先红创作的器乐作品题材广泛，有钢琴、小提琴、笛子、二胡、琵琶、古筝等，重奏有弦乐四重奏、钢琴五重奏、管乐五重奏、器乐合奏及交响诗《森林与人的对话》，音乐作品《沙漠里的脚窝——丁先红歌曲选集》《爱的跋涉》公开出版，多首歌曲被选入全国及省级音乐教材，多首钢琴、二胡作品选入大学音乐学院及成人考级教材。音乐会展演丁先红器乐曲11首，不仅有民乐独奏、合奏，还有小提琴、大提琴、钢琴独奏、弦乐四重奏等。国际著名小提琴演奏家、指挥家亚历山大领衔演奏,中国青年演奏家王惠贤、潘水长等参与演出,听众300余名。（文广局）

【区第八届文化艺术节戏剧专场】 9月29日,区第八届文化艺术节戏剧专场暨南京凤凰剧社揭牌汇报演出在浦口文化中心大剧院举行。活动由区委宣传部、区文广局、区广电台主办,区文化馆、南京凤凰剧社承办。演出围绕“传承民族文化,创新戏剧艺术”主题,展示传统戏剧文化的魅力,600余名戏曲爱好者观看演出。京剧名家于魁智、李胜素表演《霸王别姬》《四郎探母》等节目,南京凤凰剧社演出黄梅戏表演唱《江北明珠三十年》、京剧《白蛇传——游湖》、越剧《梁山伯与祝英台——十八相送》等节目。（狄昌明）

【第二届“草圣乡风——浦口区书法大赛获奖作品展”】 10月10～15日,第二届“草圣乡风——浦口区书法大赛获奖、入展作品展”在求雨山文化名人纪念馆开展。展览由南京市书法家协会、浦口区文联、浦口区文广局主办,求雨山文化名人纪念馆、浦口区书协承办。共收到投稿作品300余件,评选出获奖作品10件、入展作品60件。

【“喜迎十九大——中国梦·伊犁情伊犁州美术书法作品展”】 10月13～21日在区文化馆举办。展览由江苏省文化厅、江苏援伊前方指挥部、浦口区政府、伊犁州文化体育广播影视局主办。展出伊犁书画家作品97幅,这些作品或讴歌党的改革开放,或赞美伊犁社会建设,或寄情西部壮丽山河和伊犁风土人情,表达了书画家对祖国、家乡和时代的挚爱之情。

【“山青水秀——吴国亭从艺六十周年作品回顾展”】 10月19～22日在江苏省美术馆展出。展览由浦口区政府、江苏省美术馆主办,浦口区文广局承办,求雨山文化名人纪念馆执行承办,江苏省政府侨务办公室和江苏省归国华侨联合会支持。吴国亭,当代新派国画开拓者,著名国画大师,美术教育家,美术评论家,中国美术家协会会员,国家一级美术师。从艺60年,创作作品上千件,代表作品有国画《钟山野菊》《清溪夏韵》、油画《红色娘子军》《星星之火可以燎原》等,著述《中国写意花鸟画技法》《当代写意花鸟画佳作赏析》《当代山水画佳作赏析》等。展览展出吴国亭画作86件,内容巧变多样,平凡里见新意,体现了独特的艺术风格与美学思想,以及对生活、对家乡的热爱之情。

【“雨山问道——秦淮七友年度展”】 10月26日至11月1日在林散之纪念馆阅翠楼展厅举办。展览由区文广局主办,求雨山文化名人纪念馆承办。秦淮七友系知名书画家白鹤、成军、金勇、王健、滕孝忠、吴新伟、方向乐,他们是在南京艺术学院读研期间的同窗,以书画雅会而组成社团。此次展览是“秦淮七友”自2014年成立以来第六回书画作品巡展,展出作品77件,包括白鹤书法作品《小隐自题(林和靖)》、王健书法作品《行路难(李白)》、吴新伟国画《玉雪香》、方向乐国画《雨山十念》等。（文广局）

【“墨缘情”魏万清、宫中奇、贾理新师生书画联展】 12月28日在求雨山文化名人纪念馆举办。展览由区文联主办,区美协、书协承办,展出魏万清、宫中奇、贾理新及弟子陶福林、徐士扬、吴永立、刘凤云、段增明、赵继宁、王美云书画作品72件,其中既包括金陵画派作品,又有传统画派作品及花鸟派作品。（狄昌明）

文化管理

【概况】 夯实综合执法能力,组织开展文化市场专项整治,查缴非法出版物627册、涉黄涉盗光碟142张(盘),收缴赌博游戏机6台,取缔非法演出3起,拆除收回非法安装使用的卫星地面接收设施6套,办理行政处罚34件,查处文物破坏重大案件2起。开展经营业主法律法规知识培训6期,参训800余人次。服务保障节假日、泰山庙会、森林音乐节、十九大期间文化市场安全。落实行政审批改革举措,推进网吧远程监控升级覆盖,开展“扫黄打非”进基层行动。节假日期间未发生一起重大安全事故,十九大期间实现广电网络安全播出零事故。

【安全生产大检查“回头看”】 春节过后,区文化综合执法大队在全区范围内开展文化市场安全生产“回头看”工作,排查文化市场经营单位安全生产隐患,确保节后文化市场活动安定有序开展。以重点场所的消防安全隐患为主,排查节后文化市场复工复产情况,及消防通道是否畅通、安全管理预案是否健全、监控设备是否正常运行,要求文化娱乐场所牢固树立安全生产“红线”意识、“底线”思维和安全发展理念,始终把人民群众生命财产安全放在第一位,营造安全舒适的文化消费环境。针对2家经营场所存在的安全问题,当场下发限期整改通知书,2家经营场所当即整改消防不畅通问题,清除安全隐患。

【非法广播电台取缔】 2月28日,区文广局联合南京市610办公室、南京市无线电管理委员会和浦口公安分局等部门联合执法,查处取缔威尼斯水城小区12街区某出租屋内架设的非法广播电台。该非法广播电台由1台广播发射设备、1个接收遥控信号的天线和1个发射天线组成,采取遥控方式,通过远程控制设备及信号发射非法广告。执法人员通过南京市无线电管理委员会前期技术监测,确定非法广播电台的设置地点,并根据《中华人民共和国无线电管理条例》《广播电视管理条例》等规定,没收非法广播设备,拆除室外天线设备。

【“扫黄打非”进基层现场会】 3月23日,浦口区在汤泉街道召开“扫黄打非”进基层现场会,各街道分管领导、文化站站长,区文广局,区文化综合执法大队参加会议。与会人员实地参观汤泉街道“扫黄打非”暨文化市场管理工作领导小组办公室、瓦殿社区“扫黄打非”工作站,听取汤泉街道“扫黄打非”进基层工作经验。区文广局纪工委书记时晨强调,要完善基层组织机构,选取基础好的社区挂牌成立工作站;要组建基层工作队伍,壮大基层“扫黄打非”督察员、信息员、联络员队伍;要建立基本工作制度，将“扫黄打非”领导小组办公室职责和进基层日常巡查制度相结合，明确工作内容和工作开展情况。

【森林音乐节服务保障】 10月3～4日，第三届南京森林音乐节在青奥体育公园举办。区文广局严格按照《营业性演出管理条例》，对演唱曲目进行备案审查，严格禁止非规定性内容在演出现场传播，并做好与市文化综合执法总队的对接以及与市文投集团、演出经纪公司的沟通，确保森林音乐节演出内容健康、安全。保障人员全程监管演出情况，为音乐节演出提供有力保障。

【“扫黄打非·护苗2017”校园宣传教育】 11月20日，浦口区扫黄打非办公室在浦口四中开展“扫黄打非·护苗2017”绿书签进校园宣传教育活动。区扫黄打非办张贴“扫黄打非·护苗2017”绿书签海报，派发盗版书鉴别宣传手册，讲授“扫黄打非”法律知识及非法出版物鉴别常识，引导学生远离有害出版物，增强知识产权保护意识。

（文广局）

文化产业

·综 述·

【企业引进培育】 突出政策招商、资源招商、产业招商，开展专题招商活动近70场，江苏大文文化科技有限公司、南京悦好教育科技有限公司、南京西贝西文化传媒有限公司、南京好事文化创意有限公司等特色文化企业落户浦口。全区文化企业近1100家。争取省市级项目扶持5个，扶持资金180万元。2家企业入选江苏省重点文化科技企业，3家企业入选南京市第二批重点文化科技企业，南京第七区文化科技有限公司的“项羽文创IP开发”项目获南京市文化产业创新奖。

【资源要素整合】 依托浦口区文化产业联合会，跨系统、跨行业整合区内外优质文化资源，文化产业会员增至111家，赴重点园区、企业、高校实地走访80余次，与北京文化产权交易中心、深圳工业设计协会、深圳设计联合会、南京文化产业商会等建立合作关系。深化文化产业校地合作，在南信大、铁道学院、东大成贤学院组建“浦口文创”首批3家协同创新中心。开展高校创业团队遴选，对接高校重点创业团队25个。

【品牌活动打造】 开展创意活动近40场。举办第三届“最浦口”文创产品设计大赛，以求雨山文化、汤泉文化为设计命题，面向境内外设计企业、高校师生及个人征集文创产品，产生获奖作品78件，获奖作品成果转化6件。组织30余家企业参展2017第九届中国南京文化创意产业交易会，获最佳组织奖（全省仅2家），合作订单金额315万元。举办第二届浦口文化创意交易会4场，分别为凤凰专场、江北设计小镇国际营商菁英会、“SOMALL·潮品节”、南京创意设计营商日，实现销售额近300万元。

【创意产业发展】 推进创意设计集聚区建设，出台《浦口区创意设计券实施细则（试行）》，丰富文创设计研发公共服务内容。下发《关于开展浦口区优秀创意设计企业、团队遴选工作的通知》，初步遴选创意设计企业、团队49家。与江苏凤凰传媒集团有限公司开展资源渠道合作，成立凤凰文创＆浦口文创集合店，通过委托研发、产品代销、贴牌销售等形式打造浦口本土文创产品展销平台。着眼国际设计资源交流对接，联合举办江北设计小镇国际营商菁英会、“创意设计券/中心优选”路演交易会等活动，达成国际设计资源落户意向2个。

【产业服务管理】 联合区统计局加强产业统计服务管理，结合活动开展、项目走访开展入库统计服务50余次。文化金融入库企业236家，实现文化金融贷款20笔，融资总额1.07亿元。

【参加第九届南京“文交会”】 9月22～24日，2017第九届中国南京文化创意产业交易会在南京国际博览中心举办，区委宣传部、区文化产业联合会组织30余家企业参展。浦口文创展区分为特色小镇、文化旅游、文创产品、科技互动等板块，展出镂空雕塑、动画公仔、陶瓷礼品等文创产品，实现销售额2万余元，达成意向合作10余个，订单金额315万元。浦口区获文交会最佳组织奖。

【凤凰文创＆浦口文创集合店成立】 11月18日，凤凰文创＆浦口文创集合店成立并对外营业。集合店位于湖南路1号凤凰文化广场，由浦口区与江苏凤凰传媒集团有限公司共同打造，总建筑面积约80平方米，是浦口文创拓宽终端渠道、推进产品市场化的重要销售平台。展示销售纯天然创意手工皂、陶瓷文化礼品、创意手工饰品等特色文创产品，浦口高校创业团队的“我的第一本日记”主题衍生品、桥林明信片、SE品牌创意丝巾、创意木质拼装时钟等广受客户好评。

【SOMALL·潮品节】 11月18日，SOMALL·潮品节在艾尚天地启动。潮品节是浦口区与大文网联合打造的全新文化创意集，目标是发展成一个品牌性的针对南京文化创意力量的大型创意设计展览，展现南京在文化、艺术、设计、创作等方面的新思潮，满足都市年轻人对开放、多元创作生态的渴望。大文网展示40件生活潮品，32位手作人展出DIY手工艺品、挂件饰品、布艺公仔、创意家居、手工藤编、毛绒制品等文创工艺品。

【江北设计小镇国际营商菁英会】 11月19日，2017“最浦口”文化创意交易会暨江北设计小镇国际营商菁英会在科工园举办。活动由区委宣传部、科工园主办，区文化产业联合会承办，旨在结合江北未来发展及企业需求，对接南京创意设计中心的国际设计资源，搭建合作桥梁。来自意大利、法国、英国、中国台湾等国家和地区的14位建筑和室内设计、工业和产品设计、品牌设计等领域设计师齐聚浦口，与浦口区10余家企业、高校代表交流，与科工园交换合作意向，了解江北设计小镇的未来规划和产业导向。

【南京创意设计营商日】 11月22日，南京创意设计营商日在国家领军人才创业园举办。活动由南京创意设计中心、南京创意设计周组委会主办,区文化产业联合会、南京设计廊协办。南京图朵文化创意有限公司、南京陶天下文化传播有限公司、闳空间文化艺术有限公司等文创企业展示创意设计产品,听取设计需求企业的需求,并进行沟通交流。活动发布“浦口文创”品牌,该品牌通过政策引导、政府支持、联合会服务等环节,培养优秀本土企业、设计师和设计产品,打造具有浦口特色的文创品牌。

【参展 2017 香港设计营商周】 12 月 7~9 日,浦口区组织企业参展 2017 香港设计营商周。“浦口文创”参展产品有“东方龙”“亲爱的爱丁堡”“我的第一本日记”等系列衍生品,南京金石雕塑艺术有限公司“繁花”金箔蜡笔、“红楼梦”艺术衍生品及铁道学院的 SE 品牌丝巾受到观众喜爱。活动实现销售额 2 万元,达成意向订单 20 万元。 (滕宇)

【林公堤文化创意集市启动】 12 月 25 日,位于江浦街道城南河畔的林公堤民国风情街创意集市正式启动,来自南京本土方言说唱曲艺白局、相声演员们悉数登场献演。民以食为天,一碗辣油馄饨,几块臭豆腐,再伴着老艺人的一声吆喝、一段白局,在寒冬腊月里的早市,不仅让人吃饱吃好,还将传统文化送进百姓心里。活动邀请南京本土相声品牌开心茶馆及国家、省、市级非物质文化遗产的手工匠人,他们有的做传统手工糖画、有的制作灯工琉璃,还有的现场教学草编艺术。林公堤民国风情街创意集市每周六、周日举办,旨在弘扬南京地道传统文化。 (万国)

·求雨山文创园·

【概况】 2017 年,求雨山文创园开发建设管委会(筹备)围绕建设“国家级文化产业示范园、国际化书法交流基地”总目标,打造“一高地、三街区、一景区、一社区”(中华当代书法第一高地、艺术品网络交易街区、文化金融街区、配套商业街区、休闲旅游景区、艺术家社区)的产城融合小镇。紧扣市级特色小镇考核指标,推进求雨山中华书法小镇创建,完成总投资 15.69 亿元。

【融资】 2017 年,求雨山文创园以产业基金和直融方式拓展融资渠道,完成文化产业基金融资 17.95 亿元,保障征地拆迁及 PPP 共建等工作有序推进。完成还款付息 7.97 亿元。严格对照区委、区政府要求,融资限额指标无净增。

【征地拆迁】 完成雨山组、凤凰山地块、交运局地块(二期)向阳组 12.35 万平方米拆迁,涉拆居民 633 户,门面房 38 间,车库 8 间,工企 6 家,建筑面积 9.1 万平方米。通过产权置换等方式,解决拆迁遗留门面房 10 间、工企 5 家,涉拆建筑面积 2376 平方米。支付拆迁补偿款 9.9 亿元。

【重点项目建设】 2017 年,重点项目“一校一河两寺五路”(雨山书法特色小学,雨香河,观音寺、弘德寺,雨欢路、雨香路、雨庆路、文启路、文富路)基本完成项目立项等前期手续。其中,雨香路完成主体工程建设;弘德寺完成项目立项及前期手续办理;博物馆展陈布局设计完成;海绵园区专项规划编制完成,并建立海绵地表智能分析模型。

【招商引资和企业服务】 2017 年,引进注册型企业 97 家,其中文化类企业 54 家,注册资金 11.3 亿元。累计注册企业 320 家,其中文化类企业 172 家,累计注册资金 20 亿元。新增科技创业投资 500 万元(江苏众邦商业保理有限公司),新增创意设计载体项目 1 个(南京西贝西文化传媒有限公司)。成立企业服务平台,组建企业运营统计站,为入驻企业提供工商注册、税务登记、税种认定等一站式服务。培育 6 家文化类企业申报 2017 年区文化产业专项资金。购置物业打造求雨山众创空间和创意设计园,承载文化企业办公和产业过渡,求雨山众创空间启用并运营。根据求雨山中华书法小镇产业定位,引入南京第七区文化科技有限公司、南京悦好教育科技有限公司等重点优质文化企业,提高园区文化类企业质量,为园区各项经济指标增长注入新的活力。

【品牌建设】 与汤泉温泉旅游度假区联合举办第三届“最浦口”文创产品设计大赛,参加南京文交会、金洽会,展示

12 月 25 日,林公堤文化创意集市正式启动 (城建集团 供稿)

求雨山文化底蕴，提高求雨山书法品牌声誉，搭建文创产研平台，促进文化项目引进。举办“寄情求雨山”“故事里的求雨山”征文活动，组织编写《求雨山杂志》，“求雨山书法小镇”微信公众号上线运营，挖掘旅游文化资源，逐步构建线上线下全媒体宣传平台。

【雨香路开工】 3月27日开工。雨香路是求雨山文创园第一个破土动工的工程，总投资936万元，长约400米，规划红线宽18米，车行道12米，两侧人行道宽3米，设计时速30千米/小时，为城市支路，起于雨山西路，止于公园南路。

【中华书法小镇奠基】 4月8日，举行求雨山文创园中华书法小镇奠基仪式。求雨山中华书法小镇总面积130.4公顷，其中核心区为求雨山、凤凰山，约100公顷。项目总建设投资160.5亿元，建设期和运营期共20年，总体目标是把求雨山建设成为“国家级文化产业示范园、国际化书法交流基地”。共有六大板块构成。第一个板块为中华当代书法第一高地，以“金陵四老”（林散之、高二适、萧娴、胡小石）馆为支撑，将建设一个中华书法博览馆，是求雨山标志性建筑之一；与中国艺交所合作，将成立中国艺交所求雨山书法体验馆；对四老馆进行升级改造。第二个板块为中国艺术品交易网络平台集中区，汇聚艺术品交易公司，引进国内外知名拍卖机构，涵盖“艺术品＋金融”“艺术品＋互联网”“艺术品＋实体体验店”等。第三个板块为江苏文化创意与金融创新示范园，将建设金融一条街，由数据、网络、动漫、网游、音视频、电子商务等八大公共服务平台组成。第四个板块为浦口市民休闲购物一站式广场，为周边市民、文创园内部企业提供全方位服务。第五个板块为南京江北地区AAAA级旅游景区，建设4个广场、2个大型地下停车场、精品书法酒店、雨山阁、空中廊道、画眉山，翻建观音寺、弘德寺2座寺庙；开办书法特色小学，是与南京重点小学合作的八轨制小学。第六个板块为杰出书画艺术人才之家，新建57万平方米社区，其中2万平方米艺术家公寓为高端艺术人才提供生活、创作空间。

【承办中书协楷书委员会活动】 5月28～30日，中国书法家协会第七届理事会楷书专业委员会第一次会议在浦口区召开。会议由中国书法家协会第七届理事会楷书专业委员会主办，求雨山文创园、求雨山文化名人纪念馆承办。全国22位楷书专家参会，就如何引导楷书的正确发展方向、推动楷书艺术大发展大繁荣进行研讨。

【求雨山及周边地段城市设计获教育部优秀工程勘察设计奖一等奖】 7月20日，《南京浦口求雨山及周边地段城市设计》获教育部2017年度优秀工程勘察设计奖一等奖。该设计由求雨山文创园委托东南大学建筑设计院院长韩冬青教授编制，该成果基于地段独有的历史人文和生态自然两方面特征，在地块开发容量与功能的制定、城市空间形态的控制与引导、开敞空间与界面的控制引导，以及快速交通、公共交通和慢行系统的组织等方面进行系统设计。

【与南审签订战略合作共建协议】 12月8日，求雨山文创园与南京审计大学签订战略合作共建协议。协议以“项目导向、多方合作、共谋发展、校地融合”为原则，通过共同规划、合作建设，提升南审综合实力和国际竞争力，丰富求雨山书法特色小镇内涵和产业效益，共同拓展创新合作新实践，构筑创新发展新高地。求雨山文创园与南审对接金融科技研发中心项目，包括金融科技研发机构、金融理财文化博物馆、国际审计博物馆、金融人才培训基地，明确项目的内容载体、研究方向、建筑体量和形式，研究合作机制。与南审创业联合会、南审KAB学生创业社团对接，交流大学生创业团队、金融企业和金融科技研发机构相关事宜，寻求更多合作项目。

（张浩波 黄梦颖）

历史文化保护

【概况】 2017年，浦口区有区级和区级以上文物保护单位38家，其中省级1家，市级19家，区级18家。建立文物保护安全机制，提升文物行政执法和监管效能，定期做好文物消防安全、防雷击、文物安全等专项检查。开展业余文保员和文物志愿者巡查，及时查处破坏文物案件，快速处理浦镇火车站英式建筑擅自拆改等文物案件4起。完善地下文物考古勘探评估服务工作机制，对接规划、建设部门及园区、集团，加强联系沟通，梳理上报项目情况，为重大建设项目提供文物考古勘探服务，确保全区项目建设如期完成。加强文保单位保护和修缮，完成浦口城隍庙修缮及外部环境提升工程、中敌台碑记保护工程及《兜率寺壁画保护方案》《浦口庄昶墓环境提升方案》《浦口东门染坊修缮方案》编制。开展文物解读工程，完成兜率寺、茅塘桥等5处文保单位文物解读碑（牌）及全区不可移动文物电子地图制作，配合完成《江北新区文化遗产保护规划》编制。南京市文广新局公布第三批市级非遗项目代表性传承人名录，浦口区4人入选，传统舞蹈类有杨沫（江浦手狮）、徐红梅（茶山会），传统美术类有张蓉（葫芦画），传统医药类有张力（张氏接骨）。完成市级项目《石桥门笺》《星甸清真（烤鸭、五香牛肉）制作技艺》非遗宣传片及《手狮舞者》微电影拍摄，完善民间舞蹈《板凳虎》。加强江浦文庙文保建筑利用，支持江浦街道打造以乡贤文化为基础的居民自助互助模式——贤爱堂·邻里自治中心，挖掘项羽与浦口地名传说，为特色田园乡村建设建言献策。推进博物馆建设，完成《浦口区博物馆展陈方向课题研究报告》《浦口区博物馆可行性调研报告》编制。

【文化与自然遗产日主题活动】 6月16日，“传授技艺 承接匠心”浦口区2017年文化与自然遗产日主题活动在江浦街道市民广场举行。活动由区文广局主办，区文化馆、江浦街道文体站承办。现场设置舞台表演区与项目展示区，舞台演出节目有舞龙舞狮、古琴古萧、民歌锣鼓、白局及河蚌舞、茶山会等民间歌舞，项目展示区有剪纸、灯彩、泥人、绳结、门笺、竹刻、葫芦画等传统技艺，汇集非遗项目22个。 （文广局）

2017 年浦口区各级文物保护单位一览表

表 97

序号	名　称	年代	类别	级别	地点	公布时间
1	牛头岗古文化遗址	新石器	古遗址	省级	汤泉农场牛头岗	2005 年
2	杨山头遗址	新石器	古遗址	市级	汤泉街道泉西社区杨山组	1992 年
3	大古堆遗址	商周	古遗址	市级	永宁街道候冲社区大营组	1992 年
4	曹王城子遗址	周	古遗址	市级	桥林街道明因寺社区檀家组西南 150 米	1992 年
5	蒋城子遗址	周	古遗址	市级	桥林街道明因寺社区林家小村组西南 200 米	1992 年
6	陶庄乌龟墩遗址	新石器、周	古遗址	市级	汤泉街道龙山社区陶庄组	2012 年
7	茶壶店遗址	周	古遗址	市级	汤泉街道龙山社区茶壶店组	2012 年
8	大城基遗址	周	古遗址	市级	永宁街道永宁社区姚庄组	2012 年
9	张孝祥墓	南宋	古墓葬	市级	老山林场黄山岭南坡	1992 年
10	庄昶墓	明	古墓葬	市级	珍珠泉旅游度假区定山寺遗址后	1992 年
11	江浦文庙	清	古建筑	市级	江浦街道东门大街 83 号	1992 年
12	定山寺	南朝梁	古建筑	市级	珍珠泉旅游度假区大顶山下	1992 年
13	兜率寺	清	古建筑	市级	老山林场狮子岭分场狮子岭	2006 年
14	茅塘桥	明	古建筑	市级	永宁街道西北 1000 米,合浦公路上	2006 年
15	顾昊墓石刻	明	石刻	市级	珍珠泉旅游度假区佛手湖北部岛中	1992 年
16	珍珠泉	明	石刻	市级	珍珠泉旅游度假区内	1992 年
17	翠云峰摩崖石刻	明	石刻	市级	老山林场西山分场翠云山山路旁	2006 年
18	江上草堂	现代	近现代代表性建筑	市级	桥林街道林浦社区林散之故居纪念馆	2006 年
19	求雨山“金陵四老”纪念园	1992～2005 年	近现代代表性建筑	市级	江浦街道求雨山	2012 年
20	惠济寺银杏树	南唐	其他	市级	汤泉街道惠济寺公园内	1982 年
21	小樊城子古文化遗址	周	古遗址	区级	桥林街道刘公村西小樊组东北 100 米	1983 年
22	杆子湖墩古文化遗址	周	古遗址	区级	桥林街道七联村杆子胡组南 300 米	1983 年
23	平山赵古文化遗址	周	古遗址	区级	桥林街道南二村平山赵组	1983 年
24	差田城子古文化遗址	周	古遗址	区级	江浦街道高旺社区刘村组东南 250 米	1983 年
25	案子城子古文化遗址	周	古遗址	区级	汤泉街道龙井社区案子组东南 150 米	1983 年
26	山头毛古文化遗址	周	古遗址	区级	汤泉街道龙井社区山头毛组西北 100 米	1983 年
27	华严庵古文化遗址	周	古遗址	区级	星甸街道万隆社区大何组东北 400 米	1983 年
28	正南城子古文化遗址	周	古遗址	区级	汤泉街道大黄村正南组东北 300 米	1983 年

续表 97

序号	名　称	年代	类别	级别	地点	公布时间
29	磨盘山古文化遗址	周	古遗址	区级	永宁街道双圩村10组	1983年
30	湾塘古文化遗址	周	古遗址	区级	汤泉街道泉西社区湾塘组	1983年
31	官桥城子古文化遗址	周	古遗址	区级	星甸街道双山村官桥滕组西南500米	1984年
32	香泉井	明	古建筑	区级	汤泉街道惠济寺公园内	1983年
33	深井	明	古建筑	区级	星甸街道双山村深井组	1983年
34	双井	明	古建筑	区级	永宁街道东葛社区	1983年
35	凤凰桥	明	古建筑	区级	汤泉街道惠济北路惠济寺前100米路边	1983年
36	龟趺	明	石刻	区级	桥林街道刘公村金山组碾场	1983年
37	浦口革命烈士纪念碑	现代	纪念建筑	区级	江浦街道求雨山	1983年
38	浦口无名烈士纪念陵园	现代	纪念建筑	区级	珍珠泉旅游度假区合浦公路边包家桃园	2005年

广播 电视

【概况】 把握正确导向，突出宣传职能。一是服务中心工作，强化舆论宣传。严格按照中央和省委、市委、区委部署，加强统筹协调，把握进度节奏，开展“两学一做”（学党章党规、学系列讲话，做合格党员）常态化、制度化等专题教育。围绕区委、区政府中心工作，发挥喉舌作用，做好舆论宣传，推出一批有影响力的主题报道。其中，“聚焦四届三次全会”栏目展现区委四届三次全会现场盛况，传达会议精神；“一把手话民生”专栏邀请部门、街道主要负责人，与百姓共谋发展、共话民生；“美丽乡村行”专栏突出形态、生产、生活、生态、乡风“五美”要求，宣传报道浦口美丽乡村，带领群众共同感受发展成果。二是聚焦重大主题，强化舆论引导。针对党的十九大召开重大主题，严格落实宣传责任，完善《浦口区广播电视台安全播出综合应急预案》和《浦口区广播电视台安全播出现场处置方案》，按照“不间断，高质量，既稳定，又安全”原则，落实安全播出工作。在“浦口新闻”中推出“砥砺奋进的五年”大型系列报道，从交通出行到就业环境、从教育资源到社会保障、从医疗质量到城市管理等领域全面展示党的十八大以来，浦口区经济社会和人民生活发生的巨大变化。在十八频道“看江北”栏目，以“喜迎十九大·我的圆梦故事”为主题，挑选各领域代表人物创业、奋斗、圆梦的故事，展示浦口区的发展变化和浦口人的精神风貌。三是关注民生问题，践行舆论监督。开设新栏目“民生广角”，跟踪社会热点，反映百姓民生；结合“263”专项环境整治工作，开设专栏“263 整治在行动”“城市精细化管理十项行动进行时”“环境整治曝光台”，跟踪报道，实时监督；与区“12345”服务中心联合开办“12345 时间”栏目，传达百姓诉求，追踪办理结果，跟进百姓诉求工单近300件。

加强业务能力，提升宣传效果。一是做活节目形式，增强报道可看性。在常规栏目之外，针对特殊节日和特殊群体，采用系列报道的形式宣传，增强节目可看性。结合“五四”青年节、“5·20”科技工作者日、奋进的浦口人、高温下的坚守等主题开设专栏，宣传报道各行各业先进典型，弘扬时代主旋律。二是丰富节目内容，提高观众兴趣度。立足“看江北”节目，精选题材，精细制作，突出亮点。“聚焦江北”版块精选在便民服务上卓有成效的部门，展示工作举措，体现工作特色，树立良好的政府形象；“印象江北”版块精选不老村天然休闲地、响堂星星欧式客栈等民宿场所，进行现场体验报道，间接带动旅游业发展；“江北人”版块精选一批生活在浦口、活跃在浦口的典型人物，利用纪实拍摄手法，找准人物个性，展现人物魅力，报道吴国亭、陆大有、鞠慧等文化名人，收到良好的社会反响。三是优化节目设置，力求视角多样化。开设“浦口警方”“善行浦口”等专栏，涉及公安、慈善、民生等热点领域，满足不同群体观看需求。针对自办节目时长有限的实际，采购片源予以补充，购买“市县联盟”节目，宣传社会主义核心价值观。在全市优秀电视新闻节目评选中，区广电台上报电视新闻、系列报道、专题、栏目类稿件17条（档），12条（档）获奖，其中“看江北”栏目获区县台栏目类一等奖，获奖数量位列全市各区第一名。

加快技术革新，提高宣传质量。一是实现高清化制播。以迁址浦口文化中心为契机，实现前期拍摄、后期制作、演播室信号整套专业系统高清化，在全市各区电视媒体中居于首位，“浦口新闻”“看江北”“三农时空”等自办栏目和外购节目在新闻综合频道和影视频道播出，增进观看体验。二是摄制《大美浦口》宣传片。利用超广角镜头、三轴电动轨道、慢动作摄像机、水下摄影机等设备，采用延时移动摄影、高空航拍、慢动作摄制等技术手段，挖掘浦口旅游“山、水、泉、林、寺”的资源特质，完成宣传片《大美浦口》摄制，展现浦口自然风光、历史文化和城市风貌，在智慧浦口手机台、各大媒体微信公众号、长三角旅游联盟合作台等媒体播出。三是实现广播直播车电视化改造。新直播车音频、视频系统按照全数字标准设计集成，具备广播节目现场直播、录制、发射功能,可对区委、区政府大型活动进行同步解说,对新闻事件进行现场直播,车顶安装的扩音设备可对突发事件实现集群式指挥并对大型活动进行现场调度。

举办大型活动,扩大宣传影响。加强活动策划,提倡全民参与,举办浦口新年音乐会,满足群众日益增长的精神文化需求。在美丽乡村西埂莲乡举办“舞动浦口,无限健康”为主题的千人广场舞大赛,丰富群众业余文化生活,推进全民健身运动开展。举办大美浦口推介会、浦口新歌声、经典诵读等活动,取得良好的社会反响,扩大广电台影响力。

加大公益力度,履行宣传责任。严格按照广电总局“公益广告播出量不少于广告播出总量的3%”要求,每天在新闻综合频道、影视频道播出社会主义核心价值观、喜迎十九大召开、文明城市创建、全民阅读、食品安全城市创建、文明城市创建等公益广告500余条次。利用LED电子大屏,每日播发文字、图片及视频公益广告不少于30条,播放频率500次/日。组织公益广告创作,《涉毒必悔》《不要让文明从指缝中流走》等公益广告获市级奖项,在全市各区排名第一。

【智慧浦口手机台上线运行】 1月16日上线运行。区广电台整合资源,强化导向,在全市各区级广播电视台中率先搭建智慧浦口手机台,构建广播电视舆论宣传多元平台融合发展格局,增强新闻舆论的传播力、引导力和公信力。智慧浦口手机台于2016年由区广电台和山东网络电视台合作开发,2017年10月16日试运行。智慧浦口手机台是移动Web、APP全媒体开放云平台,是浦口本土的新型手机媒体,集新闻、服务、互动为一体,开设浦口快讯、纵观天下、频道直播、现场直播、栏目点播、党建园地、联勤视角、阳光物价、健康有约、生活信息、政企矩阵、精彩看吧、便民服务、活动专区、指尖商城、抽奖互动、爆料回应17个板块。智慧浦口手机台累计点击量680万次,成为市民了解家乡的平台以及游子关注故乡的窗口。

【“浦口警方”节目开播】 3月27日,区广电台和浦口公安分局联合制作的节目“浦口警方”开播。下设“重点关注”“警营风采”“警务进行时”3个子栏目。“重点关注”简要回顾近期发生的重要警务,让群众了解浦口警方的工作常态;“警营风采”每期推出一位优秀警员,展现警营风采,宣传法制浦口;“警务进行时”关注警务热点问题,如现场直击禁酒风暴,以案说法教你识破网络诈骗,如何侦破大案要案等。每月1期,时长25分钟,每月最后一周周一晚7:40在浦口新闻综合频道播出。

【广电台迁址】 4月24日,区广电台迁址浦口文化中心。广电台面积1.4万平方米,设综合部、新闻部、专题部、总编办、新媒体运营部、技术设备管理部、网络管理部、经济信息部8个部门及南京轻快文化传媒公司,有全高清媒体演播厅、高清制作网、高清播出网、蓝光媒资系统、高清ENG等设施设备,工作人员102人。 (向锦)

【全市净化荧屏声频安全播出会议在浦口召开】 6月28日在浦口区广电台召开,各区广播电视台分管领导、总编室主任参加会议。与会人员参观浦口区广电台的播出机房、导控室、新闻演播室等部门,询问了解组织结构设置、频道输出格式等情况。工作会上,市广电集团、各区广电台总结交流净化荧屏声频安全播出工作情况、经验及问题,市文广新局副局长徐莉莉部署2017年下半年全市净化荧屏声频安全播出工作重点任务。

【《中国共产党96年影像纪实》播出】 7月1日起,每日12点10分在新闻综合频道播出系列纪录片《中国共产党96年影像纪实》。该片以编年纪事的方式,撷取党的历史上产生深远影响的96个重要事件,全景展示中国共产党团结带领中国人民不懈奋斗的历程,深刻回答历史和人民为什么选择中国共产党。该片用“话史、说理、寻梦”的手法,讲述党史、教育人民,激励广大人民群众不忘初心、继续前进,为实现中华民族伟大复兴中国梦而努力奋斗。 (广电台)

【“善行浦口”节目开播】 9月5日,区广电台与慈善中心联办的专题节目“善行浦口”开播。节目旨在传播慈善文化、弘扬社会正能量,分主栏目和辅助栏目两部分,主栏目以专访的形式对浦口区行善人物和行善单位进行深度报道,辅助栏目“践行善举”报道区慈善中心每月的重点工作、慈善活动、认捐项目、救助信息和慈善事迹等。总长8分钟,每月1期,27日18点50分播出,28日18点50分复播,播出频道为浦口电视台新闻综合频道。

【公益广告获市级奖项】 11月20日,区广电台选送的4件公益广告作品在全市播出机构广播电视公益广告评比中获佳绩,获奖数目和名次在各区电视台中名列第一。电视类《不要让文明从指缝中流走》获二等奖,电视类《友善,让世界更温馨》《以字育人,传承文化》、广播类《诚信,闪光的品质》获三等奖。

(向锦)

【“盘点2017·感受身边幸福”专栏开设】 11月28日,在“浦口新闻”栏目中开设“盘点2017·感受身边幸福”专栏。专栏以2017年浦口区民生幸福建设取得的成就为主线,围绕居家养老、精准扶贫、弹性离校、家庭医生、不见面审批等10个方面,表现群众的幸福感和满意度。播出“助餐服务让老人吃出幸福感”“生态体育 休闲公园 让百姓在休闲运动中感受幸福”“公共交通畅达 百姓出行便捷”“完善公共文化服务体系 丰富百姓文化生活”“公厕一小步 民生保障一大步”“家庭医生 居民健康的守门人”等专稿。 (广电台)

档案 史志

【依法管档修志】 档案史志重点工作纳入全区“十三五”规划,区政府办印发《浦口区“十三五”档案事业发展规划》《浦口区“十三五”地方志事业发展规划》。开展对38个街道、部门档案工作的执法检查,指导、检查全区各机关部门及街道完成2016年文件材料归档整理。围绕“6·9”国际档案日、“8·18”法律宣传日、法制宣传月开展主题宣传,增强社会公众档案意识,提升档案史志工作社会影响力。突出档案新媒体宣传作用,做强做优“南京浦口档案史志”微信公众号，推送文章46篇，在全国档案微信公众号排行榜6月榜单位列第9名。

【档案指导监督】 对街道土地承包经营权确权登记颁证档案工作进行指导，完成全区土地承包经营权确权档案登记验收。对“百湖百川”滁河水环境治理、“乡村记忆”永宁侯冲村史馆档案工作进行指导。以江浦街道华光社区为试点，在全区5个街道开展农村集体资产清产核资档案整理业务指导，配合区农业局完成清产核资档案初检。对简诺种植专业合作社等8家农民专业合作社规范化建档工作进行指导。对全区列入市重点建设项目和重点工程进行档案业务指导和登记备案。开展家庭建档推广活动，100多户家庭开展家庭建档活动，10户家庭获“南京市第一批家庭建档示范户”称号。举办全区档案员培训等档案业务培训7期，受训人员200多人次。组织开展机关单位年度文件材料归档检查，指导相关单位开展2016年度省星级档案室创建和复查，10家单位通过星级测评和复查。

【档案保管与开发利用】 丰富馆藏资源，接收民政婚姻、司法公证、纪检档案19405卷(件)。开展浦口纪实照片征集活动，征集老照片1000多张。征集兜率寺原住持圆霖法师照片140余张、江浦县城建照片2500余张、求雨山文化名人纪念馆等照片300余张，征集民间收藏家卞忠泉档案资料188件，征集《乌江江氏现代族谱》《赵氏家谱》等家谱类档案。修订完善《浦口区档案突发事件应急预案》。接待查档7000多人次，利用档案资料6000多卷(件)次，出具档案凭证近6000份，群众满意度100%。完成第八批馆藏档案划控鉴定工作，开放档案173卷3362件。每月按期编发2017年浦口大事记，编辑完成《2016年浦口新闻报刊剪辑汇编》《2016年档案利用典型事例选编》《遗珠采撷》。举办浦口区家庭档案展览、浦口区馆藏珍贵档案展和“铭记历史、开创未来——喜迎党的十九大图文展”。

【档案信息化建设】 完成档案数字化扫描80万页，其中馆藏增量档案数字化14万页，部门档案室藏增量档案数字化66万页。启动馆藏170万条目录数据校核，完成数据校对30万条，并完成数据挂接和备份。永宁街道、汤泉街道、顶山街道通过省AAAA级数字档案室验收，实现街道数字档案室建设全覆盖。区审计局通过省AAAAA级数字档案室验收。全区建成省AAA级以上数字档案室24家，其中省AAAAA级数字档案室3家，省AAAA级数字档案室17家。

【党史征编】 落实“一突出，两跟进”(突出开创和发展中国特色社会主义时间段历史研究，即时跟进十八大以来党中央的决策部署、即时跟进以习近平同志为总书记的党中央的理论发展)要求，编纂出版《中共南京市浦口区委执政纪事(2016)》《中共南京市浦口区地方史大事记(2010～2013)》。开展全区红色遗址遗迹通览编撰工作，完成初稿。启动《南京市浦口区革命老区发展史》编纂。开展浦口地区抗战史料整理，形成口述资料近3万字。开展《华中抗战的长城——新四军在江苏》、“铭记历史开创未来”等主题图片展。联合出品广播剧《铸剑——王荷波》，该剧共3集，时长90分钟，以“烈火”“淬火”“铸剑”为主题，讲述王荷波革命的一生。联合举办纪念中共南京地方组织建立95周年暨王荷波同志诞辰135周年座谈会。论文《南京地区第一个党小组成立的要素解析》入选“江苏党组织的创建及其历史贡献”学术研讨会。

【地方志编修】 完成《浦口年鉴(2017)》编纂出版工作，设26个类目，近90万字，记载2016年浦口区“四个生态”建设的丰硕成果。推进《浦口简志》《浦口区志》资料长编续编编修，《浦口简志》累计完成初稿5篇，共24万字；资料长编续编完成初稿29篇，共430万字，进入总纂阶段，完成总纂稿25篇。开展《侯冲社区志》业务指导，完成送审稿一审。做好浦口地情资料收集整理工作，向社会各界提供咨询服务，助力滁河风景区申报国家级水利风景区，配合永宁街道侯冲社区村史馆、汤泉街道高华社区村史馆、桥林街道林山乡史馆建设，审读文本材料和展陈设计方案。

(窦兴春)

【《侯冲社区志》送审稿一审完成】 5月底完成。《侯冲社区志》设17章70节，前置序言、凡例、概述、大事记，后殿附录，近50万字，彩图53幅，记述侯冲境内自然地理、经济发展、政治建设及各项社会事业，是浦口区第一部社区志。针对志稿中存在的问题，区志办调整框架结构、统一体例格式、修改文字内容、厘清编校规范，并提出意见和建议。

(徐源)

【“6·9”国际档案日广场宣传活动】 6月8日，在江浦街道市民广场开展以“档案——我们共同的记忆”为主题的“6·9”国际档案日广场宣传活动。活动现场悬挂“档案——我们共同的记忆”横幅，摆放“往事悠悠”馆藏照片展板和家庭档案主题展板，发放家庭建档知识、浦口区档案馆查阅指南、信息共享平台服务指南等宣传手册，向市民征集浦口纪实老照片。(曹影)

【馆藏第八批档案向社会开放】 6月9日向社会开放。按照《南京市各级国家综合档案馆馆藏档案开放与利用办法》，区档案局对馆藏满30年档案进行鉴定划控。鉴定划控档案共56个全宗、587卷，其中鉴定可以开放的档案173卷(3362份)，开放率30%。(杜桦)

【浦口老照片征集】 6月，区档案局联合区文联面向社会公开征集浦口老照片。征集内容为社会各界人士收藏或拍摄的，反映浦口区政治、经济、社会、文化和市民生活等领域的老照片，时间范围为2002年以前，以清代末期、民国时期、解放初期和改革开放时期为重点，累计征集老照片1000余张。

【“南京浦口档案史志”微信公众号首次进入全国档案微信号排行榜前十】 7月，档案微平台研究团队发布全国档案微信号排行榜2017年6月榜单，“南京浦口档案史志”微信公众号列排行榜第九名。全国档案微信号排行榜监测大数据来源于“清博指数”，最新监测的全国档案微信公众号329个。区档案局把微信公众号作为宣传档案史志工作的重要手段，挖掘浦口地方历史文化资源，每周向公众推送一篇文章，全年推送46

篇,涵盖传说故事、礼仪习俗、文物古迹、人物纪略等内容,《石桥民间的传说故事》单文阅读量10809人次。(窦兴春)

【“华中抗战的长城——新四军在江苏”图片展】 8月1日,区档案局在区政府会议中心一楼举办“华中抗战的长城——新四军在江苏”大型图片展。展览分“抵御外侮共赴国难”“新四军挺进江南”“开辟苏北发展华中”“华中抗战领导中心移到江苏”“巩固抗日民主根据地”“夺取抗战最后胜利”6个部分,展出历史照片700多幅,展现新四军在江苏的光辉战斗历程和英雄业绩。

(胡学荣)

【档案馆新馆封顶】 8月,区档案馆新馆主体工程封顶。区档案馆新馆规划建筑面积1万平方米,于2016年3月开工建设。新馆规划设计从全区经济社会和档案事业发展的要求出发,体现档案管理现代化、档案服务社会化的发展趋势。区档案馆新馆在配置档案库房、信息化专业技术用房的同时,重点建设社会化公共服务平台,设开放式查阅大厅、政府信息查阅中心、区情区史展览陈列室、爱国主义教育室等功能室。(窦兴春)

【侯冲社区村史馆建成】 10月建成并对外开放。侯冲村史馆位于侯冲社区牛王殿组,知青故里景区旁,投资约300万元,占地面积近1000平方米,建筑面积近400平方米,由馆前长廊、三个展厅和活动室三部分组成。馆前长廊展示侯冲社区的家风家训、村规民约、中华美德、军人英烈和英雄事迹,展现侯冲居民勤俭厚德、踏实重孝、互帮互爱的美好品德。三个展厅分别为“山高水长”厅、“花繁果茂”厅、“鸿鹄之志”厅,展现侯冲社区的历史、成就、人文和未来规划,表现侯冲人自古以来的智慧和勤奋。其中,“山高水长”厅主要展示侯冲的起源神话、历史发展脉络、历史古迹、老物件和百家姓,“花繁果茂”厅主要展示侯冲地区政治、经济和文化方面的建设成果,

10月,侯冲村史馆建成开放　　(朱军玲　摄)

“鸿鹄之志”厅主要展示侯冲社区的未来规划蓝图、侯冲名人和幸福家庭。活动室设在村史馆二楼,布置有桌椅和书籍资料,为居民和党员相互交流提供平台,丰富社区居民的业余文化生活。

(朱婷婷)

【五里村口述史采集工作启动】 11月,区档案局启动五里村农村发展变迁口述史采集工作。按照省档案局《关于开展“百村万户”口述历史采集工作的通知》文件精神,区档案局以乡村乡镇工业经济、文化教育发展史和村镇变迁史为口述历史的采集主题,确定原江浦县五里村为“百村万户”口述历史采集标本村,计划用时一年半完成五里村口述历史的采访采集和文字整理工作。开展农村口述历史采集工作旨在记录“三农”工作历程,助推美丽乡村和社会主义新农村建设,留住乡村记忆。(杜桦)

【《南京市浦口区革命老区发展史》编纂启动】 11月,根据中国老区建设促进会《关于编纂全国1599个革命老区县发展史的安排意见》,浦口区启动《南京市浦口区革命老区发展史》编纂工作。浦口区革命老区有两处,即星甸街道石村社区和桥林街道公子洲区域。该书记述老区人民革命斗争史,总结老区发展的历史经验,展示老区发展的伟大成就。

【区委执政纪事(2016)出版】 11月,《中共南京市浦口区委执政纪事(2016)》出版发行。全书29万字、近百张照片,展现了2016年浦口区委、区政府执政实践的丰富内容,反映了浦口区党的历史主题与主线。(胡学荣)

【浦口国土分局档案工作通过省五星级规范测评】 12月12日,省档案局测评组对浦口国土分局档案工作进行实地考察、综合评议,一致认为该局档案工作管理规范、管理制度完善、信息化建设领先、服务意识强、档案利用效率高。该局以119分的高分(满分120分)通过江苏省档案工作五星级规范测评。(汪涛)

·文稿编辑　徐　源·

卫生 体育

卫 生

【概况】 2017年,江北新区管理体制调整后,浦口区有各级各类医疗机构126个,其中公办二级综合性医院1个,二级中医院1个,民营综合性医院1个,社区卫生服务中心7个,社区卫生服务站65个,门诊部9个,诊所(含卫生所、医务室、卫生站、卫生保健所)33个,急救站5个,妇幼保健所、疾病预防控制中心、卫生监督所、医学教育机构各1个。医疗机构床位992张,其中医院床位860张,社区卫生机构床位132张。有卫生人员2363人,其中卫生技术人员2021人,内含执业(助理)医师944人、注册护士891人。全区平均每千人口有床位2.73张、医师2.6人、注册护士2.45人。门急诊量157.7万人次,出院3.54万人次。社区卫生服务中心省级标准化建设达标率85.7%,社区卫生服务站达标率96.9%。居民人均基本公共卫生经费85元,居民健康档案建档率84.55%。

【医疗服务】 公办医疗机构实现医联体建设全覆盖,构建三级医院、辖区二级医院和社区卫生服务中心合作共建的“1+1+N”321垂直医联体,下派专家49人,开展双向转诊、技术带教、特色科室创建、联合病房共建等交流,创成特色专科2个、联合病房1个。10月26日,中心医院按照三级医院标准,通过市卫计委等级医院复核评价与评估,区中医院被市卫计委明确“十三五”期间升级为三级中医院。创成市中医重点专科2个、市级示范化母婴室5个、市级标准化母婴室6个、省级示范化村卫生室4个。建成区域卫生大数据基础平台,推行实名制就医,方便百姓就医。8月,与致公党江苏省委、江苏卫生健康职业学院共同举办基层中医药发展论坛,推动基层中医药事业发展。4月,开展“医疗质量安全月”主题活动,组织各医疗机构学习《医疗质量管理办法》和新版18项医疗核心制度,联合市区总工会开展院感无菌技术操作技能竞赛。与南京医科大学合作共建健康江苏建设与发展研究院浦口创新研究中心,12月2日举办首届浦口卫生与健康创新发展论坛,省内外专家学者就深化医疗卫生改革、健全医疗服务体系、推动区域健康产业发展等方面进行探讨。会同区文明办于“5·12”护士节期间在全系统选树表彰20名先进典型。完成“三赛一节”(国际女子半马赛、中国山地自行车公开赛、国际攀联世界杯攀岩赛,亚洲户外运动节)、音乐会、跑步节等重大活动医疗保障工作,无一例不良事件发生。

【基层卫生】 出台《浦口区家庭医生签约服务工作实施意见(试行)》,建立家庭医生服务团队57个,完成签约12.1万人,重点人群签约率达70.8%,引入健康管理师,重点做实个性化签约,完成签约1.6万人。探索“一站式健康服务”新路径,建立慢病诊疗一站式服务区,为居民提供挂号、诊疗、健康教育、签约等一站式服务。试点建立“街道—中心—社区—服务站”四位一体的服务管理网络,成立慢病自我管理小组,为居民提供零距离健康服务。依托健康大数据信息平台和“健康浦口”微信公众号,根据群众需求提供个性化健康检查服务。沿江街道妇科、顶山街道中医肝病专科通过市级特色科室验收。石桥石村、星甸解放桥、永宁车站、汤泉龙山4个村卫生服务站获“省级示范化卫生室”称号。

【疾病预防与控制】 14大类47项基本公共卫生服务项目实现全覆盖,连续12年未发生血吸虫病急性感染病例。查螺4200万平方米,春季灭螺890.59万平方米,捕获钉螺1433只,未发现阳性钉螺。开展“消除疟疾 谨防境外输入”的疟疾防治宣传活动,受教育3500余人,完成疟原虫血片检测1100张。完善以社区、家庭、医生为主的多方监管机制,采取“以奖代补”模式加强重性精神病人救助管理。在市卫计委和市总工会联合举办的南京市卫生应急技能大赛中,区疾控中心获团体一等奖。

【妇幼保健】 开展婚检一站式服务,婚检率85.53%。住院分娩补助1928人,补助金额92.77万元。新增叶酸补服1812人,依从率100%。农村妇女免费“两癌”(乳腺癌、宫颈癌)筛查13745人次(江北新区除外),发现宫颈癌8人、乳腺癌8人,20名癌前病变患者得到及时治疗。孕产妇艾滋病、乙肝、梅毒检测均为4330人,检测率100%,乙肝表面抗原阳性孕产妇所生新生儿注射乙肝免疫球蛋白143支,以阻断母婴传播。为6151名儿童建证建卡,建证(卡)率100%,接种一类疫苗7.94万人次。孕产妇早孕建册3592人,住院分娩率100%,产后访视率96.77%,死亡率为零,孕前优生健康检查目标人群覆盖率达90%。活产数4051人,新生儿出生缺陷率3.8‰,7周岁以下儿童健康管理率98.83%。

【卫生监督执法】 落实国务院和省、市关于推行“双随机、一公开”监管工作的部署,完成浦口区(含泰山、沿江、顶山、盘城4个街道)“双随机、一公开”工作,监测102户,完结率100%。作为全省卫生监督移动执法全过程记录试点单位,创新“卫生执法+大联勤”管理模式,利用街道大联勤综合行政执法高效快捷的特点,及时发现、查处公共场所无证经营和非法行医行为。联合开展打击非法行医专项整治3次,取缔黑诊所16户次,行政处罚3起,罚款6300元,移交公安机关涉嫌非法行医人员1人,受理投诉举报40起,办结率100%。排查涉嫌非法行医美容场所222户,查处公共场所无证经营单位23家。完成传染病监督执法272户次、医疗卫生监督执法267户次、放射卫生监督执法54户次、公共场所卫生监督执法630户次、生活饮用水监督执法22户次、学校卫生监督执法97家次、消毒产品监督执法20户次。抽检公共场所重点卫生、生活饮用水、托幼机构消毒效果、餐饮具集中消毒528份,抽检合格520份,合格率98.5%。完成2017世界全项目轮滑锦标赛住宿酒店卫生监督保障、高考中考卫生监督保障等任务。

【爱国卫生】 牵头完成国家级“四害防治先进城区”复查,中心医院成为全市唯一获“江苏省健康促进医院优秀单位”称号的二级医院。4月,开展“历史与展望——为了人民健康的65周年”爱国卫生主题宣传活动。爱国卫生月期间,全区更新健康教育橱窗30余块,制作横幅16条,展出展板40块,发放“健康素养66条”“慢性病防治”“如何有效控制三高”等健康知识宣传彩页1500余份,开办健康讲座进社区10余场,接待咨询700余人,义诊200余人。组织发动市民参与南京市“健康家庭”评选,推荐40户家庭参加评选。开展公共场所控制吸烟专项督查,督查医疗机构54个、餐饮店60个、居民小区10个、公共场所260个,发放禁止吸烟标志2000余份。

【医学教育与科研】 区属两家二级医院获省级科研立项1项、市级科研立项18项、区级科研立项12项,独立举办省级继续教育项目4期,在持国家专利6项,发表SCI论文4篇、核心期刊论文51篇。中心医院承办国家级继续教育项目1项,1项省级课题结题,11项市级科研结题,6项区级课题结题。与南京医科大学、健康江苏研究院合作共建“健康江苏”浦口创新研究基地,12月2日举办“健康江苏”建设与发展高峰论坛暨首届浦口卫生与健康创新发展论坛,省内外专家、学者就深化医改、健全医疗服务体系、推动区域健康产业发展等方面进行探讨。

【依法行政】 受理卫生行政许可766件,医师执业注册、变更183件,医疗机构设置、校验、变更等许可258件,审批公共场所卫生许可300件,放射诊疗许可24件,集中式供水1件。接受咨询约2000多人次。清理不合要求执法证26张,新办执法证18张,持执法证52人,其中持行政执法证49人、持执法监督证3人。

【医改工作】 区医改工作领导小组成员单位增加区信息中心1个部门,共有17个部门组成,在卫计局设医改办,统筹协调推进医改工作。在中心医院启动内部绩效分配制度改革试点,委托上海交大开发内部绩效考核方案及系统。下发《2017年浦口区深化医改工作任务及分工》,完成二、三季度医改监测数据的收集整理及上报,分析全区医改相关情况。 (刘颖奇)

【首例置入式静脉输液港技术施行】 3月,区中心医院消化肿瘤科施行置入式静脉输液港技术,该项技术填补浦口区医疗系统空白。置入式静脉输液港又称置入式中心静脉导管系统,简称输液港,是一种可以完全置入体内的闭合静脉输液系统,为需要长期及重复输注药物的病人设计,借助于专用的隔膜和导管,不仅可以做药物注射或连续性药物输注,而且可以输注血制品、营养液,抽取血液标本。输液港完全埋植于病人皮下,减少组织的暴露,并发症发生率低,对病人活动限制少,日常维护简单,可永久使用。 (中心医院)

【世界卫生日宣传】 4月7日,区卫计局组织各医疗卫生单位开展“同面对抑郁,共促心理健康”宣传活动。悬挂横幅13条,展出展板6块,发放宣传品及折页7700余份,接受群众咨询及免费测量血压血糖1900余人次,向居民宣讲心理健康知识,呼吁更多的人关注心理健康、关爱抑郁人群。

【“最美医生”“最美护士”评选】 4~5月,区卫计局联合区文明办在全区医疗机构开展“最美医生”“最美护士”评选活动。活动旨在挖掘宣传最感人的医护人员,弘扬救死扶伤、爱岗敬业、无私奉献的职业素养和为民情怀,增进群众对医务工作者的理解、支持和爱护,倡导形成尊医崇医的社会风尚。经广泛宣传发动、自下而上推荐、初评审核、公众投票和评审工作小组票决等程序,确定“最美医生”“最美护士”各10名。

2017年浦口区医疗卫生系统“最美医生”“最美护士”一览表

表98

序号	最美医生	最美护士	序号	最美医生	最美护士
1	韦士才	丁伯香	6	李永霞	吴芳芳
2	史　荣	万先蓉	7	陈广红	张冬梅
3	齐　霞	王　琳	8	罗　萍	李　晶
4	严文芹	刘眯眯	9	彭　诚	侯远丽
5	张　静	朱增英	10	韩秋华	徐翠香

【区中医院改扩建工程投入使用】 浦口区中医院改扩建工程总投资4.57亿元,2012年11月开工,包括门急诊楼改造和医技病房楼扩建两项工程,总建设面积4.7万平方米。2017年5月8日,新门急诊楼投入使用,总建筑面积11287平方米,其中地上面积10240平方米,地下面积1047平方米。一层设门诊大厅、急诊,二层设门诊检验及内科,三层设骨科、外科、门诊手术室、妇产科等,四层设眼科、耳鼻喉科、会诊中心等,五层设皮肤科、口腔科、名中医堂等,六层设病理科、血液科等。年底,医技病房楼投入使用,建筑面积3.6万平方米,含放射科、手术室、ICU、标准病房等。(参见“经济管理”类目第142页)

【中医药事业发展研讨会】 5月11日,区政协卫生工作组与农工党江苏省委医卫工作委员会、农工党江苏省卫计委综合支部、农工党江浦支部在江苏卫生健康职业学院召开浦口区中医药事业发展研讨会。调研组到浦口中医院、永宁街道社区卫生服务中心、泰山街道社区卫生服务中心和江苏卫生健康职业学院实地调研,了解浦口区中医药事业发展状况。研讨会上,专家、委员就浦口区中医药服务能力现状与提升对策、基层医疗机构中医药发展瓶颈、中医药人才高职教育培养现状、基层中医药工作的现状及政策、基层中医药发展对策与思路、《江苏省医疗纠纷预防与处理条例》精神解读、医联体对口支援工作等进行探讨交流。

【泰山街道家庭医生签约服务】 5月19日,区卫计局、泰山街道、泰山街道社区卫生服务中心、花旗社区、中大医院、浦口医院、南京金色亿家健康管理有限公司共同举办“世界家庭医生日”宣传暨泰山街道社区卫生服务中心家庭医生签约服务启动仪式。现场为家庭医生团队揭牌,与社区居民开展家庭医生签约,中大医院、浦口医院专家开展健康讲座和大型义诊活动。居民签约家庭医生后每年可免费享受2次预约专家门诊、1次健康评估、2次面对面健康咨询、4次健康讲座以及慢病延方、基本公共卫生服务所涵盖的健康指导、健康体检等服务。预约专家门诊即家庭医生免费提供2次预约三级医院专家门诊的转诊服务;慢病延方即慢病居民能够在家庭医生处取到三级医院开的药品;参加基本公共卫生服务体检的签约居民可预约家庭医生解读体检报告并进行健康干预。

【医疗卫生公益活动】 5月20日,由中国中西医结合学会脑心同治专业委员会、区卫计局、江浦街道社区卫生服务中心联合发起的“医路同行·关爱健康·脑心同治走基层”大型公益活动在江浦街道巩固社区举行。发放高血压病保健指导、常见慢性病保健指导、糖尿病饮食注意事项、脑卒中保健指导等宣传资料360余份,近200人接受健康问诊和指导。 (刘颖奇)

【获市卫生应急技能竞赛团体一等奖】 8月7~9日,南京市卫生应急技能大赛举行,全市13个代表队100余名队员参赛。竞赛项目包括突发急性传染病防控、院内急救(突发事件紧急医学救援)和突发中毒事件处置,分为个人竞赛和团体竞赛。浦口区代表队获团体一等奖。 (疾控中心)

【健康江苏建设与发展研究院浦口创新研究中心签约】 9月5日,健康江苏建设与发展研究院和区卫计局举行签约仪式。健康江苏建设与发展研究院浦口创新研究中心围绕深化医药卫生体制改革,全面建立中国特色基本医疗卫生制度、医疗保障制度和优质高效的医疗卫生服务体系,开展健全现代医院管理制度与家庭医生制度等课题研究工作,对政策执行提供评估,为医改工作提供参考。 (刘颖奇)

【中心医院义诊】 9月9日,中心医院在“健康江苏服务百姓”义诊周活动期间,联合省人民医院在区中心医院共同举办“关爱健康,‘义’起行动”大型义诊活动。设内科、外科、妇产科等21个专科,特邀省人民医院12位享受国务院特殊津贴的著名专家、南京市第一医院知名专家与区中心医院专家共同为患者提供咨询、诊断和治疗方案等服务。接待患者1320人次,测血压600余人次、测血糖500余人次。 (中心医院)

【第二届健康江苏建设与发展高峰论坛】 12月2日,第二届健康江苏建设与发展高峰论坛暨首届浦口卫生与健康创新发展论坛在浦口区举办。论坛由浦口区政府、健康江苏建设与发展研究院、南京医科大学主办,区卫计局、健康江苏浦口创新研究中心、江苏省第十批科技镇长团浦口团承办。大会以“新时代 新需要 新发展”为主题,来自国家部委、省、市、区卫计部门领导及专家学者围绕新时代卫生与健康事业的发展、新时代深化医改重点任务、健康中国与健

5月8日,区中医院新门急诊楼开诊暨大型义诊活动在中医院本部举行
(卫计局 供稿)

康江苏建设、健康浦口创建、健康产业发展、健康智库与卫生决策等方面进行主题报告。（刘颖奇）

【中心医院精神病专科治疗楼投入使用】 12月底投入使用。精神病专科治疗楼为中心医院二期工程之一的单体工程(二期工程包括康复体检中心、脑病专科治疗大楼、精神病专科治疗楼),于2014年3月开始桩基施工,占地面积2700平方米,总建筑面积16758平方米,其中地上建筑面积11171平方米,地下建筑面积5587平方米,总投资约8985万元。设5个内科病区及健康管理中心、血液净化中心、核医学科、PCR实验室,添置直线加速器和SPECT等设备。(参见“经济管理”类目第141页)

（王磊）

体 育

【体育设施】 根据公共体育服务体系标准,加强全民健身场馆及健身设施建设,浦口体育中心、市民中心等大型体育场馆对外开放,完成区体育场升级改造。建成社区多功能运动广场35个,水墨大埝、象山湖、浦口公园、环老山等体育主题公园完成提档升级。新建健身步道近20千米、室外健身路径30套、篮球场10片、室外羽毛球场和乒乓球场40个、健身房18个。促进学校、企事业单位体育设施对社会开放,人均体育设施面积3.11平方米。做好室外体育健身路径管理,委托专业公司巡检、维修,更新老旧室外健身路径44套,确保健身路径器材安全使用。

【群众体育】 3~11月,举行浦口区机关运动会,设自行车、三人制篮球、“有氧三项”、乒乓球、扑克牌、羽毛球、登山、环湖健康跑8个大项,60多家机关、企事业单位近2000人次参加。5~11月,举办浦口区第四届农民运动会,设三人制篮球、“有氧三项”、中国象棋、乒乓球、广场舞、自行车慢骑、登山、环湖跑8个项目,近2000人次参加。7~8月,举办“舞动莲乡”广场舞大赛,9个街道近50支广场舞队近1000人参加比赛。8月11日,举办“喜迎十九大·千人同舞爱我中华”广场舞活动,近2000人参加。12月28日,举办浦口区2018“中国体育彩票杯”迎春健身长跑,近4000名机关、企事业单位人员参加。指导机关、街道、俱乐部举办体育活动近180场,其中规模较大的有“9·29”步行日、老山越野挑战赛、自行车公益骑行等。举办“浦口律动之春”三赛一节、南京国际跑步节、老山库珀有氧运动与健康国际论坛、南京老山“有氧三项”精英挑战赛、南京国际越野跑挑战赛、第四届长三角体育运动休闲季(江苏浦口站)等大型赛事。

【竞技体育】 浦口籍运动员许安琪获第13届全运会女子重剑冠军。2月18~22日,举办2017年浦口区“区长杯”校园足球联赛,32所学校600多名学生参加。4月22~23日,参加南京市少年儿童网球比赛,获儿童男子甲组单打第5名、儿童女子甲组单打第3名。参加南京市少年儿童乒乓球比赛,获团体第10名、少年女子团体第4名、儿童女子乙组第7名、少年女子第6名。4月25日至5月1日,组队参加省县级田径锦标赛,获金牌1枚、银牌2枚、铜牌5枚,团体总分位列全省65个区县第12名,创历史最好成绩。5月13~14日,参加南京市少年儿童跆拳道比赛,获金牌4枚、银牌5枚、铜牌4枚。5月13日至11月底,组队参加南京市少年儿童田径比赛,获金牌4枚、银牌13枚、铜牌10枚,获少年组团体第4名、儿童组团体第7名。9~10月,组织中小学参加市校园足球联赛,乌江中学获初中男子组第8名,江浦高级中学获高中男子组第3名,浦口中专校获高中女子组第2名。11月,联合区教育局举办浦口区中小学生篮球、羽毛球启蒙赛。

2017年浦口区运动员参加省、市比赛成绩一览表

表99

比赛名称	组别	姓名	项目	成绩	名次
江苏省青少年田径锦标赛暨县组田径比赛	男子甲组	尚　武	110米栏	16.18秒	3
		尚　武	200米栏	27.05秒	3
		施昌豪	跳高	1.92米	3
		杨　昆	跳远	6.5米	6
		杨　昆	三级跳远	14.04米	6
	女子甲组	陈晓敏	200米栏	31.71秒	6
		陈晓敏	跳远	5.69米	3
	男子乙组	袁魏子超	跳远	6.79米	2
		袁魏子超	三级跳远	14.42米	1
		毕黄添	三项全能	1421分	8
	女子乙组	吕承蕊	跳高	1.56米	3
		付皙晗	三项全能	1577分	4
		李锦璇	三项全能	1562分	6

续表 99

比赛名称	组别	姓名	项目	成绩	名次
江苏省青少年田径锦标赛暨县组田径比赛	男子丙组	吕嘉诚	60 米	8.34 秒	6
		徐智楠	跳远	4.98 米	2
		徐智楠	跳远	4.50 米	7
	女子丙组	刘 悦	跳远	4.09 米	8
江苏省第三届中小学生跆拳道锦标赛	初中男子	龚伟康	58～63 公斤		3
		倪宏伟	63～68 公斤		3
		陶 阳	+68 公斤		1
	初中女子	万宁玲	36～39 公斤		3
		刘鸿宇	39～42 公斤		3
		林 倩	42～46 公斤		3
		徐雯静	50～54 公斤		3
		杨 梓	54～59 公斤		1
		喻 含	+59 公斤		3
		蔡 琳	+59 公斤		3
南京市少年儿童田径比赛	儿童男子甲组	黄李钰	4×100 米接力	1 分 0 秒 27	7
		何雨桐	4×100 米接力	1 分 0 秒 27	7
		李明智	4×100 米接力	1 分 0 秒 27	7
		徐智楠	4×100 米接力	1 分 0 秒 27	7
		徐智楠	跳远	4.9 米	4
		徐智楠	三级跳远	9.6 米	4
		李明智	三级跳远	8.91 米	6
		何雨桐	三级跳远	8.62 米	7
		黄李钰	三级跳远	8.38 米	8
		钱文渊	垒球	24.29 米	8
	儿童女子甲组	刘 悦	跳高	1.15 米	3
		杜筱筱	跳远	3.71 米	6
		刘 悦	三级跳远	9.37 米	1
		杜筱筱	三级跳远	8.19 米	5
		杜默涵	铅球	7.36 米	2
		蒋玉林	铅球	5.85 米	6
		杜默涵	垒球	19.15 米	6
		蒋玉林	垒球	18.4 米	7
	儿童女子乙组	时以恒	跳远	3.01 米	4
		陈志璇	跳远	2.81 米	6
	少年男子甲组	黄溢达	110 米栏	16.67 秒	2
		刘紫胤	4×100 米接力	59.55 秒	2
		黄溢达	4×100 米接力	59.55 秒	2
		於 希	4×100 米接力	59.55 秒	2
		雷 振	4×100 米接力	59.55 秒	2
		黄溢达	跳高	1.65 米	2
		刘紫胤	标枪	22.8 米	5
		於 希	标枪	18.36 米	6
		刘紫胤	三项全能	1813 分	1
		於 希	三项全能	1660 分	2
		雷 振	三项全能	367 分	3

续表 99

比赛名称	组别	姓名	项目	成绩	名次
南京市少年儿童田径比赛	少年女子甲组	湛　一	三级跳远	9.69 米	1
		杨　爽	三级跳远	8.44 米	2
		李　雯	铅球	7.8 米	2
		李　雯	标枪	14 米	2
		湛　一	三项全能	1133 分	1
		杨　爽	三项全能	1028 分	2
	少年男子乙组	张礼豪	4×100 米接力	53.74 秒	3
		马昆仑	4×100 米接力	53.74 秒	3
		喻　跃	4×100 米接力	53.74 秒	3
		马立健	4×100 米接力	53.74 秒	3
		马昆仑	跳高	1.49 米	3
		喻　跃	跳高	1.45 米	4
		马立健	跳高	1.45 米	4
		张礼豪	三级跳远	9.43 米	7
		倪子豪	铅球	7.75 米	6
		朱子涵	铅球	7.66 米	7
		马立健	三项全能	1909 分	2
		张礼豪	三项全能	1775 分	3
	少年女子乙组	何锦圆	4×100 米接力	1 分 01 秒 07	4
		江敏雪	4×100 米接力	1 分 01 秒 07	4
		吴亚楠	4×100 米接力	1 分 01 秒 07	4
		刘　妍	4×100 米接力	1 分 01 秒 07	4
		刘　妍	三级跳远	9.11 米	3
		吴亚楠	铅球	5.35 米	6
		吴亚楠	垒球	26.72 米	8
		何锦圆	三项全能	1421 分	3
		刘　妍	三项全能	958 分	4
南京市少年儿童乒乓球比赛	儿童女子甲组	王安琪	个人		7
	儿童女子乙组	陈　果	个人		7
	少年男子甲组	刘贤宇	个人		6
	少年女子乙组	李羿葶	个人		6
		永宁小学	团体		4
南京市少年儿童摔跤比赛	男子甲组	魏毅萱	自由 55 公斤		1
		方以泰	自由 63 公斤		1
		周伟杰	自由 63 公斤		2
		吴　浩	古典 48 公斤		2
		熊　剑	古典 55 公斤		1
		刘佳乐	古典 55 公斤		3
		管昌伟	古典 63 公斤		1
		张其龙	古典 69 公斤		1
		王欣宇	古典 78 公斤		1
		吴英杰	古典 78 公斤		3
		王　伟	古典 85 公斤		1
		卢健豪	古典 85 公斤		2

续表 99

比赛名称	组别	姓名	项目	成绩	名次
南京市少年儿童摔跤比赛	男子乙组	林 童	自由58公斤		3
		徐金金	自由69公斤		3
		宋子正	古典46公斤		3
		杨 祈	古典58公斤		2
		陈 波	古典69公斤		1
		林 森	古典69公斤		2
	女子乙组	洪可欣	自由51公斤		1
		史博雅	自由55公斤		2
南京市少年儿童跆拳道比赛	女子甲组	杨 梓	63公斤		1
		陈婷玥	+63公斤		2
	男子乙组	倪宏伟	66公斤		1
		管绍文	+70公斤		1
		龚伟康	+70公斤		2
		陶 阳	+70公斤		3
	女子乙组	檀 蕊	60公斤		3
		徐雯静	63公斤		2
		刘 佳	+63公斤		1
		喻 含	+63公斤		2
	男子丙组	刘 果	55公斤		1
	女子丙组	刘鸿宇	51公斤		2
		蔡 琳	+51公斤		2
南京市少年儿童网球比赛	儿童男子甲组	谢闻睿	单打		5
	儿童女子甲组	薛佳文	单打		3

2017年浦口区向南京市体育训练机构输送运动员情况一览表

表100

姓名	性别	出生年月	项目	输送教练	原训练单位	招收教练	招收训练单位
徐智楠	男	2005.3	田径	蒋力衡	浦口区青少年业余体校	刘汉梁	市体育运动学校
刘 悦	女	2005.3	田径	蒋力衡	浦口区青少年业余体校	杜文洁	市体育运动学校
喻 含	女	2001.12	跆拳道	蔡长江	浦口区青少年业余体校	钱 林	市清凉山体育运动学校
杨 梓	女	2002.5	跆拳道	蔡长江	浦口区青少年业余体校	钱 林	市清凉山体育运动学校
陈婷玥	女	2002.10	跆拳道	蔡长江	浦口区青少年业余体校	钱 林	市清凉山体育运动学校
檀 蕊	女	2003.7	跆拳道	蔡长江	浦口区青少年业余体校	钱 林	市清凉山体育运动学校

【体育协会】 3月,武术协会举办新春武术进社区展演活动;4~7月,足球协会举办江苏省“城市假日杯”足球赛和年度足球联赛;4~10月,老年人体育协会举办老年人体育节系列活动;5月21日,棋类协会举办“迎六一”少儿棋类比赛;5月,乒乓球协会举办江苏省“宏发杯”乒乓球团体赛;6月,信鸽协会举办500千米特比赛、信鸽春季联翔赛,空竹协会承办南京市社会体育指导员培训并举办空竹比赛。9月24日,广场舞协会举办“舞动江苏”广场舞浦口站选拔赛;9月,钓鱼协会举办“迎十一”钓鱼比赛;10月21日,跆拳道协会承办江苏省第三届中小学生跆拳道比赛;10月28日,登山协会举办重阳千人登高活动;11月,篮球协会举办第十届“荣保利杯”篮球赛;全年举办赛事200多场。

【体育产业】 4月,区政府与省体育局签订协议,共建老山有氧运动小镇。加强经营性高危险性体育项目管理,严格规范许可流程和日常监管巡查。指导区内企业申报省级体育产业引导资金,南京老山户外运动俱乐部有限公司、南京浦口云水涧建设发展有限公司、南京乐驰体育文化传播有限公司、南京博晟风体育文化有限公司4个项目申报省级体育产业引导资金。许可游泳项目10个、攀岩项目1个。新增赛事服务、场馆服务、健身指导等体育企业近20家。138个体育彩票销售实体网点规范运营管理,销售总额2.09亿元,增加0.33亿元,增长19%,总量在全省65个区县中位列第13名。

2017年省级体育产业引导资金项目一览表

表101

序号	项目单位	项目名称
1	南京老山户外运动俱乐部有限公司	老山有氧运动国际论坛、2017中国南京"有氧老山"国际山地半程马拉松赛暨体坛名人、奥运冠军公益跑
2	南京浦口云水涧建设发展有限公司	攀岩世界杯场地建设工程
3	南京乐驰体育文化传播有限公司	南京浦口国际女子半程马拉松
4	南京博晟风体育文化有限公司	2017全国沙滩排球大满贯赛事运营

【所获荣誉】 8月14日,区体育局被国家体育总局评为"2013~2016年度全国群众体育先进单位"。8月26日至9月10日,完成2017年世界全项目轮滑锦标赛3大项150场比赛的服务保障工作,获得市级突出贡献奖和优秀组织奖。11月26日,水墨大埝赛区获"2017中国山地自行车公开赛优秀赛区"称号。12月,在2017江苏体育产业大会上,2017南京浦口国际女子半程马拉松暨全国女子半程马拉松锦标赛获"'魅力江苏'2017马拉松十佳赛事"称号;2017中国南京水墨大埝国际攀联世界杯攀岩赛获"江苏省十佳最具影响力和品牌价值体育赛事"称号;南京老山有氧运动示范基地获"江苏省特色运动项目基地"称号。

【首届"律动之春"体育休闲月】 2月22日,浦口区举办首届"律动之春"体育休闲月启动仪式。4月,浦口区举办"三赛三节一论坛"活动,包括一系列国际、国内高水平赛事和活动。"三赛"分别是4月9日举行的2017南京浦口国际女子半程马拉松暨全国女子半程马拉松锦标赛、4月15~16日举行的2017全国山地自行车冠军赛暨中国山地自行车公开赛、4月29~30日举行的2017中国南京国际攀联世界杯攀岩赛;"三节"为4月23日举行的南京老山国际跑步节、4月30日至5月1日举行的亚洲户外运动节和"浦口春韵"花海节;"一论坛"是4月22日举办的老山有氧运动国际论坛。

【亚洲户外运动节】 4月30日至5月1日,2017亚洲户外运动节在水墨大埝举办。亚洲户外运动节是综合国际交流、户外运动比赛、国际国内体育品牌展示、露营、极限运动及儿童游乐、特色旅游、文化休闲等活动为一体的体育嘉年华,是江苏省唯一、国内一流的高水平户外运动节,被省政府纳入《江苏省全民健身实施计划(2016~2020)》。活动由浦口区政府、江苏省户外和登山运动协会主办,江苏高山湖户外运动有限公司、水墨大埝美丽乡村休闲旅游区承办。主题为"亚洲户外·共襄盛举"。活动内容有越野定向赛、航空航模、特技风筝、国际车淘、青少年攀岩挑战赛、NBA篮球训练营、欢乐足球派等14个项目,近2万人参加。 (张雪)

【"水墨大埝杯"省攀岩资格赛】 5月28~29日,"我要上全运"第13届全国运动会群众比赛"水墨大埝杯"江苏省攀岩资格赛暨江苏省首届攀岩锦标赛在水墨大埝举办。赛事由省体育局、省体育总会、浦口区人民政府主办,省户外和登山运动协会、浦口区体育局承办,浦口云水涧建设发展有限公司协办。14

4月23日,2017中国南京"有氧老山"国际山地半程马拉松赛暨体坛名人、奥运冠军公益跑活动在浦口举办
(体育局 供稿)

个代表队 80 余名选手参赛。比赛分为标准速度赛、随机速度赛、难度赛、抱石赛 4 项，各选拔出前 3 名共计 12 名群众选手，代表江苏省参加第 13 届全国运动会攀岩项目的预赛。（蒋琴）

4 月 9 日，2017 南京浦口国际女子半程马拉松暨全国女子半程马拉松锦标赛在浦口开跑。图为 2 月 23 日赛事新闻发布会会场（柏顺 摄）

【老山 100 千米国际越野挑战赛】 3 月 4 ~ 5 日，“奔泰体育杯”2017 南京老山 100 千米国际越野挑战赛在南京老山国家森林公园举办。比赛由江苏力然体育发展有限公司主办，南京老山国家森林公园和区体育总会协办。挑战赛是江苏省首场 100 千米国际越野比赛，来自美国、德国、澳大利亚和中国江苏、安徽、浙江、广东、北京、上海等国家和地区近 500 名越野爱好者参赛。比赛设男、女 100 千米、50 千米、30 千米山地越野跑 6 个项目。安徽合肥的梁晶以 12 小时 14 分获 100 千米男子组冠军，江苏连云港的金莉以 17 小时 03 分获 100 千米女子组冠军，甘肃通渭的张庆乐和江苏常州的高海霞分获 50 千米组男子组、女子组冠军，来自德国的 Jesse Douma 获 30 千米男子组冠军，江苏南京的陈梦羽获 30 千米女子组冠军。（陶盼盼）

【国际女子半程马拉松锦标赛】 4 月 9 日，2017 南京浦口国际女子半程马拉松暨全国女子半程马拉松锦标赛在浦口开跑。比赛由中国田径协会、江苏省体育总会主办，浦口区政府、南京市体育总会、北京中迹体育管理有限公司承办，江苏省体育竞赛管理中心、南京市体育彩票管理中心、浦口区体育局协办，是中国田协唯一授权的女子半程马拉松锦标赛，也是江苏省第一个纯女子半程马拉松赛事。设女子半马、5000 米健康跑 2 个项目，来自中国、奥地利、俄罗斯、法国、美国等 24 个国家和地区的 3684 名参赛者参加。肯尼亚运动员获冠军。（张雪）

3 月 4 ~ 5 日，浦口举办 2017 南京老山 100 千米国际越野挑战赛（网络图片）

【第四届长三角运动休闲体验季江苏浦口站活动】 6 月 17 ~ 18 日，2017 年第四届长三角运动休闲体验季江苏浦口站活动在老山景区举行。活动由江苏省体育局、上海市体育局、浙江省体育局、安徽省体育局联合主办，旨在运用浦口区生态资源优势，发展有氧大健康、大旅游，推动休闲运动产业发展，将运动体育与休闲旅游深度融合，打造有氧运动和长三角运动休闲旅游重要品牌。举办开幕式、自行车骑行赛、掼蛋推广赛、天然温泉康体养生等活动，参观自行车体验馆、库珀有氧（中国）中心、老山 · 不老村及江苏最美跑步线路珍七路。

【许安琪获第 13 届全运会女子重剑冠军】 8 月 29 日，第 13 届全运会女子重剑个人赛在天津体育学院体育馆举行。江苏队选手、伦敦奥运会女子重剑冠军成员许安琪在决赛中以 10 : 9 战胜国家队队友、山西队选手郝佳露，获得冠军。这是许安琪首次夺得全运会个人项目金牌。（参见“人物”类目第 345 页）

【全国山地自行车冠军赛（水墨大埝站）】 4 月 15 ~ 16 日，2017 全国山地自行车冠军赛暨中国山地自行车公开赛（浦口 · 水墨大埝站）在水墨大埝举办。此次赛事是中国山地自行车公开赛 2017 年度赛季的首站比赛，创新将全国山地自行车冠军赛融入公开赛。比赛由国家体育总局自行车击剑运动管理中心、中国自行车运动协会主办,浦口区政府、南京市体育总会承办,浦口区体育局、浦口城建集团协办。赛道根据不同难度分为4600米和3500米,设男子公开组山地越野赛,女子公开组山地越野赛,男子成年、青年专业组山地越野赛,女子成年、青年专业组山地越野赛,男子成年、青年专业组越野计时赛,女子成年、青年专业组越野计时赛,男子大学生组山地越野赛,男子越野淘汰赛,男子体验组山地越野赛。全国150余名专业选手、800余名业余选手参赛。凯路仕烈风车队的封宽杰获男子公开组山地越野赛个人及团体双冠军、云南队的陈明润获山地车男子专业组越野赛冠军,云南队的袁金伟获山地车青年男子专业组越野赛冠军,江苏ZGL碳纤维自行车队的任成远获山地车女子专业组越野赛冠军,云南队的程吉丹获山地车青年女子专业组越野赛冠军,贵州陆虎UCC车队的耿飞获男子大学生组山地越野赛冠军,甘肃山地自行车队的王祯获山地车男子专业组计时赛冠军,云南队的袁金伟获山地车青年男子专业组计时赛冠军,江苏ZGL碳纤维自行车队的魏钱钱获山地车女子专业组计时赛冠军,云南队的程吉丹获山地车青年女子专业组计时赛冠军,安徽队的常博洋获男子体验组山地越野赛冠军,淮安涟水县自行车协会的谢文杰获女子公开组山地越野赛冠军,艾维中国车队的普金学获男子越野淘汰赛冠军。

4月15~16日,中国山地自行车公开赛在浦口水墨大埝举行 (体育局 供稿)

【国际攀联世界杯攀岩赛】 4月29~30日,2017中国南京国际攀联世界杯攀岩赛在水墨大埝举办。此次赛事是攀岩入奥以来规模最大、参赛运动员最多的单站赛事。比赛由国际攀岩联合会主办,中国登山协会、江苏省体育局、江苏省体育总会、浦口区政府承办,江苏省国际交流中心、江苏省户外和登山运动协会、浦口区体育局协办。来自中国、英国、美国、日本、法国、俄罗斯、西班牙等29个国家和地区的182名攀岩高手参赛。比赛设男女速度赛、抱石赛4个单项。伊朗选手雷加和俄罗斯选手卡普莉娜在男女速度攀岩项目上分别打破世界纪录夺冠,日本选手渡部主太获男子抱石赛冠军,英国选手考克希获女子抱石赛冠军。12月,该赛事被江苏省现代产业中心、省体育局、省旅游局评为"江苏省十佳最具影响力和品牌价值体育赛事"。 (张雪)

世界杯攀岩赛男子获奖选手 (体育局 供稿)

【"浦外杯"少儿棋类比赛】 5月21日,第12届长江经济带全民健身大联动活动暨2017年浦口区"浦外杯"少儿棋类比赛在浦口外国语学校开赛。比赛由浦口区教育局、浦口区体育局、浦口区体育总会联合主办,浦口区棋类协会、浦口外国语学校承办。全区小学、幼儿园28支队伍84名少年儿童参赛。浦口区实验小学、浦口外国语学校、琅琊路小学明发滨江分校、浦厂小学、新世纪小学、琅琊路小学威尼斯水城分校分获小学围棋组团体前6名;新世纪小学、江浦实验小学、城东小学、浦厂小学、浦口区实验小学、红太阳小学分获小学象棋组团体前6名;浦东幼儿园、浦园路幼儿园(大华分园)、浦园路幼儿园、威尼斯水城鸿基幼儿园、金城丽景幼儿园、实民幼儿园分获幼儿园围棋组团体前6名。

【老年人太极拳(剑)展示交流】 6月16日,2017浦口区老年人太极拳(剑)展示交流在桥林街道文化广场举行。活动由浦口区体育局、浦口区体育总会、浦口区老年人体育协会主办,桥林街道承办,桥林街道老年人体育协会、浦口区老年人体育协会武术专委会协办。20支老年人太极拳(剑)队伍参加,表演24式太极拳、24式花式太极拳、陈式太极组合拳、32式太极剑、陈式49式太极剑、太极功夫扇等20个节目,展示者时而摩拳擦掌,时而刀光剑影,动作柔和如行云流水,展现了华夏民族的英勇精神。

【第二届南京国际越野跑挑战赛】 10月28~29日,凯乐石2017南京国际越野跑挑战赛在老山举行。比赛设100千米、50千米、30千米3个组别,1200人参赛。路线围绕老山的徒步路线和防火道进行,横跨老山山脉,经过老山林场、老山森林公园、珍珠泉。段中意、金春姬、李萍获女子组前3名,王标、许金林、罗琼群获男子组前3名。 (体育局)

【老山有氧三项精英赛】 11月12日在老山开跑。比赛由市金融发展办公室、浦口区政府、南京体育产业集团联合主办。来自全市金融系统的450名选手参赛,活动内容包括登山5000米、自行车10千米、跑步6000米,每三人一组,以接力赛的形式进行。赛段途经老山新28景,赛道路况多变,包含碎石、土路、台阶、木栈道,让参赛选手真正感受到步移景移的越野体验。安徽腾飞队以1小时18分17秒的成绩获第1名。

【老山获"中国体育旅游精品景区"称号】 9月23日,在2017中国文化博览会、中国体育旅游博览会上,浦口区南京环老山体育旅游景区被推介为中国体育旅游精品景区。南京环老山体育旅游景区集登山、骑行、徒步为一体,包含有氧登山道、绿色骑行道、越野跑步道、生态旅游廊道和山地自行车越野赛道,累计完成老山中部生态廊道60千米,其中穿越老山旅游生态廊道20.48千米,建成健身步道100千米。近年来,组织开展欢乐跑中国(南京站)、南京女子半程马拉松赛、全国山地自行车冠军赛暨中国山地自行车公开赛、穿越老山国际跑步节、南京老山有氧三项名人挑战赛、国际攀联世界杯攀岩赛等赛事近百场,推广"老山有氧三项"品牌。珍七路被授予"江苏省最美跑步路线"和"首批江苏旅游风景道"称号。南京环老山体育旅游景区被授予"美国库珀有氧运动基地""2015中国旅游总评榜年度最具潜力景区品牌""2017中国体育旅游精品景区"等称号。 (体育局 老山管办)

【南京青奥体育公园体育馆启用】 11月23日启用。南京青奥体育公园由体育馆和体育场两部分组成,总建筑面积约16.1万平方米。其中,体育馆建筑面积约12.8万平方米,地上8.8万平方米,地下4万平方米,可容纳观众2万人;体育场建筑面积3.3万平方米,可容纳观众1.8万人。体育馆可承办NBA赛事等国际大型赛事,满足演艺、比赛、健身等功能要求,可举办篮球、手球、乒乓球、羽毛球、冰球、搭台体操等比赛,满足奥运会比赛标准,并综合商业、展览等功能。南京青奥体育公园体育馆是国内规模最大、观众席数最多的体育馆,是国内唯一具有售票大厅、安检大厅的体育馆,是国内率先采用BIM指导施工的体育建筑。 (网络资料)

【水墨大埝获"2017中国山地自行车公开赛优秀赛区"称号】 11月26日,在2017中国山地自行车公开赛颁奖典礼上,南京浦口水墨大埝站被中国自行车运动协会授予"2017中国山地自行车公开赛优秀赛区"称号。水墨大埝站比赛是由国家体育总局自行车击剑运动管理中心、中国自行车运动协会主办,浦口区人民政府、南京市体育总会承办,区体育局、区城乡建设集团有限公司协办的2017中国山地自行车公开赛首站A级比赛,也是全国山地自行车冠军赛和第13届全运会山地自行车选拔赛。水墨大埝景区总规划面积约6平方千米,建成面积2平方千米,以自行车文化和休闲运动为主题,打造集自行车文化体验、户外休闲运动、乡村休闲度假于一体的乡村生态旅游区,自行车环形骑行道长约4000米,宽6米。水墨大埝曾举办中国山地自行车公开赛、国际攀联世界杯攀岩赛、亚洲户外运动节、第四届长三角运动休闲体验季等活动。

(体育局 水墨大埝)

【第17届"金鸿翔杯"8小时自行车团队接力赛】 12月2日在水墨大埝举办。赛事由南京体育产业集团、市自行车运动协会、市户外运动协会、区体育局、区城建集团联合举办。比赛吸引全国各地约500名自行车运动爱好者参与。设男子公开组、男子长青组、女子组、大学生组4个级别。淮南HASA车队取得长青组冠军,南京捷安特无限长青一队宫学东、余爱民、吴大明、仇宣夺取长青组亚军;铿锵玫瑰队王素芬、邹霞、王淑萍、叶晓红获女子组冠军;陈振伟、付文娇、方圆圆、鞠永梅夺取女子组亚军;南京捷安特思帕客一队李长春、孙天夷、韩洋、刘尧尧获男子公开组冠军,老司机联队获男子公开组亚军;老表中国安徽联队获大学生组冠军,江南大学获大学生组亚军。 (段菲)

【迎春健身长跑】 12月28日,2018年"中国体育彩票杯"迎春健身长跑活动在象山湖公园举行。活动由浦口区政府主办,区体育局、老山管办、体育总会承办,5个街道、40多家机关企事业单位近4000人参加,以象山湖休闲公园为起点,途经象山湖健身步道、象山湖大坝、珍七路、不老村,计6800米。 (张雪)

·文稿编辑 徐 源·

社会生活

劳动和就业

【概况】 推动实现更加充分更高质量就业。鼓励创业带动就业,拓宽致富新渠道,突出抓好“六大群体”(大学生、农民、城镇失业人员、科研人员、留学回国人员、复员转业军人)创业,培育自主创业者925人,新增城镇就业17587人,援助困难人员就业372人,转移农村劳动力1866人。加大对灵活就业、新就业形态的支持力度,联合鼎梦电商创业园组织开展跨境电子商务培训,48家电子商务企业和有意愿从事跨境电商创业的人员约100人参加培训。组织开展浦口区“S－WORK杯”创客创新创业大赛、“创响浦口”创业宣传、创业就业政策宣传月等系列活动,开展就业创业服务活动100余场,举办招聘会40余场,发放宣传材料2万余份,解答就业创业咨询2500余人次,激发全社会创新创业热情。审核发放创业担保贷款124笔3125万元,发放稳岗补贴、社保补贴等补贴8485.4万元。建成省级创业型街道1个(沿江街道)、省级创业型社区(村)9个(沿江街道新化社区、泰山街道天景社区、顶山街道吉庆社区、永宁街道侯冲社区、星甸街道高庙社区、盘城街道永丰社区、江浦街道求雨山社区、桥林街道福音社区、汤泉街道瓦殿社区)、市级大学生创业园1个(南京同心大学生创业园)、新南京人服务中心1个(桥林街道新南京人服务中心),成立浦口区高校创业社团联盟。联动落实就业前免费培训、上岗后补贴培训和成才时奖励培训三项政策,推行“企业订单、劳动者选单、培训机构列单、政府买单”培训服务模式,提升劳动者就业创业能力,政府补贴性职业培训7300人,新增高技能人才700人,职业技能鉴定取证8236人。

构建和谐稳定劳动关系。完善劳动关系调整机制,创新劳动关系协商协调机制,加强劳动关系领域社会治理,保持全区劳动关系和谐稳定。防控劳动关系领域风险,健全劳动关系运行监测分析研判制度,加强预警预测,掌握企业关停并转迁、职工安置分流、欠薪欠保、规模裁员等动态,提前做好风险防控和应急处置。加强劳动保障监察执法,建立解决企业工资拖欠问题部门联席会议制度,加大对非法用工查处力度,开展农民工工资支付、用人单位遵守劳动用工和社会保险法律法规情况执法检查,严厉打击拒不支付劳动报酬等违法行为,突出抓好重点行业、重点企业整治,依法严厉打击欠薪违法行为,维护劳动者合法权益。劳动保障监察执法立案246件,为375名劳动者获得各项费用474.8万元。完成工伤认定1032件、劳动能力鉴定592件、退休审批2610人、企业集体合同审查650家、企业工资集体协商600家。调处劳动人事争议,针对江北新区建设提速,不少企业涉及关停并转,大量职工面临解除劳动合同的现状,探索建立群体案件防控机制,构建浦口仲裁“防调裁”(预防为先、调解为主、裁决为辅)争议处理体系,调处涉及12家企业893名职工安置问题,涉及补偿金额5296万元,实现“预防在先,发现在早,化解在小”,维护区域和谐稳定。开设“浦口劳动人事仲裁”微信公众号,举办劳动保障法律法规培训,开展仲裁巡回庭审观摩,推进基层调解组织规范化建设,永宁街道人社服务中心被省人社厅评为“首批省级示范基层调解组织”。受理劳动争议案件1337件,其中实体审理801件,结案率100%,依法维护劳资双方合法权益。

【与镇安县人社局签订劳务扶贫协作协议】 根据市人社局《关于加强宁商劳务协作促进扶贫对接的工作方案》精神,3月9日,浦口区人社局与陕西省商洛市镇安县人社局签订劳务扶贫协作协议。协议明确两地人社部门开展劳务协作,浦口区通过政策扶持、信息引导、培训提升、岗位援助、动态跟踪等方式,组织推动镇安县农村劳动力特别是贫困劳动力向南京市转移就业,促进镇安县贫困人口增收脱贫。双方开展协作交流主要内容是:开展调研走访,摸清就业需求。摸清镇安县贫困劳动力资源及就业情况,了解就业需求,确定帮扶对象,掌握援助对象情况,制定劳务协作具体内容。建立劳务协作基地,组织精准扶贫。认定一批劳务协作对接基地,镇安县建立劳动力培训供应基地,浦口区建立就业援助基地。开展劳务交流,营造浓厚扶贫对接氛围。浦口区人社局组织用人单位赴镇安县开展劳务交流对接活动,推送一批就业援助岗位,推荐录用一批贫困劳动力到浦口就业。搭建劳务信息交流平台,加强信息沟通。在人社部门网站中开辟“宁商劳务协作促进扶贫对接工作”专栏,及时交流劳务合作动态,推进就业服务、职业培训、技能鉴定等领域的交流合作。做好务工人员维权工作。浦口区人社局按照相关政策,做好镇安籍务工人员维权工作,使他们能够享受当地就业创业优惠扶持政策。

【市人社局专项检查浦口区2016年就业资金】 4月19日，市人社局就业管理中心主任延振宁一行对浦口区2016年度就业资金使用管理情况进行专项检查。检查组听取区就业管理中心主任张飚关于2016年度落实就业专项资金情况的汇报，现场查阅岗位补贴、社保补贴、高校毕业生租房补贴及创业贷款等专项资金相关资料，抽查顶山街道大新社区和吉庆社区灵活就业人员社保补贴材料。检查组认为：该区扶持政策落实到位，各项补贴管理基础扎实、运行规范。

【劳动法律法规培训】 5月18日，区人社局在星甸街道举办劳动保障法律法规培训，辖区近30家企业人力资源干部参加培训。区劳动仲裁和劳动监察负责人采取以案说法的方式解读相关政策，促使企业合法经营，防控用工风险，减少违法用工成本。区劳动就业管理中心宣传浦口区劳动就业创业方面的优惠政策。

【“创响南京”创业就业政策宣传月】 5月18日至6月16日举办。“创响南京”创业就业政策宣传月活动从四个方面开展工作：加强创业就业政策宣传。通过网站、微博、微信、QQ群等渠道，宣传创业就业政策，扩展信息受众覆盖面。联合有关部门走进南工大、南信大、南审等驻区高校，开展创业大讲堂、政策宣讲、创业辅导培训等活动，帮助大学生了解创业就业政策。组织创业导师团深入中科创新广场、南京慧港电商创业园等大学生创业园，举办创业沙龙，向入驻企业开展政策培训、政策解读，提供全方位创业就业政策服务。依托街道、社区(村)基层平台开展进门入户活动，在永宁街道联合社区、顶山街道大新社区等免费发放《南京市创业政策指南》《浦口区大学生就业创业政策汇编》等资料，提高政策知晓率和透明度，做到政策宣传应知尽知、政策落实应享尽享。

【仲裁庭审观摩】 5月22日，区劳动人事争议仲裁院在顶山街道开展2017年首场仲裁庭审观摩活动。各街道人社服务中心专职调解员及辖区部分用人单位劳资干部30人参加。庭审观摩案件是一起加班工资及违法解除劳动合同赔偿金争议案件。庭审从核对双方当事人身份、宣布仲裁庭纪律，到仲裁庭举证质证认证、庭审调查、庭审辩论，均严格按照法定程序。庭审结束后，区劳动仲裁院向旁听人员发放征求意见表，征询庭审效果及对仲裁庭审的意见。观摩人员一致认为，通过观摩庭审，更直观地感受到仲裁案件审理全过程，一方面体现了仲裁活动的公开、公正、公平，另一方面有助于帮助企业进一步了解劳动法规和仲裁程序，促进企业遵纪守法。

【“S－WORK杯”创客创新创业大赛】 6月18日，2017年浦口区“S－WORK杯”创客创新创业大赛十强赛项目路演在南京工大科技产业园举行。活动由区青年大学生创业工作领导小组办公室主办，区人社局、人才办、南京工大科技产业园等单位及10个项目负责人出席活动。“文牛人居”“众拍微电影互动平台”等10个创业项目通过路演进行展示。评委从项目创新性、创业团队评估、项目市场分析、商业模式与成长空间、现场路演表现等方面对各创业项目进行综合评分。南京文牛科技有限公司项目“文牛人居”获一等奖，南京东方金信数据服务有限公司项目“面向政企的大数据综合解决方案”、南京歌者文化传播有限公司项目“追梦音乐定制”获二等奖。

【集体劳动争议化解】 7月，中钢天源南京磁性材料厂因整体搬迁，企业与职工双方就提前解除劳动合同以及相关补偿方案难以达成共识。区劳动人事争议仲裁院联合区司法局法律援助中心协调处理此案。区仲裁院召开职工代表座谈会，倾听职工诉求，宣传劳动法律法规，解答劳资双方疑问，引导职工依法理性维权。56名职工与企业就解除劳动合同补偿方案达成一致意见，涉案金额328万元。

【市区人社部门送法送政策到基层】 9月20日，市区两级人社部门在浦口开发区联动开展送法送政策到基层活动。市人社局法规处处长杨明、区人社局局长黄荣及园区近20家大中型企业人力资源干部、企业负责人参加。企业就自身经营管理中遇到的工伤认定、社会保险缴纳、高层次人才引进、企业搬迁与职工劳动合同履行等问题提问，市人社局解答相关法规政策，区人社局指导具体办理流程及注意事项。

【农民工工资支付情况排查专项行动】 根据《南京市关于全面治理拖欠农民工工资问题的实施意见》要求，9月起，区人社局开展农民工工资支付情况排查专项行动。对全区建筑施工、加工制造、船舶修造、住宿餐饮等劳动密集型行业进行重点检查，督促用人单位按时支付工资，缓解年底集中清欠压力。对在专项行动中查实存在拖欠、克扣工资等违法行为的用人单位，依法责令其限期改正，逾期不改正的按照有关规定给予行政处罚或行政处理；对行为人涉嫌拒不支付劳动报酬的，依法移送公安机关，追究其刑事责任；实施拖欠工资企业“黑名单”制度，对严重欠薪失信行为人及因涉嫌拒不支付劳动报酬罪被依法追究刑事责任的行为人纳入劳动保障诚信黑名单，定期予以公布，并在政府资金支持、政府采购、招投标、生产许可、履约担保、资质审核、融资贷款、市场准入、评优评先等方面予以限制，使失信企业“一处违法、处处受限”；通过新闻媒体曝光一批典型案例，起到以案警示的作用，规范用人单位支付农民工工资行为，维护劳动者合法权益，促进社会和谐稳定。

【南京同心大学生创业园被认定为市级大学生创业园】 11月8日，市人社局、财政局、工商局、地税局等部门组成联合检查组，对南京同心大学生创业园进行评估验收。检查组通过现场勘查、翻阅材料、听取汇报、走访入驻企业等形式，了解该创业园建设情况、配套服务功能和大学生创业情况。检查组对同心大学生创业园创建工作给予肯定，认为浦口区通过创建市级大学生创业园，营造良好的创业氛围，推动大学生创业工作，并建议园区提升创业服务水平，做好大学生创业服务工作，推动大众创业、万众创新。南京同心大学生创业园通过市级验收，被认定为市级大学生创业园。南京同心众创大学生创业园位于浦口区新浦路，由南京同心众创企业管理有限公司投资运营，总投资500多万元，建筑面积5000余平方米。园区分为7个主功能区：一层二层为综合服务区，内有成果展示区、时尚餐厅、活动区、创业者书吧、数据中心、培训室，三四层为工位区，可以同时容纳 150 人举行活动、300 人办公。园区针对大学生创业项目，工位免服务费，独立办公室服务费下浮 25%。9 月备案为市级众创空间和省级众创空间，12 月申报南京市大学生创业基地。园区还成立浦口区高校创业社团联盟和江浦街道新的阶层人士联谊活动基地。

【浦口区高校创业社团联盟成立】 12 月 9 日，由区人社局与南京同心大学生创业园联合发起、区内外各高校创业社团自愿联合结成的区域性联盟组织——浦口区高校创业社团联盟成立。联盟涵盖南工大精英创业协会、南审企聚社、南信大 KAB 创业俱乐部、东大成贤学院校团委创业实践部、南农大企划同盟、南林大未来企业家协会等 8 所高校 11 个大学生创业类社团。浦口区高校创业社团联盟通过创业活动，培育大学生创业团队，发掘大学生和学校的创新创意项目，提供创业教育、创业辅导和创业实训，并筛选优质创业项目，开展创投资源对接、孵化、推广，形成完善的支撑大学生创新创业的服务生态体系。

（任四玲）

社会保险管理

【概况】 2017 年，浦口区城镇职工五险累计参保 37.97 万人次，其中养老保险 7.97 万人，医疗保险 11.65 万人，失业保险 6.21 万人，工伤保险 6.05 万人，生育保险 6.09 万人。城乡居民养老保险参保 5.58 万人，机关事业单位养老保险参保 12257 人（在职 7983 人），居民合作医疗参保 24.02 万人。社会保险基金收入 27.1 亿元（除以上 8 个险种外，含老农保、基本生活保障、老年困难补助、农民工大病、农民工工伤、特殊人员医保、补充医疗 7 个险种，下同），支出 22.93 亿元，结余 4.17 亿元，期末累计结余 50.16 亿元。区社保中心被省人社厅授予“省级社会保险经办服务示范窗口”称号。

2017 年浦口区社保基金收支情况一览表

表 102

序号	险种名称	参保人数（万人）	享受待遇人数（万人次）	本年收入（亿元）	本年支出（亿元）	本年结余（亿元）	期末滚存结余（亿元）	是否含江北新区托管街道
1	养老保险	7.97	2.05	9.78	5.04	4.74	34.64	不含
2	医疗保险	11.65	176.06	4.64	5.13	-0.49	2.33	不含
3	失业保险	6.21	0.62	0.46	1.03	-0.57	-2.21	不含
4	工伤保险	6.05	0.10	0.17	0.22	-0.05	-0.11	不含
5	生育保险	6.09	0.28	0.26	0.30	-0.04	0.18	不含
6	城乡居民养老保险	5.58	4.31	2.86	2.40	0.46	4.17	含
7	机关事业单位养老保险	1.23	0.05	2.58	2.87	-0.29	0.39	含
8	居民合作医疗	24.02	181.47	2.37	2.22	0.15	0.26	含

【创新社保经办服务】 以服务大厅易地搬迁、整体纳入区政务服务中心为契机，按照“一张网”建设要求，探索“三集中、三到位”（部门行政审批职能向一个科室集中、承担审批职能的科室向政务中心集中、行政审批事项向政务平台集中，审批事项进驻中心落实到位、窗口授权到位、电子监察到位）实现路径，试点打造“全科式”窗口。打通“不见面办理”事项实现路径，推进“互联网 + 社保服务”及“一张网”建设，根据“应上必上、全程在线”要求，优化提升网上办理项目，完善平台服务信息。“浦口社保”微信公众号上线运营，拓展社会保险网上办事与宣传平台，实现办事群众掌上政策咨询、社保查询、医保转诊等功能，实现社会保险经办服务与时俱进。继续实行合作医疗报销、大病保险补偿、民政救助、慈善助医在医疗机构“一站式”实时结算。建立健全服务考核督查机制，实行月度定期考核与不定期暗访相结合，推行业务办事流程、办结时限、监督投诉等信息公开，设置电子服务评价器，主动邀约办事单位和群众评价。聘请专业培训机构，开展以“弘扬工匠精神，铸造优质服务”为主题的窗口服务规范化培训。组织开展“服务明星”“党员先锋岗”等评选活动，树立先进典型，提升经办团队服务水平和复杂问题处置能力。

【完善参保体制机制】 推进机关事业单位养老保险制度改革，在机关事业单位养老保险参保率 100% 的基础上，有序开展改革工作，全区 244 家机关事业单位 12257 人（在职 8151 人、退休 4106 人）参保登记及在职职工 2014～2016 年度缴费基数录入工作全部完成，新老系统数据清算结算、基金收支、市级统筹、财务衔接等工作有序推进。将扩面等民生指标纳入区政府 1 号文，分解落实到各街道，针对薄弱指标建立街道督导机制，及时跟踪工作进度，依托多部门信息联动机制、社会保险基数网上申报机制及实地稽核等手段，推进企业养老保险扩面征收，企业养老保险净增缴费 4564 人，占目标任务的 142%。建立与地税、工商等部门的信息联动机制，开展拉网式排查，探索建立全区社会保险费合力清欠长效机制，会同人社、地税、法院、街道等重新拟定清欠流程，明确各部门职责。清理往年社会保险欠费 592.18 万元，占全年目标的 116%。城乡居民养老保险参保 5.58 万人，续保率 99.1%。严格按照规范性程序开展被征地人员社会保障工作，为被征地劳动年龄段人员办理补缴社会保险手续，纳入城镇企业职工基本养老保险管理，理顺非规范征地人员纳入社会保障工作机制，加大街道、社区征地保障工作指导。全区累计被征地人员9.34万人，新增征地人员5015人全部参保，参保率100%。居民合作医疗参保24.02万人，覆盖率100%，参合率99%。

【落实暖企惠民政策】 将居民合作医疗筹资标准提高到980元/人，省、市、区各级财政补助标准提高到720元/人，比市定标准高出60元，高出的金额全部由区街财政补助，参加补充保险登记1.56万人次，登记金额2318万元。及时调整职工医保、生育保险和工伤保险相关待遇，新增36种药品目录库谈判药品及14种恶性肿瘤针对性治疗药物。落实全区企事业单位职工养老金、城乡居民养老金、被征地人员养老待遇调增工作。以"四走访、五慰问、六服务"（首次走访、定期走访、重点走访、特定走访，节日慰问、生日慰问、重病慰问、死亡慰问、困难慰问，人事档案集中管理服务、医疗健康服务、文体活动服务、政策咨询和查询服务、报领丧葬抚恤费服务、引导自我管理和互助服务）为宗旨，做好企业退休人员管理服务工作。全区4.99万名企业退休人员全部纳入社会化管理服务，走访服务2317人次，发放慰问金50.59万元，参加全区企业退休人员第五轮免费健康体检23323人，完成全年任务的124.5%。实施居民合作医疗支付方式改革，在区级定点医疗机构试点实施以总额预算为基础、以按病种付费和按诊断分类别付费相结合的混合模式支付方式。落实门诊诊查费的补偿政策，对区属医院开展的部分新技术、新项目和疑难疾病实行单独设定费用标准，在保证基金安全的基础上提高基金使用效率。

【保障社保基金安全】 按照社会保险经办风险管理专项行动要求，完善内控管理制度，建立健全各险种管控流程及岗位管理办法，完善权力运行监督制约机制，先后接受省、市针对医疗保险等多项险种基金的专项审计及检查，建立基金三方（区财政局、地税局、社保中心）汇审常态化机制，严格杜绝挤占挪用社保基金等违规违纪行为，全年未发现一起违法违纪案件。深化"两定单位"（企业职工基本医疗保险定点医疗机构、定点零售药店）协议管理，建立完善"两定单位"准入退出及奖惩机制，对申请医保协议续签的213家定点医药机构（医疗机构68家、零售药店145家）和2017年新申请医保协议管理的26家医药机构开展全面稽核，其中11家定点单位有不同程度的违规现象，被处以1～3个月暂停刷卡等处理。联合市场监管、卫生等部门开展对定点医药机构、居民合作医疗定点医疗机构病案稽核专项行动，采取每月集中会审和每季度暗访稽核、网络监控相结合的方式开展稽核。经过多轮稽核检查，2家门慢药店申请关停，净化医保基金支付环境。

【职工医保数据共享机制建立】 在申报医疗保险待遇的事故中，约有15%存在交通事故、打架斗殴等第三方责任人，不符合社会保险法律规定的医保基金支付范围。区社保中心建立职工医保数据共享机制，主动与交警部门联系，全年比对核查可疑的医疗保险待遇经办案例25例，通过比对，将7例存在第三方责任人的医疗票据退回当事人，并告知不予办理报销的原因，提升医疗保险基金精细化管理水平。

【工伤保险覆盖机关事业单位】 根据《工伤保险条例》规定以及南京市社会保险市级统筹相关要求，4月，浦口区将机关事业单位工作人员纳入工伤保险参保范围，工伤范围、工伤认定、劳动能力鉴定、待遇项目和标准等按照《工伤保险条例》和《江苏省实施〈工伤保险条例〉办法》等规定执行，维护因工作遭受事故伤害或患职业病的公务员及事业单位职工的合法权益，填补机关事业单位工伤保险参保的空白，实现浦口区工伤保险全覆盖。 （秦小妹）

【生育保险部分待遇标准调整】 5月1日，按全市最新统一政策调整生育保险部分待遇标准，并将生育保险零星报销改为按定额支付。在二级及以下定点医疗机构发生的符合生育保险支付范围的刷卡费用，生育保险基金全额支付，参保职工本人不负担。在三级定点医疗机构刷卡发生的顺产4001元、助娩产4501元、剖宫产6001元及以上的部分个人自付比例调整为25%，较原标准自付比例降低5%。 （社保中心）

【机关事业单位养老保险制度改革启动】 9月，浦口区启动机关事业单位养老保险制度改革工作。区社保中心开展人员信息采集、新老系统数据清算与结算、基金收支以及市级统筹、财务衔接等工作，严格规范清算工作操作流程、计算公式、问题信息修改流程、财务处理办法，核对参保数据，完成2014年10月至2017年9月机关事业单位养老保险基金的清算征缴工作。自2017年10月1日起，实现12257名参保人员在全省统一的参保系统中缴费和发放。

【职工医保异地就医全国联网刷卡结算开通】 9月开通。浦口区长期居住异地人员、驻外工作人员、转外就诊人员可到区社保中心办理省内异地就医信息登记，相关信息上传省平台，并在区人社局办理江苏省社会保障卡，参保人员在转入地联网结算定点医疗机构就医发生的住院治疗费，可持江苏省社会保障卡直接结算。办理过异地就医登记的人员，在省内异地就医发生的门诊统筹、门诊慢性病与住院医疗费用，可直接持卡结算，其药品、诊疗、耗材项目库执行参保地职工医保目录库，医保基金支付标准按南京市医保统一规定执行。跨省异地就医仅支持住院费用持卡结算，其药品、诊疗、耗材项目库执行转入地职工医保目录库，医保基金支付标准仍按南京市医保统一规定执行。

【城乡居民医保"掌上转诊"上线】 12月12日，浦口区城乡居民医保"掌上转诊"便民服务项目上线。浦口区城乡居民医疗保险参保群众在关注"浦口社保"微信公众号后进入"掌上办事"模块中的"掌上转诊"平台，经过实名认证后，即可直接办理外出务工申请、长期驻外就医申请、跨省异地就医实时结算申请、省内三级医院实时结算转诊申请、特殊病种备案登记、重大疾病申请定点医院等业务。通过微信端还可以实时查看业务办理进展、转诊结果和补偿报销记录等信息，实现"一对一"精准服务。

（秦小妹）

人口和计划生育

【概况】　2017年,浦口区已婚育龄妇女55139人,出生人口3535人,其中女性1709人,性别比基本正常,出生人口中一孩2049人、二孩1456人、多孩30人,再生育审批61人。婚前医学检查率80%以上,孕前优生健康检查目标人群覆盖率90%,孕产妇死亡率为零,婴儿死亡率2.04‰,5周岁以下儿童死亡率2.65‰。"全面两孩"政策稳步实施。

【0~3周岁婴幼儿早期发展工作】　建成8个社区(村)亲子活动室,采取政府购买服务的方式为13~36个月婴幼儿提供一年四次免费体验活动,对0~12个月婴幼儿家长及看护人进行1~2次入户科学育儿指导。全区开展主题早教亲子活动135场,发放0~3周岁婴幼儿家庭指导手册9500余册、科学育儿报4000份、其他宣传折页3000余份,知识普及率95%以上。牵头房产、消防、教育等部门对0~3周岁婴幼儿保育机构开展联合执法检查,发放备案、整改告知书78份,依法取缔无证机构2家。

【计划生育奖励优惠政策落实】　落实企业城镇职工持证退休人员和城镇非从业人员计划生育一次性奖励政策,登记企业退休职工和城镇非从业居民1552人,发放一次性奖励金558.72万元。兑现农村部分计划生育家庭2335人,发放奖励金226.89万元。计划生育家庭特别扶助兑现749人,发放扶助金498.36万元。对13430名城镇无业人员发放独生子女父母奖励金80.58万元。开展"情暖计生家庭　喜迎新春佳节"活动,走访慰问计生困难家庭309户,送去慰问金15.2万元。区计生协会出资3.8万元,为全区387名享受特扶的失独家庭成员统一办理"同享大爱"计生扶助保险,提高失独家庭抵抗疾病风险的能力。

【流动人口服务管理】　承办第28个世界人口日中国主题宣传活动,推广"人口流动健康同行,计划生育倡导文明"观念,新华社、中央电视台、中国江苏网、《健康报》《人口报》《南京日报》等媒体对浦口区进行宣传报道,国家、省、市卫计委领导对浦口区给予高度评价。江北新区管理体制调整后,浦口区有流动人口2.9万人、留守儿童约200人。通过省流动人口服务管理信息系统接收全国流动人口协查信息4762条,发送协查信息3111条,协查反馈率99%以上,协查反馈及时率100%。

【计生协会工作】　强化对计生家庭的走访慰问,春节前夕,开展"情暖计生家庭　喜迎新春佳节"活动,通过走访慰问和志愿服务等形式,对309户计生困难家庭开展针对性的帮扶。推动计生保险工作,为387个特扶家庭办理"同享大爱"计生扶助保险,提高计生家庭抵御疾病风险的能力。开展特色志愿结对活动,招募高校大学生志愿者与计生特殊家庭开展结对活动,共开展入户活动26场。

【第28个世界人口日中国主题宣传活动在浦口举行】　7月11日,浦口区承办以"人口流动健康同行计划生育倡导文明"为主题的第28个世界人口日中国主题宣传活动。联合国人口基金官员金秀丽,国家卫计委宣传司司长毛群安、流动人口司司长王谦、指导司副司长周美林,中国计生协副秘书长王景水,省卫计委副主任何小鹏,市政府副市长胡万进、副秘书长吴秀亮,市卫计委主任孙家兴,区委常委、宣传部部长郑晓明、副区长陈晓路等出席活动。何小鹏、金秀丽分别致辞,王谦介绍主题活动宣传情况,医务人员代表宣读健康服务公约,计生协会志愿者发出健康服务倡议书,开展流动人口风采展示表演,参观泰山街道社区卫生服务中心、江北新区产业技术研创园健康服务中心,宣传浦口区流动人口管理服务成果。卫计系统举办义诊活动,为百姓提供医疗服务和健康咨询。2016年,中国流动人口2.45亿人。关注、关心和维护流动人口健康需要动员全社会力量,通过政府统筹、群团协同、社会参与、群众自治,在流动人口中倡导婚育新风和健康生活方式,努力提升流动人口卫生计生服务水平,增进流动人口健康福祉,促进人口与经济社会、资源环境协调可持续发展。

【"百个幸福家庭"评选】　为弘扬社会主义核心价值观,增强家庭发展能力,促

7月11日,第28个世界人口日中国主题宣传活动在浦口举行　　　　(卫计局　供稿)

进家庭和美与社会和谐,5月,开展“百个幸福家庭”评选活动,评选出康燕萍等100户家庭为浦口区幸福家庭,在纪念“5·15”国际家庭日之际,举办“生育关怀你我他,健康幸福进万家”幸福家庭表彰活动。 (刘颖奇)

【0~3周岁婴幼儿保育机构联合执法检查】 2月22日,副区长陈晓路率区卫计局、政府办、房产局、公安分局、教育局、民政局、物价局、市场监管局等部门,对全区0~3周岁婴幼儿保育机构开展联合执法检查。检查范围是全区各类0~3周岁婴幼儿保育、看护机构,主要内容是保育机构取得各类证照情况、机构运营情况、日常管理中执行相关法律法规及规定方面的情况,以及现场安全状况。检查组先后检查袋鼠兜兜幼教乐园、明星托儿所、贝拉蒙氏宝贝之家等保育机构,从工商注册、房屋安全、消防安全、食品卫生、基础设施等方面对保育机构进行检查指导,针对检查发现的问题提出整改意见。 (卫计局)

民政工作

【概况】 2017年,区民政局获“2016年度江苏省‘安康关爱行动’先进单位”称号。

【社会救助】 截至年底,全区低保对象3577户5444人,其中城市低保1014户1506人,农村低保2563户3938人,发放低保金4544万元,保障标准提高至810元/月。完善临时救助、医疗救助快速通道等专项救助制度,合计医疗救助约27436人次981万元,临时救助1457户60万元。全面实施困难残疾人生活补贴和重度残疾人护理补贴制度,建立年度定期复核制度,加强两项补贴监督管理,全区享受困难残疾人生活补贴4056人,享受重度残疾人护理补贴2672人,发放补贴3612万元。

【社区治理】 以机制创新为突破点,营造城乡一体化发展环境,在桥林街道林山社区和星甸街道星兴社区开展建设试点,引入社会组织和市场企业承接综合便民服务。开展社区分类协商民主试点,开展5种不同类型试点社区(小区)协商,形成《浦口区社区分类协商民主调研》,供有条件的社区学习。开展拆迁安置小区管理服务课题研究与试点,通过在全市4个区实地学习、全区17个安置小区调研、3个小区试点,形成《民政视角下拆迁安置小区管理服务对策建议》调研文章,从安置小区的组织化管理、社区化改造和市民化转变3个重点方面,为有需要的社区提出具体做法参考和对策建议。

【社会组织建设】 完善三级服务载体建设,召开区街联动发展研讨会,深化区街联动。新建汤泉、桥林、盘城3家街道社区综合服务中心,实现街道级社区综合服务中心全覆盖。在桥林街道林山社区和星甸街道星兴社区新建2家社区社会组织服务站,探索搭建社区服务平台。深化区街两级公益创投,做精区级创投,做实街道创投,错位立项发展,引导社会组织有序参与社区服务。实施社会组织分类管理,将全区社会组织分为旗舰、本土、一般和异常四类,制定《浦口区社会组织分类管理实施办法》,规范工作开展。

【社工人才】 以街道综合服务中心建设为契机,提升社工队伍的专业素质和服务能力,街道支持社区专职工作人员参加全国社会工作师考试,浦口区有持证社工303人,每万人持证社工10人。引导服务能力较强的社会组织向社会工作专业机构发展,推动社工队伍建设、结构优化和能力提升,全区有民办社工机构10家。开展社工队伍建设专项督查,从落实社工专职工作者待遇、全科社工配备、各街道用人机制方面摸清各街道现状,制定下发《关于贯彻落实〈市政府办公厅关于进一步加强社区专职工作者队伍建设的通知〉的实施意见》(浦政办发〔2017〕47号),明确要求,加强管理。星甸街道后圩社区李巧获南京市“最美社工”称号。

【拥军优抚安置】 做好退役士兵安置培训工作,退役士兵有意愿参加技能培训的,免费培训率100%。探索社区拥军模式,泰山街道天景社区建立服务多元化、运作社会化、活动常态化的城市社区拥军机制,永宁街道大桥社区建立“基地+农户”新农村拥军模式。依托国防教育训练基地、王荷波纪念馆党风廉政教育基地和少年军校,发挥双拥和国防教育“大本营”作用。打造双拥信息慰问平台,每逢节假日向重点优抚对象发送慰问短信,丰富精神抚慰形式。

【2017年国际志愿者日主题活动】 12月4日,由区民政局主办、区社会组织服务与发展中心承办的志愿者活动在江浦街道市民广场举行。活动主题为“专业服务与志愿服务联动,促进社区可持续发展”,服务种类有理发、家电维修、血压测量等21项公益便民项目,南工大社工协会、南农大青年志愿者协会、南京铁道学院青年志愿者协会和青春绽放志愿者联盟等协会组织参与服务,接受服务338人次。

【第二次全国地名普查工作通过省级初步验收】 8月14日,江苏省第二次全国地名普查小组召开第二次全国地名普查验收会,对南京市开展第二次全国地名普查成果进行验收。浦口区地名普查工作领导小组汇报第二次全国地名普查情况:浦口区第二次全国地名普查工作于2015年启动,地名普查成果包含地名数据11大类4474条。普查小组通过查看组织实施资料、国家地名数据库、外业普查实地比对等,严格按照国家普查办、省普查办质量评价体系对浦口区进行评分。浦口区第二次全国地名普查工作通过省级初步验收。

【公益创投项目启动】 5月22日启动。公益创投项目旨在培育公益组织、提供公益服务、培养公益人才。立项项目31个,其中基本创投类项目17个,社区公益类项目11个,养老服务、为小服务、大学生公益创业项目各1个,涉及为老服务、青少年服务、慈善救助、调解治理、社区融合等领域。

【“社工让社区更美好”公益微电影比赛】 11月10日,由区民政局主办、区社会组织服务与发展中心承办的首届“社工让社区更美好”公益微电影比赛举行。比赛旨在加大社工事业宣传推广力度,促进社会工作健康持续发展。收到视频作品15部、剧本15部。《予爱童行》《太阳花》获一等奖。

【婚姻登记处设立婚姻家庭辅导室】 12月设立。婚姻家庭辅导室邀请心理咨询师免费为需要调解的离婚人员进行心理辅导,协助解决婚姻家庭矛盾,为稳定家庭关系提出切实可行的方案,构建和谐家庭生活。为18位婚姻当事人提供咨询服务,化解4对夫妻的婚姻危机。 (韦思阳 张忱)

老龄工作

【机构养老】 2017年,全区有养老机构10家,其中医护型养老机构7家。新增养老床位202张,全区养老机构床位数1775张。其中,社会办养老床位1127张,占比63.5%;护理型床位1170张,占比66%。养老机构医疗卫生覆盖率70%,75周岁以上独居老人紧急呼叫终端安装率100%,护理员持证率96%。

【居家养老】 2017年,建成AAA级社区居家养老服务中心10个、AAAA级居家养老服务中心1个。建成为老助餐点20个,服务老年人21.6万人次,采取"中心厨房+点上配送"方式方便老年人就餐。区慈善中心捐助20万元支持星甸街道助餐点建设,创新搭建社会慈善捐助老年助餐点平台,探索农村地区助餐路径。社区突出日间照料,督促社区保障40%办公用房用于养老服务,并通过购买服务方式无偿由专业社会组织运营。建成1家日间照料中心,重点针对高龄老人和留守老人开展日间照料服务。

【养老机构安全大检查】 1月11~12日,区民政局联合区消防、安监部门对全区养老机构开展安全生产大检查。重点排查养老人员在住所内是否随意使用电水壶、电热毯等大功率电器,是否随意乱扔烟头,养老人员的易燃易爆物品是否分开妥善存放,老人居室内严禁使用明火等情况;排查室内电器使用是否安全规范、是否存在私拉乱接电线现象、是否有电器老化等消防安全隐患、油烟管道是否经常清洗及日常安全隐患排查记录等管理落实情况;检查24小时值班、节假日和夜间巡查及各项安全活动开展是否有序进行。检查组要求,各养老机构要严格按照有关制度规定、规程规范和技术标准要求,检查事故易发生的重点场所、要害部位、关键环节,列出清单、建立台账,检查出的每一处隐患和薄弱环节,做到整改措施、责任、资金、时限、预案五到位。

【老年人助餐项目获全区"十佳项目"称号】 1月,区民政局申报的老年人助餐项目被区机关作风建设工作领导小组评为"十佳项目"。区民政局采取政府购买服务项目的方式,引进具备"中心厨房+社区配送+配餐、送餐、助餐"连锁经营能力的专业餐饮企业,发挥养老机构、居家养老照料中心辐射功能,通过养老机构、居家养老照料中心向老年人提供助餐、送餐服务。重点做好对经济困难的孤寡、失能、高龄老年人的养老助餐服务,有条件的逐步拓展政府购买养老助餐服务的领域和范围。截至2016年12月底,全区建成街道级中心厨房7家、助餐点18个,助餐人数21万人次。

【关爱空巢老人志愿服务】 根据市文明办《关于在全市开展学雷锋志愿服务集中行动的通知》精神,3月,区民政局组织开展关爱空巢老人志愿服务活动,400多名志愿者参与活动。街道AAA级居家养老服务中心联合社区卫生服务中心为社区老年人免费体检、理发,上门为失能老人打扫卫生、洗衣服。江浦街道银杏树老年人服务中心组织同心幼儿园、新世纪幼儿园、浦实小、贤爱堂、南审志愿者为老年人表演文艺节目,使老人们感受到社会的关心和温暖,让空巢老人空"巢"不空"心",享受晚年幸福生活。

【第四次中国城乡老年人生活状况监测调查】 根据《开展"第四次中国城乡老年人生活状况抽样调查》通知要求,8月1~31日,浦口区开展第四次中国城乡老年人生活状况监测调查。监测调查对象是2015、2016年参加第四次中国城乡老年人生活状况抽样调查、年满60周岁的老年人,涉及4个街道、16个社区(村),共计96名老年人。调查重点在于了解城乡老年人在家庭、健康、照料护理服务、经济、社会参与、维权状况、宜居环境以及精神文化生活等方面的状况。 (韦思阳 张忱)

【老年大学】 2017年,浦口区老年大学在校学员760人,专业学科23个,班级43个。开设时政、健康讲座,邀请领导干部、专家学者上课,宣讲十九大精神,纵谈江北新区发展,传授疾病防范知识,深受学员欢迎。举办校庆10周年活动,举办一场文艺演出,组织一次书画摄影展览,编印一本纪念册,拍摄一集纪实片,开展以评价教师和奖励学员为主要内容的"评教奖学"表彰活动,展示学校10年来发展成果,提升学校的对外影响力和对内向心力。自筹资金150万元,维修改造泰山校区,实施教学楼顶部整体防水改造、外立面整体出新、地下排水工程改造和围墙消险、大门更新等工程。创新开展校园文化活动,举办"走健康之路 做百岁寿星"三年系列活动。以班级为单位,开展健康讲座、健脑操培训、扑克牌比赛、文体节目展示等系列活动。为迎接党的十九大召开,开展"看发展、谈幸福、迎未来"征文比赛,组织作者赴建设工地、企业和新农村开展采风活动,学员们创作出一批反映真情实感的好作品。 (叶维娜)

红十字 慈善

【概况】 2017年,区慈善中心履行慈善"六助"(助老、助困、助残、助医、助学、助孤)和红十字"三救三献"(救灾、救助、救护,献血、造血干细胞捐献、遗体和器官捐献)工作职能,全区实现慈善款物募集3050万元,区本级慈善部门救助支出1300万元,受益2.2万余人。举办培训111期,其中企业、社区35期,机关部门5期,中小学71期,普及急救知识8745人。深入基层开展养老照护服务活动,培训1182人,入户服务146户。区红十字会被市红十字会评为"2017年度红十字工作先进单位""南京市红十字博爱家园工作先进单位""南京市红十字造血干细胞捐献工作先进单位",区慈善总会被南京市慈善总会评为"慈善先进组织"。

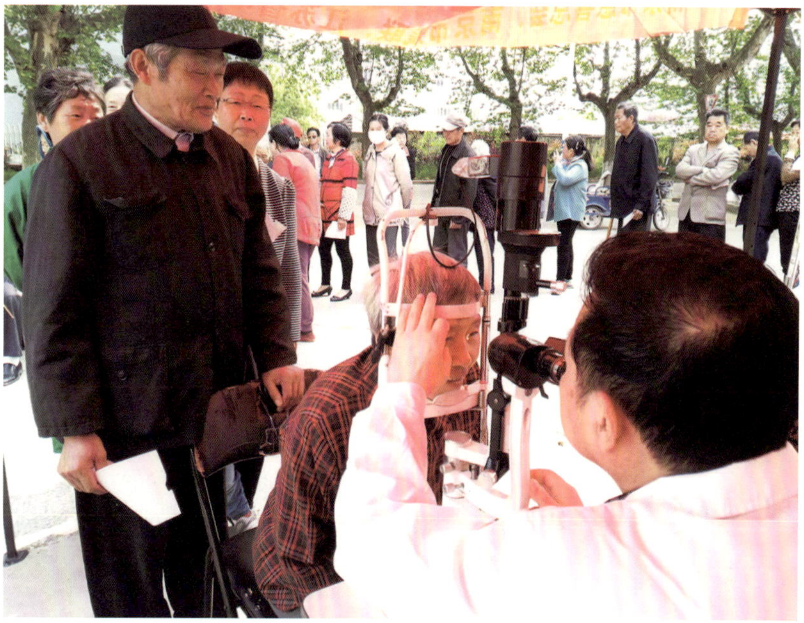

4 月 20 日，区慈善中心开展“慈善光明行”义诊活动　（慈善中心　供稿）

【慈善一日捐】 11 月开展。引导和动员 194 家单位近 9000 名职工捐出一天收入、企业捐出一天利润，募集“慈善一日捐”善款 165 万元，用于统筹区委、区政府春节期间对困难群体的慰问。

【无偿捐献工作】 利用“5·8”世界红十字日、“5·12”全国防灾减灾日等纪念日开展无偿献血、造血干细胞捐献、遗体捐献宣传，举办广场宣传、义诊活动 7 场，印发无偿捐献宣传册、折页 1 万份，普及无偿捐献知识。实现造血干细胞入库 48 人，实现造血干细胞捐献 1 人。全区登记在册遗体捐献志愿者 350 人，累计实现遗体捐献 52 人。

【推动社区建立社区型基金】 区慈善总会搭建平台，通过协议挂靠的方式，为社区开设公益基金账户，江浦街道人民桥社区、星甸街道石窑社区等 9 个社区建立基金账户，收到基金 95 万元。推动社区利用社会资源，开展爱心结对帮扶、定向救助和公益活动，帮助困难群众缓解生活压力。

【江苏信宁护蕾助学活动】 4 月 6 日，区慈善中心联合星甸街道在星甸小学开展“传递爱心·放飞梦想”为主题的江苏信宁护蕾助学活动。江苏信宁新型建材有限公司董事长特别助理杨博元、区慈善中心主任何世华、星甸街道办事处主任郭玉臣参加活动。信宁公司捐赠 10 万元，用于帮助星甸中小学困难学生家庭。　（邱美玲）

【“慈善光明行”义诊】 4 月 20 日，区慈善中心联合市慈善总会、东南眼科医院开展“慈善光明行”义诊。活动在汤泉农场及永宁街道大埝社区、张圩社区等 10 余个社区开展，为 1000 余名老年人筛查白内障及眼部疾病，对 230 名困难患者开展慈善救助并减免手术费用，对 160 名居民医保、新农合病人白内障（指定晶体）单病种手术费用全免。　（慈善中心）

9 月 4 日，区慈善总会与省慈善总会、市慈善总会联合开展“爱心点燃希望　铸力脱贫攻坚”大型义演义捐活动　（慈善中心　供稿）

【世界红十字日主题活动】 为纪念第 70 个世界红十字日和《中华人民共和国红十字会法》颁布实施，5 月 5 日，在顶山街道大新社区举办“弘扬红十字精神　奉献红十字力量”主题宣传活动。南京市红十字会党组书记、常务副会长张敏、浦口区政府副区长高昌玖等出席活动。活动展出展板 12 个，发放宣传折页 600 余份，并为顶山街道大新博爱家园举行揭牌仪式。大新博爱家园位于大新社区，融红十字救护培训、红十字业务办理、博爱超市于一体，宣传红十字文化，普及防灾减灾、自救互救、逃生避险、卫生健康等知识，弘扬“人道、博爱、奉献”的红十字精神。

【机关干部急救技能培训】 6 月 28～30 日、11 月 8～10 日、11 月 29 日至 12 月 1 日，举办 3 期机关干部急救技能培训，186 名机关干部参加培训。培训采用理论授课与实操技能考核相结合的方式，主要内容有：AHA（美国心脏协会）基础生命支持（BLS）、救护新概念、创伤救护基本技能、常见急症处理、灾害事故救护等。培训结束后，为考核合格的学员颁发 AHA BLS 证书及南京市初级救护员证书。

【中华慈善日公益活动】 9 月 4 日，由省慈善总会、市慈善总会和浦口区政府联合举办的纪念《中华人民共和国慈善法》实施一周年暨“9·5”中华慈善日大型公益活动在浦口区市民中心举行。省慈善总会会长蒋宏坤、市慈善总会常务副会长钱平桃，及区领导瞿为民、张岚、陈晓路、金仁斌等出席活动。活动以“爱心点燃希望 铸力脱贫攻坚”为主题，35家企业举牌捐赠，募集善款362万元，收到爱心书画家书画义捐作品27幅，6家企业对“浦爱同行，有你有我”慈善公益认捐项目进行现场认捐。

【慈善敬老活动】 9月27日，区慈善中心联合南京先声东元制药有限公司、中国农业银行浦口支行开展“情系中秋 爱心传递”慈善敬老活动。区慈善中心主任何世华和爱心企业负责人分别走访慰问桥林敬老院和汤泉敬老院，向老人们表达节日的问候和祝福，祝愿老人们度过一个欢乐祥和的节日。慰问老人328人，慰问金13万元。

【获市职工职业技能大赛特等奖】 11月12日，2017年度南京市职工职业（行业）技能大赛应急救护技能竞赛在南林大举行。11支代表队参赛，比赛项目包括理论考试和操作技能考核，操作技能考核包含成人心肺复苏和创伤救护操作。浦口区红十字会代表队获团体特等奖。

【全区第二例造血干细胞捐献】 11月14日，浦口区造血干细胞捐献志愿者刘玉良在南京市中大医院进行造血干细胞采集，成为南京市第54例、浦口区第2例捐献造血干细胞的爱心市民。刘玉良于2013年加入中华造血干细胞资料库，2017年7月被通知配型成功，经过高分辨配型、全面体检等一系列筛查后确认完全符合捐献条件。采集出的造血干细胞移植到一名18岁男孩体内。

【爱心企业回访慰问“一帮一”助学活动】 11月27日，南京市慈善总会与爱心企业德尔普纳（南京）贸易有限公司回访桥林街道、汤泉街道2名“一帮一”助学受助困难学生家庭。“一帮一”助学是市慈善总会与区慈善总会联合开展的助学项目，通过爱心企业和爱心人士一对一结对，帮助困难学生在物质和精神上得到更多的社会关怀。德尔普纳（南京）贸易有限公司资助10名困难家庭学生，并将长期资助至学生初中毕业。全区近百名学生得到爱心企业和爱心人士的结对帮扶。 （邱美玲）

关心下一代工作

【概况】 2017年，全区有关工委组织357个，其中区级关工委1个，街道关工委9个，部门关工委4个，社区（村）关工委133个，学校关工委30个，民营企业关工委180个。“五老”及志愿者2932人。

【“学史明志 爱党爱国”主题教育】 “五老”宣讲员深入学校、社区为青少年讲党史、国史和家乡变化。6月8日，宣讲员黄文邦以《讴歌党的丰功伟绩，迎接党的十九大胜利召开》为题在河西中学开讲。全区先后宣讲《孝道文化 感恩教育》《谁是最可爱的人》《学少年英雄 立报国之志》《爱祖国 爱南京 爱家乡》《祖国领土不容侵犯》等报告，组织宣讲活动203场，受益青少年2万余人。区教育关工委参与全市“家国情、中国梦”征文活动，“五老”投稿量获全市第三名，青少年投稿量获第八名。汤泉小学关工委刘观付《长征，中国革命胜利的伟大宣言》讲稿获省教育关工委评选一等奖。区思想道德讲师团刘观付、黄文邦讲稿获省、市教育关工委“喜迎十九大，同心永向党”活动优秀讲稿。

【部门、街道关工委活动】 以迎接十九大召开和庆祝建军90周年为契机，开展系列教育活动。区教育关工委“喜迎十九大，同心永向党”老少同台演讲、“老少喜迎十九大诗词朗诵会”比赛获全市党史国史主题教育活动三等奖。永宁、桥林等街道关工委在辖区中小学开展“宣讲一个革命故事”“唱一首红歌”“我向国旗敬个礼”“观看红色电影 弘扬爱国精神 再现红色经典”等活动。顶山街道关工委组织青少年在王荷波纪念馆开展“信仰的力量”主题教育活动。盘城、江浦街道关工委组织“军营一日”“红领巾寻访强军梦”军事夏令营，1000余名学生参加，聆听军旅成长史，观看战士技能表演，参观部队营房，体验军营生活。汤泉街道关工委承办南京市第12届革命老区中小学生科技夏令营浦口分营活动，600多名中小学生到雨发生态园体验农事活动。各街道关工委与教育部门联合，就近就便组织在校学生参观知青故里、水墨大埝、西埂莲乡等美丽乡村建设及村史馆（党史馆）。

【校外阵地建设】 抓住江北新区管理体制调整、大拆大建契机，建设校外阵地，以顶山街道大新社区为代表的一批社区校外辅导站场地充足、设施完备，打造青少年活动空间，集图书阅读、电子阅览、书法教学、亲子活动、书画展示、社区科技馆、红色影院等功能为一体，为青少年健康成长打造“第二校园”、开辟“第二课堂”。顶山街道大新社区校外辅导站创建“科技梦想硅谷”，开展航模制作与培训，受到省、市关工委认可，航模科技小组聘用专业教师教学，多次参加国家、省、市级比赛，获国家级航模比赛团体第一名，5名学生获奖。江浦街道人民桥社区机器人校外辅导站在WER2017赛季中国赛区华东地区公开赛中获一等奖2个、二等奖3个，江浦街道烈士塔社区机器人校外辅导站在第15届全国中小学信息技术创新与实践活动决赛中获一等奖1个、二等奖2个。争取资金18万元建设校外辅导站，设立3D影院、机器人活动室。部分社区发挥自身优势，引进大学生村官、驻区高校大学生担任校外辅导站老师，带领青少年开展特色活动。顶山街道关工委“从小立志三爱 长大担当圆梦”活动视频获全市校外教育辅导站优秀特色活动项目特等奖。区教育关工委参加市关工委第三届校外教育辅导站电子阅览室电子报比赛，获最佳组织奖。参加“强富美高新南京·2017新春网络寄语”征集活动，投稿11211条，269名学生获奖。行知社会教育实践基地获市教育局未成年人校外社会教育实践基地建设评估三连冠，2017年接待中小学生85批次3万人次。

【农村政治科技学校建设】 开展青年农民科技培训活动。各街道、社区依托农村政科校，邀请专家、农业技术人员对创业青年进行培训，举办培训近50场，参训1800人次，内容涉及水产养殖、蔬菜种植、畜禽生态养殖、“互联网＋农业”等，参与“三扶两创一促进”（扶志、扶技、扶创业，创建创业示范基地、评选创业之星，促进现代农业发展）工作的“五老”178人。“五老”向扎根乡土创业的青年农民送技术、送信息、送政策，“五老”伏华、梁启勇、陈家良、肖亮等人帮助南京麦浦苗木种植专业合作社开展规范化建设和文化建设，并参与日常管理。帮助建设农产品电子商务网站、网店约150个，建成一批农产品电子商务示范企业。永宁街道张思洋、星甸街道谢传华在社区“五老”帮助下，分别成立南京简诺种植专业合作社、南京翠云山电子商务有限公司。2017年，南京简诺种植专业合作社完成线上销售1020万元，南京翠云山电子商务有限公司完成线上销售600万元。4月25日，浦口区召开“互联网＋农业”工作现场会，推出2位创业典型。浦口区星甸街道农村政治科技学校、浦口区星甸街道九华村农村政治科技学校、浦口区桥林街道林山社区农村政治科技学校获“南京市先进农村政治科技学校”称号，南京简诺种植专业合作社、南京市浦口区沐兴家庭农场、南京开平家庭农场3家青年农民创业基地获“南京市先进青年农民创业示范基地”称号，南京麦浦苗木种植专业合作社青少年教育实践基地获“南京市先进青少年教育基地”称号。（吴光洲）

【未成年人保护与关爱】 区民政局全面落实未成年人保护政策，贯彻执行《南京市未成年人保护条例》等政策文件要求。在全市率先编制《浦口区街道未保中心服务外包手册》，指导各街道做好未成年人保护中心外包工作。成立星甸街道未成年人保护中心，交由南京市玄武区同仁社工事务所承接服务。完成未成年人保护个案服务13例，服务困境儿童群体179人，困境未成年人生活补贴发放率100%。各街道关工委深入社区、学校、派出所，对“五失”（失学、失管、失亲、失足、失业）青少年进行调查摸底，掌握需要特殊关爱的未成年人动态信息。政法系统关工委组织“法律伴我成长、快乐伴我常行”宣传月活动，制作禁毒法制宣传展板，模拟法庭演出，签订法制教育协议，与个体工商户签订“不向未成年人销售烟酒协议”，组织《法在身边——走好青春每一步》讲座18场，受益学生近5000人。政法、教育关工委借助“校园五进”（民族精神教育、社会主义核心价值观教育、党史和红色文化教育、法治教育、创新创业教育）、“护校安园”等平台，抓住“5·12”国家防灾减灾日、“6·26”国际禁毒日、“12·13”国家公祭日和学校开学等时间节点开展活动，对未成年人进行法制教育。政法系统关工委“五老”志愿者通过面谈、电话等形式，定期与“五失”青少年开展“多对一”“一对一”结对帮扶，2017年结对帮教（含矫正）对象10人，关爱对象14人。以帮困助学、情暖学子为立足点争取关爱，上级关工委、各街道、驻区民企参与关爱青少年活动，共助学50余万元，近700名贫困学子受助。（吴光洲　张忱）

扶贫开发

【概况】 2017年，区扶贫协会完成扶贫贴息贷款3220万元发放，帮扶贫困户、低收入户2292户。制订出台《关于进一步做好扶贫开发和帮扶救助志愿者工作的意见》，推动扶贫开发和帮扶救助志愿者工作深入开展。

【扶贫贴息贷款发放】 6月5日，完成全区扶贫贴息贷款3220万元发放。其中，为86家种植业专业合作社发放2099万元，带动1525户低收入户增收；为46家养殖业企业发放919万元，带动586户低收入户增收；为二、三产业的4家企业发放202万元，带动181户低收入户增收。坚持“四不贴息”（贷款户不按期还款不贴息，享受扶贫贴息贷款的企业、专业合作经济组织、专业大户、帮扶对象不是低收入户不贴息，企业、专业合作经济组织、专业大户吸纳就业、打工的低收入户未达到增收目标不贴息，贷款户申请的扶贫贷款不用于扶贫项目不贴息）原则，严格审核把关，完成2016年度220万元扶贫贷款贴息发放任务。

【保险扶贫】 2017年，为了使农村低收入户获得更多的保障，拓宽扶贫开发工作领域，组织实施保险扶贫。全区农村低收入户3707户7994人，种植小麦99公顷、水稻150公顷，落实人身意外伤害保险和家庭财产附加保险，投入三项附加保费66.56万元。

【整村帮扶】 推进刘公村整村帮扶工作，开展经济项目建设、民生工程建设及扶贫脱贫工作。投资250万元，建设水泥路2000米；投资32万元，挖塘扩库3.8公顷；投资30万元，建设拦水坝1座；在黄庄组和叶庄组安装路灯16盏；完成10个组级垃圾池建设。江浦、星甸、汤泉、永宁4个街道扶贫分会整村帮扶工作有序推进，投入684万元，完成道路、水利等基础设施项目。

【专业合作组织帮扶】 对132家农业重点合作经济组织及专业大户发放扶贫贴息贷款3018万元，帮带2111个低收入户就业创业，其中对重点联系的16家专业经济合作社发放扶贫贴息贷款800万元。

【直扶到户】 区扶贫协会向桥林街道刘公村20名低收入户子女发放助学扶贫款4万元。全区各街道分会开展助学扶贫，帮扶学生185人，助学金额28.25万元。落实7个低收入户子女参加市扶贫协会组织的驾驶培训。

【科技培训】 市、区扶贫协会联合举办种植养殖培训2期，培训人员110人次。各街道扶贫分会联办培训21期，内容涉及茶叶栽培与加工、水产养殖、葡萄种植以及电子商务等，培训人员1280人次。

【全国扶贫日活动】 在全国第四个扶贫日活动中，区扶贫协会捐款4000元，帮助永宁街道侯冲、青山社区因病致穷的贫困户2户。各街道扶贫分会与重点专业合作社联手，捐款1.6万元，救助贫困户16户。（毛正山）

街场概览

江浦街道

【政区 人口】 江浦街道为浦口区委、区政府所在地,是省级平安镇街、卫生镇街、文明镇街,是全区政治、经济、文化中心。总面积172平方千米。辖居委会15个,居民小组259个。总户数41877户,总人口12.73万人。

【经济发展】 2017年,实现地区生产总值105.93亿元,其中第一产业增加值6.38亿元,第二产业增加值8.64亿元,第三产业增加值90.91亿元。实现财政总收入14.02亿元。全社会固定资产投资98.81亿元。城镇居民人均可支配收入52045元,农村居民人均可支配收入24779元。发展总部经济,中铁大盾构公司总部、江苏欣傲集团落户总部经济园。

实现农业总产值8.63亿元,其中农业产值3.98亿元,林业产值1亿元,牧业产值1.43亿元,渔业产值2.03亿元,农林牧渔服务业产值0.19亿元。粮食面积844.4公顷,产量4700吨;油料面积281.87公顷,产量750吨。新增设施农业面积1.54公顷。新增农民专业合作社4家(南京市浦口区惠农渔业专业合作社、南京云健种植专业合作社、南京陈俊荣苗木种植专业合作社、南京盛昌渔业专业合作社),新增成员20户。完成农村土地承包经营权确权登记颁证工作,向6个社区、56个组、2722户农户颁发新农村土地承包经营权证书。完成11个涉农社区股份制改革,确定股权固化这一特色改革方式,全街11家股份合作社,量化资产总额8838万元,社员43403人,合作社设人口股43403股。完善农村产权交易平台管理制度,平台交易58宗,交易总金额7687.7万元。

10月27日,"世界五百强"中国铁建旗下中铁十四局集团大盾构工程有限公司在江浦街道总部经济园大楼揭牌 (江浦街道 供稿)

实现工业总产值9亿元、工业增加值2.34亿元,实现规模工业总产值7.31亿元、规模工业销售收入7.54亿元、规模工业利税0.37亿元。实际使用外资803万美元。列入区政府一号文项目44个,总投资176.85亿元,当年计划投资112.37亿元,累计完成投资116.91亿元,完成率104%。其中,产业类项目20个,当年计划投资33.65亿元,累计完成投资33.65亿元,完成率100%。重大活动签约亿元或千万美元以上项目6个,计划总投资约22亿元。南京九飞科技高层次人才创业及智慧物联网产业园开工建设。

建筑业企业215家,从业人员2710人,实现总产值17.5亿元。

个体户5121户,从业人员13450人。实现社会消费品零售总额45.61亿元,增长12.8%。旅游接待量243万人次,完成旅游总收入37.1亿元。商业综合体金盛田广场开业,总占地面积43093平方米,建筑面积86509平方米,集娱乐、购物、休闲、健身等功能为一体。宝隆时代广场一期主楼封顶。

紧扣年度目标任务,以"双创高地、智慧新城"建设为核心,以"四个生态"(创业创新的人文生态、健康宜居的自然生态、法治诚信的社会生态、风清气正的政治生态)建设为引领,以全面转型发展为主线,以全效服务民生为重点,推进城乡建设，打造宜居宜业新环境。完成拆迁项目20个，拆迁居民2969户、企业22家，涉拆房屋总面积约84万平方米，青苗兑付面积870.8公顷。完成2011~2014年18个项目1722户拆迁户安置，提供巩固片区、海科新寓、西江佳园二期安置房2550套。推进城市管理标准化，加大控违拆违力度，坚持新增违建"零报告"制度，拆除违建668起，面积48747.96平方米。加大市容管理力度，查处占道经营、流动摊点23957起，清理乱堆乱放5643处，清除城市牛皮癣4160次，收缴、拆除违规小广告、横幅326处。挖掘停车资源，在康安路新增停车泊位117个，加强停车管理，违停贴单9952张。落实黑臭河整治责任，完成芝麻河、巩固河、团结河总计2300米长的河道清淤、河岸防护、绿化景观提升工程。完成5700米农村公路提档升级。投入919万元，对七里河、城南河、高旺河等实施消险工程。街道社区卫生服务中心、高旺农贸市场、同心佳园二期、八里养老中心等民生工程竣工。

【社会事业】 引进高层次创业人才企业5家，培育高新技术企业3家，其中南京瑞科特电气有限责任公司、南京浦江工程检测有限公司2家被认定为省级高新技术企业。申报发明专利190件，获市、区科技成果转化项目支持6项。新增毕业企业2家，分别为南京东煌电子科技有限公司、南京羿嘉环境科技有限公司。投入185.2万元，对新世纪幼儿园、行知幼儿园校园环境、安全设施、教学设备进行提档升级。新增城镇就业3922人，实现农村劳动力转移就业442人次，培育成功创业者200人，创业带动就业1478人，举办招聘会4场，提供就业岗位2200余个。扶持创业49人，发放贴息贷款1280万元。企业退休职工纳入社会化管理12266人，组织免费体检8562人，慰问636人次，发放夏送清凉礼品9200份。新型居民合作医疗参保36575人，覆盖率、参合率均达100%。门诊补偿29.11万人次，补偿金额558.02万元；住院补偿6300人次，补偿金额2330.57万元。城乡居民养老保险参保2599人，参保率97%。办理社保补贴1.14万人次，发放补贴资金约1900万元。落实城乡居民最低生活保障制度及特困残疾人生活救助制度，发放低保金、低保重残金、特困残疾人救助金及护理补贴等民政资金1549.2万元。开展扶贫开发工作，低收入户建档立卡246户617人，脱贫228户571人。落实计生利益导向政策，新增奖扶22人、特扶115人，发放奖扶金14.65万元、特扶金87.44万元，发放失独家庭游园、公交补贴60770元。0~14周岁独生子女父母奖励金登记8309人，发放奖励金49.85万元。

【社区建设】 16个片区纳入年度小区整治项目，街道自行实施13个片区，总投资约3.25亿元。推进15家社区综治警务一体化建设，成立社区综治警务室。投入600万元，在西水湾小区、城南新村、同心佳园、新理想佳园等老旧小区安装监控探头，为3300户居民免费安装超C级锁芯。深化"一长四员"（网格长，社会管理信息员、矛盾纠纷调解员、政策法规宣传员、帮困解难服务员）工作机制，扩展联勤工作菜单，丰富联勤工作内涵，问题工单有效立案63740起，办结61282起，办结率96.14%。综合执法大队处置案件841件，其中联合处置736件。同心社区3600平方米综合文化服务中心投入使用。开展各类群众文化活动120余次，惠及群众2.2万人。

【江浦街道总部经济园产业集聚效应初显】 总部经济园位于新浦路120号，总用地面积约3.58万平方米，总建筑面积约12.7万平方米，其中地上约9.4万平方米，地下约3.3万平方米。总部经济园包含综合楼、商业楼、公寓楼、社区中心楼。

综合楼临近康安路，共13层，总面积约2.4万平方米。1~4层为园区生活配套，总面积约1.4万平方米，完成运管公司招投标工作。5~13层为总部办公区域，总面积约1万平方米，主要用于大型企业办公。10月底，中铁十四局集团大盾构工程有限公司正式入驻5~7层，主要包含公司总部、研发中心，注册资本3亿元。剩余楼层正在进行全面招商，预计2018年底前完成招商。

商业楼位于康安路与新浦路交汇处，共4层，总面积约5.2万平方米，其中地上3.5万平方米，地下1~2层为车库，面积约1.7万平方米。商业楼为大润发超市主力店，由南京轩润超市有限公司运营管理，其中1~3楼为生活卖场，4楼为影院及餐饮，满足园区及周边居民的生活需求。

公寓楼位于综合楼南侧，临近新浦路及大润发超市，总面积约2.68万平方米。1~4层为同心众创空间，面积约5000平方米，由南京同心众创企业管理有限公司运营管理。至年底，同心众创共引进入孵项目44个，其中高层次人才项目18个，持大创证项目8个；获得授权专利23件，其中发明授权专利3件，实用新型授权专利20件；获市级大学生创业基地，市级、省级众创空间备案等荣誉。5~18层为青年人才社区，面积约2.1万平方米，由江浦街道与东南集团联合打造，针对青年人才的不同需求，提供居住、出行、休闲、社交、学习、创业、就业、金融等服务。

社区中心楼位于公寓楼西侧，共6层，面积约7300平方米。1~3层为同心社区服务中心，总面约3600平方米。同心社区除了处理日常民生事务外，还就同心产业圈专门设立微信公众号，将各平台互联互通。通过互联网平台，网格联动，让企业足不出户就可以享受社区专业的服务，确保问题当场发现、当场解决。4~6层为快捷酒店，总面积约3600平方米，预计2018年底前正式营业。

【春风行动专场招聘会】 2月16日，江浦街道人力资源和社会保障服务中心联合区人社局、江浦街道总工会、江浦街道妇联在市民广场举办"贺新春送岗位"春风行动专场招聘会。苏宁、天猫、香山湖餐饮公司、大润发、大吉铁塔等20多家用人单位招聘，提供操作工、电工、机修工、质检、人事、保洁员、销售等工种共800个岗位。600余名求职者进场求职，300多人与用人单位达成初步意向。

【贤爱堂·邻里自治中心启用】 2月，江浦街道烈士塔社区贤爱堂·邻里自治中心成立，3月投入使用。中心以德法同行理念为先导，以深化社区治理、提高居民参与度、提升为民服务水平为宗旨,以创新邻里联勤为抓手,开展各项为民服务。设邻里学堂、邻里互助角、邻里议事厅、邻里风采墙、邻里文化柱、邻里阅读区、邻里信息栏、邻里活动广场八大功能区,下设依法自治进社区、邻里书画研习会、"好健康"计划、"及时通"惠民咨讯、孝慈暖暖帮等12个邻里项目。贤爱堂·邻里自治中心探索以乡贤文化为基础的社区治理新模式,将德治、法治、自治有效结合,开创了由"社区为实施主体"向"居民和社区共为实施主体"转型的社区治理工作新局面。9月4日,2017南京市社会建设创新案例现场评审暨颁奖大会在江苏省会议中心举行,江浦街道烈士塔社区贤爱堂·邻里自治中心运行模式被评为"2017南京市社会建设创新十佳案例"。

【《江浦好人》获微电影大赛十佳作品奖】 3月25日,由区委宣传部、江浦街道办事处及南京浦泉玉成文化发展有限公司联合出品的微电影《江浦好人》,获中国大学生微电影创作大赛组委会特别推荐奖。3月28日,获得由中国电影家协会主办的2017第三届"根亲中国"微电影大赛十佳作品奖,并以75247票的成绩赢得"网络人气王"称号。《江浦好人》讲述修理工杨军的平凡生活和他不平凡的感人故事。杨军在街坊邻里眼中是个好人,他在江浦街边开了间修理铺,生意很好,收入却不多,因为他总是"顺手"帮忙、免费维修。"好人杨军"每天早出晚归忙着别人的事,却忽略了自己的儿子传义,一次失约彻底冰冻了父子之间本就不亲昵的感情。对父亲心怀怨气的传义利用星期天跟踪杨军,一路跟踪下来的传义被父亲的言行感动得热泪盈眶。

【行政区划调整】 7月7日,江浦街道根据浦口区委领导办公会要求,与顶山街道完成区划调整交接工作。根据《市政府关于调整浦口区部分行政区划的批复》(宁政复〔2017〕4号)规定,江浦街道七里桥社区全部和火药洲社区部分区域(面积19平方千米,人口2.67万人)划入顶山街道管理。调整以后,江浦街道与顶山街道的界限为:东起七里河与城南河入长江交汇口,沿城南河西南至城南河桥接浦滨路,沿浦滨路北上至浦口大道,沿浦口大道西进至沿山大道,再沿沿山大道北上250米,接江浦街道七里桥社区与白马社区分界线,沿此界限向西北至老山林场与江浦街道分界线止。区划调整后,为理顺管理服务体制,江浦街道根据区政府第六次常务会要求,对居民小区进行撤并。撤销七里桥社区,原七里桥社区的融侨观邸、熙龙山院、揽月山庄和大村小区4个小区(总占地面积约0.93平方千米,涉及居民约968户)就近并入白马社区。撤销江浦街道火药洲社区,原火药洲社区的明发·新城中心、东方·万汇城南区2个商住写字楼及江佑铂庭、国熙台、城南新村、盛景华庭南苑4个居住小区(总占地面积约1.97平方千米,涉及居民944户)就近并入同心社区。撤并后江浦街道辖15个社区。 (章金玲)

【残疾人之家成立】 7月在同心社区成立。江浦街道残疾人之家设综合文化艺术精品展厅、图书阅览室、视听室、手工艺创作室、书画艺术创作室、体育健身室、康复训练室、培训室等,是一个集创业帮扶、康复、托养、培训、文化体育、维权等服务为一体的残疾人综合服务机构。机构与爱心企业对接,以残疾人辅助性就业为主,教授简单的手工技能,帮助残疾人通过自己的劳动获得收入,并且通过带动作用,让越来越多的残疾人走出家门、活出自信。

(江浦街道 广电台)

【烈士塔社区被授予"科普e站"称号】 9月16日,由南京市科协、南京市教育局等单位联合举办的2017年南京全国科普日开幕式暨科普文艺汇演在南京科技馆举行。江浦街道烈士塔社区被授予"科普中国·南京社区e站"称号,这也是浦口区首家"科普e站"。烈士塔社区根据"科普中国·南京社区e站"建设要求,依托贤爱堂活动阵地,结合节日活动,通过科普大屏、科普长廊、科普宣传栏、"贤爱一家人"微信公众号等线上线下相结合方式向辖区居民提供健康教育、科学生活、创新创业、科普文化活动等科普服务。

【新的社会阶层人士联谊会成立】 11月8日成立。区委统战部副部长、区工商联党组书记滕远升,江浦街道党工委副书记朱远莉,宣传(统战)委员吴元杰及12名新的社会阶层人士代表参加会议。大会通过新的社会阶层人士联谊会第一届理事会成员建议名单、章程,现场推选领地庄园负责人、工艺美术师张军为理事会会长,蒋宇霞、金桂华、袁永强、徐仁萍为副会长,朱金政、刘玲、孟海兴、邱竞、樊祥、王祖凤、赵熠为理事。江浦街道新的社会阶层人士联谊会有成员635人,有"贤爱堂"实践创新基地、"同心众创"活动基地、不老村"同心驿站"3个活动阵地,通过搭建连心桥、召开连心会、举办连心活动等方式,为成员搭建相互学习交流的平台。 (章金玲)

桥林街道

【政区 人口】 桥林街道总面积184.95平方千米。辖居委会11个、村委会7个、村居合署2个,居(村)民小组277个。总户数23380户,总人口72091人。

【经济发展】 2017年,实现地区生产总值65.41亿元,其中第一产业增加值9.37亿元,第二产业增加值26.63亿元,第三产业增加值29.41亿元。实现一般预算收入2.3亿元。固定资产投资8.34亿元,其中工业固定资产投资4.03亿元。农村居民人均可支配收入23099元,增长9.1%。

实现农业总产值16.27亿元,增长10.2%。粮食面积4850公顷,产量27863吨;油料面积902公顷,产量2304吨。引进小麦新品种2个(扬麦21、扬麦23),示范种植207公顷;引进水稻新品种3个(南粳46、武应粳30、武应粳31),示范种植387公顷;引进油菜新品种1个(宁杂559),示范种植20公顷。新增设施蔬菜面积41公顷、设施渔业面积12公顷、农业综合开发面积156公顷。发展高效设施农业,建成高标准农田513公顷,农作物秸秆综合利用率97%,稻麦秸秆机械化还田作业2533公顷,实现生物农业产值2亿元。新增工商注册家庭农场4个(浦口区蒋贵东家庭农场、浦口区子梦家庭农场、浦口区哀正兵家庭农场、浦口区孔亮家庭农场),培育示范型家庭农场2个(浦口区蒋贵东家庭农场、浦口区黄庄家庭农场），培养科技示范户280户，组织农业实用技术培训22期，参训2116人次。开展土地综合利用，增减挂钩项目19个，总规模91公顷，完成现场丈量、协议签订、房屋拆迁以及土地复垦工作；实施占补平衡项目8个，面积11公顷，完成项目7个，面积9公顷。完成农村土地承包经营权确权工作，颁发土地确权证书16314份，总面积8613公顷。投资424万元，疏浚塘坝35面，完成土方53万立方米。投资3450万元，对石碛河堤防、林蒲山洪河、周云河、竹叶湖大塘、深沟大塘等实施除险加固工程。

实现规模工业总产值36.09亿元、规模工业销售收入35.51亿元、规模工业利税2.55亿元。新增规模企业4家，分别为南京军瑶新型材料有限公司、南京卓基工业设备有限公司、南京坚固高中压阀门制造有限公司、南京天孚设备制造有限公司，共有规模企业49家。钦林轨道交通、沪惠通科技、江苏可成、南京永金给排水、AR电子设备产业研发基地5个项目列入2017年区政府一号文重点项目。重大活动签约亿元或千万元以上项目4家，有投资意向1家。其中，江苏享佳云健康研发及智能制造中心项目计划总投资2.15亿元，占地面积2公顷，建设库房及分拣中心约3.5万平方米、研发及办公和中试车间约3.5万平方米。引进江苏中路、泓明物流链集团公司、沁林医药、华为医疗、港浦科技、大渊生物、奥林科技、众安堂生物科技等20多个项目。为南京泰润医疗器械制造有限公司、江苏大唐存储科技有限公司、南京天奥医疗仪器制造有限公司、南京宇豪工贸实业有限公司4家扩园企业办理土地证等手续。协助江苏可成科技有限公司、丰德博信户外传媒有限公司申请浦口区第一批文化产业专项资金40万元。江苏可成科技园获市级科技企业孵化器认定。

建筑业企业12家，实现总产值6.2亿元。从业人员11205人，技术人员1200人，其中高级职称98人，一级建造师42人。

实现第三产业增加值29.41亿元，增长15.4%。服务业从业人员5913人，个体户2910户。旅游接待量40.06万人次，实现旅游直接收入83013万元。

完成18.34千米农村道路提档升级，完成桥刘线4000余平方米道路维修工作。审批居民建房160户，完成危房改造15户。投资6000万元，创成美丽乡村示范村、特色村、宜居村9个。投资3300万元，开展美丽乡村土地综合整治，完成土地整治面积1083公顷。完成桥林老城综合开发、浦口监狱迁建点、002省道、浦口开发区4条道路及浦口开发区1、2号地块6个项目拆迁，涉及兰花塘、百合、滨江、明因寺等14个社区，涉拆居民3142户、企业40家，涉拆面积97.9万平方米，青苗兑付1200公顷。开展环境综合整治三年行动四大类5个项目，完成驻马路环境综合整治、竹雅巷环境综合整治、兰花雅苑老旧小区整治、祈福花园老旧小区整治4个项目。成立桥林街道"两减六治三提升"专项行动领导小组，开展秸秆禁烧、砖瓦企业专项整治行动、餐饮油烟专项整治行动、长江流域备用水源地整治行动。开展危险化学品、船舶修造企业、服装厂等行业领域专项整治20余次。投资200万元，实施陡岗、乌江、兰花3个幼儿园弱电、装修改造及绿化工程。投资100万元，实施桥林人口文化广场出新改造、夜景亮化和绿化改造工程。投入45万元，实施兴桥家园、农贸市场、民旺小区等雨污管网疏通工程5条，总长2800米。

【社会事业】 新增城镇就业2055人，实现再就业934人，培育自主创业者148人，培训劳动力200人次，举办招聘会4场，提供就业岗位近4000个，初步达成就业协议1000人，为妇女创业提供小额担保贷款183万元。低保户918户，发放低保金812万元。临时救助困难群体530余人次，发放救助金28万元。低收入户建档立卡1192户2567人，帮扶率100%。为10477名老人投保意外保险，为80周岁以上老人发放尊老金129万元。建立以居家养老为基础、社区服务为依托、机构养老为补充的养老服务体系，林山村AAAA级居家养老服务中心及老龄助餐中心得到省、市、区专家及领导认可。社区卫生服务中心与79名计生特殊家庭签订"家庭医生签约服务协议书"，为7676名育龄妇女提供免费检查。申请发明专利70件，签订产学研协议8家，协助江苏可成科技申报备案市级以上众创空间和市级以上孵化器。投入近200万元，开展暑期校园提升工程，新建桥林幼儿园多功能室，面积356平方米。陡岗幼儿园通过南京市示范园验收，兰花幼儿园通过南京市优质园验收。新建桥林街道卫生服务中心门诊部，面积955平方米。完成1500名农村妇女"两癌"筛查，老年人中医药管理3980人，家庭医生重点人群签约率75%以上。举办文体活动72场次，放映公益电影156场。对21个文化共享工程基层点、图书一卡通服务点进行整改、维护，新增图书5000册。举办曲艺、舞蹈、摄影等培训班6期，太极拳、健身秧歌等体育技能培训班7期，一线体育指导员培训班3期。建成全民健身广场4个，分别为福音家园、福音大卢、周营东风、明旺家园广场；新增室外体育场面积3500平方米，完成国民体质测试500人。

【社区建设】 智慧社区信息化系统数据录入工作实现规范化，综合利用率100%。悦心居家养老服务中心开业运营，是桥林街道首家由专业社会组织运营的居家养老服务中心。建成兰花塘残疾人康复中心，占地面积430平方米，建筑面积210平方米，各项公益创投及政府购买服务投入138万元。建成周营、明因寺、西山3个社区（村）市级综合性文化服务中心，启动周营乡史馆建设，凸显乌江地区历史文化特色。新建基层工会8家，依托职工帮扶服务站，为职工购买互助保险300多份。开展矛盾大排查大整治工作，结合大走访活动和大联勤工作机制，梳排研判突出矛盾问题，组织开展各类风险点排查，明确相关责任主体，将矛盾化解在基层。利用乡贤会、法律服务团等社会力量参与社会管理，钝化矛盾纠纷。建成街道大联勤指挥中心，开展"大联勤+"九大专项整治行动，推动社会治理精细化。成立"桥大叔"婚姻家庭纠纷调解工作室，调解纠纷78起。在志愿江苏平台注册"新城大爱"志愿服务组织，31589名志愿者注册，位列全区第一。建立分片包干、责任到人的文明创建三级网格化管理体系。

【陡岗新市镇建设】 陡岗新市镇及美丽乡村建设项目位于桥林街道福音社

区,涉及卢前、卢后、八刘3个自然组,总面积约2.5平方千米,计划总投资约4亿元。项目依托地方文化资源及自然资源,结合中国台湾人文风情,打造一条集美丽乡村、休闲度假、美食娱乐和民俗文化于一体的,具有浓郁中国台湾小镇风貌的风情小镇。完成福音东街5000米强弱电杆线下地及管网改造,完成福音东街400户居民房屋立面改造,基本完成台湾风情街项目建设并启动招商工作,建成福娃广场,农耕博物馆建设及景观、八刘村史馆及村庄环境综合整治、聆泉福音美丽乡村环路施工完成90%,聆泉福音景观水系施工完成80%,实施亲子游乐园和农耕科普基地项目建设。

【乌江新市镇建设】 乌江新市镇及美丽乡村项目位于乌江社区,总面积64万平方米,总投资4亿元。完成1400米道路综合管网改造、沿线强弱线下地、外立面出新及景观提档升级工程,实施驷马山河道滨水绿地工程,新建及改造河滨景观广场,建设绿地1000米,改造故居路入口广场、道路及管网1300米。

【悦心居家养老服务中心开业】 3月16日开业运营,是桥林街道首家由专业社会组织运营的居家养老服务中心。中心面积1350平方米,投资35万元,有工作人员7人,为社区老人提供“五助”(助餐、助医、助洁、助急、助浴)服务,为日间托管困难、失能、失独等老人提供上门养老服务,并根据老人需求提供省级示范居家养老服务中心的各类服务项目。

【“学散之书法,承散之家风”拜师活动】 3月23日,桥林街道妇联、林蒲等社区组织小学生在林散之故居举行“学散之书法,承散之家风”亲子教育服务项目启动仪式。林蒲社区30位身着古代服饰的孩童行古制礼拜师林散之先生长子、著名书画家林筱之先生,学习书法文化,弘扬散之优良家风。利用林散之故居文化资源,以散之书法为切入口,通过拜师林老、学习书法,带动辖区内亲子家庭学习为人之道、处世之礼及做事之方等传统文化,传承散之优良家风,弘扬中华传统文化。

【桥林老城片区综合开发启动】 9月27日,桥林老城片区综合开发PPP项目暨石西路、水杉路、新柳路开工仪式在桥林街道举行。该项目是区政府一号文重点民生工程,由中建方程投资发展有限公司投资建设,总投资63.63亿元,包括市政道路、水系景观、公共服务设施等53个项目。项目北至林中路,南至秋江路,西至沿山大道,东至滨江大道,涉及街道石碛、明因寺、勤丰、林东、河南5个村(社区),农户约1191户,涉拆建筑面积约19万平方米;用地面积4.43平方千米,涵盖9600米石碛河风光带、水街、姚庄和明因寺4个片区。项目对于改善桥林片区人居环境、提升城市功能品质、提高城市承载能力、彰显桥林历史文化底蕴具有重要意义。 (阮厚银 徐飞)

乌江新市镇美丽乡村——草圣书乡 (国资集团 提供)

星甸街道

【政区 人口】 星甸街道总面积141.92平方千米。辖居委会5个、村委会7个、村居合署2个,居(村)民小组130个。户籍户数12773户,户籍人口55153人。

【经济发展】 2017年,实现地区生产总值31.55亿元,按现行价格计算比上年增长12.29%。其中,第一产业增加值85146万元,增长17.5%;第二产业增加值92527万元,增长10.2%;第三产业增加值13.78亿元,增长10.4%。完成全社会固定资产投资60729万元,下降71.81%,主要因为区康居集团撤资,部分市政项目暂停。实现财政收入1.98亿元,增长3.06%。农村居民人均可支配收入22703元,增长9.3%。

实现农业总产值14.37亿元,增长7.6%。其中,农业(种植业)产值8.36亿元,增长6.68%;林业产值4644万元,增长10.49%;牧业产值3.25亿元,增长7.45%;渔业产值2.06亿元,增长11.73%;农林牧渔服务业产值2336万元,增长6.5%。粮食面积2457公顷,总产量16127吨;油料面积1159.6公顷,总产量2960吨。农业展览馆主体工程封顶,包括农业技术推广中心和农业展览馆。西甜瓜基地建成,面积12公顷,引入西瓜品种小蓝、8424及甜瓜品种东方蜜、西州蜜、玉菇等,获全区西甜瓜品鉴大会评比第一名。

实现规模工业总产值8.65亿元、销售收入9.29亿元、利税5.19亿元,逐步形成以轨道交通、装备制造、新型环保建材、新型复合材料研发生产为主的工业布局。

有建筑业企业360家,其中三级以上(含三级)技术资质的企业32家,从业人数1.56万人。建筑企业设备净值约5亿元。街道建筑企业承接区内外工程,年产值33亿元。

第三产业从业人员3020人,住宿与餐饮业220户、百货业720户、服装业150户。娄子农贸市场营业面积3604平方米,销售额3200万元。石桥农贸市场营业面积约2500平方米,销售额502万元。旅游接待量59万人次,旅游直接收入5.5亿元。

实施农村道路提档升级工程10.7千米，其中纬一路、竹南路、纬三路、万寿河路提档升级工程建设完成，共6950米。X204延伸工程(起于江星桥线与江桥线交叉口，止于高金路与金桥路交叉口，长约8000米，贯穿汤集、双山两村)完成，潮小线、杨王路维修工程竣工。林场路、万寿河路、石石线通过省、市四级农村路验收。乡村道路总里程113千米，50%的乡村道路达到四级公路标准。推进夏桥保障房二期、洛园广场沿街配套商业等19个项目建设，总投资约14.75亿元，当年投资约6.2亿元。其中，夏桥保障房二期主体工程封顶，洛园广场沿街配套商业正在进行二次结构施工；纬一路中层沥青铺设完成。王湖农民集中居住区竣工，占地面积约9公顷，总建筑面积17.23万平方米，计划安置1118户，预计总投资4.65亿元。娄子7号地A地块6栋保障房主体结构通过验收，规划用地面积6.67公顷，总建筑面积约13.22万平方米，预计安置1100户，总投资约4亿元。

4月22日，星甸街道举办九华茶坊老年人体育节。图为开幕式上的太极表演

（卢颖 摄）

有固定电话用户3124户、宽带装机总数8763户、电信手机用户13652户。固网宽带人均网速提升至50兆/秒，最高宽带网速200兆/秒。实现农村有线宽带光网全覆盖，4G无线信号平均下载速度400兆/秒。人均住房面积43平方米。总用电量6103万千瓦时，自来水普及率100%。年末居民储蓄余额15.84亿元。

4月1日，石村村组织党员干部、留守儿童到抗日英雄纪念碑扫墓

（星甸街道 供稿）

【社会事业】 新增城镇就业1412人，援助困难人员就业62人，实现农村劳动力转移就业800人次，新增家政从业人员210人，创业123人，其中大学生创业43人，带动就业804人。组织开展科普周、科普日广场宣传活动2场，举办科普消防进社区2场。新增全媒体科普阅览屏2台，科普阅览屏安装率71.4%，5个村居完成“科普中国·社区e站”申报。有小学2所，班级42个，学生1635人，教职工124人，其中专职教师94人；有中学2所，班级24个，学生745人，教职工133人，其中专职教师122人。星甸小学开设轮滑特色训练项目，参加国际轮滑大赛开幕式演出，获“南京市特色运动示范学校”称号。开展文化惠民活动118场，累计放映农村数字电影146场，受益群众近2万人次。建成市级标准社区(村)综合文化服务中心8个，有星级书屋4家。城乡居民合作医疗参保3.2万人，累计发放失业金870.82万元。社区卫生服务中心年门诊量95394人次，总收入903.73万元。星甸社区卫生服务中心新增B超、人工呼吸机、康复器材等设备，石桥社区卫生服务中心异地改造项目完成搬迁，总投资625.5万元，通过国家标准化卫生院验收，获“2016～2017年度群众满意乡镇卫生

院”称号。加强居民健康服务,老年人体检率、重性精神病人规范管理率、孕产妇保健服务均达100%,免费为1729名0~6周岁独生子女办理康健保险及育龄妇女保险。

【社区建设】 打造“星甸讲坛”综合学习平台,组织讲座、培训27场。调动老党员、老干部参与街道重点工作和社区治理,星兴社区“党领群治、一核多元、政社互动”的社区治理模式初步建立。5月,便民服务中心投入使用,整合劳动保障、卫计、民政等民生服务,开设窗口13个,成立全科社工队伍。设立残疾人康复站,免费为残疾人提供康复场地及器材。加大矛盾纠纷排查和调解力度,实施综治、联勤、警务一体化建设,社区和谐稳定,无重大上访事件、无刑事案件、无邪教活动。接待群众来访314批次761人次,其中群体性事件12起。街道调处中心直接受理调处75起,调处成功率100%。公调对接受理调解108起,成功104起,调处成功率96.29%。安装高清摄像头107个,有联勤队员12人、平台操作员2人。

【后圩湿地乐园开工】 3月开工。后圩湿地乐园项目位于星甸街道后圩村滁河南部岸线,全长约3000米,总面积1.2公顷,根据河道和河滩打造,总投资2300万元,由南京林业大学工程规划设计院规划设计。主要建设内容有入口牌坊、水上廊桥、码头、木栈道、入口广场、停车场、院落式餐厅、综合服务中心等。年内基础设施建设基本完工。

【生命体验馆开建】 8月24日,星甸街道九华社区生命体验馆项目启动建设,是南京市首家农村社区生命体验馆。该馆投资300万元,总面积约760平方米,是在“济美九华博爱家园”项目概念上延伸打造的室内体验馆。一楼占地面积380平方米,主要体现九华地方文化元素,包含为民服务中心、农副产品销售、乡贤茶吧、九华三坊及道德讲堂等区域;二楼占地面积380平方米,包含交通安全、消防安全、食品安全、自然灾害、急救技能及红十字会由来等应知区域,设置模拟火灾逃生通道、结绳逃生、垃圾分类、交通安全驾驶等5个VR体验区及1个应急救护培训基地,展示生活中常见的急救方法。

【现代农业展览馆主体工程封顶】 8月29日封顶。浦口区现代农业展览馆位于星甸街道后圩社区,总投资4745万元,总用地面积0.82公顷,总建筑面积7089.96平方米,其中农业技术推广中心建筑面积2320.2平方米,农业展览馆建筑面积4769.76(含地下室1679.04平方米)。农业技术推广中心主要用于现代农业技术推广和培训,农业展览馆用于现代农业技术展览和特色农产品营销,品种有国家级中华绒螯蟹“长江1号”、斑点叉尾鮰、省级“太湖1号”青虾、沙塘鳢、澳洲淡水龙虾、黄金大泥鳅、北美白虾等。

【老旧小区整治出新启动】 9月8日,星甸街道双山小区2017年老旧小区改造出新工程开工。投资额1300万元,整治出新面积36288平方米,包含14栋安置房384户居民,整治出新内容包括屋顶翻新、立面出新、地面改造、下水系统改造、综合配套提升、物业服务及经营用房增设等。

【石村村为民服务助餐点营业】 9月18日营业。石村村为民服务助餐点营业面积110平方米,一次可容纳70余人就餐,主要服务对象为60周岁以上老人,以及不能正常料理日常生活、自愿到助餐中心就餐的空巢老人。助餐点提供一荤一素一汤,2元钱一餐,90岁以上老人免费。

【九华村获“全国文明村镇”称号】 11月17日,中央精神文明建设指导委员会下发《关于表彰第五届全国文明城市、文明村镇、文明单位和第一届全国文明校园的决定》,星甸街道九华村被授予“全国文明村镇”称号。九华村坚持把创建全国文明村作为建设九华特色田园乡村的基础工程以及打响九华品牌的形象工程。2015年,九华村启动“九华茶坊”美丽乡村建设,为游客提供高标准有机茶园观光体验、红酒品鉴、特供优质农产品采摘以及住宿、有氧运动、垂钓等服务,年接待游客1.5万人次,创旅游收入400万元,推动九华茶农从一产向二、三产转型,带动农民增收、农业增效。投入美丽乡村建设资金近7000万元,对全村建筑、主干道、慢行道、自行车道以及通信、亮化、标识、景观系统进行改造,新建停车场、公厕以及花海、瓜果采摘基地、垂钓养殖基地等,打造品牌社区,促进社区可持续发展。开展“星级文明户”“最美家庭”“和谐幸福家庭”等文明创建活动,编写《九华村村规民约》,促进村民自我教育,促进良好村风、民风的形成。通过加强志愿者队伍建设、开展常态化宣教活动,形成尚科学、文明、健康的良好风尚。2015年被评为省民主法治示范村。

● 链接:

九华村简介

九华村位于浦口区西南部,与安徽省和县乌江镇接壤,北靠赭洛山,南临驷马山河。村域面积6.7平方千米,有村民小组15个,总户数650户,总人口2420人。九华村是茶叶之乡。400余户居民从事茶叶种植,茶叶种植面积300公顷,有省级茶文化基地1个,培育“浦桥玉剑”“九华嫩剑”等茶叶品牌,并以茶文化优势入选市美丽乡村。九华村是红色之乡。这里曾是新四军浴血奋战的地方,赭洛山上存有抗战时期留下的碉堡和新四军炮台遗址。九华村结合美丽乡村建设,打造抗战烈士雕像广场,以及2200米长的“红色之旅”登山步道。九华村是门笺之乡。门笺俗称“天剪”,新春佳节时贴在门楣上,用于祝吉纳福,九华门笺具有自己独特的雕刻模板和制作程序,制作过程主要分为裁纸、画样、雕刻、贴金四步,有别于其他地区的剪纸及雕刻艺术,被列入南京市非物质文化遗产名录。 (潘永梅)

汤泉街道

【政区 人口】 汤泉街道总面积109平方千米。辖居委会9个、村委会5个,村(居)民小组145个。总户数15003户,总人口44120人。

【经济发展】 2017年,实现地区生产总值26.66亿元(现行价),同比增长11.9%。其中,第一产业增加值4.85亿元，增长12.8%；第二产业增加值4.73亿元，增长1.8%；第三产业增加值17.08亿元，增长14.9%。一般预算收入3.23亿元，增长2.8%。全社会固定资产投资11.69亿元，下降31.2%。农村居民人均可支配收入23886元，增长9.2%。

实现农业总产值7417万元，下降33.1%。水稻种植面积231公顷，产量1870吨；小麦种植面积179公顷，产量851吨；油菜种植面积142公顷，产量373吨。新增设施园艺21公顷、设施蔬菜33公顷、设施渔业13.4公顷，累计有农民专业合作社109家，社员9366人。形成设施果蔬、园艺花卉、特色水产、精品苗木、旅游观光等特色农业产业。花木种植面积2880公顷，销售额3.7亿元。茶叶种植面积1786公顷，产量26.7吨。水产养殖面积415公顷，产量3443吨。1月，"汤泉"牌苗木被江苏省名牌战略推进委员会认定为江苏省名牌产品。3月，"汤泉"牌苗木和"汤泉湖"牌淡水白鲳被南京市人民政府认定为南京市名牌产品；"雨竹"牌茶叶、"浦泉清峰"牌茶叶被农业部农产品质量安全中心认定为无公害农产品。6月，"雨发"牌黄瓜、西红柿、葡萄被中国绿色食品发展中心认定为绿色食品。10月，余冲茶场通过良好农业规范认证。

实现规模以上工业总产值31714万元、增加值1.17亿元、销售收入30407万元、利税1648万元。汤泉街道工业园区重点发展以电力标准件加工、门窗销售为主的产业群和以传统产业改造、资源利用为主的建材、纺织等支柱产业，落户企业24家，职工约836人，规模以上企业1家，为南京源轩电力器材有限公司。

个体从业者2810人，个体工商户4018家。游客接待量111万人次，实现旅游收入22.4亿元。农贸市场经营面积3500平方米，有经营户85家，摊位81个，实现销售额3000万元，解决就业180人。

完成杨山头路、陈庄路、江陈路、龙南路、龙北路、龙桥路、高双线7条农路提档升级工程，总长度15.29千米。农村道路总里程163.37千米，初步实现"建好、管好、护好、运营好"农村公路各项目标任务。投资7086万元，开展市级美丽乡村建设，创成3个市级示范村、2个市级特色村、5个市级宜居村，完成房屋出新、绿化提档升级、景观打造、雨污分流、活动中心新建、公厕新建、道路黑色化等项目。投资约828万元，实施重点示范片区环境综合整治，完成银泉路两侧房屋外立面出新、沟渠修葺、绿化补植、节点改造、河塘清淤等。投资4203万元，完成浦乡苗源珍珠村道路、游客接待中心、苗木文化馆、会议中心、民宿、核心景观区等项目。投资3500万元，完成8200米雨、污水主管网及7700米支管网建设。投资1029万元，整治银泉路沿线片区，建筑面积2.96万平方米。

人均居住面积36平方米。人均用电量560千瓦小时，自来水普及率100%。

【社会事业】 落实就业创业政策，重点扶助就业困难人员，为就业困难人员申领灵活人员社保补贴2588人次，援助困难人员就业46人，新增就业1400人。加强劳动监察，重点查处用工不规范行为，办理劳动争议案件20件，结案率100%。为1100名自由职业者办理社保参保、续保手续，为7514名居民办理城乡居民养老保险，参保率98%。加强低收入群体基本保障，发放低保金738万元、残疾人生活补贴金466万元。强化低保动态管理，新增低保17户23人，清退出保89户130人。落实精准扶贫政策，对低收入户和经济薄弱村（欠发达村）680户1275人结对挂钩帮扶。开展幸福家庭评选，评选市级幸福家庭1户、区级幸福家庭9户。方圆标志认证集团江苏有限公司、江苏福瑞科技有限公司申报为高新技术企业。汤泉中心幼儿园通过江苏省优质幼儿园复评验收，汤泉小学被评为"江苏省校园足球特色学校"。汤泉社区卫生服务中心门急诊量15.63万人次，住院229人次，为7226名育龄妇女开展健康体检服务。组织开展惠民演出、艺术培训、文化座谈等群众性文化活动100余场次，龙山社区、金泉社区、泉东社区创成市级标准化综合文化中心，瓦殿社区创成江苏省三星级农家书屋。新增健身路径12套，建成综合健身广场4处，新增健身步道5000米，实现"三室一场一路径"（乒乓球室、棋牌室、健身室，篮球场，健身路径）全覆盖。

【社区建设】 新增社会组织2个（浦口区汤泉街道社会组织服务与发展中心、浦口区汤泉民福高华居家养老服务中心），注销社会组织2个，共有社会组织96个。高华社区居家养老服务中心投入使用，创成AAA级居家养老服务中心。开展"六五"普法宣传6次，印发宣传资料1000余份，制作法治宣传电子横幅8条，发布社区法律宣传栏25期，发放"六五"普法宣传书籍300本。开展"18"法律广场咨询活动4场，答复群众法律问题100多人次，发放宣传资料300余份。排查调处矛盾纠纷382起，化解成功率100%，未发生一起民转刑案件。排查流动人口1368人，出租屋登记431户，建筑工地登记961人。贯彻落实《关于印发〈浦口区关于贯彻以奖代补政策落实严重精神障碍患者监护责任的实施办法〉的通知》，按照"一名医生、一名民警、一名村（居）干部、一名监护人"的要求，依托村（居）委会等基层组织逐人建立管控小组，签订责任书，落实责任人，确保管控到位。在册建档145人，申报108人，签订监护责任书108份。

【小隐汤泉花海酒店开业】 5月18日开业。小隐汤泉花海酒店位于汤泉温泉旅游度假区楚韵花香景区，总投资1000万元，总建筑面积2200平方米，设客房39间，是一座集温泉、养生、餐饮、住宿、会议、度假等功能为一体的现代化休闲旅游酒店。秉持"隐居"度假理念，结合楚韵花香景区温泉资源、苗木资源以及特色楚韵文化资源，打造融合中高端温泉休闲度假、四季花海景观度假、楚韵静心文旅度假等为一体的综合性旅游度假目的地。

【汤泉街道便民服务中心成立】 5月成立并通过浦口区便民服务中心规范化验收。汤泉街道便民服务中心位于水墨东路8号（高华社区旁），服务大厅面积1100平方米，设服务引导、办事等待、窗口办理、后台管理四大功能区域，有窗口16个，水务、农业服务、城乡居民医保受理核算、街道全科业务办理等11个窗口进驻，配备叫号机、查询机、排队显示系统、服务评价器、音视频监控、高拍仪、打印机、LED显示屏、复印机等一站式服务设备,提供取号引导咨询、报刊杂志阅读、自助饮水、便民雨伞等人性化服务。便民服务中心实现“一个窗口受理、一站式审批、一条龙服务”的运行模式,为群众提供灵活就业参保、失业金申领、市民卡办理、城乡居民医保报销等121项服务。街道以便民服务大厅为枢纽,将服务向下延伸到社区,各社区分别设立代办员,全面代理群众合疗、养老等事项。

【高华社区居家养老服务中心投入使用】 7月投入使用。高华社区居家养老服务中心投资20万元,面积200平方米,设高华憩站、健康天地等功能室,为老年人提供日间照料、护理、用餐、心理咨询、健康讲座等服务。

【汤泉天然温泉养生小镇建设】 汤泉天然温泉养生小镇项目是2017年市重大项目,以“温泉+”产业为核心,发展温泉医养综合服务、休闲度假、相关配套三大产业,完成投资12亿元,其中拆迁安置约8亿元。实施汤泉总规、控详、城市设计等规划的修编完善工作,完成特色小镇概念性规划编制。完成拆迁工作,安置房主体封顶。实施银泉路等10条道路新建工程及管线综合改造、沿线绿化、亮化、美化工程,九龙湖亲水公园等核心景观对外开放,老街沿线建筑立面出新及亮化工程完成,温泉主管网基本实现全覆盖,游客服务中心、停车场、公厕基本建成,主要节点及道路广场等景观提档升级完成,汤泉五季温泉养生庄园旅游项目开工建设。 (邱菊)

【美国汉舍·南京极光片羽国际旅游度假区建设】 2017年,美国汉舍·南京极光片羽项目完成部分拆迁和青苗工作,落实土地指标,企业办理登记注册,项目团队进场办公。该项目于2016年12月签约,总投资10亿美元,占地面积约53公顷,由美国汉舍投资集团开发建设,分为南部极客欢乐小镇、中部森林谷地和北部百泉谷。南部极客欢乐小镇以高科技旅游体验为主题,包括极客森林、VR体验馆、黑科技馆、秀场、铃兰花农庄、娱乐商业街、独角兽科技酒店、度假屋、精品客栈等;中部森林谷地以生态旅游和户外拓展为主题,包括常春藤自然科学教育基地、谷地马场、山地花园等户外体验项目;北部百泉谷以温泉休闲体验为主题,包含五钻精品温泉酒店、温泉百家汇、水上运河村、温泉中央公园等。

【泉西党史馆被评为“社会主义核心价值观教育实践基地”】 12月7日,泉西党史馆被区委宣传部评为“社会主义核心价值观教育实践基地”。该馆是浦口区第一家村级党史馆,展馆分为序厅、正厅和后记3个部分,从光辉历程、锦绣泉西、逐梦泉西3个板块介绍中国共产党党史、泉西社区村史和社区未来规划建设。开馆以来,先后接待数万名党员和省市区领导参观学习,开展“重温入党誓词、永葆入党初心”“原汁原味学党章、创新形式上党课”“知党史、话家乡”等活动,成为浦口区创新党建工作的一张名片。2016年6月,获“南京市第四批党史教育基地”称号。

(汤泉街道)

泉西党史馆 (卢云翠 摄)

永宁街道

【政区 人口】 永宁街道总面积109平方千米。辖居委会8个、村委会3个,居(村)民小组190个。总户数13726户,总人口40460人。

【经济发展】 2017年,实现地区生产总值25.54亿元,增长11.6%。其中,第一产业增加值7.53亿元,增长16.6%;第二产业增加值4.31亿元,增长9.7%;第三产业增加值13.7亿元,增长9.7%。一般预算收入1.46亿元,下降2.93%。固定资产投资1.99亿元,下降55%。农村居民人均可支配收入21495元,增长9.3%。

实现农业总产值11.48亿元,其中农业产值4.88亿元,林业产值3356万元,牧业产值4657万元,渔业产值5.67亿元,农林牧渔服务业产值1260万元。粮食作物种植面积2069公顷,下降21.6%;总产量13994吨,下降18.7%。油料作物种植面积287.6公顷,下降24.9%;总产量781吨,下降15.9%。新增高效设施农业49公顷、设施渔业20公顷,有专业合作社94家、家庭农场155家。永宁现代农业示范园获“南京市现代农业示范园区”称号,正在申报省级现代农业产业示范园区。大埝社区被省农工委授予“江苏省休闲农业示范村”称号。

实现规模工业总产值9.97亿元,增长33.3%;规模工业利税1671万元,增长132.4%。有工业企业43家。

社会消费品零售总额5.94亿元,增

长8.1%。旅游接待量126.04万人次，实现旅游总收入14.75亿元。知青故里完成1300平方米知青纪念馆、20公顷知青农场提档升级，以及20公顷月季、6.67公顷玫瑰等项目建设。水墨大埝景区完成大埝五坊、蜜桃谷提档升级。西埂莲乡完成莲藕基地服务中心、西埂组文化广场、1000平方米津浦驿站建设。滁河风光带永宁段完成滁河风观带利用原生态湖泊、沼泽、湿地公园、复兴圩千亩玫瑰薰衣草园、张圩333公顷油菜园、草场圩万亩荷塘、三合圩万亩彩色水稻等农业大地景观等项目建设。永宁街道大埝社区旅游开发有限公司获"首批全国民宿产业发展示范企业创建单位"称号。

完成93.75千米道路养护，完成农路提档升级改造13千米。《永宁街道（新市镇）总体规划及镇区控制性详细规划》完成初稿。建筑面积5万平方米的傅云安置房（三期）项目（含主体建筑和附属设备）竣工并交付。完成危房改造13户。

【社会事业】 转移农村劳动力812人，新增城镇就业1076人，实现再就业358人，援助困难人员就业35人，培育自主创业者110人，带动就业312人，其中培育大学生创业者30人，带动就业150人。侯冲社区被省人社厅授予"省级创业型社区"称号。发放独生子女奖励金26.35万元，向10户困难家庭发放公益金2.1万元，为30名失独家庭人员进行免费体检，张圩社区被市计生协会授予"南京市计划生育先进集体"称号，被市爱卫办授予"南京市健康社区"称号。微电影《手狮舞者》获2017年"美丽乡村"国际微电影十佳作品奖、优秀作品奖及亚洲微电影优秀作品奖。原创节目南京白局《家风颂》获区第八届艺术节"美善浦口"创作银奖。建成青山社区、大桥社区、西葛社区3家标准化社区综合文化服务中心。西葛社区创成三星级农家书屋。建成社区全民健身广场4个，完成500人国民体质测试。面积2500平方米的街道卫生服务中心门诊大楼完成立项，面积500平方米的联合社区卫生服务站异地改造，张云小区创成市级健康社区。

【社区建设】 采取"联勤网格+物业"市场化运作机制，由政府购买社会服务，将小区物业管理服务对社会进行公开招标，实行市场化管理。在各美丽乡村示范点设立联勤志愿者工作分站，成立以社区工作人员、景区工作人员、志愿者为队员的联勤小队，对周末游客高峰期进行疏导、安保、服务。日常工作中，做好昼巡、夜巡本职工作，提升居民安全感和幸福感。结合永宁联勤微信公众号，提供"一键帮"服务，游客在联勤微信号中可直接一键联系距离最近的联勤队员，向联勤队员咨询游玩路线，向其反映问题或提出意见建议。遇到突发状况，可拨打联勤队员电话，联勤队员将第一时间到达现场进行帮助、救援。"村民民主协商会·破解基层自治难题"案例获2017年南京市社会建设创新十佳案例一等奖。青山社区被市民政局授予"南京市AAA级居家养老服务中心"称号。

【农产品网络销售】 2017年，永宁街道依托本土电商企业云田网络科技有限公司，开展农产品线上线下销售。街道有区级农村电商管理中心1家、体验店29家、特色馆1座、电子商务网点42个。体验店为云田公司线下产品销售店，特色馆位于姚徐老街，展示销售永宁当地农产品。通过云田商城实现农产品网上销售额4445万元。

【永宁街道获全国"一带一路最美驿站"评选"最佳线路"称号】 4月17日，永宁街道在"中俄媒体交流年"和国家新闻出版广电总局"丝绸之路影视桥工程"重点项目——"一带一路最美驿站"2016年度全国评选中获"最佳线路"称号。永宁街道坚持"生态立街、农业铸牌、旅游富民"发展定位，抢抓美丽乡村建设机遇，依托滁河风光带和宁滁快速道路，打造融现代农业、自然景观和宜居乡村为一体的大都市近郊美丽乡村示范区。在全区美丽乡村"十颗珍珠"中，永宁有三颗，分别是以知青文化和湿地文化为主题的知青故里、以青奥骑行文化为主题的水墨大埝、以莲文化和农耕文化为主题的西埂莲乡。2017年，永宁街道休闲农业接待游客138万人次，实现休闲农业收入约4.64亿元，同比分别增长17%和12%，游客接待量和收入位列全市第一方阵。

永宁街道获"一带一路最美驿站最佳线路"称号（永宁街道 供稿）

【水墨大埝获"江苏省水利风景区"称号】 12月22日，省水利厅下发《省水利厅关于发布2017年度省级水利风景区的通知》，永宁街道水墨大埝获"江苏省水利风景区"称号。水墨大埝景区位于大埝社区，地处老山北麓、滁河以南。景区西至油库路，东至浦合线，北至沪陕高速，南至岔琥路，规划面积6.18平方千米。景区属水土保持型水利风景区，以大堰水库及周边山、水、泉、林资源为依托，其中大堰水库位于景区东南部，属滁河水系。景区规划范围内水文景观较为丰富，主要包括大堰水库、小堰水库（塘坝）、五组水库（塘坝）、龙爪洼（塘坝）、九曲水街、钥匙湖、生态湿地、琥珀泉、报时泉等。水墨大埝将人文景观设施与生态系统、水岸景观系统建设相结合，打造以水文化为灵魂，以运动和养生旅游体验为特色，集水利科普、户外运动、健康养生、乡村休闲、文化体验等功能于一体的生态休闲园。获"江苏省四星级乡村旅游区""江苏省休闲观光农业示范村""南京最具原生态休闲农业景点""南京美丽乡村""南京最佳休闲地"等称号。

● **链接：**

大堰水库

大堰水库建于1956年，2008年进行除险加固，集水面积2.6平方千米，总库容54.51万立方米，是一座以防洪、灌溉为主的小（2）型水库，受益灌溉面积100公顷。水库由大坝、溢洪道等主要建筑物组成。大坝位于水库东北侧，为均质土坝，长156米，坝顶高程38.09

米，水库校核洪水位37.5米，设计洪水位36.87米，汛限水位35.3米。溢洪道位于大坝右岸，进口宽14米，底高程35.3米。景区水质满足《地表水环境质量标准》(GB3838－2002)Ⅲ类标准。景区内植被繁茂，林草覆盖率98%以上，水土流失综合治理率96%以上。

【青山社区居家养老服务中心投入运营】 9月23日投入运营。永宁街道青山社区居家养老服务中心位于青山路四组，投资30万元，总建筑面积约500平方米，设多功能大厅、治疗室、护理站、理疗室、日间照料室、老年学堂、助浴间、慈善超市等，满足不同层次老年人就餐、文娱和医疗保健需求。

【协商民主在基层案例获2017年南京市社会建设创新十佳案例一等奖】 9月4日，2017南京市社会建设创新案例颁奖大会召开，永宁街道"村民民主协商会·破解基层自治难题"案例获南京市社会建设创新十佳案例一等奖。永宁街道以村民民主协商会为载体开展民事民议和民主协商工作，制定《村民协商民主会议事章程》，明确协商主体，强调协商事项，创新协商方式，推动村民协商民主会制度化落实。在社区两委领导下，经村民代表大会授权，社区成立村民协商民主委员会，分设常务委员会和专项委员会，充分考虑各方利益诉求，基本涵盖重大民生事宜涉及的各方代表。协商范围包括整个社区的事物、村民小组内部的事物、相关利益者的个别事物，涉及民生实事工程、社区经费使用、社区经济社会发展大事等，采取"个议、群议、合议"的协商三步法方式组织村民协商。通过协商，社区工作实现"四出四畅"(协商出尊重，村民生产生活心情舒畅；协商出感情，村民诉求表达渠道通畅；协商出共识，民生实事决策程序顺畅；协商出办法，民生工作实施过程流畅)。 (徐堑　朱婷婷)

【全市首家家风主题广场建成】 1月，永宁街道永宁社区家风主题广场建成，是全市首家由社区打造的家风主题广场。广场位于美丽乡村西埂莲乡附近，面积500平方米，由"永宁志士长廊""永宁故事""晒家风品家训""党员承诺墙""党建十字经""滁河的怒吼""党建旗帜"7部分组成。"晒家风品家训"版块记录20位社区居民家规家训及故事，包括"有德才有福，有爱才有家""诚实守信，开明勤俭"等家规家训及"刘有江自行车修理部"的故事。

(《南京日报》)

盘城街道

【政区 人口】 盘城街道位于长江大桥和长江二桥之间，东与南京沿江经济技术开发区、南京化学工业园区接壤，南与南京国家级高新技术产业开发区紧邻，西与安徽省来安县隔滁河相望，北与六合区以马汊河为界。宁扬、宁连、宁淮、312国道以及宁启铁路穿境而过。总面积51.5平方千米。辖居委会9个，居民小组91个。总户数4233户，总人口14620人。

【经济发展】 2017年，实现地区生产总值22.37亿元，增长12.07%。其中，第一产业增加值2.09亿元，增长1.67%；第二产业增加值5.95亿元，增长11.52%；第三产业增加值14.33亿元，增长14%。地方一般预算收入1.61亿元，增长12.13%。全社会固定资产投资39.23亿元，增长10.49%。出口创汇6700万美元，增长16.32%。农村居民人均可支配收入23539元，增长9.22%。

实现农业总产值4.01亿元，增长10.4%。粮食作物播种面积180公顷，产量675吨；油料作物播种面积27公顷，产量80吨。有合作社51家、家庭农场98家。

实现规模工业总产值11.76亿元，下降6%；规模工业销售收入11.34亿元，增长8.38%；规模工业利税9839万元，下降9.3%。有工业企业100家，其中规模工业企业4家，分别是登峰起重、振泰新型建材、欧亚塑料、迎强车辆配件。

实现社会消费品零售总额9.75亿元，增长8.25%。江北新区盘城街道第一届葡萄采摘节接待游客10万人次，实现销售收入1.1亿元。

实施高新区产业区(一期、二期)、盘城工业园片区、江北大道3号地(二期)等拆迁项目6个，涉拆居民约2400户、企业60家，拆迁面积87.55万平方米。提供安置小区房源40.45万平方米，安置拆迁项目12个，居民约2500户，其中盘城新居3937套安置房完成分配。投资4000万元，对王家渡及许家大营美丽乡村示范村进行配套完善，打造大地景观工程，新华社区上王组、双城社区陈庄组创成市级美丽乡村宜居村。实施朱家山河整治，完成辖区河道截污、管养等工作。实施宁启铁路、滁河两侧环境整治，完成两侧绿化新建、补植、清理及提档工程。

【社会事业】 按照"应保尽保、分类施保、动态管理、公开公示"要求，建立社会救助审核平台，加强社会救助人员的审核，低保数据社区长期公示率及街道门户网站公示率100%。全街有农村低保户214户320人、城市低保户19户22人，发放低保金233万元。有中学1所、小学3所、幼儿园5所、办学点1个。组织开展群众文化活动181场、体育活动30场，放映公益电影61场。盘城社区、双城社区创成市级标准化社区(村)综合文化服务中心。有省级示范社区卫生服务中心1家(盘城惠民医院)，下设社区卫生服务站4个(双城、渡桥、板桥、永丰)。有家庭医生团队11个，为居民提供社区卫生服务。

【社区建设】 推广智慧社区平台，完善人口整合、组织规范、日志管理、台账健全、项目备案、志愿者注册等22个板块信息，实现社区服务多元化和管理标准化的新型社区格局，智慧社区系统使用率100%。加强社会工作者队伍建设，拥有持证社工62人，每万人拥有持证社工15人。新建盘城街道社会组织服务与发展中心。按照"联勤联动，群防群治，自助互助，共建共享"总体思路，围绕"问题发现"和"群众参与"两大核心，以网格化治理、精准化服务为方向，处置各类社会治理问题65154件。

(朱刚)

【盘城葡萄采摘节】 8月5～20日，南京江北新区(盘城)第一届葡萄采摘文化节在盘城葡萄园举办。葡萄节主题为"葡香满园，萄醉盘城"，葡萄节期间举办开幕式文艺演出、摇一摇现金券大派送、水上游乐园、格冠书画苑馆藏作品展、老年体协广场舞交流展演、亲子活动机器人大作战、美丽乡村建设摄影作品征稿及农产品售卖展示等主题活动。销售葡萄约910万公斤,实现销售收入约1.1亿元。

● 链接:

盘城葡萄简介

盘城街道位于东经118°39′,北纬32°12′,属亚热带湿润、半湿润季风气候,四季分明,温暖湿润,光照充足,雨水丰沛。年平均温度15摄氏度,年平均日照时间2526小时,有利于葡萄充分利用光合作用。年降雨量1000~1200毫米,全年无霜期230天,有利于葡萄果浆的形成。区域土质疏松、土层深厚,土壤多为黄棕土、白壤土、马肝土,有机质含量1%~1.48%、速效氮含量60~80PPM、磷含量5.5~9.8PPM、钾含量50~98PPM,PH值平均为6.5,属中性,土壤条件特别适合葡萄生长。

盘城葡萄园西与滁河相望、东与龙王山相连,占地面积约533公顷,是全市最大的葡萄生产基地。盘城葡萄种植历史悠久,新中国成立前后,由零散种植逐渐发展成集中连片种植,现已成为江苏省著名的葡萄生产基地。拥有夏黑、阳光玫瑰、醉金香、矢富罗莎、美人指、甬优、维多利亚、天峰等60多个葡萄品种。盘城葡萄颗粒饱满,晶莹剔透,每串约有40~60颗葡萄。盘城葡萄营养价值高,成熟的浆果中葡萄含糖量高达10%~30%,以葡萄糖为主,葡萄中含有矿物质、钙、钾、磷、铁以及维生素B1、B2、B6、维生素C、维生素P等,还含有多种人体所需的氨基酸。葡萄中的果酸有助于消化,能健脾和胃,常食葡萄对神经衰弱、疲劳过度大有裨益。先后获南京市优质葡萄金银奖、绿色食品A级产品、江苏名牌产品等称号。在历届南京市优质葡萄评比大赛中,醉金香、夏黑、阳光玫瑰等品种屡获金奖。盘城葡萄深受消费者喜爱,畅销南京及周边市场。

(盘城街道)

沿江街道

【政区 人口】 沿江街道东临长江、南与泰山街道接壤,西、北与盘城街道和南京钢铁集团相连。辖区东西最大距离8100米,南北最大距离8200米,总面积36.22平方千米。辖居委会6个,居民小组12个,居民住宅小区54个。总户数33133户,总人口20.76万人,其中户籍人口87615人。

【经济发展】 2017年,实现地区生产总值41.93亿元,增长12.09%。其中,第一产业增加值1750万元,增长4.8%;第二产业增加值28.74亿元,增长1.13%;第三产业增加值13.02亿元,增长47.5%。实现财政收入11.19亿元,全社会固定资产投资81.84亿元。实际利用外资89.91万美元,出口创汇4431万美元。农村居民人均可支配收入25986元,增长9.26%。

实现农业总产值1417万元,下降54.77%。其中,农业产值1226万元,林业产值54万元,牧业产值20万元,渔业产值76万元,农林牧渔服务业产值41万元。

实现工业总产值44.93亿元、工业增加值14.75亿元、工业销售收入46.93亿元、规模工业总产值38.3亿元、规模工业利税5.44亿元。江苏南钢通恒特材料科技有限公司投资的新型合金材料研发制造基地项目竣工投产,总投资5亿元,其中当年投资3.5亿元。江苏

葡萄庄园位于盘城街道落桥社区蒋刘组,总占地面积2公顷,规划用地面积19510平方米,总建筑面积8976.89平方米

(盘城街道 供稿)

省沿江物流有限公司投资的中厚板深加工基地项目竣工投产，总投资2亿元。轻搜信息科技有限公司投资的网络信息技术开发与应用项目竣工，投资1亿元。南京金跃城置业有限公司投资的新能源研发中心项目竣工，完成投资1.5亿元。沿江都市经济园招商引资企业215家（含注册企业），注册资金7.61亿元，落地企业3家，分别为南京金跃城置业有限公司、南京东屋信息科技有限公司、江苏致远高科能源科技有限公司。累计入园企业860家（含注册企业），园区企业实现生产总值39.68亿元、营业收入41.55亿元、利税5.5亿元。

社会消费品零售总额6.06亿元，增长25.64%。威尼斯水城观江路商业综合体投入使用，面积2.6万平方米，总投资2亿元。京新广场商业中心建成营业，总面积4.3万平方米。华农莱市场营业，面积3600平方米，有摊位约120个，经营蔬菜、肉食、禽蛋、熟食、水产品、干货、调味品、水果等20个大类农副产品。

强化环境综合整治，成立环境保护工作领导小组，以“263”专项行动为抓手，开展大气污染防治和水污染防治。完成老旧小区整治，投资4756万元，整治面积9.5万平方米。

社区集体经济收入1713.66万元，居民人均住房面积51平方米，自来水普及率100%。

【社会事业】 从业劳动力69340人，其中外出务工劳动力595人。社会养老保险参保56913人，其中职工参保51282人，居民参保325人，被征地人员参保4964人，其他人员参保342人。职工医疗保险参保51282人，居民医疗保险参保21489人。有低保户51户70人，发放低保金45.95万元。街道敬老院供养6人，供养标准每人每年14580元。发挥沿江中心幼儿园资源优势，开办3所分园，分别是沿江中心幼儿园亚泰分园、香溢紫郡分园、润泰分园，总占地面积17102平方米，总建筑面积8728平方米，总投资2300万元。有卫生机构10家，分别是沿江街道社区卫生服务中心、张文新骨伤科医院、南京天润城中医门诊部、南京浦口天润城诊所、高新医院卫生服务站、金陵厂卫生服务站、浦口医院第二门诊部（天润门诊）、浦口医院第三门诊部、京新社区卫生服务站、新化社区卫生服务站。设病床120张，年门诊量16.95万人次。沿江街道文体站和6个社区开展文化活动200余场次，参加浦口区第四届农民运动会，获“体育道德风尚奖”。水城社区投入60余万元，在北外滩13街区成立社区二级服务站和文创园。复兴社区投入300余万元，在天润城14街区成立爱社区居民学校并投入使用。

【社区建设】 在海润枫景小区设立二级服务站，设接待、办事窗口和电子阅览室、乒乓球室、中老年棋牌室、亲子乐园、居家养老服务中心、党员活动园地等，履行社区部分职能，为小区居民提供办事服务和娱乐场所。由大联勤指挥中心牵头，联合区卫生监督所、市场监管局、沿江派出所、街道卫生办、冯墙社区等部门，对冯墙社区5家“黑诊所”进行专项整治，打击游医等违法犯罪活动，保障人民群众健康，维护社会和谐稳定。发挥乡贤人士优势，宣传党的政策，开展社会矛盾纠纷调解，协助社区治理，调处矛盾纠纷75起，调处成功率95%。

（关真志　刘柳）

泰山街道

【政区　人口】 泰山街道总面积52.6平方千米。辖居委会11个、村委会1个。总户数10.3万户，总人口30.91万人。

【经济发展】 2017年，实现地区生产总值155.68亿元，增长12.6%。其中，第一产业增加值3367万元，下降17.8%；第二产业增加值24.82亿元，下降4.1%；第三产业增加值130.52亿元，增长16.5%。全社会固定资产投资171.4亿元，增长12.4%，其中服务业固定资产投资159.89亿元，增长12.9%。城镇居民人均可支配收入52536元，增长9.5%。农村居民人均可支配收入30097元，增长9.4%。

实现农业总产值6285万元，其中农业（种植业）产值4457万元，林业产值106万元，牧业产值1389万元，渔业产值185万元，农林牧渔服务业产值148万元。粮食作物播种面积123公顷，总产量705吨；油料作物播种面积13公顷，总产量30吨。

实现规模以上工业总产值12.3亿元，规模以上工业销售收入9.2亿元。有资质建筑业企业15家，其中一级资质2家、二级资质3家、三级资质8家，从业人员3535人，实现建筑业总产值43.6亿元。

社会消费品零售总额207.38亿元，增长13.4%。第三产业限上企业从业人员7235人，限上个体户239家。

停产整顿化工企业1家、铸造企业2家、砖瓦企业6家，39家汽修单位全部落实整改措施。落实“河长制”，整治朱家山河黑臭河，对合流排口进行截污，完成排口治理15个，建设截流井9个，封堵2个，铺设压力管道4000米，生态修复3500平方米，于11月底全面完工并通过江北新区环保与水务局验收。完成城市管理标准化建设11个单元格整治。对宁启、宁淮、江北大道等铁路公路沿线及长江岸线绿化景观进行提档升级，改造建设停车场2个，面积5000平方米。打通断头路2条。

【社会事业】 联合区市场监管局开展日常巡查及风险隐患排查5000余次，实施食品经营许可单位现场检查904家，利用手机终端食品安全监管系统监督涉食单位3404家，配合开展高风险、重点品种及节日食品安全抽检1.2万批次。校园食堂及大型餐饮单位“明厨亮灶”工程通过市级验收55家，覆盖率85%。印象汇集团连续2年被评为“南京市食品安全示范工作站”。组织社区开展科普大学教学活动，举办社区科普讲座12场、校园专题讲座3场，发放宣传品1000余份。街道公共文化服务网络覆盖率达100%，文化站每周开放56小时以上，每周服务500人次以上。播放数字电影102场，开展全民阅读活动12场。有晨晚练健身站点150处，基本实现体育健身场所全覆盖。

【社区建设】 新建“微社区”2家（天和苑微社区、大华微社区），共计12家。大华微社区晚庭居家养老服务中心投入使用。依托街道社会组织发展中心，自主引进社会组织3家，均为为老服务类项目,在街道登记注册的社会组织 285 个。人口和家庭公共服务体系覆盖率 95%,人口信息化建设指数 95%,流动人口管理服务率 95%,0~3 周岁儿童早期发展工作推进率 96%,孕前优生健康检查覆盖率 90%。在 12 个社区(村)均建立流动人口工作站。 (张健)

顶山街道

【政区 人口】 顶山街道总面积 47.6 平方千米。辖居委会 9 个,其中七里桥社区及天浦路片区 7 月由江浦街道划转至顶山街道,天浦路片区由石佛社区代管。总人口近 16 万人。

【经济发展】 实现地区生产总值 29.6 亿元,增长 16.5%。其中,第一产业增加值 0.1 亿元,增长 9.2%;第二产业增加值 4.1 亿元,增长 10.4%;第三产业增加值 25.3 亿元,增长 17.7%。财政收入 4.23 亿元,下降 28.6%。全社会固定资产投资 19 亿元,增长 11.4%。农村居民人均可支配收入 24802 元,增长 9.5%。

实现农业总产值 1112 万元。有农业合作社 1 家。协助实施丁家山河、北圩十字河、南圩十字河、大新十字河、东方红河、镇南河、镇北河、丰子河等黑臭河道整治。

实现规模工业总产值 33.8 亿元、销售收入 36.3 亿元。南京江北新区人力资源服务产业园入园企业 277 家,其中纳税百万元以上企业 22 家。推进江北新区 IC 智慧谷建设,举办国际知名专家讲堂 15 期、名家芯思维研讨会 10 期、IC 家园线下沙龙 9 期、IC 家园线上活动 31 期、芯动力恳谈会 1 期、名家校企行 2 期、国际人才与产业合作交流会 2 期。举办第一届全国大学生集成电路创新创业大赛,北京大学、清华大学、复旦大学等 26 所建设及筹备建设示范性微电子学院的 400 支大学生队伍参加。

实现社会消费品零售总额 7.19 亿元。旅游接待量 24285 人次,旅游总收入 4.95 亿元。

整治占道经营 4053 起,暂扣车辆 50 辆、电子秤 103 台,清理违规集装箱 102 处,取缔露天废品收购站 2 处,清拖生活垃圾 20 余吨,督促社区及物业清理卫生死角 1150 处、垃圾 3958 处。发现并制止抢搭抢建行为 57 起,拆除新增违建 48 处,约 1710 平方米,组织大型强拆行动 5 次。贴出机动车违停告知单 5766 张,劝导违停行为 1.4 万余次,清拖僵尸车及违停车辆 312 次,清理暂扣共享单车 185 辆。开展垃圾分类积分兑换活动 171 场次,回收垃圾近 81.59 吨。

【社会事业】 举办大型社会化招聘会 4 场,70 家企业参与招聘,提供岗位 1100 多个,涉及工种 80 余个,达成用工意向 260 余人。为下岗失业人员、灵活就业人员申请社会保险补贴 2732 人次,补贴资金 424 万元。居民合作医疗参保 7367 人,参合率 100%。流动人口均等化管理服务率 96%,人口信息化建设指数 96%,计划生育政策兑现率 100%,0~3 周岁儿童早期发展工作推进率 96%。申请专利 492 件,其中发明专利 130 件。协助高校和企业签订产学研合作协议 3 项。顶山孵化器新增在孵企业 5 家,共有在孵企业 38 家,吸纳应届大学生 94 人。浦口新城幼儿园创成省优质园,顶山中心幼儿园、浦厂幼儿园通过省优质幼儿园复审。建成吉庆、金汤街、临泉 3 个综合文化服务中心,大新社区 4000 平方米文化广场交付。完成原创歌曲《顶山人民怀念王荷波》、诗朗诵《我是江北新区人》创作,《定山记忆》完成初稿编纂,制作完成《定山记忆》配套纪录片《工厂里的英式别墅》《红荷绫波》等,出版书籍《翰墨顶山·文脉传承》(贰)。社区卫生服务中心诊疗 77539 人次,出院 188 人次。

【社区建设】 支持太阳花残疾人互助乐园、阳光家园服务中心、王荷波义工联盟、穆金荣人民调解室 4 家社会组织,提供能力建设、资源链接、项目管理等支持。完成第二届"爱汇顶山"公益项目结项及第三届"爱汇顶山"招投标工作,投入 32.5 万元,引入社会组织项目 6 个、居民微公益项目 5 个。建设顶山街道残疾人之家,有轻度精神障碍、智力障碍学员 12 人,肢体残疾人 40 人左右。在吉庆、珍珠路、大新、南苑社区建成邻里家园 4 家,提供服务 30 余项,涉及健康之家、老年助餐、舞蹈教室、书法课堂、小区书吧、四点半课堂等。智慧顶山 APP 上线运营,可查询劳保、民政、计生等八大类 127 项事务,其中 49 项服务事项实现线上初审。大联勤处理工单 50624 起,办结工单 50401 起,办结率 99.55%。参与现场抓获犯罪嫌疑人 5 人,破获刑事案件 4 起,社会面救助 20 人次。 (谢鑫昕)

老山林场

【政区 人口】 老山林场位于浦口区中北部,东连高新技术开发区,西接安徽省和县。总面积 7493.33 公顷,山林面积 6666.67 公顷,林木蓄积量 47.4 万立方米。场部在岔路口,辖东部林业管理区、西部林业管理区、中部林业管理区和岔路口社区 4 个基层单位。总户数 634 户,总人口 1302 人。

【经济发展】 全年实现地区生产总值 5341 万元,增长 14%。其中,第一产业增加值 3321 万元,增长 12.7%;第三产业增加值 2020 万元,增长 15.8%。完成固定资产投资 1000 万元,下降 67.85%。

实现农业总产值 6057 万元,增长 6.3%。其中,农业产值 5283 万元,增长 19.5%;林业产值 774 万元,下降 25.6%。粮油种植面积 46 公顷,总产量 164 吨。投资 400 万元,新建森林生态景观茶园 27 公顷。

实现第三产业总产值 3050 万元,增长 13%。旅游总收入 5.6 亿元,增长 31.7%;旅游接待量 81 万人次,增长 24.2%。第三产业从业人员约 133 人,个体工商户 26 家。

强化控违拆违,办理市违法建设动态监管系统工单 1 件、区数字城管工单 69 件,违法建筑整改率 100%。处理卫星遥感监测图图斑 15 宗,通过完善用地手续、实施拆除等措施全部予以办结。协助做好天井洼(老山生态体验园)项目铁路林片区征地拆迁、青苗补偿等工作,配合汤泉街道做好西部平坦区域、华夏文旅项目征地拆迁准备工作。开展"263"专项行动,落实生态红线保护措施,关停整顿砖瓦企业 1 家。投资 45 万元,实施平坦分场门槛里道路排水工程。完成绿之苑小区房屋维修,累计维修168户次。完成小区监控提档升级、围墙护坡固土及绿化整治工程、消防队主供水管道改造工程、东部林管区电力改造项目、绿之苑小区后门排水治理、青峰居小区围墙建设及森林一村地坪改造项目。

【社会事业】 落实民生保障政策,对困难群体进行帮扶慰问,春节慰问离退休老干部、生活困难人员、残疾人员等群体1411人,发放慰问金84.19万元。开展网格化帮扶,帮扶特困户、贫困户36户次,帮扶资金2.6万元。发放低保金13.44万元、"三无"(无劳动能力,无生活来源,无法定赡养、抚养、扶养义务人,或者其法定赡养、抚养、扶养义务人无赡养、抚养、扶养能力)人员补助金32130元、尊老金89160元、残疾补贴62614元、救助金3000元。向42名城镇无业人员发放独生子女费2520元,向2名失独家庭人员发放特扶金1.44万元。每周免费开放社区文化活动室30小时,开展"粽香情深迎端午 博爱万家暖心田"文艺演出、健康进万家服务、应急救护培训、有氧三项体育竞赛、高血压日广场咨询、健康生活方式主题讲座等活动。

【社区建设】 深化"大联勤1+6"模式,立案342起,办结率100%,下发《督查通报》11期。推广大联勤APP客户端,提升职工群众知晓率和参与度。开展社会矛盾和安全隐患大排查大整治行动,落实"五包一"(包掌握情况、包矛盾化解、包落实稳控、包帮扶救助、包教育转化)措施、稳控方案及应急处置工作预案。严格执行领导干部接访日制度,接待群众来访71批次631人次,回复人民来信10封。

【森林防火工作】 优化"人防+机防+技防"的护林防火模式,全天候监控火情火警。常态开展森林防火宣传,利用电视、微信、手机短信等平台,加强《中华人民共和国森林法》《森林防火条例》《老山景区保护条例》宣传,协助拍摄环保宣传片《张春远:甘当"鸟爸",坚守一个人的山林》,在"江苏公共·新闻频道"及"荔枝新闻"客户端播出,呼吁社会各界增强生态共建共享意识。新建生态景观型消防水池11个,安装立杆式语音播报器20个,购置碎枝机等森防设施设备。全年无火情火警、无森林火灾、无人员伤亡事故。

【林相改造及森防隔离带建设】 推进267公顷林相改造及40公顷森防隔离带建设,计划总投资1900万元,其中当年投资700万元。完成项目选址、外业调查、设计方案编制、项目立项手续办理及专家评审等前期准备工作。9月27日完成工程招投标,10月20日进场施工。至年底,完成老山森林公园、森林公园停车场(黄山岭西侧)、平坦虎洼、唐冲等地块204公顷林地及森防隔离带清表和场地平整,开挖树穴1.6万个,栽植榉树约8000株,种植八角金盘、马鞭草、大吴风草、常青藤等草本地被植物约40万株。

【多彩老山构建】 新增防火生物景观隔离带43公顷,完成27公顷"三化"(森林景观珍贵化、彩色化、效益化)示范片区建设工程。完成2016年度森林抚育采伐作业400公顷,实施2017年度733公顷森林抚育管理。完成老山林场东部林管区竹园管理和栽植竹种园项目,完成老山森林资源二类调查。有效控制美国白蛾、松材线虫病等疫情,清理松材线虫病死树228.86吨,清理面积86.2公顷。

【获江苏省第四届手工制茶能手大赛三等奖】 5月初,由江苏省茶叶学会、江苏省茶叶协会主办的江苏省"中江杯"第四届制茶能手手工制茶大赛在句容茶博园举行,全省5市10个县区38家企业68名制茶能手参赛。选手们在规定时间内完成杀青、揉捻、炒制等工序,专家评委对茶样的形状、汤色、香气、滋味、叶底五个方面进行综合评定。老山林场职工马多云获针形名优绿茶手工炒制三等奖。

【林相改造项目设计方案通过论证】 6月11日,召开老山林场林相改造设计方案论证会。省林业局副局长葛明宏、浦口区副区长吴俊等领导、专家及设计单位参加论证会。与会人员听取方案编制单位相关情况汇报,审阅文本图件。专家组经过质询和讨论,认为该方案在现场调查基础上,对老山森林生态服务功能、林地主导功能定位分析准确,项目整体思路较合理,林相改造及景观提升方案具有较强针对性,方案设计总体可行。专家组一致通过方案论证。

【老山消防专业队获市第十届森防技能竞赛团体二等奖】 11月7日,南京市第十届森林消防专业队技能竞赛在六合区平山林场举行。竞赛模拟森防实战,分为灭火弹投掷、负重越野、消防水泵接力和火场扑救4个项目。老山消防专业队获团体二等奖。

【杨岳视察森林防火工作】 11月23日,省委常委、副省长杨岳,省委副秘书长、省政府副秘书长杨根平一行到老山林场视察森林防火工作。省林业局副局长卢兆庆、省森林公安局局长仲志勤、市绿化园林局局长黄辉、浦口区区长王磊等陪同。杨岳一行先后视察老山林场森林防火基础设施建设及老山森林防火指挥中心运作情况,现场观看应急消防演练。杨岳对老山林场森林防火工作给予肯定,并希望林场完善森林防火工作,筑牢生态绿色屏障,保障人民群众生命财产和生态安全。

【参加南京市森林火灾扑救应急通讯与信息指挥演习】 12月5日,市防火办、区防火办、老山林场森林消防队、六合区平山林场森林消防队联合开展一场扑救森林火灾应急演练。演练按照实战要求模拟火灾现场,参演人员按预案逐级上报,在接到指令后,老山森林消防队20余名队员赶赴现场,但因火势进一步蔓延,消防队向上级汇报,请求启动联合扑救预案,六合平山森林消防队接到指令后赶往现场增援。经共同努力,大火被扑灭,消防队员清理火场,在确认火灾不会复燃后,队伍安全返回。演练提高了森林火灾扑救能力,提升了各级应对处置森林火灾决策组织指挥水平。

(陶盼盼)

汤泉农场

【政区 人口】 汤泉农场地处浦口区西北郊,北依滁河,与安徽省滁州市隔河相望，南临老山国家森林公园，紧傍汤泉街道温泉度假区。总面积10平方千米，国有土地面积984公顷。辖汤农社区居委会。总户数1191户，常住人口2948人。

【经济发展】 实现地区生产总值5054万元，其中第一产业增加值2938万元，第二产业增加值791万元，第三产业增加值1325万元。全社会固定资产投资3920万元，增长12%。

实现农业总产值7417万元，下降33.06%。实现农机作业北斗卫星系统导航自动驾驶，开创南京市农机作业科技先河，农机化作业水平达94%。实现秸秆自动化打包成捆，为全区首创。午秋两季秸秆机械化还田567公顷，秸秆综合利用率98%以上。修订《汤泉农场秸秆禁烧及综合利用工作方案》，落实24小时巡查制，发现问题及时处理，无一处火点、无一处冒烟，秸秆禁烧完成率100%。开展汛前大检查，疏通清理陈桥河、马南中心河，出新老场泵站，滁堤灌浆500米。严格落实河长制，定期清理河道污染物和漂浮物，维护青山绿水生态环境。

有南京明成精密制品有限公司、南京宁泉标准件有限公司等驻场工业企业，主要从事手表零部件、螺母、螺帽等加工制造，实现销售收入约650万元。

有十余家零售批发小卖部、农家乐、小吃部，在汤泉农场环境综合整治居民区拆迁后全部搬迁。

管养农路22条，总长28.32千米。其中，乡道4条，总长12.37千米；村道18条，总长15.95千米。综合好路率保持在80%～85%，基本实现场内道路循环、联通。桥梁19座，涵洞5座。

实施居民区环境综合整治工程，签订拆迁协议住户780户，拆迁小户923户，拆迁签约率80%。汤泉农场保障房项目占地面积约11公顷，由康居集团负责实施，汤泉农场配合完成安置房模拟审批和户型比确认工作。处理工程建设抛洒滴漏，控制扬尘污染源，扬尘污染控制率100%，获“浦口区2017年度扬尘污染防治工作先进单位”称号。

【社会事业】 慰问困难群众174户，发放慰问金12万元，临时帮扶救助120人次。组织开展“我们的节日”、文化惠民等群众文化活动，举办专题知识讲座4场，每月对牛头岗古文化遗址进行巡查管控。汤泉农场综合门诊部医疗用房面积401平方米，设内科、外科、预防保健科、妇产科、检验室、超声室、放射室等科室，有医务人员及职工5人，床位6张。

【社区建设】 有社会组织12个。开展食品安全经常性监管，食品药品安全社会共治机制建成率100%。汤农基督教教堂创成市级四星级宗教活动场所。在重大会议、活动期间开展安全大检查，落实经常性安全、消防岗位培训，排查整改安全隐患，未发生一起安全生产责任事故，安全生产年度目标完成率100%，获浦口区2016年安全生产一等奖。落实信访工作责任制，从严管控信访重点人员，信访事项稳控化解率100%，重大时间节点未发生一起上访事件。受理“12345”工单117件，办理率100%。

（董依林）

【全市农民合作社示范社理事长观摩会在汤泉农场举行】 3月27日，南京市第一期农民合作社示范社理事长现场观摩会在汤泉农场举行，全市110家合作社理事长参加活动。浦口汤农农业种植专业合作社理事长时西福介绍合作社的经营管理模式及稻鸭共作、稻虾连作、田埂种大豆等特色生态农业模式，与会人员参观大米加工车间、库房、烘干机等设施设备。

【北京新国戏文化创意投资管理有限公司考察汤泉农场】 4月13日，北京新国戏文化创意投资管理有限公司董事长吕固亮一行调研考察汤泉农场。区领导吴俊、王礼文、江苏省农垦集团总经济师刘刚等参加会议。区商务局局长解天庆介绍浦口区的区位交通优势、自然文化资源、产业发展优势等情况。汤泉农场党委书记张颙介绍汤泉农场基本情况、发展定位与规划。区旅游局局长葛志明讲解浦口区“十二五”期间旅游发展成绩。北京新国戏文化创意投资管理有限公司董事长吕固亮认为当地投资环境符合红楼梦文化主题乐园项目选址。该项目规划占地100余公顷，总投资200亿元，建设影视基地、版权中心、剧本中心、演员中心、导演中心、制片人俱乐部、出品人会所，以及酒店、公寓、餐厅、咖啡厅、游乐园、电影院、商街等项目。副区长吴俊指出，红楼梦文化主题乐园项目理念独特、立意新颖，是浦口区发展形势下所需要的投资项目，希望在双方的良好沟通与协作下，早日取得实质性合作进展。

（汤泉农场）

·文稿编辑 徐 源·

人物 名录

新任区级领导人

李好平

1月7日,南京市浦口区第四届人民代表大会第一次会议选举李好平为浦口区第四届人民代表大会常务委员会主任。

男,1961年8月生,山东济南人,汉族,大学学历。1981年8月参加工作,1988年4月加入中国共产党。历任大厂区葛塘小学教师;大厂区团委干事;大厂区团委书记;大厂区卫生局党工委书记;大厂区体委主任;大厂区西厂门街道党工委书记;大厂区委常委(援藏任墨竹工卡县委副书记、常务副县长);六合区委常委(援藏任墨竹工卡县委副书记、常务副县长);六合区委常委;六合区委常委、政法委书记;浦口区委常委、纪委书记;浦口区委副书记、纪委书记;浦口区委副书记;浦口区委副书记,区政协主席、党组书记;浦口区委副书记,区人大常委会主任、党组书记;浦口区人大常委会主任、党组书记。

赵德本

1月7日,南京市浦口区第四届人民代表大会第一次会议选举赵德本为浦口区第四届人民代表大会常务委员会副主任。

男,1960年1月生,江苏南京人,汉族,研究生学历。1978年3月参加工作,11月加入中国共产党。历任解放军某部队战士,副班长,班长,副排长;浦口区沿江乡党委组织员,秘书;浦口区沿江乡党委副书记;浦口区永丰乡党委副书记;浦口区永丰乡党委副书记、乡长;浦口区顶山镇党委副书记、镇长;浦口区顶山镇党委书记;浦口区泰山镇党委书记、人大主席,科工园党工委书记;浦口区计经委主任、党工委书记;浦口区计经局局长;浦口区计经局局长、党委副书记;浦口区计经局局长、党委书记;浦口区政府区长助理、计经局局长、党委书记;浦口区政府区长助理、发改局局长、党委书记;浦口区政府区长助理;浦口区政府副区长;浦口区政府副区长、党组成员;浦口区委常委;浦口区委常委、政法委书记;浦口区委常委、政法委书记,科工园管委会主任;浦口区人大常委会党组副书记。

李玉明

1月7日,南京市浦口区第四届人民代表大会第一次会议选举李玉明为浦口区第四届人民代表大会常务委员会副主任。

男,1964年3月生,江苏南京人,大学文化,中共党员。1982年10月入伍,1986年1月退伍。历任浦口区区级机关工委干事;浦口区委组织部干事;浦口区委办秘书,科长;南京市珍珠泉风景区管理处副主任;南京珍珠泉旅游度假区管办副主任;浦口区沿江镇党委副书记、镇长(副局级);浦口区沿江镇党委书记、人大主席;浦口区沿江镇党委书记;浦口区沿江街道党工委书记;浦口区农林局局长、党委书记,区委农工办主任;浦口区农林局局长、党委书记,农资办主任,区委农工办主任,老山林场党委书记;浦口区农业局局长、党委书记,农发局局长,农资办主任,区委农工委书记;浦口区农业局局长,农发局局长,农资办主任,区委农工委书记;浦口区人大常委会副主任。

张　岚

1月7日,南京市浦口区第四届人民代表大会第一次会议选举张岚为浦口区第四届人民代表大会常务委员会副主任。

男,1964年7月生,江苏江都人,汉族,研究生学历。1981年7月参加工作,1989年6月加入中国共产党。历任江浦县多管局工作人员;江浦县多管局水产技术指导站副站长、水产股副股长(期间任江浦县政协第二届常委);江浦县多管局水产技术指导站站长;江浦县陡岗乡乡长助理、县多管局水产技术指导站站长;江浦县陡岗乡副乡长;江浦县陡岗乡党委副书记、副乡长;江浦县陡岗乡党委副书记、乡长;江浦县龙山乡党委书记;江浦县龙山乡党委书记、人大主席;江苏省江浦经济开发区党工委副书记、管委会副主任、江浦经济开发总公司总经理;江苏省江浦经济开发区党工委书记、管委会副主任、江浦经济开发总公司总经理;江苏省浦口开发区党工委书记、管委会副主任、浦口经济开发总公司总经理;江苏省浦口开发区党工委书记、管委会副主任,管办主任,浦口经济开发总公司总经理;江苏省浦口开发区党工委书记、管委会副主任,管办主任;浦口区顶山街道党工委书记;浦口区交运局局长、党委副书记;浦口区人大常委会副主任。

刘 俊

1月7日,南京市浦口区第四届人民代表大会第一次会议选举刘俊为浦口区第四届人民代表大会常务委员会副主任。

男,1963年6月生,江苏江都人,大学文化,民进党员。历任浦口区审计局工作人员;浦口区审计局科员;浦口区审计局局长助理;浦口区审计局副局长;浦口区审计局副局长(正处级);浦口区统计局副局长(正处级);浦口区社保中心主任;浦口区人大财政经济委员会主任委员提名人选;浦口区人大常委会副主任。 (李朝星)

王 磊

1月7日,南京市浦口区第四届人民代表大会第一次会议选举王磊为南京市浦口区人民政府区长。

男,1964年9月生,江苏南京人,汉族,研究生学历。1990年7月参加工作,1993年5月加入中国共产党。历任江宁县横溪乡工业公司科长;江宁县横溪乡南京五星消防设备厂厂长;江宁县横溪乡副乡长;江宁县横溪乡(镇)党委副书记、副乡(镇)长;江宁区上峰镇党委副书记;江宁区上峰镇党委副书记、镇长;江宁区上峰镇党委书记、镇长;江宁区上峰镇党委书记;江宁区淳化街道党工委书记;江宁区委常委(援藏任墨竹工卡县委副书记、常务副县长);江宁区委常委、副区长;江宁区委常委、常务副区长;南京高新技术产业开发区管委会主任、浦口区委委员、常委、副书记、代区长;浦口区区长;浦口区委副书记、浦口区区长。

赵洪斌

1月7日,南京市浦口区第四届人民代表大会第一次会议选举赵洪斌为南京市浦口区人民政府副区长。

男,1967年1月生,江苏镇江人,汉族,大学学历。1988年8月参加工作,1985年12月加入中国共产党。历任江苏省统计局计算中心干部,副科长,科长,主任助理,副主任;江苏省统计局人事教育处副处长,处长,局机关党委委员;浦口区政府副区长、党组成员;浦口区委常委、常务副区长。

吴 俊

1月7日,南京市浦口区第四届人民代表大会第一次会议选举吴俊为南京市浦口区人民政府副区长。

男,1974年9月生,江苏如东人,汉族,大学学历,硕士学位。1995年8月参加工作,1995年3月加入中国共产党。曾在南京农业大学农业经济与管理专业本科学习。历任市信息中心干部(借调市计划委员会帮助工作);市计划委员会科员;市发展计划委员会副主任科员,主任科员;市政府办公厅计划财经处主任科员,副处长;市应急办应急处置处处长,秘书一处处长(其间在秦淮区信访局挂岗锻炼,任软件谷管委会主任助理、工委委员(挂职));市质量技术监督局副局长、党组成员;浦口区人民政府副区长。

黄振宇

1月7日,南京市浦口区第四届人民代表大会第一次会议选举黄振宇为南京市浦口区人民政府副区长。

男,1974年10月生,湖北崇阳人,汉族,博士研究生。1996年8月参加工作,2001年12月加入中国共产党。曾在南京铅锌银矿工作。历任南京市国资办国资管理处副主任科员;市政府国资委综合处副主任科员,主任科员;南京产权交易中心副总经理(副处职);市政府国资委财务监督与考核评价处副处长(主持工作),处长,正处职监事(其间挂职南京化工园管委会主任助理、工委委员);南京新工投资集团有限责任公司副总经理、党委委员;浦口区人民政府副区长。

许国平

1月7日,南京市浦口区第四届人民代表大会第一次会议选举许国平为南京市浦口区人民政府副区长。

男,1967年6月生,江苏南京人,汉族,研究生学历。1987年8月参加工作,1987年7月加入中国共产党。曾在南京农业专科学校农田水利专业学习。历任江浦县水利农机局技术员;江浦县委组织部办公室干事,副科级干事,干部科副科级干事,副科长(正科级),县委副局级组织员兼干部科科长;江浦县星甸镇党委副书记、镇长;浦口区桥林镇党委书记、人大主席;浦口区桥林街道党工委书记、人大工委主任;浦口区建设局党委书记、局长;浦口区建设局局长、党委副书记,建工局局长;浦口区住建局局长、党委副书记;浦口区发改局局长、党委书记;浦口区发改局局长、党委副书记。

高昌玖

1月7日,南京市浦口区第四届人民代表大会第一次会议选举高昌玖为南京市浦口区人民政府副区长。

男,1968年6月生,江苏南京人,汉族,大学学历。1988年8月参加工作,1994年6月加入中国共产党。历任江浦县公安局法制股民警,副股长;江浦县公安局治安科副科长,科长;江浦县汤泉镇政法副镇长;江浦县乌江镇党委副书记;浦口区乌江镇党委副书记、镇长;浦口区永宁镇党委书记、人大主席;浦口开发区管委会副主任、管办主任、党工委书记;浦口开发区管委会副主任、管办主任、党工委副书记;浦口区泰山街道党工委书记。

陈晓路

1月7日,南京市浦口区第四届人民代表大会第一次会议选举陈晓路为南京市浦口区人民政府副区长。

女,1969年4月生,湖南桑植人,汉族,大学学历。1990年8月参加工作,致公党员。历任南京农业大学土化系微生物教研组教师;南京高新技术经济开发总公司技术发展部项目经理、经济师;南京高新技术开发区管委会内贸处、经济发展局科员,副主任科员,局长助理,副局长;南京高新技术开发区管委会科技局局长。 (政府办)

邓 林

1月6日,政协南京市浦口区第四届委员会第一次会议选举邓林为政协南京市浦口区第四届委员会主席。

男,1962 年 10 月生,江苏江阴人,汉族,大学学历,法律硕士学位。1984 年 7 月参加工作,1994 年 8 月加入中国共产党。历任南京市中级人民法院科员级书记员,副科级助审员,正科级助审员,正科级审判员,庭长助理,刑二庭副庭长,庭长;南京市中级人民法院审判委员会委员;南京市纪委(监察局)纪检监察二室主任;南京市浦口区委常委、纪委书记;南京市浦口区委常委、纪委书记,兼任南京高新技术产业开发区纪工委书记、工委委员。

金仁斌

1 月 6 日,政协南京市浦口区第四届委员会第一次会议选举金仁斌为政协南京市浦口区第四届委员会副主席。

男,1961 年 8 月生,江苏南京人,汉族,大学学历。1978 年 10 月参加工作,1987 年 6 月加入中国共产党。历任江浦县星甸镇三里小学教师;江浦县教育局职改办干事;江浦县政府办公室秘书;江浦经济开发总公司副总经理,江浦经济开发区副主任、总经理;江浦县珠江镇党委书记;浦口区珠江镇党委书记;浦口区发改局局长、党委书记、招商局局长、企业局局长;浦口区发改局局长、党委副书记;浦口区发改局局长、党委书记;浦口区政协党组副书记、区委统战部部长;浦口区政协副主席。

葛华友

1 月 6 日,政协南京市浦口区第四届委员会第一次会议选举葛华友为政协南京市浦口区第四届委员会副主席。

男,1965 年 2 月生,江苏南京人,汉族,大学学历。1985 年 7 月参加工作,1995 年 5 月加入中国共产党。历任江浦县职业学校教师;江浦县计生委秘书,副股级科员,办公室副主任;江浦县委办公室秘书,科长;江浦县委政策研究室副主任;江浦县林山乡党委副书记;江浦县乌江镇党委副书记;江浦县委组织部副部长;浦口区委组织部副部长;浦口区汤泉镇党委书记、人大主席(副处级);南京市汤泉农场党委书记(2007 年 12 月明确为正处级);浦口区汤泉街道党工委书记、人大工委主任、南京市汤泉农场党委书记;浦口区财政局副局长(主持工作);浦口区财政局局长、国资办主任;浦口区财政局局长;政协南京市浦口区第三届委员会副主席。

王　维

1 月 6 日,政协南京市浦口区第四届委员会第一次会议选举王维为政协南京市浦口区第四届委员会副主席。

男,1966 年 2 月生,浙江萧山人,汉族,大学学历。湖南长沙铁道学院铁道车辆专业毕业,1988 年 7 月参加工作。无党派人士。历任铁道部南京浦镇车辆厂车间技术员,设计部工程师,高级工程师,电气业务组长,动车设计部副部长,动车设计部部长;中车集团浦镇公司智能产品研发部部长。承担铁道部客车电气统型化、直流供电工程化、摆式列车组研制等重点科研项目;负责国产化地铁南京 4 列车项目电气集成设计、苏州杭州 1 号线地铁总体设计;B 型地铁列车平台研发;全面负责浦镇公司动车组、地铁、低地板等轨道交通产品开发;负责公司新业务及智能化产品的设计开发。

黄　和

1 月 6 日,政协南京市浦口区第四届委员会第一次会议选举黄和为政协南京市浦口区第四届委员会副主席。

男,1974 年 11 月生,湖南湘乡人,汉族,浙江大学生物化工专业学士,美国普渡大学化工系博士,国家自然科学基金杰出青年基金获得者,教育部长江学者特聘教授,入选中组部第九批“千人计划”(创业人才项目)、科技部首批“万人计划”(中青年科技创新领军人才)。历任南京工业大学生物与制药工程学院教授、南京工业大学科技处处长、南京工业大学科学研究部常务副部长(兼自然科学处处长)、南京工业大学药学院院长、国家生物技术规划纲要编制组成员、科技部重点研发计划食品安全专项专家组副组长、国家健康保障工程编制规划专家组成员、中华全国青年联合会委员、中国化工学会生物化工专业委员会副主任委员、中国生物工程学会常务理事、政协南京市浦口区第四届委员会副主席、江苏省第十三届人民代表大会常务委员会委员。

程晓明

1 月 6 日,政协南京市浦口区第四届委员会第一次会议选举程晓明为政协南京市浦口区第四届委员会副主席。

男,1965 年 1 月生,江苏南京人,汉族,无党派人士,东南大学硕士研究生,注册规划师。历任南京市规划局市政处主任科员,副处长;南京市规划局河西分局副局长;南京市规划局城南直属分局局长;南京市规划局江宁直属分局局长;南京市规划局副总规划师、规划委员会办公室副主任;南京市规划局浦口分局局长;南京市规划局副巡视员。

(政协办)

陈高峰

1 月 7 日,南京市浦口区第四届人民代表大会第一次会议选举陈高峰为南京市浦口区人民法院院长。

男,1965 年 10 月生,山东荷泽人,汉族,硕士学位,二级高级法官,审判委员会委员。1985 年 7 月参加工作,1996 年 10 月加入中国共产党。历任南京市中级人民法院书记、助理审判员、审判员、副庭长、庭长,南京市浦口区人民法院党组书记、代院长,党组书记、院长。

(李虹)

王珍祥

1 月 7 日,南京市浦口区第四届人民代表大会第一次会议选举王珍祥为南京市浦口区人民检察院检察长。

男,1968 年 4 月生,江苏兴化人,汉族,党校研究生学历,二级高级检察官。1990 年 8 月参加工作,2001 年 2 月加入中国共产党。历任雨花台区人民检察院书记员,助理检察员,刑检二科副科长、检察员,审查批捕科科长;南京市人民检察院批捕处处长助理,侦查监督处副处长,侦查监督处处长;六合区人民检察院党组书记、副检察长、代理检察长,党组书记、检察长;浦口区人民检察院党组书记、副检察长、代理检察长。 (邱鸿亮)

新闻人物

王晓冬

东部战区陆军第31集团军陆航某团飞行员。1月19日晚,王晓冬在执行夜间野外飞行训练时牺牲,被第31集团军政治部批准为革命烈士,并追记二等功。

男,1989年2月生,南京浦口人,汉族,大学文化,中共党员,东部战区陆军第31集团军陆航某团三级飞行员,正连职,上尉军衔。2008年9月,以优异的成绩考入长春航空大学,毕业分配时,主动放弃待遇高、风险低的民航,选择一线部队。经部队培养,能驾驶两种机型,技术全面、视野开阔,在同批次飞行员中较早具备独挡一面的能力,也是同批次飞行员中最优秀最年轻的某型直升机射手。2014年12月,团里改装新机型,他第一个主动报名接受挑战,丝毫不畏惧新机型性能不够稳定的因素。学习驾驶新机型时,他给自己立下"一次升空、一招毙敌"的奋斗目标,一个月学完7本专业教材,地面演练第一个到场,最后一个离开。2016年,团里首次组织陌生地域海上直升机实弹打靶,当天海面雾大,能见度低,王晓冬主动站出来第一个飞,最终驾驶战机打出"满堂红"。同年,被陆航某团评为"优秀基层干部"。2017年1月19日18点20分,王晓冬在执行夜间野外飞行训练时,直升机突发故障,失去动力。当时的飞行高度大概150米,留给飞行员处置的时间只有8秒。如果在这8秒内选择一个平坦的地方摆好姿势迫降,还有较大生还的可能。但事发区域周边有炼油厂和居民区,而直升机的油箱里还有700多公升燃油。紧急关头,他和机长张浩有意识地避开炼油厂、灯光区,选择无灯区降落,避开人口密集的居民区和炼油厂,他们却壮烈牺牲。 (杨贡斌)

许安琪

南京体育学院击剑运动员。8月29日,第13届全运会女子重剑个人赛在天津体育学院体育馆举行。经过激烈角逐,来自江苏队的选手许安琪在决赛中战胜国家队队友郝佳露获得冠军。

女,1992年1月生,江苏南京人,汉族,在读研究生,中共党员,国际击剑冠军。2007年3月参加工作。许安琪小学就读于浦口区浦厂小学,2004年就读于南京市公园路体校,后就读于南京市体育学院。获2012年伦敦奥运会团体冠军(中国女子重剑),2015年、2016年,击剑成绩排名世界第一。 (丁晨露)

李 倩

浦口区残疾人运动员。4月,在2017全国残疾人乒乓球锦标赛中,获单打第二、双打第二、团队第一。8月,在2017年国际乒联残疾人乒乓球亚洲锦标赛中获单打第四、团体第一。10月,在2017泰国残疾人乒乓球公开赛中获单打第四、团体第二。11月,在2017年西班牙残疾人乒乓球公开赛中获单打第二、团体第二。

女,1989年2月生,江苏邳州人,汉族,大专文化。2003年开始练习乒乓球,2005年进入国家队。2013年入浦口区户籍。2015年5月26~31日,在德国拜罗伊特国际残疾人乒乓球公开赛中获女子TT3单打冠军、TT1-3团体冠军;5月在苏州世乒赛中,国际乒联为其颁发特殊贡献奖;9月12~18日,在全国残疾人运动会中获女子TT3-4团体冠军、TT2-3单打冠军;10月17~22日,在约旦安曼国际残疾人乒乓球公开赛中获女子TT3单打冠军、TT1-3团体冠军;11月19~25日,在北京国际残疾人公开赛中获女子TT3单打冠军、TT1-3团体冠军。2016年9月15日,在巴西里约残奥会中获TT3级乒乓球女子单打比赛亚军、TT1-3级团体冠军。 (王振兴)

夏兆杨

浦口区汤泉街道敬老院院长。5月3日,全国老龄工作委员会印发《关于表彰第二届全国"敬老文明号"和"全国敬老爱老助老模范人物"的决定》,授予夏兆杨"全国敬老爱老助老模范"称号。

男,1970年6月生,汉族,南京浦口人。1990年2月参加工作,2015年7月加入中国共产党,先后担任汤泉敬老院职工、会计。2011年3月,担任汤泉敬老院院长后,把一个镇敬老院建设成硬件设施过硬、软件设施达标的省市知名的街道敬老院。汤泉敬老院占地1公顷,房屋3800平方米,配有卫生间、空调、电视、烟感报警器、床头应急呼叫器、消防喷淋以及防滑防摔等设施。室外环境优美,绿树成荫。夏兆杨关爱老人,无微不至,及时为老人增添衣物,精心搭配老人饮食,每年为老人体检2次。他坚持带头和老人谈心,沟通感情,使敬老院68位老人亲身体会到政府、社会的温暖,让老人享受到"老来不愁"。2015年,汤泉街道敬老院获"江苏省三星级养老机构"称号。2017年,获"南京市AA级养老机构"称号。 (韦思阳)

石 磊

南京市浦口区城乡建设集团有限公司董事长、总经理。8月,被国家体育总局授予"2013~2016年度群众体育先进个人"称号。

男,1975年8月生,江苏南京浦口人,汉族,本科学历,中共党员。1996年12月参加工作,历任浦口区委党校办公室主任,乌江镇镇长助理、党委宣传统战委员,区政府办公室副主任、南京科工园管办副主任,永宁镇政协工委主任(正处级)、镇党委副书记、镇长,永宁街道党工委副书记、办事处主任。2015年2月至2017年末,任浦口区城乡建设集团董事长、总经理。石磊担任区城建集团主要负责人后主动适应经济发展新常态,开拓创新、攻坚克难、力行实干,加快城镇体育配套设施建设,为全区群众体育事业做出积极贡献。2017年,水墨大埝被评为"国家AAA级风景区"和"江苏省四星级美丽乡村",连续两年举办全国山地自行车公开赛和世界杯攀岩比赛。景区以及内部商家为附近居民提供工作岗位200余个,实现对口就业、就近就业;当地村民依托景区自营农家乐8家,年均收入10万余元,农产品销售5家,年均收入万余元。石磊不断探索运营机制,引进民宿、餐饮美食以及滑草场、攀岩运动等项目。为推动景区市场化发展,按照现代企业制度,从组织架构、人力资源、薪酬体系、绩效制度等方面对景区内部管理进行优化设计，进一步研究梳理对景区的管控模式，建立明确的权责划分，提升运营效率。被浦口区委授予2016年度、2017年度“建设浦口”先进个人称号。 （城建集团）

宣翠华

浦口区盘城街道江北社区居民。5月，被江苏省文明办授予“2017年江苏好人”称号。9月，被省委宣传部、省文明办、省总工会、团省委、省妇联、新华报业传媒集团、省广电总台授予“第六届江苏省道德模范提名奖”，被中国新闻社、浙江省民族宗教事务委员会、杭州市民族宗教事务局、杭州灵隐寺授予“2017年中华慈孝人物”称号。

女，1951年7月生，南京浦口人。宣翠华婚后没几年，丈夫因大脑炎后遗症换上了精神三级残疾，患病时又吵又闹，还时常离家出走。2010年，宣翠华的公公患直肠癌，婆婆也患中风卧床不起，宣翠华每天照料3个病人，没喊一声苦、叹一声累。她每天为公公搭配各种菜谱，让老人吃到可口营养的饭菜；她坚持为婆婆翻身、擦洗，主动接尿倒尿、搓揉按摩，帮婆婆减轻病痛；她像对待孩子一样精心照料丈夫，陪他聊并安慰他。功夫不负有心人，公公婆婆逐渐康复，婆婆可以拄着拐杖走路，丈夫情绪也不再剧烈波动。生活总是既有情又无情。2013年6月，宣翠华的丈夫突然离家出走，再也没有回来。宣翠华到处寻找丈夫，并委托亲朋好友帮忙寻找，最后还是了无音讯。许多人同情她，劝她到女儿那里安享晚年，公婆也希望她能开始新的生活。但她说：“和公婆相处几十年了，他们如同我的亲生父母，哪有女儿不照顾老人的道理。”宣翠华不离不弃，精心照顾90岁高龄的公婆。两位老人身体逐步康复，经常在小区里散步。孝道，是用实际行动体现的，宣翠华用自己的双手撑起家庭的天空，用自己的坚守彰显中华民族的传统美德。

刘志刚

南京蔚然财务管理有限公司总经理。11月，被江苏省文明办授予“2017年江苏好人”称号。

男，1980年生，南京浦口人。刘志刚是一位平凡的志愿者，他在平凡的岗位上做出不平凡的贡献。2008年四川汶川发生8.0级大地震时，家境不富裕的刘志刚把自己一个月的工资全部捐献给灾区。2010年起，刘志刚响应市红十字会无偿献血号召，第一次献血400毫升，至今已累计献血2000毫升。刘志刚不但定期献血，还在中华骨髓库登记，是一名造血干细胞捐献者。2014年下半年的一天，刘志刚接到南京市红十字会电话。经过高分辨配型、全面体检，他和广东一名4岁重度地中海贫血症患儿配型成功。手术台上，历经近5个小时，他全身的血液在体外循环2遍，采集出165毫升造血干细胞，及时挽救了贫血症患儿的生命。刘志刚慷慨解囊，扶贫助学，2013～2015年，她用实际行动帮助5名儿童重返课堂，在孩子们心灵深处播洒了“希望之光”。作为一位平凡的志愿者，刘志刚用自己的实际行动深刻诠释了中华儿女乐于助人的高尚品德。

王阴霞

浦口区江浦街道老虎桥社区居民。11月，被江苏省文明办授予“2017年江苏好人”称号。12月，被中央文明办授予“2017年中国好人”称号。

女，1971年12月生，南京浦口人。1991年，王阴霞和杜永平结为夫妻，婚后没几年，王阴霞的公公因病逝世，她和丈夫一起供丈夫的弟弟上学，照顾年迈的婆婆和年幼的女儿，并为弟弟建房娶妻，赢得了弟弟、弟媳的尊敬。2003年，丈夫杜永平突感身体不适，经检查确诊为尿毒症。杜永平的精神几乎要崩溃了，但在王阴霞的悉心开导下，他坚持在医院透析治疗。透析治疗仅能维持现状，只有换肾才能根治尿毒症，但肾移植苦等不见供体，王阴霞便主动向医生提出夫妻换肾的建议。经检查，2007年初，王阴霞夫妻配型成功，她向家人宣布把自己健康的肾捐献给丈夫，但这一决定遭到了全家人反对。王阴霞耐心做好全家人的思想工作后，于5月中旬在医院进行换肾手术。5月26日，南京市首例夫妻活体肾移植手术成功，王阴霞的肾安全、顺利地移植到丈夫杜永平身上。可好景不长，王阴霞不久后被确诊为乳腺癌。同年8月，王阴霞乳腺癌手术在鼓楼医院顺利完成。在家庭屡遭变故的情况下，王阴霞以自己坚韧的毅力、无私的精神支撑起整个家庭，与丈夫患难与共，赡养老人，哺育儿女，得到左邻右舍及社会各界的赞扬，为社会树立了孝老爱亲的榜样。

张　琳

南京市浦口区特殊教育学校副校长。1月，被南京市精神文明建设指导委员会办公室授予“南京好人”称号；12月，被教育部基础教育司、中残联教就部联合授予“交通银行特教园丁奖”称号。

女，1977年12月生，江苏南京浦口人，汉族，本科学历，一级教师，中共党员。1997年8月参加工作，先后担任浦口区特殊教育学校班主任、语文教研组组长、人事干部、教务主任、区特教兼职教研员。身为特殊学校教师的张琳，把爱体现在对残疾孩子的衣食住行等琐事里。她给孩子擦洗裤子上的大便，亲手教女孩子处理经期卫生等，既当老师，又当妈妈，没有一丝抱怨、一丝嫌弃。身为特教业务骨干教师，她把研究特教、提高业务水平，作为自己不懈的追求，多次在省、市、区级教研活动中开设讲座及示范课，个人教学课题、学术论文、授课教案多次获奖，并在教育刊物上发表。张琳从普通教师成为副校长后，初心依旧，情怀未改，默默奉献于残疾儿童教育事业，苦事带头，难事累事不让，加强学校管理，以自己的实际行动影响着身边同事。 （特教学校）

程从海

南京市公安局浦口分局珠江派出所巡防队员。1月24日，被南京市人民政府授予“见义勇为先进分子”称号。

2014年3月9日23:30分左右，程从海在浦口区江浦街道文德东路沿线巡逻时，发现鼎业开元大酒店对面路边有七八个身强力壮的男青年正对一名男子进行殴打，被打男子浑身是血，呼救声非常微弱。程从海立即跑上前亮明巡防队员身份并制止殴打行为，在嫌疑人四处逃窜的过程中，身高仅1.7米、体型较瘦的程从海不顾自身安危，用尽全力抓住其中一名身高1.8米、体重近200斤的犯罪嫌疑人。在和犯罪嫌疑人搏斗中,程从海被撞倒在地,全身多处受伤,仍抓住嫌疑人不放,直至民警赶赴现场,将其控制的犯罪嫌疑人刘某某抓获。经审查,该嫌疑人刘某某对寻衅滋事的犯罪事实供认不讳。在抓捕犯罪嫌疑人刘某某的过程中,程从海右腿髌骨骨折,接受手术治疗。

周远明

南京市浦口区桥林小学门卫。1月24日,被南京市人民政府授予"见义勇为先进分子"称号。

2016年3月7日15:40分,正值桥林小学一二年级学生放学时间。学生排着队,由老师带领着往校门口走,校门口围着很多接孩子的家长,门卫周远明站在校门口维持秩序,护送着孩子走出学校。就在这时,人群中一阵骚动,有人大声叫喊"打人啦,还带着刀子"。只见人群四处散开,一名男子在校门口紧紧追着一位正在接孩子放学的学生母亲。该女子神色惊慌,急速逃避,但由于体弱,男子几次追上女子并对其拳打脚踢,女子只能护住要害,抵挡男子的伤害,并在被追打无奈之下,乘机跑进学校躲避求救。该男子紧追不放,还喊着"再跑就捅死你",并从兜里掏出一把工具刀。周远明不假思索,一边让周围群众报警,一边立即冲上去,趁该男子不备,奋力将其扑倒,并将该男子携带的工具刀踢飞,及时制止一起恶性案件的发生。嫌疑人张某某被行政拘留。周远明见义勇为的行动受到学生、老师和家长们的称赞。

(陆军)

逝世人物

余兆兰(1924.6~2017.1) 原江浦县百货公司副经理。女,江苏泰县人,汉族,1945年7月参加工作,1947年4月加入中国共产党。历任华东军区后勤军械部管理科会计、江浦县印刷厂厂长等职。1983年7月离休,享受县处级待遇。

王家修(1929.10~2017.1) 原江浦县人民代表大会常务委员会副主任。男,山东梁山人,汉族,1947年7月参加工作,1948年9月加入中国共产党。历任南京市委组织部干事、南京市委组织部组织处副处长、江浦县委组织部部长等职。1990年7月离休,享受地市级待遇。

叶家龙(1936.3~2017.1) 原江浦县人民政府副县长。男,江苏江浦人,汉族,1959年7月参加工作。历任江浦县中学教师、江浦县桥林中学校长等职。2002年8月退休,享受县处级待遇。

霍兆明(1932.4~2017.2) 原浦口区市政工程管理所检查员。男,河北省人,汉族,1946年8月加入中国共产党,1947年8月参加工作。历任解放军三野金陵支队三大队助理员、南京市人民政府财政局会计、南京市八卦洲乡乡长等职。1992年6月离休,享受县处级待遇。

郑永贡(1928.12~2017.5) 原南京市南门中学校长。男,浙江三门人,汉族,1949年1月加入中国共产党,1949年2月参加工作。历任二十二军六十四师1904团炮连文化教员、南京市第十七中学教导主任等职。1989年5月离休,享受县处级待遇。

张登然(1929.12~2017.5) 原江浦县工业局副局长。男,河南偃师人,汉族,1945年3月参加工作,1946年12月加入中国共产党。历任偃师县抗日政府通迅员、181师542团代理参谋长、江苏省金湖县砖瓦厂厂长等职。1990年7月离休,享受县处级待遇。

方　平(1932.2~2017.5) 原江浦县计经委副主任。男,江苏江浦人,汉族,1949年5月参加工作,1949年12月加入中国共产党。历任江浦县委组织部统计干事、江浦县粮食局股长等职。1992年6月离休,享受县处级待遇。

欧阳浒(1927.4~2017.6) 原江浦县红砂矿矿长。男,江苏江浦人,汉族,1949年5月参加工作,1981年12月加入中国共产党。历任十军二十八师八十四团宣传股宣传员、江浦县红砂矿销售科副科长等职。1989年4月离休。

沈伯平(1930.10~2017.7) 原浦口区十四中学教师。男,安徽当涂人,汉族,1949年7月参加工作。历任南京军事学院学员、南京市第十四中学教师等职。1990年1月离休,享受县处级待遇。

吴士进(1932.12~2017.8) 原浦口区服务公司办事员。男,江苏启东人,汉族,1949年8月参加工作,1950年3月加入中国共产党。历任江苏省公安厅六处保卫员、原浦口区人民政府交通站站长等职。1992年12月离休。

吴佩连(1931.9~2017.10) 原江浦县人民医院副主任医师。男,江苏宝应人,汉族,1947年8月参加工作,1948年10月加入中国共产党。历任江浦县人民医院医生、放射科主任等职。1989年5月离休,享受县处级待遇。

徐　璋(1931.11~2017.10) 原浦口区委党校副校长。女,江苏南京人,汉族,1949年2月参加工作,1952年10月加入中国共产党。历任原浦口区委办公室干事、原浦口区中学副校长等职。1986年12月离休,享受县处级待遇。

甄玉祥(甄羽翔)(1932.6~2017.11) 原江浦县政法委副书记。男,江苏淮阴人,汉族,1949年7月参加工作,1950年3月加入中国共产党。历任江浦县公安局政保股股长、江浦县人民法院院长等职。1992年12月离休,享受县处级待遇。

许克仁(1928.10~2017.12) 原江浦县工业局副局长。男,安徽凤台人,汉族,1940年5月参加工作,1946年5月加入中国共产党。历任炮兵第八师四十八团侦察参谋、江浦县人民法院副院长等职。1989年3月离休,享受县处级待遇。

陈荣兴(1939.12~2017.12) 原浦口区政协副主席。男,江苏无锡人,汉族,1956年6月参加工作,1962年9月加入中国共产党。历任解放军6322部队后勤处参谋、原浦口区委统战部部长等职。1999年5月退休,享受副区级待遇。

(王晓林)

组织机构及负责人

中共南京市浦口区委员会

书　记:瞿为民
副书记:王　磊　蒋晓平(4 月免)
　　任家龙
常　委:张　屹　郑晓明　梁　宁
　　赵洪斌　杨雯懿(女)　丁爱民
　　王安伟　刘党伟

南京市浦口区人民代表大会常务委员会

主　任:李好平
副主任:徐宏晓(1 月免)
　　赵德本(1 月任)　李玉明
　　张　岚　陶浒生(1 月免)
　　刘　俊(1 月任)
副巡视员:沐贤斌　廖　荣

南京市浦口区人民政府

区　长:王　磊
副区长:赵洪斌　吴光政(1 月免)
　　吴　俊　黄振宇
　　许国平(1 月任)
　　高昌玖(1 月任)
　　陈晓路(女,1 月任)
副巡视员:马伦国

中国人民政治协商会议南京市浦口区委员会

主　席:邓　林
副主席:金仁斌　葛华友
　　李淑萍(女,1 月免)
　　陈晓路(女,1 月免)　王　维
　　黄　和(1 月任)
　　程晓明(1 月任)

中共南京市浦口区纪律检查委员会

书　记:张　屹
副书记:陈富国　闵宏权
常　委:滕支兵　徐远深　王长春
　　于　霞(女)

监察委员会(12 月成立,与区纪委合署办公)

江苏省南京市浦口区人民武装部

第一书记:瞿为民
部　长:吕华吾
政　委:梁　宁

南京市浦口区人民法院

院　长:陈高峰
副院长:张　晖　叶文醒
　　王　芹(女,5 月免)　章发祥
政治处主任:李荣云(2 月免)
　　吕　洁(女,9 月任)
纪检组长:林　洁(女,8 月免)

南京市浦口区人民检察院

检察长:王珍祥(1 月任)
代理检察长:王珍祥(1 月免)
副检察长:王珍祥(1 月免)　沈明志
　　李成理　王天渊
　　魏　曼(女)
纪检组长:孔祥营(2 月免)
　　高金明(4 月任,8 月免)
政治处主任:高金明(4 月免,8 月任)

反贪污贿赂局(2017 年 12 月撤销)

局　长:卢承辉

区委工作机构

办公室(挂区委机要局、区密码管理局、区委保密委员会办公室、区国家保密工作局、区督查考核办公室牌子)

主　任:刘玉冬(2 月免)
　　任金宝(2 月任)
副主任:陈小涛　张体前(2 月免)
　　史海军(2 月免)　李正华
　　魏延伟(2 月任)
　　吴　伟(2 月任)
　　徐从根(4 月任,试用期一年)

机要(保密)局

局　长:刘玉冬(2 月免)
　　魏延伟(2 月任,正处)
副局长:陈小涛　赵相君(女)

区督察考核办公室

主　任:刘玉冬(2 月免)
　　任金宝(2 月任)
副主任:李正华
　　蒋必奎(2 月任,试用期一年)

研究室(挂区委全面深化改革领导小组办公室、区委社会建设工作委员会牌子)

主　任:倪志钢(2 月免)
副主任:赵东坡(4 月任,试用期一年)

组织部

部　长:王安伟
副部长:韩　忠　赵锡中　刘建武

组织员办公室(与组织部合署办公)

主　任:李正华(4 月任)
副主任:张小华

人才工作办公室

主　任:韩　忠
副主任:柳　璐(女,4 月任)

非公有制企业和社会组织工作委员会

书　记:刘建武

党代表联络工作办公室

副主任:张　玫(女)

宣传部(挂区精神文明建设指导委员会办公室牌子)

部　长:郑晓明
副部长:柯华龙　王良柱
　　李红卫

精神文明建设指导委员会办公室

主　任:柯华龙
副主任:吴元杰(2 月免)
　　刘咏梅(女,2 月任)

统一战线工作部(挂区政府侨务办公室牌子)

部　长:杨雯懿(女)
副部长:陈德龙(2 月免)
　　滕远升　叶明才
　　王贤红(女,12 月任)

侨务办公室

主　任:叶明才

台湾工作办公室(挂区政府台湾事务办公室牌子)

主　任:王留海(2 月免)
副主任:王贤红(女,2 月免)
　　熊　伟(2 月任)

政法委员会
书　记:刘党伟
副书记:张家虎　彭均胜(5月免)
　　　吴兴枝(5月任)
社会治安综合治理委员会办公室(与政法委员会合署办公)
主　任:张家虎
副主任:吴兴枝(7月免)
依法治区领导小组办公室(机构设在政法委员会)
副主任:聂济松
社会建设工作委员会(机构设在政法委员会)
书　记:倪志钢(2月免)
国家安全领导小组办公室(机构设在政法委员会)
主　任:彭均胜(5月任)
副主任:郭凌晨(9月免)

农村工作委员会
书　记:王江生(9月免)
　　　王明玉(女,9月任)
副书记:徐小波(2月免,正处级)
　　　陈　旸(2月任)
　　　沈利萍(女)
　　　吴久富(2月免,正处级)
　　　王　颖(女,9月任,试用期一年)

区级机关工作委员会
书　记:张国栋
副书记、纪工委书记:朱孝桂

老干部局
局　长:谈晓红(女,2月任)
副局长:谈晓红(女,2月免)

信访局
局　长:宋　炎
副局长:吴　伟(2月免)　王　军
　　　陆　萍(女)　马连明(9月任)
　　　雷朝森(12月任)

机构编制委员会办公室
主　任:赵锡中
副主任:李兆才(2月任)
　　　何世军(2月任,试用期一年)

区委党校(区委直属事业单位)
校　长:任家龙
常务副校长:孙治国
副校长:李兆才(2月免)
　　　沙　莎(女)
行政学校(与区委党校合署)
校　长:李　晖(3月免)
　　　赵洪斌(3月任)
副校长:施　宇(3月免,正处)
　　　黄　荣(3月任)
　　　孙治国(正处)

区人大常委会办事机构和工作机构

区人大常委会办公室
主　任:窦仕海
副主任:郑　勇(9月免)
　　　翟　羽(女,5月任)

区人大常委会研究室
主　任:嵇金莲(女)

区人大财政经济委员会
主　任:刘　俊(1月任)

区人大法制委员会(1月设立)
主　任:郑从俊(1月任)

区人大常委会教育科学文化卫生委员会
主　任:胡恒义

区人大常委会环境资源城乡建设委员会
主　任:李大明

区人大常委会农业和农村委员会
主　任:马仁祥

区人大常委会人事代表联络委员会
主　任:魏支琴(女)
副主任:盛明霞(女)

区人大常委会民族宗教侨务台湾事务工作委员会
主　任:康　青

区人大常委会内务司法工作委员会
副主任:夏春芳(女)

社会事业工作委员会(1月撤销)

区政府工作部门

办公室(挂区人民防空办公室、区法制办公室、区政府外事办公室、区政府应急管理办公室、区机关事务管理局牌子)
主　任:史小华
副主任:俞晓飞(3月免,正处)
　　　倪　凌(女,正处)
　　　魏延伟(3月免,正处)
　　　杨诗云　丁朝龙
　　　陈申一(3月免)　陈金飞
　　　闫　冰(10月任,试用期一年)
法制办公室
主　任:倪　凌(女,正处)
副主任:吴　峰

发展和改革局(挂区物价局牌子)
局　长:许国平(3月免)
　　　刘玉冬(3月任,9月免;9月明确为区管正职)
　　　王江生(9月任)
党委书记:李来芝(女)
副局长:徐仁平(正处)　郭建伟
　　　杨　璞
党委副书记:李　军
纪委书记:李　军(8月免)
物价局
局　长:李先义
副局长:吴艳秋(女,正处级)
　　　刘志忠(12月任)

经济和信息化局
局　长:王　斌
党委书记:石　山(2月免)
　　　　王东燕(女,9月任)
副局长:陈亦华　郭建军(3月免)
　　　何　斌(3月任)
　　　石荣锦(10月任)
党委副书记、纪委书记:侯秀锦(2月免)
　　　　　　　　　张体前(2月任,8月免)

城乡建设局(挂区建筑工程局、区人民防空办公室、区房屋征收管理办公室牌子)
局　长:郝晓鹏
党委书记:采晓云
副局长:陈德昌(3月免)　李　炜
　　　沈凤友(3月免)

王　彤(女,4月任)
马　云(10月任)
党委副书记、纪委书记:
谢远海(2月免)
党委副书记:蒋晓文(2月任)
纪委书记:蒋晓文(2月任,8月免)

建筑工程局
局　长:李成念
副局长:马　戡　周　强(10月免)
徐文鹏(10月任,试用期一年)

人民防空办公室
主　任:采晓云
副主任:吴　迪

科学技术局(挂区知识产权局牌子)
局　长:滕衍宝
副局长:李小春(女)　林　强
李秀梅(女,12月任)
何赟绵(3月任)
彭静馨(女)

教育局
局　长:宋仁荣(2月免)
余荣国(3月任)
党委书记:余荣国(2月免)
党工委书记:余荣国(2月任,9月免)
徐荣华(9月任)
副局长:朱翠婷(女,12月免)
任卫兵(3月任,试用期一年)
党委副书记、纪委书记:徐荣华(2月免)
党工委副书记:徐荣华(2月任,9月免)
毛　敏(女,12月任)
纪工委书记:徐荣华(2月任,8月免)

市公安局浦口分局
局长、督察长:蔡新良
政　委:竺金强
副局长:王林东　陈树新　刘明珠
冯　涛(12月任,试用期一年)
纪委书记:张信春(8月免)

维护稳定工作领导小组办公室(与公安分局合署)
主　任:王林东(9月任)
副主任:鲁　彪

监察局(与区纪律检查委员会机关合署)
局　长:陈富国
副局长:李正华　李秀梅(女,12月免)

民政局
局　长:刘　俊
党工委书记:杨庆霞(女)
副局长:李　军(12月免)
吴芳芳(女)　胡　虹(女)
孙　伟(3月任)
王开斌(12月任,试用期一年)
党工委副书记:吴国华(2月任)

司法局
局　长:马卫东
副局长:刘　军　侯梅梅(女)
严　玲(女)
张兴国(3月任)

财政局(挂区政府国有资产监督管理办公室牌子)
局　长:刘党伟(3月免)
刘远震(3月任)
副局长:高　帆(1月免)
胡祥国(10月免)
陈彩凤(女,3月任)
刘惠珍(女,3月任)

区政府国有资产监督管理办公室
主　任:刘党伟(3月免)
刘远震(3月任)
副主任:王礼晓(10月免)
高玉国
毛正东(10月任,试用期一年)

国有资产监督管理工作委员会
书　记:陈为群(女)

人力资源和社会保障局(挂区公务员局牌子)
局　长:施　宇(3月免)
黄　荣(3月任)
党工委书记:吴久富(2月任)
副局长:朱福胜(正处)　秦代兵
陈　莹(女)
党工委副书记、纪工委书记:
邵联友(5月免)

公务员局
局　长:朱福胜

环境保护局
局　长:李传武
副局长:王　卫　何　斌(3月免)
周维维　张飞飞
王志林(3月任,试用期一年)

审计局
局　长:赵　青(女)
副局长:徐国喜　车小驰

统计局
局　长:王明玉(女,9月免)
胡祥国(12月任)
副局长:胡祥国(10月任,主持工作,12月免)
刘永静(女,3月免)　李荣春

市场监督管理局(挂区食品药品监督管理局、区食品药品安全委员会办公室牌子)
局　长:陈向阳
党工委书记:盛华平
副局长:郭庆文(正处级)　王向阳
陈绍翊　黄素静(女)　江旭东
张　毛　孙　军(12月免)
党工委副书记:李海峰
纪工委书记:李海峰(8月免)

食品药品监督管理局
局　长:陈向阳(12月任)

安全生产监督管理局
局　长:刘汉勤
副局长:贾学林　徐　欣(12月免)
陈先荣(女)

城市管理局(挂区城市管理行政执法局牌子)
局　长:杨庆枫
副局长:刘焕龙(10月免)　周　牧
沈凤友(3月任)
王兆林(10月任,试用期一年)
党工委副书记:叶雪峰
纪工委书记:叶雪峰(8月免)

住房保障和房产局
局　长:黄　文(女)
党委书记:张文军(2月任)
副局长:张文军(3月免)　梁　海
徐春明　周　强(10月任)
许　杨(10月任)

交通运输局
局　长:成永来
党委书记:谢远海(2月任)
副局长:张　磊(女)
王礼晓(10月任)

李传开(3月任)
党委副书记:龚惠龙
纪委书记:龚惠龙(8月免)

农业局(挂区林业局、区农业资源开发局、区政府农村集体资产管理办公室牌子)
局 长:罗潮海
党委书记:赵 谦
副局长:陈彩凤(女,3月免)
朱德军(3月任,10月免)
吕 岑(女) 马连明(3月免)
刘长江(3月任)
姜梦瑶(女,10月任)
张正祥(10月任)
党委副书记、纪委书记:杨延江(2月免)
党委副书记:吕劲军(2月任)
纪委书记:吕劲军(2月任,8月免)
农业资源开发局
局 长:赵 谦
副局长:叶兆志
区政府农村集体资产管理办公室
主 任:罗潮海
副主任:陈彩凤(女,3月免)
刘长江(3月任)

水务局
局 长:张其祥
党委书记:王吉东
副局长:杨光辉 陈德昌(3月任)
徐正友
党委副书记:朱以祥(9月免)
纪委书记:朱以祥(8月免)

商务局(挂区粮食局牌子)
局 长:谢天庆
党委书记:徐 浦
副局长:成 伟 庄凯嶢(4月免)
雍永荣 张 鹏(10月任)
李 楠(女)
党委副书记:曹 进(9月免)
纪委书记:曹 进(8月免)
粮食局
局 长:王 青(女)
副局长:陈 斌

旅游局
局 长:葛志明
副局长:吴 霜(女) 刘 桥

文化广电局
局 长:何晓萍(女,3月免)
党工委书记:雷进宝
副局长:高步宽 李荣春
党工委副书记:刘有金(9月任)
纪工委书记:时 晨(8月免)

卫生和计划生育局
局 长:李业明(3月免)
何晓萍(女,3月任)
党委书记:任晓芳(女,2月免)
张显清(9月任)
副局长:姜红莲(女) 毛如虎
孙宁玲(女)
党委副书记:张显清(9月免)
李 军(12月任)
纪委书记:张显清(8月免)

市国土资源局浦口分局(挂区不动产登记局牌子)
局 长:刘 勇
党工委副书记:张忠金
副局长:倪 伟 潘广武 陈道才

市规划局浦口分局
局 长:程晓明(3月免)
姜 楠(3月任)
副局长:姜 楠(3月免) 马晓玲(女)
金维民 关智慧

民族宗教事务局(与统一战线工作部合署办公)
局 长:陈德龙(3月免)
王贤红(女,3月任)
副局长:刘 昆 陈 霖(3月任)

区政府派出机构

政务服务管理办公室(挂区政务服务中心牌子)
主 任:徐立新
副主任:夏海红(5月任,试用期一年)
狄万斌(10月任,试用期一年)

南京浦口经济开发区管理委员会
主 任:陈潺嵋(女,3月免)
曹卫华(2月任)
副主任:陈宗喜(2月任,7月免,正处)
李春梅(女,2月任)
程 斌(2月任)
郭建军(3月任)
许 烨(12月任,试用期至2018年9月)
南京浦口经济开发区管理委员会办公室
专职副书记:董乔忠(2月任,正处)
党工委副书记:王东燕(女,9月免)
副主任:曹卫华(2月免)
李晓栋(3月免,正处级)
陈宗喜(2月免,正处级)
何赟绵(3月免) 曹 芳(女)
李春梅(女,2月免)
程 斌(2月免)

南京珍珠泉旅游度假区管理委员会
主 任:周 娅(女,2月任)
副主任:赵劲峰(女,2月任)
彭义兵(2月任)
南京珍珠泉旅游度假区管理委员会办公室
党工委书记:刘远震(2月免)
施 宇(2月任)
主 任:周 娅(女,2月免)
副主任:赵劲峰(女,2月免)
彭义兵(2月免)
纪工委书记:汪 峰(8月免)

南京海峡两岸科技工业园管理委员会
主 任:李业明(3月任)
副主任:伍明霞(2月任)
冯智成(2月任)
戴 蓉(女,2月任)
干 晟(2月任)
南京海峡两岸科技工业园管理委员会办公室
书 记:董乔忠(2月免)
副书记:李业明(2月任)
主 任:许 贤(3月免)
副主任:黄海钰 伍明霞(2月免)
冯智成(2月免)
戴 蓉(女,2月免)
干 晟(2月免)

浦口高新技术产业开发区管委会(12月25日设立)

南京老山旅游度假区管理委员会
副主任:余荣红(3月免)
施 宇(3月任)
徐道俊(3月任) 刘远震
赵 杰

南京老山旅游度假区管理委员会办公室
书　记:王留海(2 月任)
副书记:李一山(2 月免,正处)
主　任:朱久康
副主任:李一山(3 月免,正处)
　　　王留海(3 月任)
　　　张小卫(3 月任)
　　　王　丹(女,3 月免)
　　　吉小军
　　　刘惠珍(女,3 月免)

区政府直属事业局

体育局
局　长:樊奇志
副局长:刘有金(10 月免)
　　　韩荣明(3 月任)
　　　王　平(10 月任,试用期一年)

档案局
局　长:马文媛(女,3 月任)
副局长:蒋晓文(3 月免)
　　　万　俊(3 月任)

档案馆(与档案局合署办公)
馆　长:马文媛(女,3 月任)
副馆长:吴国华(3 月免)
　　　李永胜(5 月任,试用期一年)

地方志办公室(与档案局合署办公)
主　任:马文媛(女,3 月任)
副主任:吴国华(3 月免)
　　　李永胜(5 月任,试用期一年)

区委党史工作办公室(与档案局合署办公)
主　任:马文媛(女,2 月任)
副主任:李明柱

社会保险管理中心
主　任:朱晓伟(3 月任)
副主任:沈　淼(女,3 月免)
　　　戴兴萍(女)

拆迁管理中心
主　任:俞晓飞(3 月免,正处级)
　　　周　红(女,12 月任)
副主任:叶　涛(3 月免)
　　　周　红(女,12 月免)
　　　张飞飞　张小华
　　　王健健(3 月任,试用期一年)
　　　沈　江(5 月任,试用期一年)

广播电视台
台　长:许业宏(女,正处级)
副台长:姜梦瑶(女,10 月免)　钱国江
　　　吴开萍(女,10 月任,试用期一年)

信息中心
主　任:王祖洪
副主任:马　云(10 月免)　王晓健

土地储备中心
主　任:袁　婷(女)
副主任:张世凤(女)
　　　李祖恩(3 月免)
　　　吕婷婷(女,10 月任,试用期一年)

南京老山景区管理办公室

区属国有企业

国有资产投资经营有限公司
董事长、总经理:童金洲
副总经理:李晓栋(3 月任,正处级)
　　　许朝宏　戴　锋
　　　屠加芝(女,7 月任,试用期一年)

南京浦口城乡建设集团有限公司
董事长、总经理:石　磊
副总经理:沈　蕾(女,3 月免)
　　　倪家永(3 月任,试用期一年)
　　　后玉成(7 月任,试用期一年)

南京浦口交通建设集团有限公司
董事长、总经理:郭玉臣(3 月免)
　　　杨延龙(3 月任)
副总经理:朱　勇
　　　王　军(3 月任,试用期一年)
　　　马寿年(7 月任,试用期一年)

南京浦口水务建设集团有限公司(2 月 15 日批复成立)
董事长、总经理:石　山(3 月任)
副总经理:王　平(2 月任)
　　　吴玉翠(女)

南京浦口康居建设集团有限公司
董事长、总经理:刘　飞
副总经理:薛　松　刘　辉
　　　郑海鸥

政协办公室及各专门委员会

办公室
主　任:陈小涛(1 月任)
副主任:韩　勇　叶恒春(女)
　　　杨久芬(女,9 月免)

提案委员会
主　任:姚　葆

经济科技委员会
主　任:高　帆(1 月任)

人口资源环境和城市建设委员会
主　任:马凤林(女)
副主任:张来华(正处)

教卫文体(文史)委员会
主　任:陆先明
副主任:曹孝丽(女,正处)

社会法制和民族宗教委员会
主　任:李朝宗
副主任:葛晓峰(正处)

群　众　团　体

总工会
主　席:徐宏晓
常务副主席:周怀建
副主席:郭丽萍(女)

共青团浦口区委
书　记:王丽媛(女,2 月任,12 月免)
　　　朱翠婷(女,12 月任)
副书记:王丽媛(女,主持工作,2 月免)
　　　柳　璐(女,2 月任,12 月免)
　　　汤　亮(4 月任,试用期一年)
　　　周　倩(女,12 月任,试用期一年)
　　　钱　琨(12 月任,兼)
　　　张　燕(女,12 月任,兼)

妇女联合会
主　席:左　芳(女)
副主席:汪皓月(女)　宋秋华(女)
　　　刘　霞(女,兼)
　　　韩岫岚(女,兼)

区法学会(区委政法委员会代管)
专职副会长:马广虎(5月任)

科学技术协会(与科学技术局合署办公)

工商业联合会
主　席:翟广平(兼,2月免)
　　陈晓路(女,2月任)
副主席:滕远升(2月任,正处)

文学艺术界联合会
副主席:朱四平　何晓萍(女,兼)
　　李静凤(女,兼)　余夕辉(兼)

残疾人联合会
理事长:卞长虎(2月免)
　　王秋白(7月任)
副理事长:黄世红(女)　乐　松

红十字会(区慈善总会与其合署)
常务副会长:王秋白(2月免)
　　何世华(2月任)
副会长:姜红莲(女)

市、区双管单位

气象局
局　长:李胜云
副局长:王业成

浦口区国家税务局
局　长:张予田(10月免)
　　倪云国(10月任)
副局长:刘克富　沈希初

南京市浦口地方税务局
局　长:王晓苏
副局长:孙　猛　莫增华
　　周进达(2月免)
　　张　捷(6月任)
　　马婷怡(女,6月任)
纪检组组长:佘风琴(女,6月免)

南京供电公司浦口供电营业部
总经理:朱　晔
党委书记:吴　静
副总经理:李立鸿　罗　平
　　钱旭盛

中国邮政集团公司南京市浦口区分公司
总经理:单以钧(8月免)
　　尚　进(8月任)
副总经理:张　伟(8月免)
　　吴　健(8月任)
　　汪　弋(8月任)

中国电信股份有限公司南京浦口区分公司
总经理:江　翔
副总经理:王步云　陈于锋　聂敦刚
　　钟峻玮

南京市浦口区烟草专卖局(南京市烟草公司浦口分公司)
局长(经理):巫　宏(9月免)
　　窦鹏举(9月任)
副经理:王德强(12月免)
　　张朝华(12月任)
副局长:王友春(12月免)
　　刘先红(12月任)

中国人民银行浦口支行
行　长:王　浩
副行长:陈霄雷　梁有平

中国工商银行股份有限公司南京浦口支行
行　长:王达瞻(9月免)
党委书记:金智豪(9月任)
副行长:查　斌　张波强(1月免)
　　吴海滨　朱向明(1月任)

中国农业银行股份有限公司南京江北新区分行
行　长:张　力
副行长:李　欣　邓国祥(1月免)
　　颜志杰(1月任)　杨　蕾(女)
　　周国琴(女)

中国银行股份有限公司南京浦口支行
行　长:冯　浩
副行长:崔　超　杨杜娟(女)
　　陈　超

中国建设银行股份有限公司南京江北新区支行
行　长:孙成靓
副行长:王　钊

交通银行股份有限公司南京浦口支行
行　长:李业浩
副行长:任运州　马　静(女)
　　张　轶(8月免)
　　孙　兵(8月任)

中国农业发展银行南京市浦口支行
行　长:杨铭皓(5月免)
　　卢贤智(5月任)
副行长:丁全楠(9月免)
　　杨海云(女,9月免)
　　贺克辉(9月任)
　　邹　铖(9月任)

江苏银行南京浦口支行
行　长:姚　谷(6月免)
　　郑俊勇(6月任)
副行长:余作祥(6月任)

南京银行股份有限公司江北新区分行
行　长:谈卫立
副行长:郏小天(9月免)　张　扬
　　姚　刚(11月任)
　　魏晓飞(11月任)

中国民生银行南京分行浦口支行
行　长:吴　强
副行长:许美娟(女)　曹　璨(女)

中国邮政储蓄银行股份有限公司南京市浦口支行
行　长:徐小劼
副行长:林先虎(3月免)　纪　东(女)

江苏紫金农村商业银行股份有限公司江北新区分行
行　长:林正洋
副行长:陈百骏(12月免)　徐士晖
　　王　勇(12月任)
　　蒋建明(12月任)

南京浦口靖发村镇银行股份有限公司
行　长:朱怀雷
副行长:马小宇　王　玉(女)

中国人民财产保险股份有限公司南京市浦口支公司
经　理:秦　杰
副经理:经晓彬　王　莉(女)

中国人寿保险股份有限公司南京市浦口支公司
经　理:谢宝陵(女)
副经理:程胜阳　计德美(女)

中国太平洋财产保险股份有限公司南京市浦口支公司
总经理:秦永翔

中国移动通信集团江苏有限公司浦口分公司
总经理:陈颖文
副总经理:刘　栋(4月任)　何扬忠

中国联合网络通信有限公司南京市浦口区分公司
副总经理:徐成杰(主持工作)
　　马　越(女,12月任)

街　道

江浦街道
党工委书记:余荣红(女,2月免)
　　赵业亮(2月任)
党工委副书记:曹　原　朱远莉(女)
人大工委主任:傅家宝
办事处主任:曹　原
办事处副主任:毛　敏(女,12月免)
　　王丽媛(女,12月任,正处)
　　吕　昕
　　张正祥(10月免)
　　刘咏梅(女,3月免)
　　王　丹(女,3月任)
　　徐　侃
　　郑　勇(10月任)
政协工委主任:吴　华
纪工委书记:陈家武

桥林街道
党工委书记:李家云
党工委副书记:袁　霞(女)
　　范有玲(女)
人大工委主任:季　东(12月免)
办事处主任:程　云
办事处副主任:钟晓云(女)
　　吕劲军(3月免)
　　杨春雨　江明镜
　　许　杨(10月免)
　　戴大勇(3月任)
政协工委主任:范有玲(女)
纪工委书记:龚　伟

星甸街道
党工委书记:赵业亮(2月免)
　　徐道俊(2月任)
党工委副书记:徐道俊(2月免)
　　郭玉臣(2月任)
　　吴长兆
人大工委主任:朱　全
人大工委副主任:王后金
办事处主任:徐道俊(3月免)
　　郭玉臣(3月任)
办事处副主任:章晓光　胡　景(女)
　　孙皖生
　　杨书河(10月任)
　　郭凌晨(10月任)
纪工委书记:王康胜(2月免)
　　吴　敏(女,4月任,试用期一年)

汤泉街道
党工委书记:林　云
党工委副书记:郑恒萍(女)
　　朱晓伟(2月免)
　　周进达(2月任)
人大工委主任:陈荣光
人大工委副主任:王永林(3月免)
　　罗传霞(女,12月任,正处)
办事处主任:郑恒萍(女)
办事处副主任:梁东阳(3月免)
　　张亚明(3月免)
　　孙芝广　曹晓峰
　　陈　辉
　　章　明(女,7月任)
政协工委主任:朱晓伟(3月免)
　　梁东阳(3月任)
纪工委书记:冯　静(女,9月免)
　　李　晓(9月任,试用期一年)

永宁街道
党工委书记:赵　杰
党工委副书记:程　媛(女,正处级)
　　徐茂荣
人大工委主任:吴国其
人大工委副主任:范知明
办事处主任:程　媛(女)
办事处副主任:陈宗喜(7月任,正处)
　　吴春雨
　　石荣锦(10月免)
　　胡成丽(女)　李嘉玮
政协工委主任:徐茂荣(7月任)
纪工委书记:刘长江(2月免)
　　杨时冬(2月任)

盘城街道
党工委书记:黄　荣(2月免)
　　俞晓飞(2月任)
党工委副书记:滕洪清
　　马文媛(女,2月免)
　　史海军(2月任)
人大工委主任:曾连喜(3月任)
人大工委副主任:曾连喜(3月免)
办事处主任:滕洪清
办事处副主任:陈　旸(3月免)
　　竺庆华　严　静(女)
　　方宽银(3月免)
政协工委主任:高昌磊
纪工委书记:方　华

沿江街道
党工委书记:洪汛安(2月免)
　　方　强(2月任)
党工委副书记:方　强(2月免)
　　任晓芳(女,2月任)
　　余　梁
人大工委主任:杨　敏(女)
人大工委副主任:董和琴(女,3月免)
办事处主任:方　强(3月免)
　　任晓芳(女,3月任)
办事处副主任:朱德军(3月免)
　　方本强　李昳娜(女)
　　王　彤(女,4月免)
　　杨　涛(10月任)
　　王小康(10月任)
政协工委主任:陈占玉(女,正处级)
纪工委书记:万　俊(2月免)
　　邱云祥(2月任)

泰山街道
党工委书记:高昌玖(9月免)
党工委副书记:孙治国　刘向荣
　　周友明(2月任)
人大工委主任:
　　刘向荣(3月任,11月免)
人大工委副主任:
　　王家庆(11月任,主持工作,正处级)
办事处主任:姚海洋
办事处副主任:谭志清(3月免)

郭礼华　管小琴(女)
沈军勇
周友明(3月免)
政协工委主任:林维福
纪工委书记:李传开(2月免)
宗英华(2月任)

顶山街道

党工委书记:陆长宇
党工委副书记:杨延龙(2月免)
倪志钢(2月任)
庄培峰
人大工委主任:陈世富
人大工委副主任:梁烨华(11月免)
办事处主任:杨延龙(3月免)
倪志钢(3月任)
办事处副主任:孙金林　刘有梅(女)
王立春　徐江平(女)
沈　蕾(女,3月任)
陈申一(3月任)
政协工委主任:何世华(3月免,正处级)
庄培峰(12月任)
纪工委书记:李　炜(女)

场　圃

老山林场

场　长:葛　梅(女)
党委书记:周　晓
副场长:马连明(10月免)
张小卫(3月免)　张孝东(7月任,试用期一年)
陈　健(10月任,试用期一年)
蒋朝贵(10月任,试用期一年)
党委副书记、纪委书记:
马世荣(2月免,副处级)

汤泉农场

场　长:缪素华
党委书记:张　颙
副场长:张　鹏(10月免)
杨　刘(10月任,试用期一年)
纪委书记:尤建伟

高级职称人员

2017年,浦口区有125人获得高级专业技术职称。其中,研究员级高级工程师1人,高级工程师17人,高级农艺师1人,高级会计师4人,高级教师29人,高级讲师7人,主任医师7人,主任中医师1人,主任护师1人,副主任医师19人,副主任中医师4人,副主任护师10人,社区副主任医师9人,社区副主任护师11人,社区副主任药师2人,社区副主任中药师1人,社区副主任技师1人。

2017年浦口区获评高级专业技术职称人员一览表

表103

序号	姓名	性别	出生年月	文化程度	毕业院校	工作单位	取得专业技术职务名称
1	童学平	男	1970.12	本科	中国地质大学	南京市浦口区建筑安装工程质量监督站	研究员级高级工程师
2	蔡德森	男	1971.4	本科	南京农业大学	南京市浦口区水产技术指导站	高级工程师
3	洪　伟	女	1971.9	本科	武汉理工大学	南京钟山岩土工程有限公司	
4	康　浩	男	1979.3	本科	南华大学	南京市浦口区国有资产投资经营有限公司	
5	赵吉春	男	1980.2	本科	河北工程学院	南京中交江北城市开发有限公司	
6	苍东强	男	1980.5	本科	东南大学	南京江北新城投资发展有限公司	
7	吴庆源	男	1980.8	本科	中国地质大学	南京市浦口区建筑安装工程质量监督站	
8	夏加华	男	1981.6	本科	扬州大学	南京浦口水务建设集团有限公司	
9	邓　杰	男	1981.7	本科	四川农业大学	南京北江建设监理有限公司	
10	尹治宇	男	1981.9	本科	东南大学	南京市浦口区建筑工务中心	
11	季学雷	男	1981.9	本科	东南大学	南京市浦口区国有资产投资经营有限公司	
12	成相飞	男	1982.1	本科	东南大学	南京浦江工程检测有限公司	
13	尹礼文	男	1982.4	本科	南京工业大学	南京市浦口区建筑安装工程质量监督站	
14	陆飞飞	男	1982.10	本科	南京大学	南京市浦口区建筑安装工程质量监督站	

续表 103

序号	姓名	性别	出生年月	文化程度	毕业院校	工作单位	取得专业技术职务名称
15	祁建伟	男	1983.1	本科	南京大学	南京浦口交通建设集团有限公司	高级工程师
16	黄福全	男	1983.2	本科	扬州大学	南京市浦口区建筑工务中心	
17	刘　鑫	男	1983.2	本科	华东交通大学	南京市浦口区国有资产投资经营有限公司	
18	王明江	男	1983.3	硕士	南京农业大学	南京市浦口区气象灾害防御中心	气象高级工程师
19	弓　义	男	197311	大专	南京市农业专科学校	南京市浦口区林业站	高级农艺师
20	赵业云	女	1971.9	本科	中央广播电视大学	南京市浦口区中医院	高级会计师
21	胡海松	男	1972.11	本科	南京财经大学	雨发建设集团有限公司	
22	王　芬	女	1980.9	本科	南京财经大学	南京日托光伏科技股份有限公司	
23	刘丽香	女	1984.8	本科	南京审计大学	南京市浦口区机关事务管理服务中心	
24	赵恒舒	男	1961.5	本科	陕西师范大学	南京市浦口区石桥中学	高级教师
25	李荣芹	女	1967.7	本科	陕西师范大学	南京市浦口区江浦实验小学	
26	何加汉	男	1968.10	本科	陕西师范大学	南京市浦口区石桥中学	
27	刘守敢	男	1969.8	本科	陕西师范大学	南京市浦口区永宁小学	
28	刘业斌	男	1971.11	本科	南京师范大学	南京市浦口区星甸中学	
29	范高红	女	1972.5	本科	苏州科技学院	南京市浦口区桥林小学	
30	朱　艳	女	1972.8	本科	陕西师范大学	南京市浦口区城东小学	
31	狄成霞	女	1973.4	本科	江苏教育学院	南京市浦口区第三中学	
32	郑艾霞	女	1974.5	本科	南京师范大学	南京市浦口区城东小学	
33	陈付梅	女	1975.4	本科	陕西师范大学	南京市浦口区桥林中学	
34	潘霄燕	女	1975.9	本科	南京师范大学	南京市浦口区实验学校	
35	陈玉健	男	1976.11	本科	江苏教育学院	南京市浦口区第三中学	
36	胡敬国	男	1976.12	本科	陕西师范大学	南京市浦口区石桥中学	
37	杨金银	男	1977.8	本科	南京师范大学	南京市浦口区汤泉中学	
38	张　征	男	1977.9	本科	南京师范大学	南京市浦口区乌江学校	
39	孙春霞	女	1977.10	本科	河南大学	南京市浦口区第三中学	
40	李从明	男	1978.4	本科	南京师范大学	江苏省江浦高级中学	
41	王　娟	女	1978.8	本科	南京师范大学	南京市浦口区桥林中学	
42	李　萍	女	1979.6	本科	南京师范大学	江苏省江浦高级中学	

续表 103

序号	姓名	性别	出生年月	文化程度	毕业院校	工作单位	取得专业技术职务名称
43	钱　刚	男	1979.7	本科	常州技术师范学院	南京市浦口区桥林中学	高级教师
44	杜积荣	男	1979.8	本科	南京师范大学	江苏省江浦高级中学	
45	滕光玉	男	1979.8	本科	徐州师范大学	江苏省江浦高级中学	
46	邹香永	男	1979.10	本科	浙江大学	南京市浦口区行知中学	
47	华　松	女	1979.11	本科	南京师范大学	南京市浦口区实验学校	
48	宗传亮	男	1979.12	本科	徐州师范大学	江苏省江浦高级中学	
49	魏林丽	女	1979.12	本科	南京师范大学	南京市浦口区桥林中学	
50	刘　泉	女	1980.6	本科	南京师范大学	南京市浦口区永宁中学	
51	高海群	女	1981.1	本科	陕西师范大学	南京市浦口区石桥中学	
52	金登峰	男	1981.7	本科	安徽师范大学	南京市浦口区石桥中学	
53	刘桃生	男	1964.12	本科	常州技术师范学院	南京市浦口区中等专业学校	高级讲师
54	丁仕祥	男	1973.5	本科	常州职业技术师范学院	南京市浦口区中等专业学校	
55	周宏平	男	1976.4	本科	陕西师范大学	南京市浦口区中等专业学校	
56	夏　周	男	1979.11	本科	南京晓庄学院	南京市浦口区中等专业学校	
57	余　静	女	1980.5	硕士	苏州大学	南京市浦口区中等专业学校	
58	徐　娴	女	1981.9	硕士	南京师范大学	南京市浦口区中等专业学校	
59	季丹华	女	1982.9	硕士	南京师范大学	南京市浦口区中等专业学校	
60	卢　明	男	1965.4	本科	扬州大学	南京市浦口区中心医院	主任医师
61	周小红	女	1967.5	本科	东南大学	南京市浦口区妇幼保健所	
62	黎宏斐	男	1967.10	本科	同济医科大学郧阳医学院	南京市浦口医院	
63	檀心广	男	1970.7	本科	南京医科大学	南京市浦口区中心医院	
64	商雄跃	男	1971.3	硕士	徐州医学院	南京市浦口区中心医院	
65	谢　兵	男	1975.10	本科	扬州大学	南京市浦口区中医院	
66	吴良发	男	1976.9	本科	皖南医学院	南京市浦口区中心医院	
67	谢少茹	女	1973.4	硕士	南京中医药大学	南京市浦口医院	主任中医师
68	韦莉萍	女	1965.11	本科	南京医科大学	南京市浦口医院	主任护师

续表 103

序号	姓名	性别	出生年月	文化程度	毕业院校	工作单位	取得专业技术职务名称
69	周　平	男	1971.1	本科	南通医学院	南京市浦口医院	副主任医师
70	李　扬	男	1972.10	本科	南京中医药大学	南京市浦口区中医院	
71	陈建军	男	1973.4	本科	东南大学	南京市浦口区中心医院	
72	张明琴	女	1974.2	本科	东南大学	南京市浦口区浦厂医院	
73	张　梅	女	1974.8	本科	南京医科大学	南京市浦口区中心医院	
74	曹青松	女	1975.7	本科	皖南医学院	南京市浦口区盘城街道社区卫生服务中心	
75	邵建中	男	1975.9	本科	南京医科大学	南京市浦口区中心医院	
76	彭　诚	男	1975.12	本科	扬州大学	南京市浦口区中心医院	
77	胡守震	男	1976.8	本科	扬州大学	南京市浦口区中心医院	
78	方岳雨	男	1977.6	本科	皖南医学院	南京市浦口区中心医院	
79	周　斌	男	1978.10	本科	第二军医大学	南京市浦口区中心医院	
80	梁晓华	女	1979.1	本科	第二军医大学南京军医学院	南京市浦口区中心医院	
81	杨　倩	女	1979.1	本科	南通大学	南京市浦口医院	
82	范新国	男	1979.8	本科	苏州大学	南京市浦口区中医院	
83	吴丽玲	女	1980.11	硕士	河北医科大学	南京市浦口医院	
84	严　芳	女	1981.1	硕士	武汉大学医学院	南京市浦口区中心医院	
85	吴　静	女	1981.2	硕士	潍坊医学院	南京市浦口区中心医院	
86	接　健	男	1981.3	硕士	复旦大学	南京市浦口区中心医院	
87	李　鹏	男	1981.6	本科	东南大学医学院	南京市浦口医院	
88	祝　靳	女	1974.4	本科	南京中医药大学	南京市浦口区中医院	副主任中医师
89	毛　乐	男	1980.9	本科	南京中医药大学	南京市浦口区中医院	
90	彭　超	男	1981.2	硕士	南京中医药大学	南京市浦口区中医院	
91	倪正仙	女	1982.1	硕士	上海中医药大学	南京市浦口区中心医院	
92	滕宏娣	女	1964.6	本科	北京中医药大学	南京市浦口区中心医院	副主任护师
93	刘　璟	女	1971.8	本科	扬州大学	浦口区计划生育指导站门诊部	
94	吴继翠	女	1977.1	本科	扬州大学	南京市浦口区中心医院	
95	胡守玮	女	1977.3	本科	扬州大学	南京市浦口区中心医院	
96	丁燕平	女	1978.5	本科	东南大学	南京市浦口区浦厂医院	
97	程　凯	女	1978.5	本科	扬州大学	南京市浦口医院	
98	熊　燕	女	1978.12	本科	扬州大学	南京市浦口区中医院	
99	刘　萍	女	1979.12	本科	南京医科大学	南京市浦口区中心医院	
100	吴达燕	女	1980.3	本科	南京医科大学	南京市浦口区中心医院	

续表 103

序号	姓名	性别	出生年月	文化程度	毕业院校	工作单位	取得专业技术职务名称
101	李萍萍	女	1980.7	本科	东南大学	南京安宁医院	副主任护师
102	万以彬	男	1969.9	大专	江苏职工医科大学	南京市浦口区桥林街道社区卫生服务中心	社区副主任医师
103	林苏平	男	1971.8	本科	东南大学	江苏省江浦高级中学文昌校区卫生保健所	
104	丁金亮	男	1971.11	大专	东南大学	南京市浦口区顶山街道社区卫生服务中心	
105	郭金宁	男	1972.1	大专	南京医科大学	南京市浦口区汤泉街道社区卫生服务中心	
106	雍　斌	男	1972.2	大专	江苏建康职业学院	南京市浦口区星甸街道石桥社区卫生服务中心	
107	孙汉忠	男	1972.9	本科	皖南医学院	浦口区泰山街道沧波门社区卫生服务站	
108	李　萍	女	1973.10	大专	南京医科大学	南京市浦口区中等专业学校卫生保健所	
109	丁　巍	女	1973.12	大专	南京医科大学	南京市浦口区泰山街道社区卫生服务中心	
110	陈　波	女	1977.3	大专	东南大学	南京市浦口区汤泉街道社区卫生服务中心	
111	杜泽红	女	1968.2	大专	南京医科大学	南京市浦口区桥林街道社区卫生服务中心	社区副主任护师
112	王忠平	女	1969.11	本科	东南大学	南京市浦口区星甸街道石桥社区卫生服务中心	
113	周育红	女	1970.3	本科	扬州大学	南京市浦口区中等专业学校卫生保健所	
114	陈荣美	女	1970.4	大专	江苏职工医科大学	南京市浦口区桥林街道乌江社区卫生服务中心	
115	陈法荣	女	1970.6	大专	北京中医药大学	南京市浦口区永宁街道社区卫生服务中心	
116	丁爱梅	女	1970.12	大专	东南大学	南京市浦口区永宁街道社区卫生服务中心	
117	貌学云	女	1976.10	大专	南京医科大学	南京市浦口区顶山街道社区卫生服务中心	
118	王晓璇	女	1977.3	本科	南京医科大学	南京市浦口区顶山街道社区卫生服务中心	
119	徐　琳	女	1977.4	本科	扬州大学	南京市浦口区沿江街道社区卫生服务中心	
120	崔志文	女	1977.10	本科	南京医科大学	南京市浦口区泰山街道社区卫生服务中心	
121	张子萍	女	1979.1	本科	扬州大学	南京市浦口区桥林街道社区卫生服务中心	
122	孙金红	男	1966.12	本科	中国医科大学	南京市浦口区永宁街道社区卫生服务中心	社区副主任药师
123	邓　瑾	女	1978.11	本科	中国药科大学	南京市浦口区盘城街道社区卫生服务中心	
124	杨丽莉	女	1979.4	本科	北京中医药大学	南京市浦口区顶山街道社区卫生服务中心	社区副主任中药师
125	徐雪梅	女	1972.12	大专	南京医科大学	南京市浦口区盘城街道社区卫生服务中心	社区副主任技师

注:因 2017 年 8 月江北新区管理体制调整,一部分单位划入江北新区管理,部分高级专业技术人员没有列入统计　（孙兆侠）

·文稿编辑　卢仕松　朱军玲·

统计资料

说明：本资料是浦口区统计局根据2017年统计年报和有关部门提供的统计资料整理汇编而成。由于2017年江北新区行政管理体制调整，本资料中的指标、数据，除单独说明的以外，所采用口径为剔除新区直管区划转片区后的区域范围。

一、综　合

2017年浦口区国民经济主要指标情况一览表

表104

指标名称	单　位	2017年	指标名称	单　位	2017年
土地面积	平方千米	698	社会消费品零售总额	亿元	82.41
总户数	万户	11.05	实际利用外资	万美元	32100
年末常住总人口	人	362300	出口创汇	亿元	23.02
年末户籍总人口	人	327852	固定资产投资完成额	亿元	481.40
乡村人口	人	183532	工业投资	亿元	135.95
人口密度(户籍)	人/平方千米	470	一般公共预算收入	亿元	54.71
地区生产总值	亿元	317.58	一般公共预算支出	亿元	70.91
第一产业	亿元	40.20	金融机构年末存款余额	亿元	1820.56
第二产业	亿元	78.42	储蓄存款	亿元	447.18
第三产业	亿元	198.96	金融机构年末贷款余额	亿元	1124.50
工农业总产值	亿元	204.54	人均地区生产总值	元	87657
农业总产值	亿元	75.84	城镇居民人均可支配收入	元	50505
粮食总产量	吨	68636	农村居民人均可支配收入	元	23512
油料总产量	吨	7349			

二、农　业

2017年浦口区农林牧渔业总产值情况一览表

（现行价）

表105　　单位：万元

地　区	总　计	农　业	林　业	牧　业	渔　业	农林牧渔服务业
全区合计	758387	394742	74514	88553	148967	51611
江浦街道	86339	39844	9965	14284	20311	1935
桥林街道	162745	89638	16790	31685	22789	1843
星甸街道	143735	83641	4644	18681	34433	2336
汤泉街道	72389	42891	7645	14047	6690	1116
永宁街道	114792	48808	3355	4657	56712	1260
老山林场	6057	5283	774	0	0	0
汤泉农场	7417	1621	1422	3772	602	0

注：街道合计数不等于全区总计

2017年浦口区农村主要产品生产情况一览表

表106

指 标 名 称	播种面积（亩）	单产（公斤）	总产量（吨）
农作物总播种面积	369370	—	—
一、粮食作物合计	158976	432	68636
（一）夏收粮食	63886	323	20664
其中：小麦	62881	326	20469
（二）秋收粮食	95090	504	47972
1. 谷物	77385	550	42596
（1）稻谷	66894	565	37826
（2）玉米	10491	—	4770
2. 豆类	10392	—	1779
3. 薯类	7313	—	3597
二、油料合计	42645	172	7349
其中：油菜籽	38426	174	6697
三、棉花（皮棉）	2528	—	270
四、蔬菜	135471	—	328747
五、瓜类	10050	—	19871

注：1. 根据统计报表的实际情况，该表采用“亩”作计量单位，其与“公顷”的换算标准为：1 公顷 =15 亩
2. 表中数据与区农业局统计口径不同
3. 播种面积乘以单产不等于总产量

2017 年浦口区林业、茶、水果生产情况一览表

表 107

林业生产情况	单位	数量	茶、果生产情况	单位	数量
造林面积	公顷	127	茶叶产量	吨	149.3
育苗面积	公顷	11063	水果产量	吨	20681
零星植树	万株	20.6	其中:桃子	吨	4938
实有林地	公顷	25230	柿子	吨	708
林产品产量(板栗)	吨	1119	葡萄	吨	2790.3

注:表中数据与区农业局统计口径不同

2017 年浦口区农业机械年末拥有量情况一览表

表 108

指标名称	单位	年末数	指标名称	单位	年末数
农业机械总动力	万千瓦	26.097	其中:柴油机	台/万千瓦	623/0.5558
其中:柴油机动力	万千瓦	15.2279	电动机	台/万千瓦	3670/6.3132
汽油机动力	万千瓦	0.2605	农用水泵机	台	8333
电动机动力	万千瓦	10.6086	机动脱粒机	台	0
大中型拖拉机	台/万千瓦	903/4.2311	联合收割机	台	300
小型拖拉机	台/万千瓦	2099/1.8416	农副产品加工机械	台	1170
农用排灌机械动力	台/万千瓦	4293/6.8690	农用运输车	辆/万千瓦	314/0.7477

三、工　业

2017 年浦口区年主营业务收入 2000 万元(规模以上)工业企业主要经济指标情况一览表

表 109

指标名称	企业数(家)	亏损企业(家)	总产值(亿元)	销售产值(亿元)	资产总计(亿元)	产成品(亿元)	固定资产(亿元)	主营业务收入(亿元)	利税总额(亿元)
总　计	95	25	158.41	175.77	312.52	26.84	78.90	173.02	17.66
制造业	92	25	152.88	170.23	281.74	26.84	76.73	169.87	15.64
农副食品加工业	2	1	3.18	3.18	25.07	0.00	16.35	3.18	-0.33
食品制造业	1	0	0.98	0.74	1.88	0.21	0.52	0.69	0.06
纺织业	2	1	1.14	1.14	1.03	0.02	0.00	1.02	0.01
皮革、毛皮、羽毛及其制品和制鞋业	2	0	2.81	2.81	3.33	0.00	0.39	2.88	0.02
化学原料及化学制品制造业	4	0	15.75	15.88	5.70	0.24	0.96	15.88	1.22
医药制造业	3	0	0.62	0.78	0.63	0.00	0.24	0.79	0.20
橡胶和塑料制品业	3	1	10.53	10.57	38.07	0.39	25.98	9.75	3.13
非金属矿物制品业	20	7	27.09	27.04	41.31	2.16	10.50	27.72	3.90
金属制品业	13	2	15.71	15.67	24.59	2.56	3.33	15.00	1.21
通用设备制造业	8	0	3.80	3.67	2.93	0.16	0.38	3.06	0.25
专用设备制造业	6	2	13.23	13.26	25.91	2.17	1.40	13.27	2.01
汽车制造业	4	0	39.87	58.01	74.73	16.49	12.45	59.98	2.90

续表 109

指标名称	企业数（家）	亏损企业（家）	总产值（亿元）	销售产值（亿元）	资产总计（亿元）	产成品（亿元）	固定资产（亿元）	主营业务收入（亿元）	利税总额（亿元）
铁路、船舶、航空航天和其他运输设备制造业	8	2	5.65	5.85	19.26	0.28	2.15	5.86	0.32
电气机械和器材制造业	12	7	9.94	9.07	13.41	1.79	1.39	8.13	0.45
计算机、通信和其他电子设备制造业	2	1	0.66	0.66	1.00	0.04	0.43	0.76	0.01
仪器仪表制造业	1	0	1.39	1.35	2.51	0.31	0.25	1.35	0.30
废弃资源综合利用业	1	1	0.54	0.54	0.38	0.02	0.01	0.54	-0.01
电力、热力、燃气及水生产和供应业	3	0	5.53	5.53	30.78	0.00	2.15	3.15	2.02
电力、热力生产和供应业	1	0	2.06	2.06	10.25	0.00	0.03	2.06	0.57
水的生产和供应业	2	0	3.47	3.47	20.53	0.00	2.12	1.09	1.45

注:工业总产值、工业销售产值均为当年价格

四、贸　易

2017 年浦口区社会消费品零售总额情况一览表

表 110　　单位:万元

指标名称	累计	指标名称	累计
社会消费品零售总额	824078	限额以上	426193
一、按规模分		限额以下	114176
(一)限额以上小计	554994	(二)住宿和餐饮业小计	148460
(二)限额以下小计	269084	1、住宿业	13368
二、按行业分		限额以上	8964
(一)批发和零售业小计	675618	限额以下	4404
1. 批发业	135249	2. 餐饮业	135092
限额以上	90114	限额以上	29723
限额以下	45135	限额以下	105369
2. 零售业	540369		

2017 年浦口区限额以上批发和零售业商品分类零售额一览表

表 111

指标名称	累计实现零售额(万元)		增长(%)
	2017 年	2016 年	
总　计	328300	294300	11.6
粮油、食品类	66595	62026	7.4
饮料类	13695	11765	16.4
烟酒类	37766	33418	13.0
服装、鞋帽、针纺织品类	12877	12024	7.1
化妆品类	2916	2669	9.3
金银珠宝类	1697	1477	14.9
日用品类	42114	35781	17.7
五金、电料类	8131	5904	37.7

续表 111

指标名称	累计实现零售额(万元)		增长(%)
	2017 年	2016 年	
体育、娱乐用品类	15697	15023	4.5
书报杂志类	2060	1611	27.9
电子出版物及音像制品类	1627	1492	9.0
家用电器和音像器材类	9486	9165	3.5
中西药品类	4766	4400	8.3
文化办公用品类	18463	16791	10.0
家具类	24227	20962	15.6
通讯器材类	7519	6841	9.9
石油及制品类	29149	26510	10.0
建筑及装潢材料类	24694	23201	6.4
机电产品及设备类	4821	3240	48.8
汽车类	0	0	0

五、财政 金融

2017 年浦口区财政公共预算收支决算情况一览表

表 112　　单位:万元

财政公共预算收入				财政公共预算内支出			
预算科目	决算数			预算科目	决算数		
	小计	行政区	高新区		小计	行政区	高新区
增值税	124390	20968	103422	一般公共服务	101242	82241	19001
营改增	166053	107524	58529	国防	232	33	199
营业税	1937	1465	472	公共安全	51538	42132	9406
企业所得税	188829	94737	94092	教育	162892	154313	8579
个人所得税	52207	27997	24210	科学技术	62360	10160	52200
资源税	214	214	0	文化体育与传媒	16767	16514	253
城市维护建设税	53727	26417	27310	社会保障和就业	94311	85476	8835
房产税	25554	11302	14252	医疗卫生	57740	53958	3782
印花税	16837	10769	6068	节能环保	7320	4962	2358
城镇土地使用税	20495	13506	6989	城乡社区事务	171537	69746	101791
土地增值税	135925	67577	68348	农林水事务	83825	71191	12634
车船使用和牌照税	890	538	352	交通运输	30372	22613	7759
耕地占用税	0	0	0	资源勘探电力信息等事务	36064	15495	20569
契税	98557	44285	54272	商业服务业等事务	13061	9876	3185
国有资产经营收入	0	0	0	金融监管等事务	1462	1145	317
国有资源(资产)有偿使用收入	27532	25580	1952	援助其他地区支出	5494	3770	1724
行政性收费收入	52785	49757	3028	国土资源气象等事务	12563	11030	1533
罚没收入	8802	8626	176	住房保障支出	48050	44177	3873
海域场地矿区使用费收入	1125	1125	0	粮油物资储备事务	1805	1805	0
专项收入	43187	23470	19717	国债还本付息支出	12646	6031	6615
其他收入	11318	11284	34	其他支出	2465	2455	10
2017 年收入合计	1030364	547141	483223	2017 年支出合计	973746	709123	264623

2017年浦口区金融机构信贷收支情况一览表

表113 单位:万元

资金来源	年末余额	资金运用	年末余额
一、各项存款	18205644	一、各项贷款	11244952
(一)境内存款	18190413	(一)境内贷款	11244390
1. 个人存款	4471817	1. 短期贷款	1690035
其中:活期储蓄存款	1563562	个人贷款及透支	396913
定期储蓄存款	1981383	单位贷款及透支	1293122
结构性存款	159215	2. 中长期贷款	9544191
2. 单位存款	13614033	个人贷款	4201093
其中:活期存款	7574395	单位贷款	5343098
定期存款	1598527	3. 票据融资	10164
保证金存款	146702	(二)境外贷款	562
结构性存款	517399	二、债券投资	1541
3. 非存款类金融机构存款	104563	三、股权及其他投资	219670
(二)境外存款	15231	四、存放中央银行存款	5819
二、代理财政性存款	829	五、缴存中央银行财政性存款	13426
三、银行业存款类金融机构往来	29283	六、银行业存款类金融机构往来	21138
四、联行往来(净)	428440	七、存放非存款类金融机构款项	155
五、应付及暂收款	182178	八、联行往来	7637345
其中:应付利息	144581	十、库存现金	-10871
六、其他负债	47536	十一、应收及预付款	53804
七、所有者权益	266229	十二、固定资产	64840
其中:实收资本	10000	十三、其他资产	153470
		十四、减:各项准备	149288
资金来源总计	19160139	资金运用总计	19160139

六、文化 教育 卫生 体育

2017年浦口区文化事业基本情况一览表

表114

指标名称	单位	数量	指标名称	单位	数量
一、艺术表演团体机构从业人员	人	16	组织文艺活动次数	次	60
总收入	千元	1515	总收入	千元	18806
二、公共图书馆机构从业人员	人	30	四、文化站机构人数	人	19
总藏量	千册(件)	329	藏书	千册	253
总流通人次	千人次	227	总收入	千元	3895
书刊外借册次	千册次	184	五、博物馆机构从业人员	人	37
总收入	千元	16140	文物藏品	件	1000
三、群众文化馆机构从业人员	人	27	参观陈列人次	千人次	386
举办展览个数	个	11	总收入	千元	7712

2017年浦口区普通教育事业基本情况一览表

表115

指标名称		幼儿园	小学	普通中学			职业学校、成人学校
				合计	高中	初中	
学校数(所)		26	18	15	1	14	2
班级数(班)		262	363	260	72	188	85
招生数(人)		2589	2927	3515	1160	2355	1262
在校学生数(人)		8570	15255	10376	3604	6772	3477
教职工数	总数(人)	1048	1011	1572	422	1150	351
	专任教师数(人)	621	1071	1188	347	841	308
	本科以上学历教师数(人)	295	821	1123	346	777	—
	占比(%)	47.5	76.66	94.53	99.71	92.39	—
	高级职称教师数(人)	—	61	318	147	171	—
	占比(%)	—	5.70	26.77	42.36	20.33	—

2017年浦口区卫生机构床位、人员情况一览表

表116

指标名称	机构数(个)	床位数(张)	人员数(人)	卫生技术人员(人)						
				总计	执业医师	执业助理医师	注册护士	药剂人员	技师	其他
总计	126	992	2363	2021	765	78	803	116	103	156
医院合计	3	860	1518	1340	488	8	631	68	68	77
综合医院	2	560	986	839	311	6	398	39	41	44
中医医院	1	300	532	501	177	2	233	29	27	33
社区卫生服务中心(站)	72	132	506	401	148	53	98	34	14	54
门诊部	9	0	97	76	31	6	27	8	4	0
诊所、卫生所、医务室	33	0	115	105	50	7	41	4	3	0
妇幼保健院(所、站)	1	0	31	28	17	1	5	1	3	1
疾病预防控制中心	1	0	60	48	30	2	1	0	11	4
卫生监督所(中心)	1	0	28	18	0	0	0	0	0	18
医学教育机构	1	0	6	3	1	1	0	1	0	0
其他(急救站)	5	0	2	2	0	0	0	0	0	2

2017年浦口区体育事业情况一览表

表117

指标名称	单位	数量	指标名称	单位	数量
一、举办运动会情况			3.铜牌	枚	20
1.举办区运动会次数	次	32	四、等级裁判员发展情况		
2.参加区运动会人数	人次	30000	一级裁判员	人	0
二、社会体育指导员情况			二级裁判员	人	0
年末认证总人数	人	100	五、公艺体育场所使用情况		
1.2016年到达数	人	2300	体育场	个	1
2.2017年度发展数	人	2400	六、少年儿童业余体校学生人数		
三、体育运动成绩情况(省、市、州比赛)			田径	人	40
1.金牌	枚	9	摔跤	人	10
2.银牌	枚	20	跆拳道	人	20

七、固定资产投资

2017年浦口区全社会投资完成情况一览表

表118

投资街道、部门	投资完成额(万元)		增减(%)
	2017年	2016年	
行政区合计	4814259	4682173	2.82
其中:街道	1269071	1593036	-20.34
江浦街道	988103	885522	11.58
桥林街道	83379	278007	-70.01
星甸街道	60729	215381	-71.80
汤泉街道	116925	169826	-31.15
永宁街道	19935	44300	-55.00
其中:部门	3545188	3089137	14.76
开发区	1896028	2229269	-14.95
交通集团	149205	113717	31.21
城建集团	96729	28762	236.31
珍珠泉	0	0	—
国资集团	76062	2493	2951.02
汤泉农场	3920	3500	12.00
老山管办	33961	29357	15.68
老山林场	1000	3110	-67.85
科工园	505668	516457	-2.09
康居集团	710334	162472	337.20
水务集团	56878	0	—
其他	15403	0	—

2017年浦口区房地产开发投资完成情况一览表

表119

指标名称	单位	数量	指标名称	单位	数量
项目个数	个	63	其中:住宅	万平方米	480.23
计划总投资	亿元	838.12	2017年竣工房屋面积	万平方米	95.52
2017年完成投资额	亿元	198.12	其中:住宅	万平方米	72.94
2017年新增固定资产	亿元	51.87	2017年竣工房屋价值	亿元	50.17
2017年资金来源	亿元	258.48	2017年销售面积	万平方米	141.99
其中:国内贷款	亿元	55.48	其中:住宅	万平方米	128.29
自筹资金	亿元	102.41	2017年销售合同销售额	亿元	99.63
2017年施工房屋面积	万平方米	750.81	其中:住宅	亿元	74.65

八、劳动工资

2017 年浦口区从业人员和劳动报酬情况一览表

表 120

指标名称	年末人数(人)		年平均人数(人)		工资总额(万元)		从业人员年平均工资(元)
	总数	在岗职工	总数	在岗职工	总数	在岗职工	
总　计	54227	39976	53965	40015	4675103	3654178	86632
一、按企业、事业、机关分组							
企业	38853	27819	38556	27914	2897463	2067704	75149
事业	10316	8819	10290	8787	1129709	1051843	109787
机关	4402	2937	4490	2937	586027	498383	130518
其他	656	401	629	377	61904	36248	98417
二、按国民经济行业分组							
农、林、牧、渔业	196	196	198	198	10615	10615	53611
制造业	13480	12307	13812	12566	1025073	946389	74216
电力、热力、燃气及水生产和供应业	267	232	266	229	37057	35040	139312
建筑业	13685	5694	13237	5585	901923	242866	68137
批发和零售业	2805	1520	2661	1486	150380	90679	56513
交通运输、仓储和邮政业	2293	2024	2197	1934	177123	162536	80620
住宿和餐饮业	574	489	565	504	22130	20486	39168
信息传输、软件和信息技术服务业	180	180	225	225	22702	22702	100898
金融业	434	427	432	426	81051	80205	187618
房地产业	1868	1743	1861	1723	206880	197058	111166
租赁和商务服务业	632	608	633	609	64600	63269	102054
科学研究、技术服务业	478	443	481	446	67183	64947	139674
水利、环境和公共设施管理业	3161	3156	3192	3187	149671	149400	46889
居民服务、修理和其他服务业	28	11	28	11	2259	1219	80679
教育	5832	4870	5787	4819	747580	703122	129183
卫生和社会工作	2085	1632	2059	1610	230107	192946	111757
文化、体育和娱乐业	423	328	423	328	39892	34168	94307
公共管理、社会保障和社会组织	5806	4116	5908	4129	738877	636531	125064

九、人民生活

2017 年浦口区城乡居民调查基本情况一览表

表 121

指标名称	单位	全体居民户	城镇居民户	农村居民户
调查点数	个	20	15	5
调查户数	户	198	148	50
调查户常住人口	人	631	461	170
户均常住人口	人	3. 19	3. 11	3. 4
调查户就业人数	人	400	289	111
就业人口负担系数		1. 58	1. 59	—
调查户整、半劳动力	人	—	—	125
户均整、半劳动力	人	—	—	2. 5
平均每个劳动力负担人口	人	—	—	1. 36
人均住房建筑面积	平方米	41. 3	42. 2	39
人均住房价值	万元	—	—	13. 1

2017年浦口区全体居民收支情况一览表

表122

单位:元

指标名称		人均
收入情况	总收入	52260
	其中:可支配收入	39898
	(一)工资性收入	23557
	1. 工资	22980
	2. 实物福利	14
	3. 其他	563
	(二)经营净收入	9433
	(三)财产净收入	1285
	(四)转移净收入	5624
支出情况	家庭总支出	37524
	(一)消费支出	26467
	1. 食品	7011
	2. 衣着	2316
	3. 居住	3027
	4. 生活用品及服务	2732
	5. 交通通信	3884
	6. 教育文化娱乐	5628
	7. 医疗保健	1099
	8. 其他用品和服务	770
	(二)生产经营费用支出	1420
	(三)财产性支出	367
	(四)转移性支出	3505
	(五)部分商业保险支出	77
	(六)购置资产及非经常性转移支出	4734
	(七)借贷性支出	954

2017年浦口区城镇调查户收支情况一览表

表123

单位:元

指标名称		人均
收入情况	可支配收入	50504.9
	(一)工资性收入	30428.9
	1. 工资	30030.9
	2. 实物福利	23.0
	3. 其他	375.0
	(二)经营净收入	10852.0
	(三)财产净收入	1193.0
	(四)转移净收入	8031.0
支出情况	家庭总支出	42453.6
	(一)消费支出	31837.7
	1. 食品	8150.7
	2. 衣着	3061.0
	3. 居住	3892.0
	4. 生活用品及服务	3673.0
	5. 交通通信	4718.0
	6. 教育文化娱乐	5985.0
	7. 医疗保健	1323.0
	8. 其他用品和服务	1035.0
	(二)生产经营费用支出	1320.6
	(三)财产性支出	460.7
	(四)转移性支出	3929.6
	(五)部分商业保险支出	73.4
	(六)购置资产及非经常性转移支出	3961.8
	(七)借贷性支出	869.8

2017年浦口区农村调查户收支情况一览表

表124　　单位:元

指标名称		人均	指标名称		人均
收入情况	可支配收入	23512	支出情况	3. 居住	1999
	(一)工资性收入	12941		4. 生活用品及服务	1433
	(二)经营净收入	7241		5. 交通通信	2751
	1. 第一产业收入	2880		6. 教育文化娱乐	3530
	2. 第二产业收入	239		7. 医疗保健	753
	3. 第三产业收入	4122		8. 其他用品和服务	361
	(三)财产净收入	1426		(二)生产经营费用支出	287
	(四)转移净收入	1904		(三)财产性支出	115
支出情况	家庭总支出	29021		(四)转移性支出	2354
	(一)消费支出	18170		(五)部分商业保险支出	88
	1. 食品	5251		(六)购置资产及非经常性转移支出	6825
	2. 衣着	2092		(七)借贷性支出	1183

2017年浦口区城镇、农村调查户主要耐用消费品百户拥有情况一览表

表125

指标名称	单位	数量		
		全体居民	城镇居民	农村居民
家用汽车	辆	62	62	62
洗衣机	台	98	99	98
电冰箱	台	—	—	106
空调器	台	220	229	194
淋浴热水器	台	110	112	102
固定电话机	部	22	26	8
移动电话	部	269	273	260
彩色电视机	台	173	182	148
家用计算机	台	102	105	94
微波炉	台	95	96	92
照相机	架	43	48	28
健身器材	套	14	13	—
摩托车	辆	—	—	52

十、在省、市排名情况

2017年浦口区主要经济指标在全市各区位置情况一览表(一)

表126

区　名	地区生产总值				一般公共预算收入			
	累计(亿元)	绝对值名次	增长(±%)	增幅名次	累计(亿元)	绝对值名次	增长(±%)	增幅名次
南京市	11715.1	—	8.1	—	1271.91	—	11.3	—
玄武区	745.16	7	9.1	2	59.95	9	22.6	1
秦淮区	799.86	6	8.3	7	78.35	7	11.7	3
建邺区	422.85	11	8.3	7	103.75	5	14.2	2
鼓楼区	1279.54	2	9.2	1	101.91	6	8.3	7
浦口区	930.06	4	8.2	9	107.54	4	-0.2	11
栖霞区	1021.20	3	9.0	3	118.10	2	5.0	9
雨花台区	511.17	10	8.5	6	72.57	8	4.1	10
江宁区	1935.92	1	9.0	3	226.46	1	7.7	8
六合区	919.87	5	7.8	11	108.48	3	10.1	6
溧水区	700.03	8	8.9	5	56.66	10	10.5	6
高淳区	630.08	9	8.2	9	28.17	11	10.7	4

2017年浦口区主要经济指标在全市各区位置情况一览表(二)

表127

区　名	规模以上工业总产值				全社会固定资产投资			
	累计(亿元)	绝对值名次	增长(±%)	增幅名次	累计(亿元)	绝对值名次	增长(±%)	增幅名次
南京市	12217.66	—	9.8	—	6215.20	—	12.3	—
玄武区	34.78	11	1.5	10	158.24	11	18.2	2
秦淮区	158.13	9	-2.0	11	260.09	10	15.0	3
建邺区	321.48	8	8.7	5	365.57	7	12.9	6
鼓楼区	138.57	10	6.7	8	266.28	9	7.9	9
浦口区	899.70	5	7.3	7	1108.46	1	3.6	11
栖霞区	3166.99	1	11.2	4	688.99	3	15.0	3
雨花台区	357.11	7	38.7	1	270.14	8	13.2	5
江宁区	2734.10	2	3.7	9	1101.22	2	20.3	1
六合区	2398.14	3	13.4	2	520.60	5	7.2	10
溧水区	1224.12	4	13.0	3	610.56	4	12.4	7
高淳区	784.54	6	8.2	6	506.41	6	9.2	8

2017 年浦口区主要经济指标在全市各区位置情况一览表(三)

表 128

区　名	社会消费品零售总额				全体居民人均可支配收入			
	累计(亿元)	绝对值名次	增长(±%)	增幅名次	累计(元)	绝对值名次	增长(±%)	增幅名次
南京市	5604.66	—	10.2	—	48104	—	9.3	—
玄武区	523.63	3	10.2	5	60649	1	9.0	6
秦淮区	1020.08	1	10.2	5	55480	3	9.1	6
建邺区	219.03	9	10.3	4	53215	4	9.1	7
鼓楼区	973.32	2	10.0	9	59722	2	9.0	7
浦口区	336.10	7	11.2	1	43630	8	9.3	6
栖霞区	263.07	8	10.0	9	45539	7	9.7	4
雨花台区	403.65	6	10.1	7	49609	6	9.3	5
江宁区	521.06	4	11.0	2	50420	5	9.5	3
六合区	419.63	5	10.0	9	34911	10	9.6	4
溧水区	213.66	10	10.4	3	34865	11	9.9	3
高淳区	206.66	11	10.1	7	35017	9	9.7	2

2015～2017 年浦口区主要经济指标在全省区(市)县位置情况一览表

表 129

年份	指标名称	地区生产总值(亿元)	公共财政预算收入(亿元)	固定资产投资(亿元)	社会消费品零售总额(亿元)	出口总额(万美元)
2015	绝对量	713.69	93.68	930.17	269.16	180000
	位次	30	14	3	20	33
	增长(%)	10.5	10.7	15.1	13.1	-4.4
	位次	23	56	51	18	59
2016	绝对量	820.34	109.62	1070.04	302.25	113744
	位次	26	13	2	30	40
	增长(%)	10.6	17.0	15.0	12.3	-15.4
	位次	4	6	37	22	71
2017	绝对量	317.58	38.06	481.40	82.41	33979
	位次	88	57	38	90	68
	增长(%)	8.2	13.1	2.8	11.3	11.0
	位次	22	9	79	29	52
2017 年比 2015 年	平均增长(%)	9.4	15.0	8.7	11.8	-3.1
	位次	4	2	65	23	85

附　　录

重要文件目录

2017 年中共南京市浦口区委重要文件目录

表 130

文号	文 件 标 题	发文日期
1	关于表彰 2016 年度“建设浦口”先进单位和先进个人的决定	1. 16
4	关于印发《浦口区“两减六治三提升”专项行动实施方案》的通知	2. 16
5	关于印发《开展领导干部“走千企入万户、助发展促富民”大走访活动，共建幸福浦口新家园实施方案》的通知	2. 17
6	关于印发《关于进一步做好全区党政领导干部接访包案工作的实施意见》的通知	2. 20
9	中共南京市浦口区委关于常委会民主生活会情况的通报	3. 8
11	关于印发《中共南京市浦口区委常委会 2017 年工作要点》的通知	3. 27
12	关于印发《2017 年浦口区省市重大项目推进工作方案》的通知	3. 29
14	关于印发《浦口区全面推行“河长制”实施意见》的通知	4. 21
16	关于印发《浦口区 2017 年政治建设工作目标》的通知	5. 25
19	关于印发《浦口区法治政府建设实施方案(2016～2020 年)》的通知	7. 10
24	中共浦口区第四届委员会第三次全体会议决议	8. 10
25	关于印发《深化区管企业负责人薪酬制度改革实施意见》的通知	8. 15
26	关于印发《关于构建和谐劳动关系的实施意见》的通知	8. 22
35	中共南京市浦口区委四届四次全会决议	12. 29

2017 年中共南京市浦口区委办公室重要文件目录

表 131

文号	文 件 标 题	发文日期
3	关于印发《关于进一步加强群众安全感建设的实施意见》的通知	1. 22
4	关于印发《浦口区关于推进现代公共文化服务体系建设的实施意见》的通知	1. 23
10	关于印发《区委常委会民主生活会查摆问题整改落实方案》的通知	3. 8
13	关于印发《区委 2017 年重点工作任务责任分工落实意见》的通知	3. 27
25	关于印发《浦口区“十三五”精神文明建设规划》的通知	6. 1
27	关于印发《浦口区关于实行审计全覆盖的实施意见》的通知	6. 8

续表 131

文号	文 件 标 题	发文日期
31	关于印发《浦口区“十三五”人才发展规划》的通知	6. 26
32	关于印发《浦口区“十三五”政治文明建设规划》的通知	6. 27
33	关于印发《浦口区“12345”政务热线运行管理实施细则》的通知	6. 30
34	关于印发《关于支持人民法院基本解决执行难工作的实施意见》的通知	7. 3
36	关于印发《关于进一步做好扶贫开发和帮扶救助志愿者工作的意见》的通知	7. 10
37	关于印发《浦口区社会治理大联勤网格化服务管理工作问责办法(试行)》的通知	7. 17
38	关于印发《浦口区党委(党组)理论学习中心组学习实施细则》的通知	7. 17
39	关于印发《浦口区推进社区(村)综治警务工作一体化建设实施方案》的通知	8. 15
42	关于印发《关于加强新的社会阶层人士统战工作的实施方案》的通知	8. 31
43	关于印发《关于加强区纪委派驻机构建设的意见》的通知	9. 4
45	关于印发《关于“十三五”期间落实计划生育目标管理责任制的实施意见》的通知	9. 7
46	关于印发《全区出租房屋安全隐患集中整治工作方案》的通知	9. 7
47	关于转发《区委宣传部关于学习习近平总书记在省部级主要领导干部专题研讨班上重要讲话精神的方案》的通知	9. 7
49	关于印发《南京市浦口区推进落实省委省政府“3550”工作目标改革实施方案》的通知	9. 18
50	关于印发《南京市浦口区投资建设项目“预审代办”实施办法(试行)》的通知	9. 18
52	关于完善区政府门户网站要闻发布机制的实施意见	9. 29
53	关于印发《关于进一步完善浦口区机关和事业单位编外人员管理的意见》的通知	10. 12
54	关于印发《浦口区创意设计券实施细则(试行)》的通知	10. 16
58	关于印发《浦口区 2017 年绩效考核办法》的通知	11. 3
59	关于印发《浦口区 2017 年绩效考核实施细则》的通知	11. 3
61	关于印发《关于在全区范围内推广“行村制”的实施意见》的通知	11. 10
64	关于印发《浦口区贯彻落实中央〈党委(党组)网络意识形态工作责任制实施细则〉的实施方案》的通知	11. 20
65	关于印发《浦口区创新项目考评办法(试行)》的通知	11. 24
66	关于印发《“建设浦口”先进单位、先进个人推选办法(试行)》的通知	11. 24
69	关于印发《中共南京市浦口区委法律顾问工作规则(试行)》的通知	12. 5
73	关于印发《浦口区关于进一步完善矛盾纠纷多元化解机制的实施意见》的通知	12. 19
74	关于印发《南京市浦口区深化国家监察体制改革试点工作实施方案》的通知	12. 21
75	关于印发《关于推行法律顾问制度和公职律师制度的贯彻实施意见》的通知	12. 22

(雷雨)

2017 年南京市浦口区人民政府重要文件目录

表 132

文号	文 件 标 题	发文日期
1 号	关于下达二〇一七年国民经济和社会发展奋斗目标的通知	3. 1
7 号	关于印发《浦口区违法建设专项治理实施方案(2016 ~ 2020 年)》的通知	1. 6
20 号	关于印发《南京市浦口区全民健身实施计划(2016 ~ 2020 年)》的通知	1. 24
21 号	关于印发《浦口区“多规合一”工作方案》的通知	1. 25
33 号	浦口区关于推进“先照后证”改革后加强事中事后监管的实施办法	2. 16
52 号	关于建立南京市浦口区行政审批制度改革联席会议制度的通知	3. 15
57 号	关于表彰 2016 年度浦口区区长质量奖的决定	3. 23

续表 132

文号	文　件　标　题	发文日期
59 号	关于印发《南京市浦口区区长生态环境保护工作目标任务分解》和《2017 年区相关部门生态环境保护工作目标任务》的通知	3. 23
60 号	关于批转区城建局《2017 年浦口区城乡建设工作意见》的通知	3. 23
72 号	关于印发《浦口区国有企业融资管理暂行办法》的通知	4. 1
91 号	关于印发《关于加快推进我区建筑产业现代化促进建筑产业转型升级的实施意见》的通知	4. 25
103 号	关于印发《浦口区水污染防治行动计划 2017 年度实施方案》的通知	5. 8
104 号	关于印发《浦口区大气污染防治行动计划 2017 年度实施方案》的通知	5. 9
114 号	关于印发《浦口区政府投资基金管理办法》的通知	5. 25
129 号	关于印发《南京市浦口区“十三五”文化事业发展规划》的通知	6. 1
130 号	关于印发《浦口区“十三五”民政事业发展规划》的通知	6. 1
134 号	关于印发《浦口区交易场所风险防范化解和处置预案》的通知	6. 5
149 号	关于印发《浦口区 2017 年度地质灾害防治方案》的通知	6. 20
152 号	关于印发《南京市浦口区“十三五”都市农业发展总体规划》的通知	6. 20
180 号	关于印发《浦口区土壤污染防治行动计划 2017 年度实施方案》的通知	7. 11
190 号	关于印发《浦口区儿童发展“十三五”规划(2016～2020 年)》的通知	7. 18
191 号	关于印发《浦口区妇女发展“十三五”规划(2016～2020 年)》的通知	7. 18
218 号	关于印发《浦口区关于加快乡村民宿业发展的指导意见》的通知	8. 24
229 号	关于印发《浦口区土壤污染防治行动计划》的通知	9. 3
261 号	关于印发《关于进一步规范民办教育机构使用编制资源的意见》的通知	9. 19
262 号	关于印发《关于推进供给侧结构性改革金融服务实体经济发展的办法》的通知	9. 19
269 号	关于印发《南京市浦口区雨污分流攻坚计划(2017～2019 年)》的通知	9. 22
287 号	关于江北新区直管区与老山景区重叠区域管理等相关事宜的报告	9. 29
295 号	关于新区体制调整后给予浦口区财力补助等相关事项的请示	10. 12
308 号	关于转发《市政府关于在市场体系建设中建立公平竞争审查制度实施意见》的通知	10. 24
317 号	关于印发《浦口区建筑产业现代化专项引导资金管理实施细则》的通知	11. 1
323 号	关于印发《南京市浦口区突发公共事件总体应急预案》的通知	11. 3
350 号	关于印发《南京市浦口区“十三五”食品药品安全规划》的通知	12. 1
365 号	关于印发《浦口区突发地质灾害应急预案》的通知	12. 25
366 号	关于印发《浦口区农贸市场提档升级精细化长效管理工作行动方案》的通知	12. 27
371 号	关于印发《浦口区 2018 年城乡居民基本医疗保险管理办法》的通知	12. 25

2017 年南京市浦口区人民政府重要法规性文件目录

表 133

文号	文　件　标　题	发文日期
1 号	关于印发《浦口区 2017 年居民合作医疗管理暂行办法》的通知	5. 23
2 号	关于印发《南京市浦口区征收集体土地涉及房屋补偿安置办法》的通知	6. 6
3 号	关于印发《〈南京市浦口区征收集体土地涉及房屋补偿安置办法〉实施细则》的通知	6. 6
5 号	关于印发《南京市浦口区国有土地上房屋征收补偿补助奖励规定》的通知	10. 12

2017 年南京市浦口区人民政府办公室重要文件目录

表 134

文号	文 件 标 题	发文日期
3 号	关于印发《浦口区小学“弹性离校”工作实施方案》的通知	2.8
4 号	关于印发《浦口区城市治理考核工作实施意见》的通知	2.16
5 号	浦口区关于全面推进“双随机、一公开”监管工作的实施意见	2.16
6 号	关于印发《2017 年浦口区政府门户网站在线访谈活动实施方案》的通知	2.27
7 号	关于印发《南京市浦口区“十三五”消防事业发展规划》的通知	3.3
12 号	关于建立浦口区化工企业“四个一批”和减少铸造等行业落后产能专项行动联席会议制度的通知	3.23
18 号	关于印发《浦口区贯彻落实江苏省食品小作坊和食品摊贩管理条例实施意见》的通知	4.6
20 号	关于转发浦口区规划分局《浦口区村庄布点规划动态维护工作实施意见》的通知	4.7
21 号	关于印发《整合城乡居民基本医疗养老保险制度重点工作任务分解方案》的通知	5.31
22 号	关于印发《南京市浦口区危险化学品安全综合治理实施方案》的通知	4.13
23 号	关于转发区建工局《浦口区工程建设领域政治专项行动方案》的通知	4.14
26 号	关于印发《南京市浦口区安全生产工作考核办法》的通知	4.21
33 号	关于印发《2017 年城市治理标准化工作任务暨考核办法》的通知	5.17
36 号	关于印发《互联网 + 政务服务年度工作落实方案》的通知	5.24
39 号	关于印发《南京市浦口区“十三五”卫生计生事业发展规划》的通知	6.1
40 号	关于印发《南京市浦口区“十三五”教育事业发展规划》的通知	6.2
41 号	关于印发《南京市浦口区“十三五”档案事业发展规划》的通知	6.2
42 号	关于印发《南京市浦口区“十三五”地方志事业发展规划》的通知	6.2
43 号	关于印发《南京市浦口区“十三五”文化创意产业发展规划》的通知	6.2
44 号	关于印发《南京市浦口区“十三五”工业和信息化发展规划》的通知	6.5
45 号	关于印发《南京市浦口区“十三五”科技创新发展规划》的通知	6.5
46 号	关于印发《南京市浦口区“十三五”科技孵化器建设和发展规划》的通知	6.5
47 号	关于印发《关于贯彻落实〈市政府办公厅关于进一步加强社区专职工作者队伍建设的通知〉的实施意见》的通知	6.7
48 号	关于印发《浦口区“两减六治三提升”13 个专项行动方案》的通知	6.9
52 号	关于印发《浦口区“十三五”保障性住房建设规划》的通知	6.20
53 号	关于印发《浦口区“十三五”城乡建设规划》的通知	6.20
54 号	关于印发《南京市浦口区红会和慈善事业“十三五”发展规划》的通知	6.21
55 号	关于印发《南京市浦口区“十三五”气象发展规划》的通知	6.20
57 号	关于印发《浦口区征收集体土地涉及房屋补偿面积相关认定的指导意见(试行)》的通知	6.29
58 号	关于印发《浦口区“十三五”建筑业发展规划》的通知	7.5
59 号	关于印发《浦口区“十三五”水务发展规划》的通知	7.5
60 号	关于印发《浦口区“十三五”安全生产规划》的通知	7.7
62 号	关于印发《浦口区交通运输“十三五”专项规划》的通知	7.11
64 号	关于印发《浦口区住宅小区物业管理专项奖励资金操作细则》的通知	7.11
65 号	关于印发《浦口区住宅小区物业管理专项奖励资金管理办法》的通知	7.11
66 号	关于印发《浦口区“十三五”高效节水灌溉总体实施方案》的通知	7.11

续表 134

文号	文 件 标 题	发文日期
68 号	关于印发《"十三五"智慧浦口发展规划》的通知	7.18
69 号	关于印发《区政府关于进一步强化安全生产监管执法的实施意见》的通知	7.24
70 号	关于印发《浦口区健康服务业"十三五"专项规划》的通知	7.25
71 号	关于印发《浦口区现代服务业"十三五"专项规划》的通知	7.25
72 号	关于印发《关于推进浦口区投资建设项目区域性联合评价的意见》的通知	7.25
73 号	关于印发《浦口区投资建设代办服务工作实施细则(试行)》的通知	7.25
75 号	关于印发《浦口区"十三五"旅游业发展规划》的通知	8.1
81 号	关于印发《浦口区关于进一步加强基层安监机构建设的实施办法》的通知	8.21
83 号	关于印发《浦口区加强母婴设施建设实施方案》的通知	8.21
85 号	关于印发《浦口区政府性债务风险应急处置预案》的通知	8.21
90 号	关于印发《浦口区 2040 发展规划大纲编制工作实施方案》的通知	9.15
96 号	浦口区政府性债务风险预警管理暂行办法	9.25
101 号	关于印发《浦口区国有土地上房屋征收补偿最低保障意见》的通知	10.12
102 号	关于印发《浦口区国有土地上房屋征收补偿有关重大疾病、困难家庭补助办法》的通知	10.12
105 号	关于印发《浦口区开展社区(村)法律顾问参与社会矛盾纠纷调处工作指导意见》的通知	10.25
110 号	关于印发《浦口区全面治理拖欠农民工工资问题的实施意见》的通知	12.7
115 号	关于印发《浦口区燃气突发事故应急预案》的通知	12.12
116 号	关于印发《浦口区突发供水事故应急预案》的通知	12.12
117 号	关于印发《浦口区人民政府关于统筹推进城乡义务教育一体化促进优质均衡发展的实施意见》的通知	12.14
119 号	关于印发《浦口区网络与信息安全事件应急预案》的通知	12.16
120 号	关于印发《浦口区自然灾害救助应急预案》的通知	12.18
121 号	关于印发《浦口区档案安全应急预案》的通知	12.16
122 号	关于印发《浦口区建筑工程领域清欠工作联动应急预案》的通知	12.19
123 号	关于印发《浦口区重污染天气应急预案》的通知	12.20
124 号	关于印发《浦口区生产安全事故应急预案》的通知	12.20
125 号	关于印发《浦口区辐射事故应急预案》的通知	12.20
1126 号	关于印发《浦口区集中式水源突发污染事件应急预案》的通知	12.20
127 号	关于印发《浦口区突发环境事件应急预案》的通知	12.20
128 号	关于印发《浦口区建设工程事故应急预案》的通知	12.20
129 号	关于印发《浦口区高新技术企业引育补贴专项资金管理办法(暂行)》的通知	12.21
130 号	关于印发《浦口区地震应急预案》的通知	12.21
131 号	关于印发《浦口区旅游业发展专项资金管理办法》的通知	12.21
132 号	关于印发《浦口区粮食(粮油)应急保供实施预案》的通知	12.21
134 号	关于印发《浦口区气象灾害应急预案》的通知	12.25
135 号	关于印发《浦口区高致病性禽流感应急预案》的通知	12.25
136 号	关于印发《浦口区森林火灾应急处置预案》的通知	12.25
138 号	关于印发《浦口区突发公共卫生事件应急预案》的通知	12.28
139 号	关于做好 2017 年突发事件应对工作总结评估和 2018 年突发事件发生趋势分析工作的通知	12.28

(颜磊)

2017 年浦口区人大常委会重要文件目录

表 135

文号	文 件 标 题	发文日期
3 号	关于区政府《关于提请审议江北新区西部核心区整体城镇化项目资本金及委托代建购物服务协议所涉资金纳入财政预算支出的报告》的批复	3.21
12 号	关于批准 2016 年浦口区财政决算的决定	7.31
17 号	南京市浦口区第四届人民代表大会常务委员会关于接受余荣红等同志辞去南京市浦口区第四届人民代表大会代表职务请求的决定	10.9
19 ~ 22 号	关于浦口区第四届人民代表大会当选代表的批复	11.6
24 号	关于批准浦口区 2017 年国民经济和社会发展计划调整方案的决议	11.28
25 号	关于批准浦口区 2017 年财政预算调整方案的决议	11.28
30 号	南京市浦口区人大常委会关于设立代表资格审查委员会的决定	12.28
33 号	关于表彰 2017 年优秀代表建议和先进承办单位的决定	12.28

2017 年浦口区人大常委会审议意见书目录

表 136

文号	文 件 标 题	发文日期
1 号	关于推进浦口区全民健身事业发展情况报告的审议意见书	3.22
2 号	关于全区黑臭河道综合整治情况报告的审议意见书	5.27
3 号	关于全区垃圾治理工作情况报告的审议意见书	5.27
4 号	关于区政府 2017 年上半年工作情况、国民经济和社会发展计划执行情况及财政预算执行情况的报告的审议意见书	7.31
5 号	关于区法院 2017 年上半年工作情况报告的审议意见书	7.31
6 号	关于区检察院 2017 年上半年工作情况报告的审议意见书	7.31
7 号	关于区检察院检察改革工作情况报告的审议意见书	9.28
8 号	关于区政府代表建议办理情况报告的审议意见书	9.28
9 号	关于“12458”教育提档工程工作情况报告的审议意见书	11.28
10 号	关于全区交通优化工程建设情况报告的审议意见书	11.28
11 号	关于重大产业项目推进落实情况的审议意见书	11.28

(李朝星)

先进集体名录

2017 年浦口区获国家部级表彰的先进集体

表 137

受奖单位	称 号	授予单位	授予时间
区委宣传部	社会主义核心价值观主题微电影征集活动中型作品二等奖	中宣部宣教局	1 月
汤泉街道(“汤泉”牌苗木)	第六批全国一村一品示范村镇	农业部	1 月
江苏格冠农林科技有限公司	2016 年全国休闲农业与乡村旅游四星级示范企业(园区)	中国旅游协会	2 月 24 日
浦口中等专业学校	国家中等职业教育改革发展示范学校	教育部、人社部、财政部	2 月
浦口区	国家知识产权强县工程试点县(区)	国家知识产权局	3 月 16 日

续表 137

受奖单位	称　　号	授予单位	授予时间
区工商联	2016 年全国“五好”县级工商联	中华全国工商联	3 月
区社科联	2017 年度全国社科组织先进单位	全国大中城市社科联工作会议主席团	4 月
区体育局	2013～2016 年度全国群众体育先进单位	国家体育总局	8 月 14 日
江浦街道	《中华人民共和国红十字会法》暨全国红十字应急救护知识竞赛一等奖	中国红十字会总会	8 月 22 日
老山林场	《中华人民共和国红十字会法》暨全国红十字应急救护知识竞赛三等奖	中国红十字会总会	8 月 22 日
区检察院	第九届全国检察机关“文明接待室”	最高人民检察院	8 月
浦口区	2017 年度农村集体产权制度改革试点单位	农业部、中央农办	9 月 21 日
浦口知识产权服务大厦	全国建筑业绿色建造暨绿色施工示范工程	中国建筑业协会	9 月
区军粮供应站	全国放心粮油进农村进社区示范工程示范销售店	中国粮食行业协会	10 月 24 日
南京丽铭农业生态发展有限公司(丽铭农庄)	全国精品休闲渔业示范基地(休闲渔业主题公园)	农业部办公厅	10 月 25 日
星甸街道九华村	第五届“全国文明村镇”	中央文明办	11 月 17 日
大埝社区旅游开发有限公司	首批全国民宿产业发展示范企业创建单位	中国旅游协会	11 月 22 日
区军粮供应站	全国放心粮油示范工程示范销售店	中国粮食行业协会	11 月
浦口开发区	国家知识产权试点园区	国家知识产权局	12 月 5 日
区科协	2017 年全国科普日活动优秀组织单位	中国科协	12 月 13 日
浦口区	2017 年地质灾害防治高标准“十有县”	国土资源部	12 月 15 日
江浦街道不老村	中国最美村镇 50 强	中国最美村镇评选活动组委会、上海第一财经传媒有限公司	12 月 17 日
汤泉街道瓦殿社区	2017 中国最美村镇生态奖	中国最美村镇评选活动组委会、上海第一财经传媒有限公司	12 月 17 日
江浦街道	2017 年全国社区教育示范街道	中国成人教育协会社区教育专委会	12 月

2017 年浦口区获省级表彰的先进集体

表 138

受奖单位	称　　号	授予单位	授予时间
区民政局	2016 年度江苏省“安康关爱行动”先进单位	省老龄办、人寿保险江苏公司	1 月 13 日
区委宣传部官方微博“浦口发布”	2016 江苏年度最具影响力区县级发布微博	新浪江苏、微博	1 月
区粮食局	全省粮食行业安全生产工作先进单位	省粮食局	1 月
不老村	2016 年度江苏省四星级乡村旅游区	省旅游局	1 月
水墨大埝美丽乡村休闲旅游区	2016 年度江苏省四星级乡村旅游区	省旅游局	1 月
侯冲旅游区	2016 年度江苏省四星级乡村旅游区	省旅游局	1 月
楚韵花香	2016 年度江苏省四星级乡村旅游区	省旅游局	1 月
南京先声东元制药有限公司	2016 年江苏省质量管理优秀奖	省质量强省推进工作领导小组	2 月 8 日
星甸街道后圩村	江苏省第十二批省级“民主法治示范村”	省依法治省领导小组	2 月 9 日
桥林街道双庙村	江苏省第十二批省级“民主法治示范村”	省依法治省领导小组	2 月 9 日

续表 138

受奖单位	称　　号	授予单位	授予时间
桥林街道林东村	江苏省第十二批省级“民主法治示范村”	省依法治省领导小组	2月9日
顶山街道大新社区	江苏省第十二批省级“民主法治示范社区”	省依法治省领导小组	2月9日
汤泉街道泉东社区	江苏省第十二批省级“民主法治示范社区”	省依法治省领导小组	2月9日
南京科孚纳米技术有限公司	特邀副会长单位	省侨商会	2月16日
区信访局	全省信访系统先进集体	省人社厅、省信访局	2月23日
区农业局	2016年全省农经农业系统工作效能建设成效显著单位	省农委	2月
桥林街道商会	2016年度全省工商联商会组织先进集体	省工商联	2月
北京银行小巨人创客中心	2016年度全省十大“创新服务”奖	省银行业协会	2月
浦口地税局	江苏省2016年度按比例安排残疾人就业工作先进单位	省政府残疾人工作委员会	3月20日
浦口区	2016年农家书屋提升工程试点工作示范县(市、区)	省新闻出版广电局	3月29日
南京亿高微波系统工程有限公司	2016年度江苏省优秀高成长中小企业	省经信委、省中小企业局	4月11日
区社保中心	省级社会保险经办服务示范窗口	省人社厅	4月
区看守所	集体二等功	省公安厅	4月
老山生态农业开发有限公司	江苏省第四届手工制茶能手大赛针型类和扁型类三等奖	省茶叶协会、省茶叶学会	4月
康居集团工程管理部	江苏省工人先锋号	省总工会	4月
钛能科技股份有限公司研究所	江苏省工人先锋号	省总工会	4月
民生银行浦口支行	江苏省工人先锋号	省总工会	4月
江苏本色建设工程有限公司	江苏省五一劳动奖状	省总工会	4月
浦口新城开发建设有限公司	江苏省五一劳动奖状	省总工会	4月
浦口公安分局刑警大队	全省公安机关先进基层单位(集体二等功)	省人社厅、省公安厅	5月
浦口开发区	2017年度江苏省级知识产权示范园区	省知识产权局	6月20日
浦口区	平安铁路县(市、区)	省综治委铁路护路联防工作组	6月30日
区文广局	第八届京剧艺术节先进集体	省文化厅	6月
张爱华家庭农场	2017年省级示范家庭农场	省农委	6月
葛少家庭农场	2017年省级示范家庭农场	省农委	6月
珊珊家庭农场	2017年省级示范家庭农场	省农委	6月
尹广红家庭农场	2017年省级示范家庭农场	省农委	6月
新兴家庭农场	2017年省级示范家庭农场	省农委	6月
浦口区	首批江苏省食品安全示范县(市、区)	省食安委	7月
区纪委	全省纪检监察系统先进集体	省纪委、省人社厅	9月13日
永宁街道	长三角最具魅力私家旅游目的地	澎湃新闻网、长三角投资发展论坛组委会、长三角经济社会研究会	10月13日
区中心医院	2016~2017年度江苏省健康促进医院	省卫计委、省爱卫办	11月3日
区中心医院	江苏省健康促进医院优秀单位	省卫计委、省爱卫办	11月3日
永宁街道大埝社区	江苏省休闲观光农业示范村	省农委	11月27日
浦口公安分局星甸公安检查站	集体二等功	省公安厅	11月
永宁街道	2016年度省级耕地保护激励乡(镇)、街道	省国土资源厅	12月11日
永宁街道侯冲社区	2016年度省级创业型社区	省人社厅	12月11日

续表138

受奖单位	称　　号	授予单位	授予时间
星甸街道高庙社区	2016年度省级创业型社区	省人社厅	12月11日
江浦街道求雨山社区	2016年度省级创业型社区	省人社厅	12月11日
桥林街道福音社区	2016年度省级创业型社区	省人社厅	12月11日
汤泉街道瓦殿社区	2016年度省级创业型社区	省人社厅	12月11日
南京高新区	2016年度省级创业型园区	省人社厅	12月11日
区司法局	全省司法行政系统党的十九大安保维稳工作先进集体	省司法厅	12月14日
水墨大埝水利风景区	2017年度“省级水利风景区”	省水利厅	12月22日
区市场监管局	全省工商和市场监管系统先进单位	省人社厅、省工商局	12月25日
老山林场中部林管区	2017年度苏浙皖松材线虫病联防联治第三联防区先进集体	苏浙皖第三联防区	12月28日
西埂莲乡	2017年省四星级乡村旅游区	省旅游局	12月
区人武部	先进团党委	省军区	12月

2017年浦口区获市委、市政府、南京警备区表彰的先进集体

表139

受奖单位	称　　号	授予单位	授予时间
永宁街道永宁社区十三组	2016年度美丽乡村示范村	市委、市政府	2月17日
永宁街道友联社区杨家洼组	2016年度美丽乡村示范村	市委、市政府	2月17日
永宁街道侯冲社区刘家门口组	2016年度美丽乡村示范村	市委、市政府	2月17日
汤泉街道陈庄社区茆家洼组	2016年度美丽乡村示范村	市委、市政府	2月17日
汤泉街道瓦殿社区朱家岗组	2016年度美丽乡村示范村	市委、市政府	2月17日
汤泉街道新金社区韩冲组	2016年度美丽乡村示范村	市委、市政府	2月17日
星甸街道汤集村栗戴组	2016年度美丽乡村示范村	市委、市政府	2月17日
桥林街道福音社区八刘组	2016年度美丽乡村示范村	市委、市政府	2月17日
盘城街道渡桥社区王家渡组	2016年度美丽乡村示范村	市委、市政府	2月17日
盘城街道双城社区许家大营组	2016年度美丽乡村示范村	市委、市政府	2月17日
泰山街道花旗村护国组	2016年度美丽乡村示范村	市委、市政府	2月17日
永宁街道	2016年度郊区街镇分类考核综合类现代农业主导型街镇一等奖	市委、市政府	2月
沿江街道	2016年度郊区街镇分类考核综合类先进制造业主导型街镇三等奖	市委、市政府	2月
江浦街道	2016年度郊区街镇分类考核综合类现代服务业主导型街镇三等奖	市委、市政府	2月
南京先声东元制药有限公司	2016年度南京市市长质量奖	市政府	3月8日
红太阳集团有限公司	首届“南京慈善奖”最具爱心慈善捐赠企业	市政府	12月11日
汤泉街道武装部	基层武装工作先进单位	南京警备区	12月
永宁街道武装部	基层武装工作先进单位	南京警备区	12月

2017 年新闻报道题录

《人民日报》

大联勤,推动社会治理大变样　4 月 19 日

《解放军报》

晓冬,再听我们絮叨两句……　5 月 5 日　第 4 版

《人民法院报》

自身侵权行为引发的危险不属于安全保障义务的合理范畴　7 月 6 日　第 6 版

《检察日报》

制毒物品"混进"集装箱出口欧洲　5 月 25 日

《中国工商报》

南京浦口开展造船行业特种设备检查　2 月 23 日　2 版
南京浦口全面防控禽流感　3 月 2 日　2 版
论市场监管之职业打假"潜规则"的破与立　4 月 22 日　2 版
南京浦口开展文具用品检查　6 月 13 日　2 版
南京浦口积极开展廉政教育　7 月 18 日　2 版
南京浦口"放心菜篮子工程"建设正酣　"1 + 9 + X"快检体系保障舌尖上的安全　7 月 26 日　2 版
南京浦口开展医保定点零售药店专项检查　12 月 19 日　2 版

《中国食品安全报》

南京浦口区:创"食安浦口"　保"舌尖安全"　9 月 12 日　B4
巾帼不让须眉的食安守护者——孙玲　10 月 12 日　1 版

《中国消费者报》

浦口区:"三抓三促"维护消费者权益　3 月 17 日　3 版

《新华日报》

浦口区泰山街道:紧抓"大联勤"牛鼻子　破解转型升级瓶颈　2 月 24 日　12 版
江北新区崛起国际健康城,聚全球资源签下 7 个高端项目,将建国内首个健康服务业基地　3 月 1 日　9 版
南京浦口区泰山街道:快马加鞭改革创新"未下鞍"　3 月 20 日　6 版
南京顶山街道创新与务实并举　为冬训老品牌注入新活力　3 月 28 日
南京江北新区设两大基金　4 月 1 日　3 版
南京江北新区将集聚 3 万集成电路工程师　4 月 5 日　5 版
北京银行南京分行:800 亿支持江北新区实体经济建设　4 月 28 日　18 版
江浦街道促进统战经济建设　筑牢统战稳固战线　5 月 9 日　10 版
规划总长 241 千米,国内规模最大综合管廊开建——江北新区:"城市血管"地下安家　6 月 21 日
南京永宁社区:精准施策探索扶贫开发新路径　7 月 11 日　6 版
既要航拍效果　又要精致生活——南京江北中心区建设的新视角　9 月 25 日
南京过江交通建设进入加速期——跨江通道,"十三五"每年开工一条　11 月 10 日　7 版
"侨务 + 乡贤"落实"四必访"　江浦街道创新工作模式深入为侨服务　12 月 4 日　5 版
江浦街道新联会民心聚力强服务　12 月 29 日　15 版

《扬子晚报》

揭秘"国字号"江北新区最新利好　5 月 26 日　A12
江北新区超级"地下城"9 月开建　6 月 2 日　A11
浦口警方力保世界轮滑锦标赛平安举行,每日安检人数过万,查获违禁品 200 余件——外国选手夸赞浦口民警:中国警察真帅　9 月 3 日　B6
地铁 4 号线二期拟在江心洲设站　9 月 13 日　A17
景区搞活动,游园年卡不能用　消费者驱车数十千米吃了"闭门羹"　12 月 11 日　A4

《南京晨报》

沿江街道尽心贴心做实事,便民为民暖人心　1 月 11 日　A06
江浦街道顺利推进老城片区改造　1 月 13 日　A4
路边垃圾堆积　"12345"联动帮清除　3 月 1 日　A24
浦口将打造宜居宜业之城　3 月 10 日　A8
江浦街道推动立体化平台建设　3 月 12 日　A4
沿江街道拆迁题材话剧《安居》上演　3 月 15 日　A12
江浦街道治理黑臭河　提高人居环境质量　3 月 23 日　T3
桥林街道 30 名孩童着汉服行古礼拜师　3 月 25 日　A3
星甸街道开展基层党员冬训活动　3 月 25 日　A3
南京永宁街道滁河边现"笑脸"　3 月 25 日　A3
微电影《江浦好人》连连获奖　3 月 30 日　A14
清明踏青不出南京　这些好去处值得一逛　3 月 31 日　T5
库珀有氧中心落户浦口老山　4 月 22 日　A7
五一周边游特色活动不可少江浦街道不老村　4 月 28 日　T4
走出老山的第一位"卖花姑娘"带着村民种出南京街头 9 成栀

子花 6月15日 A02
浦口区多方借力推动文明家庭教育 6月19日 A7
桥林街道大走访走到群众心坎里 7月14日 A12
泰山街道社区卫生服务中心喊你去签约 7月17日 A12
泰山街道“四个一”开启便民利民工作模式 7月20日 A14
江浦街道大走访接地气暖人心办实事解难题 7月27日 A1
浦口区将打造“三沿”民宿集聚区 9月8日 A10
江浦街道促建设聚发展,心系百姓民生提升百姓幸福指数 10月9日 A5
江浦街道多措并举推进文明城市创建 10月13日 A8
浦口“文化创意+”产品受追捧 11月19日 A04

《江苏法制报》

浦口法院新任中层干部集体廉政谈话 4月11日 B版
浦口法院常抓廉政不松懈 5月9日 2版
非法吸收公众存款罪核心要素的审查和认定 5月
江浦街道警示教育筑牢拒腐防线 7月5日 4版
江浦街道“五字诀” 干部学习不忘初心 7月10日 3版
浦口法院给新公务员上第一课 9月7日 B版
浦口党员干部观摩庭审进行廉政警示教育 9月26日 B版
江浦街道集体资产交易实现阳光操作 10月30日 2版
司法警察面临的现状与发展路径 11月14日
羁押必要性审查工作的几点思考 11月14日

《江苏科技报》

南京市浦口区首届区长质量奖揭晓 4月5日 A2
报名费“概不退款”? 消费者遭遇霸王条款如何维权 5月8日 A10
南京市浦口区荣获“首批省级食品安全示范区”称号 7月14日 A4
南京市浦口区开展“你点我检”活动 10月23日 A7
南京浦口开展食品药品三下乡宣传 12月1日 A4

《江苏经济报》

南京市浦口区首届区长质量奖企业揭晓 4月18日 B2
南京浦口区多部门发力严打传销 7月4日 B3

《江苏广播电视报》

浦口火车站启动文物修缮 2020年建成“民国风情小镇” 3月2日 B02
浦口:主战场上打造“智慧新城” 6月3日 3版

《现代快报》

浦口所有大饭店明厨亮灶 11月17日 B2
老旧小区怎么整治? 江浦街道让居民拿主意 11月23日 封13

《南京日报》

国家级南京江北新区:奋力打造创新策源地、引领区和重要增长极 1月10日 A6~A7
浦口求雨山打造“中华书法小镇” 1月11日 A13
浦口区:对区管干部实行监督谈话 1月11日 A16
戮力促发展 履职为民生——浦口区第三届人大及其常委会工作回眸 1月12日 A9
李树安:退休后带出一支舞蹈队 1月12日 A15
浦口全力推进教育现代化纵深发展 1月13日 A14
浦口“一二三”服务发展保民生 1月13日 A17
浦口中低收入困难家庭租房补贴提高 1月16日 A5
老山打造原生林地生态谷 1月18日 A9
浦珠北路新建人行天桥(图片新闻) 1月18日 A9
浦口综合施策加强节日市场安全监管 1月24日 A10
顶山街道:新城露峥嵘 锐意谋新篇 1月25日 A5
英雄飞行员王晓冬骨灰安葬故里 1月26日 A2
“智慧化”让扫地更精细高效 2月2日 A2
多个综合体落户,江浦商圈现雏形 2月4日 A4
浦口区优化交通路网,12条干线公路开工建设,104国道南京北段改扩建启动 2月8日 A1
支持江北新区建设 打造高水平创新平台——省两会代表委员热议政府工作报告中的“南京元素”(一) 2月8日 A2
春节期间浦口迎客54万人次 2月8日 A3
“垂直森林”大楼落户江北新区 2月8日 A4
从人本出发,浦口聚力民生塑新城 2月9日 A5
74个农场主联手养殖万亩螃蟹 2月10日 A5
泰山街道为民准备“新春大礼包” 2月13日 B04
浦口城西路换乘枢纽项目开工 2月16日 A1
浦口建成公共文化服务数字化平台 2月16日 A2
浦口区29个重大项目集中开工 2月16日 A5
江北新区在美国硅谷设创新中心,同时举办集成电路产业推介和创业交流会 2月17日 A1
江北新区将率先全域覆盖5G网 2月17日 A4
江北新区法律服务园区今年建成 2月18日 A2
江北新区研创园五大项目同时开建 2月19日 A1
十年奋发,创新打造高端健康产业集群 2月19日 A5
浦口将建亚洲最大综合性室内乐园 2月20日 A3
东北姑娘殷月:扎根浦口桥林服务基层 2月20日 A6
“青龙绿带”工程加紧施工,江北新区启龙亲江公园轮廓初现 2月21日 A1
曹必明:6年悉心照料植物人妻子 2月21日 A7
泰山街道启动新一轮“联勤促民生、服务进万家”活动 2月22日 A2
街镇分类考核 浦口永宁获现代农业主导型综合奖一等奖,靠美丽乡村建设下活发展“全盘棋” 2月22日 A3
浦口“四个突出” 撸起袖子加油干 2月22日 A7

赵成金:掏11万元为村里修路　2月22日　A11
江北大道快速化改造二期工程开工　2月23日　A1
构建现代综合交通运输体系　助力江北新区建设　2月23日　A5
李强在南京江北新区调研时强调,新区要在“新”上做文章求突破　2月24日　A1
7.5平方千米　江北新区将建超级“地下城”　2月24日　A3
江北新区CBD“地下城”9月开建　2月24日　A3
南京市浦口区中心医院产科:全心守护母婴健康　2月24日　A9
江北新区搭建中法产业合作新平台　2月28日　A1
十年奋发,创新打造高端健康产业集群——江北新区健康产业项目昨集中签约　2月28日　A5
江北新区健康产业集中签约　2月28日　A8
省高院公布家事审判十大案例,浦口法院一起离婚纠纷案入选　2月28日　A10
桃李春风,倾情桑梓创双赢——南京浦口中等专业学校:创建集成电子学院对接江北新区发展　2月28日　B6
浦口推行联农机制订单模式,79家龙头企业带动10万农户致富　3月2日　A3
浦口居民家门口享受优质医疗服务　3月2日　A5
浦口“警姐帮忙团”线上线下帮百姓　3月7日　A10
精细化入手　浦口打造宜居宜业之城　3月9日　A5
产业做“减法”,瞄准“高精尖”,浦口经济开发区围绕“2+1”产业导向,推动产业转型升级　3月9日　A9
浦口“580”车队免费接送困难群众　3月9日　A12
泰山街道改革创新:快马加鞭未下鞍　3月10日　A8
浦口出品拆迁题材话剧《安居》,首演引发社区居民共鸣　3月13日　A7
浦口经济开发区　长江岸畔崛起的高科技生态产业新城　3月13日　A12
浦口餐饮一条街成功转型　3月15日　A5
油漆桶易拉罐作原料铁皮画巧夺天工,入选非物质文化遗产却难寻传人　3月17日　A6
浦口建设高水平现代化教育强区　3月23日　A5
江北新区打造法国创意风情小镇　3月24日　A2
江北新区打造“中国芯片之城”　3月24日　A3
桥林为2000多户居民改善住房(图片新闻)　3月27日　A2
浦口永宁千亩油菜花盛放(图片新闻)　3月27日　A4
江北新区将建中法能源技术研究中心　3月27日　A4
浦口近在咫尺的风景　3月30日　A5
浦口区沿江街道社区卫生服务中心——多措并举,提高服务内涵　3月31日　A6
江北新区服贸基金与通航基金揭牌　4月1日　A2
首届浦口“区长质量奖”揭晓　4月1日　A4
微电影《手狮舞者》弘扬传统文化,浦口永宁镇手狮舞传人演绎独特手狮舞　4月2日　A5
交警疏堵结合治理违法横穿马路现象　4月3日　A3
浦口创新社会治理,打造幸福小区　4月6日　A5
浦口珠江科技产业园整体转型焕发新生,铸件公司“变身”科技企业,产值翻7倍　4月6日　A6
浦口有位毛笔“量身定制”家　4月6日　A6
浦口区微电影《手狮舞者》开机　4月7日　A2
率先推行住宅小区物业分类管理法,浦口今年再增34个达标小区　4月7日　A5
“最浦口”文创设计大赛启动　4月11日　A3
老山景区种植“彩色森林”　4月13日　A4
上汽桥林基地竣工投产,百亿级新能源汽车产业“启航”　4月13日　A5
2017中国山地自行车公开赛在宁鸣枪开赛,水墨大埝上演“速度与激情”　4月16日　A1
江北新区率先用上“窄带物联网”,路灯自动开关,远程预留车位　4月16日　A2
浦口提供“店小二”式服务　为海归创业解后顾之忧　4月17日　A2
江浦客运站堵点改造启动　4月18日　A7
浦口首个装配式建筑项目开建,“零件”工厂造,盖房就像搭积木　4月21日　A5
浦珠路人行天桥投用　4月25日　A7
浦口“狠”下功夫　抓知识产权保护不放松　4月25日　A10
浦口开发区创建“国家级知识产权试点园区”　4月26日　A8
阅读改善品质　书香溢满新城——第二届“阅读悦美”书香浦口读书节启动　4月27日　A5
7大智能制造项目落户浦口　4月27日
孙晓云:“回顾永宁生活青春无悔”　4月29日　A1
水墨大埝上演“岩壁芭蕾”　5月2日　A3
永宁500亩玫瑰园迎来盛花期　5月3日　A7
南京铜雕馆落户不老村　5月3日　A12
浦口区:实现从“学有所教”到“有学优教”的新跨越　5月5日　A9
浦口中医院门急诊楼正式投用　5月8日　A6
浦口首条“绿波带”使用,车辆通行速度提高一倍　5月8日　A9
依托“大联勤”网格　实现走访全覆盖　5月9日　A1
浦口“红盾护农”正当时　5月11日　A9
浦口中专校迎接省职业学校现代化专业群建设现场视导　5月17日　A9
浦口经济开发区:与创新“牵手”,谱写发展新篇章　5月19日　06~07
“创”活浦口,开启发展新华章　5月19日　09
“美”满浦口,撑起发展新天地　5月19日　12
新城新貌新景,打造美丽魅力新顶山　5月19日　13
“文”润浦口,涵养发展新动能　5月19日　16
泰山街道勇当江北新区建设排头兵　5月19日　A10~A11
创新社会治理　沿江街道打造宜居宜业滨江新城　5月19日　A15
《落梅吟》引爆浦口“京剧热”　5月22日　A12
“基金扶贫”的浦口样本——浦口区扶贫基金会成立十周年纪实　5月25日　A5
浦口陡岗风情小镇现雏形　5月25日　A8
老山将打造“有氧运动小镇”　6月1日　A5

江北将建百万平方米“地下城” 6月2日 A1
我市出台意见完善江北新区管理体制 7个街道由江北新区统一托管 6月6日 A1
江浦街道推进“大联勤”向纵深发展 6月8日 A2
开放浦口 拥抱“一带一路”发展新机遇 6月8日 A5
浦口三大“中心”商业配套开业 6月8日 A6
大桥北路快速化改造开工 6月8日 A6
浦口2017年公益创投项目出炉 6月14日 A3
“大美浦口”旅游推介会举办 6月16日 A3
“百场讲坛”走进南京浦口 6月17日 A2
百米悬崖上建“蜂巢”酒店 6月19日 A3
浦口举办“文化和自然遗产日”主题活动 6月19日 A3
江北新区纬七路实施快速化改造 6月21日 A4
浦口重构秃尾巴河地区生态系统 标本兼治重度黑臭河 6月21日 A9
大美浦口 畅享夏游之趣 6月22日 A5
浦口十个景点引进共享汽车 6月23日 A5
浦口警方擒获特大跨国走私制毒品案主犯 6月23日 A5
浦口区保障房片区添市民公园(图片新闻) 6月26日 A1
浦口建成滑坡智能监测预警示范工程 6月26日 A3
浦口开发区大走访创新方法促问题解决 6月29日 A3
浦口精织经济“双面锦” 6月29日 A5
台湾风情小镇亮相浦口(图片新闻) 6月29日
浦口抓党建 主动作为解难题 6月30日 A15
借美丽乡村建设引导村民改变观念 “文明”成响堂村第一热词 7月4日 A1
借助社区APP,党员管理全覆盖 7月4日 A3
《浦口区“十三五”城乡建设规划》发布——全面实施“四大战略”,打造“双创高地、智慧新城” 7月6日 A5
真山真水真温泉、古镇古寺古银杏——千年温泉古镇,将变身度假天堂 7月13日 A5
浦口抱团发力 严打传销 7月13日 A9
“虾兵蟹将”开道闯出致富路 浦口后圩社区发展水产业年产值近亿元 7月14日 A1
浦口区“让百姓常享蓝天、青山、绿水” 7月20日 A5
聚力“全方位” 升级“大走访”——浦口区教育局持续开展“大走访”“全走访”活动 7月21日 A8
深化文明创建,提升泰山宜居指数 7月27日 A5
浦口区打造“大联勤+统战”特色工作模式 7月27日 A5
浦口开发区低碳谷开园,12家高科企业落户 7月27日 A7
台湾圣凰科技落户浦口开发区 7月27日 A7
南京市人民代表大会常务委员会关于南京江北新区行政管理事项的决定 7月28日 A2
张敬华在浦口区调研时强调 找准定位 抢抓机遇 努力在新一轮发展中赢得先机 7月29日 A3
萧娴诞辰115周年遗墨展在京展出 7月31日 B4
浦口聚焦创新融合发展 书写双拥工作新篇章 8月1日 T8
扬子江隧道至江北大道一路畅行 8月2日 A6
浦口区图书馆新馆开放试运行 8月3日 A9
人脸识别探头首现浦口 行人乱闯红灯 抓拍照片曝光 8月4日 A6
全市首家家风主题广场亮相永宁社区 8月9日 A9
浦口:坚定推进“四个生态”建设 8月10日 A1
浦口无花果采摘园开园 8月15日 A5
引入中国(江苏)知识产权维权援助中心 浦口开发区:知识产权护航科技创新 8月16日 A2
浦口区构建“1+9+X”食品快速检测体系——20分钟检测出农产品有害物质 8月16日 A7
浦口大力提升“开办企业”工作效能 8月16日 A10
浦口10户家庭农场组建龙虾养殖专业合作社——养殖户“抱团”,人均增收20% 8月17日 A4
浦口举办文创交易会凤凰专场 8月17日 A4
浦口书写“产业富民”新篇章 8月17日 A5
华夏文旅国际旅游度假区落户浦口 8月21日 A1
多措并举,浦口主城区供水矛盾大为缓解 8月21日 A9
李强在南京调研城市基层党建时强调 建强党在基层战斗堡垒 不断提高城市治理水平 8月26日 A1
浦口区少年宫:梦高路远不忘初心 脚踏实地继续前行 8月28日 A9
浦口“两整治一协作”确保学生消费市场安全 8月30日 A9
“大走访+大联勤”,浦口坚定不移推进“四个生态”建设 8月31日 T6
浦口经济开发区:深走细访,助企惠民 8月31日 T11
浦口区依托“大联勤”推进大走访 9月1日 A4
浦口成立新的社会阶层人士联谊会 9月4日 A3
新一轮路网布局方案确定 浦口各组团到南京主城45分钟 9月5日 A7
积极呼应江北新区建设 全力提升浦口教育品质 9月7日 A5
百名小记者走进西埂莲乡 与荷花来一场甜美邂逅 9月13日 B4
两文旅项目助推浦口旅游业升级 9月14日 A3
26个优质项目落户,总投资791亿元 集聚浦口发展新动能 9月14日 A5
浦口二手房买卖转移与抵押登记合办 9月15日 A8
“互联网+”助力浦口打造文化新地标 9月18日 A8
桥林街道全力服务保障新城建设 9月21日 A5
中共南京地方组织建立95周年,王荷波外孙来宁参加纪念活动 9月27日 A2
走进水墨大埝,“骑”出别样风景 9月27日 B4
浦口启动“全面从严治党这五年”宣传周活动 9月30日 A10
打通脱贫“经络” 重造致富“模式”——浦口区星甸街道绘就富民“路线图” 10月12日 A5
迎接党的十九大特别报道·江北新区篇 新区“展翼” 10月18日 T1
浦口全力打造“双创高地、智慧新城” 10月18日 T1
建新区风生水起 看江北日新月异 10月18日 T2、T7
建“四个生态”浦口 谱“强富美高”新章 10月18日 T2、T7
“强富美高”新江浦,跨越发展焕新颜 10月18日 T3
勇立潮头,浦口经济开发区打造区域发展新引擎 10月18日

T4 ~ T5
永宁街道:聚焦新农村 建设“新市镇” 10 月 18 日 T6
精准用力 惠及民生 10 月 18 日 T8
专注,让这名 90 后脱颖而出——浦口区交警九大队事故中队民警张友力的故事 10 月 23 日 A10
漫步浦口汤泉 品味楚韵花香 10 月 25 日 B4
浦口实现公共自行车“无桩租还” 10 月 27 日 A5
全国首家大盾构专业企业落户浦口 10 月 28 日 A9
浦口 找准新定位 形成新优势 10 月 31 日 A2
浦口区新媒体联盟成立 11 月 1 日 A5
浦口倾力打造“健康宜居的自然生态” 11 月 2 日 A5
老山有氧三项精英赛下周开赛 11 月 2 日 A7
浦口区道路工程信息监管平台投入使用 11 月 7 日 A6
迈入新时代,江浦街道踏上“富民”新征程 11 月 9 日 A5
江北新区管委会常务副主任、浦口区委书记瞿为民:坚持三个导向,提升群众获得感满意度 11 月 10 日 A1
浦口开发区成立“创新俱乐部” 11 月 10 日 A4
浦口第三届公共自行车公益骑行活动举办 我市有了电子围栏式无桩公共自行车 11 月 13 日 A6
农村生活垃圾分类永宁先行 11 月 16 日 A5
浦口区教育局 12345 平台助力智慧政务 11 月 16 日 A8
南京海港枢纽经济区建设三年行动计划基本完成 七坝港区多用途码头月底试运行 11 月 22 日 A3
浦口 119 家餐饮单位实现“明厨亮灶” 11 月 22 日 A6
中法创意风情小镇项目奠基 张敬华拉法兰出席 11 月 23 日 A1
浦口区江浦街道烈士塔社区党总支:聚“贤”共治 让社区更加和谐 11 月 23 日 A1
2017 幸福浦口新家园(上):宜住宜行 康居浦口 11 月 23 日 A5
浦口区向区管干部宣讲十九大精神:学懂弄通做实,推动各项事业实现新突破 11 月 24 日 A2
农家乐里查处一批冒牌洋河 11 月 28 日 A4
实习生帮老师卖“毒降糖胶囊” 11 月 28 日 A11
星甸九华村:从“让我文明”到“我要文明”——“全国文明村是怎样炼成的”系列报道② 11 月 29 日 A11
浦口:抓常抓细抓实,持之以恒纠正“四风” 11 月 30 日 A10
百名群众代表看浦口新变化 12 月 1 日 A2
浦口首批景区消费维权站挂牌 12 月 1 日 A3
宁和城际一期明起试运营 12 月 5 日 A1
浦口区“厕所革命”覆盖城乡全域,三年新改建 308 座公厕:“方便”这件小事,还可以更方便 12 月 7 日 A6
宁和城际一期昨开通试运营:飞越长江,与高铁肩并肩 12 月 7 日 A7
浦口经济开发区:“智造”未来 12 月 7 日 A12
浦口区高校创业社团联盟成立 12 月 11 日 A5
浦口开展不动产登记上门服务 12 月 12 日 A11
行稳致远,浦口奠定区域经济新格局 12 月 15 日 A5
星甸打造统战文化体验基地 12 月 15 日 A17
浦口区行政审批局揭牌 12 月 20 日 A3
振兴美丽乡村 打造幸福家园——浦口三村镇分别获评“全国文明村镇”“中国最美村镇 50 强”“2017 中国最美村镇生态奖” 12 月 21 日 A5
浦口一着不让促发展 真抓实干强监管 12 月 29 日 A17
2017 幸福浦口新家园(下):宜业宜养 乐活浦口 12 月 30 日 A5

《金陵晚报》

浦口区首届区长质量奖企业揭晓 3 月 28 日 B5
浦口发现珍稀野生秤锤树 4 月 17 日 B2
以“263”行动推动浦口环保工作达新高度 4 月 27 日 T05
下足“绣花”功夫 力争群众满意——浦口区城市精细化建设管理十项行动全面展开 5 月 19 日 B03
浦口秃尾巴河:由静到动 流水不腐 6 月 6 日 A02
六获格莱美奖提名 “世界女强人”是南京人 6 月 28 日 B1
浦口入选首批食品安全示范区 7 月 11 日 B08
居民点赞“精细化管理” 浦口整治 28 个老旧小区 7 月 12 日 B5
江北 2020 年建成 5 条有轨电车! 7 月 23 日 A02
领略长江古水第一汤就来浦口“温泉小镇” 8 月 1 日 B14
浦口区筹备近 800 亿元项目对接“金洽会” 9 月 12 日 A2
浦口区图书馆、文化馆试运行 日均迎客 4000 人次 9 月 16 日 A6
纪念南京第一位共产党员王荷波 9 月 27 日 A2
放心消费树诚信 美丽乡村福万家 9 月 29 日 B11
浦口区擦亮“国家级生态区”品牌 9 月 29 日 B11
浦口“你点我检”进市场 守护群众“菜篮子” 10 月 19 日 A16
浦口区市监局联合公安查获一批假酒 10 月 24 日 A19
瞿为民:坚持“三个导向” 引领浦口新发展 11 月 10 日 A2
浦口 6 家农贸市场将建成食品安全快检室 11 月 21 日 B05
浦口全面开展“食品药品安全科普进社区”活动 11 月 30 日 A15
浦口首批景区“12315 维权联络站”挂牌 12 月 5 日 B05

· 文稿编辑 朱军玲 ·

索 引

说 明

一、索引采用主题分析方法，按首字汉语拼音字母顺序排列，同音字按声调次序排列。

二、类目、分目用黑体字，主题词用宋体字表明。数字表示内容所在页码或参见页码，数字后的字母 a、b、c 表示该页自左至右的栏别。表格、图片注有“表”“图”字样。

三、“附见”内容悬挂缩进，附于相关款目之下。

四、单位名称无歧义者，略去省、市、区名。

A

B

C

D

H

J

K

L

M

N

O

P

Q

R

S

W

X

Y

·文稿编辑　朱军玲·